Wolfgang Däubler/Michael Kittner

Geschichte und Zukunft der Betriebsverfassung

Wolfgang Däubler/Michael Kittner

Geschichte und Zukunft der Betriebsverfassung

Mit einem Anhang zur Entwicklung in Österreich von Josef Cerny

2., überarbeitete und erweiterte Auflage

BUND
VERLAG

Bibliografische Information der Deutschen Nationalbibliothek
Die Deutsche Nationalbibliothek verzeichnet diese Publikation in der Deutschen Nationalbibliografie; detaillierte bibliografische Daten sind im Internet über abrufbar.

2., überarbeitete und erweiterte Auflage 2022

Umschlag: Neil McBeath, Stuttgart
Umschlagbild: Jakob Steinhardt, The Meeting (1927), The Israel Museum, Jerusalem
Satz: Dörlemann Satz, Lemförde
Druck: CPI books GmbH, Birkstraße 10, 25917 Leck

ISBN 978-3-7663-7273-4

www.bund-verlag.de

Vorwort

Der Zeitpunkt für das erstmalige Erscheinen dieses Buches Anfang 2020 war bewusst gewählt. Das 100-jährige Jubiläum des Betriebsrätegesetzes von 1920 verlangte nach einer Aufarbeitung der Entwicklung. Unser Buch fand großes Interesse, was nicht zuletzt auch die fünf Sonderausgaben für Gewerkschaften und gewerkschaftliche Einrichtungen unterstreichen. Auch hat es die Aufmerksamkeit vieler Rezensenten auf sich gezogen. Ihre Überlegungen sowie die anderen aus Anlass des Jubiläums erschienenen Publikationen brachten viele Anregungen, die wir in dieser Neuauflage verwertet haben.

Eine Rezension, nämlich die von Josef Cerny in »Das Recht der Arbeit« 2020, Seite 426, benannte ein höchst bedauerliches, jedoch nach der Konzeption des Buches schwer vermeidbares Defizit: Die fehlende Behandlung der über lange Zeit gleichlaufenden und bis heute in vieler Hinsicht parallelen Entwicklung in Österreich. Aus dieser »Not« haben wir insofern ein »Tugend« gemacht, als wir nicht versucht haben, als Außenstehende nachzubessern. Stattdessen haben wir Josef Cerny gebeten, sich selbst mit einem eigenen Teil über Österreich einzubringen. Dieser Bitte ist er mit Freude und Engagement nachgekommen. Und so können wir stolz diese Bereicherung unseres Buches durch einen als Praktiker und Wissenschaftler herausragenden Arbeitsrechtler Österreichs anzeigen. Mit ihm glauben wir, auf ein verstärktes Interesse in beiden Ländern hoffen zu dürfen.

Inhaltlich haben wir das Werk auf aktuellen Stand gebracht. Das Betriebsrätemodernisierungsgesetz, der Koalitionsvertrag der »Ampel« und insbesondere der DGB-Entwurf vom Februar 2022 für ein künftiges Betriebsverfassungsgesetz sind eingearbeitet. Über Reaktionen an kontakt@bund-verlag.de freuen wir uns.

Dußlingen, Hanau, im April 2022

Wolfgang Däubler
Michael Kittner

Zum Buch

Am 4. Februar 2020 jährt sich das »Betriebsrätegesetz« zum 100. Mal. Seine Entstehung war eine deutlich sichtbare Wegmarke in der Geschichte der betrieblichen Interessenvertretung in Deutschland. Dieses Jubiläum liegt in einer Reihe mit anderen Ereignissen, denen auch das Gesetz seine Entstehung verdankt: der Revolution vom 9. November und dem Stinnes-Legien-Abkommen vom 15. November 1918. Sie läuteten die erste Epoche demokratischer Staatlichkeit mit einer neuen Arbeitsverfassung ein. An sie zu erinnern, heißt gleichzeitig, die Weimarer Republik als eine Zeit wiederaufleben zu lassen, in der die sozialstaatlichen Institutionen erstmals begründet wurden, die auch den Kern des Sozialstaats Bundesreplik ausmachen: Tarifautonomie, Betriebsverfassung und Arbeitsgerichtsbarkeit. Dass sie erst in der Bundesrepublik dauerhafte Wirklichkeit wurden, steht auf einem anderen Blatt.

In unserem Buch wird das damals geschaffene Betriebsrätegesetz nicht nur aus Jubiläumsgründen breit dargestellt. Es machte aus bescheidenen Konsultationsrechten der vorherigen Arbeiterausschüsse erstmals eine wirkliche Betriebs-»Verfassung« mit einem ausdifferenzierten Normengerüst. Aber dies war – und das wird bei uns zum ersten Mal eingehend dargestellt – eine Betriebsverfassung ohne wirkliche Mitbestimmungsrechte. Eine solche Vorgängerregelung erlaubt die angemessene Würdigung des Betriebsverfassungssystems der Bundesrepublik.

Betriebliche Interessenvertretung ist älter das Betriebsrätegesetz von 1920. Zu allen Zeiten war sie zudem ein Thema von nationalpolitischer Bedeutung. Sie war Gegenstand oder mindestens wesentlicher Begleitumstand bei bedeutenden Kreuzungspunkten unserer Geschichte:

- Bereits in der Paulskirche stand die Frage der Wirtschaftsdemokratie ebenso auf der Tagesordnung wie die politische Demokratie.
- Beim Streit zwischen Bismarck und Wilhelm II. um eine neue Politik gegenüber der Arbeiterbewegung war die Auseinandersetzung um Arbeiterausschüsse einer der ausschlaggebenden Punkte.
- Während des Ersten Weltkrieges wurde die erstmalige Einführung obligatorischer Arbeiterausschüsse zum fundamentalen Streitpunkt zwischen

Mehrheitssozialdemokraten und Gewerkschaftsführungen einerseits und der weiter links stehenden Opposition andererseits mit Spätfolgen bis ans Ende der Weimarer Republik.

- Nach der Novemberrevolution 1918 war die Alternative »Arbeiterräte« oder »Betriebsräte« für einen kurzen historischen Augenblick Symbol für die Systemfrage »Räte« oder »parlamentarische Demokratie«.
- 1945 gründeten sich gleich nach Kriegsende zahlreiche Betriebsräte als Ausdruck des Willens zur Schaffung einer universellen Demokratie, wobei dieses Mal die Wirtschaft voranging.
- Das BetrVG 1952 brachte ein Stück realer Mitbestimmung, was angesichts des Streits um Aufsichtsratsmandate und paritätische Kammern im öffentlichen Bewusstsein beinahe untergegangen wäre.
- Das BetrVG 1972 war Ausdruck eines Aufbruchs (»mehr Demokratie wagen«), den es seither in der Bundesrepublik so nie wieder gegeben hat.

Das alles heißt, nicht zuletzt zum Stolze aller Mitbestimmungspraktiker: »Betriebsverfassung« ist kein Nischenthema oder etwas nur für Spezialisten. Sie besetzt einen Platz mitten in unserer Gesellschaft, als integraler Bestandteil auch unserer »großen« Geschichte.

Um das zu verstehen, ist es unverzichtbar, den Blick nach »hinten« wirklich gründlich zu tun. Alles, was im 19. Jahrhundert an Institutionen zur Wahrung von Arbeitnehmerinteressen auf betrieblicher Ebene entwickelt wurde, hatte Vorläufer in Jahrhunderte alten Selbsthilfeeinrichtungen von Gesellen im Handwerk und Knappen im Bergbau. Sie lieferten Vorbilder für die Institutionen, die sich in der neuen Zeit der Gewerbefreiheit entwickelten und die zum Teil neben dem Überkommenen standen.

Wir glauben aber auch, dass der Blick nach hinten nur halb so ertragreich wäre, wenn nicht gefragt würde, ob es fassbare Linien nach »vorne« gibt. Die Betriebsverfassung ist Ausdruck bestimmter politischer und wirtschaftlicher Machtverhältnisse, die sich nicht nur in den Rechtsnormen, sondern auch in der sehr unterschiedlichen Praxis der Betriebsräte niederschlagen. Noch wichtiger ist die Tatsache, dass es in 91 % aller unter das Gesetz fallenden Betriebe keine Betriebsräte gibt. Dass dies vorwiegend die kleineren Betriebe sind, tröstet nicht wirklich. Weshalb dies so ist, wie sich die Pauschalgröße »Machtverhältnisse« konkret auswirkt und umsetzt, hat uns eingehend beschäftigt. Das geschriebene Recht und die dazu ergangene Rechtsprechung können außerdem nur einen (kleineren?) Teil der Realität abbilden. Sie werden durch zahlreiche informelle Regeln ergänzt, die das tatsächliche Verhalten der Beteiligten steuern.

Nach verbreiteter Auffassung befinden wir uns mitten in einer Phase des Umbruchs, oder soll man sagen: in einer Zukunft mit Zügen der Vergangenheit? Die Megatrends des Arbeitslebens – Prekarisierung, Globalisierung und Digitalisierung – meinen es nicht gut mit Arbeitnehmerrechten und Mitbestimmung.

Wir nennen nur einen kleinen historischen Vergleich: In der Weimarer Republik arbeiteten ca. 30 % der Arbeitnehmer in Betrieben mit einem Betriebsrat, in der Bundesrepublik sind es (noch?) 40 %. Ist das wirklich ein Fortschritt, wenn man bedenkt, dass die aktuellen Zahlen seit längerem rückläufig sind? Unser Buch mündet deshalb in ein Kapitel zu den heutigen Herausforderungen, bei denen Geschichte in Zeitgeschichte umschlägt. Dem wird durch den erweiterten Titel Rechnung getragen. Die Gesellschaft ist trotz weiter bestehender Grundstrukturen komplexer geworden; wer an einer Schraube dreht, kann vieles zum Besseren, aber auch zum Schlechteren verändern. Die politischen Entscheider wissen dies und neigen dazu, den Problemen auszuweichen. Aus der Geschichte kann man lernen, dass der Rosa Luxemburg nachempfundene Grundsatz »Erwartet von niemandem eine Hilfe als von euch selbst« noch immer gültig ist. Auch eine wirksame Betriebsverfassung, die die Arbeit humaner macht, ist nur dann von Dauer, wenn sie von möglichst vielen gelebt und als die »ihre« empfunden wird. Dies wurde trotz aller Rückschläge auch in einer globalisierten Wirtschaft einigermaßen realisiert: Es in Zeiten der Digitalisierung und des Klimawandels zu tun, ist eine der großen Herausforderungen der Gegenwart.
Michael Kittner hat den Zeitraum von den Anfängen bis zur NS-Zeit bearbeitet, Wolfgang Däubler alles vom Neuanfang 1945 bis heute. Dabei verantwortet jeder seinen Teil allein. Wir haben uns aber eng konsultiert und können sagen, dass wir uns im Text des anderen jeweils gut wiederfinden. An dieser Stelle sei uns eine kleine Sentimentalität gestattet, wenn wir zum Ausdruck bringen, welches Vergnügen uns diese gemeinsame Arbeit an einem so anderen Thema als früher bereitet hat.

Inhaltsverzeichnis

Nationalsozialismus

Die Nachkriegsentwicklung

Österreich

Abkürzungsverzeichnis

a. A.	anderer Ansicht
a. a. O.	am angegebenen Ort
ABGB	Allgemeines Bürgerliches Gesetzbuch
ABl	Amtsblatt
Abs.	Absatz
ADGB	Allgemeiner Deutscher Gewerkschaftsbund
AE	Arbeitsrechtliche Entscheidungen (Jahr und Seite)
a. E.	am Ende
a. F.	alter Fassung
AG	Aktiengesellschaft
AGB	Arbeitsgesetzbuch
AGG	Allgemeines Gleichbehandlungsgesetz
AGL	Abteilungsgewerkschaftsleitung
AiB	Arbeitsrecht im Betrieb (Jahr und Seite bzw. Heft, Jahr und Seite)
AK	Arbeiterkammer (Kammer für Arbeiter und Angestellte)
AKG	Arbeiterkammergesetz
AktG	Aktiengesetz
ALR	Allgemeines Landrecht (Preußen)
AngG	Angestelltengesetz
Anm.	Anmerkung
AOG	Gesetz zur Ordnung der nationalen Arbeit
AP	Arbeitsrechtliche Praxis (Entscheidungssammlung)
ArbG	Arbeitsgericht
ArbGG	Arbeitsgerichtsgesetz
ArbSchG	Arbeitsschutzgesetz
ArbVG	Arbeitsverfassungsgesetz
ArbZG	Arbeitszeitgesetz
ARSt	Arbeitsrecht in Stichworten (Jahr und Nummer)
Art.	Artikel
ASiG	Arbeitssicherheitsgesetz

AuA	Arbeit und Arbeitsrecht (Jahr und Seite)
AÜG	Arbeitnehmerüberlassungsgesetz
AuR	Arbeit und Recht (Jahr und Seite)
AVO	Andere Vertretungsorgane der Arbeitnehmer
AVRAG	Arbeitsvertragsrechts-Anpassungsgesetz
BAG	Bundesarbeitsgericht
BB	Betriebs-Berater (Jahr und Seite)
BBG	Bundesbeamtengesetz
BDA	Bundesvereinigung der Deutschen Arbeitgeberverbände
BDSG	Bundesdatenschutzgesetz
Bensh	Bensheimer Sammlung (Gerichtsentscheidungen)
BetrVG	Betriebsverfassungsgesetz
BGB	Bürgerliches Gesetzbuch
BGBl.	Bundesgesetzblatt
BGH	Bundesgerichtshof
BGHZ	Sammlung der Entscheidungen des BGH in Zivilsachen
BGL	Betriebsgewerkschaftsleitung
BGleiG	Bundesgleichstellungsgesetz
BImSchG	Bundesimmissionsschutzgesetz
Blg.	Beilage
BlStSozArbR	Blätter für Steuer-, Sozialversicherungs- und Arbeitsrecht (Jahr und Seite)
BPersVG	Bundespersonalvertretungsgesetz
BRG	Betriebsrätegesetz
BRG 1919	Betriebsrätegesetz 1919 (Ö)
BRG 1920	Betriebsrätegesetz 1920 (D)
BT-Drucksache	Bundestags-Drucksache
BVerfG	Bundesverfassungsgericht
BVerfGE	Sammlung der Entscheidungen des BVerfG (Band und Seite)
B-VG	Bundes-Verfassungsgesetz
bzw.	beziehungsweise
ca.	circa
CuA	Computer und Arbeit (Heft, Jahr und Seite)
DAF	Deutsche Arbeitsfront
DAG	Deutsche Angestelltengewerkschaft
DB	Der Betrieb (Jahr und Seite)
DDZ	Däubler/Deinert/Zwanziger (Hrsg.), s. Literaturverzeichnis
DGB	Deutscher Gewerkschaftsbund

DJT	Deutscher Juristentag
DKKW	Däubler/Kittner/Klebe/Wedde (Hrsg.), s. Literaturverzeichnis
DKW	Däubler/Klebe/Wedde (Hrsg.), s. Literaturverzeichnis
DMV	Deutscher Metallarbeiter-Verband
DRdA	Das Recht der Arbeit (Zeitschrift)
DSGVO	Datenschutz-Grundverordnung (EU)
EAG	Einigungsamtsgesetz
EB	Erläuternde Bemerkungen
EBR	Europäischer Betriebsrat
EBRG	Gesetz über Europäische Betriebsräte
EFZG	Entgeltfortzahlungsgesetz
EGC	Europäische Grundrechte Charta
EGMR	Europäischer Gerichtshof für Menschenrechte
EMRK	Europäische Menschenrechtskonvention
EntgTranspG	Entgelttransparenzgesetz
ErfK	Erfurter Kommentar zum Arbeitsrecht (hrsg. von Müller-Glöge, Preis und Schmidt), s. Literaturverzeichnis
ESC	Europäische Sozialcharta
EU	Europäische Union
EuGH	Gerichtshof der Europäischen Union
EuZA	Europäische Zeitschrift für Arbeitsrecht (Jahr und Seite)
evtl.	eventuell
EWiR	Entscheidungen zum Wirtschaftsrecht
EzA	Entscheidungssammlung zum Arbeitsrecht
f./ff.	folgende
FDGB	Freier Deutscher Gewerkschaftsbund
Fn.	Fußnote
FS	Festschrift
GBl	Gesetzblatt
GBR	Gesamtbetriebsrat
GemS	Gemeinsamer Senat der Obersten Gerichtshöfe
GewO	Gewerbeordnung
GG	Grundgesetz
ggf.	gegebenenfalls
GmbH	Gesellschaft mit beschränkter Haftung
GmbH-Rdsch	GmbH-Rundschau (Jahr und Seite)
GP	Gesetzgebungsperiode

GStA	Geheimes Staatsarchiv (Preußen)
GVBl	Gesetz- und Verordnungsblatt (Jahr und Seite)
HDG	Gesetz über den vaterländischen Hilfsdienst
HGB	Handelsgesetzbuch
HK	Handkommentar
HK-ArbR	Handkommentar zum Arbeitsrecht s. Literaturverzeichnis
h. M.	herrschende Meinung
Hrsg.	Herausgeber
HWK	Henssler/Willemsen/Kalb (Hrsg.), s. Literaturverzeichnis
IAB	Institut für Arbeitsmarkt- und Berufsforschung
i. d. F.	in der Fassung
ILO	Internationale Arbeitsorganisation
IMSF	Institut für Marxistische Studien und Forschungen
inkl.	inklusive
InsO	Insolvenzordnung
i. V. m.	in Verbindung mit
JAV	Jugend- und Auszubildendenvertretung
JV	Jugendvertretung
JZ	Juristenzeitung (Jahr und Seite)
KBR	Konzernbetriebsrat
KG	Kommanditgesellschaft
KGF	Kampfgemeinschaft gegen den Faschismus
KJ	Kritische Justiz (Jahr und Seite)
KNV	Konstituierende Nationalversammlung
KoalG	Koalitionsgesetz
KollVG	Kollektivvertragsgesetz
KRG	Kontrollratsgesetz
KSchG	Kündigungsschutzgesetz
LAG	Landesarbeitsgericht
LG	Landgericht
lit.	litera (Buchstabe)
m. E.	meines Erachtens
MiLoG	Mindestlohngesetz
Mitb	Die Mitbestimmung (Jahr und Seite)
MMitbG	Montanmitbestimmungsgesetz

MTV	Manteltarifvertrag
m. w. N.	mit weiteren Nachweisen
n. F.	neuer Fassung
NGG	Gewerkschaft Nahrung – Genuss – Gaststätten
NJW	Neue Juristische Wochenschrift (Jahr und Seite)
NSBO	Nationalsozialistische Betriebszellen-Organisation
NZA	Neue Zeitschrift für Arbeitsrecht (Jahr und Seite)
NZA-RR	NZA-Rechtsprechungs-Report (Jahr und Seite)
NZG	Neue Zeitschrift für Gesellschaftsrecht (Jahr und Seite)
ÖBB	Österreichische Bundesbahn
ÖGB	Österreichischer Gewerkschaftsbund
ÖIAG	Österreichische Industrie Aktiengesellschaft
OLG	Oberlandesgericht
OHG	Offene Handelsgesellschaft
ÖVP	Österreichische Volkspartei
PersR	Der Personalrat (Jahr und Seite bzw. Heft, Jahr und Seite)
PersVG	Personalvertretungsgesetz
Quellen	Quellen zur Geschichte der deutschen Gewerkschaftsbewegung im 20. Jahrhundert
RAG	Reichsarbeitsgericht
RArbBl.	Reichsarbeitsblatt
RdA	Recht der Arbeit (Jahr und Seite)
RDI	Reichsverband der deutschen Industrie
RDV	Recht der Datenverarbeitung (Jahr und Seite)
RVO	Reichsversicherungsordnung
Red.	Redaktion
RegBl	Regierungsblatt (Jahr und Seite)
re. Sp.	rechte Spalte
RGBl.	Reichsgesetzblatt
RGO	Revolutionäre Gewerkschaftsopposition
Rn.	Randnummer
RV	Regierungsvorlage
RVO	Reichsversicherungsordnung
Rz.	Randziffer

S.	Seite
SAE	Sammlung Arbeitsrechtlicher Entscheidungen (Jahr und Seite)
SBV	Schwerbehindertenvertretung
SBZ	Sowjetische Besatzungszone
SchwbG	Schwerbehindertengesetz
SFG	Sozialistische Freie Gewerkschaft
SGB	Sozialgesetzbuch
SMAD	Sowjetische Militäradministration
sog.	sogenannt(e)
SPÖ	Sozialdemokratische Partei Österreichs
SprAuG	Sprecherausschussgesetz
SR	Soziales Recht (Jahr und Seite)
StGG	Staatsgrundgesetz
StGH	Staatsgerichtshof
TVG	Tarifvertragsgesetz
Tz	Textziffer
u. a.	unter anderem/und andere
u. Ä.	und Ähnliches
UmwG	Umwandlungsgesetz
usw.	und so weiter
u. U.	unter Umständen
VDA	Vereinigung der deutschen Arbeitgeberverbände
VEB	Volkseigener Betrieb
ver.di	Vereinte Dienstleistungsgewerkschaft
VfGH	Verfassungsgerichtshof
VGH	Verwaltungsgerichtshof
vgl.	vergleiche
VO	Verordnung
VOBl	Verordnungsblatt
VwGO	Verwaltungsgerichtsordnung
WA	Westdeutsche Arbeitsrechtsprechung (Jahr und Nummer)
WGG	Werksgemeinschaftsgesetz
WRV	Weimarer Reichsverfassung
WSI	Wirtschafts- und Sozialwissenschaftliches Institut
WpÜG	Wertpapiererwerbs- und Übernahmegesetz

Z.	Ziffer
z. B.	zum Beispiel
ZD	Zeitschrift für Datenschutz (Jahr und Seite)
ZfA	Zeitschrift für Arbeitsrecht (Jahr und Seite)
ZGR	Zeitschrift für Gesellschaftsrecht (Jahr und Seite)
ZIP	Zeitschrift für Insolvenzpraxis und Wirtschaftsrecht (Jahr und Seite)
Zl.	Zahl
ZPO	Zivilprozessordnung
z. T.	zum Teil
ZTR	Zeitschrift für Tarif-, Arbeits- und Sozialrecht des öffentlichen Dienstes

Große Linien

§ 1 Betriebsverfassung: Etwas für Großbetriebe seit Ende des 19. Jahrhunderts?

Wann und wie hat »Betriebsverfassung« angefangen? Die übliche Antwort hat eine empirisch-historische Entwicklung und ein gesetzgeberisches Datum zum Gegenstand:

- das Aufkommen von sehr großen Betrieben mit mehreren tausend Arbeitnehmern ab dem Ende der 19. Jahrhunderts und
- das »Betriebsrätegesetz« von 1920, dem ersten deutschen Gesetz, das expressis verbis von »Betriebsräten« handelt.[1]

Ausgehend davon bezieht sich Betriebsverfassungsgeschichte üblicherweise – teils unausgesprochen, teils erklärtermaßen – auf die Mitbestimmung in Großbetrieben: »*Um 1890 setzte die Debatte über die Verfasstheit des Großbetriebs ein, die sich auf zwei neue Phänomene bezieht: die Unpersönlichkeit der zwischenmenschlichen Beziehungen in der horizontalen und vertikalen Substanz und die Unüberschaubarkeit der betrieblichen und sozialen Prozesse.*«[2] Daran knüpft ein gängiges industriesoziologisches Bild des Betriebs als soziales Handlungsfeld, »*in dem die Transformation von Technologie in Produktionstechnik, von Organisationsstrategien in Organisation und von Arbeitskraft in Arbeit als ein eigenständiger sozialer Prozeß im Mit-, Neben- und Gegeneinander aller betrieblichen Akteure vollzogen wird*«.[3] Das habe einen Bedarf an »Demokratisierung« parallel zu der

---

1 Vorangegangen war die Statuierung von »Betriebsarbeiterräten« in Art. 165 Abs. 2 der Weimarer Reichsverfassung.

2 *Milert/Tschirbs*, Die andere Demokratie. Betriebliche Interessenvertretung in Deutschland 1848 bis 2008, 2. Aufl. 2015, S. 34; fortan zitiert als »*Milert/Tschirbs*«. Der berühmteste zeitgenössische Protagonist für die Herleitung des Mitbestimmungsanspruchs aus der Größe des Betriebs war *Gustav Schmoller*: »*In jedem größeren Werke, in welchem durch die Zahl der Leute der directe persönliche Verkehr und der Meinungsaustausch zwischen Unternehmer und Arbeiter aufhört, muß eine Vertretung der Arbeiter, ein Ausschuß derselben … geschaffen werden*« (Über Wesen und Verfassung der großen Unternehmungen, 1890, S. 21).

3 *Welskopp*, Der Betrieb als soziales Handlungsfeld, in Geschichte und Gesellschaft Bd. 22, 1996, S. 118, 138; vgl. auch *Minssen*, Die Rationalität von Rationalisieren. Betrieblicher Wandel und die Industriesoziologie, 1992; *Pries*, Betrieblicher Wandel in der Risikogesellschaft, 1991.

des Staates entstehen lassen. Von seiner immer effektiveren – normativen wie faktischen – Durchsetzung handelt ein ebenfalls gängiges historisches Betriebsverfassungs-Narrativ. An seinem Anfang stehen erste großbetriebliche Strukturen in der Mitte des 19. Jahrhunderts, wie etwa in der Maschinenbaufabrik von *August Borsig* in Berlin mit etwa 1200 Arbeitern um 1840. Deren in der 1848er-Revolution geäußerte Mitbestimmungsforderungen weisen sie als erste aus, die Derartiges aus den Reihen der Arbeiter selbst propagierten (§ 8). Davon ausgehend habe die Betriebsverfassung eine Entwicklung hin zu ihrer aktuellen Höhe genommen – eine Erfolgsgeschichte mit positiven Impulsen für die nächste Zukunft: »*Damit ist der Betriebsrat nicht nur zum Sinnbild des Mitbestimmungsgedankens in der Arbeitswelt geworden, sondern auch zum Garanten einer Kontinuität des Betriebes überhaupt*«.[4] In der einzigen größeren »historisch-dogmatischen« (so die Selbstbeschreibung) rechtwissenschaftlichen Arbeit zu unserem Thema operiert der Verfasser mit der Prämisse: »*Der industrielle Großbetrieb als Voraussetzung von Betriebsverfassung*«.[5] Geht das? War und ist das wirklich so? Gab und gibt es nicht noch anderes?[6]
Zum einen hat die Zahl der Großbetriebe zwar im Laufe der Geschichte zugenommen, aber doch weder exorbitant noch so, dass dort das Gros der Arbeitnehmer tätig gewesen wäre:

Großbetriebe über 1000 Arbeitnehmer

Jahr	**1882**	**1895**	**1907**	**1925**	**1938**	**1950* | 2018**
Betriebe	126	255	506	893	1344	608 | 1700

* Bundesrepublik

Quelle: *Neuloh*, Die deutsche Betriebsverfassung, S. 24, IAB-Betriebspanel 2018

Dem müssen nur die Gesamtzahlen der Arbeiter vom Ende des 19. bis Anfang des 20. Jahrhunderts gegenübergestellt werden:

4 *Milert/Tschirbs*, S. 653.

5 *Reichold*, Betriebsverfassung als Sonderprivatrecht, 1995, S. 84; fortan zitiert als »*Reichold*«.

6 *Reichold* hat natürlich umstandslos recht, insofern als das Einsetzen der intensiven politischen und wissenschaftlichen Diskussion über die Betriebsverfassung stark von den Ereignissen in den aufkommenden Großbetrieben Ende des 19. Jahrhunderts abhängig ist, z. B. das Arbeiterschutzgesetz 1891 vom Bergbaustreik 1889 (vgl. *Reichold*, SR 2020, 231). Das hat aber nichts zu tun mit einer konzeptionellen Verengung der Mitbestimmungsproblematik auf Großbetriebe à la *Schmoller*.

Arbeiter 1882 – 1907 (in Tausend)

	1882	1895	1907
Arbeiter aller Wirtschaftszweige	10705	12817	17830
Arbeiter in Industrie und Handwerk	4096	5956	8593

Quelle: *Wehler*, Deutsche Gesellschaftsgeschichte 1849–1914

Das heißt: Die überwiegende Mehrzahl der Arbeitnehmer war schon immer in mittleren, kleinen und kleinsten Unternehmen tätig gewesen. Diejenigen in sog. Großbetrieben habe nie viel mehr als 10 % aller Arbeiter ausgemacht!
Dem hat auch das Recht, sobald es auf die Beschäftigung mehrerer Arbeitnehmer durch einen Arbeitgeber reagierte, entsprochen. Die Schwellenwerte für Arbeitsordnungen, Arbeiter- und Angestelltenausschüsse und Betriebsräte haben immer schon sehr kleine Betriebe erfasst, und es war immer klar: Deren Größe war keine sachlogisch abgeleitete Zahl, sondern eine politische Setzung:

Mindestgröße für Betriebsverfassung (Arbeitnehmer)

Gesetz	Sächs. GewO 1861	GewO 1891	HDG 1916	TVVO 1918	BRG 1920	BetrVG 1952/72
Arbeitnehmer	20	20	50	20	20	5

Das heißt für uns: »Betriebsverfassung« ist im Kern keine Frage der Zahl der beschäftigten Arbeitnehmer. Deren Beschränkung auf wie immer definierte Großbetriebe mag einem industriesoziologischen »Modellbaukasten« entsprungen sein, bildet aber weder das Arbeitsleben in seiner Gänze ab, noch entspricht sie dem in allen Epochen hierzu geltenden Recht.
Inzwischen ist im Übrigen zu konstatieren, dass die Zahl der von Betriebsräten vertretenen Arbeitnehmer kontinuierlich abnimmt (parallel zur abnehmenden Mitgliederzahl bei den Verbänden, so wie eine abnehmende Bindung an Tarifverträge). Inzwischen wird nur noch weniger als die Hälfte aller Arbeitnehmer von Betriebsräten vertreten, und es gibt eine erschreckende, schleichend wachsende Zahl von betriebsratslosen Betrieben (§ 37). Dabei sind die Zahlen in den klassischen Industrien nach wie vor sehr hoch, aber im Hinblick auf die unaufhaltsame Verschiebung hin zu Dienstleistungen, kleinen Betriebe und wachsende Soloselbständigkeit ist die »Schrift an der Wand« unübersehbar.
Hinter diesen Zahlen steckt das ewige Null-Summen-Spiel des Konflikts um Mitbestimmung: Sobald die Betriebsverfassung sich aus einem Instrument parternalistischer Konsultation zu echten Beteiligungs*rechten* entwickelte, wurde buchstäblich jeder einzelne noch so kleine Schritt in eine solche Richtung von der

Mehrheit der Arbeitgeber, jedenfalls aber ihren Verbänden, bekämpft. Deshalb darf man nicht übersehen, dass die politischen Kräfte, die das in günstigen Momenten überwanden, sich bis zu einem gewissen Grade von einer »aufgeklärten« Arbeitgeberfraktion ermuntert sahen, der klar war, dass Mitbestimmung in modernen Großbetrieben keineswegs kontraproduktiv wirkte. Heute gibt es zahllose empirische Untersuchungen, die die positive Wirkung von Mitbestimmung auf den wirtschaftlichen Erfolg der Unternehmen belegen. Indes: Derartige Impulse nehmen mit der säkularen Entwicklung hin zu kleineren Betrieben kombiniert mit DV-gestützten Führungstechniken ab.

Das zwingt zum kritischen Blick auf die Basis von allem: den Betrieb. Ihm ist tatsächlich alles andere wesenseigen als die unterstellte »Kontinuität«. So ist allenthalben von »Erosion« die Rede, wenn es um seine Qualität als Ort der Erbringung von Gütern und Dienstleistungen geht. Schon die vorhandene Betriebsverfassung trägt diesem Faktum Rechnung mit der Regelung für »Betriebsteile« und »Kleinstbetriebe« unter der generellen Zielrichtung, dass möglichst alle Arbeitnehmer von einem Betriebsrat erfasst werden sollen. Der praktische Hintergrund ist eine säkulare Entwicklung weg von großen Betriebseinheiten hin zu örtlich verstreuten, teils sogar ungebundenen Arbeitsprozessen (hinter denen aber, z. B. im Einzelhandel, wiederum Riesenkonzerne, vielfach mit dem Sitz im Ausland, stehen). Demgemäß ist nach der inzwischen ständigen Rechtsprechung Voraussetzung für das Vorliegen eines Betriebs im Kern die »Einheit des Leitungsapparates«, die auch ohne räumliche Nähe durch Organisationstechniken jeder Art, heute insbesondere durch DV und IT, hergestellt werden kann (§ 41). Den Gipfel von Zersplitterung kann man in sog. Spartenunternehmen mit einer »Matrix«-Struktur erleben, wo an einer physischen Betriebsstätte Hunderte von Menschen arbeiten, die aber voneinander unabhängigen Weisungen aus verschiedenen Sparten zu folgen haben (mit der durchaus möglichen Konsequenz, dass an diesem Ort gar kein Betriebsrat zu bilden ist). Hierzu kommt, als in die gleiche Richtung zielende Entwicklung, die Aufweichung des Arbeitnehmerbegriffs hin zu formal selbständigen Leistungserbringern, für die Betriebsräte ein Fremdwort sind: mit »crowd-workern« und Erwerbstätigen in der sog Gig-Economy (§ 41).

Die technikgestützte Erosion des »Betriebs« als Ort der produktiven Leistungserbringung erfordert genaueres Zusehen. Der »Betrieb« ist nicht ein wie auch immer entstandenes, zeitloses Gebilde, in dem alle Beteiligten in die unterschiedlichsten Interaktionen verstrickt sind, die dann sozialwissenschaftlich analysiert werden, sondern er ist in seinem konkreten Zuschnitt Resultat einer zeitgebundenen unternehmerischen Organisationsentscheidung. Das führt direkt zur ganz großen historischen Perspektive: Warum gibt es »Betriebe«? Warum sind – in einem sich über eine lange Zeit erstreckenden Umwälzungsprozess – »Verlage« von »Manufakturen« abgelöst worden? Eine Antwort darauf gibt die

»Prinzipal-Agent-Theorie« bzw. »Agency-Theorie«:[7] Weil die Zusammenfassung der für die Erstellung ein Produkt erforderlichen Arbeitskräfte in einer Arbeitsstätte geringere Kontroll- sprich: Transaktionskosten erfordert, als deren dezentrales Tätigwerden. Heute können wir beobachten, wie diese Entwicklung dank moderner DV und Informations- und Kommunikationstechnik rückläufig erfolgt. Könnte es sein, dass wir uns Zuständen nähern, wie zu Beginn des kapitalistischen Produktionsregimes? Damit gewinnt eine wirkliche *»longue durée«* der Betriebsverfassungsgeschichte zusätzliche Bedeutung.

Deren Anfänge lassen sich nun allerdings nicht so einfach nach dem Schema »19. Jahrhundert – Industrialisierung – Arbeiterbewegung« erfassen. Bereits die gängige Geschichtsschreibung, die mit dem BRG als Ausgangspunkt beginnt, kann nicht umhin, zu registrieren, dass – noch ohne die Worte »Betriebsverfassung« und »Betriebsrat« zu verwenden – tief aus dem 19. Jahrhundert »Wege zur Betriebsverfassung 1848–1916«[8] führen:

- Hilfsdienstgesetz (1916),
- freiwillige Praxis der »konstitutionellen Fabrik« (*Freese u. a.*, 1909),
- obligatorische Arbeiterausschüsse im bayerischen und preußischen Bergbau (1900/1905),
- fakultative Arbeiterausschüsse durch das Arbeiterschutzgesetz (1891),
- Vorschläge im Gefolge der 1848er-Revolution.

Fundamentalere Werke nennen vor allem *Robert von Mohl* noch aus dem Jahre 1835 als Vorläufer.[9] Aber auch das reicht nicht. Die Anfänge betrieblicher Organisation und Interessenartikulation (um das Vorsichtigste zu sagen) müssen viel früher verortet werden, als Phänomen zeitgleich der Entstehung einer kapitalistischen Wettbewerbsgesellschaft mit nicht regulierten Manufakturen im 18. Jahrhundert. Und wenn man so weit zurückgeht, kommt man nicht daran vorbei, dass es abhängige *freie* Arbeit schon vor dieser Zeit gegeben hatte: im städtischen Handwerk und im Bergbau. In beiden Bereichen ging es bereits um Lohngerechtigkeit und Arbeitszeitbegrenzung als zeitlose Konfliktthemen, und die dortigen Arbeitnehmer (»Gesellen« und »Knappen«) verfügten über ein elaboriertes System der genossenschaftlichen Selbsthilfe.

Und nun kommt das Spezifikum der deutschen Geschichte, das immer wieder für Verwirrung sorgt: Es handelt sich nicht um klar abgegrenzte, sich *nacheinander* ereignende Epochen, sondern um Welten, die für lange Zeiten *parallel* zueinander existierten (bezogen auf das Handwerk fast 150 Jahre, hinsichtlich

---

7 Vgl. *Kittner*, Schuldrecht, 3. Aufl. 2003, Rn. 164.

8 *Milert/Tschirbs*, S. 41 ff.

9 Vgl. *Teuteberg*, Geschichte der Industriellen Mitbestimmung in Deutschland, 1961, S. 24 ff. (fortan zitiert als *»Teuteberg«*. Trotz seiner Fixierung auf den Großbetrieb stellt *Reichold* die Ideen *von Mohls* sehr substanzhaltig dar (a. a. O., Fn. 6, S. 30 ff.).

des Bergbaus permanent). Es kann deshalb nicht verwundern, wenn die in den neuen Gebilden beschäftigten Arbeitnehmer die Vorbilder bei den alten Strukturen gesucht haben.[10]

So finden wir denn auch unsere »Betriebsverfassung avant la lettre«: In praktisch allen im 18. Jahrhundert entstehenden Manufakturen wurden nach dem Vorbild der Gesellenvereinigungen und Knappschaften betriebliche Unterstützungskassen (»Büchsen«, »Laden«) mit (teilweiser) Selbstverwaltung durch die Arbeiter eingerichtet. Von hier aus gehen »Traditionslinien« in zwei verschiedene Richtungen und Institutionen (was die »Rückprojizierung« so unklar sein lässt): die eine, näherliegende, führt zunächst zu den betrieblichen Krankenkassen und dann in die gesetzliche Sozialversicherung in ihrer ganzen späteren Breite; die andere, für unseren Zusammenhang relevante mündet in die sich gegen Ende des 19. Jahrhunderts bildenden freiwilligen Arbeiterausschüsse. Und unabhängig davon bildeten sich etwa zur gleichen Zeit die Gewerkschaften.

Dieses Nebeneinander von ganz unterschiedlichen Systemen macht eine Einordnung der einzelnen Phänomene durchaus schwierig. Ohne diesen weit nach hinten reichenden und breiten Rahmen ist aber »Betriebsverfassung« als historisches Phänomen nicht zu verstehen. Er liefert auch den Schlüssel zu einem spezifischen Strang der das ganze 19. Jahrhundert währenden konzeptionellen Diskussion von »romantischen« und katholischen Sozialtheoretikern (§§ 6, 7) unter Einschluss von auch in der Paulskirche vertretenden »Kammer«-Konzeptionen bis hin zum Genossenschaftsgedanken von Schulze-Delitzsch und Lassalle: der Grundgedanke einer »korporativen« Einbindung bzw. Verbindung von »Kapital« und »Arbeit« oder Überwindung dieses Gegensatzes (§ 8) – alles Ausdruck einer Sehnsucht nach »guten alten Zeiten«.

10 Vgl. *Teuteberg*, S. 115ff.

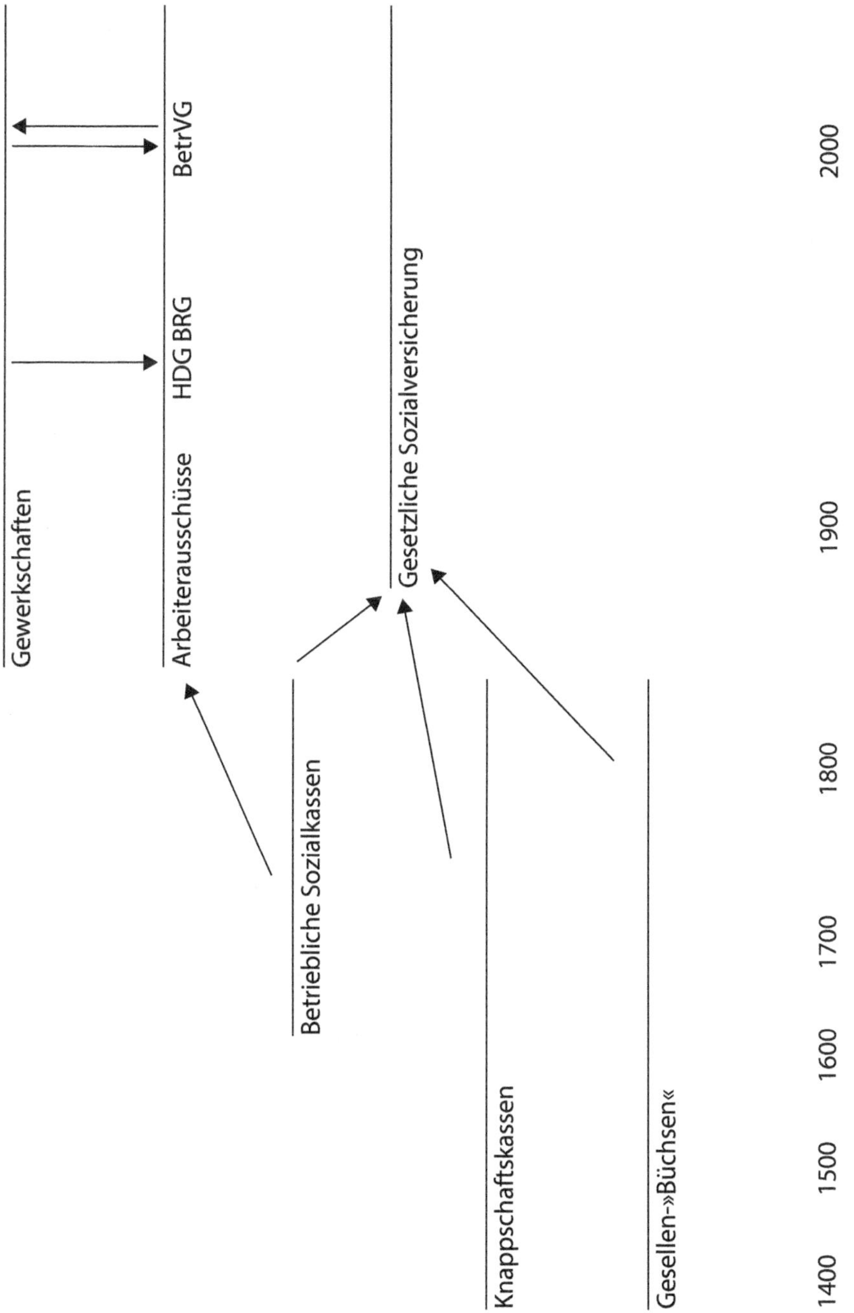
Gewerkschaften
Arbeiterausschüsse
HDG BRG
BetrVG
Gesetzliche Sozialversicherung
Betriebliche Sozialkassen
Knappschaftskassen
Gesellen-»Büchsen«
1400
1500
1600
1700
1800
1900
2000

§ 2 Zünfte

Ab dem 12. Jahrhundert etablierten sich in den freien Reichstädten, für viele Jahrhunderte den Zentren gewerblicher Wirtschaft (neben dem in Mitteldeutschland und Österreich konzentrierten Bergbau, dazu gleich), freie Meister-»Zünfte«. Sie organisierten eine von anderen Obrigkeiten unabhängige Produktion mit freien Vertragspartnern als abhängig Beschäftigten, den »Knechten«, wie sie ursprünglich genannt wurden, und später den »Gesellen«.[11] Das so entstehende Gebilde ist aus heutiger Sicht nur schwer zu verstehen. Denn einerseits waren sie vom religiösen Selbstverständnis des ausgehenden Mittelalters getragene Vereinigungen, die das jeweilige Gewerbe kartellmäßig geschlossen, eben »zünftig«, organisierten. Dabei wurden praktisch alle Elemente von Produktion, Kosten, Marktzugang strikt gegen Außenseiter und Neuzugänge abgeschottet, um »Nahrung« für alle Insider zu garantieren. Auf der anderen Seite gab es einen vor Vertragsabschluss und nach befristetem Vertragsende vollkommen freien Arbeitsmarkt: Die Gesellen konnte frei entscheiden, in welcher Stadt und bei welchem Meister sie arbeiten wollten; das logistische Vehikel dazu war das ihnen zunächst von Meistern aufgezwungene »Wandern«.

Etwa 200 Jahre nach Entstehung der Meisterzünfte bildeten sich Gesellenvereinigungen mit eigenen Verbandssatzungen.[12] Sie organisierten sich komplementär zur jeweiligen Meisterzunft auf der Ebene einer Stadt mit einer Gesellenherberge als Mittelpunkt und geselligen, religiösen und sozialen Zwecken. Materielles Rückgrat war eine gemeinsame Kasse, meist »Büchse« genannt, die von einem »Büchsenknecht« oder »Büchsenmeister« verwaltet wurde.[13] Aus ihr gab es Zahlungen in Notfällen, z. B. Krankheitsfalle und für gemeinsame religiöse Rituale (vor allem Beerdigungen). Diese Kasse speiste sich im Kern aus Beiträgen der Gesellen, auch aus Strafzahlungen wegen der Verletzung von Zunftregeln, in

---

11 Vgl. *Schröder*, Zur Arbeitsverfassung des Spätmittelalters, 1986; *Wissell*, Des alten Handwerks Recht und Gewohnheit, Neudruck 1929, hrsg. von Hahm, Bd. 1, S. 321 ff.

12 Zu folgenden vgl. *Kittner*, Arbeitskampf, 2005, S. 17 ff.

13 Vgl. *Fröhlich*, Die soziale Sicherung bei Zünften und Gesellenverbänden, 1976; *Schanz*, Zur Geschichte der deutschen Gesellenverbände, 1877; *Wissell*, Der soziale Gedanke des alten Handwerks, 1930.

einzelnen Fällen auch aus Zuschüssen der Meister. Ganz überwiegend konnten die Gesellen gegen Interventionsversuche der Meister die Selbstverwaltung dieser Kassen behaupten. Die mentalitätsprägende Wirkung einer solchen jahrhundertelangen Praxis genossenschaftlicher Selbsthilfe seitens der Arbeiterelite ihrer Zeit kann gar nicht hoch genug eingeschätzt werden.

Die Gesellen nutzten ihre Verbandsmacht von Anfang an auch zur Durchsetzung von arbeitspolitischen Zielen zu Lohn und Arbeitszeit (mit dem »Blauen Montag« als spektakulärstem Erfolg, vergleichbar dem Kampf um den freien Samstag ab den 50er-Jahren des 20. Jahrhunderts). Seinen formalen Niederschlag fand das jeweils in Zunftordnungen auf Stadtebene, womit Arrangements zwischen Meistern und Gesellen von der städtischen Obrigkeit gewissermaßen ratifiziert wurden.

Das Hauptdruckmittel gegenüber den Meistern erwuchs aus der Praxis des Wanderns zwischen den Städten und deren Eigenschaft als völkerrechtlich selbständige Einheiten innerhalb des Alten Reichs. Das ermöglichte es den Gesellen zu streiken, indem sie die jeweilige Stadt verließen und in einem Nachbarort die Auswirkungen ihres Streiks abwarteten, ohne dass die Stadtobrigkeiten ihnen nachstellen konnten. Wenn auch verdeckt, stand außer Zweifel, dass die »Büchse« bei solchen Gelegenheiten als Streikkasse benutzt wurde. Damals gab es eine der heutigen Situation konträr entgegen gesetzte Konstellation: Die Arbeitgeber=Meister waren immobil und alternativlos an ihren Standort gefesselt und hatten den mobilen Arbeitnehmern=Gesellen nichts entgegenzusetzten. Weder die vereinigten Städte noch das Reich mit einer Vielzahl völlig erfolgloser Reichsgesetze (von der »Reichspolizeyordnung« 1530 bis zur »Reichszunftordnung« 1731) vermochten etwas dagegen auszurichten. *Lujo Brentano* brachte das plakativ auf den Nenner: »*Die Reichsgesetze kommen jedoch niemals zur Ausführung, und die Gesetze der Landesfürsten blieben unwirksam, da das Handwerkswesen durch ganz Deutschland zusammenhing, und besonders weil diese Gesetze für das Eldorado der Gesellen, die Reichsstädte bedeutungslos waren.*«[14] Seitens der Territorialstaaten geschah das durchaus absichtsvoll, um das Gewerbewesen der in ihren Augen übermächtigen Städte zu schwächen und durch Begünstigung der Gesellenverbände deren Mitglieder in ihre Gebiete zu ziehen.

Diese »goldene« Zeit kam Ende des 18. Jahrhunderts an ihr Ende. Der wirkungsmächtigste Grund war die ökonomische Entwicklung. Die Zünfte standen einer innovativen Wirtschaft im Wege. Die Meister-Zünfte in den einzelnen Städten mit ihrer bornierten Kartell-Wirtschaft kamen zunehmend mit dem technisch-wirtschaftlichen Fortschritt nicht mehr klar. Es entstanden zahllose von System gar nicht mehr erfassbare Wirtschaftszweige. Die Gesellen standen ihnen darin in keiner Weise nach. Ihr letzter großer (erfolgreicher) Arbeitskampf im Gürt-

14 *Brentano*, Die Arbeitergilden der Gegenwart, Bd. 1, 1871, S. 79.

lergewerbe in Straßburg von 1558 bis 1565 richtete sich dagegen, dass ein Meister seine beiden Stieftöchter »*über stock und amboß gesetzt*« hatte; für Stieftöchter aber gelte die für Meistertöchter erlaubte Ausnahme vom Verbot der Frauenarbeit nicht. Die Straßburger Gesellen setzten sich in diesem erbitterten Arbeitskampf, der von beiden Seiten als »Modell« betrachtet wurde, vollkommen durch – mit Signalwirkungen für Meister in allen Zünften und Städten Deutschlands.

Während dieses System allmählich niederging, begann die neue Zeit der Gewerbefreiheit mit dem für unseren Zusammenhang zentralen Unterschied zwischen beiden Systemen: Die operative Einheit zur Repräsentation und Artikulation von Arbeitnehmerinteressen in der Zunftzeit war die nach Gewerken abgegrenzte *städtische Zunft*, in der Welt der Gewerbefreiheit konnte das nur der *einzelne Betrieb* sein. Die Verschiedenheit beider operativen Handlungsebenen macht nicht nur das Verständnis durch uns Heutige so schwierig; die historischen Akteure haben über 150 Jahre für die Suche nach dauerhaften Lösungen für die neue Struktur gebraucht.

§ 3 Bergbau

Ebenfalls lange vor dem Einsetzen der Gewerbefreiheit gab es neben dem städtischen Handwerk einen Wirtschaftsbereich mit ganz eigenen Gesetzlichkeiten: den Bergbau.[15] Der Erzbergbau kann als »Schlüsselindustrie« des ausgehenden Mittelalters und der beginnenden Neuzeit bezeichnet werden (eigentlich war er im Wortsinne die einzige »Industrie«). In ihm arbeiteten um 1500 etwa 100 000 Menschen. Das entsprach proportional den etwa 430 000 Bergarbeitern als der größten gewerblichen Arbeitnehmergruppe um 1870 (nunmehr vor allem im Stein- und Braunkohlebergbau im Ruhrgebiet und in Schlesien). Heute hätte man sich 1,6 Mio. Arbeitnehmer vorzustellen, also etwa das Ausmaß der Beschäftigung in der Automobilindustrie!

Im Bergbau kam es nach ursprünglich kleinteiliger, teils genossenschaftlicher Produktion bald zu Großbetrieben mit vielen hundert, teils über 1000 Beschäftigten. Wegen des großen Kapitalbedarfs wurden kleine Eigner (»Gewerken«) durch große Kapitalgeber abgelöst (z. B. die Fugger); teilweise gehörten die Bergwerke den jeweiligen Landesherren. Diese unterwarfen den Bergbau durchgängig einer strikten Genehmigungspflicht und Oberaufsicht durch von ihnen erlassene »Bergordnungen«.

Die Beschäftigten im Bergbau (»Knappen«) kamen rasch in den Status von Lohnarbeitern, die praktisch keine Chance auf eine selbständige Existenz hatten. Von Seiten der Bergbauunternehmer und der Obrigkeit wurden sie einerseits einem äußerst rigiden, autoritären Regime bei der Arbeit unterworfen. Andererseits genossen sie als gesuchte Spezialisten zahlreiche Privilegien (z. B. Befreiung von Diensten und Abgabenlasten, Freizügigkeit). Dazu gehörte auch, dass man ihnen ungeachtet eines allgemeinen Vereinigungs- und Streikverbotes doch die Bildung betrieblicher Sozialkassen wie bei den Handwerksgesellen erlaubte.[16] Bei ihnen hieß das »Knappschaft«, wobei die gemeinsame Knappschaftsbüchse von gewählten Vertretern mit den unterschiedlichsten Namen verwaltet wurde (z. B.

15 Vgl. *Hue*, Die Bergarbeiter, Bd. 1, 1910; *Köhne*, Die deutschen Knappschaftsvereine, ihre Entwicklung und ihre Bedeutung, 1915; s. auch *Kittner*, Arbeitskampf, S. 79 ff. und 344 ff.

16 Zum Folgenden eingehend *Teuteberg*, S. 131 ff.

»Älteste«, »Zechmeister«, »Brudermeister«). Gespeist wurden die Kassen aus eigenen Beiträgen (»Büchsenpfennig) mit Zuschüssen der Bergherren. Im Zentrum der Kassenleistungen stand – wie bei den Gesellen – die Unterstützung bei religiösen Zeremonien, Krankheit, Invalidität und Alter. Daraus entwickelte sich ein hochorganisiertes Kassenwesen mit ausgebauter Arbeiterselbstverwaltung. Wir haben es hier also mit einer einerseits »alten«, andererseits »neuen« Struktur zu tun: »neu« ist der Bergbau seit jeher hinsichtlich seiner Hervorbringung von Großbetrieben; »alt« bezüglich seines Vorsorgesystems für die Beschäftigten.[17] Dieses Kassenwesen hatte in Preußen, dem sowohl hinsichtlich der wichtigsten Kohlereviere als auch seiner Bedeutung für die spätere nationalstaatliche Entwicklung wichtigsten Territorium, eine bemerkenswerte Entwicklung genommen. Nach den schlesischen Kriegen ging *Friedrich der Große* an eine Reform des Bergbaus. Dazu vereinheitlichte er zwischen 1766 und 1772 das in viele regionale Rechte zersplitterte Bergrecht und brachte dabei die bisher selbstverwalteten Knappschaften mit einem nunmehr preußischen »Knappschaftsreglement« weitgehend unter Staatskontrolle. Doch recht bald wurde die bis dahin nicht genügend gewürdigte konfliktabsorbierende Funktion dezentraler Selbstverwaltung offenkundig. Konflikte zwischen Bergleuten und Schichtmeistern bzw. Gewerken landeten nun direkt beim zuständigen Minister. Abhilfe kam schon 1785 durch den *Reichsfreiherrn Heinrich Friedrich Karl vom und zum Stein.*[18] Er hatte 1784 – erst 24 Jahre alt – als Oberbergrat die Verwaltung des Berg- und Hüttenwesens in den preußischen Westprovinzen übertragen bekommen und bekam sogleich die Lösung von Schwierigkeiten bei der »Märkischen Knappschaftskasse« auf den Tisch. Um deren Schulden zu tilgen, ordnete er an, dass die Knappschaftsangehörigen monatlich eine Freischicht zugunsten der Kasse

---

17 Dass der Bergbau wegen seiner frühen Qualität als Wirtschaftsbereich mit Großbetrieben nicht zum direkten Vorbild für die sich entwickelnden sonstigen Industriezweige taugte, lag an seiner den Prinzipien der Gewerbefreiheit diametral entgegenstehenden Regulierung: Bis Mitte des 19. Jahrhunderts war die Unternehmensführung aufgrund des sog. Direktionsprinzips einer umfassenden staatlichen Lenkung unterworfen, die insbesondere auch Vorgaben für Arbeitnehmerzahl und Lohnhöhe umfasste. Erst 1851 und 1860 kam es zu einer umfassenden Deregulierung, einer Ursache für die ab 1872 ausbrechenden großen Arbeitskämpfe im Bergbau (§ 10).

18 *Stein* durchlief viele Ämter der preußischen Staatsverwaltung. 1796 wurde er Oberkammerpräsident aller westlichen preußischen Provinzen, danach von 1804 bis 1807 Finanz- und Wirtschaftsminister. Nach der preußischen Niederlage gegen Napoleon wurde er als »Staatsminister« der leitende Minister, als der er die nach ihm und seinem Nachfolger benannten *Stein-Hardenberg*'schen Reformen in die Wege leitete. Sein Engagement für die sozial Schwachen zeigte sich etwa in einer Bemerkung, die er als Oberkammerpräsident an den Rand eines Berichts der Cleve'schen Kammer vom 13. 3. 1798 schrieb: »*Zur Sicherstellung der arbeitenden Classe ist der Entwurf* (eines Reglements, M.K.) *über eine Lohntaxe und die Rechte und Verbindlichkeiten der Fabriqueninhaber erforderlich*« (zit. bei *Teuteberg*, S. 147, Fn. 58).

verfahren sollten. Die aufgebrachten Bergarbeiter wandten sich daraufhin direkt an den Bergbauminister *von Heinitz*. Dieser fürchtete, dass die Bergleute in den Streik treten könnten und forderte *zum Stein* zur Stellungnahme auf, worauf dieser am 30. Januar 1785 einen zu Recht berühmt gewordenen Bericht erstattete. Darin empfahl er, in der Frage der Freischichten nicht nachzugeben, den Bergleuten aber in anderer Hinsicht Zugeständnisse zu machen. Als wichtigstes schlug er vor, dass die Knappschaftsältesten wieder aus einer von den Bergleuten erstellten Vorschlagsliste bestimmt wurden: »*Bisher wurden die Knappschafts-Ältesten vom Berg-Amt gesetzt, es ist aber der Sache angemessener, wenn die Bergleute sich dieselben wählen können, denen sie ihr Interesse und die Mitaufsicht über eine für sie gemeinnützige Anstalt anvertrauen.*«[19]

Dieser Vorschlag wurde vom Minister genehmigt, der durch Reskript die jährliche Neuwahl der Knappschaftsältesten anordnete. Diese erhielten, nunmehr unter der Bezeichnung »Vertrauensmänner«, über die Kassenverwaltung weit hinausgehende Befugnisse: Sie sollten zusammen mit den »Berggeschworenen«, den Vertretern der Bergunternehmer, die Kontrolle und die Aufsicht über die Knappschaftsgenossen sowohl in der Arbeit als auch zu Hause ausüben. Außerdem sollten sie alle beruflichen und persönlichen Interessen der Kassenmitglieder gegenüber den Behörden vertreten. Die Institution der freigewählten »Vertrauensmänner« wurde durch das »Allgemeine Landrecht für die Preußischen Staaten« (ALR, Teil II Titel 16) von 1794 bestätigt. Danach wurde diese Form der Selbstverwaltung in allen preußischen Landesteilen bis auf Schlesien[20] übernommen und blieb bis zum Erlass des »Knappschaftsgesetzes« von 1854 unverändert. *Teuteberg* zieht daraus den Schluss: »*Es liegt auf der Hand, dass das Beispiel dieser Arbeiterselbstverwaltung auch auf die übrigen industriellen Gewerbezweige anregend gewirkt haben muss.*«[21]

---

19 Abgedruckt in *Botzenhart*, Freiherr v. Stein. Briefwechsel, Denkschriften, Aufzeichnungen, Bd. 2, 1931, S. 118.

20 In Schlesien wurden aufgrund eines lange bestehenden Gewohnheitsrechts nur staatliche Bergbeamte zu Knappschaftsältesten gewählt. Vielleicht erklärt dieser Hintergrund die besonders hartnäckige »Herr-im-Hause«-Haltung der (niederschlesischen) Waldenburger Steinkohle-Unternehmer im ersten legalen Streik nach Aufhebung des Koalitionsverbots durch § 154 der Gewerbeordnung von 1869 (vgl. *Kittner*, Arbeitskampf, S. 243).

21 *Teuteberg*, S. 153.

§ 4 Die neue Zeit der Gewerbefreiheit

Neben die städtischen Handwerke und die Bergbaubetriebe treten ab dem ersten Drittel des 18. Jahrhunderts freie Unternehmer in allen möglichen Gewerbezweigen. Ihnen gewährten die Territorialherrscher vor den Toren der Reichsstädte Gewerbelizenzen für »Freimeister« als bewusst geförderte Konkurrenz für die städtischen Zünfte. Daraus wurden »Fabrik-Privilegien«, zunächst für größere Einzelunternehmen, dann für ganze Gewerbezweige (z. B. für die Seidenproduktion mit dem preußischen »Seidenwirker-Reglement« von 1766). Damals verstand man unter »Fabrique« wenig trennscharf alle Arten von Produktion mit vielen Beteiligten: von Großanlagen wie Schmieden und Hammerwerke über Manufakturen, z. B. für Porzellan und Textilien, zu »Verlagen«, in denen nur formal selbständige Handwerker für den »Verleger« als eigentlichen Unternehmer arbeiteten.

Diese gewerblichen Tätigkeiten außerhalb der Zünfte wuchsen unaufhaltsam: In Preußen gab es um 1800 – mit dem Textilgewerbe als führendem Sektor – bereits ebenso viele Beschäftigte in Manufakturen, Fabriken und Verlagen (dort am meisten) wie zünftig gebundene Gesellen.[22] Dazu kam die »Schlüsselindustrie« Bergbau. Das bedeutet: Die freigewerblichen Tätigkeiten entwickelten sich in Nachbarschaft dieser hergebrachten und weiterhin bzw. auf Dauer gut funktionierenden Wirtschaftszweige. Also nochmals: Es gab hinsichtlich der Art der Unternehmensorganisation kein klar abgegrenztes Nacheinander historischer Epochen. Vielmehr kam es bis zu 150 Jahre lang zum Nebeneinander von »alter« und »neuer« Zeit – ein klassischer Fall der »Gleichzeitigkeit von Ungleichzeitigem«.

---

22 Zu diesem Zeitpunkt (1806) endete das alte Reich auf Druck *Napoleons*, und die ganz überwiegende Zahl ehemals freier Reichsstädte wurde den umliegenden Territorialsaaten eingegliedert (»mediatisiert«). Das war zugleich das Ende der Gesellen als kollektive arbeitsmarktpolitische Akteure. Es kam zum völligen Erliegen von Arbeitskämpfen in den ersten 50 Jahren des 19. Jahrhunderts: Die alte Gesellenbewegung war dazu *nicht mehr* in der Lage, und die neue, disparat zusammengewürfelte Arbeiterschaft *noch nicht* (vgl. *Kittner*, Arbeitskampf, S. 127).

Damit kommen wir zu der Frage nach den abhängig Beschäftigten in den Betrieben der Neuzeit. Für Arbeiter, die ja außerhalb von Zunftbindungen tätig wurden, galt nach allgemeinen Rechtsgrundsätzen lange vor den hierfür immer ins Feld geführten *Stein-Hardenberg*'schen-Reformen eine unregulierte private Vertragsfreiheit. Nach Abschnitt II 11 §§ 895 bis 919 des ALR wurden »*gedungene Handarbeiter und Tagelöhner*« ohnehin nur als Tagelöhner beschäftigt. Nicht besser stand es um die noch formal Selbständigen, die für einen anderen Unternehmer tätig wurden: »*Übrigens sind die Verhältnisse zwischen dem Fabrikunternehmer, und den Fabrikanten* (= den formal Selbständigen, aber abhängigen Produzenten, MK) *nach dem Inhalte des unter ihnen stehenden Contracts, und den über dergleichen Contracte sprechenden Gesetzen zu beurteilen.*« (II 8 § 423 ALR)

In dieser sich nun in die Breite aller wirtschaftlichen Aktivitäten ausbreitenden Struktur hatte der Unternehmer das alleinige Sagen: Keine Zunft hemmte seine Aktivitäten, der merkantilistische Staat nahm seine Interventionsvorbehalte in die neue Freiheit zunehmend vollständig zurück. Und gegenüber den Arbeitnehmern hatte er völlig freie Hand, manifestiert in einseitig erlassenen »Arbeits«- bzw. »Fabrik-Ordnungen«. Die Parallele zu rechtlich nicht oder kaum geschützten Arbeitsformen von heute drängt sich auf (§ 1). Von außen auf diese Situation wirkende Arbeitnehmer-Vereinigungen (=Gewerkschaften) sollten noch gut 100 Jahre auf sich warten lassen – immerhin nur die Hälfte der Zeit, die von der Bildung der Zünfte bis zu der von Gesellenvereinigungen verstrichen war!

Damit sind wir beim Kern der mit unserer Arbeit aufgeworfenen Frage: Soll das in Bezug auf die Situation der Arbeitenden in dieser neuen Welt für über 100 Jahre alles gewesen sein? Wenn man die gängigen Geschichten der betrieblichen Interessenvertretung liest, sieht es so aus. Danach fingen ab den 30er-Jahren des 19. Jahrhunderts bürgerliche Sozialreformer wie *Robert von Mohl* (§ 6) an, sich Gedanken über Arbeiter bei der Arbeit zu machen und diese selbst erst mit den *Borsig*-Arbeitern in der 48er-Revolution (§ 8).[23]

23 Vgl. *Milert/Tschirbs*, S. 45.

§ 5 Betriebliche Sozialkassen mit Arbeiterselbstverwaltung

So war es natürlich nicht. Vielmehr setzen praktisch zeitgleich mit der Entstehung größerer Manufakturen Überlegungen ein, wie die aus der Beschäftigung größerer Zahlen von Arbeitern entstehenden sozialen und organisatorischen Probleme zu lösen seien. Dabei kann nicht verwundern, dass das als Vorbild genommen wurde, was schon lange da war und erfolgreich weiterhin praktiziert wurde: die soziale Unterstützung der Gesellen bzw. Bergleute durch selbstverwaltete »Büchsen« und »Knappschaftskassen«. »*Es liegt auf der Hand, dass das Beispiel dieser Arbeiterselbstverwaltung auch auf die übrigen industriellen Gewerbezweige anregend gewirkt haben muss … Das Bestehen dieser teilweise jahrhundertelangen Einrichtungen hat beispielgebend auf die ersten Manufakturen und Fabriken eingewirkt. In außerordentlich ähnlicher Form haben sich auch dort die Frühformen einer Betriebsvertretung aus den Werkskassenvorständen entwickelt.*«[24]

Diese Entwicklung setzte bereits im 18. Jahrhundert insbesondere in der Porzellanherstellung und im Textilgewerbe ein.[25] Das erste Beispiel lieferte die »Staatlichen Porzellan-Manufaktur Meißen«, deren Beschäftigte als unzünftige Arbeiter keine Hilfe von etwa bestehenden »Bruderbüchsen« u.ä. zu erwarten hatten. Also gründete die Belegschaft 1736 eine erste von ihr selbst verwaltete »Allgemeine Sterbe-Casse«. Es folgten Kassen für verschieden Beschäftigtengruppen und andere soziale Zwecke sowie Nachahmer in anderen Porzellanfabriken (insbesondere in Preußen und Bayern). In der Textilindustrie nahm diese Entwicklung in Krefeld, Mühlheim, Elberfeld und Monschau ihren Anfang.[26] Die erste betriebliche Kasse, eine »Liebesbruderschaft«, ist dort dokumentiert für das Monschauer Stammhaus einer berühmten Tuchherrendynastie, »*Johann Heinrich Scheibler & Söhne*« im Jahre 1777. Diese Kranken-, Unfall- und Sterbekasse trat offenbar an die Stelle einer früheren handwerklichen »Lade« und wurde von den Arbeitern mit Unterstützung des Unternehmers *Scheibler* gegründet.

---

24 *Teuteberg*, S. 145.
25 Zum Folgenden eingehend *Teuteberg*, S. 154ff.
26 Vgl. *Teuteberg*, S. 164ff.

Zu den sozialen Zwecken im Interesse der Arbeiter kamen recht bald disziplinarische Funktionen. Sie hatten eine gewisse Logik bei der Krankenunterstützung, wo Arbeitgeber und Kassen verbreitet mit Simulanten zu kämpfen hatten. In solchen Fällen konnten die »Ältesten« Lohneinbehalte bzw. Strafzahlungen verhängen. Das ging weiter, indem ihnen für Unterschlagungen und Diebstähle Disziplinargewalt von den Betriebsleitungen übertragen wurden.

Hieran sieht man eine weitere Facette der Gründe für die rasche Verbreitung dieser Kassen mit Selbstverwaltung. Es war eine Mischung aus sozialer Wohltat und einem Instrument zur Sicherung von Arbeitsdisziplin, die sich aus den Spezifika der Arbeitsmärkte in den neuen nicht regulierten Wirtschaftsbereichen erklärte: Es handelte sich um Industrien, für die es keine in den Zünften vorgebildete Arbeitskräfte gab. Um sich die Arbeitskräfte mit den neu erworbenen Spezialkenntnissen zu sichern, waren die Kassen als Mittel der Betriebsbindung hochwillkommen. Die begleitenden disziplinfördernden Zuständigkeiten erklären sich wiederum daraus, dass sich die Belegschaften aus vielen Bereichen rekrutierten, in denen Fabrik-Disziplin ein Fremdwort war. Hier sehen wir also ganz am Anfang solcher betrieblichen Strukturen das zeitlose Mixtum aus Interessenvertretung und Integration.

Derartige Kassen blieben nicht auf die früh expandierte Porzellan- und Textilindustrie beschränkt, sondern fanden nach Umwandlung von vornehmlich handarbeitenden Manufakturen zu »mechanischem« Fabrikbetrieb rasch große Verbreitung. Man kann sagen, dass bis zur Mitte des 19. Jahrhunderts alle größeren Unternehmen derartige Einrichtungen hatten. Darunter finden sich praktisch alle Namen der später berühmten Industrieunternehmungen (z. B. Gutehoffnungshütte, 1848; Krupp, 1836). Eine Statistik hierüber existiert nicht. Es gibt jedoch aus der Hand des Fabrikkommissars *Ludwig Hermann Wilhelm Jacobi* eine »Übersicht über den Stand des gewerblichen Unterstützungswesens im Regierungs-Bezirk Arnsberg« für die Jahre 1855/56,[27] die einen guten Eindruck vom Verbreitungsgrad dieser Kassen gibt: Danach gab es im östlichen Teil des heutigen Ruhrgebiets, einem der industriereichsten Gebiete Preußens, in nahezu jeder größeren Fabrik eine freigewählte Arbeitervertretung (insgesamt 109 Kassen, davon 38 in Iserlohn, 14, 16 und 17 in Bochum, Altena und Hagen). Sie erfassten 60 % aller männlichen Fabrikarbeiter über 16 Jahre. Und es gab keinen Grund für Zweifel, dass dies repräsentativ für ganz Deutschland war.

Der berühmteste Unternehmer-Pionier für diese Entwicklung war wohl der westfälische Industrielle *Friedrich Harkort*.[28] Er gründete 1820 in seiner »Mechanischen Werkstätte« in Schönthal bei Wetter an der Ruhr, die von Zeitgenossen als erste Maschinenfabrik nach englischem Muster angesehen wurde, eine Fa-

27 Zit. bei *Teuteberg*, S. 202.

28 Zum Folgenden *Teuteberg*, S. 181 ff.

brikkrankenkasse mit weitgehenden Beteiligungsrechten der Arbeiter. Aus der von seinem Schwiegersohn *Berger* verfassten Biographie wissen wir, dass ihm der Gedanke einer betrieblichen Sozialreform wahrscheinlich von dem eng befreundeten damaligen preußischen Oberpräsidenten *zum Stein* nahegebracht worden ist. *Harkort* ist vor allem bekannt geworden, weil er sich über seine Praxis auch programmatisch-literarisch geäußert hat. Seine berühmteste Schrift aus dem Jahre 1844 lautete »*Bemerkungen über die Hindernisse der Civilisation und Emancipation der unteren Klassen (Fortsetzung der Bemerkungen über die preußische Volksschule)*«.[29] Sie verdient einen bleibenden Platz in der Geschichte der abhängigen Arbeit, und für Unternehmer wie *Harkort* sollte es so etwas wie eine »Hall of Fame« geben (mit *Carl Degenkolb*, § 8, *Heinrich Freese* und *Ernst Abbé* als Nachfolgern, § 9; natürlich aus England *Richard Owen*, § 7). Zentrale Maxime *Harkorts* war die Achtung der menschlichen Persönlichkeit, und sein Streben ging dahin, dies auch gegenüber den »*arbeitenden Classen*« wirksam werden zu lassen (wozu er insbesondere auch die Förderung der Arbeiterbildung rechnete). Als überzeugter Royalist kleidete er seine Haltung zur Mitbeteiligung der Arbeitnehmer in die Worte: »*Der Unternehmer steht da als ein Monarch, die Arbeiter wie beratende Stände, von Jahr zu Jahr einberufen*«.[30]

Dass dieser Zustand nach wie vor nicht zur integralen *Früh*geschichte, sondern allenfalls zur *Vor*geschichte der Betriebsverfassung in Deutschland gerechnet wird, ist eigentlich unbegreiflich. Denn es ist doch offenkundig, dass hier landauf, landab Einrichtungen existierten, in denen Fabrikarbeiter – meistens jährlich – in freien Wahlen ihre Vertreter bestimmten. Und ebenso naheliegend – wenn freilich auch nicht exakt sozialwissenschaftlich nachgewiesen – ist, dass diese »nur« für eine betriebliche Krankenkasse Gewählten die geborenen Ansprechpartner für Arbeitgeber waren, für den Fall, dass sie die Arbeiter allgemein betreffende Angelegenheiten besprechen wollten.

Es gibt hierfür zwei empirische Zeugnisse, zwar erst aus den 1880er-Jahren, aber doch genau bezogen auf dieses Übergansstadium zwischen Kassenvorständen und Arbeiterausschüssen: Der Nationalökonom *Max Sering* führte im Auftrag des »Vereins für Socialpolitik« in den 80er-Jahren eine Enquete über die bestehenden Arbeiterausschüsse durch. Dabei stellte er fest: »*So behandeln vielfach die Fabrikanten des Bergischen Landes die Vertreter und Vorstandsmitglieder der Betriebskrankenkasse, den von Mitgliedern des Konsumvereins gewählten Vorstand etc. als die berufene Arbeitervertretung, mit der sie so oft es wünschenswert erscheint, Angelegenheiten der Arbeiterschaft besprechen.*«[31] Als besonders markantes Beispiel führte er die Steingutfabrik Villeroy & Boch in Mettlach (Saar) an, in der seit

29 Neudruck, hrsg. von *Ziehen*, 1919.

30 Bemerkungen …, a. a. O., S. 49.

31 *Sering*, Arbeiterausschüsse in der deutschen Industrie, Schriften des Vereins für Socialpolitik, Bd. 46, 1890, S. 11.

Beginn des 19. Jahrhunderts eine von Unternehmen und Arbeitern paritätisch verwaltete betriebliche Sozialkasse bestand. Der Firmeninhaber bekundete, dass sich die Verwaltung durch einen Arbeitervorstand gut bewährt habe. »*Diesem Vorstande schenken wir unsererseits das weitest gehende Vertrauen … Wir können gewissermaßen behaupten, dass unsere Kassenvorstände gleichzeitig auch für alle sonstigen, die Arbeiter betreffenden Frage als Arbeitervertretung betrachtet und behandelt werden.*«[32] Von den gleichen Erkenntnissen berichtete zur gleichen Zeit *Gustav Schmoller*. Ihm habe der Inhaber einer Kammgarnspinnerei gesagt: »*Ich behandle die Vertreter und Vorstandmitglieder der Krankenkasse, den Vorstand des Konsumvereins und das Obermeister- und Meisterkollegium als die berufenen Arbeitervertreter, bespreche und berate mit ihnen, so oft es mir wünschenswert erscheint, die zum Wohle der Arbeiter beabsichtigten Neueinrichtungen.*«[33]

Es gibt keinen Grund zu bezweifeln, dass hier für das ganze 19. Jahrhundert die Entwicklung der betrieblichen Kassen nach der Seite der Arbeiterausschüsse hin beschrieben ist; es handelt sich um die »*frühe Realgeschichte der Betriebsvertretungen*«.[34] Die andere mündete in die gesetzlichen Krankenkassen. Das aber ganz Entscheidende ist: Deutschland ist ein Land mit einer langen und verbreiteten Tradition der regelmäßigen Wahl von betrieblichen Repräsentanten für zwar zunächst bescheidene Zwecke und auch ohne wirkliche Rechte gegenüber dem Arbeitgeber. Aber jedenfalls ist offenkundig, dass von da an das Prinzip »demokratische Repräsentanz des Arbeiter-Kollektivs unter Übernahme von Verantwortung« geradezu Bestandteil der DNA der deutschen Arbeitnehmer wurde (mit einem späten Ausläufer in der immer noch verblüffenden so plötzlichen wie flächendeckenden Wiedergründung von Betriebsräten nach 1945, § 20).

Diese praktizierte Betriebsverfassung vollzog sich aber gleichsam im Dunkel. Es macht eines der Spezifika der deutschen Mitbestimmungsgeschichte aus, dass dieses Kapitel praktisch unbekannt geblieben ist: Es gibt z. B. keine empirischen Erkenntnisse darüber, wie das »System Villeroy & Boch« wirklich funktionierte und wie repräsentativ es war. Erst gegen Ende des 19. Jahrhunderts wurden diese Verhältnisse transparenter, als mit dem dann voll entbrannten Konflikt mit Sozialdemokratie und Gewerkschaften die Scheidung auf Unternehmerseite klar hervortrat: zwischen den Protagonisten einer »Herr-im-Hause«-Position und den Befürwortern einer »konstitutionellen Fabrik« (mit klarer Prävalenz der ersteren, § 9).

---

32 A. a. O., S. 123. Zu diesem Zeitpunkt beschäftigte Villeroy & Boch etwa 5000 Arbeiter in 8 Werken (*Stegmann*, Der soziale Katholizismus und die Mitbestimmung in Deutschland, 1978. S. 38).

33 *Schmoller*, Über Wesen und Verfassung der großen Unternehmungen, in: Zur Sozial- und Gewerbepolitik der Gegenwart, 1890, S. 426.

34 *Kotthoff*, Betriebsräte und Bürgerstatus, 1994, S. 323.

§ 6 »Herkunftslinien« der Betriebsverfassung

Nachdem die betrieblichen Kassen so bereits knapp 100 Jahre lang eine unspektakuläre Verbreitung erfahren hatten, begann im ersten Drittel des 19. Jahrhunderts, in der Periode des »Vormärz«, eine auch konzeptionelle Diskussion über die Lage der Arbeiter (§ 7). Ein Strang war zeitgenössisch populär und ist es bis heute geblieben, weil er von den Vorboten der 48er-Revolution handelt: der Auseinandersetzung mit dem Massenelend und der strukturellen Massenarbeitslosigkeit nach 1815, dem »Pauperismus«. Es dauerte lange, bis man die eigentliche »Arbeiterfrage« davon separat diskutierte. Sie hatte, wenig überraschend, zunächst nicht so große Öffentlichkeitswirkung, handelte sie doch von den »Glücklichen«, die eine Arbeit hatten. *Paul Mombert*, der etwa 300 sozial-kritische Beiträge aus dieser Zeit auflistete, fand es bemerkenswert, *»wie spät und langsam sich in Deutschland die eigentliche Arbeiterfrage aus dem allgemeinen Pauperismusproblem losgelöst hat.«*[35] Auch wenn erste Botschaften von grausamen Zuständen in englischen Fabriken berichteten, blieb das doch zeitgenössisch – abgesehen von der beginnenden Diskussion um Kinderarbeit in der Rheinprovinz – zunächst eine eher theoretische Vision.

Jedenfalls kam nichts von den Arbeitern selbst! Es ist eine bis heute frappierende Tatsache, dass sie mehr als ein Jahrhundert lang stumm blieben. *Teuteberg*[36] schreibt ihrer *»eigentümliche Interesselosigkeit«* an der Mitbestimmung einer Vielzahl von Faktoren zu: heterogene, meistens ländliche Herkunft, fehlende berufliche Identität, geringe Qualifikation und nicht entwickeltem Verantwortungsgefühl für ein größeres Ganzes. Eine solche an patriarchische Strukturen gewöhnte Gruppe, *»die generationenlang noch keine Möglichkeit gehabt hatte, in*

35 Vgl. *Mombert*, Aus der Literatur über die soziale Frage und über die Arbeiterbewegung in Deutschland in der ersten Hälfte des 19. Jahrhunderts, Archiv für die Geschichte des Sozialismus und der Arbeiterbewegung, Bd. 9, 1921, 169, 221.

36 Vgl. *Teuteberg*, Ursprünge und Entwicklung der Mitbestimmung in Deutschland, in: Pohl, Hrsg., Mitbestimmung. Ursprünge und Entwicklung, 1981, S. 7, 17; siehe auch *Milert/Tschirbs*, S. 55.

größerem Umfang Verantwortung im Unternehmen zu tragen, besaß vom Wert solcher Rechte noch keine genaue Vorstellung«.

Aus ihren Kreisen hören wir Programmatisches zur Frage betrieblicher Interessenvertretung bis zum Ende des 19. Jahrhunderts so gut wie gar nichts – vom immer wieder zitierten, aber vereinzelt gebliebenen Beispiel der 48er-Revolution abgesehen (§ 8). Und als sie sich mit Gewerkschaften eine organisierte Stimme schufen, standen Reformen im Betrieb an letzter Stelle (s. u.). Die im »Vormärz«[37] einsetzende Diskussion wurde vielmehr ausschließlich von philanthropisch gesinnten Unternehmern und akademischen, bürgerlichen »Sozialreformern« sowie aufgeklärten »Bürokraten« bestritten (das galt selbst für die Gründung der ersten »Arbeitervereine« um die Mitte des 19. Jahrhunderts mit den Ikonen *Marx, Engels, Lassalle* und *von Schweitzer*).

Hier nun stoßen wir nach der unübersichtlichen Frühgeschichte im Verhältnis von Zünften, Bergbau und frühen Manufakturen – man könnte sagen, folgerichtig – auf nahezu unüberwindbare Schwierigkeiten beim Versuch einer Gesamtgeschichte der Betriebsverfassung ab dem 19. Jahrhundert. Denn es gibt keine gerade Traditionslinie, nach dem Motto »von kleinen Anfängen zu heutiger Größe« – etwa vom für uns heute namenlosen Borsig-Delegierten des Jahres 1848 zum großen Konzernbetriebsratsvorsitzenden von heute! Den Zeitgenossen während des gesamten 19. Jahrhunderts bis wenigstens zum Ende des 1. Weltkrieges war nämlich in keiner Weise bewusst, es diesbezüglich mit einem begrifflich klar definierten Thema und dessen konzeptioneller Weiterentwicklung zu tun zu haben. Interessenvertretung der Arbeiter auf der betrieblichen Ebene war von Anfang an nur einer von vielen anderen Aspekten der »Arbeiterfrage«, mit unterschiedlichster Schwerpunktsetzung verwoben mit Sozialkassen, betrieblichen Sparkassen, Konsumgesellschaften, Genossenschaftsideen unter Addition von »Assoziationen«, Genossenschaften[38] und »Kammern« in überbetrieblichen, kommunalen oder gewerblichen Zusammenhängen. Nach dem Auftreten von Parteien und Gewerkschaften multiplizierte sich die Zahl solcher Ideen – mit der Errichtung einer (wie auch immer im Detail beschaffenen) »sozialistischen« Gesellschaft am Ende des Spektrums. Das heißt für unser Thema: Betriebliche Interessenvertretung gab es nie als isoliert fassbares Phänomen, sondern stets als Teilelement der großen »Arbeiterfrage«.

Otto Neuloh hatte sich in seinem fundamentalen Werk »Die Deutsche Betriebsverfassung« bemüht, dieser so unübersichtlichen Entwicklung Kontur zu ver-

37 So wird die Epoche von etwa 1830 bis zur Revolution im März 1848 genannt (vgl. *Bleek*, Vormärz. Deutschlands Aufbruch in die Moderne 1815–1848, 2019; *Conze*, Hrsg., Staat und Gesellschaft im deutschen Vormärz, 2. Aufl. 1970; *Geisthövel*, Restauration und Vormärz 1815–1847, 2008).

38 Die berühmtesten Konzepte stammen mit liberalem Ansatz von *Hermann Schultze-Delitzsch* und mit sozialistischen Perspektiven von *Ferdinand Lassalle*.

leihen durch die auch heute noch hochgehaltene[39] Erfindung dreier »Entwicklungslinien«: einer »Angebotslinie« der Unternehmer, einer »Forderungslinie« der Arbeiterbewegung und einer »Gesetzgebungslinie«.[40] Das klingt attraktiv und plausibel, wird aber erheblich relativiert, wenn genauer in den Blick genommen wird, wer hier was »angeboten« bzw. »gefordert« hat. Wichtig ist auch die Interdependenz aller drei Bereiche.

Zunächst sind ab der Mitte des 19. Jahrhunderts zwei gegenläufig begründete, in dieser Hinsicht aber zum gleichen Ergebnis führende Entwicklungsstränge bei Unternehmen und Gewerkschaften zu beobachten:

- Jedenfalls bei den großen Unternehmen bildete sich zunehmend eine radikale Abwehrhaltung gegen Eingriffe in die eigene Herrschaft über das Unternehmen heraus; der »Herr-im-Hause«-Standpunkt wurde zum Markenzeichen der gesamten Großindustrie. Mitbestimmungsfreundliches kam nur noch von einer kleinen, politisch einflusslosen Gruppe philanthropischer und/oder betriebswirtschaftlich »moderner« Kleinunternehmer (§ 9).[41]
- Diese Entwicklung war sicherlich im Kern auch ein Reflex auf das Auftreten der Gewerkschaften, die ihrerseits die Organisationsschwerpunkte außerhalb der Betriebe hatten.[42] Deren bei weitem größten, die »freien« Gewerkschaften, legten zwar den Hauptakzent ihrer Bemühungen auf die Alltagsprobleme ihrer Mitglieder, aber die Fluchtlinien ihres konzeptionellen Denkens trafen sich so wie bei der Sozialdemokratie in dem für irgendwann und irgendwie erwarteten großen »Kladderadatsch«, dessen Folge dann der »Sozialismus« sein sollte. Es dauerte sogar bis zum Jahre 1900, dass sie auf einem Verbandstag den Tarifvertrag offiziell als nützliches und notwendiges Instrument anerkannten.[43] Von betrieblicher Mitbestimmung hielten sie noch viel länger wenig bzw. nichts. Erst in der Denkschrift aller Richtungsgewerkschaften für den »Übergang von der Kriegs- zur Friedenswirtschaft« vom 30. Juni 1917

---

39 Vgl. *Milert/Tschirbs*, S. 19.

40 *Neuloh*, Die deutsche Betriebsverfassung und ihre Sozialformen bis zur Mitbestimmung, 1956, S. 109ff.

41 *Teuteberg* sieht hier ab der Jahrhundertmitte eine neue Generation jüngerer Unternehmer am Werke, die die menschliche Arbeitskraft im Namen des sich verstärkenden wirtschaftlichen Liberalismus zunehmend nur als Ware betrachtete, *»wobei manchmal rücksichtslose Härte den an sich notwendigen Prozess der Rationalisierung begleitete«* (*Teuteberg*, S. 208).

42 Diese Beobachtung vor allem von *Thomas Nipperdey* sagt viel über die Absenz der Gewerkschaften in den großen Betrieben im Kaiserreich und ihre fehlende Verankerung dort im der Weimarer Republik (§ 14 IV).

43 Trotz einer bereits kräftig entwickelten Tarifvertragspraxis war bis dahin bei den Gewerkschaften noch verbreitet, Tarifverträge als »Harmonieduselei« abzulehnen, die nur vom wirklichen Klassenkampf ablenkten (vgl. *Schuster*, Die deutschen Gewerkschaften seit 1945, 1972, S. 34).

widmeten sie ihr eine unscheinbare, kleine Passage: »*Die Arbeiter- und Angestelltenausschüsse haben Anträge, Wünsche und Beschwerden der Arbeiter ihres Betriebes in Bezug auf Lohn und Arbeitsverhältnisse zu prüfen und mit eigener Äußerung zu Kenntnis des Unternehmers zu bringen*«.[44] Folgerichtig wurde für diese Ausschüsse auch im Stinnes-Legien-Abkommen nur die »*Überwachung der Einhaltung der Tarifverträge*« vorgesehen (§ 14).

Das hieß für das gesamte 19. Jahrhundert bis zum Ende des 1. Weltkriegs: Von den relevanten gesellschaftlichen Akteuren gingen keine (positiven) Impulse hinsichtlich der Beteiligung der Arbeiter auf betrieblicher Ebene aus. So nimmt es nicht wunder, dass es legislative Aktivitäten auf diesem Feld nur als Reaktion auf katastrofische bzw. so empfundene Situationen gab:

- Das durch die 48er-Revolution installierte Paulskirchenparlament machte die Einführung von Arbeiterausschüssen immerhin zum Gegenstand von Ausschussberatungen (aber nicht mehr, § 8).
- Die Einführung freiwilliger Arbeiterausschüsse mit dem »Arbeiterschutzgesetz« von 1891 war als Reaktion auf den ersten großen Bergarbeiterstreik 1889 erfolgt. Dieser »Neue Kurs« blieb jedoch ein Strohfeuer zum Amtsantritt von Wilhelm II. und der Abdankung Bismarcks (§ 10).
- Für obligatorische Arbeitsausschüsse im preußischen Bergbau 1905 bedurfte es eines weiteren, noch viel größeren Bergarbeiterstreiks (§ 11).
- Mit den Arbeiterausschüssen aufgrund des Hilfsdienstgesetzes von 1916 versuchte der wilhelminische Staat die Unterstützung der Arbeiter für die Fortführung des Kriegs zu sichern (§ 13).
- Schließlich ist das Betriebsrätegesetz 1920 nur als Reverenz an den populären Rätegedanken der Novemberrevolution zu verstehen; von den Arbeitgebern wurde es energisch bekämpft und von den Gewerkschaften auch nur misstrauisch beäugt (§ 16).

In der Summe könnte man die betriebliche Mitbestimmung also bis zu der Zeit nach dem 2. Weltkrieg durchaus als »kollaterales« Phänomen der deutschen Wirtschafts- und Sozialgeschichte bezeichnen. Erst mit dem Wunder des Wiederanfangs nach 1945 gewann diese zunächst in den westlichen Besatzungszonen und dann der Bundesrepublik eigenständige Konturen (§§ 20ff.). Ab dieser Zeit standen die Gewerkschaften wirklich für die sog. Forderungslinie.

---

44 Quellen, Bd. 1, 1985, 368.

Arbeiterausschüsse im (langen) 19. Jahrhundert

§ 7 Sozialreformer im Vormärz – Robert von Mohl

In Deutschland fallen die ersten ideengeschichtlichen Zeugnisse für eine Beteiligung von Arbeitnehmern auf betrieblicher Ebene in den »Vormärz«, etwa von 1830 bis 1848.[45] Diese Epoche ist gekennzeichnet von der Transformation einer Agrar- in eine Industriegesellschaft, der hiermit verbundenen Freisetzung vieler ländlicher Arbeitskräfte, großer Arbeitslosigkeit und Armut, eben dem »Pauperismus«[46] – mit der Folge gesellschaftlicher Unsicherheit und Unruhe. Diese Entwicklung bildete den Nährboden für eine Epoche der im Gefolge des Wiener Kongresses von *Metternich* inspirierten politischen Reaktion. Geradezu obsessiv wurden alle Tendenzen demokratischer Umwälzungen bekämpft. Schließlich lieferten die Aktivitäten von nach Frankreich und in die Schweiz emigrierten Demokraten, voran des »Bunds der Demokraten«[47], den Anlass für einen von Sachsen 1835 beantragten und 1840 gefassten Beschluss der Bundesversammlung gegen »unerlaubte Gesellenverbindungen«. Parallel dazu arbeiteten in Preußen zwei Kommissionen – die eine für Strafrecht, die andere für Gewerbe – an einem Koalitionsverbot für Arbeiter. Nach einem ersten Referenten-Entwurf 1828 erfolgte dieses Verbot 1844 mit § 182 der preußischen Gewerbeordnung – ausdrücklich trotz des Fehlens jeglicher Streikaktivitäten, aber höchstvorsorglich um »kommunistischen« Umtrieben vorzubeugen.[48] Einen weiteren Motivstrang lieferte der Blick nach England und Frankreich, den beiden Nachbarn mit Revolutionserfahrung sowie einem epochalen Vorsprung hinsichtlich der

---

45 Zu den rechtlichen Rahmenbedingungen vgl. *Ramm*, Die Arbeitsverfassung im »Vormärz«, in: Festschrift für Söllner, 1990, S. 423.

46 Vgl. *Köllmann*, Bevölkerung und Arbeitskräftepotential in Deutschland 1815–1865. Ein Beitrag zur Analyse der Problematik des »Pauperismus«, in: ders., Bevölkerung in der industriellen Revolution, 1974, S. 61.

47 Dessen von *Wilhelm Weitling* verfasste Programmschrift »Die Menschheit wie sie ist und wie sie sein sollte« gilt als erstes Manifest eines spezifischen deutschen Handwerkerkommunismus.

48 Den letzten Anstoß gab der schlesische »Weberaufstand« 1844, vgl. *Kittner*, Arbeitskampf, S. 189.

Industrialisierung.[49] Hierzu hatte *Karl Quentin* 1840 in einer damals populären Broschüre (»Ein Wort zur Zeit der Arbeiter-Koalitionen«) geschrieben: »*In zwei großen europäischen Nachbarstaaten haben sich bereits drohende Vorboten des bevorstehenden Kampfes gezeigt, eines Kampfes der missleiteten rohen Masse ohne Intelligenz gegen ihre vermeintlichen Zwangsherren, der Armuth gegen den Reichthum. Wir haben Beispiele seiner zerstörenden Folgen von der einfachen Koalition der Handwerker und Fabrikarbeiter Behufs Erhöhung ihrer Löhne, bis zur offenen, mit Mord und Brandstiftung gepaarten Revolte.*«

In diesem Umfeld wurden die ersten Gedanken über eine Behandlung der Probleme und Interessen der Arbeiter in den neuen Industrien entwickelt. *Robert von Mohl* spricht stellvertretend für seine Wissenschaftler-Generation von »*dem vielfach beklagenswerten Einflusse, welches das System der großen Fabriken auf den wirthschaftlichen, sittlichen, bürgerlichen und staatlichen Zustand der zahlreichen gewöhnlichen Fabrikarbeiter ausübt.*«[50] Dazu komme die »*Ansammlung übermäßiger Reichthümer in den Händen Einzelner*«.

Daraus zogen diese bürgerlichen Denker – in unterschiedlicher Kombination – typischerweise folgende Schlüsse:

- Erschrecken über die sittliche »Verrohung«, zu der Fabrikarbeit unter den damaligen Umständen führe,
- aber auch aufrichtige Empörung über die Ausbeutung der Arbeiter und
- daraus folgend die Furcht vor Aufruhr und Umsturz.[51]

Ihre prominentesten Vertreter und – aus heutiger Sicht – Ahnväter der Idee, dass Arbeiter im Kapitalismus ein eigenes durchsetzbares Recht haben müssten, blickten naturgemäß ebenfalls nach Frankreich und England. Von dort kamen für die deutsche Rezeption zwei ganz unterschiedlich akzentuierte Impulse:

- Aus Frankreich wirkten die Schriften von Frühsozialisten[52], wie *Charles Fourier, Pierre-Joseph Proudhon* und *Henri de Saint-Simon*, die als erste radikale

49 *James Watt* hatte seine Dampfmaschine 1869 patentieren lassen, die seither alle Industriezweige prägte.

50 *Von Mohl*, Über die Nachtheile, welche sowohl den Arbeitern selbst, als dem Wohlstande und der Sicherheit der gesammten bürgerlichen Gesellschaft von dem fabrikmäßigen Betriebe der Industrie zugehen, und über die Notwendigkeit gründlicher Vorbeugungsmittel, Archiv der politischen Ökonomie und Polizeiwissenschaft, 1835, Bd. 2 Heft 2, S. 141. *Von Mohl* war Nationalökonom und führend im Paulskirchen-Parlament beteiligt (vgl. *Stöcker*, Die Gemeinwohltheorie Robert von Mohls als ein früher Ansatz des sozialen Rechtsstaatsprinzips, 1992).

51 Die sog. Juli-Revolution von 1830, mit der durch einen dreitägigen Aufstand von Handwerkern; Arbeitern und Studenten in Paris die Bourbonen vertrieben wurden, hatte einen Widerhall in ganz Europa. In Bereich des Deutschen Bundes wurden kurzfristig die reaktionären Kräfte belebt, mittelfristig mündete die ganze Bewegung in die März-Revolutionen von 1848 sowohl in Frankreich als auch in Deutschland.

52 *Vester*, Hrsg., Die Frühsozialisten 1789 – 1848, 2 Bände, 1970; *Ramm*, Hrsg., Der Frühsozialismus. Quellentexte. 2. Aufl. 1968.

Lösungen für die Probleme der abhängigen Arbeit im Kapitalismus propagierten. Das wirkte aber nicht als erstrebenswertes Vorbild, sondern, im Verbund mit einer Sicht wie der von *Quentin*, als Beispiel für alles, was es zu vermeiden gelte.

- Aus England kamen dagegen Informationen über die Möglichkeiten eines pragmatischen, kooperativen Umgangs von Fabrikanten mit Arbeitern. Hierfür steht vor allem das überzeugende Beispiel des Fabrikanten und Frühsozialisten *Robert Owen*. In diese Richtung wirkte vor allem das 1832 erschienene Management-Buch »On the Economy of Machinery and Manufactures« des Mathematikers *Charles Babbage*, in dem eine betriebliche Partnerschaft zwischen Unternehmern und Arbeitern propagiert wurde.

In Deutschland selbst sollte es noch bis zur Jahrhundertmitte dauern, bis *Karl Marx* eine fundierte Kapitalismuskritik und darauf fußend elaborierte Darstellung des Sozialismus als Bezugsrahmen anbot. Hier war der Beginn des Vormärz noch mehr von »Ahnen« als von »Wissen« geprägt. Berühmt sind die düsterwolkigen Auslassungen *Goethes* in »Wilhelm Meisters Wanderjahre« (1829) über das Kommende: »*Das überhandnehmende Maschinenwesen quält und ängstigt mich: es wälzt sich heran, wie ein Gewitter, langsam, langsam; aber es hat seine Richtung genommen, es wird kommen und treffen.*«[53] Immerhin war er nicht nur der berühmte Dichter, sondern zugleich ein für Bergbau und Finanzen zuständiger Landesminister. Noch knapp 10 Jahre später demonstrierte der zu den »romanischen« Sozialreformern zählende Rechts- und Staatswissenschaftsprofessor *Franz Joseph von Buß* in der – für den Fakt als solchen berühmten – ersten Rede zu sozialpolitischen Problemen in einem deutschen Parlament die insofern rückständige Situation. Er schilderte in beredten Worten das Elend englischer und französischer Arbeiter, um dann seine Genugtuung darüber auszudrücken, dass das ein »*fremdes Bild*« sei; »*denn bis jetzt hat sich eine die Besorgnisse der geschilderten Gefahren erregende Fabrikindustrie noch nicht entwickelt*«.[54] Damit stand *Buß* exemplarisch für eine Gemeinsamkeit praktisch der gesamten Diskussion bis zur 48er-Revolution: ihrer akademischen Natur und Praxisferne (hierzu nochmals der Hinweis auf die fehlende Anknüpfung an die breite Praxis der betrieblichen Kassen).

53 Vgl. *Goethe*, Gesammelte Werke, Münchener Ausgabe, 13. Aufl. 1994, Bd. 8, S. 429.

54 *Buß*, Über die mit dem fabrikmäßigen Gewerbsbetrieb verbundenen Nachtheile und die Mittel ihrer Verhütung. Eine Rede, gehalten am 25.4.1837 in der 16. Öffentlichen Sitzung der II. Kammer der Großherzoglich-Badischen Landstände, 1837; hierzu *Geck*, Zur Geschichte der der deutschen Fabrikgesetzgebung. Der erste sozialpolitische Versuch in deinem deutschen Parlament. Mit einem Geleitwort von *August Bebel*, 1904. Der praktische Gehalt der *Buß*'schen Gedanken blieb undeutlich. Er plädierte im Kern für eine »*Association zwischen Herrn und Arbeiter*«, womit er wohl als erster den Gedanken der »christlichen Fabrik« angesprochen hat, der später noch jahrzehntelang von der katholischen Sozialbewegung propagiert wurde (vgl. *Teuteberg*, S. 29).

Die allerersten nun auftretenden Theoretiker werden heute unter einem Sammelbegriff geführt, der das Wesentliche auch für unser Thema aussagt: »›Romantische‹ Sozialreformer«. Damit soll gesagt werden, dass sie die Heilmittel für die Gebrechen des Kapitalismus im Rückgriff auf Ideen und Instrumente der »guten alten Zeit« sahen, vor allem einer Wiederbelebung ständischer Strukturen. Der allererste dieser Reihe war *Adam Heinrich Müller*. Er äußerte in Dresdner Vorlesungen 1808/09 den Gedanken, dass sich Kapital und Arbeit zum Schaden der gesamten Gesellschaft wie *»zwei feindselige Massen«* entwickelten. Um die verdrängte Ordnung der *»alten ewigen korporativen und ständischen Einrichtungen«* wiederherzustellen, sei es nötig, dem Arbeiter zu einem zuverlässigen Stand in der bürgerlichen Gesellschaft zu verhelfen.[55] Konkreter wurde er nicht.[56] *Müller* inspirierte *Franz von Baaders*, der an dessen Gedanken anknüpfte und, nachdem er die Schattenseiten der Fabrikindustrie in den schwärzesten Farben gemalt hatte, von einem Recht der *»Proletairs«* auf Repräsentation in einer ständischen Gesellschaft sprach. Freilich ging sein Vertrauen in diese neue, zu schützende Klasse nicht allzu weit, denn er schlug vor, den Arbeiter-Vertretern katholische Priester als eine Art Vormünder zur Seite zu stellen.[57]

Derartige Gedanken blieben zeitgenössisch ohne jeglichen praktischen Widerhall, wurden jedoch zum Ausgangspunkt einer Reihe vor allem katholisch orientierter Theoretiker, sämtlich geprägt von einer Absage an den »Klassenkampf« und dem Versuch, organisatorische Formen einer »Versöhnung« von Kapital und Arbeit zu finden.[58] Eine vergleichbare Linie gab es bei den Protestanten.[59] Deren arbeitspolitisch profiliertester Theoretiker jener Zeit war *Victor Aimé Huber* mit Plädoyers für Genossenschaftswesen und Gewinnbeteiligung der Arbeiter.[60] Beide konfessionellen Linien fanden, überraschend praktisch, am Ende des Jahrhunderts zusammen, als der protestantisch-ethisch bewegte *Hans Hermann von Berlepsch* als preußischer Minister im Zusammenwirken mit dem katholischen

55 Den Kontext zu einem ein Jahr vorher geäußerten Gedanken *Hegels* wird man nicht nur für einen Zufall halten können: *Hegel* hatte in seiner »Phänomenologie des Geistes« in den Ausführungen zu »Herrschaft« und »Knechtschaft« herausgearbeitet, wie wichtig wechselseitige »Anerkennung« sei (vgl. *Hegel*, Phänomenologie des Geistes, 1807, 6. Aufl. 1952, S. 147).

56 Der einzige real-praktische Vorschlag *Müllers*, besondere Sparbanken für Arbeiter, blieb folgenlos.

57 Vgl. *Teuteberg*, S. 13ff.

58 Vgl. *von Bruch*, Hrsg., Weder Kommunismus noch Kapitalismus. Bürgerliche Sozialreform in Deutschland vom Vormärz bis zur Ära Adenauer, 1985; *Stegmann*, Der soziale Katholizismus und die Mitbestimmung in Deutschland, 2. Aufl. 1978, S. 25ff.

59 Vgl. *Becker*, Sozialpolitische Vorstellungen der Kirchen und ihre Realisierung im 19. Jahrhundert, in: Pohl, Hrsg., Staatliche, städtische, betriebliche und kirchliche Sozialpolitik vom Mittelalter bis zur Gegenwart, 1991, S. 177.

60 Vgl. *Becker*, a. a. O., S. 187f.

Sozialreformer *Hitze* 1891 das »Arbeiterschutzgesetz« mit freiwilligen Arbeiterausschüssen als Reaktion auf den Bergarbeiterstreik von 1889 schuf (§ 10).

Die herausragende Figur der Sozialreformer des Vormärz mit Traditionswirkung für die betriebliche Mitbestimmung war *Robert von Mohl*, der so wie alle anderen von der Schädlichkeit des ungehemmten kapitalistischen Wirtschaftens überzeugt war. Er sah ein zentrales, von ihm so genanntes »Vorbeugungsmittel« in einer Gewinnbeteiligung der Arbeiter. Und um diese technisch korrekt durchführen zu können, schwebte ihm Folgendes vor: »*Einmal wird der Eigenthümer bei der Berechnung des reinen Gewinns einer Abordnung von Seiten der Arbeiter beizuziehen, und derselben die Einsicht seiner Bücher zu gestatten haben, wobei übrigens nicht nur eine Beeidigung auf strengstes Geheimhalten der hierbei erhaltenen Kenntnisse nöthig wäre, sondern auch die Personen außerhalb der Zahl der Arbeiter von diesen gewählt werden könnten.*«[61] Auch die Abgrenzung des Personenkreises der begünstigten Arbeiter wollte er diesen selbst überlassen: »*Für den Ausschluß entschieden Unwürdiger könnte durch ein, aus den Arbeitern selbst zu bildendes Geschworenengericht wohl gesorgt werden.*«[62] Damit war er der erste, der einer freigewählten betrieblichen Interessenvertretung der Arbeiter außerhalb der Sozialkassen das Wort redete.

Mohls Modell wurde von dem österreichischen Juristen und Politiker *Johannes Alois Perthaler* aufgegriffen, der es um die Konstruktion einer sozialen Betriebsgemeinschaft von Unternehmer und Arbeitern erweiterte.[63] In Preußen begann – unter dem Eindruck einer anwachsenden sozialen Unruhe –, die Sorge um das Los der Arbeiter in einflussreichen bürgerlichen Kreisen und sogar bei Hofe der Gedanke Fuß zu fassen. Einen wichtigen Anstoß lieferte die Schrift des Kieler Staatsrechtslehrers *Lorenz von Stein* über Sozialismus und Kommunismus.[64] Er hielt es für dringend notwendig, dass das Königtum »*für die Erhaltung seiner Selbständigkeit und hohen Stellung nur eine Ausweg (habe): es ist der, sich mit aller Besonnenheit, Würde und Kraft im Namen der Volkswohlfahrt und Freiheit an die Spitze der sozialen Reform zu stellen.*«[65] Beflügelt von entsprechenden Erwartungen an die Thronbesteigung *Friedrich Wilhelm IV.* bildete sich 1844 unter Beteiligung vieler namhafter Unternehmer und Staatsrepräsentanten[66] der »Centralverein für das Wohl der arbeitenden Klassen«. Dieser Verein wurde in ganz

---

61 *Mohl*, a. a. O., Fn. 49, S. 179.

62 A. a. O., S. 180.

63 Vgl. *Perthaler*, Ein Standpunct zur Vermittlung socialer Mißstände im Fabrikbetriebe, Zeitschrift für österreichische Rechtsgelehrsamkeit und politische Gesetzeskunde, 1843, S. 66 ff. und 118 ff.

64 Vgl. *v. Stein*, Der Socialismus und Communismus des heutigen Frankreich, 1842.

65 *V. Stein*, Geschichte der sozialen Bewegung in Frankreich von 1789 bis auf unsere Tage, Neuausgabe 1921, Bd. 3, S. 41.

66 Diese Bürokratie war zur gleichen Zeit verantwortlich für die Einschränkung der Kinderarbeit durch das preußische Dekret von 1839.

Deutschland mit örtlichen Zweigvereinen tätig und drückte für einen kurzen Moment der deutschen Geschichte so etwas wie Engagement des Großbürgertums für die Lösung der »Arbeiterfrage« aus. Immerhin propagierte er »Fabrikvereine« mit paritätischer Besetzung durch Unternehmer und Arbeiter. Je nach örtlichen Gegebenheiten kamen Liberale, Radikale und Sozialisten zu Wort und Einfluss.[67] Die von dort ausgehenden Impulse mündeten direkt in die Geschehnisse der Revolution von 1848.

Was den »Centralverein« selbst angeht, so flauten sein Impetus so wie generell die staatliche Reformbereitschaft schon bald nach der Revolution wieder völlig ab. Seine Generalversammlung legte am 16. Mai 1849 den »Entwurf einer Verordnung betr. Die Verhältnisse der Arbeitgeber und Arbeitnehmer in den Fabriken« vor, in dem von paritätischen Mitspracherechten der Arbeiter nichts mehr übriggeblieben war. Man begnügte sich vielmehr damit, den Staat auf die Notwendigkeit des Erlasses von Fabrikordnungen und obligatorische Unterstützungskassen hinzuweisen. Das preußische Ministerium wies das alles unter Hinweis auf die 1849 eingerichteten »Gewerberäte« als nicht zeitgemäß zurück (§ 10).

---

67 So berichtete *Friedrich Engels* in einem Brief *an Karl Marx* vom 19.11.1844: »*In Köln haben wir die Hälfte des Komitees zur Statutenentwerfung mit Unsrigen besetzt.*« *(Marx/ Engels*, Werke, 1973, Bd. 27, S. 10).

§ 8 Die Revolution von 1848

I. Handwerker, Arbeiter und Gesellen in der Revolution

Die fehlgeschlagene Revolution von 1848[68] wird allgemein als verpasste Chance Deutschlands begriffen, rechtzeitig – im Sinne von: dem Tempo der europäischen Nachbarn entsprechend – demokratische staatliche Strukturen zu etablieren. Die Weichen wurden stattdessen in Richtung der bis 1918 währenden preußisch-deutschen Autokratie gestellt. Aber nicht nur das: In gleicher Weise wurde die zum selben Zeitpunkt auf die geschichtliche Tagesordnung geratene »Arbeiterfrage« abschlägig-autoritär beschieden. Auch sie wurde erst in der »Doppelrevolution« von 1918 beantwortet. Aber verantwortlich dafür waren nicht in erster Linie die »bösen« staatlichen Mächte, sondern die bürgerlichen »Revolutionäre« selbst; sie wollten von Arbeiterpartizipation nichts wissen. Das kam so:
Die Revolution mag an sich abrupt und hinsichtlich des konkreten Zeitpunkts überraschend gekommen sein. Sie kam indes auch nicht gänzlich unerwartet; wir haben von der grassierenden »Kommunisten«-Furcht gehört und nervös-hysterischen Reaktionen auf ein Ereignis wie den »Aufstand« der schlesischen Weber (§ 7). Auf einen knappen Nenner gebracht, lagen die Ursachen dieser Revolution in der desolaten wirtschaftlichen Situation weiter Teile der Bevölkerung verbunden mit dem Überdruss am »System Metternich« des Deutschen Bundes. Hauptakteure der Revolution waren die bürgerlichen Mittel- und Unterschichten, getragen vom Wohlwollen des Großbürgertums. Aber auch Arbeiter und Handwerksgesellen hatten je nach lokalen Gelegenheiten einen kräftigen Anteil, ohne irgendwo eine führende Rolle einzunehmen.[69] Das entsprach sowohl quantitativ ihrem nach wie vor geringen Anteil an der arbeitenden Bevölkerung[70],

68 Vgl. *Siemann*, Die deutsche Revolution von 1848/49, 1985.

69 Vgl. *Bergmann*, Wirtschaftskrise und Revolution. Handwerker und Arbeiter 1848/49, 1886; *Kaschuba*, Vom Gesellenkampf zum sozialen Protest. Zur Erfahrung und Konfliktdisposition von Gesellen – Arbeitern in den Vormärz- und Revolutionsjahren, in: Engelhardt, Hrsg., Handwerker in der Industrialisierung, 1984, S. 381.

70 Von ca. 3,5 Mo. wirtschaftlich abhängigen Erwerbspersonen in Preußen waren nur etwa 550 000 Fabrikarbeiter (vgl. *Teuteberg*, S. 78).

als auch qualitativ der Tatsache, dass sie weit entfernt von einer ihrer Situation bewussten »Klasse« von Proletariern waren. Das Resultat war jedenfalls in einer Hinsicht völlig eindeutig: Dem aufgrund der Revolution gebildeten, in der Paulskirche in Frankfurt am Main versammelten Parlament gehörte mit Ausnahme des Berliner Setzers *Julius Brill* kein einziger Arbeiter an! Einfluss für deren Sache konnte demnach nur entweder von außen oder von wohlmeinenden Freunden innerhalb dieses bürgerlichen Honoratioren-Clubs kommen.

So wenig man noch von einer »Klasse« von Arbeitern sprechen konnte, so wenig waren diese in größerem Stile organisiert.[71] So prägten Pamphlete und Petitionen von Einzelpersonen an die Adresse der Parlamente und Behörden mit bunten Vorschlägen zur Arbeiterfrage das Bild, teils mit allgemein frühsozialistischem Inhalt, teils in Richtung genossenschaftlicher Organisation der Arbeit, bis hin zu den französischen »Nationalwerkstätten« ähnlichen Ideen. Dabei mischte *Wilhelm Weitling* nun aus dem Exil in Genf kräftig mit.[72] Organisierte Einflussversuche in größerem Stile gab es in zwei Richtungen, bezogen auf Handwerker- und Gesellenfragen die eine, auf allgemeine Arbeiterfragen die andere. Die eine ist vor allem mit dem Namen *Georg Wilhelm Winkelblech* verbunden, die andere mit Arbeitern der Eisengießerei von *August Borsig* in Berlin und – ebenfalls von dort – dem ersten deutschen »Arbeiterführer«, *Stephan Born*.

Hauptsprecher der kleinbürgerlich-handwerklichen Forderungen in der Revolution waren der in Kassel als Chemielehrer tätige *Georg Wilhelm Winkelblech* und der Schneidergeselle *Johann Christoph Lüchow*. Sie vertraten ein wenig kohärentes System, das Elemente der alten Zunftverfassung mit genossenschaftlichen Strukturen verband, in dem Arbeiter einen besonderen Schutz erfahren sollten. Es mündete in von Vertretern verschiedener Berufsgruppen gewählte Kammern/Parlamente mit gesichertem Einfluss auf die Gesetzgebung, dazu ein »Arbeiterministerium«. *Winkelblech* trug seine Vorstellungen auf einer »Abgeordnetenversammlung des norddeutschen Handwerker- und Gewerbestandes« vor, die am 2. Juni 1848 im Hamburg eröffnet wurde. Diese Versammlung, die zum Zentrum sozialer Forderungen aus dem Handwerk hätte werden können, scheiterte schnell und zwar wegen Kontroversen zwischen Meistern und Gesellen. Zu Ende gebracht wurde sie als reine Meisterveranstaltung vom 14. Juli bis 18. August in Frankfurt am Main, deren Forderungen zur zünftigen Re-Organisation des Handwerks den Gesellen nur noch eine inferiore Stellung zuwies.

Nachdem sich das Scheitern eines gemeinsamen Kongresses angebahnt hatte, eröffneten die Gesellen am 20. Juli 1848 in Frankfurt einen eigenen Kongress (den Handwerkerkongress verließen sie dann demonstrativ am 4. August). Er trug noch eine Zeit lang rein handwerklichen Charakter, bis die Anwesenden

---

71 Vgl. *Todt/Radandt*, Zur Frühgeschichte der deutschen Gewerkschaftsbewegung, 1950.

72 Vgl. *Teuteberg*, S. 79ff.

erkannten, dass für die Zukunft Lösungen für die »Arbeiterschaft aller Stände« nötig werden würden. Sie luden denn auch nachträglich Arbeiter aller unzünftigen und nicht handwerklichen Unternehmen ein und benannten sich in »Allgemeiner deutscher Arbeiterkongreß« um. Auf diesem Kongress führte wieder *Winkelblech* das Wort, und die Beschlussfassung atmete seinen Geist. So wurde – unter Aussparung der betrieblichen Ebene[73] – ein System sich vom Lokalen (mit Innungen) zur Bundeseben steigernder sozialer Kammern unter Beteiligung der Arbeiter beschlossen.

II. Mitbestimmungsforderungen der Berliner Borsig-Arbeiter

Die ersten »wirklichen« Arbeiter, von denen Forderungen nach betrieblicher Mitbestimmung kamen, waren die der Eisengießerei und Maschinenbauanstalt von *August Borsig* in Berlin. Er führte 1848 bereits einen der größten Industriebtriebe im Lande mit etwa 1200 Arbeitern.[74] Die qualifiziertesten waren noch im Handwerk ausgebildet worden, jedoch bestimmte ein industrieller Produktionsrhythmus die Arbeit. Obwohl von ihnen nicht bekannt war, dass sie als privilegierte Arbeiter-Gruppe typische Proletarisierungsschicksale erlitten (vielleicht aber gerade deshalb), gehörten die *Borsig*-Arbeiter zu den Barrikaden-Kämpfern am 18. März in Berlin. Etwa 900 von ihnen waren durch das Oranienburger Tor in die Stadt gezogen.[75] Vier *Borsig*-Arbeiter wurden bei den Kämpfen getötet. Das Verhalten von *August Borsig* danach war bemerkenswert: Er stiftete den Gefallenen Grabmäler, unterstützte deren Witwen und wohnte den Trauerfeierlichkeiten für die »Märzgefallenen« am 21. März in Friedrichshain bei (dabei wurde er als einziger Unternehmer namentlich erwähnt).

Am 23. März stellten die Arbeiter von *Borsig* und anderen Berliner Maschinenbauern einen Katalog mit Forderungen zu Löhnen, Arbeitszeit, Strafgeldern und Mitbestimmung auf. Zu letzterer hieß es: »*In jeder Werkstatt wird ein Ausschuß aus den achtbarsten und fähigsten Arbeitern erwählt; dieser Ausschuß hat den Zweck auf Gerechtigkeit und Ordnung zu wachen und Unstimmigkeiten zwischen dem Fabrikherrn und den Arbeitern oder zwischen den Arbeitern unter sich vorzukommen und auszugleichen. Der Ausschuß wird alle 3 Monate neu gewählt.*« Alle

---

73 Dieses für unseren Zusammenhang offenkundige Manko aller von *Winkelblech* beeinflussten Handwerkervorstellungen rührte natürlich von den geringen Betriebsgrößen dieses Bereichs her. Die neuen Größenordnungen à la *Borsig* standen diesen Leuten nicht vor Augen.

74 Vgl. *Vorsteher*, Borsig. Eisengiesserei und Maschinenbauanstalt zu Berlin, 1983.

75 Hierzu und zum Folgenden vgl. *Tschirbs/Milert*, S. 46ff.

3 Monate sollte auch eine Versammlung stattfinden, an der Fabrikinhaber, Meister und Arbeiter teilnehmen sollten. Bereits einen Tag später unterzeichneten zwölf Maschinenbauunternehmer ihr Einverständnis »*mit dem Vorstehenden*«. *Borsig* selbst verweigerte zunächst die Unterschrift, holte sie aber im April nach. Am 14. April gaben diese Unternehmer eine Bekanntmachung heraus, in der sie sich zu den Grundzügen der Einigung vom März öffentlich bekannten.
Dieser Aufbruch versandete aber recht bald. Nachdem es noch bis zum September 1848 regelmäßige Treffen von *Borsig* mit den Arbeiter-Delegierten gegeben hatte, nahmen seine »Verkündigungen und Erlasse« ab Dezember keinen Bezug mehr auf eine »Conferenz«. *Borsig* sorgte im November dafür, dass seine Arbeiter ihre Waffen abgaben. Weil er dabei auch mit Entlassungen gedroht hatte, sprach die Berliner Presse von »*gegen seine Arbeiter gerichteten Einschüchterungsversuchen.*« Im Frühjahr 1850 entließ *Borsig* sogar 170 Arbeiter, weil sie sich an Demonstrationen zum Jahrestag des 18. März 1848 beteiligt hatten – eine vorgreifende Entsprechung zum späteren Verhalten der Unternehmer wegen des 1. Mai!

III. Stephan Born und die »Sociale Volks-Charte« auf dem Berliner Arbeiterkongress

Mit *Stefan Born* tritt erstmals ein diesen Namen zu Recht tragender »Arbeiterführer« an der Spitze einer durchsetzungsmächtigen Arbeiter-Koalition auf. Man kann den Eindruck haben, er komme in der deutschen Sozialgeschichte – zu Unrecht – deutlich zu kurz. Das liegt möglicherweise daran, dass sein öffentliches Wirken in Deutschland im Grunde auf nur ein gutes halbes Jahr beschränkt ist und er zu diesem Zeitpunkt gerade 23 Jahre alt war! Und doch verbinden sich mit seinem Namen zwei ineinander verschlungener Ereignisse von immenser Langzeitwirkung: *Born* stand an der Spitze der beiden ersten großen Tarif-Streiks in Deutschland im Druckgewerbe und prägte die erste genuine Arbeiter-Proklamation zum 1848er-Geschehen. Doch der Reihe nach.
Die Beschäftigten im Druckgewerbe mit ihrer noch kräftig nachwirkenden Zunftorientierung, einem entsprechend starken Selbstbewusstsein und nach wie vor großer Organisationsneigung hatten an der 48er-Revolution an vorderster Front mitgewirkt.[76] In Berlin hatten sie sich sogleich die neue Vereinigungsfreiheit[77] auf Grund der von der Revolution erwirkten »Verordnung über einige Grundfragen

76 Vgl. *Beier*, Schwarze Kunst und Klassenkampf, Bd. 1, 1966.
77 Diese neue Vereinigungsfreiheit wurde auch nach Niederschlagung der Revolution nicht substanziell zurückgenommen. Sie wurde zur dauerhaft bleibenden Errungenschaft die-

der preußischen Verfassung« vom 6. April 1848 zunutze gemacht. Ende April formulierten sie ein 7-Punkte-Programm mit ausschließlich arbeitspolitischen Forderungen.[78] Das führte nach Ablehnung durch die Unternehmer zu einem Streik, über den am 27. April in einer Vollversammlung der Druckereiarbeiter beschlossen wurde. Diese Versammlung wurde geprägt von so entschlossenem wie besonnenem Auftreten von *Stephan Born*. Er war erst im Laufe des März aus Brüssel gekommen. Dort hatte er mit *Friedrich Engels* und *Karl Marx* beim »Bund der Kommunisten« zusammengearbeitet, die ihn nach Deutschland geschickt hatten, um für ihre kommunistischen Gedanken zu werben. *Born* war in Berlin zunächst zum Vorsitzenden einer Kommission der Druckereigehilfen und dann am 29. März zum Vorsitzenden des »Provisorischen Zentralclubs der vereinigten Bezirksclubs der Arbeiter Berlin« gewählt worden. Den Streik brachte er als äußerst geschickter Verhandler auch in Kontakt mit Magistrat und Handelsminister erfolgreich zu Ende. Dieser Berliner Konflikt mündete recht unvermittelt in eine Tarifauseinandersetzung auf nationaler Ebene, bei der *Born* zusammen mit *Joseph Dittmann* erneut eine führende Rolle einnahm. Im August kam es zu Streiks in allen größeren deutschen Städten mit unterschiedlichem Erfolg (in Berlin brach der Streik Ende August nach Eingreifen der Polizei zusammen).

Während dieser große Tarifkonflikt im Druckgewerbe lief, war *Stephan Born* unermüdlich als Agitator im großen Revolutions-Projekt tätig. Noch vor Ende des Frankfurter Gesellen-Kongresses (s. o.) wurde am 23. August in Berlin ein Arbeiterkongress nach Berlin einberufen, der von 35 Arbeiter- und Handwerkervereinen aus Ostdeutschland, dem Rheinland, Westfalen und Bayern beschickt wurde (Berlin und Leipzig entsandten eigene Delegierte; auch ein Vertreter des Frankfurter Kongresses nahm teil). Sogar *Wilhelm Weitling* war angereist. Als erstes wurde beschlossen, nicht die Frankfurter Erklärung zu übernehmen, sondern – wie von *Born* in der Einladung propagiert – eine eigene »Sociale Volks-Charte« zu entwickeln. Sie wurde auch auf dem Kongress beschlossen und enthielt eine Vielzahl von paritätischen Berechtigungen der Arbeiter, vom Betrieb über regionale Institutionen zum Gesamtstaat. Auf betrieblicher Ebene sollten »Lokal-Komitees« umfassende Mitbestimmungsrechte gegenüber den Arbeitgebern haben (z. B. bei Entlassungen). Werkführer sollten nur unter Beteiligung der Arbeiter gewählt werden, weshalb die »Lokal-Komitees« nur als Durchgangstationen zu staatlichen Produktionsgenossenschaften betrachtet wurden.[79] Aufs Ganze wurden auf diesem Kongress keine revolutionären Umwälzungen der Gesellschaft verlangt, vielmehr nur geeignete Strukturen zur Hebung der

ser Zeit und Grundlage zivilgesellschaftlicher Aktivitäten, und damit hilfreich bei der Bildung von Gewerkschaften.

78 Hierzu und zu Folgenden eingehend *Kittner*, Arbeitskampf, S. 197 ff.

79 *Teuteburg*, S. 93.

Lage der Arbeiter innerhalb der bestehenden Ordnung. Auf der Schlusssitzung gründete der Kongress die »Allgemeine Deutsche Arbeiter Verbrüderung« mit Lokal- und Regionalkomitees und der Zentrale in Leipzig (mit *Stephan Born* in der dreiköpfigen Leitung).
Die Beschlüsse des Berliner Arbeiterkongresses erlitten das gleiche Schicksal wie alle anderen Zukunftsideen der 48er-Revolution. In unserem Zusammenhang gehören sie in die Galerie der Mitbestimmung-Frühgeschichte.[80] *Stephan Born* floh nach einer strafgerichtlichen Verurteilung wegen der Führung des bundesweiten Druckerstreiks in die Schweiz und wurde später dort Universitätsprofessor und Chefredakteur der »Baseler Nachrichten«.

IV. Der Volkswirtschaftliche Ausschuss der Paulskirche: Degenkolb und Lette

Das Geschehen um die Revolution von 1848 hat aus späterer Sicht etwas Gespenstisches: Mittelpunkt des zeitgenössischen Geschehens war das in der Paulskirche in Frankfurt am Main tagende Parlament; hier »spielte die Musik« – aber nur scheinbar! Denn während man sich in Frankfurt die Köpfe über eine bessere Zukunft für Deutschland zerbrach, gewannen die alten Mächte Stück für Stück wieder an Boden. Zwar verabschiedete man in Frankfurt noch am 28. März 1849 – ziemlich genau ein Jahr nach der Revolution – eine neue Reichsverfassung,[81] die auch noch von den meisten deutschen Einzelstaaten und den beiden Kammern des preußischen Landtags angenommen wurde. Aber der preußische König, Bayern und Hannover sowie das aus dem Reichsverbund ausscheidende Österreich lehnten sie ab. Damit war das Revolutions-Projekt gescheitert. Nachdem die meisten Abgeordneten ihre Mandate auf Druck der Regierungen ihrer Länder niedergelegt hatten, floh ein »Rumpfparlament« nach Stuttgart; dort wurde es am18. Juni durch württembergisches Militär aufgelöst. Damit bleib alles, was in der Paulskirche verhandelt und beschlossen wurde, virtuell; die Demokratisierung Deutschlands wurde bis zur nächsten Revolution 1918 aufgeschoben (§ 14 II). Der Gang der allgemeinen Geschichte befestigte diese Niederlage für lange Zeit, als das Großbürgertum im Jahre 1864 im sog. Verfassungsstreit seinen Frieden mit dem antiparlamentarischen *Bismarck*-Regime

80 Zur Bedeutung für die Entwicklung des Gewerkschaftsgedankens vgl. *Tenfelde*, Die Entstehung der deutschen Gewerkschaftsbewegung. Vom Vormärz bis zum Ende des Sozialistengesetzes, in: Borsdorf, Hrsg., Geschichte der deutschen Gewerkschaften von den Anfängen bis 1945, 1987, S. 55ff.

81 Vgl. *Kühne*, Die Reichsverfassung in der Paulskirche, 1985.

in Preußen machte.[82] Die Absage an das Beteiligungs-Verlangen der Arbeiter erfolgte dagegen schon im Paulskirchenparlament mit großer Klarheit.

Das erfolgte in zwei Akten: Der erste blieb in der allgemeinen Geschichtsschreibung erstaunlicherweise ohne allzu große Resonanz; bis heute lässt man das der Paulskirche als irgendwie »lässliche Sünde« durchgehen. Denn die Abgeordneten votierten zwar für eine Garantie der allgemeinen Vereinigungsfreiheit, versagten sich aber einer Aufhebung der damals noch geltenden Koalitionsverbote für Arbeiter (z. B. des in Preußen erst 1845 beschlossenen, s. o.). Damit verhielt es sich im Ergebnis so wie das ebenfalls nur bürgerlich besetzte französische Revolutionsparlament, das 1791 mit der »Loi Le Chapelier« ein Koalitionsverbot für Arbeiter erlassen hatte.[83]

Der zweite Akt nahm einen Umweg über den vom Parlament am 24. Mai 1848 eingesetzten Volkswirtschaftlichen Ausschuss, wo über eine Reichsgewerbeordnung mit allen die Wirtschaft betreffenden Fragen verhandelt wurde, also auch über die Mitwirkung der Arbeiter. Dieser 30-köpfige Ausschuss war mit Professoren, Beamten und Unternehmern von hochrangigem Sachverstand besetzt. Nach langen und eingehenden Beratungen legte der Ausschuss am 27. Februar 1849 das Ergebnis seiner Beratungen vor. Es war eigentlich ein Nicht-Ergebnis, denn von zwei Entwürfen hatte keiner eine absolute Mehrheit gefunden. Immerhin war die Rede von »Hauptentwurf« und »Minoritäts-Gegenentwurf«, was ein Licht auf die (relativen) Mehrheitsverhältnisse wirft. Für unseren Überblick über von außen an den Ausschuss herangetragene Meinungen wichtig ist, dass der Berichterstatter über alle auf Handwerker-, Gesellen- und Arbeiter-Kongressen beschlossene Positionen getreulich referierte.[84]

Der Mehrheits-Entwurf ging darauf praktisch nicht ein; in ihm gab es keine betriebliche Arbeiter-Mitwirkung. Lediglich für bezirkliche »Gewerberäte« sei *»den Gesellen und Gehilfen (eine) angemessene Beteiligung bei der Wahl einzuräumen.«*[85] Zu den Befürwortern dieses Mehrheits-Entwurfs gehörte *Moritz Mohl*, der Bruder des berühmten Sozialreformers, *Robert von Mohl*. Das ist für sich unbedeutend, für die Nachwelt aber bemerkenswert wegen der drastischen späteren Kritik *Roberts* an seinem Bruder: *»Wie wenig er selbst in seinem Hauptfache Neues irgendwie aufnimmt oder beachtet, beweist er am besten durch seine*

82 Die Nationalliberale Partei akzeptierte damals die weitgehend nicht-parlamentarische Verfügung des Königs über den Militärhaushalt und machte von da an gemeinsame Sache mit *Bismarck* bei der Bekämpfung der Sozialdemokratie. Damit war auch jedes substanzielle sozialpolitische Entgegenkommen gegenüber der Arbeiterschaft abgeschnitten.

83 Eingehend vgl. *Kittner*, Arbeitskampf, S. 158 ff., 200.

84 Eingehend *Teuteberg*, S. 100 ff.

85 Verhandlungen der deutschen verfassunggebenden Reichsversammlung zu Frankfurt a. M., hrsg. von *Hassler*, 1848/49, Bd. 2 S. 893 ff.

vollständige Ignorierung der ganzen Arbeiterklasse. Er sieht nur den Fabrikanten, schätzt nur dessen Kenntnis und Tatkraft, freut sich nur über seine Erfolge und findet es ganz in Ordnung, wenn dieser Millionen gewinnt. Die Forderungen der Arbeiter, auch ein menschenwürdiges Dasein zu erhalten, an dem Gewinn, zu welchem sie durch ihre Geschicklichkeit und harte Anstrengungen so vieles beitragen, auch einen billigen Anteil zu erhalten, findet er Wahnsinn, so human er auch sonst gegen Tieferstehende ist; dadurch würden ja der Mitwerbung auf dem Weltmarkt Schwierigkeiten gemacht. Sie sollten den Lohn erhalten, wie ihn Angebot und Nachfrage regelt, damit Punctum. Selbst die große Gefahr der sozialen Bewegung läßt ihn ganz unentwegt: Kartätschen und Galgen seien ein sicheres Mittel dagegen«[86] – wie erfrischend und (in Teilen, erneut) modern!

Für uns von Interesse ist der Minderheits-Entwurf der Abgeordneten *Becker* (Gotha), *Degenkolb*, *Lette* und *Veit*. Er war zunächst inspiriert von *Carl Degenkolb*. Dieser war Textilfabrikant in Eilenburg im Nordwesten Sachsens[87] und stieg bis 1860 zum führenden Kattun-Unternehmer Preußens auf. *Degenkolb* war sozialreformerisch eingestellt und führte in seinem eigenen Betrieb eine Fabrikordnung mit für die damalige Zeit außerordentlich weitgehenden Arbeitnehmerrechten ein. Seine Parlamentsarbeit begleitete er mit einigen kleinen Schriften, darunter eine, in der der spätere Inhalt des Minderheits-Entwurfs weitgehend vorgezeichnet wurde: »*Entwurf einer Fabrik-Gewerbeordnung. Dem Volkswirthschaftlichen Ausschusse von seinem Mitglied Carl Degenkolb*« (o. J., 1848).[88] Damit konnte er im Ausschuss aber zunächst nur zwei Kollegen gewinnen. Resonanz erlangten seine Vorstellungen erst durch das Hinzutreten des angesehenen und einflussreichen Abgeordneten *Wilhelm Adolf Lette*, der auch kräftigen Einfluss auf die endgültige Formulierung des Minderheits-Entwurfs nahm. *Lette* war ein vermögender hoher Ministerialbeamter in Berlin, der sich bereits jahrelang als Vorsitzender des »Centralvereins für das Wohl der arbeitenden Klassen« engagiert hatte (§ 7). Er war später jahrelang Mitglied des Preußischen Landtags und auch noch des konstituierenden Reichstags des Norddeutschen Bundes. Dort brachten er und sein Kollege *Julius Faucher* von der Fortschrittspartei als erste im Jahre 1864 und dann immer wieder Anträge zur Aufhebung des preußischen Koalitionsverbotes ein.[89]

---

86 *Mohl*, Lebenserinnerungen 1799–1875, 1902, S. 45.

87 Eilenburg war während der napoleonischen Kriege an Preußen abgetreten worden.

88 *Degenkolb* publizierte 1848 noch eine zweite derartige Broschüre: »Dem Ausschuß für Volkswirthschaft von seinem Mitgliede Degenkolb« (o. J.) mit allgemeinen Erwägungen zu wirtschafts- und arbeitspolitischen Fragen.

89 Vgl. *Kittner*, Arbeitskampf, S. 210 f., 227 ff.

Degenkolbs und *Lettes* Entwurf sah ein System von betrieblichen Fabrikausschüssen und überbetrieblichen Fabrikräten vor, zu dem Gewerbekammern vom Kreis bis zur Zentralstaatsebene kommen sollten.[90]

Fabrikordnung, Art III

Fabrikausschüsse

§ 42
Jede Fabrik wählt einen Fabrikausschuß. Derselbe besteht:
a) aus einem Mitglied jeder selbständigen Gruppe der Fabrikarbeiter und
b) aus einem Werkmeister jeder Gruppe, beide durch Arbeiter gewählt,
c) aus dem Inhaber der Fabrik oder dem von ihm bestimmten Stellvertreter.

§ 43
Die Fabrikausschüsse haben folgende Befugnisse:
1) Vermittlung bei Streitigkeiten zwischen Arbeitgebern und Arbeitnehmern,
2) Entwerfung und Aufrechterhaltung der besonderen Fabrikordnung,
3) Einrichtung und Verwaltung der Krankenunterstützungskasse,
4) Überwachung der Fabrikkinder,
5) Vertretung der Fabrik in den Fabrikräten.

Fabrikräte

§ 44
Für jeden Gewerbebezirk wird von den Fabrikausschüssen ein Fabrikrat gewählt, in welchem die im Bezirk befindlichen Industriezweige sowohl durch Fabrikinhaber als durch Fabrikarbeiter, soweit Angelegenheiten der letzteren in Frage kommen, vertreten sein müssen.

§ 45
Dem Fabrikrate stehen zu:
1) Die Genehmigung der besonderen Fabrik-Ordnungen und die Oberaufsicht über deren Beobachtung;
2) die Festsetzung und Vermittlung der Arbeitszeit und der Kündigungsfristen;

90 Verhandlungen, a. a. O., Fn. 84, S. 921 ff.

3) die Festsetzung der Anzahl der Lehrlinge … und die Prüfung der Lehrlinge;
4) die Aufsicht über die Krankenunterstützungskassen;
5) die Entwerfung der Statuten der Fabrikpensionskassen und deren Verwaltung;
6) die Vertretung der Fabrikinteressen des Bezirkes bei der Gewerbekammer des Kreises.

Von diesem zweigeteilten Konzept sollten nur die betrieblichen Fabrik-Ausschüsse mit der Etablierung von Betriebsräten im 20. Jahrhundert Wirklichkeit werden. Überbetrieblichen Mitbestimmungsansätzen wie in den Fabrikräten und in gewissem Maße auch den Kammern war dagegen keine Zukunft beschieden (es gab noch zwei erfolglose Anläufe, 1908–11 und 1918, § 12 und § 15 I). Das hat hauptsächlich mit dem Aufkommen der Gewerkschaften zu tun, die einerseits Derartiges tendenziell überflüssig machten, andererseits überbetriebliche gesetzliche Einrichtungen noch entschiedener als unliebsame Konkurrenz empfinden mussten als Betriebsräte.

Das Ende der Ausschuss-Entwürfe in der Paulskirche war sang- und klanglos. Die Ausschussmehrheit hatte kein Interesse an ihrer Weiterverfolgung, und das Parlaments-Plenum verzichtete am 26. Februar 1849 »*im Hinblick auf die höchst unterschiedliche Gestaltung der Zunft- und Gewerbeordnungen der einzelnen Territorialstaaten*« auf eine weitere Behandlung.[91]

Degenkolb selbst setzte später in Eilenburg seine Ideen in die Praxis um. Er schuf 1850 mit drei anderen Kattundruckereiunternehmern eine Art Mini-Arbeitgeberverband, der dem Frankfurter Parlaments-Entwurf nachgebildete und verfeinerte Regeln für Arbeiterausschüsse und einen Fabrikrat festlegte.[92] *Degenkolbs* Fraktionskollege *Lette*, der inzwischen wieder den »Centralverein« leitete, stellte das »Eilenberger Abkommen« ausführlich in dessen Jahresbricht vor.[93] *Teuteberg* spricht davon, dass diese Einrichtungen »*der Form und Aufgabe nach die ersten Betriebsvertretungen in Deutschland (waren). Sie besaßen eine kontrollierende, verwaltende und schiedsrichterliche Mitsprache in erster Instanz.*«[94] Unmittelbar wurde *Degenkolb* jedenfalls zum prominenten Vorläufer des Konzepts einer »konstitutionellen Fabrik« (§ 9 V).

Das Fazit der 48er-Revolution ist wie zum Demokratie-Thema auch für die Arbeiterfrage und speziell die Arbeiterausschüsse zweigeteilt: Auf der aktuellen

91 Prot. Nr. 177, Öffentliche Sitzung vom 26.2.1849, Beilage T, S. 38.
92 Vgl. eingehend *Teuteberg*, S. 218ff.
93 Mitteilungen des Centralvereins für das Wohl der arbeitenden Klassen, Jg. 1850.
94 A. a. O., S. 219.

Bühne der historischen Aktion blieb sie erfolglos. Im Bereich der Ideen, der Handlungs-Disposition für ungenannte viele Aktivitäten hat sie Muster für die Zukunft geprägt. So wie der demokratische Gedanke nicht mehr aus den Köpfen der sich entwickelnden Zivilgesellschaft verschwand, hatte der Gedanke einer betrieblichen Interessenvertretung endgültig eine breite Öffentlichkeit erreicht.[95]

95 Vgl. *Teuteberg*, S. 112; *Milert/Tschirbs*, S. 46f.

§ 9 Arbeiterausschüsse zwischen Stumm, Marx und Freese

I. Revolutionäre Nachwehen: Gewerbeausschüsse

Der Gang der »großen« Geschichte nach dem Scheitern der 48er-Revolution ist geprägt vom Erstarken eines antiparlamentarisch gesinnten preußischen Königtums, dessen Aufstieg zur deutschen Führungsmacht unter *Bismarck* und die borussisch-autoritäre Prägung des später »Wilhelminisch« genannten Kaiserreichs. Von kurzen hoffnungsvollen Episoden bei Reichsgründung und mit dem »Neuen Kurs« 1891 und dem Großprojekt der Sozialversicherung abgesehen, gab es für jede Form von Arbeiter-Interessenvertretung in diesem Staat »nichts zu erben«. Im Gegenteil – das Reich war geprägt von einer geradezu fanatischen Ablehnung jeder »Demokratisierung« und daraus folgend Frontstellung des regierenden Machtzentrums gegen Sozialismus/Sozialdemokratie und Gewerkschaften. Darin war sich die politische Führung mit den Repräsentanten der großen Industrie und Landwirtschaft einig. Diese Frontstellung wurde – und das ist das Verhängnis der neueren deutschen Geschichte – nicht etwa politisch-evolutionär aufgelöst, sondern durch den Ausbruch des Weltkrieges nur sistiert (§ 12 II). Ihr Fortleben nach der Revolution von 1918 gehört zu den zentralen Ursachen für den Untergang der Weimarer Republik. Für die Zeit nach 1848 bis zum Ausbruch des Weltkriegs hieß das für unser Thema: Mit Ausnahme der beiden späten und situativ aufgezwungenen Reaktionen auf die Traumata der großen Bergarbeiterstreiks gab es keine gesetzgeberische Aktivität auf dem Feld der Arbeitnehmerbeteiligung zu vermelden. Der Gang der Dinge mündete vielmehr in eine innenpolitische Katastrophe im Verhältnis zwischen Politik, Wirtschaft und Arbeitern (§ 13).

Die Entwicklung nahm in Preußen[96] zunächst einen moderaten Verlauf, mit ersten Schritten auf die Arbeiter zu noch während der Revolutionszeit. Schon

96 Wir stellen hier die Situation im Wesentlichen bezogen auf Preußen dar (mit gelegentlichen Seitenblicken auf Sachsen als ebenfalls gewerblich weit entwickeltes Land). Das rechtfertigt sich aus zwei Aspekten: Zum einen war Preußen die Führungsmacht im Deutschen Bund, aus der heraus sich zunächst der Norddeutsche Bund und danach das Kaierreich entwickelte. Insofern haben die preußischen Ereignisse in dieser Zeit immer

am 18. April 1848 wurde ein besonderes Ministerium für Handel, Gewerbe und Ackerbau errichtet, das hauptsächlich »*den arbeitenden und gewerbetreibenden Klassen der städtischen wie ländlichen Bevölkerung seine Fürsorge*« widmen sollte.[97] Sein erster Minister wurde *Robert von Patow*, bis dahin Direktor für Handelsfragen im Innenministerium. Schon zuvor, am 4. April, hatten mehrere Abgeordnete des Preußischen Vereinigten Landtages beantragt, »*dass in allen Landesteilen fort Kommissionen aus Arbeitgebern und Arbeitenden jeder Art gebildet werden, um gemeinsam die dringendsten Mittel zu beraten, welche am geeignetsten sind, die Verhältnisse der arbeitenden Klassen zu bessern und zu heben.*«[98] Daraufhin richtete *Patow* ein System von »Gewerbeausschüssen« in Form von »Lokal-Ausschüssen«, Bezirks-Ausschüssen und einer Zentral-Kommission ein, in denen unter Beteiligung von Vertretern aller arbeitenden Klassen über Missstände und Streitfragen im Verhältnis zwischen Arbeitgebern und Arbeitnehmern beraten werden sollte. Damit war viel vorweggenommen, das später in den Denkschriften der verschiedenen Handerker-, Gesellen- und Arbeiterkongressen beschlossen werden sollte (§ 8). Das Projekt scheiterte jedoch in der zu diesem Zeitpunkt noch aufgeheizten Stimmung, in der kein Vertrauen in eine ehrliche Zusammenarbeit zustande kam.

Zu einem späteren Zeitpunkt, unter einem neuen Minister (*August von der Heydt*) und nach einem längeren parlamentarischen Prozess wurde schließlich am 30. Januar 1850 eine »*Verordnung betreffend die Errichtung von Gewerberäten und verschiedenen Abänderungen der Allgemeinen Gewerbeordnung*« veröffentlicht. In diesen Räten waren Arbeiter zwar proportional vertreten, und sie hatten auch durchaus handfeste arbeitspolitische Befugnisse, aber das Element der Fabrikausschüsse fehlte völlig: der Mitbestimmungsgedanke war von da ab aus dem Repertoire der staatlichen Arbeiterpolitik gestrichen. Das wurde zwar von *Lette*, der inzwischen aus Frankfurt zurückgekehrt und erneut Präsident des »Centralvereins« geworden war, scharf kritisiert, eine von ihm inspirierte Petition an die Erste und Zweite Kammer des Preußischen Landtag blieb jedoch unbeantwortet.[99]

---

auch den Charakter einer »deutschen« Geschichte. Und zum zweiten war Preußen – neben Sachsen – die auch technologisch führende Wirtschaftsregion in Deutschland, in der sich die »Arbeiterfrage« am prononciertesten stellte.

97 *Teuteberg*, S. 320.

98 *Wolff*, Berliner Revolutions-Chronik. Darstellung der Berliner Bewegung im Jahre 1848 in politischer, socialer und literarischer Hinsicht, Bd. 2, 1852, S. 102.

99 In Sachsen hatte es eine deutlich hoffnungsvollere Entwicklung gegeben. Auch dort wurde über Gewerberäte beraten, und zwar in einer vom König einberufenen Kommission, an der sogar *Stephan Born*, inzwischen in Leipzig Führer der »Arbeiterverbrüderung«, beteiligt war. Diese Kommission beriet aufgrund von Eingaben aus fast 2000 Lokal-Ausschüssen. Einer ihrer Unterausschüsse schlug, anders als in Preußen, die Einrichtung eines »*von den Arbeitern zu erwählende(n) Ausschuss(es) bei der Führung der Aufsicht*

Selbst in dieser abgespeckten Version bleiben die »Gewerbeausschüsse« ein ungeliebtes Kind. Die Behörden bemühten sich, unliebsame Arbeiter, z. B. Berliner Mitglieder der von *Stephan Born* gegründeten »Arbeiterverbrüderung«, von den Wahlen fernzuhalten. Der König selbst wurde in diese Richtung aktiv. Sein Generaladjutant, *Leopold von Gerlach*, schrieb gelegentlich einer Ergänzungswahl zum Berliner Gewerberat an den Unterstaatsekretär des Innern, *Carl von Manteuffel*: »*S. Majestät haben mir indeß befohlen, Ew. Hochwohlgeboren zu eröffnen, daß, wenn Neuwahlen zu dem Gewerbe-Rath geschehen sollten, strenge darauf zu halten, daß nur ordentliche und loyal gesinnte Personen gewählt und die Wahl anrüchiger und revolutionair gesinnter Leute auf das Entschiedenste verhindert werde, keinesfalls aber Subjekte der letzten Klasse in den Gewerbe-Rath zugelassen werden.*«[100]
Das zeigte, wo die Reise fortan hinging. Am 15. Mai 1854 wurde derartiger Aufwand durch eine Änderung der Gewerbeordnung entbehrlich gemacht: Kleine Gewerbetreibende und Arbeitnehmer wurden von der Gewerberatswahl ausgeschlossen. Die Einrichtung als solche, die immer noch als Relikt aus Revolutionszeiten galt, wurde dann auch zügig demontiert; es nahm bald kaum jemand mehr an den Wahlen teil.

II. Vom »Werben um die Arbeiter« zum Fundamental-Konflikt

Danach wurde es in Preußen bis Mitte der 60er-Jahre ruhig um die Arbeiterfrage. Dann Bewegung aus zwei Richtungen. Die nach dem Debakel der »Verfassungskrise« neu formierte »Fortschrittspartei« hatte die Arbeiter als eine mögliche neue Klientel entdeckt. Sie demonstrierten ihre Hinwendung zu diesen durch Anträge von *Faucher* und *Lette* im preußischen Landtag zur Aufhebung des Koalitionsverbots der Gewerbeordnung von 1845 (s. o. § 8). Aber auch *Bismarck* dachte in diese Richtung. Auf dem Wege zur Reichseinigung, von der er im Landtag am 30. September 1862 voraussagte, dies werde eine Angelegenheit von »*Blut und Eisen*«, wollte er diese zwar zahlenmäßig noch kleine, aber ersichtlich für die Zukunft bedeutsame Bevölkerungsgruppe doch auf seiner Seite wissen. Also setzte er sich an die Spitze dieser Initiative und sorgte 1869 – nunmehr bereits im Reichstag des Norddeutschen Bundes – zusammen mit den Nationalliberalen

---

über die Fabrikdisciplin nach Maßgabe der Bestimmungen der Hausordnung zu betheiligen.« Diese Pläne wurden nach der Niederschlagung des Dresdner »Maiaufstandes« 1849 hinfällig (*Teuteberg*, S. 335 ff.).

100 *Teuteberg*, S. 331.

(anstelle der bisherigen Initiatoren von der Fortschrittspartei) für die Aufhebung des Koalitionsverbotes mit dem neuen § 152 Abs. 1 der Gewerbeordnung.
Dieser GewO gilt eine interessante Überschrift *Reicholds*: »*Die 1869 vertagte Betriebsverfassung*«.[101] Das erklärt sich daraus, dass bereits zu diesem Zeitpunkt in Preußen eine Regelung auf dem Tisch lag, wie sie 1891 dann mit der »lex *Berlepsch*« Wirklichkeit werden sollte (s.u. § 10). Wie zu anderen Themen der Gewerbe- und Koalitionsfreiheit auch, war Sachsen hier in Vorlage gegangen. Dessen Gewerbeordnung vom 18. Oktober 1861[102] hatte die Verpflichtung für Betriebe mit mehr als 20 Arbeitnehmern vorgesehen, eine Arbeitsordnung mit den wichtigsten Arbeitsvertragsinhalten zu erlassen, die der obrigkeitlichen Genehmigung bedurfte. Ähnliches galt in Österreich, Württemberg, Baden und den sächsisch-thüringischen Kleinstaaten (und auch in Zürich).[103] Dem Norddeutschen Reichstag lag seit 1861 ein Antrag des schlesischen Fabrikanten *Reichenheim* vor, der Arbeitsordnungen nach sächsischem Vorbild für Betriebe mit mehr als 20 Arbeitnehmern vorsah. Er hatte an sich gute Aussichten auf Annahme, aber womöglich brachte ein Zusatzantrag von *August Bebel* und *Wilhelm Liebknecht* (Senkung der Schwelle auf 10 Arbeitnehmer) das ganze Projekt zu Fall.[104]
Die für die industriellen Beziehungen der Zukunft entscheidende Frage war aber die Koalitionsfreiheit. Hier sehen wir *Bismarck* und eine arbeiterfreundliche Initiative zumal im Bündnis mit den Vertretern der konservativen Großindustrie – da ist Misstrauen angesagt! Zu Recht, denn die neue »Koalitionsfreiheit« war eine solche mit viel Vorbehalten und (noch) verborgenen Widerhaken, für die sich die Regierung auf Vorbilder aus Frankreich, Großbritannien und Sachsen berief.[105] Der erste Pferdefuß war der zweite Absatz des § 152: »*Jedem Theilnehmer steht der Rücktritt von solchen Vereinigungen und Verabredungen frei, und es findet aus letzteren weder Klage noch Einrede statt.*« Das hieß: Streiks waren fortan zwar nicht verboten, aber alles, was eine Gewerkschaft sonst unternahm, hatte keinen Schutz der Rechtsordnung.[106] *Philip Lotmar* sagte dazu den berühmten Satz: »*Die Koalition ist frei, nämlich vogelfrei, und ein Koalitionsrecht noch zu schaffen.*«[107] Der zweite Pferdefuß war § 153. Sein Destruktionspotenzial war bei Verabschiedung des Gesetzes noch nicht so deutlich als solches erkennbar; er

101 *Reichold*, S. 63.
102 Gesetz- und Verordnungsblatt für das Königreich Sachsen 1861, 217.
103 *Reichold*, S. 66f.
104 *Brentano* meinte, »*daß es mehr die Person des Antragstellers als seine Sache war, die den Antrag zu Fall gebracht hat*« (*Brentano*, Arbeitseinstellungen und Fortbildung des Arbeitsvertrags, 1890, S. XXIII).
105 Vgl. *Kittner*, Arbeitskampf, S. 228.
106 Sie konnte folglich z. B. weder ihre Mitgliedsbeiträge eintreiben noch Streikbrecher ausschließen.
107 Archiv für soziale Gesetzgebung und Statistik, Bd. 15, S. 63.

war gewissermaßen »auf Vorrat« geschaffen worden.[108] Mit ihm wurden Verhaltensweisen, die im Normalfalle straflos blieben, im Falle eines Arbeitskampfes nur für Arbeiter strafbar. Nur der Abgeordnete *Hirsch* von der Fortschrittspartei sah darin »*etwas sehr Elastisches, etwas sehr Dehnbares ..., so dass dadurch ein Zustand geschaffen wird, der beinahe einem Verbot der Koalition gleichkommt.*«[109]
Die Weichenstellung dafür erfolgte schon bald nach Verabschiedung des Gesetzes. Für sie war, so wie für die Entscheidung über das Koalitionsverbot im Jahre 1845, erneut das Beispiel Englands mitursächlich gewesen. Damals hatte man sich prophylaktisch gegen »britische Zustände« wappnen wollen. Jetzt ließ man sich von der gegenteiligen Erwartung leiten. Denn alle Informationen von dort liefen darauf hinaus, dass die Industrie sich mit der neuen Freiheit von Arbeitern und ihren Gewerkschaften arrangiert hätte; nach einigen Anlaufkonflikten hätte sich die Streikneigung beruhigt. Die Freigabe der Streiks habe die nur auf den ersten Blick paradoxe Folge, dass sie weniger wurden. Das alles führte zu der, insbesondere auch von der Regierung beförderten Haltung, es werde »schon nicht so schlimm kommen.« Welch ein Irrtum!
Denn unmittelbar nach Aufhebung des Koalitionsverbots kam es zu einer regelrechten Häufung von Streiks. Dabei bleibt bis heute unentschieden, ob die Ursache die Beseitigung ihrer Strafbarkeit oder eine auch so erfolgende Beteiligung Deutschlands an einer sich ganz Europa ereignenden »Streikwelle« war. Das löste bei Unternehmern und Regierung einen einhelligen Reflex aus: »So haben wir nicht gewettet!« Beide waren nicht gewillt, für Deutschland die gleichen Anlaufschwierigkeiten zu akzeptieren, die sie ja in Frankreich und Großbritannien hatten beobachten können. Jedenfalls fragte Kaiser *Wilhelm I.* bereits 1870, ob man nicht auf dem Gesetzeswege etwas gegen diese »Bewegungen« unternehmen könne. Seine Minister konnten ihn noch mit dem Rat zur Gelassenheit beruhigen: »*Gegen den unzweckmäßigen Gebrauch diese Rechts scheint uns ein unbehindertes Gehenlassen das beste Korrektiv zu sein.*«[110] Diese gelassene Sicht hielt aber nur eine gewisse Zeit. Obwohl führende Großindustrielle noch zur Zurückhaltung rieten, hielt die Regierung eine Bestrafung wegen Arbeitsniederlegungen ohne Einhaltung der Kündigungsfrist für ein geeignetes Mittel (»Kontraktbruchnovelle«). Sie erhielt dafür jedoch keine parlamentarische Mehrheit (nicht zuletzt, weil die Großindustriellen erklärt hatten, sie benötigten das gar nicht). Und: Die Regierung konnte fortan bis zum Ende des Kaiserreichs kein spezielles Einzelgesetz zur Erschwerung von Streiks mehr durchbringen. Von da an setzte sie auf die »Bordmittel« des geltenden Rechts. An sich erlaubte Streiks wurden mit allen möglichen administrativen und polizeilichen Mitteln behindert. Eine

108 Vgl. *Kittner*, AuR 2018, G 9.
109 Zit. bei *Kittner*, Arbeitskampf, S. 234.
110 Vgl. *Kittner*, Arbeitskampf, S. 259.

parteiische, gegen Arbeiter äußerst erfindungsreiche Justiz nutzte insbesondere § 153 GewO zur Repression gegen gewerkschaftliche Aktivisten.[111] Das alles kulminierte schließlich für über 10 Jahre im »Sozialistengesetz« vom 21. Oktober 1878, das erst 1890 aufgehoben wurde.
Wenn wir das hier nur in allergröbsten Strichen rekapitulieren, so wegen der für unser Thema essenziellen Feststellung: Deutschland hatte sich zu einem Land entwickelt, in dem der Staat der Arbeiterbewegung – sei es Sozialdemokratie in der Politik, seien es freie Gewerkschaften in der Wirtschaft – mit unversöhnlicher Feindschaft gegenüberstand (das wurde nach dem Fall des Sozialistengesetzes kategorial nicht besser, sondern steigerte sich von Wahlerfolg zu Wahlerfolg der SPD sogar noch, §§ 10, 11). Heruntergebrochen auf das Mitbestimmungsthema hieß das: Es war nicht die Zeit für institutionelle Versöhnungsangebote![112]

III. »Herr im Hause«: Stumm und Krupp

Für die Unternehmer war die Frage einer betrieblichen Arbeitnehmerbeteiligung bis weit nach der Hälfte des 19. Jahrhunderts kein Thema. Bei den größeren – aus heutiger Sicht immer noch sehr kleinen – Mittelständlern deckten die sich rasch entwickelnden betrieblichen Sozialkassen die relevanten Partizipationsbedürfnisse ab (§ 5). Darüber hinaus gehende Forderungen von Arbeitern gab es nicht. So herrschte auf dieser Seite noch bei der Reichsgründung eine im Grunde entspannte, unideologische Grundhaltung. Noch die Aufhebung der Koalitionsverbote 1869 geschah im ganz überwiegenden pragmatischen Einverständnis der Unternehmer.
Das aber änderte sich bald, parallel zur Verhärtung der Fronten in der politischen Arena. Zwar gab es in ihren Reihen weiterhin eine beachtliche, sogar wachsende Anzahl von Unternehmer-Kollegen, die ihren Arbeitern und deren Partizipationsbedürfnissen in der Tradition von *Harkort* (§ 5) und *Degenkolb* (§ 8) auf-

111 Zum Ganzen *Kittner*, Arbeitskampf, S. 255ff. Diese unverhohlene Klassenjustiz wurde in zwei zeitgenössischen »Weißbüchern« mit vielen drastischen Beispielen angeprangert (*Legien*, Das Koalitionsrecht der deutschen Arbeiter – Theorie und Praxis, 1899; *Nestriepke*, Das Koalitionsrecht in Deutschland – Gesetze und Praxis, 1914).

112 Im Jahre 1880 wurde ein Gremium ins Leben gerufen, das vom Grundsatz her Ansätze für eine überbetriebliche Beteiligung der Arbeitnehmer an wirtschaftlichen Fragen geboten hätte: der »Preußische Volkswirtschaftsrat«. Sechs seiner vom König berufenen 75 Mitglieder waren Arbeiter, freilich unter den Bedingungen des Sozialistengesetzes keineswegs demokratisch-repräsentativ von diesen selbst bestimmt. Dieser Rat scheiterte vor allem daran, dass die Parlamente (in Preußen und im Reich) ihn als zum Missbrauch durch *Bismarck* bestimmte Konkurrenz-Institutionen ansahen (vgl. *Teuteberg*, S. 356ff.).

geschlossen begegneten (s. u. V). Die Mehrzahl aber, vor allem die ganz Großen, baute relativ rasch eine völlig intransigente Haltung auf, für die der Begriff des »Herrn im Hause« zum Kennzeichen geworden ist. Ein Grund mag sicher die mit der Entwicklung zu einer bestimmten Unternehmensgröße einhergehende Dominanz betriebswirtschaftlicher Kostenkalküle gewesen sein, für die jede Störung einer »effizienten« Unternehmensführung unerträglich schien. Aber ganz sicher überwog die poltisch-existenzielle Dimension. Sie hängt offenkundig auch mit dem Aufkommen sozialistischer Ideen und ihrer Materialisierung in Sozialdemokratie und sozialistische (»freie«) Gewerkschaften zusammen. Denn deren eschatologische Vision einer Welt ohne Unternehmer musste bei diesen geradezu automatische »Beißreflexe« auslösen. So wurde jeder Streik zur Vorübung für den »Endkampf« stilisiert! Diesen Feind wollte man sich nicht ins eigene Haus holen. Das führte zu einer rigiden Abschottungspolitik gegenüber Gewerkschaften, aber auch zur Ablehnung von Institutionen, die als Vorposten dieser feindlichen Macht begriffen wurden.

Für diese Haltung stehen repräsentativ zwei Personen: *Alfred Krupp* und *Carl-Ferdinand von Stumm-Halberg*:[113] Dabei verkörperten gerade die *Krupps* die für die meisten der ganz großen Unternehmer typische Wandlung im Laufe des 19. Jahrhunderts: von der »gemütlich«-patriarchalisch geführten, nahezu noch handwerklichen Manufaktur zum autoritären Weltunternehmen (*Alfred Kupp*, der die Firma seit 1830 leitete, beschäftigte bei seinem Tode im Jahre 1887 etwa 12000 Arbeitnehmer).[114] Im Jahre 1853 gründete er eine Kranken- und Sterbekasse mit weitgehender Beteiligung von Arbeiter-Deputierten. Das Besondere: Bei *Krupp* bedurfte es keiner »Mutation« des Kassenvorstands zu einer Art Arbeiterausschuss; dort verpflichtete die Satzung schon 1855 jedes Vorstandsmitglied, »*Klagen oder Anträge, welche von den Mitgliedern eingebracht werden, in der nächsten Vorstandsitzung zur Sprache zu bringen.*«[115] Diese Arbeitnehmerrechte wurden nach und nach zurückgeschnitten, und *Alfred Krupp* führte die Kasse so autoritär wie das Unternehmen selbst. Dazu baute er ein weitgespanntes System betrieblicher Sozialleistungen auf, vor allem mit Wohnungen für die Werksangehörigen.[116]

Diese Kombination von Fürsorge, Firmenbindung der Arbeiter und selbstherrlicher Unternehmensführung wurde geradezu zum Markenzeichen *Krupp*'scher Personalwirtschaft. *Krupp* selbst wurde zum »Produzenten« unsterblicher Aussprüche zum Selbstverständnis des »Herr-im Hause«-Unternehmers. Seine wohl berühmteste Tirade richtete er 1872 »*An die Arbeiter der Gussstahlfabrik*« (um sie von Streiks wie im benachbarten Bergbau abzuhalten): »*Nichts, keine Folge der*

113 Vgl. *Ritter/Tenfelde*, Hrsg., Arbeiter im Deutschen Kaiserreich 1871–1914, 1992, S. 414ff.

114 Zum Folgenden *Gall*, Krupp. Der Aufstieg eines Industrieimperiums, 2000.

115 *Teuteberg*, S. 193.

116 Vgl. *Ritter/Tenfelde*, a. a. O., Fn. 107, S. 415.

Ereignisse wird mich veranlassen, mir etwas abtrotzen zu lassen. Die Verwaltung wird mit dem bisherigen als Gesetz bestandenen Wohlwollen fortfahren, die Fabrik zu führen im Geiste meiner Grundsätze und so lange für meine Rechnung, als ich die Arbeiter nach wie vor in bewährter Treue als Angehörige des Etablissements betrachten werde. ... Ich erwarte und verlange volles Vertrauen, lehne jedes Eingehen auf ungerechtfertigte Forderungen ab, werde wie bisher jedem gerechten Verlangen zuvorkommen, und so in gesetzlicher Weise das Etablissement zu verlassen, um anderen Platz zu machen, mit der Versicherung, dass ich in meinem Hause, so wie auf meinem Boden, Herr sein und bleiben will«.[117]

Sein berühmter Bruder im Geiste, zeitgenössisch sehr viel prominenter und als Politiker von großem Einfluss war der saarländische Stahlunternehmer *Carl Ferdinand von Stumm-Halberg*. Der »*König von Saarabien*« führte ein Unternehmen mit etwa 3200 Arbeitern und hatte sich – neben anderen konservativen Themen – insbesondere dem Kampf gegen Arbeiterausschüsse verschrieben. Er war seit 1867 Mitglied im Reichstag des Norddeutschen Bundes, danach des Deutschen Reiches, bis er 1882 ins preußische Herrenhaus wechselte. Von dort aus führte er seinen Kampf gegen Sozialdemokratie und Gewerkschaften mit unerschöpflichem Engagement fort (u. a. als treibende Kraft bei den – gescheiterten – Initiativen zur »Umsturzvorlage« 1894 und zur »Zuchthausvorlage« 1899, § 11). Andererseits trat er für den Ausbau betrieblicher Sozialeinrichtungen ein. *Stumm* ist für die Geschichtsschreibung eine unerschöpfliche Quelle für plakativ-aggressive Attacken gegen jede Art von Arbeitnehmereinfluss, wovon vieles, da im öffentlich-parlamentarischen Raume erfolgt, gut dokumentiert ist. Arbeiterausschüsse lehnte er vehement ab und lieferte sich dazu erbitterte Auseinandersetzungen mit den »Kathedersozialisten« (s. u. V). Insbesondere nach dem Bergarbeiterstreik 1889 beschwor er den Kaiser und seine Freunde in der Regierung, hier um keinen Preis nachzugeben (§ 10).

Eine solche Haltung war aber keineswegs auf traditionelle Eigentümer-Unternehmer wie *Krupp* und *Stumm* beschränkt, sondern war auch den inzwischen aufkommenden angestellten Managern vergleichbarer Großunternehmen eigen. Das herausragende Beispiel ist *Emil Kirdorf*. Er war Generaldirektor der Gelsenkirchener Bergwerks AG, dem zu dieser Zeit nach Fördermenge größten deutschen Bergbauunternehmens, mit dem halb kritischen, halb ehrfürchtigen Titel eines »*Bismarcks des Ruhrbergbaus*.« Er ist in die Geschichte eingegangen mit seinem Kommentar zum Bergarbeiterstreik 1889 (§ 10): »*Weder Kaiser noch Könige haben in den Betrieben etwas zu sagen. Da bestimmen wir allein.*«[118]

Krupp, *Stumm* und *Kirdorf* stehen für den klassischen Block der alten »Schwerindustrie«, wo es bis zum Weltkrieg zu keinen Arbeiterausschüssen kam (vom

117 *Kley*, Bei Krupp, 1899, S. 38; vgl. *Teuteberg*, S. 301.
118 Zit. nach *Ritter/Tenfelde*, a. a. O., Fn. 107, S. 417.

bayerischen und preußischen Bergbau abgesehen, § 11). Kategorial nicht anders war die Haltung der Unternehmer in den »Zukunftstechnologien« Elektro und Chemie. Sie standen aber vor etwas anderen Herausforderungen, denn sie sahen sich ab der Jahrhundertwende verstärktem Gewerkschaftseinfluss und Arbeitskonflikten ausgesetzt. Also setzten sie nun auf Arbeiterausschüsse, und zwar erstmals dezidiert mit der Strategie, sie zur Abdrängung der Gewerkschaften zu instrumentalisieren. Dazu bedienten sie sich finanziell und ideell unterstützter »gelber«[119] Werkvereine von national und firmentreu orientierten Arbeitnehmern (für wie wichtig sie den Unternehmen waren, sollten die Verhandlungen über das Stinnes-Legien-Abkommen 1918 zeigen, § 15). Der Erfolg in dieser Hinsicht bei Siemens[120] war drastisch:

Betriebsratswahlen Siemens 1910–1914

	Stimmen für »Gelb«	Stimmen für »Rot«
1910	5494	3398
1914	11 117	675

Quelle: *Milert/Tschirbs*, S. 84

Diese Grundhaltung der einzelnen Unternehmer wurde von den Verbänden der Wirtschaft öffentlich verstärkt und in politische Lobby-Arbeit erfolgreich übersetzt. Herausragend war dabei der »Centralverband deutscher Industrieller«, das Sprachrohr der Schwerindustrie (der »Bund der Industriellen« der sog. Leichtindustrie unterschied sich zwar hinsichtlich branchenspezifischer Interessen, wie z. B. Schutzzölle, nicht aber hinsichtlich der Arbeiterfrage). Ihr wichtigster Protagonist und als Autor gewerkschaftsfeindlicher Aussprüche mindestens ebenso ergiebig wie *Stumm* war der langjährige Geschäftsführer des CDI (von 1887 – 1910) *Axel Henry Bueck*.[121] Er ließ keine management-technischen Gründe für die Erleichterung der Unternehmensführung durch die Einschaltung von Arbeitnehmervertretungen gelten, sondern insistierte auf dem Recht des Arbeitgebers,

119 Vgl. *Mattheier*, Die Gelben. Nationale Arbeiter zwischen Wirtschaftsfrieden und Streik, 1973.

120 Vgl. *Costas*, Anfänge der Partizipation im Industriebetrieb. Die Arbeiterausschüsse 1889 bis 1920, in: Bergmann/Megerle/Steinbach, Geschichte als politische Wissenschaft, 1979, S. 353.

121 Gleichzeitig war er Geschäftsführer des »*Verein zur Wahrung der gemeinsamen wirtschaftlichen Interessen im Rheinland und in Westfalen*«, den *Bismarck* ironisch nur den »Langnamverein« nannte (was sich bald wie ein Eigenname ohne Anführungszeichen einbürgerte). Dieser richtete 1904 als Arbeitgeberverband für die westfälische Stahlindustrie »Arbeitnordwest« ein, der in der Weimarer Republik eine (destruktive) Hauptrolle spielen sollte (§ 14).

ohne Einschaltung Dritter mit den Arbeitern zu kontrahieren und kommunizieren: »*Die Arbeitsordnung festzustellen, ist nach Ansicht der deutschen Arbeitgeber ihr Recht und den Arbeitsvertrag zu schließen ebenso, nicht zu schließen mit einer Organisation oder in irgend einer anderen Weise bedingt, sondern in Verhandlungen zwischen dem Arbeitgeber und dem einzelnen Arbeiter.*«[122] *Bueck* war auch so hellsichtig, den Nutzen von Arbeiterausschüssen für die gewerkschaftliche Organisation zu erkennen. Das lieferte aus seiner Sicht einen zusätzlichen Grund zu deren Ablehnung.[123]
Mit einschlägigen Zitaten von *Bueck* und seinen Kollegen könnte man endlos fortfahren. Für uns lautet das Fazit: »Herr im Hause« war während der Dauer des ganzen Kaiserreichs keine Karikatur; die aus unserer Sicht »ewig Gestrigen« gaben bis zum Weltkrieg wirtschaftlich und politisch den Ton an. Sie verhinderten das Aufkommen von Arbeiterausschüssen und, wo sie aus firmenspezifischen Gründen um die Gründung eines solchen nicht umhinkamen, nutzen sie ihn zur Zurückdrängung jedes Gewerkschaftseinflusses.

IV. Revolution statt Anpassung: Marx und Bebel

Wir sagen es schon: Arbeiter, um die es bei derartigen Ausschüssen ging, fehlten als Akteure bis zur Jahrhundertmitte völlig (wenn man von der wie eine Sternschnuppe durch die Geschichte gehuschten Episode von 1848 absieht, § 8). Erst ab dem letzten Drittel des 19. Jahrhunderts erschienen mit der Bildung erst der Sozialdemokratischen Partei, dann der Gewerkschaften eigene Organisationen auf der Bildfläche (christliche und liberale Gewerkschaften kamen erst deutlich später hinzu; die Christlichen gewannen erst nach dem zweiten großen Bergarbeiterstreik 1905 an Bedeutung, § 11).
Für unser Thema war freilich von diesen Organisationen nichts zu erwarten. Beide hatten schwere erste Jahre zu überstehen, von 1878 bis 1890 waren sie durch das Sozialistengesetz nahezu paralysiert. Danach stieg die Sozialdemokratie auch parlamentarisch zur ersten Oppositionspartei auf. Das hieß aber nicht, dass sie nach parlamentarischer Arithmetik das forderte, was die herrschenden Kreise und Regierung ablehnten. Vielmehr waren sie aus ihrer eigenen Ideologie heraus im Ergebnis ebenso entschiedene Gegner von Arbeiterausschüssen. Für die Sozialdemokratie und lange auch für die von ihnen angeleiteten »freien« Gewerkschaften stand seit dem »Erfurter Programm« von 1891 alles Handeln unter

122 Koreferat zu *Brentano* und *Schmoller* auf einer Sitzung des »Vereins für Socialpolitik (s. u. 5), Schriften des Vereins für Socialpolitik, Bd. 47, 1890, S. 154.
123 Vgl. *Teuteberg*, S. 295.

dem Banner der kanonischen Lehren von *Karl Marx* (und *Friedrich Engels*): »*Inzwischen ist der Gegensatz zwischen Proletariat und Bourgeoisie ein Kampf von Klasse gegen Klasse, ein Kampf, der, auf seinen höchsten Ausdruck gebracht, eine totale Revolution bedeutet.*«[124] In diesem Szenario wurden den gewerkschaftlichen Tageskämpfen nur der Stellenwert von Vorfeld-Operationen zugebilligt: »*Gewerkschaften tun gute Dienste als Sammelpunkte des Widerstand gegen die Gewalttaten des Kapitals. ... Sie verfehlen ihren Zweck gänzlich, wenn sie sich drauf beschränken, einen Kleinkrieg gegen die Wirkungen des Systems zu führen, statt gleichzeitig zu versuchen, es zu ändern, statt ihre organisierten Kräfte gebrauchen als Hebel zur schließlichen Befreiung der Arbeiterklasse, d. h. zur endgültigen Abschaffung des Lohnsystems*«.[125]
Eine solche Weltsicht hatte, wie schon gesagt, in den Gewerkschaften sogar an der Sinnhaftigkeit von Tarifverträgen zweifeln lassen, für deren allgemeine Akzeptanz es erst eines Verbandsbeschlusses im Jahre 1900 bedurfte s. o.). Wie viel weniger konnten die Sozialdemokraten sich für Arbeiterausschüsse erwärmen, denn es schien ausgeschlossen, dass es Gemeinsamkeiten zwischen »Proletariern« und »Expropriateuren« geben könne.[126] Dazu hatte *August Bebel* sich am 15. April 1891 im Reichstag gelegentlich der zweiten Lesung der Gewerbeordnungs-Novelle als »*prinzipieller Gegner dieser Ausschüsse*« erklärt: »*Wir heißen jedes Stück Selbstverwaltung für die Arbeiter willkommen, aber wir müssen es zurückweisen, dass die Arbeiter unter dem Schein ›konstitutioneller Rechte‹ dem Kapital die Arbeit besorgen, korrumpiert und gar noch gegen die Klasseninteressen des Proletariats ausgespielt werden.*« Und: »*Das System von Arbeiterausschüssen ... ist ein scheinkonstitutionelles Feigenblatt, mit dem der Fabrikfeudalismus verdeckt werden soll.*«[127] Diese Grundhaltung wurde insbesondere von *Max Schippel* im theoretischen Organ der SPD, der »Neuen Zeit«, argumentativ vertieft.[128] Zwischen derartigen Fundamentalgegnern aus gegensätzlichen Motiven hatten Arbeiterausschüsse auf gesetzlichem Wege bis zum Kriege keine Chance.
Für die Gewerkschaften kam zu diesen Fundamentalvorbehalten eine ganz pragmatische Überlegung hinzu: Ihre ohnehin bescheidenen Kräfte, die zum Aufbau ihrer neuen Organisationen vollständig beansprucht waren, wären durch Ausschüsse in vielen kleinen Betrieben – denn nur dort waren sie für sie realistisch – unnötig zersplittert worden.[129] Allerdings sahen die Gewerkschaften

---

124 *Marx*, Das Elend der Philosophie, 1847, in: Karl Marx/Friedrich Engels, Werke (MEW), 1972, Bd. 4, S. 63, 182.
125 *Marx*, Lohn, Preis und Profit, 1865, MEW Bd. 16, S. 101, 152.
126 Vgl. *Teuteberg*, S. 303.
127 Stenographische Berichte über die Verhandlungen des Reichstags, Bd. 117, 99. Sitzung 15. 4. 1891, S. 2323ff.
128 Vgl. *Schippel*, Neue Zeit, 1890/91, S. 129ff.
129 Vgl. *Teuteberg*, S. 310.

im Zuge ihrer Abnabelung von der SPD auch diese Frage mehr und mehr nicht mehr fundamental-ideologisch (auch bei der SPD mehrten sich entsprechenden Stimmen). So begannen sie vereinzelt, wo Ausschüsse in größeren Betrieben existierten, diese zu besetzen und, da sie als Gewerkschaft keine Zutrittsrechte hatten, diese als Stützpunkte zu benutzen.[130]
Dieser Einschätzungswandel erlangte vor dem Kriege zwar keine größere praktische Relevanz, wurde aber rechtspolitisch spätestens im Laufe des Gesetzgebungsverfahrens zu einem Kammergesetz demonstriert (§ 11) und kam zum Durchbruch mit dem Hilfsdienstgesetz von 1916 (§ 12). Immerhin kam es vor 1914 vereinzelt schon zu tariflichen Regelungen über deren Einrichtung, insbesondere aufgrund des Deutschen Buchdruckertarifs vom 1. Dezember 1912.[131] Bei der Fa. Maggi in Singen regelte ein Firmentarifvertrag 1912 ein Zutrittsrecht von Gewerkschaftsvertretern zu Arbeiterausschusssitzungen im Betrieb.[132] Vom späteren, die deutsche Sozialverfassung prägenden Dualismus von Gewerkschaften und gesetzlicher Mitbestimmung konnte da aber bei Weitem noch keine Rede sein.

V. Die »Konstitutionelle Fabrik« und ihre Freunde: Freese, Hitze und Schmoller

In dieser Welt des Kaiserreichs, eingeklemmt zwischen »Herr im Hause« und »totaler Revolution«, blieben kooperative Verhaltensformen im Betrieb ein Programm für Minderheiten. Seine Vertreter in der Praxis waren philanthropisch und demokratisch gesinnte Unternehmer in der Nachfolge von *Harkort* und *Degenkolb* (§§ 7, 8). Ausgangspunkt dieses erneuten Anlaufs war der Vergleich einer Fabrik mit dem Staate und die Analogie zum dortigen Ringen um mehr demokratische Teilhabe der Untertanen/Staatsbürger. Der Freiburger Seidenfabrikant *Karl Merz* drückte das 1847 vor der Badischen Ständeversammlung folgendermaßen aus: »*Mir scheint, die höhere Industrie wird Phasen durchlaufen wie die staatlichen Verhältnisse. Jetzt stehen sie in einem despotischen Zustande; es wird die Zeit kommen, wo wir für die Industrie einen konstitutionell-monarchischen Zustand erhalten werden, und wer kann wissen, ob nicht auch für sie die republikanischen Zustände kommen.*«[133] Wir haben gesehen, dass die Revolution

---

130 Vgl. *Gamillscheg*, Kollektives Arbeitsrecht, Bd. I, 1997, S. 108.
131 Vgl. *Teuteberg*, S. 496.
132 Vgl. *Milert/Tschirbs*, S. 94.
133 Verhandlungen der Ständeversammlung des Großherzogtums Baden 1847/48, Bd. 1; zit. bei *Teuteberg*, S. 254.

von 1848 diese Zeit noch nicht gebracht hat; es blieb dabei, dass einzelne Unternehmer wie *Carl Degenkolb* damit im eigenen Unternehmen vorangingen (§ 8). Nicht ohne Fortwirkung war aber die Idee der Demokratisierung als solcher geblieben. Sie lieferte eine argumentative Kulisse für derartige Pioniere, die sich weder der Herr-im-Hause-Politik anschließen noch von Revolutions-Phantasien beeindrucken ließen. Zu erheblicher Publizität brachte es das »Fabrikstatut« der Schnellpressen- und Druckmaschinenfabrik *König & Bauer* in Kloster Oberzell bei Würzburg.[134] *Gustav Schmoller* sah in der dazu erstellten Dokumentensammlung Analogien zur staatlichen Verfassung einer konstitutionellen Monarchie.[135]

Der erklärte Protagonist dieser Spielart freiwilliger Arbeiterausschüsse war der Berliner Jalousien- und Holzpflaster-Fabrikant *Heinrich Freese*.[136] Er hatte 1884 eine Fabrikordnung mit einer zuvor informellen, aus einem Festausschuss hervorgegangenen Arbeitervertretung vereinbart und dann darüber 1909 ein berühmt gewordenes Buch publiziert: »*Die konstitutionelle Fabrik*«. Darin berichtet er, wie er nach Übernahme der väterlichen Fabrik eine neue Fabrikordnung, so wie das üblich war, ohne Rücksprache mit den Arbeitern erlassen hatte und ihm dann folgende Gedanken kamen: »*Es war mir bei diesem Verfahren allerdings aufgefallen, wie sehr es im Widerspruch stand zu den Forderungen, die ich selbst als junger, der bürgerlichen Linken angehörender Politiker im Vereinsleben mit Eifer vertreten hatte. Ich war, als ich mich gelegentlich zu einem politischen Freunde darüber äußerte, lächelnd dahin aufgeklärt worden, dass es in Fabriken sehr einflußreicher, ebenfalls meiner Richtung angehörender Parteiführer nicht anders aussähe. Geschäft und Politik seien zweierlei. Ich kann nicht sagen, dass diese Aufklärung mich sehr befriedigt hatte. Der Unterschied zwischen dem, was man von sich selbst verlangte und anderen gab, war zu offenkundig.*« Aus dieser Gesinnung wurde *Freese*'s »konstitutionelle Fabrik« eingerichtet. In seinem Buch zeigte er, welche in der Tat weitreichenden Mitbestimmungsrechte bei ihm existierten und wie das Ganze in der Praxis funktionierte (*Freese* führte u. a. schrittweise den Achtstundentag ein). Bemerkenswert ist, dass *Freese* sein Mitbestimmungssystem nicht zur Fernhaltung der Gewerkschaften aus dem Betrieb nutzte, sondern sich am Tarifvertrag seines Arbeitgeberverbandes der Jalousiefabrikanten mit dem Deutschen Holzarbeiterverband beteiligte und ausdrücklich dessen Wert für sich als einzelnen Arbeitgeber herausstrich.[137]

---

134 Eingehend *Teuteberg*, S. 256ff.

135 Vgl. *Schmoller*, Über Wesen und Verfassung großer Unternehmen, 1890, S. 428.

136 Eingehend *Costas*, a. a. O., Fn. 119, S. 335, 349ff.

137 Einen deutlichen Schritt weiter als *Freese* war *Ernst Abbe* bei der Fa. Carl Zeiss in Jena gegangen. Er hatte seine Unternehmensanteile in eine Stiftung eingebracht und dies mit einem Mitbestimmungsstatut verbunden. D.h. die Arbeitermitbestimmung war bei ihm nicht eine jederzeit zurücknehmbare freiwillige Angelegenheit, sondern durch Stiftungs-

Das Projekt einer »konstitutionellen Fabrik« wurde von zwei Gruppen konzeptionell unterstützt, die beide mit der aktuellen Lage der Arbeiter unzufrieden waren, aber aus jeweils unterschiedlichen Motiven eine »revolutionäre« Lösung ablehnten: den sog. Kathedersozialisten um den »Verein für Socialpolitik« und kirchlichen Theoretikern, vor allem der katholischen Soziallehre.
Wie Vormärz traten erneut bürgerliche Sozialwissenschaftler zur Lösung der nun handfest praktisch gewordenen »Arbeiterfrage« auf den Plan, dieses Mal aber nach 50 Jahren Erfahrung mit der Industrialisierung wohl organisiert zu genau diesem Zweck. 1873 wurde von Ökonomen und Sozialwissenschaftlern der »Verein für Socialpolitik« gegründet (er besteht noch heute unter diesem Namen). Der Zweck des Vereins richtete sich einerseits gegen die von der deutschen Manchesterschule betriebene Politik des Laissez-faire in der Sozialpolitik und andererseits gegen die sozialrevolutionären Ideen des aufkommenden Sozialismus. Die Gründer des Vereins, für die bald die Bezeichnung »Kathedersozialisten« üblich wurde, wollten, nach den Worten des langjährigen Vorsitzenden (1890–1917) *Gustav Schmoller, »die unteren Klassen soweit [...] heben, [...] bilden, [...] versöhnen, dass sie in Harmonie und Frieden sich in den Organismus der Gesellschaft und des Staates einfügen«.*[138] Damit setzten sie sich in der polarisierten Szene des Kaiserreichs zwischen alle Stühle. Weder ließen sich die »Herr-im-Hause«-Unternehmer von ihnen erweichen, noch kamen sie bei Sozialdemokratie und Gewerkschaften an – im Gegenteil, der Kern ihrer Argumentation musste diese misstrauisch machen. Das galt insbesondere für *Gustav Schmoller*, der kein Hehl daraus machte, dass er sich von der rechtzeitigen Einrichtung von Ausschüssen eine Dämpfung der gewerkschaftlichen Konfliktgeneigtheit erhoffte. Seine Gesamtanalyse war jedoch hellsichtig und überzeugend: *»Die leitenden kapitalbesitzenden Kräfte haben nur die Wahl zwischen der kommenden sozialen Revolution, welche unsere ganze wirtschaftliche Kultur begraben kann, und zwischen dem Mitreden der Arbeiter in Form der englischen Gewerkvereine und in Form der bescheidenen deutschen Arbeiterausschüsse. Ein dritter Weg ist unmöglich.«*
Die Meinungen im Verein waren naturgemäß vielfältig. Für unser Thema interessant sind vor allem die unterschiedlichen Akzente hinsichtlich der Gewerkschaftsfrage. Hier setzten vor allem *Lujo Brentano* und *Heinrich Herkner* im Gegensatz zu *Schmoller* auf deren Vorrang; heute wissen wir, dass das die erfolgreichere Vision war.[139] Freilich war auch für *Schmoller* klar, dass die großen Unternehmen sich auf Dauer mit Gewerkschaften würden abzufinden haben,

---

statut bindend für immer (vgl. *Abbe*, Gesammelte Abhandlungen, Bd. 3, 1906, S. 250; *Pierstorff*, Die Carl-Zeiss-Stiftung. Ein Versuch zur Fortbildung des großindustriellen Arbeitsrechts, Schmollers Jahrbücher 1897, Heft 2).

138 *Boese*, Die Geschichte des Vereins für Socialpolitik 1872 – 1932, 1939, S. 9.

139 Vgl. *Teuteberg*, S. 284ff.

»*aber diese werden umso versöhnlicher auftreten, wenn vor und mit ihnen Arbeiterausschüsse in den einzelnen Werken gebildet werden*«.
Schließlich waren Arbeiterausschüsse als menschenfreundliche, aber revolutionsvermeidende Institutionen das Mittel der Wahl für die sich ab Mitte des 19. Jahrhunderts entfaltenden Vorstellungen der christlichen Kirchen.[140] Führend war hier die katholische Soziallehre. Der Hauptrepräsentant des sozialen Katholizismus nach dem Tode des Bischof *Ketteler* bis zum Weltkrieg war *Franz Hitze*.[141] Er war katholischer Priester, später Universitätsprofessor für Christliche Gesellschaftslehre und gehörte dem Reichstag als Zentrums-Abgeordneter von 1884 bis 1918 an. Als Sozialreformer äußerte er sich in verblüffend ungebrochener Tradition zu *Baader, Buß* und *Perthaler* (§ 7), denn er sprach sich – immerhin 1880 – noch für eine ständische Gliederung der Gesellschaft und eine entsprechende Arbeitnehmerrepräsentanz in ihr aus (freilich unter Anerkennung der Tatsache, dass es zwischen den Ständen unterschiedliche Interessen gäbe).[142] *Hitze* wird uns in allen noch folgenden parlamentarischen Auseinandersetzungen auf diesem Feld als entschiedener Verfechter von Arbeiterausschüsse begegnen (§§ 10, 11).
Zwar kamen auch aus dem Protestantismus-Milieu, vor allem durch *Victor Aimé Huber*, entsprechende Impulse (§ 7), aber diese in Preußen-Deutschland dominante christliche Kirche hatte sich durch ihre enge Bindung an die preußische Staatsraison des nötigen Sensoriums für die Arbeiterfrage begeben. Andererseits waren an der Arbeiterpolitik führend beteiligte politisch relevante Figuren stark von protestantischer Ethik geprägt (vor allem der Erzieher *Wilhelm II., Hinzpeter*, und *Berlepsch*, § 10).

140 Vgl. *Becker*, Sozialpolitische Vorstellungen der Kirchen und ihre Realisierung im 19. Jahrhundert (bis zu RERUM NOVARUM), in: Pohl, a. a. O., Fn. 58, S. 177.

141 Vgl. *Müller*, Franz Hitze und sein Werk, 1928; in unserem Zusammenhang *Stegmann*, Der soziale Katholizismus und die Mitbestimmung in Deutschland, 2. Aufl. 1978, S. 63ff.

142 Vgl. *Hitze*, Kapital und Arbeit und die Reorganisation der Gesellschaft, 1880, S. 406ff.

§ 10 Bergarbeiterstreik 1889 – »Lex Berlepsch«: Arbeitsordnungen und freiwillige Arbeiterausschüsse

Die nächste Etappe, an der wir es mit Arbeiterausschüssen zu tun bekommen, war gleichzeitig eine der großen Wegscheiden in der Gesamtgeschichte: der Sturz *Bismarcks* nach der Amtsübernahme durch *Wilhelm II.* In diesem, sich über mehr als ein ganzes Jahr hinziehenden Drama in mehreren Akten spielte der Haltung des Staates zur Arbeiterschaft eine zentrale Rolle: von der Reaktion auf den Bergarbeiterstreik von 1889 über das Ende des Sozialistengesetzes 1890 hin zur sozialpolitischen Reform 1891. Der Dissens zwischen Kanzler und jungem Kaiser auch über die vergleichsweise bescheidene Frage der Arbeiterausschüsse lieferte einen der Tropfen dafür, dass es schlussendlich zum Überlaufen des Fasses kam. Eine kleine Zeittafel verdeutlicht die Dichte der Ereignisse und vermittelt eine Ahnung von deren Interdependenz:

Ereignisse 1888–1891

15.6.1888	Kaiser *Wilhelm II.*
Mai 1889	Bergarbeiterstreik
24.1.1890	Kronratssitzung – Vorschlag Arbeiterausschüsse
25.1.1890	Nichtverlängerung Sozialistengesetz
31.1.1890	*Berlepsch* Handelsminister
4.2.1890	»Februar-Erlasse« zur Sozialpolitik
11.2.1890	Staatsratssitzung – abgeschwächte Vorschläge
20.2.1890	Reichstagswahlen
17.3.1890	Demission *Bismarcks*
8.5.1890	Reichstagseröffnung und 2 Gesetzentwürfe
28.6.1890	Verabschiedung Gesetz Gewerbegerichte
4.–6.5.1891	Verabschiedung »Lex Berlepsch«

I. Konflikt um »versöhnende Arbeiterpolitik«: Bismarck und Lohmann

Wiederum: Hier ist nicht der Ort, um die vielbeschriebene Tragödie der bald nach Reichsgründung einsetzenden Entfremdung *Bismarcks* von der Arbeiterbewegung auch nur in knappen Strichen nachzuzeichnen. Seine konservative Fürsorge für Einzelne wurde bald überlagert durch seine Feindschaft gegen die – noch dazu international orientierte – Sozialdemokratie. Er verschmolz beides in seiner Politik des »Zuckerbrot und Peitsche«: zuerst die große Keule des »Sozialistengesetze« 1878 und dann die mit der »Kaiserlichen Botschaft« vom 17. November 1881 ausgesprochene »*Überzeugung ..., daß die Heilung der sozialen Schäden nicht ausschließlich im Wege der Repression sozialdemokratischer Ausschreitungen, sondern gleichmäßig auf dem der positiven Förderung des Wohls de Arbeiter zu suchen sein werde.*«[143] Diese Heilung sah *Bismarck* in der gesetzlichen Sozialversicherung und ließ deshalb den Kaiser die Neuschaffung einer Unfallversicherung[144] und die Kodifizierung des bisherigen Wildwuchses an betrieblichen Krankenkassen durch ein Gesetz ankündigen.[145] Hier liegt eine der ganz großen Wegscheiden der Arbeiterpolitik *Bismarcks*: So sehr er für Versicherungslösungen aufgeschlossen war, so dezidiert lehnte er direkte Eingriffe in die unternehmerische Freiheit ab (auch in die »Freiheit« des Arbeiters): Dazu sein ultra-liberales Credo mit sarkastischem Unterton: »*Bei dem jetzt so viel angewendeten Wort Arbeiterschutz frage es sich, gegen wen der Arbeiter geschützt werden solle, gegen den Arbeitgeber, oder gegen seine eigene Erwerbslust, die ihn veranlasse, auch Sonntags und auch Nachts zu arbeiten und Weib und Kind zur Arbeit anzuhalten.*«[146] Das heißt für alles Folgende bis zu seinem Sturz: Er war strikt gegen zwingendes Arbeitsrecht und den Unternehmern aufgezwungene Arbeiterausschüsse. Das muss man vor Augen haben, wenn man sein Agieren beim Bergarbeiterstreik von 1889 betrachtet (s. u. II, III).

143 Stenographische Berichte über die Verhandlungen des Reichstags, V. Legislaturperiode – Erste Session 1881/82, S. 2 (abgedruckt bei Blanke u. a., Hrsg., Kollektives Arbeitsrecht, Bd. 1, 1975, S. 77).

144 Zu ihrer Schaffung vgl. *Fuchs*, AuR 2017, G 13.

145 Zu beiden Risikofällen gab es schon betriebliche Sozialleistungen in erheblichen Umfang: Von 4850 Betrieben mit 620 947 Arbeitern in Preußen hatten 1874/76 58 % eine Unfallversicherung und 42 % eine Krankenversicherung (vgl. *Schulz*, Betriebliche Sozialpolitik in Deutschland seit 1850, in: Pohl, a. a. O., Fn. 58, S. 137, 151; für noch frühere Zeiten *Collin*, Optionen und Kontinuitäten regulierter Selbstregulierung in der frühen Kranken- und Altersversicherung, Rechtsgeschichte 2011, 186).

146 So seine unmittelbare Erwiderung an *Wilhelm II.*in der spektakulären Kronratssitzung vom 24. 1. 1890 (s. u., zit. bei *Kaufhold*, ZfA 1991, 294).

Reformen in eine solche Richtung schwebten aber *Bismarcks* wichtigstem Mitarbeiter bezüglich der »sozialen Frage« vor. *Theodor Lohmann*[147] aus Winsen an der Aller war in seinem Göttinger rechtswissenschaftlichen Studium stark von der Gesellschaftstheorie *Lorenz von Steins* beeinflusst worden und wurde 1871 im Alter von 40 Jahren ins preußische Handelsministerium berufen. Dort erhielt er bald das Referat für gewerbliche Arbeiterfragen übertragen und machte bereits im Jahre 1872 den sehr breit angelegten Vorschlag über Verbesserungen für Arbeiter, dabei eine Art Kammer für Gewerbetreibende und Landwirte zur Vertretung ihrer Interessen bei der Regierung.[148] *Lohmann* war führend an der der Einführung der gesetzlichen Krankenversicherung 1883 beteiligt. Während seiner Berufstätigkeit stand er in engem Kontakt zu den »Kathedersozialisten« *Schmoller* und *Brentano*. Vordergründig wegen Streitigkeiten über Einzelheiten der Unfallversicherung, im Kern aber wegen prinzipieller Meinungsverschiedenheiten mit *Bismarck* über die Mittel einer »*versöhnenden Arbeiterpolitik*«, wie er das nannte, schied *Lohmann* 1884 aus dem Handelsministerium aus. Danach »überwinterte« er in anderen, formal durchaus hochrangigen Beamtentätigkeiten – aber »weit vom Schuss« für sozialpolitische Fragen.

Lohmann war Zeit seines Lebens davon überzeugt, dass den Arbeitern ein gleichberechtigter Anteil an der Gestaltung ihrer Existenz zukomme. Deshalb lehnte er den einseitigen »Herr-im-Hause-Standpunkt« der Unternehmer entschieden ab: »*Der Großbetrieb ist nicht mehr eine reine Privatangelegenheit; durch die Vereinigung großer Massen von Arbeitern zu einer Gesamtorganisation gewinnt er eine Bedeutung für die Gesamtheit, welche dieser ein Recht gibt, in seine Gestaltung durch gesetzliche Bestimmung einzugreifen. Daneben bedingt er für die zu ihr vereinigten Arbeiter eine Beschränkung der wirtschaftlichen Selbstbestimmung, welche mit den unsere ganze Rechtsordnung beherrschenden Ideen nicht mehr vereinbar ist, wenn sie nicht in einer geordneten Mitwirkung ein ausgleichendes Korrelat findet*«[149] – eine unglaublich modern anmutende Begründung der Mitbestimmungsidee und im Grunde anderthalb Jahrhunderte voraus eine Paraphrase der Argumentationslinien des Bundesverfassungsgerichts in seiner Entscheidung zum MitbestG (§ 35).[150] Folgerichtig forderte *Lohmann* in seiner Zeit die gesetzliche Pflicht zur Einrichtung von Arbeiterausschüssen, durchaus auch aus konservativen Motiven, um den »*Arbeiter zum Bewußtsein seiner Selbstverantwortlichkeit … und der Mitverantwortlichkeit für das allgemeine Wohl*« zu erziehen.[151]

147 Vgl. *Rothfels*, Theodor Lohmann und die Kampfjahre der staatlichen Sozialversicherung (1871–1905), 1927.

148 A. a. O., S. 28.

149 Zit bei *Rothfels*, a. a. O., S. 88.

150 BVerfG 1. 3. 1979 – 1 BvR 532/77, BVerfGE 50, 290 (vgl. *Kittner*, 50 Urteile, S. 187).

151 *Lohmann*, Deutsche Blätter, 1874, S. 43 (zit. bei *Teuteberg*, S. 349).

Dafür war aber in den folgenden »Kampfjahren« des Sozialistengesetzes kein Raum. Wohl aber wurde nach über 10 Jahren für alle Welt das Scheitern der ihm zugrunde liegenden *Bismarck*'schen Konzeption offenkundig: Trotz aller Repression waren die sozialistischen Verbände unentwegt gewachsen, die Sozialdemokratie feierte Erfolge in den Parlamenten und die Arbeiter hatten sich von den »Segnungen« der Sozialversicherung offenkundig nicht berauschen lassen (dazu waren die materiellen Leistungen auch einfach zu dürftig).[152] In diese Situation brachte der große Arbeitskonflikt im Ruhrbergbau 1889 überraschende Bewegung.

II. Der Bergarbeiterstreik 1889

Dieser Großkonflikt kam zwar – ähnlich wie die 48er-Revolution (§ 8) – zum konkreten Zeitpunkt überraschend, hatte sich aber lange abgezeichnet. Er war im Letzten eine Folge der in Schritten durch Gesetze von 1850, 1860 und 1865 erfolgten Deregulierung des preußischen Bergbaus.[153] Bis dahin hatte das sog. Direktionssystem dafür gesorgt, dass die Bergleute als ständisch eingebundene Spezialisten mit relativ großer sozialer Sicherung durch vom Staat gestaltete Arbeitsordnungen auskömmlich und fair behandelt wurden. Bei Konflikten mit den Arbeitgebern konnten sie jederzeit die Bergbehörde einschalten. Ab 1860 gab es für sie dagegen nur noch eine völlig unregulierte Arbeitsvertragsfreiheit, und ab 1865 gab der Staat auch noch die letzte Mitsprache bei den Arbeitsordnungen auf. Die Bergbauunternehmer entwickelten sich daraufhin in Windeseile zu denkbar rabiaten »Marktwirtschaftlern« und zu einer besonderen Spezies von »Herr-im-Hause«-Unternehmern (z. B. *Kirdorf*, § 10), die bis zum Ende des Kaiserreichs die Gewerkschaften u. a. mit Hilfe »gelber« Werkvereine aus den Betrieben hielten und den Abschluss von Tarifverträgen ablehnten.
In der neuen Zeit war es ihnen nun erlaubt, ohne staatliche Schranken Gewinne zu erzielen, woraufhin sie, nun allerdings ihrerseits durch neue Marktrisiken bedroht, eine entschiedene Politik der Kostensenkung verfolgten. Dabei bedienten sie sich bergbautypischer Methoden, die schon im alten habsburgischen Erzbergbau zu großer Erbitterung unter den Bergleuten und sogar damals zu Streiks geführt hatten: vor allem die Nichtanerkennung von Ein- und Ausfuhrzeiten und das »Wagen-Nullen«, d. h. die Nichtanerkennung der geleisteten Arbeit.[154]

---

152 Vgl. *Nipperdey*, Deutsche Geschichte 1866–1918, Bd. I, 1990, S. 350.

153 Vgl. *Fischer*, Die Stellung der preußischen Bergrechtsreform von 1851 bis 1865 in der Wirtschafts- und Sozialverfassung des 19. Jahrhunderts, in: ders., Hrsg., Wirtschaft und Gesellschaft im Zeitalter der Industrialisierung, 1972.

154 Vgl. *Kittner*, Arbeitskampf, S. 348: zum Streik in Hüttenberg 1712 vgl. a. a. O., S. 82f.

Das neue Regime löste schon bald Unfrieden und kleinere Arbeitsniederlegungen aus.[155] Zur ersten größeren Arbeitsniederlegung kam es dann schon 1868 bei *Stinnes* in Essen, nachdem ein Jahr zuvor eine Petition an den König wegen dessen nunmehr nicht mehr gegebener Zuständigkeit abschlägig beschieden worden war. 1872 gab es wegen derartiger Konflikte den ersten revierweiten Streik von 21 000 unter Tage Arbeitenden. Danach beruhigten sich die Verhältnisse, ab 1878 wahrscheinlich auch zwangsweise aufgrund des Sozialistengesetzes. Im Mai 1889 ließen sich die Bergarbeiter dadurch nicht mehr einschüchtern. Seit 1887 war es nach einem konjunkturellen Tief wieder zu einem kräftigen Aufschwung, begleitet von explodierenden Börsenkursen, gekommen, was bei den Bergarbeitern klassischen Nachholbedarf auslöste, in den sich eine über Jahre gewachsene Unzufriedenheit mischte. All das mündete in die bis dahin größte Arbeitsniederlegung der deutschen Geschichte: Mitte Mai 1889 streikten etwa 95 000 Bergarbeiter, etwas 90 % der Beschäftigten.[156] Das löste einen ungeheuren Schock bei den politisch und wirtschaftlich Mächtigen aus (nochmals zum Vergleich: das war so, als ob im heutigen Deutschland 90 % der in der gesamten Automobilproduktion Beschäftigten streiken würden).

Dieser Konflikt wurde im Zentrum der Macht auf völlig neue Art und Weise verarbeitet, als dies 30 Jahre lang üblich war. Unter dem alten Kaiser hätte es sicher eine Kommunikation zwischen diesem und dem Kanzler gegeben, aber es wäre das gemacht worden, was *Bismarck* für richtig befunden und vorgeschlagen hätte. Nun aber gab es seit einem knappen Jahr einen neuen, gerade 30 Jahre alten Kaiser. Für diesen kam eine unverhoffte Gelegenheit, sich gegenüber dem »Alten« zu emanzipieren. *Wilhelm II.* war mit der diffusen Vorstellung von sich als Kaiser mit Herz für die »kleinen Leute« angetreten – eine Art Wiederauflage der Vision vom »sozialen Königtum«, wie sie wohl auch *Bismarck* bei der Reichsgründung vor Augen stand (freilich nicht allzu lange).[157] So bot sich ihm der Streik als eine Gelegenheit zu »Volksnähe« – in demonstrativem Widerspruch zu *Bismarck*, der den Arbeitskampf bewusst »*gründlich ausbrennen*« lassen wollte (eine gute Kulisse für die ins Auge gefasste Verlängerung des Sozialistengesetzes, die, wie stets in den letzten Jahren, zum Jahresende anstand).

---

155 Vgl. *Milles*, »... aber es kam kein Mensch zu den Gruben, um anzufahren.« Arbeitskämpfe der Ruhrbergarbeiter 1867–1878, 1983.

156 Vgl. *Gladen*, Der Ruhrbergarbeiterstreik 1889 – Ein sozialer Konflikt aus konservativer Motivation, in: Neuloh, Hrsg., Soziale Innovation und sozialer Konflikt, 1977; *Natorp*, Der Ausstand der Bergarbeiter im Niederrheinisch-Westfälischen Industriebezirk, 1889.

157 Zu *Bismarck* hatte er einmal gesagt, er wolle der »*roi des geux*«, der »Geusen«, d.h. der Bettler sein (vgl. *Born*, Staat und Sozialpolitik seit Bismarcks Sturz, 1957, S. 28).

Zunächst liefen die Dinge nicht einfach nach dem Muster »Guter Kaiser – böser *Bismarck*«![158] *Wilhelm II.* war nämlich zunächst gar nicht als leutseliger »Volks-Kaiser« aufgetreten, sondern agierte wie der, als den wir ihn bis zum Ende seiner Regentschaft kennenlernen sollten. Er war über den Streik von Anfang über den Kommandierenden General in Münster, *von Albedyll*, informiert worden und wies diesen in höchster Sorge um die Auswirkungen des Streiks auf die militärische Schlagkraft postwendend an, »*Ruhe und Ordnung unter allen Umständen herzustellen*«. Danach kam es aber innerhalb weniger Tage zu einem von seinen Beratern herbeigeführten Sinneswandel. Es ging eine Reihe von Berichten von Vertrauenspersonen ein, die *Wilhelm II.* zu der Überzeugung von der Kaisertreue der Bergleute und der Schuld der Bergbauunternehmer am Ausbruch des Streiks brachten. Davon beseelt, forderte er in einem Telegramm am 12. Mai 1889 den westfälischen Oberpräsidenten auf »*umgehend die Direktoren oder Vorstände der Aktiengesellschaften auf des Energischste zu zwingen, die Lohnerhöhungen in kürzester Frist eintreten zu lassen, damit Strike und zugleich drohende Nationale Calamität schleunigst vorübergehen*«. Diese Meinung vertrat *Wilhelm II.* noch am selben Tag, als er unangemeldet eine Staatsministerialsitzung besuchte. Dort setzte er noch einen drauf: »*Die Unternehmer und Aktionäre müßten nachgeben, die Arbeiter seien seine Untertanen, für die er zu sorgen habe; wollten die industriellen Millionäre ihm nicht zu Willen sein, so würde er seine Truppen zurückziehen; wenn dann die Villen der reichen Besitzer und Direktoren in Brand gesteckt, ihre Gärten zertreten würden, so würden sie schon klein werden.*«
Danach wurde er in der sich anschließenden Kronratssitzung auf den Boden der Tatsachen geholt. Insbesondere beruhigte ihn *Bismarck* wegen der Auswirkungen des Streiks auf die Schlagkraft des Militärs. Hinsichtlich der Lohnforderungen war *Bismarck* zwar auch der Meinung, »*dass ein Entgegenkommen von Seiten der Arbeitgeber angezeigt sei*«, er hielt aber staatlichen Druck gegenwärtig nicht für angezeigt. Als »Bonbon« für den Kaiser begrüßte er dafür dessen Anregung, der Staat solle wieder »*eine Oberleitung des Bergwesens*« anstreben. Und dann das Wichtigste: Die Minister sprachen sich auch dafür aus, dass der Kaiser einer Delegation streikender Arbeiter eine Audienz gewähren solle. Nach einer Diskussion über deren Verbindung zur Sozialdemokratischen Partei sprach sich auch *Bismarck* dafür aus: »*Die Tatsache, dass die Arbeiter bei Ew. Majestät auf Beistand für ihre vermeintlichen Ansprüche rechne, wirkt an sich für die Stellung des Königtums im Inlande und dem Auslande gegenüber nützlich*«. Danach legte er den Monarchen darauf fest, den Delegierten zwar eine sorgfältige Prüfung ihrer Beschwerden zu versprechen, ihnen aber streng die Illegalität ihrer Arbeitsniederlegung und vorgekommene Gewalttätigkeiten vorzuhalten.

158 Zum Folgenden eingehend *Parent*, Der Kaiser und der Bergarbeiterstreik, in: Ditt/Kift, Hrsg., 1889, S. 177ff.

Diese Audienz am 16. Mai 1889 verlief strikt nach »Drehbuch«. *Wilhelm II.* ließ die drei »Kaiserdeputierten« (*Fritz Bunte*, *Ludwig Schröder* und *August Siegel*) praktisch nicht zu Wort kommen, sondern überschüttete sie mit einer Tirade gegen Sozialdemokraten und gewalttätige Begleiterscheinungen des Streiks. Der Sprecher der Deputierten, *Schröder*, konnte gegenüber dem Kaiser in genau drei Sätzen gerade noch den für die Streikenden wichtigsten Punkt, die Arbeitszeitfrage, ansprechen. Niemand wäre auf den Gedanken gekommen, hier spreche ein arbeiterfreundlicher Monarch huldvoll mit seinen bedrängten Arbeiter-Untertanen. Noch am selben Tag empfing *Wilhelm II.* eine Delegation der »Bergwerks-Gesellschaften«, die er an ihre Pflicht erinnerte, »*für das Wohl der Arbeiter nach besten Kräften zu sorgen*« und sich »*stets in möglichst naher Fühlung*« zu ihnen zu halten.

Die historische Bedeutung der Audienz ergab sich dann aber vielmehr aus ihrem Stattfinden als solchem und den Ereignissen danach. Denn im Umfeld »bei Hofe« gab es intensive Gespräche zwischen Vertretern der Bergbauunternehmen (*Friedrich Hammacher*, Vorsitzender des »Vereins zur Wahrung der bergbaulichen Interessen«), den drei »Kaiserdelegierten«, Regierungsvertretern und vermittelnden Politikern, in denen von außen der Gedanke von Arbeiterausschüssen eingebracht wurde. Er setzte sich daraufhin bei den Bergarbeitern als politisches Ziel fest, für *Wilhelm II.* die Gelegenheit, mit einer eigenen Agenda über *Bismarcks* Regie hinaus zu gehen. Er griff nämlich nun den Ausschuss-Gedanken zwar verklausuliert, aber in der Situation unmissverständlich auf. Anlässlich der Unterzeichnung eines »Berliner Protokolls« über die Gesprächsergebnisse der vergangenen Tage erklärte er den dazu erschienenen Unternehmern, dass es ratsam sei, möglichst enge Tuchfühlung mit den Arbeitern zu halten, damit ihnen Missstände und Beschwerden nicht entgingen: »*Ich möchte Sie bitten, dafür Sorge zu tragen, dass Arbeitern Gelegenheit gegeben werde, ihre Wünsche zu formulieren.*«[159] Das wurde allgemein als Votum für Arbeiterausschüsse verstanden. Der ursprüngliche Text der »Berliner Erklärung« enthielt auch dahin zielende Formulierungen.

Nun trat der von *Wilhelm II.* düpierte *Bismarck* erneut auf den Plan. Er ließ die Bergbauunternehmer durch die Reichskanzlei wissen, dass er gegen die Errichtung von Arbeiterausschüssen in der Privatindustrie sei. Davon ermutigt, erklärten sie sich für außerstande, das »Berliner Protokoll« in seiner Gesamtheit zu akzeptieren. Das führte zu einer weiter abgespeckten Version in Form einer »Essener Erklärung« vom 18. Mai 1889, in der Arbeiterausschüsse nicht mehr vorkamen, sondern nur noch von einer Verständigung mit den Arbeitern in der Frage der Überschichten die Rede war.

---

159 Hierzu und zum Folgenden vgl. *Teuteberg*, S. 365ff.

Der Streik selbst bröckelte nach diesen Erklärungen schnell ab und mündete in eine »Strafjustiz« der Sieger: Die Bergbauunternehmer maßregelten eine große Zahl von Streikenden, und die Streikführer wurden strafrechtlich verfolgt und verurteilt. Die Streikenden mussten sich diese Niederlage eingestehen, sie hielten aber auch danach an der erst im Verlaufe des Konflikts eingeführten Forderung nach Arbeiterausschüssen fest.

III. Initiative Wilhelms II. und Sturz Bismarcks

Der Streik selbst war ergebnislos verlaufen und keines der nach seinem Ende abgegebenen vagen Versprechen war substanziell eingelöst worden. Das kaiserliche Auftreten löste jedoch ein großes Echo aus. Bis zum Jahresende mehrten sich die positiven Stimmen für Arbeiterausschüsse, insbesondere seitens aufgeschlossener Unternehmer. Vor allem trat jetzt *Franz Hitze* als Vertreter des sozialen Katholizismus hervor. 1887 hatte er sich noch als Einziger im Reichstag für gesetzlich festgelegte Arbeiterausschüsse ausgesprochen, nun gewann er dafür eine breitere Anhängerschaft. Sein wichtigstes Sprachrohr wurde der von katholischen Unternehmern[160] getragene Verein »Arbeiterwohl«. Auch von anderen Unternehmern gab es Initiativen, z. B. regte der »Bergische Verein für Gemeinwohl« in einer Eingabe an *Bismarck* an, dass *»ständige Organe geschaffen werden, in denen die Vertreter beider Berufsstände Gelegenheit haben, ihre gegenseitigen Forderungen auszusprechen, insoweit sie nicht übereinstimmen, auszugleichen und in Einklang zu bringen«.*[161] Der holte daraufhin Rat bei einem befreundeten Unternehmer, dem Bielefelder Textilfabrikanten *David Peter jr.*, ein. Dieser hatte in seinem Betrieb selbst einen solchen Ausschuss seit 1864 und hielt demgemäß solche Ausschüsse auch für zweckmäßig, nicht aber gesetzlich verordnet. Das war es, was *Bismarck* hören wollte.

In der Zwischenzeit war, was es so noch nie gegeben hatte, der Kaiser mit einem eigenen Beraterstab aktiv geworden. Dabei wird immer wieder sein Erzieher *Georg Hinzpeter* genannt, von dem er ganz grundsätzlich in sozialreformerischem Sinne beeinflusst wurde. Dazu trat in der konkreten Situation Ende 1889 *Hans Hermann von Berlepsch*. Er stammte aus einer alten hessisch-thüringischen Adelsfamilie mit dem noch heute gut erhaltenen Stammsitz in der Nähe von

160 Einer ihrer bedeutenden Repräsentanten und im Verein »Arbeiterwohl« führend beteiligt war der Gladbacher Textilfabrikant *Franz Brandts*. Er hatte in seiner Fabrik ein – *Heinrich Freese* (§ 9) vergleichbares – System weitgehender betrieblicher Arbeiterbeteiligung eingeführt (vgl. *Stegmann*, Der politische Katholizismus und die Mitbestimmung in Deutschland, 2. Aufl. 1978, S. 84).

161 Vgl. *Teuteberg*, S. 367.

Hannoversch-Münden. *Berlepsch* war dem Kaiser und seinem Umfeld während des Bergarbeiterstreiks als besonnen agierender Oberpräsident von Düsseldorf aufgefallen und wurde am 31. Januar 1890 zum preußischen Handelsminister mit Zuständigkeit für Fragen des Arbeiterschutzes ernannt. Aus seiner langjährigen Tätigkeit als leitender Beamter in der industriereichsten Region des Reiches hatte er tiefe Erfahrungen mit Unternehmern, Arbeitern und deren Konflikten. Dabei stand er in ständigem Austausch mit akademischen Sozialreformern.[162]
Ab Ende 1889 vermischten sich nun Handlungsstränge und Motive der Beteiligten so, dass die Historiker bis heute über die genauen Einzelheiten rätseln; jedenfalls war am Ende *Bismarck* nicht mehr Kanzler, und *Berlepsch* konnte mit (kurzlebigem) kaiserlichem Rückhalt und einem zurückgeholten *Theodor Lohmann*[163] einen »Neuen Kurs« in der Arbeiterschutzpolitik implementieren. Und mitten in der »Großen Politik« stand das Kleinthema »Arbeiterausschüsse«. Im Rückblick erscheinen die Grundlinien des Dramas klar und nahezu von antiker Ausweglosigkeit. Es fuhren zwei Züge auf demselben Gleis aufeinander zu, ohne Bremsen und Ausweichgelegenheiten! *Bismarck* hatte seit der Abschiebung *Lohmanns* weiterhin nicht das geringste Interesse an einer arbeiterfreundlichen Politik. Im Gegenteil, er ließ seinem antisozialdemokratischen Furor freien Lauf und drängte auf eine unbefristete Verlängerung des Sozialistengesetzes. Zu beiden Themen wollte *Wilhelm II.* etwas anderes.
Zu einem regelrechten »Showdown« zwischen beiden geriet eine preußische Kronratssitzung (Versammlung der Staatsminister unter Vorsitz des Königs) am 14. Januar 1889.[164] Dort sollte zwei im Großen kommunizierende, aber deutlich voneinander abgegrenzte Themen behandelt werden.

- die Verlängerung des Sozialistengesetzes und
- Neuerungen der Arbeiterschutzpolitik.

Zu beiden prallten die Meinungen von *Bismarck* und *Wilhelm II.* aufeinander. Der Kaiser, in der Arbeiterfrage generell versöhnlich gestimmt, war über die unbefristete Verlängerung des Sozialistengesetzes nicht glücklich; er wollte wenigstens die gröbsten Härten hinsichtlich der Ausweisung sozialistischer »Agitatoren« gestrichen sehen. Selbst darauf ließ sich *Bismarck* nicht ein. Er veranlasste vielmehr die Staatsminister zu einem ausdrücklichen Votum gegen *Wilhelm II.*, was dieser ihm sein Leben lang nicht verzieh. Dieser Affront wurde in seiner Wirkung noch

162 *Berlepschs* lebenslanges Engagement für die arbeitenden Menschen kam in der Würdigung durch den ADGB-Vorsitzenden *Leipart* anlässlich seines Todes im Jahre 1926 zum Ausdruck, als dieser ihm »*den Dank der gesamten organisierten Arbeiterschaft*« aussprach (Gewerkschafts-Zeitung 1926, 329, 330).

163 Vgl. *Rothfels*, a. a. O., Fn. 146, S. 101 ff.

164 Zu Details der folgenden Ereignisse vgl. *Kaufhold*, Die Diskussion um die Neugestaltung des Arbeitsrechts im Deutschen Reich 1890 und die Novelle zur Reichsgewerbeordnung 1891, ZfA 1991, 277; *Teuteberg*, S. 372 ff.

gesteigert durch seine Erfolglosigkeit: Das Gesetz zur Verlängerung des Sozialistengesetzes scheiterte am Tag danach, am 25. Januar 1889, im Reichstag an einer völlig heterogenen Mehrheit von links bis rechts. Damit war das Zerwürfnis irreversibel, und es dauerte nicht mehr lange, bis ein für sich belangloser Anlass als Gelegenheit zum förmlichen Bruch herhalten musste. Als unmittelbare Reaktion auf das Sozialistengesetz-Debakel bot *Bismarck* seinen Rücktritt als preußischer Handelsminister an. Der wurde umgehend angenommen, und *Berlepsch* am 31. Januar 1889 zum Nachfolger in diesem Amte ernannt (der wiederum unverzüglich den abgeschobenen *Lohmann* für sich reaktivierte).

Vor dem Hintergrund dieser »Staatsaktion« verblasste der Arbeiterschutz. Seine Gedanken zur Verbesserung des Arbeiterschutzes und zur Herstellung eines dauerhaften sozialen Friedens in der Industrie ließ *Wilhelm II.* in der Kronratssitzung vom 24. Januar vortragen. Deren wichtigste konzeptionelle Grundlage war eine Denkschrift von *Berlepsch* »*an die preußischen Minister des Innern und für Handel betr. Errichtung von Arbeiterausschüssen im Bergbau und Bergwerks-Gewerbekammern*«.[165] Darin kam er zu dem Schluss: »*Für jede Belegschaft ist die Errichtung eines Arbeiterausschusses anzustreben.*« Dessen Hauptaufgabe sei, »*die Fühlung des Arbeitgebers mit den Arbeitern zu vermitteln*«. Nicht unterschätzt werden sollte auch, dass der König von Sachsen und der Großherzog von Baden im Herbst 1889 auf die Verabschiedung eines reichsweiten Arbeiterschutz-Gesetzes drängten.

Wilhelms Vorschläge an den Kronrat hatten drei Elemente:

- Erlass von Arbeitsordnungen nur nach Vereinbarung mit Vertretern der Arbeiterschaft;
- obligatorische Arbeiterausschüsse in Betrieben mit mindestens 50 Betriebsangehörige;
- in einem späteren Stadium bezirkliche »Oberausschüsse«.

Sie wurden aus dem Kronrat mit im Grundsatz zustimmendem Votum zur Weiterverarbeitung in die Regierungsadministration verwiesen. Dort wurden *Bismarcks* Leute intensiv mit zwei scheinbar unvereinbaren Zielsetzungen tätig: des Kaisers Initiative um wirklich »harte« Neuerungen zu bereinigen, ihr aber gleichzeitig den Anschein des Phantastischen zu verleihen, um sie so bei konservativen Parteien und deren Presse zu diskreditieren. Er selbst sprach von »*humanitärem Schwindel*«, weswegen er alles daransetzte, um die von »*phantastischen Leuten*« ausgearbeiteten Pläne »*unschädlich*« zu machen. Das Ergebnis waren zwei im »Reichs- und Staatsanzeiger« veröffentliche – von *Bismarck* nicht gegengezeichnete – Erlasse des Kaisers vom 4. Februar 1890, die sog. Februar-

165 *Rassow/Born*, Hrsg., Akten zur staatlichen Sozialpolitik in Deutschland 1890 – 1914, 1959, S. 34 (zur Entstehung des königlichen Vortrags selbst vgl. *Kaufhold*, ZfA 1991, 294).

Erlasse. Darin kündigte *Wilhelm II.* zwei Initiativen an: die Einberufung einer Internationalen Arbeitsschutzkonferenz und in einer an den neuen Handelsminister *Berlepsch* gerichteten Note eine umfassende und verstärkte Arbeiterschutzgesetzgebung.

In Bezug auf die darin enthaltenen Arbeiterausschüsse war *Bismarcks* Wirken in den Kulissen bereits denkbar erfolgreich gewesen. Vom Vortrag des Kaisers in der Kronratssitzung vom Januar 1889 (s. o.) war schon nicht mehr übriggeblieben als der Vorschlag »*gesetzliche Bestimmungen über die Formen in Aussicht (zu nehmen), in denen Arbeit durch Vertreter, welche ihr Vertrauen besitzen, an der Regelung gemeinsamer Angelegenheiten beteiligt und zur Wahrnehmung ihrer Interessen bei Verhandlungen mit den Arbeitgebern und den Organen Meiner Majestät befähigt werden*«.

Die »Februar-Erlasse« wurden zu ihrer Umsetzung zunächst im »Preußischen Staatsrat« behandelt, wovon sich *Bismarck* erhofft hatte, dass kräftig »Wasser in den Wein« der kaiserlichen Reformvorstellungen gegossen werden würde. Das erwies sich jedoch als weitere Fehlkalkulation des inzwischen gar nicht mehr trittsicher operierenden Kanzlers. Dieses 73-köpfige Beratungsgremium bestand aus Ministern, Beamten, Industriellen, Militärs, Wissenschaftlern und auch drei Meistern und einem Arbeiter (dem Bauarbeiter *Putzer*);[166] unter den Fabrikanten war auch *Heinrich Freese* (§ 9). Es wurde am 14. Februar 1890 im Berliner Schloss durch den Kaiser eröffnet und tagte darauf vom 26. bis 28. Februar in einzelnen Abteilungen, woran Bismarck nicht mehr teilnahm. Insgesamt folgte der Staatsrat *Wilhelm II.* in der großen Linie: Sowohl die Internationale Arbeitsschutz-Konferenz[167] als auch eine umfassende Arbeiterschutz-Gesetzgebung fanden die Billigung des Staatsrats. *Bismarcks* Kommentar: »*Indem ich an die zwingende Kraft der materiellen Interessen im Staatsrath und in der internationalen Konferenz geglaubt, hatte ich Selbständigkeit und Überzeugungstreue der Leute überschätzt. … Die höfliche Schüchternheit der Vertreter der Besonnenheit im Vergleich mit der Unverfrorenheit gewohnheitsmäßiger Volksredner, die der Kaiser zugezogen hatte, ließ erkennen, daß von den Staatsrathssitzungen ein unbefangenes Wirken auf S.M. nicht zu erwarten war.*«[168]

---

166 Er bezeichnete sich selbst als »Königstreuer Sozialdemokrat« (vgl. *Kaufhold*, ZfA 1991, 302).

167 Sie fand bereits vom 13. bis 29. März 1890 in Berlin unter Teilnahme aller wichtigen europäischen Staaten statt – einschließlich des »Heiligen Stuhls« auf dessen eigenen Wunsch. Die Beratungsergebnisse waren im engeren Sinne dürftig, die Konferenz löste jedoch allein durch ihr Stattfinden eine eigene Dynamik aus. Sie ist der Beginn der internationalen Arbeitsschutzpolitik, mündend in die Gründung der »Internationalen Arbeitsorganisation« am Ende des 1. Weltkriegs (vgl. *Kaufhold*, ZfA 1991, 303 ff.; *Pieper*, AuR 2016, G 5).

168 *Bismarck*, Erinnerungen und Gedanken, Ausgabe Darmstadt 1975, S. 596 f.

In der Frage der Arbeiterausschüsse ging der Plan Bismarcks allerdings auf: Die Vertreter der Hardliner im Gremium, vor allem *Stumm*[169] und der Krupp-Direktor *Hanns Jencke*, konnten die Mehrheit von der Ablehnung obligatorischer Arbeiterausschüsse überzeugen. Ein von *Freese* eingebrachter Antrag, der das ihm propagierte Ausschuss-Modell zum Gegenstand hatte, fand zwar die Unterstützung einiger Unternehmer, die schon in ihren Betrieben freiwillige Arbeiterausschüsse eingeführt hatten. Die Gegner einer gesetzlichen Verpflichtung hierzu blieben jedoch in der Mehrheit.[170] Damit war klar, dass eine solche in der *Berlepsch*'en Gesetzgebung nicht mehr auftauchen würde.

In der Öffentlichkeit hatten die »Februar-Erlasse« gewaltiges Aufsehen erregt.[171] Eine derartige demonstrative Hinwendung eines preußischen Königs und deutschen Kaisers zur Arbeiterklasse war schlichtweg unerhört, und es wurde in sie noch viel mehr hineingelegt, als von ihm selbst beabsichtigt war. Die groteskeste Fehldeutung kam aus den USA, wo die Zeitung »New York Sun« am 8. Februar 1890 fragte: »*Has the Emporer William become a Disciple of Karl Marx*«?[172] Innenpolitisch herrschte aber doch eine große Erleichterung darüber, dass Kaiser und Regierung nach dem Fall des Sozialistengesetzes offenbar versuchten, mit der Arbeiterschaft in ein vernünftiges Verhältnis zu kommen.

Kurz auf die »Februar-Erlasse« folgten die Reichstagswahlen vom 20. Februar 1890. Sie brachten den Zusammenbruch des »Kartells« der kaisertreuen Nationalliberalen und Konservativen und einen enormen Zuwachs der Sozialdemokraten (Stimmenanteil von 10,1 % auf 19,7 % und Sitze von 11 auf 35).[173] Auf die Arbeiterpolitik *Wilhelms II.* bezogen, konnte man nur von einer vollständigen Fehlkalkulation sprechen: seine halbherzigen Avancen verfingen sich bei ihnen nicht, und seine konservativen Gefolgsleute waren enttäuscht. General *von Albedyll* hielt *Wilhelm II.* daraufhin vor, »*daß das Volk nicht für Ideale zu gewinnen sei ... und über kurz oder lang hier die Peitsche, besser gesagt die Flinte werde Ordnung schaffen müssen*«.[174] Die Sicht dürfte – so viel vorweg – bei *Wilhelm II.* auch recht bald Einzug gehalten haben. General *Waldersee*, der ihm schon im Frühjahr 1890 »Sorgen« wegen seiner Arbeiterpolitik vorgetragen hatte, bemerkte 1893: »*Eigentlich müßte der Kaiser doch nun soweit sein, sich zu sagen,*

169 Er hatte bereits vor der Sitzung des Staatsrats zusammen mit dem Krupp-Vertreter *Jencke* Gelegenheit zu einer Audienz bei *Wilhelm II.* gehabt, was nach allgemeiner Überzeugung bereits seine Wirkung auf dessen Agieren im Staatsrat nicht verfehlt hatte (vgl. *Teuteburg*, S. 374)

170 Vgl. *Costas*, Anfänge der Partizipation im Industriebetrieb. Die Arbeiterausschüsse 1889 bis 1920, a. a. O., Fn. 119, S. 342.

171 Zu einer Übersicht der öffentlichen Reaktion vgl. *von Berlepsch*, »Neuer Kurs« im Kaiserreich? Die Arbeiterpolitik des Freiherrn v. Berlepsch 1890–1896, 1987, S. 31 ff.

172 *Von Berlepsch*, a. a. O., S. 46.

173 *Nipperdey*, Deutsche Geschichte, Bd. II, 1992, S. 424.

174 Zit. bei *Parent*, a.a.O, Fn. 157, S. 193.

daß all seine schönen Absichten gescheitert sind.«[175] Das sollte fortan die Haltung *Wilhelms* zu Arbeitern und Sozialdemokratie bis zum Ende seiner Regentschaft bestimmen: von Enttäuschung über verschmähte Zuwendung zu obsessiv-aggressiver Gegnerschaft. Es war auch nicht schwer, in den Reichstagswahlen ein Scherbengericht über *Bismarcks* Politik zu sehen. So dauerte es nur noch einen knappen Monat, bis *Wilhelm II.* einen für sich betrachtet unerheblichen Zwist dazu benutzte, ihn zum Rücktritt am 17. März zu zwingen. Die Arbeiterfrage, die er von Anfang an zur »Chefsache« gemacht hatte, trug maßgeblich zu seinem Ende bei.

IV. »Neuer Kurs« – »Lex Berlepsch«

Nach den Wahlen eröffnete der Kaiser den neuen Reichstag am 6. Mai 1890 mit einer Thronrede, in der er einen Ausbau der Arbeitsschutzgesetzgebung ankündigte. Um deren Bedeutung zu unterstreichen, konnte *Berlepsch* bereits in dieser konstituierenden Sitzung zwei unter der Führung von *Lohmann* erarbeitete Gesetzentwürfe vorlegen: einen zu Gewerbegerichten und einen zur Änderung der Reichsgewerbeordnung, später kurz »Arbeiterschutzgesetz« oder eben »Lex Berlepsch« genannt. Dieses Arbeiterschutzgesetz hatte fünf Schwerpunkte:

- Arbeit an Sonn- und Feiertagen (§§ 105a-i),
- Gefahrenschutz und Unfallverhütung (§§ 120a-e),
- Arbeit von Kindern, Jugendlichen und Frauen (§§ 135, 137, 154a), Aufsichtsbehörden (§ 139) und
- die betriebliche Arbeitsverfassung (§§ 134a–g und 134a).

Während das Gesetz zu den Gewerbegerichten bereits am 28. Juni 1890 verabschiedet wurde,[176] dauerte das hinsichtlich des anderen, bedeutenderen noch ein gutes Jahr. Dabei spielten sich die wesentlichen Beratungen in einem Ausschuss ab, dessen Vorsitz der schlesische Bergbauunternehmer *von Ballestrem* innehatte; Berichterstatter war der Zentrumsabgeordnete *Hitze* (§ 9), der über sein katholisches Netzwerk für Unterstützung des Arbeiterausschuss-Projekts auch außerhalb des Parlaments sorgte.[177] Doch dies und die Unterstützung aus dem »Verein für Socialpolitik« reichten nicht aus: Weder die ganz überwiegende Mehrheit der Industriellen noch die Sozialdemokratie wollten Arbeiterausschüsse aus den beschriebenen Gründen. So kam es mit dem »Gesetz, betreffend Abänderung der

175 A. a. O., S. 190.
176 Gesetz vom 29.7.1890 (RGBl. 141).
177 Vgl. *Stegmann*, Der soziale Katholizismus und die Mitbestimmung in Deutschland, S. 102ff.

Gewerbeordnung« (»Arbeiterschutzgesetz«) vom 1. Juni 1891[178] zu einer Minimallösung mit folgender Grundstruktur:

- Die Arbeitgeber wurden verpflichtet, Arbeitsordnungen mit einem bestimmten Mindestinhalt zu Arbeitszeit, Lohnzahlung, Kündigung und Strafen bzw. Lohneinbehalt zu erlassen.
- Vor dem Erlass der Arbeitsordnung musste die Belegschaft dazu gehört werden bzw. wenn ein Arbeiterausschuss freiwillig eingerichtet war, dieser.
- Als Arbeiterausschuss galt auch der Vorstand einer Betriebskrankenkasse.

§ 134a
Für jede Fabrik, in welcher in der Regel mindestens zwanzig Arbeiter beschäftigt werden, ist innerhalb vier Wochen nach Inkrafttreten dieses Gesetzes oder nach Eröffnung des Betriebes eine Arbeitsordnung zu erlassen. …

§ 134b
…
(5) Dem Besitzer der Fabrik bleibt überlassen, neben den in Absatz 1 unter 1 bis 5 bezeichneten, noch weitere die Ordnung des Betriebes und das Verhalten der Arbeiter im Betriebe betreffende Bestimmungen in die Arbeitsordnung aufzunehmen. Mit Zustimmung eines ständigen Arbeiterausschusses können in die Arbeitsordnung Vorschriften über das Verhalten der Arbeiter bei Benutzung der zu ihrem Besten getroffenen mit der Fabrik verbundenen Einrichtungen, sowie Vorschriften über das Verhalten der minderjährigen Arbeiter außerhalb des Betriebes aufgenommen werden.
…

§ 134d
(1) Vor dem Erlaß der Arbeitsordnung oder eines Nachtrags zu derselben ist den in der Fabrik oder in den betreffenden Abteilungen des Betriebes beschäftigten großjährigen Arbeitern Gelegenheit zu geben, sich über den Inhalt derselben zu äußern.
(2) Für Fabriken, für welche ein ständiger Arbeiterausschuß besteht, wird dieser Vorschrift durch Anhörung des Ausschusses über den Inhalt der Arbeitsordnung genügt.
…

178 RGBl. 261.

§ 134h
Als ständige Arbeiterausschüsse im Sinne der §§ 134b Absatz 3 und § 134d gelten nur:
1. Diejenigen Vorstände der Betriebs-(Fabrik-)Krankenkassen oder anderer für die Arbeiter der Fabrik bestehender Kasseneinrichtungen, deren Mitglieder in ihrer Mehrheit von den Arbeitern aus ihrer Mitte zu wählen sind, sofern sie als ständige Arbeiterausschüsse bestellt sind;
2. (ebenso Knappschaftsälteste)
3. …

In der Konsultationspflicht vor Erlass einer Arbeitsordnung lag durchaus ein mittelbarer Anreiz zur Einrichtung eines Arbeiterausschusses für große Betriebe, in denen die Kommunikation mit einer ganzen Belegschaft offenkundig mit Komplikationen verbunden war. Interessant war dabei § 134h, der regelte, welche Gremien als Arbeiterausschuss in diesem Sinne galten: neben bislang freiwillig als solche tätigen Gremien vor allem auch die Vorstände von Betriebskrankenkassen und Knappschaftsvereinen – eine gesetzgeberische Bestätigung dessen, was sich seit Jahrzehnten als Betriebsverfassung der Sache nach etabliert hatte (§ 5).

Das Resümee ist – wie könnte es anders sein – zwiespältig: Die »Lex Berlepsch« brachte keine Mitbestimmung in Wortsinne. Weder gab es einem Zwang zur Errichtung eines Arbeiterausschusses, noch musste der Arbeitgeber sich auf dessen Vorstellungen einlassen. Andererseits war mit dem Zwang zum Erlass einer Arbeitsordnung nach verpflichtender Konsultation in einer Hinsicht eine »rote Linie« der Unternehmer durchbrochen worden: Selbst diese bescheidene Änderung der Gewerbeordnung bedeutete, dem »*Teufel der Gleichberechtigung*« wenigstens den kleinen Finger zu reichen.[179] *Teuteberg* spricht deshalb von der »*wahre(n) Bedeutung der Berlepschen Reform, die einen umstürzenden Einbruch in das patriarchalische Ordnungsdenken der Wirtschaft und das Ende einer Quasi-Hörigkeit des Arbeiters einleitete*«.[180]

Das ist freilich eine Einschätzung aus großer historischer Distanz. *Hugo Sinzheimer* portraitierte die autoritäre Struktur des damaligen Betriebs gerade hinsichtlich der »Kleinigkeiten« des Arbeitsalltags unerbittlich: »*Er (der Arbeitgeber, M.K.) bestimmt die Räume und die Beschaffenheit der Räume, in denen den Arbeitern die Arbeit obliegt, ob Aufenthaltsräume, Kantinen usw. eingerichtet, wie die Räume gelüftet und wann sie gelüftet werden sollen; er bestimmt, ob der Arbeiter*

179 Vgl. *Fricke*, Geschichte der Betriebsvertretung in Deutschland, in: Bührig, Hrsg., Handbuch der Betriebsverfassung, 1953, S. 58.
180 *Teuteberg*, S. 387; vgl. auch *Reichold*, S. 125ff.

ein Arbeitsstück allein oder mit anderen auszuführen hat, wie die Arbeiterschaft zusammengesetzt sein soll, ob mit den Männern Frauen, mit gelernten ungelernte Arbeiter beschäftigt werden, ob die Arbeiterschaft eine Verfassung haben soll, die es ihr ermöglicht, ihre Wünsche vorzuragen usw., kurz: das ganze Gemeinschaftsdasein des Arbeiters in der Fabrik ist in der Regel sein, des Arbeitgebers, Werk.«[181]

Die unmittelbaren Folgen des Gesetzes von 1891 blieben sehr überschaubar. Zwar vermeldete die Gewerbeaufsicht in den ersten zwei Jahren einen signifikanten Anstieg von Arbeiterausschüssen. Das war aber darauf zurückzuführen, dass deren Existenz für den rechtssicheren Erlass von Arbeitsordnungen erforderlich geworden war. Es wurde jedoch keine Statistik darüber geführt, was effektive Neugründungen und was die nur erstmalige amtliche Erfassung schon vorhandener Institutionen betraf. Einen gewissen Eindruck vermittelt aber z. B. die Bestandsaufnahme im Düsseldorfer Bezirk: Dort wurden 285 Ausschüsse vor dem Erlass einer Arbeitsordnung gehört (davon 155 ständige Arbeiterausschüsse und 130 Krankenkassenvorstände; ein Beleg für deren informelle Betriebsvertretungs-Praxis, s. o.). Sie machten allerdings nur etwa 20 % aller dafür in Frage kommenden Betriebe aus.

Dieser durch die Pflicht zur konsultierten Arbeitsordnung ausgelöste Aufschwung versandete recht bald. Die Berichte der Gewerbeaufsicht aus ganz Deutschland vermittelten dafür eine Vielzahl von Motiven.[182] Auf Unternehmerseite dominierte vor allem das Herr-im-Hause-Motiv in zwei Spielarten: einmal ein klassisches unternehmerisches Selbstgefühl, für das für das Verhältnis zur Belegschaft keine »künstlichen« Mittler oder Bindeglieder im Betrieb nötig erschienen; zum anderen eine geradezu hysterische Furcht vor einer sozialdemokratischen Unterwanderung der Belegschaften. Das zeigte sich vielfach in Maßregelungen (vielfach Kündigungen) von Ausschuss-Mitgliedern, die sich unliebsam äußerten. Auf Arbeitnehmerseite gab es zwei dem korrelierende, aber aus gegenläufigen Gründen dysfunktionale Haltungen: zum einen wurde von einer weit verbreiteten Gleichgültigkeit der Arbeiter berichtet. Deshalb war der Eindruck der Gewerbeaufsichtsbeamten der, dass die Ausschüsse kaum Bedenken gegen Arbeitsordnungen anmeldeten (selbst da, wo die Behörde selbst zu große Härten beanstandet hatte). Es gab aber auch nicht wenige Fälle, in denen die Belegschaften zu viel von den Ausschüssen erwarteten (wo dann wiederum die Reaktionen der Unternehmer besonders heftig ausfielen). Aber natürlich gab es auch eine stattliche Zahl von Ausschüssen mit gut funktionierender Praxis. Das waren – wenig verwunderlich – all die, die bereits vor dem Gesetz nach dem *Freese*'schen Modell der »konstitutionellen Fabrik« funktionierten (aus außer-

181 *Sinzheimer*, Der korporative Arbeitsnormenvertrag, Erster Teil, 1907, S. 6f.

182 Vgl. *Costas*, Anfänge der Partizipation im Industriebetrieb. Die Arbeiterausschüsse 1889 bis 1920, a. a. O., Fn. 119, S. 347.

preußischen Bereichen stach eine ganz unerwartete Region positiv hervor: Niederbayern).[183]

Alles in allem zeichneten die Jahresberichte der Gewerbeinspektoren ein sehr ernüchterndes Bild: Im Jahr 1905 besaßen etwa 10 % aller privatwirtschaftlichen Betriebe mit mehr als 20 Arbeitnehmern einen Arbeiterausschuss.[184] Von der *Berlepsch'*en Reform ging also weder eine forttragende Sogwirkung aus, noch hinterließ sie bei den Arbeitern insgesamt eine Art Sehnsucht nach »richtiger« Mitbestimmung. Dieser Gedanke sollte vielmehr infolge der sich bis zum Kriegsbeginn steigernden Konfrontation zwischen Regierung/Unternehmern und Sozialdemokratie/Gewerkschaften völlig in den Hintergrund treten. Immerhin blieben zwei Erkenntnisse bzw. Entwicklungen mit Langzeitwirkungen: Für die in der Vergangenheit stärksten Förderer des Ausschussgedankens, die Katholiken um *Franz Hitze*, hatte sich gezeigt, dass für eine wie auch immer geartete »christliche Fabrik« bzw. »Werksfamilie« in der realen Welt kein Platz war. Andererseits gab es eine vorsichtige Annäherung der Gewerkschaften an die Praxis der Ausschüsse und hier wiederum zuerst seitens der christlichen Gewerkschaften nach den »freien« und »Hirsch-Duncker'schen.«

183 Vgl. *Teuteberg*, S. 401.
184 Vgl. *Teuteberg*, S. 408.

§ 11 »Repressivpolitik statt Sozialpolitik« – Sonderfall Bergbau: Obligatorische Arbeiterausschüsse 1900/1905

I. Vom »Neuen Kurs« zur »Ära Stumm«

Dem »Neuen Kurs« *Wilhelms II.* mit *Berlepsch* als Protagonisten und dem Arbeiterschutzgesetz 1891 als herausragendem Produkt haftet etwas Gespenstisches an: Jedenfalls im Rückblick ist offenkundig, dass er praktisch schon zu Ende war, noch ehe er wirklich eingeschlagen wurde. Das Schlüsselereignis waren die Reichstagswahlen vom Februar 1890 unmittelbar nach den »Februar-Erlassen«. Da musste es *Wilhelm II.* bereits dämmern, dass das, was er für ein großes Entgegenkommen gegenüber den Arbeitern gehalten hatte, bei diesen keineswegs so gesehen wurde. Seine Generäle *Albedyll* und *Waldersee* hatten ihm das bereits knochentrocken vorgehalten (s. o. § 10). Heute wissen wir: *Wilhelm II.* stand schon nicht mehr hinter der »Lex Berlepsch«, als deren Verfasser sie noch durch das Parlament brachten. Er hatte »*mit den nach Berlepsch's Ideen konzipierten Februarerlassen nur eine Zeitklang kokettiert, ohne die wahre Bedeutung der Arbeiterfrage zu erfassen*«.[185] Danach war es mit jeder Begeisterung für soziale Reformen vorbei, und – Ursache wie Folge in einem – es gewann *Stumm* (zusammen mit Großagrariern und Militärs) ab 1892 das Ohr des Kaisers in einem Maße, dass sogar von einer »Ära *Stumm*« die Rede wurde. In einer solchen Umgebung war kein Platz für *Berlepsch*. Er versuchte im Jahre 1895, *Wilhelm II.* und dessen Einflüsterern nochmals in einer Denkschrift vor Augen zu führen, dass die Wirkung von Sozialreformen nur in großen Zeithorizonten gewürdigt werden könne: »*Es werden Jahrzehnte vergehen, bis mit einer durch sie bewirkten Besserung der Lage der Arbeiter ihre Stimmung zugunsten der bestehenden Staats- und Gesellschaftsordnung sich ändert.*«[186] *Wilhelm II.* erwartete dagegen in kürzester Frist »*politische Zinsen von der sozialen Kapitalsanlage*«.[187] Damit blieb *Berlepsch*

185 *Teuteberg*, S. 400.
186 Zit. bei *Born*, Staat und Sozialpolitik seit Bismarcks Sturz, in: Historische Forschungen der Kommission der Akademie der Wissenschaften und Literatur, Bd. 1, 1957, S. 121.
187 *Teuteberg*, S. 400.

nichts, als 1896 aus dem Amte auszuscheiden (ihm folgte für kurze Zeit *Ludwig Brefeld*, ein Vertrauensmann des »Centralverbandes deutscher Industrieller«). Das war insofern überfällig, als die regierungsamtliche Politik schon längst wieder auf Repression in der Arbeiterfrage umgeschaltet hatte – »*Repressivpolitik statt Sozialpolitik*«, in den Worten *Karl-Erich Borns*.[188] Ein von Anarchisten auf den französischen Ministerpräsidenten verübtes Attentat veranlasste *Wilhelm II.* beim *Bismarck*-Nachfolger *Caprivi* ein neues, gleichermaßen gegen Anarchisten und Sozialdemokratie gerichtetes Gesetz in Auftrag zu geben. Er selbst kündigte es in einer Rede in Königsberg am 6. September 1894 denkbar martialisch an: »*Auf zum Kampf für Religion, für Sitte und Ordnung gegen die Parteien des Umsturzes*«.[189] Diese fortan nur noch »Umsturzvorlage« genannte Gesetzesinitiative scheiterte zwar 1895 in zweiter Lesung im Reichstag, vergiftete aber die Beziehungen zwischen Regierung und Arbeiterbewegung nachhaltig.
Höhe- und Endpunkt solcher legislativer roll-back-Versuche auf dem Feld der Arbeitsbeziehungen wurde 1899 die sog. Zuchthausvorlage. General *Waldersee* hatte sie zum »*Kampf gegen die Umsturzpartei*« angeregt, dieses Mal mit dem Mittel einer aggressiven Anti-Streik-Gesetzgebung. Dazu bereitete der inzwischen zum preußischen Handelsminister und Staatsekretär im Reichsinnenministerium ernannte *Graf Arthur von Posadowski-Wehner* vorsichtig den Boden.[190] Dieser wurde ihm aber von *Wilhelm II.* höchstpersönlich unter den Füßen weggezogen, und zwar wiederum mit einer vorlauten Rede. Er kündigte dieses Vorhaben nämlich am 6. September 1899 in einer Tischrede in Bad Oeynhausen mit der Aussage an, dass jeder, »*der einen deutschen Arbeiter, der willig wäre, seine Arbeit zu vollführen, daran zu hindern sucht oder gar zu einem Streik anreizt, mit Zuchthause bestraft werden soll*«. Damit war das Vorhaben politisch tot; nach erregten öffentlichen Diskussionen wurde es am 20. November 1899 in zweiter Reichstagslesung mit derart großer Mehrheit abgelehnt, dass es nicht einmal mehr zu einer Kommissionsberatung kam.
Die »Zuchthausvorlage« bedeutete insofern eine Zäsur, als Kaiser und Regierung bis zum Ende des Kaiserreichs keine vergleichbaren Versuche von Anti-Streik- bzw. Anti-Gewerkschafts-Gesetzgebung mehr unternahmen. Das Regime behalf sich fortan mit administrativ-polizeilichen Schikanen, unterstützt von einer willigen Strafgerichtsbarkeit.[191] Für unser Thema bedeutete das freilich auch: Das war ganz gewiss kein Klima für auf Kompromiss und Kooperation angelegte Institutionen wie Arbeiterausschüsse (das galt auch für das verwandte Problem der Kammern, s. u. IV). Auf sie sollte das Regime erst wieder in höchster Not, nach zwei Jahren Weltkrieg, mit dem Hilfsdienstgesetz zurückkommen (§ 12). Für die

188 *Born*, a. a. O., Fn. 184, S. 135.
189 Vgl. *Röhl*, Wilhelm II., 2001, S. 683.
190 Zur »Ära *Posadowsky*« vgl. *Born*, a. a. O., Fn. 184, S. 142 ff.
191 Vgl. eingehend *Kittner*, Arbeitskampf, S. 293 ff.; *Kittner*, 50 Urteile, 2018, S. 25.

abgegrenzte »Problembranche« des Bergbaus wurden freilich noch in Friedenszeiten Schritte auf die Arbeiter zu nötig (sogleich unten).

II. Sonderfall Bergbau: Bayern und Preußen – Bergarbeiterstreik 1905

Der »Urknall« des großen Streiks im Jahre 1889 war von den herrschenden Mächten mit Mühe eingehegt worden; die Lösung des Arbeiterausschuss-Problems war 1891 reichsweit auf kleinster Flamme erfolgt (§ 10). Im Bergbau selbst war die neue Gewerbeordnung fruchtlos geblieben; die privaten Bergbauunternehmer dachten nicht daran, sich auf Arbeiterausschüsse einzurichten. *Berlepsch* hatte zunächst daran gedacht, nur für den Bergbau über die allgemeine Regelung hinaus paritätisch besetzte Bergwerks-Gewerbekammern einzurichten. Davon wurde er jedoch von den für die Bergreviere zuständigen Oberpräsidenten abgehalten, weil das von den Arbeitern in der weiterhin aufgeheizten Atmosphäre als unangebrachtes Entgegenkommen missdeutet werden würde.
Also ging *Berlepsch* an spezifische Bergbauprobleme wieder erst nach Verabschiedung seiner großen Gewerbeordnungs-Reform. Mit einer Novelle zu Preußischen Berggesetz vom 24. Juni 1892 ließ er die Arbeitnehmerrechte in mehrfacher Hinsicht ausweiten:

- Die Arbeiterausschüsse mussten Vorschriften über die Benutzung von Wohlfahrtseinrichtungen sowie über das außerbetriebliche Verhalten minderjähriger Arbeiter zustimmen.
- Bedenken der Arbeiter bzw. des Arbeiterausschusses gegen die vom Unternehmer vorgeschlagene Arbeitsordnung mussten zusammen mit dieser bei der Bergbehörde eingereicht werden, die sie dann auf ihre inhaltliche und formale Gesetzmäßigkeit zu prüfen hatte.
- Die Arbeiterausschüsse durften aus ihrer Mitte einen »Vertrauensmann« wählen, der die Festsetzung von Lohnabzügen bei vorschriftswidrig geladenen Fördergefäßen zu überwachen hatte (das seit jeher streitfördernde »Wagen-Nullen« als Disziplinarmaßahme wurde bei der Bergrechts-Novelle nach dem nächsten großen Streik 1905 verboten, s. u.).

Selbst diese bescheidenen Fortschritte waren gegen den heftigen Widerstand der Bergbauunternehmer im Preußischen Landtag verabschiedet worden. Von den Bergleuten wiederum wurden sie als stufenweise Wiederherstellung der »alten Rechte« vor der Deregulierung empfunden. Obligatorische Arbeiterausschüsse hatte sie freilich nicht gebracht.

Allerdings war auch in dieser Hinsicht die Welt nach dem Streik von 1889 nicht mehr die alte. Die Idee der Arbeiterausschüsse hatte sich, obgleich erst während des Streiks von außen eingebracht, in den Köpfen festgesetzt. Und nicht nur das: Auch die sich jetzt bildenden Bergarbeitergewerkschaften traten für sie ein (zur freien und christlichen, die im konservativen Bergbau einen besonderen Schwerpunkt hatte, kam vor allem eine eigene polnische Gewerkschaft, die aber nicht auf den Bergbau beschränkt war).[192]

Mitglieder in Bergarbeitergewerkschaften 1890–1912

	Alter Verband	Christliche	Polen	Hirsch-Duncker
1890	58 000			
1905	105 060	66 630	11 500	2187
1912	114 062	77 967	50 903	3325

Quelle: *Hohorst/Kocka/Ritter*, Sozialgeschichtliches Arbeitsbuch, 1975

Es lag nahe, dass nach dem Streik und der folgenden Diskussion aus ihren Reihen die ersten Protagonisten der Ausschuss-Idee kamen. So nimmt es nicht wunder, dass der Führer des »alten Vereins«, *Otto Hue*, sich – auf einer ideologischen Linie mit dem neuen Dachverbandsvorsitzenden, *Carl Legien* – als erster prominenter Gewerkschafter dafür aussprach. In einer Denkschrift vom März 1901 an den Preußischen Landtag forderte der Vorstand des »Alten Verbandes« u. a.: *»Auf allen Bergwerken und deren Nebenanlagen, welche mehr als 20 Arbeiter beschäftigen, sind ständige Arbeiterausschüsse einzusetzen.«*[193] Diese Eingabe bleib erfolglos, und zwar umso mehr, als sie keinerlei Unterstützung von ihrem eigentlich »natürlichen« Verbündeten, der SPD, erfuhr. Mehr Rückhalt in den eigenen Reihen, dem politischen Katholizismus, hatten die christlichen Bergarbeiter. Aber auch ihnen erging es mit einer vergleichbaren Eingabe an den preußischen Landtag vom 25. April 1897 nicht anders.

Damit schien dieses Projekt auch in der dafür am ehesten disponierten Branche an sein Ende gekommen, denn die sozialpolitisch insgesamt verhärteten Fronten verhießen nirgendwo Bewegung. Diese kam von zwei – jeweils auf spezifische Weise – nicht vorhersehbaren Seiten:

- Im Jahre 1900 gab es einen überraschenden Impuls aus der bayerischen »Provinz«, und
- 1905 kam es zur zweiten großen Eruption im Ruhrkohlebergbau.

192 Die sozialdemokratische Gewerkschaft hieß dort »alter Verband« und war 1889 gegründet worden. Der christliche »Bergarbeiterverein ›Glückauf‹« wurde 1890 gegründet (vgl. *Koch*, Die Bergarbeiterbewegung im Ruhrgebiet zur Zeit *Wilhelms II.*, 1954).

193 *Hue*, Die Bergarbeiter, Bd. 1, 1910–1913, S. 540.

Die Arbeiterfrage als Industrialisierungsfolge war konsequenterweise ein Problem vor allem in dem in Deutschland in dieser Hinsicht am weitesten fortgeschrittenen Preußen (im Bergbau waren 90 % der Arbeiter im Reich in Preußen beschäftigt).[194] Aus den übrigen Bundesstaaten des Reiches war dazu nichts Besonderes, gar drastisch Abweichendes zu vernehmen. So auch in Bayern. Dort hatte die Regierung für die wenigen Bergwerke im Lande eigentlich nur die Inhalte der preußischen Bergnovelle von 1892 auf das eigene Land übertragen wollen. Dann votierte der bayerische Landtag ganz überraschend für die zwangsweise Einführung von Arbeiterausschüssen. Entscheidend dafür war, dass Bayern seit 1848 kein Klassen-Wahlrecht mehr kannte, sodass auch Sozialdemokraten dem Landtag angehörten. Sie brachten das Thema in engem Kontakt mit Penzberger Bergarbeitervertretern in den Landtag und konnten auf gute Erfahrungen in den staatlichen Bergwerken verweisen.[195] Daraufhin erhielt Art. 80a des bayerischen Berggesetzes folgende Fassung:

> Auf Bergwerken, welche mehr als 20 Arbeiter beschäftigen, sind ständige Arbeiterausschüsse einzusetzen.[196]

Damit waren zum ersten Mal in Deutschland – wenn auch nur in einem der industriell eher zurückgebliebenen Bundesstaaten – obligatorische Arbeiterausschüsse gesetzlich vorgeschrieben!
Wenn auch eine direkte Kausalität zeitgenössisch nicht behauptet wurde, so verfehlte ein solches Beispiel nunmehr in der Realität seine Wirkung sicher nicht, als sich die Dinge in Preußen erneut zuspitzten. 1905 war es wieder soweit: Nachdem die Bergbauunternehmer auch nach dem Streik von 1889 nicht die geringste Einsicht in die Lage ihrer Arbeiter gezeigt hatten, brachen nach einer gewissen Zeit Konflikte um die gleichen Gründe auf, die schon 1889 zum Streik geführt hatten – diese Mal angereichert durch die wegen der Vergrößerung der Zechen und der Zunahme ungelernter Arbeiter drastisch gestiegenen Unfallgefahren (s. u.). Hinzu kam eine nach der Gründung von Gewerkschaften deutlich bessere Organisation und Kommunikation der Streikenden. Das Ergebnis: Nach Auftakt mit einem kleineren betrieblichen Streik – wiederum in einer Grube von Stinnes – am 7. Januar 1905 breitete sich eine Streikbewegung rasend schnell im ganzen Ruhrgebiet aus, sodass Mitte Januar 200 000 Bergarbeiter streikten (zwar der Zahl der Streikteilnehmer nach erneut der bis dahin größte Streik in der

194 Vgl. *Hue*, Die Bergleute und der preußische Landtag, Neue Zeit, Bd. 1, 1905/06, S. 605 ff.
195 Vgl. *Tenfelde*, Proletarische Provinz. Radikalisierung und Widerstand in Penzberg/Oberbayern 1900–1945, 1982, S. 55 ff.; *Milert/Tschirbs*, S. 76.
196 Gesetz betr. Änderung einiger Bestimmungen des Berggesetzes für das Königreich Bayern. Vom 30. Juni 1900, GVBl. 1900, 745 (vgl. *Reichold*, S. 179).

deutschen Geschichte, aber nur 75 % aller Bergleute).[197] Dieser Streik löste im politischen Machtzentrum die gleiche Erschütterung aus wie 1889 – dieses Mal mit Betroffenheit aus zwei Motiven. Das eine, höchst aktuelle, betraf Vorgänge in Russland. Dort hatte die russische Armee am 9. Januar, also zwei Tage vor Streikbeginn in Deutschland, auf einen Marsch von etwa 150 000 Arbeitern zum Winterpalais im Petersburg mit Schüssen reagiert; es gab mindestens 100 Tote und etwa 1000 Verletzte.[198] So etwas wie diesen »Petersberger Blutsonntag« wollte die deutsche Reichsleitung um jeden Preis vermeiden. Und außerdem hatte sie dieses Mal im Hinblick auf Marokko-Krise und den deutsch-japanischen Krieg tatsächlich Sorgen um die militärische Schlagkraft des Reiches. Und da, anders als 1889, die Männer an der Spitze an einem Strang zogen, funktionierte die staatliche Intervention schnell und effektiv: *Posadowski*[199] drohte als Staatsekretär im Innenministerium im Auftrag von Kaiser und Kanzler eine reichsgesetzliche Initiative an, falls das preußische Staatsministerium nicht unverzüglich Schritte zur Beendigung des Streiks unternehmen würde. Daraufhin kündigte der preußische Handelsminister *Möller* die kurzfristige Einbringung einer Berggesetznovelle an, weshalb der Streik Anfang Februar 1905 endete.[200]

Bereits am 8. März konnte ein von *Theodor Lohmann* ausgearbeiteter Gesetzentwurf dem Preußischen Abgeordnetenhaus vorgelegt werden.[201] Danach gab es noch ein Vierteljahr parlamentarische Auseinandersetzungen, begleitet von heftiger Lobbyarbeit der Bergbauunternehmer. Als wirksamster Hebel für die Gesetzgebung erwies sich dabei die glaubhafte Drohung der Regierung, die Sache notfalls in den Reichstag zu bringen, wo dann eine obligatorische Ein-

---

197 Vgl. *Fricke*, Der Ruhrbergarbeiterstreik von 1905, 1955; *Gladen*, Die Streiks der Bergarbeiter im Ruhrgebiet 1889. 1905 und 1912, in: Reulecke, Hrsg., Arbeiterbewegung an Rhein und Ruhr, 1974, S. 111. In Preußen waren damals ca. 90 % aller Bergleute Deutschlands beschäftigt (vgl. *Reichold*, S. 179).

198 Vgl. *O'Connor*, The History of the Baltic States, S. 69.

199 Seit dem Debakel mit der »Zuchthausvorlage« hatte *Posadowsky* erkannt, dass die frontale Bekämpfung der Sozialdemokratie erfolglos bleiben musste, und sich – parlamentarisch gestützt durch das Centrum – erneut auf einen Kurs des Entgegenkommens durch Reformen in der Sozialversicherung verlegt (vgl. *Born*, a. a. O., Fn. 184, S. 166 ff.).

200 Angesichts der großen Zahl Nicht-Streikender waren Auseinandersetzungen zwischen diesen und den Streikenden unvermeidlich. Trotz aller Disziplin der Letzteren gab es 900 Verurteilungen wegen Beleidigung und 370 Verurteilungen wegen Verstößen gegen § 153 GewO (vgl. *Kittner*, Arbeitskampf, S. 358). 1912 kam es nochmals zu einem großen Bergarbeiterstreik mit sogar 230 000 Beteiligten. Dieser Streik war aber mit den vorangegangenen Streiks nicht zu vergleichen: Er wurde von allen Gewerkschaften außer der christlichen wegen Lohnerhöhungen geführt und blieb aufgrund der gewerkschaftlichen Uneinigkeit erfolglos (vgl. *Kittner*, Arbeitskampf, S. 359 f.).

201 Vgl. Drucksache 747, Legislaturperiode 1905, Anlageband 1, S. 6239 ff., abgedruckt in: *Rassow/Born*, Akten zur staatlichen Sozialpolitik in Deutschland 1890–1914, 1959, Nr. 92.

führung von Arbeiterausschüssen nicht nur im preußischen Bergbau, sondern in der gesamten deutschen Industrie die Folge gewesen wäre. So wurde am 14. Juni 1905 das »Gesetz, betr. die Änderung einzelner Bestimmungen des Allgemeinen Berggesetzes für die preußischen Staaten 1865/1892« beschlossen und verkündet.[202]

§ 80 Abs. 2
[…] Der Bergwerksbesitzer ist verpflichtet zu gestatten, daß die Arbeiter auf ihre Kosten durch einen aus ihrer Mitte von dem ständigen Arbeiterausschuß oder, wo ein solcher nicht besteht, von ihnen gewählten Vertrauensmann das Verfahren bei Feststellung der ungenügenden oder vorschriftswidrigen Beladung und des bei der Lohnberechnung anzurechnenden Teiles der Beladung überwachen lassen. Durch die Überwachung darf eine Störung des Betriebs nicht herbeigeführt werden; bei Streitigkeiten hierüber trifft auf Beschwerde des Vertrauensmanns die Bergbehörde die entsprechenden Anordnungen. Der Vertrauensmann bleibt im Arbeitsverhältnisse des Bergwerkes. Mit der Beendigung desselben erlischt sein Amt. Der Bergwerksbesitzer ist ferner verpflichtet, den Lohn des Vertrauensmanns auf Antrag des ständigen Arbeiterausschusses oder der Mehrzahl der beteiligten Arbeiter vorschußweise zu zahlen. […]

§ 80f
(Abs. 1.) Auf denjenigen Bergwerken, auf welchen in der Regel mindestens 100 Arbeiter beschäftigt werden, muß ein ständiger Arbeiterausschuß vorhanden sein. Ihm liegt es ob, darauf hinzuwirken, daß das gute Einvernehmen innerhalb der Belegschaft und zwischen der Belegschaft und dem Arbeitgeber erhalten bleibt oder wiederhergestellt wird.
(Abs. 2.) Der ständige Arbeiterausschuß hat die in den §§ 80c Abs. 2, 80d Abs. 2, 3 und 80g Abs. 1 bezeichneten Aufgaben. Durch die Arbeitsordnung können ihm noch weitere Aufgaben zugewiesen werden. Außerdem hat er Anträge, Wünsche und Beschwerden der Belegschaft, die sich auf die Betriebs- und Arbeitsverhältnisse des Bergwerkes beziehen, zur Kenntnis des Bergwerksbesitzers zu bringen und sich darüber zu äußern.
(Abs. 3.) Ein Arbeiterausschuß, der seine im Abs. 2 begrenzte Zuständigkeit überschreitet, kann nach fruchtloser Verwarnung aufgelöst werden. Die Auflösung erfolgt durch das Oberbergamt.

---

202 Preußische Gesetzsammlung 1905, S. 58. Der gegenüber Bayern größere Schwellenwert von 100 Arbeitnehmern war einerseits den größeren Betriebsdimensionen in Preußen, andererseits aber auch der Intervention der Unternehmer geschuldet.

Mit dieser Regelung war ein bedeutendes Etappenziel in diesem größten deutschen gewerblichen Wirtschaftsbereich erreicht worden! Damit gab es erstmals substanziellen legislativen Fortschritt für den Gedanken der »konstitutionellen Fabrik«. Zugleich wurden damit aber Dinge relevant, die in einem auf Freiwilligkeit beruhenden System keine Rolle spielten:

- Gegenstand und Umfang der Beteiligungsrechte und
- Formalien der Ausschusskonstituierung und Wahlen.

Anhand dieser Punkte sollte sich gleich bei diesem ersten wirklichen Gesetz zur betrieblichen Mitbestimmung die Bedeutung von scheinbaren Kleinigkeiten erweisen; Kleinigkeiten, die insbesondere von den Bergbauunternehmern noch während des Gesetzgebungsverfahrens untergebracht wurden und »nach Tische« für viel Verstimmung und Frustration sorgen sollten.

Was die Beteiligungskompetenzen angeht, so stand auf der Habenseite deren kräftige Erweiterung. Zu denen der Novelle von 1891 kamen hinzu:

- ein Mitverwaltungsrecht an einer Unterstützungskasse der Arbeiter, in die alle Strafgelder überwiesen werden mussten;
- die allgemeine Aufgabe, das »*gute Einvernehmen innerhalb der Belegschaft und zwischen der Belegschaft und dem Arbeitgeber*« zu erhalten und wiederherzustellen;
- das Recht, Anträge, Wünsche und Beschwerden der Belegschaft zur Kenntnis des Arbeitgebers zu bringen und sich darüber zu äußern; die Möglichkeit der Erweiterung dieser Aufgaben durch die Arbeitsordnung.

Keine Rechte gab es dagegen auf dem Gebiet der Lohnfindung. Das wurde bald nach Verabschiedung des Gesetzes eine Quelle für massiven Unfrieden. *Otto Hue* beklagte sich 1907: »*Der springende Punkt ist, dass der Arbeiterausschuss gerade da keine Rechte hat, wo er seiner ihm zugeschobenen Aufgabe gemäß am besten das gute Einvernehmen zwischen Arbeiter und Unternehmer behüten resp. herstellen könnte, nämlich in der Lohnfrage. Eine arbeiterfreundliche Gesetzgebung würde den Arbeiterausschüssen die Äußerung auch immerhin über Lohnfragen zugestanden haben.*«[203] Man sieht: Das Ganze konnte umso weniger funktionieren, als die Gewerkschaften gerade erst dabei waren, sich eine Stellung als Tarifvertragspartei für solche Fragen zu erkämpfen. Bis zu einer »eingeschwungenen« Balance zwischen Betriebsräten und Gewerkschaften, wie sie heute selbstverständlich ist, sollte noch viel Zeit vergehen (§ 26).

Dazu kam »Kleingedrucktes« der übelsten Art: Das aktive und passive Wahlrecht war stark beschränkt: Das aktive gab es nur für volljährige Arbeiter mit mindestens einjähriger ununterbrochener Betriebszugehörigkeit, das passive bei einem Mindestalter von 30 Jahren und dreijähriger Betriebszugehörigkeit. Dazu der

---

203 *Hue*, Arbeiterausschüsse als Arbeitervertretungen, Sozialistische Monatshefte, 1907, Bd. 1, S. 18.

»Pfiff«: Die Betriebszugehörigkeit konnte vom Unternehmer wegen Teilnahme an einem Arbeitskampf für unterbrochen erklärt werden. So sollen nach einem Bericht des Regierungspräsidenten von Münster vom Dezember 1906 etwa 39 000 Bergleute wegen des 1905er-Streiks von der Wahl ausgeschlossen worden sein.[204] Außerdem versuchten die Arbeitgeber, Verhältniswahlen zu verhindern, weil damit verschiedene Gewerkschaftslisten möglich geworden wären. Sie bevorzugten demgegenüber kleinteilige Wahlbezirke mit Persönlichkeitswahl, in denen leichter genehme Kandidaten durchzubringen waren. Schließlich konnte ein Arbeiterausschuss vom Oberbergamt nach fruchtloser Verwarnung aufgelöst und für ein Jahr suspendiert werden, wenn er seine Kompetenzen überschritt.
Wegen all dieser Probleme wurde das Gesetz von Anfang an von den Gewerkschaften kritisiert, am schärfsten vom »Alten Verband«, der sich an den ersten Wahlen im Dezember 1905 nicht beteiligte.[205] So standen auf den Stimmzetteln überwiegend Mitglieder der christlichen Gewerkschaft, die aber gegen das Odium von »Streikbrechern« nicht ankamen. So blieb es trotz massiven Engagements der Zentrumspresse bei einer Wahlbeteiligung von nur 11 %. Das besserte sich bei den nächsten Wahlen allmählich, beim »Alten Verband« auf Drängen der Mitglieder gegenüber der Verbandsführung (die aber immerhin im Jahre 1909 einen ersten Wahlaufruf am 2. Dezember wieder zurückzog). Indes: Ein wirklicher Erfolg wurde diese Form der Arbeitnehmerbeteiligung bis zur Verabschiedung des Hilfsdienstgesetze 1916 nicht – konnte es nicht werden, wenn die Umstände in Betracht gezogen werden: Die Beteiligten bewegten sich in einem Wirtschaftsbereich mit maximalem Klassen-Antagonismus, dessen Unternehmer sich als Speerspitze einer »Herr-im-Hause«-Politik begriff, mit mehreren konkurrierenden Gewerkschaften, die über den Nutzen der Ausschüsse uneins waren.[206] Vorzeigbare Erfolge blieben die Ausnahme.[207]
Nur noch kurz zu den Zuständen in den anderen deutschen Ländern: Sachsen führte 1909 obligatorische Arbeiterausschüsse für Bergbaubetriebe mit mehr als 50 Arbeitnehmern ein, die dort jedoch völlig bedeutungslos blieben.[208] Auch im Reichsland Elsaß-Lothringen wurden 1909 in vier großen Zechen Arbeiter-

---

204 Vgl. *Koch*, Die Bergarbeiterbewegung im Ruhrgebiet …, a. a. O., Fn. 184, S. 112.

205 Vgl. *Costas*, a. a. O., Fn. 119, S. 357; siehe auch die hellsichtige Analyse des Gewerkschaftsgründers *Max Hirsch* (Das Fiasko der Arbeiterausschüsse, Neue Zeit 1906/07, Bd. 1, S. 573).

206 In den beiden anderen preußischen Kohlerevieren lagen die Dinge etwas anders: In Schlesien mit vielen königstreuen Knappen hatte die Sozialdemokratie noch nicht Fuß gefasst, und in Mitteldeutschland spielte der Ausschuss-Gedanke keine so große Rolle, weil die meisten Betriebe unter 100 Arbeitnehmer beschäftigten (vgl. *Teuteberg*, S. 450).

207 Zu einem eindrucksvollen Beispiel für einen erfolgreichen Arbeiterausschuss vgl. *Teuteberg*, S. 451.

208 Vgl. Kgl. Sächsisches Gesetz- und Verordnungsblatt 1910, 117.

ausschüsse eingerichtet.[209] Das außerhalb des Deutschen Reichs gebliebene Österreich hatte bereits 1896 »Zechenausschüsse« (»Lokalausschüsse«) für die Vertretung der einzelnen Grubenbelegschaften eingeführt, die sich sogar untereinander über ihre Forderungen verständigen konnten.[210]
Schließlich kam es vor dem Weltkrieg zu einer letzten legislativen Aktivität auf diesem Feld: die Beteiligung der Arbeiterausschüsse bei Arbeitsunfällen. Die Expansion des Bergbaus hatte einen dramatischen Anstieg des Unfallgeschehens zur Folge, insbesondere bei schweren Unfällen (das war ja schon eine der Hauptursachen des Streiks 1905, s. o.):

Schwere und tödliche Unfälle im preußischen Bergbau 1894–1904

Jahr	Gemeldete Unfälle	Entschädigte Unfälle	Schwere und tödliche Unfälle je 1000 Versicherte
1894	38241	4779	11,2
1900	58451	6894	12,3
1903	74433	9281	15,0
1904	80204	9950	15,5

Quelle: *Teuteberg*, S. 455.

Diese Missstände waren zwar immer wieder Gegenstand politischer Debatten im preußischen Landtag, wo vor allem *Max Hirsch* und der Abgeordnete *Wojciech Korfanty*[211] Abhilfe und mehr Arbeitnehmerbeteiligung bei der Unfallverhütung forderten. Parlamentsmehrheit und Regierung gingen darauf lange gar nicht ein, bis sich am 12. November 1908 auf der Zeche »Radbold« bei Hamm ein großes Grubenunglück mit 344 toten Bergleuten ereignete. Daraufhin kam es mit der Novelle des Allgemeinen Berggesetzes vom 28. Juli 1909[212] schnell zu einer bemerkenswerten Neuerung: In allen Steinkohlebergwerken, unterirdisch betriebenen Braunkohlen- und Erzgruben sowie Kalibergwerken mit mehr als 100 Arbeitern mussten neben dem Arbeiterausschuss »*Sicherheitsmänner*« bestellt werden. Sie mussten zweimal im Monat (ggf. auch aus besonderem Anlass) die Grube zusammen mit dem staatlichen Aufsichtsbeamten befahren und Beanstandungen protokollieren und erhielten einen – freilich aus heutiger Sicht: bescheidenen – Schutz vor Kündigungen. Dazu beseitigte die Gesetzesnovelle

209 Vgl. Gesetzblatt für Elsaß-Lothringen 1909, 138.
210 Vgl. *Teuteberg*, S. 425, Fn. 6.
211 *Korfanty* war Schriftleiter der »Polnischen Blätter« in Kattowitz, später Führer der polnischen Aufständischen nach Kriegsende, Abstimmungskommissar und polnischer Vizepräsident (vgl. *Teuteberg*, S. 457).
212 Preußische Gesetzessammlung 1909, 677.

eines der ganz großen Ärgernisse des Gesetzes von 1905: Arbeitskampfbeteiligung durfte nicht mehr als Unterbrechung der Betriebszugehörigkeit gewertet werden (s. o.).
Mit dieser Gesetzesänderung war eine zentrale Grundlage für die Arbeitnehmerbeteiligung beim betrieblichen Arbeitsschutz gelegt worden. Die Institution der »Sicherheitsmänner« konnte aber im seinerzeitigen Klima des wechselseitigen Misstrauens keine Wurzel schlagen. Sie geriet in die immer gleiche Frontstellung zwischen der christlichen Gewerkschaft und den anderen Gewerkschaften. Insbesondere der »Alte Verband« forderte vor allem eine unabhängige Grubeninspektion »*ohne Aufpasser*«. Und da die Grubenunternehmer kein Interesse an dieser neuen Institution hatten,[213] musste sie ohne größere Resonanz und Erfolg bleiben (1919 wurden die sog. Unfallvertrauensmänner bzw. Sicherheitsbeauftragten durch autonome Unfallverhütungsvorschriften und 1963 durch Gesetz in die Unfallversicherung aufgenommen).[214]

213 Der Geschäftsführer der »Nordwestlichen Gruppe des Vereins deutscher Eisen- und Stahlindustrieller« sah im Kündigungsschutz für »Sicherheitsmännern« einen Anschlag auf das auch in diesem Zusammenhang hochgehaltene »Herr-im-Hause«-Prinzip (vgl. *Bäumer*, Arbeiterausschüsse, christliche Gewerkschaften und Arbeitgeberinteressen, Stahl und Eisen. Zeitschrift für das deutsche Eisenhüttenwesen 1909, 381).

214 Unfallversicherungsneuregelungsgesetz vom 30. April 1963, BGBl. I 242 (vgl. *Pieper*, Das Arbeitsschutzrecht in der deutschen und europäischen Rechtsordnung, Schriftenreihe der Bundesanstalt für Arbeitsschutz und Arbeitsmedizin: Forschungsbericht, Fb 81, 1998, S. 126 f.; *Wattendorf*, Qualifizierung der Selbstverwaltung der gesetzlichen Unfallversicherung zur Erfüllung des Präventionsauftrages, 1999, S. 40).

§ 12 Gescheitertes Arbeitskammer-Projekt – Unversöhnlich vor dem Krieg

I. Arbeitskammern im Reichstag (inkl. Arbeiterausschüsse)

Seitdem elaboriertere Konzepte zur Beteiligung der Arbeiter am wirtschaftlichen Geschehen entwickelt wurden, gab es die Vorstellung eines zweistufigen Systems: Neben und über der Beteiligung in betrieblichen Ausschüssen stellte man sich überbetriebliche Institutionen vor, in denen Arbeiter gleichberechtigt mit Unternehmern über die auf der jeweiligen Ebene relevanten Wirtschaftsprobleme zu befinden haben sollten, eben die »Kammern«. Beispielhaft ausdifferenziert war der von *Degenkolb* und *Lette* initiierte und durch den Volkswirtschaftlichen Ausschuss des Paulskirchenparlaments eingebrachte Vorschlag von »Fabrikräten« und »Gewerbekammern« (§ 8). Als erste Resonanz auf derartige Vorstellungen waren uns die nach der 1848er-Revolution in Preußen eingeführten – aber alsbald wieder eingeschlafenen – »Gewerberäte« begegnet (§ 9). Auch der »Preußische Volkswirtschaftsrat« hatte in sich Keime überbetrieblicher Partizipation getragen – freilich in homöopathischen Dosen (§ 9).
Die Ambivalenz aller solcher Vorstellungen liegt offen zutage: Wer – außer den Unternehmern – wollte auf der einen Seite etwas gegen die gleichberechtigte Mitwirkung der Arbeitnehmer auf allen Ebenen haben. Auf der anderen Seite stand die Herkunft des Kammergedankens aus der mittelalterlichen Zunftordnung. Ihre Institutionen wiederauferstehen zu lassen, hatte zwangsläufig etwas Nostalgisch-Illusionäres nach Art der romantischen Sozialreformer (§ 7), also der sprichwörtliche Versuch, »ein totes Pferd zu reiten«. Eine gewisse Nähe dazu ist jedenfalls dem sozialen Katholizismus nicht abzusprechen, der mit seiner Vorstellung einer »Versöhnung von Kapital und Arbeit« der geborene Förderer des Kammergedankens war. Die Sozialdemokraten wiederum bezogen diesen, anders als das Konzept der betrieblichen Arbeiterausschüsse, rasch und offensiv in ihr Forderungsspektrum ein. Die sozialdemokratischen Abgeordneten *Bebel* und *Fritzsche* hatten schon 1877 für ihre Fraktion im Reichstag einen Antrag zur Errichtung territorial gegliederter Gewerbekammern eingebracht: »*Dieselben sind berufen, die Gewerbe- und Arbeiterinteressen zu vertreten und den Behörden*

Berichte zu erstatten, welche zu veröffentlichen sind, Anträge an die Behörden zu stellen sowie gemeinsam gewerbliche Einrichtungen und Fachbildungsanstalten zu beaufsichtigen. Die Mitglieder der Kammern sollen zu gleichen Teilen aus Unternehmern und Arbeitern bestehen.«[215] Eine ähnliche Forderung nach »*Reichsarbeitsamt, Bezirksämter und Arbeitskammern*« wurde sogar in das »Erfurter Programm« aufgenommen (sonst ja als Gründungsdokument der *Marx*-Orientierung der deutschen Sozialdemokratie berühmt). Im Reichstag wurden bis zur Jahrhundertwende sechs derartige Anträge eingebracht.[216]

Nun allerdings trat eine Komplikation hinzu: die Unterscheidung zwischen Arbeit*s*- und Arbeit*er*kammern. Die einen waren »Universal«-Kammern, d.h. Unternehmer und Arbeitnehmer unter einem institutionellen Dach, die anderen sollten nur Arbeitnehmer organisieren, die dann neben den Kammern der Gewerbetreibenden Einfluss nehmen sollten.[217] Diese unterschiedliche Sichtweise zog sich wiederum quer durch alle Lager. Das heißt: Sozialdemokraten[218] und Zentrum, Abgeordnete im preußischen Landtag und im Reichstag, Gewerkschaften,[219] preußische und Reichsregierung waren in dieser Frage uneins (allein die Unternehmer lehnten alle diese Vorstöße ab). Das Ergebnis war eine uferlose Diskussion mit einer unübersehbaren Fülle von Entwürfen bis zum ersten Regierungs-Entwurf eines Arbeitskammergesetzes im Bundesrat am 1. Februar 1908.

Dieser Regierungs-Entwurf sah in § 3 für die Kammern eine stattliche Fülle von Aufgaben vor, die – unabhängig von allen anderen, freilich wichtigen Einzelheiten – für sich schon eine drastische Veränderung im Wirtschaftsleben bedeutet hätte.

1. Die Förderung eines gedeihlichen Verhältnisses im Betrieb,
2. die Unterstützung der Behörden durch Mitteilungen und Gutachten,
3. der Erlass von Arbeiterschutzvorschriften,
4. die Beratungen der die Angelegenheiten berührenden Wünsche und Anträge,

---

215 Stenographische Berichte über die Verhandlungen des Deutschen Reichstags, Drucks. 92 (Antrag Fritzsche/Bebel, Legislaturperiode 1877).

216 Zu den entsprechenden Reichstagsdrucksachen vgl. *Teuteberg*, S. 467, Fn. 6.

217 Vgl. *Bender*, Arbeiterkammern, Schlichtung, Tarifautonomie, in: Rechtshistorisches Journal (9) 1990, S. 241 ff.

218 Die SPD war lange für gemischte Kammern und schwenkte erst mit dem Reichstagswahlaufruf von 1911 auf die Linie der freien Gewerkschaften ein.

219 Bei den freien Gewerkschaften war auf dem Jahreskongress 1905 eine von *Otto Hue* und *Paul Umbreit* eingebrachte Resolution für reine Arbeiterkammern mit 151 gegen 48 Stimmen angenommen worden. Die Gewerkschaften befürchteten, dass Arbeiter in gemischten Kammern nicht hinreichend frei votieren könnten. Ebenso votierten die Hirsch-Duncker'schen Gewerkschaften, während die christlichen bei gemischten Kammern blieben (vgl. *Teuteberg*, S. 474).

5. Veranstaltungen und Maßnahmen zur Hebung der wirtschaftlichen Lage der Arbeiter und Mitwirkung an der Verwaltung von solchen Einrichtungen.

Darüber kam es zu höchst kontroversen Diskussionen, deren Resultat die Regierung im Rahmen eines überarbeiteten Entwurfs erstmals am 25. November 1908 dem Reichstag vorlegte. Auch darüber wurde erbittert gestritten, insbesondere Gewerkschaften und Sozialdemokratie lehnten auch diesen zweiten Entwurf scharf und grundsätzlich ab.[220] Schließlich erarbeitete eine Reichstags-Kommission einen dritten Entwurf, der nach wie vor einige Punkte offenließ, bei denen eine Einigung nicht möglich war. Als deren wichtigster erwies sich die Wählbarkeit von Gewerkschaftssekretären, worauf Sozialdemokraten, Zentrum und freiheitliche Volkspartei[221] bestanden, was aber von der Regierung um keinen Preis akzeptiert wurde (hier zeichnete sich bereits eine Parlamentsmehrheit ab, die in der Weimarer Republik als »Weimarer Koalition« lange zusammenarbeiten sollte).

Die letzte Regierungsvorlage enthielt u. a. den Vorschlag, bestehende Arbeiterausschüsse als Wahlkörper für die Kammern zu nehmen; obligatorische Ausschüsse waren dagegen nicht vorgesehen. Solche forderte dann aber der Kommissionsentwurf des Reichstags für jeden Betrieb mit mehr als 20 Arbeitnehmern. Die Ausschüsse sollten u. a. vor Anordnung von Überstunden und Sonntagsarbeit gehört werden. Dagegen liefen alle Arbeitgeberverbände und Unternehmerkammern Sturm. Ein Schlaglicht auf deren Verhältnis zu Arbeiterausschüssen warf eine Eingabe von Textilfabrikanten aus der Lausitz. Sie regten sich besonders über die Anhörungspflicht vor Überstunden und Sonntagsarbeit auf und bezeichneten sie als unerhörten Eingriff in das Dispositionsrecht des Unternehmers und als »*schwerste und kränkendste Verletzung*«.[222]

Für die Sozialdemokraten war dies die Gelegenheit, sich nun endgültig für das Arbeiterausschuss-Projekt auszusprechen. *Robert Fette* erklärte 1911 in den »Sozialistischen Monatsblättern« auch, warum Ausschüsse mit Gewerkschaften im Rücken nun anders zu bewerten seien: »*Für die Arbeiter besteht kein Anlaß, sich der Einführung obligatorische Arbeiterausschüsse zu widersetzen … die Vertretung macht die gewerkschaftliche Arbeit nicht überflüssig, sondern bedeutet vielmehr deren energische Unterstützung, wenn anders der Ausschuß nicht ein blutleeres*

220 Vgl. Correspondenzblatt der Generalkommission der Gewerkschaften 1908, Nr. 49, S. 283 ff.

221 Einer der engagiertesten Vertreter des Kammerprojekts kam aus ihren Reihen. *Friedrich Naumann*, Reichstagsabgeordneter der Freiheitlichen Volkspartei, plädierte – als gewissermaßen Letzter der Kathedersozialisten und ebenso vergeblich wie diese – für ein umfassendes System der Mitbestimmung unter positiver Einbeziehung der Gewerkschaften (»kooperative Industrieverfassung«; vgl. eingehend *Teuteberg*, S. 483). *Naumann* wurde in der Bundesrepublik Namensgeber für die Parteistiftung der FDP – mit Bezug auf das Mitbestimmungsthema nicht gerade eine direkte Nachfahrenschaft!

222 Vgl. *Teuteberg*, S. 498 mit weiteren Nachweisen.

Gebilde bleiben soll. Mit und neben der Organisation kann der Ausschuß nützliche Aufgaben erfüllen. Das hat sich deutlich erwiesen. Lediglich diese Erfahrung hat eine andere Erfahrung (der Sozialdemokratie) gegenüber den Ausschüssen gezeitigt.«[223] Mit einer solchen Ausschüsse und Gewerkschaften integrierenden Sicht war der Weg für eine gemeinsame Haltung von Gewerkschaften und SPD (und auch Zentrum) in dieser Frage endgültig geebnet. Schon 5 Jahre später sollte das mit dem Hilfsdienstgesetz zum praktischen Durchbruch führen (§ 13).

Über den letzten Entwurf des Kammergesetzes wurde wegen des Schlusses der Legislaturperiode Ende 1911 nicht mehr abschließend abgestimmt. Nach den Neuwahlen 1912 verzichtete die Regierung angesichts des nicht überbrückbaren Dissenses mit der Reichstagsmehrheit darauf, einen weiteren Entwurf zu Arbeitskammern einzubringen.

Damit war das Arbeitskammerprojekt für längere Zeit erledigt. Es wurde erst 1918, ersichtlich mit Blick auf eine Nachkriegsneuordnung[224] wieder aufgegriffen (§ 15). Die Gewerkschaften bekannten sich dazu noch in ihren Vorstellungen 1917/18 für die Nachkriegsordnung, und die Regierung brachte am 19. April den »Entwurf eines Arbeitskammergesetzes« im Reichstag ein.[225] Dieser Entwurf wurde von der Opposition zwar wegen einer Reihe von Unzulänglichkeiten und Unklarheiten kritisiert, jedoch im Prinzip gutgeheißen. Das alles wurde im Reichstag nie zu Ende gebracht. Nach der Revolution ging es in den Plänen einer Wirtschaftsdemokratie mit Räten auf allen Ebenen auf (§ 15). Ähnliche Gedanken enthielten gegen Ende der Weimarer Republik das von *Naphtali* entworfene ADBG-Konzept zur Wirtschaftsdemokratie (§ 18), wie auch die DGB-Vorstellungen einer Wirtschaftsdemokratie nach 1945 (§ 23). Von besonderem Interesse ist der Arbeiterkammer-Entwurf in unserem Zusammenhang, weil mit ihm eine Schlichtungsstruktur vorgeschlagen wurde, auf die das im Sommer 1918 entwickelte Projekt eines Arbeiterräte-Gesetzes Bezug nahm (s. u. § 15).

223 Vgl. *Fette*, Arbeiterausschüsse, Sozialistische Monatshefte 1911, S. 133; dazu auch *Schippel*, Vom Arbeiterausschuss zum Betriebsrat, Sozialistische Monatshefte 1919, S. 440.

224 Nach dem Kriege wurden in Bremen und nach dem zweiten Weltkrieg im Saarland Arbeitnehmerkammern eingerichtet. In Bremen erfolgte das bereits 1920 und im Saarland 1951, als das Land noch nicht zur Bundesrepublik gehörte. Beide Institutionen wurden vom BVerfG nicht als Verstoß gegen das Grundgesetz bewertet (wobei aber ausdrücklich offen gelassen wurde, ob mit Rücksicht auf die vorhandenen Gewerkschaften Neugründungen in anderen Ländern oder der Bundesrepublik insgesamt zulässig wären, vgl. BVerfG 18.12.1974 – 1 BvR 430/65, BVerfGE 38, 281).

225 Regierungsentwurf, Reichstag, 13. Legislaturperiode, 11. Session 1913/18, Drucks. Nr. 1490.

II. Grundaufstellung vor dem Krieg: Unversöhnlicher Antagonismus

Bei institutionenkundlicher Engführung des Themas könnte in der vorliegenden Darstellung ein Sprung hin zum Hilfsdienstgesetz mitten im Weltkrieg erfolgen (§ 13). Vorher ist jedoch eine Momentaufnahme der Verhältnisse bei Kriegsausbruch unumgänglich, denn sie sollten sich als fortwirkende geschichtliche Kraft von entscheidend-destruktiver Wirkung auf das Schicksal der Weimarer Republik erweisen (und damit auch deren Betriebsverfassung, § 15).
Wir sahen schon an jener maßlosen Stellungnahme der Lausitzer Textilfabrikanten gegen die bloße Anhörung vor einer Unternehmerentscheidung, was man damals vertreten konnte, ohne sich dafür schämen zu müssen. Deshalb muss auch bei dieser Gelegenheit an die Großwetterlage hinsichtlich des Verhältnisses zwischen dem Mainstream der Unternehmer und der Arbeiterschaft erinnert werden. Hier hatte der Geschäftsführer des »Centralverbandes deutscher Industrieller« (CDI), *Harry Bueck*, den Ton gesetzt mit seinem letzten Geschäftsbericht 1911 vor dem Krieg: »*Gewöhnen Sie sich an den Gedanken, daß Ihnen ein furchtbarer Kampf aufgezwungen wird. ... und daß das Ergebnis dieses Kampfes die Niederwerfung und Zertrümmerung der sozialdemokratischen und der ihnen ähnlichen Gewerkschaften sein muß.*«[226] Dem entsprachen Haltung und Praxis des größten Teils der Unternehmer, wo vor allem die ganz Großen sich von einer erbitterten Herr-im-Hause-Haltung leiten ließen und jeglicher Kooperation auf Augenhöhe ablehnten (damit insbesondere Tarifverträge). Noch im Sommer 1918 erklärte der Zechenverband an der Ruhr in einer Denkschrift, es sei »*geradezu unnatürlich, Organen der Arbeiterverbände oder ihren Führern, die keinerlei Verantwortung für das Gedeihen des Unternehmens und kein Risiko tragen, ein Mitbestimmungsrecht in der Wirtschaftsführung, den Lohnfragen, der Preisgestaltung einzuräumen*«.[227]
Wir sahen, wie die Unternehmer ihre betriebliche Herrschaft seit der Jahrhundertwende zunehmend mit Hilfe »gelber Werkvereine« ausbauten und sich eine effektive Streikabwehr, auch durch ein reichsweites Unterstützungssystem zulegten (§ 9). Die Gewerkschaften standen dem mehr oder weniger hilflos gegenüber. *Carl Legien* resümierte im Jahre 1917, dass die Gewerkschaften unmittelbar vor Kriegsbeginn »*einen Zusammenstoß von Kapital und Arbeit* (erwarteten), *wobei das Kapital von der Regierung unterstützt wird wie noch in keinem anderen Land*«.[228] Auf der staatlichen Seite wiederum wuchs von Reichstagswahl zu Reichstagswahl die Panik vor den wachsenden Stimmengewinnen der Sozial-

226 BDI, Hrsg., Der Weg zum industriellen Spitzenverband, 1956, S. 40.
227 Abgedruckt in: *Ostholt*, Die Geschichte des Zechenverbandes 1908–1933, 1934, S. 258.
228 Zit. bei *Saul*, Staat, Industrie, Arbeiterbewegung im Kaiserreich, 1974, S. 393.

demokraten – in führenden Militär- und Hofkreisen wurden Staatsstreichpläne erörtert.[229]

Das war der Stand bei Kriegsausbruch, der zunächst den binnenpolitischen Sozialkonflikt praktisch zum Erliegen brachte.[230] Schnell wurde aber klar, dass beide Seiten an diesem »Punkt Null« diametral verschiedene Vorstellungen entwickelten: Aus gewerkschaftlicher Sicht konnte es nur darum gehen, nach dem Krieg unter besseren Umständen weiterzumachen, während die Unternehmer sich das so verstellten, als ob »das Rennen neutralisiert« worden wäre, man also einfach da weitermachte, wo es durch den Kriegsausbruch gestoppt worden war. Dazu lieferte der Geschäftsführer des »Vereins Deutscher Eisen- und Stahlindustrieller«, *Jakob Reichert*, die nostalgische Vorlage, als er unmittelbar nach der Revolution, am 30. Dezember 1918, seinen Leuten verdeutlichte, was sie alles verloren hätten: »*Stärker als die internationalen Organisationen der Arbeiterklasse waren meines Erachtens die des Kapitals. Mächtiger waren auch die Organisationen der Unternehmer im Inlande als die der Arbeiter und Angestellten. Diese Tatsache war für die Haltung der Industriellen gegenüber Organisationen der Arbeiter bestimmend. Sie konnten, gestützt auf die mächtigen Verbände der Wirtschaft und der Arbeitgeberpolitik es vielfach ablehnen, mit den Organisationen der anderen Seite zu paktieren. Bei Lohnkämpfen waren die Industriellen fast stets im Vorteil.*«[231] Dahin wollte das Gros der Unternehmer nach Kriegsende zurück!

Diese unterschiedliche Herangehensweise zeichnete sich bereits bei den Auseinandersetzungen um das »Hilfsdienstgesetz« ab (§ 13), sie sollte für das Schicksal der Weimarer Republik insgesamt großen Einfluss gewinnen (§ 14).

---

229 Vgl. *Nipperdey*, Deutsche Geschichte, Bd. II, 1992, S. 756.

230 Vgl. *Bieber*, Zwischen Kasernenhof und Rätesystem, in: Nutzinger, Hrsg., Perspektiven der Mitbestimmung, 1999, S. 11, 69.

231 Abgedruckt in: *Peters/Gorr*, Hrsg., Anerkennung und Repression. Dokumente zur Tarifpolitik in der Metallindustrie 1918 – 1945, 2009, S. 149.

§ 13 Weltkrieg: »Burgfrieden«, Hilfsdienstgesetz und Desintegration der Linken

I. Krieg, »Burgfrieden« und Vorläufer zum HDG

Der Ausbruch des 1. Weltkriegs bewegt noch heute die Gemüter: vom in seiner Zeit Furore machenden Versuch *Fritz Fischers*, dem deutschen Kaiserreich die Hauptschuld daran zuzuschreiben,[232] bis zu deren aktueller Verteilung auf die Schultern vieler »Schlafwandler« durch *Christopher Clark*:[233] In Deutschland hat diese Kriegsschuldfrage vor allem wegen der Frage nach dem Nationalsozialismus als »Spätfolge« eine wohl nie endende Konjunktur. Und nicht minder bleibt die Frage der Beteiligung von Sozialdemokratie und Gewerkschaften für immer emotional aufgeladen. An diesem Punkt der deutschen Geschichte wird es besonders schwierig, der kühlen Maxime *Leopold Rankes* treu zu bleiben: »*zeigen, wie es eigentlich gewesen*«.[234] Wir wollen es aber versuchen.

Der erste Mythos, der sich mit Kriegsausbruch als solcher entpuppte, war die »Internationale Arbeitersolidarität«.[235] Sie war mit scheinbar glanzvollen Organisationen allseits noch bis kurz davor immer wieder beschworen worden, was aber nicht verhinderte, dass in allen kriegführenden Nationen die Arbeiter ganz überwiegend zu den Fahnen ihrer »Vaterländer« eilten. In Deutschland erfolgte das durchweg mit dem »fortschrittlich« scheinenden Motiv, sich gegen das reaktionäre und imperialistische Russland wehren zu müssen; für den Fall einer

232 *Fischer*, Griff nach der Weltmacht, 1961; dazu *Jarausch*, Der nationale Tabubruch. Wissenschaft, Öffentlichkeit und Politik in der Fischer-Kontroverse, in: Sabrow/Jessen/Große Kracht, Hrsg., Zeitgeschichte als Streitgeschichte. Große Kontroversen seit 1945, 2003.

233 *Clark*, Die Schlafwandler, 2013; dazu *Epkenhans*, Der Erste Weltkrieg – Jahrestagsgedenken, neue Forschungen und Debatten einhundert Jahre nach seinem Beginn, in: Vierteljahreshefte für Zeitgeschichte, 2015, Heft 2, S. 150.

234 *Ranke*, Sämtliche Werke, Bd. 33/34, 1885, S. 7.

235 Der »Internationale Gewerkschaftsbund« zählte 1913 7,7 Mio. Mitglieder in 19 Staaten und hatte sich bis unmittelbar vor Kriegsbeginn immer wieder mit Frage der Kriegsverhütung befasst (vgl. *Schönhoven*, Die Gewerkschaften als Massenbewegung im Wilhelminischen Kaiserreich 1890 – 1918, in: Tenfelde u. a., Geschichte der deutschen Gewerkschaften, 1987, 246ff.).

Kriegsniederlage gegen dieses fürchtete man den Verlust aller bisher errungen sozialpolitischen Fortschritte. Folgerichtig war die Haltung der Gewerkschaftsführungen in der Frage der Kriegskredite noch entschiedener als die der SPD. In der Reichstagsfraktion kam es darüber zu einer intensiven und bitteren Debatte. Dort siegten schließlich – vor allem auf Betreiben der Gewerkschafter, die ein Viertel der Fraktion stellten – in einer Abstimmung am 3. August die »Patrioten« gegen die »Radikalen« mit 96 gegen 14 Stimmen. Die einstimmig (bei zwei Enthaltungen) erklärte Bewilligung der Kredite am 4. August im Reichstag war »*nicht Ausdruck von Einmütigkeit sondern von Parteidisziplin*«[236] (von da an ging auch organisatorisch ein Riss durch die SPD, § 14).
Die Gewerkschaften ihrerseits trafen eine nicht minder schwerwiegende Entscheidung: Mit einem Streikverzicht für die Dauer des Krieges riefen sie den sog. Burgfrieden aus.[237] Auch das war eine Entscheidung, die, wie die über die Kriegskredite, auch noch über 100 Jahre später kaum ohne Emotionen kommentiert wird. Dabei lagen die Dinge im August 1914 so, dass sie für die allermeisten als »alternativlos« empfunden wurden:

- Als Wichtigstes: Die ganz überwiegende Zahl der Arbeiter und erst recht ihre Führer waren von deren Richtigkeit aus den gleichen Gründen wie die SPD-Fraktion überzeugt.
- Zudem stand im Hintergrund des Streikverzichts die Sorge der Gewerkschaften, dass ihr Vermögen konfisziert würde und ihre Führer verhaftet werden würden.
- Dazu kam die nüchterne Lagebeurteilung *Carl Legien's* zu auch in den Gewerkschaften kursierenden Massenstreik-Ideen: »*In einem Land mit der allgemeinen Wehrpflicht, wo ein Drittel der für einen Massenstreik in Frage kommenden Männer zum Heeresdienst eingezogen wird und ein weiteres Drittel arbeitslos ist, ist der Gedanke an einen Massenstreik ja einfach Unsinn.*«[238]

Mit dieser Grundeinstellung ging man praktisch unmittelbar nach Beginn des Krieges daran, seine Auswirkungen zu bewältigen. Dabei stellte sich nach recht kurzer Zeit heraus, dass der wesentliche Akteur auf staatlicher Seit das Militär geworden war. Um das zu verstehen, ist ein Blick auf die verworrene Staats- und Verwaltungsstruktur des Reichs nötig. Es war für die Verwaltung nach innen vor allem durch zwei Elemente gekennzeichnet:

---

236 *Feldman*, Armee, Industrie und Arbeiterschaft in Deutschland 1914 bis 1918, 1965, Deutsche Ausgabe 1985, S. 40.

237 Ohne dass darüber Öffentlichkeit hergestellt wurde, versprachen die Unternehmer den Gewerkschaften ihrerseits den Verzicht auf Aussperrungen (zum »Burgfrieden« vgl. *Bieber*, Gewerkschaften in Krieg und Revolution. Arbeiterbewegung, Industrie, Staat und Militär in Deutschland 1914–1920, Teil 1, 1981; *Miller*, Burgfrieden und Klassenkampf. Die deutsche Sozialdemokratie im Ersten Weltkrieg, 1974).

238 *Feldman*, a. a. O., Fn. 236, S. 39.

- eine stark föderale Struktur mit dem Hauptteil der zivilen Verwaltung in den Bundesstaaten und einer nach unten nicht sehr ausgebauten Reichsadministration durch das Ministerium des Innern und
- eine Militärverfassung, deren kennzeichnendes Element die unmittelbare Kommandogewalt durch den preußischen König war. Das hieß: Der Kriegsminister hatte den Militärs nichts zu sagen, die selbst das Privileg des unmittelbaren Zugangs zum König hatten (»Immediat-Berichte«). Das wurde ins Abstruse gesteigert durch das Gesetz über die Verhängung des Belagerungszustandes vom 4. Juni 1851: Auf seiner Grundlage wurde zugleich mit der Mobilmachung Anfang August für die 24 Armeekorpsbezirken des Reichs der Belagerungszustand erklärt. Das bedeutete, dass in allen Bezirken der stellvertretende kommandierende General kriegsrechtliche Befugnisse für die »öffentliche Sicherheit« erhielt, in deren Ausübung er nur dem König selbst gegenüber rechenschaftspflichtig und weisungsabhängig war. Damit mutierte Deutschland im Krieg nach innen flächendeckend praktisch in ein Mosaik autonomer Regionaldiktaturen. Und da recht schnell alles, was irgendwie mit der Kriegsführung zusammenhing, die »öffentliche Sicherheit« tangierte, wurde insbesondere die Verfügbarkeit (vor allem) von Männern für den Kriegsdient einerseits und in den Fabriken andererseits zu einer Kernaktivität dieses »Lokaldiktatoren«. Ihnen vor allen waren die ersten regionalen Arrangements über paritätische »Kriegsausschüsse« zu verdanken (s. u.). Darüber gab es aber natürlich auch konkurrierende Abteilungen vor allem im Kriegsministerium für alle möglichen Hilfsfunktionen zur Kriegsführung. Erst mit der Errichtung des »Kriegsamtes« im Oktober 1916 wurden die stellvertretenden Kommaneure unter die Befehlsgewalt gestellt (s. u. II).

Das ist alles kaum zu durchschauen und zu verstehen. Für unser Thema ist jedoch ein durchgängiger Aspekt wesentlich: die generelle Haltung des Militärs im Verhältnis zu den Arbeitern und ihren Organisationen. Vor dem Kriege standen seine Offiziere weitestgehend eng zusammen mit Großindustriellen, Großagrariern, Beamten und Richtern gegen alles »Sozialdemokratische«. Jetzt stand unangefochten obenan der unbedingte Wille, den Krieg zu gewinnen. Diesem Ziel wurde alles andere untergeordnet. Und so kam es zu einer auf den ersten Blick überraschenden Bildung von Allianzen: Weil das Militär davon ausging, dass ohne Unterstützung der Arbeiter und das heißt: ohne die Gewerkschaftsführer der Krieg nicht zu gewinnen sei, und diese als Gegenleistung für ihre Kooperationsbereitschaft Beteiligungsrechte einforderten, drängten die Militärs Arbeitgeber und Regierung in diese Richtung.[239]

239 Die einzigen stellvertretenden Kommandanten, die in dieser Hinsicht nach Agitation durch die Arbeitgeber »aus der Reihe tanzten«, waren die von der Ruhr, *von Gayl*, und Stettin, *von Vietinghoff*. Aber auch sie nahmen noch deutlich mehr Rücksicht auf Ar-

Bereits sehr schnell nach Kriegsbeginn erwies sich die Notwendigkeit, die Gewerkschaften in die Behebung von Schwierigkeiten an der »Heimatfront« einzubeziehen, die aus der ungeplanten und ungeklärten Frage resultierten, wie wehr- und arbeitsfähige Männer auf Industrie und Militär verteilt werden sollten. Das führte zu einem permanenten »Gezerre« zwischen Militär und Unternehmen und – höchst intensiv – zwischen diesen, wenn es um Arbeitsplatzwechsel ging (meist um Wechsel zu besser zahlenden Arbeitgebern). Dieses Problem trat schon bald Ende 1914 auf und verschärfte sich im Laufe des Jahres 1915, als sich abzuzeichnen begann, dass die allseits gehegte Erwartung, es werde nur einen konventionell-kurzen Krieg geben, sich als große Illusion herausstellte. Der Dissens in den herrschenden Kreisen verlief zwischen

- der »Obersten Heeresleitung« OHL), die als »große Lösung« eine vollständige Arbeitspflicht mit einer anschließenden hoheitlichen Einsatzverpflichtung favorisierte, und
- Pragmatikern, voran der Reichsregierung, die Derartiges parlamentarisch nicht für umsetzbar hielten und ein flexibles System von grundsätzlichen Verpflichtung in Kombination mit sog. Abkehrscheinen bevorzugten, dessen Entscheidungsprozesse wiederum nicht ohne Beteiligung der Gewerkschaften machbar erschienen.

Hier begann das für die weitere Entwicklung hin zu paritätischen »Kriegsausschüssen« essenzielle Wirken der »Abteilung Zurückstellung – Sichler« – »AZ(S)«. Zur Bewältigung des Arbeitskräfteproblems war bereits Ende 1914 im Kriegsministerium[240] diese Abteilung eingerichtet, aber von klugen Militärs wohlweislich mit organisationserfahrenen Zivilisten besetzt worden: als Leiter *Richard Sichler*,[241] vormals Werbemanager bei »Kathreiner's Malz-Kaffee«, und sein Mitarbeiter *Joachim Tiburtius*,[242] vormals als Fachmann für Arbeiterfragen

---

beiter- und Gewerkschaftsinteressen, als von ihnen eigentlich erwartet wurde (vgl. *Feldman*, a. a. O., S. 116).

240 Die Abteilung wurde nach dessen Gründung in das »Kriegsamt« eingegliedert, dessen Leiter *Groener* ein profilierter Vertreter einer Zusammenarbeit mit den Gewerkschaften war (zum *Ebert-Groener*-Pakt 1918 s. § 14). *Sichler* arbeitete für *Groener* nach Kriegsende im Demobilmachungsamt für die Wiedereingliederung der zurückgekehrten Soldaten.

241 *Sichler* wurde nach dem Kriege wieder als Geschäftsmann tätig und erwarb sich nach 1945 einen Ruf als großzügiger Mäzen.

242 *Tiburtius* hatte nach dem 1. Weltkrieg eine wechsel- und glanzvolle Karriere: Staatsverwaltung und Mitglied des »vorläufigen Reichswirtschaftsrats«, Funktionär im Verbandswesen des Einzelhandels, Universitätsprofessor für Betriebswirtschaft, nach 1915 als CDU-Mitglied Senator für Volksbildung in West-Berlin. 1919 war er als einer der Vertreter des Reichsarbeitsministeriums im sozialpolitischen Ausschuss des Reichstags an der Beratung des Betriebsrätegesetzes tätig (vgl. Nationalversammlung 1919, Drucks. 1338, S. 1901).

Assistent bei Prof. *Ernst Francke* von der »Gesellschaft für soziale Reform«.[243] Ihr energisches und gewiss auch mutiges Engagement für die Implementierung einer paritätischen Arbeitsverfassung hat in der deutschen Geschichtsschreibung bei weitem nicht die angemessene Würdigung erfahren (insbesondere auch bei all den heutigen Freunden des Mitbestimmungsgedankens). *Tiburtius* beschrieb später die Haltung beider in ihrem Amt folgendermaßen: »*Die Grundanschauung der Gesellschaft für soziale Reform habe ich im Kriegsministerium all unseren Maßnahmen sozialpolitischer Art zugrunde gelegt, also der Einsetzung paritätischer Schlichtungsausschüsse durch die Militärbefehlshaber, den Aufbau eines gleichfalls paritätischen Arbeitsnachweiswesens ... und dem allgemeinen Prinzip der engen Zusammenarbeit mit den Gewerkschaften und den Unternehmerverbänden.*«[244] Diese beiden[245] – ein Unternehmenspragmatiker und ein »Überzeugungstäter« – erhielten aus der beschriebenen Grundhaltung des Militärs Rückendeckung seitens der Ministeriumsspitze und auch den höchsten Militärs (Weisungsbefugnisse hatten sie keine, sondern mussten alles auf dem Wege von »Ersuchen« und »Empfehlungen« u. ä. bewerkstelligen).[246] Dabei waren sie bald die erklärten »Lieblinge« der Unternehmer, die sich bei allen Gelegenheiten jeglicher Form paritätischer Beteiligung der Arbeiter, gar der Gewerkschaften, widersetzten. Ein Führer der oberschlesischen Schwerindustriellen, *Hilger*, stellte im Jahre 1916 fest, dass im Kriegsministerium »*ein ganz eigentümlicher Wind*« weht: »*Das geht aus von Herrn AZS, Sichler, der hat einen Adjutanten in einem Dr. Tiburtius, der in seinem Zivilverhältnis Assistent bei dem bekannten Sozialpolitiker Professor Franke (sic.) ist. Diese Leute machen dort im Kriegsministerium Sozialpolitik.*«[247] Noch drastischer hieb er 1918 in die gleiche Kerbe, indem er den Aufschwung der Gewerkschaften damit begründete, dass »*man in Berlin ein paar Sozialakrobaten im Kriegsministerium hat, die die Zeit benutzt haben, um Forderungen, die im Frieden nicht durchzusetzen waren, durch(zu)bringen*«[248] – ein schönes Kompliment für diese »silent heroes«!

Früchte dieses vielfach verwirrenden Zusammenspiels/Gegeneinander von Zentrale und den verschiedenen Militärkommandos, mit und gegen Unternehmer und deren Verbänden und den Gewerkschaften waren regionale Aktivitäten als

---

243 Diese Gesellschaft war 1901 unter Beteiligung von *Berlepsch* als Plattform für Sozialreformen neben dem »Verein für Socialpolitik« (§ 9) gegründet. Ihr erster Generalsekretär wurde *Ernst Francke*.

244 Mitteilung an *Gerald Feldmann* 1962, vgl. *Feldman*, a. a. O., Fn. 236, S. 76.

245 Sie legten nach dem Kriege ein gemeinsames Buch über ihre Arbeit im Weltkrieg vor (vgl. *Sichler/Tiburtius*, Die Arbeiterfrage eine Kernfrage des Weltkrieges, 1925).

246 Zu den unvermeidlichen, unzähligen militär-bürokratischen Winkelzügen vgl. eingehend *Feldman*, Fn. 236, 49 ff.

247 Vgl. *Feldman*, a. a. O., S. 76.

248 *Feldman*, a. a. O., S. 382.

Vorläufer des späteren Hilfsdienstgesetzes.[249] Bei ihnen ging es jeweils darum, dass die Gewerkschaften zwar das Prinzip der Arbeiter-Freizügigkeit preisgaben, dafür aber den Fuß in die Tür zu paritätischen Entscheidungsgremien bekamen.

Am 19. Februar 1915 wurde nach Verhandlungen der Berliner Arbeitgeber mit dem »Deutschen Metallarbeiter-Verband« (DMV) ein »Kriegsausschuss« für die Metallbetriebe Groß-Berlins eingerichtet.[250] In ihm wirkten je drei Vertreter von Arbeitgebern und Arbeitnehmern und entschieden über Beschwerden von Arbeitern, deren Arbeitgeber einen Wechsel gegen seinen Willen verhindern wollte.

4. Beabsichtigt der Arbeiter, das Arbeitsverhältnis zu lösen, und ist der Arbeitgeber damit nicht einverstanden, so kann er die Ausstellung des Scheins verweigern.
5. Zur Schlichtung aller durch Verweigerung des Scheines entstehenden Streitigkeiten, insbesondere Lohndifferenzen, wird unter dem Namen »Kriegsausschuß für die Metallbetriebe Groß-Berlins« ein Ausschuß gebildet, der aus je drei Arbeitgeber- und drei Arbeitnehmervertretern besteht. Die Arbeitgebervertreter werden von dem Verband Berliner Metallindustrieller, die Arbeitnehmervertreter von dem deutschen Metallarbeiter-Verband bestellt. Die Feldzeugmeisterei hat sich bereit erklärt, bei den Sitzungen sich vertreten zu lassen.

Diese Vereinbarung im bedeutendsten Industriebezirk sollte zum Muster für alle späteren Vereinbarungen an anderen Orten und letztlich sogar für das Hilfsdienstgesetz selbst werden. Vor diesem Hintergrund forcierte die Abteilung AZ(S) in »Richtlinien zur Behandlung der Arbeiterfrage« vom 31. März 1915 eine Schlichtertätigkeit der Militärmachthaber unter paritätischer Behandlung der Gewerkschaften.[251] Aufgrund der beschriebenen Kommandostruktur des Militärs hing dies allerdings von der Einstellung des örtlichen Kommandanten ab. Die bekannteste derartige Vereinbarung kam im Januar 1916 in Sachsen für die wichtigsten Industriezweige (also nicht nur der Metallindustrie) zustande.

249 Anfang 1915 verfügte der preußische Handelsminister, *von Sydow*, dass die obligatorischen Arbeiterausschüsse in den öffentlichen und privaten Zechen auch bei »*Differenzen in der Lohnfrage*« gehört werden sollten und dass die Oberbergämter bei »*Zwistigkeiten zwischen den Zechenherren und den Belegschaften*« auch von nur einer Seite angerufen werden konnten (vgl. *Teuteberg*, S. 505 f.).

250 Vgl. Metallarbeiter-Zeitung vom 27. 2. 1915.

251 Vgl. *Feldman*, a. a. O., Fn. 236, S. 83.

Dieses Abkommen sollte ausdrücklich drei Monate nach Kriegsende auslaufen.
Ebenfalls im Januar 1916 ersuchte der DMV das Kriegsministerium und die Berliner Feldmeisterei, die Kriegsausschüsse über Berlin hinaus im ganzen Reich einzuführen.[252] Das wurde von den Metallindustriellen in einem vom Feldzeugmeister, General *Franke*, geleiteten Gespräch umgehend abgelehnt. *Franke* wiederum versprach, die stellvertretenden Generalkommandos würden sich um die Einrichtung von Kriegsausschüssen bemühen. Und: Der Kopie dieses Schreibens an die Arbeitgeber fügte er die Bemerkung hinzu, dass dort, wo sich die Arbeitgeber den Ausschüssen widersetzten, amtliche Schlichtungsstellen geschaffen würden. In diesem Sinne folgte am 10. Februar 1916 ein amtliches Schreiben des Kriegsministeriums, dem »*Leitsätze betreffend Errichtung von Kriegsausschüssen*« beigefügt waren. Darin wurde empfohlen, überall nach dem Berliner-Modell zu verfahren. In mündlichen Erläuterungen gegenüber Arbeitgeberverbänden betonte *Franke* ausdrücklich die Notwendigkeit, die Gewerkschaften für ihren Streikverzicht auf irgendeine Art und Weise zu entschädigen. Als solche Entschädigung kann man durchaus auch schon die Änderung des Reichsvereinsgesetzes vom 26. Juni 1916[253] sehen, mit der Gewerkschaften ausdrücklich von einer Behandlung als »politische Vereine« ausgenommen wurden.[254]
Die Arbeitgeber, voran der VdESI, liefen dagegen Sturm und bemühten die obersten Spitzen vom Militär und Kriegsministerium – allein, vergebens! Als letztes Mittel forderten sie die regionalen – formal ja nicht weisungsgebundenen (s. o.) – stellvertretenden Militärkommandanten auf, eine derartige Ministeriums-Initiative zu sabotieren. Damit hatten sie allerdings auch nur begrenzten Erfolg, vor allem beim Kommandanten des rheinisch-westfälischen Bezirks, *von Gayl*. Die Leitung des Kriegsamtes, voran dessen Chef, General *Wilhelm Groener*, hielt es nicht für opportun, den von *Sichler* und *Tiburtius* konzipierten Vorstößen in den Arm zu fallen. Im Gegenteil, die Zeichen standen auf deren gesetzlicher Verallgemeinerung.

II. »Hindenburg-Plan« und »Hilfsdienstgesetz« 1916

Spätestens im Jahre 1916 nach den ungeheuren Verlusten an der Westfront (Somme) war in Deutschland die Illusion eines schnellen (siegreichen) Kriegsendes verflogen, ja, man befasste sich bereits mit dem Gedanken an eine Niederlage. In

252 Zum Folgenden vgl. *Feldman*, a. a. O., S. 86f.
253 RGBl., 635.
254 Vgl. *Bieber*, a. a. O., Fn. 237, S. 168ff.

dieser Situation wurden am 28. August 1916 die nach ihren Siegen gegen Russland populären Generäle *Hindenburg* zum Generalstabschef und *Erich Ludendorff* zum Generalquartiermeister bestellt. Damit, so *Gerald Feldman*, *»wurde die Kriegführung Deutschlands in die Hände radikaler Militaristen gelegt«*.[255] Diese neue OHL veranlasste eine letzte Anspannung aller Kräfte und legte im Herbst das sog Hindenburg-Programm vor. Es sah eine drastische Steigerung der Produktion und eine ultimative Mobilisierung aller Arbeitskräfte vor. Gerade *Hindenburg* und *Ludendorff* drangen dabei darauf, dieses Vorhaben in Gesetzesform zu gestalten, um durch die Einbeziehung des Parlaments die Parteien in die Verantwortung einzubinden und die nötige Massenloyalität zu sichern.[256] Das lieferte den Hebel für Gegenforderungen der Gewerkschaften, denn inzwischen hatten SPD als stärkste Fraktion, Zentrum und Linksliberale die Mehrheit im Reichstag, und sie waren bereit, die in dieser Hinsicht gemeinsamen Forderungen der drei Richtungsgewerkschaften zu unterstützen. So kam es, nachdem die Regierung zunächst die OHL von deren radikalsten Vorstellungen, z. B. einer Dienstverpflichtung der Frauen,[257] abgebracht hatte, in der äußerst kurzen Zeit[258] zu verwickelten Verhandlungen und Reichstagsberatungen zwischen Regierung mit dem seit Anfang November bestehenden »Kriegsamt« unter Führung von Wilhelm *Groener*, OHL, Parteien, Arbeitgebern und Gewerkschaften.[259] Als Ergebnis wurde das »Gesetz über den vaterländischen Hilfsdienst« (HDG) am 3. Dezember 1916 in dritter Lesung verabschiedet und nach Zustimmung des Bundesrats vom 4. Dezember vom Kaiser am 5. Dezember unterzeichnet.[260] Um

255 *Feldman*, a. a. O., Fn. 236, S. 133.

256 Vgl. *Nipperdey*, Deutsche Geschichte, Bd. II, S. 795.

257 In einem Schreiben von *Hindenburg* und *Ludendorff* vom 11. 9. 1916 an die Regierung hieß es u. a.: »*Es gibt ungezählte Tausende von kinderlosen* Krieger*frauen, die nur den Staat Geld kosten*« (*Feldman*, a. a. O., S. 151).

258 Nach der ersten Initiative der OHL kam es zunächst zu Verhandlungen zwischen der OHL, Reichsregierung und Heeresamt im Laufe des Oktober 1916, dann wurden im Laufe des November Arbeitgeber und Gewerkschaften einbezogen. Das Preußische Staatsministerium legte einen förmlichen Gesetzentwurf am 10. 11. vor, der dann in den Bundesrat ging, wo er am 21. 11. beschlossen wurde. *Bethmann-Holweg* legte dem Reichstag einen nur 4 Paragrafen – ohne irgendetwas zu Arbeiterausschüssen – umfassenden Entwurf am 24. 11. vor (Deutscher Reichstag, 13. Wahlperiode, 2. Session, Drucksache Nr. 509). Er war darauf angelegt, dass die von den Fraktionen zu erwartenden Änderungsvorschläge erst »hineinverhandelt« würden, was dann in den Beratungen des »Hauptausschusses« des Reichstags erfolgte.

259 Vgl. eingehend *Feldman*, a. a. O., S. 169 ff. Die Regierung unterhielt sich auch mit Vertretern der »gelben« Werkvereine, die eine »*endgültige Vernichtung der wirtschaftsfriedlichen Bewegung*« an die Wand malten (vgl. *Bieber, a. a. O.*, S. 298).

260 Reichsgesetzblatt, S. 1333; vgl. *Bender*, Vom Hilfsdienstgesetz zum Betriebsrätegesetz, in: Mohnhaupt, Hrsg., Revolution, Reform, Restauration, 1988, S. 191; *Rabenschlag-Kräusslich*, Parität statt Klassenkampf?, 1983; *Wroblewsky*, Das Gesetz über den Vaterlän-

Missbräuchen bei seiner Umsetzung vorzubeugen, mussten Ausführungsbestimmungen einen 15-köpfigen Reichstagsausschuss passieren. Und zusätzlich wurde der Vorsitzende des DMV, *Alexander Schlicke*, mit Zustimmung aller Richtungsgewerkschaften und Angestelltenvereinigungen in das Kriegsamt als Vertreter von Arbeitnehmerinteressen berufen.[261]

Aus den Ereignissen auf dem Weg dorthin sind drei Aspekte festzuhalten, die, auf je unterschiedliche Weise, Langzeitwirkung über das Kriegsende hinaus entfalteten:

- Die Arbeitgeber lehnten Arbeiterausschüsse noch in der Schlussphase des Gesetzgebungsverfahrens kategorisch ab[262] und erklärten bei jeder Gelegenheit, dass alle Zugeständnisse an die Gewerkschaften nur für die Zeit des Krieges gälten und nach Kriegsende wieder zurückgenommen werden müssten (während die Gewerkschaften genau das Gegenteil erhofften). Für ihre Zustimmung zu Gesetz wesentlich war deshalb die Feststellung des Staatssekretärs des Inneren und Vizekanzlers, *Karl Helfferich*, das HDG sei ein »*Ausnahmegesetz, aus dem für spätere Zeit keine Folgerung gezogen werde dürfte*«.[263] Freilich konnte es für Hellsichtigere kaum zweifelhaft sein, dass aller Vorbehalte ungeachtet hier Pflöcke für die Nachkriegszeit eingeschlagen wurden, wie der nationalliberale Abgeordnete *Bassermann* in der ersten Lesung des Gesetzes bemerkte: »*Sind sie* (die Arbeiterausschüsse, M.K.) *einmal in all diesen Betrieben, dann ist wohl auch für Friedenszeiten entschieden, eine Frage, von der die Herren, die lange im Reichstag sind, wissen, wie wir Jahrzehnte hindurch gerade darüber heftig gestritten haben – ein Streit, der nunmehr in wenigen Tagen seine Entscheidung gefunden hat.*«[264]
- *Groener* wirkte nicht nur innerhalb des Machtapparats ausgleichend, gegenüber Maximalforderungen der Militärs einerseits und zur Akzeptanz der Gewerkschaftsforderungen andererseits, er ermunterte hinter den Kulissen die Gewerkschaften sogar, bei ihren Forderungen zu bleiben. Sein Kalkül: Er

---

dischen Hilfsdienst, AuR 2018, G 21 mit Nachweisen der zeitgenössischen Kommentarliteratur.

261 Vgl. *Führer*, Alexander Schlicke, in: Hofmann/Benner, Hrsg., Geschichte der IG Metall, 2019, S. 571, 578.

262 Der VdESI-Geschäftsführer, *Reichert*, am 16.11.1916: »*Arbeiterausschüsse mit so weitgehenden Befugnissen ... bilden eine große Gefahr für die geordnete Betriebsführung und für die Entwicklung der Industrie überhaupt. ... Ebensowenig wie der Oberst sich im Schützengraben auf Verhandlungen mit seinen Soldaten einlassen kann, ebensowenig dürfen die Arbeiter eine Entscheidung über die grundlegenden Betriebsfragen erhalten*« (*Bieber*, a.a.O., S. 313).

263 Vgl. *Feldman*, a.a.O., Fn. 236, S. 196 (zu einem entsprechenden Schreiben von *Hugenberg* und *Stinnes* vom 23.2.1917 an *Hindenburg* vgl. *Teuteberg*, S. 515 Fn. 19).

264 Erste Lesung des Reichstags am 29.11.1916, RT-Protokoll Bd. 308, 2173 (A) (vgl. *Reichold*, S. 192).

wollte für den für wahrscheinlich gehaltenen Fall der Kriegsniederlage deren späteres Wohlwollen, um die Monarchie zu retten (zum *»Ebert-Groener-*Bündnis« 1918 s. § 14).[265]

- Auf der politischen »Linken« und bei den Gewerkschaften führte das HDG zu einer Vertiefung des seit dem Streit über die Kriegskredite sich entwickelnden Bruchs (zu dessen Folgen s. § 13 IV).

Das Gesetz verpflichtete Männer vom vollendeten 17. bis zum vollendeten 60. Lebensjahre, sofern sie nicht zum Kriegsdienst einberufen waren, zum »vaterländischen Hilfsdienst«. Das bedeutete vor allem, dass sie eine einmal eingenommene Arbeit nicht nach Belieben wechseln durften, sondern dazu von ihrem Arbeitgeber eine sog. Abkehrbescheinigung benötigten. Wurde ihnen diese verweigert, konnten sie einen für den Bezirk einer Ersatzkommission errichteten Ausschuss anrufen, dem Arbeitgeber- und Arbeitnehmervertreter paritätisch angehörten. Dieser konnte eine Bescheinigung ausstellen, sofern ein *»wichtiger Grund«* für den Arbeitsplatzwechsel vorlag, und als solcher galt insbesondere *»eine angemessene Verbesserung der Arbeitsbedingungen«* (§ 9 Abs. 3). Das war jedoch nicht der einzige derartige Ausschuss. Es gab drei weitere: zur Bestimmung der Kriegswichtigkeit eines Betriebes oder Berufes (§ 4 Abs. 2), zur Entscheidung über die Beschwerde dagegen (§ 6) und zur Entscheidung über individuelle Heranziehungen (§ 7 Abs. 2). Alle diese Ausschüsse waren neben einem militärischen Vorsitzenden paritätisch besetzt mit *»Vertretern der Arbeitgeber und der Arbeitnehmer«*. Und: Sie wurden vom Kriegsamt besetzt aufgrund von *»Vorschlagslisten wirtschaftlicher Organisationen der Arbeitgeber und der Arbeitnehmer«* (§ 10 Abs. 2).[266]

Das war ein großer historischer Akt, ein Paradigmenwechsel des wilhelminischen Staates auf einem seiner zentralen Politikfelder: die früheren Staatsfeinde inkorporiert in die staatliche Administration und gleichberechtigt beteiligt an staatlichen Entscheidungen! Damit waren Existenz- und Betätigungsrechte der Gewerkschaften erstmals offiziell anerkannt.[267]

---

265 Vgl. *Bieber*, a. a. O. Fn. 237, S. 299. *Helfferich* und *Groener* statteten einem großen Kongress aller Richtungsgewerkschaften und Angestelltenverbände am 12.12.1916 einen spektakulären Besuch ab. *Groener* sprach sich unter großem Beifall für eine Fortführung der *»gemeinsamen Arbeit«* nach dem Kriege aus, auch wenn dann das HDG aufgehoben sein würde (vgl. Quellen zur Geschichte der deutschen Gewerkschaften, Bd. 1, 1985, 262, 268).

266 Die drei Richtungsgewerkschaften verständigten sich auf gemeinsame Vorschlagslisten unter strikter Fernhaltung »gelber«, wirtschaftsfriedlicher Vereinigungen. Deren heftige Proteste blieben beim Kriegsamt und der OHL erfolglos (vgl. *Bieber*, a. a. O., S. 322).

267 Zeitgleich mit dem Inkrafttreten des Gesetzes wurden die Gewerkschaften als *»kriegswirtschaftliche Organisationen«* anerkannt, sodass ihre hauptamtlichen Funktionäre, soweit sie nicht mehr heeresdienstpflichtig waren, nicht zum Hilfsdienst verpflichtet werden konnten (vgl. DMV, Jahr- und Handbuch 1916, 1917, S. 16).

Mit der zweiten zentralen Konzession für die Akzeptanz der Beschränkung der Arbeitsvertragsfreiheit hatten die Gewerkschaften die obligatorische Verankerung von Arbeiterausschüssen in Betrieben mit mindestens 50 Arbeitnehmern[268] durchgesetzt. Die Formulierungen dafür und seine Kompetenzen entsprachen weitgehend den Vorschriften des preußischen Berggesetzes von 1905 (§ 11). Außerdem ließen sie in § 14 sicherstellen, dass ihre Möglichkeiten, die Arbeiter in Versammlungen zu erreichen, nicht konterkariert werden konnten (es gab durchaus auch eine Absicht bei Regierung und Militär, dass die als »besonnen« eingeschätzten Arbeiterführer mit ihrer Mitgliedschaft ungestört zur positiven Darstellung des Gesetzes kommunizieren konnten).[269]

§ 9

(1) Niemand darf einen Hilfsdienstpflichtigen in Beschäftigung nehmen, der bei einer der im § 2 bezeichneten Stellen beschäftigt ist oder in den letzten zwei Wochen beschäftigt gewesen ist, sofern der Hilfsdienstpflichtige nicht eine Bescheinigung seines letzten Arbeitgebers darüber beibringt, daß er die Beschäftigung mit dessen Zustimmung aufgegeben hat.
(2) Weigert sich der Arbeitgeber, die von dem Hilfsdienstpflichtigen beantragte Bescheinigung auszustellen, so steht diesem die Beschwerde an einen Ausschuß zu, der in der Regel für jeden Bezirk einer Ersatzkommission zu bilden ist und aus einem Beauftragten des Kriegsamtes als Vorsitzenden sowie je drei Vertretern der Arbeitgeber und der Arbeitnehmer besteht. Je zwei dieser Vertreter sind ständig, die übrigen sind aus der Berufsgruppe zu entnehmen, welcher der beteiligte Hilfsdienstpflichtige angehört. Erkennt der Ausschuß nach Untersuchung des Falles an, daß ein wichtiger Grund für das Ausscheiden vorliegt, so stellt er eine Bescheinigung aus, die in ihrer Wirkung die Bescheinigung des Arbeitgebers ersetzt.
(3) Als wichtiger Grund soll insbesondere eine angemessene Verbesserung der Arbeitsbedingungen im vaterländischen Hilfsdienst gelten.

268 Die Gewerkschaften waren mit der Forderung nach einer Mindestzahl von 20 in die Verhandlungen gegangen.
269 Vgl. *Bieber*, a. a. O., S. 328 ff.

§ 10

(1) ...
(2) Für die Berufung der Vertreter der Arbeitgeber und der Arbeitnehmer in die Ausschüsse (§§ 5, 6, 7 Abs. 2, § 9 Abs. 2) durch das Kriegsamt sind Vorschlagslisten wirtschaftlicher Organisationen der Arbeitgeber und der Arbeitnehmer einzuholen.
...

§ 11

(1) In allen für den vaterländischen Hilfsdienst tätigen Betrieben, für die Titel VII der Gewerbeordnung gilt und in denen in der Regel mindestens fünfzig Arbeiter beschäftigt werden, müssen ständige Arbeiterausschüsse bestehen.
...
(3) Nach denselben Grundsätzen und mit den gleichen Befugnissen sind in Betrieben des Abs. 1 bezeichneten Art mit mehr als 50 nach dem Versicherungsgesetze für Angestellte versicherungspflichtigen Angestellten[270] besondere Ausschüsse (Angestelltenausschüsse) für diese Angestellten zu errichten.[271]

§ 12

(1) Dem Arbeiterausschusse liegt ob, das gute Einvernehmen innerhalb der Arbeiterschaft des Betriebs und zwischen der Arbeiterschaft und dem Arbeitgeber zu fördern. Er hat Anträge, Wünsche und Beschwerden der Arbeiterschaft, die sich auf die Betriebseinrichtung, die Lohn- und sonstigen Arbeitsverhältnisse des Betriebs und seiner Wohlfahrtseinrichtungen beziehen, zur Kenntnis des Unternehmers zu bringen und sich darüber zu äußern.
...

---

270 Damit wurden Angestellte mit über 5000 Mark Jahresverdienst ausgenommen (zu diesem Beginn der betriebsverfassungsrechtlichen Sonderregelung für leitende Angestellte vgl. *Hromadka*, 100 Jahre leitende Angestellte?, in: Gräfl u. a., Hrsg., 100 Jahre Betriebsverfassungsrecht, S. 227).

271 Hier wurde gleich mit der erstmaligen generellen Einführung von Ausschüssen eine Trennung zwischen Arbeitern und Angestellten vorgenommen. Nach damaliger Lesart geschah dies vor allem deshalb, weil man damit den Angestellten entgegenkommen wollte, die besonders unter niedrigen Löhnen und hohen Preisen litten (vgl. *Feldman*, a. a. O., Fn. 236, S. 195). Andererseits waren die Nachteile aus einer Aufspaltung der Arbeitnehmerschaft nicht zu übersehen. Die schon vorhandenen Angestelltenorganisationen und Arbeitergewerkschaften bemühten sich jedenfalls um eine Zusammenarbeit bei der Ausfüllung des Gesetzes (vgl. *Bieber*, a. a. O., Fn. 237, S. 300 f.).

§ 13

(1) Kommt in einem Betriebe der im § 11 bezeichneten Art bei Streitigkeiten über die Lohn- oder sonstigen Arbeitsbedingungen eine Einigung zwischen dem Arbeitgeber und dem Arbeiterausschusse nicht zustande, so kann, wenn nicht beide Teile ein Gewerbegericht, ein Berggewerbegericht, ein Einigungsamt einer Innung oder ein Kaufmannsgericht als Einigungsamt anrufen, von jedem Teile der § 9 Abs. 2 bezeichnete Ausschuß als Schlichtungsstelle angerufen werden. …

…

§ 14

Den im vaterländischen Hilfsdienst beschäftigten Personen darf die Ausübung des ihnen gesetzlich zustehenden Vereins- und Versammlungsrechts nicht beschränkt werden.

Damit waren knapp 70 Jahre nach dem ersten dahingehenden Antrag in einem deutschen Parlament, dem Antrag *Degenkolb/Lette* in der Paulskirche (§ 8), erstmals Arbeiterausschüsse für alle Industriezweige in ganz Deutschland gesetzlich vorgeschrieben worden.
Dazu war das Zustandekommen des Gesetzes ein Meilenstein auf dem langen Weg zur Parlamentarisierung des Kaiserreichs. Denn es hatte sich gezeigt, dass dann, wenn der Reichstag benötigt wurde, es für Kaiser und Reichsregierung kein Vorbeikommen an der neuen Mehrheit gab (sie konstituierte sich 1917 förmlich als »Koalition« und setzte sich nach 1919 als »Weimarer Koalition« fort, § 14).

III. Praxis unter dem HDG – »Gewerkschaftshilfsgesetz«

Bei einer Würdigung der Praxis unter dem HDG gilt es, zwei Themenbereiche zu unterscheiden und auf ein Zeitmoment zu achten:
- den eigentlichen Grund für das Gesetz, die Regelung von Abkehrbescheinigungen und
- die obligatorische Einführung von Arbeiterausschüssen und die Behandlung von Streitigkeiten um Arbeitsbedingungen in den Betrieben, unter Berücksichtigung der Tatsache,

- dass wir es mit einem Gesetz von nur zwei Jahren Dauer unter turbulentesten Rahmenbedingungen zu tun haben.

Zum ersten, dem Hauptzweck des Gesetzes, wird allgemein von seinem völligen Fehlschlag gesprochen. Zum einen konnte es in keiner Weise zu einer Erhöhung des Arbeitskräftepotenzials beitragen; denn das war nun einmal begrenzt. Dieses Problem wurde durch verstärkte Zurückstellungen von Industriearbeitern vom Wehrdienst gelöst.[272] Dabei war das Problem der »Reklamierten«, d.h. von Arbeitern, die zwar dienstverpflichtet waren, aber für die Arbeit bei einem bestimmten Unternehmen freigestellt wurden, ein ständiger Zankapfel zwischen Unternehmern und Militär. Dieser Personenkreis war zudem in seiner Interessenvertretung ständig gefährdet, da ein Unternehmer sie jederzeit den Militärbehörden als »entbehrlich« bezeichnen und an die Front abkommandieren lassen konnte. Zum anderen, Wichtigsten: Das HDG regte durch die Möglichkeit der anderweitigen Verbesserung der Arbeitsbedingungen gerade zum Arbeitswechsel an, statt ihn zu verhindern, und bot Anlass zu Lohnerhöhungen, die sonst nicht zustande gekommen wären. Das konnte auch nicht im Sinne der Gewerkschaften sein, für die es darauf ankam, Arbeitsbedingungen generell zu verbessern, statt das Problem durch individuelle Fluktuation lösen zu lassen.[273]

Zur Funktionsweise der aufgrund des HDG vorgeschriebenen Arbeiterausschüsse gibt es keine belastbare Empirie, sondern nur mehr oder weniger zufällige Informationen. Bei einem Gesetz von deutlich längerer Geltungsdauer hätte man das möglicherweise als »Anlaufschwierigkeiten« bilanziert. So aber wurde das HDG bereits mit der Proklamation des Rats der Volksbeauftragten aufgehoben (mit Ausnahme der Schlichtungsausschüsse nach § 9);[274] die auf seiner Grundlage errichteten Arbeiterausschüsse und Schlichtungsausschüsse wurden durch solche aufgrund der Tarifvertragsverordnung vom 23. Dezember 1918 abgelöst.[275]

Ein roter Faden war aber unzweifelhaft die Ablehnung der Kernelemente des Gesetzes – die Arbeiterausschüsse und die paritätische Beteiligung der Gewerkschaften – durch die Arbeitgeber. Ihr »basso continuo« war: es handele sich um ein »Gewerkschaftshilfsgesetz«.[276] So gibt es viele Berichte, dass Arbeitgeber die Bildung von Arbeiterausschüssen behinderten oder hinauszögerten und nahezu vergessene betriebliche Einrichtungen für einen solchen Ausschuss ausgaben.

---

272 Im Januar 1918 waren 1,2 Mio. Industriearbeiter zurückgestellt gegenüber 0,74 Mio. im Jahre 1916 (vgl. *Nipperdey*, Deutsche Geschichte, Bd. I, S. 796).

273 *Groener* versuchte dem Problem 1917 durch eine »Gesamtlösung« beizukommen, indem er zugleich Löhne und Gewinne begrenzen wollte. Das nahm ihm die Schwerindustrie übel und sorgte für seine Abberufung als Chef des Kriegsamtes (vgl. *Nipperdey*, a.a.O.).

274 Vgl. RGBl. 1918, S. 1303, Nr. 7.

275 §§ 7 und 15 der TarifvertragsVO vom 23.12.1918 (RGBl., S. 1456).

276 Eingehend mit vielen Beispielen *Bieber*, a.a.O., Fn. 237, S. 313ff.

Vielfach verhinderten sie Neuwahlen, weil eine Reihe von Beispielen aus Großbetrieben sie lehrten, dass unter dem neuen Gesetz klare gewerkschaftliche Mehrheiten zustande kamen.[277] Ganz generell sah es danach aus, dass die Gewerkschaften sich dieses neuen Instruments bemächtigten und der Typ des arbeitgeberhörigen, von mittleren Führungskräften dominierten Ausschusses zu Ende ging. Freilich finden sich auch viele Informationen über Behinderungen der Ausschussmitglieder bei der Arbeit. Es gab etwa keine Freistellungsansprüche und keinen Lohn- und Kündigungsschutz.[278]

Im Mai 1917 gab bei 922 für Arbeiterausschüsse in Frage kommenden Betrieben noch in 254 Betrieben keine Ausschüsse (im August noch 144). Eine Aufforderung der Hirsch-Duncker'schen Gewerkschaften an die Reichsregierung, endlich für Ausschüsse in allen Großbetrieben zu sorgen, blieb erfolglos. Erst im April 1918, nach den vielen Streiks (s. u. V), wies das preußische Handelsministerium die Unterbehörden in diesem Sinne an (freilich ist zu bedenken, dass es keine sanktionsbewehrte Vorschrift in diesem Sinne gab).

Es gilt als unzweifelhaft, dass Ausschüsse auf Grund des HDG wesentlich zum Wiederaufschwung der Gewerkschaften beitrugen. Denn erstmals durch sie war den Gewerkschaften der Zugang zu den ihnen bis dahin verschlossenen Großbetrieben eröffnet, und das Mitwirken ihrer Vertreter in den vielen öffentlichen Ausschüssen erhöhte offensichtlich ihr Ansehen.[279]

Gewerkschaftsmitglieder freie Gewerkschaften 1913–1919

Jahr	**1913**	**1914**	**1915**	**1916**	**1917**	**1918**
Mitglieder	2525042	1502811	994186	944713	1277709	2863742

Quelle: *Kittner*, Arbeitskampf, S. 383

Diese Mitgliederentwicklung zeitigte aber auch Folgen eigener Art. Die Neuen waren nicht Facharbeiter, sondern Ungelernte, Jugendliche und Frauen, alle ohne tradierte Organisationserfahrung und -disziplin. Ihr Verhalten in »wilden«

277 Großunternehmen, die ihre freiwilligen Arbeiterausschüsse bislang mit »gelben« Werkvereinen dominiert hatten (§ 9), sahen mit Entsetzen, dass diese in freien Wahlen marginalisiert wurden (z. B. bei Krupp in Essen 1917: Werkverein 4193 Stimmen; Gewerkschaften 43110 Stimmen, vgl. *Bieber*, a. a. O., S. 317).

278 Ein nicht selten benutztes ultimatives Mittel gegen unliebsame Ausschussmitglieder blieb immer die Möglichkeit, ihre Reklamation zu beenden und sie zum Kriegsdienst einziehen zu lassen.

279 Dazu kam, dass das Kriegsamt im Mai 1917 anordnete, die Arbeiterausschüsse an der Lebensmittelverteilung in den Betrieben zu beteiligen (vgl. *Bieber*, a. a. O., Fn. 237, S. 319).

Streiks sollte zu einem zentralen Problem in den letzten beiden Kriegsjahren werden (s. u. V).

Ein empirisch wohl auch künftig nicht mehr erfassbares Feld war schließlich die Tätigkeit der öffentlichen Ausschüsse unter Gewerkschaftsbeteiligung nach dem HDG. Diese ermöglichte ja ein »Spiel über die Bande«: Der Arbeiterausschuss, der an sich keine echten Mitbestimmungsrechte hatte, konnte arbeitsbezogene Themen aller Art streitig stellen und dann den Ausschuss anrufen. Dieser übte in solchen Fällen eine echte Schlichtungsfunktion aus. Und da den vom Militär kommenden Vorsitzenden – ob zu Recht oder Unrecht, sei dahingestellt – eine parteiische Haltung zugunsten der Arbeiter nachgesagt wurde,[280] zogen es viele Arbeitgeber vor, ihre Problem direkt und diskret mit dem Ausschuss zu regeln (die Schlichtungskommission als »fleet in being« = Abschreckungsfunktion durch bloße Existenz). Solche Praktiken entziehen sich der Natur der Sache nach einer statistischen Erfassung.

Was aber erst der Rückblick deutlich macht: Es waren schon allerungünstigste Umstände, unter denen die neue Mitgliedschaft und die hauptamtlichen Gewerkschaftsfunktionäre auf die neue »Freiheit« nach dem Kriege hin sozialisiert wurden. Denn es galt ja noch der Streikverzicht von 1914, und es wurde für Verhandlungen über Lohn und sonstiges der bequeme Weg über eine staatliche Schlichtungsinstanz eröffnet. Der DMV beschrieb diese Praxis ganz unverblümt: »*Würde das Hilfsdienstgesetz mit dem Verhandlungszwange nicht bestehen, so hätten wir sicher schon manchen größeren und länger dauernden Streik in der Metallindustrie zu verzeichnen gehabt, der selbst bei günstigem Verlauf kein wesentlich besseres materielles Ergebnis als die Verhandlung vor der Schlichtungsstelle gebracht hätte.*«[281] War das nicht die Einübung von Verhaltensmustern im Kleinen für die künftige Praxis der staatlichen Zwangsschlichtung auch im Großen (§ 18)?

IV. Desintegration der Linken: Parteispaltung und Fraktionierung in den Gewerkschaften

Der folgende kurze Abschnitt hat scheinbar nichts mit Betriebsverfassung zu tun. Denn er handelt von Parteispaltung und gewerkschaftlicher Kohärenz. Soviel ist aber schon jetzt klar geworden: Die Geschichte der Mitbestimmung kann nicht geschrieben werden ohne die von dort herrührenden Rahmenbedingungen. Ins-

280 Der DMV dokumentierte dagegen eine stattliche Liste mit »arbeitnehmerunfreundlichen« Ausschuss-Sprüchen (vgl. DMV, Jahr- und Handbuch 1917, 1918, S. 27–32).

281 DMV, a. a. O., S. 34.

besondere bei der Gründung und im verzweifelten Existenzkampf der Weimarer Republik sollten sie eine wichtige, verhängnisvolle Rolle spielen (§ 14).
Die »Mutter aller Probleme« war der Krieg oder noch präziser: die Haltung von Sozialdemokratie und Gewerkschaften zur Kriegsführung des wilhelminischen Reichs. Wegen deren hier beschriebenen Kooperation baute sich bei Sozialdemokraten und Mehrheitsgewerkschaften eine neue innere Front mit fundamentaler Langzeitwirkung auf.
Nach dem zweiten Kriegsjahr wuchs die Opposition gegen die Fortführung des Krieges: Aus zwei Enthaltungen gegen die Kriegskredite wurden Anfang 1915 zwei Gegenstimmen von *Karl Liebknecht* und *Otto Rühle*, dann 1916 die »Sozialdemokratischen Arbeitsgemeinschaft« als förmliche Dissidentengruppe von 18 Reichstags-Abgeordneten und schließlich die Gründung der »Unabhängigen Sozialdemokratischen Partei Deutschlands« (USPD) im April 1917. Ebenfalls im Jahre 1916 bildete sich die noch radikalere »Spartakus«-Gruppe, die sich zunächst der USPD anschloss und 1919 zur »Kommunistischen Partei Deutschlands« (KPD) formierte. Konsequenterweise lehnte diese Gruppe auch das Hilfsdienstgesetz im Reichstag ab. *Hugo Haase* (späterer USPD-Vorsitzender und Mitglied des Rats der Volksbeauftragten) sprach von einem »*Ausnahmegesetz gegen die Arbeiter*« und davon, wie unwesentlich der im Gesetz vorgesehene »*organisierte Interessenschutz in Organen*« gegenüber dem Zwangssystem als Ganzem sei.[282]
Parallel zur politischen Spaltung der Linken wuchs eine Fundamental-Opposition in den Gewerkschaften gegen die in ihren Augen kriegsverlängernden Kompromisse. Insbesondere im Deutschen Metallarbeiter-Verband hatte der Vorstand Mühe, Mitglieder und Funktionäre bei der Stange zu halten.[283] Dort führten *Robert Dißmann*,[284] der nach dem Kriege Vorsitzender wurde, und *Richard Müller*, der Obmann der »revolutionären Vertrauensleute« aus Berlin (s. u. V), eine sich gerade noch in der Minderheit befindliche, USPD-orientierte Opposition. Sie erzwangen auf der Generalversammlung des DMV im Jahre 1917 durch Kampfabstimmung, dass *Dißmann* ein Koreferat zum Vorsitzenden *Schlicke* über die Kriegspolitik und insbesondere das HDG halten durfte. Darin kritisierte er Burgfriedenspolitik und HDG fundamental, wobei die Gräben zwi-

282 *Blanke u. a.*, Kollektives Arbeitsrecht. Quellentexte zur Geschichte des Arbeitsrechts in Deutschland, Bd. 1, 1985, S. 166.
283 1917 gab es auf der zweiten Generalversammlung seit Kriegsbeginn nur noch eine knappe Mehrheit für die Fortführung der Burgfriedenspolitik (vgl. *Schönhoven*, a. a. O., S. 271).
284 Vgl. *Tosstorff*, Robert Dißmann, in: Hofmann/Benner, Hrsg., Geschichte der IG Metall, 2019, S. 581.

schen den Strömungen unübersehbar tief und die Diktion an Schärfe kaum zu überbieten waren.[285]

Die nahm durch die Spartakusgruppe noch zu. Sie setzte den später üblich gewordenen Ton gegenüber der Mehrheitssozialdemokratie und den Mehrheitsgewerkschaftsführungen, z. B. in einem Flugblatt vom Dezember 1916 gegen das Hilfsdienstgesetz: »*Die Betrüger, die sich Arbeitervertreter nennen, die Gewerkschaftsführer, die Legien und Bauer, haben sich mit den Zentrumsheuchlern von den christlichen Gewerkschaften und den Hirsch-Dunckerschen zum gemeinsamen Judasdienst verbunden* ...«.[286]

Die Auseinandersetzungen um das Thema »Krieg« wurden konstitutiv für die Spaltung der Linksparteien nach dem Krieg und eine daraus herrührende Zerrissenheit der Gewerkschaften. Der Kompromiss als wichtigste Ingredienz jeder Demokratie, auch der sozialen, war kategorial in Frage gestellt. Für die KPD gewann der Kampf gegen SPD und Gewerkschaftsvorstände geradezu den Charakter eines Selbstzwecks (§ 14).

V. Nichtgewerkschaftliche Arbeitsniederlegungen – Munitionsarbeiterstreik 1917

Der Zustand der Gewerkschaften in Inneren entsprach bei weitem nicht der Bedeutung, den ihnen Regierung und Militär zur Wahrung der Arbeiter-Loyalität im Krieg beimaßen (bzw. beimessen mussten). Ihre Mitgliederzahl sank gleich nach Kriegsbeginn drastisch und stieg erst wieder 1917 im Gefolge des HDG. Zwar hatten sie mit dem »Burgfrieden« auf Streiks verzichtet, aber der tägliche Verteilungskonflikt in den Betrieben ging weiter, ja er verschärfte sich aufgrund der mit der Dauer des Krieges zunehmenden Versorgungsschwierigkeiten. Während den Gewerkschaften für normale Tarifverhandlungen die Hände gebunden waren, führten diese Spannungen unvermeidlich in betriebliche Konflikte, nicht von den Gewerkschaften geführte »wilde« Streiks.[287] Und diese Bewegung erhielt ebenso zunehmend eine politische Grundierung, bei der bis zum Kriegsende die immer schlechter werdende materielle Situation der Arbeiter, Kriegsmüdigkeit und politisch motivierte Kritik am autoritären System des Kaiserreichs untrenn-

285 Sprichwörtlich geworden ist eine Replik *Dißmanns* auf ein Argument *Schlickes*: »*Diesen Hinweis muß ich also als einen Wauwau bezeichnen*« (DMV, 13. Ord. Generalversammlung 1917, S. 66).

286 Abgedruckt in: *Blanke u. a.*, Kollektives Arbeitsrecht. Quellentexte zur Geschichte des Arbeitsrechts in Deutschland, Bd. 1, 1975, S. 170.

287 Vgl. *Kolb/Feldman*, Die Massenbewegungen der Arbeiterschaft in Deutschland am Ende des Ersten Weltkriegs, in: Politische Vierteljahresschrift 1972, 84.

bar ineinander verwoben waren. Insbesondere in Berlin wurde diese Bewegung von konspirativ tätigen »revolutionären Obleuten« in den Rüstungsbetrieben, meist der Metallindustrie, getragen.[288] Und einen wichtigen personellen Resonanzboden bildeten aus dem Krieg zurückgekehrte »Reklamierte«, die sich nach ihrem Fronteinsatz zu Hause nicht mehr alles so gefallen ließen wie zuvor. Hierzu gibt es eine berühmte, hellsichtige Feststellung des führenden Industriellen *Hilger*, der Streiks auf der oberschlesischen Königs- und Lara-Hütte »*auf das Auftreten und die Agitation der aus der Front zurückgekehrten Feldgrauen*« zurückführte, die »*eine Überhebung an den Tag legten*«, dass ihnen nicht mehr beizukommen sei. Sie seien der »*Vorgeschmack dessen, was uns ... blühen wird, wenn beim Friedensschluss die Feldgrauen in größeren Mengen zurückkommen*«.[289] Das musste an die Substanz der Führungs- und Verpflichtungsfähigkeit der Gewerkschaften gehen und konnte nicht ohne Rückwirkungen auf deren Bereitwilligkeit zur Installierung von »Nebenregierungen« im Betrieb bleiben.

Es gibt naturgemäß keine genaue Statistik der vielen betrieblichen, an den Gewerkschaften vorbeigeführten Konflikte. Der erste wirklich große derartige Arbeitskampf hatte aber wiederum ausschließlich politische Beweggründe: Im Mai 1916 initiierte die Spartakusgruppe in Berlin eine Protestaktion gegen eine strafrechtliche Verurteilung von *Karl Liebknecht*. Dabei traten zum ersten Male die »revolutionären Obleute« und ihr Anführer *Müller*, der Branchenleiter der Dreher im DMV, in Erscheinung. Sie riefen im Anschluss an die Straßendemonstration zu einem Proteststreik in Berliner Metallbetrieben auf, an dem sich drei Tage lang bis zu 50 000 Arbeiter beteiligten.[290] Obwohl viele »Rädelsführer« sofort nach Streikende zum Militär eingezogen wurden, blieb dieses völlig unabhängig von der Gewerkschaft operierende Netzwerk intakt und war – jeweils mit *Richard Müller* an der Spitze – verantwortlich für weitere große Arbeitsniederlegungen. Solche gab es im Laufe des Jahres 1917 aber nicht nur in Berlin, sondern an vielen anderen Orten. Im April 1917 kam es vor allem in Berlin und Leipzig zu großen Arbeitsniederlegungen (in Berlin mit 217 000 Streikenden und riesigen Demonstrationen) aus Anlass der Versorgungslage, vor allem wegen einer Kürzung von Brotrationen.[291] Den Höhepunkt bildete der größte und berühmteste

288 Vgl. *Opel*, Der Deutsche Metallarbeiter-Verband während des ersten Weltkriegs und der Revolution, 4. Aufl. 1980.

289 Vgl. *Bieber*, a. a. O., Fn. 237, S. 312.

290 Vgl. *Opel*, a. a. O., S. 55.

291 Vgl. *Feldman*, a. a. O., Fn. 236, S. 270. Dabei wurde *Richard Müller* verhaftet, kam aber nach Verhandlungen frei, an denen auch Gewerkschaftsvertreter beteiligt waren. Der Streik wurde in Berlin durch den Einsatz von Truppen und die Drohung mit Einziehung zum Militär beendet. Anschließend distanzierten sich die Vorsitzenden aller Richtungsgewerkschaften und Angestelltenverbände in einem Schreiben vom 26. 4. 1917 an *Groener* von diesem Streik und generell Streiks in Rüstungsbetrieben (Text in: Quellen, Bd. 1, S. 354).

derartige Streik vor Kriegsende, der Munitionsarbeiterstreik im Januar 1918.[292] Daran nahmen in der Region Groß-Berlin vom 28. Januar bis 4. Februar nach Angaben der Regierung bis zu 180 000 und der Streikleitung 300 000 Arbeiter teil (also zwischen 14 und 23 % der Gesamtbelegschaften). Ihnen schlossen sich mehrere hunderttausend Arbeiter in allen anderen Industriezentren Deutschlands an – die größte Arbeitsniederlegung in Deutschland bis dahin (größer als die Bergarbeiterstreiks 1889 und 1905, §§ 10, 11).

Dieser Streik war, wenn man so will, der absolute Tiefpunkt der Gewerkschaftsgeschichte in Deutschland. Die Gewerkschaften hatten keinerlei Information von allen zu ihm führenden Abläufen und nicht den geringsten Anteil an seiner Organisation, insbesondere gehörte keiner ihrer Vertreter der Streikleitung an. Die freien Gewerkschaften, die sonst nicht gescheut hatten, gegen »wilde« Streiks in Rüstungsbetrieben aufzutreten, waren dieses Mal von Wucht und Umfang des Streiks beeindruckt und erklärten ihre »Neutralität« (Streikunterstützung zahlten sie allerdings keine); die christlichen und Hirsch-Duncker'schen Gewerkschaften sprachen sich sofort und vehement gegen ihn aus.

Im März 1918 äußerste sich die Generalkommission der (freien) Gewerkschaften ausführlich in einem Flugblatt »*An die organisierten Arbeiter Deutschlands*« unter der Überschrift »*Die Gewerkschaften und die politischen Streiks*«.[293] Es zeigte vor allem eines: die Sonderstellung Berlin gegenüber dem übrigen Reichsgebiet. An allen anderen Orten waren die Streiks nach wenigen Tagen jeweils unter Vermittlung der örtlichen Gewerkschaftsführungen in Verhandlungen mit den lokalen Behörden geordnet zu Ende geführt worden. Allein in Berlin dauerte er länger und endete in einer Kapitulation vor dem Militär, was das Generalkommissions-Flugblatt dem sektiererischen Starrsinn der »Obleute« zuschrieb.[294] Um sie zu charakterisieren, zitierte sie ausführlich eines ihrer Flugblätter: »*Sorgt dafür, dass die Gewerkschaftsführer, die Regierungssozialisten und andere ›Durchhalter‹ unter keinen Umständen in die Vertretungen gewählt werden. Heraus mit den Burschen aus den Arbeiterversammlungen! Diese Handlanger und freiwilligen Agenten der Regierung, diese Todfeinde des Massenstreiks haben unter den kämpfenden Arbeitern nichts zu suchen.*« Die Generalkommission ihrerseits nahm ebenfalls kein Blatt vor den Mund: »*Arbeiter, Genossen! Laßt Euch nicht provozieren, Eure*

292 Eingehend *Kittner*, Arbeitskampf, S. 391; vgl. *Opel*, a. a. O., Fn. 288, S. 70. Der Streik hatte noch ein trauriges Nachspiel, weil *Friedrich Ebert*, der in die Streikleitung eingetreten war, um den Streik zu beenden, später, als Reichspräsident, des Landesverrats bezichtigt und der Täter von Schöffengericht Magdeburg freigesprochen wurde (vgl. *Miltenberger*, Der Vorwurf des Landesverrats gegen Reichspräsident Friedrich Ebert, 1989).

293 Text in: Quellen, Bd. 1, S. 537.

294 Am Beispiel der Munitionsarbeiterstreiks (im Plural!) ist ein aber sonst wenig erhelltes Phänomen sehr offenkundig: die Sondersituation der Rüstungsbetriebe im Großraum Berlin. Die dort entwickelte Subkultur einer städtisch-proletarischen Klassenkampfneigung der Arbeiter war für die Arbeiter im Rest des Kaiserreichs nicht repräsentativ.

Kräfte in aussichtslosen Kämpfen zu vergeuden. Seht euch die Arbeiterzersplitterer an, die an euch herantreten ... (wir) bedürfen der Kraft der gewerkschaftlichen Organisationen. Wer sie zersplittert und schwächt, ihre Einmütigkeit im Kampfe schwächt, ist ein Verräter der Arbeiterklasse«. Wie sollte das noch einmal zusammenfinden?

Eine größere Hypothek für Kompromisse nach Kriegsende war nicht vorstellbar. Und insbesondere wird das in vielen Hinterköpfen eine Rolle gespielt haben, als es um die Ausstattung der Arbeiterausschüsse mit eigenen Kompetenzen ging (zu deren Behandlung im Stinnes-Legien-Abkommen, § 14 III).

Betriebsrätegesetz 1920

§ 14 Weimarer Republik – eine neue Arbeitsverfassung

I. Die kurze, glücklose Existenz der Weimarer Republik

Für viele beginnt die »Geschichte der Betriebsverfassung« mit dem Betriebsrätegesetz vom 4. Februar 1920. In der Tat treten mit ihm das erste Mal in der deutschen Geschichte »Betriebsräte« dem Wortlaut nach auf die Bühne (nach »Betriebsarbeiterräten« in Art. 165 Abs. 3 der Weimarer Reichsverfassung vom 11. August 1919). Alles andere erscheint als *Vor*geschichte der Betriebsverfassung. Wir haben gesehen, dass das nicht stimmt – es handelt sich um deren *Früh*geschichte (§ 5). Aber natürlich bedeutete die Schaffung des BRG, zumal nach dem Vorlauf der revolutionären Rätebewegung, einen drastischen historischen Einschnitt gegenüber der bisherigen Entwicklung der Arbeiterausschüsse. Die mit ihm intendierte explizite Anerkennung des Gedankens gesetzlicher Mitbestimmung neben der gewerkschaftlichen Interessenvertretung leitete ganz offenkundig eine neue Epoche ein, die Deutschland in dieser Hinsicht deutlich von den anderen industrialisierten Staaten unterschied. In den wichtigsten vergleichbaren europäischen Staaten, Frankreich und Großbritannien, gab es zwar zu dieser Zeit auch betriebliche Interessenvertretungen neben den Gewerkschaften, aber diese dominierten schon damals und fortan die Struktur der Arbeitnehmer-Interessenvertretung.[295] Das Gleiche galt aufs Ganze für die USA,[296] bis die heutige gewerkschafts- und betriebsbasierte Verhandlungsstruktur durch den »Wagner Act« von 1935 festgelegt wurde.[297] So wurde mit dem BRG 1920 der Grund gelegt und eine historische Weichenstellung vollzogen für ein weltweit nahezu[298] einzigartiges System von »dualer« Interessenvertretung.

---

295 Vgl. *Feldmann*, Die betriebliche Willensbildung in Deutschland und Frankreich, 1982; *Rückert/Friedrich*, Betriebliche Arbeiterausschüsse in Deutschland, Großbritannien und Frankreich im späten 19. und frühen 20. Jahrhundert, 1979.

296 Vgl. *Miller*, Workmen's Representation in Industrial Government, 1922.

297 Vgl. *Kohler*, Der Wagner Act, AuR 2017, G 9.

298 In Österreich gab es ein vergleichbares Betriebsrätegesetz vom 15. Mai 1919, das insbesondere für die Entsendung von Betriebsratsmitgliedern in den Aufsichtsrat als Vorbild gedient hatte (s. u. § 15 III). Das gab es auch in dem Habsburger Nachfolgestaat

Eine vom Internationalen Arbeitsamt in Genf herausgegebene Studie würdigt das bereits 1924: »*Sie (die Betriebsräte, M.K.) haben den Platz eingenommen, der ihnen in der gesamten wirtschaftlichen Organisation Deutschlands zukommt ... Man muß sie als einen Teil eines Ganzen nehmen und sie nicht nur nach den praktischen Ergebnissen beurteilen, die sie erzielt haben, sondern sie in Beziehung bringen mit den Reformen, welche die republikanische Regierung schon vollzogen hat und die sie noch vollziehen will. Von diesem Standpunkte aus sind die Betriebsräte eine der bedeutendsten Errungenschaften des deutschen Proletariats.*«[299] In diesen nur zwei Jahre nach Schaffung des Gesetzes geschriebenen Zeilen kommt nicht nur der unumgängliche Vorbehalt einer zu kurzen Zeit für hinreichende empirische Validität zum Ausdruck, sondern wird auf einen – wie sich bald herausstellen sollte: tragischen – Grundzug aller neuen »Weimarer« Institutionen angespielt: eine ebenso unumgängliche Virtualität jeglicher Gesamtbetrachtung.
Dass man das neue System »*nicht nur nach den praktischen Ergebnissen beurteilen*« sollte, konnte man nämlich durchaus auch darauf beziehen, dass eine Bewertung nicht nur an der Kürze der seither verstrichenen Zeit scheitern musste, sondern an den turbulenten Umständen der Nachkriegszeit in Deutschland schlechthin. Bereits 1923 erreichte die aus den Kriegsschulden entstandene Hyperinflation ihren Höhepunkt. Sie brachte Produktion und Zirkulation nahezu zum Stillstand mit katastrophalen Folgen für die soziale Lage der Arbeitnehmer und zerstörte alle Geldvermögen – auch der Gewerkschaften. Zu dieser Zeit war die Hauptbeschäftigung aller Betriebsräte eine kaufkraftgesicherte Bezahlung. Danach kamen knapp fünf »gute Jahre«. Auf Arbeitnehmerseite hatte das freilich nicht zur Folge, dass die von der Inflation ausgezehrten Gewerkschaften in den zentralen Wirtschaftsbereichen Tarifverträge mit eigener Kraft hätten durchsetzen können; es gab Lohnerhöhungen durch den staatlichen Schlichter. Auch dies war das Gegenteil eines fördernden Umfelds für effektive Betriebsratspraxis. Schließlich kam ab 1928/29 die Weltwirtschaftskrise mit all ihrer destruktiven Wucht: Es kam zu Massenarbeitslosigkeit und Lohnkürzungen durch den staatlichen Schlichter – alles erst recht nicht geeignet zur Demonstration einer neuen Betriebsverfassung im Normalfall (§ 16). Und 1933 war die neue Arbeitsverfassung schon wieder zu Ende (§ 19).[300]

Tschechoslowakei, wo es 1924 nur im deutschsprachigen Teil, nicht aber in der Slowakei durchgeführt wurde (vgl. Gewerkschafts-Zeitung 1924, 127).

299 Zitiert nach der deutschen Übersetzung: *Berthelot*, Die Betriebsräte in Deutschland, 1926, S. 193.

300 Dieser Periodisierung entspricht die Trilogie zu Arbeitern und Arbeiterbewegung in der Weimarer Republik von *Heinrich August Winkler* (Von der Revolution zur Stabilisierung, 2. Aufl. 1985; Der Schein der Normalität, 1985; Der Weg in die Katastrophe, 2. Aufl. 1990).

Das führt zum Allerfundamentalsten, das bei vielen – wenn nicht den meisten – Betrachtungen zur Weimarer Republik nicht ausreichend gewichtet erscheint: ihre unfassbar kurze Dauer von nur 14 Jahren. Zum Vergleich: das ist so viel, wie *Konrad Adenauer, Helmut Kohl* und *Angela Merkel* jeweils Bundeskanzler waren! In einer so kurzen Zeit wäre es, sogar bei günstigeren, »ruhigeren« Zeiten, kaum möglich gewesen, dauerhaft wirkende Strukturen aufgrund einer neuen Arbeitsgesetzgebung zu implementieren. So werden wir denn im Folgenden auch kaum von validen, breit abgestützten empirischen Befunden reden können, sondern überwiegend nur von eher punktuellen Impressionen.
In jedem Falle aber zeigt der Überblick über diese so kurze wie ereignisreiche Epoche unser Thema der Betriebsverfassung erneut in charakteristischer Weise verquickt mit ihren großen, strukturprägenden Linien. Die Ereignisse um die Entstehung des BRG sind ein getreulich repräsentativer Ausschnitt der Geburtswehen der Weimarer Republik im Ganzen.

II. Die November-Revolution

Es war erneut und auf maximal dramatische Weise der Krieg, von dem die Impulse für alles Weitere kamen. 1916 glaubten Militär und politisches Establishment noch Arbeitnehmer und Gewerkschaften mit Zugeständnissen in der Mitbestimmungsfrage bei der Stange halten zu können. Das war ohnehin nur mehr schlecht als recht gelungen (§ 13). Nach zwei weiteren zermürbenden Kriegsjahren, einer immer drückenderen Versorgungslage zu Hause und die sichere Niederlage an der Front vor Augen implodierte das schier übermächtige Machtgebilde, ohne dass irgendein Kompromiss es noch hätte retten können.
Nachdem die Oberste Heeresleitung (OHL) den Parteiführern Anfang Oktober eingestehen musste, dass der Krieg nicht mehr zu gewinnen war und die Regierung am 3./4. Oktober um einen Waffenstillstand nachgesucht hatte, gab es kein Halten mehr. Um der sich schon damals am Horizont abzeichnenden Revolution zuvorzukommen und als Reaktion auf die Forderung des US-Präsidenten, *Woodrow Wilson*, nach Demokratisierung wurde am 28. Oktober die Verfassung geändert und die parlamentarische Verantwortlichkeit der Regierung eingeführt.[301] Damit hatte Deutschland nunmehr als konstitutionelle Monarchie etwa das Demokratie-Niveau von Großbritannien gewonnen.
Das half jedoch nichts mehr. Am Tage nach der Verkündung dieses Schritts und des Eintritts der SPD in die Regierung begannen in Kiel die ersten Meutereien von Matrosen, von wo sich der Aufstand wie ein Lauffeuer durch ganz Deutsch-

301 RGBl. 1273.

land verbreitete und bis zum 8. November praktisch alle Städte in Deutschland erreicht hatte. Bis zu diesem Tag hatten sich überall aus dem Nichts »Arbeiter- und Soldatenräte« gebildet und ohne irgendeine Gegenwehr die administrative Gewalt auf kommunaler Ebene übernommen – ein unfassbares Phänomen in einem hochindustrialisierten Land von über 60 Millionen Einwohnern und ohne die medialen Möglichkeiten von heute. Der Chefredakteur des liberalen »Berliner Tageblatts«, *Theodor Wolff*, hatte schon am 10. November 1918 die treffenden Worte dafür: »*Die größte aller Revolutionen hat wie ein plötzlich losbrechender Sturmwind das kaiserliche Regime mit allem, was oben und unten dazu gehörte, gestürzt. Man kann sie die größte aller Revolutionen nennen, weil niemals eine so fest gebaute, mit soliden Mauern umgebene Bastille so in einem Anlauf genommen wurde.*«[302]

Am 9. November überstürzten sich die Ereignisse: Der Reichskanzler, *Max von Baden*, verkündete den Rücktritt des Kaisers, *Wilhelm II.* Eigentlich sollte *Friedrich Ebert* zum Reichskanzler ernannt werden, jedoch rief der SPD-Abgeordnete *Philip Scheidemann* von einem Balkon des Reichstags die Republik aus, um einer ähnlichen Aktion von *Karl Liebknecht* zuvorzukommen. Einen weiteren Tag später, am 10. November 1918, konstituierte sich ein paritätisch von Mitgliedern der SPD und USPD besetzter »Rat der Volksbeauftragten« als revolutionäre Regierung.[303] Sie verkündete am 12. November im Reichsgesetzblatt einen »Aufruf des Rates der Volksbeauftragten ›An das deutsche Volk!‹«[304]

Bereits an diesem 10. November wurden zwei fundamentale Entscheidungen für das weitere Schicksal der neuen Republik getroffen: Der »Rat der Volksbeauftragten« bekannte sich zwar – ohne Einzelheiten zu nennen – zu einem »sozialistischen Programm«, entschied sich jedoch unmissverständlich für eine parlamentarische Demokratie:

> An das deutsche Volk!
> Die aus der Revolution hervorgegangene Regierung, deren politische Leitung rein sozialistisch ist, setzt sich die Aufgabe, das sozialistische Programm zu verwirklichen.
> …
> Die Regierung wird die geordnete Produktion aufrechterhalten, das Eigentum gegen Eingriffe Privater sowie die Freiheiten und Sicherheiten der Person schützen.

302 »Berliner Tageblatt« vom 10.11.1918; vgl. *Gerwarth*, Die grösste aller Revolutionen, 2018.

303 Am 11. November schloss eine Regierungsdelegation unter Leitung des Zentrumsabgeordneten *Matthias Erzberger* den Waffenstillstand mit den Alliierten ab.

304 RGBl. 1918, 1303.

> Alle Wahlen zu öffentlichen Körperschaften sind fortan nach dem gleichen, geheimen, direkten, allgemeinen Wahlrecht auf Grund des proportionalen Wahlsystems für alle mindestens 20 Jahre alten männlichen und weiblichen[305] Personen zu vollziehen.
> Auch für die Konstituierende Versammlung, über die nähere Bestimmung noch erfolgen wird, gilt dieses Wahlrecht.
> Berlin, den 12. November 1918.
> *Ebert Haase Scheidemann Landsberg Dittmann Barth*

Die zweite Fundamentalentscheidung betraf das Verhältnis zum Militär: Am Abend des 10. November, unmittelbar nach Bildung der Revolutionsregierung, rief *Wilhelm Groener*, inzwischen neuer Chef der OHL, bei *Friedrich Ebert* in der Reichskanzlei an und stellte der Regierung die Ressourcen der OHL um den Preis zur Verfügung, dass diese sie »*bei der Aufrechterhaltung von Ordnung und Disziplin im Heer*« und bei der »*Bekämpfung des Bolschewismus*« unterstütze.[306] *Ebert* ließ sich darauf ein, weil er nur so glaubte, ein sonst eintretendes Chaos vermeiden zu können, und niemanden sah, der die neue Demokratie gegen weitergehende Revolutionsaktivitäten schützen könne. Für *Groener* als Partner sprach das aus der Zeit der Schaffung des Hilfsdienstgesetzes erworbene Vertrauenskapital (§ 13).[307] Dieser wiederum, keineswegs ein Freund der Demokratie, sah keine andere Möglichkeit, um die Armee, d. h. vor allem das Offizierskorps, für »bessere Zeiten« zusammenzuhalten.
»Schutz der Republik« bedeutete den Umständen entsprechend unvermeidlich vor allem Schutz vor Umsturzversuchen der spartakistischen bzw. kommunistischen Opposition, die sich mit der Festlegung auf eine parlamentarische Demokratie nicht abfinden wollte. Und das wiederum führte zu der Konstellation, dass die Regierung sog. Freikorps, in der Wolle gefärbte Republikfeinde, gegen ihre Gegner von links aufmarschieren ließ – mit der Ermordung von *Rosa Luxemburg* und *Karl Liebknecht* während des Spartakus-Aufstandes vom Januar 1919 als tragischem Höhepunkt (s. u.). Hier liegt einer der »hot spots« von kontrafaktischer Geschichtsbetrachtung bis heute: Hatte die SPD eine Alternative zur Zusammenarbeit mit Reichswehr und Freikorps und, wenn ja, welche? Un-

305 Mit der Einführung des Frauenwahlrechts setzte sich Deutschland vor Großbritannien und Frankreich, die das volle Frauenwahlrecht erst 1928 bzw. 1936 einführten. Die USA entschieden sich 1920 dafür.

306 Vgl. *Kittner*, Arbeitskampf, S. 396.

307 *Ebert* hielt fortan regelmäßigen telefonischen Kontakt mit *Groener* in dessen Hauptquartier in Kassel. *Alfred Döblin* hat das (zwar böswillig karikierend mit *Ebert* als willigem Lakeien *Groeners*, aber literarisch hinreißend) in seinem Roman »November 1918« dargestellt.

umstrittener Fakt ist jedenfalls, dass diese Ereignisse die politische Spaltung der Arbeitnehmer zwischen »links« und »rechts« irreversibel vertieften – eine der folgenreichen Geburtsschwächen der Weimarer Republik (bis zu ihrem gegen Ende hin wachsenden Beitrag zu deren Untergang s. § 18 II).

III. Stinnes-Legien-Abkommen und Zentral-Arbeitsgemeinschaft

Praktisch zeitgleich zur Revolution der staatlichen Verhältnisse kam es zu einer kongruenten Umwälzung in der Wirtschaft: Am 15. November schlossen alle großen Arbeitgeberverbände mit allen Richtungs- und Berufsgewerkschaften das sog. »Arbeitsgemeinschaftsabkommen«[308] (oder auch »November-Abkommen« bzw. nach den Verhandlungsführern »Stinnes-Legien-Abkommen« genannt[309]). Diese Vereinbarung wurde zur Grundlage der neuen Arbeitsverfassung.[310] Auf den ersten Blick enthielt sie alles, worum die Gewerkschaften sich im Kaiserreich bis zuletzt vergeblich bemüht hatten, wovon sie nur hatten träumen können: ihre und der Tarifverträge Anerkennung, das faktische Ende der »gelben« Werkvereinigungen, paritätische Arbeitsnachweise, Arbeiterausschüsse und als wichtigste inhaltliche Komponente den 8-Stunden-Tag.[311] Dazu boten die Arbeitgeber den Gewerkschaften mit der »Zentralarbeitsgemeinschaft« (ZAG) eine Plattform zur paritätischen Gestaltung der Wirtschaft. Das war in Summe nicht weniger als die Grundlage einer neuen demokratischen und sozialen Arbeitsverfassung.

---

308 Abgedruckt: Deutscher Reichsanzeiger Nr. 273 vom 18. 11. 1918.

309 *Hugo Stinnes* war der führende Schwerindustrielle der damaligen Zeit und *Carl Legien* der Vorsitzende der Generalkommission der freien Gewerkschaften, später des ADGB.

310 Vgl. *Kittner*, Klassenkompromiss zur Unzeit – Stinnes-Legien-Abkommen 1918, SR-Festheft zum 80. Geburtstag von *Wolfgang Däubler*, 2019, S. 118; *Krüger*, Das Stinnes-Legien-Abkommen 1918–1924, 2018; SozFort 10/2018, Schwerpunktheft mit Beiträgen zum Stinnes-Legien-Abkommen von *Funk, Krüger* und *Pieerenkämper*; grundlegend die Arbeiten von *Feldman*: German Business between War and Revolution. The Origins oft the Stinnes-Legien-Agreement, in FS Hans Rosenberg, 1970, S. 312; The Origins oft the Stinnes-Legien-Agreement: A Documentation, IWK 1973, 45; *ders.*, Die freien Gewerkschaften und die Zentralarbeitsgemeinschaft 1918–1924, in: Vetter, Hrsg., Vom Sozialistengesetz zur Mitbestimmung, 1975, S. 229.

311 Zu dieser »Trophäe« mussten die Gewerkschaften sich freilich auf ein von *Borsig* und *Legien* unterzeichnetes Separatabkommen einlassen, wonach die Vereinbarung nur dauerhaft durchgeführt werden könne, »*wenn der Achtstundentag für alle Kulturländer durch internationale Vereinbarungen festgesetzt wird*«. Dazu kam es freilich nicht (vgl. *Kittner*, SR 2019, 119).

Für unseren Zusammenhang stehen im Vordergrund des Interesses seine Bestimmungen zum Mitbestimmungsthema. Dazu hieß es:

> 7. Für jeden Betrieb mit einer Arbeiterschaft von mindestens 50 Beschäftigten ist ein Arbeiterausschuß einzusetzen, der diese zu vertreten und in Gemeinschaft mit dem Betriebsunternehmer darüber zu wachen hat, dass die Verhältnisse des Betriebes nach Maßgabe der Kollektivvereinbarungen geregelt werden.

Auf den ersten Blick fällt dazu auf, wie sehr das hier Verabredete von einem selbstständigen Interessenvertretungs-Organ zu einer Hilfsinstitution der Tarifvertragsparteien »herabgedimmt« wurde. Es war keine Rede mehr von der Proto-Betriebsverfassung des seit Sommer vorliegenden Ministeriums-Entwurf über Arbeiterräte (s. u. § 15 I). Ganz offenkundig ist das eine Frucht des Erschreckens bei Sozialdemokraten und freien Gewerkschaften über die Autonomie-Demonstrationen der betrieblichen Basis, zuerst in den Munitionsarbeiterstreiks (§ 13) und dann der Revolution selbst. Hier wird schon im allerersten Moment, als die Früchte der Revolution eigebracht wurden, die ganz spezifische Gründungsproblematik dieser neuen Beteiligungsstruktur deutlich.
Integraler Bestandteil des Stinnes-Legien-Abkommens war die Vereinbarung zu einer »Arbeitsgemeinschaft« von Arbeitgebern und Gewerkschaften zu nichts weniger als der gemeinsamen Lenkung der Wirtschaft – eine Rahmenstruktur, die man immer mitdenken muss, wenn es um die Ursprungskonzepte aller Einzelgesetze zur Arbeits- und Sozialordnung geht. Ihr waren im Abkommen selbst zwei Passagen gewidmet:

> 10. Zur Durchführung dieser Vereinbarung sowie zur Regelung der zur Demobilmachung, zur Aufrechterhaltung des Wirtschaftslebens und zur Sicherung der Existenzmöglichkeiten der Arbeitnehmerschaft, insbesondere der schwer Kriegsbeschädigten zu treffenden Maßnahmen wird von den beteiligten Arbeitgeber- und Arbeitnehmerorganisationen ein Zentralausschuß auf paritätischer Grundlage mit beruflich gegliedertem Unterbau errichtet.
> 11. Dem Zentralausschuß obliegt ferner die Entscheidung grundsätzlicher Fragen, soweit sich solche namentlich bei der kollektiven Regelung der Lohn- und Arbeitsverhältnisse ergeben, sowie die Schlichtung von Streitigkeiten, die mehrere Berufsgruppen zugleich betreffen. Seine Entscheidungen haben für Arbeitgeber und Arbeitnehmer verbindliche Geltung, wenn sie nicht innerhalb einer Woche von einem

der in Frage kommenden beiderseitigen Berufsverbände angefochten werden.

Zeitgleich mit dem Abkommen wurde die »*Satzung der Zentralarbeitsgemeinschaft*« vereinbart.[312]

Durchdrungen von der Erkenntnis und der Verantwortung, dass die Wiederaufrichtung unserer Volkswirtschaft die Zusammenfassung aller wirtschaftlichen und geistigen Kräfte und allseitiges Zusammenarbeiten verlangt, schließen sich die Organisationen der industriellen und gewerblichen Arbeitgeber und Arbeitnehmer zu einer Arbeitsgemeinschaft zusammen.

§ 1
Die Arbeitsgemeinschaft bezweckt die gemeinsame Lösung aller die Industrie und das Gewerbe Deutschlands berührenden wirtschaftlichen und sozialen Fragen, sowie aller sie betreffenden Gesetzgebungs- und Verwaltungsangelegenheiten.
...

Das war kein geringer Anspruch. Bei Lichte besehen, war das nicht weniger als die (Selbst-)Ermächtigung der Vertragspartner zur Regelung des Wirtschaftslebens in Deutschland neben oder besser: über Gesetzgeber und Administration.
Wenn wir uns vom zeitgenössischen Schlachtenlärm nicht beeindrucken lassen und für einen Moment vom Wortlaut beider Dokumente absehen, ist nicht zu übersehen, wie hier die beiden großen historischen Themen, die bislang nie zusammenzubringen waren, gleichzeitig aufgegriffen wurden: die betriebliche und die überbetriebliche Mitbestimmung. Für letztere stand seit frühen Zeiten der »Kammer«-Begriff (seit sozialreformerischen Gedanken, § 7, über die Vorstellungen von *Degenkolb* und *Lette* in der Paulskirche, § 8, bis zum 1911 im Reichstag gescheiterten und 1918 wieder aufgegriffenen Projekt, § 12). Stand im seitherigen Geschichtsverlauf letztere im Schatten der ersteren, als unerlässlicher Schlussstein in einem Staatsgebilde mit Arbeiterpartizipation, so lagen die Dinge 1918 gerade andersherum: Das Große und Ganze dominierte die Situation, und die betriebliche Mitsprache kam als Ergänzung, ganz am Schluss!

312 Abgedruckt: RArbBl. 1918, 874.

Das hatte natürlich seine guten Gründe – voran die objektiven Probleme aufgrund der Kriegsniederlage, die Mammutaufgabe der Demobilisierung von Millionen heimkehrender Soldaten, die zerrüttete Wirtschaft und das Elend der Zivilbevölkerung. Jenseits von Revolution und Klassenkampf schrie das geradezu nach großer Geschlossenheit und Mut zum »großen Design«. Hier lag denn auch bereits die erste, technisch-fundamentalste Sollbruchstelle des ganzen ZAG-Projekts.

Eine allererste Maßnahme des Rats der Volksbeauftragten war nämlich, der Not und den Bedürfnissen des Augenblicks folgend, die Einrichtung eines »Demobilmachungsamtes« durch Gesetz schon am 12. November, gleich nach dem ersten Aufruf »An das deutsche Volk.«[313] Darin wurden dem Oberstleutnant *Koeth* so umfassende Vollmachten übertragen, wie vielleicht zu Beginn der römischen Republik einem »Dictator« zur Rettung aus einer extremen Notlage:

> Mit der Leitung dieses Amtes ist mit Zustimmung des Herrn Kriegsministers der bisherige Oberstleutnant Koeth,[314] Leiter der Kriegs-Rohstoffabteilung beauftragt worden. Dieser hat die gesamten Arbeiten der wirtschaftlichen Demobilisierung unverzüglich in die Hand zu nehmen, sich mit sämtlichen hierbei in Betracht kommenden Zentral-, Provinzial- und Lokalbehörden des Deutschen Reichs und der Bundesstaaten in Verbindung zu setzen, die erforderlichen Maßnahmen mit ihnen zu vereinbaren oder nötigenfalls selbständig zu ergreifen.
> Alle Zivil- und Militärbehörden werden aufgefordert, den Weisungen des Herrn Koeth in Angelegenheiten der wirtschaftlichen Demobilisierung unweigerlich und mit größter Beschleunigung Folge zu leisten und ihm zur Durchführung seiner für die Wohlfahrt unseres Volkes äußerst wichtigen Aufgabe nach jeder Richtung behilflich zu sein.

Das hieß: *Koeth* hatte das Mandat zu handeln, und zwar auf allen Feldern, die die Gründer der ZAG für sich reklamiert hatten. Er war für den begrenzten Zeitraum der Existenz des Amtes (bis 30. April 1919)[315] formal in der Tat so etwas wie der »Diktator von Deutschland«. Demgegenüber stand eine ZAG, die, von Anfang an behindert, wenn nicht gelähmt durch den Fundamental-Antagonismus ihrer Väter, nur räsonieren konnte. Und dieses Problem bestand auch später im Verhältnis zu den »normalen« Ministerien, nachdem diese wieder normal zu arbeiten in der Lage waren und die Aufgabe des Demobilmachungsamtes über-

313 RGBl. 1304.
314 *Joseph Koeth* war zuvor im Kriegsministerium Leiter der Kriegsrohstoffabteilung.
315 Mit Erlass vom 26. 4. 1919 wurde das inzwischen »Reichsministerium für wirtschaftliche Demobilmachung« genannte Amt zum 30. April aufgelöst (RGBl. 438).

nommen hatten. Und ganz gewiss hätte das Parlament, wenn die ZAG nicht an eigenen Strukturschwächen eingegangen wäre, eine Neben- oder gar Über-Regierung aus der Wirtschaft nicht geduldet. Mit anderen Worten: Ein derartiger Super-Korporatismus war in einer demokratisch verfassten Industriegesellschaft von der Größe Deutschland ein nicht kompatibler Fremdkörper.[316] Dazu musste freilich die Probe aufs Exempel nicht gemacht werden, denn die ZAG zerbrach schon bald an den bereits kurz nach Gründung ausbrechenden Antagonismen ihrer Partner.

Dazu muss nur kurz die Ausgangslage des Stinnes-Legien-Abkommens und der »Arbeitsgemeinschaft« in Erinnerung gerufen werden:[317] Die Unternehmer hatten sich auf sie eingelassen, »um Schlimmeres zu verhüten«, mit der kaum verhohlenen Absicht, so bald wie die Umstände dies zuließen, zu den »guten alten Zeiten« von vor 1914 zurückzukehren. Auf Gewerkschaftsseite herrschte – nicht zu Unrecht – tiefes Misstrauen über eine solche Zusammenarbeit mit dem »Klassengegner«, und die über die Kriegskreditfrage entstandene Opposition widersetzte sich dem Abkommen vehement. Zwar stimmte auf dem Kongress der freien Gewerkschaften vom 30. Juni bis 5. Juli 1919 in Nürnberg eine stattliche Mehrheit von 420 zu 181 Stimmen für die Zentral-Arbeitsgemeinschaft (ebenso wie über die Billigung der Kriegspolitik der Generalkommission).[318] Jedoch war die Heftigkeit der Opposition, insbesondere beim größten Mitgliedsverband, dem DMV, nicht zu übersehen. Bei ihm hatte auf dem Verbandstag im Oktober 1919 die bisherige USPD-Opposition die Mehrheit gewonnen; deren Sprecher *Robert Dißmann*[319] wurde Vorsitzender. Auf seinen Vorschlag stimmte die Versammlung mehrheitlich für den Austritt aus der Arbeitsgemeinschaft. Nach dem Ausscheren der größten Gewerkschaft war es um ihr Schicksal von Anfang an schlecht bestellt.[320]

Die nur übertünchten Konflikte zwischen Arbeitgebern und Gewerkschaften kamen praktisch sofort nach Abschluss des Abkommens zu Tage. Der größte Dissens brach vor allem über die Arbeitszeitfrage aus. Hier bemühten sich die Arbeitgeber, so bald etwas Ruhe in den Betrieben eingekehrt war, den 8-Stunden-Tag wieder rückgängig zu machen. Außerdem zeigten schon die noch im Laufe

---

316 Schon das denkbar bescheidene Vorhaben *Bismarck*'s eines »Reichswirtschaftsrats« scheiterte am Misstrauen des damals ohnehin schwachen Parlaments an seiner Umgehung (§ 9 II).

317 Vgl. eingehend *Kittner*, SR 2019, 118.

318 Vgl. *Schneider*, Höhen, Krisen und Tiefen. Die Gewerkschaften in der Weimarer Republik 1918 bis 1933, in: Borsdorf, Hrsg., Geschichte der deutschen Gewerkschaften, 1987, S. 279, 305.

319 *Tosstorff*, Robert Dißmann 8. August 1878–30. Oktober 1926, in: Hofmann/Benner, Hrsg., Geschichte der IG Metall, 2019, S. 581.

320 Eingehend zu den Abläufen in der ZAG *Krüger*, Das Stinnes-Legien-Abkommen, 2018, S. 173ff.

des Jahres 1919 einsetzenden Auseinandersetzungen um das BRG, wie wenig Gemeinsamkeiten es schon ein gutes halbes Jahr nach Abschluss des Abkommens es noch gab (s. u. § 15). Ein bedrückendes Schlaglicht darauf, wie weit man sich inzwischen voneinander entfernt hatte und die Arbeitgeber sogar vom ganzen Republik-Projekt, lieferte der *Kapp-Lüttwitz*-Putsch: Hier weigerte sich das Präsidium des RDI, eine gemeinsame Stellungnahme der Arbeitsgemeinschaft gegen den Putsch abzugeben, geschweige denn den Generalstreik der Gewerkschaften zu unterstützen; man wollte sich zwischen den beiden Regierungen neutral verhalten.[321] So nimmt es nicht wunder, dass die ZAG auch bei den gemäßigteren Gewerkschaften bald an Rückhalt verlor. Berühmt ist die Feststellung des Bergarbeiter-Vorsitzenden, *Hue*: »*Die Unternehmer sind dabei, alles zu vergessen, was sie im Herbst 1918 und weiterhin erlebt haben. Sie sind dabei, den alten Herrn-im-Hause-Standpunkt wieder aufzurichten, sie beweisen also eine Einsichtslosigkeit, wie es solche wohl selten gibt.*«[322] So traten nach dem DMV bald eine Reihe anderer Gewerkschaften aus der Arbeitsgemeinschaft aus, bis die ZAG nach ihrer Kündigung durch den ADGB im Jahre 1924 förmlich beendet wurde.
Hier sind nicht Ort und Zeit, um das Schicksal des Stinnes-Legien-Abkommens und der von ihm auf den Weg gebrachten neuen Arbeits- und Sozialverfassung ausführlicher darzustellen. Eines jedoch muss noch vor genauer Befassung mit dem BRG als unserem Spezialthema herausgestellt werden: Es sollte sich erweisen, dass sich in Weimar vor allem aus wirtschaftlichen Gründen keine funktionierende Tarifautonome etablieren konnte. Damit fiel die in allen Konzepten von Betriebsverfassung für ein erfolgreiches Wirken von Arbeiterausschüssen/Betriebsräten für unabdingbar gehaltene Rückendeckung durch starke Gewerkschaften weg – ein nie behobenes Handicap für die Praxis unter dem BRG (s. u. § 16).

IV. Räte und parlamentarische Demokratie

Die Eigenart der deutschen November-Revolution war das zeitgleiche Entstehen von lokalen Arbeiter- und Soldatenräten, wobei der Soldatenanteil der Dynamik der ersten Revolutionstage geschuldet war, als vor allem die sich über das Land verbreitenden Matrosen als Katalysator des Aufstands wirkten. Der Sache nach handelte es sich um von Arbeitern beschickte, selbstermächtigte kommunale

321 Allein die Chemie-Arbeitgeber scherten aus dieser Front aus und verurteilten den Putsch energisch (vgl. *Kittner*, Arbeitskampf, S. 422).

322 *Schneider*, Höhen, Krisen und Tiefen. Die Gewerkschaften in der Weimarer Republik 1918 bis 1933, in: Tenfelde u. a., Hrsg., Geschichte der deutschen Gewerkschaften, 1987, S. 348.

Magistrate, die alle staatliche Gewalt in ihrer Kommune ausübten.[323] Der Begriff »Räte« war hergeleitet aus dem Beispiel der revolutionären »Sowjets«, d. h. der »Räte« in Russland, über die freilich die allermeisten Arbeiter in Deutschland wegen der von der kaiserlichen Regierung organisierten Nachrichtensperre über die dortigen Vorgänge gar nicht genau Bescheid wussten und wissen konnten. Das lag anders hinsichtlich der Anführer der seit 1917 begonnenen Anti-Kriegs-Streikbewegungen, voran der »revolutionären Obleute« in Berlin (s. o. § 13). Für sie war der 9. November der Startschuss zu einer sozialistischen Revolution in Deutschland, für viele mit den russischen Räten als realen Vorbildern.[324] Bei aller Unübersichtlichkeit und konzeptionellen Kakophonie der ersten Tage und Wochen nach der Revolution, lag offen zutage, womit eine weitere Herrschaft der »Arbeiterräte« nicht vereinbar war:

- mit dem Primat einer durch allgemeine Wahlen legitimierten Staatsgewalt und
- Gewerkschaften bisherigen Zuschnitts.

Die erste, die große Systemfrage, ob Deutschland eine »Räterepublik« oder eine parlamentarische Demokratie werden sollte, wurde sehr schnell entschieden. Obgleich so vollkommen dezentral aufgestellt, hatten sich die Räte aus ganz Deutschland sehr schnell reichsweit vernetzt und konnten schon am 16. (bis zum 21.) Dezember 1918 einen für die Verhältnisse erstaunlich gut organisierten »Allgemeinen Kongreß der Arbeiter- und Soldatenräte« in Berlin durchführen. Er beschloss am 18. Dezember 1919 mit großer Mehrheit:[325] *»Der Reichskongreß der Arbeiter- und Soldatenräte Deutschlands, der die gesamte politische Macht repräsentiert, überträgt bis zur anderweitigen Regelung durch die Nationalversammlung die gesetzgebende und vollziehende Gewalt dem Rat der Volksbeauftragten.«*

323 In Bayern und Bremen waren die Revolutionäre weitergegangen und hatten jeweils eine landesweite »Räterepublik« ausgerufen.

324 Zur Rätebewegung in Deutschland vgl. *Kolb*, Die Arbeiterräte in der deutschen Innenpolitik 1918 – 1919, 1962; *von Oertzen*, Betriebsräte in der Novemberrevolution, 2. Aufl. 1976.

325 Stenographischer Kongressbericht, a. a. O., Spalte 176. Bei der Entscheidung für Nationalversammlung und Wahltermin wurde nicht ausgezählt. Es gab jedoch nochmals eine Entscheidung über einen Antrag, am Rätesystem als Grundlage der Verfassung festzuhalten, die die Mehrheitsverhältnisse genau abbildete: Er wurde in namentlicher Abstimmung mit 98:344 Stimmen abgelehnt (vgl. *Kolb*, Die Arbeiterräte, a. a. O., S. 199). Die Vorentscheidung für diese eindeutigen Mehrheitsverhältnisse war einem Generalkongress der USPD am 15. 12. 1918 gefallen, wo sich ein pro-parlamentarischer Antrag des Volksbeauftragten *Haase* gegen einen Räte-Antrag *Rosa Luxemburgs* mit 485 gegen 195 Stimmen durchgesetzt hatte (vgl. *Helm/Schmitt-Egner*, Einleitung, zu Stenographischer Kongressbericht, 1919, Wiederabdruck 1972, S. 15).

Damit war der Weg frei für die auf den 19. Januar 1919 festgelegten Wahlen zur Nationalversammlung.[326]
Diese Entscheidung war nicht überraschend. Denn die Revolution war zwar nicht von den Spitzen von SPD, USPD und Gewerkschaften ausgerufen worden; sie standen im Wortsinne beiseite. Aber sie war durch und durch das Werk ihrer führenden Köpfe vor Ort. Die ganz überwiegende Zahl der Arbeiter- und Soldatenratsmitglieder hatte diese Funktion nach lokalen Absprachen der Oppositionsparteien und Gewerkschaften über eine quotale Besetzung eingenommen. Das reproduzierte sich in der Auswahl der Delegierten zum Reichskongress.[327]
An dieser Stelle eine – erstaunlicherweise in der Geschichtswissenschaft so bislang nicht gestellte – Frage als Einschub: Welche Rolle spielten eigentlich die vor der November-Revolution in den Betrieben zweifelsohne vorhandenen Interessenvertreter; seien es Mitglieder von Arbeiter-Ausschüssen, seien es Vorstandsmitglieder der betrieblichen Sozialkassen? Darauf wurde in den bislang vorliegenden vielen lokalgeschichtlichen Untersuchungen[328] kein besonderer Fokus gelegt. Das mag Folge der generellen Unterbelichtung dieses Strangs betrieblicher Interessenvertretung sein. Stichproben bezüglich der wichtigsten Städte in ganz Deutschland legen aber nahe, dass die Antwort einfach ist: Dieser Personenkreis war an der Revolution so gut wie nicht beteiligt![329] Ausschlaggebend waren vor allem Funktionen in der Partei und Gewerkschaft. Wir sehen darin den generellen Befund von *Thomas Nipperdey* für die Arbeiterbewegung des Kaiserreichs bestätigt: »*Basis der Organisation war auch nicht die Fabrik, die Betriebsgruppe oder ein Netz von Obmännern im Betrieb. Nicht der Ort der Arbeit sondern der des Wohnens war entscheidend.*«[330] Vielleicht hat das auch zu einer entsprechenden Personenauslese geführt: In den Arbeiterausschüssen sehen wir eher den Phänotyp des »Kümmerers« und nicht so sehr des »Anführers« (so wie es immer Menschen gibt, die etwas für ihre Kolleginnen und Kollegen tun wol-

326 Mit dieser Entscheidung nicht einverstanden waren der Spartakusbund und kleine linke Gruppierungen. Sie gründeten Ende Dezember 1918/Anfang Januar 1919 die »Kommunistische Partei Deutschlands« (KPD) und riefen in der ersten Januar-Woche zum sog. Spartakusaufstand auf. Dagegen setzte der Rat der Volksbeauftragten durch den für das Militär zuständigen *Gustav Noske* in Berlin stationierte Freikorpstruppen ein. Auch im Ruhrgebiet wurde eine Bergarbeiterbewegung Anfang Januar 1919 mit Waffengewalt unterdrückt (vgl. *Weipert*, Die Zweite Revolution. Rätebewegung in Berlin 1919/1920, 2015).

327 Vgl. *Roß*, Revolution ohne Revolutionäre? Kollektive Biographie der Delegierten der deutschen Rätekongresse 1918/1919, Historical Social Research 1998, S. 38.

328 Vgl. die umfassende Bibliographie von *Reininghaus*, Die Revolution 1918/19 in Westfalen und Lippe als Forschungsproblem, 2016.

329 Die entsprechende Untersuchung hat *Markus Boerchi* als Praktikant der Hans-Böckler-Stiftung durchgeführt.

330 *Nipperdey*, Deutsche Geschichte 1866–1918, Bd. 1., 1990, S. 323.

len, aber eben in einer weniger glamourösen Tätigkeit, z. B. als Versichertenälteste/r).
Damit zurück zur Entscheidung des Reichrätekongresses. Das zentrale Motiv der so Abstimmenden war mit Sicherheit ihre fundamentale demokratische Einstellung: Sie lehnten eine »Diktatur des Proletariats«,[331] und wenn auch nur vorübergehend, ab. Aber mindestens ebenso bedeutend dürfte der realpolitische Blick auf die entschiedenen Gegner eines solchen Vorhabens ringsum gewesen sein. *Otto Kahn-Freund* gab diesbezüglich zu bedenken: »*Das Organ der Arbeiterklasse mußte zugunsten einer allgemeinen Nationalversammlung abdanken, denn die Ereignisse in Deutschland sind nicht zu verstehen, wenn man sie nicht außenpolitisch betrachtet. Die Hinwendung zu einer Rätediktatur hätte den unmittelbaren Weitermarsch der Entente-Truppen zur Folge habt*«[332] – und dazu einen sofortigen Bürgerkrieg, so er denn noch nötig geworden wäre, könnte man hinzufügen.
Dieser große, gesamtstaatliche Entscheidungsstrang mündete in die vom Rätekongress prospektierten Reichstagswahlen, die dann am 19. Januar 1919 stattfanden. Sie führten zu dem für die »Linke« ernüchternden Ergebnis, dass SPD und USPD zusammen nur 45 % der Stimmen erreichten mit der Folge, dass zur Regierungsbildung eine Koalition mit einem »bürgerlichen« Partner nötig wurde. So fand sich – nach der Wiedervereinigung der sozialdemokratischen Parteien – alsbald die alte Koalition aus dem Kaiserreich als »Weimarer Koalition« aus (zunächst nur Mehrheits-)SPD, Zentrum (plus BVP) und Deutscher Demokratischer Partei (DDP) wieder.[333] Das hieß, bis an das Ende der Weimarer Republik: Die Grenze für »linke« Projekte lag im Entgegenkommen der weitestgehend an den Interessen der Arbeitgeber ausgerichteten und von ihnen finanzierten DDP! Das gilt es bei allen folgenden Projekten zu beachten, die das »Nadelöhr« des Gesetzgebungsprozesses passieren mussten.
Obenan stand die Frage, wie es mit der Wirtschaft weitergehen sollte, ob es zu einer Sozialisierung kommen sollte und bis zu welchem Grad die Arbeitnehmer an wirtschaftlichen Entscheidungen beteiligt werden sollten. Denn mit der Systementscheidung für eine parlamentarische Demokratie war ja nicht geklärt, welches Ausmaß an wirtschaftlicher Mitentscheidung Arbeitnehmer im neuen Staat haben sollten und ob ergänzende Formen direkter Demokratie möglich wä-

---

331 Zur Erinnerung: In Deutschland gab es um 1918 etwa 8 Mio. Arbeiter, also etwa 45 % des gesamten Arbeitskräftepotentials. Selbst unter Multiplizierung mit einem »*Familienkoeffizienten*« kommt *Wehler* nur auf eine »*industrieproletarische Population von rund 32 Mio. Menschen*« bei 63,2 Mio. Gesamtbevölkerung (vgl. *Wehler*, Deutsche Gesellschaftsgeschichte, 4. Bd. 1914 – 1949, 2003, S. 310).

332 *Kahn-Freund*, KJ 1981, 183, 193.

333 Die verfassunggebende Versammlung wählte am 11. 2. 1919 *Friedrich Ebert* zum Reichspräsidenten, und dieser ernannte am 13. 2. 1919 *Philip Scheidemann* zum Reichskanzler mit einem Kabinett aus diesen drei Parteien. Es löste den »Rat der Volksbeauftragten« ab.

ren. Darum drehte sich die politische Auseinandersetzung des Jahres 1919 sofort nach Konstituierung der verfassunggebenden Nationalversammlung und der Ernennung der neuen Regierung. Und in den Betrieben begann der »Kampf um die Seelen« zwischen Richtungsgewerkschaften und unabhängigen Betriebsräten mit relativ unspezifischen revolutionären Initiativen der KPD (s. u. § 16 I).

V. Sozialisierung und Art. 165 der Reichsverfassung

Die ersten Monate nach der Revolution waren erfüllt von Aktionen und Ideen in selten großer Zahl und Varietät. Ihre Beschreibung füllt Bibliotheken. Ihnen können und wollen wir hier nichts hinzufügen. Unsere Absicht – und unser Problem – ist es vielmehr herauszufinden, in welch größeren Zusammenhängen und Bedingtheiten die Entscheidung über die Betriebsverfassung den Weg durch diese Wirrnis gefunden hat. Sie wurde getroffen im Windschatten der beiden Groß-Themen »Sozialisierung« und »Räte«, mit dem BRG als erstem – und wie sich zeigen sollte: letztem – Teilprojekt. Dabei war von Anfang an klar, dass alles irgendwie miteinander zusammenhing: Brauchte man noch Gewerkschaften in einer sozialisierten Wirtschaft? Welchen Stellenwert hatten darin Räte? Wie war das Verhältnis zwischen Betriebsräten und Gewerkschaften? Das beantworteten z. B. die Gewerkschaften auf einer berühmten Konferenz der Verbandsvorstände am 25. April 1919. Dort sprachen sie sich aus

- für eine »Sozialisierung« (ohne aber wirklich zu spezifizieren, was sie darunter verstanden),
- erklärten, dass Gewerkschaften auch in einer sozialisierten Wirtschaft unentbehrliche Funktionen hätten,
- betonten die nicht nur semantischen Unterschiede zwischen »Räten« und »Betriebsräten«,
- ordneten erstere einem Gesamtsystem von »Wirtschaftsdemokratie« im Sinne von *Sinzheimer* zu (sogleich u.) und
- votierten für »Betriebsräte« als betriebliche Interessenvertretungen unter einem »Tarifvorbehalt« im Sinne eines »verlängerten Arms« der Gewerkschaften.[334]

Beide Seiten der künftigen Interessenvertretungsstrukturen legten die Gewerkschaftsvorstände in »Richtlinien für die künftige Wirksamkeit der Gewerkschaften« und »Richtlinien über die Aufgaben der Gewerkschaften« nieder.[335] Damit machten sie als wichtiger Faktor des politischen Prozesses den Weg für das künf-

334 Vgl. Quellen, Bd. 1, 1985, S. 706 ff.
335 A. a. O., S. 753 ff.

tige BRG frei (dass aus den übergeordneten Groß-Projekten nichts wurde, sollte nicht an ihnen liegen, sogleich u.).

Eine Beschreibung der zur Entstehung des BRG führenden Ereignisse ist auf den ersten Blick verwirrend, weil in dem am 11. August 1919 in Kraft getretenen Artikel 165 der Weimarer Reichsverfassung (WRV) ein solches Gesetz als künftiges erstes Ausführungsgesetz zur gesamten Räteverfassung angesprochen und von der »*Mitwirkung an der Ausführung der Sozialisierungsgesetze*« gesprochen wird. Denn obenan stand die Frage der Sozialisierung. Gleich im ersten Satz seiner Proklamation hatte der Rat der Volksbeauftragten sich zur Aufgabe gesetzt, »*das sozialistische Programm zu verwirklichen*«. Was darunter zu versehen war, war gleich nach der Proklamation strittig, und es sollte es für immer bleiben. Der Rat der Volksbeauftragten hatte dazu schon am 18. November 1918 beschlossen, »*dass diejenigen Industriezweige, die nach ihrer Entwicklung zur Sozialisierung reif sind, sofort sozialisiert werden sollen.*«[336] Zugleich setzte er eine Kommission unter der Leitung des sozialdemokratischen Chef-Theoretikers *Karl Kautsky*, und *Ernst Francke* von der »Gesellschaft für soziale Reform« ein. Die Kommission erarbeitete einige Vorschläge zur Sozialisierung einzelner Wirtschaftszweige, stellte aber aus Protest gegen Behinderungen durch die Bürokratie ihre Arbeit bereits im April 1919 ein.

Gleichwohl war noch am 23. März 1919 ein »Sozialisierungsgesetz« beschlossen worden:[337]

> § 1
> Jeder Deutsche hat unbeschadet seiner persönlichen Freiheit die sittliche Pflicht, seine geistigen und körperlichen Kräfte so zu betätigen, wie es das Wohl der Gesamtheit erfordert.
> Die Arbeitskraft als höchstes wirtschaftliches Gut steht unter dem besonderen Schutze des Reichs. Jedem Deutschen soll die Möglichkeit gegeben werden, durch wirtschaftliche Arbeit seinen Unterhalt zu erwerben. Soweit ihm Arbeitsgelegenheit nicht nachgewiesen werden kann, wird für seinen notwendigen Unterhalt gesorgt. Das Nähere wird durch besondere Reichsgesetze bestimmt.

---

336 *Schneider*, Höhen, Krisen, Tiefen. Die Gewerkschaften in der Weimarer Republik, in: Borsdorf, Hrsg., Geschichte der deutschen Gewerkschaften, 1987, S. 279, 298.

337 RGBl. 341.

§ 2
Das Reich ist befugt, im Wege der Gesetzgebung gegen angemessene Entschädigung
1. für eine Vergesellschaftung geeignete wirtschaftliche Unternehmungen, insbesondere solche zur Gewinnung von Bodenschätzen und zur Ausnutzung von Naturkräften, in Gemeinwirtschaft zu überführen,
2. im Falle dringenden Bedürfnisses die Herstellung und Verteilung wirtschaftlicher Güter gemeinwirtschaftlich zu regeln.

Die näheren Vorschriften über die Entschädigung bleiben den zu erlassenden besonderen Reichsgesetzen vorbehalten.

Am selben Tage beschloss die Regierung das »Gesetz über die Regelung der Kohlewirtschaft«:[338]

§ 2
Das Reich regelt die gemeinwirtschaftliche Organisation der Kohlenwirtschaft Die Leitung der Kohlenwirtschaft wird einem zu bildenden Reichskohlenrat übertragen. Die Zusammensetzung des Reichskohlenrats soll der des Sachverständigenrats (§ 3) entsprechen. Das Nähere über seine Errichtung wird im Einverständnisse mit dem Sachverständigenrate durch die nach § 4 zu erlassenen Vorschriften geregelt.
Die Reichsregierung schließt die Kohlenerzeuger für bestimmte Bezirke zu Verbänden und diese zu einem Gesamtverbande zusammen. An der Verwaltung dieser Verbände sind die Arbeitnehmer zu beteiligen; das Nähere bestimmen die nach § 4 zu erlassenden Vorschriften. Den Verbänden liegt die Regelung von Förderung, Selbstverbrauch und Absatz unter Aufsicht des Reichskohlenrats ob. Die Reichsregierung führt die Oberaufsicht und regelt die Feststellung der Preise.
Der Reichskohlenrat und die Verbände sind bis zum 30. Juni 1919 zu errichten.

Das sah auf dem Papier imposant aus, bei flüchtiger Lektüre beinahe so, als wäre dieser Wirtschaftszweig damit »sozialisiert«. Aber: Ohne Konkretisierung mit Wirkung auf einzelne Unternehmen blieb der »Reichskohlerat« eine machtlose Institution ohne praktische Auswirkungen. Außerdem kam es angesichts der parlamentarischen Mehrheitsverhältnisse zu keiner Folgegesetzgebung.

338 RGBl. 342.

Neben dem »sozialistischen Programm« als Kulminationspunkt vieler langjähriger programmatischer Diskussionen stand nun aber der Räte-Gedanke.[339] Manifestiert in den Trägern der realen Macht vor Ort, war er plötzlich auf die Tagesordnung der Geschichte getreten und passte irgendwie nicht zu den vorhandenen Institutionen und Programmdiskussionen. Für die Reichsregierung war im Frühjahr 1919 nach den großen Streikbewegungen (§ 15 I) aber klar, dass sie, nach Ablehnung der Räte als Staatsmacht, nicht einfach von der Bühne verschwinden würden, sondern der ihnen inhärente Impetus in eine Ordnung für den wirtschaftlichen Alltag überführt werden müsste. Den dafür nötigen konzeptionellen Rahmen schuf *Hugo Sinzheimer.* Dieser sozialdemokratische Rechtsanwalt und Hochschullehrer aus Frankfurt war bereits hervorgetreten als Erfinder des Tarifvertrags und konnte sein Wissen nun als Abgeordneter der verfassunggebenden Versammlung in Weimar einbringen.[340] Dort wurde er zum maßgeblichen Verfasser der Vorschriften über die Arbeits- und Sozialverfassung, namentlich der Koalitionsfreiheit in Art. 159 WRV (der 1949 praktisch wortgleich in Art. 9 Abs. 3 GG übernommen wurde). Für unser Thema zentral ist der im Wesentlichen auf ihn zurückgehende Art. 165.

Sinzheimers zentrale Idee war die Unterscheidung zwischen politscher und wirtschaftlicher Demokratie:[341] »*Auch in der vollkommenen politischen Demokratie, die wir rechtlich zweifellos haben, (ist) immer noch die Möglichkeit einer gefährlichen Spannung zwischen der Entwicklung der sozialen Verhältnisse und der politischen Ordnung vorhanden.*« Deshalb bedürfe die politische Demokratie einer Ergänzung, die sie selbst schaffen müsse, »*eine eigene Wirtschaftsverfassung, die die wirtschaftlichen Kräfte selbst auf dem Grunde staatliche Grundnormen die wirtschaftlichen Aufgaben zur Erledigung bringt.*«

Daraus erwuchs für *Sinzheimer* folgende Grundaufstellung: »*Das Parlament ist und bleibt das Organ der politischen Demokratie, in der die höchste Herrschaft und letzte Entscheidung im Staate getroffen wird.* Die Räte sind die Organe der wirtschaftlichen Demokratie (Hervorhebung M.K.).« Damit meinte *Sinzheimer* natürlich nicht nur die Arbeitnehmer in einzelnen Betrieben, sondern auf allen Entscheidungsebenen der Wirtschaft.[342] Nach seiner Biographie, als »Vater des

---

339 Vgl. *Riedel*, Der Rätegedanke in den Anfängen der Weimarer Republik und seine Ausprägung in Art. 165 WRV, 1991; *Ritter*, Die Entstehung des Räteartikels 165 der Weimarer Reichsverfassung, in: Grebing, Hrsg., Die deutsche Revolution 1918, 2008, S. 126ff.

340 Vgl. *Kempen*, Hugo Sinzheimer, 2017.

341 *Sinzheimer*, Das Rätesystem, 1919, Wiederabdruck in Kahn-Freund/Ramm, Hrsg., Hugo Sinzheimer, Arbeitsrecht und Rechtssoziologie, Bd. 1, 1976, S. 325, 326; hierzu eingehend *Reichold*, S. 231ff.

342 Zu seinen Reden in der Nationalversammlung vgl. Bericht und Protokolle des Achten Ausschusses über den Entwurf einer Verfassung des Deutschen Reichs, S. 393ff.; Stenographische Berichte über die Verhandlungen der verfassunggebenden Nationalversammlung, S. 1749f.

Tarifvertrags« nicht überraschend, legte *Sinzheimer* besonderen Wert auf die Bewahrung von Tarifautonomie inmitten dieses Rätesystems durch Art. 165 Absatz 1 Satz 2 WRV: »*Das bedeutet, dass ein ganz bestimmtes Gebiet aus dem Funktionskreis des Arbeiterrats herausgenommen wird: die Regelung der Arbeits- und Lohnbedingungen: Diese bleibt vollkommen in der Hand der Gewerkschaften und Arbeitgeberverbände.*«[343] In dieser Hinsicht sah er – wie er das später nannte – »*drei unverrückbare Grenzen*«[344] für die Macht der Betriebsräte: Zu derjenigen gegenüber den Berufsverbänden komme die gegenüber dem in der Wirtschaftsverfassung geäußerten gesamtstaatlichen Willen und der der jeweiligen Unternehmensleitung zugebilligten Leitungsmacht.[345]

Die verfassunggebende Versammlung[346] akzeptierte diese Konzeption und kodifizierte sie in

Art. 165

Die Arbeiter und Angestellten sind dazu berufen, gleichberechtigt in Gemeinschaft mit den Unternehmern an der Regelung der Lohn- und Arbeitsbedingungen sowie an der gesamten wirtschaftlichen Entwicklung der produktiven Kräfte mitzuwirken. Die beiderseitigen Organisationen und ihre Vereinbarungen werden anerkannt.

Die Arbeiter und Angestellten erhalten zur Wahrnehmung ihrer sozialen und wirtschaftlichen Interessen gesetzliche Vertretungen in Betriebsarbeiterräten sowie in nach Wirtschaftsgebieten gegliederten Bezirksarbeiterräten und in einem Reichsarbeiterrat.

Die Bezirksarbeiterräte und der Reichsarbeiterrat treten zur Erfüllung der gesamten wirtschaftlichen Aufgaben und zur Mitwirkung bei der Ausführung der Sozialisierungsgesetze mit den Vertretungen der Unternehmer und sonst beteiligter Volkskreise zu Bezirkswirtschaftsräten und zu einem Reichswirtschaftsrat zusammen. Die Bezirkswirtschaftsräte und der Reichswirtschaftsrat sind so zu gestalten, daß alle wichtigen Berufsgruppen entsprechend ihrer wirtschaftlichen und sozialen Bedeutung darin vertreten sind.

Sozialpolitische und wirtschaftspolitische Gesetzentwürfe von grundlegender Bedeutung sollen von der Reichsregierung vor ihrer Einbringung

343 Bericht und Protokolle, a. a. O., S. 394; Stenographische Berichte a. a. O., S. 1751.

344 *Sinzheimer*, Rede vor Arbeiterräten in Berlin am 10. 10. 1919, Abdruck in: Blanke u. a., Hrsg., Kollektives Arbeitsrecht, Bd. 1, 1975, S. 209.

345 *Sinzheimer*, a. a. O., Fn. 341, S. 331 ff.

346 Zu den weit auseinander laufenden Vorstellungen von SPD, USPD und KPD vgl. *Weipert*, KJ 2019, 292.

dem Reichswirtschaftsrat zur Begutachtung vorgelegt werden. Der Reichswirtschaftsrat hat das Recht, selbst solche Gesetzesvorlagen zu beantragen. Stimmt ihnen die Reichsregierung nicht zu, so hat sie trotzdem die Vorlage unter Darlegung ihres Standpunkts beim Reichstag einzubringen. Der Reichswirtschaftsrat kann die Vorlage durch eines seiner Mitglieder vor dem Reichstag vertreten lassen.
Den Arbeiter- und Wirtschaftsräten können auf den ihnen überwiesenen Gebieten Kontroll- und Verwaltungsbefugnisse übertragen werden.
Aufbau und Aufgabe der Arbeiter- und Wirtschaftsräte sowie ihr Verhältnis zu anderen sozialen Selbstverwaltungskörpern zu regeln, ist ausschließlich Sache des Reichs.

Der damals führende Kommentar zur Reichsverfassung von *Gerhard Anschütz* fasste die Substanz dieses »Räte-Artikels« folgendermaßen zusammen: »*Das Rätesystem der Verfassung hat mit dem des russischen und deutschen Kommunismus nur den Namen gemeinsam. Es ist ein System von ›Räten‹ mit gewissen Kontrollrechten auf dem Gebiet der Wirtschaft und auch des Staatslebens, aber ein System, das nur zu einem Teile auf dem Gedanken der reinen Arbeitervertretung, zu einem anderen aber auf dem der Gleichberechtigung und Gleichgewichtigkeit von Arbeiter und Unternehmer aufgebaut ist.*«[347] Freilich fügte *Anschütz* hinzu, Art. 165 sei »*durchgängig nur Gesetzgebungsprogramm, also Zukunftsrecht.*«[348]
Ganz offenkundig schloss das mit Art. 165 intendierte Gesamtsystem alle Vorstellungen ein, die wir hier bislang seit Mitte des 19. Jahrhunderts als Arbeiterausschüsse flankierendes Kammersystem diskutiert sahen (§ 8). Es blieb freilich ebenso unvollendet wie die Sozialisierungsgesetzgebung. Im Grund war schon bei Verabschiedung der Verfassung klar, dass es damit nichts werden würde, wenn sich die parlamentarischen Mehrheitsverhältnisse nicht fundamental änderten (was, wie wir heute wissen, nicht eintreten sollte). *Robert Dißmann* befürchtete schon 1922: »*Die Väter des Artikel 165 sind sich selbst nicht klar gewesen, was sie mit dem Paragraphen machen sollten. Es wird so gehen, dass der Paragraph nur auf dem Papier stehenbleibt.*«[349]
So kam es auf diesem Feld nur zu zwei Folgeregelungen: dem Betriebsrätegesetz vom 4. Februar 1920 und der Verordnung über den »Vorläufigen Reichswirt-

347 *Anschütz*, Weimarer Reichsverfassung, 11. Aufl. 1929, Art. 165, Anm. 1.
348 Das sollte anders nur hinsichtlich der Koalitionsrechtsgarantie in Abs. 2 Satz 2 gelten, deren Verbindlichkeit überdies durch Art. 159 gewährleistet war.
349 Sitzung des Bundesauschusses des ADGB am 17. 6. 1922, in: Quellen Bd. 2, S. 564.

schaftsrat« vom 4. Mai 1920.[350] Eines seiner zentralen Verständnis- und Anwendungsprobleme sollte dann genau darin liegen, dass es als Teil eines nicht mehr kommenden Ganzen gewissermaßen »in der Luft hing« (sogleich u. § 15).

350 RGBl. 858. Der »Vorläufige Reichswirtschaftsrat« entwickelte sich zu einem Beratungsgremium, das von der Regierung vor einschlägigen Gesetzesfragen konsultiert wurde (zu seinem Arbeitsprogramm 1932 vgl. Gewerkschafts-Zeitung 1932, 57). Kurz vor dem Ende der Republik gab es von ihm z. B. im Dezember 1932 eine Stellungnahme zur Änderung des Gesetzes zu Schutze älterer Angestellter (vgl. Gewerkschafts-Zeitung 1933, 77).

§ 15 Das Betriebsrätegesetz

I. Vorlauf im letzten Kriegsjahr: Entwurf eines »Gesetzes über Arbeiterausschüsse und Angestelltenausschüsse«

Wenn es für ein »unschuldiges« sozialpolitisches Thema eine ultimative Steigerung geben konnte, dann war sie für die betriebliche Mitbestimmung bei der Gründung der Weimarer Republik erreicht: Für einen ganz kurzen Moment schien sich an ihr die Konstitution des gesamten Staatswesens festzumachen: Räterepublik oder parlamentarische Demokratie. Diese Entscheidung wurde zwar schnell und mit eindeutigen Mehrheiten getroffen (s. o. § 14 IV). Der Schatten des darüber ausgetragenen Konflikts lag aber über dem Weg zur neuen Betriebsverfassung.

Im Gang der revolutionären Ereignisse macht es den Anschein, dass auch die Behandlung der Betriebsverfassung mit jener kurzen Passage über Arbeiter-Ausschüsse im Stinnes-Legien-Abkommen ihren Ausgang genommen hatte. Jedoch ist das Abkommen zwar letztlich in nur ganz kurzer Zeit zustande gekommen; man konnte den Eindruck einer »Sturzgeburt« haben. So war es aber nicht in jeder Hinsicht. Insbesondere die Arbeiterausschüsse hatten zu den Fragen gehört, zu denen es – abgesehen von ihrer langen Geschichte von der GewO zum Hilfsdienstgesetz – einen intensiven Vorlauf seit 1917 gab. Seit diesem Jahr hatten sich insbesondere die Gewerkschaften Gedanken für die Nachkriegszeit gemacht. Sie fanden schon in der »Gemeinsamen Eingabe der Richtungsgewerkschaften und Angestelltenverbände an den Bundesrat und Reichstag mit Forderungen zur Übergangswirtschaft« vom 30. Juni 1917 eine knappe Erwähnung: »*Die Arbeiter- und Angestelltenausschüsse haben Anträge, Wünsche und Beschwerden der Arbeiter ihres Betriebes in bezug auf Lohn- und Arbeitsverhältnisse zu prüfen und mit eigener Äußerung zur Kenntnis des Unternehmers zu bringen.*«[351] Daneben forderten Gewerkschaften weiterhin die Errichtung von Arbeitnehmerkammern.

351 Text in: Quellen, Bd. 1, S. 360, 367.

Diese Forderungen tauchten teilweise vertieft und detaillierter in einem »Sozialpolitischen Aktionsprogramm der Freien Gewerkschaften« vom Januar 1918[352] auf, das an die Reichs- und Landesregierungen und alle gesetzgebenden Körperschaften des Reichs geschickt wurde. Man kann darin gut so etwas wie die gewerkschaftlichen Vorstellungen für die Neuordnung nach dem Kriege erblicken. Arbeiterausschüsse wurden darin erneut im Zusammenhang mit einem neu zu schaffenden Kammersystem behandelt: »*... mit den Aufgaben der Wahrnehmung und Vertretung der Interessen der im Betriebe tätigen Arbeiter und Angestellten, sowie der Verhandlung über Anträge, Wünsche und Beschwerden betreffend die Arbeits- und Arbeiterverhältnisse der Arbeiter bzw. Angestellten mit dem Unternehmer.*«
Mit solchen Überlegungen zur Nachkriegswirtschaft waren die Gewerkschaften aber nicht allein. Auch in der Regierung machte man sich Gedanken für die Zeit nach dem Kriege. Daraus entwickelten sich gesetzgeberische Initiativen teils schon im Reichstag, teils erst im Regierungsapparat, über die erstaunlich wenig bekannt ist; sie sind jedoch bedeutsam für die unmittelbare Vorgeschichte des BRG. Die allgemeine Lesart lautet: Die kaiserliche Reichsleitung kam bis zum Kriegsende Opposition und Gewerkschaften nicht weiter entgegen als bis zur Aufhebung des § 153 GewO mit Gesetz vom 12. Mai 1918.[353] Das stimmt – aber nur, wenn allein der gesetzgeberische Output betrachtet wird. Daneben gab es aber erstaunlich viel Bewegung.
Als erstes zeigt sich das mit dem Gesetzentwurf für ein Arbeitskammergesetz vom 10. April 1918 (s. o. § 12). Mit diesem griff die Regierung erklärtermaßen die entsprechenden Vorstellungen der Gewerkschaften auf. Bei dieser Gelegenheit ging sie ausdrücklich auf die Frage der Einführung obligatorischer Arbeiter- und Angestelltenausschüsse nach der für die Nachkriegszeit erwarteten Aufhebung des Hilfsdienstgesetzes ein. Seit der ersten parlamentarischen Behandlung am 1. Mai 1918 war zunächst die Einsicht gewachsen, dass die Ausschussfrage im Kammergesetz nicht so gut aufgehoben wäre, vielmehr die Bestimmungen der GewO über Arbeiterausschüsse (s. o. § 10) einer generellen Überprüfung bedürften.
Das tat das Reichswirtschaftsamt, indem es am 27. Juli 1918 regierungsintern einen »*Gesetzentwurf über pflichtmäßige Errichtung von Arbeiterausschüssen und Angestelltenausschüssen*« auf den Weg brachte.[354] Der erste Satz der Begründung sagte alles: »*Die gesetzliche Einführung der Pflicht, ständige Arbeiterausschüsse und Angestelltenausschüsse zu errichten, ist eine der dringlichsten sozialpolitischen Forderungen, die von Arbeitern und Angestellten für die Zeit nach dem Krieg er-*

352 Text in: Quellen, S. 407, 408.
353 Vgl. *Kittner*, AuR 2018, G 9.
354 GStA PK, I. HA Rep. 120 Ministerium für Handel u. Gewerbe, BB VII Nr. 9 adh. 3 Bd. 1.

hoben werden.« Ihnen wollte die Regierung mit ihrem Gesetzentwurf nachkommen. Die diesbezüglichen Inhalte sollten dort platziert werden, wo die Materie vor Schaffung des Hilfsdienstgesetzes angesiedelt war: in der GewO. Deshalb firmierte alles unter »*Entwurf eines Gesetzes zur Änderung der Gewerbeordnung*« (27. Juli 1918). Dort sollte nach § 138g ein neuer Unterabschnitt mit dem Titel »*Bestimmungen für Betriebe, in denen in der Regel mindestens fünfzig Arbeiter beschäftigt werden*« mit insgesamt 21 Paragrafen eingefügt werden – ein veritables Gesetz im Gesetz! Der Umfang und die sachliche Substanz dieses Vorschlags veranlassten das Reichswirtschaftsamt schon bei der ersten Vorlage zu der fürs erste unbeantworteten Frage, ob nicht »*die Regelung der Materie in einem selbständigen Gesetz vorzuziehen sei.*«
Diese Antwort lieferte es nur etwa sechs Wochen später selbst, indem es am 4. September, ohne eigene Begründung dafür, einen solchen Entwurf in den Regierungsumlauf brachte.[355] Aus den bislang 21 Paragrafen in der Gewerbeordnung waren 25 geworden, nunmehr in dem »*Entwurf eines Gesetzes über Arbeiterausschüsse und Angestelltenausschüsse in gewerblichen Betrieben*«. In der Substanz waren beide Entwürfe weitestgehend gleich.[356] Auch ohne dass es ausdrücklich gesagt worden wäre: Die Aufnahme der Arbeiterausschüsse in ein eigenes Gesetz bedeutete eine enorme öffentliche Aufwertung des Themas, und es war eindeutig so gewollt! Alles in allem: Wäre es nicht zur Revolution gekommen und das Gesetz tatsächlich realisiert worden, hätte man von einer substanziellen sozialstaatlichen Weiterentwicklung der Arbeiterausschüsse gesprochen.
Die Begründung des Entwurfs war, da nur für den regierungsinternen Gebrauch bestimmt, von bemerkenswerter Offenheit. So sprachen die Verfasser darüber, dass diese Vorhaben im Reichstag »*eifrige Unterstützung*« seitens der den »*bedeutenden Arbeiterverbänden nahestehenden Parteien, dem Zentrum, der Sozialdemokratie und der fortschrittlichen Volkspartei, erfahren*«. Von den übrigen Parteien sei »*eine wohlwollende Haltung, jedenfalls kaum in nennenswertem Maße eine ausgesprochene Gegnerschaft zu erwarten*«. Erstaunlich optimistisch (aus heutiger Kenntnis ihrer Haltung selbst nach Revolution und verlorenem Krieg) war die Einschätzung der Unternehmer: »*Auch von Seiten des Unternehmertums wird ernstlicher Widerstand nicht zu erwarten sein; denn die auf Grund des Hilfsdienstgesetzes mit den obligatorischen Arbeiterausschüssen und Angestelltenausschüssen gemachten Erfahrungen haben die früher in weiteren Kreisen dagegen*

355 GStA PK, I. HA Rep. 120 Ministerium für Handel u. Gewerbe, BB VII Nr. 9 adh. 3 Bd. 1.
356 Im zweiten Entwurf enthielt zusätzlich eine Strafbarkeit des Arbeitgebers bei Behinderung der Ausschusswahlen und -tätigkeit sowie die Möglichkeit der Landeszentralbehörde, »*für bestimmte Bezirke oder Gewerbezweige die Walberechtigung oder die Wählbarkeit von Ausländern allgemein oder unter Beschränkungen zuzulassen*« (das spätere BRG gab das aktive Wahlrecht allen Arbeitnehmern, das passive nur Deutschen (§ 20).

gehegten Bedenken vielfach gemindert, zum Teil haben sie sogar zu einer Wandlung der Anschauungen geführt.«
Daraus schlussfolgerte das Reichswirtschaftsamt, »*dass eine solche Einrichtung geschaffen werden muß, um in größeren Betrieben den Arbeitern und Angestellten eine Verständigung mit ihrem Arbeitgeber über ihre Wünsche und Bedürfnisse im Wege der Verhandlung zu ermöglichen und damit dem sozialen Frieden zu dienen, dessen das deutsche Wirtschaftsleben namentlich in der Zeit des Überganges von der Kriegs- in die Friedenswirtschaft dringend bedürfen, der aber dann gerade besonders gefährdet sein wird*«.
Die zentrale Vorschrift beider Entwürfe lautete:

§ 138i
(1) Dem Arbeiterausschusse liegt es ob, das gute Einvernehmen innerhalb der Arbeiterschaft des Betriebs oder der Betriebsabteilung und zwischen der Arbeiterschaft und dem Betriebsunternehmer zu fördern. Hat Anträge, Wünsche und Beschwerden der Arbeiterschaft, die sich auf die Betriebseinrichtungen, die Löhne und sonstige Arbeitsverhältnisse des Betriebs oder auf die mit dem Betriebe verbundenen Wohlfahrtseinrichtungen beziehen, zur Kenntnis des Betriebsunternehmers zu bringen und sich darüber zu äußern.
(2) Kommt eine Einigung zwischen dem Betriebsunternehmer und dem Arbeiterausschuß nicht zustande, so kann der Ausschuß die im Arbeitskammergesetz vorgesehene Einigungsstelle anrufen.

An dieser Stelle gab es eine – wahrscheinlich bewusst eingebaute – Unklarheit, die noch zur Sollbruchstelle hätte werden können. Der Reichstagsabgeordnete *Ickler* hatte schon in der parlamentarischen Diskussion des Arbeitskammergesetzes darauf hingewiesen, dass die Fragen von »*Einlassungszwang und Vollstreckbarkeit*« eines Einigungs-Spruches offen seien.[357] Dazu kam eine ganze Reihe von prozeduralen Vorschriften, darunter zur Kostentragung für die Ausschussarbeit, eine bezahlte Arbeitsfreistellung der Ausschussmitglieder und einen Behinderungs- und Maßregelungsverbot.
Die Planung der Regierung im Sommer 1918 sah für den 24. September eine »*kommissarische Beratung*« der beteiligten Ressorts vor (geladen sollten werden »*die Herren Staatssekretäre des Reichs-Marineamts, des Reichs-Justizamts und des Reichs-Postamts, die Herren Minister des Innern, der Justiz, für Handel und Gewerbe, für Landwirtschaft, Domänen und Forsten, des Krieges und der öffentlichen Arbeiten, der Herr Präsident des Reichsbankdirektoriums und das Reichsamt für*

357 Vgl. 155. Sitzung des Reichstags vom 1. 5. 1918, Stenographische Protokolle S. 4859.

die Verwaltung der Reichseisenbahnen« – also »tout le monde« im damaligen Machtsystem, ein Indiz für die große Bedeutung, die man diesem Thema beimaß – ein gutes auch dafür, welche Relevanz es unter den veränderten Bedingungen der Revolution gewinnen sollte! Als nächsten parlamentarischen Termin hatte man Ende Oktober anvisiert, wo ein Reichstags-Unterausschuss Ergebnisse zum Arbeitskammer-Projekt vorgelegt haben wollte.

Aus alledem wurde bekanntlich nichts. Statt eines wohlvorbereiteten Übergangs in die Friedenswirtschaft kamen die Revolution und aus ihr folgend rechtspolitische Direktiven des Rates der Volksbeauftragten, auf unserem Felde aufgrund des im »Staatsanzeiger« publizierten Stinnes-Legien-Abkommens (s. o. II). Wenn wir an dieser Stelle kurz innehalten, so muss jetzt schon festgestellt werden, dass die gängige monokausale Lesart, das BRG sei eine »Frucht der Revolution«, so nicht stimmt. Wir konnten sehen, dass die Entwicklung um einiges komplexer war und vor allem die Arbeitsverwaltung dem an der Oberfläche so turbulenten Geschehen eine sehr viel größere Kontinuität über Krieg, Kriegsende und Neuanfang hinweg verlieh.[358]

II. Die Entstehung des BRG

Im Einzelnen liefen die Dinge so ab:[359] Unmittelbar nach der Entscheidung des Reichskongresses der Arbeiterräte für die parlamentarische Demokratie, aber noch vor Klärung des Verhältnisses zwischen Räten und etwa den Gewerkschaften, versuchte die Regierung Pflöcke einzuschlagen. Der Staatsekretär im Reichsarbeitsamt, der frühere Gewerkschafter *Gustav Bauer*, erließ die TarifvertragsVO vom 23. Dezember 1918, die erstmals eine Rechtsgrundlage für Tarifverträge schuf, dazu Arbeiterausschüsse, als deren Hauptaufgabe die Überwachung von Tarifverträgen festgelegt wurde und einer eigenen Mitbestimmungskompetenz nur im Rahmen eines Tarifvorbehalts:

358 *Reichold* (SR 2020, 233) sieht in dem Gesetzentwurf über Arbeiterausschüsse einen Beleg, dass das Kaiserreich doch nicht der reformunfähige Klassenstaat gewesen sei, als der es gemeinhin dargestellt werde. Das berücksichtigt nicht ausreichend, dass es sich hier um eine Reformidee erst unter dem Eindruck der unmittelbar bevorstehenden Kriegsniederlage handelte, vergleichbar mit der viel zu späten Aufhebung des § 153 GewO (vgl. *Kittner*, AuR 2018, G 9; zur »Modernität des Kaiserreichs« vgl. *Kittner*, Merkur, Nr. 871, Dezember 2021, S. 92).

359 Vgl. *Bepler*, Die Entstehung des Betriebsrätegesetzes, in: Gräfl u. a. (Hrsg.), 100 Jahre Betriebsverfassungsrecht, S. 73.

§ 1
Sind die Bedingungen für den Abschluß von Arbeitsverträgen zwischen Vereinigungen und Arbeitnehmern und einzelnen Arbeitgebern oder Vereinigungen von Arbeitgebern durch schriftlichen Vertrag geregelt (Tarifvertrag), so sind Arbeitsverträge zwischen den beteiligten Personen insoweit unwirksam, als sie von der tariflichen Regelung abweichen. Abweichende Vereinbarungen sind jedoch wirksam, soweit sie im Tarifvertrage grundsätzlich zugelassen sind, oder soweit sie eine Änderung der Arbeitsbedingungen zugunsten des Arbeitnehmers enthalten und im Tarifvertrag nicht ausdrücklich ausgeschlossen sind. An die Stelle unwirksamer Vereinbarungen treten die entsprechenden Bestimmungen des Tarifvertrags.

§ 8
(1) In allen Betrieben, Verwaltungen und Büros, in denen in der Regel mindestens zwanzig Arbeiter beschäftigt werden und nicht schon nach § 7 dieser Verordnung oder auf Grund der Berggesetze ständige Arbeiterausschüsse bestehen, sind vorbehaltlich des § 12, solche Ausschüsse zu errichten. Dies gilt auch für Betriebe, in denen bisher ständige Arbeiterausschüsse oder Arbeitervertretungen gemäß § 134h der Gewerbeordnung bestanden und deshalb Arbeiterausschüsse auf Grund des § 11 des Gesetzes über den vaterländischen Hilfsdienst nicht errichtet worden sind.

§ 9
In allen Betrieben, Verwaltungen und Büros, in denen in der Regel mindestens zwanzig Angestellte beschäftigt werden und nicht schon nach § 7 dieser Verordnung ständige Angestelltenausschüsse bestehen, sind, vorbehaltlich des § 12, solche Ausschüsse zu errichten.

§ 13
(1) Die Arbeiterausschüsse und Angestelltenausschüsse (§§ 7 bis 10 dieser Verordnung) sowie die Vertretungen der Arbeiter und der Angestellten nach § 12 dieser Verordnung haben die wirtschaftlichen Interessen der Arbeiter und der Angestellten in dem Betriebe, der Verwaltung oder dem Büro dem Arbeitgeber gegenüber wahrzunehmen. Sie haben in Gemeinschaft mit dem Arbeitgeber darüber zu wachen, daß in dem Unternehmen die maßgebenden Tarifverträge durchgeführt werden. Soweit eine tarifliche Regelung nicht besteht, haben die Ausschüsse oder Vertretungen im Einvernehmen mit den beteiligten wirtschaftlichen Vereinigungen der Arbeiter oder der Angestellten bei der Regelung der Löhne und sonstigen Arbeitsverhältnisse mitzuwirken. Es liegt ihnen ob, das gute Einverneh-

men innerhalb der Arbeiterschaft oder Angestelltenschaft sowie zwischen diesen und dem Arbeitgeber zu fördern. Außerdem haben sie ihr Augenmerk auf die Bekämpfung der Unfall- und Gesundheitsgefahren in dem Betriebe, der Verwaltung oder dem Büro zu richten und bei Betrieben, die unter Titel VII der Gewerbeordnung fallen, die Gewerbeaufsichtsbeamten, im übrigen andere in Betracht kommende Stellen bei dieser Bekämpfung durch Anregungen, Beratung und Auskunft zu unterstützen.
(3) Wegen des Rechtes der Arbeiterausschüsse und der Angestelltenausschüsse sowie der Vertretungen nach § 12 dieser Verordnung zur Anrufung der Schlichtungsausschüsse oder anderer Einigungs- oder Schlichtungsstellen bestimmt § 20 dieser Verordnung das Nähere.

§ 20
Die Schlichtungsausschüsse können von dem Arbeitgeber, den Arbeiterausschüssen und den Angestelltenausschüssen, den Vertretungen nach § 12 dieser Verordnung oder, wo ein Ausschuß oder eine Vertretung nicht besteht, von der Arbeiterschaft oder der Angestelltenschaft angerufen werden, wenn zwischen beiden Teilen bei Streitigkeiten über die Löhne oder sonstigen Arbeitsverhältnisse eine Einigung nicht zustande gekommen ist und nicht beide Teile ein Gewerbegericht, ein Berggewerbegericht, ein Einigungsamt einer Innung oder ein Kaufmannsgericht als Einigungsamt anrufen. Mit Zustimmung der auf Arbeitgeber- oder Arbeitnehmerseite zur Anrufung Berechtigten können auch wirtschaftliche Vereinigungen von Arbeitgebern oder Arbeitnehmern die Schlichtungsausschüsse anrufen; soweit es sich um die Durchführung von Tarifverträgen handelt, sind sie hierzu auch selbständig befugt.

Zwei Dinge fallen bei Lektüre dieser Vorschriften aus historischer Distanz auf:

- Es ist nur ganz wenig übrig geblieben von der doch bereits sehr elaborierten »Betriebsverfassung« des Reichswirtschaftsamtes vom September 1918 (s. o.).
- Den Arbeiterausschüssen wurden ganz im Sinne des Stinnes-Legien-Abkommens bei ausdrücklicher Verankerung eines »Tarifvorbehalts« nur mehr deutlich weniger ausgestattete Handlungsmöglichkeiten als »Diener der Tarifvertragsparteien« zugebilligt.

Es ist offenkundig, dass die Revolutionsregierung wenig Neigung zeigte, den Ausschüssen eine Existenz mit eigener Schwerkraft einzuräumen. Sei es deswegen, sei es wegen der aufgeheizten Stimmung des Frühjahrs: Dieses neue Recht wurde zunächst praktisch nicht umgesetzt. *Friedrich Sitzler*, der für das BRG inhaltlich verantwortliche leitende Ministerialbeamte und prominente Kommentator (s.u. II), berichtete, dass die in der Revolution gebildeten betrieblichen Gremien zunächst nicht daran dachten, neuen Einrichtungen zu weichen.[360] In dieser Hinsicht liegt aber so gut wie alles im Dunkeln. So haben wir zwar zu konstatieren gehabt, dass die vor der Revolution tätigen Arbeiterausschussmitglieder wohl nicht an den Arbeiterräten in ihren Städten beteiligt waren. Daraus folgt aber nichts für die Beantwortung der Frage nach einer Weiterarbeit der Ausschüsse neben den Arbeiterräten und eventuellen Neuwahlen nach der Revolution.

Es gab aber eine verbreitete Sorge bei vielen Belegschaften um die Errungenschaften der Revolution und daraus folgend eine große Bereitschaft, erneut auf die Straße zu gehen. Diese Grundhaltung verschärfte alle Arbeitskonflikte der folgenden Zeit. Die größten ereigneten sich kurz nach den Wahlen zur Nationalversammlung im Ruhrgebiet, im mitteldeutschen Bergbau und bei den Angestellten in Berlin: Dort sprach man von regelrechten »Generalstreiks« bzw. einer »Zweiten Revolution«.[361] Die Reichsregierung begriff und handelte schnell. Ihr war klar, dass sie den revolutionär gesinnten Arbeitnehmern ein praktikables Angebot für ihre Wünsche nach Beteiligung an wirtschaftlichen Entscheidungen machen musste. Das mündete in die zu Art. 165 führende Verfassungsdebatte und als ersten konkreten Schritt in Arbeiten an dem nun »Betriebsrätegesetz« genannten Gesetz über betriebliche Interessenvertretungen (von dem nun klar war, dass es »üppiger« auszufallen hätte als das Provisorium in der TVVO). Die Arbeitsverwaltung war jedenfalls mit ihren eingehenden Vorarbeiten vom September 1918 gut darauf vorbereitet.

Auch wenn darüber keine ausdrücklichen Verlautbarungen bekannt sind, war der Regierung spätesten im Laufe ihrer Intervention in den mitteldeutschen Streik klar, auf was das hinauslaufen würde. Dort wurde der Arbeitsminister, *Bauer*, persönlich als Schlichter tätig, und er ließ, so etwas gab es in dieser Form noch nie und nie wieder, das Ergebnis im »Reichsanzeiger« auf der ersten Seite unter »Bekanntmachung« kommentarlos abdrucken und diese schließen mit »*Berlin, den 15. März 1919. Der Reichsarbeitsminister. Bauer.*«[362]

Die »Bekanntmachung« erklärte nach akribischer Nennung aller Konfliktparteien (darunter neben Arbeitgeberverbänden und Gewerkschaften das »*Aktionskomitee Halle für den Generalstreik in Mittel-Deutschland*«), dass »*am 12. März 1919 in Weimar bis zur endgültigen gesetzlichen Regelung folgende Vereinbarung für das mitteldeutsche Streikgebiet getroffen (wurde)*«. Inhaltlich enthielt sie zunächst »*Grundsätze über die Errichtung von Betriebsräten*« (man beachte das neue »wording«) und danach eine »*Vorläufige Dienstanweisung für den Betriebsrat.*« Beides zusammen enthielt nun wieder ein weitgefasstes generelles Mit-

360 Reichsarbeitsblatt 1928 II (nichtamtl. Teil), Nr. 13.
361 Vgl. *Weipert*, Die Zweite Revolution. Rätebewegung in Berlin 1919/1920, 2015.
362 Deutscher Reichsanzeiger und Preußischer Staatsanzeiger vom 20.3.1919, Nr. 65.

bestimmungsrecht mit Letztentscheidung durch die staatliche oder tarifliche Schlichtung – ein Salto rückwärts von der kargen Regelung der TVVO erneut zu einer regelrechten »Betriebsverfassung en miniature«. Außerdem brachte die »Dienstanweisung« als Novum ein Einsichtsrecht in Betriebsvorgänge (als Vorstufe zu Rechten auf der Unternehmensebene, s. u. III).

> 1. Der Betriebsrat ist die Vertretung aller Arbeiter des Betriebes.
>
> …
>
> 3. Drei vom Betriebsrat aus seiner Mitte bestimmten Personen, darunter mindestens einem Angestellten, die, soweit es sich nicht um neueröffnete Betriebe handelt, mindesten 1 Jahr lang in dem Unternehmen tätig gewesen sind, ist auf Wunsch Einblick in alle Vorgänge des Betriebes zu gewähren, soweit gesetzliche Bestimmungen dem nicht entgegenstehen.
>
> …
>
> 10. Streitigkeiten zwischen Betriebsleitung und Betriebsrat entscheiden die zuständigen gesetzlichen Körperschaften, sofern nicht durch das Zusammenwirken der Betriebsräte mit den wirtschaftlichen Organisationen der Arbeitnehmer einerseits und den wirtschaftlichen Organisationen der Arbeitgeber andererseits besondere Schlichtungsstellen errichtet werden.

Beim Streik der Angestellten in der Metallindustrie Berlin lag der Schwerpunkt auf einem Mitbestimmungsrecht bei Einstellungen und Kündigungen mit verbindlichem Letztentscheidungsrecht beim Schlichtungsausschuss.[363] Auch in diesem Konflikt vom 2. bis 18. April 1919 war das Ergebnis unter persönlicher Schlichtung des Reichsarbeitsministers zustande gekommen.[364]

> Gegen jede Einstellung, von der dem Angestelltenausschuß Kenntnis zu geben ist, kann dieser innerhalb 5 Tagen Einspruch erheben, wenn wichtige berechtigte Interessen der Angestelltenschaft oder des Betriebes dadurch verletzt werden.
> Ist über den Einspruch eine Einigung zwischen der Geschäftsleitung und dem Angestelltenausschuß nicht zu erzielen, so kann letzterer innerhalb

363 Vgl. Vereinbarung zwischen dem Verband der Berliner Metallindustrie und der Vertretung der beteiligten Angestelltenverbände und der Streikleitung, betreffend das Mitbestimmungsrecht bei Einstellungen und Entlassungen vom 19. 4. 1919, abgedruckt in: *Hoeniger/Wehrle*, Arbeitsrecht, 1920, S. 264.

364 Vgl. eingehend *Kittner*, Arbeitskampf, S. 415 ff.

drei Tagen nach Beendigung der Verhandlungen den zuständigen Schlichtungsausschuß anrufen.
Der Angestelltenausschuß ist berechtigt, der Kündigung von Angestellten, von der ihm Kenntnis zu geben ist, ohne aufschiebende Wirkung zu widersprechen, wenn er der Ansicht ist, daß wichtige Gründe der Entlassung entgegenstehen, welche die Entlassung als gegen die berechtigten Interessen der Angestelltenschaft des Betriebes verstoßend oder als eine nicht durch die Verhältnisse des Betriebes bedingte unbillige Härte gegen den betroffenen Angestellten erscheinen lassen.
Der Angestelltenausschuß ist verpflichtet, die Gründe und das Beweismaterial bereits in der Verhandlung mit der Geschäftsleitung zum Vortrag zu bringen. Ist eine Einigung nicht zu erzielen, so kann der Angestelltenausschuß nach Beendigung der Verhandlungen den Schlichtungsausschuß anrufen. Dieser entscheidet endgültig.

Der Regierungsentwurf nahm später ausdrücklich auf beide Arbeitskampfergebnisse in dem Sinne Bezug, dass die gesetzliche Reglung in deren Geiste beabsichtig sei (s. u.).
Die Arbeit am Gesetz schien zunächst verhältnismäßig unkompliziert zu verlaufen. Denn obwohl die Spitzenverbände der Unternehmer (VDI und VDA) zunächst in einer großen Besprechung beim Arbeitsminister *Bauer* am 15. Mai 1919 an einem Referentenentwurf starke Kritik übten[365] und dann im Juli einen eigenen Gegenentwurf vorlegten,[366] ließen sie sich dann doch überraschend schnell auf einen konsentierten Text ein. Die Regierung konnte einen unter Hinzuziehung von Sachverständigen von Arbeitgebern und Gewerkschaften erarbeiten Entwurf vom 9. August 1919 veröffentlichen.[367]
Danach gingen die Dinge ihren parlamentarischen Gang, in dessen Verlauf die DDP als Sprachrohr der Arbeitgeber immer weitere Abstriche am Regierungsentwurf verlangte. Daraufhin wurden im Laufe des Gesetzgebungsverfahrens –

365 GStA PK, I. HA Rep. 120 Ministerium für Handel u. Gewerbe, BB VII Nr. 9 adh. 5 Gen. Bd. 1.

366 RDI, VDA etc. am Mitglieder der Nationalversammlung, Juli 1919, betr. Entwurf eines Gesetzes über Betriebsräte (GStA PK, I. HA Rep. 120 Ministerium für Handel u. Gewerbe, BB VII Nr. 9 adh. 3 Bd. 1). Dort ist auch der Referenten-Entwurf als »Regierungsentwurf« betitelt abgedruckt.

367 Erste Beilage zum Deutschen Reichsanzeiger und Preußischen Staatsanzeiger vom 9. 8. 1919, Nr. 179.

insbesondere in den Ausschussberatungen vom 23. September bis zum 18. Dezember 1919 – wesentliche Punkte aufgegeben:[368]

- das Recht einer Betriebsversammlung, den Betriebsrat jederzeit durch Missbilligungsbeschluss zum Rücktritt zu zwingen und
- das Einspruchsrecht gegen individuelle Einstellungen und Entlassungen mit der Möglichkeit, dass ein Schlichtungsausschuss verbindlich entscheidet.

Im endgültigen Gesetz entfiel dieses Abberufungsrecht ersatzlos, aus dem Widerspruchsrecht bei Einstellungen wurde ein Mitwirkungsrecht zur Erstellung einer Einstellungsrichtlinie und bei Kündigungen kam es zur bekannten Lösung des Widerspruchs wegen unzumutbarer Härte mit dem Wahlrecht des Arbeitgebers zwischen Abfindung und Weiterbeschäftigung. Insbesondere dieser Kompromiss war umstritten, war doch die Mitbestimmung bei Kündigungen durch die Bezugnahme des Regierungsentwurfs auf das Berliner Streikergebnis vorher für so zentral befunden worden (und der Berliner Angestelltenstreik vor allem darum geführt worden war). Die Vorlage einer Betriebsbilanz wurde zwar von den Arbeitgebern und der DDP ebenso vehement bekämpft, konnte von ihnen aber nicht völlig verhindert werden, weil an dieser Stelle die SPD mit dem Bruch der Koalition gedroht hatte. Nach Abschluss der Ausschussberatungen wurde das Gesetz schließlich in der endgültigen Fassung im Reichstag verabschiedet und als »*Betriebsrätegesetz vom 4. Februar 1920*« im Reichsgesetzblatt veröffentlicht.[369] Es trat jedoch erst mit dem Tage der Verkündung, dem Erscheinen des RGBl. am 9. Februar 1920, in Kraft (§ 106 Abs. 1).

Der in Teilen unbekannte, aber intensive Vorlauf zum BRG gibt Anlass, an dieser Stelle das gesamte Handlungstableau aller zum BRG führenden Aktivitäten im Überblick darzustellen:

- Vorstellungen zur Weiterentwicklung von Arbeiterausschüssen gab es seit 1917 bei Gewerkschaften.
- Sie wurden seit dem Frühjahr 1918 von der Regierung aufgegriffen mit einem elaborierten Gesetz-Entwurf über Arbeiterausschüsse seitens der Arbeitsverwaltung im September.
- Das Stinnes-Legien-Abkommen enthielt Arbeiterausschüsse nur mehr als Hilfsorgane der Gewerkschaften.
- Die Regierung griff diese Signale gleich nach der Entscheidung des Reichskongresses der Arbeiterräte auf: Mit der TVVO wurden »Arbeiterausschüsse« nach herkömmlicher Art für ein Arbeiten unter Tarifvorbehalt eingerichtet.
- Das kollidierte unübersehbar mit »Volkes Willen«. Große Arbeitskampfbewegungen im Frühjahr 1919, eine Art »Zweiter Revolution«, veranlassten die

368 Eingehend *Weber*, Gescheiterte Sozialpartnerschaft – Gefährdete Republik?, 2010, S. 248f.

369 RGBl. 147. Am 5. Februar wurde eine Wahlordnung zum Betriebsrätegesetz erlassen, die in derselben Ausgabe des RGBl. wie das Gesetz veröffentlicht wurde (RGBl. 175).

Regierung, ein Sozialisierungsgesetz und den Räte-Artikel in der Verfassung auf den Weg zu bringen und in diesem Kontext eine »aufgebohrte« Version betrieblicher Interessenvertretung.

- Diese firmierte nunmehr als Reverenz an die Bewegungen vor Ort unter dem Begriff »Betriebs*räte*.«
- Unter dieser Überschrift wurde sie von der Reichsregierung aufgegriffen und in den zum BRG führenden parlamentarischen Prozess von etwa halbjähriger Dauer eingebracht.

Zeittafel zur Entstehung des BRG[370]

Datum	Ereignis	Fundstelle
9.8.1919	Regierungsentwurf	Erste Belage zum Deutschen Reichsanzeiger und Preußischen Staatsanzeiger vom 9.8.1919, Nr. 179
21.8.1919	Erste Lesung	Nationalversammlung Sten. Bericht, 85. Sitzung, Sp. 2721 ff.
23.9.–18.12.1919	29 Sitzungen Sozialpolitischer Ausschuss, Abschlussbericht	Nationalversammlung, Drucks. Nr. 1838
13.1.–16.1.1920	Zweite Lesung	Nationalversammlung, 135.–138. Sitzung, Sten. Bericht. Sp. 4196 ff.
18.1.1920	Dritte Lesung	Nationalversammlung, Sten. Bericht. 140. Sitzung, Sp. 4474 ff.

Die Verabschiedung des BRG bleibt für immer mit einem der dramatischten Ereignisse der nachrevolutionären Zeit verbunden:[371] Am ersten Tag der zweiten Lesung des Gesetzes, dem 13. Januar 1920, hatten die Berliner KPD und USPD zu einer Demonstration unmittelbar vor dem Reichstag aufgerufen, und nach einer Konfrontation mit den Sicherheitskräften gab es 42 Tote und etwa 100 Verletzte – eine der blutigsten Demonstrationen in der deutschen Geschichte (über den genauen Verlauf der Ereignisse und die Frage, wer an der Eskalation Schuld trug, herrschen bis heute Unklarheit und Streit). Die Verabschiedung des Ge-

370 Vgl. *Bepler*, Die Entstehung des Betriebsrätegesetzes, in: Gräfl u. a. (Hrsg.), 100 Jahre Betriebsverfassungsrecht, S. 73, 76 ff.

371 Vgl. *Weipert*, Vor den Toren der Macht. Die Demonstration am 13. Januar 1920 vor dem Reichstag, in: Jahrbuch für die Forschungen zur Geschichte der Arbeiterbewegung, 2012/II, S. 16; *Bepler*, Die Entstehung des Betriebsrätegesetzes, in: Gräfl u. a. (Hrsg.), 100 Jahre Betriebsverfassungsrecht, S. 73, 83 f.

setzes verhinderte das nicht,[372] aber die Fronten für seine praktische Umsetzung waren auf der »Linken« so verhärtet wie nur möglich (s. u. § 16).

Der ADGB verteidigte das Gesetz entschieden als Erfolg.[373] Er fragte: »*Ist das Betriebsrätegesetz wirklich so schlecht, wie die Gegner desselben auf Arbeiterseite es bezeichnen?*« Seine Antwort lautete »Nein«, und zwar insofern völlig zu Recht, als er es mit den vorangegangenen viel schwächeren Rechte für Arbeiterausschüsse verglich: »*Das Betriebsrätegesetz geht weit über diese Befugnisse der Arbeiter- und Angestelltenausschüsse hinaus.*« Dann aber, im Bemühen, die neue Art und Qualität der Beteiligungsrechte in möglichst positivem Licht dastehen zu lassen, unterlief ihm eine möglicherweise sogar unabsichtliche Fehldeutung (der noch viele in der Weimarer Republik und auch der späteren Geschichtsschreibung erliegen sollten): Er überschätzte die rechtliche Qualität dieser neuen Betriebsratsrechte: »*Das sind wichtige Rechte, die der Arbeiterschaft in allen Arbeitsverhältnissen ein neues* Mitentscheidungsrecht (Hervorhebung im Original, M.K.) *sichern, denn im Schlichtungsausschuß wirken in paritätischer Besetzung Arbeitnehmer und Arbeitgeber gemeinsam.*« Das war unzutreffend; ein echtes Mitbestimmungsrecht mit verbindlicher Entscheidung einer neutralen Stelle gab es nur beim Erlass einer Arbeitsordnung (s. eingehend unten II). Solche Fehleinschätzungen, die ja spätestens bei der täglichen Praxis in jedem Betrieb »auffliegen« mussten, konnten nichts anderes als Enttäuschungen auslösen.
Schließlich bedarf es einer Erklärung dafür, dass der Entwurf des Reichwirtschaftsamts vom Spätsommer 1918 bis heute völlig unbekannt geblieben ist, obwohl die administrativ handelnden Personen (nach 1918 im Arbeitsministerium) dieselben geblieben waren. Das lag vermutlich an zwei verschiedenen Interessenkonstellationen Ende 1918 und im Frühjahr 1919:

- Unmittelbar nach der Novemberrevolution, als es bei der Umsetzung des Stinnes-Legien-Abkommens durch die TVVO noch um Arbeiterausschüsse ging, lag der Regierung nicht an deren allzu großer Aufwertung im Sinne von

372 Noch am 13. Januar erließ der Reichspräsident, *Ebert*, eine Verfügung über den Ausnahmezustand, aufgrund derer der Reichswehrminister, *Noske*, persönlich die Ausübung der militärischen Gewalt in Berlin und Umgebung übernahm (RGBl. 46). Am Tag darauf erließ *Noske* ein Verbot von Versammlungen und Umzügen unter freiem Himmel und verfügte dabei: »*Ein erneuter Versuch, die gesetzgebende Körperschaft des Reichs in ihren Arbeiten durch Ansammlungen und Kundgebungen vor oder im Umkreis des Reichstagsgebäudes zu stören, würde schon im Beginne durch rücksichtslose Waffenanwendung verhindert werden*« (RGBl. 47). Ein Vierteljahr später verabschiedete die verfassunggebende Nationalversammlung das »Gesetz über die Befriedung der Gebäude des Reichstags und der Landtage« vom 8. 5. 1920 (RGBl. 909). Vergleichbares gilt in der Bundesrepublik Deutschland mit dem »Gesetz über befriedete Bezirke für Verfassungsorgane des Bundes« vom 8. Dezember 2008 (BGBl. I S. 2366).

373 Vgl. »Das Gesetz über Betriebsräte«, Korrespondenzblatt 1920, 49.

Epizentren in den Betrieben neben den Gewerkschaften. Da erschien die Aufdeckung eines so weitgehenden Vorgänger-Vorschlags nicht opportun.

- Und als es um den zur Befriedung der »Zweiten Revolution« vorgenommenen Schwenk von »Arbeiterausschüssen« zu »Betriebsräten« ging, erschien eine Reminiszenz an deren bereits im Kaiserreich angedachte Aufwertung erst recht nicht angebracht.

III. Parallelität Deutschland – Österreich

Auch wenn es kurz vor Kriegsende noch Bewegung im Herrschaftsapparat zur Schaffung eines eigenen Gesetzes über Arbeiterausschüsse gegeben hatte, so war das BRG aufs Ganze doch eine Frucht der Niederlage Deutschlands im Krieg[374] und der daraus folgenden Umwälzung. Vergleichbares gab es in Österreich, freilich ohne die Erschütterung durch ein Ereignis wie die Novemberrevolution, mit dem Ergebnis eines »Betriebsrätegesetzes« noch vor dem in Deutschland (§ 44). Parallele Zeittafeln belegen ein hohes Maß an Synchronität, jedenfalls am Anfang:

Deutschland – Österreich Oktober 1918–Januar 1920

Datum	Deutschland	Österreich
21.10.1918		Provisorische Reichsversammlung Deutsch-Österreich
28.10	Verfassungsänderung: parlamentarische Verantwortlichkeit der Regierung	
bis 8.11.	Revolution	
9.11.	Rücktritt Wilhelm II Ausrufung der Republik durch Scheidemann	
12.11.		Ausrufung der Republik
15.11.	Stinnes-Legien-Abkommen	
23.12.	TarifvertragsVO	
19.1.1919	Wahl zur Nationalversammlung	

374 Vgl. *Reichold*, SR 2020, 233.

Datum	Deutschland	Österreich
12.3.	Ergebnis Mitteldeutsche Arbeitsniederlegung	
14.3.		Sozialisierungsgesetz-Entwürfe inkl. BRG
18.4.	Ergebnis Berliner Arbeitsniederlegung	
15.5.	Besprechung Referentenentwurf beim Reichsarbeitsminister	Verabschiedung BRG
9.8.	Regierungsentwurf	
13.1.1920	Verabschiedung BRG	

Bei allen Unterschieden im Einzelnen (Kostentragung für den Betriebsrat durch die Belegschaft, Wahl von außerbetrieblichen Delegierten, waren sich beide Gesetze doch sehr ähnlich (§ 44 I 3).[375] Sie begründeten die Sonderstellung dieser beiden mitteleuropäischen Länder und ihres Systems der dualen Interessenvertretung bis heute. Obwohl der als Ministerialbeamter an der Entstehung des Gesetzes beteiligte *Georg Flatow* – immerhin, sehr knapp – in seinem Kommentar davon sprach, dass das österreichische Gesetz »*für das deutsche Gesetz in vielem vorbildlich*« war,[376] wurde dies öffentlich nie thematisiert, (weder im Regierungsentwurf noch in den parlamentarischen Diskussionen). Das mag damit zu tun gehabt haben, dass es so in Deutschland, ohnehin von weiten Teilen der Arbeiterschaft misstrauisch beäugt, als originäre »Frucht der Revolution« besser durchgehen konnte.

IV. Inhalt

Das BRG macht auf den ersten Blick Eindruck: Es handelt sich um ein umfangreiches Gesetzeswerk mit 106 Paragrafen. Welch ein quantitativer Sprung von den wenigen Bestimmungen des Hilfsdienstgesetzes von 1916 und gar nur der TarifvertragsVO vom Dezember 1918 (§§ 13, 14). Das steht für den politischen und rechtlichen Quantensprung von einem nur eben geduldeten, von niemandem so recht geschätzten Vehikel betrieblicher Partizipation im Obrigkeitsstaat zu einer – wenn auch erst zu entwickelnden – von zwei Säulen der Arbeitnehmerinteressen-

375 Vgl. *Hueck/Nipperdey*, Arbeitsrecht, Bd. 2, 3.–5. Aufl. 1932, S. 535f.
376 *Flatow/Kahn-Freund*, BetrVG, 13. Aufl. 1931, Einl. 7.

vertretung in einem »dualen System« (dabei war die Tarifvertragssäule nur ein ebenfalls noch mit Eierschalen behaftetes, eben erst durch die TarifvertragsVO geschaffenes System).[377] Sein nur einjähriger Entstehungsprozess lässt auch mehr als nur ahnen, welche Probleme konzeptioneller Art mit dieser vollkommen neue Materie verbunden waren: von der disruptiven Entscheidung für die neue Republik mit betrieblichen »Räten« als Teil eines großen verfassungsrechtlich vorgegebenen Gesamt-Rätesystems, über das im Regierungsentwurf sich ausdrückenden Arrangement der Sozialpartner nach der großen Streikbewegung von Frühjahr 1919 bis zu den Mühlen der intensiven Ausschussarbeit im Reichstag. Da konnte man kein dogmatisch konsistentes Ergebnis erwarten. Und so verbergen sich in dem gleichwohl imposanten Gesamtkonstrukt des Gesetzes viele Unklarheiten, die vor allem für uns Heutige, die mit dem seit 1952 etablierten Betriebsverfassungssystem sozialisiert wurden, immense Verständnisprobleme aufwerfen.
Dafür sind vor allem zwei Faktoren verantwortlich:

- eine 1920 nicht vorhandene Praxis und infolgedessen auch das fehlende Verständnis für rechtsdogmatische Implikationen neuer Institutionen und Prozeduren; dazu gehört das fehlende Verständnis für den Unterschied von Regelungs- und Rechtsstreitigkeiten, damit auch für unterschiedliche Beteiligungsformen und Konfliktlösungsmechanismen. Z. B. lieferte das BRG kein rechtes Verständnis des Wesens und der Rechtswirkungen einer »Betriebsvereinbarung«.[378]
- Zum Teil war dies Ausfluss der Tatsache, dass das BRG als erstes Gesetz einer Reihe von anschließend geplanten zur Verwirklichung des Programms des Art. 165 der Weimarer Reichsverfassung geschaffen wurde. Nach deren Ausbleiben hingen Vorschriften wie § 66 Nr. 1 (Unterstützung der Betriebsleitung »*um dadurch mit ihr für einen möglichst hohen Stand und für möglichste Wirtschaftlichkeit der Betriebsleistungen zu sorgen*«) in der Luft und mussten für Missverständnisse sorgen.[379] Außerdem war die formal relativ lax wirkende Absicherung von Beteiligungsrechten aus der Sicht des Jahres 1920 gut erklärbar mit der Erwartung eines demnächst durch Reichswirtschaftrat und Bezirkswirtschaftsräte domestizierten Kapitalismus (die aber nie eingerichtete wurden; zum vorläufigen Reichswirtschaftsrat s. § 15 V). Bis 1923 waren der Reichswirtschaftsrat bzw. die Bezirkswirtschaftsräte noch als förmliche Kon-

---

377 Hier gab es aber immerhin die intensive konzeptionelle Vorarbeit von *Sinzheimer* mit geschärftem Blick aufgrund der Diskussionen mit den konkurrierenden Konzeptionen von *Lotmar* und *Brentano* (vgl. *Kittner*, 50 Urteile, S. 40).

378 *Flatow* sagt dazu: »*Ihr Bestand ist in zahlreichen Bestimmungen der neuen Arbeitsgesetzgebung unter verschiedenen Namen ›Einigung‹, ›Vereinbarung‹, ›Einverständnis‹, ›Mitwirkung‹. ›anerkannter Schiedsspruch‹ vorausgesetzt*« (*Flatow*, BetrVG, 12. Aufl. 1927, S. 253).

379 Vgl. *Reichold*, ZfA 2020, 5, 14.

fliktlösungsstellen beim Streit über die Errichtung von Betriebsräten, das aktive und passive Wahlrecht sowie sonstige Wahlrechtsfragen und Fragen der Betriebsratsgeschäftsführung gem. § 93 vorgesehen.[380] Erst ab 1924 brachte die SchlichtungsVO die Zuständigkeit der Kaufmanns- bzw. Gewerbegerichte und dann 1926 das ArbGG die der Arbeitsgerichte.[381]

Dazu kommt eine aus der Konstruktion des BRG selbst erwachsende Schwierigkeit, die für Betrachter von heute, soweit sie es (auch) mit juristischem und nicht nur soziologischem oder Historiker-Blick betrachten, die Sache verwirrend macht: die Behandlung der Arbeitnehmergruppen Arbeiter/Angestellte und die daran orientierte Zuweisung von Beteiligungsrechten. Denn es wurden im Betriebsrat nicht einfach nur – in Anknüpfung an das Hilfsdienstgesetz – Arbeiter und Angestellte als Gruppen getrennt aufgeführt mit dem Zwang zur Beachtung von Gruppeninteressen, sondern ihre Gruppenvertreter im Betriebsrat bildeten einen eigenen »Arbeiterrat« und »Angestelltenrat« und diesen wurden eigene Beteiligungsrechte zugewiesen. D.h. es wurden

- unter der nach § 65 folgenden Überschrift »III. Aufgaben und Befugnisse der Betriebsvertretungen« zunächst
- unter »A. Betriebsrat« diesem gem. § 66 neun konkrete »Aufgaben« überwiegend auf dem Gebiet der Wirtschaftsführung zugewiesen, dazu das Recht der Einsichtnahme in Handelsbücher und die Entsendung von Mitgliedern in den Aufsichtsrat sowie die Beteiligung bei umfangreicheren Personalmaßnahmen und die Abhaltung einer Sprechstunde geregelt (dazu Bedingungen und Prozeduren zur Erfüllung dieser Aufgaben), danach
- in § 78 nach der Überschrift »B. Arbeiterrat und Angestelltenrat« diesen beiden – oder, »wo ein solcher nicht besteht«, dem »Betriebsrat« – andere ganz anders geartete – wiederum neun – »Aufgaben« vor allem hinsichtlich der Interessenvertretung mit entsprechenden prozeduralen Vorschriften zugewiesen. Ab § 84 wurde, immer noch unter der Überschrift »Arbeiterrat und Angestelltenrat«, das – wie gezeigt (oben II) – politisch umstrittenste Beteiligungsrecht bei Kündigungen einzelner Arbeitnehmer ausführlich bis § 90 geregelt.

Das führt zu der in der (praktisch gesamten) historischen Literatur über Betriebsräte nie geklärten Frage, mit welchem Hute auf dem Kopf die Beteiligten agierten, ob als »Betriebsrat« oder als »Arbeiterrat« – wir lesen immer nur von »dem Betriebsrat« bzw. »den Betriebsräten«. Die Praxis dürfte sich wahrscheinlich in den drei Varianten abgespielt haben:

380 Die Folge war ein ganz ungenügender Rechtsschutz, denn diese Frage gehörten dem öffentlichen Recht an, gegen die Private nicht klagen konnten (RG 25. 9. 1923, RGZ 107, 244). Betriebsräte waren auf die – nur sehr eingeschränkte – Möglichkeit von Strafverfahren gegen den Arbeitgeber verwiesen.

381 Vgl. Art. II § 1 Nr. 5 der SchlichtungsVO vom 30. 10. 1923, RGBl. 1043; § 112 Nr. 10 Arbeitsgerichtsgesetz vom 23. 12. 1926, RGBl. 507.

- Es handelte bei Angelegenheiten der §§ 66ff. tatsächlich auch im Sinne des Gesetzes »der Betriebsrat«.
- Arbeiterrat und Angestelltenrat behandeln parallel die gleiche Frage – agierten also additiv als »der« Betriebsrat. Oder:
- Eine Sache betraf nur eine Arbeitnehmergruppe, und dann handelte eben nur der Arbeiterrat oder Angestelltenrat als »der Betriebsrat«. Vor diesem Hintergrund dürften die meisten unter »Betriebsrat« rubrizierten Aktivitäten solche von »Arbeiterräten« gewesen sein.

Um die Verwirrung zu steigern, enthielten die »Aufgaben«-Kataloge der §§ 66 und 78 unterschiedliche Grade von Verbindlichkeit, insbesondere hinsichtlich von »Arbeitsordnungen« und »Dienstvorschriften«, für die wiederum die alten, weitergeltenden Bestimmungen der Gewerbeordnung (des »Arbeiterschutzgesetzes« von 1891, s. § 10) weitergalten. Schließlich wurde alles davon überlagert, dass alles, was der Betriebsrat (bzw. Arbeiterrat oder Angestelltenrat) mit dem Arbeitgeber vereinbart hatte, von diesem gegenüber den einzelnen Arbeitnehmern abbedungen werden konnte (s. u.)

Die historisch-soziologische Literatur hat sich mit derlei Formalia nicht sehr (besser: gar nicht) belastet, sondern spricht allgemein von »Betriebsrat« bzw. »Betriebsräten« und macht keine Unterschiede hinsichtlich der Qualität von Beteiligungsrechten. Das erklärt die durchgängige Unschärfe dessen, was denn die Betriebsräte unter dem BRG tatsächlich gemacht haben, von welchen Gesetzmäßigkeiten ihr Handeln bestimmt war (§ 16). Man könnte es auch so sagen: Bis auf verstreute kleinere Überblicksartikel sowie Arbeiten zu Einzelthemen[382] und über das Werk von *Reichold*, »Betriebsverfassung als Sozialprivatrecht« hinaus gibt es keine »*Rechts*geschichte der Betriebsverfassung«. Dies vorausgeschickt, versuchen wir uns an einem kurzen inhaltlichen Überblick des BRG, einschließlich wichtiger Konkretisierungen durch die Gerichte.

Dabei stellen wir drei inhaltlich gar nicht zusammenhängende Regelungen an den Anfang, weil in ihnen die großen Wirkkräfte und Kompromisslinien bei der Schaffung des BRG insgesamt ihren plastischen Ausdruck gefunden haben:

- die Distanzierung von den »Arbeiterräten« der Revolution:

> § 69
> Die Ausführung der gemeinsam mit der Betriebsleitung gefaßten Beschlüsse übernimmt die Betriebsleitung. Ein Eingriff in die Betriebsleitung durch selbständige Anordnungen steht dem Betriebsrat nicht zu.

382 Vgl. *Blanke*, KJ 1995, 12; *Böhm*, RdA 2013, 193; *Nörr*, ZfA 1986, 403; *ders.*, Zwischen den Mühlsteinen, 1988.

- die Verhinderung betriebssyndikalistische Ansätze:

§ 37
Die Erhebung und Leistung von Beiträgen der Arbeitnehmer für irgendwelche Zwecke der Betriebsvertretungen ist unzulässig.

- Die Sicherung des Vorrangs der Gewerkschaften:

§ 8
Die Befugnis der wirtschaftlichen Vereinigungen von Arbeitern und Angestellten, die Interessen ihrer Mitglieder zu vertreten, wird durch die Vorschriften dieses Gesetzes nicht berührt.

Während die beiden ersten Problembereiche als aus der Revolutionszeit geboren mit dieser vergingen und die Bedeutung der ihnen gewidmeten Vorschriften verblasste,[383] blieb die Organisation des Verhältnisses zwischen Gewerkschaften und Betriebsräten eine Daueraufgabe. Deshalb beließ es das Gesetz nicht bei der Fundamentalnorm des § 8.[384] Vielmehr wurde der Vorrang der Gewerkschaften vielfach konkretisiert: als ein solcher des Tarifvertrags vor Mitbestimmungsrechten des Betriebsrats in § 66 Ziff. 5, § 78 Ziff. 1, 2, 3 und 8 (s. u.). Durch Tarifvertrag konnten im Bedarfsfalle eine andere Art der Arbeitnehmervertretung eingerichtet werden (§ 62). Auch konnte gem. § 36 die Kostentragungspflicht des Arbeitgebers durch Tarifvertrag abgeändert werden (was freilich völlig unpraktisch geblieben ist). Darüber hinaus wurde in § 66 Ziff. 3 eine Art betrieblicher Friedenspflicht für Betriebsräte statuiert, das von dieser Seite her das gewerkschaftliche Streikmonopol absichern sollte.
Zur Förderung der praktischen Zusammenarbeit der Betriebsräte mit den Gewerkschaften wurden eine Zuziehung der Gewerkschaftsvertreter zu Betriebsratssitzungen (§ 31) und ihre Beteiligung an Betriebsversammlungen (§ 47) geregelt. Seit einer Änderung im Jahre 1928[385] konnten auch Gewerkschaften die Einsetzung eines Wahlvorstands beim Arbeitsgericht beantragen (§ 23 Abs. 3).
Das BRG ließ die Errichtung von Betriebsräten für Betriebe ab 20 regelmäßig beschäftigten Arbeitnehmern zu (§ 1). Für noch kleinere Betriebe zwischen 5 und

383 Immerhin enthält auch des heutige Recht die §§ 77 Abs. 1 Satz 2 und 41: »*Der Betriebsrat darf nicht durch einseitige Handlungen in die Leitung des Betriebs eingreifen.*« Und: »*Die Erhebung und Leistung von Beiträgen der Arbeitnehmer für Zwecke des Betriebsrats ist unzulässig.*«

384 Dem § 8 BRG entspricht formal § 2 Abs. 3, jedoch gibt es erheblich mehr Einzelvorschriften über Rechte der Gewerkschaften in der Betriebsverfassung (§ 34).

385 Gesetz vom 28. 2. 1928 (RGBl. 46).

19 Arbeitnehmern konnte ein Betriebsobmann mit den Rechten eines Betriebsrats gewählt werden (§ 2). Nur vorübergehend Beschäftigte (§ 18 Abs. 2 und 3) und Hausgewerbetreibende ohne eigene Arbeitnehmer (§ 3) erhielten eine eigene Vertretung. Dazu kam auf Grund des Schwerbeschädigtengesetzes eine Vertretung der Schwerbeschädigten – ein in der Nachkriegszeit besonders wichtiges Thema (§ 30). Das Gesetz galt an sich für Arbeiter und Angestellte, unabhängig davon, ob es sich um einen privaten oder öffentlichen Arbeitgeber handelte. Da Beamte nicht erfasst waren, bestand von Anfang an die Notwendigkeit von Sonderregelungen für den öffentlichen Dienst (§ 17). Für Schifffahrtsbetriebe sollte ein eigenes Gesetz verabschiedet werden, was jedoch nie erfolgte (§ 5). Das BRG kannte bereits Tendenzbetriebe (§ 67). Sie wurden aber lediglich hinsichtlich der Beteiligungsrechte nach § 66 Ziff. 1 und 2 und bezüglich tendenzbezogener Kündigungen (§ 85) vom Gesetz ausgenommen, also bei weitem nicht so stark wie später in den Betriebsverfassungsgesetzen der Bundesrepublik (§ 25).

Basis für die neue Betriebsverfassung war die Beschäftigung von »Arbeitnehmern« bzw. »Arbeitern« und Angestellten« in »Betrieben«. Für diese Begriffe gab es Vorbilder, an die die Auslegung des BRG anknüpfen konnte: für die Trennung von Arbeitern und Angestellten die zum Angestelltenversicherungsgesetz entwickelte Begrifflichkeit. Auch für den »Betrieb« gab es Vorbilder seit den Regelungen der Gewerbeordnung und des Hilfsdienstgesetzes für Arbeiterausschüsse (§§ 10, 13).[386] Ungeachtet dessen galt *Erwin Jacobi* lange Zeit als »Erfinder« des arbeitsrechtlichen Betriebs-Begriffs im Sinne einer »*auf räumlicher Einheit beruhenden Vereinigung von persönlichen, sächlichen und immateriellen Mitteln zur fortgesetzten Verfolgung eines von einem oder mehreren Rechtssubjekten gemeinsam gesetzten technischen Zweckes.*«[387] Schon zeitgenössisch umfassender war die von *Hueck* und *Nipperdey* zusammen gefasste Formel: »*Betrieb im Sinne des Gesetzes ist die von einem Unternehmer ausgebaute, auf räumlicher Einheit beruhende und auf eine gewisse Dauer angelegte organisatorische Verbindung von persönlichen, sächlichen und immateriellen Mitteln zur Verfolgung eines technischen Zwecks.*«[388] Seither bis zur heutigen BAG-Rechtsprechung bestimmen die folgenden drei Komponenten den Betriebsbegriff:

- organisatorische Verbindung,
- technischer Zweck und
- räumliche Nähe.[389]

386 Vgl. *Preis/Peramato*, 100 Jahre betriebsverfassungsrechtlicher Betriebsbegriff, in: Gräfl u. a., Hrsg., 100 Jahre Betriebsverfassungsrecht, S. 571.

387 *Jacobi*, Betrieb und Unternehmen als Rechtsbegriff, 1926, S. 9; eingehend zur »Betriebs»-Diskussion unter dem BRG und kritisch zur Lehre *Jakobis Reichold*, S. 244 ff.

388 Vgl. *Hueck/Nipperdey*, Lehrbuch des Arbeitsrechts, Bd. 2, 3.–5. Aufl. 1932, S. 563.

389 Diese Begriffsbestimmung wurde auch 1938 vom »Arbeitsrechtsausschuß der Akademie für Deutsches Recht« benutzt (vgl. *Trümner*, in: DKKW, Rn. 126).

Die Größe der Betriebsräte stieg mit der Arbeitnehmerzahl: von 3 bei mindestens 20 Arbeitnehmern bis zu maximal 30 (§ 15). Für die Wahlen wurde zeitgleich mit dem BRG eine Wahlordnung erlassen.[390]
Wahlberechtigt waren alle – männlichen und weiblichen – Arbeitnehmer ab dem 18. Lebensjahr; das passive Wahlrecht hatten mindestens 24 Jahre alte Arbeitnehmer, mit mindestens 6 Monaten Betriebszugehörigkeit und 3 Jahren Berufstätigkeit (§ 20). Anknüpfend an § 11 Abs. 3 HilfsdienstG, wurden leitende Angestellte nunmehr nicht nach der Verdiensthöhe, sondern ihrer funktionalen Stellung aus der Betriebsverfassung ausgenommen:[391]

§ 12 Abs. 2
Nicht als Angestellte im Sinne dieses Gesetzes gelten die Vorstandmitglieder und gesetzlichen Vertreter von juristischen Personen und von Personengesamtheiten des öffentlichen und privaten Rechtes, ferner die Geschäftsführer und Betriebsleiter, soweit sie zur selbständigen Einstellung oder Entlassung der übrigen im Betrieb oder in der Betriebsabteilung beschäftigten Arbeitnehmer berechtigt sind oder soweit ihnen Prokura oder Generalvollmacht erteilt ist.

Diese Vorschrift schuf die Grundlage für den bis heute geltende Begriff der leitenden Angestellten.[392] Die Begründung des Regierungsentwurfs beschreibt recht gut die Pole, zwischen denen sich seither die rechtliche, praktische und politische Diskussion bewegen sollte: »*Unter den Angestellten gibt es aber eine oberste Schicht, die in eine Interessenvertretung der Arbeitnehmer nicht mehr hineingehört, weil sie selbst in erster Linie Obliegenheiten des Unternehmens erfüllt und allen übrigen Arbeitnehmern gegenüber den Arbeitgeber darstellt oder vertritt. … Der Kreis darf jedoch nicht zu weit gezogen werden, um nicht wirklichen Arbeitnehmern eine Vertretung im Betriebsrat zu nehmen.*« Diese Vorschrift hat in der Praxis des BRG offenbar keine Streitigkeiten verursacht, denn es sind so gut wie keine Gerichtsentscheidungen dazu überliefert.[393] Das sollte sich insbesondere nach Verabschiedung des BetrVG 1972 ändern (s. u. § 19).

---

390 Vgl. VO vom 5. 2. 1920 (RGBl. 175).

391 Vgl. *Hromadka*, 100 Jahre leitende Angestellte?, in: Gräfl u. a. (Hrsg.), 100 Jahre Betriebsverfassungsrecht, S. 225, 232 (zur Entstehungsgeschichte der Vorschrift vgl. *Flatow/Kahn-Freund*, BetrVG, § 12 Anm. 7).

392 Vgl. *Kock*, »Wir müssen leider draußen bleiben« – der Leitendenbegriff im Sinne von § 5 Abs. 3 BetrVG, in: 100 Jahre Betriebsverfassungsrecht, a. a. O., 335, 337.

393 Vgl. *Hromadka*, 100 Jahre leitende Angestellte?, a. a. O., S. 233; *Flatow/Kahn-Freund*, a. a. O.

Das Wahlverfahren[394] wurde durch einen Wahlvorstand geleitet, der vom Betriebsrat eingesetzt wurde (bei dessen Nichtvorhandensein oder Untätigkeit konnte der Arbeitgeber den Wahlvorstand ernennen; seit 1928 auch das Arbeitsgericht auf Antrag der Gewerkschaft).[395] Sie erfolgte als Gruppenwahl getrennt nach von Arbeitern und Angestellten (es sei denn, die Gruppen beschlossen getrennt jeweils mit Zweidrittelmehrheit eine gemeinsame Wahl, § 19). Die Amtszeit eines Betriebsrates war sehr kurz: nur ein Jahr (als Kompromiss für die ursprünglich geplante, dem Rätegedanken geschuldete jederzeitige Abwählbarkeit, s. o. I)

Während für die bisherigen Arbeiterausschüsse nur rudimentäre Organisationsvorschriften bestanden, wurde mit dem BRG erstmals tatsächlich so etwas wie eine »Betriebsverfassung« geschaffen: mit Vorschriften zu Binnenorganisation des Betriebsrats (einschließlich Vorsitzendem und Ausschüssen, über Geschäftsordnung, Sitzungen, Beschlussfassung und Niederschriften). Zur Pflege der Kommunikation zwischen Betriebsrat und Arbeitnehmern wurde die Möglichkeit einer Betriebsversammlung (freilich ohne Zustimmung des Arbeitgebers nur außerhalb der Arbeitszeit, § 46 Abs. 3) und von Sprechstunden (§ 76) vorgesehen. Die Tätigkeit der Betriebsräte wurde abgesichert durch

- die Pflicht des Arbeitgebers zur Tragung der notwendigen Kosten der Geschäftsführung (§ 36),
- das Verbot der Entgeltminderung wegen Betriebsratstätigkeit, aber auch ein Begünstigungsverbot (§ 35),
- ein weites Diskriminierungsverbot (§ 95) und insbesondere
- einen besonderen Bestandsschutz für Betriebsratsmitglieder (§§ 96 bis 98). Danach bedurfte die ordentliche Kündigung oder Versetzung eines Betriebsratsmitglieds der Zustimmung des Betriebsrats. Sie konnte vom Arbeitsgericht unter Voraussetzung ersetzt werden, dass es sich nicht um eine unzulässige Diskriminierung gem. § 95 handelte. Keine Zustimmung war u. a. erforderlich, wenn die Kündigung wegen der Stilllegung des Betriebs erfolgte, was in der Praxis durch scheinbare Teilstillegungen oft als Vorwand benutzt wurde, um missliebige Betriebsratsmitglieder loszuwerden.[396] Außerdem gab es keine nachwirkenden Kündigungsschutz, was viele Arbeitnehmer davon abhielt, für den Betriebsrat zu kandidieren.

Das waren, ungeachtet aller weiterhin bestehenden Lücken, doch weitreichende Veränderungen gegenüber dem praktisch rechtlosen Status der Arbeiterräte (§ 13). Auf diesem institutionellen Unterbau konnten nunmehr die Betriebsräte

394 Dazu Wahlordnung vom 5. 2. 1920 (RGBl. 175).

395 Zu dieser von den Arbeitgebern heftig kritisierten Novelle vgl. »Änderung des Betriebsrätegesetzes«, Gewerkschaftszeitung, 1928, 177 (s. u. § 16).

396 Vgl. RAG 8. 5. 1929, Bensh. 6, 441; insgesamt *Flatow/Kahn-Freund*, BRG, 13. Aufl. 1931, § 85 Anm. G, S. 485.

tätig werden (das hieß in der Praxis freilich oft auch: auf verdeckte Weise als betriebliche Funktionäre ihrer Gewerkschaft).[397]
Davon getrennt waren ihre Beteiligungsrechte. Sie waren, wie gesagt, unterteilt in die des Betriebsrats (§§ 66–77) und der Arbeiter- und Angestelltenräte (§§ 78–90). Die beiden zentralen Bestimmungen über Beteiligungsrechte des Betriebsrats, die dort sehr bescheiden nur als »Aufgaben« firmierten, lauteten.

§ 66
Der Betriebsrat hat die Aufgabe:
1. in Betrieben mit wirtschaftlichen Zwecken die Betriebsleitung durch Rat zu unterstützen, um dadurch mit ihr für einen möglichst hohen Stand und für möglichste Wirtschaftlichkeit der Betriebsleistungen zu sorgen;
2. in Betrieben mit wirtschaftlichen Zwecken an der Einführung neuer Arbeitsmethoden fördernd mitzuarbeiten;
3. den Betrieb vor Erschütterungen zu bewahren, insbesondere vorbehaltlich der Befugnisse der wirtschaftlichen Vereinigungen der Arbeiter und Angestellten (§ 8), bei Streitigkeiten des Betriebsrats, der Arbeitnehmerschaft, einer Gruppe oder eines ihrer Teile mit dem Arbeitgeber, wenn durch Verhandlungen keine Einigung zu erzielen ist, den Schlichtungsausschuß oder eine vereinbarte Einigungs- oder Schiedsstelle anzurufen;
4. darüber zu wachen, daß die in Angelegenheiten des gesamten Betriebs von den Beteiligten anerkannten Schiedssprüche eines Schlichtungsausschusses oder einer vereinbarten Einigungs- oder Schiedsstelle durchgeführt werden;
5. für die Arbeitnehmer gemeinsame Dienstvorschriften und Änderungen derselben im Rahmen der geltenden Tarifverträge nach Maßgabe des § 75 mit dem Arbeitgeber zu vereinbaren;
6. das Einvernehmen innerhalb der Arbeitnehmerschaft sowie zwischen ihr und dem Arbeitgeber zu fördern und für Wahrung der Vereinigungsfreiheit der Arbeitnehmerschaft einzutreten;
7. Beschwerden des Arbeiter- und Angestelltenrats entgegenzunehmen und auf ihre Abstellung in gemeinsamer Verhandlung mit dem Arbeitgeber hinzuwirken;
8. auf die Bekämpfung der Unfall- und Gesundheitsgefahren im Betriebe zu achten, die Gewerbeaufsichtsbeamten und die sonstigen in Betracht

397 Vgl. eingehend *Brigl-Matthiaß*, Das Betriebsräteproblem, 1962, S. 56f. (fortan zit. als »*Brigl-Matthiaß*«); *Windschuh*, Betriebsrat oder Gewerkschaft, 1922, S. 76f.

kommenden Stellen bei dieser Bekämpfung durch Anregungen, Beratung und Auskunft zu unterstützen, sowie auf die Durchführung der gewerbepolizeilichen Bestimmungen und der Unfallverhütungsvorschriften hinzuwirken;

9. an der Verwaltung von Pensionskassen und Werkswohnungen sowie sonstiger Betriebswohlfahrtseinrichtungen mitzuwirken; bei letzteren jedoch nur, sofern nicht bestehende, für die Verwaltung maßgebende Satzungen oder bestehende Verfügungen von Todes wegen entgegenstehen oder eine anderweitige Vertretung der Arbeitnehmer vorsehen.

§ 78
Der Arbeiterrat und der Angestelltenrat oder, wo ein solcher nicht besteht, der Betriebsrat hat die Aufgabe,

1. darüber zu wachen, daß in dem Betriebe die zugunsten der Arbeitnehmer gegebenen gesetzlichen Vorschriften und die maßgebenden Tarifverträge sowie die von den Beteiligten anerkannten Schiedssprüche eines Schlichtungsausschusses oder einer vereinbarten Einigungs- oder Schiedsstelle durchgeführt werden;
2. soweit eine tarifvertragliche Regelung nicht besteht, im Benehmen mit den beteiligten wirtschaftlichen Vereinigungen der Arbeitnehmer bei der Regelung der Löhne und sonstigen Arbeitsverhältnisse mitzuwirken, namentlich auch
   bei der Festsetzung der Akkord- und Stücklohnsätze oder der für ihre Festsetzung maßgebenden Grundsätze,
   bei der Einführung neuer Löhnungsmethoden,
   bei der Festsetzung der Arbeitszeit, insbesondere bei Verlängerungen und Verkürzungen der regelmäßigen Arbeitszeit,
   bei der Regelung des Urlaubs der Arbeitnehmer und
   bei Erledigung von Beschwerden über die Ausbildung und Behandlung der Lehrlinge im Betrieb;
3. die Arbeitsordnung oder sonstige Dienstvorschriften für eine Gruppe der Arbeitnehmer im Rahmen der geltenden Tarifverträge nach Maßgabe des § 80 mit dem Arbeitgeber zu vereinbaren;
4. Beschwerden zu untersuchen und auf ihre Abstellung in gemeinsamer Verhandlung mit dem Arbeitgeber hinzuwirken;
5. in Streitfällen den Schlichtungsausschuß oder eine vereinbarte Einigungs- oder Schiedsstelle anzurufen, wenn der Betriebsrat die Anrufung ablehnt;
6. auf die Bekämpfung der Unfall- und Gesundheitsgefahren seiner Gruppe im Betriebe zu achten, die Gewerbeaufsichtsbeamten und

die sonstigen in Betracht kommenden Stellen bei dieser Bekämpfung durch Anregungen, Beratung und Auskunft zu unterstützen, sowie auf die Durchführung der gewerbepolizeilichen Bestimmungen und der Unfallverhütungsvorschriften hinzuwirken;

7. bei Kriegs- und Unfallbeschädigten für eine ihren Kräften und Fähigkeiten entsprechende Beschäftigung durch Rat, Anregung, Schutz und Vermittlung bei dem Arbeitgeber und den Mitarbeitnehmern tunlichst Sorge zu tragen;
8. soweit eine tarifvertragliche Regelung nicht besteht, nach Maßgabe der §§ 81 bis 83 mit dem Arbeitgeber Richtlinien über die Einstellung von Arbeitnehmern der Gruppe in den Betrieb zu vereinbaren;
9. nach Maßgabe der §§ 84 bis 90 bei Entlassungen von Arbeitnehmern der Gruppe mitzuwirken.

Neben diesen Kernbestimmungen gab es eine Reihe einzelner herausgehobener Beteiligungsrechte. In der »Betriebsrats«-Abteilung waren dies

- die Beteiligung eines Betriebsratsmitglieds an Unfalluntersuchungen (§ 77),
- das Recht über größere Personalmaßnahmen bei Betriebsänderungen (im heutigen Sprachgebrauch) vorher zu beraten und ggf. die Arbeitsbehörden einzuschalten (§ 74) und vor allem
- Informationen über die wirtschaftliche Lage einzuholen (§ 71), die Vorlage einer Betriebsbilanz zu verlangen (§ 72) und ein oder zwei Betriebsratsmitglieder in einen Aufsichtsrat zu entsenden (§ 70, hierzu eingehend u. V).

Der Abteilung über Arbeiter- und Angestelltenräte zugeordnet war das im Entstehungsprozess zentrale und umstrittenste Mitbestimmungsrecht bei Kündigungen einzelner Arbeitnehmer:

§ 84

Arbeitnehmer können im Falle der Kündigung seitens des Arbeitgebers binnen fünf Tagen nach der Kündigung Einspruch erheben, indem sie den Arbeiter- oder Angestelltenrat anrufen:

1. wenn der begründete Verdacht vorliegt, daß die Kündigung wegen der Zugehörigkeit zu einem bestimmten Geschlechte, wegen politischer, militärischer, konfessioneller oder gewerkschaftlicher Betätigung oder wegen Zugehörigkeit oder Nichtzugehörigkeit zu einem politischen, konfessionellen oder beruflichen Verein oder einem militärischen Verbande erfolgt ist;
2. wenn die Kündigung ohne Angabe von Gründen erfolgt ist;

3. wenn die Kündigung deshalb erfolgt ist, weil der Arbeitnehmer sich weigerte, dauernd andere Arbeit, als die bei der Einstellung vereinbarte, zu verrichten;
4. wenn die Kündigung sich als eine unbillige, nicht durch das Verhalten des Arbeitnehmers oder durch die Verhältnisse des Betriebs bedingte Härte darstellt.

Erfolgte die Kündigung fristlos aus einem Grunde, der nach dem Gesetz zur Kündigung des Dienstverhältnisses ohne Einhaltung einer Kündigungsfrist berechtigt, so konnte der Einspruch auch darauf gestützt werden, dass ein solcher Grund nicht vorliegt.

§ 86
Bei der Anrufung müssen die Gründe des Einspruchs dargelegt und die Beweise ihrer Berechtigung vorgebracht werden. Erachtet der Arbeiterrat oder Angestelltenrat die Anrufung für begründet, so hat er zu versuchen, durch Verhandlungen eine Verständigung mit dem Arbeitgeber herbeizuführen. Gelingt diese Verständigung binnen einer Woche nicht, so kann der Arbeiter- oder Angestelltenrat oder der betroffene Arbeitnehmer binnen weiteren fünf Tagen das Arbeitsgericht anrufen.
Der Einspruch gegen die Kündigung und die Anrufung des Arbeitsgerichts haben keine aufschiebende Wirkung.

§ 87
Geht das Urteil des Arbeitsgerichts dahin, daß der Einspruch gegen die Kündigung gerechtfertigt ist, so ist zugleich für den Fall, daß der Arbeitgeber die Weiterbeschäftigung ablehnt, ihm eine Entschädigungspflicht aufzuerlegen. Die Entschädigung bemißt sich nach der Zahl der Jahre, während derer der Arbeitnehmer in dem Betrieb insgesamt beschäftigt war, und darf für jedes Jahr bis zu einem Zwölftel des letzten Jahresarbeitsverdienstes festgesetzt werden, jedoch im ganzen nicht über sechs Zwölftel hinausgehen.

Im Mittelpunkt unserer Betrachtungen sollen die Beteiligungsrechte des Betriebsrats stehen, also das, warum es das Gesetz überhaupt gab. Für deren Analyse und historische Einordnung muss vorab festgehalten werden, dass der Unterteilung in die beiden Bereiche für den »Betriebsrat« einerseits und für »Arbeiterrat und Angestelltenrat« andererseits kein rechtstechnisch nutzbar zu machender Sinn zugrunde lag; sie war schlicht ein Ergebnis des »Kuhhandels« im Reichstagsausschuss mit völlig unsystematischen Einzelzuordnungen. Schon zeitgenössisch konnte daraus kein methodisches Kapital zur systematisierenden Gesetzesauslegung geschlagen werden. Die Kommentarliteratur wandte sich gegen eine »*buchstabengetreue Auslegung der §§ 66ff. und 78ff. bezüglich der Interessenvertretung von Betriebsrat und Gruppenrat, die nicht dem Willen des Gesetzgebers entspricht.*«[398]

Für eine historische Betrachtung erscheinen vor allem zwei Aspekte wesentlich:

- zum einen die Folgen der Erwartung, das BRG sei nur der erste Baustein im Gesamtgebäude der durch Art. 165 vorgesehenen Räteverfassung und
- zweitens die Frage nach der »Härte« des jeweiligen Beteiligungsrechts, von bloßer Konsultation bis zu echter, durch eine neutrale Entscheidung abgesicherter Mitbestimmung (von reinen Veto-Positionen war schon während des Gesetzgebungsverfahrens nicht mehr ernsthaft bzw. erfolgversprechend die Rede gewesen).

Das Fundamentalproblem des BRG, seine Stellung im Gesamtgefüge des beabsichtigten Gesamt-Räte-Konstrukts, lag praktisch über dem gesamten Gesetz und ist insbesondere für das Verständnis seiner eigentlichen Mitbestimmungstatbestände wichtig.[399] Es kam schon in § 1 zum Ausdruck: Dem Betriebsrat wurde nicht nur die »*Wahrnehmung der gemeinsamen wirtschaftlichen Interessen der Arbeitnehmer dem Arbeitgeber gegenüber*« zugeschrieben, sondern auch die »*Unterstützung des Arbeitgebers in der Erfüllung der Betriebszwecke*«. Das wäre – zumal im Verhältnis zu den Vorgängerregelungen über Arbeiterausschüsse im Hilfsdienstgesetz und der TarifvertragsVO – gar nicht zu verstehen ohne die dem BRG bei seiner Verabschiedung noch zugedachte Funktion als erstes Ausführungsgesetz zu Art. 165 WRV. Diesen Geist atmete noch vollständig die allererste in § 66 Ziff. 1 beschriebene Aufgabe des Betriebsrats, gemeinsam mit dem Arbeitgeber für »*möglichste Wirtschaftlichkeit der Betriebsleistungen*« zu sorgen. Abgeschwächt, aber auch aus diesem Geist erwuchsen die Aufgaben »*an der Einführung neuer Arbeitsmethoden fördernd mitzuwirken*« (Ziff. 2) und »*den Betrieb vor Erschütterungen zu bewahren*« (Ziff. 3) sowie die Pflicht, Forderungen und Maßnahmen beider(!) Seiten zu unterlassen, »*die das Gemeininteresse schädigen*« (§ 68).

---

398 *Flatow/Kahn-Freund*, § 78 Rn. 1.

399 Das drückte sich zeitgenössisch vor allem hinsichtlich der Unsicherheit aus, ob es sich bei der Betriebsverfassung um eine öffentlich-rechtliche Veranstaltung handele oder ob sie in den Kategorien des Privatrechts zu fassen wäre (vgl. *Reichold*, SR 2020, 234; *ders.*, ZfA 2020, 5, 24ff.). Ein typisches Folgeproblem dieser Unsicherheit kam in der Frage der Vollstreckbarkeit von Gerichtsentscheidungen im Beschlussverfahren zum Ausdruck (s.u.).

Eine solche erklärtermaßen der volkswirtschaftlichen Dimension des betrieblichen Tuns verpflichtete Zielsetzung musste ihren Sinn verlieren, ja ins Gegenteil des Beabsichtigten umschlagen, wenn die weiteren Schritte ausblieben, die Betriebe »gewöhnlichen« privatwirtschaftlichen Renditeinteressen ihrer Inhaber gewidmet blieben. Daran sollte sich schließlich die für die historische Betrachtung so wirkungsmächtige Fundamentalkritik des Reichsarbeitsgerichts von *Fraenkel* und *Kahn-Freund* entzünden (s. u. IV).

Aber mehr noch: Ohne diese bei Schaffung des Gesetzes noch als realistisch und nah eingeschätzte Zukunfts-Dimension wäre die bescheidene (besser: fehlende) Ausstattung mit »harten« Mitbestimmungstatbeständen nicht zu verstehen. Denn wie selbstverständlich lag dem Gesetz unausgesprochen die Erwartung zugrunde, dass die Beteiligten künftig in der Umgebung eines durch »Räte« auf allen Ebenen »domestizierten« Kapitalismus operieren würden. Da mochte es durchaus vertretbar sein, sich bei der Ausgestaltung der Betriebsratsrechte nicht so sehr ins »Kleingedruckte« zu verlieren. Dementsprechend hatte sich der ADGB bei seinen grundlegenden Vorstellungen über die Stellung der Betriebsräte vom 25. September 1919 damit begnügt, für den gesamten langen Katalog von einzelnen Beteiligungspunkten nur eine »Mitwirkung« ohne verfahrenstechnische Absicherungen zu fordern. Hätte er es getan, wären die später im Gesetzgebungsverfahren aufgetretenen Konflikte und in der Regierung mit Sicherheit schon früher aufgebrochen.[400]

Dieser dem Anschein nach irgendwie nur als rechts-technisch empfundene Zusammenhang stand jedenfalls zeitgenössisch nicht im Vordergrund. Da ging es um die Bilanzierung des BRG als *»epochalen Fortschritt in der Konstitution des Betriebes ... Die Betriebsleitung musste über alle wichtigen Fragen des Arbeitsverhältnisses mit dem Betriebsrat verhandeln, die Belegschaft war vor einer willkürlichen Behandlung seitens der Betriebsleitung und vor allem seitens der unteren Betriebsorgane (Meister, Vorarbeiter) verhältnismäßig gut geschützt, und die Belegschaft hatte nun jederzeit die Möglichkeit, mit ihren Wünschen und Beschwerden unmittelbar vor die obersten Stellen der Werksleitung zu gelangen.«*[401] Das war gewiss nicht wenig und wurde so wohl auch empfunden.

Aber: Es gab keine wirkliche Mitbestimmung! Und das Erstaunlichste bleibt die marginale Thematisierung dieses Befunds (zur großen und bemerkenswerten Ausnahme-Kritik des DMV-Vorsitzenden *Dißmann* und der Bestandaufnahme von *Brigl-Matthiaß* s. u. V). Wie die Entstehungsgeschichte des Gesetzes zeigt, lag der Fokus von Streit, Engagement und Erbitterung in dieser Hinsicht so gut wie ausschließlich auf der Mitbestimmung bei Kündigungen, die von den Vorbildern der Arbeitskampfergebisse vom Frühjahr 1919 und dem Regierungsentwurf bis

400 Vgl. *Weber*, Gescheiterte Sozialpartnerschaft – Gefährdete Republik?, 2010, S. 246.
401 *Milert/Tschirbs*, S. 166.

zur endgültigen Lösung im Gesetz stark verwässert wurde (s. o. II). Die später in den Katalogen der §§ 66 und 78 geregelten Beteiligungsrechte waren bereits im Regierungsentwurf in ihrer Substanz unverändert in § 34 formuliert – einem Entwurf, der auf der Zustimmung der Arbeitgeber wie auch der Gewerkschaften beruhte, was insbesondere bezogen auf die Gewerkschaften bemerkenswert war (sie forderten denn auch während der ganzen Geltungsdauer des BRG speziell in dieser Hinsicht nie Verbesserungen s. u. § 15).

Ein solcher Hintergrund erklärt vielleicht eine sich durch die gesamte historische Literatur zu Betriebsräten in Weimar durchschleppende Unschärfe (um das Allermildeste zu sagen) in dieser Frage. Wenn die Rede auf etwas derart »Technisches« kommt, dann kam sogar *Werner Plumpe*, der profundeste empirischen Forscher auf diesem Feld, zu dem Befund: »*Der Gruppenrat hatte damit im Gegensatz zum Betriebsrat handfeste Mitbestimmungsrechte, die er im Zweifelsfall auch bei den zuständigen Behörden und Gerichten einklagen konnte.*«[402]

Das war nun leider nicht so, und erst der diesbezüglich auch und insbesondere juristisch genaue Befund ist geeignet, die gesamte Situation (man könnte auch sagen: Malaise) der Betriebsräte unter dem BRG in ihrer vollen Tragweise zu erfassen.

Die Kataloge der §§ 66 und 78 wirken auf den ersten Blick eindrucksvoll. Genaueres Zusehen zeigt aber, dass der Betriebsrat dann, wenn er über einen der dort genannten Punkte mit dem Arbeitgeber keine Einigung erzielen konnte, nur *zu einem einzigen Komplex* – neben dem singulären Ausnahmefalls der Zustimmung zur Versetzung und Kündigung eines Betriebsratsmitgliedes (§ 96–98) – ein wirkliches Mitbestimmungsrecht mit Letztentscheidung des Schlichtungsausschusses hatte: dem Inhalt einer »*Arbeitsordnung*« und von »*sonstigen Dienstvorschriften*« (§ 66 Ziff. 5 und § 78 Ziff. 3 in Verbindung mit § 80). Die Festlegung der damit gemeinten fundamentalen Inhalte des Arbeitsvertrages war für die Arbeitgeber seit der Arbeitsschutzgesetzgebung von 1891 öffentlich-rechtlich verpflichtend und nach damaligem Recht war ein evtl. bestehender Arbeiterausschuss dazu zu hören (§ 10).

Eine Arbeitsordnung hatte gem. § 134b GewO zwei Arten obligatorischer Inhalte:

- die sog. unbedingt obligatorischen Bestimmungen gem. Ziff. 1 und 2 (Anfang und Ende der täglichen Arbeitszeit inkl. Pausen und über Zeit und Art der Abrechnung und Lohnzahlung) und
- die sog. bedingt obligatorischen Bestimmungen nach Ziff. 3, 4 und 5 (sie mussten in eine Arbeitsordnung, wenn der Arbeitgeber sie überhaupt vertraglich regeln wollte: Bestimmungen über Kündigungsfristen und über die

402 *Plumpe*, Betriebliche Mitbestimmung in der Weimarer Republik, 1999, S. 49 (fortan zit.: »*Plumpe*, Betriebliche Mitbestimmung«)

gesetzlichen hinausgehenden Gründe für fristlose Kündigungen, Bestimmungen über Strafen und die Verwendung verwirkter Lohnbeträge).

Unter »Dienstvorschriften« verstand man eine Betriebsvereinbarung, die Regeln über die Ordnung des Betriebs und das Verhalten der Arbeitnehmer enthält.[403] Dazu erhielten der Betriebsrat bzw. die Gruppenräte in § 75 ein volles Mitbestimmungsrecht:

§ 75
Sollen gemäß § 66 Ziff. 5 gemeinsame Dienstvorschriften vereinbart werden, so hat der Arbeitgeber den Entwurf, soweit die Bestimmungen nicht auf Tarifvertrag beruhen, dem Betriebsrat vorzulegen. Kommt über den Entwurf keine Einigung zustande, so können beide Teile den Schlichtungsausschuß anrufen, der eine bindende Entscheidung trifft. Die Verbindlichkeit der Entscheidung erstreckt sich nicht auf die Dauer der Arbeitszeit.

Entsprechendes galt für die Vereinbarung von Arbeitsordnung und Dienstvorschriften für einzelne Arbeitnehmergruppen (§ 80). Darüber hinaus legte § 80 Abs. 2 fest, dass Einzelstrafen auf der Grundlage einer Arbeitsordnung nur von Arbeitgeber und Betriebsrat gemeinsam verhängt werden durften. Im Streitfall entschied das Arbeitsgericht (§ 80 Abs. 2 Satz 2).

Eine derartige prozedurale Festlegung gibt es zu keinem anderen Mitwirkungstatbestand. Soweit sich die Betriebsparteien über irgendeinen der Punkte aus den Katalogen der §§ 66 und 78 nicht einigen konnten, konnten sie die Schlichtungsstelle anrufen. Deren Entscheidung war aber stets *unverbindlich*![404], heißt: Die Betriebsräte des BRG waren für die Gesamtheit ihrer über die Regelung von Arbeitsordnung und Dienstvorschriften hinausgehenden laufenden Aktivtäten auf das Entgegenkommen des Arbeitgebers angewiesen. Sie hatten, bei Lichte besehen, keine andere Stellung als Arbeiterausschüsse von früher! Die Resultate ihrer Bemühungen hingen immer vom Zusammenspiel der beiden Faktoren ab: ihrer eigenen faktischen Durchsetzungskraft und der Einschätzung des Arbeitgebers, inwieweit das unumgänglich oder vielleicht auch nützlich war (die von *Plumpe* konkret untersuchten Großbetriebe im Bergbau und der chemischen Industrie liefern Beispiele für das Zusammenspiel von beiden).

Dazu kamen weitere von der Geschichtswissenschaft erstaunlicherweise nicht zur Kenntnis genommene Schwachstellen der gesamten Betriebsverfassung des BRG: Zum einen gab es keine wie auch immer geartete »Wirksamkeitsvoraussetzung«, also das gleich nach Inkrafttreten des BetrVG 1952 festgestellte Verbot

403 Vgl. *Hueck/Nipperdey*, a. a. O., S. 391.
404 Vgl. *Flatow/Kahn-Freund*, § 78 Ziff. 2 Rn. 2; *Hueck/Nipperdey*, a. a. O., S. 368.

für den Arbeitgeber, bei einem mitbestimmungspflichtigen Tatbestand am Betriebsrat vorbei mit dem einzelnen Arbeitnehmer individualrechtlich verbindliche Abmachungen zu treffen (§ 25). Das RAG formulierte vielmehr zunächst in einem Kurzarbeitsfall einen Leitsatz im dezidiert entgegengesetzten Sinn: »*Der Arbeitgeber ist nicht verpflichtet, eine Betriebsvereinbarung § 78 Ziff. 2 BRG zwecks Einführung von Kurzarbeit herbeizuführen.*«[405] Und noch umfassender: »*Die Betriebsvereinbarung nach § 78 Ziff. 2 BRG ist nicht obligatorisch. Der Arbeitgeber kann auch einzelvertraglich die Regelung (Änderung) der Arbeitsbedingungen herbeiführen.*«[406] Das hieß: Der Arbeitgeber konnte jederzeit am Betriebsrat vorbei handeln und vollende Tatsachen schaffen, ohne Rechtsnachteile daraus befürchten zu müssen.

Wenn sich aber Betriebsrat und Arbeitgeber auf etwas verständigt hatten, sei es im Rahmen der Kataloge der §§ 66 und 78, sei es außerhalb, war der Abschluss einer Betriebsvereinbarung das Mittel der Wahl (sie konnte auch auf den an sich unverbindlichen Spruch einer Schlichtungsstelle zurückgehen). Das Gesetz hatte für dieses zentrale Gestaltungselement keine Klärung gebracht, vielmehr wurde dieser »*gesetzlich noch nicht gebräuchliche Vertragstyp*«[407] recht schnell (1921) von *Flatow* erfunden.[408] Recht schnell aber waren sich Rechtsprechung und Literatur einig: Eine *Betriebsvereinbarung* wirkt unmittelbar wie eine Tarifvertrag, aber *nicht zwingend*[409] wie dieser (offenkundig aus Reverenz gegenüber dessen allseits beschworenen Vorrangs).[410] *Ernst Fraenkel*[411] glaubte, »*dieses Ergebnis vom Standpunkt der Arbeiterbewegung begrüßen zu müssen, da auf diese Weise auch im Alltag des Betriebes dem einzelnen Arbeiter der Unterschied zwischen Tarifvertrag und Betriebsvereinbarung sinnfällig vor Augen geführt wird.*« Das bedeutete: Der Arbeitgeber konnte jederzeit mit einzelnen Arbeitnehmern etwas für diese Nachteiliges vereinbaren! Das hieß: Der Betriebsrat konnte sich für die Dauer dieser Regelung nicht auf deren Haltbarkeit verlassen, sondern musste tagtäglich auf der Hut sein, ob sie auch wirklich gegenüber allen Arbeitnehmern eingehal-

---

405 RAG 8. 6. 1929, Bensh. 6, 176.

406 RAG 22. 1. 1930, Bensh. 8, 124.

407 *Reichold*, ZfA 2020, 21.

408 Vgl. *Flatow*, Betriebsvereinbarung und Arbeitsordnung, 1921; eingehend zur Diskussion um die Rechtsnatur der Betriebsvereinbarung unter dem BRG *Reichold*, Betriebsverfassung als Sozialprivatrecht, S. 287 ff.

409 RAG 22. 1. 1930, Bensh. 8, 124; *Hueck/Nipperdey*, a. a. O., S. 400. Das galt auch für die mitbestimmungsrechtlich so hoch angesiedelte Arbeitsordnung (vgl. RAG 22. 12. 1928, Bens. 5, 73; *Hueck/Nipperdey*, a. a. O., S. 388).

410 Auch eine Arbeitsordnung galt als abdingbar, allerdings nur in den durch § 134c GewO gezogenen Grenzen: keine Abdingung der festgelegten Strafen und Kündigungsgründe (vgl. RAG 25. 10. 1930, Bens. 10, 482; *Hueck/Nipperdey*, a. a. O., S. 389).

411 *Fraenkel*, Zehn Jahre Betriebsverfassungsgesetz, Die Gesellschaft 1930, 117; wiederabgedruckt in Ramm, Hrsg., Arbeitsrecht und Politik. Quellentexte 1918 – 1933, S. 97, 104.

ten wurde. Ob das tatsächlich erfolgte, war eine direkte Funktion der Einschätzung seiner Stärke und des Kooperationsbedarfs des Arbeitgebers – nicht aber einer rechtlichen Zwangsläufigkeit!

Schließlich ist darauf zu verweisen, dass die Kernvorschrift des § 78 Ziff. 2 über die Mitwirkung bei Lohn und Arbeitszeit nur galt, »soweit eine tarifliche Regelung nicht besteht«. Dieser Tarifvorbehalt schloss angesichts der doch beachtlichen Verbreitung der Tarifverträge in der Weimarer Republik den allergrößten Teil der Arbeitnehmer aus: 1924 waren ca. 13 Mio. Arbeitnehmer von Tarifverträgen erfasst.[412] Das bedeutete angesichts etwa 15 Mio. Arbeitern[413] und 5 Mio. Angestellten zu dieser Zeit eine Tarifbindung von knapp zwei Drittel! Für sie kam es für diese Kernbereiche nur auf den Inhalt der Tarifverträge an (dazu § 16).

Dazu kommt ein weiteres Vollzugsdefizit des Weimarer Betriebsverfassungsrechts: das mangelhaft ausgestaltete Gerichtsverfahren.[414] Zunächst hatte es ein solches gar nicht gegeben, sondern nur Entscheidungen durch den Bezirkswirtschaftsrat gem. § 93 BRG. Danach wurden aufgrund der VO über das Schlichtungswesen vom 30. Oktober 1923[415] die Kaufmanns- und Gewerbegerichte als vorläufige Arbeitsgerichte in Betriebsverfassungsangelegenheiten zuständig (Art. II §§ 1, 2). Aber auch als mit dem ArbGG vom 23. Dezember 1926[416] Arbeitsgerichte errichtet wurden und für betriebsverfassungsrechtliche Fragen eine eigene Verfahrensart, das Beschlussverfahren eingeführt wurde (§ 80 Abs. 1 ArbGG), änderte sich für die Effektivität des Betriebsverfassungsrechts nicht wirklich etwas.[417] In dieser Verfahrensart konnten nunmehr im Grundsatz alle Streitigkeiten aus dem BRG ausgetragen werden.[418] Ihm haftete allerdings eine zentrale Schwäche an: Nach allgemeiner Ansicht entbehrten die Entscheidungen im Beschlussverfahren der Vollstreckbarkeit![419] Deshalb erregte es Verwunderung, dass das RAG – ohne das selbst entscheiden zu können – »*Anordnungen vorläufiger Art in dringlichen Fällen*« für zulässig hielt.[420]

---

412 Reichsstatistik; vgl. *Kittner*, Arbeitskampf, S. 462.

413 Statistisches Bundesamt, Von den zwanziger zu den achtziger Jahren, 1987, S. 31.

414 Zum Folgenden eingehend *Reichold*, Betriebsverfassung als Sozialprivatrecht, S. 281 ff.

415 RGBl. I 1043.

416 RGBl. I 507.

417 Vgl. RAG 26. 9. 1928, Bens. 4, 32.

418 Das wurde allerdings noch nicht konsequent durchgehalten. Z. B. ließ das RAG bei Streitigkeiten um die Erstattung von Geschäftsführungskosten des Betriebsrats (Rechtsanwaltskosten) deren Notwendigkeit im Beschlussverfahren, ihre konkrete Höhe aber im Urteilsverfahren klären (vgl. RAG 8. 7. 1931 – RAG 29/31, Bens. 12, 509). Heute wird über beides im Beschlussverfahren entschieden.

419 Vgl. *Reichold*, S. 285.

420 Vgl. RAG 25. 4. 1931, Bens. 12, 202 mit abl. Anm. von *Gerstel*. Das war ersichtlich Ausdruck der im Schutz von Wahlvorständen und -bewerbern zum Ausdruck gekommenen Grundhaltung des RAG, Betriebsrats- und Arbeitnehmerrechte durch Verfahren zu stärken.

Zusammengefasst und aufgelistet belegt eine umfangreiche Liste von Einzelpunkten die Abwesenheit »richtiger« Mitbestimmung und die Durchsetzungsschwäche[421] der vorhandenen Berechtigungen:

1. »Harte« Mitbestimmung durch verbindliche Entscheidung bei Nichteinigung durch eine neutrale Stelle gab es nur im *schmalen Bereich* der Schaffung von betrieblichen Grundnormen (»Arbeitsordnung«, »Dienstvorschrift«).
2. Für alles andere, also die eigentliche »Betriebsratsarbeit«, konnte es nur zu *unverbindlichen* Schlichtungsentscheidungen kommen, deren Annahme im freien Belieben des Arbeitgebers stand.
3. Der Arbeitgeber konnte jederzeit am Betriebsrat vorbei handeln und vollendete Tatsachen schaffen, ohne Rechtsnachteile daraus befürchten zu müssen. Es gab *keine Wirksamkeitsvoraussetzung*.
4. Selbst, wo die Betriebsparteien sich auf eine Betriebsvereinbarung verständigt hatten, wirkte diese nicht *zwingend*, sie konnte vielmehr vom Arbeitgeber gegenüber dem einzelnen Arbeitnehmer abbedungen werden.
5. Und wo es, im Bereich des Tarifvorbehalts gem. § 78 Ziff. 2, eine tarifvertragliche Ermächtigung des Betriebsrats gab, konnte der Arbeitgeber sich auf der individualrechtlichen Ebene über das Ergebnis seiner Einigung mit diesem *hinwegsetzen* (§ 16).
6. Schließlich waren Entscheidungen der Arbeitsgerichte im Beschlusserfahren *nicht vollstreckbar.*

Das ergibt in der Summe folgenden Befund: Das BRG brachte zwar neue organisatorische Grundlagen der Betriebsräte, erstmals eine wirkliche »Betriebs-Verfassung«, aber für ihr Alltagshandeln keine Mitbestimmungsrechte im Wortsinne (dazu kommt ein erhebliches Umsetzungsdefizit der Tarifverträge, s. u. VI) In dieser Hinsicht gab es auch keine rechtspolitischen Initiativen, etwa der Gewerkschaften, die sich bei all ihren Änderungsvorschlägen darauf konzentrierten, Verbesserungen hinsichtlich der erstmaligen Durchführung von Wahlen und des Schutzes von Betriebsratsmitgliedern gegen Maßregelungen zu erreichen.[422]

---

421 *Reichold*, spricht generell von »*Durchsetzungsschwäche der Weimarer Betriebsverfassung*« sowie, bezogen auf *Kahn-Freunds* RAG-Kritik: »*Der Jurist nämlich hätte beklagen müssen, dass die Verrechtlichung noch nicht konsequent genug die ›materiellen‹ Handlungskompetenzen des Betriebsrats zu prozessual durchsetzbaren Rechten ausgeformt hatte*« (S. 281).

422 Vgl. »Anträge auf Verbesserungen des Betriebsrätegesetzes im Reichstag«, Gewerkschafts-Zeitung 1927, 144; zu entsprechenden Klagen aus der Praxis Gewerkschafts-Zeitung 1926, 671.

V. Beteiligung auf Unternehmensebene: Gesamtbetriebsrat, Bilanz-Einsicht und Entsendung von Betriebsräten in den Aufsichtsrat

Das BRG, wie wir es bis hierher vorgestellt haben, präsentierte sich gegenüber den kargen bisherigen Vorschriften über Arbeiterausschüsse nach dem HilfsdienstG (§ 13) und der TVVO (s. o. I) erstmals als wirkliche Betriebs-»Verfassung«. Mit dem insoweit vorgestellten Inhalt bewegte es sich aber noch wie seine Vorgänger-Regelungen auf der Ebene des einzelnen Betriebes, der Wirkungsstätte eines »Betriebs«-Rats. Alles, was darüber hinausging, war in den mitbestimmungs*politischen* Vorstellungen (denn weiter war bis dahin nichts gediehen) bis zurück zur Paulskirche stets mit betriebsübergreifenden Strukturen im Sinne einer Wirtschaftsbranche, Region o. ä. verbunden gewesen; dazu stellte man sich die Institution von »Kammern« vor (§§ 8, 12). Das wurde jetzt mit dem Räte-System im Sinne des Art. 165 WRV abgedeckt.
Nunmehr gab es eine weitere Dimension betriebsübergreifender Strukturen mitbestimmungspolitisch zu erfassen: die unternehmensbezogene. Denn längst war die Wirtschaft nicht mehr von Unternehmen mit einem mehr oder weniger großen Betrieb dominiert. Unternehmensgröße drückte sich nicht mehr nur in Riesenbetrieben mit mehreren tausend Arbeitnehmern aus (das auch), sondern zunehmend auch darin, dass einem Unternehmer/n mehrere Betriebe gehörten. Es war unmittelbar einsichtig, dass Interessenvertretung vor Ort nicht ohne Kenntnis oder Rücksicht auf die unternehmensweite Dimension der Betriebsführung und entsprechende ökonomische Implikationen möglich war.
Diese Thematik geriet vor allem durch die Streikbewegung in Mitteldeutschland auf die Agenda (s. o. I). Die allgemeine Begründung zum Regierungsentwurf sprach davon, dass die dortigen Abkommen »*den Betriebsräten als ein* ganz neues Gebiet (Hervorhebung von M.K.) *die Beratung der Betriebsleitung und die Beteiligung an deren Sorge für die Produktion, gestützt auf ein Recht der Einsichtnahme in die Betriebsvorgänge (erschlossen).*«[423] Die weitere Begründung war freilich wenig geeignet, Begeisterung bei Arbeitnehmern auszulösen, troff sie doch geradezu vor sozialintegrativer Lyrik: »*Die Verleihung einer so weitgehenden Befugnis, welche das im allgemeinen gewährte Mitberatungsrecht in ein Mitbestimmungsrecht verwandelt, wird in der Überzeugung vorgeschlagen, daß nichts so sehr die Arbeitsfreudigkeit, das Verantwortungsgefühl und das Interesse an der Hebung der Betriebsleistungen und des Ertrags zu steigern geeignet ist, als die verantwortliche Mitwirkung an der obersten Leitung des Unternehmens daß solche jeder äußerlichen Kontrolle bei weitem überlegen ist.*«

423 Regierungsentwurf, a. a. O., Fn. 361.

Zur Herkunft der Beteiligung von Betriebsratsmitgliedern im Aufsichtsrat lieferte der Entwurf keine Begründung; *Flatow* sprach später in seinem Kommentar davon, man habe sich dabei von § 3 Ziff. 11 des österreichischen Betriebsrätegesetzes vom 15. Mai 1919 inspirieren lassen.[424]

Diese neue unternehmensbezogene Dimension erschloss das BRG in dreierlei Hinsicht:

- der Einrichtung eines Gesamtbetriebsrats (§ 50),
- der Einsichtnahme in die »Betriebsbilanz« (§ 72)[425] und
- der Entsendung von zwei Betriebsratsmitgliedern in einen Aufsichtsrat der Unternehmensträgergesellschaft (§ 70).

Über alles gab es nach der großen Streikwelle vom Frühjahr 1919 eine informelle Einigung in der Regierung. Aber »nach Tische«, als die revolutionäre Stimmung abgeflaut war, liefen die Arbeitgeber insbesondere gegen die Bilanzeinsicht und die Aufsichtsratsentsendung Sturm (parlamentarisch vertreten vor allem durch die DDP).[426] Die wahrscheinlich plausibelste Erklärung dafür dürfte neben ihren Sachargumenten (Sorge um Verschwiegenheit, Offenheit von Diskussionen etc.) eine Art Kulturschock gewesen sein, denen sich die Unternehmer von damals ausgesetzt sahen: Nach allem, was sie den »Roten« im Stinnes-Legien-Abkommen hatten zugestehen müssen, kam nun noch der Einbruch in ihr Arkanum, die Sphäre, in der sie gewohnt waren, »unter sich« zu sein.

Aufs Ganze hatten sie nicht allzu großen Erfolg. Diese aus der Beendigung der großen Arbeitskämpfe erwachsenen Zugeständnisse waren nämlich, ohne dass das öffentlich oder in amtlichen Begründungen sichtbar geworden wäre, ein »essential« gewesen, damit die SPD das BRG insgesamt durch den Gesetzgebungsprozess im Parlament bringen würde. Das bewog nach anhaltendem Streit zwischen den damit befassten Ministerien den Reichskanzler (*Wirth*) selbst am Ende zu einem Machtwort: beide Angelegenheiten wurden weitgehend so entscheiden, wie ursprünglich angedacht.[427] Einen gesichtswahrenden Erfolg konnten die Arbeitgeber verbuchen, indem das BRG zu beiden Themen selbst keine abschließende Regelung traf, sondern jeweils auf ein Ausführungsgesetz verwies. Beide Gesetze wurden ziemlich genau ein Jahr nach dem BRG verabschiedet:

---

424 Vgl. *Flatow/Kahn-Freund*, BRG, 13. Aufl. 1931, § 70 Anm. 2.

425 Diese Bilanz bezog sich, anders als das Wort nahelegt, auf die Handelsbilanz für das Unternehmen (vgl. § 1 des Gesetzes über die Betriebsbilanz und die Betriebsgewinne vom 5. Februar 1921 (RGBl. 159).

426 Eingehende Schilderung bei *Plumpe*, Betriebliche Mitbestimmung, S. 51 ff.

427 Der konkrete, im Kabinett strittige Sachpunkt, um dessentwillen die Parteinahme des Kanzlers nötig wurde, betraf die Frage, ob die Betriebsratsmitglieder im Aufsichtsrat gleichberechtigte Mitglieder sein sollten (vgl. *Plumpe*, Betriebliche Mitbestimmung, S. 54).

- das Gesetz über die Betriebsbilanz und die Betriebsgewinne vom 5. Februar 1921[428] und
- das Gesetz über die Entsendung von Betriebsratsmitgliedern in den Aufsichtsrat vom 15. Februar 1921.[429]

Am Ende (der Weimarer Republik) erwies sich die ganze Aufregung als übertrieben: Weder war – von Ausnahmen abgesehen – von größeren »Erfolgsmeldungen« auf Betriebsratsseite zu hören, noch sollten sich die Befürchtungen der Arbeitgeber bewahrheiten:

- Die Einrichtung des Gesamtbetriebsrats war an lokale Zusammenhänge gebunden. Er konnte nur »*innerhalb einer Gemeinde oder wirtschaftlich zusammenhängender, nahe beieinander liegender Gemeinden*« und für »*mehrere gleichartige oder nach dem Betriebszweck zusammengehörige Betriebe*« errichtet werden (§ 50). Das waren sehr enge Grenzen, mit denen überregional agierende Unternehmen – also die wirklich Großen – nicht erreicht werden konnten. Außerdem fehlte ein Ansatz für Konzerne, was diesbezüglich schon damals unerlässlich war, damit Umgehungen durch formale Verselbständigung einzelner Betriebe begegnet werden konnte.
- Die Bilanzeinsicht erwies sich als gänzlich unpraktikabel, gar sinnlos. Die Arbeitgeber hatten sie zwar nicht gänzlich verhindern können, es aber geschafft, ihr im Laufe des Gesetzgebungsverfahrens noch einige »Zähne zu ziehen«: So wurde das »*dem Unternehmen nicht gewidmete Vermögen des Unternehmers*« nicht berücksichtigt, was bei Einzelkaufleuten jede Art von Unklarheit zuließ. Die technische Handhabung machte das Ganze zudem zu einer Farce: Die Betriebsräte erhielten keine schriftlichen Unterlagen, waren z. B. auf das Verlesen von Zahlen durch den Unternehmer bzw. seiner Beauftragten angewiesen. Ob sie sich selbst schriftliche Aufzeichnungen fertigen durften, war strittig; das RAG bejahte das im Jahre 1930 für die betriebsbezogene Berichterstattung gem. § 71.[430]
- Auch hinsichtlich der Aufsichtsratsbeteiligung hatten die Unternehmer unterhalb der Ebene des Gesetzes selbst vorgesorgt. Es wird von der Empfehlung eines Leipziger Syndikus berichtet, die Gesellschaftssatzungen so zu ändern, dass wichtige Entscheidungen in Aufsichtsrats-Ausschüsse ausgelagert wurden, zu denen die Betriebsrats-Aufsichtsratsmitglieder keinen Zugang hatten.[431]

---

428 RGBl. 159.

429 RGBl. 209. Das Gesetz tat am 1. 2. 1922 in Kraft. Nicht genau zu diesem Datum, sondern ein viertel Jahr später wurde die »Wahlordnung zum Gesetz über die Entsendung von Betriebsratsmitgliedern in den Aufsichtsrat vom 23. 3. 1922 (RGBl. 307) erlassen.

430 Vgl. RAG 20. 12. 1930, Bensh. 10, 504.

431 Vgl. *Plumpe*, Betriebliche Mitbestimmung, S. 55.

Zu alledem gilt freilich, wie zu so vielen Punkten des Gesetzes: Wir haben keine empirischen Befunde zur Aufsichtsratspraxis. Der DMV führte erstmals 1930 eine Erhebung über die Zahl der Unternehmen mit Betriebsrats-Aufsichtsratsmitgliedern durch: Es waren 562 Unternehmen mit zwei Betriebsräten und 185 mit nur einem.[432] Als ein allgemein für plausibel gehaltenes Resümee gilt eine Aussage des Justizrats *Waldschmidt* auf der Mitgliederversammlung des »Vereins Deutscher Maschinenbau-Anstalten« im Juni 1929: »*In den Aufsichtsräten der Aktiengesellschaften hat die Vertretung der Arbeiter ... nicht entfernt den Einfluß erreicht, den man sich davon versprochen hatte. Umgekehrt müssen wir zugeben, daß wir diesen Einfluß viel mehr gefürchtet haben als sich nachher als begründet erwies.*«[433]

Auch wenn es nur vereinzelt überkommene Aussagen sind, kann man aber doch aus Hinweisen von Betriebsratsmitgliedern aus sehr großen Unternehmen mit kooperativer Mitbestimmungspraxis, wie z. B. Siemens, ablesen, wie sich ein Mitbestimmungs-Gesamtsystem herausbildete, in dem Aufsichtsrats- und Betriebsratstätigkeit arbeitsteilig funktionieren (zur heutigen Praxis s. § 35).[434] Interessant erscheint der Hinweis, dass es für die alltägliche Betriebsratsarbeit vor Ort ungemein nützlich sei, wenn Führungskräfte unterhalb des Vorstands immer davon ausgehen müssten, dass ihr Betriebsrats-Gegenüber zu diesem Zugang habe. Freilich: Das waren Beispiele aus der chemischen und Elektro-Industrie. In der Stahlindustrie und im Bergbau sah es – Weimar-notorisch – ganz anders aus.

VI. Erneuerung der Arbeitsordnungen

Mit dem Betriebsrätegesetz setzte Anfang 1920 nicht plötzlich eine Ära der Betriebsverfassung völlig neu ein, sondern mit ihm wurde die vorgefundene Organisation der betrieblichen Arbeitnehmerbeteiligung inhaltlich auf eine neue Stufe gehoben. Der Gesetzgeber hatte sich damit mit dem auseinanderzusetzen, was er vorfand. Das geschah in zweierlei Hinsicht:

(1) Soweit in anderen Gesetzen und Verordnungen und in Tarifverträgen »Arbeiterausschüsse« und »Angestelltenausschüsse« genannt wurden, sollten an ihre Stelle Betriebsräte bzw. Arbeiterräte und Angestelltenräte im Sinne des BRG treten (§ 104 Ziff. VIII). Vor Inkrafttreten des Gesetzes bestehende Betriebsräte, Arbeiterräte und Arbeiter- und Angestelltenausschüsse hörten mit der ersten

432 DMV, Jahr- und Handbuch 1932, S. 370.

433 Vgl. AfA-Bundesvorstand, Hrsg., Die Praxis der Betriebsräte im Aufsichtsrat, 1930, S. 19.

434 Vgl. *Milert/Tschirbs*, S. 189.

Wahl nach Inkrafttreten des BRG (spätestens 6 Wochen nach Inkrafttreten des Gesetzes, § 102 Abs. 1) zu bestehen auf (§ 106 Abs. 2).
(2) Die auf der Grundlage der seit 1891 geltenden GewO – sei es mit, sei es ohne Beteiligung des Arbeiterausschusses – vor dem 1. Januar 1919 geschaffenen Arbeitsordnungen (s. o. § 10 IV) mussten gem. § 80 Abs. 3 binnen drei Monaten nach Inkrafttreten des Gesetzes neu erlassen werden; diese Frist wurde durch Gesetz vom 12. Mai auf den 1. September 1920 verlängert.[435]
Alsbald nach Inkrafttreten des BRG gab es Initiativen der Tarifvertragsparteien, es hier zu keinem Wildwuchs kommen lassen, sondern durch eigene Vereinbarungen die Grundlagen für einheitliche Arbeitsordnungen zu schaffen.[436] Sie konnten ungeachtet der Bezeichnung »Arbeitsordnung« deren Inhalte als Tarifvertrag regeln, sie konnten aber auch – praktisch überwiegend – bloße Empfehlungen an die Betriebsparteien darstellen (freilich mit der schuldrechtlichen Verpflichtung der Tarifvertragsparteien, auf ihre Umsetzung im Betrieb hinzuwirken).[437]
Ein herausragendes Beispiel für die direkte tarifliche Regelung war die Arbeitsordnung für den rheinisch-westfälischen Bergbau in der Fassung vom 11. Juni 1926.[438] Die bedeutendsten Regelungen mit Vorschlagscharakter[439] waren diejenigen für die Metallindustrie vom 1. Juli 1920[440] und für die Textilindustrie vom

435 RGBl. 961.

436 Für die Metallindustrie wurden solche Verhandlungen vom DMV-Vorsitzenden, *Robert Dißmann*, bereits in der ersten Ausgabe der Betriebsräte-Zeitschrift des DMV vom 15. April 1920 angekündigt (a. a. O., S. 3 f.; abrufbar unter: *http://library.fes.de/cgi-bin/populo/zeitung.pl?year=1920&f_HHH=brz1920&t_jahrbrz*).

437 Einzelheiten bei *Flatow/Kahn-Freund*, BRG, 13. Aufl. 1931, § 66 Anm. IX 2.

438 Vgl. RAG 4. 1. 1928, Bensh. 2, 59; 8. 12. 1928, Bensh. 4, 269; 11. 12. 1929, Bensh. 7, 516; 5. 2. 1930, Bensh. 9, 82.

439 Dazu RAG 3. 11. 1928, Bensh. 4, 149; 12. 10. 1929, Bensh. 7, 137; 2. 11. 1929, Bensh. 7, 305.

440 Das Original bzw. eine Original-Fundstelle sind nicht bekannte. Ihr Text nebst zahlreichen Protokollnotizen ist abgedruckt in der Betriebsräte-Zeitschrift des DMV Nr. 8/1920 vom 1. 8. 1920, Beilage 8, abrufbar unter: *http://library.fes.de/metallzs/betriebsraete-zeitschrift/1920/pdf/1920-08-beilage02.pdf*; siehe auch Sächsisches Staatsarchiv Leipzig, 20 670 Meier & Weichelt, Eisen- und Stahlwerke, Leipzig, Nr. 167). Dazu kamen regionale Muster-Ordnungen unter Variierung des zentralen Abkommens (z. B. für Köln und Umgebung, »Arbeitsordnung für die Metallindustrie«, o. J., Franz Paling, Buchdruckerei Köln-Kalk; Bibliothek der IHK Köln). Es gab auch weitere regionale Muster-Ordnungen unter Variierung des zentralen Abkommens (z. B. für Köln und Umgebung: »Arbeitsordnung für die Metallindustrie«, o. J., Franz Paling, Buchdruckerei Köln-Kalk; Bibliothek der IHK Köln). Für das Elektro-Installationsgewerbe wurde Anfang 1921 zwischen dem Verband deutscher Elektroinstallationsfirmen und dem DMV eine Vereinbarung mit branchenspezifischen Abweichungen getroffen (Betriebsräte-Zeitschrift des DMV 1921, 293).

27. August 1920.[441] Die Vereinbarung für die Metallindustrie wurde zwischen dem Gesamtverband Deutscher Metallindustrieller (»Gesamtmetall«) und allen drei Richtungsgewerkschaftenn getroffen (neben dem DMV der Christliche Metallarbeiterverband und der Gewerkverein Deutscher Metallarbeiter).
Nach dem Austritt des DMV aus der Zentral-Arbeitsgemeinschaft (s. o. § 14 III), der im Laufe des Gesetzgebungsverfahrens zum BRG verstärkten Frontstellung zwischen Arbeitgebern und Gewerkschaften und der Erschütterung durch den Kapp-Lüttwitz-Putsch im März 1920, erscheint dieses Abkommen erstaunlich kooperativ (einschließlich seltener Gewerkschaftseinheit). Das täuscht jedoch über das Ausmaß der inhaltlichen Differenzen. In seinem Bericht über die dazu führenden Verhandlungen berichtete der DMV-Vorsitzende, *Dißmann*, dass der DMV in die Verhandlungen mit einem Vorschlag mit insgesamt 8 Paragrafen gegangen sei, während die Arbeitgeber »*mit einem ausgedehnten Entwurf von 46 Paragraphen aufwarteten.*«[442] Dabei standen sich zwei ordnungspolitisch konträre Konzeptionen gegenüber: die Arbeitgeber wollten möglichst viele arbeitsrechtliche Sachfragen in der Arbeitsordnung regeln, während der DMV sie den Tarifverträgen vorbehalten und die Arbeitsordnung auf die durch die GewO vorgegebenen »*Mußbestimmungen*« zu beschränken trachtete. Im Ergebnis blieb es bei verteilungspolitischer Abstinenz der Arbeitsordnung einerseits und der Bekräftigung des Tarifvorrangs andererseits. Bemerkenswert ist z. B., dass für Arbeiter nach wie vor die jederzeitige, tägliche Kündigungsmöglichkeit für beide Seiten vorgesehen war. Demonstrativ offen und ungeregelt blieben drei Forderung der Arbeitgeber:

- teilweise Abbedingung des § 616 BGB (Lohnfortzahlung bei kurzfristiger Arbeitsversäumnis aus persönlichen Gründen),
- Verbot politischer Aktivitäten im Betrieb und
- Strafbestimmungen wegen arbeitsvertraglicher Pflichtverletzungen der Arbeiter.

Neben die Vereinbarungen der Tarifvertragsparteien trat am 21. Juli 1920 eine »Musterarbeitsordnung für Arbeiter«, die das Reichsarbeitsministerium »*unter Mitwirkung der großen Berufsvereinigungen der Arbeitgeber und Arbeitnehmer*« ausgearbeitet hatte (sie sah über die Metall-Vereinbarung hinaus zur Kündigung immerhin bereits – nicht bezifferte – Fristen vor).[443]
Juristisch war der Änderungs-Impetus des § 80 Abs. 3 BRG nur ganz schwach abgesichert: Wenn die neue Arbeitsordnung nicht im Konsens angegangen wurde und ein Betriebsrat nicht die Initiative erforderlichenfalls durch Anrufung des Schlichtungsausschusses ergriff, blieb eine vorhandene Arbeitsordnung in

441 Vgl. RAG 2. 3. 1929, Bensh. 5, 366, 368.
442 *Dißmann*, DMV Betriebsräte-Zeitschrift 1920, 72.
443 Text: Zentralblatt für das Deutsche Reich, Nr. 45 vom 9. 8. 1920, 1351.

Kraft. Es blieben nur aufsichtsrechtliche Möglichkeiten gem. §§ 134f., 147 Ziff. 5 GewO, den Arbeitgeber zu Änderungsschritten anzuhalten.[444] Davon ist allerdings, zumal in der Breite, ebenso wenig bekannt wie entsprechende Gerichtsentscheidungen. Insgesamt liegt die betriebliche Umsetzung der großen Muster-Vereinbarungen weitestgehend im Dunkel.[445]

Arbeitsordnung für die Metallindustrie

Vereinbart
zwischen dem Gesamtverband Deutscher Metallindustrieller – Berlin
einerseits
und dem Deutschen Metallarbeiterverband – Stuttgart,
dem Christlichen Metallarbeiterverband – Duisburg
und dem Gewerkverein deutscher Metallarbeiter (H.-D.) – Berlin
anderseits

Arbeitsordnung der Firma ...

Einleitung

(1) Die nachstehende für Arbeitgeber und Arbeiter (Arbeiterinnen) rechtsverbindliche Arbeitsordnung ist auf Grund der Bestimmungen der Gewerbeordnung und des Betriebsrätegesetzes vereinbart. Sie tritt am ... in Kraft.

(2) Für alle Fragen des Lohn- und Arbeitsverhältnisses, über die die Arbeitsordnung nichts enthält, gelten die Bestimmungen der Tarifverträge. Diese gehen entgegenstehenden Bestimmungen der Arbeitsordnung vor.

(3) Für Arbeiten außerhalb des Betriebes gelten neben dieser Arbeitsordnung besondere Vorschriften.

444 Vgl. *Flatow/Kahn-Freund*, BRG, § 80 Anm. IV 6.

445 Das schon in der Weimarer Republik bedeutende Lehrbuch des Arbeitsrechts von *Hueck* und *Nipperdey* z. B. enthält zu diesem Komplex überhaupt keine Ausführungen. Größere Klarheit hierzu ist von einem laufenden Projekt des Max-Planck-Instituts für Rechtsgeschichte und Rechtstheorie zu erwarten (gefördert durch die Hans-Böckler-Stiftung und das Institut der deutschen Wirtschaft) »Nichtstaatliches Recht der Wirtschaft. Die normative Ordnung der Arbeitsbeziehungen in der Metallindustrie vom Kaiserreich bis in die frühe Bundesrepublik« (Kontakt: *Peter Collin, collin@lhlt.mpg.de*). Erste Erkenntnisse deuten auf eine gewisse uniformierende Wirksamkeit der Muster-Ordnungen hin.

I. Beginn und Ende des Arbeitsverhältnisses.
§§ 1–7
II. Dauer der Arbeitszeit, Pausen, Überstunden.
§§ 9–17
III. Lohnberechnung, Lohnzahlung.
§§ 18–220
IV. Allgemeine Vorschriften.
§§ 23–30
V. Schlußbestimmungen.
§§ 31, 32

Berlin, den 1. Juli 1920
Gesamtverband Deutscher Metallindustrieller (E.v. Borsig)
Deutscher Metallarbeiterverband (Robert Dißmann)
Christlicher Metallarbeiterverband (Heinrich Kreil)
Gewerkverein Deutscher Metallarbeiter (H.-D.) (Alfred Cieslik)

VII. Rechtsprechung und Arbeitsrechtswissenschaft: Kahn-Freund und Fraenkel

Ein konzeptionell Neuland betretendes und umfangreiches Gesetz wie das BRG brachte unvermeidlich eine Vielzahl von Auslegungsproblemen und -streitigkeiten mit sich, und damit trat die dafür »normale« juristische Kulisse in ihr Recht: die rechtswissenschaftliche Diskussion und Kommentierung und ganz rasch eine intensive Rechtsprechung. Im Falle des BRG ist das untrennbar verwoben mit der Herausbildung des Arbeitsrechts als eigener wissenschaftlicher Disziplin und seit 1927 einer eigenen Fachgerichtbarkeit. Das BRG bildete zusammen mit der TarifvertragsVO, der SchlichtungsVO, dem Arbeitszeit- und Schwerbeschädigtenrecht sowie dem Arbeitsgerichtsgesetz die legislative Grundlage dieser neuen Disziplin.[446] Nach den Vorarbeiten von Pionieren wie *Philip Lotmar*,[447] *Ar-*

446 Vgl. *Nörr*, Die Grundlinien des Arbeitsrechts der Weimarer Republik, ZfA 1986, 403; *ders.*, Zwischen den Mühlsteinen. Eine Privatrechtsgeschichte der Weimarer Republik, 1988, S. 177ff.; *Ramm*, Das deutsche kollektive Arbeitsrecht zwischen den beiden Weltkriegen, ZfA 1988, 157; *ders.* Die Arbeitsverfassung der Weimarer Republik, in: Gamillscheg u.a., In Memoriam Sir Otto Kahn-Freund, 1980, S. 225ff.

447 *Lotmar*, Der Arbeitsvertrag nach dem Privatrecht des Deutschen Reichs, 2 Bde., 1902 und 1908.

thur Stadthagen,[448] *Waldemar Zimmermann*[449] und *Hugo Sinzheimer*[450] vor dem Kriege »explodierte« das neue Fach nach dem Weltkrieg geradezu. In kurzer Zeit waren – neben einer Flut von Einzeldarstellungen und Zeitschriftenaufsätzen – sechs Lehrbücher zum Arbeitsrecht auf dem Markt, die sich allesamt natürlich auch mit der Betriebsverfassung befassten.[451] Speziell zum BRG entwickelte sich eine für Deutschland typische Kommentarliteratur; 1932 gab es – neben einer Flut von Einzeldarstellungen[452] – neun (!) ernstzunehmende Kommentare.[453] Die einflussreichsten stammten von den für das Gesetz im Arbeitsministerium zuständigen leitenden Beamten *Friedrich Sitzler* und *Johannes Feig* (eher »konservativ«)[454] und *Georg Flatow*[455] (ab 1931 zusammen mit *Otto Kahn-Freund*, eher

448 *Stadthagen*, Arbeiterrecht, 1. Aufl. 1895.

449 Dieser in der Nachfolge der »Kathedersozialisten« wirkende Schüler von *Schmoller* prägte die arbeitsrechtliche Diskussion des späten Kaiserreichs durch zahlreiche Aufsätze in der Zeitschrift »Soziale Praxis« (vgl. auch Haftung und Abdingbarkeit der Tarifverträge nach dem geltenden Recht, 1913).

450 Für die Zeit vor 1918 vgl. seine grundlegenden tarifrechtlichen Werke »Der korporative Arbeitsnormenvertrag«, 1907/08; »Ein Arbeitstarifgesetz«, 1916.

451 Vgl. *Hoeniger*, Arbeitsrecht, 1930; *Hueck/Nipperdey*, Lehrbuch des Arbeitsrechts, Bd. 1 und 2, 2. Aufl. 1928; *Jacobi*, Grundlehren des Arbeitsrechts, 1928; *Kaskel*, Arbeitsrecht, 3. Aufl. 1928; *Silberschmidt*, Das deutsche Arbeitsrecht, 1926; *Sinzheimer*, Grundzüge des Arbeitsrechts, 2. Aufl. 1927. Auffällig ist, dass außer dem von *Hueck* und *Nipperdey* fünf dieser Lehrbücher von aus jüdischen Familien stammenden Autoren verfasst worden waren (das traf auch auf *Lotmar* und *Stadthagen* und von den Späteren auf *Kahn-Freund* zu). Dass – sich durchaus nicht als solche fühlende – »jüdische« Wissenschaftler bei den Vätern dieser neuen wissenschaftlichen Disziplin so überproportional vertreten waren, ist bis heute nicht schlüssig erklärt worden. Plausibel erscheint die im wilhelminischen Reich allgegenwärtige Diskriminierung als Antriebskraft dafür, sich auf einem innovativen Feld mit zumal antidiskriminierendem Impetus zu betätigen (vgl. *Kempen*, Assimilation – Integration – Korporation. Das jüdisch-sozialistische Arbeitsrecht von Weimar als Vehikel gesellschaftlichen Aufstiegs, in: Brumlik u. a., Hrsg., Der Antisemitismus und die Linke, 1991, S. 33; s. auch *Landau*, Juristen deutscher Herkunft im Kaiserreich und in der Weimarer Republik, in: Heinrichs u. a., Hrsg., Deutsche Juristen jüdischer Herkunft, 1993, S. 133, 203).

452 Interessanterweise kam dazu nach seinen grundlegenden Diskussionsbeiträgen zur konstitutiven Phase, als es um »Räte« versus »Betriebsräte« ging, kein relevanter Beitrag mehr von *Sinzheimer*.

453 Vgl. das Literaturverzeichnis bei *Flatow/Kahn-Freund*, BRG, 13. Aufl. 1930.

454 Vgl. *Feig/Sitzler*, BRG, 14. Aufl. 1931. Beide prominent für das Arbeitsrecht der Weimarer Republik stehenden Ministerialbeamten wurden rasch von den Nationalsozialisten aus dem Dienst entlassen: der »Chef« *Sitzler* 1933 (er wechselte zunächst zur ILO und anschließend in die Sozialverwaltung eines privaten Unternehmens) und *Feig* 1934 (er starb zwei Jahre später, vgl. *Hansen/Tennstedt*, Hrsg., Biographisches Lexikon zur Geschichte der deutschen Sozialpolitik 1871 bis 1945, Bd. 2: Sozialpolitiker in der Weimarer Republik und im Nationalsozialismus 1919 bis 1945, 2018, S. XXVI).

455 *Flatow* wurde 1933 aus dem Dienst entlassen und 1944 in Auschwitz ermordet (vgl. *Hansen/Tennstedt*, a. a. O., 50 f.).

»links«). Sie alle zusammen lieferten eine eindrucksvolle literarische Kulisse, und Anfang 1933 konnte man Fug und Recht von einem elaborierten »Betriebsverfassungsrecht« in Deutschland sprechen.
Den entscheidenden und letztlich prägenden Anteil daran hatten natürlich die Gerichte. »Rechtsprechung« bedeutete bis zur Verabschiedung des Arbeitsgerichtsgesetzes vom 23. Juni 1926[456] Gerichte der ordentlichen Gerichtsbarkeit, dabei »Kaufmannsgerichte« für Handlungsgehilfen und »Gewerbegerichte« für Arbeiter mit dem RG als letzter Instanz. Danach kam eine wie auch heute bekannte dreigliedrige Arbeitsgerichtsbarkeit mit dem Reichsarbeitsgericht an der Spitze. Diese Gerichtsbarkeit hinterließ 1933 eine sich in Anfängen systematisierende Verarbeitung des Betriebsverfassungsrechts, die zum Funktionieren der Betriebsverfassung jener Zeit unerlässlich war. Erstaunlich ist, dass diese Rechtsprechung in den maßgebenden neueren Geschichtswerken zur Betriebsverfassung der Weimarer Republik überwiegend nicht zur Kenntnis genommen wird. Das bleibt dem fundamentalen rechtshistorischen Werk von *Reichold*, »Betriebsverfassungsrecht als Sozialprivatrecht« von 1995 vorbehalten.
Wenngleich schon 1930 bzw. 1931 publiziert, sind die Analysen der *Sinzheimer*-Schüler *Ernst Fraenkel* (»10 Jahre Betriebsrätegesetz«)[457] und *Otto Kahn-Freund* (»Das soziale Ideal des Reichsarbeitsgerichts«)[458] geradezu kanonische »Leuchttürme« einer auf rechtswissenschaftlicher Basis erarbeiteten politologischen Kritik der RAG-Auslegung geblieben – ja, mit stärkerem zeitlichen Abstand immer mehr![459] Das mag mit dem späteren Weltruhm der beiden Autoren zu tun haben, der sich freilich auf ganz anderen Gebieten entfalten sollte, als in den beiden kleinen Arbeiten angelegt. Beide waren zum Zeitpunkt des Erscheinens gerade dreißig Jahre alte Arbeitsrechtler, *Fraenkel* vorwiegend für den Deutschen Metallarbeiterverband tätiger Rechtsanwalt und *Kahn-Freund* hauptberuflicher Arbeitsrichter in Berlin. Nach ihrer Emigration gewannen sie Ruhm auf ganz anderen Feldern: *Fraenkel* wurde mit seinem 1941 in den USA publizierten »Dual State« (»Doppelstaat«)[460] zum profunden Erklärer des NS-Regimes und später

456 RGBl. I 507.

457 Eine Einschätzung aus (frei-)gewerkschaftlicher Sicht zum 10jährigen Bestehen des BRG stammt von *Clemens Nörpel* (10 Jahre Betriebsrätegesetz in Deutschland, Kölner Sozialpolitische Vierteljahresschrift 1931, 252).

458 Abhandlungen zum Arbeitsrecht, Heft 7, 1931; dazu *Reichold*, S. 278ff.

459 Beide wurden wiederabgedruckt in der inzwischen legendären Edition Weimarer Texte durch *Thilo Ramm* (Arbeitsrecht und Politik. Quellentexte 1918 – 1933, 1966). Dort wurde auch ein weiterer Aufsatz von *Kahn-Freund* publiziert, mit dem dieser die Kernelemente seiner Analyse nochmals 1932 aufgegriffen hatte: »Der Funktionswandel des Arbeitsrechts« (Archiv zur Sozialwissenschaft und Sozialpolitik 1932, 146; vgl. Ramm, a. a. O., S. 211).

460 »The Dual State«, New York 1941; deutsch »Der Doppelstaat. Recht und Justiz im »Dritten Reich«, 1974.

(Mit-)Begründer der politischen Wissenschaften in Deutschland, *Kahn-Freund* stieg in Großbritannien (als »*Sir Otto*«) zum anerkannten Doyen zunächst des britischen und dann des europäischen Arbeitsrechts auf. Dieser spätere Glanz strahlt unvermeidlich zurück auf ihre Jugendarbeiten. Nahezu immunisiert gegen eine spätere kritische Betrachtung wurde insbesondere *Kahn-Freunds* Artikel durch die spätere Entwicklung in Deutschland. Denn er hatte ja dem RAG restaurative Tendenzen nach Art des italienischen Faschismus attestiert[461] – und in Deutschland sollte es noch schlimmer kommen. Aber genau diese scheinbar naheliegende, jedoch hypothetische Kausalität gebietet Vorsicht (sogleich u.).[462]
Der Kern ihrer Kritik und der rote Faden der Darstellung speist sich aus dem hier schon als Quell für mannigfache Miss- und Nichtverständnisse angesprochenen Charakter des BRG als erster Teil eines nie vollendeten Räte-Systems entsprechend dem Art. 165 WRV. Alle auf Gemeinsamkeit mit dem Arbeitgeber orientierten Handlungspflichten des Betriebsrates mochten vielleicht bei dessen Vollendung erklärbar, vielleicht sogar zu rechtfertigen sein. Ab dem Zeitpunkt jedoch, als diese ausblieb (und das war für viele bereits zum Zeitpunkt der Verabschiedung des BRG absehbar), wurde das unhaltbar: »*Diese wirtschaftspolitische Funktion der Betriebsvertretung hat einen Sinn nur als Bestandteil eines Übergangs von der kapitalistischen zur sozialistischen Wirtschaft, bei der zwar noch das Eigeninteresse des Unternehmens erhalten bleibt, jedoch auf verschiedenen Wegen im volkswirtschaftlichen Interesse eine weitgehende Kontrolle des Unternehmens auf die Wahrung seines volkswirtschaftlichen Betriebszweckes stattfindet … Dadurch, dass die Sozialisierung nicht in Angriff genommen wurde, die wirtschaftspolitische Funktion der Betriebsräte aber doch bestehen blieb, wandelte sich diese in ihr Gegenteil um.*«[463]
Fraenkel und *Kahn-Freund* legten an einer Fülle von Einzelbeispielen dar, dass und wie zunächst das RG und dann das RAG hieraus eine »Arbeits- und Be-

---

461 In der Bundesrepublik hatte *Wolfgang Däubler* den Versuch einer Gesamtanalyse der BAG-Rechtsprechung unter dem absichtsvoll-provokativ an *Kahn-Freund* angelehnten Titel »Das soziale Ideal des Bundesarbeitsgerichts« unternommen (in: Kittner, Hrsg., Streik und Aussperrung, 1974, S. 411 ff.). Er attestierte dem BAG zwar eine größere Flexibilität, konstatierte aber insgesamt einen »*weiterentwickelten Sozialkonservatismus*« (vgl. *Kittner*, 50 Urteile, S. 48).

462 *Kahn-Freund* selbst bezeichnete in einem Interview im Jahre 1978 »*die Argumentation selbst überspitzt und stark polemisch ausgerichtet.*« Die von ihm eingenommene subjektive Sicht der Dinge, als hätten die RAG-Richter bewusst ein faschistisches Weltbild verwirklichen wollen, sei falsch gewesen: »*Und wenn ich dies formuliert habe, so war dies einfach ein Fehler. Die Richter selbst haben wahrscheinlich zum großen Teil von der »Carta del Lavoro« … überhaupt nichts gewußt*«. Es habe sich nicht um ein bewusstes Sozialideal gehandelt, sondern um eine »*Parallelität der Vorgänge, die gesellschaftlich begründet ist*« (KJ 1981, 183, 194).

463 *Kahn-Freund*, Funktionswandel des Arbeitsrechts, a. a. O., S. 241.

triebsgemeinschaft« zwischen Arbeitgeber und Arbeitnehmern konstruiert hatten. Das bis heute spektakulärste Beispiel dafür lieferte die Behandlung des »Betriebsrisikos« im Arbeitskampf, beginnend mit dem berühmten Fall bei der Kieler Straßenbahn und der grundlegenden Entscheidung des RG vom 6. Februar 1923.[464] Darin ging es darum, wer beim Streik von Kraftwerksarbeitern des Straßenbahnunternehmens das Lohnrisiko der beschäftigungslosen Lokführer und Schaffner zu tragen hätte. Das RG wies es den Arbeitern mit der Begründung zu, dass »*inzwischen der Gedanke der sozialen Arbeits- und Betriebsgemeinschaft Ausbreitung und Anerkennung gefunden (hat), der das Verhältnis zwischen dem Arbeitgeber und den Arbeitnehmern ... beherrscht*«.
Von diesem Gedanken ließ sich das RAG dann zu vielen Gelegenheiten auch bei Auslegung des BRG leiten. »*Beide Aufgaben greifen naturgemäß ineinander über, und bei der Erfüllung der einen darf der Betriebsrat die andere nicht außer acht lassen.*«[465] Zum Schwur kam dieses Problem im Streit um die Berechtigung der Kündigung eines Betriebsratsmitglieds, weil dieses die Leistung von Mehrarbeit verweigert hatte.[466] Das RAG[467] hielt die Kündigung mit folgender Begründung für berechtigt: »*Es ist hier nicht die eine Aufgabe vor die andere, sondern es sind beide Aufgaben gleichwertig nebeneinander gestellt. Der Kläger war also als Vorsitzender des Betriebsrats verpflichtet, die Belange des ganzen Betriebs wahrzunehmen, nicht denen der Arbeitnehmer den Vorzug zu geben. Insofern war er auch nicht ›Partei‹, sondern Berater der Betriebsleitung*«.
Die Schlussfolgerungen von *Kahn-Freund* einerseits und von *Fraenkel* andererseits aus dieser Rechtsprechung waren verblüffend unterschiedlich. *Kahn-Freund* sah vor allem eine beunruhigende Affinität des in der Rechtsprechung des RAG zum Ausdruck kommenden sozial-konservativen Gesellschaftsbildes zum Faschismus in Italien, einer obrigkeitlich erzwungenen Interessengemeinsamkeit von Kapital und Arbeit, institutionell abgesichert durch die »Magistratura del Lavoro«, bei gleichzeitiger Fürsorge für das Individuum. Insbesondere das Betriebsverfassungsrecht sah er auf dem Weg dahin. Dabei war für ihn das eigentlich Beunruhigende aber nicht so sehr die Rechtsprechung des RAG als solche, obwohl er für das in seinen Augen »*geistig erstarrte*« Arbeitsrecht vernichtende Worte fand: »*Die Idee des Arbeitsrechts als eines Personenrechts ist von einem Werkzeug der unterdrückten Klasse zu einem Werkzeug der Beamtenschaft im Dienst eines*

464 RGZ 106, 272 (vgl. *Kittner*, 50 Urteile, S. 45).

465 Zuerst RAG 21. 3. 1928, Bens. 2, 159. Dementsprechend betrachtete das RAG das BRG nicht so sehr als Schutz- denn als Organisationsgesetz (vgl. BAG 4. 1. 1928, Bensh. 1, 83).

466 Hintergrund dieses Falls war ein grundlegender Streit über die Berechtigung von Arbeitnehmern, Mehrarbeit zu verweigern. Während die Gewerkschaften sie bejahten und das auch in ihren Schulungen vertraten, lehnte das RAG sie ab (RAG 12. 12. 1928, Bensh. 4, 381).

467 RAG 29. 5. 1929, Bensh. 6, 335, 339.

kleinbürgerlich-wirtschaftsfriedlichen Ideals geworden.« Viel besorgniserregender erschien ihm, dass das RAG damit möglicherweise Tendenzen innerhalb der Arbeitnehmerschaft selbst entgegenkam, für die er vor allem die Zunahme der Angestellten verantwortlich machte. Außerdem hätte die »*notwendige Beteiligung der Gewerkschaften an der Bildung des Staatswillens durch Teilnahme in den Schlichtungsausschüssen, Arbeitsgerichten, Sozialversicherungsbehörden usw.*« eine integrative Haltung der Arbeitnehmer gefördert: »*Die Gefahr einer solchen Entwicklung der Entpolitisierung in den breiten Massen verbunden mit bewußter wirtschaftsfriedlicher, fürsorgerischer Einstellung der leitenden Beamtenkreise muß für jeden, dem Demokratie mehr bedeutet als eine formale Rechtseinrichtung, auf der Hand liegen.*« Dafür machte *Kahn-Freund* recht unverbrämt die aktuellen Gewerkschaftsführungen verantwortlich: »*Nimmt man diesen Verbänden den Kampfcharakter, sucht man an die Stelle des sozialen Kampfes die Herrschaft des höheren Beamtentums zu setzen, so hat man mit diesem System sozialer Diktatur die soziologischen und psychologischen Voraussetzungen auch der politischen Diktatur geschaffen.*« Und, als düstere Apotheose dieser Philippika: »*Es führen viele Wege zur Diktatur. Der nächste Weg zum Faschismus jedenfalls geht in unseren gesellschaftlichen Verhältnissen nicht über die Gewalt, sondern über die Anbetung von Ruhe und Ordnung, von Fürsorge und Disziplin, vor allem über den ideellen Einbau der kämpfenden Organisationen in eine schemenhafte nationale Gemeinschaft.*«[468]

Das waren starke Worte, mit denen *Kahn-Freund* eine mit den Krisenjahren anwachsende »korporatistische« Neigung bei Arbeitnehmern und Gewerkschaften zutreffend benannte. Aus heutiger Sicht besteht aber offenkundig die Gefahr einer Missdeutung, als habe *Kahn-Freund* hier hellsichtig einen geraden Weg vom RAG zum Nationalsozialismus vorhergesehen. Zur Erinnerung: Seine Schrift erschien 1930, und eine Bezugnahme auf den italienischen Faschismus kann für diesen Zeitpunkt mit dem Wissen von heute keine Kausalbeziehung zum knapp drei Jahre später realen deutschen Nationalsozialismus indizieren.[469] Auf

468 Damit machte sich *Kahn-Freund* natürlich keine Freunde bei den Gewerkschaften. Deren Chefarbeitsrechtler *Clemens Nörpel*, der sich ad personam angesprochen sah, versuchte durch Schreiben an die führenden Arbeitsrechtler der Zeit eine Publikation der Schrift zu verhindern (hierzu und zu *Nörpels Biographie* vgl. *Unterhinninghofen*, Der Arbeitsrechtler Clemens Nörpel – vom ADGB zur DAF, AuR 2018, G 1). In der Sache selbst hatte *Nörpel* das RAG sogar noch vor *Kahn-Freund* öffentlich kritisiert (vgl. *Nörpel*, Zehn Jahre Betriebsrätegesetz, Gewerkschaftszeitung 1930, 120). Er engagierte sich auch gegen die Berufung *Kahn-Freunds* als Arbeitsrichter (vgl. *Däubler*, Otto Kahn-Freund, in: Redaktion Kritische Justiz, Hrsg., Streitbare Juristen, Bd. I, 2016, S. 380).

469 *Kahn-Freund* selbst hatte 1933 offenbar gar keine Vorstellung von dessen einzigartiger Bedrohlichkeit. Nachdem er als Arbeitsrichter ein mutiges, bei den Machthabern denkbar missliebiges Urteil für entlassene Rundfunkredakteure gefällt hatte, musste ihn seine Frau mühsam zur Flucht überreden (vgl. *Sudhoff*, AuR 2016, G 17).

der anderen Seite muss nun erneut die gesamte Breite der speziell betriebsverfassungsrechtlichen Situation in den Blick genommen werden. Dazu hilft auch die Befassung mit *Fraenkels* Schrift. Denn: Bei nahezu identischer dogmatischer Kritik am RAG zog er diametral andere Schlüsse. Wo *Kahn-Freund* tiefpessimistisch in die Zukunft schaute, verbreitete *Fraenkel* großen Optimismus. Sie bieten eine geradezu idealtypische Verkörperung des Duos, von dem einer das »Glas halb leer«, der andere aber »halb voll« sieht.

Fraenkel sah im BRG ein sehr volkstümliches Arbeiterschutzgesetz, das im Bewusstsein der Arbeiter einen sehr hohen Stellenwert habe: »*Ja, das Betriebsrätegesetz ist der erste Anlaß gewesen, daß weite Kreise des Volkes wieder Fühlung zu dem staatlich geformten Recht gefunden haben.*« Dazu betonte er den Wert und die Bedeutung der Alltagsarbeit von Betriebsräten (auch wenn er die Reichweite ihrer Rechte zutreffend nicht viel anders als die der früheren Arbeiterausschüsse einschätzte): »*Bei der Bekämpfung der Unfallgefahren, dem Ausbau der Betriebshygiene, dem Frauen- und Schwerbeschädigtenschutz, der Lehrlingsfürsorge bewähren sich Arbeiter- und Angestelltenräte in jener mühevollen Kleinarbeit, deren Durchführung die Grundlage des proletarischen Aufstiegs bildet. Die soziale und kulturelle Kleinarbeit zu unterstreichen ist um so notwendiger, als die Verkennung ihrer Schwierigkeit und ihres Wertes manch einem Intellektuellen der sozialistischen Bewegung den Weg zum Verständnis der Psyche des tätigen Arbeiterfunktionärs versperrt*« (man könnte meinen, *Fraenkel* ziele direkt auf den Kollegen *Kahn-Freund*). Jedenfalls sah er noch »*längst nicht alle Möglichkeiten ausgeschöpft, die in dem BRG enthalten sind.*«

Er sah denn auch beim RAG »*wertvolle Ansätze*« zu einer konstruktiven Entwicklung des Rechts der Betriebsvertretungen. Als Beispiel nannte er die Entwicklung des Betriebsstrafrechts, wie er das nannte, die Bindung von Disziplinarstrafen an die Mitwirkung des Betriebsrats (s. o.).[470] In der Tat zeigt eine unvoreingenommene Analyse der vielen Beschlüsse des RAG zum BRG, dass das Gericht auf dem Wege war, das neue Rechtsgebiet durchaus mit Empathie für den Mitbestimmungsgedanken und eine effektive Betriebsratsarbeit mit Leben zu erfüllen. Das äußerte sich z. B. in dem vom Wortlaut des § 95 zunächst nicht zwingend angelegten Schutz für noch nicht gewählte Wahlbewerber und Arbeitnehmer, die die Bestellung eines Wahlvorstands betrieben. Die Freiheit des Arbeitnehmers, zu wählen und sich wählen zu lassen, könnte sonst »*leicht illusorisch werden.*«[471] Auch bei der Auslegung der Vorschriften für ein möglichst unbehindertes Tätigwerden zeigte sich das RAG nicht kleinlich. Das betraf z. B. die Freistellung für Betriebsratsarbeit[472] und die Lohnfortzahlung für diese Zeit. Hier allerdings

470 Vgl. RAG 11. 1. 1928, Bensh. 2, 31.

471 RAG 26. 9. 1928, Bens. 4, 35, 36.

472 Vgl. RAG 13. 4. 1929, Bensh. 6, 187.

bestand das RAG schon früh auf einer peniblen Wahrung des Verbots von Schlechter- wie Besserstellungen, weshalb es etwas eine betriebliche Regelung mit pauschalierten Bezügen für alle Betriebsratsmitglieder verwarf (eine bis heute virulente Problematik).[473] Die von ihm aufgestellten Grundsätze zur Erstattung von Rechtsanwaltskosten,[474] der Beschaffung von Büchern und Kommentaren[475] und die Nutzung eines schwarzen Bretts[476] (auch das alles »Klassiker« unter dem BetrVG) waren durchweg betriebsratsfreundlich.

Die Frage, wie sich die Rechtsprechung entwickelt hätte, wenn dem BRG eine längere Lebensdauer beschieden gewesen wäre, ist müßig; sie kann wegen der historischen Faktizität nicht beantwortet werden. Einen kleinen Rückschluss aber darauf, dass das RAG (und die Weimarer Republik als Ganzes) nicht unausweichlich und alternativlos einem faschistischen Ausgang zusteuerte, lieferte es selbst zum Kernthema, dessen Handhabung Anlass zur Kritik vor allem von *Kahn-Freund* gegeben hatte: der Nutzung des Betriebsgemeinschaftsgedankens im Arbeitskampf. Hier musste es sich schon bald nach dem Kieler Straßenbahn-Fall mit Fall-Konstellationen befassen, die nicht mehr nur in einem Unternehmen spielten, sondern wo beim Kampf um einen Flächentarif mittelbare Arbeitskampffolgen zwischen verschiedenen Betrieben zu beurteilen waren. Hier half eine betriebliche »Gemeinschaft« naturgemäß nicht weiter, und das RAG entwickelte in dieser Situation eine »moderne« arbeitskampfrechtliche Argumentationsfigur, die »Sphärentheorie«: die mittelbaren Folgen muss die Seite tragen, in deren Sphäre der Erst-Konflikt ausgelöst wird.[477] Nunmehr wurde eine Haftung nicht mehr wegen der Gemeinschaft mit dem Arbeitgeber, sondern wegen der solidarischen Verbundenheit der Arbeitnehmer (auch der Arbeitgeber) begründet – eine Denkfigur, der später in der Bundesrepublik, als die RAG-Rechtsprechung zunächst unverändert übernommen worden war,[478] von konservativen Rechtswissenschaftlern der Vorwurf gemacht wurde, sie beruhe auf »klassenkämpferischen« Gedanken.[479]

Im selben Jahr 1928, in dem das RAG vom »Betriebsrisiko« zur »Sphärentheorie« wechselte, bewies es seine Korrektur-Bereitschaft auch an einem anderen heiklen Punkt, der Rechtsstellung von Betriebsratsmitgliedern im Arbeitskampf. Wegen der damals herrschenden Arbeitskampfdoktrin konnten alle streikenden

473 Vgl. RAG 8.2.1928, Bensh. 2, 36.

474 Vgl. RAG 24.6.1931, Bensh. 12, 426; 8.7.1931, Bensh. 12, 509. Es hat aber den Anschein, als ob das RAG hier zunehmend strengere Anforderungen aufstellte (vgl. RAG 9.12.1931, Bensh. 13, 503).

475 Vgl. RAG 21.12.1927, Bensh. 1, 75; 28.6.1930, Bensh. 9, 340; 11.7.1931, Bensh. 13, 26.

476 Vgl. RAG 28.3.1928, Bensh. 2, 153.

477 Vgl. RAG 20.6.1928, Bensh. 3, 116; 23.11.1929, Bensh. 7, 467.

478 Vgl. BAG 8.2.1957 – 1 AZR 338/55, BAGE 3, 346.

479 Vgl. *Wiedemann*, RdA 1969, 321, 326; hierzu *Pfarr/Kittner*, RdA 1974, 284, 286.

Arbeitnehmer wegen Arbeitsverweigerung gem. § 123 Ziff. 3 GewO fristlos entlassen werden; Aussperrungen erfolgten ohnehin als derartige Kündigung. Das galt auch für Betriebsratsmitglieder, die damit gem. § 69 ihr Betriebsratsamt verloren. Sie konnten es erst wieder erlangen, wenn die Gewerkschaft eine entsprechende Maßreglungsklausel hatte durchsetzen können. Hier nun wurde das RAG erfinderisch – und zwar, nachdem der Reichstag es im Jahre 1927 abgelehnt hatte, dies gesetzlich zu regeln (!):[480] Es befand, dass § 69 eine Kündigung voraussetze, die auf ein *endgültiges* Ausscheiden abziele; dies aber sei beim Arbeitskampf nicht der Fall.[481] Also lebe das Betriebsratsamt nach dem Arbeitskampf auch dann wieder auf, wenn es keine entsprechende Maßregelungsklausel gab – eine fürwahr ingeniöse, durchaus rechtsschöpferische Auslegung!

Nochmals: Wir können nicht wissen, wie die Entwicklung des deutschen Arbeitsrechts im Allgemeinen und die zum BRG im Besonderen sich ohne die Zäsur von 1933 entwickelt hätten. Die beiden spektakulären Entscheidungen des RAG in ideologisch vermintem Gelände mahnen zur Vorsicht. *Kahn-Freund* ist erstaunlicherweise auf beide Entscheidungen nicht eingegangen; sie sprechen jedenfalls gegen die von ihm projizierte düstere Ausweglosigkeit (jedenfalls auf diesem Gebiet). Beide Entscheidungen könnten vielmehr eine spekulative Prognose stützen, dass ohne das frühzeitige Ende der Republik sich hier ein auch nach heutigen Maßstäben »normale«, gesetzesloyale Durchstrukturierung dieses neuen Rechtsgebiets zu erwarten gewesen wäre (mit »Ausreißern« mal nach hier, mal nach da).[482]

480 Vgl. »Anträge auf Verbesserung des Betriebsrätegesetzes im Reichstag«, Gewerkschaftszeitung 1927, 144.
481 RAG 3. 10. 1928, Bensh. 4, 100.
482 Ähnlich *Reichold*, S. 287.

§ 16 Praxis unter dem BRG

I. Die Quellen-Lage

Wenn es nun aber um die sich anschließende Praxis unter dem BRG gehen soll, muss nahezu ein Offenbarungseid geleistet werden, denn: Es sind zwar Bibliotheken über das neue Phänomen der Betriebsräte, ihr Verhältnis zu den Gewerkschaften und die daraus folgenden Politikmodelle geschrieben worden, aber es gibt keine umfassende Empirie zum Thema! Die einzige »amtliche« Information bilden die regelmäßigen Berichte der preußischen Gewerbeaufsichtsbeamten, die ihrerseits aber nur willkürlich ausgewählte Themenausschnitte mit nicht repräsentativen regionalen oder fachlichen Schwerpunkten enthielten.[483] Darüber hinaus gibt es nur zwei (!) empirisch-soziologische Studien, davon eine aus der Weimarer Zeit selbst, die andere aus der Zeit der Bundesrepublik. Bei der ersten handelt es sich um die berühmte Schrift von *Kurt Brigl-Matthiaß* aus dem Jahre 1926 »Das Betriebsräteproblem«.[484] Die zweite stammt von *Werner Plumpe*, »Betriebliche Mitbestimmung in der Weimarer Republik« (1999). Beide Arbeiten haben ihre Verdienste, sind aber auf spezifische Weise limitiert. Das trifft besonders auf die Arbeit von *Plumpe* zu. Sie glänzt durch aus Firmenarchiven geschöpftem Detailreichtum, behandelt aber eben nur zwei Großbetriebe von Bayer und den Vereinigte Stahlwerke. *Brigl-Matthiaß'* Arbeit ist erheblich breiter angelegt, ist aber aufgrund seiner fachlichen und regionalen Auswahl ebenfalls nur bedingt repräsentativ. Seine Untersuchungen betrafen die Großeisenindustrie, den Bergbau und die Metallindustrie mit den Schwerpunkten Groß-Berlin und Ruhrgebiet. Damit bewegte er sich in Regionen mit ausgeprägtem revolutionärem Hintergrund und einer weiterhin überdurchschnittlich aktiven Arbeiterschaft. Diesbezüglich ist der Erinnerung wert seine Charakterisierung der »*Eigenarten des Berliner Arbeiters*«, mit ein Grund, warum Berlin zum Brennpunkt der Auseinandersetzung um gewerkschaftliche und politische Ideen geworden

483 Vgl. Jahresberichte der preußischen Gewerbeaufsichtsbeamten, 1918 ff.

484 Nachdruck: *Crusius/Schiefelbein/Wilke*, Die Betriebsräte in der Weimarer Republik, Bd. 2, 1978, Einleitung *Reinhard Hoffmann*.

sei: »... *aufgeweckt, und straff organisiert, dafür aber auch leicht erregbar und von starkem Klassengefühl beseelt, (der) einen besonders qualifizierten Typus der deutschen Arbeiterschaft darstellt*«.[485]

Neben *Brigl-Matthiaß* gibt es aus der Weimarer Zeit die Studie »Betriebsrat oder Gewerkschaft? Beiträge zur Soziologie des Betriebsrätewesens« von *Josef Windschuh* aus dem Jahre 1922. Diese im Oktober 1921 abgeschlossene Arbeit ist keine im strengen Sinne soziologische Untersuchung, sondern gibt persönliche Beobachtungen und Eindrücke des Autors aus seiner Praxis als Personalmanager in einem Industriebetrieb wieder. Das macht sie ungeachtet aller Fragen zu Repräsentativität und Erhebungsmethoden zu einer ungemein interessanten und aufschlussreichen Quelle.[486]

Dazu gibt es natürlich unzählige verstreute zeitgenössische Notizen zu einschlägigen Ereignissen hier oder da. Gelegentlich enthält die Gewerkschaftspresse etwas eingehendere Praxisschilderungen, wie z.B. den Artikel »*Praktische Arbeit der Betriebsräte im Wirtschaftsgebiet Mannheim*« von *K. Felgentrebe.*[487] Darin wird die in der sozialhistorischen Literatur immer wieder als Beleg für die Kündigungsschutzpraxis unter dem BRG ins Feld geführte Umfrage des ADGB zur Betriebsratspraxis im Raum Mannheim referiert.[488] Aus dem Einzelfall-Alltag ragen die drei kleinen Arbeiten zur 10jährigen Existenz des BRG von *Fraenkel, Nörpel* und *Windschuh* heraus sowie zwei im Umfeld der ILO entstandene Überblicks-Darstellungen eines französischen und britischen Autors: *Berthelot*, »Die Betriebsräte in Deutschland«, 1926 (französisches Original 1924) und *Guillebaud*, A German Experiment in Industrial Democracy, 1928. Dazu kommen drei kurze Überblicksartikel aus jüngerer (nicht: jüngster) Zeit: *Hans Hemmer*, »Betriebsrätegesetz und Betriebsrätepraxis in der Weimarer Republik,«[489] *Plumpe* »Die Betriebsräte in der Weimarer Republik: Eine Skizze zu ihre Verbreitung, Zusammenfassung und Akzeptanz«[490] und *Benno König*, »Interessenvertretung am Arbeitsplatz: Betriebsrätepraxis in der Metallindustrie 1920 – 1933.«[491] Das

485 A.a.O., S. 19.

486 Zu einer Besprechung beider Bücher vgl. *Bender*, Dezentrales Verhandeln, in: Rechtshistorisches Journal 6, 1987, S. 65. *Windschuh* hat später noch eine kurze Bilanzierung zum 10jährigen Bestehen des BRG aus Unternehmersicht vorgelegt (vgl. Soziale Praxis 1930, Sp. 232–234, wiederabgedruckt bei *Milert/Tschirbs*, Von den Arbeiterausschüssen zum Betriebsverfassungsgesetz, 1991, S. 134).

487 Gewerkschafts-Zeitung 1930, 276.

488 Sie zeitigte als Resultat, dass aus 67 Betrieben von 1647 rückgängig gemachten Kündigungen berichtet haben. Das war alles andere als repräsentativ.

489 In: Borsdorf u.a., Hrsg., Gewerkschaftliche Politik: Reform aus Solidarität, FS für Heinz Oskar Vetter, 1977, S. 241–269.

490 In: Plumpe/Kleinschmidt, Hrsg., Unternehmen zwischen Markt und Macht, 1992, S. 42ff.

491 In: Tenfelde, Hrsg., Arbeiter im 20 Jahrhundert, 1991, S. 66ff.

wars![492] Wer seither über Betriebsräte geschrieben hat oder aktuell schreibt, kann ohne neue Archiv-erschließende Arbeiten nur aus diesen Quellen schöpfen. Wer sich also anschickt, über die Betriebsverfassung in der Weimarer Republik etwas zu sagen, muss wissen, dass über diese schmalen, ausschnittsweisen Befunde hinaus nur Näherungen, Hochrechnungen oder gar nur Vermutungen möglich sind.

II. Richtungsentscheidung zwischen Gewerkschaften, kommunistischen Räten und autonomen Betriebsräten

Dreh- und Angelpunkt für den Start der Praxis unter dem BRG war eine Hypothek: Die Revolution hatte sich technisch gesehen in der Errichtung von »Arbeiter- und Soldatenräten« manifestiert, d. h. plakativ gesprochen: Die Arbeiter waren – wenn auch für z. T. sehr kurze Zeit – die »Herren« der jeweiligen Stadt und in Einzelfällen auch ihres Betriebes! Und nun sollten sie sich in Arbeitsteilung mit den Parlamenten auf allen Ebenen und vertröstet auf eine künftige Gesamt-Räte-Verfassung mit der Rolle des Junior-Partners in den Betrieben begnügen. Auch wenn das BRG ihnen mehr Rechte brachte als den bisherigen Arbeiterausschüssen, so musste das als ein »Weniger« erscheinen. Dazu kam die »linke« Fundamentalopposition vor allem von der KPD und den syndikalistisch eingestellten Berliner Betriebsräten, die aus der Bewegung der »Revolutionären Obleute« hervorgegangen waren (§ 13). »Praxis unter dem BRG« hieß in diesem Zusammenhang in der Zeit unmittelbar nach Inkrafttreten des Gesetzes vor allem »Kampf um die Seelen« zwischen diesen drei deutlich voneinander geschiedenen Richtungen:

- Die freien Gewerkschaften wollten die Betriebsräte in ihre Gesamtpolitik einbinden, sie auch praktisch als ihren »verlängerten Arm« in den Betrieben wirken lassen.
- Die Kommunisten wollten ungeachtet der Niederschlagung des Spartakusaufstandes die »Revolution« unter Führung der »Komintern« fortsetzen.
- Und die »unabhängigen« Betriebsräte wollten unter Nutzung der BRG-Logistik eine militante, von Gewerkschaften unabhängige Betriebspolitik durchsetzen.

Dazu gründeten sie alle »Betriebsrätezentralen«, die sie zur Organisation möglichst breit besuchter zentraler Betriebsrätekongresse nutzten. Die naturgemäß

492 Dazu kommen verstreute Passagen über Betriebsratsprobleme in Studien zu Einzelunternehmen unter anderen Aspekten.

größte und einflussreichste wurde sofort die im Juni 1921 gegründete Betriebsrätezentrale von ADGB und AfA unter der Leitung von *Fritz Brolat* und *Clemens Nörpel*. Sie hatte vor allem die Aufgabe, das Betriebsrätewesen durch Impulse zur Bildungsarbeit und organisatorische Anleitungen zu stärken. Dazu publizierte sie zahlreiche Broschüren und eine allerdings bereits 1923 wieder eingestellte »Betriebsrätezeitung«. Daneben gab es Periodica einzelner Gewerkschaften, z. B. die »Betriebsräte-Zeitschrift« des DMV als *»Bildungsorgan für die Funktionäre des Deutschen Metall-Arbeiterverbandes.«* Diese »Zentralen« wurden später in Betriebsräte-Abteilungen der jeweiligen Verbände überführt. Beim DMV veranstaltete ein »Betriebsräte-Beirat« bis zum Ende der Republik jährliche Betriebsrätekonferenzen.

Die »Betriebsrätezentrale« von ADGB und AfA veranstaltete vom 5. bis 7. Oktober 1920 einen »Ersten Reichskongreß der Betriebsräte Deutschlands« mit etwa 1000 Teilnehmern. Er geriet zur geradezu szenischen Demonstration der Zerrissenheit auf der »Linken« und in den Gewerkschaften zu jener Zeit. Das Programm sah zunächst Referate zur wirtschaftlichen Lage von *Rudolf Hilferding* und *Rudolf Wissel* und zur Betriebsrätefrage von *Robert Dißmann*, dem DMV-Vorsitzenden und den Leitern der Betriebsräte-Zentrale *Brolat* und *Nörpel* vor. Doch schon sofort nach Beginn setzte das Spektakel ein. Mit der ersten Wortmeldung zur Geschäftsordnung zeigte sich eine sich selbst auch so bezeichnende »Opposition« und setzte die Aufnahme von »Koreferaten« durch, eine zu der Zeit auf Gewerkschaftskongressen nicht unübliche Verfahrensweise: *Kurt Brandler* für die KPD und *Richard Müller* für die unabhängigen Berliner Betriebsräte. Dazu drängte sie dem Kongress zwei lange Vorträge sowjet-russischer Gäste und einer Berliner Arbeitsloseninitiative auf und zogen den Kongress mit einer Vielzahl von Geschäftsordnungsanträgen derart in die Länge, dass am letzten Tag nur noch drei (!) Diskussionsredner aus dem Kreise der Teilnehmer zu Wort kamen.

Der Kongress hatte aber dennoch eine Langzeitwirkung. KPD und unabhängige Betriebsräte versuchten vergeblich, eigene reichweit repräsentative Veranstaltungen auf die Beine zu stellen, und die neben der ADGB-Zentrale bestehenden selbständigen Betriebsrätezentralen verschwanden binnen kurzem von der Bildfläche: *»Seitdem behielten die freien Gewerkschaften die Betriebsrätearbeit im ganzen weitgehend unter Kontrolle.«*[493] Innerhalb des ADGB veranstaltete sein größter Mitgliedsverband, der DMV, noch einen »Ersten Reichsbetriebsräte-Kongreß für die Metallindustrie« vom 5. bis 7. Dezember 1921. Auf ihm sprachen einleitend vier Referenten (darunter wieder *Hilferding* und der Vorsitzende der Bergbaugewerkschaft *Otto Hue*) zu allgemeinen wirtschaftlichen Fragen sowie *Dißmann* und *Engelbert Graf* über »Aufgaben und Bildung der Betriebsräte«.

493 *Ruck*, Einleitung, in: Quellen, Bd. II, 1985, S. 46.

Hier gab es keine fraktionspolitisch motivierten Geschäftsordnungsdebatten und »Koreferate« mehr. Vielmehr führte der – nach wie vor der USPD angehörende – DMV-Vorsitzende *Dißmann* in einer großen tour d'horizon durch die Anwendungsprobleme und -defizite nach einem Jahr BRG, während der zweite Referent *Graf* ein Referat zu inhaltlichen und didaktischen Fragen der Bildungsarbeit bei der Vermittlung dieses neuen Stoffes hielt.

Wie sehr sich die Verhältnisse in einem Jahr geändert hatten verdeutlicht ein Gegenschnitt der Aussagen *Dißmanns* von beiden Kongressen: 1920 beantwortete er die damals virulente Frage »Revolution oder Reform« mit folgendem Spagat: »*Nun zu den Aufgaben der Betriebsräte selbst: Wir haben es mit zweierlei Aufgaben zu tun; erstens mit den im Gesetz umschriebenen und zweitens mit den Aufgaben, die wir uns selbst als revolutionäre Sozialisten stellen.*«[494] Wie anders klang das ein Jahr später: »*Die Aufgaben der Betriebsräte selbst sind dahin zu fassen: 1. Unmittelbare Einwirkung innerhalb des Betriebs, um sich der Tagesnöte der Arbeiter und Angestellten anzunehmen; 2. Darüber hinaus dahin zu wirken, daß Arbeitern und Angestellten im werktätigen Volk das Recht eingeräumt wird, aktiv in dem Umgestaltungsprozeß der Wirtschaft mitzuarbeiten, dessen Endziel, soweit man überhaupt davon reden kann, von uns in der Beseitigung des Kapitalismus erblickt wird, um zu einer sozialistischen Produktions- und Bedarfswirtschaft zu kommen.*«[495]

Mit dem Verschwinden revolutionärer Impulse in der gesamten Gesellschaft traten auch deren Protagonisten in den Gewerkschaften in den Hintergrund, und wiederum ein Jahr später, konnte *Nörpel* auf dem ADGB-Kongress 1922 feststellen: »*Auf dem Nürnberger Kongreß* (1919, M.K.) *hat die Frage der selbständigen Betriebsrätebewegung noch eine erhebliche Rolle gespielt. Dieser Zustand ist überwunden.*« Der Kongress von 1922 bekannte sich zur »*vollkommenen Einheit der Betriebsräte und der Gewerkschaften*« bei klarer Priorität für die Ziele der Gewerkschaften und der von ihnen geführten Kämpfe. Insbesondere wurde den Betriebsräten – mit großer Mehrheit – das Recht abgesprochen, selbständig Lohnverabredungen usw. mit den Unternehmern zu treffen. In dieser Hinsicht hatte schon *Dißmann* im Jahr zuvor auf dem DMV-Betriebsräte-Kongress lebhaftem Szenenapplaus für folgende Aussage geerntet: »*Die Vorbereitung und Durchführung von wirtschaftlichen Kämpfen und Lohnbewegungen Ist Sache der Gewerkschaften.*«[496] Das sollte die klare und allseits akzeptierte Grundaufstellung für die nächsten Jahre werden. Die damit erfolgte »*Vergewerkschaftlichung des Betriebsrätewesens*«, wie dies von *Brigl-Matthiaß*[497] genannt wurde, erlaubt das

494 Protokoll der Verhandlungen des Ersten Reichskongresses der Betriebsräte Deutschlands. Abgehalten vom 5. bis 7. Oktober 1920 zu Berlin, Nachdruck 1981, S. 180.

495 Erster Reichsbetriebsrätekongreß für die Metallindustrie. Abgehalten vom 5. bis 7. Dezember 1921 in Leipzig, Protokoll, Nachdruck 1981, S. 106.

496 A. a. O., S. 118.

497 Das Betriebsräteproblem, S. 74.

Fazit: »*Nach dem Abflauen revolutionärer Erwartungen, die sich auf die Betriebsräte nach der Novemberrevolution gerichtet hatten, setzte sich in den Betrieben eine realistische Auffassung von Interessenvertretung durch. Die Belegschaften akzeptierten die gesetzlichen Betriebsräte zunehmend und beurteilten sie danach, wie sie ihren Wünschen und Bedürfnissen Rechnung trugen.*«[498]

III. Betriebsratswahlen

Mit dieser Vorbemerkung wollen wir mit dem scheinbar Allertrivialsten beginnen, den Ergebnissen der Betriebsratswahlen. Doch schon hier ist festzustellen: Anders als für die Zeit der Bundesrepublik gibt es keine Gesamtstatistik für alle Betriebe über die ganze Zeit der Geltung des BRG! Die Berichte der Gewerbeaufsichtsbeamten liefern Teileinsichten, die sich nicht verlässlich hochrechnen lassen. Das Gleiche gilt für die Berichterstattung von Arbeitgeberverbänden und Gewerkschaften. Von den Arbeitgebern gab es gelegentlich branchenspezifische Daten, nie jedoch eine durchgängige Statistik. Auch der ADGB hat eine solche – zudem von den Mitgliedgewerkschaften nicht verlässlich belieferte – Übersicht nur einmal für das Jahr 1930 vorgelegt (danach noch einmal eine Sonderauswertung über die Erfolge kommunistischer Wahlwerbung, hierzu § 18). Die beste lange Zeitreihe kam vom DMV. Von ihm stammt eine Statistik für die Metallindustrie der Jahre 1922 bis 1931.

Betriebsratswahlen (Arbeiterräte) 1930

freie Gewerkschaften	135 689	(86,9 v. H.)
christliche Gewerkschaften	11 333	(7,2 v. H.)
H.-D. Gewerkvereine	1561	(1,0 v. H.)
Kommunisten, Syndikalisten usw.	2374	(1,5 v. H.)
sonstige Vereinigungen	1025	(0,7 v. H.)
Nichtorganisierte	4163	(2,7 v. H.)

Quelle: Gewerkschafts-Zeitung 1931, 79

498 *Milert/Tschirbs*, S. 170.

Betriebsratswahlen Metallindustrie 1922–1933

Jahr	DMV	ADGB (Rest)	Christl.	H.-D.	KPD/ RGO	Union/ Synd.	Gelbe	Nat. soz. Stahlh.	Unorg.	keine Ang.
1922	81,2	7,9	5,5	2,0	–	0,7	–	–	–	2,7
1923	83,8	7,7	5,0	1,7	–	0,6	–	–	–	1,2
1924	79,9	7,7	4,3	1,8	–	1,2	–	–	5,3	–
1925	80,8	7,9	4,9	1,8	–	0,5	–	–	4,1	–
1926	77,4	8,7	5,9	2,0	–	0,4	–	–	3,5	2,1
1927	80,0	7,3	5,5	1,8	–	0,4	–	–	3,2	1,8
1928	81,9	7,0	6,0	1,8	–	0,3	–	–	3,0	–
1929	82,0	6,1	6,3	1,6	0,9	0,2	–	–	2,8	–
1930	78,6	6,3	7,2	1,7	2,6	0,2	0,3	–	3,2	–
1931	77,8	4,5	7,3	1,6	5,1	0,1	0,5	0,7	2,3	–

Quellen: DMV, Jahr- und Handbücher; *König*, Interessenvertretung am Arbeitsplatz

Diese Statistiken zeigen eines mit aller Deutlichkeit: den Erfolg der freien Gewerkschaften. Was 1920 noch schwankend und umkämpft war, entwickelte sich rasch in ein anhaltendes, durch eine bemerkenswert konstante und hohe Wahlbeteiligung gestütztes Vertrauen der übergroßen Mehrheit der Arbeitnehmer. Erst 1932 gab es – freilich auf niedrigem Niveau – eine Zunahme von Stimmen für die RGO und noch weniger die NSBO (s. u. § 18). Bemerkenswert ist die stabile relative Mehrheit der »freien« Gewerkschaften in diesem immer umkämpften Bereich mit starker Konkurrenz durch christliche Gewerkschaften, eine starke kommunistische Opposition und immer präsente »Gelbe« (zur Wahl 1933 s. § 19).

Keine verlässlichen Zahlen gibt es auch zur Wahlbeteiligung. Der jährlichen Information in ADGB-Jahrbüchern zufolge schwankte sie zwischen 50 % und 80 %; für 1926 gab *Clemens Nörpel* mehr als 80 % an.[499] Langsam stieg auch die Verweildauer in den Betriebsräten; es wurden immer mehr Betriebsratsmitglieder wiedergewählt und insbesondere Betriebsratsvorsitzende blieben lange im Amt.[500]

Nicht in diesen Statistiken abgebildet, sondern vor allem von Gewerbeaufsichtsbeamten angemerkt, war eine deutliche Unterrepräsentation von Frauen, d. h.

499 Gewerkschaftsarchiv 1926, Bd. IV, s. 293 f.; vgl. *Hemmer*, Betriebsrätegesetz und Betriebsrätepraxis in der Weimarer Republik, a. a. O., S. 255 f.; *Plumpe*, Betriebsräte in der Weimarer Republik, a. a. O., S. 46.

500 Vgl. *Milert/Tschirbs*, S. 199; *Plumpe*, Betriebsräte in der Weimarer Republik, a. a. O., S. 50 f.

es wurden wesentlich weniger Frauen als Betriebsratsmitglieder gewählt, als ihrem Anteil an den Beschäftigten entsprach.[501] Als Gründe wurden Desinteresse, Fluktuation durch Heirat und mangelnde Konfliktfähigkeit genannt. Außerdem wurde darauf verwiesen, dass unverheiratete Arbeiterinnen oft jünger, also unerfahrener als ihre männlichen Kollegen waren, während ältere verheiratete Frauen sich aufgrund ihrer familiären Belastung weniger in den Betriebsräten engagierten.[502] Jedenfalls zeigt das Titelbild unseres Buches mit zwei Frauen bei sieben Mitgliedern ein für die damalige Zeit sehr untypische Situation. Jedenfalls für die Anfangsjahre wurde aber auch für die Männer eine hohe Fluktuation beklagt.[503]

Ebenfalls nicht statistisch erfasst war die Existenz von Betriebsräten nach Betriebsgröße. Wiederum vor allem gestützt auf Beobachtungen der preußischen Gewerbeaufsicht, gibt es eine generelle Einschätzung dahingehend, dass es in Klein- und Mittelbetrieben, d.h. nach damaliger Diktion solchen mit unter 50 Beschäftigten, praktisch keine Betriebsräte gegeben habe.[504] Dieses Bild ergab sich auch im ländlich-agrarischen Raum und in Angestelltenbetrieben. Der DMV berichtete im Jahre 1929 über folgende Zahlen für betriebsratslose Betriebe:[505]

Betriebsratslose Betriebe Metallindustrie 1928

Bis zu 50 AN	51 bis 100 AN	100 bis 500 AN	Über 500 AN
931	270	131	6

501 Vgl. *Trapp*, Die Frau in der Betriebsvertretung. Nach den Jahresberichten der Preußischen Gewerbeaufsichtsbeamten für die Jahre 1923 und 1924, RArbBl. 1925, nichtamtl. Teil S. 719; *Lüders*, Die Frau in der Betriebsvertretung II, RArbBl. 1926, nichtamtl. Teil S. 61; vgl. *Milert/Tschirbs*, S. 198. Das entsprach dem niedrigen Organisationsgrad von Frauen in den Gewerkschaften. Z.B. sank er im DMV von 19% im Jahre 1918 auf 6% im Jahre 1933 (vgl. *Kurz-Scherf*, Eine eigene Geschichte. Frauen in der IG Metall, in: Hofmann/Benner, Hrsg., Geschichte der IG Metall, 2019, S. 485, 492; insgesamt *Lossef-Tillmanns*, Frauenemanzipation und Gewerkschaften, 1978; *Kassel*, Frauen in einer Männerwelt. Frauenerwerbsarbeit in der Metallindustrie und ihre Interessenvertretung durch den Deutschen Metallarbeiter-Verband (1891–1933), 1997). Insgesamt gab es in der Weimarer Republik jeweils zu Beginn (Demobilisierung) und am Ende (Kampf gegen »Doppelverdiener«) deutliche Tendenzen, Frauen aus der Erwerbsbeschäftigung zu drängen (vgl. *Kittner*, 50 Urteile, S. 83).

502 Vgl. *Plumpe*, Die Betriebsräte in der Weimarer Republik, a.a.O., S. 48; *Milert/Tschirbs*, S. 198

503 *Dißmann*, Metall-Betriebsrätekongress 1921, a.a.O.

504 Zum Folgenden vgl. *Plumpe*, Die Betriebsräte in der Weimarer Republik, a.a.O., S. 45.

505 DMV, Jahr- und Handbuch 1929, S. 320.

Das Betriebsratsgeschehen spielte sich also im Wesentlichen in etwa 39 000 größeren Betrieben mit Arbeiter-Belegschaften ab – eine Situation ganz ähnlich der heutigen in der Bundesrepublik (§ 33, 35). Bezogen auf die Gesamtheit aller Arbeitnehmer in Deutschland deckten die vom ADGB erfassten Betriebsräte etwa 30 % aller Arbeitnehmer ab.
Damit lag die Reichweite von Betriebsräten in Weimar um 10 % hinter den etwa 40 % von heute (§ 37). War das viel oder wenig? Es war ganz eindeutig ein nur kleiner Unterschied zu den aktuellen Zahlen nach 70 Jahren Bundesrepublik, und die Etablierung des Betriebsrätewesens nach 1920 war, gemessen an der Ausgangslage und den widrigen Rahmenbedingungen, sogar ein großer Erfolg – eine Demonstration der demokratischen Substanz der Arbeiterklasse jener Zeit nach einer endlosen obrigkeitsstaatlichen Konditionierung, die Etablierung wirtschaftlicher Demokratie innerhalb der politischen.

IV. Die Rolle der Arbeitgeber

Das war umso bemerkenswerter, wenn in Rechnung gestellt wird, mit welcher Intransigenz die Mehrheit der Unternehmer sich gegen dieses neue Recht stemmte. Ihre Unterschrift unter das Stinnes-Legien-Abkommen als Grundlage auch dieses Teils der Weimarer Sozialverfassung lag gerade ein Jahr zurück, da begannen sie den Kampf um das Kleingedruckte des BRG und seine praktische Inanspruchnahme in den Betrieben. Gewiss wird man nicht jedes Wort für bare Münze nehmen, aber es gibt doch zu denken, wenn der Vorsitzende des DMV, *Robert Dißmann*, nach weniger als zwei Jahren Praxis unter dem BRG, auf dem ersten großen Betriebsrätekongress seiner Gewerkschaft sich zu einer endlos langen Beschwerdeliste veranlasst sah. Berühmt geworden ist sein Lamento: »*Dann geht es um die Einrichtung eines Büroraumes für den Betriebsrat. Um jedes Lineal, jedes Stück Papier, um Tisch und Stuhl muß gekämpft werden. Ich denke nur an die Akten, die wir im Hauptbüro schon darüber bekommen haben, ob Haustelephon gestattet ist oder sogar das Fernsprechnetz benutzt werden kann.*«[506] Dem folgten drastische Beispiele zur Frage der Nutzung von Büroraum, der Gestaltung der Sprechstunde und Behinderungen bei Betriebsversammlungen. Was er zu kritisieren hatte, sollte zum basso continuo in dieser Hinsicht für die weiteren Jahre werden (man schaue aber auch die eigentlich unfassbare Liste der Dinge an, um die Betriebsräte auch heute noch vor Gericht streiten müssen).[507]

506 *Dißmann*, Metall-Betriebsrätekongress 1921, a. a. O., S. 108.
507 Vgl. DKW, § 40 Rn. 120 ff.

Diese *Dißmann*'sche Klage führt direkt zur generellen Frage nach der Haltung der Arbeitgeber zum BRG insgesamt. Wenn man nur auf die Publikationen ihrer Verbände schaut, sieht es nach einer fundamentalen und anhaltenden Gegnerschaft aus. Das war der Tenor aller öffentlichen Verlautbarungen von VDA, RDI und vor allem von »Arbeitnordwest«. Für sie begann praktisch unmittelbar nach Unterzeichnung des Stinnes-Legien-Abkommens der Kampf um die Revision auch dieses wichtigen Einzelpunktes.[508] Zwar beteuerte der Hauptgeschäftsführer der VDA, *Meißinger*, niemals gefordert zu haben, »*die Betriebsräte zu beseitigen*«[509] – eine Extremposition, gegen die man sich leicht abgrenzen konnte. Den Grundtenor hatte die VDA bereits 1920 in einem Aufruf an die Betriebe gelegt, auf keinen Fall nur einen Deut über den Gesetzestext hinauszugehen.[510] Diese Arbeitgeberposition nannte *Brigl-Matthiaß* »*eine Politik der prinzipiellen Lahmlegung und unfruchtbaren Kaltstellung der Betriebsräte.*«[511] Andererseits machten jedenfalls die Bergbauunternehmer noch 1928 keinen Hehl aus ihrer Fundamentalgegnerschaft, als sie sich zur Novelle mit den Erleichterungen bei der Einsetzung von Wahlvorständen folgendermaßen äußerten: »*Es geht also nicht mehr an, daß ein Betrieb, der ohne Betriebsrat zu sein wünscht, diesen idealen Zustand auch künftig aufrechterhalten kann. Er soll und wird mit dieser schönen Einrichtung beglückt, mag er nun wollen oder nicht.*«[512]

Aber darunter gab es eine breite Praxis von »*Paralysierungspolitik*« (*Brigl-Matthiaß*). Die agitatorische Kulisse dafür lieferten die Arbeitgeberverbände, die kein gutes Haar an der neuen Institution ließen. Bei einer Umfrage von »Arbeitnordwest« im Jahre 1924 fragte der Verband: »*Hat der Betriebsrat in wirtschaftlicher Beziehung dem Werke Nutzen bringen können? Oder hat er dem Werke geschadet und wodurch?*« Darauf antworteten die Unternehmer einhellig, dass die Betriebsräte dadurch geschadet hätten, »*dass sie durch unnütze Versammlungen und Beratungen viel Zeit verschwendeten.*«[513] Das war der Nährboden, auf dem das gedieh. Einzelne Unternehmer forderten unverblümt die völlige Abschaffung des BRG.

So dachten aber natürlich nicht alle Arbeitgeber. Viele von ihnen, vor allem in der chemischen und Elektroindustrie, sahen das pragmatischer. *Windschuh* kam deshalb schon 1921 zu der Überzeugung, dass die Arbeitgeber sich im Allgemei-

508 Vgl. *Schneider*, Vom »Herrn-im-Hause« zum »Sozialpartner«? – Grundzüge der unternehmerischen Reaktion auf die gewerkschaftlichen Forderungen nach Wirtschaftsdemokratie und Mitbestimmung, in: Borsdorf u. a., Hrsg., Gewerkschaftliche Politik: Reform aus Solidarität, FS für H.O. Vetter, 1977, S. 271.

509 Der Arbeitgeber vom 1. 9. 1924.

510 Vgl. *Plumpe*, Die Betriebsräte in der Weimarer Republik, a. a. O., S. 55.

511 *Brigl-Matthiaß*, S. 126.

512 »Neue Gesetze, neuer Zwang!«, Bergwerks-Zeitung vom 13. 3. 1928; vgl. auch Gewerkschafts-Zeitung 1928, 177.

513 Korrespondenzblatt 1924, 5001.

nen mit dem BRG praktisch rasch abgefunden hätten.[514] Für sie wurde der Betriebsrat zum unverzichtbaren Gegenüber beim strukturierten Umgang mit den Arbeitnehmern. Das galt insbesondere für sehr große Betriebe. Die Studie vom *Plumpe* macht denkbar plastisch, dass man ein Werk wie das untersuchte von Bayer im Grunde gar nicht mehr ohne Betriebsrat managen konnte – und zwar ohne Rücksicht darauf, welche formalen Berechtigungen dieser Betriebsrat durch das Gesetz zugesprochen erhielt (dies bei einer Verallgemeinerung für kleinere Betriebe nicht zu berücksichtigen, wäre einer der größten Fehler). Demgemäß kam *Brigl-Matthiaß* zu dem Schluss: »*Eine Erleichterung der arbeitspolitischen Situation bedeutet das Betriebsrätewesen für die Unternehmungen nur insofern, als ihnen statt der amorphen, unverantwortlichen und nicht verhandlungsfähigen Belegschaftsmasse nunmehr in dem Betriebsrat eine personal begrenzte und relativ verantwortliche Verhandlungsinstanz gegenübersteht, und als sie unter besonders günstigen Umständen durch den Betriebsrat auf die Belegschaft einen gewissen Einfluß ausüben können.*«[515]

Ein Gradmesser für den Umgang miteinander im Betrieb wurde recht bald die Freistellung von Betriebsratsmitgliedern von der Arbeit für die Erfüllung von Betriebsratsangelegenheiten. Von vielen Arbeitgebern wurde sie argwöhnisch beäugt, denn sie vermuteten – oftmals nicht zu Unrecht –, dass damit auf ihre Kosten verdeckte Arbeit für die Gewerkschaft geleistet wurde.[516] Auf der anderen Seite sahen die pragmatisch Denkenden unter ihnen, dass eine vernünftige Arbeit es schlichtweg erforderte, dass eine Reihe von Betriebsratsmitgliedern vollkommen von der Arbeit freigestellt wurde. Das erlaubte *Brigl-Matthiaß* folgenden Befund: »*Je nach dem Entgegenkommen der Werksleitung ist in großen und mittleren Betrieben der gesamte Betriebsausschuß oder ein Teil seiner Mitglieder von der produktiven Arbeit ganz freigestellt.*«[517]

Es verwundert nicht, dass diese Situation zumal nach dem Räte-Intermezzo auf Arbeitnehmerseite eine zwiespältige Reaktion zur Folge hatte. Denn für die ein-

---

514 *Windschuh*, a. a. O., S. 50.

515 *Brigl-Matthiaß*, S. 246.

516 Jedenfalls wurde diese Personalunion von betrieblichen Vertretern der Gewerkschaften und Betriebsräten fortan zum gängigen Rollenbild der Interessenvertretung in Deutschland. Die Gewerkschaften sahen ihre Mitglieder in Betriebsratsfunktionen als »gesetzte« Vertrauensmänner im Betrieb an.

517 *Brigl-Matthiaß*, S. 144. Er berichtet von dem besonders entgegenkommenden Siemens-Konzern, bei dem im Jahre 1922 etwas 20 % aller Betriebsratsmitglieder vollständig von der Arbeit freigestellt waren. Außerdem: »*In demselben Konzerne standen den Betriebsräten im Jahre 1922 insgesamt 27, von Lineal bis zum verschleißbaren Aktenschrank, vollständig eingerichtete Büroräume, mit 4 eigenen Stenotypistinnen, 27 Haustelephonen und 7 Fernapparaten zur Verfügung. Neben 27 Textausgaben aller in Betracht kommenden Gesetze wurden außerdem sechs der wichtigsten Fachzeitschriften in zehnfacher Ausfertigung für die Betriebsräte gehalten.*« (a. a. O., S. 81).

fachen Arbeiter war es nicht leicht damit umzugehen, dass ihre Vertreter sich nun dem Anschein nach in den Sphären der »Kopfarbeiter« bewegten. Folgerichtig äußerte sich *Robert Dißmann* auf dem berühmten Betriebsrätekongress 1921 denkbar skeptisch: »*Wenn es möglich ist, sollen die Betriebsräte noch eine teilweise produktive Arbeit ausüben als Arbeiter und Abgestellte selbst, weil wir das für gesünder halten (Zustimmung). Lassen Sie die Betriebsräte stets auf ihrem Mutterboden stehen! Sie werden dann viel weniger Anfechtungen ausgesetzt. Daß es im Großbetrieb nicht möglich ist, ohne völlige Freistellung von Betriebsräten auszukommen, bin ich verpflichtet hinzuzusetzen ... Das richtet sich von Fall zu Fall. Soweit es möglich ist, verteilt die Arbeit!*«[518] Im Laufe der Zeit scheint sich dieses Problem letztlich erheblich relativiert zu haben, wohl hauptsächlich, weil die größte Zahl der Arbeitgeber keinen Gefallen an freigestellten Betriebsratsmitgliedern fand: Der DMV meldete im Jahre 1929 insgesamt nur 288 völlig von der Arbeit freigestellte Betriebsratsmitglieder.[519]

Am Ende der Skala gab aber natürlich auch noch eine nach den Praktiken der Vor-Revolutionszeit nicht überraschende Möglichkeit des Umgangs mit dem Betriebsrat: seine »Umarmung« bzw. Vereinnahmung durch den Arbeitgeber. Ein Grund dafür war jedenfalls die nach Ausbleiben einer Gesamt-Räteverfassung zumindest missverständliche Pflicht des Betriebsrats zur Kooperation mit dem Arbeitgeber gem. § 1 und § 66 Ziff. 1 und 3 BRG. Und außerdem war die Erinnerung der Unternehmer an die bis zuletzt verteidigten, dann aber mit dem Stinnes-Legien-Abkommen aufgegebenen Werkvereine (§ 14 II) noch sehr frisch. Nach *Windschuhs* Beobachtungen lag das nahe, »*wenn auch nicht grundsätzlich und nach außen sichtbar, so doch gesinnungsmäßig und unter der Hand*«.[520] Das wurde aber keine ernsthafte Alternative zu den Betriebsräten neuen Typs. Zwar wurden 1920 in der Berliner Betriebsrätezentrale kolportiert, dass bei Unternehmern das geflügelte Wort umlaufe »Guter Betriebsrat ist teuer«. Belege dafür gab es aber keine, und die allgemeine Einschätzung geht dahin, dass direkte Bestechungen bzw. Versuche dazu die ganz große Ausnahme bleiben.[521]

Was es aber gab, waren – nach *Brigl-Matthiaß* – »*die vielfachen Möglichkeiten, durch geschickte Persönlichkeitsbehandlung eine entgegenkommende und opportunistische Haltung des Betriebsrats herbeizuführen, weitgehend in die Politik der Werksleitungen eingeschaltet. Die liebenswürdige Behandlung einflußreicher Betriebsratsmitglieder, das Anbieten von ›Vorstandszigarren‹, ein jovialer Ton in der Unterhaltung, das Eingehen auf den Dialekt der Leute; übertriebene Betonung von*

518 *Dißmann*, Metall-Betriebsrätekongress 1921, a. a. O., S. 109. In diesem Sinne äußerte sich auch einer der beiden Geschäftsführer der Betriebsräte-Zentrale, *Brolat* (vgl. *Brigl-Matthiaß*, S. 146).

519 DMV, Jahr- und Handbuch 1919, S. 320.

520 *Windschuh*, a. a. O., S. 49.

521 Vgl. *König*, Interessenvertretung, a. a. O., S. 76.

Amt und Person des Betriebsrats und die scheinbar selbstverständliche Voraussetzung einer in Wirklichkeit selten vorkommenden Vorbildung und Intelligenz bei dem betreffenden Betriebsrat sind beliebte Mittel, um vorhandene Interessengegensätzlichkeiten zu dämpfen und sich auf sachlichem Gebiet ergebende Schwierigkeiten auf persönlichem Wege zu dämpfen.«[522] Dazu kam die Möglichkeit, die Verschiedenheit der politischen Strömungen bei Arbeitern mit dem Hintergrund der diesbezüglichen Zerrissenheit bei politischen Parteien und Gewerkschaften auszunutzen.

Aufs Ganze gesehen, hatten die Unternehmer aber im Laufe der nächsten Zeit bis zum Ende der Weimarer Republik angesichts der zunehmenden Schwäche von Betriebsräten und Gewerkschaften immer weniger Anlass für eine »gelbe« Option (s. u. V und § 18). Freilich gibt zu denken, dass *Windschuh* in seiner kurzen Bestandaufnahme zum 10jährigen Bestehen des BRG dessen nach wie vor starke Ablehnung durch die Unternehmer vor allem aus folgenden drei Gründen feststellte: »*1. Der Betriebsrat unterstützt oder betreibt außertarifliche Lohnforderungen. 2. Er stört die Koalitionsfreiheit der Belegschaft und ist im wesentlichen gewerkschaftlicher Stoßtrupp und Horchposten im Betrieb. 3. Er beschränkt sich auf die Interessenvertretung der Belegschaft und ist zu sehr Protestüberbringen*«.[523] Unter den »*klügeren und modernen Unternehmer*« überwögen aber die Stimmen, die Betriebsräte als nützliche Einrichtung schätzten, Freilich beklagten auch diese, das von diesen kaum wirtschaftliche und produktionspolitische Initiativen ausgingen (ein früher Ruf nach Betriebsräten als »Co-Manager« (§ 33).

V. Alltagsarbeit der Betriebsräte

Dieses Kapitel kann eigentlich korrekt nicht geschrieben werden, denn nochmals: »Die« Alltagsarbeit »der« Betriebsräte ist unbekannt. Was wir kennen, sind Splitter aus eher zufällig angefallenen Einzelinformationen, bei deren Hochrechnung, Verallgemeinerung etc. man allergrößte Vorsicht walten lassen muss. Dabei empfiehlt es sich, den genauen Blick auf das BRG als Ausgangspunkt zu nehmen, denn, wie *Robert Dißmann* es lakonisch formulierte: »*Das Betriebsrätegesetz ist die Plattform unserer Arbeit und unseres Kampfes geworden.*«[524]

Was das in Kenntnis auf dessen wirkliche rechtliche Substanz bedeutete, hat wiederum kein anderer der damaligen Akteure als *Dißmann* jemals so prägnant formuliert: »*Es ist hier aber die Kernfrage zu stellen. Gleich in welcher Form die*

522 *Brigl-Matthiaß*, S. 80f.
523 *Windschuh*, 10 Jahre Betriebsrätegesetz, a. a. O., S. 134.
524 A. a. O., S. 107.

Aufgaben der Betriebsräte umschrieben werden, das Wichtigste fehlt wiederum, nämlich welche Befugnisse den Betriebsräten zustehen, um ihren Rat, ihren Vorschlägen und Forderungen den notwendigen Nachdruck zu verleihen. Nach allen Bestimmungen des B.R.G. liegt es in den Händen des Arbeitgebers, im günstigsten Fall ist die Verständigung. Niemals werden Sie einen Paragraphen finden, von dem man sagen könnte, hier ist ein Recht des Betriebsrats verankert, das ihm die Möglichkeit gibt, seine Anregungen, Wünsche, Anträge usw. praktisch zu verwirklichen. Wer stellt die Beschwerden ab? Der Unternehmer und seine Beauftragten, soweit es diesen gefällt! Bei den Forderungen dasselbe und ebenso bei den Vorschlägen – es liegt stets in der Hand des Arbeitgebers, wieweit er sie akzeptiert.«[525]

Wenn dieser herausragende Gewerkschaftsvorsitzende hier so ausführlich zu Wort kommt, dann deshalb, weil er tatsächlich der Einzige war, der diesen Befund mit ungeschminkter Klarheit formulierte. Zugleich verkörperte er gerade mit seiner Biographie glaubhaft den Bogen vom revolutionären Enthusiasmus zu den »*Mühen der Ebene*«[526] Sie bestanden für ihn, wovon sein Referat auf dem Betriebsrätekongress von 1921 ein glänzendes Zeugnis ablegte, in Analyse und Handlungsempfehlungen zu auf den ersten Blick trivial erscheinenden Einzelthemen des BRG in Verbindung mit einer großen Linie. Diese leitete sich ab aus dem illusionslosen rechtlichen Befund: »*Wäre es auf das BRG angekommen, dann sähe es schlimm aus. Wenn aus den Bestimmungen des BRG von Ihnen etwas gemacht worden ist, geschah es nicht auf Grund des Gesetzes, sondern der gewerkschaftlichen Macht (Lebhafte Zustimmung)*«.[527] Und dann sagte er etwas aus dem Munde des USPD-Gewerkschaftsvorsitzenden Unerwartetes. Denn statt leicht verfügbarer und durchaus nahliegender Verbalradikalismen gegen Unternehmer und Reichstagsmehrheit forderte er zu reformatorischer Nachhaltigkeit auf: »*Lassen wir uns durch die Kinderkrankheiten nicht abschrecken! Es wäre falsch, aufgrund einzelner unliebsamer Erscheinungen in der Betriebsräte- und Arbeiterbewegung der letzten anderthalb Jahre das Kind mit dem Bade auszuschütten. Welche Bewegung ist in der Menschheitsgeschichte von vorneherein glatt durchgeführt worden? Wir haben die Pflicht, auf das ernsthafteste in dem bisherigen Sinne weiterzuwirken, neben den Tagesnöten der Arbeiter die großen Aufgaben der nächsten Zukunft nicht zu vergessen.*«[528]

Aus diesem Zukunftsthema wurde – so wissen wir heute – jedenfalls in der der Weimarer Republik noch bleibenden kurzen Zeitspanne nichts mehr. Die Gewerkschaften fanden sich vorerst in Bezug auf die große strategische Linie einer Ausweitung der Mitbestimmungsrechte mit dem Status quo ab. Ihre rechtspoliti-

525 A. a. O., S. 110. Von den neueren Autoren hat nur *König* die Sache ähnlich klar erkannt (a. a. O., S. 75).

526 Gedicht »Wahrnehmung« von Bertolt Brecht (1949).

527 A. a. O., S. 110.

528 A. a. O., S. 120.

schen Einwürfe und Forderungen richteten sich vor allem auf eine Verbesserung innerhalb des Systems des BRG, vor allem der Betätigungsmöglichkeiten der Betriebsräte und ihres Schutzes vor Repressalien.[529] So blieb es diesbezüglich bei nur einer Novelle des BRG, dem Gesetz vom 28. Februar 1928,[530] mit dem vor allem die Einsetzung eines Wahlvorstandes durch die Gewerkschaften ermöglicht wurde (s. o. § 15 II)[531] Diese Abstinenz fand zeitgenössisch den engagierten Beifall *Ernst Fraenkels*: »*Es beruht auf einer Geistesfaulheit, bei jeglicher Komplikation sofort nach dem Parlament zu rufen. Zu einer grundlegenden Änderung des Betriebsrätegesetzes fehlt dem Gesetzgeber aber solange der Beruf, bis nicht in dem Stärkeverhältnis der Klassen ein grundlegender Wandel eingetreten ist.*«[532]
Was bedeutete also Arbeit auf der »Plattform« des BRG? »*Der Betriebsrat ist für die Belegschaft das Mädchen für alles*«[533] – damit brachte der Betriebsratsvorsitzende des Werkes Brunnenstraße der AEG in Berlin, *Bernhard Krüger*, alle soziologischen Beobachtungen umgreifend auf den Punkt. Das heißt: Die Betriebsräte kümmerten sich um alles, was Arbeitnehmer bewegte, und zwar unabhängig davon, ob das Gesetz ihnen dazu ein mehr oder weniger elaboriertes Beteiligungsrecht eingeräumt hatte.[534] Und das heißt zugespitzt: Es gab so viele Betriebsverfassungs-Praxen, wie es Betriebe mit Betriebsrat gibt (beim Blick auf die aktuelle Situation könnte man geneigt sein zu sagen: ähnlich wie heute, s. § 33). Da es – außer zu den betrieblichen Grundordnungen (s. o. § 15 II) – zu keinem Thema ein letztlich erzwingbares Mitbestimmungsrecht gab, folgten Verhandlungsverläufe und -ergebnisse letztlich immer den faktischen Kräfteverhältnissen und Interessenkonstellationen im jeweiligen Betrieb: Wie stark Betriebsrat und Gewerkschaften waren, wie sich politische Strömungen, insbesondere im Verhältnis zwischen SPD und KPD auswirkten, unter welchen wirtschaftlichen Rahmenbedingungen das Unternehmen operierte, welche Politik das Unternehmen gegenüber den Interessenvertretungen verfolgte, wie sehr es auf Kooperation angewiesen war, bzw. welchem Druck es glaubte nachgeben zu müssen.
Angesichts dessen gibt es wenig Verallgemeinerungsfähiges zu melden. Die im Grunde einzige auf halbwegs breiter Empirie beruhende Aussage stammt von *Brigl-Matthiaß* und betrifft das typische Alltagshandeln der Betriebsräte. Er hat

529 Vgl. »Änderungen des Betriebsrätegesetzes«, Gewerkschafts-Zeitung 1931, 142.

530 RGBl. I, 146.

531 Anlassbedingt aus der Reihe fällt das »Gesetz, betreffend Anpassung des § 87 des Betriebsrätegesetzes an die Geldentwertung« vom 29. 4. 1923 (RGBl. I, 258).

532 A. a. O., S. 110.

533 »Aus der Betriebsrätepraxis«, Gewerkschafts-Zeitung 1925, 397, 398.

534 In den ersten Nachkriegsjahren gehörten dazu, zum steigenden Missfallen der Gewerkschaften, vor allem auch Versorgungsfragen; Betriebsräte hatten regelrechte Einzelhandelsgeschäfte am Laufen (vgl. *Dißmann*, Erster Reichskongreß der Betriebsräte Deutschlands, a. a. O., S. 191).

aus 200 Betrieben die Tagesordnungen der Betriebsratssitzungen untersucht und kommt zu folgendem typischen Ergebnis:[535]

Typische Betriebsrats-Tagesordnung

I.
1. Beschäftigung von Schwerbeschädigten, 2. Protest gegen die Errichtung einer Werkspolizei, 3. Besprechung der Überstundenfrage, 4. Regelung der Teuerungszulagen.
II.
1. Krankenkassenwahl, 2. Prüfung von Lehrlingen, 3. Forderung eines freien Ostersonnabends, 4. Beschaffung von billiger Kleidung.
III.
1. Konsumvereinsangelegenheiten, 2. Schreibmaschinenbeschaffung für den Betriebsrat, 3. Waschzeit für Lackierer, 4. Kleiderzulagen.
IV.
1. Einspruch gegen Mietspreiserhöhung, 2. Lieferung von Werkzeugen, 3. Fahrgeldentschädigung für auswärtige Arbeiter, 4. Lieferung von Regenmänteln, 5. Schmutzarbeiterzulagen.
V.
1. Belieferung der Heißarbeiter mit Getränken, 2. Kopfzulage für Familienangehörige, 3. Urlaub bei Entbindungen der Frau, 4. Kartoffelversorgung, 5. Wohnungswesen.

Quelle: *Brigl-Matthiaß*, Das Betriebsräteproblem

Das war denkbar trivial – keine Highlights des »Klassenkampfes«, sondern sozialpolitisches Klein-Klein![536] Neben diesen langweilig-durchschnittlichen Betriebsrats-Alltagen gab es natürlich sachliche und konfliktgeladene Höhepunkte. *Plumpes* Bericht über die beiden Großbetriebe bietet spannende Geschichten mit nahezu allem in dieser Hinsicht Vorstellbarem. Aber für eine allgemeine Übersicht besitzt das natürlich keine ausreichende Repräsentativität.

---

535 *Brigl-Matthiaß*, S. 106. Dazu kommt als weiteres Feld von Arbeitsroutine die Unternehmensebene (s. § 15 V).

536 Einen guten Einblick in den Alltag der Betriebsrätearbeit gibt das Tagebuch eines freigestellten Betriebsratsmitglieds in einem Textilgroßbetrieb (vgl. Deutscher Textilarbeiterverband, Hrsg., Aus dem Tagebuch eines Betriebsrats, 1925).

VI. Betriebsverfassung unter dem Tarifvorbehalt: Betriebliche Lohnpolitik

Ein politik-strategisches Schlüsselthema bei der Konzeption des BRG und natürlich auch der Praxis unter seiner Geltung war das Verhältnis von tariflicher zu betrieblicher Lohnpolitik (im weitesten Sinne). Hier gab es seit der Grundentscheidung für Betriebsräte und einem Tarifvorrang der Gewerkschaften (§ 14) zunächst theoretisch und dann auch praktisch und allseits akzeptiert eine klare Arbeitsteilung. Die Entscheidung über die Lohnhöhe fiel auf der Makro-Ebene der sich jetzt rasch durchsetzenden Flächentarifverträge. Was aber bedeuteten sie für das, was der Arbeiter tatsächlich im Portemonnaie hatte? Was konnten die Betriebsräte dabei gestalten und was taten sie? Auch hierfür müssen wir den für das Große und Ganze getätigten Offenbarungseid wiederholen. Wir können aber jedenfalls versuchen, die rechtlichen Rahmenbedingungen für betriebliche Entscheidungen deutlich werden zu lassen.

Ausgangspunkt ist die große Zweiteilung: Gilt ein Tarifvertrag oder nicht? Wo kein Tarifvertrag galt, gab es nach der korrekten Interpretation des BRG (§ 15) keine »harten« Mitbestimmungs- sondern nur (abgestufte) Konsultationsrechte des Betriebsrats. In diesem Bereich hatten Betriebsräte kein Recht, den Arbeitgeber zu etwas zu »zwingen« bzw. die verbindliche Entscheidung eines Dritten herbeizuführen (s. o. § 15). Das betraf aber wiederum zwei rechtlich wie sozialempirisch ganz verschiedene Sachverhalte: einerseits all die Arbeitsverhältnisse nichttarifgebundener Arbeitnehmer, andererseits auch den nicht vom Tarifvertrag umfassten Anteil der Entlohnung tarifgebundener Arbeitnehmer – den sog übertariflichen Bereich, d. h. nicht im Tarifvertrag geregelte, ganz überwiegend freiwillige Leistungen des Arbeitgebers. Innerhalb der Tarifbindung wiederum gab es Beteiligungsrechte des Betriebsrats nur in dem Umfang, in dem der Tarifvertrag sie ausdrücklich vorsah.

Und darüber, man glaubt es nicht, gibt es für die Zeit der Weimarer Republik außer der Darstellung der Tarifpolitik für den Ruhrbergbau von *Tschirbs* keine fundierte Untersuchung.[537] Sie heute durchzuführen, hat mit einem zweigeteilten Quellenproblem zu tun: Die Archive von Gewerkschaften und Arbeitgeberverbänden sind zerstört, und das öffentliche Tarifregister gem. § 5 der Tarifvertrags-VO enthielt nur für allgemeinverbindlich erklärte Tarifverträge (im Gegensatz zum Tarifregister von heute, in das alle Tarifverträge aufgenommen werden, § 6

537 Vgl. *Tschirbs*, Tarifpolitik im Ruhrbergbau 1918 – 1933, 1986; für die Metallindustrie in der Weimarer Republik gibt es nunmehr die tarifpolitischen Kapitel von *Kay Ohl* und *Hartmut Meine* in: Die Geschichte der IG Metall (Hrsg. Hofmann/Benner, 2019, S. 229ff., 268ff. und 298ff.; vgl. auch *Peters*, Hrsg., Anerkennung und Repression. Dokumente zur Tarifpolitik in der Metallindustrie 1918 – 1945, 2009).

TVG). Die umfassendste, allerdings für die hier angesprochenen Probleme bislang nicht systematisch erschlossene Sammlung enthielt die vom statistischen Reichsamt herausgegebene Zeitschrift »Die Tarifverträge im Deutschen Reiche.«

Mit allen Vorbehalten scheint eine Generalvermutung möglich, dass es bezüglich Betriebsratsrechten in Tarifverträgen eher bescheiden bestellt war. Denn offenkundig konvergierten hier Interessen von Arbeitgebern und Gewerkschaften. Die Arbeitgeber hatten schon gleich nach Inkrafttreten des BRG die Parole ausgegeben, in Tarifverträgen hinsichtlich Betriebsratsrechten keine über das Gesetz hinausgehenden Zugeständnisse zu machen (z. B. die Kölner Arbeitgeberverbände in einem Aufruf in der »Rheinischen Zeitung« vom 9. März 1920).[538] Die Gewerkschaften waren zunächst in ihrem fundamentalen Misstrauen gegen allzu starke Betriebsräte befangen, sodass sie kein Gespür dafür entwickelten, wie Ermächtigungen für diese zum Schutze ihrer eigenen Tarifverträge wichtig gewesen wären. Von den staatlichen Schlichtern, die das Tarifgeschehen in den meisten der bedeutenden Wirtschaftsbereiche außerhalb der chemischen Industrie gestalteten, war solches auch noch gegen den Widerstand der Arbeitgeber nicht zu erwarten. So finden wir das der politischen Grundhaltung entsprechende Spektrum von der alten »Schwerindustrie« und dem Bergbau als hartnäckigen Mitbestimmungsgegnern über die nur kaum entgegenkommendere Metallindustrie zu der in dieser Hinsicht »fortschrittlichsten« chemischen Industrie (aber auch dort ohne wirkliche Mitbestimmungsrechte im Kern der betrieblichen Lohnpolitik).[539]

538 Vgl. *Plumpe*, Betriebsräte in der Weimarer Republik, a. a. O., S. 55.

539 Die langfristige Entwicklung in der chemischen Industrie, kulminierend in den 60er-Jahren der Bundesrepublik, steht freilich für einen 1919 von den Gewerkschaften eher abstrakt befürchteten Entwicklungspfad: die auf eigene Macht gestützte Verselbständigung jedenfalls der großen Betriebsräte. 1971 stand die damalige IG Chemie, Papier, Keramik vor der Entscheidung für einen Flächenstreik, als ihr die Betriebsräte der »großen drei« (BASF, Bayer, Hoechst) die Gefolgschaft versagten und einen Streik ablehnten. Die IGCPK entschied sich deshalb für Streiks in den restlichen kleineren Unternehmen mit dem Konzept eines »aktiven tariflosen Zustands«. Damit scheiterte sie rechtlich und arbeitskampfpolitisch (eingehend *Kittner*, Arbeitskampf, S. 670).

Betriebsratsrechte in Tarifverträgen der chemischen und Metallindustrie 1927–30

Sachbereiche	Reichstarifvertrag der chemischen Industrie i. d. F. vom 15. 10. 1927[540]	Rahmentarifvertrag chemische Industrie Köln 24. 11. 1930[541]	Kollektivabkommen Metallindustrie Württemberg/Hohenzollern 4. 7. 1928[542]	Kollektivabkommen Metallindustrie Bayern (Schiedsspruch) 12. 9. 1928[543]
Arbeitszeit		1. Die regelmäßige tägliche reine Arbeitszeit beträgt 8 Stunden. 2. Mit Rücksicht auf die zurzeit bestehenden besonders schwierigen wirtschaftlichen Verhältnisse kann die regelmäßige tägliche Arbeitszeit über die im Absatz 1 festgelegte Dauer hinaus durch die Werksleitung nach Anhörung der Betriebsvertretung und der bezirklichen Organisationen auf 9 Stunden ausgedehnt werden. 3. In Ausnahmefällen kann zeitlich begrenzt die Werksleitung nach Anhörung der Betriebsvertretung und im Einverständnis der bezirklichen Organisationen im Einschichtenbetrieb eine	Arbeitszeit. b) Die Arbeitszeit kann nach der Eigenart oder den wirtschaftlichen Bedürfnissen des Betriebes für einzelne Arbeiter, für Gruppen, Abteilungen oder den ganzen Betrieb im Benehmen mit der gesetzlichen Arbeitnehmervertretung bis zu 52 Wochenstunden verlängert werden. Wird von dem Recht der Verlängerung der Arbeitszeit Gebrauch gemacht, so soll die Mehrarbeit auf die einzelnen Werktage verteilt werden. c) Wird eine Einigung über Mehrarbeit im Rahmen dieser Bestimmungen nicht erzielt, so kann die Firma im Streitfall dem zuständigen	1. Die regelmäßige Arbeitszeit beträgt ausschließlich der Pausen 48 Stunden wöchentlich. 2. Der Arbeitgeber kann die Dauer der reinen wöchentlichen Arbeitszeit ohne Einrechnung der Pausen nach der Eigenart oder den wirtschaftlichen Bedürfnissen des Betriebes für den ganzen Betrieb oder für Gruppen von Arbeitnehmern dauernd oder vorübergehend um drei Stunden pro Woche verlängern. Weitere Überstunden können nur mit Zustimmung der gesetzlichen Arbeitnehmervertretung angeordnet werden.

540 Bayer Archiv Leverkusen, BAL 010–015.
541 Bayer Archiv Leverkusen, BAL 215/1.
542 Friedrich-Ebert-Stiftung, Bibliothek A 93–3259.
543 Friedrich-Ebert-Stiftung, Bibliothek A 93–3257.

Sachbereiche	Reichstarifvertrag der chemischen Industrie i. d. F. vom 15. 10. 1927	Rahmentarifvertrag chemische Industrie Köln 24. 11. 1930	Kollektivabkommen Metallindustrie Württemberg/ Hohenzollern 4. 7. 1928	Kollektivabkommen Metallindustrie Bayern (Schiedsspruch) 12. 9. 1928
Arbeitszeit (Fortsetzung)		Ausdehnung der regelmäßigen Arbeitszeit bis zu 10 Stunden vornehmen. 4. Für kontinuierliche Betriebe bleibt das Dreischichtensystem bestehen. Sofern aber die besonderen wirtschaftlichen Verhältnisse des Betriebes es unbedingt erfordern, kann im Einverständnis mit den bezirklichen Organisationen die Werksleitung ausnahmsweise an Stelle des Dreischichtenbetriebes den Zweischichtenbetrieb zeitlich begrenzt einführen. 5. Sofern die bezirklichen Organisationen ihre Zustimmung zu einer Verlängerung der täglichen Arbeitszeit bis zu 10 Stunden im einschichtigen Betrieb (Absatz 3) oder zur Einführung des Zweischichtenbetriebes in kontinuierlichen Betrieben (Absatz 4) versagen, kann eine Entscheidung der von	Gewerberat vorlegen, der als unabhängige Tarifinstanz endgültig entscheidet.	3. Der an einzelnen Werktagen für den Betrieb oder eine Betriebsabteilung eintretende Ausfall an Arbeitsstunden kann nach Anhörung der gesetzlichen Arbeitervertretung des Betriebes durch Mehrarbeit an den übrigen Werktagen der gleichen oder folgenden Woche ausgeglichen werden. Ausnahmen sind im Benehmen mit dem Arbeiterrat in den gesetzlich zulässigen Fällen gestattet, insbesondere dann, wenn sie zur Aufrechterhaltung des regelmäßigen Betriebes erforderlich sind.

Sachbereiche	Reichstarifvertrag der chemischen Industrie i. d. F. vom 15. 10. 1927	Rahmentarifvertrag chemische Industrie Köln 24. 11. 1930	Kollektivabkommen Metallindustrie Württemberg/ Hohenzollern 4. 7. 1928	Kollektivabkommen Metallindustrie Bayern (Schiedsspruch) 12. 9. 1928
Arbeitszeit (Fortsetzung)		den Parteien vereinbarten paritätischen Zentralstelle beantragt werden. Diese hat unverzüglich über die Anträge zu entscheiden. 6. Kommt eine Entscheidung infolge Stimmengleichheit nicht zustande, so sind auf Verlangen eines Beisitzers der Zentralstelle ein oder mehrere Unparteiische zuzuziehen. Mangels Einigung über die Person der Unparteiischen soll der Reichsarbeitsminister um die Bestellung gebeten werden. 7. Bevor in den Fragen zu Absatz 3 und 4 der Instanzenzug nicht erschöpft ist, bleibt es bei dem bisherigen Zustande. 9. Grundsätzlich gibt es keine bezahlten Waschzeiten. Ausnahmsweise kann aber dort, wo infolge besonders starker Beschmutzung durch die Betriebsarbeit oder aus gesundheitlichen Gründen		

Sachbereiche	Reichstarifvertrag der chemischen Industrie i. d. F. vom 15. 10. 1927	Rahmentarifvertrag chemische Industrie Köln 24. 11. 1930	Kollektivabkommen Metallindustrie Württemberg/Hohenzollern 4. 7. 1928	Kollektivabkommen Metallindustrie Bayern (Schiedsspruch) 12. 9. 1928
Arbeitszeit (Fortsetzung)		eine gründliche Reinigung für die Arbeitnehmer nach Beendigung der Arbeitszeit erforderlich ist, von der Werksleitung unter Zustimmung ihrer bezirklichen Organisation eine Waschzeit im Anschluß an die Arbeitszeit unter Bezahlung der dafür erforderlichen und tatsächlich dafür aufgewendeten Zeit gewährt werden.		
Mehrarbeit	Der Vorsitzende des Arbeiterrates erhält wöchentlich eine Uebersicht über sämtliche im Werk geleisteten Ueberstunden, festgestellt nach Betrieben. Anfragen, die sich auf diesen Bericht beziehen, sind an den zuständigen Betriebsbeamten zu richten. Das zuständige Betriebsmitglied des Arbeiterrates, wo ein solcher nicht vorhanden ist, der Vertrauensmann der vertragsschließenden Organisationen, hat das			

Sachbereiche	Reichstarifvertrag der chemischen Industrie i. d. F. vom 15. 10. 1927	Rahmentarifvertrag chemische Industrie Köln 24. 11. 1930	Kollektivabkommen Metallindustrie Württemberg/ Hohenzollern 4. 7. 1928	Kollektivabkommen Metallindustrie Bayern (Schiedsspruch) 12. 9. 1928
Mehrarbeit (Fortsetzung)	Recht, sich bei dem Meister oder Betriebsführer über die Notwendigkeit der Ueber- oder Sonntagsstunden zu erkundigen. Er erhält auf einem Zettel Mitteilung über die zu leistenden Ueberstunden, wenn dies aus betriebstechnischen Gründen möglich ist, vor deren Beginn. Der Zettel wird von dem zuständigen Betriebsmitglied des Arbeiterrates (Vertrauensmann) an den Vorsitzenden des Arbeiterrates weitergegeben. Ergeben sich zwischen dem zuständigen Betriebsmitglied des Arbeiterrates (Vertrauensmann) und dem Meister oder Betriebsführer Meinungsverschiedenheiten über die Notwendigkeit der zu leistenden Ueber- und Sonntagsstunden, so liegt die Entscheidung ausschließlich bei dem Betriebsführer.			

Sachbereiche	Reichstarifvertrag der chemischen Industrie i. d. F. vom 15. 10. 1927	Rahmentarifvertrag chemische Industrie Köln 24. 11. 1930	Kollektivabkommen Metallindustrie Württemberg/ Hohenzollern 4. 7. 1928	Kollektivabkommen Metallindustrie Bayern (Schiedsspruch) 12. 9. 1928
Mehrarbeit (Fortsetzung)	Das zuständige Mitglid des Arbeiterrates (Vertrauensmann) darf nicht in Gegenwart von Arbeitern sagen, daß die Ueberstunden nicht verfahren werden sollen. Er darf auch die Ableistung der Ueberstunden nicht verhindern. Im Falle der vorstehend erwähnten Meinungsverschiedenheiten nimmt der Arbeiterrat die Beschwerden des zuständigen Betriebsmitgliedes des Arbeiterrates (Vertrauensmann) entgegen und läßt für sich durch den Vorsitzenden den Tatbestand feststellen. An dieser Feststellung nimmt der Unternehmer oder sein Stellvertreter teil. (Der letztere darf aber mit dem in die Sache verwickelten Meister oder Betriebsführer nicht identisch sein). Die Angelegenheit wird alsdann mit dem Arbeiterrat in gemeinsamer Sitzung endgültig erledigt.			

Sachbereiche	Reichstarifvertrag der chemischen Industrie i. d. F. vom 15. 10. 1927	Rahmentarifvertrag chemische Industrie Köln 24. 11. 1930	Kollektivabkommen Metallindustrie Württemberg/Hohenzollern 4. 7. 1928	Kollektivabkommen Metallindustrie Bayern (Schiedsspruch) 12. 9. 1928
Lohnzahlung			Falls im Einvernehmen mit dem Arbeiterrat eine längere Lohnperiode beibehalten wird, sind wöchentliche Abschlagszahlungen in Höhe von 90 vH des erzielten Verdienstes zu leisten.	4. Die Lohnzahlung erfolgt wöchentlich an einem Werktage, am Samstag jedoch nur mit Zustimmung des Arbeiterrates.
Lohntabelle und Einreihung Vollarbeiterinnen	Die Entlohnung der Vollarbeiterinnen über 20 Jahre findet innerhalb einer Spanne statt, die in der Lohntafel festzusetzen ist. Die Einreihung der Arbeiterinnen in diese Spanne und die Schaffung eines Durchschnittslohnes für alle Vollarbeiterinnen des Betriebes, der jedoch einen jeweilig in der Lohntafel festzusetzenden Betrag nicht überschreiten soll, wird von der Betriebsleitung unter Hinzuziehung des Arbeiterrates vorgenommen. Geht die Leistung einer jugendlichen Arbeiterin wesentlich über den Durchschnitt gleichaltriger Arbei-			

Sachbereiche	Reichstarifvertrag der chemischen Industrie i. d. F. vom 15. 10. 1927	Rahmentarifvertrag chemische Industrie Köln 24. 11. 1930	Kollektivabkommen Metallindustrie Württemberg/Hohenzollern 4. 7. 1928	Kollektivabkommen Metallindustrie Bayern (Schiedsspruch) 12. 9. 1928
Lohntabelle und Einreihung Vollarbeiterinnen (Fortsetzung)	terinnen hinaus, so wird die jugendliche Arbeiterin in eine entsprechend höhere Alterslohnstufe eingereiht. Leistet die jugendliche Arbeiterin die Arbeit einer Vollarbeiterin, so wird sie wie eine Vollarbeiterin entlohnt. Die Entscheidung trifft die Betriebsleitung im Einvernehmen mit dem Arbeiterrat.			
Löhne für Minderleistungsfähige		Die Löhne von dauernd minderleistungsfähigen Arbeitern können im Einvernehmen mit der gesetzlichen Vertretung der Arbeiterschaft eines jeden Betriebes entsprechend festgesetzt werden. Renten dürfen auf den Lohn nicht angerechnet werden.		
Löhne jugendliche Handwerker	Geht die Leistung eines jugendlichen Handwerkers wesentlich über den Durchschnitt gleichaltriger Handwerker hinaus, so wird der jugendliche Handwerker in			

Sachbereiche	Reichstarifvertrag der chemischen Industrie i. d. F. vom 15. 10. 1927	Rahmentarifvertrag chemische Industrie Köln 24. 11. 1930	Kollektivabkommen Metallindustrie Württemberg/ Hohenzollern 4. 7. 1928	Kollektivabkommen Metallindustrie Bayern (Schiedsspruch) 12. 9. 1928
Löhne jugendliche Handwerker (Fortsetzung)	eine entsprechend höhere Alterslohnstufe eingereiht. Leistet der jugendliche Handwerker die Arbeit eines Vollhandwerkers, so wird er wie ein Vollhandwerker entlohnt. Die Entscheidung trifft die Betriebsleitung im Einvernehmen mit dem Arbeiterrat (siehe protokollarische Notiz zu § 2, Ziffer I, Jugendliche).			
Einreihung Vollhandwerker	Die Entlohnung der Vollhandwerker über 21 Jahre vollzieht sich innerhalb einer Spanne. Die Einreihung der Handwerker in diese Spanne, bezw. die Schaffung eines in der Mitte zwischen Mindest- und Höchstlohn liegenden Maximaldurchschnittslohnes für alle Handwerker des Betriebes wird unter Hinzuziehung des Arbeiterrates vorgenommen.			

Sachbereiche	Reichstarifvertrag der chemischen Industrie i. d. F. vom 15. 10. 1927	Rahmentarifvertrag chemische Industrie Köln 24. 11. 1930	Kollektivabkommen Metallindustrie Württemberg/Hohenzollern 4. 7. 1928	Kollektivabkommen Metallindustrie Bayern (Schiedsspruch) 12. 9. 1928
Zuschläge gefährliche Arbeiten	Gemäß § 7 des Reichstarifvertrages können an Arbeitsstellen mit besonders gefährlichen schmutzigen oder gesundheitsschädlichen Arbeitsverhältnissen Zuschläge in zwei Stufen von der Betriebsleitung, gegebenenfalls unter Hinzuziehung des Arbeiterrates, für die unter Ziffer 1–5 und Ziffer 7 aufgeführten Arbeitergruppen festgesetzt werden. An Stelle der Zuschläge können in bestimmten Fällen besondere Vereinbarungen getroffen werden. Die im Absatz 5 des § 3 genannten »besonderen Vereinbarungen« können auch außer zwischen den unmittelbar Beteiligten zwischen Betriebsleitung und Betriebsvertretung oder zwischen den Tarifparteien getroffen werden.	1. Die Festsetzung von besonderen Zuschlägen für Arbeiten gefährlicher und gesundheitsschädlicher Art sowie für besonders schmutzige Arbeiten unterliegt freier Vereinbarung zwischen der Betriebsleitung und der gesetzlichen Vertretung der Arbeiterschaft des Betriebes.		

Sachbereiche	Reichstarifvertrag der chemischen Industrie i. d. F. vom 15. 10. 1927	Rahmentarifvertrag chemische Industrie Köln 24. 11. 1930	Kollektivabkommen Metallindustrie Württemberg/ Hohenzollern 4. 7. 1928	Kollektivabkommen Metallindustrie Bayern (Schiedsspruch) 12. 9. 1928
Akkord/ Stücklohn	Die Akkordsätze für Gruppen und geschlossene Betriebsabteilungen werden von der Betriebsleitung nach Verhandlung mit der gesetzlichen Betriebsvertretung festgesetzt und sind den Arbeitnehmern vor Beginn der Arbeit bekanntzugeben. Einzelakkorde werden zwischen Betriebsleitung und Arbeiter möglichst durch schriftlichen Vertrag vor Beginn der Arbeit festgelegt. Die Akkordsätze sind so festzusetzen, daß der Arbeiter durchschnittlicher Leistungsfähigkeit ein Akkorddurchschnittsverdienst von 15 % über die tariflichen Stundenlöhne verdienen kann. Widersprechen die festgesetzten Akkordsätze vorstehenden Grundsätzen, so kann die gesetzliche Betriebsvertretung unter Hinzuziehung von Vertretern	1. Wo die Akkordarbeit Gefahren für die Gesundheit der Arbeiter in sich birgt, darf sie nur mit Zustimmung der gesetzlichen Vertretung der Arbeiterschaft eingeführt oder aufrechterhalten werden.		*1. Entstehen über die Höhe eines bereits bestehenden oder eines neu festgesetzten Stücklohnes Streitigkeiten, dann sind die Arbeitnehmer verpflichtet, eine Werkstattkommission von höchstens 3 Arbeitern oder Arbeiterinnen der gleichen Beschäftigungsart, von selchen eine Person tunlichst dem Arbeiterrat angehören soll, zu bestellen, die mit den Vertretern der Betriebsleitung über die endgültige Festsetzung des strittigen Stücklohnes verhandelt. 2. Wenn keine Einigung erzielt wird, so entscheidet auf Antrag einer Partei eine Schlichtungskommission, bestehend aus einem unparteiischen Vorsitzenden und mindestens je einem Arbeitgeber und Arbeitnehmer, auf Grund der von beiden Seiten vorgebrachten Unterlagen, im Bedarfs falle nach durch-

Sachbereiche	Reichstarifvertrag der chemischen Industrie i. d. F. vom 15. 10. 1927	Rahmentarifvertrag chemische Industrie Köln 24. 11. 1930	Kollektivabkommen Metallindustrie Württemberg/ Hohenzollern 4. 7. 1928	Kollektivabkommen Metallindustrie Bayern (Schiedsspruch) 12. 9. 1928
Akkord/ Stücklohn (Fortsetzung)	der Akkordbeteiligten von der Betriebsleitung Neufestsetzung der betreffenden Akkordsätze verlangen, wobei beide Parteien Verbandsvertreter der am Tarifvertag beteiligten Organisationen hinzuziehen können. Kommt hierbei eine Einigung nicht zustande, so entscheidet auf Anruf einer der beteiligten Parteien die tarifliche Schlichtungsstelle, die nötigenfalls besondere Fachvertreter hinzuziehen kann. Bis zur Entscheidung durch die Schlichtungsstelle ist die Arbeit zu den von der Betriebsleitung festgesetzten Akkordsätzen auszuführen; die endgültig festgesetzten Akkordsätze haben Gültigkeit vom Beginn der betreffenden Arbeit an. Die Akkordvereinbarungen sind für die Gruppen und geschlossenen Betriebs-			geführter Probearbeit, endgültig. Die etwa erforderliche Probearbeit ist von einem oder mehreren Arbeitern mittlerer Leistungsfähigkeit oder vom Meister unter Aufsicht der Schlichtungskommission im Lohn herzustellen. Für diese Versuchsarbeit wird den ausführenden Arbeitern ihr durchschnittlicher Akkordverdienst vergütet. *) Protokollnotiz: Die Entscheidung darüber, ob die Voraussetzungen des § 23 über die Änderung der Stücklöhne gegeben sind, gehört nicht zur Zuständigkeit der Kommissionen des § 25.

Sachbereiche	Reichstarifvertrag der chemischen Industrie i. d. F. vom 15. 10. 1927	Rahmentarifvertrag chemische Industrie Köln 24. 11. 1930	Kollektivabkommen Metallindustrie Württemberg/Hohenzollern 4. 7. 1928	Kollektivabkommen Metallindustrie Bayern (Schiedsspruch) 12. 9. 1928
Akkord/ Stücklohn (Fortsetzung)	abteilungen dem Arbeiterrat durch die Betriebsleitung bekanntzugeben und in den Betrieben an sichtbarer Stelle auszuhängen.			
Kopfzulage		Eine Kopfzulage in Höhe eines jeweils in der Lohntafel festzusetzenden Wochenbetrages wird gezahlt: … Zur Behandlung besonders gelagerter Fälle tritt eine paritätische Kommission zusammen, welche diese Fälle tunlichst auf dem Schriftwege erledigt.		
Urlaub				Die Zeit der Urlaubsgewährung nach vorstehendem Absatz wird von der Betriebsleitung im Einverständnis mit der gesetzlichen Arbeitnehmervertretung des Betriebes festgesetzt.

Sachbereiche	Reichstarifvertrag der chemischen Industrie i. d. F. vom 15. 10. 1927	Rahmentarifvertrag chemische Industrie Köln 24. 11. 1930	Kollektivabkommen Metallindustrie Württemberg/ Hohenzollern 4. 7. 1928	Kollektivabkommen Metallindustrie Bayern (Schiedsspruch) 12. 9. 1928
Betriebsversammlung	Der Arbeiterrat ist berechtigt, im Einvernehmen mit den vertragsschließenden Gewerkschaften die dienstfreie Arbeiterschaft sowie die dienstfreien Vertrauensleute des Betriebes zu Versammlungen zusammen zurufen, die mit Einwilligung des Unternehmers auch innerhalb des Betriebes stattfinden können. In Gegenwart der am Tarif beteiligten Gewerkschaftssekretäre dürfen Betriebsversammlungen in sehr dringenden Fällen mit Einwilligung des Unternehmers auch während der Arbeitszeit stattfinden. An diesen Versammlungen dürfen Arbeiter nicht teilnehmen, die an Arbeitstellen beschäftigt sind, die im Betriebsinteresse ihrer Natur nach nicht unbesetzt bleiben können. Diese Arbeitsstellen werden im Einvernehmen zwischen Betriebsleitung und Arbeiterrat bestimmt.			

Sachbereiche	Reichstarifvertrag der chemischen Industrie i. d. F. vom 15. 10. 1927	Rahmentarifvertrag chemische Industrie Köln 24. 11. 1930	Kollektivabkommen Metallindustrie Württemberg/Hohenzollern 4. 7. 1928	Kollektivabkommen Metallindustrie Bayern (Schiedsspruch) 12. 9. 1928
Schlichtungsstellen		1. Gesamtstreitigkeiten, die sich bei der Durchführung der einzelnen Bestimmungen dieses Vertrages, seiner Ergänzungsabkommen und der auf Grund des § 4 abgeschlossenen Lohnabkommen ergeben, und die nicht zwischen der Betriebsleitung und der gesetzlichen Vertretung der Arbeiterschaft geregelt werden können, sollen unter Hinzuziehung der Organisationsvertreter beigelegt werden. 2. Kommt hierbei eine Einigung nicht zustande, so ist die Streitigkeit einer bezirklichen Schlichtungsstelle (Bezirkstarifamt), die aus je zwei bis drei Arbeitgebern und Arbeitnehmern bestehen soll, zu unterbreiten. 3. Das Bezirkstarifamt ist auch zuständig, falls sich die Tarifvertragsparteien über den Abschluß eines gemäß § 4 dieses Vertrages ab-	Streitigkeiten, die aus der Durchführung des Abkommens entstehen, sind zuerst durch Verhandlungen zwischen Betriebsleitung und Arbeiterrat zu regeln. Gelingt hierbei eine Verständigung nicht, so sind die beiderseitigen Organisationsvertreter hinzuzuziehen. Soweit sie unter Hinzuziehung derselben auch nicht beseitigt werden, unterliegen sie der Entscheidung nach den Bestimmungen der am 8. November 1919 vereinbarten Schlichtungsordnung. Streitfälle über die Einreihung anderer Arbeiter in Einzelfällen in die Gruppe B werden nach Ziffer 22 behandelt. 18. Entstehen über die Festsetzung von Akkordpreisen Streitigkeiten insofern, als zwischen Arbeitnehmer und Betriebsleitung bezw. Meister eine Einigung über den Akkordpreis nicht	§ 35 1. Besondere Vereinbarungen der Organisationen bleibt es überlassen, für die Erledigung von Streitigkeiten zwischen Arbeitgebern und Arbeitnehmern eine gesonderte Vereinbarung zu treffen.

Sachbereiche	Reichstarifvertrag der chemischen Industrie i. d. F. vom 15. 10. 1927	Rahmentarifvertrag chemische Industrie Köln 24. 11. 1930	Kollektivabkommen Metallindustrie Württemberg/ Hohenzollern 4. 7. 1928	Kollektivabkommen Metallindustrie Bayern (Schiedsspruch) 12. 9. 1928
Schlichtungsstellen (Fortsetzung)		zuschließenden Lohnabkommens nicht einigen können. 4. Gegen den vom Bezirkstarifamt gefällten Schiedsspruch steht beiden Parteien das Recht der Berufung an eine zentrale Schlichtungsstelle (Haupttarifamt), die am Sitz des Arbeitgeberverbandes der chemischen Industrie Deutschlands errichtet wird, zu. Das Haupttarifamt entscheidet in der Regel in der Besetzung von je drei Arbeitgebern und Arbeitnehmern. 5. Auch für den Fall, daß in der bezirklichen Schlichtungsstelle kein Spruch zustande kommt, entscheidet die zentrale Schlichtungsstelle (Haupttarifamt). 6. Die Entscheidungen der zentralen Schlichtungsstelle sind endgültig und bindend.	zu erzielen ist, so ist zum Zwecke der Verständigung eine Werkstattkommission von höchstens 3 Facharbeitern, von denen einer dem Arbeiterrat angehört, zuzuziehen. Wenn keine Verständigung erzielt wird, so wird die Arbeit vom Meister oder von gleichartigen Arbeitern mittlerer Leistungsfähigkeit probeweise in Lohn hergestellt und unter Zugrundelegung der so ermittelten Arbeitszeiten der Akkordpreis festgesetzt.	
Arbeitervertretung				Für die Tätigkeit der Arbeiterräte und die Stellung ihrer Mitglieder sind die gesetzlichen Bestimmun gen maßgebend, sohin zur Zeit:

Sachbereiche	Reichstarifvertrag der chemischen Industrie i. d. F. vom 15. 10. 1927	Rahmentarifvertrag chemische Industrie Köln 24. 11. 1930	Kollektivabkommen Metallindustrie Württemberg/ Hohenzollern 4. 7. 1928	Kollektivabkommen Metallindustrie Bayern (Schiedsspruch) 12. 9. 1928
Arbeitervertretung (Fortsetzung)				1. Bei Einstellung, Kündigung und Entlassung dürfen die gesetzlichen Rechte der Arbeiterräte in keiner Weise beschränkt werden. 2. Der Arbeiterrat hat das Recht darüber zu wachen, daß die zu Gunsten der Arbeiter und Arbeiterinnen gegebenen gesetzlichen Vorschriften und die maßgebenden Tarifverträge, sowie die anerkannten Schiedssprüche durchgeführt werden. 3. Der Arbeiterrat hat die Arbeitsordnung im Rahmen der geltenden Tarifverträge nach Maßgabe des § 80 BRG. zu vereinbaren und auf die Abstellung von Beschwerden in gemeinsamer Verhandlung mit dem Arbeitgeber hinzuwirken. 4. In Streitfällen hat er die Schlichtungsstellen anzurufen, wenn der Betriebsrat die Anrufung ablehnt. 5. Der Arbeiterrat hat auf die Bekämpfung der Unfall- und

Sachbereiche	Reichstarifvertrag der chemischen Industrie i. d. F. vom 15. 10. 1927	Rahmentarifvertrag chemische Industrie Köln 24. 11. 1930	Kollektivabkommen Metallindustrie Württemberg/ Hohenzollern 4. 7. 1928	Kollektivabkommen Metallindustrie Bayern (Schiedsspruch) 12. 9. 1928
Arbeitervertretung (Fortsetzung)				Gesundheitsgefahren der Arbeitergruppe im Betriebe zu achten, die Gewerbeaufsichtsbeamten und die sonstigen in Betracht kommenden Stellen bei dieser Bekämpfung durch Anregung, Beratung und Auskunft zu unterstützen, sowie auf die Durchführung der gewerbepolizeilichen Bestimmungen und der Unfallverhütungsvorschriften hinzuwirken. 6. Der Arbeiterrat hat ferner bei Kriegs- und Unfallbeschädigten für eine ihren Kräften und Fähigkeiten entsprechende Beschäftigung durch Rat, Anregung, Schutz und Vermittlung bei dem Arbeitgeber und den Arbeitern bezw. Arbeiterinnen tunlichst Sorge zu tragen. 7. Der Arbeiterrat hat weiterhin nach Maßgabe des BRG. bei Entlassung von Arbeitern bezw. Arbeiterinnen mitzuwirken.

Wir sehen hier eine durchaus stattliche Zahl von Delegation- bzw. Ermächtigungsnormen für Betriebsratsaktivitäten, aber hauptsächlich in Randbereichen nicht im Zentrum der betrieblichen Lohnpolitik. Eingruppierungen, mit denen über große Segmente der konkreten Arbeitnehmereinkommen entschieden wurde, blieben rechtlich gänzlich in der Hand des Arbeitgebers.
Zu dieser sehr schwach ausgeprägten Mitbestimmungslandschaft aufgrund der Tarifverträge kam das Problem der übertariflichen Leistungen. Sie hatten in der Weimarer Republik einen beachtlichen Umfang, wie Sondererhebungen des Statistischen Reichsamts zwischen 1927 und 1931 auswiesen:[544]

Effektivlöhne 1927–1931

	Effektivlöhne über Tarif (= »Überverdienst«)
Textilindustrie	
• Zeitlohn • Akkordlohn	10 % 17–27 %
Chemische Industrie	15–33 %
Eisen- und Stahlindustrie	19–71 %

Quelle: *Plumpe*, Tarifsystem und innerbetriebliche Konflikte in der Weimarer Republik

Auch hier hatte der Betriebsrat keine Mitbestimmungsrechte. So kann man sagen, dass Eingruppierung, Leistungslohngestaltung (Akkord)[545] und übertarifliche Leistungen rechtlich allein in der Gestaltungsmacht des Arbeitgebers lagen. Was der Betriebsrat davon beeinflussen konnte, hing von den beschriebenen faktischen Kräfteverhältnissen im Betrieb ab. Das Ganze ereignete sich logischerweise auch fernab der Tarifvertragsparteien; insbesondere die Gewerkschaften hatten keinerlei Einfluss auf die letztendliche Gestaltung der konkreten Lohnhöhe ihrer Mitglieder – möglicherweise eine »technische« Erklärung (neben anderen) für deren gegen Ende der Weimarer Republik zu beobachtende Betriebsferne und abnehmende Bindekraft gegenüber ihren Mitgliedern (s. u. § 18).

544 *Plumpe*, Tarifsystem und innerbetriebliche Konflikte in der Weimarer Republik, in: Führer, Hrsg., Tarifbeziehungen und Tarifpolitik in Deutschland im historischen Wandel, 2004, S. 26, 28.

545 Hierzu wurden die Betriebsräte typisch auf dem »Umweg« über ihre Aufgabe, Beschwerden nachzugehen, aktiviert (drastisch der AEG-Betriebsratsvorsitzenden *Krüger*: »*Auch ergeben sich zahlreiche Differenzen zwischen Akkordarbeitern und Kalkulationsabteilung. Hier muß täglich eingegriffen werden, eine Arbeit, die natürlich die Betriebsräte stark überlastet*« (Gewerkschafts-Zeitung 1925, 399).

VII. Was hat das BRG den Arbeitnehmern »gebracht«?

Angesichts aller mitbestimmungsrechtlich so ernüchternder Befunde stellt sich natürlich die Frage, wie das auf die Rezeption des BRG durch die Arbeitnehmer gewirkt hatte. Waren sie nicht maßlos enttäuscht? Die Antwort lautet: Ja und Nein! Und ihre beiden Bestandteile speisen sich erneut (§ 15) aus der Frage »Ist das Glas halb voll oder halb leer?« »Halb leer« war das Glas natürlich im ersten Moment bei Schaffung des Gesetzes für alle, denen das BRG als Abstieg aus »Räte«-Vorstellungen der diffusesten Art natürlich »zu wenig« sein musste. Aber bald wich dies doch einer realistischen Einschätzung, um wie viel mehr es trotz aller Unzulänglichkeiten gegenüber dem Zustand der Arbeiterausschüsse im Kaiserreich war. Nochmals: Es hat seinen Grund gehabt, warum es keine ernsthaften und ausformulierten rechtspolitischen Vorstellungen in der Weimarer Republik zu eigentlichen Mitbestimmungstatbeständen gegeben hat (s. o.).

Hier müssen doch die möglicherweise nicht genug gewürdigten Organisationsrechte des Betriebsrats und seiner einzelnen Mitglieder in den Blick genommen werden. Denn zwar hatte der Betriebsrat unter dem BRG so gut wie keine harten Mitbestimmungsrechte, aber er konnte das, was er auch ohne sie vorzubringen hatte, doch aus einer ganz anderen Position vorbringen als die eher geduldeten, operativ weitgehend rechtlosen Arbeiterausschüsse. Neu war, dass er den Arbeitgeber unter vielerlei Gesichtspunkten in formale Verfahren ziehen konnte, an deren Ende zwar kein verbindlicher Spruch eines Dritten stand, aber doch ein erheblicher Legitimationsbedarf und -aufwand für den Arbeitgeber. Deren Bedeutung hat *Brigl-Matthiaß* – gewissermaßen von der anderen Seite her – sehr plastisch beschrieben anhand der resümierenden Frage nach dem Beitrag des BRG zur »*Demokratisierung*«. Er maß das daran, ob und inwieweit eine Werksleitung eine »*Beschränkung ihrer Funktionen*« hinzunehmen hatte.[546]

Dabei unterschied er zwischen »absoluter« und »relativer« Einschränkung der Werksleitung. Die erstere schloss er aus, weil die Werkleitungen durch das Gesetz nicht in die Lage gebracht wurden, »*bestimmte Dispositionen gegen den Widerstand des Betriebsrats effektiv nicht treffen*« zu können: »*Die Einschränkung ist vielmehr auch hier durchschnittlich nur relativ, sie stellt sich für die Werksleitung als Erschwerung und Hemmung ihrer Funktionen dar. Diese Erschwerung und Hemmung äußert sich auf dem Gebiet der betrieblichen Legislative darin, dass es der Werksleitung häufig nur nach langwierigen Verhandlungen mit dem Betriebsrat gelingt, die für notwendig gehaltenen Dispositionen in der Arbeitsordnung oder sonstigen Arbeitsnormen festzulegen. Besonders fühlbar macht sich die erschwerte Dispositionsmöglichkeit der Werksleitung bei der Entlassung von Arbeitskräften geltend. ...*« Daraus erwachse das Problem, dass die Werksleitung »*die getroffenen*

546 Hierzu und zum Folgenden vgl. *Brigl-Matthiaß*, S. 192.

Dispositionen gegen den Widerstand des Betriebsrats häufig nur in veränderter oder abgeschwächte Form zur Durchführung bringen« könne.
Außerdem stellte er fest, dass ein Betriebsrat dazu beitrage, das autoritative Verhalten von Vorgesetzten abzuschwächen: »*Wesentlich mit auf den Einfluß des Betriebsrats ist es zurückzuführen, wenn die Behandlung der Belegschaft durch die unteren Betriebsbeamten, die früher zweifellos vielfach übertrieben scharf und oft persönlich verletzend war, grundsätzlich andere Formen angenommen hat, und wenn die Belegschaft vor willkürlichen Maßregelungen nunmehr in starkem Maß geschützt ist.*«[547] Das ist eine nur schwer mess- und dokumentierbare Folge des Vorhandenseins von Betriebsräten; sie kann aber als Beitrag zur wesentlichen Verbesserung des Arbeitsalltags der Arbeitnehmer gar nicht hoch genug veranschlagt werden.
Aus alledem zog *Brigl-Matthiaß* eine verallgemeinernde Schlussfolgerung, die durchaus als Gesamtbilanz des Mitbestimmungsgedankens durch das BRG verstanden werden kann: »*Die Demokratisierung des Werksbetriebes prägt sich für die Werksleitung also nicht so sehr in einer konkret abgrenzbaren Einschränkung bestimmter Funktionen, oder gar in einer rationalen Funktionsverteilung zwischen ihr und dem Betriebsrat, als vielmehr* in einer Summe einzelner und in ihrer konkreten Bedeutung nur schwer erfaßbarer Hemmungen aus (Hervorhebung durch B.-M.).« Damit ist spiegelbildlich der insbesondere im Nachhinein nicht mehr erfass- und messbare Erfolg des BRG im Interesse der Arbeitnehmer beschrieben. Hier liegt die Erklärung für das »halb volle Glas«, eine doch wohl durchgehende Akzeptanz des Mitbestimmungsgedankens bei den Arbeitnehmern (nicht zuletzt sichtbar an der relativ stabilen Wahlbeteiligung und den Wahlergebnissen bis zum Ende der Republik).
Es hat den Anschein, dass *Friedrich Sitzler*, als Ministerialdirektor im Reichsarbeitsministerium führend an der Entstehung des Gesetzes beteiligt, bei seiner vorsichtigen Bilanz im Jahre 1928 doch das Richtige getroffen hatte:[548] »*Schon heute steht aber fest, daß das Betriebsrätegesetz das Persönlichkeitsgefühl des Arbeiters gestärkt und ihm die Möglichkeit gegeben hat, seine Beschwerden sicher zur Kenntnis der zuständigen Stellen zu bringen, ein Umstand der zweifellos zum Ausgleich der sozialen Spannungen beiträgt.*« Es spricht eine starke Vermutung dafür, dass diese positive Grundstimmung über die Zeit des Nationalsozialismus im Geheimen bewahrt wurde und zur – auf den ersten Blick erstaunlichen – Wiedergründung von Betriebsräten 1945 in großer Breite und Schnelle beitrug (§ 20).

---

547 A. a. O., S. 185.
548 *Sitzler*, Das Werden der Betriebsdemokratie, Reichsarbeitsblatt 1928 II, 204.

VIII. Inwieweit war das BRG strukturbildend für die Zukunft?

Zwar ist die Idee einer organisierten Interessenvertretung im Betrieb nicht urplötzlich mit dem BRG Wirklichkeit geworden; es gab eine lange Geschichte davor. Jedoch enthielt erst dieses Gesetz eine Vielzahl von Einzelelementen, die nach 1945 und insbesondere 1952 wieder aufgegriffen wurden und seither als feste Bestandteile unser System der »Betriebsverfassung« prägen. Hierzu hat *Thomas Blanke* als erster die Frage gestellt, »*in welchem Maße dieses Betriebsrätegesetz von 1920* strukturprägend für die deutsche Betriebsverfassung bis heute (Hervorhebung im Original, WD/MK) *geworden ist.*«[549] Im Wesentlichen ihm folgend, sind das vor allem folgende Grundprinzipien:

- duale Struktur der Interessenvertretung durch Gewerkschaften und Betriebsräte
- mit den beiden unterschiedlichen Legitimationsgrundlagen: freiwillige Mitgliedschaft bei den Gewerkschaften und allgemeine Wahlen durch die Gesamtbelegschaft;
- dementsprechend Finanzierung durch den Arbeitgeber und Verbot der Erhebung einer Umlage auf der einen und Mitgliedsbeiträge auf der anderen Seite;
- Tragung der Betriebsratskosten durch den Arbeitgeber;
- Primat der Tarifvertragsparteien;
- Betriebsverfassung als Kooperationsmodell (»vertrauensvolle Zusammenarbeit«; Arbeitskampfverbot);
- Konfliktlösung durch Dritte (Schlichtungsstelle und Arbeitsgericht);
- daraus folgend Fernhaltung allgemeinpolitischer Themen aus Betriebsversammlungen; Absage an ein imperatives Mandat und feste Amtszeiten;
- unangetastete Leitungszuständigkeit des Arbeitgebers;
- Diskriminierungs- und Kündigungsschutz für Mandatsträger;
- Gruppenrepräsentation von Arbeitern und Angestellten;
- bei Ausschluss leitender Angestellter;
- Trennung von betrieblicher Mitbestimmung und Mitbestimmung auf Unternehmensebene;
- Betriebsräte auf unterschiedlichen Unternehmensebenen (Gesamtbetriebsrat);
- Tendenzvorbehalt.

Ein wesentliches Strukturmerkmal des BRG ist in der Bundesrepublik allerdings nicht fortgeführt worden: die Existenz von Betriebsräten auch im öffentlichen Dienst (§§ 17, 27).

549 *Blanke*, KJ 1995, 12, 18.

§ 17 Sonderregelungen für den öffentlichen Dienst und Beamte

Die betriebliche Interessenvertretung im öffentlichen Dienst hatte immer schon mit einem zusätzlichen Handicap gegenüber der in der Privatwirtschaft zu kämpfen: die besondere Stellung des Staates, die gegenüber derartigen Einmischungen noch mehr verteidigt wurde als der private Sektor.[550] Das fand arbeitspolitisch seinen Niederschlag in der Entwicklung des Beamtentums, von dem eine besondere Hingabe und Loyalität erwartet wurde. Das stand naturgemäß quer zu jeder Art von Intervention durch Mitbestimmung. Eine Ausnahme machten die Staaten, voran Preußen, hinsichtlich öffentlicher Betriebe. Seit 1880 wurden in den dem Preußischen Kriegsministerium unterstellten staatlichen Regiebetrieben Arbeiterausschüsse eingerichtet, 1891 folgten die kaiserlichen Werften und die kaiserliche Torpedowerkstatt und um die Jahrhundertwende Bayern und Sachsen. Dazu kamen die großen Verwaltungen der Bahn, Post und des Telegraphenbetriebs. Schließlich bezog das Hilfsdienstgesetz (§ 13) auch öffentliche Verwaltungen mit ein, bei denen sich aber das Problem des Arbeitsplatzwechsels nicht vergleichbar mit der Privatwirtschaft stellte.

Nach der Revolution und der Rätebewegung (§ 14) war klar, dass der öffentliche Bereich nicht ausgespart werden konnte. Nur fielen die betrieblichen Beteiligungsrechte deutlich geringer aus, das Gesamtsystem dafür umso komplexer. Das hatte seinen Hauptgrund darin, dass die Betriebsverfassung im öffentlichen Dienst nicht für Beamte (§ 10 Abs. 2 Nr. 1 BRG) galt, wohl aber für sonstige aufgrund eines privatrechtlichen Vertrages beschäftigte Arbeiter und Angestellte. Das führte zu einer ungeheuren Vielfalt an Vertretungen, mit dem Bedarf, die Zusammenarbeit für verschiedene Beschäftigtengruppen zu regeln. Die entsprechenden Vorschriften können hier nicht im Einzelnen dargestellt werden,

550 Zum Folgenden vgl. *Edenfeld*, Arbeitnehmerbeteiligung im Betriebsverfassungs- und Personalvertretungsrecht, 2000, S. 19ff.; *Feldmann*, Das Personalvertretungsrecht des Bundes und der Länder, Diss. Hagen 1982, S. 12; vgl auch *Koch*, Arbeiterausschüsse, 1907, S. 43ff.; *Potthoff*, Die »Mitbestimmung« der Beamten im öffentlichen Dienst – ihre geschichtliche Entwicklung, gegenwärtige Regelung und Bedeutung, Diss. Münster 1965.

sondern lediglich die Grundzüge des Gesamtsystems (falls ein solcher Begriff denn überhaupt angebracht ist).
Die Betriebsverfassung für privatrechtlich bei öffentlichen Arbeitgebern beschäftigte Arbeitnehmer war grundsätzlich im BRG geregelt. Der organisatorische Aufbau von Einzel- und Gesamtbetriebsräten und die Abgrenzung ihrer Befugnisse wurden jedoch durch Verordnung gem. § 61 Abs. 1 BRG geregelt. Solche Verordnungen wurden vom Reich und den Ländern nach Verhandlungen mit den beteiligten »wirtschaftlichen Vereinigungen der Arbeitnehmer«, d.h. den Gewerkschaften, erlassen (§ 61 Abs. 2 BRG).[551] Diese Beteiligung der Gewerkschaften beim Erlass von gesetzesausführenden Verordnungen ist bemerkenswert. Die Kommentierung von *Flatow* spricht davon, dass das mehr als »Anhörung« bedeute; eine »Zustimmung« sei aber nicht nötig.[552] Irgendwelche des Kommentierens werte Probleme gab es in dieser Hinsicht aber nicht. Beim Reich existierten derartige Verordnungen für alle großen Verwaltungsbereiche. Die quantitativ bedeutendsten waren dabei die für Eisenbahnen und die Post. Dort entsprachen die Ergebnisse der Betriebsratswahlen bei relativ einem starken Anteil der christlichen Gewerkschaft dem generellen Muster einer freigewerkschaftlichen Dominanz:[553]

Betriebsratswahlen bei der Deutschen Reichsbahn 1929

Einheitsverband der Eisenbahner Deutschlands	225602	=	68,53 v.H.
Gewerkschaft deutscher Eisenbahner (GdE) (christlich)	225154	=	17,97 v.H.
Allgemeiner Eisenbahner-Verband (AEV.) (Hirsch-Duncker)	21473	=	6,52 v.H.
Industrieverband für das Verkehrswesen (I. V.) (syndikalistisch)	1712	=	0,52 v.H.
»Revolutionäre Opposition«	21258	=	6,46 v.H.

Hinsichtlich der Ausführung des Gesetzes blieb es aber nicht bei den Regelungsebenen von Reich und Länden.[554] Vielmehr enthielten sowohl die Reichs-VO

551 Dokumentation aller VOen des Reichs und der wichtigsten Länder bei *Flatow/Kahn-Freund*, BetrVG, § 61 Anm. 8; Textabdruck für das Reich, Preußen, Bayern und Sachsen in den Anhängen 7 bis 10; vgl. auch *Flatow*, Die Betriebsvertretungen bei öffentlichen Unternehmungen und Verwaltungen, RArbBl. 1921, 766.

552 *Flatow/Kahn-Freund*, a.a.O., § 61 Anm. 6.

553 Gewerkschafts-Zeitung 1929, 381. Bemerkenswert ist die sehr hohe Wahlbeteiligung von 88% (329199 abgegebene Stimmen bei etwa 377000 Wahlberechtigten).

554 Vgl. *Feldmann*, Das Personalvertretungsrecht des Bundes und der Länder, 1982, S. 18ff.

zur Ausführung des BRG vom 5. Juni 1920[555] als auch die Länderverordnungen typischerweise Unterermächtigungen an staatliche Stellen, »*gesondert für die einzelnen Zweige der Staatsverwaltung*« (so z. B. die VO der Preußischen Staatsregierung zur Ausführung des Betriebsrätegesetzes vom 8. März und 25. September 1920).[556]

Beamte waren eine statusmäßig immer wichtige, aber zahlenmäßig letztlich doch relativ kleine Gruppe von Erwerbstätigen. Für 1933 weist die Statistik einen Anteil von 4,7 % an den ca. 44 Mio. Erwerbstätigen aus, also ca. 2 Mio.[557] Auch für sie gab es Regelungen zur betrieblichen Interessenvertretung. Deren Grundlagen wurden ebenfalls separat für Reich und Länder geregelt. Das Reich hatte dafür sogar eine verfassungsrechtliche Grundlage (als Pendant zu Art. 165):

> Art. 130
> Die Beamten sind Diener der Gesamtheit, nicht einer Partei.
> Allen Beamten wird die Freiheit ihrer politischen Gesinnung und die Vereinigungsfreiheit gewährleistet.
> Die Beamten erhalten nach näherer reichsgesetzlicher Bestimmung besondere Beamtenvertretungen.

Zu einem Reichsgesetz kam es aber nie, weil die Auffassungen über die Ausgestaltung des Beamtenrechts[558] im Reichstag zu weit auseinanderlagen. So wurden Beamtenvertretungen für einzelne Verwaltungszweige (auch für Bahn und Post) durch Verordnungen und Verwaltungsvorschriften geregelt.[559] Naturgemäß gab

---

555 RGBl. 1139.

556 Preußische Gesetzessammlung, S. 57, 429; für die preußischen Justizdienststellen vgl. VO vom 23. 12. 1930, Preußische Gesetzessammlung, S. 315.

557 Vgl. *Petzina u. a.*, Sozialgeschichtliches Arbeitsbuch III. Materialien zur Statistik des Deutschen Reiches 1914 – 1945, S. 55; *Huber*, Deutschland im Wandel. Geschichte der deutschen Bevölkerung seit1815, 1998, S. 236.

558 Eine Besonderheit prägt die Stellung der Beamten seit der Weimarer Republik. Nach dem Eisenbahnerstreik 1924 entschieden die obersten Gerichte der Zivil-, Straf- und Dienstgerichtsbarkeit, dass ein Streik der Beamten wegen ihrer besonderen Treueverpflichtungen unzulässig war. Diese Rechtsauffassung hat sich bis heute beim BVerfG erhalten (vgl. *Kittner*, 50 Urteile, Nr. 5). Freilich lag die Sache unter Weimarer Bedingungen deshalb nicht so einfach, weil damals nach allgemeiner Meinung auch Arbeitnehmer kein Streik*recht* hatten, sondern nur Streik*freiheit* genossen. Das hätte für Beamte bedeutet, dass sie sanktionslos nur hätten streiken können, wenn sie zuvor die Entlassung aus dem Dienst beantragt hätten.

559 Vgl. *Altvater u. a.*, Bundespersonalvertretungsgesetz, 10. Aufl. 2019, Einl. Rn. 7.

es solche Regelungen auch in den Ländern, wovon die preußische exemplarisch vorgestellt werden soll:[560]

> § 1
> Bei jeder Behörde (Amtsstelle, Dienststelle), die dauernde mindestens 20 Beamte beschäftigt, wird ein Beamtenausschuß gebildet.
> …
>
> § 3
> Der Beamtenausschuß dient der Aufgabe, das Vertrauensverhältnis zwischen Verwaltung und Beamtenschaft zu stärken, und als Vertrauensorgan der Beamten deren Interessen behufs Erhaltung ihrer Arbeitsfreudigkeit und behufs Vermeidung von Reibungen bei dem Vorstande der Behörde zu wirken.
> Der Ausschuß ist berechtigt, sich über allgemeine innerdienstliche Angelegenheiten gutachtlich zu äußern und auf Antrag eines Beamten in dessen dienstlichen und persönlichen Angelegenheiten vorstellig zu werden.
> Der Vorstand der Behörde hat dem Ausschuß in geeigneten Fällen auch ohne eine von ihm ausgehende Anregung vor Erlaß von Anordnungen, die den inneren Dienst oder persönliche Angelegenheiten betreffen, Gelegenheit zur gutachtlichen Äußerung zu geben.
> Insoweit den Beamten das Recht auf Kenntnisnahme von Eintragungen in ihre Personalakte eröffnet ist, hat das von einem Beamten angegangene Ausschußmitglied dasselbe Recht, wenn der Beamte sich damit einverstanden erklärt.

Offenkundig bleiben die Vertretungsrechte der Beamten weit hinter denen der privatrechtlichen Arbeitnehmer zurück. Sie erreichten nur etwa das Niveau der Arbeiterausschüsse nach dem Arbeiterschutzgesetz von 1891 (§ 10).
Es blieb noch das Problem der Zusammenarbeit zwischen Beamtenausschüssen und Betriebsräten in den Verwaltungen, in denen ja alle Beschäftigtengruppen nebeneinander arbeiteten.[561] Dazu gab es zwei Regelungstechniken:

- Zum einen konnte ein Betriebsrat für bestimmte Beamten-Gruppen und ein Beamtenausschuss für bestimmte Arbeitnehmergruppen für zuständig erklärt werden (§ 13 BRG).

---

560 Bestimmungen der preußischen Staatsregierung über Bildung und Aufgaben der Beamtenausschüsse vom 24. März 1919 (Deutscher Reichsanzeiger Nr. 71 vom 27. 3. 19).
561 Vgl. *Hueck/Nipperdey*, Arbeitsrecht, 2. Band, 3.–5. Aufl. 1932, S. 621.

- Zum anderen konnten in einzelnen Betrieben bzw. Dienststellen nebeneinander bestehende Betriebsräte und Beamtenausschüsse zur Zusammenarbeit verpflichtet werden.

Beide Aspekte wurden ebenfalls in den DurchführungsVO zum BRG geregelt (s. o.). Auch in dieser Hinsicht war es gängig, die Regelung von Einzelheiten auf einzelne Ministerien zu delegieren.

Die Folge: Ein kleinstteiliger Flickenteppich! Differenzierter und unübersichtlicher ging es nicht. Für eine kurze Zeit nach 1945 schien es so, als ob mit dieser Vielfalt vollkommen aufgeräumt würde, weil das KRG Br. 22 und die meisten Ländergesetze zur Betriebsverfassung eine einheitliche Vertretung für Arbeitnehmer und Beamte vorsahen. Das machte jedoch die erneute Trennung durch das BPersVG 1955 wieder rückgängig (§ 27).

§ 18 Das Ende von Republik und freiheitlicher Arbeitsverfassung

I. Kampf gegen Schlichtung, Tarifvertrag und Republik

Das Schicksal der Betriebsverfassung in der Weimarer Republik ist untrennbar mit deren Untergang verwoben, wobei ein wesentlicher Antrieb aus den für Betriebsräte und Gewerkschaften gemeinsamen gesellschaftlichen Bedingungen erwuchs. Neben anderen Gründen, möglicherweise auch der fehlenden Tauglichkeit ihrer institutionellen Verfasstheit für die Anforderungen der Zeit, scheiterte die Weimarer Republik vor allem an

- ihrer wirtschaftlichen Instabilität,
- unter dem Ansturm ihrer inneren Feinde (und der Schwäche ihrer Freunde).

Sie ist ein Paradebeispiel für das Diktum von *Böckenförde*, wonach der freiheitliche Staat die Bedingungen, von denen er lebt, nicht selbst garantieren kann.[562] In dieser Hinsicht gibt es nach der Frage, was die Revolutionäre 1918 alles hätten anders machen sollen (§ 14), einen zweiten Schwerpunkt kontrafaktischer Geschichtsdiskussion: Was wäre erforderlich gewesen, um dieses Scheitern und *Hitlers* Aufstieg zu verhindern? Daran können wir uns nicht beteiligen, sondern wollen über die Situation der Betriebsräte in der Phase des Niedergangs der Republik berichten. Standen die Betriebsräte bei ihrer Geburt noch im Mittelpunkt der strategischen Diskussion (§ 15), so blieb ihnen in der Schlussphase nur die Rolle des sprichwörtlichen »letzten Mannes«, der alles Unheil auszubaden hatte, ohne irgendwie Einfluss nehmen zu können.

Um auch nur annähernd ein Gefühl für die Dimension der Probleme zu gewinnen, sollte man sich die Zahlen vom Ende her gegenwärtigen: Anfang 1933 waren bei einer Gesamtarbeitslosenzahl von 6 Mio. 32 % der Arbeiter und 22 % der Angestellten arbeitslos.[563] Das führte zu einer völlig desaströsen Situation bei den Gewerkschaften: Ende 1932 war etwa die Hälfte ihrer Mitglieder arbeitslos,

562 Vgl. *Böckenförde*, Staat, Gesellschaft, Freiheit, 1976, S. 60.
563 Vgl. *Winkler*, Der Weg in die Katastrophe. Arbeiter und Arbeiterbewegung in der Weimarer Republik 1930 – 1933, 1987, S. 24, 56.

ein Viertel arbeitete kurz und insgesamt waren nur noch etwa 10 % der im Betriebs Beschäftigten organisiert.[564]
Unter diesen Bedingungen gab es in den Betrieben nichts mehr zu gestalten; man konnte nur versuchen, das Unglück »gerecht« zu verteilen. Von »Betriebsverfassung« im Wortsinne – die ohnehin mangels wirkliche Mitbestimmungsrechte immer prekär war – konnte nun gar keine Rede mehr sein. In dieser Hinsicht freilich erwies sich deren Schicksal erneut als dicht verwoben in die großen Linien der Zeit und als repräsentativer Teil der Gesamtgeschichte. Diesbezüglich wirkten zwei destruktive Kräfte, über deren Anteil an der Zerstörung der Republik kein Streit besteht:

- eine politisch-gesellschaftliche Restauration alter Machteliten, beflügelt durch die Reizthemen »Versailler Vertrag« und »Dolchstoßlegende«, und
- das Bemühen der Wirtschaft, die »Fesseln« des Weimarer Sozialstaats wieder loszuwerden.

Was die ökonomische Seite angeht, so speiste sich die auf eine Beseitigung der Republik hinwirkende Dynamik aus dem zentralen Narrativ des überwiegenden Teils der damaligen Wirtschaftselite: Als Hauptursache für alle unternehmerischen Schwierigkeiten während der Weimarer Republik wurden zu hohe Arbeitskosten ausgemacht.[565] Diese konnten wegen der staatlichen Lohnpolitik durch Zwangsschlichtung nicht genügend gesenkt werden. Also musste zunächst dieses Schlichtungssystem beseitigt werden, danach das »Tarifdiktat« als solches und schließlich der als von den Gewerkschaften beherrscht angesehene sozialdemokratische Staat, der für das alles verantwortlich war. In diesen aktuellen Antrieb mischten sich alte Revisionsträume, die mit dem Stinnes-Legien-Abkommen nur temporär zurückgedrängt worden waren (§ 14).
Die Gewerkschaften wiederum waren nicht in der Lage, dem irgendetwas entgegensetzen.[566] Sie legten zwar 1932 Vorstellungen zur Arbeitsbeschaffung und

564 Vgl. *Schneider*, Höhen, Krisen und Tiefen. Die Gewerkschaften in der Weimarer Republik 1918–1933, in: Tenfelde, u. a., Geschichte der deutschen Gewerkschaften, S. 279, 394 ff.

565 Diese »Überforderungs«-These wurde in der Bundesrepublik spektakulär revitalisiert durch den Wirtschaftswissenschaftler *Knut Borchardt* (Zwangslagen und Handlungsspielräume in der großen Weltwirtschaftskrise der frühen dreißiger Jahre. Zur Revision des überlieferten Geschichtsbildes, in: ders., Hrsg., Wachstum, Krisen, Handlungsspielräume der Wirtschaftspolitik, 1979; Literaturnachweise zur Kritik an den »Borchardt-Thesen« bei *Kittner*, Arbeitskampf, S. 741).

566 Zum Folgenden eingehend *Kittner*, Arbeitskampf, S. 472 ff.; *ders.*, Autonome Handlungs- und Konfliktfähigkeit von DMV und IG Metall, in: Hofmann/Benner, Hrsg., Geschichte der IG Metall, 2019, S. 101, 134 ff.

Krisenbewältigung mit einer Neuauflage von Forderungen zur gesamtwirtschaftlichen Mitbestimmung vor, das blieb aber politisch völlig wirkungslos.[567] Hierfür zentral ursächlich waren die beiden großen traumatisierenden Ereignisse jener Zeit: die Hyperinflation des Jahres 1923 und die Weltwirtschaftskrise 1929. Insbesondere die Wirkungen der Inflation werden bis heute vielfach sträflich untergewichtet. Sie waren so einfach wie dramatisch: Die Gewerkschaften verloren so wie alle anderen Bürger ihr gesamtes Geldvermögen und sie konnten bis zum Ende der Weimarer Republik niemals wieder Reserven aufbauen, aus denen – selbst bei schmalen Unterstützungsleistungen – größere Arbeitskämpfe planvoll angegangen und durchgehalten werden konnten:[568]

Finanzielle Situation des DMV 1924–2932 (in Mio. Mark)

	1924	1925	1926	1927	1928	1929	1930	1931	1932
Einnahmen/ Ausgaben	4,9	5,3	–1,6	15,2	1,5	17,6	–3,0	–3,0	–*
Arbeitskampf-unterstützung	4,1	4,2	0,9	2,2	16,4	2,6	3,8	2,1	0,6
Arbeitslosen-unterstützung	1,3	4,2	17,7	3,6	8,2	14,8	30,9	24,5	16,6

* Nicht mehr erhoben

Quelle: ADGB- und DMV-Jahrbücher

Tatsache war jedenfalls, dass die Gewerkschaften am Wiederaufschwung nach Überwindung der Inflation nicht partizipieren konnten. Sie verloren praktisch alle nach der Revolution neu zu ihnen gestoßenen Mitglieder und waren überwiegend nicht aus eigener Kraft zu Tarifabschlüssen gegen den Willen der Un-

567 Auf einem außerordentlichen Kongress am 13. April 1932 beschloss der ADGB auf der Grundlage eines »WTB«-Plans (nach den Verfassern *Woytinsky*, *Tarnow* und *Baade*) ein Programm zur Wirtschaftsankurbelung und zur Neugestaltung der Wirtschaft mit Anklängen an Rätevorstellungen im Sinne des Art. 165 WRV (vgl. *Schneider*, Höhen, Krisen und Tiefen. Die Gewerkschaften in der Weimarer Republik 1918 bis 1933, in: Tenfelde u.a., Geschichte der deutschen Gewerkschaften, 1987, S. 279, 402ff.). Dazu beigetragen hatte vor allem auch der Wirtschaftsexperte des ADGB, *Fritz Naphtali*, der 1928 mit einer Kommission, an der auch *Hugo Sinzheimer* beteiligt war, ein neues an 1919 anknüpfendes Modell der Wirtschaftsdemokratie vorgelegt hatte (vgl. *Naphtali*, Wirtschaftsdemokratie, 1928, Neudruck 1966 mit einer Einführung von *Otto Brenner*).

568 Die Folgen der darauf beruhenden Entwurzelung der Mittelschichten für den Aufstieg der Nationalsozialisten sind bekannt. Die Unternehmen, als Sachmitteleigner, konnten die Inflation relativ leicht bewältigen. Insbesondere gelang es ihnen, schnell wieder ausreichende Arbeitskampfreserven aufzubauen.

ternehmer in der Lage. Hier sprang der Staat ein, der unter der langjährigen Ägide des Arbeitsministers, *Brauns*, die zur Stärkung der Binnenkaufkraft für nötig gehaltenen Lohnerhöhungen mit dem Instrument der Zwangsschlichtung durchsetzte. Das missfiel den Unternehmern von Anfang an, sie hielten jedoch mit Rücksicht auf die jeweils von bürgerlichen Parteien geführten Reichsregierungen lange still. Erst als nach der Reichstagwahl von 1928 die SPD wieder eine Regierungskoalition mit *Hermann Müller* als Reichskanzler anführte, ließen sie diese Rücksicht fallen. In einem »normalen« Tarifstreit in der Stahlindustrie des Ruhrgebiets, eigentlich ohne besonderes Konfliktpotenzial, sperrte »Arbeitnordwest« nach einem aus Arbeitgebersicht negativen Schlichterspruch 213 000 Stahlarbeiter aus und griff den Schlichtungsspruch bei Gericht an.[569] Der Tarifkonflikt selbst wurde in mehreren Anläufen schließlich geschlichtet. Das wichtigste Ergebnis jedoch war die Entscheidung des RAG, wonach der sog. 1-Mann-Schlichterspruch künftig nicht mehr möglich war.[570] Damit war die Grundlage der seitherigen Schlichtungspraxis weggebrochen.

Danach kam die Weltwirtschaftskrise des Jahres 1929, und am 21. März 1930 verloren *Hermann Müller* sein Kanzleramt und die SPD die Regierungsbeteiligung. Es begann die Zeit der Präsidialkabinette, zuerst mit *Heinrich Brüning* als Kanzler, ihm folgend *Franz von Papen* und schlussendlich *Kurt Schleicher*. Ihr Markenzeichen war eine sog. Deflationspolitik, mit der staatliche Leistungen abgebaut und Löhne gekürzt wurden. Damit begann *Brüning* unter Nutzung der vorgefundenen Zwangsschlichtung – nun aber mit umgekehrtem Vorzeichen zur Lohnkürzung. Zum gängigen Muster wurden jetzt Schlichtungssprüche zur Entgeltkürzung mit den Stimmen der Arbeitgeberbeisitzer (die dann geringer ausfielen, wenn die Gewerkschaftsbeisitzer auch zustimmten).[571]

Bald aber reichte *Brüning* das vorhandene Instrumentarium nicht mehr:

- Mit der »Verordnung über die Beilegung von Schlichtungsstreitigkeiten öffentlichen Interesses« vom 9. Januar 1931[572] wurde begrenzt bis zum 31. Juli wieder die Möglichkeit des 1-Mann-Schlichtungsspruchs eingeführt; mit VO vom 27. September 1931[573] wurde das erneut bis zum 10. Oktober ermöglicht.

---

569 Zu diesem »Ruhreisenstreit« eingehend *Kittner*, Arbeitskampf, S. 483 ff. *Mallman* hält das Vorgehen der Stahlindustriellen für völlig überzogen. Man hätte auch klagen können, ohne auszusperren (vgl. AuR 2017, G 6). Aber gerade das wollte »Arbeitnordwest« nicht; ihm lag am großen Konflikt.

570 RAG 22. 1. 1929, RAGE 3, 178.

571 Wegen einer solchen Konstellation geriet *Hugo Sinzheimer* als Gewerkschaftsbeisitzer in einer Schlichtung 1930 in einen bitteren Konflikt mit dem DMV (vgl. *Huber*, AuR 2010, 282).

572 RGBl. I 1.

573 RGBl. I 513.

- Mit der »Zweiten Verordnung über die Beilegung von Schlichtungsstreitigkeiten öffentlichen Interesses« vom 30. September 1931[574] erhielt der Reichsarbeitsminister die Möglichkeit, Schlichtungssprüche bei der Verbindlichkeitserklärung abzuändern.

Schließlich erschien der Umweg über die Schlichtung als zu umständlich. Mit Notverordnung vom 8. Dezember 1931[575] verfügte die Reichsregierung eine Beendigung aller laufenden Tarifverträge und eine Reduktion der Lohn- und Gehaltsätze auf den Stand vom 10. Januar 1927. Nach dem Sturz *Brünings* ließ *Papen* durch die »Verordnung zur Vermehrung und Erhaltung der Arbeitsgelegenheit« vom 5. September 1932[576] Eingriffe des Schlichters in laufende Tarifverträge zur Lohnabsenkung zu. Durch VO vom 3. Oktober 1932 verbot er Streiks gegen solche Entscheidungen.[577]

Den Industriellen, voran die notorischen Republikfeinde aus der Schwerindustrie, reichte das alles nicht. Sie sahen die Zeit für ultimative Lösungen als gekommen und drängten auf völlige Beseitigung des demokratisch verfassten Staates zusammen mit dem aus ihrer Sicht übergroßen Gewerkschaftseinfluss. *Ernst Fraenkel* brachte das 1932 als Zeitzeuge auf den Begriff: »*So wird der Kampf um die Aufrechterhaltung des Tarifvertrages zugleich ein Kampf um die Fortexistenz der Republik; das Arbeitsrecht wird zum Brennpunkt der innerpolitischen Auseinandersetzung*«.[578] Ihn gewannen Republik- und Tarifvertragsfeinde schließlich. Zunächst beseitigte die Regierung *Papen* mit dem sog. Preußenschlag die für die Hoheit über die Polizei in diesem größten Reichsland so wichtige sozialdemokratische Regierung, und *Hitler* wurde am 30. Januar 1933 Reichskanzler.

II. Betriebsräte in der Endphase: RGO und NSBO

Der Druck auf Betriebsräte wuchs seit der Wirtschaftskrise ungeheuer. Nochmals: Angesichts der exorbitanten Zahl von Arbeitslosen und einem Anwachsen der Arbeitgebermacht bestand Betriebspolitik im Wesentlichen in hilflos defensivem Durchwursteln. Die zunehmend schwächer werdenden Gewerkschaften konnten keine Rückendeckung mehr geben. Umgekehrt gehen alle Berichte über den Zustand der Gewerkschaften dahin, dass diese so gut wie keinen Rückhalt in den

574 RGBl. I 521.
575 RGBl. I 699.
576 RGBl. I 433.
577 RGBl. I 493.
578 *Fraenkel*, Die politische Bedeutung des Arbeitsrechts, Die Gesellschaft 1932, S. 36; wiederabgedruckt in Ramm, Hrsg., Arbeitsrecht und Politik. Quellentexte 1918 – 1933, 1966, S. 247.

Betrieben mehr hatten. *Marco Swiniartzki* beschreibt dies drastisch für den DMV, der ihm »*sowohl einen ohnmächtigen als auch blutleeren Eindruck*« machte.[579] Als einen Grund dafür führt er u. a. an, der DMV habe – wie die anderen Gewerkschaften auch – »*den Schwerpunkt gewerkschaftlicher Arbeit vom Betrieb an die überbetrieblichen Verhandlungstische (verlegt) und entfremdete die Organisation von den Belegschaften*«.[580] Unsere Untersuchung hat gezeigt, dass die Gewerkschaften, speziell der DMV, ein mögliches Mittel dagegen geradezu systematisch nicht genutzt haben: eine Indienstnahme der Betriebsräte durch Öffnungs- bzw. Ermächtigungsklauseln in den Tarifverträgen zu deren Implementierung in den Betrieben. So sahen wir die Betriebsräte ohne jeglichen rechtlichen Zugriff insbesondere auf die betriebliche Lohnpolitik und die Effektivverdienste der Arbeitnehmer (s. o. § 16). Die im Jahre 1919 – aus nachvollziehbaren Gründen – kurz gehaltenen Betriebsräte wiederum konnten den Gewerkschaften genau deshalb immer weniger eine Hilfe sein. Vielleicht ist es eine zu mutige Spekulation: Das könnte ein Teil der Erklärung dafür sein, dass bei der Zerschlagung der Gewerkschaften am 2. Mai kein Arbeiter auf einem Fabrikhof demonstrierte (s. § 19 II). Diese mit dem Fortschreiten der Wirtschaftskrise zunehmend prekärer werdende Situation der betrieblichen Interessenvertretung wurde weiter verschärft durch das Wirken radikaler Gruppen von links und von rechts. Die Politik der Kommunisten wurzelte im Links-Rechts-Schema aus dem Weltkrieg und der Nachkriegszeit.[581] In den ersten Jahren bildeten sie zwar »Zellen« innerhalb der Gewerkschaften, unterwarfen sich aber jedenfalls formal Mehrheitsbeschlüssen. Danach richteten sie sich zunehmend nach Direktiven der von Moskau beherrschten »Roten Gewerkschafts-Internationale«, die 1928 einen neuen Kurs befahl. Infolgedessen gründeten die deutschen Kommunisten 1930 auf einem Reichskongress die »Revolutionäre Gewerkschaftsopposition« (RGO). Deren Ziel war es, Gewerkschaften von innen durch revolutionäre Aktionen zu bekämpfen. Es komme darauf an, »*den Einfluss des reformistischen Gewerkschaftsapparates aus dem Betrieb zu verdrängen und die Leitung des Streiks seinen Händen zu entreißen.*« Dazu wurden noch im selben Jahr branchenspezifische »Einheitsverbände« gegründet (z. B. »Einheitsverband der Metallarbeiter Ber-

579 *Swiniartzki*, Der Deutsche Metallarbeiter-Verband 1891 – 1933, 2017, S. 413.

580 A. a. O., S. 412. Das war auch die Kritik der nicht der KPD angehörenden, linken Gewerkschaftsopposition (vgl. *Enderle u. a.*, Das rote Gewerkschaftsbuch, 1932, Neuauflage 1972; s. auch *Roßmann*, Akteure im Betrieb – Betriebspolitik als Basis von Organisationsentwicklung und Gewerkschaftsmacht, in: Hofmann/Benner, Geschichte der IG Metall, 2019, S. 331, 252 ff.).

581 Vgl. *Schneider*, Höhen, Krisen und Tiefen – Die Gewerkschaften in der Weimarer Republik 1918 bis 1922, in: Tenfelde u. a., Hrsg., Geschichte der deutschen Gewerkschaften, 1978, S. 279, 380; *Deppe/Roßmann*, Kommunistische Gewerkschaftspolitik in der Weimarer Republik, in: Matthias/Schönhoven, Hrsg., Solidarität und Menschenwürde, 1984, S. 209.

lins«). Etwa um die gleiche Zeit – im September 1929 – gründeten die Nationalsozialisten die »Nationalsozialistische Betriebszellen-Organisation« (NSBO). Sie sollte zwar vor allem in den Bertrieben propagandistisch für die NSDAP wirken, versuchte aber auch betriebliche Großkonflikte für sich auszubeuten. Beide Erzfeinde scheuten sich nicht vor einer Zusammenarbeit bei Arbeitskonflikten: nach dem parlamentarischen Zusammenwirken im Ruhreisenstreit 1928 und dem Berliner Metallarbeiterstreik 1930 am spektakulärsten im Streik bei der Berliner Verkehrsbetrieben 1932.[582]

Auf den ersten Blick nahmen sich die Mitgliederzahlen beider Organisationen, die sich überwiegend aus ungelernten und jungen Arbeitern rekrutierten,[583] wenig beeindruckend aus: Für die RGO schätzt man für das Jahr 1932 zwischen 260 000 bis 310 000 Mitglieder.[584] Die NSBO dürfte – bei sehr unklarer Faktenlage – ähnlich viele Mitglieder gehabt haben.[585] Ungeachtet dessen bedeutete aber ihr Wirken eine tägliche Belastung für jede Art geschlossener Interessenvertretung.

Jedenfalls traten beide Gruppierungen seit 1930 bei den Betriebsratswahlen mit eigenen Listen an, sodass sich der DMV *»in der Abwehr nach links und rechts«* sah.[586] Die KPD/RGO wählte dafür insgesamt 213 Betriebe als Aktionsschwerpunkte aus, in denen knapp 2000 Betriebsratsmitglieder gewählt wurden (von reichsweit ca. 35 000). Für diese 213 Betriebe legte der DMV eine Sonderauswertung der 1930er-Wahlen der Arbeitervertreter vor:[587]

	Stimmen			Mandate
Freie Gewerkschaften	158 166	=	50,8 v. H.	1048
Christen	31 552	=	10,1 v. H.	117
H.-D.-Gew.-Verein	5274	=	1,7 v. H.	20
Kommunisten	100 902	=	32,4 v. H.	753
Gelbe, Stahlhelm, Nationalsozialisten	10 758	=	3,5 v. H.	38
Sonstige	4677	=	1,5 v. H.	20
Zusammen	311 329	=	100 v. H.	1996

582 Vgl. *Kittner*, Arbeitskampf, S. 497.

583 Das Gros der DMV-Mitgliedschaft bestand aus Facharbeitern zwischen 20 und 40 Jahren. Nur ca. 12 % der Mitglieder waren bis zu 20 Jahre alt (vgl. DMV, Jahr- und Handbuch 1932, 264).

584 Vgl. *Schneider*, a. a. O., S. 422.

585 Für März 1933 spricht man von etwa 370 000 Mitgliedern (vgl. *Mai*, Die nationalsozialistische Betriebszellenorganisation, Vierteljahreshefte für Zeitgeschichte 1983, 573, 594; *Schumann*, Nationalsozialismus und Gewerkschaftsbewegung, 1958, S. 167).

586 DMV, Jahr- und Handbuch 1931, S. 371.

587 DMV, Jahr- und Handbuch 1930, S. 494.

Im Reichsdurchschnitt ohne Sonderaktivitäten hatten die Kommunisten nur bescheidene Erfolge, die Nationalsozialisten praktisch gar keine. Die Kommunisten konnten allerdings beachtliche Stimmengewinne an industriellen Schwerpunkten verbuchen (z. B. im Ruhrgebiet mit 29,9 % gegenüber 36,4 % für die Freien Gewerkschaften und bei 4,1 % für die Nationalsozialisten).[588] In der Metallindustrie erhielten nach der DMV-Statistik die RGO 11,9 % und die NSBO 1,7 % der Stimmen mit zwei signifikanten »Ausreißern« für die RGO: in der Stahlindustrie im Bezirk Essen 15 % und der Elektroindustrie in Berlin 24 % – nicht verwunderlich in Rückschau auf die dortigen Konstellationen beim Munitionsarbeiterstreik und bei der Novemberrevolution.[589]

Aufs Ganze bestand der wesentliche »Erfolg« beider extremer Gruppierungen vor allem in einer Verunsicherung und Destabilisierung der freien Gewerkschaften, aber auch der Betriebsräte – ein zusätzlicher Beitrag zu deren Schwächung, insbesondere auch, soweit es um die Möglichkeiten zur Verteidigung der Demokratie in der Endphase der Weimarer Republik ging.[590]

Auch wenn die Gewerkschaften zur Selbstbehauptung die punktuellen Erfolge der Kommunisten herunterspielten, waren Reichspräsident *Hindenburg* und Kanzler *Brüning* beunruhigt. Sie hielten eine Aussetzung der nächsten Betriebsratswahlen für notwendig. Dazu erfolgte zunächst eine Ermächtigung der Regierung zur Verlängerung der Betriebsrats-Amtszeit als Bestandteil der »Vierten Verordnung des Reichspräsidenten zur Sicherung von Wirtschaft und Finanzen und zum Schutze des inneren Friedens« vom 8. Dezember 1931.[591] Kurz darauf erließ die Reichsregierung die »Verordnung über den Ausfall der Betriebsratswahlen im Jahre 1932« vom 14. Dezember 1931.[592] Darin ordnete sie an: »*Die Amtsdauer der … Mitglieder einer gesetzlichen Betriebsvertretung …, die im Kalenderjahr 1932 durch Ablauf der Wahlzeit enden würde, verlängert sich um ein Jahr.*« Hierzu merkte der DMV in seinem Jahresbericht lediglich lakonisch an: »*Die Gewerkschaften haben die Anordnung von Brüning, die Betriebsratswahlen im Jahre 1932 ausfallen zu lassen, nicht gebilligt. Ein begründeter Anlaß für den Ausfall der Wahlen lag ihres Erachtens nicht vor.*«[593] Zu diesem Zeitpunkt dürfte niemand sich vorgestellt haben, dass die verschobenen Wahlen im Frühjahr 1933 unter Terrorbedingungen einer sich etablierenden Diktatur stattfinden würden (s. u. § 19 II).

---

588 Vgl. *Schneider*, a. a. O., S. 423.

589 DMV, Jahr- und Handbuch 1931, S. 377.

590 Letzte Versuche der »Sozialistischen Arbeiterpartei Deutschlands« (SAPD), in der damals z. B. *Willi Brandt* und *Otto Brenner* mitwirkten, zur Bildung einer Einheitsfront aus SPD, KPD, ADGB und RGO scheiterten (vgl. *Becker/Jentsch*, Otto Brenner. Eine Biographie, 2007, S. 44).

591 RGBl. I 699.

592 RGBl. I 753.

593 DMV, Jahr- und Handbuch 1932, S. 280.

Nationalsozialismus

§ 19 »Führer-Gefolgschafts«-Prinzip im Betrieb

I. NS als »Doppelstaat«

In einer chronologischen Erzählweise wie in diesem Buch erscheint es natürlich, auf das Ende der Weimarer Republik die Zeit des Nationalsozialismus (NS) folgen zu lassen. Das wird auch hier geschehen. Es ist aber eine Vorbemerkung nötig, weil allein diese Abfolge-Logik einen Schein erzeugt, der zumindest missverständlich ist: Der Nationalsozialismus war nämlich keine Epoche wie all die anderen, die wir hier vorgestellt haben. Denn, bei allen autoritären Strukturen der früheren Epochen, selbst unter dem Sozialistengesetz des Kaiserreichs (§ 10), hatten wir es mit einer auf Recht gestützten und sich daran gebunden fühlenden Machtausübung zu tun. Der NS verfuhr von den ersten Tag der Kanzlerschaft *Hitlers* an kategorial anders: Er agierte neben der Nutzung des von ihm geschaffenen Rechts stets auch massiv kriminell, gesteigert zu Staats-Terrorismus. Das war geradezu sein Markenzeichen bei der Befestigung der ihm am 31. Januar 1933 übertragenen Macht und insbesondere gegenüber den Repräsentanten der Arbeiterbewegung:

- die Ernennung der »nationalen Verbände« SA, SS und Stahlhelm durch den preußischen Innenminister, *Göring*, am 22. Februar zur freiwilligen »Hilfspolizei«,
- die Nutzung des Reichstagsbrandes zur Ausschaltung der Kommunisten mittels der »Verordnung des Reichspräsidenten zum Schutz von Volk und Staat« vom 28. Februar 1928,«[594]
- der Missbrauch der illegalen Reichstagsmehrheit zum »Gesetz zur Behebung der Not von Volk und Reich« vom 24. März 1933 (»Ermächtigungsgesetz«),[595]
- der offene Straßenterror von SA und SS gegen SPD und KPD vor der Reichstagswahl am 5. März 1933,[596]

594 RGBl. I 83.

595 RGBl. I 141.

596 Bei diesen bereits unter NS-Terror erfolgten Wahlen hatte die NSDAP überraschend nur 43,9 % der Stimmen erhalten. Sie konnte zusammen mit dem »Kampfbund Schwarz-

- gleichzeitige Mobbing-Kampagnen gegen unliebsame Betriebsräte (s. u. II) und
- die Zerschlagung der Gewerkschaften am 2. Mai 1933 (s. u. II) – eine unverhohlene kriminelle Gewalttat.

In dieser Hinsicht sagt der Ausspruch von *Goebbels* am Abend der »Gewerkschaftsaktion« alles: »*Wir sind die Herren von Deutschland*«.[597] Das war zwar so direkt noch nicht richtig. Aber eines stimmte: Wenn man mit einer solchen Aktion ungehindert und ungestraft durchkommt, dann kann man sich alles erlauben! Von da an kam ein zunehmend von nationalsozialistischem Geist geprägtes Recht zum Einsatz, gerade auch gegen Arbeitnehmer, aber daneben war es immer möglich, von SA, SS oder Gestapo verschleppt, gefoltert und umgebracht zu werden. Diese Kombination von rechtlich definiertem Handeln und staats-terroristischen Methoden hat *Ernst Fraenkel* bewogen, vom NS als »Doppelstaat« zu sprechen.[598] Das gilt es immer zu bedenken, wenn fortan von neuem NS-Recht zur Arbeitsverfassung die Rede ist, als ob wir uns in einem zwar extrem autoritären, aber doch an seinen Gesetzen ausgerichteten Staat bewegten.

In einer solchen Mischung vollzog sich die Liquidation der kollektiven Arbeitsverfassung der Weimarer Republik:

- Die Gewerkschaften wurden am 2. Mai gewaltsam zerschlagen,
- den Betriebsräten wurde die gesetzliche Grundlage entzogen und an ihre Stelle die Pseudo-Interessenvertretung durch »Vertrauensmänner« gesetzt,
- die Arbeitgeberverbände lösten sich – funktionslos geworden – selbst auf (zu allem s. u.).

In dieser Hinsicht ist die »Geschichte der Betriebsverfassung« im NS eine kurze: Sie handelt im Wesentlichen von deren Zerschlagung binnen nur eines Jahres! Neben anderen seiner Ziele war aber eines der vorrangigsten des NS die Zerschlagung der Arbeiterbewegung, was sich nicht zuletzt darin ausdrückte, dass er, kaum an die Macht gelangt, sehr schnell alles daransetzte, deren Repräsentanten auszuschalten.

Weis-Rot«, der 8 % erhielt, regieren. Die Ergebnisse übrigen größeren Parteien: SPD: 18, 3 %; KPD: 12,3 %; Zentrum: 11,4 %; Bayerische Volkspartei: 2,7 %.

597 *Goebbels*, Tagebücher, Hrsg. *Fröhlich*, 1987, Bd. 2, S. 416.

598 »The Dual State«, New York 1941; deutsch »Der Doppelstaat. Recht und Justiz im Dritten Reich«, 1974.

II. Ausschaltung von Betriebsräten und Gewerkschaften

Das erste Ziel waren die Betriebsräte. Noch aus der Endphase der Republik überkommen war das Bemühen, die Kommunisten aus ihnen fern zu halten (§ 18). Das wurde von den Nationalsozialisten gleich nach den Reichstagswahlen vom März auf alle freigewerkschaftlichen Funktionäre und Betriebsratsmitglieder ausgedehnt. Es kam zu offenen Pöbeleien, Drohungen, körperlichen Misshandlungen mit dem Ziel, »alte« Betriebsräte aus dem Amt zu jagen und die Unternehmensleitungen zu deren Entlassung zu drängen.[599] Dagegen protestierte der ADGB-Vorsitzende, *Theodor Leipart*, in einem Brief vom 29. März 1933 beim Reichsjustizminister, *Gürtner*, mit Kopie an *Hitler*. Dieser bemerkte dazu handschriftlich am Rande: »*Herr Leipart soll dem Schicksal danken, daß so zart mit den Herrschaften verfahren wurde.*«[600] Ein ähnliches Schreiben mit einer umfangreichen Dokumentation der Angriffe auf Gewerkschaften im ganzen Land richtete der ADGB-Vorstand am 5. April an den Reichspräsidenten *von Hindenburg* – allerdings ebenso vergeblich.[601]
In dieser Situation wurden im März die verschobenen Betriebsratswahlen durchgeführt. Obwohl es hierzu eine intensive nationalsozialistische Propaganda und Drohkulisse gab, erzielten die NSBO-Kandidaten bei weitem nicht die erwarteten Ergebnisse, vielmehr blieb es bei der bisherigen Dominanz der freien Gewerkschaften. In ihrer letzten Ausgabe vom 29. April 1933 brachte die »Gewerkschafts-Zeitung« des ADGB eine Zusammenfassung der bisherigen Ergebnisse aus 1387 Betrieben:[602]

	Mandate	v. H.
freien Gewerkschaften	6777	73,4
christlichen Gewerkschaften	693	7,6
Hirsch-Dunckerschen Gewerksch.	55	0,6
RGO	450	4,9
Syndikalisten	3	–

599 Vgl. *Plumpe*, Betriebliche Mitbestimmung, S. 59.
600 Vgl. *Winkler*, Der Weg in die Katastrophe, a. a. O., S. 907, Fn. 31. Am selben Tage hatte der ADGB-Vorstand in gleichem Sinne an den Reichsarbeitsminister, *Seldte*, geschrieben und den Brief veröffentlicht (vgl. »Für den Schutz der ordnungsmäßigen Betriebsräte«, Gewerkschafts-Zeitung 1933, 205).
601 Abgedruckt in *Milert/Tschirbs*, Zerschlagung der Mitbestimmung 1933. Das Ende der ersten deutschen Betriebsdemokratie, Hrsg. Hans-Böckler-Stiftung, 2103, S. 34.
602 Gewerkschafts-Zeitung 1933, 270.

	Mandate	v. H.
NSBO	1083	11,7
sonstigen Vereinigungen	96	1,0
nichtorganisierten Vertreter	78	0,8
Zusammen	9235	100,0

Der ADGB schätzte diese Zahlen als repräsentativ im Hinblick auf ein Gesamtergebnis ein: »*Sie beweisen, dass die freien Gewerkschaften das Vertrauen der Belegschaften genießen. Das Ergebnis vom Jahre 1931, in welchem die Listen der freien Gewerkschaften 83,6 v. H. der gewählten Arbeiterräte erhielten, wäre in ruhigen Zeiten spielend erreicht worden.*« Während die NSBO zumal angesichts der brachialen Unterstützung etwa durch die SA nur sehr bescheidene Anteile errang, gingen die der RGO dramatisch zurück. Das war besonders dort zu beobachten, wo die NSBO starke Zuwächse hatte, wie z. B. im Ruhrbergbau. Dort war eine nahezu komplette Wählerwanderung von den Kommunisten zu den Nationalsozialisten zu beobachten:[603]

	1933	1931
Freie Gewerkschaften	30,5	36,9
Christliche Gewerkschaften	22,9	24,6
NSBO	30,7	4,2
RGO	9,2	29,4
Deutscher Arbeiter	3,9	4,0
Schwarzweißrot	1,5	–
Sonstige	0,8	–
H.-D.-Gewerkschaften	0,06	0,7

Die bekannt gewordenen Ergebnisse zeigten im Übrigen eine große Vielfalt an betrieblichen, branchenspezifischen und regionalen Unterschieden.[604]
Der NSBO-Leiter für Berlin, *Johannes Engel*, räumte bei einer Besprechung mit der Siemens-Firmenleitung am 23. März die für die Nationalsozialisten unbefriedigende Situation ein. Dabei kündigte eine erneute Verschiebung der Wahlen an, »*weil zweifellos im Falle einer Wahl heute die NSBO die erforderlichen Mehrheiten*

603 Gewerkschafts-Zeitung 1933, 255.
604 Vgl. *Milert/Tschirbs*, S. 232ff.

nicht erreichen würden«.[605] Diese erfolgte auch bald darauf mit dem »Gesetz über Betriebsvertretungen und über wirtschaftliche Vereinigungen« vom 4. April 1933.[606] Mit ihm wurden eine weitere Verschiebung der Betriebsratswahlen bis zum 30. September 1933[607] und die Entlassung politisch unliebsamer Betriebsratsmitglieder ermöglicht. Außerdem sorgte Art. 3 für die formale Gleichstellung der NSBO mit den Gewerkschaften in der Arbeitsgerichtsbarkeit und Selbstverwaltung der Sozialversicherung.[608]

Artikel I
Betriebsvertretungen
§ 1
(1) Aus Gründen der öffentlichen Sicherheit und Ordnung kann die oberste Landesbehörde für das Land, für einen Teil des Landes oder für einzelne Betriebe die Wahlen zu den gesetzlichen Betriebsvertretungen bis längstens zum 30. September dieses Jahres aussetzen.
...
Artikel II
Entlassung von Arbeitnehmern
Das im § 84 des Betriebsrätegesetzes vorgesehene Recht des Einspruchs gegen die Kündigung eines Arbeitnehmers besteht nicht, wenn die Kündigung mit dem Verdacht staatsfeindlicher Einstellung begründet wird. Der Arbeitnehmer kann binnen einer Woche die nach Artikel I § 2 zuständige Behörde anrufen. Diese entscheidet nach Anhörung der Beteiligten, ob der Verdacht gerechtfertigt ist. Verneint sie dies, so gilt die Kündigung als zurückgenommen.

Die Reaktion der Gewerkschaften auf dies Gesetz war von peinlicher Begriffsstutzigkeit. Der ADGB begrüßte es mit heute gespenstisch anmutender Naivität, weil mit ihm *»wieder eine Rechtsgrundlage gegeben (ist), auf Grund dieses Gesetzes sind alle Maßnahmen außergesetzlicher Art nunmehr unzulässig. Die staatlichen Machtmittel stehen wieder für die Verhinderung solcher Maßnahmen zur Ver-*

605 A. a. O., S. 241.
606 RGBl. I 161.
607 Diese Frist wurde mit Gesetz vom 26. 9. 1933 (RGBl. I 667) nochmals bis 31. Dezember verlängert.
608 Hier konnte die Reichsregierung an die vielfach kritisierte Rechtsprechung des RAG zur Tariffähigkeit wirtschaftsfriedlicher Vereinigungen anknüpfen (vgl. RAG 29. 9. 1928, Bensh. 4, 294 – Landbund; 21. 5. 1930, Bensh., 8, 487 – Werksgemeinschaft).

fügung«.[609] Ihm entging auch die Parallele zum »Gesetz zur Wiederherstellung des Berufsbeamtentums« vom 7. April 1933,[610] das die Entlassung von Beamten ermöglichte, »*die nach ihrer bisherigen politischen Betätigung nicht die Gewähr dafür bieten, daß sie jederzeit rückhaltlos für den nationalen Staat eintreten*« (§ 4). Es kann natürlich sein, dass das alles dem ADGB wohl bewusst war, seine Äußerungen aber zu verstehen sind als Teil der letzten Bemühungen, sich durch Anpassung zu retten (wie kurz danach nochmals vor dem 1. Mai, s. u.).
Den neuen Machthabern war aber gerade nicht daran gelegen, das Gesetz zur Zurückdrängung der Exzesse ihrer lokalen Aktivisten zu nutzen; im Gegenteil, sie wollten diese »legalisieren«, wie eine Besprechung der Reichsressorts und der Länder vom 11. April im Reichsarbeitsministerium dokumentierte: »*Soweit vor Inkrafttreten des Gesetzes Mitglieder von Betriebsvertretungen durch nichtbehördliche Stellen abgesetzt und durch neue Mitglieder ersetzt sind, wird es Aufgabe der nunmehr zuständigen Behörde sein, für eine dem Gesetz entsprechende Betriebsvertretung zu sorgen.*«[611] Bei der Aufzählung der zu entlassenden »Staatsfeinde« hatten die Besprechungs-Teilnehmer zwar noch Bedenken, dass die Mitgliedschaft in der SPD und einer freien Gewerkschaft automatisch eine Entlassung rechtfertige, aber es »*könne an eine weitere Auslegung des Begriffes der Wirtschaftsfeindlichkeit zur Beseitigung von Betriebsvertretungsmitgliedern gedacht werden.*«[612]
Das Gesetz wurde rasch durch Ausführungsbestimmungen der Länder und Verfügungen von Bundesbehörden konkretisiert, insbesondere wurde von der Ermächtigung zur Verschiebung der Betriebsratswahlen Gebrauch gemacht, und es wird von einer breiten »Säuberungswelle« in den Betriebsräten berichtet.[613]
Über die Umsetzung dieses Gesetzes – und auch die vorangegangenen Angriffe gegen die Betriebsräte – gibt es keine verlässlichen, gar erschöpfenden empirischen Befunde (so, wie zu vielen anderen Themen in diesem Buche) und auch keine wissenschaftliche Untersuchung. Aber das, was man weiß, deutet auf eine eifrige Nutzung dieses Instrumentariums hin, wobei von Denunziantentum in den Betrieben und Druck auf möglicherweise zögerliche Behörden berichtet wird. *Werner Milert* und *Rudolf Tschirbs* haben dazu im Jahre 2013 eine Ausstellung kuratiert, mit zahlreichen Dokumenten zu konkreten Beispielen derartiger Verfolgungen und Amtsenthebungen.[614] *Werner Pumpe* resümiert: »*Die Bedeu-*

609 »Gesetz über Betriebsvertretungen und über wirtschaftliche Vereinigungen« (Gewerkschafts-Zeitung 1933, 209; eine zweite Stellungnahme Gewerkschafts-Zeitung 1933, 262).

610 RGBl. I 175.

611 Vgl. *Milert/Tschirbs*, Zerschlagung der Mitbestimmung, a. a. O., S. 43.

612 *Plumpe*, a. a. O. In Preußen erklärte der Innenminister *Göring* durch Erlass vom Juni 1933 SPD-Mitglieder zu »Verfassungsfeinden« im Sinne des Gesetzes vom 4.4.1933 (*Broszat*, Staat Hitlers, 1969, S. 220).

613 Vgl. *Plumpe*, Betrieblicher Mitbestimmung, S. 61 ff.

614 Vgl. *Milert/Tschirbs*, Zerschlagung der Mitbestimmung 1933; a. a. O.

tung des Gesetzes war eine doppelte: Zum einen legalisierte es innerhalb weniger Wochen den völligen Austausch der Betriebsräte. An die Stelle von gewählten Betriebsvertretungen traten NSBO-Leute und/oder andere Parteigänger des Nationalsozialismus, die im Übrigen auch vor der Verdrängung gewählter Stahlhelm-Vertreter nicht zurückschreckten. Zugleich wurden Kommunisten und Sozialdemokraten in großer Zahl aus den Betrieben entlassen oder gerieten unter Entlassungsdruck, der jede politische Äußerung zu einer existenziellen Frage machen konnte.«[615]

Keinen ganzen Monat nach dem Wahlverschiebungs-Gesetz kam der vollkommen unerwartete große Schlag gegen die Gewerkschaften am 2. Mai. 1933.[616] Trotz unverhohlener Gegnerschaft zu den Gewerkschaften als Teil des – wie es hieß – jüdisch dominierten marxistischen Lagers hatten die Nationalsozialisten in Bezug auf sie keineswegs lang angelegte Pläne. Ausweislich des Tagebuchs von *Joseph Goebbels* befassten sie sich damit zum ersten Male am 24. März 1933, dem Tag des Kabinettsbeschlusses zum Gesetz über die Betriebsräte.[617] Da erhielt *Robert Ley* von *Hitler* den Auftrag zur Aktion gegen die Gewerkschaften. Er bereitete sie in wenigen Wochen unter äußerster Geheimhaltung vor, und die Überraschung nach einem 1. Mai, an dem die Gewerkschaften sich zum letzten Male vergeblich um eine Anpassung an die neuen Machtverhältnisse bemüht hatten, gelang vollständig. Der ADGB hatte noch am 15. April ein einem Aufruf »*An die Mitglieder der Gewerkschaften!*« erklärt: »*Wir begrüßen es, daß die Regierung diesen unseren Tag zum gesetzlichen Feiertag der nationalen Arbeit, zum deutschen Volksfeiertag erklärt hat. ... Der deutsche Arbeiter soll am 1. Mai standesbewußt demonstrieren, soll ein vollberechtigtes Mitglied der deutschen Volksgemeinschaft werden.*«[618]

Das half alles nichts: Auf einen Schlag wurden alle Gewerkschaftshäuser in Deutschland von SA- und SS-Männern besetzt, fast alle hauptamtlichen Funktionäre verschleppt und in »Schutzhaft« genommen. Die meisten von ihnen wurden nach mehreren Tagen wieder freigelassen, nicht wenige wurden aber teilweise auf Jahre in Konzentrationslager verbracht; eine Reihe von ihnen wurde in den Selbstmord getrieben oder ermordet. Die Gewerkschaftsverwaltungen wurden bis zu ihrer Eingliederung in die Deutsche Arbeitsfront (DAF, s.u. III) von NSBO-Funktionären weitergeführt. Anschließend wurde das Gewerkschaftsvermögen der DAF übertragen). Interessanterweise wurden die Gewerkschaften als solche nie vom nationalsozialistischen Staat verboten – ebenso

---

615 *Plumpe*, Betriebliche Mitbestimmung, S. 62.

616 Eingehend *Kittner*, Arbeitskampf, S. 512ff.; vgl. *Beier*, Das Lehrstück vom 1. und 2. Mai 1933, 1975; *Breit*, Aufstieg des Nationalsozialismus, Untergang der Republik, Zerschlagung der Gewerkschaften, 1984.

617 Vgl. *Goebbels*, Tagebücher, a.a.O., S. 397.

618 Gewerkschafts-Zeitung 1933, 241.

wenig wie Streiks! Sie durften aber trotzdem nicht mehr stattfinden[619] (und wenn doch, wie z. B. 1936 im Rüsselsheimer Opel-Werk, wurden die »Rädelsführer« streng bestraft).[620]Damit wurde dieser zweite, fundamentale Strang der Arbeitnehmer-Interessenvertretung beseitigt. Hier ist nicht der Ort, um das noch einmal nachzuzeichnen. Aber diese Gewalttat bedeutete den Abbruch jener mit der Aufhebung der Koalitionsverbote 1865 begonnenen arbeitspolitischen Modernisierung Deutschlands (§ 9). *Reichold* hat in diesem Zusammenhang an den berühmten Spruch des amerikanischen Juristen *Henry Sumner Maine* erinnert, der den Ausbruch aus feudalen Fesseln für das 19. Jahrhundert in die Metapher zusammenfasste: »*From status to contract*«. Mit der personenrechtlichen Eingliederung der »Volksgenossen« sei genau das rückgängig gemacht worden: »*From contract to status*«.[621]

III. Die NS-Arbeitsverfassung

Schon sehr früh, nahezu synchron zur Arbeit am Anti-Betriebsräte-Gesetz vom 4. April und zur Vorbereitung der »Gewerkschafts-Aktion« arbeiteten die Nationalsozialisten an dem, was sie an die Stelle des zu Vernichtenden zu setzen gedachten. Auch hierfür hatten sie eigentlich keine ausgearbeiteten Pläne; vielmehr gab es neben dem Machtzentrum um Hitler eine Reihe von Gruppierungen, die, teils formell organisiert, teils informell definiert, durchaus unterschiedliche Vorstellungen davon hatten:

- die SA mit antisemitisch grundiertem, diffusem Antikapitalismus,
- die NSBO als ebenso motivierte, nationalsozialistisch gesinnte Arbeitervereinigung,
- die Partei-Spitze mit der Zielsetzung, SA und NSBO wieder »einzufangen«,
- Opportunisten, die das weite Feld der Arbeitsbeziehungen als eigene Machtbasis zu nutzen gedachten, und
- Unternehmer mit divergierenden Erwartungen an das neue Regime. Das reichte vom harten Kern der Schwerindustriellen, die die Zeit für die vollständige Rückeroberung der Macht in den Betrieben gekommen sahen, bis zu solchen, die nichts weiter wollten, als unter den neue Bedingungen von der Politik ungestört ihren Geschäften nachgehen zu können.

619 Das »Soziale Ehrengericht Mitteldeutschland« befand jedoch am 19. 11. 1935: »*Im nationalsozialistischen Staat sind Arbeitskämpfe undenkbar. Zwar sind sie nicht ausdrücklich verboten. Ihre Unzulässigkeit ergibt sich jedoch aus dem AOG, das die Gemeinschaftsarbeit zum gemeinen Nutzen von Volk und Staat in den Vordergrund stellt*« (Bensh. 26, 193).

620 Eingehend *Kittner*, Arbeitskampf, S. 533.

621 Vgl. *Reichold*, S. 354f.

Das ganze Jahr 1933 war voll von Positionskämpfen auf diesem Feld. Dabei kristallisierte sich schnell eine große erste Zweiteilung der Frontlinien heraus:
Die NS-Parteispitze, voran *Hitler*, die nicht den geringsten »sozialen«, »antikapitalistischen« Anwandlungen unterlag, bemühte sich, SA und NSBO kalt zu stellen. Diese »Mohren hatten ihre Schuldigkeit getan«. *Bedenkenlos gab Hitler die sozialistischen Programmpunkte auf, um so Gunst und Geld der Industrie zu erlangen.*[622] Die SA wurde Mitte 1934 durch die von Hitler im Zuge des sog. Röhm-Putsches veranlasste Ermordung ihrer Führer domestiziert. Der NSBO wurde schon im Laufe des Jahres 1933 »der Zahn gezogen«. Ihre Träume, im NS-Staat die zerschlagenen Gewerkschaften zu beerben, platzten mit der durch *Hitler* veranlassten Gründung der »Deutschen Arbeitsfront«, die die nun heimatlosen Arbeitnehmer und auf lange Sicht auch Arbeitgeber aufnehmen sollte (was auch nach der Auflösung der funktionslos gewordenen Arbeitgeberverbände Ende 1933[623] erfolgte). Angekündigt wurde die Gründung der DAF von ihrem späteren Führer *Robert Ley* am 6. Mai 1933 und vollzogen auf einem Kongress am 10. Mai 1933 in Berlin. Ihre erste formale Aufgabenzuschreibung erfolgte allerdings erst eineinhalb Jahre später durch eine nicht im Reichsgesetzblatt, sondern im »Völkischen Beobachter« publizierte »*Verordnung des Führers und Reichskanzlers über Wesen und Ziel der Deutschen Arbeitsfront*« vom 24. Oktober 1934.

§ 1
Die Deutsche Arbeitsfront ist die Organisation der schaffenden Deutschen der Stirn und Faust.
In ihr sind insbesondere die Angehörigen der ehemaligen Gewerkschaften, der ehemaligen Angestellten-Verbände und der ehemaligen Unternehmervereinigungen vereint …

§ 7
Die Deutsche Arbeitsfront hat den Arbeitsfrieden dadurch zu sichern, daß bei den Betriebsführern das Verständnis für die berechtigten Ansprüche ihrer Gefolgschaft, bei den Gefolgschaften das Verständnis für die Lage und die Möglichkeiten ihres Betriebes geschaffen wird.

---

622 *Rüthers*, Die Betriebsverfassung im Nationalsozialismus, AuR 1970, 98.

623 *Mansfeld* (s.u.) kommentierte dies in der Dezemberausgabe der neuen Zeitschrift »Deutsches Arbeitsrecht« als »*Erfüllung der von ihnen immer betrieben Politik*«. *Und:* »*Vierzehn Jahre waren sie die notwendigen Gegenspieler der klassenkämpferischen Gewerkschaften. … Sie waren unentbehrlich in jener Zeit, in der die Irrlehre des Marxismus den Unternehmer seine Gefolgschaft entfremdete. Jetzt werden beide zusammengeführt und notfalls zusammengezwungen. Der Gegenspieler ist fortgefallen, die Existenzberechtigung der Verbände damit entfallen.*«

Die Deutsche Arbeitsfront hat die Aufgabe, zwischen den berechtigten Interessen aller Beteiligten einen Ausgleich zu finden, der den nationalsozialistischen Grundsätzen entspricht und die Anzahl der Fälle einschränkt, die den nach dem Gesetz vom 20. Januar 1934 zur Entscheidung allein zuständigen staatlichen Organen zu überweisen sind.

Die zweite große Front verlief zwischen Unternehmern und Politik unter der Maxime: »Wir wollen unbeschränkte Herren in unserem Hause sein« – nicht nur gegenüber den Arbeitnehmern, sondern auch politischen Interventionen durch NS-Gliederungen aller Art (zunächst NSBO, dann zunehmend und wesentlich folgenreicher die DAF). Für dieses Unterfangen war, wie nicht selten, eine Personalie wichtig: Noch *Alfred Hugenberg*, der als Wirtschaftsminister zuvor vergeblich versucht hatte, sich das Arbeitsministerium einzuverleiben, veranlasste, dass *Werner Mansfeld*, zuvor Justiziar des Zechenverbandes, als Ministerialdirektor in dieses Ministerium berufen wurde.[624] Am 3. Mai richtete der Staatssekretär *Krohn* an diesen die Anfrage, ob er bereit sei, »*im Reichsarbeitsministerium an den Fragen der Neugestaltung des sozialen Rechts mitzuwirken.*« *Mansfeld* selbst beschrieb dies vor dem Nürnberger Tribunal im Jahre 1947 folgendermaßen: »*Nach der Machtergreifung im Jahre 1933 und nach der am 1. Mai eingeleiteten Auflösung der Gewerkschaften musste die neue Staatsführung ein vollkommen neues Arbeitsrecht schaffen. Vornehmlich zur Lösung dieser Aufgabe wurde ich im Mai 1933 in das Ministerium berufen.*«[625] Das kam für ihn offenbar nicht unvorbereitet, denn bereits am 22. März 1933 publizierte er in der »Bergwerkszeitung« einen programmatischem Artikel »*Die Zukunft des Arbeitsrechts*«, der einer Implementierung des »Führer«-Gedankens in das Arbeitsrecht das Wort redete. *Mansfeld* war dafür persönlich und fachlich prädestiniert wie kein anderer: Als hingebungsvoller Republik-Feind (aktives Mitglied des »Stahlhelm« seit 1923) und für einen der am aggressivsten auf die Beseitigung des Tarifsystems hinarbeitenden Verbände Tätiger war er der richtige Mann.

---

624 Zur Biographie *Mansfelds* vgl. *Hansen u. a.*, Biographisches Lexikon zur Geschichte der deutschen Sozialpolitik 1871 bis 1945, Bd. 2: Sozialpolitiker in der Weimarer Republik und im Nationalsozialismus, 2018, S. 123; *https://www.historikerkommission-reichsarbeitsministerium.de/Biografien/Werner-Mansfeld;* zur Konzeption *Mansfelds* des NS-Arbeitsrechts vgl. *Felz*, Recht zwischen Wissenschaft und Politik, 2016, S. 372ff. Seine Berufung wurde 1936 von der Berliner Gauleitung problematisiert, denn *Mansfelds* Großvater war Jude. Aber ihr wurde mitgeteilt, dass ihm aufgrund einer »*Entscheidung des Führers vom 5. 12. 1936 … trotz nicht rein arischer Abstammung ein Verbleiben in der Partei gestattet*« worden sei (zit. bei *Milert/Tschirbs*, S. 247).

625 Zit. bei *Milert/Tschirbs*, S. 246.

Er löste diese Aufgabe schnell und effizient. Schon im August ließ er sämtliche arbeitsrechtlichen Zeitschriften auflösen und übernahm selbst die Herausgeberschaft der neuen Zeitschrift »Deutsches Arbeitsrecht.« Dabei konnte er sich auf die sich rasch einstellende Kooperationsbereitschaft der in Deutschland verbliebenen bürgerlichen Arbeitsrechtler stützen (voran *Nipperdey*, *Hueck*, *Siebert*,[626] *Dietz*). Die erste Reihe der sozialdemokratisch/sozialistisch orientierten Wissenschaftler musste emigrieren (*Sinzheimer*, *Fraenkel*, *Kahn-Freund*, *Neumann*). Wiederum: Zu den Auseinandersetzungen innerhalb der nationalsozialistischen Bewegung und den Aktivitäten der Unternehmer in den ersten ein bis zwei Jahren des NS sind Bibliotheken geschrieben worden. Darin können und wollen wir uns nicht verlieren, sondern versuchen, die für die künftige Tektonik der NS-Arbeitsverfassung wesentlichen großen Entscheidungen und Linien aufzuzeigen.[627] Deren wichtigste war die – vor allem: rasche – Einführung der »Treuhänder der Arbeit«. Schon am 19. Mai 1933[628] konnte *Mansfeld* ein »Gesetz über Treuhänder der Arbeit« zur Verabschiedung bringen, das nun wiederum der gerade gegründeten DAF »den Zahn zog«:

> § 1
> (1) Der Reichskanzler ernennt auf Vorschlag der zuständigen Landesregierungen und im Einvernehmen mit ihnen für größere Wirtschaftsgebiete Treuhänder der Arbeit.
>
> § 2
> (1) Bis zur Neuordnung der Sozialverfassung regeln die Treuhänder an Stelle der Vereinigungen von Arbeitnehmern, einzelner Arbeitgeber oder der Vereinigungen von Arbeitgebern rechtsverbindlich für die beteiligten Personen die Bedingungen für den Abschluß von Arbeitsverträgen. Die Vorschriften über die Allgemeinverbindlichkeit (§§ 2ff. der Tarifvertragsverordnung in der Fassung vom 1. März 1928, Reichsgesetzbl. I S. 47) bleiben unberührt.

626 Vgl. *Siebert*, Das Arbeitsverhältnis in der Ordnung der nationalen Arbeit, 1935.

627 Hierzu eingehend *Rüthers*, AuR 1970, 97; vgl. auch *Ramm*, Nationalsozialismus und Arbeitsrecht, KJ 1968, 108; *Kranig*, Lockung und Zwang. Zur Arbeitsverfassung im »Dritten Reich«, 1984; *ders.*, Arbeitsrecht im NS-Staat. Texte und Dokumente, 1984. *Rüthers* hat auch klar die Langzeitfolgen dieser Arbeitsverfassung für die Bundesrepublik herausgearbeitet (»Treuepflicht«), für die wiederum die gleichen »bürgerlichen« Rechtswissenschaftler verantwortlich wurden, die dies zuvor für das NS-Regime besorgt hatten. Symptomatisch hierfür sind die Kommentatoren des »offiziösen« Kommentars zum AOG, *Hans Carl Nipperdey, Alfred Hueck* und *Rolf Dietz*, die als »Arbeitsrechtskartell« das Arbeitsrecht der Nachkriegszeit dominierten (vgl. *Wahsner*, KJ 1974, 369).

628 RGBl. I 285.

(2) Auch im übrigen sorgen die Treuhänder für die Aufrechtserhaltung des Arbeitsfriedens.

Mit diesem von der Industrie forcierten Gesetz platzten die Träume nunmehr der DAF von einer Übernahme des Tarifgeschäfts in der Wirtschaft.[629] *Mansfelds* Gesetz übergab dieses staatlichen Beauftragten, die eher industriellen Logiken »von oben« her folgten als sozialpolitischen Anwandlungen aus den Reihen der DAF »von unten«. Freilich war das Kompetenzgerangel damit nicht für alle Zeiten entschieden. Die ohnehin immer größer werdende (zuletzt 22 Mio. Mitglieder) und mit einer Fülle von für Arbeitnehmer attraktiven Kompetenzen ausgestattete DAF (»Kraft durch Freude«) bemühte sich mit einem ehrgeizigen und umtriebigen *Ley* an der Spitze hartnäckig und fortwährend um ein »Stück vom Kuchen«. Auch das wollen wir nicht weiterverfolgen.

Für unseren Zusammenhang geht es um das, was die Nationalsozialisten an die Stelle von Betriebsräten zu setzen gedachten. Das lieferte *Mansfeld* ein Jahr später mit dem »Gesetz zur Ordnung der nationalen Arbeit« (AOG) vom 22. Januar 1934.[630] Mit dessen »Schlußvorschriften« wurde die gesamte kollektive Arbeitsverfassung der Weimarer Republik an ihr Ende gebracht. Gemäß § 65 traten – neben anderen – das BRG[631], die TarifvertragsVO und die SchlichtungsVO außer Kraft. An ihre Stelle traten nunmehr elaborierte Bestimmungen über »Treuhänder der Arbeit« und ein ultra-autoritäres Fabrik-Regime unter dem Motto »Führer und Gefolgschaft.«[632] Auf einen kurzen Nenner gebracht

629 Zum Verhältnis von DAF und Reichsarbeitsministerium unter der Überschrift »Dauerkonflikt und informelle Kooperation« vgl. *Hachtmann*, in: Nützenadel, Hrsg., Das Reichsarbeitsministerium im Nationalsozialismus, 2017, S. 137 ff.

630 RGBl. I 45. Seine Entstehungsgeschichte ist im Einzelnen nicht ganz klar, weil viele Dokumente verloren sind (vgl. *Mason*, Die Entstehung des Gesetzes zur Ordnung der nationalen Arbeit, in: Mommsen/Petzina/Weisbrod, Hrsg., Industrielles System und politische Entwicklung in der Weimarer Republik, 1974, S. 303; vgl. hierzu auch *Eden*, Arbeitsrecht im NS-Staat. Die Treuhänder der Arbeit und die Kriminalisierung der Arbeitsvertragsbrüche, in: Nützenadel, a. a. O., S. 246 ff.

631 Eine Reminiszenz an § 84 BRG enthielt § 56 AOG zum Kündigungsschutz, allerdings mit zwei gravierenden Veränderungen: zum einen gab es dabei keine »Mitbestimmung« mehr, sondern nur ein individuelles Klagerecht; zum anderen reichten zur Rechtfertigung einer Kündigung beliebige »*betriebliche Gründe*« und nicht mehr eine durch solche bedingte »*Härte*« (eine vergleichbare Verschiebung gegenüber dem ursprünglichen Gesetzestext und den Intentionen des Gesetzgebers hat das BAG hinsichtlich betriebsbedingter Kündigungen unter dem § 1 KSchG vorgenommen, vgl. *Kittner*, 50 Urteile, Nr. 19).

632 Zur Arbeitsrechts-Ideologie des NS vgl. *Däubler*, Arbeitsrechtsideologien im deutschen Faschismus« in: Rottleuthner, Hrsg., Recht, Rechtsphilosophie und Nationalsozialismus, Beiheft Nr. 18 zu ARSP, 1983, S. 120.

- ließ der Staat den Unternehmern unter der Flagge des »Führerprinzips« freie Hand in den Betrieben,
- nahm dagegen mit den »Treuhändern der Arbeit« die Lohnpolitik in die Hand.

§ 1
Im Betriebe arbeiten der Unternehmer als Führer des Betriebes, die Angestellten[633] und Arbeiter als Gefolgschaft gemeinsam zur Förderung der Betriebszwecke und zum gemeinen Nutzen von Volk und Staat.

§ 2
(1) Der Führer des Betriebes entscheidet der Gefolgschaft gegenüber in allen betrieblichen Angelegenheiten, soweit sie durch dieses Gesetz geregelt werden.
(2) Er hat für das Wohl der Gefolgschaft zu sorgen. Diese hat ihm die in der Betriebsgemeinschaft begründete Treue zu halten.

§ 6
(1) Der Vertrauensrat hat die Pflicht, das gegenseitige Vertrauen innerhalb der Betriebsgemeinschaft zu vertiefen.
(2) Der Vertrauensrat hat die Aufgabe, alle Maßnahmen zu beraten, die der Verbesserung der Arbeitsleistung, der Gestaltung und Durchführung der allgemeinen Arbeitsbedingungen, insbesondere der Betriebsordnung, der Durchführung und Verbesserung des Betriebsschutzes, der Stärkung der Verbundenheit aller Betriebsangehörigen untereinander und mit dem Betriebe und dem Wohle aller Glieder der Gemeinschaft dienen. Er hat ferner auf eine Beilegung aller Streitigkeiten innerhalb der Betriebsgemeinschaft hinzuwirken. Er ist vor der Festsetzung von Bußen auf Grund der Betriebsordnung zu hören.

§ 8
Vertrauensmann soll nur sein, wer das fünfundzwanzigste Lebensjahr vollendet hat, mindestens ein Jahr dem Betriebe oder dem Unternehmen angehört und mindestens zwei Jahre im gleichen oder verwandten Berufs- oder Gewerbezweige tätig gewesen ist. Er muß die bürgerlichen Ehren-

633 Die Herausnahme der leitenden Angestellten wie im HilfsdienstG (§ 13 II) und BRG (§ 15 II) wurde rückgängig gemacht, »*da das AOG den Klassengegensatz überbrücken*« wolle und »*keine Sonderinteressen irgendeines Mitglieds der Betriebsgemeinschaft*« kenne (*Mansfeld u.a.*, AOG, § 1 Anm. 3b; vgl. *Hromadka*, 100 Jahre leitende Angestellte?, in: 100 Jahre Betriebsverfassungsrecht, S. 227, 235).

rechte besitzen, der Deutschen Arbeitsfront angehören, durch vorbildliche menschliche Eigenschaften ausgezeichnet sein und die Gewähr bieten, daß er jederzeit rückhaltlos für den nationalen Staat eintritt.[634]

§ 9
(1) Der Führer des Betriebes stellt im Einvernehmen mit dem Obmann der Nationalsozialistischen Betriebszellen-Organisation im März jeden Jahres eine Liste der Vertrauensmänner und deren Stellvertreter auf. Die Gefolgschaft hat zu der Liste alsbald durch geheime Abstimmung Stellung zu nehmen.
(2) Kommt zwischen dem Führer des Betriebes und dem Obmann der Nationalsozialistischen Betriebszellen-Organisation eine Einigung über die vorzuschlagenden Vertrauensmänner und deren Stellvertreter oder kommt ein Vertrauensrat aus einem anderen Grunde nicht zustande, billigt insbesondere die Gefolgschaft die Liste nicht, so kann der Treuhänder der Arbeit Vertrauensmänner und Stellvertreter in der erforderlichen Anzahl berufen.

§ 18
(1) Für größere Wirtschaftsgebiete, deren Abgrenzung der Reichsarbeitsminister im Einvernehmen mit dem Reichswirtschaftsminister und dem Reichsminister des Innern bestimmt, werden Treuhänder der Arbeit ernannt. Sie sind Reichsbeamte und unterstehen der Dienstaufsicht des Reichsarbeitsministers. Ihren Sitz bestimmt der Reichsarbeitsminister im Einvernehmen mit dem Reichswirtschaftsminister.
(2) Die Treuhänder der Arbeit sind an Richtlinien und Weisungen der Reichsregierung gebunden.

§ 19
(1) Die Treuhänder der Arbeit haben für die Erhaltung des Arbeitsfriedens zu sorgen. Zur Erfüllung dieser Aufgabe haben sie:

1. über die Bildung und Geschäftsführung der Vertrauensräte zu wachen und in Streitfällen zu entscheiden;
2. gemäß §§ 9 Abs. 2, 14 Abs. 2 und 15 Vertrauensmänner der Betriebe zu berufen und abzuberufen;

---

634 *Hueck, Nipperdey* und *Dietz* sagten in ihrem Kommentar zum AOG): »*Daß Juden nicht Vertrauensmänner sein können, ergibt sich schon daraus, dass sie gar nicht zur Gefolgschaft gehören*« (4. Auflage 1943, § 8 Rn. 13e).

3. auf Anrufung des Vertrauensrates gemäß § 16 zu entscheiden; sie können unter Aufhebung der Entscheidung des Führers des Betriebes die erforderliche Regelung selbst treffen;
4. bei beabsichtigten Entlassungen gemäß § 20 zu entscheiden;
5. die Durchführung der Bestimmungen über die Betriebsordnung (§§ 26ff.) zu überwachen;
6. unter den Voraussetzungen des § 32 Richtlinien und Tarifordnungen festzusetzen und ihre Durchführung zu überwachen;

§ 26

In jedem Betriebe, in dem in der Regel mindestens zwanzig Angestellte und Arbeiter beschäftigt sind, ist vom Führer des Betriebes eine Betriebsordnung für die Gefolgschaft des Betriebes (§ 1) schriftlich zu erlassen.

§ 27

(1) In die Betriebsordnung sind folgende Arbeitsbedingungen aufzunehmen:

1. Anfang und Ende der regelmäßigen täglichen Arbeitszeit und der Pausen;
2. Zeit und Art der Gewährung des Arbeitsentgelts;
3. die Grundsätze für die Berechnung der Akkord- oder Gedingearbeit, soweit im Betriebe im Akkord oder Gedinge gearbeitet wird;
4. Bestimmungen über die Art, Größe und Einziehung von Bußen, wenn solche vorgesehen werden;
5. die Gründe, aus denen die Kündigung des Arbeitsverhältnisses ohne Einhaltung einer Kündigungsfrist erfolgen darf, soweit es nicht bei den gesetzlichen Gründen bewenden soll;
6. die Verwendung der durch rechtswidrige Auflösung des Arbeitsverhältnisses verwirkten Entgeltbeträge, soweit die Verwirkung im Rahmen der gesetzlichen Bestimmungen in der Betriebsordnung oder im Arbeitsvertrag vorgesehen ist.

(2) Soweit in anderen Gesetzen oder Verordnungen Vorschriften über den zwingenden Inhalt der Arbeitsordnung enthalten sind, die über die Vorschriften des Abs. 1 hinausgehen, behalten sie ihre Gültigkeit.

(3) In die Betriebsordnung können neben den gesetzlich vorgeschriebenen Bestimmungen auch Bestimmungen über die Höhe des Arbeitsentgelts und über sonstige Arbeitsbestimmungen aufgenommen werden, ferner weitere Bestimmungen über die Ordnung des Betriebes, das Verhalten der Beschäftigten im Betriebe und über die Verhütung von Unfällen.

§ 30
Die Bestimmungen der Betriebsordnung sind für die Betriebsangehörigen als Mindestbedingungen rechtsverbindlich.

§ 56
(1) Wird einem Angestellten oder Arbeiter nach einjähriger Beschäftigung in dem gleichen Betrieb oder dem gleichen Unternehmen gekündigt, so kann er, wenn es sich um einen Betrieb mit in der Regel mindestens zehn Beschäftigten handelt, binnen zwei Wochen nach Zugang der Kündigung beim Arbeitsgericht mit dem Antrag auf Widerruf der Kündigung klagen, wenn diese unbillig hart und nicht durch die Verhältnisse des Betriebes bedingt ist.
(2) Der Klage ist, wenn in dem Betriebe eine Vertrauensrat eingerichtet ist, eine Bescheinigung des Vertrauensrates beizufügen, aus der sich ergibt, daß die Frage der Weiterbeschäftigung im Vertrauensrat erfolglos beraten worden ist. Von der Beibringung der Bescheinigung kann abgesehen werden, wenn der Gekündigte nachweist, daß er binnen fünf Tagen nach Zugang der Kündigung den Vertrauensrat angerufen, dieser aber die Bescheinigung innerhalb von fünf Tagen nach dem Anruf nicht erteilt hat.

Dieses neue Gesetz machte einerseits Schluss mit der kollektiven Arbeitsverfassung der Weimarer Republik, benutzte aber anderseits Einzelelemente des Vorgefundenen, soweit sie dem NS-Regime unschädlich bzw. als sozialpolitisch unerlässlich erschienen:

- Die seit langem aufgrund §§ 134a ff. GewO existierenden »Arbeitsordnungen« hinsichtlich derer der Betriebsrat nach § 80 Abs. 2 BRG ein Mitbestimmungsrecht hatte, wurden überführt in »Betriebsordnungen« mit freilich weitgehend gleichem Inhalt (§ 27 AOG). Sie wurden nunmehr vom Arbeitgeber als »Führer des Betriebs« allein erlassen, immerhin mit dem »Rechtsfortschritt«, dass sie für die Betriebsangehörigen unmittelbar und zwingend galten (§ 30).[635]
- Nurmehr individualrechtlich strukturiert fand sich die Regelungssubstanz des § 84 BRG über den Kündigungsschutz in § 56 AOG wieder.[636]

---

635 Das war für Betriebsvereinbarungen aufgrund des BRG aus Rücksicht auf die Stellung der Gewerkschaften noch nicht vorgesehen (s. o. § 15 II) und wurde nach 1945 zunächst durch die Rechtsprechung und schließlich ausdrücklich in § 77 Abs. 4 BetrVG 1972 geregelt.

636 Vgl. *Kittner*, Entwicklungslinien der Rechtsprechung zur »Unternehmerentscheidung« – nur noch Rechtsgeschichte, in: Festschrift für Ulrich Preis, 2021, S. 615, 618; insgesamt

Wenn die Nationalsozialisten auch bei der Befestigung ihrer Macht viel improvisierten, bei dem AOG, mit dem sie sich über ein Jahr nach ihrer Machtergreifung Zeit ließen, war das nicht der Fall. Dieses Gesetz brachte das von der Schwerindustrie so vehement verfochtene Prinzip der betrieblichen Herrschaft zur perfekten Deckung mit der von *Hitler* bereits in »Mein Kampf« formulierten »Führer«-Ideologie: »*Die Bewegung vertritt im kleinsten wie im größten den Grundsatz der unbedingten Führerautorität, gepaart mit höchster Verantwortung.*[637] … *Es gibt keine Majoritätsentscheidungen, sondern nur verantwortliche Personen, und das Wort Rat wird wieder zurückgeführt auf seine ursprüngliche Bedeutung. Jedem Manne stehen wohl Berater zur Seite, allein die Entscheidung trifft ein Mann.*«[638] Das traf das vom AOG für die Betriebe vorgesehene Konstrukt vollkommen.

IV. »Vertrauensmänner«

Der »Vertrauensrat« sollte die Fassade eines Organs zur Artikulation von Arbeitnehmerinteressen bieten, inhaltlich aber nichts zu sagen haben. *Mansfeld* und seine Auftraggeber hatten aber ein Problem: Sie glaubten, dass sie sich den Wegfall einer wenigstens der Form nach von den Arbeitern selbst legitimierten Vertretung noch nicht leisten könnten. Deshalb ließen sie, wenn auch unter restriktivsten Bedingungen, letztlich doch noch ein Arbeitnehmer-Votum über die Vertrauensmänner zu. Das sollte sich als »Sollbruchstelle« erweisen. Zwar hofften die Machthaber, dass die Stimmung zugunsten ihrer Leute in den Betrieben gekippt sein würde. Aber sicher konnten sie nicht sein.

Und so kam es auch. Es gibt keine »amtlichen« oder sonst wie verlässlichen Zahlen über das Ergebnis der Vertrauensrätewahlen. Die summierten Zahlen an der Spitze konnten ohnehin problemlos gefälscht werden und wurden es sicher auch. Aber auf betrieblicher Ebene hatten die meisten Unternehmer kein Interesse daran, den Vertrauensräten den Rücken zu stärken. So sind für 1934 und 1935 viele betriebliche Wahlergebnisse mit stattlichen Ablehnungsquoten bekannt geworden.[639] Das war so wenig unter der Decke zu halten, dass der

Kittner/Klengel, Die Entstehung des Kündigungsschutzgesetzes, HSI-Schriftenreihe Nr. 45, 2022.

637 *Hitler*, Mein Kampf, Volksausgabe 1930, S. 278. In der Urausgabe war an dieser Stelle noch die Rede von »*germanischer Demokratie: Wahl des Führers*« (vgl. *Hitler*, Mein Kampf, Eine kritische Edition, 2016, S. 891).

638 A. a. O., S. 501.

639 Beispiele bei *Milert/Tschirbs*, Zerschlagung der Mitbestimmung 1933, a. a. O., S. 87ff. *Abendroth* berichtet von ca. 13 % Ablehnungen im Jahre 1935 (vgl. Der Widerstand der Arbeiterbewegung, in: Weick, Hrsg., Deutscher Widerstand 1933 bis 1945, 1967, S. 87ff.).

»Gaubetriebszellenobmann«, *Fritz Johlitz*, der im Reichssender Köln den »*Ausgang der Vertrauensrätewahlen*« zu kommentieren hatte, dies verklausuliert einräumen musste. Man werde nie eine vollständige Zustimmung erreichen, »*denn jeder gesunde Organismus wirft Schlacken ab.*« Das seien diejenigen, »*die an einem gesunden Staatswesen niemals ein Interesse bekunden werden, das sogenannte Untermenschentum*«.[640]

Wegen dieser für die NS-Führung enttäuschenden Wahlergebnisse wurden die Wahlen 1936 wenige Tage vor ihrer beabsichtigten Durchführung abgesagt. Das »Gesetz über die Verlängerung der Amtsdauer der Vertrauensräte« vom 31. März 1936[641] verlängerte die Amtszeit bis zum 30. April 1937. Ebenso verfuhr man 1937: die Amtszeit wurde bis zum 30. April 1938 verlängert.[642] Inzwischen dachte man im Arbeitsministerium unter Beteiligung von *Mansfeld* bereits an die völlige Abschaffung der Vertrauensrätewahlen. Hierzu äußerte der Innenminister, *Frick*, am 20. November 1937 schwerwiegende Bedenken. Es liege noch keine »*grundsätzliche Entscheidung des Führers*« hierzu vor. Schon die mehrmalige Verschiebung der Wahlen habe der »*kommunistischen Opposition*« Munition geliefert. Eine gänzliche Abschaffung der Vertrauensrätewahl wäre besonders fatal. Sie »*könnte den Eindruck erwecken, daß der nationalsozialistische Staat der Unterstützung der Arbeiter nicht mehr sicher sei*«.[643] Außerdem warnte er davor, dass dann DAF-Vertreter an die Stelle der Vertrauensräte treten könnten.

Das hatte zur Folge, dass die Wahlen zwar noch nicht endgültig abgeschafft wurden, sondern die Amtszeit erneut durch das »Gesetz über die Verlängerung der Amtsdauer der Vertrauensräte« vom 1. April 1938[644] verlängert wurde, dieses Mal allerdings undatiert, »*bis auf weiteres*«. Das kam in den Betrieben nicht gut an. In einem geheimen Stimmungsbericht der Reichstreuhänder der Arbeit vom 31. Mai 1938 hieß es dazu: »*Das Gesetz über die Verlängerung der Amtsdauer der Vertrauensräte ist von der Arbeiterschaft ungünstig aufgenommen.*« Auf diese Weise sähe sich der Arbeiter »*um sein letztes Recht und die einzige Einflußmöglichkeit gebracht.*«[645]

Offenbar schätzte *Hitler* diese Bedenken geringer ein als eine permanente Gefahr unerwünschter Plebiszite in den Betrieben. Jedenfalls informierte der Chef der Reichskanzlei, *Lammers*, am 13. Juni 1938 den Reichsarbeitsminister, *Seldte*, über die »*Auffassung*« des Führers, dass »*künftig keine Vertrauensratswahlen mehr stattfinden. Er halte es vielmehr für zweckmäßig, dass die Vertrauensmänner*

640 *Milert/Tschirbs*, Zerschlagung der Mitbestimmung 1933, a. a. O., S. 88.
641 RGBl. I 335.
642 Gesetz vom 9. 3. 1937, BGBl. I 282.
643 *Milert/Tschirbs*, Zerschlagung der Mitbestimmung 1933, a. a. O., S. 89.
644 RGBl. I 358.
645 *Milert/Tschirbs*, Zerschlagung der Mitbestimmung 1933, a. a. O., S. 88.

unter überwiegender Mitwirkung der Arbeitsfront im Wege der Berufung bestellt werden.«[646]
Das ist dann so geschehen, jedoch ohne noch einmal das Gesetz zu ändern.
Was das bedeutete? In »normalen« Gesellschaften wäre daraus ein gewaltiges rechtliches Problem entstanden. Das NS löste das ganz einfach, wie die Kommentierung von *Hueck, Nipperdey* und *Dietz* aus dem Jahre 1943 zeigt: »*§ 9 Abs. 1 und die ihn ergänzenden Vorschriften ... sind heute, nachdem das Gesetz über die Verlängerung der Amtsdauer der Vertrauensräte vom 1. April 1938 diese bis auf weiteres verlängert hat,* ohne Bedeutung. *Damit* entfällt *die* jährlich wiederkehrende Berufung *aller Vertrauensräte, von der § 9 in erster Linie spricht.* Die Berufung *der Vertrauensräte richtet sich gegenwärtig* ausschließlich nach den Bedürfnissen des einzelnen Betriebes (Hervorhebung im Original, M.K.).«[647] Damit war die Institution der Vertrauensräte praktisch am Ende; sie konnte verfallen wie ein aufgegebenes Haus. Über die nun betriebs-spezifische Nutzung dieses Instruments liegen wiederum keine gesicherten, repräsentativen Informationen vor. Mit dem Wegfall der Vertrauensrätewahlen entfiel jedenfalls der letzte formale Anschein von Arbeitnehmerbeteiligung im Betrieb.
Damit soll auch unsere Darstellung des NS in diesem Kontext enden. Die Beschreibung der Arbeitsbeziehungen in jener Zeit, die Diskussion um die beiden Pole »Anpassung und »Widerstand« (offen und verdeckt) der Arbeitnehmer,[648] Aktivitäten der DAF, ihre permanenten Rangeleien mit Unternehmern und anderen Institutionen und schließlich die Steigerung der Repression im Kriege – das alles kann hier nicht dargestellt werden. Für unseren Gesamtzusammenhang bleibt vielmehr das Wunder zu konstatieren, dass nach dieser finsteren Zeit, ungeachtet aller nationalsozialistischer Umerziehung, Repression und »Säuberungen«, im Frühjahr 1945 in ganz Deutschland urplötzlich Männer und Frauen da waren, die als Betriebsräte der ersten Stunde das »Erbe von Weimar« wiederbelebten und doch etwas Neues schufen (§ 20). Ganz offenkundig hatte die kurze Dauer der Weimarer Republik zusammen mit dem Vorlauf des 19. Jahrhunderts jedenfalls ausgereicht, um den Gedanken der betrieblichen Mitbestimmung tiefe Wurzeln schlagen zu lassen.
Auf der anderen Seite, bei den Arbeitgebern, wuchs mit zunehmender Dauer der NS-Herrschaft die Einsicht, welchen Wert starke, vom Vertrauen der Belegschaf-

646 *Milert/Tschirbs*, a. a. O., S. 90.
647 *Hueck/Nipperdey/Dietz*, AOG, 4. Aufl. 1943, § 9 Anm. 1.
648 Vgl. *Evans*, »Arbeiterklasse und Volksgemeinschaft. Zur Diskussion um Anpassung und Widerstand der deutschen Arbeiterklasse 1933 – 1945, 2010; *Schneider*, Gegnerschaft – Anpassung – Widerstand: Gewerkschaften 1933 – 1945, in: Hofmann/Benner, Hrsg., Geschichte der IG Metall, 2019, S. 78; *ders.*, Unterm Hakenkreuz. Arbeiter und Arbeiterbewegung 1933–1939, 1999; zu Arbeitsniederlegungen im NS vgl. *Kittner*, Arbeitskampf, S. 530 ff.

ten getragene Betriebsräte für eine effektive Unternehmensführung hatten. Mit deren Abschaffung waren nämlich zugleich die Sensoren für die Stimmung der Belegschaften und für mögliche Konfliktherde verloren gegangen.[649] Stattdessen sahen sich die Arbeitgeber unentwegt in »*Konflikten ohne Regelungsmechanismus*«.[650] Vergleichbare Sehnsucht wuchs auch nach einer vom Staat unabhängigen Tarifpolitik.[651] Hier wurzelt die weitgehend unproblematische Akzeptanz für beide Institutionen durch viele Arbeitgeber nach 1945.[652]

---

649 *Hachtmann*, Industriearbeit im »Dritten Reich«. Untersuchungen zu den Lohn- und Arbeitsbedingungen in Deutschland 1933 – 1945, 1989, S. 309.

650 *Plumpe*, Unternehmerverbände und industrielle Interessenpolitik seit 1870, in: Köllmann u. a., Hrsg., Das Ruhrgebiet im Industriezeitalter, 1990, S. 655, 720.

651 Vgl. *Hachtmann*, Wiederbelebung von Tarifparteien oder Militarisierung der Arbeit. Kontroversen um die Grundlinien der nationalsozialistischen Tarifpolitik und die künftige Gestaltung der NS-Arbeitsverfassung, in: Führer, Hrsg., Tarifbeziehungen und Tarifpolitik in Deutschland im historischen Wandel, 2004, S. 114, 131 ff.

652 Vgl. *Mallmann*, Arbeit-Nordwest und METALL NRW. Kontinuität oder Diskontinuität?, AuR 2017, G 5, 6.

Die Nachkriegsentwicklung

§ 20 Wiedergeburt der betrieblichen Mitbestimmung 1945

I. Die Interessenvertreter der Ersten Stunde

1. Die ersten Initiativen

Der Krieg war noch nicht zu Ende, als die alliierten Truppen das Steinkohlerevier nördlich von Aachen besetzten. Sie erhoben keinen Widerspruch, als am 18. Dezember1944 der Betriebsrat der Zeche Laurweg in Kohlscheid seine konstituierende Sitzung durchführte.[653] Er bestand aus vier Mitgliedern, die diese Funktion schon vor 1933 ausgeübt hatten. Zwei von ihnen verstanden sich als Sozialdemokraten, einer als Kommunist, einer als Zentrumsmann; die »Bruderkämpfe« aus der Weimarer Zeit sollten sich nicht wiederholen. Eine Wahl hatte nicht stattgefunden. Es war der erste Betriebsrat, der sich nach der NS-Tyrannei in Deutschland gebildet hatte.
Ob dieser konkrete Betriebsrat Einiges auf den Weg gebracht hat, ist nicht überliefert. Wahrscheinlich hat er aber dafür gesorgt, dass – so wird berichtet – ein »verhasster Nazi« aus der Geschäftsleitung entfernt wurde. Bei Wikipedia ist die Entwicklung des Unternehmens »Grube Laurweg« eingehend beschrieben,[654] doch über den Betriebsrat und seine Stellung als einem singulären historischen »Vorposten« erfährt man nichts.
In den folgenden Monaten kam es in allen Besatzungszonen zu derartigen Betriebsratsgründungen. Bis Mai 1945 gab es die unterschiedlichsten Verfahren, wie man in dieses Amt kommen konnte: Wahl durch Akklamation in der Belegschaftsversammlung, Benennung durch den neuen Bürgermeister oder direkt durch die Militärbehörde. Daneben gab es Fälle wie in Kohlscheid, wo sich die »Erfahrenen« aus eigenem Engagement zusammenfanden.[655] Nach allem, was

653 *Milert/Tschirbs*, S. 335. Kohlscheid ist heute ein Teil von Herzogenrath, die Zeche Laurweg, in der Anthrazitkohle gefördert wurde, existierte bis 1956.
654 *https://de.wikipedia.org/wiki/Grube_Laurweg.*
655 *Kleßmann/Friedemann*, S. 35.

man weiß, handelte es sich fast immer um Beschäftigte, die schon vor 1933 als Betriebsräte oder Gewerkschafter aktiv gewesen waren[656] und die als Nicht-Nazis im Betrieb »überwintert« hatten – oft auch deshalb, weil sie als qualifizierte Facharbeiter für den Betriebsinhaber bzw. die Geschäftsleitung unentbehrlich waren und man deshalb ein gewisses Maß an Toleranz walten ließ. Frauen waren dabei deutlich unterrepräsentiert.[657] Die Besatzungsmächte erhoben keine Einwände gegen diese Entwicklung, auch wenn sich die Betriebsräte als Teil einer neuen Gewerkschaftsbewegung verstanden. Sich in der Öffentlichkeit zu exponieren, war insbesondere im April und Mai 1945 noch mit persönlichen Risiken behaftet. So wurde etwa der von den Alliierten eingesetzte Oberbürgermeister von Aachen, *Dr. Oppenhoff*, von einem »Werwolf-Kommando« der Nazis ermordet.[658]

2. Wahlen im rechtsfreien Raum

Kurz vor Kriegsende, also in den ersten Maitagen 1945, änderten die West-Alliierten ihre Politik und verboten jede gewerkschaftliche und politische Betätigung.[659] Dies wurde erst mit dem Inkrafttreten des Potsdamer Abkommens im August 1945 wieder rückgängig gemacht. Auf der anderen Seite gestatteten die britische und die amerikanische Militärregierung im April 1945 die Wahl von »Sprechern« der Belegschaften,[660] sodass von da an eine demokratische Legitimation möglich war und in der Regel auch praktiziert wurde. Am 5. Juli 1945 ergingen Richtlinien zur Gründung von Betriebsräten, was eine enorme zahlenmäßige Zunahme zur Folge hatte.[661] Im Herbst fanden in der britischen und amerikanischen Zone Betriebsratswahlen statt – die ersten Wahlen überhaupt nach dem Zusammenbruch des faschistischen Herrschaftssystems. Die französische Zone folgte erst im November/Dezember 1946.[662]

Über eine »Gestattung« hinaus gab es zunächst keinerlei Rechtsgrundlage für die Tätigkeit von betrieblichen Interessenvertretungen. Die DAF wurde (erst) durch das Kontrollratsgesetz (KRG) Nr. 2 vom 12. Oktober 1945 aufgelöst. Das AOG galt im hier interessierenden Zeitraum der Betriebsratsgründungen formell wei-

656 S. das Fallbeispiel Benz-Werke in Gaggenau, dargestellt bei *Erb*, in: Boebel/Heidenreich/Wentzel (Hrsg.), S. 85ff.

657 *Boebel/Wentzel*, in: Boebel/Heidenreich/Wentzel (Hrsg.), S. 8.

658 *https://www.stern.de/panorama/wissen/ilse-hirsch--wie-hitlers-blonde-werwoelfin-die-moerder-zum-buergermeister-von-aachen-fuehrte-31457188.html?utm_source=pocket-newtab-global-de-DE* (abgerufen am 12.3.2022).

659 *U. Schmidt/Fichter*, S. 7.

660 *U. Schmidt/Fichter*, S. 13.

661 *Gloria Müller*, S. 54f. Zu den Wahlen in Köln, die zwischen Oktober 1945 und Februar 1946 stattfanden, s. *Rüther*, S. 120.

662 *Boebel/Wentzel*, in: Boebel/Heidenreich/Wentzel (Hrsg.), S. 15.

ter, ehe es durch das KRG Nr. 40 vom 30. November 1946 aufgehoben wurde.[663] In der Realität waren aber jedenfalls die Vorschriften über den Vertrauensrat und den Treuhänder der Arbeit zusammen mit den Machthabern verschwunden; ersichtlich ist niemand auf die Idee verfallen, sich weiter auf diese Vorschriften zu berufen.[664] Der Wegfall der Vertrauensräte warf auch innerbetrieblich keine Probleme auf; vermutlich hatten sie sich in den Jahren zuvor nie zu Wort gemeldet oder hatten in einer Weise agiert, die sie als Interessenvertreter völlig disqualifiziert hatte. In der Literatur sind einige wenige Fälle dokumentiert, in denen ein neu gebildeter »Aktionsausschuss« oder eine Gewerkschaft die Entlassung der Mitglieder des früheren Vertrauensrates verlangt hat.[665]
Die Beseitigung von NS-Recht führte nicht dazu, dass Weimarer Recht wieder in Kraft trat. Dies entsprach einem allgemeinen Konsens, obwohl man es sicher auch anders hätte sehen können:[666] Soweit sich die NS-Normen gar nicht mehr am Gerechtigkeitsgedanken orientiert hatten, waren sie gar kein »Recht«[667] und konnten deshalb auch nicht andere, demokratisch zustande gekommene Normen verdrängen. Wie dem auch sei: Die neu gewählten Betriebsräte handelten in einem rechtsfreien Raum; ob sie nur gelegentlich um ihre Meinung gefragt wurden oder ob sie selbst über Unternehmerentscheidungen effektiv mitbestimmen konnten, war rechtlich nicht vorprogrammiert. Über ihre Praxis wissen wir wenig; allerdings sind einige Abmachungen mit der Arbeitgeberseite dokumentiert.[668] Die damals herrschenden Lebensverhältnisse sprechen allerdings dafür,

663 Verzeichnis der Kontrollratsgesetze abrufbar unter *https://de.wikipedia.org/wiki/Kontrollratsgesetz.*

664 Anders verhielt es sich mit den kündigungsschutzrechtlichen Bestimmungen des AOG, auf die – wenn auch nur in wenigen Entscheidungen – Bezug genommen wurde, sofern es sich um Sachverhalte aus der Zeit vor dem 30. November 1946 handelte. S. *Ascher*, S. 39ff., 57.

665 Beratung des Aktionsausschusses des Siemens-Werkes Mülheim/Ruhr vom 16. Mai 1945, abgedruckt als Dokument 45 bei *Mielke/Rütters* (Hrsg.), Quellen zur Geschichte der deutschen Gewerkschaftsbewegung, Band 7, S. 229 unter Nr. 5; Forderung der »Kampfgemeinschaft gegen den Faschismus« (KGF) in Bremen, mitgeteilt bei *Eb. Schmidt*, Die verhinderte Neuordnung, S. 27.

666 S. die Überlegungen in der Nordrheinprovinz, mitgeteilt bei Müller-List (Hrsg.), S. 72.

667 Vgl. die Radbruch'sche Formel: »*Wo … Gerechtigkeit nicht einmal erstrebt wird, können die so geschaffenen Anordnungen nur Machtsprüche sein, niemals Rechtssätze …; so ist das Gesetz, das gewissen Menschen die Menschenrechte verweigert, kein Rechtssatz. Hier ist also eine scharfe Grenze zwischen Recht und Nicht-Recht gegeben …*« (*Radbruch*, Vorschule der Rechtsphilosophie, 2. Aufl., Göttingen 1959, S. 34).

668 S. die Vereinbarungen und programmatischen Festlegungen bei Blohm & Voss (Hamburg), Siemens-Werk (Mülheim/Ruhr), Bosch (Stuttgart), Deutsche Eisenwerke (Gelsenkirchen), Continental (Hannover), Merck (Darmstadt), wiedergegeben bei *Mielke/Rütters* (Bearb.), Quellen zur Geschichte der deutschen Gewerkschaftsbewegung, Band 7, Dokumente Nr. 44 bis 49. S. weiter *Boebel/Wentzel*, in: Boebel/Heidenreich/Wentzel (Hrsg.), S. 13 zum AEG-Vertrag in Berlin im Juli/August 1945.

dass auch »progressive« Festlegungen in der Realität kaum etwas bewirkten, weil wenig Spielraum für bessere Alternativen bestand.[669]

3. Handeln in der Not

Durch Kriegseinwirkung, insbesondere durch die Bombardierungen, war ein erheblicher Teil der industriellen Produktionskapazitäten zerstört. Im 4. Quartal 1945 belief sich die Industrieproduktion in der amerikanischen Zone auf 19 %, in der britischen Zone auf 21 % des Standes von 1936. Im Jahr 1946 wurden 33 %, im Jahr 1947 38 % erreicht.[670] Die Energieversorgung war prekär; häufig kam es auch in Industriebetrieben zu Stromausfällen.[671] Nahrungsmittel waren knapp und oft nicht dort verfügbar, wo sie benötigt wurden, weil weite Teile des Transportsystems zusammengebrochen waren. Der für Erwachsene vorgesehene Ernährungssatz von 1500 Kalorien pro Tag lag unter dem medizinisch Gebotenen und wurde zudem in der Praxis bei weitem nicht erreicht.[672] Die Zahl schwankte von Woche zu Woche; im April und Mai 1947 mussten sich beispielsweise die Menschen in Dortmund mit einem Tagessatz zwischen 630 und 1191, in Recklinghausen zwischen 537 und 845 Kalorien begnügen.[673] Nur wer über viel Geld oder einzutauschende Sachwerte verfügte, konnte sich auf dem Schwarzmarkt einiges dazu kaufen. In Hamburg litten ca. 10 000 Menschen an Hungerödemen.[674] Diese Situation hing auch damit zusammen, dass es infolge des Krieges enorme Bevölkerungsverschiebungen gegeben hatte: Durch Flüchtlinge insbesondere (aber nicht nur) aus den Gebieten östlich von Oder und Neiße war in der britischen Zone die Wohnbevölkerung um 2,2 Mio. oder 11,3 %, in der amerikanischen Zone um 2,6 Mio. oder 18,1 % im Vergleich zum Vorkriegsniveau gestiegen.[675] Gleichzeitig waren wegen der Kriegszerstörungen die verfügbaren Wohnungen in Großstädten um 40 % gegenüber dem Stand von 1939 abgesunken.[676]

In dieser Situation waren auch Betriebsräte in erster Linie von den Tagesproblemen in Anspruch genommen: Wie kann man die beschädigten oder halbzerstörten Produktionsanlagen wieder ans Laufen bringen? Wann werden wieder Wohnungen gebaut, die zu einem langsamen Abbau der vorhandenen Überbelegung

669 Zur Situation in Köln s. die eingehende Darstellung bei *Rüther*, S. 153 ff.

670 Angaben nach *Kuczynski*, Band 7a, S. 42 f.

671 *Boebel/Wentzel*, in: Boebel/Heidenreich/Wentzel (Hrsg.), S. 9.

672 Hierzu und zum Folgenden *Kleßmann/Friedemann*, S. 22 ff. In Großbritannien lag der Satz bei 2900 Kalorien.

673 Weitere Angaben bei *Kleßmann/Friedemann*, S. 23 und bei *Kuczynski*, S. 130 f.

674 *Kleßmann/Friedemann*, S. 23 unter Bezugnahme auf *Jacobmeyer*.

675 *Abelshauser*, S. 100. Weitere Angaben zu den Wanderungsbewegungen bei *Deppe/Fülberth/Harrer* (Hrsg.), S, 272 ff.

676 S. die Übersicht bei *Kleßmann/Friedemann*, S. 25. Angaben zu Hessen bei K. Neumann, S. 379 f.

führen? Wo kann man zusätzliche Nahrungsmittel beschaffen? Die Ernährung sicherzustellen hatte ersichtlich die größte Bedeutung: Um an Kartoffeln und zusätzliche Butter zu gelangen, mussten die Einzelnen etwas eintauschen können, also sog. Kompensationsgeschäfte tätigen. Dabei half in vielen Fällen der Betrieb, der je nach Gegebenheiten eigene Produkte oder dafür eingetauschte Lebensmittel an die Belegschaft gab. Verteilungsstelle, oft aber auch Organisator, war der Betriebsrat.[677] Bei Bayer in Leverkusen regte er erfolgreich die Produktion von Süßstoff an, der sich besonders leicht eintauschen ließ – einer der wenigen dokumentierten Fälle, in denen die Beschäftigten ihre Vorstellungen von Produktion durchsetzen konnten. Die Geschäftsleitungen standen solchen Aktivitäten aufgeschlossen gegenüber, weil sie ihrerseits an einer arbeitsfähigen Belegschaft interessiert waren. In manchen Fällen war es dazu gekommen, dass rund ein Drittel der Belegschaft wegen Krankheit oder deshalb fehlte, weil Hamsterfahrten auf der Tagesordnung standen.[678] Die Versorgungslage blieb prekär und besserte sich erst, als nach der Währungsreform vom 20. Juni 1948 das Wirtschaftsleben wieder normal zu funktionieren begann.

4. Politische Aktivitäten als bemerkenswerte Ausnahme

An politische Alternativen dachten Betriebsräte unter diesen Umständen meist nur insoweit, als aktive Nazis aus der Betriebsleitung zu entfernen waren. Dies gelang in einer Reihe von Fällen,[679] wobei es solche Personen traf, die sich als »Scharfmacher« zugunsten der Nazidiktatur und als Denunzianten im Betrieb besonders hervorgetan hatten.[680] Eingehend dokumentiert sind solche Vorgänge bei MAN und Renk in Augsburg.[681] In der überwiegenden Zahl der Betriebe änderte sich an den betrieblichen Machtverhältnissen nichts; wer »oben« war, blieb auch weiter dort.[682] Wurden die obersten Repräsentanten verhaftet, so rückte automatisch die zweite Führungsebene nach. Der in der Rätebewegung seit 1917 lebendige Gedanke, die Betriebe selbst zu übernehmen, war fast nirgends anzutreffen: Wo hätte man die Kraft dazu und die Sachkunde hernehmen sollen? Gewerkschaften, die entsprechende Konzeptionen hätten entwickeln können, gab es noch nicht. Auch spielte eine wichtige Rolle, dass sich die betrieblichen

677 Eingehend dazu *Milert/Tschirbs*, S. 384ff., auch zum Folgenden. Zur historischen Parallele der Büchsenknechte s. oben § 2.

678 Vgl. *Boebel/Wentzel*, in: Boebel/Heidenreich/Wentzel (Hrsg.), S. 11.

679 *Milert/Tschirbs*, S. 345.

680 *Boebel/Wentzel*, in: Boebel/Heidenreich/Wentzel (Hrsg.), S. 11. Weiteres Material bei *K. Neumann*, S. 387ff.

681 *Heidenreich*, in: Boebel/Heidenreich/Wentzel (Hrsg.), S. 46ff., 52ff.

682 Beeindruckendes Beispiel bei *Horst Klaus*, in: Boebel/Heidenreich/Wentzel (Hrsg.), S. 92ff. (Fa. Triumph in Nürnberg).

Interessenvertreter vorwiegend aus »Weimarer Veteranen« rekrutierten, die alle im »gesetzten« Alter von 40 bis 60 Jahren und in ihrer Mehrheit wenig geneigt waren, sich über die Tagesarbeit im Betrieb hinaus für weitergehende Ziele zu engagieren.[683]
Diese generelle Einschätzung wird auch nicht dadurch in Frage gestellt, dass es Ausnahmen in Form von bemerkenswerten politischen Aktionen gab.

a) Die Hamburger SFG

Schon wenige Tage nach dem Einmarsch der britischen Truppen gelang es in Hamburg einer Reihe von Mitgliedern der (bislang illegalen) SPD und KPD, die Zustimmung der Militärbehörden zur Gründung einer Sozialistischen Freien Gewerkschaft (SFG) zu erreichen.[684] In den »Richtlinien zur Ausarbeitung unseres Programms« vom 8. Mai 1945 wurde zum Bereich »Wirtschaft« gesagt:

»Vollbeschäftigung, Verstaatlichung der wirtschaftlichen Schlüsselstellungen, Überführung des Großgrundbesitzes und Baulandes in öffentliches Eigentum, Organisierung des Wohnungsbaues, Leitung des Arbeitsamtes durch die Gewerkschaften, Staatskontrolle des Außenhandels, Förderung des Genossenschaftswesens.«

Zum Thema »Politik« war die Ausrichtung nicht weniger deutlich:

»Ausrottung der Nazis, ihrer Ideologie und des Militarismus, Absetzung und Bestrafung aller Richter und Staatsanwälte, die Terrorurteile gefällt haben. Bestrafung aller Kriegsschuldigen und Kriegsverbrecher, Bestrafung aller Generäle, die nach dem 20. Juli 1944 den aussichtslosen Krieg fortgesetzt haben, Aufbau einer volksnahen Rechtspflege, Kontrolle der Sportorganisationen durch die Gewerkschaft, Staatliche Anerkennung der SFG, Friedenspolitik, Erziehung der Jugend zu den Idealen der Völkerverständigung, Menschenwürde und persönlichen Freiheit.«

In den Vorstand der SFG wurden drei Sozialdemokraten und zwei Kommunisten gewählt.
Die zum Ausdruck gebrachte politische Haltung war keine Meinung einiger Weniger. Innerhalb von fünf Wochen stellten mehr als 50 000 Hamburger Arbeiter einen Antrag auf Aufnahme und spendeten über 10 000 RM.[685] Am 18. Juni 1945 revidierte die britische Militärverwaltung ihre Entscheidung und verpflichtete

683 Vgl. *Milert/Tschirbs*, S. 337 ff. Zur Kritik daran s. die Grassroots-Position innerhalb der US-Besatzungsadministration (unten II 2b).

684 Hierzu und zum Folgenden *U. Schmidt/Fichter*, S. 14 ff.; Erwähnung der SFG auch bei *Deppe/Fülberth/Harrer* (Hrsg.), S. 285 und bei *Eb. Schmidt*, Die verhinderte Neuordnung, S. 30.

685 *U. Schmidt/Fichter*, S. 15.

die SFG, sich umgehend aufzulösen. Dem wurde Rechnung getragen. Der Auflösungsbeschluss betonte, politische Betätigung liege nicht im »wahrhaften Interesse« der Gewerkschaftsmitglieder. Inwieweit hier interne Divergenzen und Angst vor Maßnahmen der Besatzer eine Rolle spielten oder die Feder von außen geführt wurde, lässt sich nachträglich nicht mehr beurteilen. Auch ist über die Reaktion der Mitglieder nichts bekannt. Was bleibt, ist die Erkenntnis, dass Aussagen zugunsten einer Umgestaltung der Gesellschaft jedenfalls in Hamburg breite Resonanz fanden.

b) Die KGF in Bremen

Am 3. Mai 1945 gründeten in Bremen 23 Vertreter von linkssozialistischen Organisationen außerhalb von SPD und KPD die »Kampfgemeinschaft gegen den Faschismus« (KGF). Sie kamen aus dem illegalen Widerstand gegen die NS-Diktatur und beschrieben ihr Selbstverständnis wie folgt:

»Die KGF ist eine politische Zweckorganisation, die in ihrem Rahmen bereits Vorarbeiten zu leisten hat für die Organisationen, die im Laufe der Zeit von den anglo-amerikanischen Besatzungsbehörden wieder zugelassen werden (Parteien, Gewerkschaften usw.). Als Dachorganisation aller Antifaschisten sollte sie »von langer Dauer« sein.[686]

Bis Mitte Mai zählte sie 350 Mitglieder, bei ihrer Auflösung im Dezember 1945 etwa 5000.[687] Ihre Forderungen konzentrierten sich auf die Betriebe; an erster Stelle stand die Anerkennung der inzwischen gebildeten Betriebsausschüsse durch die Geschäftsleitungen.[688] Bis Mitte Juni 1945 hatten sich in Bremen 35 provisorische Betriebsvertretungen gebildet. Trotz einiger Vorbehalte wurden sie von der (damals noch) britischen Besatzungsmacht geduldet.[689] Sie bildeten einen »Zentralausschuss der Belegschaftsvertretungen« und wählten einen aus sieben Personen bestehenden Vorstand, der sich mit Erklärungen an die Öffentlichkeit wandte. Derartige »Antifa-Ausschüsse« gab es auch an anderen Orten; sie waren Mitinitiatoren der Gründung von Betriebsräten.

c) Initiativen im Ruhrbergbau

Im Bergbau und in der Eisen- und Stahlindustrie forderten Betriebsräte die Enteignung der »Kohle- und Stahlbarone« und die Überführung der Werke in kommunales Eigentum. Am 16. November 1945 übergaben Betriebsräte, Vertreter der mittlerweile gebildeten örtlichen Gewerkschaften, der KPD und der SPD

686 Zitiert nach *P. Brandt*, Soziale Bewegung, S. 145.
687 *P. Brandt*, Antifaschismus, S. 111.
688 *Heidenreich*, in: Boebel/Heidenreich/Wentzel (Hrsg.), S. 33, auch zum Folgenden.
689 Ab 1. Januar 1947 gehörte Bremen zur amerikanischen Zone.

sowie der Oberbürgermeister der Stadt Essen den britischen Militärbehörden ein Memorandum. Gefordert wurden die entschädigungslose Enteignung des Krupp-Konzerns, seine Kommunalisierung sowie die Umstellung auf Friedensproduktion. Der britische Verwalter, der anstelle des verhafteten Friedrich Krupp von Bohlen und Halbach die Eigentümerposition innehatte, lehnte ab und betonte, allein die zuständigen Behörden der britischen Besatzungsmacht würden bestimmen, was mit dem Krupp-Konzern zu geschehen habe.[690]
In verschiedenen Schachtanlagen verlangten die Arbeiter die sofortige Entfernung von aktiven Nazis aus den Betrieben. Als dem nicht Rechnung getragen wurde, kam es zu passivem Widerstand, indem bewusst langsam gearbeitet wurde. Allerdings gab es auch gewaltsame Aktionen gegen ehemalige NS-Funktionäre, die vom Betriebsgelände vertrieben wurden. Ein britisches Militärgericht verurteilte deshalb sechs Bergarbeiter wegen »Aufruhrs« zu ein bis drei Monaten Gefängnis.[691]

d) Ein historisches Experiment: Die Entwicklung in einer besatzungsfreien Zone

Durch einen historischen Zufall bestand zwischen der amerikanischen und der sowjetischen Militärführung Unklarheit über den Verlauf der Zonengrenze im Bereich des Erzgebirges. Dies führte dazu, dass ein Gebiet von knapp 2000 Quadratkilometern, insbesondere die Landkreise Schwarzenberg, Aue und Stollberg, bis zum 11. Juni, zum Teil bis zum 20. Juni 1945 unbesetzt blieb. Es umfasste 17 Kleinstädte und 80 Dörfer; insgesamt befanden sich etwa 300 000 Einheimische und 100 000 Vertriebene auf diesem Territorium.[692]
Das Fehlen einer Besatzungsmacht führte dazu, dass sich ein (vorläufiges) »Antifa-Regime« entwickelte. Es vollzog sich eine »Selbstorganisation« der antifaschistisch-demokratischen Kräfte durch Aktionsausschüsse, die die Kommunalverwaltung übernahmen und zahlreiche Vertretungen der Beschäftigten in den Betrieben initiierten. Sie kümmerten sich um die Beschaffung und Verteilung von Lebensmitteln und stellten »Schutztruppen« gegen versprengte Angehörige der Wehrmacht und der SS auf, die sich hier dem Zugriff der Alliierten zu entziehen versuchten und Überfälle verübten.[693] Der Antifa-Polizei gelang es, den NDSAP-Gauleiter zu verhaften und ihn der sowjetischen Militärkommandantur zu übergeben. Im Oelsnitzer Bergbau entwickelten sich rätedemokratische Vor-

---

690 *U. Schmidt/Fichter*, S. 12.
691 *U. Schmidt/Fichter*, S. 12.
692 Angaben nach *Heidenreich*, in: Boebel/Heidenreich/Wentzel (Hrsg.), S. 34.
693 Eingehende Aufarbeitung durch *Czerny* (Red.), in: Rosa-Luxemburg-Stiftung Sachsen (Hrsg.), Republik im Niemandsland, Leipzig 1997, S. 183 ff. Interessierte seien auch auf den Roman von *Stefan Heym* »Schwarzenberg« verwiesen, der 1984 in München, aber erst nach dem politischen Umbruch in der DDR 1990 in Berlin erschien.

stellungen; diese wurden auch in die Realität umgesetzt, da der Betriebsrat die Funktion der Unternehmensleitung übernahm[694] – eines der seltenen Beispiele von Arbeiterselbstverwaltung aus jener Zeit. Die antifaschistischen Aktionsausschüsse, die de facto Hoheitsgewalt ausübten, konnten ihre Arbeit nicht mehr fortsetzen, als die besatzungsfreie Zeit zu Ende war, doch blieben die Bürgermeister und erst recht die Betriebsräte in ihren bisherigen Funktionen. Wie die Entwicklung weitergegangen wäre, hätte die Besatzungsfreiheit nicht sechs Wochen, sondern sechs Jahre gedauert, lässt sich nicht bestimmen. Immerhin war der Aufbau »von unten her« durchaus erfolgreich und keineswegs zum Scheitern verurteilt.

5. Zusammenfassung

Bis Ende 1945 hatten sich in vielen Betrieben wieder Betriebsräte (oder vergleichbare Gremien) gebildet. Sie kümmerten sich aus nachvollziehbaren Gründen vorwiegend um die dringenden Tagesprobleme, doch wurden auch bemerkenswerte politische Initiativen entfaltet.

III. Die Bildung von Gewerkschaften

1. Betriebsräte als Unterstützer

Die Betriebsräte verstanden sich nicht als Antipoden der gewerkschaftlichen Interessenvertretung. Im Gegenteil bemühten sie sich, die Gründung und Weiterentwicklung von Gewerkschaften voranzutreiben. Dies war mit Rücksicht auf die Intervention der Besatzungsmächte in den Westzonen nur in sehr eingeschränktem Umfang möglich. Versuche zur Neugründung anarcho-syndikalistischer Organisationen blieben von vorne herein erfolglos.[695]

2. Die Interventionen der Alliierten

Die Alliierten betrachteten die Weimarer Arbeitsverfassung mit erheblichem Misstrauen, weil sie die Entstehung und Machtübernahme durch die Nazis ersichtlich nicht verhindern konnte. Insoweit unterschied sich die Situation grundlegend von der in Österreich bestehenden, wo es zwar ebenfalls Besatzungszonen und Genehmigungsvorbehalte gegenüber der Gesetzgebung gab,

694 *Heidenreich*, in: Boebel/Heidenreich/Wentzel (Hrsg.), S. 36.
695 *K. Neumann*, S. 390ff.

die Arbeitsgesetze der Ersten Republik[696] jedoch ohne Bedenken wiederbelebt werden konnten.

a) Das 3-Phasen-Schema

Spätestens seit August 1945 war die Bildung von Gewerkschaften auf örtlicher Ebene möglich, doch war eine Genehmigung der Besatzungsbehörden erforderlich, wenn die Organisation Beiträge einziehen, öffentliche Mitgliederwerbung betreiben oder Büroräume mieten wollte.[697] Wurde sie verweigert, gab es dagegen kein Rechtsmittel; man konnte nur nach einiger Zeit auf der Grundlage veränderter Umstände einen neuen Antrag stellen, über den genauso unkontrolliert entschieden wurde.[698] Bekam man die Genehmigung, so konnte man sich auf örtlicher Ebene betätigen. Überörtliche Zusammenschlüsse bedurften einer weiteren Genehmigung. Dieses sog. 3-Phasen-Schema (Gründung, lokale Betätigung, überregionaler Zusammenschluss) war zunächst nur von den Alliierten erzwungene Praxis; erst am 12. April 1946 wurden diese Regeln offiziell bekannt gemacht.[699]

Die Begrenzung der Gründungsfreiheit blieb auch dann unangetastet, als der Alliierte Kontrollrat durch die Direktive vom 3. Juni 1946 mehr Freiheit versprach und in Art. II Nr. 2 ausdrücklich bestimmte:

> »Die Bildung der Gewerkschaften muss sich aus dem frei ausgedrückten Wunsche der Gewerkschaftsmitglieder ergeben.«[700]

b) Die unterschiedlichen Konzeptionen innerhalb der US-Besatzungsmacht

Wie man heute weiß, war der Umgang der amerikanischen Besatzungsmacht mit der »Gewerkschaftsfrage« intern außerordentlich kontrovers.[701] Im Wesentlichen standen sich zwei Konzeptionen gegenüber.

Die sog. Grassroots-Position war durch Skepsis gegenüber dem Bewusstsein der Arbeiter und insbesondere der Weimarer Gewerkschafter geprägt.[702] Die zwölfjährige NS-Herrschaft habe ihre Spuren hinterlassen; viele Arbeiter seien

---

696 Dazu unten § 44 I 3 und II 1.

697 Näher *Eb. Schmidt*, Die verhinderte Neuordnung, S. 37.

698 Ob man in Großbritannien, den USA oder Frankreich hätte klagen können, wurde nicht thematisiert; man lebte noch nicht in einer globalisierten Welt.

699 *Eb. Schmidt*, Die verhinderte Neuordnung, S. 37.

700 Dazu *Kittner*, Arbeitskampf, S. 542 f.

701 Hierzu insbes. *M. Fichter*, Besatzungsmacht und Gewerkschaften, 1982.

702 Eingehend *M. Fichter*, a. a. O., S. 129 ff., erwähnt auch bei *K. Neumann*, S. 382. S. auch die Direktive JCS 1067, in Teilen wiedergegeben bei *Wheeler*, S. 18 ff.

der NS-Ideologie erlegen und hätten die aggressive Politik Hitlers unterstützt. Auch den Emigranten könne der Neuaufbau von Gewerkschaften nicht anvertraut werden. Sie seien in hohem Maße für das Versagen der Arbeiterbewegung gegenüber dem Nationalsozialismus verantwortlich. Die verschiedenen Fraktionen hätten untereinander erbitterter gekämpft als gegen Hitler. Diesen habe man völlig unterschätzt. Es sei fraglich, ob die Emigranten ihre bittere Lektion gelernt hätten. Dies gelte in gleicher Weise für sozialdemokratische wie für kommunistische Emigranten. Allerdings richtete sich die Kritik vorwiegend gegen die Sozialdemokraten in Führungspositionen der Weimarer Gewerkschaften.[703] Sie seien durch einen aggressiven Antisowjetismus geprägt; sie mit Einfluss auszustatten, würde die beginnende Zusammenarbeit unter den vier Mächten erheblich belasten.

Eine Lösung wurde darin gesehen, nur demokratisch gewählte Vertreter der Belegschaften die neuen Gewerkschaften aufbauen zu lassen. Vertrauen wurde in die antifaschistischen Gruppen gesetzt, die von unten her in neuem Geist eine demokratische Gewerkschaftsbewegung bilden könnten.[704] Auf die Schnelle nunmehr traditionelle Gewerkschaften zuzulassen, würde diese Ansätze im Keime ersticken.

Etwa bis Ende 1945 war diese Position die maßgebende in der amerikanischen Militärverwaltung.[705] Sie genoss insbesondere die Unterstützung des (damals noch selbständigen) US-Gewerkschaftsbundes CIO.

Die zweite Position wird mit den Worten »free trade unionism« umschrieben und war im Gegensatz zur ersten deutlich antikommunistisch orientiert.[706] Inhaltlich sollten sich die Gewerkschaften auf Kollektivverhandlungen über Löhne und Arbeitsbedingungen einschließlich der dazu ggf. erforderlichen Streiks konzentrieren, gesellschaftspolitische Zielsetzungen oder gar Aktionen waren nicht erwünscht. Die Gewerkschaftsführungen sollten die gewählten betrieblichen Interessenvertretungen kontrollieren, um diese besser in ihre Politik einzubinden und Verselbständigungen entgegenzuwirken. Die Mitgliedschaft in

---

703 In diese Richtung auch *Franz Neumann* (Behemoth: Struktur und Praxis des Nationalsozialismus 1933 – 1944, Frankfurt/M. 1998, S. 57), der *Fritz Tarnow* (einen führenden Repräsentanten dieser Richtung) als einen Menschen beschrieb, »der von seinen Feinden gejagt wird, aber sich weigert, entweder seinen Untergang hinzunehmen oder zurückzuschlagen, und der Ausflüchte über Ausflüchte erfindet, um seine Untätigkeit zu rechtfertigen.« Zu seinem Wirken nach 1945 s. *Wheeler*, S. 33, 39f.

704 Fälle, die sich unabhängig von dieser Position entwickelten, s. oben die Beispiele Bremen (KGF) und die antifaschistischen Aktionsausschüsse im nicht besetzten Gebiet (I 4b und d).

705 *M. Fichter*, S. 155ff. Eingehende Darstellung durch einen der Akteure: *George S. Wheeler*, Die amerikanische Politik in Deutschland (1945 – 1950), Berlin 1958.

706 *M. Fichter*, S. 24ff. Die Direktive JCS 1067 wurde durch die Direktive JCS 1779 ersetzt; dazu *Wheeler*, S. 24f.

Gewerkschaften sollte freiwillig sein; der Aufbau der Organisationen sollte nach Branchen erfolgen.
Soweit diese Grundsätze gewahrt blieben, bestanden keine Einwände gegen die Übernahme von Machtpositionen durch sozialdemokratische Weimarer Gewerkschafter. Im Gegenteil: Sie konnten ihren Beitrag dazu leisten, den kommunistischen Teil der Arbeiterbewegung zu marginalisieren. Rückhalt hatte diese Position insbesondere bei der US-Gewerkschaft AFL. Ab 1946 war sie tonangebend.

c) Das Gewerkschaftsmodell

Die einzelnen Besatzungsbehörden kümmerten sich wenig um die Proklamation über Gewerkschaftsfreiheit und machten von ihren Eingriffsbefugnissen intensiven Gebrauch. Jedenfalls in der britischen und der amerikanischen Besatzungsmacht war daran gelegen, die Gründung der Gewerkschaften in die Länge zu ziehen. Dies kam sowohl der Grassroots-Position als auch der »free trade unionism«-Position entgegen; durch Zeitgewinn konnte letztere den möglichen kommunistischen Einfluss zurückdrängen.[707] Außerdem konnte sie ein bestimmtes Organisationsmodell durchsetzen: Die künftigen Gewerkschaften mussten nach Branchen organisiert sein. Eine »allgemeine Gewerkschaft«, die sämtliche Organisierten als Mitglieder haben würde und die für die einzelnen Wirtschaftszweige lediglich »Unterabteilungen« ohne Recht zum Abschluss von Tarifverträgen besitzen würde, war im Westen nicht genehmigungsfähig. Sowohl die Besatzungsmächte wie auch die maßgebenden Entscheidungsträger in den Gewerkschaften gingen davon aus, dass eine große, zentralistisch aufgebaute Organisation sehr viel mächtiger wäre als eine Vielzahl von Branchengewerkschaften, die lediglich durch einen Dachverband verbunden sind. Viele deutsche Gewerkschafter strebten nach diesem Modell, die Besatzungsmächte lehnten es ab.
Im Ergebnis setzte sich die stärkere Seite durch – und dies waren ersichtlich die Besatzungsbehörden. Es sollte – anders als z. B. in Österreich – keine mächtige Super-Organisation geben. Für die Militärbehörden spielte die Kontrollratsdirektive über das freie Entscheidungsrecht der Gewerkschaftsmitglieder weiterhin keine Rolle.[708] Dazu kam, dass die Meinungen auch innerhalb der Gewerkschaften geteilt waren; eine Minderheit befürwortete durchaus das Branchenmodell. Aus heutiger Sicht kann man die damaligen Auseinandersetzungen mit Gelassenheit betrachten: Der Satz »Je größer, desto mächtiger« hat seine Überzeugungskraft verloren. Die unterschiedliche Lage abhängig Beschäftigter verlangt nach einer differenzierten Organisationsstruktur, die spezifische Interessenlagen berücksichtigt. Wie könnte eine zentralistisch aufgebaute Gewerkschaft zugleich

707 Nachweise bei *Eb. Schmidt*, Die verhinderte Neuordnung, S. 32 ff.
708 *Eb. Schmidt*, Die verhinderte Neuordnung, S. 31 ff.

»Heimat« für Piloten, Metallarbeiter und schlecht bezahlte Krankenschwestern sein?

3. Der innere Aufbau der Gewerkschaften

Die Gewerkschaften passten sich mangels Alternativen relativ schnell an die Vorgaben der Alliierten an. Im April 1947 wurde der DGB für die Britische Zone gegründet, dessen branchenbezogene Mitgliedsgewerkschaften ca. 2 Mio. Mitglieder repräsentierten.[709] In der amerikanischen Zone kamen Organisationen nur auf der Ebene einzelner Länder zustande; auch sie waren Zusammenschlüsse von Branchengewerkschaften. Dasselbe geschah in der französischen Zone.

Sehr viel gravierender als die äußere Form der Gewerkschaften war für ihre weitere Entwicklung der innere Aufbau. Grundeinheit war die Ortsverwaltung, nicht die Betriebsgruppe. Damit sollte u. a. der kommunistische Einfluss in einer Reihe von Großbetrieben zurückgedrängt werden.[710] Doch wichtiger war ein anderer Gesichtspunkt. Der Selbsthilfegedanke bestand in der Regel nicht darin, die eigenen Angelegenheiten wie in einem Selbstverwaltungsmodell selbst in die Hand zu nehmen. Vielmehr erschöpfte er sich darin, »sich einer grosso modo als nützlich empfundenen Organisation anzuschließen.«[711] Streik und verdeckte Kampfformen werden so zu Ausnahmetatbeständen, deren Basis die Organisationsloyalität ist. Es entsteht ein »Gewerkschaftsapparat mit angeschlossenen Mitgliedern«[712]. Ein solches Modell wäre auf mittlere Sicht in Frage gestellt, gäbe es Betriebsgruppen, die aufgrund eigener Erfahrungen ihre Interessen und die Formen ihrer Durchsetzung selbst bestimmen. Insoweit war die Entscheidung konsequent. Aus Sicht der US-Besatzungsmacht hatte sich die Position des »free trade unionism« gegen die der »grassroots«-Organisation durchgesetzt. Auf der anderen Seite waren Betriebsräte nicht als verlängerter Arm der Gewerkschaft konzipiert: Sie sollten von der ganzen Belegschaft gewählt werden und ihre eigenen Rechte besitzen. Dies legte es nach einigen Jahren nahe, in den Betrieben gewerkschaftliche Vertrauensleute einzurichten, um so der Organisation ein gewisses Maß an Präsenz zu verleihen.[713] Auch hatte bei der Grundentscheidung ersichtlich niemand daran gedacht, dass die Nützlichkeit der Organisation in den Augen vieler Mitglieder verblassen oder dass sich die Strategie des Apparats in wichtigen Fragen als illusionär erweisen könnte. Die Rechnung dafür wurde erst Jahrzehnte später präsentiert – in der Bundesrepublik nicht weniger als in den USA.

709 *Eb. Schmidt*, Die verhinderte Neuordnung, S. 44.
710 *Kittner*, Arbeitskampf, S. 544.
711 *Kittner*, Arbeitskampf, S. 543.
712 So die Formulierung bei *Kittner*, Arbeitskampf, S. 543.
713 Näher dazu unten § 35 II.

§ 21 Mitbestimmung als wenig willkommene Kampfaufgabe: Das Kontrollratsgesetz Nr. 22

I. Die Initiative zu einem neuen Betriebsrätegesetz

Nach dem Ende des Krieges übernahm der Alliierte Kontrollrat die höchste Regierungsgewalt in Deutschland.[714] Er bestand aus den Militärbefehlshabern der vier Siegermächte, die durch Offiziere und Experten unterstützt wurden, die sie aus ihren Heimatländern mitgebracht hatten.

Der rechtsleere Raum, in dem sich die Betriebsräte bewegten, wäre für sich allein unter den damaligen Verhältnissen kein ausreichender Grund gewesen, sich schon relativ kurz nach Kriegsende über ein neues Betriebsverfassungsrecht Gedanken zu machen. Doch es gab einige Betriebsräte mit Initiativen, die sich der Kontrolle der Besatzungsmächte entzogen hatten.[715] Dazu gehörten Forderungen nach Sozialisierung, die insbesondere in der SBZ erhoben wurden, denen aber auch im Westen eine erhebliche Attraktivität zukam.[716] Auch schien bei den Westalliierten die Vorstellung verbreitet, die Sowjets könnten für ihre Zone eine sehr weitgehende Verordnung erlassen, die dann als Vorbild für die anderen Zonen hätte dienen können.[717] Aus Sicht der »grassroots«-Vertreter innerhalb der US-Militäradministration war ein solches Vorhaben besonders sinnvoll, weil es die »Selbsternennung« von »Veteranen« aus der Weimarer Zeit unmöglich machen würde. Anfang Dezember 1945 schlug der amerikanische Vertreter in der »Manpower Division« (gewissermaßen dem Arbeitsministerium) des Kontrollrats vor, ein für alle Zonen gleichermaßen geltendes Betriebsrätegesetz auszuarbeiten. Dies fand Zustimmung. Die Briten wie die Sowjets legten innerhalb kurzer Zeit je einen Gesetzentwurf vor, der in dem sog. TU-Committee[718], einem Arbeitsausschuss der Manpower Division, schon am 12. Januar 1946 beraten

714 Dazu auch *Kittner,* Arbeitskampf, S. 539.
715 *Gloria Müller,* S. 86 und oben § 21 I 4b.
716 *Milert/Tschirbs,* S. 361.
717 *Boebel/Wentzel,* in: Boebel/Heidenreich/Wentzel (Hrsg.), S. 16.
718 Committee on Labour Law, Trade Union and Labour Relations.

wurde.[719] In drei Punkten ergaben sich Meinungsverschiedenheiten, die aber relativ schnell beigelegt wurden.

- Die französische Delegation wollte die Betriebsräte zu einer obligatorischen Einrichtung machen, was die drei anderen Delegationen jedoch ablehnten. Man verständigte sich darauf, eine bloße Ermächtigung auszusprechen, doch sollte die Bildung von Betriebsräten dadurch erleichtert werden, dass Schutzvorschriften zugunsten der Betriebsratsmitglieder, insbesondere ein Benachteiligungsverbot, aus dem sowjetischen Entwurf übernommen wurden.
- Die amerikanische und die sowjetische Seite waren sich einig, dass der Betriebsrat ausschließlich Arbeitnehmerinteressen vertreten und deshalb nur aus Personen bestehen sollte, die von der Belegschaft gewählt waren. Die französische Lösung, im Interesse einer besseren Verständigung auch den Arbeitgeber zum Betriebsratsmitglied zu machen, fand keine Zustimmung.
- Die Betriebsräte sollten eng mit den Gewerkschaften verbunden sein. Diesen sollte ein Kontrollrecht bei den Wahlen eingeräumt werden. Außerdem wollte man die Betriebsräte von der Tarifpolitik fernhalten und ihnen nur das Recht geben, die Ausführung der von den Gewerkschaften abgeschlossenen Tarifverträge zu überwachen. Insoweit bestand nach kurzer Zeit volle Einigkeit.

Die weiteren Diskussionen konzentrierten sich insbesondere auf die Frage, ob die Betriebsräte auch Vertreter in den Aufsichtsrat entsenden durften.[720] Weiter ging es darum, ob der Betriebsrat berechtigt sein sollte, die Bilanzen der Gesellschaft durch einen Wirtschaftsprüfer eigener Wahl analysieren zu lassen. Während sich dieser französische Vorschlag nicht durchsetzen ließ, wurde die »Aufsichtsratsfrage« an das nächst höhere Gremium, den Koordinationsausschuss des Kontrollrats, überwiesen. Dort fand man einen Kompromiss, wonach es möglich sein sollte, die Anwesenheit von Arbeitnehmern im Aufsichtsrat zum Gegenstand einer Vereinbarung zu machen. Schließlich schlug der sowjetische Vertreter in der Sitzung des Koordinationsausschusses vom 8. April 1946 eine Bestimmung vor, wonach der Betriebsrat zum Abschluss von Tarifverträgen befugt sein sollte, wenn es im Unternehmen keine Gewerkschaft gab, doch scheiterte dies am Widerspruch der amerikanischen Seite.[721]

Am 10. April 1946 – also weniger als ein Jahr nach Kriegsende – wurde das neue Betriebsrätegesetz als »Kontrollratsgesetz Nr. 22« beschlossen und trat am 17. April 1946 in Kraft.[722]

---

719 *Gloria Müller*, S. 87 ff., auch zum Folgenden.

720 *Gloria Müller*, S. 88 ff.

721 Die Diskussion ist wiedergegeben bei *Mielke* (Bearb.), Quellen, Band 6, Dokument 18 (S. 143).

722 Amtsblatt des Kontrollrats 1946 S. 133; abgedruckt auch bei *Hemken*, Sammlung der vom Alliierten Kontrollrat und der Amerikanischen Militärregierung erlassenen Proklamationen, Gesetze, Verordnungen, Befehle, Direktiven, Stuttgart 1946 ff. sowie in

II. Ein »Ermutigungsgesetz«

Das KRG Nr. 22 beschränkt sich auf insgesamt 13 Artikel, die ihrerseits meist knapp gefasst sind. Der deutsche Text stellt eine bloße Übersetzung dar; bei Streitfragen war auf die englische, französische und russische Fassung zurückzugreifen, die gleichen Rang besaßen.

Kontrollratsgesetz Nr. 22

Betriebsräte
vom 10. April 1946
in Kraft getreten am 17. April 1946
geändert durch
...
(Änderungen für einzelne Länder)

für die Bundesrepublik Deutschland (sachl. Geltungsbereich des Betriebsverfassungsgesetzes 1952) außer Wirkung gesetzt durch

Gesetz Nr. A-30 der Alliierten Hohen Kommission vom 30. September 1952 (ABl. AHK S. 1953)

für die Bundesrepublik Deutschland (sachl. Geltungsbereich des Bundespersonalvertretungsgesetzes) außer Wirkung gesetzt durch

Gesetz Nr. A-34 der Alliierten Hohen Kommission vom 16. Juli 1953 (ABl. AHK S. 2512)

in der Bundesrepublik Deutschland außer Wirkung gesetzt durch

§ 101 des Personalvertretungsgesetzes vom 5. August 1955 (BGBl. I. S. 477)

für die DDR außer Wirkung gesetzt durch

Beschluß des Ministerrats der UdSSR über die Auflösung der Hohen Kommission der Sowjetunion in Deutschland vom 20. September 1955

---

neuerer Zeit in *Mielke/Rütters* (Bearb.), Quellen, Band 7, Dokument 7 (S. 131 ff.) und bei *Boebel/Heidenreich/Wentzel* (Hrsg.), Dokument 10, S. 121 ff.; abrufbar unter *http://www.verfassungen.de/de45-49/verf45-i.htm;* die englische Fassung findet sich unter *https://www.loc.gov/rr/frd/Military_Law/Enactments/Volume-III.pdf.*

Der Kontrollrat hat das folgende Gesetz beschlossen:

Artikel I

Zur Wahrnehmung der beruflichen, wirtschaftlichen und sozialen Interessen der Arbeiter und Angestellten in den einzelnen Betrieben wird hiermit die Errichtung und Tätigkeit von Betriebsräten in ganz Deutschland gestattet.

Artikel II

1. Der Betriebsrat eines Betriebes ist lediglich aus dem Kreise der Personen zu bilden, die tatsächlich in diesem Betrieb tätig sind.
2. Funktionäre der früheren Deutschen Arbeitsfront oder Mitglieder der NSDAP können nicht Mitglieder des Betriebsrats sein.

Artikel III

1. Die Wahl der Mitglieder des Betriebsrats muß unter Anwendung demokratischer Grundsätze und mittels geheimer Abstimmung erfolgen.
2. Die Mitglieder des Betriebsrats üben ihr Amt für höchstens ein Jahr aus, jedoch ist Wiederwahl zulässig.

Durch Gesetz vom 27. März 1952 wurde der Artikel III. Abs. 2 für das Land Hamburg aufgehoben.

Durch Gesetz vom 18. April 1952 wurde der Artikel III. Abs. 2 für das Land Niedersachsen aufgehoben.

Durch Gesetz vom 1. Juli 1952 wurde der Artikel III. Abs. 2 für das Land Bremen aufgehoben.

Artikel IV

1. Die Arbeitet und Angestellten eines Betriebes können einen vorbereitenden Ausschuß zu dem Zwecke bilden, Vorschläge für die Zusammensetzung des Betriebsrats und die Durchführung der Wahl von Betriebsratsmitgliedern zu machen. Diese Vorschläge bedürfen der Zustimmung der Arbeiter und Angestellten des Betriebes, die durch Mehrheitsbeschluß zu geben ist.
2. Anerkannte Gewerkschaften können an der Bildung der vorbereitenden Ausschüsse und an der Organisation der Wahlen zu Betriebsräten teilnehmen und Kandidaten für den Betriebsrat aus den Reihen der Arbeiter und Angestellten des betreffenden Betriebes aufstellen.

Artikel V

1. Soweit nicht anderweitige gesetzliche Regelungen oder Beschränkungen bestehen, kann sich der Betriebsrat mit den folgenden, den Schutz der Interessen der Arbeiter und Angestellten eines Betriebes betreffenden grundsätzlichen Aufgaben beschäftigen:

a) mit den Arbeitgebern über Anwendung der Tarifverträge und der internen Betriebsordnung in den einzelnen Betrieben zu verhandeln;

b) mit den Arbeitgebern über Vereinbarungen für den Erlaß von Betriebsordnungen zum Zwecke des Arbeitsschutzes, einschließlich der in das Gebiet der Unfallverhütung, ärztlichen Betreuung, betriebshygienischen und sonstigen Arbeitsbedingungen, Regelung von Einstellungen und Entlassungen und Abstellung von Beschwerden fallenden Angelegenheiten, zu verhandeln;
c) dem Arbeitgeber Vorschläge für die Verbesserung der Arbeitsmethoden und der Produktionsweise zur Vermeidung von Arbeitslosigkeit zu unterbreiten;
d) Beschwerden zu untersuchen und mit dem Arbeitgeber zu erörtern. Arbeitern, Angestellten und Gewerkschaften bei der Vorbereitung von Fällen, die den Gewerbeaufsichtsbeamten, den Sozialversicherungs- und Arbeitsschutzbehörden, den Arbeitsgerichten und anderen Behörden, die für die Schlichtung von Arbeitsstreitigkeiten zuständig sind, unterbreitet werden sollen, behilflich zu sein;
e) mit den Behörden bei der Verhinderung aller Rüstungsindustrie und bei der Denazifizierung von öffentlichen und privaten Betrieben zusammenarbeiten;
f) an der Schaffung und Leitung von sozialen Einrichtungen, die der Wohlfahrt der Arbeiter eines Betriebes dienen sollen, unter Einschluß von Kinderheimen, ärztlicher Fürsorge, Sport und ähnlichen Einrichtungen, mitzuwirken.
2. Die Betriebsräte bestimmen im Rahmen dieses Gesetzes selbst ihre Aufgaben im einzelnen und die dabei zu befolgenden Verfahren.

Artikel VI

1. Der Betriebsrat oder dessen Vertreter haben das Recht, Zusammenkünfte im Betriebe abzuhalten und von dem Arbeitgeber oder dem von ihm bestimmten Vertreter gehört zu werden, um mit ihm über die zu ihrer Zuständigkeit gehörenden Angelegenheiten verhandeln zu können.
2. Der Arbeitgeber hat dem Betriebsrat in regelmäßigen Zeitabständen alle Unterlagen, die zur Durchführung seiner grundsätzlichen Aufgaben erforderlich sind. zu unterbreiten.
3. Der Betriebsrat und der Arbeitgeber treffen ein Übereinkommen über den Inhalt der dem Betriebsrat zu unterbreitenden Berichte und über Tag und Stunde von Zusammenkünften. Ein solches Übereinkommen kann die Anwesenheit von Vertretern des Betriebsrates bei Zusammenkünften der leitenden Organe des Betriebes zu Informationszwecken vorsehen.

Artikel VII

Die Betriebsräte führen ihre Aufgaben in Zusammenarbeit mit den anerkannten Gewerkschaften aus.

Artikel VIII
Außerhalb ihrer regelmäßigen Sitzungen müssen die Betriebsräte mindestens ein Mal vierteljährlich in einer Generalversammlung der beteiligten Arbeiter und Angestellten einen vollständigen Tätigkeitsbericht vorlegen.
Artikel IX
Kein Arbeitgeber darf die Errichtung von Betriebsräten in seinem Betriebe verhindern, deren Tätigkeit stören oder Mitglieder des Betriebsrates benachteiligen.
Artikel X
Die Behörden der Militärregierung können Betriebsräte auflösen, wenn deren Tätigkeit den Zielen der Besatzungsmächte zuwiderläuft oder gegen Bestimmungen dieses Gesetzes verstößt.
Artikel XI
Die Bestimmungen dieses Gesetzes gelten auch für solche Betriebsräte, welche bereits vor dem Inkrafttreten dieses Gesetzes bestanden haben.
Artikel XII
Alle deutschen Gesetze, welche zu diesem Gesetz in Widerspruch stehen, werden aufgehoben oder gemäß den Bestimmungen dieses Gesetzes geändert.
Artikel XIII
Dieses Gesetz tritt mit dem Tage seiner Verkündung in Kraft.
Ausgefertigt in Berlin, den 10. April 1946.
(Die in den drei offiziellen Sprachen abgefaßten Originaltexte dieses Gesetzes sind von Joseph T. McNarney, General, Montgomery of Alamein. Feldmarschall, P. Koenig, Armeekorpsgeneral, und V. Sokolowsky, General der Armee. unterzeichnet.)

1. Geltungsbereich

Nach Art. I wird »zur Wahrnehmung der beruflichen, wirtschaftlichen und sozialen Interessen der Arbeiter und Angestellten in den einzelnen Betrieben« die Errichtung und Tätigkeit von Betriebsräten in ganz Deutschland gestattet. Dem Gesetz kommt ein weiter Anwendungsbereich zu, da es entgegen der heute üblichen Terminologie auch die Verwaltung erfasste. Die Trennung in Arbeiter- und Angestelltenausschüsse wird aufgegeben, auch die Beamten werden in der Praxis einbezogen.[723]

723 In diesem Sinne auch das Schreiben der britischen Militärregierung an das Gewerkschaftliche Zonensekretariat vom 3. Juni 1947, abgedruckt in *Mielke/Rütters* (Bearb.), Quellen, Band 7, Dokument 10 (S. 138 f.).

2. Wahl von Betriebsräten

Mitglied des Betriebsrats konnte nach Art. II nur sein, wer effektiv in dem fraglichen Betrieb tätig war. Funktionäre der früheren DAF und ehemalige Mitglieder der NSDAP konnten nicht in den Betriebsrat gewählt werden.
Die Wahl musste nach Art. III Abs. 1 geheim und unter Wahrung demokratischer Grundsätze erfolgen. Für alle weiteren Fragen des Wahlverfahrens und für die Bestimmung der Zahl der Betriebsratsmitglieder ist nach Art. IV Abs. 1 ein »vorbereitender Ausschuss« zuständig, der von den Arbeitern und Angestellten gebildet wird. Anerkannte Gewerkschaften können an der Bildung dieses Ausschusses sowie an der Organisation der Wahlen teilnehmen. Ihr Einfluss wird dadurch gestärkt, dass sie einzelne Kandidaten aus der Belegschaft vorschlagen können. Andere Wahlvorschläge sind nur auf der Grundlage eines Mehrheitsbeschlusses der Belegschaft möglich, was die Gewerkschaft in hohem Maße privilegiert.
Die Wahlperiode betrug nach Art. III Abs. 2 höchstens ein Jahr; dies lief auf eine Annäherung an ein imperatives Mandat hinaus. Das Gesetz war nach Art. XI auch auf bereits bestehende Betriebsräte anwendbar, wodurch zugleich deren Fortbestand anerkannt und gesichert wurde.

3. Aufgaben des Betriebsrats

Von zentraler Bedeutung war Art. V. Er beschreibt in Abs. 1 eine Reihe von Aufgaben des Betriebsrats von durchaus unterschiedlicher Reichweite. Im Einzelnen kann sich der Betriebsrat mit den folgenden »grundsätzlichen Aufgaben« beschäftigen:

> »a) mit den Arbeitgebern über Anwendung der Tarifverträge und der internen Betriebsordnung in den einzelnen Betrieben zu verhandeln;
> b) mit den Arbeitgebern über Vereinbarungen für den Erlaß von Betriebsordnungen zum Zwecke des Arbeitsschutzes, einschließlich der in das Gebiet der Unfallverhütung, ärztlichen Betreuung, betriebshygienischen und sonstigen Arbeitsbedingungen, Regelung von Einstellungen und Entlassungen und Abstellung von Beschwerden fallenden Angelegenheiten, zu verhandeln;
> c) dem Arbeitgeber Vorschläge für die Verbesserung der Arbeitsmethoden und der Produktionsweise zur Vermeidung von Arbeitslosigkeit zu unterbreiten;
> d) Beschwerden zu untersuchen und mit dem Arbeitgeber zu erörtern. Arbeitern, Angestellten und Gewerkschaften bei der Vorbereitung von Fällen, die den Gewerbeaufsichtsbeamten, den Sozialversicherungs- und Arbeits-

schutzbehörden, den Arbeitsgerichten und anderen Behörden, die für die Schlichtung von Arbeitsstreitigkeiten zuständig sind, unterbreitet werden sollen, behilflich zu sein;
e) mit den Behörden bei der Verhinderung aller Rüstungsindustrie und bei der Denazifizierung von öffentlichen und privaten Betrieben zusammenarbeiten;
f) an der Schaffung und Leitung von sozialen Einrichtungen, die der Wohlfahrt der Arbeiter eines Betriebes dienen sollen, unter Einschluß von Kinderheimen, ärztlicher Fürsorge, Sport und ähnlichen Einrichtungen, mitzuwirken.«

Die Grundsatznorm fand sich in Art. V Abs. 2, wo es wörtlich hieß:

»Die Betriebsräte bestimmen im Rahmen dieses Gesetzes selbst ihre Aufgaben im einzelnen und die dabei zu befolgenden Verfahren.«

Dies stellte eine Generalklausel dar, wonach die Betriebsräte frei waren, ihre Kompetenzen im Rahmen des Gesetzes, also insbesondere »zur Wahrnehmung der beruflichen, wirtschaftlichen und sozialen Interessen« der Arbeitnehmer, selbst zu bestimmen. Auch das Verfahren – etwa welche Angelegenheiten der Mitbestimmung unterliegen und was »Mitbestimmung« bedeuten sollte – stand zur Disposition. Unbestritten zulässig waren Vereinbarungen mit dem Arbeitgeber, wonach beispielsweise jede Einstellung und jede Kündigung von der Zustimmung des Betriebsrats abhängig sein sollte. Diesem konnte sogar ein Vetorecht eingeräumt werden: Sagte er »nein«, war die Angelegenheit erledigt; eine Einigungsstelle musste nicht eingeschaltet werden.

4. Arbeitsmöglichkeiten des Betriebsrats und Vertretung der Arbeitnehmer im Aufsichtsrat

Die Organisation der Betriebsratsarbeit ist in Art. VI angesprochen. Der Betriebsrat kann Sitzungen im Betrieb abhalten. Außerdem muss ihm der Arbeitgeber oder ein von ihm bestimmter Vertreter zur Verfügung stehen, damit er mit ihm über die in seine Zuständigkeit fallenden Angelegenheiten verhandeln kann.[724] Der Arbeitgeber hat ihm in regelmäßigen Zeitabständen Unterlagen zu übermitteln, die zur Durchführung seiner grundsätzlichen Aufgaben erforder-

724 In der deutschen Fassung ist davon die Rede, der Betriebsrat müsse vom Arbeitgeber oder seinem Vertreter »gehört« werden, um verhandeln zu können; die englische Fas-

lich sind. Über die Sitzungen und die Unterlagen ist zwischen Betriebsrat und Arbeitgeber ein Übereinkommen zu treffen. In diesem Rahmen kann auch die »Aufsichtsratsfrage« angegangen werden:

»Ein solches Übereinkommen kann die Anwesenheit von Vertretern des Betriebsrats bei Zusammenkünften der leitenden Organe des Betriebs zu Informationszwecken vorsehen.«

Im englischen Text ist klarer von »supervisory body of the enterprise« die Rede, womit der Aufsichtsrat gemeint ist.

5. Zusammenarbeit mit Gewerkschaften

Nach Art. VII sollten die Betriebsräte ihre Aufgaben »in Zusammenarbeit mit den anerkannten Gewerkschaften« erfüllen. Dies war neben der Wahlvorschrift des Art. IV die zweite Bestimmung, die für eine Verklammerung von Betriebsräten und Gewerkschaften sorgte; der Kontrollrat hatte ersichtlich nicht die Absicht, eine neben den Gewerkschaften bestehende Betriebsrätebewegung ins Leben zu rufen.

6. Betriebsversammlungen und weitere Bestimmungen

Einmal im Vierteljahr musste es nach Art. VIII eine »Generalversammlung« der Arbeiter und Angestellten geben. Auf dieser Betriebsversammlung (wie man heute sagen würde) musste der Betriebsrat einen vollständigen Tätigkeitsbericht vorlegen.
Erwähnenswert sind noch zwei weitere Bestimmungen. Art. IX verbot es dem Arbeitgeber, die Errichtung von Betriebsräten in seinem Betrieb zu verhindern, ihre Tätigkeit zu stören oder Mitglieder des Betriebsrats zu benachteiligen. Ein spezieller Kündigungsschutz war nicht vorgesehen. Nach Art. X konnte die Militärbehörde einen Betriebsrat auflösen, wenn seine Tätigkeit den Zielen der Besatzungsmächte zuwiderlief oder gegen Bestimmungen des vorliegenden Gesetzes verstieß. Soweit ersichtlich, ist davon so gut wie nie Gebrauch gemacht worden.

---

sung spricht eindeutiger von der Befugnis, »to have access to the employer … for the purpose of discussing matters falling within the competence of the Works Council.«

III. Das KRG Nr. 22 als Abkehr von Weimar

Dem KRG Nr. 22 fehlen die sozialpartnerschaftlichen Elemente, die im BRG 1920 enthalten waren und die später im BetrVG 1952 stark in den Vordergrund gerückt und die auch durch das BetrVG 1972 nur wenig abgemildert wurden. Art. I nannte als Zweck die »Wahrnehmung der beruflichen, wirtschaftlichen und sozialen Interessen« der Arbeitnehmer, doch war anders als in § 1 BRG nirgends von dem weiteren Zweck der »Unterstützung des Arbeitgebers in der Erfüllung der Betriebszwecke« die Rede. Erst recht fehlte eine Bestimmung wie § 66 Nr. 1 BRG, wonach der Betriebsrat die Betriebsleitung »durch Rat zu unterstützen hatte, um dadurch mit ihr für einen möglichst hohen Stand und für möglichste Wirtschaftlichkeit der Betriebsleistungen zu sorgen«, sowie eine Bestimmung wie § 66 Nr. 3 BRG, wonach der Betriebsrat die Aufgabe hatte, »den Betrieb vor Erschütterungen zu bewahren«. Die Zuweisung einer solchen Doppelrolle – Organ der Interessenvertretung wie auch Unterstützungsorgan des Arbeitgebers – war dem KRG Nr. 22 völlig fremd.

Das neue Recht kannte auch keine betriebliche Friedenspflicht. Dem Betriebsrat waren Arbeitskampfmaßnahmen nicht untersagt, was in der Folgezeit von erheblicher Bedeutung war. Für die Lektüre des Gesetzestextes bedeutete dies, dass »Verhandlungen« mit dem Arbeitgeber nicht nur einen Meinungsaustausch beinhalteten, sondern dass sie bei Nichteinigung auch zu Arbeitsniederlegungen führen konnten.

Die Aufgaben des Betriebsrats waren durch Art. V Abs. 1 nicht abschließend umschrieben. Vielmehr enthielt Art. V Abs. 2 eine Ermächtigung, sich die als bedeutsam erachteten Materien auszusuchen und darüber eine Abmachung mit dem Arbeitgeber zu treffen. Dabei sind – der grundsätzlichen Programmatik des Art. I entsprechend – auch wirtschaftliche Angelegenheiten einbezogen. Wenn die Beteiligten dies wünschten, konnten sie Abmachungen treffen, die Streikverbote enthielten und vorübergehend auch eine Unterstützung des Arbeitgebers vorsahen. Genauso gut konnte aber auch eine weitgehende Vetomacht für den Betriebsrat festgeschrieben werden. Ob derartige Abmachungen zustande kamen und welchen Inhalt sie hatten, hing von den innerbetrieblichen Kräfteverhältnissen ab.[725] Diese Festlegung entsprach insbesondere britischen Vorstellungen, wonach es keine verfestigten Betriebsräte mit gesetzlich definierten Rechten wie nach dem BRG 1920 geben sollte.[726]

Die Einbindung der Betriebsräte in die Gewerkschaften war durch das Wahlverfahren und das Gebot zur Zusammenarbeit nach Art. VII nachhaltig betont.

---

725 *Kleßmann/Friedemann*, S. 35; *Gloria Müller*, S. 95. Nicht ausreichend bedacht bei *Boebel/Wentzel*, in: Boebel/Heidenreich/Wentzel (Hrsg.), S. 17.

726 *Dartmann*, S. 248.

Dennoch ließ sich nicht ausschließen, dass Betriebsräte bei der streikunterstützten Aushandlung von Abmachungen eigene Wege gehen würden.
Ergebnis: Über die Existenz des Dualismus Betriebsrat – Gewerkschaft hinaus hatte das KRG Nr. 22 kaum etwas vom BRG 1920 übrig gelassen.[727] Die Beziehungen zwischen Arbeit und Kapital waren konfliktorisch, nicht sozialpartnerschaftlich-kooperativ ausgestaltet. Dies kann – je nach den im Betrieb herrschenden Verhältnissen – zu sehr unterschiedlichen »Betriebsverfassungen« führen. Dies mag von vielen als »Übel« qualifiziert werden. Dabei wird jedoch übersehen, dass es auch auf der Grundlage einer einheitlichen gesetzlichen Regelung, wie wir sie seit 1952 haben, fundamentale Unterschiede geben kann: Was dem Betriebsrat bei VW oder BASF möglich ist, wird den Interessenvertretern aus einem 120-Personen-Betrieb im ländlichen Raum wie eine ferne Utopie erscheinen.
Wichtig war: Niemals zuvor und niemals danach hatten Betriebsräte einen so großen, rechtlich abgesicherten Freiraum für eigene Aktivitäten wie unter dem KRG Nr. 22.
Wie reagierten Betriebsräte, Gewerkschaften und Arbeitgeber auf einen solchen »Fremdkörper« in ihrem weithin von Weimar geprägten Weltbild?

IV. Das Gesetz in der Praxis

1. Die Reaktion der Betroffenen

Gewerkschaften wie Betriebsräte reagierten sehr kritisch auf den Erlass des Gesetzes.[728] Ihre Stimmung ließ sich zutreffend mit dem Satz zusammenfassen: »Im allgemeinen herrschte Empörung«.[729] Man war im Gesetzgebungsverfahren nicht angehört worden und vermisste insbesondere die konkreten Aufgaben und Mitbestimmungsrechte, wie sie in den §§ 66 ff. BRG enthalten waren. Gegenüber Weimar stelle das Gesetz einen Rückschritt dar. Bemerkenswert ist eine Stellungnahme der Betriebsräte des Klöckner-Konzerns, wo es hieß:[730]

---

727 Zu dessen »systemprägenden« Elementen s. insbes. *Blanke*, KJ 1995, 12, 18. Sie fanden sich in einem weithin unbekannt gebliebenen Gesetzentwurf wieder, der unter maßgeblicher Mitwirkung von *Hans Carl Nipperdey* von einem »Arbeitsrechtsausschuss« in Köln entwickelt wurde, in dem neben der Arbeitgeberseite auch die Gewerkschaften mit *Hans Böckler* an der Spitze vertreten waren. Näher dazu *Lauschke*, S. 71 ff.

728 S. *Müller-List* (Hrsg.), S. 84 ff.

729 So *Gloria Müller*, S. 95.

730 Wiedergegeben bei *Gloria Müller*, S. 95; dazu auch *Milert/Tschirbs*, S. 364 ff. Ähnlich die Stellungnahme der Ford-Betriebsräte in Köln – s. *Eb. Schmidt*, Die verhinderte Neuordnung, S. 91 und *Arnold*, S. 19.

»Die fortschrittlichen Gewerkschaftler verlangen nicht ein Recht zu verhandeln, sondern ein klares Mitbestimmungsrecht in den Betrieben, in der Produktion und Verteilung, überhaupt in der gesamten Wirtschaft.«

In dieser Äußerung werden zwei Dinge deutlich. Einmal eine sehr weitgehende Forderung nach Mitbestimmung, die sich den gewerkschaftlichen Vorstellungen entsprechend sogar auf die Gesamtwirtschaft erstrecken sollte.[731] Sie hatte – wie alsbald deutlich wurde – so gut wie keine Realisierungschance, konnte aber immerhin die Selbstcharakterisierung als »fortschrittliche Gewerkschaftler« rechtfertigen. Zum andern wurde völlig ausgeblendet, dass hinter einem Verhandlungsrecht damals immer auch der Streik stand, was ggf. sehr viel mehr bewirken konnte als ein wie auch immer geartetes Schlichtungsverfahren. Stattdessen wünschte man sich einen klaren Katalog von Rechten. Sie würden den Arbeitgeber zu vernünftigen Kompromissen veranlassen, um die man allenfalls vor Gericht »kämpfen« musste. Diese unglückliche Mischung aus Radikalität in der Theorie und Zurückschrecken vor jeder Abweichung von sozialpartnerschaftlichem Verhalten in der Praxis wird uns noch des Öfteren begegnen.

Daneben gab es eine ganze Reihe weiterer Kritikpunkte wie beispielsweise den, dass das KRG Nr. 22 die Bildung von Betriebsräten nur »gestattete«, während § 1 BRG (nicht anders als das heutige Recht) sie zur Pflicht machte:[732] Dass dies praktisch keinen Unterschied bedeutete, weil es bei Untätigkeit, d.h. bei einer Verletzung der Pflicht, keine Sanktionen gab (und gibt), kam den Beteiligten nicht in den Sinn.

2. Auseinandersetzungen und Streiks um die Mitbestimmung

Die Distanz zu dem Gesetz hinderte den DGB für die Britische Zone nicht, eine Kommission einzusetzen, die Richtlinien für die Verhandlungen über Betriebsvereinbarungen nach Art. V Abs. 2 erarbeiten sollte. Auf diese Weise sollte ein Minimum an Einheitlichkeit für die Rechte der Betriebsräte gesichert werden.

a) Der Streik bei Bode-Panzer in Hannover

In den Folgemonaten kam es vermutlich insbesondere im Bergbau zu Vereinbarungen über Mitbestimmungsrechte, denen bisweilen auch Streiks vorausgingen. Sie sind bis heute nicht ausreichend erfasst und dokumentiert.[733] Anders verhält es sich mit dem Streik bei der Firma Bode-Panzer in Hannover,

731 *Milert/Tschirbs*, S. 373f.

732 *Eb. Schmidt*, Die verhinderte Neuordnung, S. 90.

733 *Kleßmann/Friedemann*, S. 36.

wo die 320 Beschäftigten nach langwierigen ergebnislosen Verhandlungen[734] am 19. November 1946 geschlossen in den Streik traten. Ziel war der Abschluss einer Betriebsvereinbarung, die ein Mitbestimmungsrecht u. a. bei Einstellungen, Entlassungen und Eingruppierungen sowie »bei der Aufgabe bisheriger und der Aufnahme neuer Produktionszweige« vorsah. Der Streik dauerte 23 Tage (bis 16. Dezember), wurde von der Ortsverwaltung und der Bezirksleitung der IG Metall in Hannover, nicht jedoch von ihrem Vorstand für die britische Zone unterstützt.[735] Er endete mit der vollen Durchsetzung der Mitbestimmungsforderungen.[736] Bezirksleiter war Otto Brenner, später Erster Vorsitzender der IG Metall auf Bundesebene und »legendärer Gewerkschaftsführer«. Er vertrat die bemerkenswerte Auffassung, es sei unschwer möglich gewesen, auch andere Betriebe einzubeziehen und eine große Bewegung daraus zu machen, »aber an einer solchen Lösung lag uns nichts.«[737] Es sei nur darum gegangen, eine Bresche in die Unternehmerfront zu schlagen. Über die Gründe für diese Selbstbeschränkung erfährt man nichts. Als historischer Betrachter kann man vermuten, dass die Gewerkschaft eine unkontrollierbare Bewegung fürchtete, deren Aktivitäten nicht abschätzbare Folgen haben konnten. Hätte nicht vielleicht eine Art gewerkschaftsunabhängige Rätebewegung gedroht, unterstützt aus der SBZ, da sich kommunistische Betriebsräte besonders intensiv für weitgehende Regelungen in Betriebsvereinbarungen einsetzten?

Hinzu kam ein weiterer Punkt. Die britische Besatzungsmacht stand Streiks eher ablehnend gegenüber. Besonders deutlich wurde dies an dem Schreiben eines Offiziers der britischen Militärregierung vom 28. Februar 1947 an die Arbeitgeberversammlung Schaumburg-Lippe, wo alle die Gegenstände aufgeführt wurden, in die sich die Betriebsräte nicht »einmischen« durften:

- Kein Einblick in die Firmenbücher, keine Vorlage von Bilanzen;
- Löhne und Gehälter sind Sache der Betriebsleitung, die an evtl. mit den Gewerkschaften abgeschlossene Tarifverträge gebunden ist;
- Einstellungen und Entlassungen sind ausschließlich Sache der Betriebsleitung, ebenso Beförderung und Versetzung;

---

734 S. den Bericht von *Otto Brenner*, in: *Mielke/Rütters* (Bearb.), Quellen, Band 7, Dokument 25 (S. 173ff.) und aus der Literatur *Gloria Müller*, S. 158ff. und *Kittner*, Arbeitskampf, S. 551. Die Firmenbezeichnung rührt daher, dass »Panzerschränke« produziert wurden.

735 *Kleßmann/Friedemann*, S. 36ff.; *Gloria Müller*, S. 161.

736 Die abgeschlossene Betriebsvereinbarung ist abgedruckt bei *Zachert,* Betriebliche Mitbestimmung. Eine problemorientierte Einführung, Köln 1979, S. 26f., und sieht ein Mitbestimmungsrecht u. a. bei Erweiterung, Einschränkung und Stilllegung des Betriebs vor.

737 *Kleßmann/Friedemann*, S. 37 mit Dokument 22 (S. 148).

- keine Pflicht, den Betriebsrat vor einer Änderung der Arbeitsmethoden zu hören oder die Firmenpolitik mit dem Betriebsrat zu erörtern, wenngleich dies auf freiwilliger Basis sinnvoll ist;
- Teilnahme von Betriebsräten an Sitzungen der Betriebsleitung höchstens zu Informationszwecken, nicht aber mit Stimmrecht;
- bei Entlassungen haben Betriebsräte keinen besonderen Schutz, dürfen aber nicht benachteiligt werden;
- Betriebsratssitzungen und Betriebsversammlungen finden außerhalb der bezahlten Arbeitszeit statt;
- Die Betriebsleitung muss für die Betriebsratsarbeit lediglich einen Raum zur Verfügung stellen, alle anderen Aufwendungen gehen zu Lasten der Gewerkschaft.

Einigen sich Betriebsrat und Geschäftsleitung nicht über einen der Mitbestimmung unterliegenden Gegenstand, so soll ein Schiedsgericht entscheiden, das aus einem Vertreter der Betriebsleitung, einem Vertreter des Betriebsrats und einem neutralen Vorsitzenden besteht.[738]

Aufgrund eines deutlichen Protests des Zonensekretariats des DGB zog die Militärregierung diese Stellungnahme umgehend zurück,[739] doch verdeutlicht das Schreiben die inzwischen eingetretene veränderte Atmosphäre. Auf der anderen Seite war die Rücknahme auch ein sichtbarer Erfolg für eine auf »Lobbyismus« beruhende Politik: Ein Appell konnte auch ohne irgendwelche Streikdrohung fruchten.

b) Gewerkschaftliche Richtlinien

Die gewerkschaftlichen Richtlinien zum Abschluss von Betriebsvereinbarungen wurden im Geschäftsbericht des DGB für die Britische Zone für die Jahre 1947 bis 1949 wiedergegeben.[740] Danach sollte nichts ohne die Gewerkschaft laufen; in recht mutiger Argumentation wurde aus der Pflicht zur Zusammenarbeit von Betriebsrat und Gewerkschaft nach Art. VII KRG Nr. 22 der Grundsatz abgeleitet, der Abschluss wie die Kündigung einer Betriebsvereinbarung hingen von der Zustimmung der zuständigen Gewerkschaft ab. Anschließend wird unter Vermeidung des Worts »Streik« betont:

---

738 Das Schreiben ist dokumentiert bei *Kleßmann/Friedemann*, Dokument 5 (S. 105).

739 *Kleßmann/Friedemann*, S. 38. Bei *Mielke/Rütters* (Quellen, Band 7, Dokument 9, S. 136ff.) werden dieselben Formulierungen als »Richtlinien« der britischen Militärregierung bezeichnet; eine Rücknahme ist nicht dokumentiert. Als Quelle wird aus dem DGB-Archiv die Akte »Gewerkschaftsbund Baden-Württemberg, Bericht über den Aufbau 1945, Französische Zone, Schriftwechsel« angegeben, was nicht zum Inhalt passt. In der weiteren Entwicklung spielte eine solche »Richtlinie« als solche jedenfalls keine Rolle.

740 Dokumentiert bei *Kleßmann/Friedemann*, Dokument 6 (S. 107f.).

»Wo es notwendig ist, sollen die Gewerkschaften durch Anwendung gewerkschaftlicher Mittel den Abschluss von Betriebsvereinbarungen über das Mitbestimmungsrecht herbeiführen.«

Inhaltlich werden Mitbestimmungsrechte bei Einstellungen, Entlassungen, Versetzungen und Beförderungen sowie bei Ausbildung und Umschulung verlangt. Auch die »Gestaltung privater Arbeitsverträge« und das »Abstellen von Beschwerden« sollten erfasst sein. Neben diesen personellen Fragen waren soziale Angelegenheiten angesprochen: Regelung der Arbeitszeit und der Akkord- und Stücklohnsätze, Festlegung des Urlaubsplans, Organisation und Kontrolle des betrieblichen Arbeitsschutzes, Abschluss der betrieblichen Arbeitsordnung, Schaffung und Leitung betrieblicher Sozialeinrichtungen. Weiter wurde ein umfassendes Mitbestimmungsrecht in wirtschaftlichen Angelegenheiten gefordert, das sich auch auf die Anschaffung, Verwendung und Veräußerung von Betriebsanlagen und auf die Erweiterung, Einschränkung und Stilllegung des Betriebs erstrecken sollte. Was im Falle des Dissenses zu geschehen hatte, war nicht angesprochen. Lediglich bei den personellen Maßnahmen wurde bestimmt, dass der Betriebsrat für eine Ablehnung einen sachlichen Grund haben müsse und der Arbeitgeber dann die Stelle anrufen könne, die über die beabsichtigte Maßnahme zu entscheiden habe. Wer dies sein sollte, wurde nicht gesagt. Bei Kündigungen kam das Arbeitsamt in Betracht, das nach der weiter geltenden Arbeitsplatzwechsel-Verordnung bestimmte Zuständigkeiten hatte, insbesondere über die Berechtigung der von Arbeitgeber ausgesprochenen Kündigungen entscheiden musste.[741]

Ein an anderer Stelle dokumentierter Musterentwurf[742] bezeichnete sich als »Mindestforderung« der Gewerkschaften; eine Abweichung bedurfte der gewerkschaftlichen Zustimmung. Die Betriebsvereinbarungen hätten für die Gewerkschaften die gleiche Bedeutung wie eine Tarifregelung. Die Gewerkschaften seien entschlossen, für ihren Abschluss »die ganze gewerkschaftliche Kraft« einzusetzen. Die Mitbestimmung sollte sich auf alle »Personalveränderungen« erstrecken, ebenso auf die Einführung neuer Entlohnungsmethoden, den Arbeitsschutz und die Leitung von Sozialeinrichtungen. Bei der wirtschaftlichen Mitbestimmung lag der Schwerpunkt auf einer paritätischen Besetzung des Aufsichtsrats. Die Mitbestimmung des Betriebsrats sollte sich insbesondere auf die »Durchführung des Arbeitsprogramms« erstrecken. Was »Mitwirkung« und »Mitbestimmung« konkret bedeuteten, war festgelegt: Ohne Zustimmung des Betriebsrats vorgenommene personelle Maßnahmen sollten unwirksam sein. In

741 Dazu *Gescher*, S. 109ff., 126ff. Eingehendes Material zu unveröffentlichter Rechtsprechung zur Arbeitsplatzwechselverordnung nach 1945 bei *Ascher*, S. 105ff.

742 *Mielke/Rütters* (Bearb.), Quellen, Band 7, Dokument 28 (S. 186ff.).

anderen Fällen sollte eine paritätisch besetzte Einigungsstelle entscheiden. Damit war eine »Klärung« im Wege des Arbeitskampfes ausgeschlossen, ohne dass dies ausdrücklich betont worden wäre.

c) Abgeschlossene Betriebsvereinbarungen

Der Erfolg bei Bode-Panzer und die Existenz gewerkschaftlicher Musterentwürfe für eine Betriebsvereinbarung führten trotz der Zurückhaltung weiter Teile der Gewerkschaften und trotz der geringen Bereitschaft der Arbeitgeberseite zu verbindlichen Zusagen[743] zu einer Reihe von Betriebsvereinbarungen. Nach einer Aufstellung der Arbeitgeberseite kamen vom 1. April bis 31. Dezember 1947 in Nordrhein-Westfalen insgesamt 42 Betriebsvereinbarungen zustande; in 31 Fällen gingen ihnen Streiks voraus.[744] Nach den Unterlagen der britischen Manpower Division wurde zwischen November 1947 und Oktober 1948 in mindestens 59 Betrieben für eine Mitbestimmungs-Betriebsvereinbarung gestreikt, in der Regel in Nordrhein-Westfalen. Dadurch sollen ca. 400 000 Arbeitsstunden verloren gegangen sein.[745] Betroffen waren kleinere und mittlere Unternehmen,[746] während die Großindustrie weithin abseits stand.[747] Für den Bergbau und die Eisen und Stahl produzierende Industrie ließ sich dies durch die in einzelnen Unternehmen bereits etablierte paritätische Zusammensetzung des Aufsichtsrats erklären, die einen Teil der gewerkschaftlichen Forderungen erfüllte.[748] Auch kann man davon ausgehen, dass Betriebsräte in Großunternehmen schon aufgrund der Zahl ihrer Mitglieder und ihres Rückhalts in der Belegschaft so viel Einfluss hatten, dass sie einer rechtlichen Absicherung durch eine Betriebsvereinbarung nicht unbedingt bedurften.

Eine Sammlung von insgesamt 21 (Muster-)Betriebsvereinbarungen[749] verdeutlicht die Vielfalt der erreichten Ergebnisse. So gab es auch Fälle, in denen höchst bescheidene Abmachungen zustande kamen, die bei Kündigungen z. B. lediglich die damalige Rechtslage wiedergaben, dem Betriebsrat aber keinerlei Beteiligungsrechte einräumten.[750]

---

743 *Boebel/Wentzel*, in: Boebel/Heidenreich/Wentzel (Hrsg.), S. 14.

744 *Kleßmann/Friedemann*, S. 39.

745 *Gloria Müller*, S. 171 f.

746 Viele sind namhaft gemacht bei *Gloria Müller*, S. 169 ff.

747 Zu den Verhandlungen bei Klöckner s. *Müller-List* (Bearb.), S. 87 ff.

748 *Gloria Müller*, S. 177 f. Der zweite angeführte Grund, dass die Muster-Betriebsvereinbarung nicht in ein Unternehmen mit einem mitbestimmten Aufsichtsrat passte, ist weniger überzeugend, da sie ja nur Minimalanforderungen enthielt, die – soweit sie nicht erfüllt waren – unschwer in die jeweiligen Bedingungen hätten angepasst werden können.

749 *Zigan*, S. 73 – 159.

750 S. die Nr. 21 bei *Zigan*, S. 152, 158 f.

d) Zwei lange Streiks

Bei der Firma Schmidding in Hannover hatte die Geschäftsleitung nicht nur den von der Arbeitnehmerseite vorgelegten Entwurf einer Betriebsvereinbarung abgelehnt, sondern auch den ihr unbequemen Betriebsratsvorsitzenden entlassen, ohne dass er irgendwelche Pflichten verletzt hätte. Dies führte im September 1947 zu einer spontanen Arbeitsniederlegung, die später von der Gewerkschaft übernommen wurde.[751] Die Streikenden verlangten neben dem Abschluss der Mitbestimmungsvereinbarung nicht nur die Wiedereinstellung des Betriebsratsvorsitzenden, sondern auch die Entfernung des durch seine Tätigkeit vor 1945 belasteten Betriebsleiters. Die Auseinandersetzung war von ungewöhnlicher Härte und Dauer; erst nach fünf Monaten konnte eine Lösung gefunden werden, die in Punkto Mitbestimmung den gewerkschaftlichen Vorstellungen entsprach.

Der Miele-Streik in Bielefeld im April/Main 1947 dauerte fünf Wochen.[752] Er entzündete sich an der harten Haltung der Geschäftsleitung, die ihrerseits einen Entwurf vorlegte, der die Mitbestimmung in eine bloße Anhörung verwandelte. Im Ergebnis war es möglich, die Inhalte der Musterbetriebsvereinbarung im Wesentlichen durchzusetzen.

e) Bilanz

Die von den Gewerkschaften gezogene Bilanz war ernüchternd, aber im Grunde nicht überraschend. Im Geschäftsbericht des DGB für die Britische Zone wurde festgestellt, die Hoffnungen hätten sich nicht erfüllt; *»nur ein verschwindend kleiner Prozentsatz der Betriebsvereinbarungen (würde) in ihren Formulierungen den wirtschaftspolitischen Grundsätzen entsprechen und damit den gegebenen Notwendigkeiten gerecht.«*[753]

Wie die Praxis in der amerikanischen und der französischen Zone im Einzelnen aussah, lässt sich aufgrund des vorliegenden Materials nicht rekonstruieren. Berichtet wird allerdings, dass auch dort die erreichten Betriebsvereinbarungen weit hinter dem nach dem KRG Nr. 22 Möglichen zurückblieben.[754] Dies mag allerdings auch damit zusammen hängen, dass in beiden Zonen bereits an neuen Betriebsrätegesetzen gearbeitet wurde, die in den Jahren 1948 bis 1950 dann auch effektiv zustande kamen[755] und die den schwierigen Kampf um Mitbestimmungsrechte überflüssig zu machen schienen.

---

751 *Kleßmann/Friedemann*, S. 39, auch zum Folgenden.
752 *Eb. Schmidt*, Die verhinderte Neuordnung, S. 94.
753 Zitiert bei *Kleßmann/Friedemann*, S. 38.
754 S. etwa *Milert/Tschirbs*, S. 378f.
755 S. unten § 22 II.

3. Rechtsprechung

Das KRG Nr. 21 hatte die Arbeitsgerichte erster und zweiter Instanz wieder zur Entstehung gebracht.[756] Waren sie in der Lage, die Lücken zu füllen, die das KRG Nr. 22 gelassen hatte? Immerhin blieb es in der Privatwirtschaft bis 1952, d.h. sechs Jahre, im öffentlichen Dienst bis 1955, also neun Jahre, in Kraft.[757] In dieser Zeit erging in der Tat eine ganze Reihe von Entscheidungen, die viele für die Praxis relevante Fragen geklärt hatten. Sie sind in übersichtlicher Form bei *Gescher*[758] zusammengestellt. Inhaltlich betrafen sie

- das Wahlverfahren, insbesondere das Prinzip der geheimen Wahl und der Wahl nach demokratischen Grundsätzen im Sinne des Art. III Abs. 1 KRG Nr. 22;[759]
- die Amtsenthebung des Betriebsrats und einzelner seiner Mitglieder;[760]
- die Erledigung von Betriebsratsaufgaben während der Arbeitszeit, die durchweg bejaht wurde;[761]
- die formellen Voraussetzungen für eine Betriebsvereinbarung, insbesondere das Vorliegen eines gültigen Betriebsratsbeschlusses und die Schriftform;[762]
- die materiellen Voraussetzungen für eine gültige Betriebsvereinbarung, insbesondere das Problem von Eingriffen in arbeitsvertragliche und tarifliche Rechte;[763]
- die (bejahte) normative Wirkung einer Betriebsvereinbarung;[764]
- Mitbestimmungsrechte nach Art. V Abs. 1 KRG Nr. 22 über die Arbeitsordnung;[765]
- Mitbestimmungsrechte bei fehlender Betriebsvereinbarung unter Rückgriff auf Landesverfassungen.[766]

---

756 S. *http://www.verfassungen.ch/de/de45-49/kr-gesetz/21.htm*. Zum Gesetz im Einzelnen und zu den Veränderungen durch das ArbGG 1953 s. *Sawall*, S. 296ff.

757 S. die Angaben in *http://www.verfassungen.ch/de/de45-49/kr-gesetz/22.htm*.

758 S. 212 – 258.

759 LAG Hamburg 7.4.1948 – 20 Sa 23/48, WA 1948 Nr. 216 (S. 68); LAG Kiel 17.5.1949 – 2 Sa 119/49, RdA 1950, 199; ArbG Darmstadt 16.9.1948 – A 455/460/48, RdA 1949, 73; LAG Hamm 8.7.1949, SAE 1949 Nr. 63.

760 LAG München 12.1.1949 – Ber. Reg. Nr. 146/48, AP 1950 Nr. 39.

761 LAG Frankfurt/Main 25.5.1948, ARSt Bd. 1 Nr. 264; LAG Düsseldorf 26.11.1947 – Sa 115/47, WA 1948 Nr. 90 (S. 26); LAG Düsseldorf 1.7.1949, SAE 1950 Nr. 3.

762 LAG Bremen 27.10.1948, SAE 1949 Nr. 38; LAG Frankfurt/Main 9.6.1949, SAE 1950 Nr. 13; LAG München 16.3.1949 – Ber. Reg. Nr. 252/48, ARSt Bd. III Nr. 452.

763 LAG Bremen 27.10.1948, SAE 1949 Nr. 38; LAG Frankfurt/Main 9.6.1949, SAE 1950 Nr. 14; LAG Düsseldorf 23.11.1948, RdA 1949, 192.

764 LAG Bremen 27.10.1948 – Sa 24/48, SAE 1949 Nr. 38 = BB 1948, 609.

765 LAG Frankfurt/Main 2.12.1948 – II LA 136/48, WA 1949 Nr. 81.

766 LAG Frankfurt/Main 11.3.1947 – I LA 8/47, WA 1948 Nr. 10; LAG Frankfurt/Main 3.2.1948 – II La 119/47, WA 1948 Nr. 154 (hessische Landesverfassung); LAG Bremen

Die recht ausgewogene, keine Seite übermäßig begünstigende oder belastende Rechtsprechung schuf für die Praxis eine ausreichende Orientierung. Was blieb, war eine erhebliche Lücke bei den Mitbestimmungsrechten: Dort, wo der Wille oder die Kraft nicht ausreichte, um zu einer Betriebsvereinbarung über Mitbestimmungsrechte zu kommen, hatte der Betriebsrat nur geringe Handlungsmöglichkeiten. Der (durchaus kreative) Rückgriff auf die Mitbestimmungsvorschriften in den inzwischen beschlossenen Landesverfassungen war nur in Hessen erfolgreich. In anderen Ländern gab es keine vergleichbaren Verfassungsbestimmungen oder wie in Bremen und Württemberg-Baden nur solche, die sich ohne Ausführungsgesetz nicht anwenden ließen.[767] Da das KRG Nr. 22 unter den spezifischen deutschen Bedingungen eines sehr eingeschränkten Verständnisses von Selbsthilfe[768] den vorhandenen Bedürfnissen nicht genügte, standen alsbald Ländergesetze zur Betriebsverfassung auf dem Programm.

14.4.1948 – Sa 2/48, ARSt Bd. I Nr. 643 = BB 1948, 262 (Bremer Landesverfassung): LAG Stuttgart 24.11.1947 – Sa 73/47, ARSt Bd. I Nr. 644.

767 Nachweise in Fn. 766.

768 Dazu oben II–IV.

§ 22 Die Betriebsrätegesetze der Länder

I. Die unterschiedliche Ausgangslage

Deutsche Instanzen konnten nach 1945 nur Recht setzen, wenn und soweit die alliierten Behörden es gestatteten. In diesem Punkt befanden sich die einzelnen Länder in einer durchaus unterschiedlichen Lage.

In der britischen Zone (Nordrhein-Westfalen, Niedersachsen, Hamburg und Schleswig-Holstein) wurde eine deutsche Gesetzgebung auf diesem Gebiet erst relativ spät, d.h. am 16. August 1948 erlaubt.[769] Zuvor hatte die Verordnung Nr. 57 vom 1. Dezember 1946 zahlreiche Materien, u.a. auch das Betriebsverfassungsrecht, der Länderkompetenz entzogen, weil über sie der künftige Zentralstaat entscheiden solle.[770] Dieses Argument war eher vorgeschoben; in Wahrheit hing die zunächst getroffene Entscheidung damit zusammen, dass die britischen Behörden im Wesentlichen ihr eigenes System »exportieren« wollten, welches bekanntlich keine Betriebsräte kennt. Außerdem bestanden erhebliche interne Meinungsverschiedenheiten bei den verschiedenen britischen Behörden. In der Anfangszeit herrschte zudem die Befürchtung, Betriebsräte könnten unter die Kontrolle von Kommunisten oder von immer noch vorhandenen Nazis fallen, was sich später schwer korrigieren ließe.[771] Dies alles führte im Ergebnis dazu, dass bis zur Gründung der Bundesrepublik gar nichts geschah und anschließend lediglich in Schleswig-Holstein das »Gesetz zur Regelung vordringlicher Angelegenheiten des Betriebsräterechts« vom 3. Mai 1950 beschlossen wurde, das nach seinem § 43 am 20. Juli 1950 in Kraft trat.[772]

Anders war die Situation in der amerikanischen Zone, die aus den Ländern Hessen, (Nord-)Württemberg – (Nord-)Baden und Bayern bestand. Bremen gehörte eigentlich zur britischen Zone, wurde jedoch ab 1. Januar 1947 gleichfalls von den Amerikanern verwaltet, da sie einen eigenen Hafen für ihren Nachschub be-

---

769 *Plumeyer*, S. 20.
770 *Kittner/Klengel*, Entstehung des Kündigungsschutzgesetzes unter II 3.
771 Dazu eingehend *Dartmann*, S. 246ff.
772 GVBl 1950 S. 169.

anspruchte hatten. In der US-Zone war die Hoheitsgewalt schon Ende 1945 pauschal auf die deutschen Instanzen übertragen worden. Gesetze und die Verfassung bedurften allerdings weiterhin der Zustimmung der Besatzungsmacht, die als erteilt galt, wenn innerhalb von zwei Wochen kein Widerspruch erfolgte.
Schon im Januar 1947 verfügten die Länder Hessen, Württemberg-Baden und Bayern über eine Verfassung und über einen demokratisch gewählten Landtag. Lediglich in Bremen verlief die Entwicklung langsamer; die dortige Landesverfassung stammt vom 21. Oktober 1947.[773]
Von den bestehenden Kompetenzen wurde auch im Bereich der Betriebsverfassung Gebrauch gemacht. Von überregionaler Bedeutung war das hessische Betriebsrätegesetz vom 31. Mai 1948,[774] dessen Vorschriften über die Mitbestimmung in wirtschaftlichen Angelegenheiten vorübergehend suspendiert wurden.[775] Ähnlich erging es dem Württembergisch-Badischen Gesetz Nr. 726 vom 18. August 1948 über die Beteiligung der Arbeitnehmer an der Verwaltung und Gestaltung der Betriebe der Privatwirtschaft.[776] »Nachzügler« war das Bayerische Betriebsrätegesetz vom 25. Oktober 1950.[777] Schon früher war das Bremische Betriebsrätegesetz vom 10. Januar 1949 in Kraft getreten, das sich als »Ausführungsgesetz zu Art. 47 der Landesverfassung der Freien Hansestadt Bremen« bezeichnete.[778]
Auch in der französischen Zone war Gesetzgebung möglich. Schon am 3. Dezember 1946 verlieh der militärische Oberbefehlshaber den Ministerpräsidenten der drei Länder Rheinland-Pfalz, (Süd-)Baden und Württemberg-Hohenzollern die volle Rechtsetzungsbefugnis, doch war bei Gesetzen wie in der amerikanischen Zone die Zustimmung der Besatzungsmacht erforderlich.[779] Erster einschlägiger Akt war die rheinland-pfälzische Landesverordnung über die Errichtung und die Tätigkeit von Betriebsräten vom 15. Mai 1947, die nach längeren Verhandlungen mit den französischen Instanzen am 19. Juli 1947 verkündet wurde.[780] Danach erging das »Badische Landesgesetz über die Bildung von Betriebsräten (Betriebsrätegesetz)« vom 24. September 1948, das am 15. Dezember 1948 im Gesetz- und Verordnungsblatt verkündet wurde.[781] Auch Württemberg-Hohenzollern hatte

773 GBl. S. 251.
774 GVBl 1948 Nr. 23 S. 117ff. Seine Entstehungsgeschichte samt wirtschaftlichem und politischem Kontext ist eingehend dargestellt bei *K. Neumann*, S. 379ff.
775 Nach Aufhebung der Suspendierung veröffentlicht in GVBl 1950 S. 49.
776 Dazu *Plumeyer*, S. 297ff.
777 GVBl. 1950 S. 227.
778 GBl. S. 7ff.
779 *Plumeyer*, S. 23.
780 VOBl. v. 19.7.1947, Nr. 17.
781 GVBl 1948 S. 209.

sein eigenes Betriebsrätegesetz, das am 21. Mai 1949 beschlossen und am 25. Mai 1949 verkündet wurde.[782]
Das Saarland hatte einen Sonderstatus und unterlag nicht den Besatzungsregeln. Dort wurde relativ früh, d.h. am 1. August 1947, die »Verordnung über die Betriebsräte« erlassen.[783]

II. Inhaltliche Charakteristika

1. Konkrete Rechte

Im Vergleich zum KRG Nr. 22 regeln sämtliche Landesgesetze die Handlungsmöglichkeiten der Betriebsräte in sehr viel detaillierterer Form. Ob es um das Wahlverfahren, die Freistellung für die Betriebsratsarbeit, Informationsmöglichkeiten oder um einzelne Mitbestimmungsrechte ging – überall fanden sich konkrete Normierungen, auf die sich der einzelne Betriebsrat berufen konnte. Auf die eigene Kraft musste er nur noch insoweit vertrauen, als er notfalls bereit war, ein arbeitsgerichtliches Verfahren anzustrengen oder die Einigungsstelle anzurufen, um seine gesetzlich verbürgten Rechte durchzusetzen. Den Kampf um Mitbestimmung, wie er von Art. V Abs. 2 KRG Nr. 22 nahegelegt war, brauchte er nicht mehr zu führen. Auch wenn die gesetzlichen Möglichkeiten in der Regel bescheidener waren als das, was man im Rahmen des KRG Nr. 22 hätte erreichen können – der Spatz in der Hand schien wertvoller zu sein als die Taube auf dem Dach.[784]
Inhaltlich unterschieden sich die Betriebsrätegesetze bzw. Verordnungen zum Teil erheblich: Der Spatz war von unterschiedlicher Größe und Schönheit. Ursache waren die divergierenden politischen Mehrheitsverhältnisse einschließlich der Frage, ob in der SPD der »linke Flügel« oder in der CDU die Sozialausschüsse beherrschenden Einfluss hatten. Die Regelungen im Einzelnen hier vorzustellen, ist schon aus Raumgründen nicht möglich.[785] Es sollen daher diejenigen Punkte

782 RegBl 1949 S. 153ff.
783 ABl. der Verwaltungskommission des Saarlandes Nr. 39 vom 28. August 1947.
784 Vgl. auch zum KRG Nr. 22 *Fitting/Kraegeloh/Auffarth*, BetrVG, Kommentar, 9. Aufl. 1970, Einl. S. 34: »Diese Art der Betriebsverfassungsgesetzgebung, die sehr stark auf die Initiative der Beteiligten im Betrieb abstellte, entsprach nicht der deutschen Mentalität und Tradition.«
785 Dazu *Plumeyer*, Die Betriebsrätegesetze der Länder 1947 – 1950, dessen Darstellung 747 Seiten umfasst. Erwähnungswert, dass bis auf die Gesetze in Württemberg-Baden und Württemberg-Hohenzollern alle Landesgesetze auch den öffentlichen Dienst einbezogen – s. *Arnold*, S. 26ff.

herausgegriffen werden, die zu besonderen Konflikten führten und die evtl. auch in der heutigen Diskussion noch von Bedeutung sein könnten.

2. Mitbestimmung in sozialen Angelegenheiten

Die Mitbestimmung in sozialen Angelegenheiten war nach dem hessischen BRG[786] umfassend, da § 34 ausdrücklich einen nicht abschließenden Katalog von Gegenständen enthielt.[787] »Mitbestimmung« bedeutete überdies, dass eine einseitige Maßnahme des Arbeitgebers unwirksam war (§ 36).[788] Setzte sich der Arbeitgeber darüber hinweg, war er zum Schadensersatz verpflichtet und machte sich überdies nach § 65 des Gesetzes strafbar[789] – eine Regelung, die in Weimar undenkbar gewesen wäre. Soweit Meinungsverschiedenheiten über die Existenz oder den Umfang eines Mitbestimmungsrechts bestanden, waren die Arbeitsgerichte zur Entscheidung berufen. War man sich über eine zu treffende Regelung (z. B. über die Lage der Arbeitszeit) nicht einig, so musste ein Schiedsausschuss entscheiden. Dieser war wie eine Kammer beim Arbeitsgericht zusammengesetzt: Ein Vertreter der Arbeitgeber- und ein Vertreter der Arbeitnehmerseite sowie ein neutraler Vorsitzender.[790] Bei unaufschiebbaren Angelegenheiten konnte der Arbeitgeber eine vorläufige Entscheidung treffen.

Sehr viel bescheidener fielen die Mitbestimmungsrechte in Württemberg-Baden aus. Soweit soziale Angelegenheiten betroffen waren, waren sie in § 16 Abs. 1 abschließend aufgezählt. Dabei handelte es sich aber in Wahrheit nur um Kontrollrechte (Beispiel: Sind arbeitsschutzrechtliche Normen eingehalten?) mit der einen Ausnahme der Verwaltung von betrieblichen Sozialeinrichtungen. Daneben enthielt das Gesetz Materien, in denen eine Betriebsvereinbarung zwischen Betriebsrat und Arbeitgeber möglich war. Bei Meinungsverschiedenheiten war der Schlichtungsausschuss nach dem KRG Nr. 35 einzuschalten, der aber – ähnlich wie in Weimar – lediglich eine Empfehlung aussprechen konnte: Trug der Arbeitgeber ihr nicht Rechnung, hatte dies keinerlei negative Folgen für ihn; es kam lediglich keine Betriebsvereinbarung zustande. Dies im Gesetz als »Mitbestimmungsrecht« zu charakterisieren, ist zu Recht kritisiert worden.[791]

Ähnlich bescheiden waren die Beteiligungsrechte des Betriebsrats in sozialen Angelegenheiten in Bayern. Der Gesetzestext sprach (ehrlicher) von »Mitwirkungsmöglichkeiten« und sah bei Meinungsverschiedenheiten keine verbindliche Klärung durch eine neutrale Stelle vor. Zur Verfügung stand auch hier nur

786 GVBl 1948 Nr. 23 S. 117 ff.
787 *Engler*, § 34 Anm. 1, 3.
788 *Engler*, § 36 Anm. 2.
789 *Engler*, § 36 Anm. 2.
790 Einzelheiten bei *Plumeyer*, S. 245.
791 *Plumeyer*, S. 380.

eine Schlichtung nach dem KRG Nr. 35, die über Empfehlungen nicht hinauskam.[792]

3. Mitbestimmung in personellen Angelegenheiten

Im Vergleich zum BRG 1920, aber auch zur Gegenwart waren die Mitbestimmungsrechte in personellen Angelegenheiten eher großzügiger bemessen. In Hessen unterlag jede personelle Maßnahme (insbesondere Einstellung, Eingruppierung, Versetzung) mit Ausnahme der Kündigung der Mitbestimmung. Diese war so ausgestaltet, dass der Einspruch des Betriebsrats aufschiebende Wirkung hatte, d. h. die Maßnahme vorläufig unwirksam machte.[793] Dabei musste sich der Betriebsrat aber nach § 39 Abs. 2 des Gesetzes auf das Argument stützen können, die Maßnahme laufe dem wohlverstandenen Interesse des Betriebs und der Arbeitnehmer zuwider. Der Arbeitgeber war durch die aufschiebende Wirkung seinerseits gezwungen, den Schiedsausschuss anzurufen und so eine definitive Klärung herbeizuführen.

Bei Kündigungen konnte der Betriebsrat seine Zustimmung verweigern, wenn sie unbillig hart erschien (§ 42 Abs. 2) und nicht durch die Umstände des Betriebs bedingt war. Dies stand jedoch ihrer Wirksamkeit nicht entgegen;[794] die Haltung des Betriebsrats war faktisch nur ein gegen die Berechtigung der Kündigung sprechendes Indiz.

Nach dem Gesetz für Württemberg-Baden konnte der Betriebsrat gegen personelle Maßnahmen lediglich unter Berufung auf ganz eng bestimmte Gründe Einspruch einlegen.[795] Ob diese vorlagen, war vom Arbeitsgericht zu entscheiden. Bei Einstellungen und Versetzungen konnte der Arbeitgeber in dringenden Fällen vorläufige Maßnahmen treffen.

Das Bremische BRG sah eine volle Mitbestimmung bei allen personellen Maßnahmen vor; bei Nichteinigung entschied die Schiedsstelle, deren Vorsitzender notfalls durch die Deputation für Arbeit, also ein Organ des Parlaments, bestimmt wurde. Das Mitbestimmungsrecht bestand auch bei Massenentlassungen. Für Einzelkündigungen existierte eine Sonderregelung: Verweigerte der Betriebsrat seine Zustimmung und erhob der dennoch gekündigte Arbeitnehmer Kündigungsschutzklage, so war die Kündigung suspendiert und der Arbeitnehmer bis zur rechtskräftigen Entscheidung der Arbeitsgerichtsbarkeit weiter zu beschäftigen. Gewann der Arbeitnehmer seinen Kündigungsschutzprozess, hatte der Arbeitgeber die Wahl, ob er die Kündigung zurücknehmen oder eine Abfindung bezahlen wollte. Nur bei willkürlichen und grob rechtswidrigen Kün-

792 *Plumeyer*, S. 652.
793 *Engler*, § 39 Anm. 1.
794 *Engler*, § 42 Rn. 5f.
795 *Plumeyer*, S. 378.

digungen gab es dieses Wahlrecht nicht. Eine vergleichbare Vorschrift existierte in keinem anderen Betriebsrätegesetz. Der »Weiterbeschäftigungsanspruch« war im Übrigen erst im Parlamentsausschuss eingefügt worden; weder der Senat (= Landesregierung) noch der DGB hatten eine entsprechende Forderung erhoben.[796]

Das Recht von Rheinland-Pfalz gewährte ein Mitbestimmungsrecht bei Einstellungen und Versetzungen, nicht aber bei Kündigungen; insoweit war eine Regelung wie nach dem BRG 1920 vorgesehen.[797]

Nach dem Recht von Schleswig-Holstein gab es ein volles Mitbestimmungsrecht bei Einstellungen, Versetzungen und Entlassungen. Der Betriebsrat konnte seine Zustimmung aber nur mit dem Argument verweigern, die beabsichtigte Maßnahme laufe den berechtigten Interessen des Betriebs, der Belegschaft oder einzelner Arbeitnehmer zuwider. Der Arbeitgeber konnte das Arbeitsgericht anrufen und die Zustimmung des Betriebsrats ersetzen lassen.

4. Der Streitpunkt: Mitbestimmung in wirtschaftlichen Angelegenheiten

Das hessische BRG erstreckte die betriebliche Mitbestimmung auch auf wirtschaftliche Fragen. Im Einzelnen bestimmte es:

Betriebsrätegesetz für das Land Hessen

vom 31. Mai 1948
(bis 1950 suspendierte Vorschriften)

§ 52
(1) Das Mitbestimmungsrecht des Betriebsrats in wirtschaftlichen Fragen erstreckt sich auf folgende Aufgaben:
a) Änderung des Betriebszwecks und Veränderungen in den Betriebsanlagen, die geeignet sind, die Beschäftigungsverhältnisse der Arbeitnehmer des Betriebes wesentlich umzustellen,
b) Entscheidungen, die geeignet sind, durch Umstellung in dem Einkauf, der Erzeugung oder dem Absatz die Grundlagen des Betriebes wesentlich zu verändern,
c) Einführung grundlegender neuer Arbeitsmethoden,
d) wesentliche Änderungen des Betriebsumfanges bei Betriebseinschränkungen, Verschmelzungen und Betriebsstilllegungen.

796 S. *Kittner/Klengel*, Entstehung des Kündigungsschutzgesetzes, unter II 2.
797 *Plumeyer*, S. 88f.

(2) Bei der Aufstellung des Arbeits- und Erzeugungsplans hat der Betriebsrat mitzuwirken.
(3) Das Mitbestimmungsrecht des Betriebsrats in wirtschaftlichen Fragen erstreckt sich nicht auf die Geschäfte der laufenden Verwaltung sowie auf Handlungen, die der Betrieb gewöhnlich mit sich bringt.
(4) Ein Mitbestimmungsrecht in wirtschaftlichen Fragen besteht nicht in Betrieben, die in der Regel weniger als 25 Arbeitnehmer beschäftigen und im Eigentum natürlicher Personen oder Personalgesellschaften stehen. Den Personalgesellschaften stehen Kapitalgesellschaften gleich, deren sämtliche Anteile sich in der Hand einer natürlichen Person oder in den Händen solcher natürlicher Personen befinden, die in gerader Linie oder in keinem weiteren als dem vierten Grade der Seitenlinie verwandt oder verschwägert sind und deren Gesellschaftskapital 100 000 DM nicht übersteigt.

§ 53
(1) Der Betriebsrat hat das Recht, sich die Handels- und Steuerbilanzen vorlegen zu lassen.
(2) Der Betriebsrat hat das Recht, in alle Geschäftsunterlagen des Betriebes, auf die sich sein Mitbestimmungsrecht erstreckt, insbesondere in die Handelsbücher, die Korrespondenz und die abgeschlossenen schriftlichen Verträge, Einsicht zu nehmen.
(3) Der Arbeitgeber ist verpflichtet, dem Betriebsrat regelmäßig mindestens in vierteljährlichen Abständen an Hand der Geschäftsunterlagen Bericht über alle geschäftlichen Vorgänge zu erstatten.
(4) Der Betriebsrat hat das Recht, bei der Prüfung der Geschäftsvorgänge, soweit es erforderlich und sachdienlich ist, beeidigte Sachverständige zuzuziehen. Soweit diese Sachverständige (Buch- und Wirtschaftsprüfer) von dem Arbeitgeber bereits herangezogen sind, sind diese auch für die Beratung des Betriebsrats heranzuziehen. Kommt eine Einigung nicht zustande, bestimmt der Betriebsrat die Sachverständigen nach seiner Wahl. Die Kosten der Sachverständigen hat das Unternehmen zu tragen.

§ 54
Der Betriebsrat ist verpflichtet, über die ihm zur Kenntnis gekommenen, nach Lage der Dinge geheimzuhaltenden Tatsachen und Vorgänge Stillschweigen zu bewahren. Dieser Schweigepflicht unterliegen auch sonstige an den Verhandlungen teilnehmende Personen

§ 55
(1) In Betrieben, für die ein Aufsichtsrat besteht, sind, soweit nicht durch Vereinbarung zwischen dem Aufsichtsrat und Betriebsrat eine andere Zahl festgelegt wird, zwei Mitglieder des Betriebsrats in den Aufsichtsrat zu entsenden, um die Interessen und Forderungen der Arbeitnehmer zu vertreten und das Recht auf Mitbestimmung des Betriebsrats zu wahren. Für jedes in den Aufsichtsrat des Betriebes zu entsendende Mitglied ist ein Ersatzmitglied zu wählen.
(2) Die Vertreter des Betriebsrats sind berechtigt, an den Sitzungen des Aufsichtsrats zu beratender Stimme teilzunehmen.
(3) Mitglieder des Betriebsrats, die in den Aufsichtsrat entsandt werden, erhalten für die Teilnahme an den Sitzungen eine angemessene Aufwandsentschädigung, deren Höhe der Aufsichtsrat bestimmt.
(5) Sie sind verpflichtet, über die ihnen gemachten vertraulichen Angaben Stillschweigen zu bewahren. Die Schweigepflicht gilt nicht gegenüber den Mitgliedern des Betriebsrats, die auch insoweit der Pflicht zur Verschwiegenheit gemäß § 54 unterliegen.

Hervorzuheben ist neben den Gegenständen nach § 52 Abs. 1 u.a. § 52 Abs. 2 des Gesetzes, wonach der Betriebsrat »bei der Erstellung des Arbeits- und Erzeugungsplans« (nur) mitzuwirken hatte, sodass er insoweit auf Diskussionsbeiträge beschränkt war. Allerdings konnte er immer darauf hinweisen, dass bei Umsetzung einzelner Planvorgaben eines seiner Mitbestimmungsrechte nach Abs. 1 eingreifen würde.
Um seine Funktion sachgerecht wahrnehmen zu können, konnte der Betriebsrat die Vorlage der Handels- und Steuerbilanz verlangen und hatte ein Einsichtsrecht in alle Geschäftsunterlagen, soweit sie mit seinen Mitbestimmungsrechten in Zusammenhang standen. Zu seiner Unterstützung konnte er auf Kosten des Unternehmens einen Wirtschaftsprüfer beiziehen. Auch durfte er zwei Vertreter in den Aufsichtsrat entsenden, die dort Informationen sammeln, aber nicht mit abstimmen konnten.
Die Regelung des § 52 war nur anwendbar, wenn der Betrieb wenigstens 25 Arbeitnehmer beschäftigte. Kleinere Betriebe waren aber nur ausgenommen, wenn sie einer natürlichen Person, einer Personengesellschaft oder einer Familien-AG oder -GmbH gehörten. Der Anwendungsbereich war daher ungleich größer als in den damaligen und heutigen Gesetzen über die Mitbestimmung im Unternehmen.

Die amerikanische Besatzungsmacht war mit diesen Regelungen nicht einverstanden und suspendierte sie.[798] Dies schloss allerdings entsprechende Betriebsvereinbarungen nach Art. V Abs. 2 KRG Nr. 22 nicht aus.[799] Vorangegangene Verhandlungen der Landesregierung mit den Besatzungsinstanzen sowie landesweite gewerkschaftliche Protestdemonstrationen, an denen sich ca. 300 000 Arbeitnehmer beteiligten, konnten die Suspendierung nicht verhindern. General Clay stützte sich auf das Argument, derart weitreichende Entscheidungen könnten nicht auf der Ebene eines einzelnen Landes getroffen werden, sondern müssten dem Gesamtstaat überlassen bleiben. Wichtiger dürfte allerdings der nicht ausdrücklich erwähnte Grund gewesen sein, die Stellung der Eigentümer zu schonen und so die überkommene Wirtschaftsstruktur zu bewahren. Ungefähr gleichzeitig war auch der Sozialisierungsartikel der hessischen Verfassung suspendiert worden.[800]

Nach Inkrafttreten des Grundgesetzes beschloss der hessische Landtag am 12. Oktober 1949 das Gesetz in seiner ursprünglichen Fassung erneut und bat die Besatzungsbehörden um eine Aufhebung der Suspendierung. Es gab dagegen einige Einwände, doch hob schließlich der Hohe Kommissar McCloy am 7. April 1950 die Suspendierung auf.[801] Das allerletzte Hindernis war allerdings erst überwunden, als der hessische Staatsgerichtshof die Klage der FDP-Fraktion gegen diese Bestimmungen abwies und ihre Vereinbarkeit mit der hessischen Landesverfassung feststellte.[802]

Die hessischen Regeln über die wirtschaftliche Mitbestimmung galten ca. 2 ½ Jahre, ehe sie durch das BetrVG 1952 abgelöst und aufgehoben wurden. Aus dieser Zeit sind keinerlei Fälle bekannt, in denen es zu Streitigkeiten über die Gegenstände des § 52 gekommen wäre.[803] Weder Gerichtsentscheidungen noch Entscheidungen von Schiedsausschüssen oder gar Streiks sind ersichtlich. Auch ist nicht erkennbar, dass während der Zeit der Suspendierung Betriebsvereinbarungen abgeschlossen worden wären, die § 52 inhaltlich übernommen hätten.[804] Die Tatsache, dass es sich um eine Periode des wirtschaftlichen Aufschwungs handelte, stellt keine ausreichende Erklärung dar: Veränderungen des Betriebszwecks und der Betriebsanlagen treten auch in Boom-Zeiten auf. Weiter können auch dann die Grundlagen des Betriebs wesentlich verändert und

798 *Eb. Schmidt*, Die verhinderte Neuordnung, S. 163; *K. Neumann*, S. 424ff. auch zum Folgenden.

799 *Engler*, § 52 Anm. 1.

800 Dazu *G. Winter* KJ 1974, 156ff.

801 *Plumeyer*, S. 290ff.; *Eb. Schmidt*, Die verhinderte Neuordnung, S. 163 Fn. 184.

802 StGH v. 4.8.1950 – PSt. 62, RdA 1950, 393.

803 Auch *K. Neumann* (S. 438) konstatiert, die Aufhebung sei »in der Praxis folgenlos« geblieben.

804 Für ihre Zulässigkeit *Engler*, § 52 Anm. 1.

grundlegend neue Arbeitsmethoden eingeführt werden. Freiwillige Einigungen werden leichter erreichbar sein, wenn die Arbeitgeberseite über Verteilungsspielraum verfügt, aber kann man wirklich von einem ausnahmslos bestehenden Konsens ausgehen? Dagegen spricht u. a., dass es zu Fragen der Mitbestimmung in sozialen Angelegenheiten durchaus heftige Auseinandersetzungen gab.[805] Viel wahrscheinlicher ist es, dass sich die Betriebsräte mit Rücksicht auf die Komplexität der Materie nicht in der Lage sahen, von ihren gesetzlichen Befugnissen effektiven Gebrauch zu machen.

Das württemberg-badische »Beteiligungsgesetz« befleißigte sich einer höchst vorsichtigen Terminologie, enthielt jedoch gleichfalls ein Mitbestimmungsrecht in wirtschaftlichen Angelegenheiten. Dieses war ähnlich wie in Hessen umschrieben. Auch diese Bestimmungen wurden von der amerikanischen Besatzungsmacht suspendiert. Am 25. Juli 1949 schrieb diese von sich aus an die Landesregierung, die Grundlage für die Suspendierung sei entfallen. Formal wurde diese am 7. April 1950 aufgehoben.[806] Auch hier galt das wirtschaftliche Mitbestimmungsrecht bis zum Inkrafttreten des BetrVG 1952, ohne dass irgendwelche Auseinandersetzungen bekannt geworden wären.

Das Betriebsrätegesetz von Südwürttemberg-Hohenzollern enthielt gleichfalls ein Mitbestimmungsrecht in wirtschaftlichen Angelegenheiten. Sein § 66b nannte folgende Fälle:

a) bei grundlegenden Änderungen der bestehenden Arbeitsmethoden,
b) bei Betriebsstilllegungen sowie bei Änderungen des Betriebsumfangs mit der Folge einer Arbeitseinschränkung gemäß den §§ 66c – 66l und 74,
c) bei der Zusammenlegung mehrerer selbständiger Betriebe.

Dieser Katalog war kleiner als der des hessischen Gesetzes, hatte aber den Vorzug, dass er von der französischen Besatzungsmacht nicht beanstandet wurde und deshalb zusammen mit den übrigen Vorschriften des Gesetzes am 1. Juni 1949 in Kraft treten konnte.[807] Auch hier ist von nachfolgenden betrieblichen Konflikten nichts bekannt.

Besonders kompliziert war das Gesetzgebungsverfahren in Bremen. Die Bürgerschaft (=Landtag) hatte ein Gesetz unter Einschluss der Mitbestimmung in wirtschaftlichen Angelegenheiten beschlossen, doch verhielten sich die amerikanischen Behörden genauso wie in Hessen und Württemberg-Baden und suspendierten diesen Teil des Gesetzes. Der Bremer Senat verzichtete daraufhin auf die

---

805 *http://www.spiegel.de/print/d-44448870.html* (Mitbestimmung über Arbeitszeit).

806 *Plumeyer*, S. 392, 396.

807 Das BRG des Landes Baden, das in vielem Vorbild war, enthielt einen umfassenderen Katalog, doch bedeutete dort »Mitbestimmung«, dass bei Meinungsverschiedenheiten der Schlichtungsausschuss lediglich eine unverbindliche Entscheidung treffen konnte. Insoweit hatten beide Gesetze nicht dieselbe Qualität.

Verkündung des Gesetzes insgesamt; die Bürgerschaft musste ein neues Gesetz unter Ausklammerung der wirtschaftlichen Angelegenheiten beschließen, was sie auch tat, was aber beträchtliche Zeit in Anspruch nahm. Als die Besatzungsbehörden die Suspendierung aufhoben, konnte man nicht wie in den beiden anderen Ländern verfahren, da kein teilsuspendiertes Gesetz vorhanden war. Vielmehr musste ein »Ergänzungsgesetz« beschlossen werden, das jedoch trotz vielfältiger Bemühungen nie verabschiedet wurde.[808]

Übersicht über die Landesgesetze zur Betriebsverfassung 1945 – 1950

- Thüringisches Gesetz über die Bildung vorläufiger Betriebsräte, ihre Rechte und Aufgaben (Betriebsrätegesetz) v. 10.10.1945 (RegBl Teil I Nr. 10 S. 41 ff.) (näher dazu unten § 28 I 2)
- Rheinland-pfälzische Landesverordnung über die Errichtung und Tätigkeit von Betriebsräten v. 15.5.1947 (VOBl v. 19.7.1947, S. 258)
- Betriebsrätegesetz für das Land Hessen v. 31.5.1948 (GVBl 1948 Nr. 23 S. 117 ff.)
- Württemberg-Badisches Gesetz Nr. 726 über die Beteiligung der Arbeitnehmer an der Verwaltung und Gestaltung der Betriebe der Privatwirtschaft v. 18.8.1948 (RegBl 1948 S. 136)
- Badisches Landesgesetz über die Bildung von Betriebsräten (Betriebsrätegesetz) v. 24.9.1948 (GVBl 1948 S. 209)
- Bremisches Betriebsrätegesetz (»Ausführungsgesetz zu Art. 47 der Landesverfassung der Freien Hansestadt Bremen«) v. 10.1.1949 (GBl 1949 S. 7 ff.)
- Württemberg-Hohenzollerisches Betriebsrätegesetz v. 21.5.1949 (RegBl 1949 S. 153 ff.)
- Schleswig-holsteinisches Gesetz zur Regelung vordringlicher Angelegenheiten des Betriebs-Räterechts v. 3.5.1950 (GVBl 1950 S. 169)
- Bayerisches Betriebsrätegesetz v. 25.10.1950 (GVBl 1950 S. 227)

III. Das weitere Schicksal des KRG Nr. 22

Die Landesgesetze standen nicht immer im Einklang mit dem KRG Nr. 22. So betrug die Wahlperiode im Regelfall mehr als das eine Jahr nach Art. III Abs. 2 KRG Nr. 22, und nicht überall waren wie in Art. VIII KRG Nr. 22 vier Betriebsversammlungen pro Jahr vorgeschrieben. Dies führte zu einer lebhaften Diskus-

808 Eingehende Darstellung bei *Plumeyer*, S. 536 – 580.

sion in der juristischen Literatur,[809] doch gingen die Gerichte und die Praxis von einer uneingeschränkten Geltung der Landesgesetze aus. Auch waren diese ja von den Besatzungsbehörden genehmigt worden, was man als stillschweigende Billigung einer Abweichung vom KRG Nr. 22 ansehen konnte.[810]
Nach Inkrafttreten des Grundgesetzes wurde das KRG Nr. 22 von der Alliierten Hohen Kommission für einzelne Länder formal aufgehoben, um so Widersprüche zu den dort beschlossenen betriebsverfassungsrechtlichen Normen zu vermeiden. Dies galt etwa für die Länder Rheinland-Pfalz, Hessen, Württemberg-Hohenzollern, Schleswig-Holstein und Bayern. Für den Anwendungsbereich des BetrVG 1952 (also für die Privatwirtschaft) wurde es durch das Gesetz der Alliierten Hohen Kommission vom 30. September 1952 aufgehoben, während es im Anwendungsbereich des BPersVG bis 1955 weiter galt.[811]
Daneben gab es noch einen Sonderfall. Wie das BAG in einer Entscheidung vom 2. Juli 1980[812] feststellte, galt das KRG Nr. 22 für die Beschäftigten des NDR als einer von mehreren Ländern getragenen Rundfunkanstalt auch noch im Jahre 1980 fort. Im konkreten Fall ging es um die Zustimmung des Betriebsrats zu einer Einstellung. Dass sie notwendig sei, wurde vom BAG unter Hinweis auf Art. V Nr. 1 Buchst. b KRG Nr. 22 *»in Verbindung mit § 3 Nr. 2 des ergänzend heranzuziehenden Manteltarifvertrags für den NDR vom 9. Oktober 1954«* bejaht. Auf dieser »Insel« NDR galt das KRG Nr. 22 also weit über 30 Jahre. Dass sich deshalb die Arbeitsbeziehungen anders als im sonstigen öffentlichen Dienst und in der gewerblichen Wirtschaft entwickelt hätten, ist nicht zu erkennen. Hätte es einen Streik um eine Betriebsvereinbarung gegeben, die auf der Grundlager des Art. V Abs. 2 KRG Nr. 22 umfassende Mitbestimmungsrechte gewährt hätte, wäre dies mit Sicherheit als großes Ereignis in die Gewerkschaftsgeschichte eingegangen. Auch die Presse hätte darüber berichtet, und in der juristischen Literatur wären kritisch-begleitende Aufsätze erschienen. Nichts von all dem geschah. Ersichtlich war der Gedanke eines nicht-kämpfenden Betriebs- oder Personalrats so tief in der deutschen Mitbestimmungskultur verankert, dass der Freiheitsraum, den das KRG Nr. 22 eröffnet hatte, auch in dieser singulären Situation nicht genutzt wurde.

809 Nachweise bei *Gescher*, S. 211 Fn. 9.
810 So *Fitting*, Kontrollratsgesetz Nr. 22 und deutsche Betriebsrätegesetzgebung, RdA 1948, 89ff.
811 Nachweise in *http://www.verfassungen.de/de/de45–49/verf45-i.htm.*
812 5 AZR 56/76, BB 1981, 119.

§ 23 Das große gewerkschaftliche Defizit: Programmatik ohne Basis

I. Die Konsolidierung der privatkapitalistischen Ordnung

Die Entstehung von Betriebsräten und Gewerkschaften (§ 20) und der Erlass des neuen gesetzlichen Rahmens für betriebliche Interessenvertretungen in allen vier Besatzungszonen (§ 21) fielen in eine Zeit, in der die Kriegskoalition der vier Alliierten noch Bestand hatte. Dies bedeutete, dass Einigkeit über die »Entnazifizierung« Deutschlands herrschte und dass die Alliierten entschlossen waren, durch Dezentralisierung der deutschen Industrie die Neuentstehung von wirtschaftlichen Machtpositionen zu verhindern. Außerdem sollten bestimmte Werke demontiert und die Maschinen in die Siegerstaaten verbracht werden. Darüber hinaus bestanden über die Gestalt des künftigen Deutschlands keine oder divergierende Vorstellungen, die mit der politischen Struktur der vier Alliierten zusammenhingen.

II. Der Beginn des Kalten Krieges

Gegen Ende des Jahres 1947 wurde die Zusammenarbeit der vier Mächte immer schwieriger. Mitte 1948 beendete der Alliierte Kontrollrat seine Tätigkeit, da keine Einigkeit in Sachfragen mehr zu erreichen war.[813] Am 20. März 1948 verließ der sowjetische Delegierte das Gremium und im Juni 1948 auch die Alliierte Kommandantur für Berlin.[814] Der beginnende Kalte Krieg, dessen Ursachen hier nicht dargestellt werden können, führte zu einer politischen Umorientierung

---

813 S. die Darstellung durch die *Bundeszentrale für politische Bildung* (bpb), abrufbar unter *https://www.bpb.de/themen/BXT3WA,0,0,Kontrollrat_und_Alliierte_Kommandantur.html.*

814 Im Zusammenhang mit der Wiedervereinigung im Jahre 1990 wurde der Kontrollrat auch formal aufgelöst.

der Westmächte in Bezug auf Deutschland: Sie waren von jetzt an daran interessiert, ihre Besatzungszonen zu einem »Bollwerk« gegen den Kommunismus auszubauen. Das bedeutete: Man wollte sie nicht mehr wie zuvor wirtschaftlich niederzuhalten. Sie sollten sich entwickeln, aber diese »Rekonstruktion« sollte auf privatkapitalistischer Grundlage erfolgen. Eingriffe in die unternehmerische Entscheidungsfreiheit waren daher nicht erwünscht. Dies wurde insbesondere an der Behandlung der wirtschaftlichen Mitbestimmungsrechte nach dem hessischen Betriebsrätegesetz[815] deutlich. Die Arbeit an den meisten Landesgesetzen (§ 22) hatte noch in der Zeit vor dem Kalten Krieg begonnen, sodass Friktionen nicht ganz zu vermeiden waren. Auch das nach langen Auseinandersetzungen erlassene Sozialisierungsgesetz in NRW wurde suspendiert.[816] In Hessen war ein solcher Akt nicht notwendig, weil im Landtag am Ende eine Stimme gefehlt hatte, um die Überführung bestimmter Unternehmen in Gemeineigentum zu beschließen.[817]
Bereits im Januar 1947 wurden die britische und die amerikanische Besatzungszone zum sog. Vereinigten Wirtschaftsgebiet zusammengeschlossen, kurz »Bi-Zone« genannt. Damit waren zahlreiche Handelshemmnisse beseitigt, die vorher bei Überschreiten einer Zonengrenze zu bewältigen waren und die den wirtschaftlichen Aufbau erheblich behinderten. Die Bi-Zone verfügte in Form des Wirtschaftsrats über eine Art Parlament, das aber nicht unmittelbar vom Volk gewählt war, sondern aus Delegierten der Landtage bestand. Daneben stand ein »Länderrat« als zweite Kammer. Regierungsähnliche Funktionen hatten die »Direktoren«. Das Vereinigte Wirtschaftsgebiet war eine Art »Vorlaufeinrichtung« der Bundesrepublik.[818]

1. Währungsreform und Lastenausgleich

Der nächste Schritt war die Währungsreform vom 20. Juni 1948, bei der aus 10 RM 1 DM gemacht wurde. Durch ihre Begrenzung auf die Westzonen zerstörte sie die deutsche Währungseinheit. Wer (z. B. als Unternehmer) Sachvermögen hatte, war wirtschaftlich nicht betroffen, wer wie viele Sparer Geldvermögen besaß, sah sich »enteignet«. Erst das Lastenausgleichsgesetz vom 14. August 1952[819] brachte eine gewisse Kompensation, wonach die Besitzer von Sachwerten, insbesondere von Immobilien, eine Abgabe in einen Fonds bezahlen mussten, aus dem vorwiegend solche Personen Leistungen erhielten, die im Krieg erhebliche Schäden erlitten hatten. Die Abgabe belief sich auf 50 % des Gegenstandswertes,

815 Oben § 22 II 4.
816 Zu den Hintergründen s. *Hartwich*, S. 76ff.
817 *G. Winter*, KJ 1974, 156ff.
818 *Kittner*, Arbeitskampf, S. 556.
819 BGBl. I S. 446.

wie er am 21. Juni 1948 (einen Tag nach der Währungsreform) bestanden hatte, konnte aber auf 30 Jahre gestreckt werden. Dies lief auf eine jährliche Belastung von 1,67 % hinaus, was unschwer aus den Einnahmen bestritten werden konnte.[820] Diese »Minimalisierung« änderte nichts an der Richtigkeit des Grundgedankens. Rückschauend betrachtet, war der Lastenausgleich das einzige Beispiel einer bewusst herbeigeführten Umverteilung zwischen »Reich« und »Arm« in Deutschland. Trotz der vergleichsweise bescheidenen wirtschaftlichen Dimension hätte dies in der aktuellen Diskussion mehr Aufmerksamkeit verdient.

2. Schlechte Versorgungslage und Generalstreik

Der Übergang zur D-Mark normalisierte das Wirtschaftsleben in dem Sinne, dass dem Schwarzmarkt und den Tauschgeschäften alsbald die Grundlagen entzogen waren.

Gleichzeitig ergaben sich aber bei fast allen Waren erhebliche Preissteigerungen, die für Arbeitnehmer umso schmerzlicher waren, als der Normalverbraucher nicht mehr auf Rücklagen zurückgreifen konnte und der Lohnstopp bis November 1948 fortbestand. In zahlreichen Unternehmen kam es zu verdeckten Lohnerhöhungen, indem Zulagen und Zuschläge geschaffen wurden, die nicht gegen den Lohnstopp verstießen. Über sie zu verhandeln war allerdings primär Sache der Betriebsräte, nicht der Gewerkschaften.

Trotz dieser Versuche, einen Ausgleich für die steigenden Preise zu schaffen, war die Versorgungslage weiterhin schlecht. Die Unzufriedenheit in der Bevölkerung war sehr groß, da man mehr als drei Jahre nach Kriegsende eine Verbesserung erwartet hatte und auch erwarten konnte. Weiter gab es eine kleine Gruppe von Schwarzhändlern und sonstigen Profiteuren, deren Existenz und Verhalten die Wut in der Bevölkerung verstärkten. Dazu kam eine Kontroverse zwischen den Gewerkschaften und dem »Direktor für Wirtschaft«, Ludwig Erhard, die bis zu persönlichen Angriffen auf die »Gewerkschaftsbonzen« ging.[821] Der Beirat des DGB für die Britische Zone beauftragte den Vorstand, »sofort energische Maßnahmen einzuleiten, um eine Änderung der gegenwärtig unhaltbaren Lage herbeizuführen.«[822] Mit den »energischen Maßnahmen« war ein Streik gemeint. Trotz wenig sachgerechter Vorbereitung fand die Arbeitsniederlegung großen Zuspruch; 11,7 Mio. Arbeitnehmer legten am 12. November 1948 in der Bi-Zone für 24 Stunden die Arbeit nieder (was dadurch erleichtert wurde, dass es sich um einen Freitag handelte).

820 Darstellung bei *Wenninger*, Grundriss des Lastenausgleichs. Ein Leitfaden durch die Ausgleichsleistungen, Berlin 1961.

821 Näher *Kittner*, Arbeitskampf, S. 558, auch zum Folgenden.

822 Zur Vorbereitung und Durchführung des Generalstreiks vom 12. November 1948 s. *G. Beier*, a. a. O.

Gegenstand des Protests waren die Versorgungslage und die Preissteigerungen; die Forderung nach »Wirtschaftslenkung«, »Überführung der Grundstoffindustrien in Gemeineigentum«, nach »Demokratisierung der Wirtschaft unter gleichberechtigter Mitwirkung der Gewerkschaften« sowie nach Geltung der von den Alliierten suspendierten Vorschriften belegten in dem aus zehn Punkten bestehenden Katalog die hinteren Plätze.
Die Aktion hatte trotz ihrer bemerkenswerten zahlenmäßigen Dimension praktisch keinerlei politische Wirkung. Die Organe der Bi-Zone waren anders als demokratisch gewählte Regierungen nicht darauf angewiesen, ihr Ansehen in der Wählerschaft zu wahren, da ihre Ämter und Funktionen nicht von einer Wahl durch die Bevölkerung abhingen.[823] Auch hatten sie in Form der Besatzungsinstanzen mächtige Verbündete. Schließlich war zumindest für sachkundige Menschen klar erkennbar, dass nicht so schnell mit der Wiederholung einer derartigen Aktion zu rechnen war, da sie außerhalb der normalen gewerkschaftlichen Handlungsformen lag.[824]

III. Gewerkschaftliche Programmatik und reale politische Entwicklung

1. Die gewerkschaftlichen Forderungen

Für die Gewerkschaften stand weiter die staatliche Rahmenplanung, unterstützt durch Landeswirtschaftsräte und einen Bundeswirtschaftrat sowie die Überführung bestimmter Unternehmen in Gemeineigentum, im Vordergrund. Nicht weniger wichtig waren die überbetriebliche Mitbestimmung in Form von paritätisch besetzten Wirtschafts-, Handwerks- und Landwirtschaftskammern sowie ein gleichberechtigter Einfluss auf die Politik der einzelnen Unternehmen durch paritätische Besetzung der Aufsichtsräte und durch Schaffung von Arbeitsdirektoren. Die betriebliche Mitbestimmung spielte demgegenüber nur eine untergeordnete Rolle. So enthielt der Gesetzesvorschlag des DGB »zur Neuordnung der deutschen Wirtschaft« vom 22. Mai 1950[825] in § 15 lediglich die Aussage, die Rechte der Betriebsräte »nach dem Betriebsrätegesetz« sollten unberührt bleiben. Was dies konkret bedeutete (BRG 1920? KRG Nr. 22? Landesgesetze?) blieb offen.[826] Einen wesentlichen Schwerpunkt auf die gesamtstaatliche Ebene und

823 *Kittner*, Arbeitskampf, S. 559. Eine ähnliche Situation besteht heute bei den meisten EU-Organen.
824 Dazu oben § 20 II a. E.
825 RdA 1950, 227ff.
826 *Arnold*, S. 55.

die überbetriebliche Mitbestimmung zu legen, war der Weimarer Tradition geschuldet. Neu waren dagegen die paritätische Zusammensetzung der Aufsichtsräte bzw. neu geschaffener Beiräte sowie die Existenz eines vom Vertrauen der Arbeitnehmerseite abhängigen Arbeitsdirektors. Auch andere als Kapitalgesellschaften sowie Einzelkaufleute sollten in diese Regelung einbezogen werden.

2. Die Schaffung des Tarifvertragsgesetzes

Die gesellschaftspolitische Alternative einer zentral gelenkten und mitbestimmten Wirtschaft führte die gewerkschaftlichen Entscheidungsträger in ein Dilemma, als es im Wirtschaftsrat um die Schaffung eines Tarifvertragsgesetzes ging. Legte man eine staatliche Rahmenplanung sowie die Mitbestimmung der Gewerkschaften auf allen Ebenen zugrunde, so blieb nur wenig Spielraum für das freie Aushandeln von Löhnen und Arbeitsbedingungen. Ging man stattdessen von einer Marktwirtschaft mit sozialen Einsprengseln aus, so war es für die Gewerkschaften geradezu existenznotwendig, sich zu einer weit gefassten Tarifautonomie zu bekennen und diese auch zu praktizieren. Dies konnte man jedoch mit Rücksicht auf die eigene Programmatik nicht tun, weshalb sich die Stellungnahmen zu dem geplanten Gesetz in Formelkompromisse flüchteten.[827] Im Ergebnis war dies unschädlich, da das Tarifvertragsgesetz in den wichtigsten Teilen im Auftrag des DGB von Nipperdey vorformuliert wurde, der als Wissenschaftler nicht in diesem Dilemma steckte. Dass er insgeheim die Marktwirtschaft befürwortete und dass er als einer der drei Kommentatoren des AOG eine eindeutig »braune« Vergangenheit hatte, wurde mangels besserer Alternativen hingenommen. In Anknüpfung an die TVVO von 1918 beschloss der Wirtschaftsrat daher Regelungen, die auch in der (damals noch in der Zukunft liegenden) Marktwirtschaft Bestand haben konnten.

3. Die auf konkrete Vorstellungen heruntergebrochene Programmatik der Gewerkschaften

a) Der Ausgangspunkt

Der DGB für die Britische Zone hatte bereits im August/September 1947 »Grundsätzliche Forderungen« zum Abschnitt »Arbeit und Wirtschaft« in den neuen Landesverfassungen erarbeitet und sie an die zuständigen Gremien verschickt.[828] Sie blieben weiter bestehen, als sich das Umfeld zu ändern begann und wurden auch dem Parlamentarischen Rat zugeleitet, um bei der Ausarbeitung

827 Dazu eingehend *Kittner*, Arbeitskampf, S. 560 ff., auch zum Folgenden.

828 Abgedruckt bei *Mielke/Rütters* (Bearb.), Quellen, Band 7, Dokument 278 (S. 851 ff.).

des Grundgesetzes Beachtung zu finden.[829] Sie betrafen den gesamten Bereich »Arbeit« und »Wirtschaft«.

Ein an die Entscheidungsträger gerichtetes Papier ließ Rückschlüsse darauf zu, was den Gewerkschaftern wirklich wichtig war. Welche Vorstellungen über eine alternative Wirtschaftsordnung waren so weit gediehen und so ernst gemeint, dass man sie als Richtungsentscheidungen in der künftigen Verfassung sehen wollte? Plakative Programmatik war hier nicht gefragt. Insoweit hatten diese Forderungen eine andere und wichtigere Bedeutung als z. B. das 1949 beschlossene Grundsatzprogramm des DGB, das wie andere Dokumente dieser Art auch Wünsche und idealistische Vorstellungen der Mitglieder aufgreifen musste, um so ihre Loyalität dauerhaft zu sichern. Das rechtfertigt eine eingehende Darstellung.

Insgesamt ging es im Bereich »Arbeit« um 21 Vorschläge, zu denen 17 für den Bereich »Wirtschaft« hinzukamen. Sie sollen ihrer Bedeutung wegen der Reihe nach skizziert und kurz bewertet werden (Forderungen im Folgenden kursiv).[830] Dabei ist auch von Interesse, was in die Verfassung einging und was in den folgenden Jahren durch den Gesetzgeber oder in der Praxis realisiert wurde.

b) Die Grundsatzpositionen im Bereich »Arbeit«

(1) Die Arbeit ist die persönliche Leistung des einzelnen für die Gesellschaft. Sie darf nicht als Ware gewertet werden. Die arbeitenden Menschen stehen unter dem besonderen Schutz des Landes. Dieser Schutz hat den Vorrang vor dem Schutz materiellen Besitzes. Es sind von Staats wegen alle erforderlichen Maßnahmen zu treffen, um die Vollbeschäftigung sicherzustellen.

Dass die Arbeitskraft nicht als Ware »gewertet« wird, ist ein Grundsatz, der sich in der ILO-Erklärung von Philadelphia aus dem Jahre 1944 wiederfindet.[831] Wie der Vorrang vor dem Schutz materiellen Besitzes bewerkstelligt werden soll, bleibt allerdings offen; eine entsprechende Vorschrift findet sich noch heute in der Verfassung des Landes Nordrhein-Westfalen, ohne dass über konkrete Konsequenzen berichtet würde.[832]

Im Text des Grundgesetzes hat diese Vorstellung keinen Niederschlag gefunden, was damit zusammen hängt, dass sich der Parlamentarische Rat generell gegen

---

829 Bei *Mayer/Stuby*, S. 319f. sind ausschließlich die Vorschläge für sozialrechtliche Bestimmungen wiedergegeben.

830 Die folgenden Ausführungen entsprechen teilweise den in Dreßler/Negt/Wolter, S. 66ff. gemachten.

831 Dazu *Däubler*, in: Schlachter/Heuschmid/Ulber (Hrsg.), Arbeitsvölkerrecht, § 2 Rn. 16.

832 Art. 24 Abs. 1 Satz 2: »Der Schutz der Arbeitskraft hat den Vorrang vor dem Schutz materiellen Besitzes.«

die Regelung des Wirtschaftslebens in der Verfassung aussprach.[833] Auch die Bekämpfung der Arbeitslosigkeit fand deshalb keinen Niederschlag im Grundgesetz, doch stellten sich in der Praxis bis zum Ende der fünfziger Jahre insoweit bemerkenswerte Erfolge ein. Der »besondere Schutz« der Arbeitskraft ließ sich unschwer mit dem Arbeitsschutzrecht identifizieren, das einen guten Ruf hatte, obwohl die Unfallzahlen um ein Mehrfaches höher lagen als heute.[834]

(2) Es ist für ganz Deutschland ein einheitliches, für alle Arbeiter, Angestellten und Beamten geltendes Arbeitsrecht zu schaffen, das in einem deutschen Arbeitsgesetzbuch zusammen zu fassen ist.

Die Sehnsucht nach einem einfachen, klaren und leicht zu handhabenden Gesetzbuch, das alle Rätsel des Alltags löst, ist eine ebenso utopische wie noch immer lebendige Forderung. Doch niemand dachte daran, allein wegen einer solchen Frage auf Distanz zur etablierten Ordnung zu gehen. Es erweckte daher keine Empörung, dass der Parlamentarische Rat – anders als der hessische Verfassungsgeber[835] – auf eine solche Vorschrift verzichtete.

(3) Das Land tritt für eine zwischenstaatliche Regelung der arbeits- und sozialrechtlichen Gesetzgebung ein, die allen schaffenden Menschen ein allgemeines Mindestmaß der sozialen Rechte sichert.

Das wurde so zwar nicht in den Verfassungstext aufgenommen, doch trat die Bundesrepublik 1951 der ILO bei und ratifizierte zahlreiche Übereinkommen. Dasselbe tat sie mit der EMRK und etwas später mit der Europäischen Sozialcharta.

(4) Koalitionsfreiheit zur Wahrung und Förderung der Arbeits- und Wirtschaftsbedingungen ist für jedermann und für alle Berufe gewährleistet. Alle Maßnahmen und Abreden, die diese Freiheit einschränken oder zu behindern suchen, sind rechtswidrig.

Die Formulierung findet sich fast wörtlich in Art. 9 Abs. 3 GG wieder.

(5) Die Gewerkschaften sind die berufenen Vertreter der sozialen und wirtschaftlichen Interessen der Arbeiter, Angestellten und Beamten. Sie sind zur

---

833 Als »wirtschaftsverfassungsrechtliche Neutralität« aufgegriffen in der frühen Rechtsprechung des Bundesverfassungsgerichts: BVerfG 20.7.1954 – 1 BvR 459/52 u.a., BVerfGE 4, 7ff. – Investitionshilfe; BVerfG 11.6.1958 – 1 BvR 596/56, BVerfGE 7, 377 – Apothekenurteil.

834 Die höchste Unfallziffer war im Jahre 1961 mit 3 187 614 zu verzeichnen, was 13,1 Unfällen pro 100 Vollarbeiter im Jahr entsprach. In der Gegenwart beträgt diese Zahl trotz einer höheren Anzahl von Beschäftigten 1 064 551 (vorläufige Zahl für 2018, abrufbar unter *https://www.dguv.de/de/zahlen-fakten/vorlaeufige_zahlen/allgemeine-uv/index.jsp* (8.4.2019). Im ersten Halbjahr 2021 war sie sogar auf 479 639 gesunken (*https://www.dguv.de/de/zahlen-fakten/vorlaeufige_zahlen/allgemeine-uv/index.jsp* (31.1.2022)), was auch mit der Corona-Pandemie zusammenhängen dürfte.

835 Art. 29 Abs. 1 hessVerf: »Für alle Angestellten, Arbeiter und Beamten ist ein einheitliches Arbeitsrecht zu schaffen.«

gleichberechtigten Mitbestimmung und Mitwirkung in allen sozialen, wirtschaftlichen und kulturellen Angelegenheiten und Einrichtungen berufen. In den einzelnen Betrieben üben sie Mitbestimmungs- und Mitwirkungsrechte in sozialen, personellen und wirtschaftlichen Fragen in Zusammenarbeit mit den in allen Betrieben von allen Arbeitern, Angestellten und Beamten zu wählenden Betriebsvertretungen aus. Einstellungen, Entlassungen und Versetzungen von Arbeitern und Tarifangestellten bedürfen der Zustimmung der Betriebsvertretung. In Streitfällen entscheidet eine paritätisch besetzte Schiedsstelle unter der Leitung eines unparteiischen Vorsitzenden.

Ob man diese Forderungen als mehr oder weniger realisiert ansieht, hängt davon ab, ob man den Akzent mehr auf »gleichberechtigte Mitbestimmung« oder auf »Mitwirkung« legt. Tut man letzteres, wird man die Forderung selbst im kulturellen Bereich als realisiert ansehen, sind doch die Gewerkschaften beispielsweise auch in den Rundfunkräten vertreten. In den Betrieben besitzen sie zwar keine Mitbestimmungs- und Mitwirkungsrechte, doch stehen diese den betrieblichen Interessenvertretungen zu, die weit überwiegend aus Gewerkschaftsmitgliedern bestehen. Ein echtes Defizit besteht lediglich bei der Zustimmung zu Einstellungen, Entlassungen und Versetzungen – von einigen Personalvertretungsgesetzen in den Ländern einmal abgesehen, ist dieser Zustand bis heute nirgends erreicht.

(6) Das Streikrecht der Gewerkschaften ist gewährleistet. Wer sich an einem gewerkschaftlichen nicht-tarifwidrigen Streik beteiligt, handelt nicht rechtswidrig.

Auch diese Forderung wird zwar nicht vom Text des Grundgesetzes, wohl aber von der BAG-Rechtsprechung weitgehend realisiert. Eine ausdrückliche Forderung nach der Anerkennung des politischen Streiks wurde nicht erhoben. Innerhalb gewisser Grenzen ist zudem heute der von der Gewerkschaft getragene Solidaritätsstreik miterfasst.

(7) Als Gesamtvereinbarungen zur Gestaltung der Arbeitsbedingungen haben die von den Gewerkschaften abgeschlossenen Tarifverträge und die Betriebsvereinbarungen zwischen dem Arbeitgeber und der Betriebsvertretung unabdingbare Wirkung. Eine Allgemeinverbindlichkeitserklärung von Tarifverträgen ist nur mit Zustimmung der Tarifparteien zulässig. Jede Umgehung der in Tarifvertrag oder Betriebsvereinbarung festgesetzten Mindestbedingungen ist rechtswidrig. Der Tarifvertrag geht der Betriebsvereinbarung vor.

Diese Grundsätze sind durch das TVG von 1949 und das BetrVG 1952 realisiert worden.

(8) Das Schlichtungswesen auf freiwilliger Grundlage ist zu fördern. Zwangstarifverträge sind unzulässig.

Auch hier entspricht die Praxis den gewerkschaftlichen Forderungen.

(9) In Berufszweigen, in denen die tarifrechtlichen Voraussetzungen fehlen, können aus sozialen Gründen durch paritätische Ausschüsse Mindestarbeitsbedingungen festgesetzt werden. Das Nähere bestimmt das Gesetz.
Dies wurde realisiert durch das Gesetz über Mindestarbeitsbedingungen von 1952.[836] Es auch in der Praxis anzuwenden, scheiterte am gemeinsamen Widerstand von Arbeitgeberverbänden und Gewerkschaften. Heute gilt das Mindestlohngesetz.
(10) Die Arbeitsbedingungen müssen die Gesundheit, die Freiheit, die Würde, das Familienleben und die kulturellen Ansprüche des Arbeitnehmers sichern.
Arbeitsschutz und Grundrechte am Arbeitsplatz tragen diesem Anspruch im Grundsatz Rechnung.
(11) Der Lohn muss der Leistung entsprechen und den angemessenen Lebensbedarf des Arbeitenden und seiner Familie decken. Für gleiche Tätigkeit und gleiche Leistung besteht Anspruch auf gleichen Lohn. Dies gilt auch für Frauen und Jugendliche.
Die Arbeitnehmer partizipierten am wirtschaftlichen Aufschwung. In den Jahren von 1950 bis 1971 verfünffachten sich die Bruttoverdienste. Stellt man auf die Nettobeträge ab und berücksichtigt auch die Inflationsrate, so ergibt sich für denselben Zeitraum ein Anstieg auf das 2 ½fache.[837] Wer im Jahre 1950 1000 DM netto verdiente, verfügte gut zwanzig Jahre später über 2500 DM, konnte sich also 2 ½-mal so viel kaufen. Einen solchen Aufstieg hatte es niemals zuvor gegeben. Erst in den letzten 20 Jahren gab und gibt es zahlreiche Menschen mit prekären Arbeitsverhältnissen, die durch ihre Arbeit den »angemessenen Lebensbedarf« nicht mehr sichern können. Viele von ihnen verdienen so wenig, dass sie nur als »Aufstocker«, d. h. mit Hilfe staatlicher Zusatzleistungen das Existenzminimum (»Hartz IV«) erreichen können.
(12) Die Vierzig-Stunden-Woche ist die regelmäßige Arbeitszeit. Wenn es das allgemeine Interesse erfordert, kann die Arbeitszeit durch Gesetz oder Tarifvertrag verlängert werden. In die Arbeitszeit fallende gesetzliche Feiertage sind mit vollem Arbeitsentgelt zu vergüten. Für jeden Arbeitnehmer ist ein bezahlter Erholungsurlaub von mindestens 12 Tagen gewährleistet.
Die tarifliche 40-Stunden-Woche wurde für die meisten Arbeitnehmer erst in den 1960-er Jahren erreicht. Wichtige Schritte zur Arbeitszeitverkürzung erfolgten jedoch schon in den fünfziger Jahren. Die volle Lohnfortzahlung an Feiertagen regelte das Feiertagslohnzahlungsgesetz von 1951.[838] Der zweiwöchige Mindesturlaub wurde durch das Bundesurlaubsgesetz von 1963 zum ersten Mal

---

836 BGBl. I S. 17.

837 *SOFI*, Materialien zur Arbeits- und Lebenssituation der Industriearbeiter in der BRD, Frankfurt/Main 1973, S. 112.

838 BGBl. I S. 479.

bundesweit festgeschrieben.[839] Vorher galt für die meisten eine entsprechende (oder eine bessere) Regelung durch Tarifvertrag.

(13) Unfallverhütung und Gesundheitsschutz sind für alle Arbeitsstätten umfassend zu regeln. Verstöße gegen die einzelnen Vorschriften und Ausbeutung der Arbeitskraft sind als Vergehen strafbar. Befristete oder dauernde Verbote der Betätigung als Unternehmer oder verantwortliche Aufsichtsperson können dabei ausgesprochen werden.

Das Arbeitsschutzrecht ist schon in den fünfziger Jahren auf einen ordentlichen Stand gebracht worden. Der Lohnwucher (der wohl der »Ausbeutung« im DGB-Papier entspricht) ist nach § 291 StGB strafbar. In Einzelfällen könnte man Arbeitgebern die Fortführung ihres Unternehmens nach § 35 Gewerbeordnung untersagen, doch wird davon kaum Gebrauch gemacht.

(14) Frauen und Jugendliche stehen im Arbeitsleben unter besonderem Schutz. Kinderarbeit ist verboten.

Realisiert u.a. durch Art. 6 Abs. 4 GG, das Mutterschutz- und das Jugendarbeitsschutzgesetz. Schutzvorschriften, die Frauen benachteiligen, verstoßen gegen Art. 3 Abs. 2 GG.[840]

(15) Die Freizügigkeit der Arbeitnehmer wird gewährleistet. Ausnahmen können nur im dringenden Allgemeininteresse durch Gesetz und nur auf Zeit vorgesehen werden.

Die Forderung erklärt sich nur historisch, da während des Faschismus auch eine vom Arbeitnehmer ausgesprochene Kündigung der Zustimmung des Arbeitsamts bedurfte. Es konnte also der Fall eintreten, dass man am bisherigen Arbeitsplatz »festgehalten« wurde. Schon in den fünfziger Jahren war die Möglichkeit zum Arbeitsplatzwechsel (»Freizügigkeit«) selbstverständlich.[841]

(16) Der Erste Mai ist gesetzlicher Feiertag.

Auch dafür wurde in der Bundesrepublik sehr schnell gesorgt.[842]

(17) Keinem Arbeitnehmer kann ohne hinreichende sachliche Gründe das Arbeitsverhältnis gekündigt werden.

Das KSchG von 1951 realisierte in seinem Anwendungsbereich diesen Grundsatz. Ausgenommen blieben allerdings Kleinstbetriebe mit weniger als sechs Beschäftigten.

(18) Wer in einem Arbeitsverhältnis als Arbeiter, Angestellter oder Beamter steht, hat das Recht auf die zur Wahrnehmung staatsbürgerlicher Rechte und zur Ausübung ihm übertragener öffentlicher Ehrenämter nötige freie Zeit.

---

839 BGBl. I S. 2.

840 BVerfG 18.11.2002 – 1 BvR 302/96, NZA 2004, 33.

841 Zur Anwendung der Arbeitsplatzwechsel-VO vom 1. September 1939 nach 1945 in Hessen und Bayern s. das Material bei *Ascher*, S. 105ff. sowie bei *Sonnenschein*, S. 83ff.

842 Sämtliche Feiertagsgesetze der Länder erklären den 1. Mai zum gesetzlichen Feiertag.

Der Anspruch auf Vergütung bleibt erhalten, soweit nicht eine den Verdienstausfall ausgleichende Entschädigung gewährt wird.
Vgl. § 616 BGB und die dazu ergangene Rechtsprechung.[843]

(19) Für alle arbeitsrechtlichen Streitigkeiten sind paritätisch besetzte Arbeitsgerichte zuständig. Das Verfahren vor ihnen ist so zu gestalten, dass die Streitigkeiten schnell und billig erledigt werden. Die Arbeitsgerichte werden verwaltungsmäßig in die staatliche Arbeitsverwaltung eingegliedert.
Auch dies ist im Wesentlichen durch das ArbGG 1953 realisiert worden. »Schnelle und billige« Erledigung lässt sich den Gerichten bei etwas Wohlwollen bescheinigen.

(20) Bis zum Erlass einer umfassenden Reichsversicherung ist eine für das ganze Volk verbindliche Sozialversicherung zu schaffen, die den einzelnen bei Krankheit, Unfall oder Invalidität, bei Alter und unverschuldeter Arbeitslosigkeit vor Not und Sorge schützt. Die Sozialversicherung hat auch die Aufgabe, den Gesundheitszustand des Volkes durch vorbeugende Maßnahmen zu heben und Schwangeren und Wöchnerinnen jede erforderliche Hilfe zu gewähren. Die Leistungen müssen den notwendigen Lebensunterhalt sichern. Die Selbstverwaltung der Versicherten wird in allen Versicherungszweigen durchgeführt. Die Organe werden in allgemeiner, gleicher und geheimer Wahl gewählt. Das Nähere bestimmt das Gesetz.
Ob hier wirklich eine »Volksversicherung« im modernen Sinne gemeint war, wird man bezweifeln können. Eine einheitliche Sozialversicherung wurde nicht ausdrücklich gefordert, da ja von »Versicherungszweigen« die Rede war. Bei allen nicht nur geringfügig Erwerbstätigen waren die angesprochenen Risiken jedoch in angemessenem Umfang abgedeckt. Die Rentenversicherung war seit 1957 am bisherigen Lebensstandard ausgerichtet, während sie zuvor nur Notlagen verhindern wollte.[844] Auch die Selbstverwaltung war und ist gewährleistet, zumal eine ausschließliche oder mehrheitliche Verwaltung durch die Versicherten nicht gefordert wurde.

(21) Auf soziale Fürsorge aus öffentlichen Mitteln hat jeder für sich und seine unterhaltsberechtigten Angehörigen Anspruch, wenn er körperlich oder geistig nicht in der Lage ist, den notwendigen Lebensunterhalt selbst zu erwerben oder aus vorhandenem Vermögen zu bestreiten oder wenn er keinen gesetzlichen oder anderweitigen Anspruch auf Lebensunterhalt hat.
Der Anspruch auf Sozialhilfe wurde durch das Bundessozialhilfegesetz von 1961 realisiert. Vorher war der Anspruchscharakter insoweit beschränkt, als der Einzelne nur verlangen konnte, nicht ohne sachlichen Grund von allgemein praktizierten Leistungen ausgeschlossen zu werden. Heute wird das Recht auf

---

843 Überblick bei ErfK-*Preis*, § 616 BGB Rn. 5.
844 *Waltermann*, Sozialrecht, Rn. 363.

das Existenzminimum nach der Rechtsprechung des BVerfG[845] aus Art. 1 Abs. 1 GG abgeleitet.

c) Die Grundsatzpositionen im Bereich »Wirtschaft«

Im Bereich »Wirtschaft« sind die Resultate sehr viel bescheidener.

(22) Alle Arbeitnehmer der privaten oder öffentlichen Unternehmen sind dazu berufen, durch ihre Organisationen die Gestaltung der Wirtschaft gleichberechtigt mitzubestimmen.

Mitbestimmung besteht nur im Rahmen des BetrVG, des Personalvertretungsrechts und der Mitbestimmungsgesetze. Von einer Erstreckung auf die »Gestaltung der Wirtschaft« kann nicht die Rede sein. Auch wird die bestehende Mitbestimmung sehr viel stärker als Partizipationsrecht des Einzelnen verstanden, der zumindest seine Vertreter wählen kann.

(23) In den wirtschaftlichen Unternehmungen und Betrieben hat der Unternehmer die Betriebsvertretung von allen wirtschaftlichen Betriebsvorgängen zu unterrichten, ihr die erforderliche Einsicht in die Unterlagen zu gewähren und mit ihr bei den wirtschaftlichen Aufgaben des Betriebes zusammenzuarbeiten.

Realisiert durch die Informations- und Erörterungsrechte des Wirtschaftsausschusses nach §§ 106ff. BetrVG und durch Auskunftsrechte, insbesondere nach § 80 Abs. 2 BetrVG. Die Pflicht zur Zusammenarbeit folgt aus § 2 Abs. 1 BetrVG.

(24) Die Aufsichtsräte der Unternehmen werden unter Abänderung entgegenstehender gesetzlicher Bestimmungen zur Hälfte mit Vertretern der Arbeitnehmer besetzt, die von den Gewerkschaften entsandt werden. Dabei ist die Beteiligung von Mitgliedern der Betriebsvertretung sicherzustellen.

Eine Voll-Parität ist auch in der Montanmitbestimmung nicht realisiert, da der »elfte Mann« bei Nichteinigung von der Hauptversammlung bestimmt werden könnte. Davon abgesehen, ist nicht bedacht, dass eine Beschränkung der Parität auf den Aufsichtsrat nur dazu führen würde, dass dessen Beschlüsse bei Stimmengleichheit blockiert wären; die Entscheidungskompetenz würde bei Vorstand und Hauptversammlung liegen.[846] Auch irritiert heute das umfassende Entsendungsrecht der Gewerkschaft, das keine Akzeptanz mehr finden würde.

(25) Für Unternehmungen mit mehr als 500 Beschäftigten oder mehr als 3 Millionen RM Bilanzsumme, in denen nach bisherigem Recht ein Aufsichtsrat nicht besteht, wird durch Gesetz die Aufsichtsratspflicht eingeführt.

---

845 BVerfG 23.7.2014 – 1 BvL 10/12, 1 BvL 12/12, 1 BvR 1691/13, BVerfGE 137, 34ff. = NJW 2014, 3425.

846 Zu weiteren immanenten Schranken der Parität s. *Däubler*, FS Nagel, S. 267ff.

Ein vernünftiger Vorschlag, der ein Ausweichen in eine nicht mitbestimmte Rechtsform verhindern sollte. Er wurde aber nie verwirklicht.

(26) Zur Wahrung der Interessen der Unternehmen und Betriebe eines Bezirks und zur Übernahme von Selbstverwaltungsaufgaben sind Wirtschaftskammern zu bilden, die an die Stelle der bisherigen Industrie- und Handelskammern und Handwerkskammern treten.

Für das Land wird eine Landeswirtschaftskammer gebildet.

In den Bezirkswirtschaftskammern und in der Landeswirtschaftskammer sind die Arbeitnehmer und die privaten und öffentlichen Unternehmen in gleicher Zahl vertreten.

Auf Bundesebene ist nichts von diesen Vorschlägen realisiert worden. Auch fragt man sich, wie sich die Interessenvertretung in den Kammern zur Interessenvertretung durch frei gebildete Vereinigungen hätte verhalten sollen. Diese Frage ist auch in dem DGB-Gesetzentwurf »zur Neuordnung der deutschen Wirtschaft« nicht angesprochen.

(27) Sozialpolitische und wirtschaftspolitische Gesetzentwürfe von grundlegender Bedeutung sind von der Landesregierung vor der Einbringung im Landtag der Landeswirtschaftskammer zur Begutachtung vorzulegen. Die Landeswirtschaftskammer hat das Recht, selbst solche Gesetzesvorlagen bei der Regierung zu beantragen. Stimmt ihnen die Landesregierung nicht zu, so hat sie trotzdem die Vorlage unter Darlegung ihres Standpunktes beim Landtag einzubringen. Die Landeswirtschaftskammer kann die Vorlage durch eines ihrer Mitglieder vor dem Landtag vertreten lassen.

Auch dies ist auf Bundesebene nicht aufgegriffen worden. Art. 46 der Bremischen Landesverfassung sah in seiner ursprünglichen Fassung »zur Förderung der Wirtschaft und der Sozialpolitik« die Errichtung einer Wirtschaftskammer vor, die paritätisch durch Vertreter der Unternehmer und der Arbeitnehmer zu bilden und zu verwalten sein sollte. Das Nähere war durch Gesetz zu regeln; inzwischen wurde die Vorschrift aufgehoben. In Rheinland-Pfalz war am 21. April 1949 das Gesetz über die Hauptwirtschaftskammer in Kraft getreten, deren Organe paritätisch besetzt waren. In NRW wurde am 12. Juli 1949 das Wirtschaftskammergesetz beschlossen, das jedoch von den Alliierten suspendiert wurde.[847] Das Kammer-Konzept stand also durchaus noch auf der Tagesordnung, doch wurde auch hier verkannt, dass gemeinsame (Gesetzgebungs-) Initiativen mit der Arbeitgeberseite schwerlich zu erwarten waren. Mit der Hälfte der Stimmen allein wäre nichts zu bewegen gewesen.

(28) Aufbau und Aufgaben der Bezirkswirtschaftskammern und der Landeswirtschaftskammer sowie ihr Verhältnis zu anderen Selbstverwaltungskör-

847 *Milert/Tschirbs*, S. 400.

pern und den staatlichen Behörden regelt das Wirtschaftskammergesetz des Landes.
Auch dies blieb frommer Wunsch, und es fehlt gleichfalls jeder Hinweis darauf, ob daneben frei gebildete Industrie- und Arbeitgeberverbände hätten möglich sein sollen.
(29) Die für die Wirtschaft des Landes notwendige Planung und Lenkung obliegt dem Landtag und den Wirtschaftsbehörden des Landes.
Die gesamtstaatliche »Planung und Lenkung« wurde nie eingeführt.
(30) Die Gestaltung des Wirtschaftslebens muss den Erfordernissen der Gerechtigkeit entsprechen und den Interessen aller, nicht aber einzelner Gruppen, dienen. Sie muss so erfolgen, dass sie den Bedarf aller zu den volkswirtschaftlich günstigen Bedingungen deckt und es jedermann ermöglicht, frei von Not und Furcht ein menschenwürdiges Dasein zu führen. An diese Grundsätze sind Gesetzgebung, Verwaltung und Rechtsprechung des Staates ebenso gebunden wie jeder einzelne und alle Organisationen, die im Wirtschaftsleben tätig sind.
Dies ist eine Kernbestimmung der wirtschaftsdemokratischen Utopie. Sie lässt die Frage aus, wie sich der erstrebte Zustand mit der Existenz von Märkten verträgt, bei denen derjenige einen Vorteil erlangt, der sich weniger als andere am Gedanken der Gerechtigkeit (und mehr an möglichst niedrigen Löhnen und an billiger Produktion) orientiert.
(31) In den gezogenen Grenzen sind Gewerbefreiheit und freier Leistungswettbewerb nach Maßgabe der Gesetze gewährleistet. Vertragliche Abreden oder sonstige Druckmaßnahmen, die eine Beseitigung oder Einschränkung dieser Freiheiten herbeiführen oder bezwecken, sind rechtswidrig.
Der Gewerbefreiheit wird ähnlich wie der Koalitionsfreiheit Wirkung gegenüber Dritten beigemessen. Der »freie Leistungswettbewerb« steht im Widerspruch zu den unter Nr. 30 genannten Zielen.
(32) Jeder Missbrauch der wirtschaftlichen Betätigungsfreiheit, insbesondere der monopolistischer oder monopolähnlicher Machtzusammenballung, ist untersagt. Derartige Gebilde sind nach Maßgabe eines besonderen Gesetzes aufzulösen oder in Gemeineigentum zu überführen oder unter öffentliche Kontrolle oder Verwaltung zu stellen. Der Staat hat in seiner gesamten Gesetzgebung darauf hinzuwirken, dass derartige Zusammenballungen nicht entstehen.
Die erstrebte Wirtschaft ist monopolfeindlich. Die skizzierten Grundsätze wurden teilweise durch das GWB realisiert, doch standen öffentliche Kontrolle marktbeherrschender Unternehmen oder gar ihre Überführung in Gemeineigentum nicht ernsthaft zur Debatte.
(33) Die Vertragsfreiheit wird nach Maßgabe der Gesetze gewährleistet. Wer allgemeine Geschäftsbedingungen aufstellt oder eine Vertragsgestaltung vor-

nimmt, darf seine wirtschaftliche Überlegenheit nicht ausnutzen. Er darf von nachgiebigen Rechtsvorschriften nur dann und nur insoweit abweichen, als dafür triftige sachliche Gründe vorliegen.

Eine erstaunlich modern anmutende Vorschrift. Entsprechende Grundsätze hat zunächst die Rechtsprechung des BGH entwickelt, und anschließend wurden sie 1976 in das Gesetz über Allgemeine Geschäftsbedingungen übernommen. Heute finden sich entsprechende Grundsätze in den §§ 305 bis 310 BGB.

(34) Soweit sie nicht schon im Eigentum der öffentlichen Hand stehen, werden mit Inkrafttreten dieser Verfassung in Gemeineigentum überführt:

a) der gesamte Bergbau (Kohle, Erze, Erdöle, Kali und bergbaulich gewinnbare Mineralien) einschließlich der mit den Grundbetrieben verbundenen Betriebe, welche die Be- und Verarbeitung der genannten Erzeugnisse sowie ihre Hilfs- und Nebenerzeugnisse bezwecken;

b) die Unternehmungen der eisen- und stahlerzeugenden Industrie. Hierunter fallen alle Hüttenwerke mit den verschiedenen Kombinationen wie Hochöfen-Stahlwerk-Walzwerk oder Stahlwerk-Walzwerk, ferner die selbständigen Röhrenwerke und die reinen Walzwerke und die mit ihnen verbundenen Betriebe;

c) die Unternehmungen der Grundchemie mit den ihnen verbundenen Betrieben;

d) die Unternehmungen der Energiewirtschaft.

Die Überführung in Gemeineigentum soll nicht erst durch Akt des Gesetzgebers, sondern durch die Verfassung selbst erfolgen, was in gewissem Umfang vollendete Tatsachen schaffen würde. Nicht erwähnt sind die Banken, deren Rolle offensichtlich unterschätzt wurde.

(35) Die in Gemeineigentum befindlichen oder in Gemeineigentum überführten Unternehmen werden als selbständig oder kaufmännisch geführte Betriebe verwaltet. Sie können mit eigener Rechtspersönlichkeit ausgestattet werden.

Zur Wahrung der gemeinwirtschaftlichen Interessen und Erzielung einer höchst wirtschaftlichen Ergiebigkeit können diese Unternehmen technisch, wirtschaftlich und verwaltungsmäßig zusammengefasst werden.

Diese Bestimmung über den »VEB-West« konnte nie praktische Bedeutung erlangen.

(36) Das Gemeineigentum der übergeführten Betriebe geht auf das Land über, das nach Maßgabe eines besonderen Gesetzes auch Ländergemeinden, Gemeindeverbände oder Genossenschaften am Eigentum beteiligen kann.

Rechtsträger sollte das Land sein. Genossenschaften sollten nur beteiligt werden können. Eine rein genossenschaftliche Struktur scheint nicht angedacht worden zu sein.

(37) Die Verwaltung der in Gemeineigentum befindlichen und übergeführten Unternehmen regelt ein besonderes Gesetz, das die Zusammensetzung sowie die Rechte und Pflichten ihrer Organe, ihrer Aufgaben und ihrer Publizität festlegt.
Die interne Struktur der in Gemeineigentum überführten Unternehmen blieb letztlich offen. Die sonst immer präferierte Parität taucht hier nicht auf, scheint also nicht obligatorisch zu sein. Man hätte also wie in der DDR das Prinzip der Einzelleitung etablieren können, wonach rechtlich alle Verantwortung beim (von oben eingesetzten) Direktor lag. Möglich wäre aber auch ein System wie im früheren Jugoslawien gewesen, bei dem die leitenden Personen von der Belegschaft oder vom Betriebsrat gewählt worden wären.
(38) Mit der Überführung in Gemeineigentum verlieren die bisherigen Eigentümer ihre Rechte. Angemessene Entschädigungen erfolgen nach Maßgabe eines besonderen Gesetzes.
Die entscheidende Frage nach der Höhe der »angemessenen« Entschädigung blieb offen.

4. Erlass des Grundgesetzes

a) Ausklammerung der Wirtschaftsverfassung

In den Diskussionen des Parlamentarischen Rats spielten die hier referierten Vorschläge keine wesentliche Rolle. Dies gilt für den Teil »Arbeit«, weil der Text des Grundgesetzes aus gutem Grund so konzipiert war, dass die zahlreichen Einzelpunkte, die den gewerkschaftlichen Wünschen entsprachen, schon wegen ihres Detailliertheitsgrades nicht hineingepasst hätten. Doch dies war letztlich nicht entscheidend: Die grundsätzliche Ausklammerung der Wirtschaftsverfassung, später »wirtschaftspolitische Neutralität des Grundgesetzes« genannt, schloss es aus, die allermeisten der 21 Punkte und erst recht die 17 Punkte des Teils »Wirtschaft« aufzugreifen und in der einen oder anderen Art zu verankern. Inhaltlich wäre insbesondere beim Teil »Wirtschaft« ein Konsens mit der Mehrheit im Parlamentarischen Rat nicht denkbar gewesen.

b) Der Böckler-Brief – ein letzter Versuch

Den Gewerkschaften blieb diese Entwicklung nicht verborgen. Ende Oktober 1948 sandte Hans Böckler in seiner Eigenschaft als Vorsitzender des Gewerkschaftsrats der Vereinten Zonen einen Brief an Konrad Adenauer, den Präsidenten des Parlamentarischen Rates.[848]

848 Abgedruckt bei *Mielke/Rütters* (Bearb.), Quellen, Band 7, Dokument 281 (S. 864ff.)

Die Ausklammerung der Wirtschafts- und Sozialverfassung wird notgedrungen akzeptiert, jedoch macht Böckler eine Reihe von Vorschlägen insbesondere zum Grundrechtsteil.

- In den Verfassungstext sollte eine Bestimmung eingefügt werden, die den Wert der persönlichen Arbeit und ihren Schutz zum Gegenstand hat. Dabei wird die Formulierung oben (1) aufgegriffen.
- Die Zulässigkeit von Zwangsarbeit sollte enger als im vorliegenden Entwurf bestimmt werden.
- Die Ermächtigung zu polizeilichen Eingriffen in die Versammlungsfreiheit sollte gestrichen werden.
- Die Koalitionsfreiheit muss in einem besonderen Artikel geregelt werden, weil sie anders als die allgemeine Vereinigungsfreiheit auch gegen soziale Gewalten und Privatpersonen schützt. Eine Garantie der negativen Koalitionsfreiheit sollte unterbleiben.
- Dringend erforderlich ist eine Bestimmung gegen den Missbrauch wirtschaftlicher Betätigungsfreiheit, »insbesondere zu monopolistischer und monopolähnlicher Machtzusammenballung.« Gleichzeitig sollen die Gewerbefreiheit und der freie Leistungswettbewerb garantiert werden. Damit sollten zwei Elemente aus der wirtschaftspolitischen Grundsatzposition (oben Nr. 31 und 32) »gerettet« werden.
- Das Recht zur Wahrnehmung staatsbürgerlicher Rechte und zur Ausübung öffentlicher Ehrenämter muss gewährleistet sein.
- Bei der grundsätzlich zu akzeptierenden Eigentumsgarantie sollte ein Satz hinzugefügt werden, wonach »Missbrauch des Eigentums keinen Rechtsschutz genieße«.

Ohne nähere Kommentierung wurde eine Anlage »Zur Frage der wirtschaftlichen Selbstverwaltung« beigefügt. Dort wird die Forderung erhoben, »in einem Artikel des Grundgesetzes festzulegen, dass Körperschaften der wirtschaftlichen Selbstverwaltung (z. B. in der Form von Wirtschaftskammern) geschaffen werden müssen, die neben Selbstverwaltungsaufgaben auf Bundes-, Länder- und bezirklicher Ebene auch die Organe der Gesetzgebung und Verwaltung beraten und unterstützen. Die Selbstverwaltungsorgane müssten zu gleichen Teilen aus den Vertretern der beiden Träger der Wirtschaft, der Unternehmer und Arbeitnehmer, zusammengesetzt sein, die von den Wirtschaftsverbänden und Gewerkschaften entsandt werden.« Auch hier geht es um eine Art Restposten, der auch optisch eher in den Hintergrund tritt, da er sich nur in einem Anhang befindet.

c) Die Regelungen des Grundgesetzes

Die Vorschläge Böcklers wurden nur zu einem geringen Teil aufgegriffen. Im Einzelnen wurde bestimmt:

- Art. 9 Abs. 3 GG garantiert die Koalitionsfreiheit und verleiht ihr Wirkung auch gegenüber Dritten, insbesondere dem Arbeitgeber. Anders als in der Weimarer Verfassung ist die Tarifautonomie nicht erwähnt. Auch eine Streikgarantie wurde nicht aufgenommen, ebenso wenig allerdings eine Garantie der negativen Koalitionsfreiheit.
- Im Zusammenhang mit der Regelung von Ehe und Familie bestimmt Art. 6 Abs. 4 GG, dass »jede Mutter« Anspruch auf den Schutz und die Fürsorge der Gemeinschaft hat. Dies umfasst den traditionellen arbeitsrechtlichen Mutterschutz.
- Art. 12 Abs. 1 Satz 1 GG garantiert die Berufsfreiheit und die freie Wahl des Arbeitsplatzes.
- Art. 14 Abs. 1 Satz 1 GG garantiert Eigentum und Erbrecht, wobei Inhalt und Schranken durch den Gesetzgeber bestimmt werden. Der später viel zitierte Art. 14 Abs. 2 GG bestimmt: »Eigentum verpflichtet. Sein Gebrauch soll zugleich dem Wohle der Allgemeinheit dienen.« Eine Enteignung ist nur gegen angemessene Entschädigung möglich. Dasselbe gilt für die Vergesellschaftung von Grund und Boden, Naturschützen und Produktionsmitteln nach Art. 15 GG.
- Nach Art. 20 Abs. 1 GG ist die Bundesrepublik ein demokratischer und »sozialer« Bundesstaat. Sie versteht sich als Sozialstaat, der soziale Unterschiede mildern und zugleich Selbsthilfe ermöglichen will.
- Anders als nach den gewerkschaftlichen Vorstellungen werden die Beamten einer Sonderregelung unterstellt. Art. 33 Abs. 4 GG spricht von einem öffentlich-rechtlichen Dienst- und Treueverhältnis; nach Art. 33 Abs. 5 ist das Recht des öffentlichen Dienstes unter Berücksichtigung der hergebrachten Grundsätze des Berufsbeamtentums zu regeln.
- Gegenstand der konkurrierenden Gesetzgebung ist nach Art. 74 Abs. 1 Nr. 12 GG das Arbeitsrecht »einschließlich der Betriebsverfassung«. Bezüglich des öffentlichen Dienstes wird unterschieden. Nach Art. 73 Abs. 1 Nr. 8 GG sind die Rechtsverhältnisse der im Dienste des Bundes stehenden Personen Gegenstand der ausschließlichen Gesetzgebungskompetenz des Bundes. Gleichgestellt sind Personen, die im Dienste bundesunmittelbarer Körperschaften des Bundes stehen. In Bezug auf die Beschäftigten des öffentlichen Dienstes in den Ländern und Gemeinden sieht Art. 74 Abs. 1 Nr. 27 GG eine konkurrierende Zuständigkeit des Bundes für die »Statusrechte und Statuspflichten« der Beamten vor, nimmt davon jedoch die Laufbahnen, die Besoldung und die Versorgung aus.
- Nach Art. 139 GG bleiben die zur »Befreiung des deutschen Volkes vom Nationalsozialismus und Militarismus« erlassenen Vorschriften vom Grundgesetz unberührt.

- Art. 140 GG übernimmt die Kirchenartikel aus der Weimarer Reichsverfassung. Für die abhängige Arbeit bedeutsam sind die Garantie der Arbeitsruhe an Sonn- und Feiertagen nach Art. 139 WRV sowie das kirchliche Selbstverwaltungsrecht nach Art. 137 Abs. 3 WRV, das nach der Rechtsprechung auch die Ausgestaltung der Arbeitsverhältnisse im Verhältnis zu den kirchlichen Beschäftigten erfasst.

d) Bewertung

Vergleicht man die gewerkschaftlichen Forderungen mit dem Verfassungstext, so könnte sich ein hohes Maß an Enttäuschung einstellen. Von der »alternativen Arbeits- und Wirtschaftsverfassung« blieb kaum etwas übrig. Dennoch wäre es voreilig, eine Niederlage der Gewerkschaften zu diagnostizieren, weil die weitere Entwicklung einzubeziehen ist. Ein großer Teil der Vorstellungen zum Teil »Arbeit« wurde bereits im Laufe der fünfziger Jahre in mehr oder weniger vollständiger Form realisiert. Zu einem erheblichen Teil war dies absehbar. Bei den Gewerkschaften und ihren Mitgliedern entstand daher keine prinzipielle Distanz zum Grundgesetz. Auch das Verhältnis zur künftigen Regierung war nicht das einer Fundamentalopposition, weil man ja durchaus vieles bekam, was man als wichtig angesehen hatte.

Mit dem Teil »Wirtschaft« verhielt es sich anders. Die Verfassung bot wenig Anhaltspunkte, um z. B. die Forderung nach Parität in Wirtschaftskammern und Unternehmen zu stützen; insoweit konnten die Gewerkschaften nur auf die eigene Kraft vertrauen. Diese erwies sich – wie zu zeigen sein wird – als recht beschränkt.

§ 24 Der Weg in die politische Niederlage: Der Kampf gegen das BetrVG 1952

I. Die anfängliche Haltung der Bundesregierung

In seiner ersten Regierungserklärung nahm Bundeskanzler Konrad Adenauer zur Frage der Mitbestimmung nicht unmittelbar Stellung. Allerdings sprach er sich dafür aus, die Rechtsbeziehungen zwischen Arbeitgebern und Arbeitnehmern müssten »zeitgemäß neu geordnet« werden. An die Stelle staatlicher Bevormundung müsse die Selbstverwaltung der Sozialpartner treten. Ein verständiger Ausgleich zwischen ihnen sei eine unumgängliche Voraussetzung für den Aufstieg unseres Volkes.[849] Die Beschränkung auf solche abstrakten Bekundungen – aktuellen Koalitionsverträgen nicht fremd – hing vermutlich damit zusammen, dass die Meinungen zur Mitbestimmung innerhalb der Koalition geteilt waren – die Sozialausschüsse der CDU verstanden sich eher als Verbündete der Gewerkschaften, während die Mehrheit der CDU-Fraktion, die FDP und die DP als Koalitionspartner eine ablehnende Haltung gegenüber der Mitbestimmungsforderung einnahmen. Das kapitalismuskritische Ahlener Programm von 1947 war inzwischen durch die sog. Düsseldorfer Leitsätze ergänzt worden, die sich zu einer sozialen Marktwirtschaft bekannten. Interne Konflikte offen auszutragen, wäre für die größte Regierungspartei allerdings sehr problematisch gewesen, da der Bundeskanzler lediglich mit einer Stimme Mehrheit gewählt worden war und zahlreiche andere Probleme auf die Regierung warteten.[850] Für Adenauer lag es daher nahe, den Konflikt auszulagern und Gewerkschaften und Arbeitgeberverbände selbst darüber entscheiden zu lassen, wie die künftige Arbeitsverfassung aussehen sollte. Dabei kam ihm sehr entgegen, dass Hans Böckler und Walter Raymond, der Präsident der Bundesvereinigung der deutschen Arbeitgeberverbände, bei einem Treffen am 15. November 1949 selbst einen entsprechenden Wunsch geäußert hatten.

---

849 Bundestag, Stenograph. Berichte, Bd. 1 S. 26 D.

850 *Seifert*, Zeitschrift für Neuere Rechtsgeschichte (=ZNR) 2017, 187ff., auch zum Folgenden.

II. Hattenheimer Gespräche

Die Gespräche zwischen Gewerkschaften und Arbeitgebern begannen am 9. Januar 1950 im kleinen Ort Hattenheim im Rheingau, Regierungsbezirk Darmstadt.[851] Ihr Start war verheißungsvoll: Beide Seiten einigten sich über ein neues Kündigungsschutzrecht, über die Selbstverwaltung in der Sozialversicherung und über eine Muster-Schlichtungsordnung. Auch bei der Mitbestimmungsfrage gab es Grund zu Optimismus: Die Arbeitgeber waren grundsätzlich bereit, die Mitbestimmung des Betriebsrats in personellen und sozialen Angelegenheiten anzuerkennen und eine Kommission einzusetzen, um konkrete Regelungen zu erarbeiten. Allerdings sollte dies nur gelten, wenn auch bei den anderen Fragen – Kammersystem, Aufsichtsratsbesetzung und Einspruchsrecht des Wirtschaftsausschusses – eine Einigung zustande käme. Diese war beim Kammersystem erreichbar: Es sollte einen paritätisch besetzten Bundeswirtschaftsrat sowie regionale Landeswirtschaftsräte und Wirtschaftskammern geben, die paritätisch besetzt waren und die die hoheitlichen Aufgaben der (weiter bestehenden) Industrie- und Handelskammern übernehmen sollten.[852] Allerdings sollten sie keine Entscheidungsbefugnisse haben, sondern lediglich Stellungnahmen abgeben können.

Nicht überwindbar waren die Meinungsverschiedenheiten bei der Besetzung der Aufsichtsräte: Die Gewerkschaften wollten die Parität, die Arbeitgeber hielten lediglich die Regelung nach dem BRG für »gerade noch hinnehmbar«. Mit Rücksicht auf diese nicht ausräumbare Divergenz scheiterten die Hattenheimer Gespräche zur Mitbestimmung Ende März 1950; nunmehr waren die politischen Instanzen definitiv am Zuge. Die Bundesregierung beauftragte Arbeitsminister Storch, erneut eine Einigung zu versuchen. Arbeitgeber- und Gewerkschaftsvertreter folgten der Einladung des Ministers und trafen sich verschiedene Male in Bonn und im Kloster Maria Laach; das Schlusskommuniqué vom 7. Juli 1950 machte deutlich, dass in den entscheidenden Punkten wiederum keine Einigung zustande gekommen war.[853] In den Gewerkschaften wurde darüber nachgedacht, Kampfmaßnahmen zu ergreifen, doch wurden keine konkreten Aktionen in Erwägung gezogen. Es fand lediglich am 26. September 1950 eine zentrale Kundgebung in Düsseldorf statt, auf der *Viktor Agartz* eine kritische Analyse der in der Bundesrepublik bestehenden Situation gab und darauf hinwies, Kampfmaßnahmen seien nicht zu vermeiden.[854]

851 Zu den Hattenheimer Gesprächen s. *K. W. Nörr*, ZfA 1999, 329; *Seifert*, ZNR 2017, 187 ff.
852 *Seifert*, ZNR 2017, 187, 201.
853 *Eb. Schmidt*, Die verhinderte Neuordnung, S. 197.
854 *Eb. Schmidt*, Die verhinderte Neuordnung, S. 200.

III. Beginn der parlamentarischen Beratungen und Gesetzentwurf der Bundesregierung

Der Bundestag hatte die Regierung bereits am 4. November 1949 aufgefordert, einen Gesetzentwurf zur Mitbestimmung vorzulegen. Schon vier Tage später hatte der zuständige Referent im Bundesarbeitsministerium, Oberregierungsrat *Karl Fitting*,[855] insgesamt 52 Eckpunkte für ein neues Betriebsrätegesetz entworfen. Sie wurden auf dem Dienstweg, d. h. über den Ministerialdirektor *Wilhelm Herschel*, dem Minister Anton Storch vorgelegt, der grundsätzlich zustimmte.[856] Betriebsräte sollten in allen Betrieben ab fünf Beschäftigten gewählt werden, und zwar auf zwei Jahre. Es sollte keine getrennten Arbeiter- und Angestelltenräte mehr geben, wohl aber ein Gruppenprinzip bei der Wahl. Die Beteiligungsrechte waren gestuft – volle Mitbestimmung war nur bei der Arbeitsordnung vorgesehen. Die Aufsichtsratsmitglieder der Arbeitnehmerseite sollten vom Betriebsrat gewählt, also nicht von der Gewerkschaft entsandt werden, wobei ihre genaue Zahl offenblieb. Noch im Dezember 1949 erfolgte eine Ergänzung in der Richtung, dass die Arbeitnehmer ein Drittel der Aufsichtsratssitze bekommen sollten und dass alle wirtschaftlichen »Betriebsvorgänge« mit dem Wirtschaftsausschuss zu besprechen waren, der zur Hälfte aus Vertretern des Arbeitgebers, zur Hälfte aus Vertretern der Arbeitnehmer bestehen sollte.

Nach zahlreichen internen Diskussionen kam schließlich ein Gesetzentwurf »über die Neuordnung der Beziehungen von Arbeitnehmern und Arbeitgebern in den Betrieben« zustande. Er enthielt als zusätzliches Element die Festlegung, dass Arbeitgeber und Betriebsrat im Rahmen der Tarifverträge und mit Unterstützung der Gewerkschaft und des Arbeitgeberverbands vertrauensvoll zusammenarbeiten und dabei zum Wohle von Betrieb und Belegschaft handeln und das Gemeinwohl zu berücksichtigen hätten. Die Kooperationspflicht ging über die des BRG hinaus; außerdem war die Orientierung am Gemeinwohl hinzugekommen. Dieser Entwurf sollte zunächst noch mit den Sozialpartnern beraten werden, was jedoch zu keiner Übereinstimmung führte. Am 31. Oktober 1950 wurde er als Gesetzentwurf »über die Neuordnung der Beziehungen von Arbeitnehmern und Arbeitgebern in den Betrieben (**Betriebsverfassungsgesetz**)« im Bundestag eingebracht.[857] Zuvor hatten sowohl die CDU-Fraktion (17. 5. 1950)[858]

855 Zur Person von Karl Fitting s. *Wißmann*, SR 2013, 64.
856 *Milert/Tschirbs*, S. 396.
857 BT-Drucksache 1/1546.
858 BT-Drucksache 1/970 und RdA 1950, 224. Bemerkenswert sein § 45, wonach eine paritätisch besetzte Stelle mit neutralem Vorsitzenden verbindlich über Betriebsänderungen entscheiden sollte.

als auch die SPD-Fraktion (25.7.1950)[859] je einen eigenständigen Entwurf vorgelegt.

IV. Unterbrechung durch die Auseinandersetzung um die Montanmitbestimmung

Die englische Besatzungsmacht hatte die Absicht, die Stahlkonzerne zu entflechten und aus ihnen viele (schwache) Einzelunternehmen zu machen.[860] Gewerkschaften und Betriebsräte verlangten die Überführung in Gemeineigentum – eine Forderung, die in den Jahren 1945 – 1947 durchaus ernst zu nehmen war. In dieser Situation machte die Arbeitgeberseite im Bereich Bergbau und Stahl den Gewerkschaften das Angebot,[861] die Aufsichtsräte zur Hälfte mit Arbeitnehmern zu besetzen und einen gewerkschaftlich orientierten Arbeitsdirektor in den Vorstand aufzunehmen.[862] Die Beweggründe gerade in der traditionell gewerkschaftsfeindlichen Schwerindustrie wurden bisweilen sehr offen ausgesprochen. So erklärte der Leiter der Treuhandstelle, Heinrich Dinkelbach[863]:

»Ich habe diese Form der Beteiligung der Arbeiter gewählt, erstens, damit man ihnen sagen kann, dass es ihre Werke sind … und sie dieselben verteidigen müssen, und zweitens, weil dadurch die Möglichkeit besteht, die Arbeiter gegen die Sozialisierung in Bewegung zu bringen.«

Das Angebot wurde akzeptiert. Bis Frühjahr 1948 wurden 24 neue, entflochtene Gesellschaften geschaffen, deren Aufsichtsräte mit fünf Arbeitnehmer- und fünf Arbeitgebervertretern sowie mit einem Vertreter der Treuhandverwaltung besetzt waren. Die tatsächliche Zusammensetzung berücksichtigte auch weitere Interessen: Nur drei der Unternehmervertreter stammten wirklich aus dem Bereich der Anteilseigner, einer musste aus dem Bereich der öffentlichen Hand

859 BT-Drucksache 1/1229.

860 Eingehend dazu *Müller-List* (Bearb.), S. 93ff.

861 Zu den seit 1945 stattfindenden Gesprächen zwischen Gewerkschaften und Arbeitgebern in Nordrhein-Westfalen s. *Müller-List* (Bearb.), S. 72ff.

862 *Huster/Kraiker u.a.*, S. 206ff.

863 Zitiert bei *Deppe/v. Freyberg u.a.*, Kritik der Mitbestimmung, S. 85; dort auch weitere Nachweise. S. weiter das von Reusch unterzeichnete »Angebotsschreiben« der Gutehoffnungshütte vom 18. Januar 1947, abgedruckt bei *Nagel*, S. 27. Von Interesse auch das Interview mit dem ehemaligen Leiter der (britischen) Stahlkontrollbehörde Harris-Burland in: *Gloria Müller*, Britische Besatzungsmacht und die Mitbestimmung bei Eisen und Stahl, Mitb 1983, 526ff.

kommen, und ein weiterer wurde von der Unternehmensleitung entsandt.[864] Die Arbeitnehmerseite war in zwei innerbetriebliche und zwei von der Gewerkschaft entsandte Vertreter aufgeteilt, zu denen ein der Arbeitnehmerseite nahe stehender Repräsentant der öffentlichen Hand kam. In Wahrheit lag daher eher ein »Drei-Bänke-System« vor, das es einer Koalition aus Arbeitnehmervertretern und Vertretern der öffentlichen Hand prinzipiell ermöglicht hätte, das Unternehmen gegen den Willen der Anteilseigner zu leiten.

Nachdem das Grundgesetz seiner wirtschaftspolitischen Offenheit wegen zur paritätischen Mitbestimmung im Unternehmen weder positiv noch negativ Stellung bezogen hatte, unternahm die Regierung Adenauer den Versuch, die entflochtenen Gesellschaften wieder dem deutschen Recht, d.h. konkret: dem Aktiengesetz von 1937 und dem GmbH-Gesetz von 1892 zu unterstellen, die selbstredend keine Arbeitnehmervertretung im Aufsichtsrat kannten.[865] Die Gewerkschaften mobilisierten daraufhin die Belegschaften an Rhein und Ruhr. In einer Urabstimmung entschieden sich 95,87 % der organisierten Metaller und 92,8 % der organisierten Bergleute dafür, gegebenenfalls für die Mitbestimmung in den Streik zu treten.[866] Eine derart eindeutige Willensbekundung verfehlte ihre Wirkung nicht. In der CDU gewannen die Anhänger des Mitbestimmungsgedankens die Oberhand; Adenauer bekannte sich demonstrativ zum Ahlener Programm. In Verhandlungen zwischen Gewerkschaften, Arbeitgeberverbänden und Regierung wurden die wichtigsten Fragen einer gesetzlichen Regelung der »Montanmitbestimmung« geklärt, ehe dann am 10. April 1951 das noch heute geltende »Gesetz über die Mitbestimmung der Arbeitnehmer in den Aufsichtsräten und Vorständen der Unternehmen des Bergbaus und der Eisen und Stahl erzeugenden Industrie« (kürzer: Montanmitbestimmungsgesetz – MMitbG) verabschiedet wurde.[867]

Das für den Bergbau sowie die Eisen- und Stahlerzeugung (nicht: -verarbeitung) geltende Gesetz hat die Beteiligung der Arbeitnehmer an den Unternehmensorganen in die Strukturen des Rechts der Kapitalgesellschaften eingepasst. Vorbild war die im Aktienrecht vorgefundene Aufteilung in drei Gesellschaftsorgane: die über Grundsatzfragen wie Satzungsänderungen und Kapitalerhöhungen entscheidende Hauptversammlung, der den Vorstand wählende und kontrollierende Aufsichtsrat sowie schließlich der Vorstand selbst als die maßgebende Unternehmensleitung.[868] Während die Hauptversammlung von der Mitbestimmung nicht berührt wird, erfährt der Aufsichtsrat eine weitgehende Umgestaltung: Er muss aus einer gleichen Anzahl von Vertretern der Arbeitnehmer- wie der Arbeit-

864 *Deppe/v. Freyberg u. a.*, Kritik der Mitbestimmung, S. 87.
865 *Eb. Schmidt*, Neuordnung, S. 183ff.
866 *Eb. Schmidt*, S. 184ff., auch zum Folgenden.
867 BGBl. I, 347.
868 Zur Einführung: *Zachert*, WSI-Mitt. 1974, Sonderdruck (= Heft 9–12), S. 3ff.

geberseite (in der Regel fünf) sowie einem neutralen elften Mann bestehen, auf den sich beide Seiten einigen müssen. Das so zusammengesetzte Gremium wählt den Vorstand. Diesem muss notwendigerweise ein Arbeitsdirektor angehören, der nicht gegen die Stimmen der Mehrheit der Arbeitnehmervertreter bestellt werden kann (§ 13 Abs. 1 MMitbG).[869] Dieses für die AG entwickelte Modell wird durch § 3 Abs. 1 MMitbG auf die GmbH übertragen; sie muss daher gleichfalls einen Aufsichtsrat bilden, dessen Rechte und Pflichten sich nach dem AktG bestimmen (§ 3 Abs. 2 MMitbG). Nicht erfasst ist dagegen ein Unternehmen des Bergbaus oder der Eisen- und Stahlindustrie, das in der Form einer Stiftung, einer offenen Handelsgesellschaft, einer Kommanditgesellschaft oder als einzelkaufmännisches Unternehmen betrieben wird; auch muss es – von den durch die Alliierten geschaffenen »Einheitsgesellschaften« abgesehen – in der Regel mehr als 1000 Arbeitnehmer beschäftigen.

Das Montanmitbestimmungsgesetz hat dafür Sorge getragen, dass die Interessen der unternehmensangehörigen Arbeitnehmer im Aufsichtsrat zur Geltung kommen können, dass aber durch Einschaltung der Gewerkschaften eine ausschließliche Fixierung auf die Interessen des »eigenen« Unternehmens nach Möglichkeit verhindert wird. Nur zwei der fünf Arbeitnehmervertreter werden von den Betriebsräten nach Beratung mit den im Betrieb vertretenen Gewerkschaften und ihren Spitzenorganisationen vorgeschlagen (§ 6 Abs. 1 MMitbG). Jede Spitzenorganisation (DGB, damalige DAG) kann dagegen mit der Begründung Einspruch einlegen, der Vorgeschlagene biete nicht die Gewähr dafür, »zum Wohle des Unternehmens und der gesamten Volkswirtschaft verantwortlich im Aufsichtsrat mitzuarbeiten«. Wird dieser Einspruch zurückgewiesen, so liegt die letzte Entscheidung beim Bundesminister für Arbeit und Soziales (§ 6 Abs. 2 MMitbG).

Wichtiger als dieses nie praktisch werdende Vetorecht ist die den Spitzenorganisationen in § 6 Abs. 3 MMitbG eingeräumte Befugnis, nach vorheriger Beratung mit den im Betrieb vertretenen Gewerkschaften den Betriebsräten zwei weitere Mitglieder vorzuschlagen. Zu diesen beiden »Außerbetrieblichen« kommt ein ebenfalls von den Spitzenorganisationen vorzuschlagendes weiteres Mitglied hinzu, das seiner »Neutralität« wegen weder ein Repräsentant der Gewerkschaft noch ein als Arbeitnehmer oder in anderer Weise am Unternehmen Interessierter sein darf (§§ 4 Abs. 2, 6 Abs. 4 MMitbG). Sämtliche Vorschläge waren bis zu der Neuregelung im Mai 1981[870] für die Hauptversammlung, die dem Aktienrecht entsprechend den gesamten Aufsichtsrat wählt, bindend (§ 6 Abs. 5 MMitbG). Seither tritt die Bindungswirkung erst dann ein, wenn der Vor-

869 Zum Arbeitsdirektor und seinen zwingend zu beachtenden Kompetenzen s. *Däubler* NZG 2005, 619ff.; *Spieker*, FS Gnade, S. 275ff.

870 Gesetz vom 21. Mai 1981, BGBl. I 441.

geschlagene von der Versammlung aller unternehmensangehörigen Betriebsräte gewählt ist.[871] Mit diesen »Vorschlägen« ist die Entscheidung gefallen, da die Hauptversammlung (bzw. die Gesellschafterversammlung bei der GmbH) nach § 6 Abs. 6 MMitbG an sie gebunden ist.
Wie wird das neutrale Mitglied, der sog. elfte Mann bestimmt? Gesetzlicher Normalfall ist ein gemeinsamer Vorschlag der Arbeitgeber- wie der Arbeitsnehmervertreter. Diesem müssen nach § 8 Abs. 1 MMitbG mindestens drei Vertreter beider »Bänke« zustimmen. Kommt ein solcher Vorschlag nicht zustande oder wird die vorgeschlagene Person nicht gewählt, so wird nach § 8 Abs. 2 MMitbG ein »Vermittlungsausschuss« gebildet, der aus je zwei Mitgliedern beider Seiten besteht. Er hat einen Monat Zeit, um eine »Liste« mit drei Personen zu finden, die er dem Wahlorgan (Hauptversammlung bzw. Gesellschafterversammlung) vorschlägt. Dieses hat dann ein Auswahlrecht. Kommt kein Vorschlag zustande, weil Abstimmungen immer 2 zu 2 ausgehen oder kein vernünftiger Mensch bereit ist, sich angesichts so vieler Streithähne ins Getümmel zu stürzen, entscheidet das Wahlorgan nach § 8 Abs. 3 Satz 7 MMitbG allein.
Was passiert, wenn zwar ein Vorschlag zustande kommt, die Hauptversammlung aber alle genannten Personen als »nicht seriös« oder »überhaupt nicht geschäftserfahren« zurückweist? In einem solchen Fall entscheidet nach § 8 Abs. 3 Satz 4 MMitbG das zuständige Oberlandesgericht.
In der Praxis werden diese komplizierten Verfahren nie durchgespielt. Man einigt sich spätestens in dem »Vermittlungsausschuss« über die fragliche Person, wobei das Letztentscheidungsrecht des Wahlorgans die Arbeitnehmerseite veranlassen kann, auch eine Person mit gewisser »Neigung« zur Arbeitgeberseite hin zu akzeptieren; schließlich könnte diese ja auch (umgangssprachlich gesagt) einen »scharfen Hund« durchboxen.
Der Aufsichtsrat wählt sämtliche Vorstandsmitglieder (bzw. bei der GmbH die Geschäftsführer). Unter ihnen muss sich als gleichberechtigtes Mitglied ein »Arbeitsdirektor« befinden, der für soziale und personelle Angelegenheiten zuständig ist.[872] Er kann nach § 13 Abs. 1 Satz 2 MMitbG nicht gegen die Stimmen der Mehrheit der Arbeitnehmervertreter gewählt werden. In der Praxis gibt es eine stillschweigende Abrede der Art, dass die Arbeitnehmerseite insoweit »freie Hand« hat, während dasselbe den Vertretern der Anteilseigner für alle übrigen Vorstands- bzw. Geschäftsführungspositionen eingeräumt wird. Nur bei einem völlig aus dem Rahmen fallenden Vorschlag würde vermutlich anderes gelten.

871 § 6 Abs. 5 MMitbG n. F. Überblick über die Novellierung bei *Engels*, BB 1981, 1349ff.

872 Einzelheiten zu seinem Kompetenzbereich bei *Däubler*, NZG 2005, 619ff.; *Hanau*, ZGR 1983, 246ff. *Köstler/Müller/Sick*, Rn 645ff.; *Wendeling-Schröder*, Divisionalisierung, S. 31ff. mwN. Monographisch *Spie/Piesker*, Der Geschäftsbereich des Arbeitsdirektors, Heidelberg 1983. Vgl. auch LG Frankfurt/M. 26.4.1984 – 3/6 O 210/85, Mitb 1984, 352; BGH 14.11.1983 – II ZR 33/83, Mitb 1984, 85.

V. Die Fortsetzung der Auseinandersetzung

Da der Regierungsentwurf für ein »Betriebsverfassungsgesetz« weit hinter den gewerkschaftlichen Forderungen zurückblieb, stellten sich für die Gewerkschaften nach Abschluss der Auseinandersetzungen um die Montanmitbestimmung verschiedene Handlungsoptionen.
(1) Man konnte versuchen, trotz Scheiterns der Hattenheimer Gespräche mit den Arbeitgebern zu einer Einigung zu kommen, was aber die geringsten Erfolgsaussichten versprach.
(2) Man konnte versuchen, mit der Regierung zu verhandeln, um sie zu einer Annäherung an die gewerkschaftliche Position zu veranlassen
(3) Man konnte ähnlich wie bei der Montanmitbestimmung den außerparlamentarischen Kampf aufnehmen und diesen ggf. mit den Verhandlungen verknüpfen.
(4) Man konnte versuchen, mit Hilfe von befreundeten Parlamentariern (SPD, CDU-Sozialausschüsse) zu einem besseren Resultat zu kommen.
Die Gewerkschaften entschieden sich primär für den Weg (2) und trafen sich bis Ende 1951 insgesamt sechs Mal mit dem Bundeskanzler. Auf dem außerordentlichen DGB-Kongress, der Christian Fette zum Nachfolger des im Februar 1951 überraschend verstorbenen Hans Böckler wählte, wurde heftige Kritik an den Regierungsplänen geübt, jedoch nicht über konkrete Maßnahmen diskutiert. Hierfür hätte jedoch dringender Anlass bestanden.
Zum einen hatten die Gewerkschaften bislang nur Maximalvorstellungen zur überbetrieblichen Ebene und zur Unternehmensmitbestimmung zu Papier gebracht,[873] die – wie für jedermann ersichtlich – nicht zu realisieren waren. Zur Mitbestimmung im Betrieb existierten keine konkreten Vorschläge. Wie *Hans Brümmer*, einer der drei Vorsitzenden der IG Metall, schon am 2. August 1950 in einem Brief an den DGB-Bundesvorstand geschrieben hatte, hätte man sich stattdessen auf bestimmte Fragen konzentrieren müssen, bei denen man tatsächlich etwas bewirken konnte. Zum zweiten sollte man dann für diese Forderungen aber auch kämpfen und gewerkschaftliche Machtmittel einsetzen.[874] Der höchst einsichtige Appell zu realistischem Verhalten verhallte ungehört. Erst als sich die Regierung anschickte, eine Spezialregelung für den öffentlichen Dienst zu schaffen und die dortigen betrieblichen Interessenvertretungen mit noch geringeren Rechten auszustatten, intervenierte der ÖTV-Vorsitzende *Kummernuß* und befürwortete Kampfmaßnahmen. Ähnlich wie bei der Montanmitbestimmung ging es hier darum, etwas bereits Erreichtes – die einheitliche Interessenvertretung für die gewerbliche Wirtschaft und den öffentlichen Dienst, die das

873 S. etwa den Gesetzentwurf zur Neuordnung der deutschen Wirtschaft, RdA 1950, 227.
874 Der Brief ist wiedergegeben bei *Eb. Schmidt*, Die verhinderte Neuordnung, S. 202.

KRG Nr. 22 gebracht hatte und die auch in fast alle Landesgesetze eingegangen war – wieder abzuschaffen. In solchen Fällen ist eine Einigung über Widerstand sehr viel leichter zu erreichen als für eine Forderung nach der Neuordnung der gesamten Wirtschaft.

VI. Der Rückgriff auf Kampfmaßnahmen

Der DGB tat sich mit Kampfmaßnahmen schwer. Das zeigte sich schon daran, dass man das Wort »Streik« vermied. Der geschäftsführende Bundesvorstand sollte einem Beschluss vom 10. April 1952 entsprechend zusammen mit den Vorständen der Einzelgewerkschaften *»alle geeignet erscheinenden Maßnahmen«* ergreifen, »um der Forderung auf Schaffung eines einheitlichen fortschrittlichen Betriebsverfassungsgesetzes Geltung zu verschaffen.«[875] Auch der dies bestätigende Bundesausschuss nahm das Wort »Streik« nicht in den Mund. Auf einer Pressekonferenz vom 12. Mai 1952 wurde dann die Öffentlichkeit informiert, dass ggf. »gewerkschaftliche Machtmittel« eingesetzt würden. Außerdem wurde ein Flugblatt in einer Auflage von zehn Mio. verteilt, das über die Lage informieren sollte.
Schon am 10. April 1952 war eine aus elf Personen bestehende Kommission eingesetzt worden, die konkrete Maßnahmen vorbereiten, deren Existenz aber geheim bleiben sollte. Auf der ersten Sitzung wurden überraschend zahlreiche Vorschläge erörtert, die so gar nicht zu den bisherigen Verhaltensmustern der Gewerkschaft passten: Lähmung des öffentlichen Lebens durch Streik in den Verkehrsbetrieben, Unterbrechung der Gas- und Stromversorgung, Warnstreiks, Sitzstreiks und Dienst nach Vorschrift, Sternfahrten nach Bonn. Die Aktionen sollten durch Öffentlichkeitsarbeit, Betriebsversammlungen und Kundgebungen unterstützt werden. Auch ein Zeitungsstreik wurde bereits erörtert.
Im Mai 1952 fanden zahlreiche Aktionen statt. Dass ein konkretes eigenes Ziel fehlte, weil es keinen Alternativentwurf zu den Vorstellungen der Regierung gab, stand dem zunächst nicht entgegen. Man beschränkte sich auf die Parole: *»Dieser Entwurf darf nicht Gesetz werden.«* Die erste Stufe waren Kundgebungen während der Arbeitszeit und Warnstreiks. Die Gewerkschaftspresse berichtete über folgende Aktionen:

- Am 15. Mai demonstrierten in Düsseldorf 60 000 Arbeitnehmer,
- am 16. Mai waren es in Hamburg 175 000,
- am 20. Mai waren es im Land Hessen über 100 000,
- in Braunschweig waren es 40 000,

875 Zitiert bei *Eb. Schmidt*, Die verhinderte Neuordnung, S. 208.

- in Dortmund 80 000,
- in Mannheim 60 000,
- in Bielefeld 50 000 und
- Ende Mai in München 140 000 Arbeitnehmer.

Im Land Nordrhein-Westfalen nahmen insgesamt etwa 600 000 Arbeitnehmer an Arbeitsniederlegungen, kürzeren Warnstreiks und Demonstrationen teil, in Bayern waren es 560 000. Der Elfer-Ausschuss war mit der Resonanz seiner Arbeit zufrieden.

Vom 27. bis 29. Mai 1952 fand der sog. Zeitungsstreik statt. Die Drucker legten die Arbeit nieder, sodass praktisch keine Zeitungen mehr erschienen. Dies wurde in der Öffentlichkeit als Angriff auf die Pressefreiheit gewertet, obwohl der DGB-Bundesvorstand nachhaltig das Gegenteil behauptete. Auch die vorherigen Aktionen hatten außerhalb der Gewerkschaften nur wenig Unterstützung erfahren; es gab ja außer dem »Dieses Gesetz – niemals« auch keine konkrete Forderung, mit der sich ein wohlmeinender Zeitgenosse hätte solidarisieren können.

VII. Abgesang oder: Der Sieg des Fuchses über die Hühner

Bundeskanzler *Adenauer* bot neue Gespräche an, sofern die Aktionen gestoppt würden. Die Situation ähnelte dem äußeren Anschein nach der Lage, die nach den Urabstimmungen im Bergbau und in der Stahlindustrie bestanden hatte – die Gewerkschaft hatte gezeigt, dass sie über Machtmittel verfügte, und deshalb war es zu Verhandlungen und einem relativ guten Kompromiss gekommen. In der Realität bestanden jedoch gewichtige Unterschiede.

- Im Montanbereich war nur mit Arbeitsniederlegung gedroht worden, was angesichts der Urabstimmungsergebnisse und des hohen Organisationsgrades als Druckmittel genügte. Nunmehr war es zu effektiven Arbeitsniederlegungen gekommen, gegen die sich die Öffentlichkeit durch die Regierung und die Arbeitgeberseite leichter mobilisieren ließ. Auch war offen, ob diese einen größeren Umfang annehmen könnten.
- Seit der Auseinandersetzung im Montanbereich hatte das Konzept der sozialen Marktwirtschaft weiter an Boden gewonnen. Das gewerkschaftliche Programm zur »Neuordnung der deutschen Wirtschaft« war damit nicht in Einklang zu bringen, ja es erschien als überholt und nicht mehr zeitgemäß.

An einem konkreten Gegenentwurf zu den Vorschlägen der Regierung fehlte es weiter.[876]
- Auch der Antikommunismus war stärker geworden. So verwies *Adenauer* in seinem Schreiben an den DGB auf Drohungen, die aus der DDR kamen und die die Unterzeichnung des Deutschlandvertrags durch Generalstreik verhindern wollten. Dies nahm den Aktionen ein weiteres Stück Legitimität, weil in den Augen vieler »Streik« so zu einem illegitimen Mittel wurde.

Unter diesen Umständen blieb dem DGB keine andere Wahl, als das Gesprächsangebot *Adenauers a*nzunehmen. Nur: Niemand konnte den DGB zwingen, alle Aktionen »bis auf weiteres« abzusagen, was von den Mitgliedern und den Funktionären der unteren Ebene als definitiver Verzicht gewertet und mit Protest beantwortet wurde.[877] Es hätte völlig genügt, dies für ein oder zwei Wochen oder für den Zeitraum bis zum zweiten oder dritten Gespräch zu tun. Auch durfte der Vorstand eine so weitreichende Entscheidung nicht ohne Rückkopplung mit denen treffen, die die Aktionen organisiert hatten.

Die Verhandlungen mit *Adenauer* blieben ohne Ergebnis. Am 13. Juni 1952 wurde beim ersten Treffen die Einsetzung einer aus acht Personen (vier Gewerkschafter und vier Vertreter der Regierungsfraktionen) bestehenden Kommission beschlossen, die vor Abschluss der Ausschussberatungen die gewerkschaftlichen Vorstellungen besprechen sollte. Damit schienen eine kurzfristige Verabschiedung des Ausschussberichts und eine darauf unmittelbar folgende Verabschiedung des Gesetzes durch das Parlament ausgeschlossen. Dem war aber nicht so. Die Ausschussarbeit wurde mit Hochdruck fortgesetzt. Auch hatte das Bundeskabinett am 13. Juni 1952, also am Tag des Treffens von *Adenauer* mit dem DGB, einen Regierungsentwurf für ein Bundespersonalvertretungsgesetz verabschiedet. Dies wurde erst am 7. Juli bekannt, weshalb die Gewerkschaften die weiteren Gespräche in dem Achter-Gremium absagten.

Damit waren – wieder einmal – Verhandlungen gescheitert. Dieses Mal allerdings mit gravierenden Folgen, da der Ältestenrat des Bundestags die zweite und dritte Lesung des BetrVG auf den 16. und 18. Juli gelegt hatte. Die Zeit, um neue Aktionen in die Wege zu leiten, war extrem knapp. Außerdem hatte *Adenauer* durch Vermittlung des NRW-Ministerpräsidenten *Karl Arnold* einen weiteren Gesprächstermin für den 14. Juli angeboten. Dies veranlasste die DGB-Führung, über eventuelle Aktionen erst nach diesem Gespräch zu beraten, weil die Verhandlungen mit dem Kanzler auf keinen Fall gestört werden sollten. Sie hatten

876 Der DGB-Gesetzentwurf zur Neuordnung der deutschen Wirtschaft (RdA 1950, 227) verwies lediglich auf ein zu erlassendes Betriebsverfassungsgesetz; dazu *Arnold*, S. 55.

877 *Eb. Schmidt*, Die verhinderte Neuordnung, S. 214.

allerdings keinerlei Resultat; *Adenauer* verließ sogar in einer Pause die Sitzung, weil er »dienstlich verhindert« sei.
Der am 15. Juli zusammentretende Bundesausschuss des DGB befand sich einen Tag vor der zweiten und drei Tage vor der dritten Lesung in einer aussichtslosen Lage. Der Vorsitzende *Fette* schlug Warnstreiks vor, weil diese *»im Interesse des Vertrauens der Mitglieder«* erforderlich seien. Man wollte also nicht den Eindruck erwecken, sang- und klanglos verloren zu haben. Andere Mitglieder widersprachen. Letztlich verständigte man sich auf einen »letzten Appell« an das Parlament und gab seinen »Unwillen« über die bisherige Entwicklung kund.
Bei der Schlussabstimmung über das Betriebsverfassungsgesetz am 19. Juli 1952 wurden im Bundestag 354 Stimmen abgegeben. 195 Abgeordnete stimmten mit »Ja«, 140 mit »Nein«. 7 Abgeordnete, die zu den Sozialausschüssen der CDU gehörten, enthielten sich der Stimme in dem Bewusstsein, dass die Mehrheitsverhältnisse eindeutig waren. Das Gesetz wurde am 14. Oktober 1952 im Bundesgesetzblatt verkündet und trat nach seinem § 92 einen Monat später, d.h. am 14. November 1952 in Kraft.

§ 25 Der neue rechtliche Rahmen: Das Betriebsverfassungsgesetz 1952 als spät entdeckter Fortschritt

I. Die neuen Spielregeln

Von der rechtstechnischen Ausgestaltung her entsprach das Betriebsverfassungsgesetz 1952 (BetrVG 1952) den Landesgesetzen[878] und konnte deshalb von vornherein mit sehr viel mehr Akzeptanz bei den Beschäftigten rechnen als das KRG Nr. 22. Auf der anderen Seite brachte es im Vergleich mit dem hessischen oder dem württemberg-badischen Gesetz deutlich weniger Handlungsmöglichkeiten für die Betriebsräte, entzog ihnen also vorher bestehende Rechte. Dennoch formierte sich wenig Widerstand. Die DGB-Gewerkschaften versuchten, es »mit Leben zu erfüllen«, d. h. seine (eher bescheidenen) Möglichkeiten auszuschöpfen. Lediglich die KPD gab die Parole aus, das Gesetz zu boykottieren – mit geringem Erfolg. So verurteilte der Bundesgerichtshof mehrere Arbeitnehmer wegen strafbarer Aufforderung zum Ungehorsam nach § 110 StGB a. F.: Sie hatten sich für einen Boykott der Aufsichtsratswahlen ausgesprochen und im Übrigen gefordert, nur solche Kollegen in den Betriebsrat zu wählen, die das neue Gesetz prinzipiell ablehnten.[879] Hätte es eine starke Gegenbewegung gegeben, wäre es wohl kaum zu einer solchen Gerichtsentscheidung gekommen, die aus heutiger Sicht befremdlich wirkt.
Im Folgenden soll der wesentliche Inhalt des Gesetzes dargestellt werden; ohne seine Grundstrukturen zu kennen, ist auch das heute geltende Recht nicht zu verstehen. Dieses baut auf den damals geschaffenen Normen auf, modifiziert sie zum Teil und fügt neue Bestimmungen, insbesondere neue Rechte des Betriebsrats, hinzu. Der Kern ist jedoch derselbe geblieben.

1. Die Wahl von Betriebsräten

In allen Betrieben, in denen mindestens fünf wahlberechtigte Arbeitnehmer beschäftigt sind, von denen drei wählbar sind, »werden« nach § 8 Abs. 1 BetrVG

878 Dazu oben § 22.
879 BGH 8. 12. 1954 – 6 StR 231/54, BGHSt 7, 67.

1952 »Betriebsräte gewählt«. Wahlberechtigt ist jeder Arbeitnehmer, der das 18. Lebensjahr vollendet hat. Die Wählbarkeit setzt voraus, dass die fragliche Person das 21. Lebensjahr vollendet hat, seit mindestens einem Jahr im Betrieb tätig ist und das Wahlrecht zum Deutschen Bundestag besitzt, also Deutscher im Rechtssinne ist. § 4 Abs. 2 Buchst. c klammerte die dort näher umschriebenen »leitenden Angestellten« generell aus dem Gesetz aus.[880] Die Formulierung »werden Betriebsräte gewählt« spricht für eine generelle Pflicht, doch drohen keine Sanktionen, wenn niemand im Betrieb eine Initiative zugunsten einer Betriebsratswahl ergreift: Lediglich ihre aktive Behinderung ist in § 78 Abs. 1 Buchst. a des Gesetzes mit Strafe bedroht.

Die Zahl der Betriebsratsmitglieder steigt mit der Größe des Betriebes. Arbeiter und Angestellte wählen getrennt, sofern nicht beide Gruppen gemeinsame Wahl beschließen. Dennoch gibt es einen einheitlichen Betriebsrat; die Weimarer Aufteilung in Arbeiter- und Angestelltenrat existiert nicht mehr. Die Minderheitsgruppe – damals praktisch immer die Angestellten – genießt nach Maßgabe des § 10 Abs. 2 des Gesetzes einen besonderen Schutz, der bisweilen zu einer Überrepräsentation der kleineren Gruppe führt. Männer und Frauen »sollen« entsprechend ihrem zahlenmäßigen Verhältnis vertreten sein; ist dies nicht der Fall, bleibt das ohne Konsequenzen. Anders als im KRG Nr. 22 ist das Wahlverfahren in den §§ 13ff. BetrVG 1952 sowie in der als Verordnung erlassenen Wahlordnung detailliert geregelt.

Die Gewerkschaft besitzt eine ungleich bescheidenere Rolle als im KRG Nr. 22: Sie kann keine eigenen Kandidaten aufstellen, sondern ist auf Initiativen ihrer Mitglieder im Betrieb angewiesen. Nach § 18 des Gesetzes hat sie lediglich die Möglichkeit, die Wahl anzufechten, wenn gegen die Vorschriften über das Wahlverfahren verstoßen wurde. Die Gewerkschaft hat auch kein ausdrückliches Zugangsrecht zum Betrieb – weder bei der Wahl noch später. Insoweit bleibt unklar, ob ihr der Arbeitgeber kraft seines Hausrechts den Zutritt verwehren kann.

Betriebsräte werden auf zwei Jahre, seit 1964 auf drei Jahre gewählt. Sie sind – insoweit einem Abgeordneten vergleichbar – Repräsentanten der Belegschaft, keine von Weisungen abhängigen Delegierten. Bei Fehlverhalten gibt es keine Abwahl, sondern nur eine Amtsenthebung durch das Arbeitsgericht. Diese setzt nach § 23 eine »grobe Vernachlässigung« der gesetzlichen Befugnisse oder eine »grobe Verletzung« der gesetzlichen Pflichten voraus. Die vier Mal pro Jahr stattfindenden Betriebsversammlungen können keine bindenden Beschlüsse fassen, sondern nur Empfehlungen aussprechen; dennoch wäre ein Betriebsrat schlecht beraten, sich über ein solches Votum hinwegzusetzen.

---

880 Näher hierzu und zur Vorgeschichte *Hromadka*, FS 100 Jahre Betriebsverfassungsrecht, S. 227, 237.

2. Rechtsstellung des Betriebsratsmitglieds

Die Tätigkeit als Betriebsrat ist nach § 37 Abs. 1 des Gesetzes ein Ehrenamt, darf als solches also nicht vergütet werden. Grundsätzlich findet sie jedoch während der Arbeitszeit statt, ohne dass die Vergütung deshalb gemindert werden darf. Die Frage, was geschieht, wenn eine Betriebsratssitzung außerhalb der betriebsüblichen Arbeitszeit oder außerhalb der Arbeitszeit eines individuellen Mitglieds stattfindet, wird nicht angesprochen. Ebenso wenig wird das Problem behandelt, wie man verhindern kann, dass Betriebsratsmitglieder von Gehaltserhöhungen und Beförderungen ausgeschlossen werden. Es besteht lediglich ein allgemeines Benachteiligungsverbot; seine Verletzung müsste im Einzelnen durch das Betriebsratsmitglied belegt werden. Je nach betrieblichen Verhältnissen kann die Übernahme eines Betriebsratsamtes mit erheblichen Opfern verbunden sein.
Ein Betriebsratsmitglied kann nach § 13 Abs. 1 KSchG a. F. nur aus wichtigem Grund gekündigt werden. Wird eine Kündigung ausgesprochen, ohne dass diese Voraussetzung gegeben ist, kann der Betroffene das Arbeitsgericht anrufen und die Unwirksamkeit der Kündigung feststellen lassen. Bis eine solche Entscheidung vorliegt, ist er allerdings nicht mehr im Betrieb tätig. Gewinnt er seinen Prozess, was oft erst nach zwei oder drei Jahren der Fall ist, wird die Rückkehr in den Betrieb schwierig. Dort hat sich das Rad weitergedreht, andere Personen haben die Aufgaben des Gekündigten übernommen, der Arbeitgeber wird wenig Freude über die Rückkehr des »Störenfrieds« empfinden ... Es liegt nahe, in einer solchen Situation ein einvernehmliches Ausscheiden gegen Abfindung zu vereinbaren. Der Arbeitgeber ist damit den »unangenehmen« Interessenvertreter definitiv los.
Nach § 39 des Gesetzes trägt der Arbeitgeber die Kosten der Betriebsratstätigkeit. Für Sitzungen, Sprechstunden und die laufende Geschäftsführung muss er die erforderlichen Räume und die sachlichen Mittel zur Verfügung stellen. Der Betriebsrat hat auf diese Weise »gläserne Taschen«; dem entspricht es, dass § 40 finanzielle Beiträge der Arbeitnehmer zur Betriebsratstätigkeit ausdrücklich verbietet.

3. Das Verhältnis zum Arbeitgeber

§ 49 Abs. 1 des Gesetzes verpflichtet den Arbeitgeber und den Betriebsrat, vertrauensvoll zusammen zu arbeiten. Dies soll »im Zusammenwirken« mit den im Betrieb vertretenen Gewerkschaften und Arbeitgebervereinigungen geschehen. Ziel der Zusammenarbeit ist das »Wohl des Betriebes und seiner Arbeitnehmer«. Dabei ist auch das Gemeinwohl zu berücksichtigen. Im Vergleich zum BRG 1920 ist die Zusammenarbeit noch stärker betont und wird überdies subjektiviert: Dem »Vertrauen« entspricht es, dass sich Arbeitgeber und Betriebsrat einmal

pro Monat treffen, um »mit dem ernsten Willen zur Einigung« über anstehende Probleme zu verhandeln (§ 49 Abs. 3).
Die Grundsatzentscheidung hat handfeste Folgen. Nach § 49 Abs. 2 Satz 1 muss der Betriebsrat alles unterlassen, was »geeignet ist, die Arbeit und den Frieden des Betriebs zu gefährden.« Schon bei der »Eignung zur Gefährdung« beginnt die Zone des Verbotenen, weshalb bereits ein deutlicher Brief erfasst sein kann. Flugblätter, die sich gegen den Arbeitgeber richten, wurden deshalb von der Rechtsprechung für illegal erklärt.[881] Das BAG sah sich veranlasst, darauf hinzuweisen, es bestehe für den Betriebsrat keine Pflicht, jedem Vorschlag der anderen Seite zuzustimmen.[882] Von diesem Ausgangspunkt her ist es nur konsequent, dass § 49 Abs. 2 Satz 2 des Gesetzes jede Maßnahme des Arbeitskampfes im Verhältnis Betriebsrat – Arbeitgeber verboten hat.

4. Mitbestimmungs- und Mitwirkungsrechte

a) Mitbestimmung in sozialen Angelegenheiten nach § 56 BetrVG 1952 und Schutz der Tarifautonomie

Dem Betriebsrat als einem auf extreme Friedfertigkeit ausgerichteten Sozialpartner werden in den §§ 56ff. des Gesetzes eine Reihe von Mitbestimmungsrechten eingeräumt. Dabei stellt § 56 Abs. 2 ausdrücklich klar, dass im Falle des Dissenses eine Einigungsstelle verbindlich entscheidet, die aus einer gleichen Zahl von Beisitzern beider Seiten und aus einem unparteiischen Vorsitzenden besteht. Einigen sich die Betriebsparteien insoweit nicht auf eine bestimmte Person, wird diese durch das Arbeitsgericht bestimmt. Anders als in einer Reihe von Landesgesetzen[883] kann also durchaus von voller Mitbestimmung gesprochen werden.
Die erfassten sozialen Angelegenheiten sind in § 56 Abs. 1 aufgezählt. Der Katalog ist auf den ersten Blick durchaus beeindruckend und lautet:

BetrVG 1952
Soziale Angelegenheiten

§ 56
(Mitbestimmungsrecht)
(1) Der Betriebsrat hat, soweit eine gesetzliche oder tarifliche Regelung nicht besteht, in folgenden Angelegenheiten mitzubestimmen:

881 LAG Düsseldorf 30.1.1953 – 1 Sa 119/52, BB 1953, 202; LAG Frankfurt/Main 12.11.1952 – III La 330/52, DB 1953, 448.
882 BAG 1.3.1966 – 1 ABR 14/65, AP Nr. 1 zu § 69 BetrVG (1952).
883 S. oben § 22 II.

a) Beginn und Ende der täglichen Arbeitszeit und der Pausen;
b) Zeit und Ort der Auszahlung der Arbeitsentgelte;
c) Aufstellung des Urlaubsplans;
d) Durchführung der Berufsausbildung;
e) Verwaltung von Wohlfahrtseinrichtungen, deren Wirkungsbereich auf den Betrieb oder das Unternehmen beschränkt ist, ohne Rücksicht auf ihre Rechtsform;
f) Fragen der Ordnung des Betriebs und des Verhaltens der Arbeitnehmer im Betrieb;
g) Regelung von Akkord- und Stücklohnsätzen;
h) Aufstellung von Entlohnungsgrundsätzen und Einführung von neuen Entlohnungsmethoden.

(2) Ist eine Übereinstimmung über die vorstehenden Fragen nicht zu erzielen, so entscheidet die Einigungsstelle verbindlich, soweit eine Regelung nach § 50 Abs. 3 nicht zustande kommt.

Die durch die Betriebsparteien oder die Einigungsstelle gefundene (Kompromiss-) Regelung hat normalerweise die Form einer Betriebsvereinbarung. Diese ist eine Art »Tarifvertrag im Kleinformat« und wirkt unmittelbar und zwingend in die Arbeitsverhältnisse hinein: Eine schlechtere arbeitsvertragliche Abmachung ist unwirksam. Daneben gibt es »Betriebsabsprachen« oder »betriebliche Einigungen«, die lediglich den Arbeitgeber und den Betriebsrat binden.
Wie aus dem Eingangssatz des § 56 BetrVG 1952 deutlich wird, bestehen diese Mitbestimmungsrechte nur, soweit keine gesetzliche oder tarifliche Regelung existiert. Sind z. B. die Akkord- und Stücklohnsätze im Tarifvertrag abschließend geregelt, kann der Betriebsrat nichts mehr mitbestimmen. Auf diese Weise soll das gewerkschaftliche Recht zum Abschluss von Tarifverträgen vor einer Unterlaufung durch die Betriebsparteien geschützt werden.
Die Tarifautonomie kann auch dadurch bedroht sein, dass Betriebsrat und Arbeitgeber außerhalb von Mitbestimmungsrechten freiwillige Betriebsvereinbarungen über »Tarifthemen« abschließen. Grundsätzlich sind nach § 57 BetrVG 1952 freiwillige Betriebsvereinbarungen zu allen sozialen Angelegenheiten zulässig, doch sieht § 59 BetrVG 1952 einen sog. Tarifvorbehalt vor: Betriebsvereinbarungen über Arbeitsentgelte und sonstige Arbeitsbedingungen sind schon dann unzulässig, wenn die fraglichen Gegenstände »üblicherweise« durch Tarifvertrag geregelt werden. So bescheiden die Rechte der Gewerkschaften im Betrieb sind – ihre Aufgabe zur überbetrieblichen Regelung der Löhne und Arbeitsbedingungen wird in vollem Umfang respektiert. Betriebsräte dürfen nicht zu einer »beitragsfreien Ersatzgewerkschaft« (Hanau) werden.

b) Beteiligung in personellen Angelegenheiten

In personellen Angelegenheiten gibt es der Überschrift von § 61 BetrVG nach ein »Mitbestimmungsrecht« bei Einstellungen, das § 63 auf Versetzungen und Umgruppierungen erstreckt. Eine Lektüre des Gesetzestextes führt jedoch zu einem anderen Ergebnis. Der Arbeitgeber muss dem Betriebsrat »den für den Bewerber in Aussicht genommenen Arbeitsplatz« benennen und zur Person des Bewerbers Auskunft geben. Der Betriebsrat hat dann das Recht, etwaige Bedenken dem Arbeitgeber innerhalb einer Woche schriftlich mitzuteilen. Diese Bedenken können jedoch nur auf bestimmte Gründe gestützt werden, die selten vorliegen werden:

- Die Einstellung als solche verstößt gegen ein Gesetz oder ist aus sonstigen Gründen rechtswidrig.
- Es besteht der durch Tatsachen begründete Verdacht, dass der Bewerber für den Arbeitsplatz nicht geeignet ist und nur mit Rücksicht auf persönliche Beziehungen eingestellt werden soll.
- Es besteht der durch bestimmte Tatsachen begründete Verdacht, dass die Einstellung nur erfolgen soll, um andere geeignete Bewerber oder Arbeitnehmer aus Gründen der Abstammung, der Religion, der Nationalität, der Herkunft, des Geschlechts oder wegen ihrer politischen oder gewerkschaftlichen Betätigung oder Einstellung zu benachteiligen.
- Es besteht die durch bestimmte Tatsachen begründete Besorgnis, dass der Bewerber den Betriebsfrieden durch unsoziales oder gesetzwidriges Verhalten stören würde.

Im Streitfall muss der Betriebsrat das Arbeitsgericht anrufen; während des Verfahrens kann der Bewerber vorläufig eingestellt und beschäftigt werden. Die geringe praktische Bedeutung der Vorschrift wird daran deutlich, dass in der 1970 erschienenen 9. Aufl. des Kommentars von *Fitting/Kraegeloh/Auffarth* keine einzige Gerichtsentscheidung genannt wird, die sich auf einen dieser Zustimmungsverweigerungsgründe bezogen hätte.[884]

Vor Kündigungen ist der Betriebsrat nach § 66 Abs. 1 des Gesetzes lediglich anzuhören. Bei Masseneinstellungen und Massenentlassungen hat eine eingehende Beratung mit ihm stattzufinden, doch bleibt die alleinige Entscheidungskompetenz des Arbeitgebers unberührt. Hat ein Arbeitnehmer wiederholt durch gesetzwidriges oder unsoziales Verhalten den Betriebsfrieden ernstlich gestört, kann der Betriebsrat nach § 66 Abs. 4 seine Entlassung oder Versetzung verlangen.

---

884 *Fitting/Kraegeloh/Auffarth*, § 61 Rn. 29 – 45. Einzige Ausnahme: In BAG (5.12.1957 – 1 AZR 594/56), AP Nr. 2 zu § 123 BGB ist ausgeführt, dass gesetzwidriges Verhalten, das in keinerlei Zusammenhang mit dem betrieblichen Geschehen steht, nicht als »unsoziales Verhalten« im Sinne des § 61 letzte Alternative gewertet werden kann.

c) Beteiligung in wirtschaftlichen Angelegenheiten

In wirtschaftlichen Angelegenheiten sieht das Gesetz zwei Betätigungsmöglichkeiten vor. Zum einen wird in allen Unternehmen mit in der Regel mehr als 100 ständig beschäftigten Arbeitnehmern ein Wirtschaftsausschuss gebildet. Dieser hat zwischen vier und acht Mitgliedern, die zur Hälfte vom Betriebsrat, zur Hälfte vom Arbeitgeber bestimmt werden. Der Ausschuss wird über die wirtschaftlichen Angelegenheiten des Unternehmens unterrichtet, die in § 67 Abs. 3 BetrVG 1952 näher umschrieben sind. Wenn zwei Mitglieder es wünschen, müssen der Arbeitgeber, ein Abteilungsleiter oder ein Sachbearbeiter erscheinen, um bestimmte Fragen zu erläutern.

Zum zweiten besteht nach § 72 des Gesetzes ein »Mitbestimmungsrecht« bei Betriebsänderungen, zu denen beispielsweise die Einschränkung oder Stilllegung des ganzen Betriebs oder von wesentlichen Betriebsteilen gehören. Sobald eine Betriebsänderung geplant ist, müssen Arbeitgeber und Betriebsrat über einen Interessenausgleich verhandeln. Kommt dieser nicht zustande, so kann eine behördliche Instanz um Vermittlung gebeten werden. Bleibt auch dies ohne Erfolg, so kann jede Seite eine Vermittlungsstelle anrufen, die aus einer gleichen Zahl von Vertretern des Arbeitgebers und des Betriebsrats sowie einem unparteiischen Vorsitzenden besteht. Kommt dort eine Einigung zustande, ist diese schriftlich niederzulegen. Ist dies nicht der Fall, kann die Vermittlungsstelle mit Mehrheit einen Einigungsvorschlag beschließen. Weicht der Arbeitgeber ohne zwingenden Grund von der Einigung oder dem Einigungsvorschlag ab und kommt es deshalb zu Kündigungen, so ist den Betroffenen eine angemessene Abfindung zu bezahlen. Eine wirkliche »Mitbestimmung« über die Betriebsänderung als solche existiert anders als z. B. im Hessischen Betriebsrätegesetz nicht.

5. Vertretung auf Unternehmensebene

Besteht ein Unternehmen aus mehreren Betrieben, so kann nach § 46 des Gesetzes ein Gesamtbetriebsrat errichtet werden. Dies ist aber eine bloße Möglichkeit, keine Pflicht. Die Bildung eines Konzernbetriebsrats ist nicht ausdrücklich vorgesehen.

Die umstrittene Vertretung der Arbeitnehmer im Aufsichtsrat findet sich in den §§ 76, 77 BetrVG 1952. Bei AGs und bei GmbHs, die mehr als 500 Arbeitnehmer beschäftigen, besteht der Aufsichtsrat zu einem Drittel aus Vertretern der Beschäftigten. Diese werden nicht etwa von der Gewerkschaft oder dem Betriebsrat entsandt, sondern von der Belegschaft gewählt. Die Gewählten müssen grundsätzlich dem Unternehmen angehören. Nur dann, wenn die Arbeitnehmer mit mindestens drei Personen im Aufsichtsrat vertreten sind, kann auch eine nicht im Unternehmen beschäftigte Person wie z. B. ein hauptamtlicher Mitarbeiter der Gewerkschaft gewählt werden. Die Vertreter der Arbeitnehmer haben diesel-

ben Rechte und Pflichten wie die übrigen Aufsichtsratsmitglieder, was über die Weimarer Regelung hinausgeht.
Unternehmen anderer Rechtsform wie z. B. OHG oder Stiftungen sind nicht erfasst. Einbezogen sind jedoch Versicherungsvereine auf Gegenseitigkeit sowie Erwerbs- und Wirtschaftsgenossenschaften, soweit sie mehr als 500 Arbeitnehmer beschäftigen.

6. Sonderregelungen

Auf Tendenzunternehmen z. B. mit wissenschaftlicher oder künstlerischer Zielsetzung finden die Regeln über die Beteiligung des Betriebsrats in wirtschaftlichen Angelegenheiten keine Anwendung (§ 81 Abs. 1 Satz 1 des Gesetzes). Auch die übrigen Vorschriften sollen nur insoweit angewandt werden, als nicht die »Eigenart des Betriebs« dem entgegensteht. Bei der Seeschifffahrt und im Luftverkehr findet das Gesetz nur auf die Land- bzw. Bodenbetriebe Anwendung.
Religionsgemeinschaften und ihre karitativen und erzieherischen Einrichtungen (Caritas, Diakonisches Werk) sind nach § 81 Abs. 2 insgesamt vom Gesetz ausgenommen. Dies war Ergebnis zahlreicher Interventionen kirchlicher Stellen, insbesondere der Kirchenkanzlei der EKD, beim Arbeitsministerium.[885] Neben dem Hinweis auf die durch Art. 140 GG geschützte kirchliche Autonomie spielte insbesondere das Argument eine Rolle, den Kirchen in der DDR sei es gelungen, eine ihre Interessen wahrende Regelung herbeizuführen und staatliche Eingriffe auszuschließen; dahinter dürfe man unter keinen Umständen zurückfallen.[886] In der Tat hatte Art. 43 Abs. 2 der DDR-Verfassung von 1949 bestimmt:[887] Jede Religionsgemeinschaft ordnet und verwaltet ihre Angelegenheiten selbstständig nach Maßgabe der für alle geltenden Gesetze und war ersichtlich recht »kirchenfreundlich« gehandhabt worden.
Der öffentliche Dienst wird nach § 88 Abs. 1 BetrVG 1952 nicht erfasst. Die darin zum Ausdruck kommende Aufspaltung der Interessenvertretung wurde von den Gewerkschaften nachhaltig kritisiert und war ein wesentlicher Anlass für Protestaktionen und den Zeitungsstreik, doch konnte die Regelung nicht verhindert werden. Im öffentlichen Dienst galt zunächst das KRG Nr. 22 weiter, sofern nicht Betriebsrätegesetze der Länder, die den öffentlichen Dienst einbezogen hatten, an seine Stelle getreten waren. Im Jahre 1955 wurde das Bundespersonalvertretungsgesetz erlassen; die Länder beschlossen zu unterschiedlichen Zeitpunkten jeweils ihre eigenen Gesetze.

---

885 Im Einzelnen wiedergegeben bei Jähnichen, in: Klute/Segbers (Hrsg.), S. 60ff.
886 *Jaenichen*, S. 64.
887 Abrufbar unter *https://www.1000dokumente.de/pdf/dok_0232_ddr_de.pdf* (10. 2. 2022).

II. Konkretisierung durch die Rechtsprechung

Das BetrVG 1952 galt rund zwanzig Jahre lang. Während dieser Zeit entwickelte sich eine umfangreiche höchstrichterliche Rechtsprechung, die in der Regel handlungsleitend wirkte; ihr nicht Rechnung zu tragen, konnte erhebliche Sanktionen zur Folge haben. Im Regelfall verstärkte das BAG die extrem sozialpartnerschaftliche Ausrichtung der gesetzlichen Normen, nahm aber etwa im Bereich der Mitbestimmungsrechte bisweilen auch eine eher betriebsratsfreundliche Haltung ein. Im Folgenden kann nur eine Auswahl an Entscheidungen dargestellt werden.

1. Wahlverfahren

Die BAG-Rechtsprechung zum Wahlverfahren ist von der Tendenz geprägt, das im Gesetz vorgesehene Gruppenprinzip nach Möglichkeit zu stärken und weiter auszubauen. So wurde die in § 13 Abs. 2 BetrVG 1952 geregelte Abstimmung zur Herbeiführung einer Gemeinschaftswahl von Arbeitern und Angestellten ohne jeden Anhaltspunkt im Wortlaut des Gesetzes dadurch erschwert, dass neben der Stimmenmehrheit auch die Teilnahme der Mehrheit aller wahlberechtigten Mitglieder beider Gruppen verlangt wurde.[888] Außerdem sollte eine positiv ausgehende Abstimmung immer nur für eine Wahl wirken.[889] Eine unzulässige Wahlbeeinflussung lag vor, wenn auf den bei der Abstimmung verwandten Zetteln der Kreis für das Ja zur Gemeinschaftswahl »merklich stärker« als der Kreis für das Ja zur Gruppenwahl ausgedruckt war.[890] Die deutlich werdende Sorge vor einem zu großen Trend zur Einheitlichkeit, der Solidarisierungen innerhalb der ganzen Belegschaft erleichtert hätte, wirkte sich auch auf die Wahlen aus, die vom Betriebsrat selbst vorgenommen wurden. So bestimmte zwar § 27 Abs. 1 Satz 2 BetrVG 1952 lediglich, der Betriebsratsvorsitzende und sein Stellvertreter »sollten« nicht derselben Gruppe angehören, doch interpretierte das BAG dies fast wie eine Muss-Vorschrift: Konnte der Betriebsrat keine »vernünftigen und sachlichen Gründe« für eine Abweichung darlegen, war die Wahl von zwei Personen derselben Gruppe anfechtbar.[891] Die vergleichbare Vorschrift des § 10 Abs. 4 BetrVG 1952, wonach die Geschlechter innerhalb der beiden Gruppen entsprechend ihrem zahlenmäßigen Verhältnis auf den Wahlvorschlagslisten vertreten sein »sollten«, wurde nie in diesem Sinne gehandhabt.[892]

888 BAG 7.7.1954 – 1 ABR 2/54, AP Nr. 1 zu § 13 BetrVG (1952).
889 BAG, a.a.O., AP Nr. 1 zu § 13 BetrVG (1952).
890 BAG 14.1.1969 – 1 ABR 14/68, AP Nr. 12 zu § 13 BetrVG (1952).
891 BAG 2.11.1955 – 1 ABR 6/55, AP Nr. 1 zu § 27 BetrVG (1952).
892 Vgl. *Fitting/Kraegeloh/Auffarth*, 9. Aufl., § 10 Rn. 29 m.w.N.

2. Rechtsstellung der Betriebsratsmitglieder

Die Schulung und Fortbildung von Betriebsratsmitgliedern wurde im Gesetzestext nicht erwähnt. Dieser beschränkte sich vielmehr darauf, in § 37 Abs. 2 die »Versäumnis von Arbeitszeit« dann zu akzeptieren, wenn sie »nach Umfang und Art des Betriebes zur ordnungsgemäßen Durchführung der Aufgaben des Betriebsrats erforderlich« war. Das BAG schien hier zunächst in einer Grundsatzentscheidung vom 10. November 1954[893] relativ großzügig zu sein: Das Wissen um die Aufgaben des Betriebsrats und um ihre praktische Durchführung hänge so eng mit der tatsächlichen Ausübung der Befugnisse zusammen, dass eine Trennung lebensfremd wäre. Es sei daher »der Wirklichkeit und den Bedürfnissen des Betriebslebens angemessen, zur Wahrnehmung der Betriebsratsaufgaben auch die Teilnahme an solchen Betriebsratslehrgängen oder Betriebsrätekonferenzen gehören zu lassen, die sich unmittelbar und ausschließlich mit den Aufgaben des Betriebsrats und ihrer Verwirklichung im Betrieb nach dem BetrVG befassen.« Dabei seien jedoch Grenzen zu beachten. Für die Teilnahme an einer Betriebsrätekonferenz sei immer ein »konkreter betriebsbezogener Anlass« zu fordern.[894] Dieser läge vor, wenn ein neues Gesetz wie das BetrVG erlassen werde, das für die Betriebsratsarbeit von einschneidender Bedeutung sei. Schulungen über wirtschafts- und rechtspolitische, gewerkschaftspolitische oder auch allgemeine arbeitsrechtliche Fragen müssten daher ausscheiden. In späteren Entscheidungen wurde betont, die Teilnahme an einer Betriebsrätekonferenz zur Vorbereitung einer bevorstehenden Betriebsratswahl werde von § 37 Abs. 2 BetrVG 1952 nicht erfasst.[895] Als nicht konkret betriebsbezogen musste auch ein Lehrgang gelten, der die Entwicklung von Arbeitszeitstudien, die Betrachtung der Arbeitsmethoden, Fragen der Lohntechnik und Lohnpolitik sowie die Akkordfestsetzung zum Gegenstand hatte.[896] Selbst die Information der Betriebsräte über die Rechtsprechung des BAG zum BetrVG 1952 war in der Regel mangels eines konkreten Anlasses nicht erfasst; anders sei nur bei einem völligen Wandel der Rechtsprechung zu entscheiden.[897] Damit war die Schulungsteilnahme auf singuläre Ausnahmefälle beschränkt. Der an den Anfang gestellte beifallswerte Grundsatz löste sich im Folgenden gewissermaßen in Luft auf.

893 1 AZR 19/53, AP Nr. 1 zu § 37 BetrVG (1952).
894 BAG 10.11.1954 – 1 AZR 19/53, AP Nr. 1 zu § 37 BetrVG (1952) Bl. 6.
895 BAG 10.11.1954 – 1 AZR 99/54, AP Nr. 2 zu § 37 BetrVG (1952) mit krit. Anm. Galperin.
896 So der Sachverhalt in BAG 6.11.1973 – 1 ABR 26/73, AP Nr. 6 zu § 37 BetrVG (1952).
897 BAG 22.1.1965 – 1 AZR 289/64, AP Nr. 10 zu § 37 BetrVG (1952).

3. Verhältnis zum Arbeitgeber

Die in § 49 Abs. 2 BetrVG 1952 niedergelegte Friedenspflicht wurde von der Rechtsprechung durchaus ernst genommen. So war es dem Betriebsrat untersagt, Flugblätter zu verteilen, die sich gegen den Arbeitgeber richteten.[898] Besonders schlimm war es, wenn dabei kommunistische Tendenzen zu Tage traten. Am bekanntesten ist eine BAG-Entscheidung, die sich mit einer einfallsreichen Werbemaßnahme der KPD befasste. Ein Betriebsratsmitglied hatte kleine Flugblätter verteilt, deren eine Seite wie ein 10-Mark-Schein aussah und deren andere mit kommunistischen Parolen bedruckt war.[899] Die Adressaten hatten sich darüber amüsiert; zu irgendwelchen Protestaktionen oder gar Arbeitsunterbrechungen war es nicht gekommen. Gleichwohl bestätigte das BAG die vom Arbeitgeber postwendend ausgesprochene fristlose Kündigung des Betriebsratsmitglieds. Bei der Gefährdung des Betriebsfriedens komme es nicht nur auf die Einstellung der Arbeitnehmer an, sondern auch auf die des Arbeitgebers, »der genauso zum Betrieb gehört wie der Arbeitnehmer«. Die »Störung des Betriebsfriedens« wird so unter der Hand zu einer »Störung des Arbeitgebers«.

4. Mitbestimmungs- und Mitwirkungsrechte

a) Soziale Angelegenheiten

Das Mitbestimmungsrecht in sozialen Angelegenheiten nach § 56 BetrVG 1952 wurde vom BAG auf die sog. formellen Arbeitsbedingungen, also auf die Art und Weise des Arbeitens beschränkt.[900] Die Bestimmung des Verhältnisses von Leistung und Gegenleistung wie die Festsetzung der Vergütungen oder der Miethöhe für Werkswohnungen,[901] aber auch die Verlängerung oder Verkürzung der Arbeitszeit blieben so als »materiell« dem Arbeitgeber vorbehalten. Dies war vom Wortlaut der Vorschriften her in keiner Weise geboten[902] und wurde daher auch in erster Linie mit der Erwägung gerechtfertigt, das Lohngestaltungsrecht der Tarifpartner dürfe nicht eingeschränkt, insbesondere nicht eine betriebliche Zwangsschlichtung eingeführt werden. Dabei wurde nicht beachtet, dass der Eingangssatz des § 56 BetrVG 1952 ausdrücklich den Vorrang tariflicher Re-

---

898 LAG Düsseldorf 16. 5. 1951 – 1 Sa 15/51, RdA 1951, 356; 30. 1. 1953 – 1 Sa 119/52, BB 1953, 202; LAG Frankfurt/Main 13. 11. 1952 – III LA 330/52 – DB 1953, 448.

899 BAG, 3. 12. 1954 – 1 AZR 150/54 – AP Nr. 2 zu § 13 KSchG.

900 BAG, 7. 12. 1962 – 1 ABR 4/61, AP Nr. 3 zu § 56 BetrVG (1952) Akkord.

901 BAG, 15. 1. 1960 – 1 ABR 7/59, AP Nr. 3 zu § 56 BetrVG (1952) Wohlfahrtseinrichtungen.

902 Kritisch deshalb auch *Farthmann*, Die Beschränkung der Mitbestimmung nach § 56 BetrVG auf die sog. formellen Arbeitsbedingungen, RdA 1966, 249 ff.; *Fitting/Kraegeloh/Auffarth*, § 56 Rn. 7, 7a; *Herschel*, Abschied von den formellen und materiellen Arbeitsbedingungen, AuR 1968, 129 ff.

gelungen anordnete: Die Tarifpartner hatten es deshalb jederzeit in der Hand, durch eine abschließende Normierung des ganzen Sachgebiets jede »betriebliche Zwangsschlichtung« von vornherein zu unterbinden. In Wahrheit lief die Rechtsprechung des BAG nicht auf eine Stärkung der Tarifparteien, sondern auf eine Schwächung der Betriebsräte hinaus. Gerade die Gewerkschaften als an Tarifverträgen Interessierte hatten eine Ausdehnung der Mitbestimmung auf materielle Arbeitsbedingungen verlangt.[903] Zu welchen erstaunlichen Ergebnissen das BAG kam, zeigte beispielhaft die Auslegung des § 56 Abs. 1 Buchst. a BetrVG 1952, der ein Mitbestimmungsrecht in Bezug auf Beginn und Ende der täglichen Arbeitszeit vorsah, der jedoch nach Auffassung des Gerichts nicht eingreifen sollte, wenn durch Einführung von Kurzarbeit ganze Arbeitstage in Wegfall kamen, da die Anfangs- und Endzeiten der übrigen Tage ja unverändert blieben.[904]
Ähnlich restriktiv war die Rechtsprechung zu § 56 Abs. 1 Buchst. f BetrVG 1952, der Fragen der Ordnung des Betriebes und des Verhaltens der Arbeitnehmer im Betrieb dem Mitbestimmungsrecht des Betriebsrats unterwarf. Nach der bekannten »Produktographenentscheidung«[905] gehörte zur Ordnung des Betriebes »nicht dasjenige, was mit dem eigentlichen Arbeitsvorgang zu tun hat und mit seiner Arbeitsleistung in unmittelbarem Zusammenhang steht. Die Arbeitsordnung umfasst nicht die arbeitstechnischen Bestimmungen, die den Ablauf der Arbeit des einzelnen Arbeitnehmers selbst gestalten. Diese unternehmerische und arbeitstechnische Leitung des Betriebes ist vielmehr allein Sache des Arbeitgebers.« Der Betriebsrat konnte daher bei der Aufstellung eines Produktographen nicht mitbestimmen, der den an einer Maschine tätigen Arbeitnehmer zwang, durch Druck auf eine von fünf Tasten den Grund für den Stillstand der Maschine jederzeit anzugeben. Obwohl dies zu einem totalen Überwachungssystem und zum Wegfall jeder (inoffiziellen) Verschnaufpause führte, hatte das BAG auch keine verfassungsrechtlichen Bedenken, da sich derjenige, der sich in ein Arbeitsverhältnis begebe, insoweit auch einer Kontrolle durch den Arbeitgeber unterwerfe; das Ganze dürfe lediglich nicht in ein (nicht näher beschriebenes) »Antreibersystem« ausarten.
Eine gegenläufige, mitbestimmungsfreundliche Haltung scheint jedoch der Entscheidung zur Verhängung von Betriebsbußen zugrunde zu liegen: Entgegen der Auffassung der Revision hat das BAG die Verhängung von Betriebsbußen weder als personelle noch als »arbeitsnotwendige«, allein dem Direktionsrecht des Arbeitgebers unterliegende Maßnahme, sondern als Teil der »Ordnung des Betriebs« qualifiziert. Das daraus folgende Mitbestimmungsrecht sollte sich nicht allein auf den Erlass einer »Bußordnung«, sondern auch auf die Verhängung der

903 S. die Vorschläge des DGB zur Änderung des BetrVG, RdA 1970, 237.
904 BAG, 15.12.1961 – 1 AZR 310/60, AP Nr. 2 zu § 56 BetrVG (1952) Arbeitszeit.
905 BAG, 27.5.1960 – 1 ABR 11/59, AP Nr. 1 zu § 56 BetrVG (1952) Ordnung des Betriebes.

Buße im Einzelfall erstrecken[906] – eine Ausnahme von dem sonst in ständiger Rechtsprechung befolgten Grundsatz, dass sich § 56 BetrVG 1952 nur auf generelle Regelungen, nicht auf Einzelfälle beziehe.[907] Zu beachten ist dabei aber, dass es sich um eine sehr spezifische Form von Mitbestimmung handelte. Anders als in den sonstigen Fällen des § 56 werden die Handlungsmöglichkeiten des Betriebsrats nicht nur erweitert; vielmehr legitimiert die Mitwirkung des Betriebsrats die verhängte Sanktion zusätzlich dem Betroffenen und der Belegschaft gegenüber. Die Erweiterung der Betriebsratsrechte hat daher einen durchaus ambivalenten Charakter.

Anders verhält es sich mit der Feststellung des BAG, eine einseitige Arbeitgebermaßnahme sei unwirksam, wenn sie auf einem Gebiet erfolge, wo der Betriebsrat ein Mitbestimmungsrecht habe – so etwa bei der Verlegung der Arbeitszeit auf einen anderen Tag.[908] Damit ist der innerbetrieblichen Herrschaft des Arbeitgebers eine wichtige Grenze gezogen; seine Anweisungen gehen ins Leere, wenn der Betriebsrat nicht zugestimmt hat. Ist damit zu rechnen, dass sich die Belegschaft auf die Unwirksamkeit berufen und den üblichen Gehorsam verweigern wird, muss er mit dem Betriebsrat (erstmals!) auf Augenhöhe verhandeln. Etwas Vergleichbares gab es unter dem BRG 1920 nicht, doch war in § 36 hessBRG eine ähnliche Regelung vorgesehen.[909]

b) Personelle Angelegenheiten

Die restriktive Rechtsprechung zum Umfang der Mitbestimmungsrechte setzte sich im Bereich der personellen Angelegenheiten, insbesondere im Rahmen des § 66 Abs. 1 BetrVG 1952 fort. Das dort vorgesehene (bloße) Anhörungsrecht vor Kündigungen wurde vom BAG dadurch noch weiter entwertet, dass seine Beachtung entgegen der Entstehungsgeschichte des Gesetzes nicht als Wirksamkeitserfordernis angesehen wurde.[910] Die bewusst unterlassene Anhörung sollte dem Arbeitgeber lediglich die Möglichkeit versperren, sich in einem etwaigen Kündigungsschutzprozess auf die soziale Rechtfertigung der Kündigung zu berufen.[911]

---

906 BAG, 12.9.1967 – 1 AZR 34/66, AP Nr. 1 zu § 56 BetrVG (1952) Betriebsbuße.

907 BAG, 23.3.1962 – 1 ABR 13/60 AP Nr. 2 zu § 56 BetrVG (1952); BAG, 19.4.1963 – 1 ABR 6/62, AP Nr. 2 zu § 56 BetrVG (1952) Entlohnung.

908 BAG 7.9.1956 – 1 AZR 646/54, AP Nr. 2 zu § 56 BetrVG (1952).

909 Dazu oben § 22 II 2.

910 S. dazu *Reuß,* Juristische Begriffsmanipulationen, dargelegt an Beispielen aus dem Arbeitsrecht, AuR 1972, 206.

911 Grundlegend BAG 15.9.1954 – 1 AZR 258/54, AP Nr. 1 zu § 66 BetrVG (1952); ebenso BAG 15.9.1954 – 1 AZR 154/54, AP Nr. 2 zu § 66 BetrVG (1952) sowie in der Folgezeit BAG 24.6.1955 – 1 AZR 429/54, AP Nr. 4 zu § 66 BetrVG (1952) und (weiter abschwächend) BAG 17.7.1956 – 1 AZR 570/55, AP Nr. 6 zu § 66 BetrVG (1952).

c) Wirtschaftliche Angelegenheiten

Entgegen einer naheliegenden Vermutung liegen die Dinge bei der Beteiligung in wirtschaftlichen Angelegenheiten anders. Schon im Jahre 1961 sprach das BAG den Grundsatz aus, der Unternehmer müsse von sich aus versuchen, über wirtschaftliche Maßnahmen i. S. des § 72 BetrVG (1952), d. h. über geplante Betriebsänderungen, eine Einigung mit dem Betriebsrat oder einen Spruch der Vermittlungsstelle zustande zu bringen. Führe er die geplante Maßnahme vorher durch und komme es zu Entlassungen, so müsse er eine Abfindung nach § 74 BetrVG 1952 bezahlen, es sei denn, er könne beweisen, dass er die Maßnahme aus zwingenden Gründen in jedem Fall hätte treffen müssen.[912] In den Jahren 1969 und 1970 hat das BAG diese Prinzipien in zwei Entscheidungen ausdrücklich bestätigt[913] und dahingehend präzisiert, dass das Verfahren nach den §§ 72 ff. BetrVG 1952 voll ausgeschöpft und in einer Zeit durchgeführt werden müsse, in der der Plan zur Stilllegung auch noch nicht teilweise verwirklicht sei. Werde dem nicht entsprochen, sei eine Abfindung nach § 74 BetrVG 1952 auch dann zu bezahlen, wenn den Unternehmer keinerlei Verschulden an den »Verfahrensmängeln« treffe.

5. Sonstige Bestimmungen

Nach § 54 Abs. 1 Buchst. b BetrVG 1952 hat der Betriebsrat die Aufgabe, darüber zu wachen, dass die zugunsten der Arbeitnehmer geltenden Gesetze, Verordnungen, Tarifverträge und Betriebsvereinbarungen durchgeführt werden. Nach § 54 Abs. 2 BetrVG 1952 sind dem Betriebsrat auf Verlangen die zur Durchführung dieser Aufgabe erforderlichen Unterlagen vorzulegen. Dieses Auskunftsrecht wurde von der Rechtsprechung gegen den Wortlaut auf die Fälle reduziert, in denen die »begründete Vermutung eines erfolgten oder drohenden Verstoßes gegen die in § 54 Abs. 1 Buchst. b genannten Normen oder Mängel oder Missstände im Betrieb schlüssig behauptet« wurden.[914] Entstand gar kein konkreter Verdacht (wohl aber eine eher abstrakte Vermutung), weil sich der Arbeitgeber geschickt zu »tarnen« wusste, versagte das Auskunftsrecht. Gerade die gravierendsten Fälle blieben so dem Betriebsrat verborgen.

»Mitbestimmungsfreundlich« sind demgegenüber die Entscheidungen zur tarifvertraglichen Erweiterung von Betriebsratsbefugnissen. Schon 1955 vertrat das BAG in einer (selten zitierten) Entscheidung den Standpunkt, das Mitbestimmungsrecht in sozialen Angelegenheiten könne durch Tarifvertrag »weitgehend

912 BAG 20. 1. 1961 – 1 AZR 53/60, AP Nr. 2 zu § 72 BetrVG (1952).

913 BAG 10. 6. 1969 – 1 AZR 2/69, AP Nr. 6 zu § 72 BetrVG (1952); BAG, 20. 11. 1970 – 1 AZR 408/69, AP Nr. 7 zu § 72 BetrVG (1952).

914 BAG 3. 6. 1969 – 1 ABR 1/69, AP Nr. 11 zu § 37 BetrVG (1952).

ausgestaltet und selbst auf konkrete Einzelmaßnahmen erstreckt werden«; dem Betriebsrat stehe insoweit eine umfassende Kompetenz zu.[915] Zur Begründung verwies das Gericht lediglich auf den Einleitungssatz des § 56, der einer tariflichen Regelung den absoluten Vorrang einräume. Dasselbe Argument findet sich in der Folgezeit in zwei weiteren Entscheidungen, in denen übereinstimmend ausgeführt wird, der Eingangssatz bedeute, dass »durch tarifliche Regelung der Kreis der sozialen Angelegenheiten, bei denen der Betriebsrat mitzubestimmen hat, anders und insbesondere in einer gegenüber dem BetrVG erweiternden Art und Weise bestimmt werden kann.«[916]

Die mitbestimmungsfreundliche Tendenz setzte sich in den Entscheidungen fort, die die tariflich begründete Beteiligung des Betriebsrats bei Kündigungen zum Gegenstand hatten. Dem Betriebsrat könne über das Anhörungsrecht des § 66 BetrVG hinaus eine »echte Mitbestimmung« in Fällen der ordentlichen Kündigung eingeräumt werden.[917]

Wenn Arbeitgeber und Gewerkschaften als vertrauenswürdige Instanzen sich einig sind, will die Rechtsprechung ersichtlich nicht im Wege stehen. Hier drohen keine wenig kontrollierbaren Entwicklungen, die denkbar wären, würde der Gesetzgeber mehr Mitbestimmung gewähren oder sogar die sozialpartnerschaftlichen Bindungen lockern.

6. Bewertung

Vergleicht man das BetrVG 1952 mit dem BRG 1920, so sind trotz Beibehaltung zahlreicher Elemente[918] gewichtige Fortschritte zugunsten der Betriebsräte unübersehbar.[919]

- Die wirkliche Mitbestimmung, bei der am Ende eine Entscheidung durch ein neutrales Gremium wie die Einigungsstelle steht, war durch den Katalog des § 56 BetrVG entscheidend erweitert worden. Daran änderte auch die restriktive Rechtsprechung durch das BAG nichts.
- Betriebsvereinbarungen wirkten nicht nur unmittelbar, sondern auch zwingend; im einzelnen Arbeitsvertrag konnten nur bessere Bedingungen vereinbart werden. Auch dies war in Weimar noch nicht so.
- Einseitige Maßnahmen des Arbeitgebers auf mitbestimmungspflichtigen Gebieten waren unwirksam. Er durfte die Mitbestimmung auch nicht dadurch umgehen, dass er die von ihm gewünschte Maßnahme durch Änderung der

---

915 BAG 12.10.1955 – 1 ABR 13/54, DB 1955, 1142.

916 BAG 24.9.1959 – 2 AZR 28/57, AP Nr. 11 zu § 611 BGB Akkordlohn; BAG 8.10.1959 – 2 AZR 503/56, AP Nr. 14 zu § 56 BetrVG (1952).

917 BAG 13.7.1962 – 1 ABR 2/61, AP Nr. 3 zu § 57 BetrVG (1952).

918 *Blanke*, KJ 1995, 12, 18.

919 Zur Weimarer Situation oben § 15.

Arbeitsverträge mit den Beschäftigten durchsetzte. Auch dies war ein Fortschritt gegenüber Weimar.

- Rechtskräftige Entscheidungen des Arbeitsgerichts im Beschlussverfahren waren anders als in Weimar nunmehr vollstreckbar. Auch einstweilige Verfügungen waren möglich geworden.[920]

Aus heutiger Sicht mögen das alles Selbstverständlichkeiten sein, in den 1950er-Jahren waren sie es nicht. Zum ersten Mal wurde »Mitbestimmung« – wenn auch auf einem sehr schmalen Feld – ernst genommen. Darin mag eine weitere Ursache dafür liegen, dass sich die Gewerkschaften nicht nur mit dem Gesetz, sondern mit der wirtschaftlichen und sozialen Ordnung der Bundesrepublik insgesamt abfanden: Wie an früherer Stelle betont,[921] gab es auch zahlreiche andere Punkte im Bereich Arbeit, bei denen den gewerkschaftlichen Forderungen Rechnung getragen wurde. Die »Aussöhnung« mit dem gesellschaftlichen Status quo hatte so ihre objektiven Ursachen. Dazu kam, dass im Falle des BetrVG 1952 viel mehr Zeit zur Verfügung stand als beim BRG 1920, was ein Durchschlagen der Regelung auf die gelebte Praxis sehr viel leichter möglich machte.[922]

920 Zum Ganzen *Kittner/Klebe*, AuR 2022 (Sonderheft Bertram Zwanziger).
921 Oben § 23 II 3d.
922 *Reichold*, FS Preis, S. 1003, 1008.

§ 26 Die Praxis unter dem BetrVG 1952

I. Die Umsetzung des BetrVG 1952

Wie sich das BetrVG 1952 in der betrieblichen Realität auswirkte, war Gegenstand zweier empirischer Untersuchungen. Eine unter der Leitung von *Otto Blume* erstellte Studie basierte auf der Befragung von Beschäftigten in 491 Industrie-Betrieben mit mehr als 200 Arbeitnehmern und wurde 1964 veröffentlicht.[923] Die Untersuchung von *Gundolf Kliemt* bezog sich – komplementär dazu – ausschließlich auf den Dienstleistungssektor. Dort wurden insgesamt 423 Betriebsratsvorsitzende in Betrieben mit mehr als 100 Beschäftigten befragt.[924] Kleinere und Kleinstbetriebe blieben so bei den Untersuchungen von vornherein ausgeklammert.

1. Industrie

In der Untersuchung von *Blume* wurden Betriebsräte von den Arbeitnehmern als Interessenvertreter gesehen; die davon abweichende gesetzliche Konzeption nach § 49 BetrVG 1952 spiegelte sich im Bewusstsein der Beschäftigten nicht wider.[925] Auch die Aufgaben des Betriebsrats wurden anders als im Gesetz bestimmt: An erster Stelle wurden finanzielle Leistungen wie Weihnachtsgeld genannt, obwohl sie mit Hilfe der Mitbestimmungsrechte nach § 56 BetrVG 1952 nicht erreichbar waren. An zweiter Stelle standen gute Arbeitsbedingungen; es folgten Arbeitszeit und Urlaub, Unfallverhütung, Erhaltung des Arbeitsplatzes und Gerechtigkeit innerhalb des Betriebes, was man wohl mit Transparenz und Wahrung des Gleichheitssatzes »übersetzen« kann.[926] Zwei Drittel der Befragten waren der Ansicht, dass der Betriebsrat »viel« für sie raushole, 92 % hielten ihn für unverzichtbar. Die Mitbestimmung als solche wurde von 80 % der Befragten

923 *Blume*, S. 2, 5.
924 *Kliemt*, S. 5, 9.
925 *Blume*, S. 23.
926 *Blume*, S. 23/24.

bejaht, wobei auch hier die finanziellen Vorteile an der Spitze standen.[927] Die Aufgaben von Betriebsrat und Gewerkschaft wurden weitgehend als identisch betrachtet.[928] Sieben von zehn befragten Betriebsratsvorsitzenden kritisierten die betriebliche Friedenspflicht.[929]
Daneben wurden viele Feststellungen getroffen und Probleme benannt, die noch heute auf der Tagesordnung stehen: Frauen sind selbst dort im Betriebsrat unterrepräsentiert, wo sie die Mehrheit der Belegschaft stellen (S. 70); in zwei Dritteln der Betriebe finden weniger als die vom Gesetz vorgeschriebenen vier Betriebsversammlungen pro Jahr statt (S. 57); Betriebsratsvorsitzende sind in ihrer ganz großen Mehrheit gewerkschaftlich organisiert (S. 67: 98 %). Anders als heute gab es in 48 % aller Betriebe zwischen 200 und 300 Arbeitnehmern keine Freistellung, in Betrieben zwischen 301 und 600 Beschäftigten hatten 29 % darauf verzichtet (S. 96). Die Haltung zu den einzelnen Mitbestimmungsrechten war unterschiedlich. Während über 90 % mit der vom Betriebsrat mitgetragenen Umstellung auf bargeldlose Lohnzahlung zufrieden waren (S. 102), war gut die Hälfte der Auffassung, die Mitbestimmung bei Einstellungen sei »unzulänglich« (S. 120).

2. Dienstleistungen

Die Studie von *Kliemt* weist eingangs zutreffend darauf hin, dass der tertiäre Sektor bisher in empirischen Untersuchungen nicht berücksichtigt worden sei. Aus einer »Grundgesamtheit« von 1739 Betrieben mit mehr als 100 Beschäftigten wurden insgesamt 423 nach dem Zufallsprinzip ausgewählt, um repräsentative Aussagen zu gewinnen.
Befragt wurden ausschließlich Betriebsratsvorsitzende. Von ihnen hatten über 90 % ein positives Verhältnis zur Gewerkschaft (S. 68 f.). Dabei wurden zwei Gründe angegeben: Die Gewerkschaft habe bessere Informationen als ein Betriebsrat und verfüge über gute Fachleute. Außerdem habe sie ein gewisses Maß an Macht, die auch den Betriebsräten zugute komme (S. 76). Was geschieht, wenn beides immer mehr erodiert, konnte verständlicherweise vor über 50 Jahren nicht abgefragt werden. Nur 14 % der Vorsitzenden waren ganz und 12 % teilweise freigestellt (S. 92) – und dies in Betrieben ab 100 Beschäftigten mit einer nach oben offenen Skala. Als Grund wurde angegeben, dass sich viele nicht freistellen lassen wollten, um ihre beruflichen Chancen nicht zu beeinträchtigen. Dies galt insbesondere für Personen mit qualifizierten Tätigkeiten, während Ar-

927 *Blume*, S. 30, 31.
928 *Blume*, S. 36.
929 *Blume*, S. 158.

beiter die Freistellung eher akzeptierten und die Betriebsratstätigkeit als »Ersatzkarriere« sahen (S. 97).
Knapp die Hälfte der Betriebsratsvorsitzenden meinten, der Betriebsrat würde seine gesetzlichen Rechte in vollem Umfang ausschöpfen, während 44 % von einer »teilweisen« Ausschöpfung sprachen und 7 % die Auffassung vertraten, von einer Ausschöpfung könne in keinem Bereich die Rede sein (S. 130). Die Tragweite dieser Aussagen ist sehr beschränkt. Zum einen kann die Erwartung an die Mitbestimmung sehr unterschiedlich sein; der eine sieht seine Rechte bereits durch ein freundliches Gespräch mit dem Personalleiter ausgeschöpft, während der andere danach fragt, welches Ergebnis erreicht worden ist und ob dieses von den ursprünglichen Arbeitgebervorstellungen etwas abweicht. Zum Zweiten sind Betriebsratsvorsitzende verantwortlich dafür, dass die gesetzlichen Rechte des Betriebsrats wahrgenommen werden. Sie werden deshalb dazu neigen, die Ausschöpfung eher in gutem Lichte erscheinen zu lassen, um sich nicht selbst in die Position des Versagers oder des Kämpfers auf verlorenem Posten zu bringen. Die Tatsache, dass insgesamt 51 % die volle Ausschöpfung verneinten, spricht für ein relativ hohes Maß an Ehrlichkeit, lässt aber keine Rückschlüsse in der Richtung zu, dass auch die 49 % »Erfolgreichen« wirklich Erfolg hatten.
Bemerkenswert ist, dass niemand von den Befragten darauf verwies, man sei in einer Einigungsstelle überstimmt worden. Stattdessen nannten 35 % als Hindernis »Schwierigkeiten mit der Geschäftsleitung« (S. 132), was den Schluss nahelegt, dass kein Versuch unternommen wurde, gegen den Willen der Geschäftsleitung etwas durchzusetzen. Nicht erwähnt wurde auch das Problem, was »Ausschöpfung« eigentlich bei Rechten bedeutet, deren Voraussetzungen in der Praxis sie gut wie nie vorliegen.
Als Beispiel kann die »Mitbestimmung« bei Einstellungen nach § 61 BetrVG 1952 dienen, wo ein Zustimmungsverweigerungsgrund nur in ganz seltenen Fällen vorliegen konnte: Die Einstellung darf nicht gegen ein Gesetz oder einen Tarifvertrag verstoßen (was so gut wie nie passiert, weil die Tätigkeit als solche nicht illegal ist, schlechte Arbeitsbedingungen aber nicht als Grund ausreichen); es darf kein ungeeigneter Bewerber (wie beweist man das?) aufgrund persönlicher Beziehungen eingestellt werden (wie beweist man diese zweite Voraussetzung?); es besteht der Verdacht, dass die Einstellung nur erfolgt, um andere aus bestimmten Gründen zu diskriminieren (wie beweist man das?); es besteht die Besorgnis, dass der Bewerber den Betriebsfrieden stören würde (wer hat einen solchen Ruf als Störenfried?). In mindestens 99 von 100 Fällen hat der Betriebsrat keine realen Argumentationsmöglichkeiten – was heißt in einem solchen Fall »Ausschöpfung« des Beteiligungsrechts?
Handfester sind deshalb andere Feststellungen. Nur in 52 % aller Unternehmen bestand ein Wirtschaftsausschuss, obwohl seine Errichtung wegen der gewählten Betriebsgröße überall Pflicht gewesen wäre (S. 145). In 7 % aller Betriebe fand

überhaupt keine Betriebsversammlung statt (S. 165), wobei in erster Linie auf Desinteresse der Arbeitnehmer und auf fehlende Anlässe verwiesen wurde. Ein (damals noch fakultativer) Gesamtbetriebsrat bestand dagegen in 73 % aller Fälle, in denen die Voraussetzungen seiner Errichtung vorlagen (S. 146).
Was soll mit Hilfe der Mitbestimmung erreicht werden? 71 % nannten den Schutz vor Arbeitslosigkeit, 59 % erhofften sich bessere Sozialleistungen, 52 % Schutz vor Ungerechtigkeiten und ebenfalls 52 % einen Einblick in die wirtschaftlichen Verhältnisse des Unternehmens (S. 158). Mit den gesetzlichen Handlungsmöglichkeiten des Betriebsrats hatte dies nur sehr wenig zu tun.

II. Weitere Aufgaben der Betriebsräte

Sowohl bei *Blume* als auch bei *Kliemt* ging es zentral um die Frage, inwieweit das BetrVG 1952 in der Praxis umgesetzt wurde. Damit war jedoch nicht die gesamte Tätigkeit der Betriebsräte erfasst. Dies wird schon an den Erwartungen deutlich, die die Beschäftigten an die betriebliche Mitbestimmung stellten: Auf finanzielle Verbesserungen zu hoffen, wäre von vornherein völlig illusionär, würden sich Betriebsräte ausschließlich auf den Vollzug des Gesetzes, und damit auf »formelle Arbeitsbedingungen« beschränken.
Schon in der Zeit vor der Aufhebung des Lohnstopps im November 1948 gab es nicht wenige Betriebe, die »Zulagen« oder Naturalleistungen gewährten, die nicht unter den Lohnstopp fielen und deren konkrete Form mit dem Betriebsrat ausgehandelt wurde.[930] Sie blieben erhalten, als Lohnverhandlungen wieder möglich waren. Im Laufe der folgenden Jahre dehnten sich diese betrieblichen Sozialleistungen auf zahlreiche mittlere und große Betriebe aus. Zunächst ging es primär um »Naturalleistungen« wie (subventioniertes) Kantinenessen, Betriebskindergärten, Wohnheime für ledige Mitarbeiter bis hin zu Angeboten für Sport- und Freizeitaktivitäten.[931] Die Betriebsräte waren auch hier maßgebend beteiligt, was möglich war, weil die Arbeitgeberseite ein eigenes Interesse an entsprechenden Abmachungen hatte: Eine reale Präsenz der Gewerkschaften im Betrieb konnte in den meisten Branchen verhindert, zumindest zurückgedrängt werden. Außerdem absorbierte die Verwaltung von Sozialeinrichtungen ggf. Ressourcen des Betriebsrats, die sonst für andere (für die Arbeitgeberseite unangenehmere) Ziele eingesetzt worden wären. Schließlich hatten die Zusatzleistungen auch den Sinn, Fachkräfte und andere wertvolle Mitarbeiter zu gewinnen

930 S. oben § 24 I 3.
931 *Wilert/Tschirbs*, S. 441.

oder zu »halten«. Seit Beginn der 1960er-Jahre wurden die Naturalleistungen sukzessive abgeschafft und durch Geldleistungen ersetzt.
Über diese Zusatzleistungen zu verhandeln, geht über die gesetzlichen Befugnisse der Betriebsräte hinaus. Soweit eine Leistung »üblicherweise« durch Tarifvertrag geregelt wird, sind Betriebsvereinbarungen nach § 59 BetrVG 1952 nicht zulässig. Dies gilt insbesondere für Geldzahlungen und für geldwerte Leistungen, die an die reine Arbeitsleistung anknüpfen: Sie erhöhen den tariflich festgelegten Lohn und dürfen deshalb nicht in einer Betriebsvereinbarung festgelegt werden. Die daraus folgende Unwirksamkeit der fraglichen Abmachung ist in nicht wenigen Betrieben hingenommen worden, weil alle Beteiligten sicher waren, dass niemand die Unwirksamkeit vor Gericht geltend machen würde: Der Arbeitgeber würde sich widersprüchlich verhalten und Erwartungen enttäuschen, wenn er es täte; ein Arbeitnehmer würde riskieren, die Leistung nicht mehr zu erhalten.[932] In anderen Betrieben ließ man mehr Vorsicht walten; es wurde eine schlichte Betriebsabsprache, also eine Abrede zwischen Betriebsrat und Geschäftsleitung, geschlossen, die vom Tarifvorbehalt (heute des § 77 Abs. 3 BetrVG) nicht erfasst wird. Sie wird in der Weise umgesetzt, dass jeder Arbeitnehmer ein Schreiben der Geschäftsleitung erhält, das die zusätzliche Leistung verspricht. Dieses Versprechen wird durch Weiterarbeit vom einzelnen Arbeitnehmer stillschweigend angenommen. Auch dabei kann die Rolle des Betriebsrats gebührend hervorgehoben werden. Neben seiner rechtlich verfassten hat er somit auch eine »informelle« Rolle, die in der Praxis von größerer Bedeutung sein kann.

III. Die Reaktion der Gewerkschaften

1. Was tun?

Die durch die Verabschiedung des BetrVG erlittene Niederlage wurde durch die Bundestagswahlen 1953 zu einer definitiven Entscheidung. Der DGB hatte im Wahlkampf aktiv mit der Parole »Wählt einen besseren Bundestag« geworben, was eindeutig gegen die Regierungsparteien gerichtet war. Dennoch kam die CDU/CSU nahe an die absolute Mehrheit der Sitze heran und konnte ihre Machtbasis deutlich ausweiten. Damit war klar: Es war nicht nur eine einzelne Schlacht, es war der Kampf um eine alternative Wirtschaftsordnung insgesamt für absehbare Zeit verloren. Im DGB rollten Köpfe – der Vorsitzende *Christian*

932 S. auch *Erd*, S. 43: »Kaum eine andere Bestimmung des BetrVG dürfte in der Vergangenheit stärker missachtet worden sein als der Vorrang des Tarifvertrags in lohnpolitischen Fragen.«

Fette wurde durch *Walter Freitag* ersetzt.[933] Die Einzelgewerkschaften mussten sich nunmehr auf ihre Rolle als Arbeitsmarktpartei konzentrieren. Man verständigte sich dabei einige Jahre später auf eine »aktive Lohnpolitik«, also auf das Ziel, den Anteil der Arbeitnehmer an der gesamtgesellschaftlichen Wertschöpfung zu erhöhen.
Die Ausgangssituation für eine erfolgreiche Tarifpolitik war allerdings zunächst nicht besonders günstig. Anfang der 1950er-Jahre gab es kaum größere Flächentarife, die deshalb erst noch zu erreichen, im Einzelfall auch zu erkämpfen waren. Angesichts des guten Verteilungsspielraums, der in der »Wirtschaftswunderzeit« zur Verfügung stand, war dies im Ganzen erfolgreich. Im Bereich des Bergbaus, wo die Gewerkschaft über einen sehr hohen Organisationsgrad verfügte, kam es zu tariflichen Regelungen, die über das BetrVG hinausgingen und Mitbestimmungsrechte insbesondere im Bereich der Arbeitssicherheit begründeten.[934]

2. Aufwertung der Betriebsräte, insbesondere durch Mitwirkung bei der Umsetzung von Tarifverträgen

Im Laufe der Jahre entkrampfte sich das Verhältnis der Gewerkschaften zu den Betriebsräten. Ca. 80 % der gewählten Betriebsratsmitglieder waren zugleich in der Gewerkschaft organisiert. Bei den Aufgaben ergab sich eine Arbeitsteilung: Grundsatzfragen, insbesondere der Verteilung, sollten durch den Abschluss von Branchentarifen entschieden werden. Die konkreten betrieblichen Bedingungen lagen in den Händen der Betriebsräte. Neben den übertariflichen Zusatzleistungen der Arbeitgeberseite gehörte dazu auch die Umsetzung der Tarifverträge. Sie wurde zu einer immer wichtigeren Aufgabe.
In der Weimarer Zeit waren die Betriebsräte meist darauf beschränkt, die Umsetzung der Tarifverträge durch den Arbeitgeber zu beobachten. Verhielt er sich nicht tarifgemäß, konnten sie protestieren und Abhilfe verlangen. Zu mehr waren sie nicht in der Lage. Sie konnten auch nicht das Gericht bemühen, um den Arbeitgeber zu einem anderen, einem »tarifkonformen« Verhalten zu zwingen. Im Ergebnis lag so die Definitionsmacht in Bezug auf den konkreten Tarifinhalt beim Arbeitgeber.
In der Bundesrepublik ist die Situation eine andere. Tarifverträge lassen der betrieblichen Ebene sehr viel mehr Wahlfreiheit – und dies war eine kluge tarifpolitische Entscheidung der Gewerkschaften, über die nie viel geredet wurde. Die Lohnform wird beispielsweise den Betriebsparteien überlassen; sie können bestimmen, an welchen Arbeitsplätzen Zeit- und an welchen Akkordlohn gezahlt wird. Soweit letzteres der Fall ist, werden sie ggf. ermächtigt, bei der Bestimmung

933 Näher *Kittner*, Arbeitskampf, S. 602 f.
934 Dazu und zur späteren Neufassung s. *Föhr*, RdA 1977, 285 ff.

der Vorgabezeiten mitzuwirken. Beim Prämienlohn ist es ihnen überlassen, welches Verhalten (z. B. sparsamer Umgang mit Material) mit einer Prämie belohnt wird. Ein wichtiges Beispiel für diese neue Art von »Tarifumsetzung« ist der Lohnrahmentarif II für die Metallindustrie Nordwürttemberg-Nordbaden, der frühere Ansätze fortführte.[935]

> Ziffer 2.2.1 sieht die drei Formen »Akkordlohn«, »Prämienlohn« und »Zeitlohn« vor. Andere Lohngrundsätze können nach Ziffer 2.2.2 zwischen Geschäftsleitung und Betriebsrat ... in einer Betriebsvereinbarung geregelt werden.
> Ziffer 2.3.1 bestimmt: »Die Neueinführung eines der in Ziffer 2.2.1 genannten Entlohnungsgrundsätze oder der Wechsel von einem Entlohnungsgrundsatz zum andern für den ganzen Betrieb oder einzelne Betriebsabteilungen ist mit dem Betriebsrat zu vereinbaren und schriftlich niederzulegen.
> Dasselbe gilt für Arbeitsplätze oder Arbeitsbereiche, für die ein Entlohnungsgrundsatz Anwendung finden soll, der von dem in der Betriebsabteilung geltenden Entlohnungsgrundsatz abweicht.«

Ohne Zustimmung des Betriebsrats sind die Gestaltungsmöglichkeiten des Arbeitgebers sehr gering. Dies zeigt sich auch bei der damals weit verbreiteten Fließbandarbeit, die einem besonderen Lohnregime unterstellt werden konnte.

> § 6 des Tarifvertrags trug die Überschrift »Fließ-, Fließband- und Taktarbeit« und definierte unter Ziffer 6.1, um was es sich dabei handelte. Ziffer 6.2. bestimmte anschließend:
> »Der Entlohnungsgrundsatz für Arbeitnehmer nach Ziffer 1 ist unter Berücksichtigung der betrieblichen Gegebenheiten mit dem Betriebsrat zu vereinbaren. Arbeit nach Ziffer 1 darf jedoch nicht im Entlohnungsgrundsatz Zeitlohn vergeben werden.«
> Besonders wichtig war dann Ziffer 6.4., wo es hieß:
> »Bei Fließbandarbeit (Gruppenarbeit)ist die Anzahl der zur Besetzung der Bänder benötigten Arbeitnehmer und die Leistungsabstimmung je Arbeitsstation (Arbeitstakt) mit dem Betriebsrat zu vereinbaren.«
> Dies wird durch Ziffer 6.5 »abgerundet«:
> »Die Anzahl der Springer ist mit dem Betriebsrat zu vereinbaren.«

935 Wortlaut in RdA 1974, 177 ff.

Natürlich gab es nicht in allen Tarifverträgen so weitgehende Vorschriften. Die eben referierten Besetzungsregeln (wie viele Leute müssen mindestens für eine bestimmte Arbeit eingesetzt werden?) sind noch immer die Ausnahme. Dennoch zeigen die anderen beispielhaft genannten Bestimmungen, wie stark der Betriebsrat in die betriebliche Lohngestaltung eingeschaltet ist. Dies wird an einer Auswertung der aktuellen Tarifverträge deutlich, die in der Metall- und Elektroindustrie Nordwürttemberg-Nordbaden gelten:

Tarifliche Öffnungsklauseln in der Metall- und Elektroindustrie NW/NB

I. Manteltarifvertrag

1. Generalklausel des § 1.2.1

»Der Tarifvertrag regelt die Mindestbedingungen der Arbeitsverhältnisse. Ergänzende Bestimmungen können durch Betriebsvereinbarung zwischen Arbeitgeber und Betriebsrat vereinbart werden. Derartige Bestimmungen können – auch in Einzelteilen – nicht zuungunsten von Beschäftigten vom Tarifvertrag abweichen.«

Das LAG Baden-Württemberg ist der Ansicht, dass dies eine Wiederholung des § 4 Abs. 3 TVG sei (vom 6. August 2004 – 9 Sa 95/03).

2. Arbeitszeit

- Erhöhung der 40-Stunden-Quote auf 30 % bzw. 50 % unter bestimmten Voraussetzungen (§ 7.1.6.1 und 7.1.6.2)
- Einbeziehung des Samstags in die Verteilung der regelmäßigen Arbeitszeit (§ 7.5.2)
- Verteilung der Arbeitszeit mit Regelungen zu Beginn und Ende der Ausgleichszeiträume (§ 7.5.3)
- Einführung von flexible Arbeitszeitkonten (§ 7.7.1)
- Auszahlung von Zeitguthaben (§ 7.7.1.5.2)
- Einführung von Langzeitkonten (§ 7.7.2)
- Führen der Langzeitkonten in Geld statt Zeit (§ 7.7.2.1)
- Vor- oder nacharbeiten von 3,5 Stunden an Heilig Abend und Silvester statt Absenkung der Sonderzahlung (§ 7.10.2)
- Ausgleich der Mehrarbeit durch Freizeit (§ 8.1.2.5)

3. Tarifliche Freistellungstage

- Ausweitung des Anspruch Wahlmöglichkeit (Freistellungstage statt tarifliches Zusatzgeld) auf den ganzen Betrieb, bestimmte Beschäftigtengruppen oder Abteilungen/Bereiche, z. B. auch auf Vollkonti-Schicht-Beschäftigte (§ 7.14.4)

4. Monatsentgelt
- Ergänzende Einzelheiten zu den Bestandteilen des Monatsentgelts (§ 11.3.2.4)
- Bargeldlose Zahlung (§ 11.9.2)

II. TV Qualifizierung
- Einzelheiten des Verfahrens eines Qualifizierungsgesprächs (§ 3.1)
- Volumen und Höhe der Förderung einer Qualifizierungsteilzeit (§ 5.2)

III. TV Flexible Übergänge (ATZ)
- Generalklausel (»insbesondere«): Regelungen zur Altersteilzeit (§ 3.3)
- Verwendung der Mittel für tarifliche Altersteilzeit für andere insgesamt wertgleiche Zwecke für eine demographieorientierte Personalpolitik (§ 14.2)
- Ausweitung der ATZ über sechs Jahre hinaus (§ 2.3)
- Auszahlung zeitabhängigen variablen Entgeltbestandteile (§ 5.1)
- Zeitanteilige Auszahlung der Sonderzahlungen (§ 5.3)

IV. TV Mobiles Arbeiten
- Einführung (§ 3.1)

V. Urlaubsabkommen, TV Tarifliches Zusatzgeld, TV Sonderzahlung
- Veränderung des Auszahlungszeitpunkts (§ 4.5 UA, § 3.2 TV T-ZUG, § 3.1 TV SoZ)

VI. TV Leiharbeit
- Einsatz von Leiharbeitnehmern (§ 3.1)
- Entfallen Übernahmeanspruchs (vgl. § 4.1)

VII. TV Beschäftigungssicherung
- Absenkung der Arbeitszeit auf bis zu 30 Stunden ohne Entgeltausgleich (§ 3.1)
- Ausschluss des Übernahmeanspruchs für Ausgebildete (vgl. § 4.3)

VIII. TV Kurzarbeit
- Abgesenkter Zuschuss zum KuG (§ 3)
- Absenkung der Arbeitszeit bis 28 Stunden – tarifliche Kurzarbeit (§ 4)

Quelle: Zusammenstellung der IG Metall Bezirksleitung Baden-Württemberg

Vermehrt finden sich in den letzten 30 Jahren Klauseln zur Arbeitszeit auch in vielen anderen Tarifbezirken und Branchen. Die Flexibilisierung der Arbeitszeit kann schon von Gesetzes wegen nur zusammen mit dem Betriebsrat erfolgen, weil er über Beginn und Ende der Arbeitszeit und über die Leistung von Überstunden mitbestimmen kann. Auch die Dauer der Arbeitszeit kann in die Mitbestimmung einbezogen werden, was nach der Rechtsprechung des BAG[936] aufgrund tariflicher Ermächtigung jederzeit möglich ist.
Zur »betriebsratsfreundlichen« Tarifpolitik kam hinzu, dass die Gewerkschaften den Betriebsräten wichtige Dienste anboten. Diese reichten von der Protokollführung durch den anwesenden Gewerkschaftssekretär bis hin zur Schulung in Akkordfragen oder in Problemen der Urlaubsplanung. Die allermeisten Betriebsräte sahen sich (meist zu recht) eher als »Amateure«, die das auf sie Zukommende nicht oder nur schwer aus eigener Kraft bewältigt hätten.
Betriebsräte und Gewerkschaften waren so aufeinander angewiesen. Unter diesen Umständen ist es nicht mehr erstaunlich: Im DGB-Grundsatzprogramm von 1963 wird der betrieblichen Mitbestimmung derselbe Rang wie der Unternehmensmitbestimmung eingeräumt. Dies stellte für die Programmatik eine große Innovation dar, die allerdings nur das nachvollzog, was bereits Praxis geworden war.

936 BAG 18.8.1987 – 1 ABR 30/86, AP Nr. 23 zu § 77 BetrVG 1972 = NZA 1987, 779.

§ 27 Der erzwungene Sonderweg des öffentlichen Dienstes

I. Die Ausklammerung aus den allgemeinen Vertretungsregeln

Zunächst erschien es wie eine Selbstverständlichkeit, dass die Betriebsverfassung auch den öffentlichen Dienst einschließlich der Beamten einbezog: Beim KRG Nr. 22 war dies allgemeine Praxis, obwohl der Gesetzeswortlaut eher gegen eine solche Erstreckung sprach.[937] Auch die später erlassenen Landesgesetze bezogen in der Regel den öffentlichen Dienst ein.[938] Erst im Rahmen der Vorbereitung des BetrVG 1952 wurde der Kurs geändert: Am 13. Juni 1952 beschloss die Bundesregierung den Entwurf eines Bundespersonalvertretungsgesetzes, was die Gewerkschaften bei den Verhandlungen über die Betriebsverfassung vor den Kopf stieß[939] und bei ihren dann folgenden Aktionen eine große Rolle spielte.[940] Im Ergebnis setzten sich die Bundesregierung und die Bundestagsmehrheit durch. Das BetrVG 1952 klammerte den öffentlichen Dienst definitiv aus.

Im öffentlichen Dienst des Bundes galt das KRG Nr. 22 weiter bis zum Erlass des Bundespersonalvertretungsgesetzes vom 5. August 1955.[941] Die Länder erließen zu unterschiedlichen Zeitpunkten für ihre Verwaltungen Personalvertretungsgesetze. Bis dahin blieb es entweder bei den Landesgesetzen zur (den öffentlichen Dienst einbeziehenden) Betriebsverfassung oder bei der Anwendung des KRG Nr. 22. Bei ihrer Gesetzgebung hatten sie ab 1955 die Rahmenbestimmungen der §§ 83 – 95 BPersVG zu beachten, sodass auch insoweit ein Sonderweg für den öffentlichen Dienst nicht zu vermeiden war: Selbst wenn sie es gewollt hätten, eine volle Übernahme der Betriebsverfassung wäre nicht möglich gewesen.

937 S. oben § 21 II 1.

938 Ausnahmen waren die Gesetze in Württemberg-Baden und Württemberg-Hohenzollern – s. *Arnold*, S. 26ff.

939 S. oben § 24 V.

940 S. oben § 24 V und VI (ÖTV für Kampfmaßnahmen).

941 BGBl. I S. 477.

II. Das Bundespersonalvertretungsgesetz 1955

Das neue Personalvertretungsrecht gab der betrieblichen Interessenvertretung und der Gewerkschaft weniger Rechte als sie nach dem BetrVG 1952 vorgesehen waren.[942]

Schon in organisatorischer Hinsicht waren die Abweichungen beträchtlich. Das Gruppenprinzip war stärker ausgeprägt als in der Betriebsverfassung, da es ja Arbeiter, Angestellte und Beamte unter einen Hut zu bringen galt. Die einzelnen Gruppen besaßen nach § 13 Abs. 3 BPersVG das Recht auf eine Mindestvertretung im Personalrat. Dieser musste einen »Vorstand« bilden, in dem wiederum grundsätzlich alle Gruppen vertreten waren. Der Personalrat bestimmte, wer von den Vorstandsmitgliedern Vorsitzender sein sollte, der das Gremium nach außen hin vertrat. War durch eine Angelegenheit (z. B. eine Einstellung oder eine Kündigung) nur eine Gruppe betroffen, entschieden nach § 37 Abs. 2 BPersVG allein ihre Vertreter im Personalrat. Dies erinnerte an die getrennten Arbeiter- und Angestelltenräte nach dem BRG 1920.[943]

Erstaunlich war aus heutiger Sicht die Vorschrift des § 10 Abs. 2 BPersVG, wonach Personen, deren regelmäßige Wochenarbeitszeit unter 18 Stunden lag, nicht in den Personalrat gewählt werden konnten.[944] Eine Schlechterstellung gegenüber der Betriebsverfassung stellte es auch dar, dass anders als nach § 20 Abs. 3 BetrVG 1952 keinerlei tarifliche Anpassung der Personalvertretung an spezifische Dienststellenstrukturen möglich war. Auch konnten die Personalratsbefugnisse nach § 78 Abs. 1 BPersVG nicht erweitert werden, was eine Praxis, wie sie sich während der 1960er-Jahre in der Betriebsverfassung entwickelt hatte,[945] rechtlich ausschloss oder damit ggf. in die Quasi-Illegalität abdrängte.[946] Personalversammlungen sollten nach § 47 Abs. 1 BPersVG nur zwei Mal (und nicht vier Mal) pro Jahr stattfinden.

Das Personalvertretungsrecht kennt eine sog. Stufenvertretung. Auf unterster Ebene der einzelnen Dienststelle (z. B. Arbeitsamt) wird der Personalrat gewählt. Auf der mittleren Ebene (z. B. Landesarbeitsamt) besteht ein Bezirkspersonalrat, der unmittelbar von allen in seinem Bezirk tätigen Beschäftigten gewählt wird.

942 Ebenso *Altvater*, in: Altvater/Baden u. a. Einl. Rn. 13ff.

943 S. oben § 15.

944 Heute wäre dies eine unerlaubte Diskriminierung von Teilzeitkräften und außerdem in vielen Fällen eine mittelbare Diskriminierung wegen des Geschlechts.

945 Dazu oben § 25 II 5.

946 Eine »Quasi-Illegalität« gibt es auch im Arbeitsrecht des öffentlichen Dienstes, wenn man an die Abmachungen zur »Verwaltungsmodernisierung« denkt, die zahlreiche organisatorische Fragen zum Gegenstand haben, die weder der Mitbestimmung des Personalrats unterlagen noch tariflich regelbar waren. Zu ihnen insbes. *Thomas Blanke*, Verwaltungsmodernisierung. Direktionsrecht des Arbeitgebers, Mitwirkungsrechte des Personalrats und Tarifautonomie, Baden-Baden 1998.

Auf der obersten Ebene (z. B. heute Bundesagentur für Arbeit) wird ein Hauptpersonalrat von allen Beschäftigten der BA gewählt.
In sozialen Angelegenheiten wurde zwischen solchen unterschieden, die der bloßen »Mitwirkung« (§ 66 BPersVG) und solchen, die der Mitbestimmung unterlagen (§ 67 BPersVG). Die Mitwirkung gab lediglich ein Verhandlungsrecht und eröffnete die Möglichkeit, die Angelegenheit auf die nächst höhere Ebene zu bringen. Das Letztentscheidungsrecht der Obersten Dienstbehörde blieb unangetastet. Das Mitbestimmungsrecht umfasste nach § 62 Abs. 3 BPersVG auch das Recht, einen entsprechenden Antrag beim Dienststellenleiter zu stellen; insoweit bestand ein Initiativrecht. Kam keine Einigung zustande, so wurde auch hier die nächst höhere Ebene eingeschaltet. Eine Entscheidung durch die Einigungsstelle war nur vorgesehen, wenn die Oberste Dienstbehörde und der Hauptpersonalrat keinen Kompromiss fanden – ein langwieriges Verfahren, das eine ortsnahe und schnelle Entscheidung unmöglich machte.[947] Die erfassten Gegenstände blieben erheblich hinter denen des § 56 BetrVG 1952 zurück.
In bestimmten personellen Angelegenheiten der Arbeiter und Angestellten bestand nach § 71 Abs. 1 BPersVG lediglich ein eingeschränktes Mitbestimmungsrecht. Höhergruppierung, Rückgruppierung und Versetzung in eine andere Dienststelle konnten nicht etwa generell in Frage gestellt werden; vielmehr hatte der Personalrat nur ein Zustimmungsverweigerungsrecht aus bestimmten, in § 71 Abs. 2 BPersVG abschließend genannten Gründen. Bei Einstellungen, Kündigungen und Umsetzungen innerhalb derselben Dienststelle hatte der Personalrat nicht mitzureden. Bei der Einführung grundlegend neuer Arbeitsmethoden und bei der Auflösung, Einschränkung, Verlegung und Zusammenlegung von Dienststellen war er nach § 73 BPersVG auf ein Mitwirkungsrecht beschränkt.
Bei Rechtsstreitigkeiten zwischen Personalvertretung und Dienststellenleitung hatten nach § 76 BPersVG die Verwaltungsgerichte zu entscheiden, was ein weiteres Auseinanderdriften von Betriebsverfassungs- und Personalvertretungsrecht begünstigte.[948]

III. Die Landespersonalvertretungsgesetze

Die Bundesländer erließen in den Jahre 1955 bis 1959 ihre eigenen Personalvertretungsgesetze, die für die Landes- und Kommunalverwaltungen galten.[949]

947 Kritisch *Däubler*, Weniger Mitbestimmung im öffentlichen Dienst? (Zum Entwurf der Fraktionen der SPD und FDP zu einem neuen Bundespersonalvertretungsgesetz), AuR 1973, 233, 234.
948 *Altvater*, in: Altvater/Baden u. a., Einl. Rn. 14.
949 Überblick bei *Altvater*, in: Altvater/Baden u. a., Einl. Rn. 15.

Sie waren von unterschiedlicher Qualität und verzichteten größtenteils auf Mitbestimmungsrechte mit Letztentscheidungsrecht der Einigungsstelle oder einer anderen unabhängigen Instanz. Eine große Ausnahme stellte das Bremische PersVG vom 3. Dezember 1957[950] dar. Es gewährte dem Personalrat nicht nur ein effektives Mitbestimmungsrecht, sondern erstreckte dieses auch auf alle sozialen und personellen Angelegenheiten der Arbeitnehmer und Beamten. Dabei wurden diese Angelegenheiten im Gesetzestext selbst nur durch Beispielsfälle verdeutlicht, sodass der Personalrat insoweit eine »Allzuständigkeit« besaß. Die Bremische Landesregierung rief daraufhin das Bundesverfassungsgericht an, das mit Urteil vom 27. April 1959[951] einen Kompromiss fand: In Bezug auf Arbeiter und Angestellte des öffentlichen Dienstes sei das Mitbestimmungsrecht des Personalrats nicht zu beanstanden, doch gelte Abweichendes für die Beamten. Insoweit sei der verfassungsrechtliche Rahmen verlassen. Dabei stützte es sich auf zwei Erwägungen.

Der demokratische Rechtsstaat verlange eine funktionsfähige und verantwortliche Regierung.[952] Verantwortung könne jedoch nicht tragen, wer in seiner Entscheidung inhaltlich in vollem Umfang an die Willensentscheidung eines anderen gebunden sei. Zwar sei nicht ausgeschlossen, bestimmte Verwaltungsaufgaben auf von der Regierung unabhängige Ausschüsse zu übertragen, wohl aber gebe es Regierungsaufgaben, »die wegen ihrer politischen Tragweite nicht generell der Regierungsverantwortung entzogen und auf Stellen übertragen werden dürfen, die von Regierung und Parlament unabhängig sind.«[953] Welche Angelegenheiten von solchem politischen Gewicht seien, lasse sich nur von Fall zu Fall beurteilen. Hier genüge es festzustellen, *»dass im heutigen Verwaltungsstaat jedenfalls die Entscheidung über Einstellung, Versetzung und sonstige personelle Angelegenheiten der Beamten erhebliches politisches Gewicht«* habe. Denn die Zuverlässigkeit und Unparteilichkeit des öffentlichen Dienstes hängen nach wie vor in erster Linie von den Beamten ab. Daraus folgert das Gericht: *»Die generelle Übertragung der Entscheidungsgewalt in allen personellen Fragen der Beamten an einen Ausschuss, dessen Mitglieder der Regierung nicht verantwortlich sind, ist daher mit dem Prinzip des demokratischen Rechtsstaats im Sinne des Art. 28 Abs. 1 Satz 1 GG nicht vereinbar.«*

Zum Zweiten stützte sich das Bundesverfassungsgericht auf die hergebrachten Grundsätze des Berufsbeamtentums nach Art. 33 Abs. 5 GG. Diese Norm wolle das Berufsbeamtentum im Interesse der Allgemeinheit erhalten. Vom Beamten werde *»Treue, Pflichterfüllung, unparteiischer Dienst für die Gesamtheit und Gehorsam gegenüber den Gesetzen und den rechtmäßigen Anordnungen der Vor-*

950 GBl. S. 161.
951 BVerfGE 9, 268 ff.
952 Eingehend BVerfGE 9, 268, 281.
953 BVerfGE 9, 268, 282, auch zum Folgenden.

gesetzten« verlangt. Das setze voraus, »*dass der Beamte nur Stellen seines Dienstherrn verantwortlich ist, die durch ein hierarchisches Über- und Unterordnungsverhältnis eine Einheit bilden, und dass auch nur diese Stellen zu seiner Beurteilung und den Maßnahmen befugt sind, die seine Laufbahn bestimmen.*« Das Gericht fährt dann fort:[954] »*Die Mitbestimmung des Personalrats in personellen Angelegenheiten der Beamten, sein Initiativrecht und die Entscheidungsbefugnis der Einigungsstelle, die auch gegen den Willen der vorgesetzten Dienstbehörden personelle Maßnahmen, also z. B. Anstellung, Beförderung und Versetzung verhindern oder durchsetzen kann, machen aber die Beamten von Personalrat und Einigungsstelle abhängig, die ihre Laufbahn günstig oder ungünstig beeinflussen können. Daraus können sich besonders dann Konflikte ergeben, wenn der Dienstvorgesetzte und die Personalvertretung in Grundsatzfragen verschiedene Auffassungen vertreten. Es besteht die Gefahr, dass der Beamte auf die Auffassung des Personalrats und der Einigungsstelle in stärkerem Maße Rücksicht nimmt, als dies im dienstlichen Interesse vertretbar ist … Es entspricht hergebrachten Grundsätzen des Berufsbeamtentums, dass über Personalangelegenheiten eines Beamten in der Regel allein die ihm vorgesetzten Dienstbehörden entscheiden.*«

Damit waren trotz dieser gewichtigen Ausnahme wesentliche Teile des Bremer Mitbestimmungsmodells für verfassungskonform erklärt, ohne dass sich zunächst Nachahmer in anderen Bundesländern gefunden hätten.

Eine zweite Entscheidung des BVerfG, die sehr viel weniger öffentliche Aufmerksamkeit erfuhr, betraf die (allein) im Bremischen Personalvertretungsrecht vorgesehene Möglichkeit, den Personalrat oder eines seiner Mitglieder auf einer Personalversammlung in geheimer Abstimmung und mit der absoluten Mehrheit der Wahlberechtigten abzuwählen. Das BVerfG hielt diese Regelung für unvereinbar mit den Rahmenvorschriften des Bundes, die nur eine gerichtliche Amtsenthebung vorsehen würden.[955] Damit waren zugleich Anleihen am imperativen Mandat, wie es zur Tradition der Rätebewegung gehört,[956] fürs Erste illegalisiert.

954 BVerfGE 9, 268, 287.

955 BVerfG 27. 3. 1979 – 2 BvR 1011/78, NJW 1979, 1875; kritisch dazu *Mückenberger*, in Däubler/Küsel (Hrsg.), Verfassungsgericht und Politik, Reinbek 1979, S. 49, 64 ff.

956 S. oben § 14 III.

IV. Die weitere Entwicklung auf Bundesebene

1. Gewerkschaften akzeptieren Trennung

Gut 15 Jahre separate Existenz von Betriebsverfassung und Personalvertretung haben die einst so deutliche gewerkschaftliche Kritik zum Schweigen gebracht. Die Reformvorschläge des DGB aus den Jahren 1967[957] und 1970[958] stellten jedenfalls die Trennung als solche nicht mehr in Frage und beschränkten sich zunächst auf die Betriebsverfassung. Auch unter den im Bundestag vertretenen Parteien gab es insoweit keine Meinungsverschiedenheiten mehr.[959]

2. Erlass des BPersVG 1974

Die Gewerkschaften des öffentlichen Dienstes verlangten insbesondere nach Verabschiedung des BetrVG 1972 verstärkt eine Reform des Personalvertretungsrechts auf Bundesebene. Ein Regierungsentwurf[960] blieb weit hinter den gewerkschaftlichen Vorstellungen zurück und war Objekt deutlicher Kritik.[961] Die anschließenden parlamentarischen Beratungen führten zu etwa 200 Änderungen,[962] was für eine (ansonsten seltene) Lernbereitschaft der Entscheidungsträger sprach. Am 20. März 1974 wurde das neue Bundespersonalvertretungsgesetz verkündet;[963] es trat am 1. April 1974 in Kraft. Für Streitigkeiten zwischen Personalrat und öffentlichem Arbeitgeber blieben die Verwaltungsgerichte zuständig.

Das BPersVG 1974 erweiterte insbesondere die Mitbestimmungsrechte des Personalrats, die sich weitgehend am BetrVG 1972 orientierten. Auch die Organisation der Personalvertretung und die Stellung der Personalratsmitglieder wurden verbessert. Einzelheiten können hier nicht dargestellt werden.[964] Das neue Gesetz brachte auch für manche Bundesländer Impulse, die ihre Gesetze zugunsten der Personalräte verbesserten.

Seit der Föderalismusreform 2006 gibt es keine Rahmenkompetenz des Bundes mehr, sodass die Länder von den fort geltenden bundesgesetzlichen Vorgaben abweichen können und so einen großen Spielraum besitzen. Ein »imperatives

957 RdA 1967, 462.

958 RdA 1970, 243.

959 Berechtigte Kritik bei *J. Schubert*, FS 100 Jahre Betriebsverfassungsrecht, S. 705ff.; vgl. auch *Däubler*, PersR 2010, 48ff.

960 BT-Drucksache 7/176.

961 *Däubler*, AuR 1973, 233; weitere Nachweise bei *Altvater*, in: Altvater/Baden u.a., Einl. Rn. 18.

962 *Altvater*, in: Altvater/Baden u.a., Einl. Rn. 19.

963 BGBl. I S. 693.

964 Überblick bei *Däubler*, Arbeitsrecht 2, Rn. 1793ff.

Mandat« nach Bremer Vorbild[965] wäre heute zulässig, ist bisher aber nirgends Gesetz geworden.

3. Weiterentwicklung durch die Gerichte

Zwei Gerichtsentscheidungen sorgten in der Folgezeit dafür, dass die Personalvertretung auch in Zukunft ein Eigendasein fristen muss.

a) Gemeinsamer Senat: Keine einheitliche Interpretation

Die erste Entscheidung stammt vom Gemeinsamen Senat der Obersten Gerichtshöfe.[966] Dieser wird aktiv, wenn zwei Gerichtsbarkeiten (z. B. die Arbeitsgerichtsbarkeit und die Verwaltungsgerichtsbarkeit) gleiche Vorschriften unterschiedlich interpretieren. Seine Aufgabe ist es, für eine einheitliche Auslegung zu sorgen, weshalb seine Entscheidungen Bindungskraft über den Einzelfall hinaus haben. Nun gibt es eine Reihe von Vorschriften, die im Betriebsverfassungs- und im Personalvertretungsrecht übereinstimmen, ja zum Teil sogar wortidentisch sind. Bleibt in solchen Fällen die Rechtsprechung der Verwaltungsgerichte hinter der der Arbeitsgerichte zurück, so könnte man mit Hilfe des Gemeinsamen Senats eine einheitliche Lösung schaffen. Diese dürfte sich in vielen Fällen an der Betriebsverfassung orientieren, weil die Arbeitsgerichte ihres größeren Fallmaterials wegen häufig zu ausdifferenzierteren Lösungen gelangen. Dem hat jedoch der Gemeinsame Senat einen Riegel vorgeschoben: Wegen des anderen Regelungszusammenhangs könnten nach seiner Auffassung auch wörtlich gleiche Vorschriften unterschiedlich interpretiert werden. Selbst dort, wo der Gesetzgeber also ein gleiches Schutzniveau für angemessen hielt, kann die Verwaltungsgerichtsbarkeit von der Rechtsprechung der Arbeitsgerichte abweichen, weil ja nicht eine »gleiche« Vorschrift verschieden interpretiert wird. Die einzelnen Gerichtsbarkeiten können daher weiterhin selbst in Einzelfragen zu unterschiedlichen Ergebnissen kommen, ein »Ankoppeln« an die Betriebsverfassung kann nicht erzwungen werden.

b) BVerfG: Schranken der Mitbestimmung durch ein (exzessiv interpretiertes) Demokratieprinzip

Die zweite Entscheidung ist von noch grundsätzlicherer Bedeutung. Der schleswig-holsteinische Gesetzgeber hatte alle personellen, sozialen, organisatorischen und sonstigen innerdienstlichen Maßnahmen der vollen Mitbestimmung unterworfen und war insoweit noch über das BremPersVG hinausgegangen.[967]

965 Oben III.

966 GemS 12.3.1987 – GmS-OGB 6/86, DB 1987, 1792.

967 Gesetz über die Mitbestimmung der Personalräte vom 11. Dezember 1990, GVOBl 1990, 577.

Dagegen klagten 282 Abgeordnete der CDU/CSU-Bundestagsfraktion vor dem Bundesverfassungsgericht, das mit Beschluss vom 24. Mai 1995[968] weitreichende Grenzen der Mitbestimmung im öffentlichen Dienst entwickelte. Danach muss zwischen verschiedenen Gegenständen unterschieden werden.

Ausgangspunkt ist die Feststellung, dass jede Form der Ausübung von Staatsgewalt mit Entscheidungscharakter der demokratischen Legitimation bedarf. Dies gelte auch dann, wenn nur die behördeninternen Voraussetzungen für die Wahrnehmung von Amtsaufgaben betroffen seien. Damit wurde die bewusste Beschränkung des schleswig-holsteinischen Gesetzgebers auf »innerdienstliche Maßnahmen« gegenstandslos gemacht.

In Angelegenheiten, die schwerpunktmäßig das Beschäftigungsverhältnis, aber nur unerheblich die Wahrnehmung von Amtsaufgaben gegenüber dem Bürger betreffen, sei eine weitreichende Beteiligung der Beschäftigten möglich. Dies betreffe etwa Beginn und Ende der täglichen Arbeitszeit, die Aufstellung des Urlaubsplanes, die Errichtung, Verwaltung und Auflösung von Sozialeinrichtungen sowie Beurteilungsrichtlinien. Ausgeschlossen seien jedoch die Mitbestimmungsrechte über die Bestellung von Werksärzten, die Aufstellung von Sozialplänen und die Einführung und Anwendung technischer Einrichtungen, die dazu bestimmt seien, Verhalten oder Leistung der Beschäftigten zu überwachen. Dort, wo eine weitreichende Beteiligung von Beschäftigten möglich sei, könne grundsätzlich der Einigungsstelle ein Letztentscheidungsrecht zugebilligt werden. Allerdings müsse auch hier eine parlamentarisch legitimierte Instanz das letzte Wort haben, wenn die Entscheidung wegen ihrer Auswirkungen auf das Gemeinwohl »wesentlicher Bestandteil der Regierungsgewalt« sei. Unter dieser Voraussetzung muss z. B. ein Minister oder die Regierung die Angelegenheit an sich ziehen können (sog. Evokationsrecht).[969]

Maßnahmen, die zwar das Beschäftigungsverhältnis betreffen, die jedoch die Wahrnehmung des amtlichen Auftrags »nicht nur unerheblich« berühren, bedürfen einer stärkeren demokratischen Legitimation. Dazu gehören etwa die Mitbestimmungsrechte über einen Sozialplan und über eine technische Einrichtung, die zur Kontrolle von Verhalten und Leistung der Beschäftigten geeignet ist. Die Letztentscheidung kann in diesen Fällen einer Einigungsstelle oder einem anderen Gremium nur überlassen bleiben, wenn die Mehrheit der Mitglieder demokratisch legitimiert und die Entscheidung von einer Mehrheit dieser Gruppe getragen sei (sog. Prinzip der doppelten Mehrheit). Die erste Voraussetzung wäre – so sei angefügt – etwa dann erfüllt, wenn der Vorsitzende nach dem Vorbild des § 60 Abs. 2 Satz 3 BremPersVG durch den Parlamentspräsidenten bestimmt wird, sodass zusammen mit den Vertretern der öffentlichen Hand dem Mehrheitserfor-

968 2 BvF 1/92, BVerfGE 93, 57 = PersR 1995, 483.

969 Dazu bereits der Vorschlag bei *Däubler*, AuR 1973, 233, 239.

dernis Rechnung getragen wäre. Alternativ dazu kommt eine Entscheidung nicht durch die Einigungsstelle, sondern durch einen parlamentarisch verantwortlichen Amtsträger wie einen Minister in Betracht, die anders als bei der zuvor genannten Gruppe von Angelegenheiten nach dem Urteil nicht davon abhängt, dass es sich um einen »wesentlichen Bestandteil der Regierungsgewalt« handelt.
Innerdienstliche Maßnahmen, die schwerpunktmäßig die Erledigung von amtlichen Aufgaben betreffen, aber auch die Interessen der Beschäftigten berühren, seien von so hohem Gewicht, dass die parlamentarische Verantwortung der Entscheidungsträger keine Einschränkung vertrage. Wenn der Gesetzgeber die Einigungsstelle einschalten wolle, könne er dies tun, doch sei diese nur in der Lage, eine Empfehlung an die oberste Dienstbehörde auszusprechen.
Bei der Frage, wie eine einzelne Angelegenheit zu qualifizieren sei, stehe dem Gesetzgeber ein Beurteilungsspielraum zu.[970]
Die Entscheidung des BVerfG hat in 13 von 16 Bundesländern zu einer Novellierung der Personalvertretungsgesetze geführt. Der Bund, Bremen, Mecklenburg-Vorpommern und das Saarland haben jedoch keine Anpassung vorgenommen.[971] Insoweit bleibt die Möglichkeit offen, in einem neuen Verfahren eine Änderung der Rechtsprechung und beispielsweise eine Rückkehr zur ursprünglichen Position des Gerichts zu erreichen.[972]

4. Das BPersVG 2021

Die Personalvertretung hat auf Bundesebene im Jahr 2021 eine Neuregelung erfahren.[973] In der Sache schreibt sie im Wesentlichen das BPersVG 1974 fort – ergänzt um einige Rückschritte im Bereich der Mitbestimmungsrechte, die auf die Entscheidung des Bundesverfassungsgerichts zurückzuführen sind. Das Gesetz enthält zwar in den §§ 78 bis 80 einen weiten Katalog von »Mitbestimmungsrechten«, die jedoch in den allermeisten Fällen keine wirkliche gleichberechtigte Mitbestimmung gewähren. Zwar gibt es auf der obersten Ebene eine Einigungsstelle, doch sind ihre Befugnisse beschränkt.

- Die oberste Dienstbehörde kann einen Beschluss der Einigungsstelle innerhalb von vier Wochen nach § 75 Abs. 2 BPersVG aufheben, wenn es sich um eine Angelegenheit handelt, »die im Einzelfall wegen ihrer Auswirkungen auf das Gemeinwesen wesentlicher Bestandteil der Regierungsgewalt ist.«
- Gravierender ist die Regelung des § 75 Abs. 3 BPersVG: In zahlreichen dort aufgeführten Fällen kann die Einigungsstelle nur eine Empfehlung an die oberste Dienstbehörde beschließen. Dies betrifft insbesondere alle personel-

970 Weitere Einzelheiten bei *Altvater*, in: Altvater/Baden u. a., § 104 Rn. 28ff.
971 Nachweise bei *Altvater*, in: Altvater/Baden u. a. Einl. Rn. 28.
972 S. oben III zum Bremischen PersVG.
973 Bundespersonalvertretungsgesetz vom 9. Juni 2021 (BGBl I S. 614).

len Angelegenheiten. Wie die oberste Dienstbehörde entscheidet, ist allein ihr überlassen.

- Zum Mitbestimmungsrecht gehört im Grundsatz auch ein Initiativrecht. Aber: Macht der Personalrat davon Gebrauch, so kann er meist nur das Stufenverfahren durchlaufen. Nach § 77 Abs. 2 Satz 2 Nr. 2 BPersVG liegt die endgültige Entscheidung bei der obersten Dienstbehörde. So gibt beispielsweise § 80 Abs. 1 Nr. 5 BPersVG ein »Mitbestimmungsrecht« über alle Formen der Arbeit außerhalb der Dienststelle (wozu auch das Homeoffice gehört), doch kann der Personalrat nur erreichen, dass sich die oberste Dienstbehörde darüber Gedanken macht.
  Die Tatsache, dass sich die Vorschriften über »Mitbestimmungsrechte« meist als eine Art Mogelpackung erweisen, darf nicht darüber hinwegtäuschen, dass die Personalvertretung auch positive Elemente aufweist, die in vergleichbarer Weise in der Privatwirtschaft nicht vorhanden sind.
- Die digitale Präsenz der Gewerkschaften in der Dienststelle wird durch eine Bestimmung erleichtert, die zuvor nirgendwo sonst galt. § 9 Abs. 3 Satz 2 BPersVG bestimmt:

> Auf Verlangen einer Gewerkschaft oder einer Vereinigung der Arbeitgeber hat die Dienststelle in ihrem Intranet auf den Internetauftritt der Gewerkschaft oder der Arbeitgebervereinigung zu verlinken.

- Besteht in einer Dienststelle kein Personalrat, so beruft der Dienststellenleiter nach § 22 Abs. 3 Satz 1 BPersVG eine Personalversammlung ein, damit ein Wahlvorstand gewählt wird. Kommt diese nicht zustande oder wird kein Wahlvorstand gewählt, so muss ihn der Dienststellenleiter von sich aus einsetzen, wenn drei Beschäftigte oder eine im Betrieb vertretene Gewerkschaft es beantragen. Dies führt dazu, dass in fast allen Dienststellen ein Personalrat besteht; entsprechendes ist für Betriebe der Privatwirtschaft bisher nur schwer vorstellbar.[974]
- Im öffentlichen Dienst besteht für die meisten Beschäftigten ein hohes Maß an Arbeitsplatzsicherheit. Beamte, die die Probezeit von drei Jahren absolviert haben, können ihren Arbeitsplatz nur wegen schwersten Fehlverhaltens verlieren. Arbeitnehmer werden nach § 34 Abs. 2 TVöD unkündbar, wenn sie 40 Jahre alt sind und 15 Jahre im öffentlichen Dienst tätig waren. Dies führt dazu, dass einzelne Beschäftigte oder auch Gruppen sich eher in der Lage sehen, ihre Rechte gerichtlich geltend zu machen als dies in der gewerblichen Wirtschaft der Fall ist.

974 Näher dazu unten § 37 III.

§ 28 Die betriebliche Interessenvertretung in SBZ und DDR

I. Wiederaufbau mit etwas anderen Akzenten

1. Die ersten Initiativen

Auch in der Sowjetischen Besatzungszone (SBZ) wurden nach dem Ende des Faschismus spontan zahlreiche Betriebsräte gebildet. »Kerntruppe« waren gleichfalls Personen mit entsprechenden Weimarer Erfahrungen.[975]
Die KPD und die Sowjetische Militäradministration (SMAD) standen – anders als die SPD – den Betriebsräten zunächst skeptisch gegenüber; sie bevorzugten das Modell einer zentralen Einheitsgewerkschaft, deren Mitglieder zu Betriebsgruppen zusammengefasst sein sollten, die nur über ein geringes Maß an Autonomie verfügten. Antifaschistisch ausgerichtete Organisationen, die dieser Vorstellung entsprachen, wurden ab Juni 1945 zugelassen. Der »Freie Deutsche Gewerkschaftsbund« (FDGB) konnte sich so früher als die Gewerkschaften im Westen entwickeln, zumal es kein »Drei-Phasen-Schema« gab.[976]
Nur in wenigen Betrieben wurden »gewerkschaftliche Ausschüsse« anstelle von offiziell mit großer Skepsis betrachteten Betriebsräten geschaffen. Auch wird von einem Fall berichtet, in dem sich der Betriebsrat lediglich umbenannte.[977]
Im Herbst 1945 fanden Betriebsratswahlen statt – die ersten demokratischen Wahlen nach dem Ende der Hitler-Diktatur. Dies stärkte ersichtlich die Legitimationsbasis der Gewählten und damit die Institution als solche. Dazu kam die Tatsache, dass in der KPD durchaus unterschiedliche Auffassungen herrschten: Wer die Hitler-Zeit im Inland verbracht und überlebt hatte, war typischerweise für die Wahl eines Betriebsrats, während die zurückgekehrten Emigranten die in der Theorie »konsequentere« Position der zentralistischen Einheitsgewerkschaft vertraten.[978]

---

975 *Boebel/Wentzel*, in: Boebel/Heidenreich/Wentzel (Hrsg.), S. 20. Zur Situation in den Westzonen s. § 20 I.

976 Zu diesem oben § 20 II 2a.

977 Von einem »kompletten Fehlschlag« spricht *Kittner*, Arbeitskampf, S. 576.

978 *Heidenreich*, in: Bobel/Heidenreich/Wentzel (Hrsg.), S. 39.

Spätestens Anfang September 1945 änderte die KPD ihre Position und unterstützte die Wahl von Betriebsräten. Walter Ulbricht hatte schon am 29. Juli 1945 erklärt, die Erfahrungen der letzten Monate hätten gezeigt, dass nur mit Hilfe der Initiative der »Betriebsräte und Gewerkschaften« die Aufgabe des Wiederaufbaus gelöst werden könne.[979] Einzelne Betriebsvereinbarungen über recht weitgehende Einflussrechte des Betriebsrats wurden schon Ende 1945 abgeschlossen.[980]

2. Das Thüringische Betriebsrätegesetz

Am 10. Oktober 1945 erließ die Landesverwaltung von Thüringen das thüringische Betriebsrätegesetz[981] und war damit den Ländern in den Westzonen in zeitlicher Hinsicht deutlich voraus.[982] Es enthielt eine Reihe nicht ganz selbstverständlicher Regelungen.

- Betriebsräte waren in allen Betrieben zu wählen, die wenigstens drei Arbeitnehmer beschäftigten.
- Die Zahl der Betriebsratsmitglieder stieg mit der Betriebsgröße.

3 bis 19 Arbeitnehmer	1 Person (»Betriebsobmann«)
20 bis 99 Arbeitnehmer	3 Personen

bis zu einer Höchstzahl von 30 Personen.

- Die Betriebsratstätigkeit war ein Ehrenamt, das aber nicht zu einer Einkommensminderung führen durfte. Sprechstunden und Sitzungen sollten während der Arbeitszeit stattfinden. Räume und Geschäftsbedarf waren zur Verfügung zu stellen; die notwendigen Kosten der Betriebsratsarbeit hatte der Arbeitgeber zu tragen.
- Bei den Aufgaben des Betriebsrats stand die »Mitwirkung beim Wiederaufbau der deutschen Volkswirtschaft und bei der Wiedergutmachung innerhalb des Betriebes« an erster Stelle. »Wiedergutmachung« meinte sinngemäß »Entnazifizierung«. Es folgte die »Mitarbeit bei der Entwicklung und Steigerung der Produktion«.
- Der Betriebsrat hatte bei der Ausarbeitung einer Arbeitsordnung und in einer Reihe anderer Fragen mitzuwirken.

---

979 Zitiert bei *Suckut*, S. 223.

980 *Heilmann*, S. 155f.

981 RegBl, Teil I Nr. 10 S. 41. Zu seiner Ausarbeitung durch *Günther Löwisch*, einen der neuen Ordnung in der SBZ denkbar fernstehenden Juristen, s. dessen Bericht in: Löwisch, Jurist in Thüringen, Sozialpolitiker in Württemberg, München 1998, S. 163f. (»Ich nahm mir das alte Betriebsrätegesetz von 1920 zum Vorbild und entwarf an einem Nachmittag ein Betriebsrätegesetz für Thüringen.«).

982 Zum Erlass der Betriebsrätegesetze in den Westzonen s. oben § 22.

- Bei Einstellungen und Entlassungen konnte der Betriebsrat mitbestimmen. War eine Einigung nicht erreichbar, so konnte jede Seite das Arbeitsgericht anrufen, das dann verbindlich entschied.
- In der Betriebsversammlung, die in der Regel außerhalb der Betriebsstunden stattfand, hatte der Betriebsrat über seine Tätigkeit Rechenschaft abzulegen. Beschlüsse der Betriebsversammlung waren für ihn bindend.
- Besaß das Unternehmen einen Aufsichtsrat, so konnte der Betriebsrat zwei seiner Mitglieder entsenden, die dort Sitz und Stimme hatten. Über »vertrauliche Angaben« mussten sie Stillschweigen bewahren.
- Betriebsratsmitglieder besaßen Kündigungsschutz. Sie konnten nur bei einer behördlich veranlassten Betriebsschließung sowie dann gekündigt werden, wenn sie grob gegen die Arbeitsordnung oder gegen die Interessen der Belegschaft verstoßen hatten.
- Betriebseinschränkungen und Betriebsschließungen waren nur mit Zustimmung des Landesamts für Wirtschaft und Ernährung und mit Zustimmung des Landesamts für Arbeit und Sozialfürsorge zulässig.

Das Gesetz fand keine ungeteilte Zustimmung. Seine Bestimmungen wurden zum Teil als Einschränkungen für die Betriebsräte gesehen, die sich spontan gebildet hatten, weshalb die übrigen Länder der SBZ dieses Modell nicht übernahmen.[983] Dabei spielte auch eine Rolle, dass sich die Verabschiedung des Kontrollratsgesetzes Nr. 22 abzeichnete, das dann am 10. April 1946 effektiv beschlossen wurde.[984] Dem verbreiteten Bedürfnis nach einer klaren Rechtsgrundlage versuchte Walter Ulbricht dadurch Rechnung zu tragen, dass er am 12. Oktober 1945 betonte, die Betriebsräte könnten sich bei ihrer Tätigkeit »auf ein altes Gewohnheitsrecht aus der Zeit der Weimarer Republik« stützen.[985]

3. Der Betriebsrat als Machtfaktor in einer sich ändernden Umwelt

Das KRG Nr. 22 wurde überwiegend begrüßt. Dies gilt auch für seinen Artikel V Abs. 2, der dem Betriebsrat alle Möglichkeiten eröffnete, Vereinbarungen über Mitbestimmungsrechte mit dem Arbeitgeber zu treffen;[986] dies kam den Kritikern des Thüringer Gesetzes entgegen.

Der FDGB entwarf im August 1946 eine Musterbetriebsvereinbarung,[987] die dem Betriebsrat sehr weitgehende Rechte auf »Mitbestimmung« einräumte. Diese sollte sich u. a. auf die »Planung und Entfaltung der Produktion«, »Einstellun-

983 *Heilmann*, S. 159.
984 Zu ihm oben § 21.
985 Rede auf einer Funktionärskonferenz der KPD, zitiert bei *Doernberg*, Die Geburt eines neuen Deutschland 1945 – 1949, Berlin 1959, S. 84f.
986 *Heilmann*, S. 164.
987 Wiedergegeben bei Boebel/Heidenreich/Wentzel (Hrsg.), Dokument Nr. 11.

gen, Entlassungen und Versetzungen« sowie auf Akkordsätze und Überstunden beziehen. Daneben waren zahlreiche Informations- und Kontrollrechte vorgesehen. Was im Nichteinigungsfalle geschehen sollte, schien ein eher nachrangiges Problem zu sein; dies hing vermutlich mit den sich ändernden gesellschaftlichen Rahmenbedingungen zusammen. Lediglich bei Einstellungen, Versetzungen und Entlassungen war vorgesehen, dass diese ohne Zustimmung des Betriebsrats nicht wirksam sein sollten. Was bei Streit über Fragen der Ausdehnung oder Einschränkung der Produktion geschehen würde, war nicht angesprochen.
Die Praxis ist – soweit ersichtlich – nicht zusammenhängend aufgearbeitet. Dass nicht alles »nach Plan« lief, zeigte eine Betriebsordnung aus Ilmenau, die den Satz enthielt:

»Die Betriebsführung und die Gefolgschaft handeln gemeinsam nach dem Grundsatz ›Treue um Treue.‹«

Dies fand zwar Kritik im amtlichen Organ der Deutschen Verwaltung für Arbeit und Sozialfürsorge,[988] doch ändert das nichts daran, dass es eben auch solche Überbleibsel der Vergangenheit gab.
Auf der anderen Seite wird von einem Betriebsrat in einer »Sowjetischen Aktiengesellschaft« (SAG)[989] berichtet, der sich über das Verhalten der sowjetischen Betriebsleitung empörte:[990] Diese hatte alte Nazis als Betriebsleiter und Ingenieure in ihren Funktionen belassen und sie bei der Nahrungsmittelversorgung ihrem Rang entsprechend bevorzugt. Der Betriebsrat griff die Wut in der Belegschaft auf und beklagte, dass ihm keinerlei wirksame Mitbestimmung eingeräumt werde. Dies führte nicht zu Repressionen, sondern dazu, dass er ein gutes halbes Jahr später der Gewerkschaft berichten konnte, die russische Generaldirektion höre »zu 100 Prozent« auf den Betriebsrat, und zwar sowohl in Fragen der Produktion als auch im Zusammenhang mit Lebensmitteln. Was sich dabei im Einzelnen zutrug, wäre einer eingehenden Untersuchung würdig.
Seit ihrer faktischen Anerkennung im Herbst 1945 hatten die Betriebsräte häufig eine stärkere Stellung als in den Westzonen. Dies hing in vielen Fällen damit zusammen, dass nicht nur die erste Führungsgarnitur der Unternehmen vor der anrückenden Roten Armee geflohen war oder später in Haft genommen wurde.

988 Wiedergegeben bei *Heilmann,* S. 169. Die Deutsche Verwaltung für Arbeit und Sozialfürsorge war eine für die gesamte SBZ zuständige Behörde, die durch Befehl Nr. 17 der SMAD vom 27. Juli 1945 geschaffen wurde – dazu *Dost,* in: Heuer (Hrsg.) S. 95, 98.

989 Es ging um ein enteignetes Stahlunternehmen, das für gut ein Jahr in sowjetisches Eigentum überging, ehe es dann wieder in einen deutschen VEB verwandelt wurde. Zu den »Sowjetischen Aktiengesellschaften«, die bis 1954 alle an die DDR zurückgegeben wurden, *Kleßmann,* S. 24f.

990 Hierzu und zum Folgenden *Heidenreich,* in: Boebel/Heidenreich/Wentzel, S. 44.

Vielmehr war auch niemand mehr aus der zweiten oder dritten Führungsebene vorhanden, der ihre Position hätte ausfüllen können. Ganze Unternehmen wurden faktisch »herrenlos«.[991] Dies führte zur Einsetzung staatlicher Treuhänder. Bei ihrer Auswahl hatte der Betriebsrat ein gewichtiges Wort mitzureden; oft wurde er auch selbst oder sein Vorsitzender zum Treuhänder bestellt.[992] Dies kommt einer Art Arbeiterselbstverwaltung nahe.
Auch außerhalb der »herrenlosen« Betriebe veränderten sich die Eigentumsverhältnisse. Am 30. Juni 1946 fand in Sachsen ein Volksentscheid über die Frage statt, ob das Vermögen der aktiven Nazis und Kriegsverbrecher in Volkseigentum überführt werden solle. 93,7 % aller Abstimmungsberechtigten gingen zum Wahllokal; 82,4 % stimmten mit Ja, 17,6 % mit Nein.[993] Obwohl es an sich nur um aktive Nazis ging, verstärkte dies entscheidend die schon vorhandene Tendenz, praktisch alle Großbetriebe in Volkseigentum zu überführen. Damit änderte sich der »Gegenspieler« zahlreicher Betriebsräte. Viele Kleinbetriebe verblieben bis 1972 in Privateigentum, doch war deren wirtschaftlicher und organisatorischer Spielraum recht gering; die Hegemonie einer geplanten, nicht-kapitalistischen Wirtschaft bestimmte auch hier den Alltag.

II. Der Übergang zur Planwirtschaft und das Ende der Betriebsräte

1. Elemente der neuen Ordnung

Die Überführung zahlreicher Unternehmen in Volkseigentum wurde durch eine zentrale Planung des Wirtschaftslebens ergänzt, wozu auch der Einsatz der Arbeitskräfte gehörte. Die komplexe Aufgabe einer Gesamtplanung für die gesamte SBZ wurde erstmals für das zweite Halbjahr 1948 realisiert und anschließend mit dem Zweijahresplan für 1949/1950 zu einer ständigen Einrichtung gemacht.[994] Zentrales Versprechen der SED wie der staatlichen Instanzen und des FDGB war die Realisierung des Rechts auf Arbeit. Übergangsweise wurden dabei auch sog. Arbeitseinweisungen praktiziert, d. h. Arbeitsverhältnisse durch hoheitliche Entscheidung begründet. Allerdings waren dies Ausnahmeerscheinungen, die zudem von 11 % im August 1947 auf 0,9 % im Januar 1949 zurückgingen.[995]

991 *Suckut*, S. 195.
992 *Boebel*, in: Boebel/Heidenreich/Wentzel (Hrsg.), S. 20f.
993 *Heilmann*, S. 86 mit Fn. 94, wo leicht abweichende Zahlenangaben referiert werden.
994 *Heilmann*, S. 130. *Kleßmann* (S. 33) erwähnt nur den 1950 für die gesamte DDR beschlossenen Fünfjahresplan.
995 *Heilmann*, S. 136. Eingehend *Dost*, in: Heuer (Hrsg.), S. 109ff.

Das neue Wirtschaftssystem sollte weiter durch umfassende Mitbestimmung auf allen Ebenen des Arbeitsprozesses charakterisiert sein. Welche Waren produziert wurden, wie hoch die einzelnen Preise waren und wie das Produzierte verteilt werden sollte – das alles sollte von den Gewerkschaften zumindest mit entschieden werden.[996] Auch Industrie- und Handelskammern waren mitbestimmt; ihre Organe bestanden zu einem Drittel aus Vertretern des FDGB und zu einem Drittel aus Vertretern der Unternehmen; das letzte Drittel besetzten Vertreter der Landesverwaltungen, was faktisch eine Minderheitssituation der Unternehmer bedeutete.

Von Interesse mag auch die Struktur der Arbeitsgerichte sein, die auf der Grundlage des KRG Nr. 21 neu errichtet worden waren. Die dort bestehenden Kammern, die den Einzelfall entschieden, bestanden aus einem Vertreter der Arbeitnehmer, einem Vertreter der Arbeitgeber und einem Vorsitzenden, der anders als in der Vergangenheit nicht mehr die durch zwei juristische Staatsexamina erworbene »Befähigung zum Richteramt« haben musste.[997] Anfang 1948 stellten die Vertreter der Arbeitnehmerseite fast alle Vorsitzenden in der Arbeitsgerichtsbarkeit.[998]

2. Die Abschaffung der Betriebsräte

Die maßgebliche Beteiligung der Gewerkschaften an gesamtwirtschaftlichen Entscheidungen war zugleich mit der Aufgabe verbunden, für die Realisierung des Planes auf betrieblicher Ebene zu sorgen. Die Leitung der gewerkschaftlichen Betriebsgruppen (BGL) war in größeren Betrieben dazu nicht in der Lage, weil sie nicht alle Probleme aufgreifen konnte. Es wurden deshalb »Abteilungsgewerkschaftsleitungen« (AGL) gebildet, die engeren Kontakt zu den Beschäftigten herstellen konnten. Der FDGB war nach den Grundsätzen des sog. demokratischen Zentralismus aufgebaut. Dies bedeutete, dass die auf höherer Ebene getroffenen Entscheidungen auch für betriebliche Instanzen wie BGL und AGL verbindlich waren. Insoweit war ein einheitliches Handeln gesichert.

Betriebsräte, die von den Belegschaften gewählt und diesen verpflichtet waren, konnten sich hier als Störfaktoren erweisen. Schon Anfang 1948 wurde auf die Gefahr des Betriebsegoismus hingewiesen und dieser als Hindernis für die

---

996 *Ulbricht*, Über Gewerkschaften, Band 2 S. 119ff.

997 Dies war auch in den Westzonen so, sodass noch am 1. Januar 1957 21 % aller Berufsrichter an den Arbeitsgerichten keine abgeschlossene juristische Ausbildung besaßen (*Wenzel*, 75 Jahre deutsche Arbeitsgerichtsbarkeit. Rückblick auf die Geschichte eines Gerichtszweigs, JZ 1965, 753).

998 *Schaum*, Grundfragen des neuen Arbeitsrechts, Jahrbuch Arbeit und Sozialfürsorge 1947/48, S. 83.

gesamtökonomische Mitbestimmung qualifiziert.[999] In manchen Betriebsräten wurden »gewerkschaftsfeindliche Tendenzen« ausgemacht. In den allermeisten Fällen bestanden die Betriebsräte aber aus FDGB-Mitgliedern, die sich zentralen Vorgaben in keiner Weise widersetzt hätten. Hier schien jedoch die Existenz zweier Vertretungsorgane mit gleicher Zielrichtung überflüssig zu sein.
Auf der Bitterfelder FDGB-Konferenz, die am 25./26. November 1948 stattfand, wurden daraus Konsequenzen gezogen. Soweit die Belegschaft zu mindestens 80 % gewerkschaftlich organisiert war, sollte die BGL die Aufgaben der Betriebsräte übernehmen.[1000] Faktisch lief dies darauf hinaus, dass sie nunmehr den Ton angab. Vermutlich wurden dabei viele Betriebsräte in gewerkschaftliche Gremien übernommen, doch ist dazu in offiziellen Dokumenten nichts zu finden.[1001] Innerhalb einiger Monate gab es jedenfalls in größeren Betrieben keine Betriebsräte mehr. Eine juristische Stellungnahme berief sich auf § 62 BRG 1920, der zwar nicht mehr gelte, aber »immanent« im deutschen Arbeitsrecht fortlebe; er hatte vorgesehen, dass der Betriebsrat durch ein anderes Vertretungsgremium ersetzt werden konnte.[1002] Die zeitgenössische Rechtfertigung für die Ersetzung der Betriebsräte durch die Gewerkschaften liest sich wie folgt:[1003]

»Die Gewerkschaften erhielten neue Aufgaben, und ihre Stellung hatte sich grundlegend verändert. Sie waren berufen, die demokratische Ordnung … zu festigen und zu stärken. Die Betriebsräte sahen oft nur die Interessen ihres Betriebes; es kam aber darauf an, diese Interessen mit den Interessen der gesamten Arbeiterklasse in Übereinstimmung zu bringen.
Die Gewerkschaften, nach dem Prinzip des demokratischen Zentralismus aufgebaut, konnten auch in den Privatbetrieben die Arbeiterinteressen konsequent vertreten. Sie waren in der Zwischenzeit in der sowjetischen Besatzungszone zu einem entscheidenden Faktor im politischen und wirtschaftlichen Leben geworden. Der FDGB war in der Deutschen Wirtschaftskommission, in den Industrie- und Handelskammern und in den Verwaltungen der volkseigenen Betriebe maßgebend vertreten und übte in diesen Organen das Mitbestimmungsrecht aus.
Lediglich in den Betrieben konnten die Gewerkschaften auf vielen Gebieten das Mitbestimmungsrecht nur indirekt über die Betriebsräte ausüben. Hierin lag ein Hindernis für die Weiterentwicklung des Mitbestimmungsrechts der Werktätigen und ihrer Organisation. Es bestand kein Grund mehr, die Trennung zwischen Betriebsräten und Betriebsgewerkschaftsleitungen aufrechtzuerhalten.«

999 *Kunz/Tippmann*, S. 104.
1000 *Heilmann*, S. 309.
1001 *Kittner*, Arbeitskampf, S. 577 spricht von 12 000 ehemaligen Betriebsratsmitgliedern, die in die BGL gewechselt waren.
1002 *Haas*, AuS 1949, 559, zitiert nach *Heilmann*, S. 309.
1003 *R. Schneider*, S. 32.

Von Interesse sind insbesondere die Fragen, die nicht ausdrücklich angesprochen wurden. Natürlich konnte ein mit Mitbestimmungsrechten ausgestatteter Betriebsrat einen potenziellen Störfaktor bei der Umsetzung einer gesamtgesellschaftlichen Planung darstellen, zumal er aufgrund seiner Wahl eine spezifische Legitimation hatte. Doch war dies für die künftige Ordnung so schlimm? Ließe sich seine Einschaltung nicht auch als Quelle für bessere Entscheidungen verstehen? Würden durch ein relativ autonomes Vertretungsgremium nicht gerade die Probleme benannt, die bei der schematisierenden Konzentration auf die gesamtgesellschaftliche Perspektive unter den Tisch fallen? Das kann nicht bedeuten, dem Betriebsrat ein universelles Vetorecht einzuräumen, sodass er bei Bedarf jede Entscheidung blockieren könnte. Bei der Aufstellung des Wirtschaftsplanes wäre aber die Möglichkeit der Einwirkung gegeben; bei der Durchführung des einmal Beschlossenen könnte er bei den konkreten Umsetzungsmaßnahmen mitbestimmen. Die produktive Kraft von Konflikten und ihren Lösungen wurde offensichtlich nicht erkannt.
Die Mitbestimmung wurde überdies nicht mehr als ein Verfahren verstanden, in das sich der Einzelne mit seinen Vorstellungen und Wünschen einbringen kann und das ihm die Möglichkeit eröffnet, einen (kleinen) Teil davon umzusetzen. »Mitbestimmung« war – und dies sogar noch auf einer so genannten »höheren Stufe«[1004] – schon dann realisiert, wenn Repräsentanten des FDGB an den Schalthebeln der Macht (oder in ihrer Nähe) saßen; dass sie die Interessen der Werktätigen vertraten und zur Geltung bringen würden, war gewissermaßen eine so elementare Selbstverständlichkeit, dass sich darüber zu reden nicht lohnte, ja dass solches Reden als grobe Dummheit und Rückständigkeit gegolten hätte. Es soll nicht verschwiegen werden, dass auch die Vorstellungen über die Neuordnung der deutschen Wirtschaft im Westen von einer solchen Denkweise nicht allzu weit entfernt waren (um es höflich auszudrücken): Schon die Existenz von gewerkschaftlichen Vertretern in Unternehmensorganen oder in Wirtschaftsräten würde nach allgemeiner Auffassung für eine ausreichende Berücksichtigung von Arbeitnehmerinteressen sorgen.[1005] Wieviel Freiheit der Einzelne in seiner Arbeit hat, fällt erst recht unter den Tisch.[1006]
Ein von der Belegschaft gewählter und mit Mitbestimmungsrechten versehener Betriebsrat muss notwendigerweise zu neu auftauchenden Problemen Stellung nehmen und kann nicht darauf verweisen, es bestehe noch kein Beschluss einer

1004 Referiert bei *Dost*, in: Heuer (Hrsg.), S. 102.
1005 S. oben § 23 II. Man beachte, dass die ursprüngliche Position der Gewerkschaften zur Mitbestimmung im Aufsichtsrat von einem Entsendungsrecht der Gewerkschaft, nicht von einer Wahl der Arbeitnehmervertreter im Aufsichtsrat ausging.
1006 *K. Neumann*, S. 24ff.

übergeordneten Instanz. Hierin liegt sein innovatives Potential.[1007] Kennt man nur zentralistisch verfasste Organisationen, fällt diese Funktion weg.[1008]
Nun gibt es allerdings Probleme, deren betrieblichen Charakter niemand leugnen wird. Es kann Konflikte zwischen Vorgesetzten und Untergebenen, aber auch zwischen Arbeitskollegen geben, die eine rein interne Angelegenheit des Betriebes sind. Ähnliches gilt für viele Fragen der Arbeitszeit; wann die Arbeit morgens beginnt, war jedenfalls unter den damaligen Verhältnissen keine Frage, die durch die zentrale Planung entschieden worden wäre. Wird in einem Betrieb aufgrund geschickter Arbeitsorganisation rationeller als in einem anderen gearbeitet, so kann sich dies im wirtschaftlichen Erfolg niederschlagen, was Zusatzleistungen an die Belegschaft möglich macht. Diese Beispiele haben keinen abschließenden Charakter. Dies alles wirft automatisch die Frage auf, ob das DDR-Recht Quasi-Ersatzinstitutionen für den Betriebsrat ausgebildet hat, die sich um diesen Bereich kümmern konnten. Alles dem Betriebsleiter zu überlassen, hätte sich mit dem Selbstverständnis der neuen Ordnung nicht vertragen.
Bevor man ein solches Feld betritt, sollte allerdings der wirtschaftliche und politische Kontext betrachtet werden, weil man sonst möglicherweise Äpfel mit Birnen vergleicht. Betriebliche Mitbestimmung hängt davon ab, wer welche Vorentscheidungen getroffen hat.

III. Die sozialistischen Rahmenbedingungen

1. Die Grundentscheidungen

Volkseigentum an den wesentlichen Produktionsmitteln, genossenschaftliches Eigentum in der Landwirtschaft, gesamtwirtschaftliche Planung – dies sind wesentliche, aber keineswegs die einzigen Kennzeichen von Wirtschaft und Gesellschaft in der DDR. Weitere Charakteristika sind explizit oder implizit in der Verfassung von 1949 sowie in der Folgeverfassung von 1968 beschrieben.
Die DDR garantierte jedem arbeitsfähigen und arbeitswilligen Bürger einen Arbeitsplatz. Dieses Recht auf Arbeit war nicht nur im Verfassungstext (Art. 15 Verfassung 1949, Art. 24 Abs. 1 Verfassung von 1968), sondern auch in der Realität garantiert, was allerdings seinen Preis hatte,[1009] auf den zurückzukommen ist.

1007 Näher dazu unten § 33 V.
1008 Vgl. auch die Einschätzung bei *Thiel*, S. 34: »Irgendwie endeten und begannen Veränderungstendenzen (selbstverständlich eingebunden in die politischen und wirtschaftlichen Veränderungen) mit den Betriebsräten.«
1009 *Dost*, in: Heuer (Hrsg.), S. 110.

Art. 17 der Verfassung von 1949 räumte den Arbeitern und Angestellten »maßgebliche Mitbestimmung« bei der Regelung der Produktion sowie der Lohn- und Arbeitsbedingungen in den Betrieben ein. Sie sollte durch Gewerkschaften »und Betriebsräte« wahrgenommen werden, die es allerdings zu diesem Zeitpunkt kaum mehr gab.[1010] Art. 21 der Verfassung von 1968 ging weiter und formulierte:

> (1) Jeder Bürger der Deutschen Demokratischen Republik hat das Recht, das politische, wirtschaftliche, soziale und kulturelle Leben der sozialistischen Gemeinschaft und des sozialistischen Staates umfassend mit zu gestalten. Es gilt der Grundsatz »Arbeite mit, plane mit, regiere mit!«
> (2) Das Recht auf Mitbestimmung und Mitgestaltung ist dadurch gewährleistet, dass die Bürger alle Machtorgane demokratisch wählen, an ihrer Tätigkeit und an der Planung, Leitung und Gestaltung des gesellschaftlichen Lebens mitwirken; Rechenschaft von den Volksvertretungen, ihren Abgeordneten, den Leitern staatlicher und wirtschaftlicher Organe über ihre Tätigkeit fordern können; mit der Autorität ihrer gesellschaftlichen Organisationen ihrem Wollen und ihren Forderungen Ausdruck geben; sich mit ihren Anliegen und Vorschlägen an die gesellschaftlichen, staatlichen und wirtschaftlichen Organe und Einrichtungen wenden können; in Volksabstimmungen ihren Willen bekunden.

Das wirtschaftliche und politische Tun verfolgte bestimmte Ziele. Art. 4 der Verfassung von 1968 bestimmte:

> »Alle Macht dient dem Wohl des Volkes. Sie sichert sein friedliches Leben, schützt die sozialistische Gesellschaft und gewährleistet die planmäßige Steigerung des Lebensstandards, die freie Entwicklung des Menschen, wahrt seine Würde und garantiert die in dieser Verfassung verbürgten Rechte.«

1010 Diese Formulierung wird genau wie die Garantie des Streikrechts wohl zutreffend damit erklärt, dass die Verfassung von 1949 ihrem Anspruch nach für ganz Deutschland gelten sollte. Das Streikrecht wurde später im Gesetzbuch der Arbeit von 1961 nicht mehr erwähnt, was damit gerechtfertigt wurde, dass die Arbeiterklasse nicht gegen sich selbst streiken könne (Nachweis bei *Kittner*, Arbeitskampf, S. 578). Differenzierter *Lenin*, Werke, Band 33, S. 169ff., der 1922 sehr wohl die Möglichkeit eines Streiks und eines Streikrechts im Sozialismus anerkannte. Näher *Däubler*, Lenin als Arbeitsrechtler? in: Roggan/Busch (Hrsg.), Das Recht in guter Verfassung? Festschrift für Martin Kutscha, Baden-Baden 2013, S. 63ff.

Interesse verdient aus heutiger Sicht auch Art. 15 Abs. 2 der Verfassung von 1968, wo es heißt:

> »Im Interesse des Wohlergehens der Bürger sorgen Staat und Gesellschaft für den Schutz der Natur. Die Reinhaltung der Gewässer und der Luft sowie der Schutz der Pflanzen- und Tierwelt und der landschaftlichen Schönheiten der Heimat sind durch die zuständigen Organe zu gewährleisten und darüber hinaus auch Sache jedes Bürgers.«

Art. 20a GG, der den Schutz der natürlichen Lebensgrundlagen zum Staatsziel erhebt, ist erst 1994 in den Text des Grundgesetzes aufgenommen worden.
Die zentrale Instanz, die dieses Gemeinwesen steuert, ist die SED. Art. 1 bestimmte:

> »Die Deutsche Demokratische Republik ist die politische Organisation der Werktätigen in Stadt und Land, die gemeinsam unter Führung der Arbeiterklasse und ihrer marxistisch-leninistischen Partei den Sozialismus verwirklichen.«

Die führende Rolle der Partei ist damit festgeschrieben. Die Partei definiert und bestimmt mit rechtlichen wie mit außerrechtlichen Mitteln, wie der beschriebene verfassungsrechtliche Rahmen zu verstehen ist und ausgefüllt wird. Dies konnte dazu führen, dass beispielsweise der Umweltschutz trotz der verheißungsvollen Verfassungsgarantie eine vergleichsweise geringe Rolle spielte.

2. Die Rolle der Partei

Grundentscheidungen, deren Einhaltung und Umsetzung von einer zentralen Instanz überwacht werden, gibt es auch in anderen Gesellschaften. Die Bundesrepublik macht hier keine Ausnahme: Das Grundgesetz enthält zahlreiche Wertentscheidungen, die für alle verbindlich sind und über deren Inhalt und Auswirkungen das Bundesverfassungsgericht entscheidet.
Der wesentliche Unterschied besteht nicht allein darin, dass sich die SED allein auf eine historische Mission berufen konnte, während die Richter am Bundesverfassungsgericht von Parlamentariern oder anderen politisch verantwortlichen Personen gewählt und damit demokratisch legitimiert sind. Im Alltag des Bürgers sehr viel wichtiger war der sehr enge Rahmen, den die Partei den übrigen Organisationen und dem Einzelnen ließ: Nicht nur derjenige, der sich gegen die sozialistische Ordnung aussprach, hatte mit Schwierigkeiten und Sanktionen zu

rechnen. Auch wer sich für einen besseren oder anderen Sozialismus engagierte, konnte unschwer dasselbe Schicksal erleiden.
Die SED war als Steuerungsinstanz zentralistisch aufgebaut. Die obersten Repräsentanten nahmen für sich in Anspruch, umfassende Sachkunde zu besitzen und sogar Fragen höchst nachgeordneter Bedeutung selbst zu entscheiden.
Als kleine Anekdote am Rande: 1974 fand ein internationaler Arbeitsrechtskongress in Selva di Fasano in Italien statt, an dem auch der Verf. teilnahm. Die drei DDR-Arbeitsrechtler kamen einen Tag zu spät, weil das Politbüro (!) vorher noch nicht entschieden hatte, ob sie fahren durften oder nicht. Oder ein anderes (vor kurzem erfahrenes) Beispiel: Ein Professor für Theologie an einer kirchlichen Lehranstalt in der DDR erhielt in den 1980er-Jahren eine Einladung nach Wien, um dort als Gastprofessor ein Jahr lang zu unterrichten. Hier musste *Erich Honecker* persönlich eingeschaltet werden, der das Vorhaben dann genehmigte.
Der Informationsstand der Entscheidungsträger war zum Teil höchst defizitär, da niemand unangenehme Wahrheiten ansprechen wollte. Berichte über die (schlechte) Stimmung in der Bevölkerung wurden in den letzten Jahren der DDR schlicht beiseitegelegt. Das Ganze verweist auf ein strukturelles Problem: Nicht nur den Staatsapparat, sondern auch die gesamte Wirtschaft von einer Stelle aus im Detail steuern zu wollen, setzt wegen der Masse an Informationen und der Komplexität der Probleme übermenschliche Fähigkeiten voraus. Sie beim Politbüro als oberster Instanz der SED zu vermuten, kann niemandem ernsthaft in den Sinn kommen.
Die permanente Überforderung, die man sich natürlich nicht eingestand, führte zu einem krampfhaften Festhalten an einmal getroffenen Entscheidungen. Dass auch Kritiker Recht haben konnten, war insbesondere in der Honecker-Ära eine höchst ungewöhnliche, im Grunde »verbotene« Vorstellung. Dazu kam eine lange nachwirkende Verunsicherung, die die Ereignisse vom 17. Juni 1953 geschaffen hatten.[1011]

3. Die wirtschaftliche Entwicklung

Zu dieser Überforderung kam die verbreitete Einsicht hinzu, politisch und wirtschaftlich gewissermaßen mit dem Rücken zur Wand zu stehen. Die wirtschaftlichen Ausgangsbedingungen der DDR waren von Anfang an ungleich schlechter als die der Bundesrepublik: Wird eine wirtschaftliche Einheit wie der damalige deutsche Wirtschaftsraum auseinandergerissen, so bringt dies dem kleineren Teil die größeren Nachteile. Dazu kamen in der Zeit nach 1947 die an die Sowjetunion zu leistenden Reparationen, die den Aufbau erheblich erschwerten. Sie ihres Umfangs wegen als Verstoß gegen den »proletarischen Internationalismus« zu kritisieren, wäre zwar sachlich berechtigt gewesen, hätte aber eine Tabuzone

1011 Dazu *Kittner*, Arbeitskampf, S. 579ff.

verletzt. Eine weitere Hypothek lag in der Abwanderung von Fachkräften in die Bundesrepublik, die politisch mit der neuen Ordnung nicht übereinstimmten oder die sich schlicht ein besseres Leben wünschten. Durch den Mauerbau 1961 wurde dies zwar weitestgehend verhindert, doch erschütterte das verbreitete Gefühl des »Eingesperrt-Seins« die Legitimationsbasis des SED-Staats noch zusätzlich in ganz nachhaltiger Weise.

Hausgemachte Probleme kamen hinzu. Die Umsetzung des Rechts auf Arbeit führte dazu, dass aus wirtschaftlichen Gründen nur gekündigt werden konnte, wenn dem Betroffenen zugleich ein neuer Arbeitsplatz angeboten wurde. Dies verlangsamte ersichtlich Rationalisierungsprozesse. Doch das war nicht das einzige Defizit. Ein Betrieb, der Arbeitskräfte einsparte, indem er sie durch Maschinen ersetzte, ging das Risiko ein, dass der nächste Plan der geringeren Arbeitskosten wegen den Preis senkte, den der Betrieb für bestimmte Produkte bekam. Im Ergebnis hatte er somit wenig oder nichts davon, wenn er in einer Abteilung rationalisierte und die frei werdenden Arbeitskräfte in einer anderen Abteilung unterbrachte, wo einige Mitarbeiter in Rente gingen oder gesteigerter Bedarf bestand.[1012] Natürlich gab es auch gegenläufige Einrichtungen wie den sog. sozialistischen Wettbewerb und die Neuererbewegung, doch konnten diese die beschriebenen Mechanismen nicht aufheben.

Angesichts aller dieser Umstände ist nicht der Zusammenbruch der DDR im Jahre 1989 erklärungsbedürftig. Vielmehr stellt sich in erster Linie die Frage, wie es überhaupt gelingen konnte, 40 Jahre lang das Projekt »Sozialismus auf deutschem Boden« am Leben zu erhalten. Die Betrachtung der wirtschaftlichen Probleme und die Ausgrenzung und Verfolgung realer oder scheinbarer politischer Gegner verstellen im Westen typischerweise den Blick darauf, dass es innerhalb wie auch außerhalb der SED viele Menschen gab, die den Anspruch der neuen Ordnung ernst nahmen und sich mit Haut und Haar für ihre Realisierung engagierten. Was das Christentum erst fürs Jenseits versprach, konnte aus ihrer Sicht in absehbarer Zukunft handfeste Realität werden. Die bessere Gesellschaft war vielleicht nicht schon morgen, aber mit Sicherheit übermorgen zu erwarten. So schrieb etwa ein (auch im Westen anerkannter) Rechtsphilosoph:

»Im Roten Oktober stieß das russische Proletariat das Tor zum Reich der Freiheit auf. Wovon jahrhundertelang die Armen geträumt, wofür ein Jahrhundert lang die Unterdrückten gestritten hatten, das begann nun Wirklichkeit zu werden: Die ausbeutungsfreie Gesellschaft.«[1013]

1012 Einzelheiten bei *Höhmann*, in: Ders. (Hrsg.), Arbeitsmarkt und Wirtschaftsplanung, S. 115ff.

1013 *Klenner*, Zur ideologischen Natur des Rechts, in: Staat und Recht im Lichte des Großen Oktober. Festschrift zum 40. Jahrestag der Großen Sozialistischen Oktoberrevolution, Berlin 1957, S. 82.

Von »sozialistischer Menschengemeinschaft« war in den 60er-Jahren die Rede, von der Schaffung eines neuen, sich solidarisch verhaltenden Menschen.[1014] Unter Ausnutzung aller Möglichkeiten moderner Wissenschaft wollte man den Westen »überholen ohne ihn einzuholen«; der materielle Fortschritt sollte ohne Ausbeutung, Arbeitslosigkeit und Konkurse erreicht werden.[1015] Einiges davon sollte schon im Alltag der Gegenwart, in neuen Umgangsformen und »sozialistischer Lebensweise« vorweggenommen werden. Wer da nicht mitmachen wollte, war selbst schuld.[1016]

Im Laufe der Jahre verblasste bei vielen (nicht bei allen) diese Perspektive, und das Engagement erlahmte. Die Alltags-Erfahrungen verursachten Enttäuschung, aus der Begeisterung wurde Resignation oder ein »Weiter-Mitmachen«, weil vielleicht doch noch etwas Vernünftiges geschehen könnte; manche wollten auch nur ihre erreichte Position nicht gefährden.

Dieser »Hintergrund« muss beachtet werden, wenn es um die Darstellung der im Betrieb vorhandenen Einrichtungen geht, an die sich Beschäftigte mit ihren Vorstellungen und ihren Beschwerden wenden konnten. Und dieser Hintergrund ist auch maßgebend dafür, was sich nach 1989 zutrug.[1017]

IV. »Betriebliche Interessenvertretung« in der sozialistischen Wirtschaft

Die Abschaffung der Betriebsräte hatte nicht etwa zur Folge, dass es in den Betrieben totale Unterordnung oder einen völlig rechts- und vertretungsfreien Raum gegeben hätte. Die DDR schuf vielmehr umfassende gesetzliche Regelungen, die auch die betriebliche Sphäre einbezogen und die sich selbstredend in den größeren Rahmen einfügten:

- Das »Gesetz der Arbeit zur Förderung und Pflege der Arbeitskräfte, zur Steigerung der Arbeitsproduktivität und zur weiteren Verbesserung der materiellen und kulturellen Lage der Arbeiter und Angestellten« vom 19. April 1950[1018]
- Das Gesetzbuch der Arbeit (GBA) vom 12. April 1961[1019]

1014 *Staritz*, S. 126ff. sowie das aus dem Russischen übersetzte Lehrbuch »Grundlagen des Marxismus-Leninismus«, Berlin 1960, S. 712ff.

1015 *Staritz*, S. 154ff.

1016 Von dieser Dimension erfährt man bei *Kleßmann* (Arbeiter im »Arbeiterstaat« DDR, 2014) nichts.

1017 Dazu unten § 32.

1018 GBl. 1950, S. 349ff. Erläutert bei *Schlegel*, Leitfaden des Arbeitsrechts.

1019 GBl. I S. 27; erläutert bei *Michas*, Arbeitsrecht.

- Das Arbeitsgesetzbuch (AGB) vom 16. Juni 1977[1020]

Dazu kamen Satzungsbestimmungen des FDGB, die nicht zum staatlichen Recht gerechnet wurden, die aber eine ähnliche Wirkung entfalteten.

Ausgangspunkt war das sog. Prinzip der Einzelleitung. In jedem VEB gab es einen Leiter, dem das Weisungsrecht gegenüber allen Beschäftigten zustand. Er wurde – anders als in Jugoslawien – nicht von der Belegschaft gewählt, sondern von der höheren Ebene (Kombinat, Ministerium) eingesetzt. Die Beziehungen zur Belegschaft waren dennoch sehr viel mehr, als wir das gewohnt sind, von einem Gleichgewicht geprägt: Da niemand entlassen werden konnte (es sei denn, er hätte sich einer sehr schweren Pflichtverletzung schuldig gemacht oder – später – einen Ausreiseantrag gestellt), konnten die Beschäftigten Unzufriedenheit mit den Anweisungen oder dem Führungsstil jederzeit zum Ausdruck bringen. Auch ließ sich die Arbeit langsamer oder schneller erledigen.

Zur Veranschaulichung ein Beispiel aus der Bundesrepublik. In einem Entsorgungsbetrieb in einer norddeutschen Großstadt hatte die Gewerkschaft im Rahmen der Privatisierung einen Tarifvertrag erreicht, wonach jeder Mitarbeiter, der wenigstens seit einem Jahr im Betrieb beschäftigt war, unkündbar wurde, d. h. nur noch aus wichtigem Grund gekündigt werden konnte. Es kam ein neuer Geschäftsführer, der im Ruf stand, auf Effizienz und Schnelligkeit Wert zu legen. Dies sprach sich herum. Sobald er im Betriebshof erschien, wurde bewusst langsam und umständlich gearbeitet, weil die Müllwerker dokumentieren wollten, dass er »keine Chance« habe. Mit Hilfe des Betriebsrats fand man erst allmählich zu einem normalen Umgang zurück. In einem Betrieb, in dem die ordentliche Kündigung als personalpolitisches Mittel zur Verfügung steht, hätte sich Vergleichbares niemals zugetragen.

Der Leiter konnte zwar die Höhe der Vergütung wie beim Akkord an bestimmte Leistungen koppeln, doch war dieses Mittel seit den Ereignissen vom 17. Juni 1953 mit hohen Risiken behaftet.[1021] Im Regelfall war der Betriebsleiter auf ein Arrangement mit der Belegschaft und der Gewerkschaft angewiesen.[1022]

1020 GBl. I S. 185; erläutert bei *Kunz/Thiel*, Arbeitsrecht. Lehrbuch.

1021 Zur Normenerhöhung als Auslöser für den Massenstreik s. *Kittner*, Arbeitskampf, S. 179 ff.

1022 Aufschlussreich insoweit das Buch von *Weidauer/Wetzel*, Sozialistische Leitung im Betrieb und Kombinat, Berlin 1972, das u. a. (nicht unvernünftige) Regeln über die Gesprächsführung mit Untergebenen enthielt.

1. Betriebsgewerkschaftsleitung

In praktisch jedem Betrieb existierte eine Betriebsgewerkschaftsorganisation, zu der sämtliche Gewerkschaftsmitglieder gehörten. Der Organisationsgrad war sehr hoch und erreichte meist über 90 bis 100 %. Dies wurde dadurch erleichtert, dass die Gewerkschaft (d. h. der FDGB und seine Untergliederungen) ihren Mitgliedern zahlreiche Vorteile sicherte, nicht zuletzt Ferienplätze in den gewerkschaftseigenen Hotels und Ferienheimen.

Die Mitgliederversammlung wählte die Betriebsgewerkschaftsleitung (BGL), die aus mehreren Personen bestand. Vorschläge konnten (mussten aber nicht) von der höheren Gewerkschaftseinheit gemacht werden. Dem Vorsitzenden (in der Umgangssprache »BGLer« genannt) standen auch eigene Rechte zu. In Betrieben mit mehr als 300 Gewerkschaftsmitgliedern wurden Abteilungsgewerkschaftsleitungen (AGL) gewählt.[1023] Die Zuständigkeiten richteten sich nach der Kompetenzverteilung auf »Arbeitgeberseite«.[1024]

Der BGL standen zahlreiche Rechte zu, die im Einzelnen wie folgt systematisiert wurden:[1025]

- Vereinbarungsrechte. Die BGL kann Betriebskollektivverträge (BKV) und andere Vereinbarungen mit dem Betriebsleiter abschließen. Ihre Gegenstände sind nicht abschließend bestimmt. Beide Arten wirken normativ; ein Unterschied besteht nur insoweit, als der BKV jährlich neu verhandelt werden musste. Beispiele waren etwa der »Betriebliche Arbeitszeitplan« nach § 167 Arbeitsgesetzbuch (AGB) oder die Jahresendprämie nach § 118 Abs. 1 AGB. Durch beide Formen von Vereinbarungen konnten subjektive Rechte für den einzelnen Werktätigen begründet werden.[1026]
- Zustimmungsrechte. Sie liefen auf ein Vetorecht der BGL hinaus, das zahlreiche Gegenstände betraf: Betriebliche Regelung des Gesundheitsschutzes, Erlass der Arbeitsordnung nach § 92 Abs. 1 AGB, fristgemäße Kündigung und fristlose Entlassung, vorübergehende Übertragung einer anderen Arbeit und darauf bezogene Bezahlung einer Zulage. Auch »Arbeitsnormen und andere Kennzahlen der Arbeitsleistung« konnten nur mit Zustimmung der BGL festgelegt werden.[1027] Eine ohne Zustimmung vorgenommene Maßnahme des Leiters war unwirksam und für die betroffenen Werktätigen unverbindlich.

1023 Beides ergab sich aus der Satzung des FDGB, nicht aus dem Arbeitsgesetzbuch. Näher *Kunz* (Leiter), Lexikon, Stichworte »Betriebsgewerkschaftsleitung« und »Betriebsgewerkschaftsorganisation«.

1024 *Kunz/Thiel* (Hrsg.), Arbeitsrecht. Lehrbuch, S. 105ff.

1025 Im Einzelnen wiedergegeben nach *Sander*, S. 28ff.

1026 Bei *Kleßmann* (S. 35) wird der BKV ausschließlich als Instrument der Planerfüllung charakterisiert.

1027 Erschöpfende Aufzählung der Zustimmungsrechte bei *Sander*, S. 34f.

- Organisationsrechte. Die BGL konnte sog. Masseninitiativen organisieren, auf die noch zurückzukommen ist.
- Kontrollrechte. Die BGL konnte die Einhaltung arbeitsrechtlicher Normen durch den Betriebsleiter und in seinem Auftrag handelnde Personen kontrollieren und bei festgestellten Verstößen gegenüber »übergeordneten staatlichen Leitern« die Verhängung von disziplinarischen Maßnahmen und die Inanspruchnahme auf Schadensersatz verlangen. Ob dies tatsächlich geschah, steht auf einem anderen Blatt.
- Informationsrechte. § 24 Abs. 2 AGB gab der BGL ein Recht auf Einsichtnahme in alle betrieblichen Unterlagen.
- Vorschlagsrechte. Die BGL konnte in allen betrieblichen Angelegenheiten Vorschläge machen, was sich im Grund bereits aus den übrigen Rechten ergab.

Schon durch konsequente Ausübung ihrer Zustimmungsrechte hätte die BGL den Leiter praktisch handlungsunfähig machen können. Durch Blockierung aller personellen Maßnahmen wären auch wirtschaftliche Dispositionen nicht mehr möglich gewesen. Eine solche Blockade gab es in der Praxis allerdings nicht. Dafür sorgte der unter III beschriebene allgemeine Rahmen sowie die (selten erwähnte) Tatsache, dass es in jedem nicht ganz kleinen Betrieb eine Betriebsparteigruppe der SED gab, die in einem solchen Fall interveniert hätte. Verbreiteter Einschätzung nach wurden DDR-Betriebe von einem »Triumvirat« geleitet: Dem Leiter, dem BGLer und dem Betriebsparteisekretär. Dies schließt in keiner Weise aus, dass im Rahmen des Möglichen Alltagsprobleme gelöst, z. B. Wünsche nach anderer Lage der Arbeitszeit, nach Versetzung oder Neubewertung eines Arbeitsplatzes erfüllt oder jedenfalls diskutiert wurden. Nur der allgemeine Rahmen (»Sollen wir wirklich fast nur noch für den Export produzieren?«) blieb unantastbar.

2. Plandiskussion

Die BGL hatte keine ausdrücklichen Rechte in wirtschaftlichen Angelegenheiten; diese hätten sowieso nur die beschränkten Spielräume betroffen, die der Betriebsleiter im Rahmen der Planvorgaben hatte.[1028] Da wirtschaftliche Entscheidungen nicht im Betrieb, sondern auf höherer Ebene – letztlich in der Zentralen Plankommission – getroffen wurden, konnte sich die Beteiligung der Werktätigen nur auf die Vorschläge beziehen, die »nach oben« gegeben wurden. Diese waren Gegenstand der sog. Plandiskussion, die Betriebsleiter und BGL gemeinsam zu

1028 *Sander*, S. 38.

organisieren hatten.[1029] Ziel war eine intensive Einbeziehung der Werktätigen und ihrer »schöpferischen Vorschläge«. Dabei kamen betriebliche Planinhalte zustande, die nicht immer die Zustimmung der übergeordneten Instanzen (Spitze des Kombinats, Ministerium) fanden. Der BGL-Vorsitzende hatte deshalb das Recht, zusammen mit dem Betriebsleiter an der »Planverteidigung« beim übergeordneten Organ teilzunehmen.
Würde man sich die unter III skizzierten Rahmenbedingungen wegdenken, könnte man eine solche Regelung als Vorbild für mitbestimmte Unternehmen sehen, bei denen – so eine weitere fiktive Annahme – die Mitbestimmung auch auf den Vorstand erstreckt wird.
In der Realität der DDR konnte man sehr wohl unterschiedliche Auffassungen zu dem betrieblichen Planbeitrag entwickeln. Auch die besten Ideen konnten jedoch nichts an den planungsbedingten Schwierigkeiten ändern. So besaß jedes gut geführte größere Unternehmen informelle »Einkäufer«, die dringend benötigte Vorprodukte an den offiziellen Strukturen vorbei beschafften, wenn die vorgesehenen Waren entgegen dem Plan nicht rechtzeitig zur Verfügung standen. Hier war »Kreativität« anderer Art, insbesondere ein hohes Maß an sozialer Kompetenz gefragt.

3. Die sog. Masseninitiativen

Die BGL hatte neben der Organisierung der Plandiskussion die Aufgabe, die Belegschaften oder Teile von ihnen zu aktivieren und damit zugleich ihre produktiven Potenzen zur Geltung kommen zu lassen.

a) Ständige Produktionsberatungen und Produktionskomitees

In älteren Arbeitsrechtsbüchern[1030] findet man einen Hinweis auf die sog. ständigen Produktionsberatungen. Ihre Mitglieder wurden von der Vertrauensleutevollversammlung der betrieblichen Gewerkschaftsorganisation gewählt.[1031] Die Gewählten trafen sich alle 6 bis 8 Wochen, um – in heutiger Terminologie gesprochen – die Perspektiven des Betriebs beim technischen Wandel und die Ausarbeitung wie die Erfüllung des Planes zu diskutieren. Sie sollten sich weiter für die Verwirklichung von Vorschlägen der Beschäftigten und für eine bessere Ar-

1029 Hierzu und zum Folgenden *Kunz/Thiel*, Arbeitsrecht. Lehrbuch, S. 112; *Wyniger*, Demokratie und Plan in der DDR. Probleme der Bewältigung der wissenschaftlich-technischen Revolution, Köln 1971, S. 122ff. (»Mitwirkungsmöglichkeiten der Basis«). Die Plandiskussion fällt unter den Tisch bei *Kleßmann* (S. 37ff.).

1030 Insbesondere *Michas*, Arbeitsrecht der DDR, 1979, S. 136f.

1031 In großen Betrieben trat an die Stelle der Versammlung der Gewerkschaftsmitglieder die Versammlung der Vertrauensleute; jede Vertrauensperson wurde von einer Gruppe von (z.B. 25) Gewerkschaftsmitgliedern gewählt.

beitsorganisation einsetzen und vom Betriebsleiter die Beseitigung von Mängeln verlangen. Die ständige Produktionsberatung konnte Beschlüsse fassen, die über die BGL dem Betriebsleiter zugeleitet wurden. Sie hatten zwar nur Empfehlungscharakter, doch musste der Betriebsleiter nach einiger Zeit begründen, weshalb er ihnen nicht Rechnung getragen hatte.

Das Produktionskomitee wurde von der Belegschaft gewählt und war ihr rechenschaftspflichtig.[1032] Es arbeitete unter Führung der Parteiorganisation und sollte aus den fähigsten Werktätigen bestehen. Ihre Aufgabe war es, die grundsätzlichen Aufgaben der Planung und Leitung des VEB zu lösen, also insbesondere für rationellere Arbeitsmethoden zu sorgen. Ungewöhnlich erscheint die Wahl durch die Belegschaft unter Einschluss der Nichtmitglieder des FDGB (was eine breitere Legitimationsbasis verschaffte) und die Anleitung durch die Betriebsparteiorganisation, was die Stellung ebenfalls stärkte.

Später erschienene Bücher erwähnen Produktionsberatungen und Produktionskomitees nicht mehr.[1033] Dies gilt auch für die Aufarbeitungen nach 1990.[1034] Es ist zu vermuten, dass beide Einrichtungen im Zusammenhang mit dem sog. Neuen Ökonomischen System der Planung und Leitung (abgekürzt: NÖS oder NÖSPL) standen, das den Unternehmen sehr viel mehr Entscheidungsfreiheit geben und das die Starrheit der Planvorgaben reduzieren wollte.[1035] Es hätte eventuell einen Entwicklungsweg wie den der Volksrepublik China möglich gemacht. Vielleicht wäre trotz aller evidenten Defizite ein Durchbruch zum Besseren erreichbar gewesen.

Rückschauend formulieren zwei Wirtschaftsrechtler als Zeitzeugen: »*Die als neues ökonomisches System bezeichnete Wirtschaftsreform war der einzige ernsthafte und erfolgversprechende Versuch, durch die Konzentration der staatlichen Leitung und Planung auf perspektivische und grundsätzliche Fragen und durch die Erhöhung der wirtschaftlichen Selbständigkeit und materiellen Interessiertheit der Betriebe und ihrer Vereinigungen in der DDR eine dynamische und effiziente Art des Wirtschaften zu verwirklichen.*«[1036]

Das Projekt stieß jedoch auf allerlei Widerstände. Sein Promotor war – nur auf den ersten Blick überraschend – *Walter Ulbricht*, der mit viel persönlichem Einsatz für das neue Modell warb.[1037] Sein Sturz durch Erich Honecker geschah mit

1032 *Michas*, Arbeitsrecht der DDR, S. 122f.

1033 *Kunz*, Lexikon; *Kunz/Thiel*, Arbeitsrecht. Lehrbuch.

1034 *Dost* in: Heuer (Hrsg.), S. 95ff.; *Sander*, Interessenvertretung.

1035 Dazu *Roesler*, Zwischen Plan und Markt; *Staritz*, Geschichte der DDR, S. 151ff.; *Kleßmann*, S. 94ff.

1036 *Pflücke/Süß*, Wirtschaftsrecht, in: Uwe-Jens Heuer (Hrsg.), Die Rechtsordnung der DDR. Anspruch und Wirklichkeit, Baden-Baden 1995, S. 427, 443.

1037 *Staritz*, S. 157ff.

Unterstützung der Sowjets, für die gerade dieses neue Konzept ein Grund zum Bruch mit ihrem alten Verbündeten Ulbricht war.[1038]

b) Neuererbewegung

Das DDR-Arbeitsrecht wollte die Werktätigen bewusst zu Verbesserungsvorschlägen animieren, die bis zu Erfindungen reichen konnten.[1039] Geregelt war dies in der Neuerer-Verordnung vom 22. Dezember 1971.[1040] Im Prinzip konnte sich jeder einem Neuerer-Kollektiv anschließen, wenn er Überlegungen zur Verbesserung des Arbeitsprozesses einbringen wollte. Die Organisation der Neuerer-Bewegung lag in der Hand des Betriebsleiters und der BGL. Wie viel dadurch zustande gebracht wurde, ist schwer zu ermitteln. Die oben beschriebenen Rationalisierungsbremsen[1041] konnten jedenfalls nicht ausgeglichen werden.

c) Sozialistischer Wettbewerb

Die Gewerkschaften organisierten den sog. sozialistischen Wettbewerb. Er wird in den Erläuterungen zum Arbeitsrecht wortreich umschrieben, doch ist es schwierig, dabei die reale Programmatik oder gar die Realität herauszudestillieren. Wie das Adjektiv »sozialistisch« deutlich macht, geht es nicht darum, dass Unternehmen oder Werktätige auf einem Markt konkurrieren und die jeweiligen Konkurrenten aus dem Feld schlagen sollen. Gemeint ist vielmehr eine Art Kampagne zu der Frage: Wer erfüllt am besten den Plan? Oder weitergehend: Wer übertrifft mit welchen Mitteln die Planvorgaben? Teilnehmer sind in der Regel Arbeitsgruppen (»Brigaden«), die bei gutem Abschneiden eine materielle und/oder eine immaterielle Gratifikation erhalten. Weiter ist denkbar, dass ihre Arbeitsweise ein Vorbild für andere wird – heute würden wir von »benchmark« sprechen. Es scheint auch Fälle gegeben zu haben, in denen nur derjenige Sieger sein konnte, der durch Unterstützung der schwächsten »Konkurrenten« dafür sorgte, dass auch diese die Planziele erreichten. Inhaltlich geht es um die Mobilisierung von Leistungsreserven – was angesichts der universellen Arbeitsplatzsicherheit und der dadurch ermöglichten Leistungszurückhaltung ein sicherlich verständliches Vorhaben war.[1042]

1038 *Podewin*, Walter Ulbricht. Eine neue Biographie, Berlin 1995; *Staritz*, S. 192ff.

1039 S. *Kunz/Thiel*, Arbeitsrecht. Lehrbuch, S. 114f.; *Kunz*, Lexikon, Stichworte: Neuereraktiv, Neuereraufgaben, Neuererbewegung, Neuererbrigade.

1040 GBl. II 1972, Nr. 1 S. 1.

1041 Siehe III 3.

1042 S. auch *Brandenbusch*, Funktion und rechtliche Ausgestaltung der Arbeitnehmer-Mitwirkung im Arbeitsgesetzbuch Mitteldeutschlands, München 1966.

4. Konfliktkommissionen

Dass es Konflikte im Betrieb geben kann, wollte und konnte das DDR-Recht nicht ignorieren. Allerdings kannte es keine Regelungsstreitigkeiten – der Sache nach waren sie den Verhandlungen zwischen BGL und Betriebsleiter überlassen, ohne dass der Begriff auftauchte. Rechtsstreitigkeiten wurden aller sonst beschworen Interessenidentität von Individuum und Gesellschaft zum Trotz als solche anerkannt, allerdings im Regelfall nicht gleich vor ein staatliches Gericht gebracht. Vielmehr war ein Verfahren vor der sog. Konfliktkommission vorgeschaltet, die einen großen Teil der Auseinandersetzungen im Vergleichswege bereinigen konnte.

Konfliktkommissionen wurden in Betrieben gebildet, die mehr als 50 Werktätige beschäftigten. Rechtsgrundlage war zuletzt das »Gesetz über gesellschaftliche Gerichte der DDR (GGG)« vom 25. März 1982.[1043] Die Mitglieder der Konfliktkommission wurden von der BGL in einer Belegschaftsversammlung vorgeschlagen und daraufhin in geheimer Wahl gewählt. Ihre Zahl war nicht vorgeschrieben, doch mussten bei konkreten Fällen mindestens vier Mitglieder mitwirken. Dies legte die Wahl einer größeren Zahl nahe; in der Praxis wurden in Betrieben zwischen 50 und 100 Beschäftigten sechs, sonst acht bis 15 Mitglieder gewählt.[1044].

Die Konfliktkommission war insbesondere für Streitigkeiten über Rechte und Pflichten aus dem Arbeitsverhältnis zuständig. Die KKO (= Konfliktkommissionsordnung)[1045] zählte beispielhaft die wichtigsten Anwendungsfälle auf, zu denen u. a. Schadensersatzansprüche des Beschäftigten und des Betriebs sowie Einsprüche gegen Disziplinarmaßnahmen gehörten. Da es sich bei den Mitgliedern der Konfliktkommission um keine rechtskundigen Personen handelte, wurden ihre Schulung und Unterstützung zur Aufgabe der BGL erklärt.

Das Verfahren wurde durch einen Antrag eines Werktätigen oder des Betriebs eingeleitet. Die Konfliktkommission besaß einen Vorsitzenden, der die formale Seite eines Antrags prüfte. Anschließend fand innerhalb von vier Wochen nach Einreichung des Antrags eine betriebsöffentliche Beratung statt. Bei dieser kamen insbesondere die Gegenseite sowie die Gewerkschaft zu Wort. Noch in der Beratung wurde die einstimmig oder mit Mehrheit gefällte Entscheidung der Konfliktkommission bekannt gemacht.[1046] Kam es nicht zu einer einvernehmlichen Lösung, erging innerhalb von zwei Wochen ein schriftlich begründeter

1043 GBl I Nr. 13 S. 269. Die Vorgängerregelung stammte vom 11. Juni 1968 (GBl. I S. 229). Zur Situation in den 1950er-Jahren s. *Schlegel*, § 63.

1044 *Kunz*, Lexikon, Stichwort: Konfliktkommission.

1045 Vom 12. März 1982 GBl. I Nr. 13 S. 274.

1046 Vor 1982 gab es keine Mehrheitsentscheidungen; das Verfahren war gescheitert, wenn Einstimmigkeit nicht zustande kam.

Beschluss. Er konnte von der durch ihn benachteiligten Partei vor Gericht angefochten werden. Das gesamte Verfahren war gebührenfrei.
In kleineren Betrieben, wo es keine Konfliktkommission gab, konnte sofort das Kreisgericht (Kammer für Arbeitssachen) angerufen werden. Auch in einigen anderen Fällen, insbesondere dann, wenn der Werktätige nicht mehr dem Betrieb angehörte, war dies der Fall. Über die Funktion und praktische Effizienz des Verfahrens gehen die Meinungen auseinander.[1047] Nach der Wiedervereinigung wurden die Konfliktkommissionen unter der Bezeichnung »Schiedsstelle« bis Ende 1992 beibehalten, wobei die Mitglieder zur Hälfte vom Betriebsrat, zur Hälfte vom Arbeitgeber bestimmt wurden.[1048]

IV. Kurze Würdigung

Die betrieblichen Strukturen waren nicht so beschaffen, dass sie – von Einzelfällen abgesehen – Empörung oder Wut ausgelöst hätten. Die Ereignisse des Jahres 1989 gingen daher auch nicht von den Betrieben aus.[1049] Dies war verständlich, weil dort nicht der Kern der Probleme lag. Der Widerstand richtete sich gegen die Rahmenbedingungen, die wirtschaftliche Misere und die politischen Restriktionen. Die Werktätigen teilten in ihrer Mehrheit diese Kritik. Sie setzten deshalb der Entwicklung keinen Widerstand entgegen – die »Betriebskampfgruppen«, die eigentlich für solche Situationen der »Systemgefährdung« gedacht waren, erwiesen sich als »nicht zum Kampf bereit«.[1050] Der Versuch, eine alternative, nicht-kapitalistische Gesellschaft aufzubauen (und dabei auch eine Alternative zur Betriebsverfassung zu schaffen), war beendet.

1047 *Dost*, in: Heuer (Hrsg.), S. 132ff.; *Kittner*, Arbeitskampf, S. 593f.

1048 Näher *Beck/Rosendahl/Schuster*, FS Gnade, S. 545ff.

1049 Dazu auch *Kleßmann*, S. 125ff.

1050 Vgl. das nostalgische Buch von *Dieter* und *Eveline Schulze*, Das große Buch der Kampfgruppen. Geschichte, Aufgaben und Ausrüstung sowie alles über die Wismut-Polizei, Verlag Das Neue Berlin, o. J. (um 2005), wo es auf S. 167 heißt: »Dass die Kämpfer ihre Waffen hergaben, wurzelt im humanen Charakter der Gesellschaft, in der sie lebten und die sie schützten. Für einen Bürgerkrieg waren sie nicht zu haben.«

Betriebsverfassung in der Gegenwart

§ 29 Das BetrVG 1972: Neues Grundgesetz für die Betriebsräte

I. Der Weg zum BetrVG 1972

In der zweiten Hälfte der 1960er-Jahre änderte sich das gesellschaftspolitische Klima. Die Mentalität des »Ärmel-Aufkrempelns« für besseren Wohlstand hatte sich abgenutzt. Der wirtschaftliche Aufschwung kam an sein Ende – 1966/1967 war die erste Rezession zu bewältigen. An den Universitäten wurde die bestehende Ordnung mehr und mehr in Frage gestellt, was sich auch in einzelne Parteien hinein fortsetzte. Es entstand die »68er-Bewegung«, die einige Lebensformen veränderte, aber die bestehenden wirtschaftlichen und politischen Machtverhältnisse nicht ernsthaft in Gefahr bringen konnte. Die bisherige Regierungsmehrheit konnte schon 1965 nicht mehr weiter regieren – an ihre Stelle trat bis 1969 eine Große Koalition, in der die SPD zum ersten Mal Regierungsmitverantwortung übernahm. Was bisher unangefochten galt, konnte morgen im gesellschaftlichen Diskurs in Frage gestellt werden. Die »bleiernen Zeiten« der fünfziger Jahre – so die Empfindungen der 68er und vieler anderer Kritiker – waren endgültig vorbei.

Mit einer gewissen Verzögerung änderte sich die Situation auch in den Betrieben. Das Korsett des BetrVG 1952 wurde als beengend empfunden. Dies hatte allerdings weder spektakuläre Aktionen noch flammende Manifeste zur Folge; beides lag nicht in der Tradition der Nachkriegs-Gewerkschaften. Stattdessen wurden zahlreiche Tarifverträge geschlossen, die den Betriebsräten Rechte gewährten, die erheblich über das BetrVG 1952 hinausgingen. Bei *Fitting/Kraegeloh/Auffarth*[1051] findet sich eine beeindruckende Aufzählung solcher Abkommen, die selbst die Schaffung von Interessenvertretungen außerhalb des Anwendungsbereichs des BetrVG zum Gegenstand hatten. Die Schwerpunkte lagen bei der Mitbestimmung in Arbeitszeitfragen, beim Arbeitsentgelt und beim Urlaub; vereinzelt finden sich Regelungen zur Mitbestimmung bei betrieblichen Sozialleistungen und bei der Ordnung des Betriebes und des Verhaltens der Arbeitnehmer im Betrieb. Auch die Bedingungen, unter denen Betriebsratsmitglieder ihrer Tä-

---

1051 S. 939ff.

tigkeit nach dem Gesetz nachkommen mussten, wurden zum Teil verbessert; dies betraf etwa die Freistellung einzelner Betriebsratsmitglieder, die Pauschalierung von Aufwendungen sowie die Pflicht des Arbeitgebers, dem Betriebsrat bestimmte Unterlagen vorzulegen.[1052]

Die Existenz dieser Tarifverträge verweist auf ein verbreitetes Bedürfnis, über die gesetzlichen Regelungen hinauszugehen. Tarifverträge haben häufig »Vorreiterfunktion«. Auch in anderen Zusammenhängen wie z. B. bei der Lohnfortzahlung im Krankheitsfall wurden zunächst tarifliche Regelungen durchgesetzt,[1053] ehe dann der Gesetzgeber eine für alle geltende Regelung schuf.

Der DGB griff dieses Bedürfnis auf und legte 1967 einen Gesetzentwurf zur Verbesserung der Betriebsverfassung vor.[1054] Dieser wollte die Mitbestimmungsrechte des Betriebsrats erweitern und der Gewerkschaft mehr Rechte im Betrieb sichern; an der extrem sozialpartnerschaftlichen Ausrichtung nach § 49 BetrVG 1952 wurde trotz abweichender Vorschläge von *Otto Brenner* und *Eugen Loderer* jedoch nicht gerüttelt.[1055]

Doch die betrieblichen Realitäten entwickelten sich weiter. Im September 1969 wurde in zahlreichen Betrieben eine Tabuschwelle überschritten und »spontan«, d. h. ohne offizielle gewerkschaftliche Unterstützung, die Arbeit niedergelegt.[1056] Gegenstand waren ausschließlich Lohnforderungen. Es ging um einen »Nachschlag«, da die Gewinne der Unternehmen »explodiert«, gleichzeitig aber den Gewerkschaften die Hände gebunden waren, weil sie in der Rezession langfristige Tarifverträge abgeschlossen hatten. Ein Zusammenhang mit der Reform der Betriebsverfassung bestand ersichtlich nicht, doch war durch diese sog. Septemberstreiks klar geworden, dass auch in den Betrieben nicht mehr alles seinen gewohnten Gang gehen konnte.

Nach der Bundestagswahl 1969 und der Bildung der Regierung Brandt präsentierte der DGB einen neuen Entwurf,[1057] der auch Individualrechte einzelner Arbeitnehmer vorsah und der außerdem die sozialpartnerschaftliche Bindung ein wenig lockerte: Die vertrauensvolle Zusammenarbeit mit dem Arbeitgeber sollte weiter bestehen, ebenso die Bindung an das Betriebswohl und das Arbeitskampfverbot für die Institution Betriebsrat. Abschaffen wollte man jedoch die generelle Bindung an den Betriebsfrieden und das Verbot parteipolitischer Betätigung.

1052 Weitere Nachweise bei *Meier-Krenz*, Die Erweiterung von Beteiligungsrechten des Betriebsrats durch Tarifvertrag, Frankfurt/Main 1988; *Spilger*, Tarifvertragliches Betriebsverfassungsrecht, Berlin 1987; *Däubler*, Grundrecht auf Mitbestimmung, S. 94ff.

1053 Zum schleswig-holsteinischen Metallarbeiterstreik, der die Lohnfortzahlung als zentrales Ziel hatte, s. *Kittner*, Arbeitskampf, S. 633ff.; *Däubler*, in: Däubler (Hrsg.), Arbeitskampfrecht, § 8 Rn. 38.

1054 Abgedruckt RdA 1967, 462ff.

1055 *Milert/Tschirbs*, S. 465.

1056 *Däubler*, in: Däubler (Hrsg.), Arbeitskampfrecht, § 8 Rn. 53ff.

1057 Abgedruckt in RdA 1970, 243.

Auch sollten die einzelnen Betriebsratsmitglieder in ihrer Betätigung für die Gewerkschaft frei sein.
Im Oktober 1970 legte Bundesarbeitsminister *Arendt* (zuvor Vorsitzender der IG Bergbau und Energie) einen Gesetzentwurf vor, der in weitem Umfang den gewerkschaftlichen Vorstellungen entsprach. Über sechs Monate lang war er Gegenstand der Beratungen im Bundestags-Ausschuss für Arbeit und Soziales.
Die Arbeitgeberverbände lehnten den Entwurf entschieden ab. Da eine politische Einflussnahme auf die Regierungsparteien wenig Erfolg versprach, wurden »Freunde« in der Rechtswissenschaft mobilisiert, die zahlreiche verfassungsrechtliche Probleme entdeckten und eine Reihe zentraler Bestimmungen des Gesetzentwurfs für verfassungswidrig erklärten.
Am weitesten ging der Staats- und Völkerrechtler *Herbert Krüger* in seinem der BDA erstatteten Gutachten.[1058] Als »eindeutig grundgesetzwidrig« qualifizierte er die Vorschriften der §§ 95 (Personalrichtlinien), 100 (vorläufige personelle Einzelmaßnahmen), 111 ff. (Aufoktroyierung eines Sozialplans), 85 Abs. 2 (Entscheidung der Einigungsstelle über Beschwerden) und 23 Abs. 3 (Sanktionen gegen den pflichtwidrig handelnden Arbeitgeber). Angesichts dieser Umstände bezeichnete er auch den gesamten Regierungsentwurf als verfassungsrechtlich bedenklich.[1059] Der Bremer LAG-Präsident *Hans Galperin* äußerte in seiner ebenfalls 1971 erschienenen Monografie[1060] verfassungsrechtliche Bedenken gegen dieselben Vorschriften, hielt jedoch auch die Erstreckung der Mitbestimmung auf materielle Arbeitsbedingungen sowie das »Zitierrecht« des Wirtschaftsausschusses gegenüber dem Arbeitgeber und den automatischen Übergang der Arbeitsverhältnisse im Falle eines Betriebsübergangs für nicht hinnehmbar. Ähnlich weit ging der Öffentlichrechtler *Klaus Obermayer:* Nach seiner Auffassung sind alle über den sozialen Bereich hinausgehenden Mitbestimmungsrechte nicht mehr durch das Sozialstaatsprinzip gedeckt und »deshalb« wegen Eingriffs in den Kernbereich der Grundrechte aus Art. 2 Abs. 1, 9 und 14 GG verfassungswidrig.[1061] Außerdem stelle die Tätigkeit der Einigungsstelle Ausübung öffentlicher Gewalt dar und verstoße mangels ausreichender gesetzlicher Vornormierung gegen Art. 19 Abs. 4 GG.[1062] Verfassungsrechtliche Bedenken

---

1058 Der Regierungsentwurf eines Betriebsverfassungsgesetzes vom 29. Januar 1979 und das Grundgesetz, Hamburg 1971.

1059 *Krüger*, a. a. O., S. 58.

1060 Der Regierungsentwurf eines neuen Betriebsverfassungsgesetzes. Eine kritische Analyse, Düsseldorf 1971.

1061 *Obermayer*, Verfassungsrechtliche Bedenken gegen den Regierungsentwurf eines Betriebsverfassungsgesetzes, DB 1971, 1715, 1722 ff.

1062 *Obermayer*, DB 1971, 1715, 1720.

äußerte weiter *Hromadka*,[1063] und der Sache nach auch *Richardi*.[1064] *Krüger* und *Galperin* veröffentlichten überdies Aufsätze mit den wesentlichen Inhalten ihrer Kritik, um so ihrer Position noch etwas mehr Nachdruck zu verleihen.[1065] *Peter Hanau* stellte die Frage, inwieweit die Ausdehnung der Mitbestimmung und der Gewerkschaftsrechte nicht für die Arbeitnehmer negative Rückwirkungen auf andere Teile des Arbeitsrechts habe.[1066]

Weder das Ministerium noch die Regierungsfraktionen ließen sich durch diese Kritik beeindrucken. Zum einen gab es in der juristischen Literatur auch Gegenstimmen,[1067] die jedoch meist erst nach Verabschiedung des Gesetzes veröffentlicht wurden.[1068] Zum andern lag die Verantwortung im Ministerium bei *Karl Fitting*, der aufgrund seiner über 20-jährigen Praxis sehr wohl einschätzen konnte, ob eine ernsthafte Gefahr aus Karlsruhe drohte oder nicht.[1069]

Kurz vor Verabschiedung des Gesetzes unternahm die Bundesvereinigung der Deutschen Arbeitgeberverbände einen erneuten Versuch. Sie lud 16 renommierte Professoren des Arbeitsrechts in die Kölner Gaststätte »Zum Kuckuck« ein, um mit ihnen über die eventuelle Verfassungswidrigkeit des neuen Gesetzes und eine möglichst enge Auslegung der Mitbestimmungsrechte zu sprechen.[1070] Die als vertraulich gedachte Veranstaltung wurde sehr schnell publik. Drei der Eingeladenen hatten ihre Teilnehme an der gleichzeitig tagenden Arbeitsgesetzbuch-Kommission unter Hinweis auf den BDA-Termin abgesagt, was im Ministerium auf wenig Verständnis stieß. Der »SPIEGEL« berichtete über diesen Vorgang,[1071] die Zeitschrift »Mitbestimmungsgespräch« des DGB publizierte einen geharnischten Artikel über die »arbeitgeberlastige« Arbeitsrechtswissenschaft,[1072] die »Kritische Justiz« veröffentlichte einen Beitrag unter der Überschrift »Arbeits-

---

1063 *Hromadka*, Die Gewerkschaften drängen in die Betriebe, ZRP 1970, 268ff.

1064 *Richardi*, Kritische Anmerkungen zur Reform der Mitbestimmung des Betriebsrats in sozialen und personellen Angelegenheiten nach dem Regierungsentwurf, DB 1971, 621ff.

1065 *Krüger* ZBR 1972, 97ff. und *Galperin*, Betriebsverfassungsrecht im Umbruch, DB 1971, 1305.

1066 *Hanau*, Unklarheiten in dem Regierungsentwurf des Betriebsverfassungsgesetzes, BB 1971, 485ff.

1067 *R. Hoffmann*, Betriebsverfassung und Grundgesetz, AuR 1971, 271ff.

1068 *Falkenberg*, Ausgewählte Probleme aus dem Betriebsverfassungsgesetz 1972, DB 1972, 74; *Schwerdtner*, Unternehmen, Betrieb, Eigentum und freie Entfaltung der Persönlichkeit. Versuch einer Würdigung der Stellungnahmen zur Verfassungsmäßigkeit des neuen BetrVG, BlfStRSozArbR 1972, 33.

1069 Zu seiner Person *Wißmann*, SR 2013, 64ff.

1070 Berichtet bei *Keßler*, Arbeitsrechtswissenschaft im Dienste des Kapitals, KJ 1972, 90 mit Protokoll des Treffens.

1071 Nr. 50/1971, S. 95.

1072 Mitbestimmungsgespräch 1/1972 S. 2.

rechtswissenschaft im Dienste des Kapitals«[1073] samt der Antwort eines Beteiligten und der darauf folgenden Replik.[1074] Durch diese ungewollte Resonanz wurde die Aktion der BDA zu einer Art »Rohrkrepierer«; zumindest vorübergehend wurden wissenschaftlichen Äußerungen, die aus dieser »Ecke« kamen, in der Öffentlichkeit mit einem gewissen Misstrauen betrachtet.
Nach einigen kleineren Änderungen wurde der Regierungsentwurf im Bundestagsplenum mit den Stimmen der SPD/FDP-Koalition sowie mit den Stimmen von 27 Unions-Abgeordneten angenommen, die den CDU-Sozialausschüssen angehörten. In dem von der Opposition beherrschten Bundesrat gab es Schwierigkeiten, doch stimmten schließlich auch die von der CDU regierten Länder Rheinland-Pfalz, Baden-Württemberg und Saarland für das neue Gesetz. Es trat am 19. Januar 1972 in Kraft.[1075]

II. Die wesentlichen Veränderungen

1. Wahl von Betriebsräten

Auch nach dem neuen Gesetz setzte die Wahl eines Betriebsrats mindestens fünf Beschäftigte voraus, von denen drei wählbar waren. Bei der Wählbarkeit gab es eine deutliche Erweiterung: Wer kandidierte musste nur noch 18 Jahre alt sein und dem Betrieb ein halbes Jahr angehören. Die deutsche Staatsangehörigkeit war keine Voraussetzung mehr. In Betrieben bis zu 1000 Arbeitnehmern blieb die Zahl der Betriebsratsmitglieder unverändert; bei noch größeren Einheiten wurde sie leicht erhöht.
Um die Wahl von Betriebsräten zu erleichtern, wurde der Sonderkündigungsschutz der Betriebsratsmitglieder auch auf Wahlvorstandsmitglieder und Kandidaten für die Betriebsratswahl erstreckt. Weiter waren Betriebsratsmitglieder nach Beendigung ihres Amtes noch ein Jahr lang geschützt.
Die Stellung der Gewerkschaft wurde dadurch entscheidend gestärkt, dass sie nach § 2 Abs. 2 BetrVG ein Zugangsrecht zum Betrieb bekam, soweit es um die Ausübung ihrer im Gesetz vorgesehenen Befugnisse ging. Sie konnte daher ihre Mitglieder bei der Kandidatur unterstützen, hatte jedoch selbst nur dann ein Vorschlagsrecht, wenn im Betrieb noch kein Betriebsrat bestand. Dies hing damit zusammen, dass die DGB-Gewerkschaften in der Regel genügend Mitglieder im Betrieb hatten, um eine Liste zustande zu bringen. Ein Vorschlagsrecht für

1073 *Keßler*, KJ 1972, 90.
1074 *Löwisch*, Unkritisches in der Kritischen Justiz, KJ 1972, 192. Dazu wiederum *Keßler*, Neutrale Rechtswissenschaft? KJ 1972, 193.
1075 BGBl. I S. 13.

jede im Betrieb vertretene Gewerkschaft hätte nur Konkurrenzorganisationen wie die DAG gestärkt, die zu einem solchen Vorgehen nicht in der Lage waren. Am Gruppenprinzip, an der Stellung der Betriebsratsmitglieder als unabhängige Repräsentanten, an der Ausklammerung der leitenden Angestellten und an der Wahlperiode von (zunächst) drei Jahren änderte sich nichts.

2. Rechtsstellung der Betriebsratsmitglieder

Neben der Erweiterung der Mitbestimmungsrechte war die Verbesserung der Stellung von Betriebsratsmitgliedern der wichtigste Schwerpunkt des Gesetzes.

Die Betriebsratstätigkeit ist weiter als Ehrenamt konzipiert, doch wurde stärker als bisher versucht, möglichen Benachteiligungen entgegenzuwirken. Ist Betriebsratstätigkeit nur außerhalb der betriebsüblichen oder individuellen Arbeitszeit möglich (Der Chef ist nur abends zu sprechen), so entsteht nach § 37 Abs. 3 BetrVG ein Anspruch auf Freizeitausgleich innerhalb eines Monats. Lässt sich dieser aus betriebsbedingten Gründen nicht realisieren, so sind die fraglichen Zeiten wie Überstunden zu vergüten. Weiter darf ein Betriebsratsmitglied nach § 37 Abs. 4 BetrVG nicht schlechter bezahlt werden als ein vergleichbarer Arbeitnehmer »mit betriebsüblicher beruflicher Entwicklung«. Damit sollte verhindert werden, dass Betriebsratsmitglieder von Höhergruppierungen und Beförderungen ausgeschlossen bleiben, weil sie sich bei der Gegenseite unbeliebt gemacht haben.

Große praktische Bedeutung hat das Recht, nach § 37 Abs. 6 BetrVG Schulungs- und Bildungsveranstaltungen zu besuchen, die »erforderliche Kenntnisse« für die Arbeit des Betriebsrats vermitteln. Während der Teilnahme an solchen Lehrgängen wird das Entgelt fortbezahlt. Auch die Kursgebühren und Reisekosten müssen vom Arbeitgeber übernommen werden, da es sich um einen Teil der Betriebsratstätigkeit handelt und der Arbeitgeber deren Kosten nach § 40 Abs. 1 BetrVG zu tragen hat. Über die damit verbundenen Einzelfragen entwickelte sich alsbald eine umfangreiche Rechtsprechung.[1076] Sehr viel geringere Bedeutung erlangte der Anspruch auf »Bildungsurlaub« nach § 37 Abs. 7 BetrVG, wonach jedes Betriebsratsmitglied während der Wahlperiode drei Wochen bezahlte Freistellung verlangen konnte, um an Veranstaltungen teilzunehmen, deren Eignung für Betriebsräte staatlich anerkannt war. Hier sind Reisekosten und Teilnahmegebühren von den Teilnehmern selbst zu tragen.[1077]

Der Kündigungsschutz von Betriebsratsmitgliedern wurde entscheidend ausgebaut. Voraussetzung für eine Kündigung ist nunmehr zusätzlich zu einem

1076 Dazu unten II 2.

1077 Unrichtige Darstellung bei *Milert/Tschirbs*, S. 474.

»wichtigen Grund«, dass das Betriebsratsgremium als solches nach § 103 Abs. 1 BetrVG zugestimmt hat. Lehnt es ab oder reagiert es gar nicht, so kann der Arbeitgeber nach § 103 Abs. 2 BetrVG das Arbeitsgericht anrufen, um die Zustimmung des Betriebsrats ersetzen zu lassen, weil effektiv ein wichtiger Grund vorliege. Während dieses Verfahrens bleibt das Betriebsratsmitglied weiter im Betrieb und kann seine Funktion ausüben; der früher bisweilen praktizierte sofortige »Hinauswurf« ist nicht mehr möglich, es sei denn, die Betriebsratsmehrheit habe der Kündigung zugestimmt.
§ 38 Abs. 1 BetrVG legt einen Mindestumfang von Freistellungen fest. Sind im Betrieb in der Regel zwischen 300 und 600 Arbeitnehmern beschäftigt, so war mindestens ein Betriebsratsmitglied voll von der Arbeit freizustellen; bei einer Belegschaftsstärke zwischen 601 und 1000 erhöhte sich die Zahl auf zwei. Dies war ein wichtiger Beitrag für die Professionalisierung der Betriebsratstätigkeit; unter dem BetrVG 1952 war eine volle Freistellung nur auf der Grundlage eines Vertrags mit dem Arbeitgeber möglich. Die Interessenvertretung wurde für die Freigestellten zu einer zentralen Aufgabe, für die man sich durch Lehrgänge, Selbststudium und Erfahrung weiterqualifizierte.
Die Kosten der Betriebsratstätigkeit trägt weiter der Arbeitgeber.

3. Das Verhältnis zum Arbeitgeber

Auch das BetrVG 1972 geht an prominenter Stelle (§ 2 Abs. 1) von der vertrauensvollen Zusammenarbeit zwischen Betriebsrat und Arbeitgeber aus. Diese hat das Wohl der Arbeitnehmer und des Betriebs zum Gegenstand; die Bindung an das Gemeinwohl ist weggefallen. Geblieben ist das Zusammenwirken mit den im Betrieb vertretenen Gewerkschaften und Arbeitgeberverbänden.
Nach § 74 Abs. 1 sollen sich Arbeitgeber und Betriebsrat mindestens einmal im Monat treffen, um über anstehende Probleme »mit dem ernsten Willen zur Einigung« zu beraten. § 74 Abs. 2 Satz 1 verbietet Arbeitskämpfe zwischen Betriebsrat und Arbeitgeber. Nach Satz 2 müssen alle Betätigungen unterlassen werden, durch die der Arbeitsablauf oder der »Frieden des Betriebs« beeinträchtigt werden. Während nach § 49 BetrVG 1952 bereits die »Eignung zur Gefährdung« für eine Rechtsverletzung genügte,[1078] wird nunmehr auf die tatsächliche Beeinträchtigung abgestellt. »Der Fortschritt ist eben eine Schnecke« war damals ein geflügeltes Wort. Heute könnte man kritisch hinzufügen, dass es vergleichbare Vorschriften in Österreich nicht gibt, obwohl die Sozialpartnerschaft dort mittlerweile sogar Verfassungsrang erlangt hat.[1079] Auch das Verbot parteipolitischer Betätigung im Betrieb blieb erhalten, wurde jedoch gelockert, da die Behandlung

1078 S. oben § 25 I 3.
1079 *Cerny*, DRdA 2020, 426, 430 und unten § 45 VI.

von Angelegenheiten »tarifpolitischer, sozialpolitischer und wirtschaftlicher Art« zugelassen wurde, soweit sie den Betrieb oder seine Arbeitnehmer unmittelbar betrafen. Von größerer Bedeutung war demgegenüber § 74 Abs. 3 BetrVG, wonach Betriebsratsmitglieder in ihrer gewerkschaftlichen Betätigung auch im Betrieb nicht (mehr) beschränkt sind. Lediglich der Betriebsrat als Gremium muss gewerkschaftspolitische Neutralität wahren. Zusammen mit dem Zugangsrecht nach § 2 Abs. 2 BetrVG wird so die Zusammenarbeit zwischen Betriebsrat und Gewerkschaft entscheidend erleichtert.

4. Mitbestimmungsrechte

Die Mitbestimmung des Betriebsrats wurde auf zahlreiche neue Felder erstreckt. Dabei wurde bewusst auch die BAG-Rechtsprechung zum alten Recht wie z. B. die Beschränkung auf formelle Arbeitsbedingungen korrigiert.

a) Soziale Angelegenheiten

Im Bereich Arbeitszeit wurde die Mitbestimmung auf die Verteilung der Arbeitszeit auf die einzelnen Wochentage sowie auf Überstunden und Kurzarbeit erstreckt (§ 87 Abs. 1 Nr. 2 und 3 BetrVG). Noch wichtiger war § 87 Abs. 1 Nr. 6 BetrVG, der die Einführung und Anwendung aller technischen Einrichtungen betrifft, die dazu bestimmt sind, Verhalten und Leistung der Arbeitnehmer zu überwachen. Ausweislich der amtlichen Begründung sollte dadurch die Produktographen-Entscheidung des BAG[1080] korrigiert werden.[1081] Als wichtig erwies sich auch § 87 Abs. 1 Nr. 7 BetrVG, der erstmals ein Mitbestimmungsrecht bei Maßnahmen des Arbeitsschutzes gewährte, soweit sich diese im Rahmen der gesetzlichen Vorschriften oder der Unfallverhütungsvorschriften bewegten; § 58 BetrVG 1952 hatte nur ein Beratungsrecht vorgesehen. Beim Entgelt wurde der Bereich der formellen Arbeitsbedingungen schon vom Wortlaut her unzweideutig durchbrochen, da sich die Mitbestimmung nach § 87 Abs. 1 Nr. 11 BetrVG auf die »Festsetzung der Akkord- und Prämiensätze und vergleichbarer leistungsbezogener Entgelte, einschließlich der Geldfaktoren« bezog. Bei nicht überbrückbaren Meinungsverschiedenheiten entscheidet nach § 87 die Einigungsstelle; insoweit besteht Übereinstimmung mit § 56 Abs. 2 BetrVG 1952.[1082]
Auch nach neuem Recht darf der Betriebsrat keine beitragsfreie Ersatzgewerkschaft werden. Die Mitbestimmungsrechte scheiden aus, soweit ein Gegenstand tariflich geregelt ist. § 77 Abs. 3 verbietet generell Betriebsvereinbarungen über Arbeitsentgelte und sonstige Arbeitsbedingungen, die durch Tarifvertrag ge-

1080 Oben § 25 II 4a.
1081 BT-Drucksache VI/1786, S. 48ff.; bestätigt durch BAG 9. 9. 1975 – 1 ABR 20/74, AP Nr. 2 zu § 87 BetrVG 1972 Überwachung.
1082 Anders *Milert/Tschirbs*, S. 473, die die Einigungsstelle als »Neuigkeit« bezeichnen.

regelt sind oder üblicherweise geregelt werden. Damit sind auch freiwillige Betriebsvereinbarungen ausgeschlossen.

b) Personelle Angelegenheiten

Die Beteiligung des Betriebsrats in personellen Angelegenheiten geht weit über das BetrVG 1952 hinaus, konzentriert sich jedoch auf relativ abstrakte Vorgaben für das Arbeitgeberverhalten und macht vor den konkreten Einzelentscheidungen wie Einstellungen und Kündigungen weitgehend Halt.

§ 92 BetrVG gibt dem Betriebsrat ein Beratungsrecht bei der Personalplanung, das nur greifen kann, wenn eine solche überhaupt stattfindet. Nach § 93 BetrVG kann der Betriebsrat verlangen, dass zu besetzende Arbeitsplätze innerbetrieblich ausgeschrieben werden. § 94 BetrVG gibt ihm ein Mitbestimmungsrecht über Personalfragebogen und persönliche Angaben in schriftlichen Arbeitsverträgen. Werden diese ausnahmsweise – z. B. in Kleinbetrieben – gar nicht benutzt, weil der Inhaber informelles Verhalten vorzieht, so geht auch das Recht des Betriebsrats ins Leere. § 95 Abs. 1 BetrVG gibt ein Mitbestimmungsrecht über die Auswahlkriterien bei Einstellungen, Versetzungen, Umgruppierungen und Kündigungen. Praktiziert der Arbeitgeber solche Kriterien nicht einmal stillschweigend (was in der Praxis eher die Ausnahme ist), so steht dem Betriebsrat lediglich in Betrieben mit mehr als 1000 Arbeitnehmern ein Initiativrecht zu; letztlich könnte er dort die Anwendung solcher Kriterien über die Einigungsstelle erzwingen.

Die §§ 96 bis 98 BetrVG betreffen die Beteiligung des Betriebsrats an der betrieblichen Berufsbildung, wobei ihm lediglich bei Fragen der Durchführung (Auswahl der Teilnehmer, eingeschränkt bei Ausbildern) ein Mitbestimmungsrecht zusteht.

§ 99 BetrVG betrifft die Einstellung von Arbeitnehmern. Die Zustimmungsverweigerungsgründe haben nicht mehr nur rein symbolischen Charakter, doch sind die Fälle immer noch selten, in denen sich der Betriebsrat mit Erfolg auf einen bestimmten Grund wie z. B. das Entstehen ungerechtfertigter Nachteile für bereits Beschäftigte berufen kann. Wird gegen die mitbestimmten Richtlinien nach § 95 BetrVG verstoßen, stellt dies gleichfalls einen ausreichenden Grund dar; dies könnte ein Einfallstor für mehr Einfluss sein. Anders als nach dem BetrVG 1952 muss im Streitfalle der Arbeitgeber das Arbeitsgericht anrufen, doch ist ihm nach näherer Maßgabe des § 100 BetrVG eine vorläufige Einstellung möglich.

Bei Kündigungen haben sich zwei Veränderungen ergeben. Auch nach dem neuen Gesetz muss der Betriebsrat nur angehört werden, doch wird die Kündigung durch § 102 Abs. 1 Satz 3 BetrVG ausdrücklich für unwirksam erklärt, wenn die Anhörung nicht stattgefunden hat – auch dies eine bewusste Korrektur der früheren Rechtsprechung. Zum Zweiten kann der Betriebsrat der Kündigung aus bestimmten, in § 102 Abs. 3 BetrVG genannten Gründen z. B. wegen mangelhafter sozialer Auswahl widersprechen. Geschieht dies und erhebt der Betroffene Kündigungsschutzklage, so ist er grundsätzlich nach § 102 Abs. 5 BetrVG bis zur Beendigung des gerichtlichen Verfahrens zu den bisherigen Bedingungen weiterzubeschäftigen.

c) Wirtschaftliche Angelegenheiten

In wirtschaftlichen Angelegenheiten gibt es zwei Veränderungen, jedoch ist die Mitbestimmung auf die Folgenbewältigung beschränkt.
Der Wirtschaftsausschuss ist nicht mehr paritätisch, sondern nur noch mit Personen besetzt, die vom Betriebsrat ausgesucht sind. Der Arbeitgeber muss ihn über die zahlreichen Angelegenheiten des § 106 Abs. 3 BetrVG informieren und anschließend mit ihm darüber beraten. Entscheidungsbefugnisse stehen ihm nicht zu. Der Arbeitgeber kann ggf. über die Einigungsstelle zur Herausgabe von Informationen verpflichtet werden.
Bei geplanten Betriebsänderungen muss über einen Interessenausgleich verhandelt werden. Kommt trotz aller Bemühungen keine Einigung zustande, so kann der Arbeitgeber allein entscheiden. Ein Mitbestimmungsrecht besteht nach § 112 Abs. 1 BetrVG nur über den Sozialplan, der den Ausgleich oder die Milderung von wirtschaftlichen Nachteilen zum Gegenstand hat, die den Arbeitnehmern durch die Betriebsänderung entstehen. Unterbleiben die Verhandlungen über den Interessenausgleich oder werden sie nicht zu Ende geführt, so können die von einer Kündigung Betroffenen einen sog. Nachteilsausgleich nach § 113 BetrVG verlangen.

5. Vertretung auf Unternehmensebene

Die §§ 76, 77 BetrVG 1952, die die Beteiligung der Arbeitnehmer im Aufsichtsrat mit einem Drittel der Sitze vorsahen, blieben aufrecht erhalten. Ab 1976 galten sie nur noch für Unternehmen zwischen 500 und 2000 Beschäftigten; jenseits dieser Größe beginnt der Anwendungsbereich des Mitbestimmungsgesetzes 1976.
Der Gesamtbetriebsrat wurde 1972 obligatorisch. Daneben konnte (neu!) ein Konzernbetriebsrat errichtet werden, sofern dies von Betriebsräten und Gesamtbetriebsräten beschlossen wurde, die zusammen mehr als 75 % der im Konzern Beschäftigten repräsentierten.[1083]

6. Sonderregelungen

An den Ausnahmesektoren änderte sich kaum etwas. In Tendenzbetrieben mussten sich die Betriebsräte nach § 118 Abs. 1 BetrVG weiterhin Einschränkun-

1083 Einzelheiten s. unten § 35 II und IV.

gen gefallen lassen; Religionsgemeinschaften und ihre sozialen Einrichtungen wurden durch § 118 Abs. 2 BetrVG insgesamt vom Gesetz ausgenommen. Die Trennung zwischen Privatwirtschaft und öffentlichem Dienst wurde nicht einmal mehr in den gewerkschaftlichen Entwürfen in Frage gestellt; insoweit hatte sich die Position des DGB gewandelt. In der Seeschifffahrt sollte auf den Seeschiffen eine Bordvertretung eingerichtet werden. Für das fliegende Personal im Luftverkehr konnte nach § 117 Abs. 2 BetrVG (nur) durch Tarifvertrag eine betriebsverfassungsrechtliche Interessenvertretung eingerichtet werden.

7. Umgang mit dem bestehenden »betrieblichen Recht«

Anders als beim Inkrafttreten des BRG 1920[1084] enthielt das Gesetz genauso wenig wie das BetrVG 1952 ein Gebot, bestehende Betriebsvereinbarungen und andere innerbetriebliche Regeln zu überarbeiten und an das neue Recht anzupassen. Stattdessen konnten sie weiterbestehen, mussten sich aber im Streitfalle an den Maßstäben des BetrVG 1972 messen lassen. Oft blieben in der Praxis trotzdem Bestimmungen erhalten, die Jahrzehnte alt waren und die niemand in Frage stellte, selbst wenn sie sogar aus der Zeit des Dritten Reichs stammten. Aufarbeitungen dieses Teils des Arbeitsrechts sind selten, zumal sie sehr aufwendig wären. Im Zusammenhang mit der gewerkschaftlichen Betätigung im Betrieb haben *Rose* und *Söhnholz* in den 1970-er Jahren zahlreiche Bestimmungen ans Licht gebracht, die heute eher Verwunderung hervorrufen.[1085] So findet man etwa in Arbeitsordnungen die Vorschrift:

»Das Sammeln von Unterschriften, von Geld oder Beiträgen ist im Betrieb nur mit vorheriger schriftlicher Zustimmung der Werksleitung gestattet.«

Noch weiter geht eine gleichfalls verbreitete Vorschrift, die den Einzelnen seiner Bewegungsfreiheit im Betrieb beraubt

»Niemand darf während der Arbeitszeit seinen Arbeitsplatz ohne vorherige Abstimmung mit dem jeweiligen Vorgesetzten verlassen.«

oder die seinen Aufenthalt im Betrieb auf die reine Arbeitszeit beschränkt:

1084 Dazu oben § 15 V.

1085 *Rose/Söhnbolz*, Der Betriebsrat 1976, 168ff. Von Interesse auch *Kaiser/Metzger-Pregizer* (Hrsg.), Betriebsjustiz. Untersuchungen über die soziale Kontrolle abweichenden Verhaltens in Industriebetrieben, Berlin 1976, S. 405ff., wo zahlreiche »Arbeitsordnungen« mit Regeln über Betriebsstrafen wiedergegeben sind.

»Außerhalb der Arbeitszeit ist ohne Genehmigung der Werksleitung bzw. der von ihr beauftragten Stelle der Aufenthalt im Büro, im Werk oder auf dem Werksgelände unzulässig.«

Solche Bestimmungen hätten im Hinblick auf § 75 Abs. 2 BetrVG und den Grundrechtsschutz am Arbeitsplatz heute vermutlich keinen Bestand mehr, doch bleiben sie eben überall dort bestehen, wo nach dem Grundsatz »wo kein Kläger da kein Richter« verfahren wird.[1086]

Eine ausdrückliche Regelung gab es nur in Bezug auf Tarifverträge, die auf der Grundlage von § 20 Abs. 3 BetrVG 1952 den Betriebsrat durch ein anderes Vertretungsgremium ersetzt hatten. Nach § 128 BetrVG sollten sie unberührt bleiben, also auch dann weitergelten, wenn sie auf der Grundlage des neuen § 3 BetrVG 1972 nicht zulässig gewesen wären. Als dieser im Jahre 2001 grundlegend umgestaltet wurde, dachte man nicht an eine solche Vorschrift, doch wird § 128 in diesem Fall analog angewandt.[1087] Auch hier überwiegt das Beharren auf bestehenden Regeln.

III. Konkretisierung durch die Rechtsprechung

Die Stärkung der Betriebsräte durch das BetrVG 1972 liegt auf der Hand. Die Rechtsprechung hat dies in durchaus fairer Weise nachvollzogen – Entscheidungen, wie sie zum BetrVG 1952 ergingen,[1088] wurden zur absoluten Ausnahme. Dies schließt nicht aus, dass in einem entscheidenden Punkt (d.h. beim Umgang mit den prekär Beschäftigten) die Weichen falsch gestellt wurden.[1089] Im Folgenden seien die wichtigsten Schwerpunkte der Rechtsprechung genannt.

1. Rechtsstellung der Betriebsratsmitglieder

Bei der Teilnahme an Schulungs- und Bildungsveranstaltungen nach § 37 Abs. 6 BetrVG hat der Betriebsrat einen Beurteilungsspielraum, wenn es um die »Erforderlichkeit« geht. Das BAG differenziert zwischen Veranstaltungen,

---

1086 Auf der anderen Seite soll nicht vergessen werden, dass es sehr oft zu Betriebsvereinbarungen kommt, die wie die Gleitzeit künftige Formen flexiblen Arbeitens vorwegnehmen. Ein Beispiel findet sich etwa in den Betriebsvereinbarungen der SKF GmbH in Schweinfurt aus dem Jahr 1982, wo viel betrieblicher Datenschutz vorweggenommen wurde.

1087 GK-BetrVG-*Weber* § 128 Rn. 3 m.w.N.

1088 Dazu oben § 25 II.

1089 Näher unten § 38.

die »Grundwissen« vermitteln, und solchen, die ein Betriebsratsmitglied nur besuchen darf, wenn ein konkreter betriebsbezogener Anlass besteht.[1090] Zum ersten Bereich gehören etwa Kenntnisse im Betriebsverfassungsrecht und im allgemeinen Arbeitsrecht, zum zweiten die unterschiedlichsten Spezialmaterien von Mobbing über Umweltschutz im Betrieb bis hin zu betrieblicher Altersversorgung. Gewerkschafts- und parteipolitische Themen fallen nicht unter § 37 Abs. 6 BetrVG.[1091] Erst recht gilt dies für allgemein-politische Themen wie Klimawandel und E-Mobilität, es sei denn, sie hätten einen konkreten Bezug zum Betrieb. Auf diese Weise wird das Denken von Betriebsratsmitgliedern von vornherein auf eine rein betriebliche Perspektive verengt; nur sehr geschickte und erfahrene Dozenten werden in der Lage sein, die Verbindung zu allgemeineren Zusammenhängen herzustellen.

Die Ausstattung des Betriebsrats mit technischen Geräten und der Zugang zum Internet sollen an späterer Stelle erörtert werden.[1092]

Was den Kündigungsschutz der Betriebsratsmitglieder betrifft, so hat ihn die Rechtsprechung korrekt angewandt. Kündigt der Arbeitgeber ohne Zustimmung des Betriebsrats oder eine diese ersetzende rechtskräftige gerichtliche Entscheidung, so ist die ausgesprochene Kündigungserklärung nichtig; dabei bleibt es auch dann, wenn die Zustimmung nachträglich erteilt wird.[1093] Das betroffene Betriebsratsmitglied kann im Wege der einstweiligen Verfügung seine Weiterbeschäftigung verlangen.[1094] Dies folgt daraus, dass eine ohne Zustimmung des Betriebsrats ausgesprochene Kündigung offensichtlich unwirksam ist und bei einer Nicht-Beschäftigung außerdem eine Behinderung der Betriebsratstätigkeit vorliegen würde.

2. Das Verhältnis zum Arbeitgeber

Die vertrauensvolle Zusammenarbeit nach § 2 Abs. 1 BetrVG und die konkreten Regeln nach § 74 BetrVG haben bisher keinen Anlass zu grundsätzlichen gerichtlichen Entscheidungen gegeben. Beide werden als Normen interpretiert, die auch dem Arbeitgeber Schranken auferlegen; dies gilt insbesondere für die betriebliche Friedenspflicht nach § 74 Abs. 2 Satz 2 BetrVG.[1095] So ist diese verletzt,

1090 BAG 6.11.1973 – 1 ABR 6/73, AP Nr. 5 zu § 37 BetrVG 1972, ständige Rspr. Nähere Einzelheiten bei *Däubler*, Handbuch Schulung und Fortbildung, Rn. 161 ff.

1091 BAG 29.1.1974 – 1 ABR 41/73, AP Nr. 5 zu § 40 BetrVG 1972; BAG 28.1.1975 – 1 ABR 92/73, AP Nr. 20 zu § 37 BetrVG 1972.

1092 Unten § 41.

1093 BAG 22.8.1974 – 2 ABR 17/74, AP Nr. 1 zu § 103 BetrVG 1972, ständ. Rechtsprechung; weitere Nachweise bei DDZ-*Deinert*, § 15 KSchG Rn. 58.

1094 ArbG Hagen 10.1.1974 – 3 Ga 2/74; ArbG Berlin 4.2.1976 – 4 Ga 2/76; s. weiter DDZ-*Deinert*, § 15 KSchG Rn. 57.

1095 Nachweise bei DKW-*Berg*, § 74 Rn. 48.

wenn der Arbeitgeber wahrheitswidrige Behauptungen über das Verhalten des Betriebsrats in Verhandlungen am Schwarzen Brett bekannt macht.[1096]

3. Mitbestimmungsrechte

Auch die Mitbestimmungsrechte wurden von der Rechtsprechung im Allgemeinen korrekt bestimmt. Insoweit bestehen keine grundsätzlichen Unterschiede zwischen den einzelnen Gegenstandsbereichen.

a) Soziale Angelegenheiten

Der Katalog des § 87 Abs. 1 BetrVG wurde von den Gerichten umgesetzt, ohne dass es »Ausreißer« in mitbestimmungsfreundlicher oder in mitbestimmungsfeindlicher Richtung gegeben hätte. Das gilt auch für die Rechtsprechung zur Kontrolle durch technische Einrichtungen nach § 87 Abs. 1 Nr. 6 BetrVG, auf die an späterer Stelle zurückzukommen ist.[1097] Im Einzelfall lässt sich nicht selten mit guten Gründen auch ein anderes Ergebnis vertreten. Dies gilt etwa für viele Fragen der Abgrenzung zwischen mitbestimmungsfreiem Arbeitsverhalten und nach Nr. 1 mitbestimmungspflichtigem Ordnungsverhalten im Betrieb.[1098] Ob § 3 Abs. 1 ArbSchG nur dann als ausfüllungsbedürftige und ein Mitbestimmungsrecht auslösende Generalklausel im Sinne von § 87 Abs. 1 Nr. 7 BetrVG gelten kann, wenn Gefährdungen der Gesundheit feststehen oder im Wege der Gefährdungsbeurteilung festgestellt sind,[1099] wird man nachhaltig in Zweifel ziehen können.

b) Personelle Angelegenheiten

Eine enge Auslegung erfuhr die Beteiligung des Betriebsrats bei Einstellungen nach § 99 BetrVG. So soll bei dem Zustimmungsverweigerungsgrund des § 99 Abs. 2 Nr. 1 BetrVG (»Verstoß gegen Gesetze«) nur der Fall erfasst sein, dass die Einstellung selbst gegen geltendes Recht verstößt. Sind die vereinbarten Arbeitsbedingungen rechtswidrig, verstoßen sie beispielsweise gegen Tarifverträge, so soll dies ohne Bedeutung bleiben.[1100] Dies hat weitreichende Folgen, auf die noch zurückzukommen ist.[1101]

Positiv ist zu werten, dass nicht nur eine unterbliebene, sondern auch eine unvollständige Anhörung des Betriebsrats nach § 102 Abs. 1 eine Kündigung unwirksam macht. Dies gilt auch dann, wenn der Arbeitgeber dem Betriebsrat nicht

1096 ArbG Trier 14.6.1989 – 3 BV 2/89, AiB 1989, 353ff.

1097 S. unten § 41.

1098 Dazu eingehend DKW-*Klebe*, § 87 Rn. 55ff.

1099 So BAG 28.3.2017 – 1 ABR 25/15, NZA 2017, 1132.

1100 BAG 28.3.2000 – 1 ABR 16/99, BB 2000, 2311. Kritisch dazu DKW-*Klebe*, § 87 Rn. 195.

1101 Dazu unten § 38.

von sich aus die Kriterien, die für die getroffene soziale Auswahl maßgebend waren, und die Sozialdaten der vergleichbaren Arbeitnehmer mitteilt.[1102]

c) Wirtschaftliche Angelegenheiten

Auch im Bereich der §§ 111ff. BetrVG gibt es keine Entscheidungen, die man als »grobe Entgleisungen« qualifizieren könnte. Meinungsverschiedenheiten können insbesondere dort auftreten, wo es beim Sozialplan um die Besserstellung Älterer mit langer Betriebszugehörigkeit und die gleichzeitige Nichtberücksichtigung (oder nur marginale Berücksichtigung) von schwerbehinderten Menschen oder von Alleinerziehenden geht.[1103] Auch vermag nicht recht einzuleuchten, weshalb ein zustande gekommener Interessenausgleich nicht im Regelfall einklagbare Ansprüche schaffen soll.[1104]

4. Wer ist leitender Angestellter?

In den Anfangsjahren des Gesetzes spielte in der Praxis der größeren Unternehmen wie in der Rechtsprechung die Frage eine große Rolle, wie die aus dem Gesetz ausgeklammerten leitenden Angestellten abzugrenzen seien. Je weiter man diesen Personenkreis bestimmte, umso kleiner wurde der Repräsentationsbereich des Betriebsrats. Das Gesetz hatte in § 5 Abs. 3 eine – höflich gesprochen – auslegungsbedürftige Regelung getroffen. Sie lautete:

> Dieses Gesetz findet, soweit in ihm nicht ausdrücklich etwas anderes bestimmt ist, keine Anwendung auf leitende Angestellte, wenn sie nach Dienststellung und Dienstvertrag
> 1. zur selbständigen Einstellung und Entlassung von im Betrieb oder in der Betriebsabteilung beschäftigten Arbeitnehmern berechtigt sind oder
> 2. Generalvollmacht oder Prokura haben oder
> 3. im wesentlichen eigenverantwortlich Aufgaben wahrnehmen, die ihnen regelmäßig wegen deren Bedeutung für den Bestand und die Entwicklung des Betriebs im Hinblick auf besondere Erfahrungen und Kenntnisse übertragen werden.

1102 BAG 29.3.1984 – 2 AZR 429/83, AP Nr. 31 zu § 102 BetrVG 1972; BAG 16.1.1987 – 7 AZR 495/85, BB 1987, 2302 = EzA § 1 KSchG Betriebsbedingte Kündigung Nr. 48.

1103 Dazu DKW-*Däubler,* §§ 112, 112a Rn. 105ff.

1104 BAG 28.8.1991 – 7 ABR 72/90, NZA 1992, 41 (»Naturalobligation«).

Bis 1980 hatte die Rechtsprechung folgende Grundsätze entwickelt:[1105]

- § 5 Abs. 3 BetrVG gibt keine Definition des Begriffs »leitender Angestellter«, sondern setzt ihn voraus. Würde man eine andere Auffassung vertreten, so wäre der Formulierung des § 5 Abs. 3 Nr. 3 wegen ein großer Teil der Angestellten aus der Betriebsverfassung ausgeschlossen. Auch legt die Formulierung eine solche Auslegung nahe.
- Der im Gesetz vorausgesetzte Begriff des leitenden Angestellten ist durch drei Merkmale charakterisiert. Der Leitende muss zum einen in einer »Interessenpolarität« zu den übrigen Arbeitnehmern stehen, von der ausgeübten Funktion her daher »Gegenspieler« sein. Zum zweiten muss er unternehmerische Funktionen wahrnehmen, d. h. in Teilbereichen an die Stelle des Unternehmers treten. Voraussetzung ist, dass er maßgebenden Einfluss auf die wirtschaftliche, technische, kaufmännische, organisatorische, personelle oder wissenschaftliche Führung des Unternehmens ausübt. Dies kann dadurch geschehen, dass er die maßgebenden Entscheidungen selbst trifft oder dass er wie die wichtigeren in Stabsfunktionen tätigen Angestellten Entscheidungsvoraussetzungen schafft, an denen die Unternehmensführung nicht vorbeigehen kann. Zum dritten muss er einen erheblichen eigenen Handlungsspielraum besitzen, und zwar nicht nur nach dem Text des Arbeitsvertrags, sondern auch in der Realität. Dies ist etwa bei einem Filialleiter nicht der Fall, der lediglich die Anweisungen der Zentrale auszuführen hat.
- Das BetrVG findet nur dann keine Anwendung, wenn es sich um einen leitenden Angestellten handelt, der gleichzeitig auch eine der Bedingungen des § 5 Abs. 3 Nr. 1, 2 oder 3 erfüllt. Er muss also entweder zur selbstständigen Einstellung und Entlassung von Arbeitnehmern berechtigt sein (Nr. 1) oder Generalvollmacht bzw. Prokura haben (Nr. 2) oder »im wesentlichen eigenverantwortlich Aufgaben wahrnehmen, die ihm regelmäßig wegen deren Bedeutung für den Bestand und die Entwicklung des Betriebs im Hinblick auf besondere Erfahrungen und Kenntnisse übertragen werden« (Nr. 3).

Damit war keineswegs Klarheit geschaffen. Dies wird schon daran deutlich, dass das BAG ausdrücklich auf eine »Gesamtwürdigung der Tätigkeit« des Angestellten abstellt, »wobei das Zurücktreten einzelner Abgrenzungsmerkmale dadurch ausgeglichen werden kann, dass andere in besonders starkem Maße vorhanden sind.«[1106] Ein BAG-Beschluss vom 29. Januar 1980[1107] hat diese Unsicherheit eher noch verstärkt. Inhaltlich brachte er in zwei Punkten Modifikationen der vorherigen Rechtsprechung.

1105 Zusammenfassend BAG AP Nr. 11 zu § 5 BetrVG 1972.
1106 BAG BB 1975, 280.
1107 BAG DB 1980, 1545.

(1) In jedem Einzelfall den Gegnerbezug zu prüfen sei überflüssig, da er sich typischerweise schon aus der Wahrnehmung unternehmerischer Teilfunktionen ergäbe;
(2) Es gebe keinen in § 5 Abs. 3 BetrVG vorausgesetzten Oberbegriff des Leitenden, seine Merkmale müssten vielmehr unmittelbar im Zusammenhang mit der Nr. 3 geprüft werden. Nr. 1 und 2 seien ggf. restriktiv auszulegen.
Dies schuf in der Praxis Verwirrung; die Rechtsprechung verfehlte ersichtlich ihre Orientierungsfunktion. Sowohl Betriebsräte als auch Arbeitgeber konnten eine Unzahl von Verfahren einleiten, um die Zuordnung bestimmter Personen klären zu lassen.
Der Verfasser erinnert sich an die Anfrage eines Luftfahrtunternehmens im Jahre 1979, zusammen mit zwei weiteren Arbeitsrechtlern insgesamt etwa 900 Arbeitsplätze zu analysieren, um festzustellen, ob dort »leitende« oder »nichtleitende« Personen tätig waren. Unterstellt, man schafft pro Tag drei Arbeitsplätze, so muss man insgesamt stolze 300 Arbeitstage veranschlagen, wobei die Auffassung einer solchen kleinen Kommission nicht etwa bindend gewesen wäre, sondern jederzeit vom Arbeitsgericht hätte überprüft und »kassiert« werden können. Das wäre nicht mit der Tätigkeit eines Hochschullehrers vereinbar gewesen; auch die beteiligten Anwälte verspürten wenig Motivation, sich in einen solchen Marathonlauf zu begeben. Ähnlich war es bei VW, wo mehrere Tausend Verfahren anhängig gemacht wurden.
Der Gesetzgeber unternahm den Versuch, Abhilfe zu schaffen, indem er den § 5 Abs. 3 in einigen Punkten umformulierte und einen Abs. 4 hinzufügte, der in unklaren Fällen eingreifen sollte.[1108] Er lautet bis heute:

> (4) Leitender Angestellter nach Absatz 3 Nr. 3 ist im Zweifel, wer
> 1. aus Anlass der letzten Wahl des Betriebsrats, des Sprecherausschusses oder von Aufsichtsratsmitgliedern der Arbeitnehmer oder durch rechtskräftige gerichtliche Entscheidung den leitenden Angestellten zugeordnet worden ist oder
> 2. einer Leitungsebene angehört, auf der in dem Unternehmen überwiegend leitende Angestellte vertreten sind, oder
> 3. ein regelmäßiges Jahresarbeitsentgelt erhält, das für leitende Angestellte in dem Unternehmen üblich ist, oder

1108 Gesetz vom 20.12.1988, BGBl I S. 2312. Zur Einführung von Sprecherausschüssen leitender Angestellter durch dieses Gesetz und zu weiteren Änderungen s. unten § 31 IV 4.

4. falls auch bei der Anwendung der Nr. 3 noch Zweifel bleiben, ein regelmäßiges Jahresarbeitsentgelt erhält, das das Dreifache der Bezugsgröße nach § 18 des Vierten Buches des Sozialgesetzbuches überschreitet.[1109]

Abs. 4 hat kaum praktische Bedeutung erlangt.[1110] Die Ungewissheiten blieben erhalten. Eine rechtliche Klärung herbeizuführen, ist für alle Beteiligten weiterhin höchst beschwerlich, mit großen Unsicherheiten behaftet und sehr zeitaufwendig. In der Praxis scheut man daher heute gerichtliche Verfahren; dem Vernehmen nach verständigen sich Betriebsrat und Arbeitgeber informell, wer zu den Leitenden gehören soll.[1111] Auch das besondere Abgrenzungsverfahren bei Wahlen nach § 18a BetrVG wird selten bemüht. Der Anteil der Leitenden an der Gesamtbelegschaft schwankt zwischen 0,4 und 5,1 %.[1112]

IV. Einfluss der juristischen Literatur?

Die relative stabile Entwicklung, die das Betriebsverfassungsrecht unter dem BetrVG 1972 genommen hat, ist auch ein Ergebnis des Austauschs zwischen Richtern und Wissenschaft. Die Polarisierung zwischen »Arbeitgeber«- und »Arbeitnehmerfreunden« ist hier weniger ausgeprägt als beispielsweise im Tarifvertrags- und im Arbeitskampfrecht. Personen, die das Betriebsverfassungsrecht kommentieren oder seinen Inhalt als Richter am Bundesarbeitsgericht mitbestimmen, stoßen bei den unterschiedlichsten Tagungen und Treffen aufeinander und praktizieren einen Meinungsaustausch. Für Richter kann es von erheblicher Bedeutung sein, wie die Mehrheit der Wissenschaftler auf bestimmte Urteile reagiert. Allzu deutliche Kritik kann die Akzeptanz von Urteilen vermindern, ja die Betroffenen veranlassen, sich ans Bundesverfassungsgericht zu wenden oder das BAG nach einigen Jahren mit derselben Problematik noch einmal zu konfrontieren. Die Suche nach einem Konsens kann allerdings auch disziplinierend in dem Sinne wirken, dass neue und ungewohnte Ideen auf keinen fruchtbaren Boden fallen und deshalb in weiser Voraussicht schon gar nicht veröffentlicht werden.

1109 Die Bezugsgröße beträgt für 2022 im Westen 39 480 Euro (Dreifaches: 118 440 Euro) und im Osten 37 800 Euro (Dreifaches 113 400 Euro).

1110 *Hromadka*, FS 100 Jahre Betriebsverfassungsrecht, S. 227, 239.

1111 So auch der Befund von *Martens*, Mitb 1988, 350 auf der Grundlage einer von ihm durchgeführten empirischen Untersuchung.

1112 *Martens*, Mitb 1988, 350.

Anfang der 1970er-Jahre war die Situation noch eine andere. Die Auseinandersetzungen um das BetrVG 1972 machten dies hinreichend deutlich.[1113] Schon nach einigen Jahren wurde das neue BetrVG allerdings nicht mehr grundsätzlich in Frage gestellt. Wesentliche Ursache dafür dürfte gewesen sein, dass viele Arbeitgeber mit dem Gesetz gut zurechtkamen. Auch enthält dieses anders als das Arbeitskampfrecht kein »Öffnung« für Aktionen, die den Rahmen der überkommenen Ordnung oder gar der Marktwirtschaft verlassen könnten. Es ging und geht nur um Alternativen innerhalb eines bestimmten Rahmens. Diesen füllte auch die Arbeitnehmerseite aus, da sie im Laufe der Jahre Erläuterungswerke auf den Markt brachte, die sich gut mit denen des arbeitgeberorientierten Teils der Wissenschaft messen lassen konnten. Dies schuf ein gewisses intellektuelles Gleichgewicht.[1114] Für die Rechtsprechung wurde es so leichter, sich bei kontroversen Fragen ihren eigenen (Mittel-)Weg zu suchen.

1113 Dazu oben I.

1114 Dazu etwa die Rezension von *Hunold,* RdA 2005, 392.

§ 30 Vielfalt der Interessenvertretungen: JAV, SBV, Betriebsbeauftragte

I. Einführung

Der Betriebsrat ist die wichtigste, aber keineswegs die einzige Interessenvertretung im Betrieb. Die §§ 60ff. BetrVG sehen für die jugendlichen Arbeitnehmer bis zum 18. Lebensjahr und für die Auszubildenden bis zum 25. Lebensjahr eine JAV, eine Jugend- und Auszubildendenvertretung vor. Auch sie hängt genauso wenig wie die gesamte Betriebsverfassung von der Gewerkschaftsmitgliedschaft ab; vielmehr werden alle Personen vertreten, die den beiden genannten Gruppen angehören (unten II). Gruppenbezogen ist auch die SBV, die Schwerbehindertenvertretung, die im BetrVG erwähnt ist, deren Rechtsstellung jedoch in den §§ 177ff. SGB IX eine zusammenhängende Regelung erfahren hat. Sie soll die spezifischen Interessen der schwerbehinderten und der ihnen gleichgestellten behinderten Menschen vertreten (unten III). Daneben haben sich im Laufe der Jahrzehnte eine Reihe von betrieblichen »Beauftragten« herausgebildet, die sich spezifischen Schutzanliegen widmen (unten IV). Sie werden vom Arbeitgeber bestellt, verfügen aber bei der Erfüllung ihrer Aufgaben über eine gewisse Unabhängigkeit. Zum Teil, aber keineswegs generell unterliegt ihre Bestellung dem Mitbestimmungsrecht des Betriebsrats. Auf die längste Geschichte kann der Sicherheitsbeauftragte nach § 719 RVO zurückblicken. Seit 1974 stehen neben ihm die (sehr viel wichtigeren) Betriebsärzte und Fachkräfte für Arbeitssicherheit. Bedeutsam sind weiter der betriebliche Datenschutzbeauftragte sowie die Immissionsschutz- und Strahlenschutzbeauftragten; sie werden nur bestellt, wenn im Betrieb mit bestimmten Techniken gearbeitet wird. Personenbezogen ist die Aufgabe einer Gleichstellungsbeauftragten, die von den weiblichen Mitgliedern der Belegschaft gewählt wird; vereinzelt sind auch Ausländerbeauftragte anzutreffen. Bemerkenswert ist, dass § 20 Abs. 1 BetrVG 1952 eine Vertretung der nicht ständig beschäftigten Arbeitnehmer kannte, die 1972 abgeschafft wurde – in Zeiten von Befristung, Leiharbeit und anderen vorübergehenden Tätigkeiten verwundert es, dass sie nicht wieder zum Leben erweckt wurde.

Weder die JAV noch die SBV oder die Beauftragten besitzen Mitbestimmungsrechte. Schon deshalb bleibt der Betriebsrat die zentrale Instanz der betrieblichen

Interessenvertretung. JAV und SBV sind im Wesentlichen auf seine Unterstützung angewiesen; die Beauftragten erleichtern sich die Erfüllung ihrer Aufgaben, wenn sie gute Kontakte mit dem Betriebsrat unterhalten.

II. Jugend- und Auszubildendenvertretung (JAV)

Schon das BetrVG 1952 enthielt in § 20 Abs. 2 eine Vorschrift über die Bildung einer »Jugendvertretung« (JV).[1115] Sie wurde von allen Arbeitnehmern unter 18 Jahren gewählt, wobei der Begriff »Arbeitnehmer« auch die Auszubildenden umfasste. Wählbar waren Arbeitnehmer vom vollendeten 16. bis zum vollendeten 24. Lebensjahr. Das BetrVG 1972 übernahm diese Regelung in den §§ 60ff. und erhöhte die Zahl der zu wählenden Jugendvertreter.

Die JV besaß (und besitzt als JAV) die allgemeine Aufgabe, die besonderen Belange der jugendlichen Arbeitnehmer wahrzunehmen. Zu diesem Zweck hatte sie – ähnlich wie der Betriebsrat – darüber zu wachen, dass die zugunsten der jugendlichen Arbeitnehmer geltenden Normen eingehalten und durchgeführt wurden. Sie konnte von sich aus beim Betriebsrat (nicht beim Arbeitgeber!) Maßnahmen beantragen, die den jugendlichen Arbeitnehmern dienten, und sie sollte Anregungen von Jugendlichen, insbesondere in Bezug auf die Berufsausbildung, entgegennehmen und »falls sie berechtigt erscheinen, beim Betriebsrat auf ihre Erledigung hinwirken.« (§ 70 Abs. 1 BetrVG).

Die JV kann ihre Arbeit im Rahmen des Gesetzes selbst organisieren, doch muss sie sich eine Kontrolle durch den Betriebsrat gefallen lassen. Das Abhalten von Sitzungen setzt eine Verständigung mit dem Betriebsrat voraus, an den Sitzungen selbst darf der Betriebsratsvorsitzende oder ein anderes Betriebsratsmitglied teilnehmen. Auch kann die JV nicht selbst darüber entscheiden, welches Seminar im Sinne des § 37 Abs. 6 BetrVG ihre Mitglieder besuchen dürfen; vielmehr ist hierfür nach der Rechtsprechung des BAG ein Betriebsratsbeschluss erforderlich.[1116] Auch Betriebsbegehungen sollen nur mit Zustimmung des Betriebsrats möglich sein.[1117] Mitglieder der JV haben zwar denselben Kündigungsschutz wie ein Betriebsratsmitglied, doch ist für die Erteilung oder Verweigerung der Zustimmung der Betriebsrat, nicht die JV selbst zuständig. Wer sich als Jugendver-

1115 Entsprechendes fand sich in einigen Landesgesetzen, nicht aber im BRG 1920.

1116 BAG 20.11.1973 – 1 AZR 331/73, AP Nr. 1 zu § 65 BetrVG 1972: »Die Jugendvertretung kann alleine keine gegenüber dem Arbeitgeber wirksame Beschlüsse fassen.«; BAG 10.5.1974 – 1 ABR 57/73, AP Nr. 3 zu § 65 BetrVG 1972; BAG 15.1.1992 – 7 ABR 23/90, AP Nr. 41 zu § 40 BetrVG 1972; BAG 30.3.1994 – 7 ABR 45/93, AP Nr. 42 zu BetrVG 1972.

1117 BAG 21.1.1982 – 6 ABR 17/79, DB 1982, 1277.

treter mit dem Arbeitgeber und zugleich mit der Betriebsratsmehrheit anlegt, geht ggf. ein erhöhtes Arbeitsplatzrisiko ein. Diese restriktiven Regeln hängen möglicherweise damit zusammen, dass es Ende der 1960er-Jahre in gewisser Parallelität zur Studentenbewegung eine »Lehrlingsbewegung« gab, deren Absicherung und Entfaltung Gesetzgeber und Rechtsprechung nicht fördern wollten.[1118]

Die JV kann nach § 67 Abs. 1 Satz 1 BetrVG zu allen Betriebsratssitzungen einen Vertreter entsenden. Das gesamte Gremium hat ein Teilnahmerecht, wenn der Betriebsrat Angelegenheiten behandelt, die besonders Jugendliche betreffen. Die Mitglieder der JV haben im Betriebsrat volles Stimmrecht, wenn der zu fassende Beschluss überwiegend jugendliche Arbeitnehmer betrifft. Die Mehrheit der Mitglieder der JV kann einen Betriebsratsbeschluss für die Dauer einer Woche suspendieren, wenn sie ihn als »erhebliche Beeinträchtigung wichtiger Interessen der von ihr vertretenen Beschäftigten« ansieht (§ 66 Abs. 1 BetrVG). Nach Ablauf einer Woche muss der Betriebsrat erneut Beschluss fassen; beharrt er auf seiner früheren Haltung oder ändert er sie nur unwesentlich, so ist eine erneute Aussetzung nicht mehr möglich.

An eine Verselbständigung der JV ist unter diesen Umständen nicht im Entferntesten zu denken.

Im Jahre 1988 wurde aus der JV eine JAV, weil sie seither auch Auszubildende bis 25 Jahren vertritt.[1119] Inhaltlich wurde ihre Stellung nicht wesentlich verändert. Ihre Befugnis, ggf. einen Betriebsratsbeschluss auszusetzen, bezieht sich nunmehr auch auf die nicht ausreichende Berücksichtigung der in Ausbildung befindlichen Personen bis 25 Jahren.

III. Schwerbehindertenvertretung (SBV)

1. Historische Entwicklung

Auf die Belange einer bestimmten Personengruppe beschränkt ist auch die Schwerbehindertenvertretung, die als »Schwerbeschädigtenvertretung« schon

1118 *Haug/Maessen*, Was wollen die Lehrlinge? Frankfurt/Main 1971; *Todtenberg/Ploog*, Du gehörst dir und nicht den Bossen. Ein Buch für Lehrlinge, Frankfurt/Main 1971; *Tscheliesnig* (Hrsg.), Lehrlingsprotokolle. Mit einem Vorwort von *Günter Wallraff*, Frankfurt/Main 1971; *Weiler/Freitag*, Ausbildung statt Ausbeutung. Der Kampf der Essener Lehrlinge, Reinbek 1971. Zu den späteren Problemen, die sich bei der gewerkschaftlichen Jugendarbeit ergaben, s. die vier anonymen Beiträge in: *Jacobi/Eb. Schmidt/Müller-Jentsch* (Hrsg.), Moderne Zeiten – alte Rezepte. Kritisches Gewerkschaftsjahrbuch 1980/81, Berlin 1980, S. 141 ff.

1119 Zu den einzelnen gesetzlichen Veränderungen s. § 31 IV 5.

in der Weimarer Zeit und unter dem Schwerbeschädigtengesetz vom 18. Juni 1953[1120] existierte. Beide stellten auf die Ursachen der Schwerbehinderung (Kriegsverletzung, Unfall) ab, während es seit dem Erlass des Schwerbehindertengesetzes vom 29. April 1974[1121] allein auf die Behinderung als solche und die damit verbundenen Schwierigkeiten auf dem Arbeitsmarkt ankommt. Dieser deutlichen Erweiterung stand die Abschaffung der verbindlichen Zuweisung gegenüber; unter dem Schwerbeschädigtengesetz konnten einzelne Personen einem Arbeitgeber verbindlich zugewiesen werden, wenn dieser seine 6 % – Quote nicht erfüllt hatte.[1122]

Der »Vertrauensmann der Schwerbeschädigten« war zunächst eine Art Hilfsorgan der Hauptfürsorgestelle, also der Verwaltungsbehörde, die sich um die Situation der Schwerbeschädigten kümmern musste. Erst durch die Schaffung der §§ 32, 35 BetrVG 1972 wurde der »Vertrauensmann der Schwerbehinderten« in gewissem Umfang in die Betriebsverfassung integriert, da er ein Teilnahmerecht an allen Betriebsratssitzungen erhielt und außerdem – ähnlich wie die JAV – einen Betriebsratsbeschluss für eine Woche suspendieren konnte, wenn er der Auffassung war, es liege eine erhebliche Beeinträchtigung wichtiger Interessen der Schwerbehinderten vor.[1123] Erst im Jahre 1989 qualifizierte das BAG[1124] die SBV als Organ der Betriebsverfassung mit der Folge, dass über ihre Rechte und Pflichten im Beschlussverfahren entschieden werden konnte.[1125]

2. Die Ausklammerung der Einfach-Behinderten

Die SBV kann dennoch nicht alle Beschäftigten vertreten, die wegen einer Behinderung möglicherweise Nachteile erleiden. Die Schwerbehinderteneigenschaft setzt nach § 2 Abs. 2 SGB IX einen Grad der Behinderung von mindestens 50 voraus. Eine Gleichstellung ist nach § 2 Abs. 3 SGB IX nur dann möglich, wenn der Grad der Behinderung mindestens 30 beträgt und wenn die betroffene Person infolge ihrer Behinderung ohne die Gleichstellung einen Arbeitsplatz nicht erlangen oder nicht behalten könnte. Auch für Personen mit einem Grad der Behinderung zwischen 30 und 50 ist daher keineswegs automatisch eine Einbeziehung möglich. Nicht einbezogen sind die sog. Einfach-Behinderten, die keine Gleichstellung erreicht haben oder deren Grad der Behinderung unter 30

1120 BGBl. I S. 389.
1121 BGBl. I S. 1006.
1122 Kraft Gesetzes waren 6 % (heute: 5 %) der Arbeitsplätze mit Schwerbehinderten zu besetzen.
1123 *Kohte/Liebsch*, AuR 2019, 4.
1124 21.9.1989 – 1 AZR 465/88, AP Nr. 1 zu § 25 SchwbG 1986.
1125 *Schaub-Koch*, § 180.

liegt. Das BAG[1126] hat sogar ausdrücklich entschieden, dass eine entsprechende Anwendung des SGB IX auf Einfach-Behinderte nicht in Betracht komme. Dies verwundert, da Art. 5 der Antidiskriminierungsrichtlinie der EU[1127] ausdrücklich »angemessene Vorkehrungen« zum Schutz aller Behinderter vorschreibt. Um einen Verstoß gegen EU-Recht zu vermeiden, können unter diesen Umständen nur allgemeine arbeitsrechtliche Grundsätze wie die den Arbeitgeber treffenden Nebenpflichten nach § 241 Abs. 2 BGB richtlinienkonform ausgelegt werden, was – etwa bei der Gestaltung von Arbeitsplätzen – auch in der Praxis geschieht.

Ein angestellter Buchhändler kann infolge einer psychischen Erkrankung keine Treppen steigen. Der Arbeitgeber ist verpflichtet, ihn nur im Erdgeschoss zu beschäftigen, wenn dies mit betrieblichen Erfordernissen irgendwie vereinbar ist. Dies lässt sich auch mit § 106 Satz 3 GewO begründen, wonach der Arbeitgeber bei der Ausübung seines Direktionsrechts auf eine Behinderung (nicht: Schwerbehinderung!) des Arbeitnehmers Rücksicht nehmen muss. In der Rechtsprechung existieren weitere Beispiele.[1128]

Eine Einbeziehung der Einfach-Behinderten in das Mandat der SBV kommt jedoch angesichts der eindeutigen Regelung im SGB IX nicht in Betracht.

3. Die Vertrauensperson als Einzelkämpfer

Nach § 177 Abs. 1 SGB IX wird in Betrieben und Dienststellen, in denen mindestens fünf schwerbehinderte Menschen nicht nur vorübergehend beschäftigt sind, eine Vertrauensperson und mindestens ein Stellvertreter gewählt. Der Stellvertreter tritt in Funktion, wenn die Vertrauensperson z. B. wegen Krankheit oder Urlaub verhindert ist. Daneben kann sie aber auch nach § 178 Abs. 1 Satz 4 SGB IX zur Erledigung bestimmter Aufgaben herangezogen werden; hier bekommt der »Einzelkämpfer« Entlastung. In großen Einheiten kann es mehrere Stellvertreter geben, die jeweils zur Erledigung bestimmter Aufgaben herangezogen werden; hier ergeben sich Annäherungen an das Kollegialitätsprinzip. Vertrauensperson und Stellvertreter werden als »Schwerbehindertenvertretung« (SBV) bezeichnet.

Anders als die JAV kann die SBV im Einzelfall mit dem Arbeitgeber direkt verhandeln. Dies betrifft insbesondere den Fall der Inklusionsvereinbarung nach

1126 27.1.2011 – 8 AZR 580/09, NZA 2011, 737 Tz. 37 ff.

1127 Richtlinie 2000/78/EG des Rates vom 27.11.2000 zur Festlegung eines allgemeinen Rahmens für die Verwirklichung der Gleichbehandlung in Beschäftigung und Beruf (ABl. EG Nr. L 103/16).

1128 Nachweise dazu bei Däubler/Beck-*Däubler*, § 1 Rn. 90.

§ 166 SGB IX, deren Abschluss aber nicht erzwungen werden kann.[1129] Außerdem muss die SBV nach § 178 Abs. 2 Satz 1 SGB IX vor jeder »Entscheidung« des Arbeitgebers in Bezug auf schwerbehinderte Menschen im Betrieb unterrichtet und angehört werden. Unterbleibt dies, so ist jedenfalls eine Kündigung nach dem neuen § 178 Abs. 2 Satz 3 SGB IX unwirksam. Ob dies auch für einen Aufhebungsvertrag gilt, ist umstritten und wird vom BAG abgelehnt.[1130]

4. Kündigungsschutz

Die Vertrauensperson genießt denselben Kündigungsschutz wie ein Betriebsratsmitglied. Allerdings muss im Fall einer Kündigung nach herrschender Auffassung nicht die SBV, sondern der Betriebsrat bzw. Personalrat zustimmen.[1131] Dies ist einerseits misslich, weil es im Einzelfall auch mal Konflikte zwischen SBV und Betriebs- bzw. Personalrat geben kann. Auf der anderen Seite hätte auch die Einschaltung der SBV Nachteile, weil in diesem Fall der Stellvertreter zur Entscheidung berufen wäre. der möglicherweise ein Eigeninteresse hat, in die Position der Vertrauensperson nachzurücken. Insoweit wird man keine grundsätzlichen Bedenken gegen die Rechtsprechung erheben können.

5. Kompetenzen des Betriebs- bzw. Personalrats

Die relative Eigenständigkeit der SBV ändert nichts daran, dass der Betriebsrat bzw. der Personalrat seine vollen Kompetenzen in Bezug auf schwerbehinderte Arbeitnehmer behält. Er hat insoweit Kontroll- und Vorschlagsrechte und muss bei der Ausübung seiner Mitbestimmungsrechte auf die Situation schwerbehinderter und gleichgestellter Belegschaftsangehöriger Rücksicht nehmen. Dies bedeutet beispielsweise, dass in einem Sozialplan eine höhere Abfindung für diese Personengruppe vorzusehen ist, um so einen gewissen Ausgleich für die schlechteren Chancen auf dem Arbeitsmarkt zu schaffen.[1132] Die SBV hat – wenn alles gut funktioniert – Entlastungsfunktion gegenüber dem Betriebsrat, weil sie bestimmte Betreuungs- und Vorklärungsaufgaben an seiner Stelle übernimmt.

1129 Zur Inklusionsvereinbarung s. *Winkler*, in: Deinert/Welti (Hrsg.), Nr. 89 (Stichwort: Inklusionsvereinbarung).

1130 14.3.2012 – 7 ABR 27/10, PersR 2013, 96.

1131 BAG 19.7.2012 – 2 AZR 989/11, NZA 2013, 143. Zum Streitstand s. die Nachweise bei *Däubler*, in: Deinert/Welti (Hrsg.), Nr. 141 (Stichwort: Schwerbehindertenvertretung – Arbeitsbedingungen) Rn. 26.

1132 Zu Einzelheiten s. *Däubler*, in: Deinert/Welti (Hrsg.), Nr. 41 (Stichwort: Betriebsrat und schwerbehinderte Menschen).

IV. Betriebsbeauftragte

1. Arbeitsschutz

Ob Vorschriften eingehalten und Gefahren beseitigt werden, lässt sich leichter aus der Nähe kontrollieren. Im Arbeitsschutz als dem ältesten Teilgebiet des Arbeitsrechts haben sich deshalb schon früh Instanzen herausgebildet, die sich speziell um diesen Bereich zu kümmern hatten.

a) Sicherheitsbeauftragte

Der Gesetzgeber hat alle Unternehmen mit regelmäßig mehr als zwanzig Beschäftigten verpflichtet, einen oder mehrere Sicherheitsbeauftragte zu bestellen. Diese haben die Aufgabe, den Unternehmer bei der Durchführung des Unfallschutzes zu unterstützen, und müssen sich insbesondere von dem Vorhandensein und der ordnungsgemäßen Benutzung der vorgeschriebenen Schutzausrüstungen überzeugen und auf Unfall- und Gesundheitsgefahren aufmerksam machen. Rechtsgrundlage ist heute § 22 SGB VII, der die entsprechende Regelung im alten § 719 RVO abgelöst hat.

Folgt man älteren Statistiken der Bundesregierung, so drängt sich der Eindruck auf, der Sicherheitsbeauftragte sei die wichtigste und erfolgreichste Instanz der Unfallbekämpfung. 236 267 Unternehmen hatten im Jahre 1992 insgesamt 435 496 Sicherheitsbeauftragte bestellt[1133] – eine Zahl, die erheblich über der aller Betriebsratsmitglieder liegt.[1134] Über 80 % aller erfassten Unternehmen besaßen einen oder mehrere Sicherheitsbeauftragte[1135] – eine entsprechende Verbreitung von Betriebsräten wäre ein bemerkenswerter sozialer Fortschritt.[1136]

Die Verbreitung der Sicherheitsbeauftragten könnte sich allerdings auch mit ihrer »Harmlosigkeit« erklären. Wo es einen Betriebsrat gibt, ist dieser bei der Bestellung des Beauftragten nach § 22 Abs. 1 Satz 2 SGB VII lediglich »einzuschalten«, was auf eine Beratung hinausläuft. Der Sicherheitsbeauftragte ist so von Anfang an mehr oder weniger ein »Gewährsmann« des Arbeitgebers, obwohl generelle Fragen wie die Zahl der zu bestellenden Personen und die Aufteilung der Arbeitsbereiche zwischen ihnen durchaus der Mitbestimmung unterliegen.[1137] Selbst wenn der Beauftragte sich subjektiv als unabhängige Instanz versteht, sind ihm doch die Hände gebunden: Er kann keinerlei verbindliche

1133 BT-Drucksache 12/6429, S. 41.

1134 Die Zahl der Betriebsratsmitglieder wird auf etwa 190 000 geschätzt.

1135 BT-Drucksache 7/4668, S. 61. Entsprechende Zahlen sind in BT-Drucksache 12/6429, S. 41, nicht mitgeteilt, doch dürfte sich an der grundsätzlichen Dimension nichts geändert haben.

1136 Zum heutigen Stand s. unten § 37.

1137 DKW-*Klebe* § 87 Rn 210. Die Mitbestimmung besteht nur, soweit die einschlägige UVV keine abschließende Regelung enthält.

Anordnungen treffen, sondern ist auf Anregungen und Mahnungen beschränkt. Sollte es gleichwohl zu einer Konfrontationssituation kommen, ist er anders als ein Betriebsratsmitglied lediglich durch das Benachteiligungsverbot des § 22 Abs. 3 SGB VII geschützt; ein spezieller Kündigungsschutz existiert nicht.

b) Betriebsärzte und Fachkräfte für Arbeitssicherheit

aa) Ein guter Start

Durch das Arbeitssicherheitsgesetz vom 15. Dezember 1973[1138] (ASiG) wurden weitere innerbetriebliche Instanzen geschaffen, die für eine effektive Umsetzung arbeitsschutzrechtlicher Normen und Erkenntnisse sorgen sollen. Es handelt sich um Betriebsärzte (§ 2 ASiG) sowie um Sicherheitsingenieure, Sicherheitstechniker und Sicherheitsmeister, die unter der Sammelbezeichnung »Fachkräfte für Arbeitssicherheit« zusammengefasst werden (§ 5 ASiG). Außerdem wurde ein sog. Arbeitsschutzausschuss vorgesehen, dem außer den Betriebsärzten und Fachkräften auch ein Vertreter des Arbeitgebers, zwei Betriebsratsmitglieder und die Sicherheitsbeauftragten angehören (§ 11 ASiG).

§ 2 und § 5 ASiG verpflichten den Arbeitgeber in relativ allgemeiner Formulierung, Betriebsärzte bzw. Fachkräfte zu bestellen, »soweit dies erforderlich ist« im Hinblick auf die Betriebsart, die Zahl und Zusammensetzung der Belegschaft sowie die Betriebsorganisation. Die naheliegende Vermutung, dies führe der unbestimmten Formulierung wegen zu einem weitgehenden Leerlauf, erweist sich indes als Irrtum: Schon vor Inkrafttreten des Gesetzes am 1. Dezember 1974 wurden Unfallverhütungsvorschriften (UVV) vorbereitet, die konkrete Vorgaben enthielten, wann ein Betriebsarzt und eine Fachkraft zu bestellen waren. Bereits 1975 besaßen alle Berufsgenossenschaften eine »UVV Betriebsärzte« und eine »UVV Sicherheitsingenieure und andere Fachkräfte für Arbeitssicherheit«[1139], die ihre Rechtsgrundlage in dem damals neu geschaffenen § 708 Abs. 1 Nr. 4 RVO hatten (heute: § 15 Abs. 1 Nr. 6 SGB VII). In den UVV wurden die erfassten Betriebe sowie die sog. Einsatzzeit pro Jahr und Beschäftigten festgelegt, wobei auf die typische Unfallgefährdung abgestellt wurde.[1140] Die Schnelligkeit des Verfahrens war sicherlich dem »Zeitgeist« und den Erwartungen von Öffentlichkeit und Gewerkschaften geschuldet, die man nicht enttäuschen wollte. Dazu kam die (langfristig wohl bedeutsamere) Tatsache, dass sich nach verschiedenen Berechnungen betriebsärztliche Dienste auch für das einzelne Unternehmen »rechnen«.[1141] Warum sollte man sich gegen eine vernünftige Sache stemmen?

1138 BGBl. I S. 1885.

1139 Vgl. BT-Drucksache 7/4668, S. 116.

1140 BT-Drucksache 7/4668, S. 115.

1141 Siehe bereits damals die bei *Andresen*, in: Kasiske (Hrsg.), Gesundheit am Arbeitsplatz, Reinbek 1976, S. 107, mitgeteilten Stellungnahmen der Arbeitgeberseite.

Trotz dieser außergewöhnlich günstigen Konstellation konnten in der Folgezeit keine Wunder bewirkt werden. Die Zahl der tatsächlich bestellten Betriebsärzte belief sich Ende 1975 auf 1996, die der Sicherheitsfachkräfte auf 12 000 bis 13 000.[1142] Heute gilt die einheitliche UVV Betriebsärzte und Fachkräfte für Arbeitssicherheit in der Fassung vom 1. Januar 2012.[1143]

bb) Die Aufgaben der Betriebsärzte und Fachkräfte

Ihrer Grundstruktur nach ähneln die Aufgaben der Betriebsärzte (§ 3 ASiG) und der Fachkräfte (§ 6 ASiG) denen der Sicherheitsbeauftragten: Sie haben ebenfalls den Arbeitgeber zu unterstützen. Sie sind dabei allerdings nicht auf die Unfallverhütung beschränkt, sondern erstrecken ihre Tätigkeit auf alle Fragen des Gesundheitsschutzes (Betriebsarzt) bzw. der Arbeitssicherheit einschließlich der menschengerechten Gestaltung der Arbeit (Fachkräfte). Das Gesetz enthält in § 3 und in § 6 umfangreiche Kataloge möglicher Aufgaben, die allerdings nur beispielhaften Charakter haben und deshalb die Einbeziehung nicht ausdrücklich genannter Angelegenheiten gestatten. Bemerkenswert ist, dass auch die Beratung des Arbeitgebers bei der »Planung« von Betriebsanlagen erfasst ist.

cc) Rechtsstellung der Betriebsärzte und Fachkräfte

Der Arbeitgeber hat drei Möglichkeiten, um sich die Dienste eines Betriebsarztes und einer Fachkraft zu sichern. Er kann entweder

- hauptamtliche Kräfte einstellen, was insbesondere in Großbetrieben der Fall sein wird,
- oder nebenamtlich tätige Kräfte gewinnen, was sich angesichts der niedrigeren Einsatzstunden häufig bei Betriebsärzten anbietet,
- oder sich einem überbetrieblichen sicherheitstechnischen oder betriebsärztlichen Dienst anschließen (§ 19 ASiG), was insbesondere bei Klein- und Mittelbetrieben in Betracht kommen dürfte.

Ohne Rücksicht darauf, welche Rechtsform gewählt wird, greift der Schutz des § 8 ASiG ein. Danach sind Betriebsärzte und Fachkräfte bei der Anwendung ihrer arbeitsmedizinischen und sicherheitstechnischen Fachkunde weisungsfrei.[1144] Dem Arzt kann also nicht befohlen werden, einen bestimmten Bewerber bei der Einstellungsuntersuchung als »tauglich« oder »untauglich« zu bezeichnen, die Fachkraft kann nicht angewiesen werden, eine bestimmte Arbeitsorganisation

---

1142 BT-Drucksache 7/4668, S. 118, 120. In BT-Drucksache 11/5619, S. 9, wird von Schätzungen aus den Jahren 1980/81 berichtet, wonach knapp 60 000 Fachkräfte tätig sein sollen. Neuere und präzisere Angaben sind offensichtlich nicht verfügbar.

1143 *https://www.dguv.de/medien/inhalt/praevention/vorschriften_regeln/dguv-vorschrift_2/muster_vorschr_2.pdf* (5. 2. 2022).

1144 Zur ärztlichen Schweigepflicht s. *Däubler*, Die Schweigepflicht des Betriebsarztes – ein Stück wirksamen Datenschutzes, BB 1989, 282 ff. m. w. N.

für »menschengerecht« zu erklären. Inwieweit diese »Autonomie« auch in der Praxis durchgehalten wird, lässt sich nicht mit Sicherheit beurteilen. Um Initiativen nicht auf dem »Dienstweg« versickern zu lassen, unterstehen Betriebsärzte und Fachkräfte nach § 8 Abs. 2 ASiG direkt dem Betriebsleiter und können sich im Falle von Meinungsverschiedenheiten unmittelbar an den Arbeitgeber bzw. den zuständigen Geschäftsführer wenden. Eigene Entscheidungsbefugnisse besitzen sie jedoch nicht. Der »mächtigste Sicherheitsfachmann« bleibt immer noch der Arbeitgeber,[1145] der Vorschläge befolgen, sie aber auch im Papierkorb verschwinden lassen kann. Immerhin verpflichtet ihn § 8 Abs. 3 Satz 3 ASiG, eine Ablehnung schriftlich zu begründen – mehr kann auch der engagierteste Betriebsarzt rechtlich nicht erzwingen.

dd) Die Beteiligung des Betriebsrats

Das ASiG hat der Mitbestimmung und Mitwirkung des Betriebsrats eine besondere Vorschrift gewidmet und in § 9 Abs. 3 bestimmt:

> Die Betriebsärzte und Fachkräfte für Arbeitssicherheit sind mit Zustimmung des Betriebsrats zu bestellen und abzuberufen. Das Gleiche gilt, wenn deren Aufgaben erweitert oder eingeschränkt werden sollen; im Übrigen gilt § 87 in Verbindung mit § 76 des Betriebsverfassungsgesetzes. Vor der Verpflichtung oder Entpflichtung eines freiberuflichen Arztes, einer freiberuflich tätigen Fachkraft für Arbeitssicherheit oder eines überbetrieblichen Dienstes ist der Betriebsrat zu hören.

Damit ist nur ein Teil der auftauchenden Fragen gelöst. Nicht angesprochen ist, ob der Betriebsrat an der Grundsatzentscheidung über die Rechtsform der werksärztlichen und sicherheitstechnischen Betreuung zu beteiligen ist. Unter Hinweis auf das allgemeine Mitbestimmungsrecht des § 87 Abs. 1 Nr. 7 BetrVG wird dies vom BAG zu Recht bejaht.[1146] Erst wenn es um die Verpflichtung einer konkreten Person geht, greift das Mitbestimmungsrecht nach § 9 Abs. 3 Satz 1 bzw. das Anhörungsrecht nach § 9 Abs. 3 Satz 3 ASiG ein.

Sehr viel kontroverser ist die weitere Frage, ob dem Betriebsrat bei der Bestellung und der Abberufung sowie bei der Einschränkung und Erweiterung der Aufgaben nicht nur ein Veto-, sondern auch ein Initiativrecht zusteht. Der Wortlaut des § 9 Abs. 3 Satz 1 ASiG spricht eher für ein bloßes Zustimmungsverweigerungsrecht. Demgegenüber stützt die Verweisung auf § 87 BetrVG eher

1145 So *Ernst Klee*, Gefahrenzone Betrieb. Verschleiß und Erkrankungen am Arbeitsplatz, Frankfurt/M. 1977, S. 62.

1146 BAG 10.4.1979 – 1 ABR 34/77, DB 1979, 1995 = NJW 1979, 2362.

die These von einem vollen Mitbestimmungsrecht. Die Entstehungsgeschichte macht deutlich, dass der Gesetzgeber ein Initiativrecht bei der Abberufung und bei der Veränderung des Zuständigkeitsbereichs, nicht aber bei der Bestellung einräumen wollte.[1147] Hinzu kommt, dass § 9 ASiG nur durch Gewährung von Initiativrechten seinen Zweck erfüllen kann, aus den Betriebsärzten und Fachkräften auch Gewährsleute der Belegschaft zu machen.[1148] Wissen sie, dass die Fortsetzung ihrer Tätigkeit auch davon abhängt, dass der Betriebsrat nicht ihre »Kaltstellung« oder ihre Abberufung betreibt, so werden sie sich um eine neutrale und objektive Position bemühen. An sich wäre es konsequent, dem Betriebsrat auch bei der Bestellung ein Initiativrecht zuzusprechen, doch wäre damit wenig gewonnen, weil die Einstellung im Sinne einer Eingliederung in den Betrieb nach § 99 BetrVG nicht erzwungen werden könnte. Im Übrigen kann ein aktiver Betriebsrat sein Zustimmungsrecht so intensiv nutzen, dass niemand bestellt wird, den er nicht wirklich für akzeptabel halten würde.[1149]

Wird ein Betriebsarzt oder eine Fachkraft ohne Zustimmung des Betriebsrats abberufen, so ist dies unwirksam.[1150] Wird ein Arbeitnehmer, der zugleich im Haupt- oder im Nebenamt Betriebsarzt oder Fachkraft ist, ohne Zustimmung des Betriebsrats gekündigt, ist die Kündigung unwirksam, da diese zugleich eine Abberufung darstellt.[1151] Dabei kommt es nicht darauf an, ob die Gründe mit der Tätigkeit als Betriebsarzt zusammenhängen – im Interesse der Unabhängigkeit darf genau wie bei anderen besonders geschützten Personengruppen wie z. B. bei Betriebsratsmitgliedern nicht nach dem vorgebrachten Kündigungsgrund differenziert werden.[1152]

1147 Bericht des BT-Ausschusses für Arbeit und Soziales (BT-Drucksache 7/1085, S. 7). Eingehende Darstellung der Entstehungsgeschichte bei *Wiese*, Das Initiativrecht nach dem Betriebsverfassungsgesetz, Neuwied und Darmstadt 1977, S. 54ff., und bei *Denck*, Arbeitsschutz und Mitbestimmung des Betriebsrats, ZfA 1976, 474ff.

1148 Ebenso im Ergebnis LAG Baden-Württemberg 5.3.1991 – 14 TaBV 15/90, NZA 1992, 184, 185.

1149 Richtig *Denck*, ZfA 1976, 479.

1150 BAG 24.3.1988 – 2 AZR 369/87, AP Nr. 1 zu § 9 ASiG = NZA 1989, 60.

1151 *Bertzbach*, Kein Kündigungsschutz für angestellte Betriebsärzte? FS Däubler, Frankfurt/Main 1999, S. 158, 169.

1152 Enger BAG 24.3.1988 – 2 AZR 369/87, AP Nr. 1 zu § 9 ASiG = DB 1989, 227 = AiB 1989, 91, wonach die Kündigung »zumindest dann« unwirksam ist, wenn die Gründe mit der Tätigkeit als Betriebsarzt in untrennbarem Zusammenhang stehen.

2. Datenschutzbeauftragter

Schon das BDSG 1977[1153] enthielt die Einrichtung eines betrieblichen Datenschutzbeauftragten. Seine Bestellung und seine Aufgaben sind heute in den Art. 37 bis 39 DSGVO und in den §§ 5 bis 7 sowie 38 BDSG geregelt. Die betriebliche Interessenvertretung ist nach Datenschutzrecht nicht eingeschaltet, doch greift nach der Rechtsprechung[1154] das Zustimmungsverweigerungsrecht nach § 99 BetrVG ein, wenn eine bereits beschäftigte Person mit dieser Aufgabe betraut oder wenn jemand als Arbeitnehmer eingestellt wird, um diese Funktion auszuüben. Wird dagegen ein Externer auf der Grundlage eines Dienstvertrages zum betrieblichen Datenschutzbeauftragten gemacht, ist der Betriebsrat grundsätzlich nicht beteiligt.

Der Datenschutzbeauftragte hat die Einhaltung des Datenschutzrechts zu überwachen und dafür zu sorgen, dass dieses dem Arbeitgeber wie den Beschäftigten ausreichend bekannt ist. In schwierigeren Fällen muss er beratend hinzugezogen werden; auch sollte er mit der Aufsichtsbehörde zusammenarbeiten. Seine Aufgaben erfüllt er rechtlich in voller Unabhängigkeit; er kann also nicht angewiesen werden, bestimmte heikle Fragen auszuklammern. Er hat Zugang zur obersten Hierarchieebene im Unternehmen und verfügt über einen weitreichenden Kündigungsschutz, der im Wesentlichen dem eines Betriebsratsmitglieds entspricht.[1155]

3. Umweltschutzbeauftragter

Das Bundesimmissionsschutzgesetz[1156] sieht in seinem § 55 für die von ihm erfassten Betriebe die Bestellung eines Immissionsschutzbeauftragten vor, der nach § 58 des Gesetzes wie der betriebliche Datenschutzbeauftragte nur aus wichtigem Grund gekündigt werden kann. Nur fachkundige und zuverlässige Personen dürfen mit dieser Funktion betraut werden; dem Betriebsrat kommt bei einer »internen Lösung« ein Zustimmungsverweigerungsrecht nach § 99 BetrVG zu.[1157] Aufgrund spezialgesetzlicher Bestimmungen existieren weitere Beauftragte – etwa

---

1153 Gesetz zum Schutz vor Missbrauch personenbezogener Daten bei der Datenverarbeitung vom 27. Januar 1977, BGBl. I S. 201.

1154 BAG 22.3.1994 – 1 ABR 51/93, NZA 1994,1049; LAG München 16.11.1978 – 8 TaBV 6/78, DB 1979, 1561.

1155 S. *Däubler,* in: Däubler/Wedde/Weichert/Sommer, EU-Datenschutzgrundverordnung und BDSG-neu, Kommentar, 2. Aufl., Frankfurt/Main 2020, Art. 38 Rn. 12 ff. (Weisungsfreiheit), § 6 BDSG Rn. 6 ff. (Kündigungsschutz).

1156 Gesetz zum Schutz vor schädlichen Umwelteinwirkungen durch Luftverunreinigungen, Geräusche, Erschütterungen und ähnliche Vorgänge (Bundes-Immissionsschutzgesetz) in der Fassung der Bekanntmachung vom 17. Mai 2013 (BGBl. I S. 1274).

1157 DDZ-*Brecht-Heitzmann*, §§ 55, 58 BImSchG Rn. 5.

der Störfallbeauftragte, der Abfallbeauftragte[1158], der Gewässerschutzbeauftragte, der Gefahrgutbeauftragte, der Strahlenschutzbeauftragte, der Beauftragte für die Biologische Sicherheit und der Tierschutzbeauftragte.[1159] Dazu kommt der IT-Sicherheitsbeauftragte, der gegen potenzielle Angriffe auf die IT-Infrastruktur eines Betriebs oder einer Behörde schützen soll und dessen Rechtsstellung trotz der wachsenden Bedeutung dieser Aufgaben bisher keine gesetzliche Ausformung erfahren hat.[1160] Die Rechtsprechung des BAG hat sich bislang ausschließlich mit der Frage befasst, ob für diese Tätigkeit eine akademische Ausbildung erforderlich ist, was sich in der Eingruppierung niederschlägt.[1161]

V. Gleichstellungsbeauftragte

Das Bundesgleichstellungsgesetz vom 24. April 2015[1162] sieht für alle Bundesdienststellen mit mehr als 100 Beschäftigten eine Gleichstellungsbeauftragte vor, die anders als die übrigen Beauftragten nicht durch die Leitung benannt, sondern von allen weiblichen Behördenangehörigen gewählt wird. In den Ländern existieren entsprechende Vorschriften.[1163] Die Wahl schafft eine zusätzliche Legitimation, was der gesetzlich vorgesehenen Mitwirkung an personellen Maßnahmen ein gewisses Gewicht verleiht. Auf der anderen Seite existieren keinerlei Mitbestimmungs- oder gar Vetorechte, sodass die tatsächlichen Einwirkungsmöglichkeiten relativ beschränkt sind. Im Privatsektor gibt es Gleichstellungsbeauftragte nur ausnahmsweise kraft freiwilliger Entscheidung des Arbeitgebers, der dafür auch die Form eines Tarifvertrags oder einer Betriebsvereinbarung wählen kann.

1158 Gesetz zur Förderung der Kreislaufwirtschaft und Sicherung der umweltverträglichen Beseitigung von Abfällen vom 2. Mai 2012 (BGBl. I S. 212).

1159 Zu ihrem Schutz vor Benachteiligungen und Kündigungen s. DDZ-*Brecht-Heitzmann*, Einl. Rn. 331 ff.

1160 Überblick über seine Rechtsstellung bei *Däubler*, in: Kipker (Hrsg.), Handbuch IT-Sicherheit, München 2019, Kap. 10 Rn. 113 ff.

1161 BAG 14.9.2016 – 4 AZR 469/13, NZA-RR 2017, 264.

1162 BGBl. I S. 642, 643.

1163 Überblick bei DDZ-*Brecht-Heitzmann*, § 28 BGleiG Rn. 8 ff.

VI. Einschätzung

Die große Zahl betrieblicher Instanzen könnte die Gefahr von Kompetenzstreitigkeiten und wechselseitiger Behinderung mit sich bringen. Bislang ist dies aber nicht in relevantem Umfang erkennbar. JAV und SBV sind dem Betriebsrat bzw. Personalrat zugeordnet und erleichtern im Grundsatz seine Arbeit: Sie bringen die spezifischen Interessen der von ihnen vertretenen Gruppen ein und verbessern so seinen Informationsstand. Außerdem nehmen sie ihm eine Menge an »Betreuungsarbeit« ab; Azubis werden sich mit Anliegen und Beschwerden zunächst an die JAV, schwerbehinderte Beschäftigte an die SBV wenden.
Bei den Betriebsbeauftragten ist die Situation eine andere. Soweit – wie im Arbeitsschutz – ihre Bestellung oder die Fortsetzung ihrer Tätigkeit der Mitbestimmung unterliegt, kann mit einem grundsätzlich kooperativen Verhalten gerechnet werden. Sich auf die Fachkunde von Betriebsärzten oder Fachkräften für Arbeitssicherheit stützen zu können, kann für den Betriebsrat sehr wertvoll sein. Beim Datenschutzbeauftragten hängt viel vom Amtsverständnis der konkreten Person ab; sie kann (muss aber nicht) ein guter Kooperationspartner sein. Ähnliches gilt für die weiteren Beauftragten. Die Gleichstellungsbeauftragte fällt durch ihre spezifische Wahl etwas aus dem allgemeinen Rahmen heraus; im Einzelfall kann sich eine durchaus gute Kooperation ergeben.
Der Überblick über die unterschiedlichen betrieblichen Instanzen zeigt die Breite des Tätigkeitsfelds, auf das sich der Betriebsrat einstellen muss. Ohne eine weitgehende Professionalisierung lassen sich diese Aufgaben nicht bewältigen – dies sollte bei Freistellungsentscheidungen nach § 38 BetrVG immer im Blick behalten werden.

§ 31 Kleine und mittlere Reformen des BetrVG in rund 50 Jahren

I. Einleitung

Das BetrVG 1972 bedeutete für Betriebsräte einen großen Schritt nach vorne, der letztlich auch von erheblichen Teilen der (damaligen) CDU/CSU-Opposition mitgetragen wurde. Die weitere Entwicklung brachte zwar eine Reihe von Veränderungen, doch waren sie von geringerer Reichweite als die Reform 1972. Dies gilt auch für das 1988 beschlossene »Gesetz zur Änderung des Betriebsverfassungsgesetzes, über Sprecherausschüsse der leitenden Angestellten und zur Sicherung der Montanmitbestimmung«, das über seinen Titel hinaus den Minderheitenschutz in der Betriebsverfassung verstärken wollte.[1164] Zahlreiche Vorschläge, die Mitbestimmungsrechte deutlich zu erweitern und auch sonstige Handlungsmöglichkeiten des Betriebsrats zu verbessern,[1165] blieben Programm. Auch nach fast 30 Jahren war der Gesetzgeber im Jahre 2001 zu einer ähnlichen Modernisierung wie 1972 nicht bereit, verbesserte allerdings die faktischen Handlungsmöglichkeiten der Betriebsräte in erheblichem Umfang. Seither tritt die Reformdiskussion mehr oder weniger auf der Stelle. Nur kleinere Verbesserungen brachte das sog. Betriebsrätemodernisierungsgesetz vom 14. Juni 2021[1166] Im Frühjahr 2022 veröffentlichte der DGB neue Reformvorstellungen, die weit über den bisherigen »Horizont« hinausreichen und auf die im Schlusskapitel zurückzukommen ist.[1167]

1164 BGBl. I S. 2312.

1165 S. etwa die Gesetzentwürfe der SPD-Fraktion: BT-Drucksache 10/3666 v. 23.7.1985 und BT-Drucksache 11/2995 v. 28.9.1988.

1166 BGBl I S. 1762.

1167 Unten § 43. Im Gegensatz dazu beschränkte sich der DGB in seinem 2009 herausgegebenen Papier »Betriebsverfassung im 21. Jahrhundert – Rechtspolitische Empfehlungen zur Mitbestimmung im Betrieb« auf »Empfehlungen« und verzichtete auch auf einen ausformulierten Gesetzestext.

II. Die kleine Reparatur 1974: Einfügung des § 78a BetrVG

Die Stellung der Jugendvertretung war durch das BetrVG 1972 ausgebaut worden, obwohl immer noch wenig Autonomie bei der Organisation der eigenen Arbeit bestand.[1168] Nach Angaben des DGB wurden in den Jahren 1972 und 1973 ca. 600 Jugendvertreter nach Ende ihrer Ausbildung nicht in ein Arbeitsverhältnis übernommen, weil sie mit dem Arbeitgeber in Konflikt geraten waren und sich dadurch unbeliebt gemacht hatten.[1169] Dass es in jenen Jahren auch noch Ausläufer einer »Lehrlingsbewegung« gab,[1170] mag zu den Konflikten beigetragen haben. Der neue § 78a BetrVG[1171] räumte den Jugendvertretern ein Recht auf Übernahme in ein unbefristetes Arbeitsverhältnis ein, sofern sie vor Ende ihres Ausbildungsverhältnisses eine entsprechende Erklärung abgaben und kein wichtiger Grund gegen ihre Weiterbeschäftigung sprach.
Die so schnelle und wirksame Reaktion des Gesetzgebers war den Zeitumständen (»mehr Demokratie wagen«) geschuldet. In der unmittelbaren Gegenwart käme Vergleichbares bestenfalls nach langen internen Diskussionen und einer mittelschweren Krise der Großen bzw. Ampel-Koalition zustande.

III. Das Beschäftigungsförderungsgesetz 1985

Das Beschäftigungsförderungsgesetz 1985 versuchte, der veränderten wirtschaftlichen und politischen Situation Rechnung zu tragen. Als »Neuerung« führte es die (einmalige) sachgrundlose Befristung ein und nahm Veränderungen am Sozialplanrecht vor. Wurde ein Sozialplan von der Einigungsstelle beschlossen, sollte sehr viel stärker als bisher auf die im konkreten Einzelfall eintretenden Nachteile abgestellt werden. An der Sozialplanpraxis hat dies allerdings wenig geändert. Weiter wurde § 112a BetrVG eingefügt, wonach ein Sozialplan dann nicht mehr erzwingbar ist, wenn die Betriebsänderung ausschließlich in einem Personalabbau besteht und gleichzeitig die neuen Grenzwerte des § 112a (die erheblich über denen für Massenentlassungen nach § 17 KSchG liegen) nicht erreicht sind. Dasselbe gilt in den ersten vier Jahren nach der Gründung eines Betriebes. Bei Betriebsänderungen, bei denen auch sächliche Betriebsmittel au-

---

1168 S. § 30 II.
1169 Angaben nach *Kittner*, Arbeits- und Sozialordnung, 5. Aufl., Köln 1980, S. 377.
1170 Dazu die Nachweise oben in § 30 Fn. 3.
1171 Eingefügt durch Gesetz vom 18. Januar 1974, BGBl. I S. 85.

ßer Dienst genommen werden, bleibt es allerdings bei der bisherigen Rechtslage; die Erzwingbarkeit des Sozialplans ändert sich nicht.[1172]

IV. Die Auseinandersetzungen ab 1985 und die Novellierung 1988

1. Der Ausgangspunkt der Regierungskoalition

Die seit 1982 regierende Koalition aus CDU/CSU und FDP akzeptierte im Grundsatz die bestehende Betriebsverfassung, wollte jedoch über die Regelungen im Beschäftigungsförderungsgesetz 1985 hinaus die Rechte von Minderheiten wie z. B. von christlichen Gewerkschaften stärken und außerdem – so insbesondere ein Wunsch der FDP – Sprecherausschüsse für leitende Angestellte einrichten, die ja durch § 5 Abs. 3 BetrVG aus der Betriebsverfassung ausgeklammert waren. Ein entsprechender Gesetzentwurf vom 22. Mai 1985[1173] konnte vor den Wahlen 1986 nicht mehr verabschiedet werden und wurde deshalb in der folgenden Legislaturperiode erneut eingebracht.[1174]

2. Die Alternativvorstellungen von DGB und SPD-Fraktion

Der DGB und die SPD-Opposition lehnten diese Pläne ab und präsentierten ihrerseits sehr weitgehende Vorstellungen für ein besseres BetrVG (DGB 1985[1175], SPD 1985[1176], SPD 1988[1177]). Diese gingen weit über das hinaus, was – abgesehen vom DGB-Entwurf 1998 – in späteren Jahren diskutiert wurde. Als wichtigste Punkte seien genannt.

- Die Schwelle für die Bildung von Betriebsräten wird auf drei Arbeitnehmer abgesenkt, von denen einer wählbar sein muss. Außerdem sollten Betriebe ohne Betriebsrat in einem Verzeichnis festgehalten werden, das von den Berufsgenossenschaften zu führen war (DGB 1985 §§ 1, 2).
- Durch Tarifvertrag kann vom Gesetz nur zugunsten der Arbeitnehmer und ihrer Vertreter abgewichen werden (DGB 1985, § 4; SPD 1988 § 3a: Erweiterung der Aufgaben und Befugnisse).

1172 Einzelheiten bei DKW-*Däubler*, §§ 112, 112a Rn. 69 ff.

1173 BT-Drucksache 10/3384.

1174 BT-Drucksache 11/2503.

1175 DGB (Hrsg.), Gesetzesvorschlag des DGB zur Änderung des Betriebsverfassungsrechts, Düsseldorf 1985.

1176 BT-Drucksache 10/3384.

1177 BT-Drucksache 11/2503.

- Nebenbetriebe, in denen kein Betriebsrat besteht, werden dem Hauptbetrieb zugerechnet (DGB 1985 § 5 Abs. 3).
- Vereinfachtes Wahlverfahren für Kleinbetriebe von 3 bis 20 Arbeitnehmern (DGB 1985 § 15).
- Betriebsratsmitglieder sind von ihrer arbeitsvertraglichen Tätigkeit befreit, soweit sie dies für eine ordnungsgemäße Durchführung ihrer Aufgaben und Befugnisse »als erforderlich ansehen«. (DGB 1985, § 39 Abs. 2, SPD 1985 § 37 Abs. 2). Damit wird allein auf ihre subjektive Einschätzung abgestellt, während sonst der Maßstab darin liegt, ob sie die Arbeitsbefreiung für erforderlich »ansehen durften« (so auch SPD 1988 § 37 Abs. 2). Das Nettoeinkommen darf durch die Betriebsratstätigkeit nicht gemindert werden (DGB 1985 § 39 Abs. 2, SPD 1985, § 37 Abs. 2, SPD 1988, § 37 Abs. 2), was auf die entfallende Steuerfreiheit von weiter bezahlten Zuschlägen für Nacht- und Sonntagsarbeit abzielt.
- Die Teilnahme an Schulungs- und Bildungsveranstaltungen nach § 37 Abs. 6 BetrVG wird auf solche erstreckt, die für die Betriebsratsarbeit »geeignet« sind, gleichzeitig aber auf drei Wochen in einer Wahlperiode pro Betriebsratsmitglied beschränkt. Der Anspruch nach § 37 Abs. 7 BetrVG wird auf alle gewerkschaftlichen Veranstaltungen erstreckt, die einen allgemeinen Bezug zur Betriebsratsarbeit haben. Dazu soll auch die Vermittlung von Kenntnissen gesellschafts- und wirtschaftspolitischer Art gehören, sofern die Lehrgänge von der obersten Arbeitsbehörde genehmigt sind (DGB 1985, § 41; SPD 1988 § 38a – aber ohne die inhaltlichen Aussagen zu § 37 Abs. 7). Die Kosten der Teilnahme trägt der Arbeitgeber (DGB 1985 § 43 Abs. 3 – aber beschränkt auf Lohnausfall und Reisekosten in den Fällen des § 37 Abs. 7; SPD 1988 § 40 Abs. 3 – beschränkt auf die Fälle des § 37 Abs. 6 BetrVG).
- Betriebsversammlungen von Belegschaften mehrerer Betriebe oder Unternehmen sind unter bestimmten Voraussetzungen zulässig (DGB 1985 § 45 Abs. 4).
- Ein Konzernbetriebsrat kann auch in einem Gleichordnungskonzern und bei wirtschaftlicher oder organisatorischer Zusammenfassung mehrerer Unternehmen gebildet werden. Notwendig ist ein Beschluss von (Gesamt-) Betriebsräten, die mindestens 50 % der Konzernbeschäftigten repräsentieren, doch werden Betriebe ohne Betriebsrat nicht mitgezählt (DGB 1985 § 57; SPD 1988 § 54 Abs. 4 – nur Einbeziehung des Gleichordnungskonzerns).
- Der Arbeitgeber hat jede Maßnahme zu unterlassen, die ein Recht des Betriebsrats – und sei es auch nur mittelbar – beeinträchtigen kann. Eine unter Verletzung dieser Pflicht vorgenommene Maßnahme ist unwirksam, ihre Folgen sind zu beseitigen. Informationen, die der Arbeitgeber auf diese Weise erlangt, dürfen nicht verwertet werden (DGB 1985 § 78 Abs. 2; SPD 1985 § 74 Abs. 2). Die Rechte des Betriebsrats werden durch einen Arbeitskampf nicht

beeinträchtigt, bleiben also auch während seiner Dauer in vollem Umfang erhalten (DGB 1985 § 78 Abs. 3; SPD 1985 § 74 Abs. 3).

- Einigungsstellensprüche sind vorläufig vollstreckbar (DGB 1985 § 80 Abs. 6; SPD 1985 § 76 Abs. 4).
- Der Betriebsrat kann Sachverständige und Auskunftspersonen hinzuziehen, soweit dies zur ordnungsgemäßen Erfüllung seiner Aufgaben erforderlich ist (DGB 1985 § 85 Abs. 5; SPD 1985 § 80 Abs. 5; SPD 1988 § 80 Abs. 4). Die Kosten trägt der Arbeitgeber, obwohl seine vorherige Zustimmung nicht mehr notwendig ist.
- Das Mitbestimmungsrecht des Betriebsrats bezieht sich auf alle sozialen personellen und wirtschaftlichen Angelegenheiten, soweit keine abweichende Regelung besteht (DGB 1985 § 93 Abs. 1; SPD 1985 § 80a; SPD 1988 § 87).
- Die Mitbestimmung erstreckt sich insbesondere auf alle Arbeitsbedingungen einschließlich der Milderung von Belastungen und der Sicherung und Erhaltung vorhandener Fähigkeiten und der Gestaltung der Arbeitsplätze (DGB 1985 § 94 Abs. 1 Nr. 1; SPD 1985 § 87 Nr. 1; SPD 1988 § 87a Nr. 1).
- Mitbestimmung bei der Einführung und Anwendung technischen Einrichtungen, die Daten oder Signale aufnehmen, insbesondere Arbeitnehmerdaten verarbeiten können (DGB 1985 § 94 Nr. 2; SPD 1985 § 87 Nr. 2; SPD 1988 § 87a Nr. 2 und 3).
- Mitbestimmung über Inhalt und Umfang der Arbeit einschließlich der Zahl der einzusetzenden Arbeitnehmer (DGB 1985 § 94 Nr. 4; SPD 1985 § 87 Nr. 4).
- Die Personalplanung wird Gegenstand der Mitbestimmung (DGB 1985 § 97; SPD 1985 § 92 Abs. 1; SPD 1988 § 92 Abs. 1).
- Fortbildungseinrichtungen und Fortbildungsmaßnahmen unterliegen der Mitbestimmung des Betriebsrats (DGB 1985 § 101).
- Das Mitbestimmungsrecht bezieht sich auf jede personelle Maßnahme, insbesondere auf Einstellung, Umsetzung, Versetzung, Eingruppierung und Umgruppierung. Dabei kommt es allein auf die Arbeit im Betrieb, nicht auf das zugrunde liegende Rechtsverhältnis an. Das Mitbestimmungsrecht bezieht sich auch auf die Befristung (DGB 1985 § 102 Abs. 1 und 2; SPD 1985 § 99 Abs. 1; SPD 1988 § 99 Abs. 1).
- Der Betriebsrat kann einer Kündigung mit der Begründung widersprechen, es liege kein Kündigungsgrund vor. In diesem Fall muss der Arbeitgeber innerhalb von zwei Wochen eine Auflösungsklage erheben. Aufhebungsverträge sind nur nach vorheriger Unterrichtung des Betriebsrats wirksam (DGB 1985 § 105 Abs. 2 und 6; SPD 1985 § 102; SPD 1988 § 102).
- Der Begriff der Betriebsänderung umfasst auch Fälle, in denen ein Betriebsinhaberwechsel erfolgt. Einbezogen sind weiter die Auslagerung von Arbeit aus dem Betrieb sowie die Verbindung mit anderen Unternehmen durch

Informations- und Kommunikationsnetze; auch genügt es, wenn sich Nachteile für einzelne Arbeitnehmer ergeben können (DGB 1985 § 113; SPD 1985 § 111 – teilweise; SPD 1988 § 111 Abs. 1 – teilweise).
- Der Interessenausgleich ist über die Einigungsstelle erzwingbar, soweit er Auflagen zur Gestaltung der personellen, arbeitsmäßigen und sozialen Auswirkungen vorsieht (DGB 1985 § 112 Abs. 4; SPD 1985 § 112 Abs. 4; SPD 1988 § 112 Abs. 4).
- Bei Luftfahrtunternehmen ist für den Land- wie für den Flugbetrieb ein Betriebsrat zu wählen; Tarifverträge können nur die Zusammenarbeit zwischen beiden regeln (DGB 1985 § 119; SPD 1988 § 117).

3. Reaktionen auf die Vorstellungen von DGB und SPD

Die SPD-Entwürfe scheiterten – was absehbar war – an den parlamentarischen Mehrheitsverhältnissen. In der juristischen Literatur fanden sie größtenteils vernichtende Kritik, die massenhaftes Fehlfunktionieren von Unternehmen beschwor und Verfassungsverstöße rügte.[1178] *Peter Hanau* stellte die Frage, ob derartige Regelungen überhaupt ernstlich gewollt sein könnten.[1179] In der Tat kann man sich fragen, worin die Funktion solcher Entwürfe liegt, sind sie doch selbst von dem weit entfernt, was starke DGB-Gewerkschaften wie die IG Metall im Rahmen ihrer Tarifpolitik erreichen könnten. Im Rahmen von Verhandlungen kann es sinnvoll sein, erheblich über das tatsächlich Gewollte hinauszugehen, um so Spielraum für Kompromisse zu gewinnen. Hier standen aber solche Verhandlungen weder für den DGB noch für die SPD zur Debatte – es gab für die Regierungsparteien keinen Einigungszwang. Am ehesten scheint es plausibel zu sein, dass sich die Verfasser eine »konkrete Utopie« ausdachten, um so einen Diskussionsprozess über das tatsächlich Gewollte und Machbare in Gang zu setzen. Dies hätte durchaus in der Tradition der »Achtundsechziger« gelegen, von denen nicht wenige den Weg zur Gewerkschaft gefunden hatten. In der Distanz von gut 30 Jahren lesen sich die Entwürfe wie ein »Steinbruch«, aus dem man auch heute noch einzelne Vorschläge und gute Ideen aufgreifen kann, was der Entwurf 2022 auch getan hat.[1180]

1178 S. etwa *Eich*, Der SPD-Entwurf zur Änderung des Betriebsverfassungsgesetzes, DB 1985, 1993 – 1999.

1179 *Hanau*, SPD-Entwurf eines Gesetzes zum Ausbau und zur Sicherung der betrieblichen Mitbestimmung, RdA 1986, 250.

1180 S. unten § 43.

4. Das Änderungsgesetz von 1988: Minderheitenschutz, Sprecherausschüsse, Erhaltung der Montanmitbestimmung

Die Regierungskoalition aus CDU/CSU und FDP setzte ihre Vorstellungen durch und verabschiedete Ende November 1988 das »Gesetz zur Änderung des Betriebsverfassungsgesetzes, über Sprecherausschüsse der leitenden Angestellten und zur Sicherung der Montan-Mitbestimmung«.[1181] Es bewirkte keine großen Veränderungen in der Praxis.

a) Der sog. Minderheitenschutz

Bei der Besetzung von Betriebsratsausschüssen und bei der Freistellung von mehr als einem Betriebsratsmitglied nach § 38 BetrVG besteht die Gefahr, dass die jeweilige Mehrheit alle Positionen für sich in Anspruch nimmt. Deshalb schreiben § 27 Abs. 1 und § 38 Abs. 2 BetrVG nunmehr vor, dass in beiden Fällen nach den Grundsätzen der Verhältniswahl gewählt wird. Lediglich dann, wenn nur eine Liste eingereicht wird, findet Mehrheitswahl statt.

»Minderheitenschutz« bedeutet aber auch Schutz kleiner Gewerkschaften. Jede im Betrieb vertretene Gewerkschaft kann bei der Betriebsratswahl einen Wahlvorschlag einreichen, wofür sie keine »Stützunterschriften« im Betrieb benötigt. Vielmehr genügt nach § 14 Abs. 5 BetrVG eine Unterzeichnung durch zwei Gewerkschaftsbeauftragte. Faktisch hat dies nicht zu einer Stärkung der christlichen Gewerkschaften geführt. Angesichts des gesunkenen Organisationsgrades kann es heute bisweilen auch für die DGB-Gewerkschaften von Nutzen sein, im Betrieb keine Unterschriften sammeln zu müssen. Weiter hat nach § 16 Abs. 1 Satz 6 BetrVG jede im Betrieb vertretene Gewerkschaft das Recht, ein nicht stimmberechtigtes Mitglied in den Wahlvorstand zu entsenden, sofern sie dort nicht sowieso durch ein ordentliches Mitglied vertreten ist. Dies soll sicherstellen, dass bei den Wahlen alles mit rechten Dingen zugeht – ein Grund, hier besonders misstrauisch zu sein, war nicht vorhanden. Die Regelung hat sich nicht als Störung ausgewirkt; Wahlvorstände haben nichts zu verbergen.[1182]

b) Sprecherausschüsse leitender Angestellter

Bis zur gesetzlichen Zulassung von Sprecherausschüssen gab es in verschiedenen Unternehmen entsprechende Gremien auf vertraglicher Grundlage.[1183] Seit 1. Ja-

1181 BGBl. I S. 2312. Kritisch zu den entsprechenden Vorschlägen der Regierung *Peter Hanau,* Die juristische Problematik des Entwurfs eines Gesetzes zur Verstärkung der Minderheitenrechte in den Betrieben und Verwaltungen, Rechtsgutachten, erstattet im Auftrag des Bundesverbands der gemeinwirtschaftlichen Unternehmen e. V., Frankfurt/Main 1986.

1182 Überblick über die Regelung bei *Bobke-von Camen,* Novellierung des Betriebsverfassungsrechts, WSI-Mitt. 1989, 16, 18.

1183 Dazu *Hromadka*, FS 100 Jahre Betriebsverfassungsrecht, S. 237 ff.

nuar 1989 existiert eine gesetzliche Regelung in Form des Sprecherausschussgesetzes.[1184] Vom organisatorischen Aufbau her ist die »Sprecherausschussverfassung« der Betriebsverfassung nachempfunden:

- Nach § 1 Abs. 1 Sprecherausschussgesetz (SprAuG) werden in Betrieben mit in der Regel mindestens zehn leitenden Angestellten Sprecherausschüsse gewählt.
- Bestehen in einem Unternehmen mit mehreren Betrieben mehrere Sprecherausschüsse, so ist nach § 16 Abs. 1 SprAuG ein sog. Gesamtsprecherausschuss zu errichten.
- Leitende Angestellte in einem Betrieb, der weniger als zehn Leitende beschäftigt, gelten nach § 1 Abs. 2 SprAuG als leitende Angestellte des räumlich nächstgelegenen Betriebs desselben Unternehmens.
- An die Stelle dieses zweistufigen kann auch ein einstufiger Aufbau treten. § 20 SprAuG lässt unter bestimmten Voraussetzungen die Bildung eines Unternehmenssprecherausschusses zu; in diesem Fall sind in den einzelnen Betrieben keine Sprecherausschüsse vorhanden.
- In Konzernen im Sinne des § 18 Abs. 1 Aktiengesetz können Konzernsprecherausschüsse gebildet werden.
- Die Wahl von Sprecherausschüssen darf nach § 34 Abs. 1 Nr. 1 SprAuG genauso wenig behindert werden wie die Betriebsratswahl. Dennoch gibt es keinen Zwang, von den gesetzlichen Möglichkeiten Gebrauch zu machen: Nach § 7 Abs. 2 SprAuG muss die Mehrheit der leitenden Angestellten des Betriebs für eine Errichtung votieren.[1185]

Der Sprecherausschuss ist kein Konkurrenzorgan zum Betriebsrat. Beide werden von unterschiedlichen Teilen der Belegschaft gewählt und existieren unabhängig voneinander. Das eine Gremium kann jeweils Mitglieder des anderen Gremiums zu Sitzungen einladen; ein Mal pro Jahr »soll« eine gemeinsame Sitzung stattfinden. Vor dem Abschluss einer Betriebsvereinbarung mit dem Betriebsrat hat der Arbeitgeber den Sprecherausschuss rechtzeitig anzuhören, soweit rechtliche Interessen der Leitenden (z. B. bei der Arbeitszeit) betroffen sein könnten. Dasselbe muss auch für die Anhörung des Betriebsrats vor Abmachungen mit dem Sprecherausschuss gelten.

Nach § 25 Abs. 1 Satz 1 SprAuG vertritt der Sprecherausschuss die Belange der leitenden Angestellten. Nicht anders als der Betriebsrat hat er dabei den Grundsatz der vertrauensvollen Zusammenarbeit zu beachten. Nach § 25 Abs. 2 SprAuG

1184 Gesetz über Sprecherausschüsse der leitenden Angestellten (Sprecherausschussgesetz – SprAuG) vom 20. Dezember 1988, BGBl. I S. 2312, 2316. Zur davor liegenden Entwicklung s. *Hromadka*, FS 100 Jahre Betriebsverfassungsrecht, S. 227, 240.

1185 *Engels/Natter*, Die geänderte Betriebsverfassung, Beilage 8/1989 zu BB S. 28; *Wlotzke*, Die Änderungen des Betriebsverfassungsgesetzes und das Gesetz über Sprecherausschüsse der leitenden Angestellten, DB 1989, 173.

hat der Sprecherausschuss einen Informationsanspruch, der sich nach allerdings umstrittener Auffassung auch auf Gehaltslisten bezieht.
Im Unterschied zum Betriebsrat besitzt der Sprecherausschuss keinerlei Mitbestimmungsrechte. Nach den §§ 30 – 32 SprAuG stehen ihm lediglich Beratungs- und Mitwirkungsrechte zu. Vor der Kündigung eines Leitenden muss er angehört werden, andernfalls ist diese unwirksam. Bei Betriebsänderungen, die wesentliche Nachteile für leitende Angestellte haben können, ist über Maßnahmen zum Ausgleich oder zur Milderung dieser Nachteile zu beraten; eine Einbeziehung in den Sozialplan (oder ein eigener Sozialplan) kann nicht erzwungen werden. Kommt es gleichwohl zu einer Einigung, ist § 28 SprAuG zu beachten. Nach seinem Abs. 1 können beide »Betriebspartner« Richtlinien über den Inhalt, den Abschluss oder die Beendigung von Arbeitsverhältnissen der leitenden Angestellten vereinbaren. Nach Abs. 2 haben sie allerdings nur dann normative Wirkung, wenn dies in der Abmachung ausdrücklich angeordnet ist. Die Zahl der Sprecherausschüsse schwankt zwischen 500 und 600.[1186]

c) Erhaltung der Montanmitbestimmung

Die Montanmitbestimmung[1187] war seit vielen Jahren einem Erosionsprozess ausgesetzt. Dieser vollzog sich in der Weise, dass die Unternehmen des Bergbaus und der Eisen und Stahl produzierenden Industrie Teil von Konzernen wurden, deren Geschäftstätigkeit vorwiegend außerhalb des Montansektors lag. Nur noch die abhängige Montangesellschaft, nicht aber der Gesamtkonzern unterlag damit dem Montan-MitbestG. Dies wurde zugleich mit der Einführung des Minderheitenschutzes und der Sprecherausschüsse geändert. Nunmehr sollten auch Konzerne unter die Montan-Mitbestimmung fallen, deren Montananteil am Umsatz nur noch 20 % (statt bisher 50 %) ausmachte. Auch war dafür der Abschluss eines Organschaftsvertrages zwischen herrschender und abhängiger Gesellschaft nicht mehr erforderlich.[1188]
Mit dieser Regelung konnten somit auch die Gewerkschaften einen Erfolg verbuchen, was die Akzeptanz des Gesetzeswerks insgesamt erheblich verbesserte.

5. Gesetz zur Bildung von Jugend- und Auszubildendenvertretungen (JAV)

Immer häufiger trat der Fall auf, dass Auszubildende älter als 18 Jahre waren und deshalb die Jugendvertretung nicht mehr mitwählen konnten, obwohl sie mit vergleichbaren Problemen wie die Jüngeren konfrontiert waren. Auch wurde

1186 DKW-*Trümner*, § 5 Rn. 206.
1187 Zu ihrer Entstehung s. oben § 24 IV.
1188 Eingehend *Wißmann*, Neues Gesetz zur Sicherung der Montan-Mitbestimmung, DB 1989, 426.

es als wenig akzeptabel angesehen, dass die Jugendvertretungen mangels ausreichender Wählerschaft immer kleiner wurden. Dieser Erosionsprozess wurde durch das Gesetz zur Bildung von Jugend- und Auszubildendenvertretungen in den Betrieben vom 13. Juli 1988[1189] gestoppt: Nunmehr bekamen alle Auszubildenden bis zum 25. Lebensjahr Wahlrecht zur Jugend- und Auszubildendenvertretung. Dies stellte – ähnlich wie die Sicherung der Montan-Mitbestimmung – eine weitere »Konzession« an die Arbeitnehmerseite dar, was die übrigen Regelungen (Minderheitenschutz, Sprecherausschuss) in weniger grellem Licht erscheinen ließ.

V. Neuer Reformschub Ende der 1990er-Jahre?

1. Einlegen des Rückwärtsgangs: Das Arbeitsrechtliche Beschäftigungsförderungsgesetz 1996

Die Jahre nach 1988 waren durch die deutsche Wiedervereinigung, einen mit ihr verbundenen wirtschaftlichen Aufschwung sowie durch anschließende Krisenerscheinungen charakterisiert.[1190] Das Arbeitsrechtliche Beschäftigungsförderungsgesetz vom 25. September 1996[1191] brachte neben weiteren Erleichterungen der Befristung und einer Absenkung der Entgeltfortzahlung im Krankheitsfall auf 80 % auch eine Änderung im Betriebsverfassungsrecht: Ein Nachteilsausgleich nach § 113 BetrVG war nicht mehr geschuldet, wenn der Arbeitgeber zwei Monate lang über einen Interessenausgleich verhandelt hatte. Wurde die Einigungsstelle angerufen, verlängerte sich die Frist auf drei Monate. Damit hatten die Verhandlungen über den Interessenausgleich ihre Bedeutung weithin eingebüßt. Auch sollten Abfindungen in gewissem Umfang mit dem Arbeitslosengeld verrechnet werden (§ 140 SGB III a. F.) – eine Regelung, die jedoch nicht sofort in Kraft trat.

2. Neue Koalition und Korrekturgesetz

Nach dem Regierungswechsel im Herbst 1998 wurde umgehend das sog. Korrekturgesetz erlassen.[1192] Es hob die meisten (wenn auch nicht alle) Bestimmungen des Arbeitsrechtlichen Beschäftigungsförderungsgesetzes auf. Auch die in § 113

1189 BGBl. I S. 1034.
1190 Zur Einführung der Betriebsverfassung in der früheren DDR s. § 32.
1191 BGBl. I 1476.
1192 Gesetz zu Korrekturen in der Sozialversicherung und zur Sicherung der Arbeitnehmerrechte vom 19. Dezember 1998, BGBl. I S. 3843.

BetrVG eingefügten Fristen fielen weg, doch blieb der schon 1985 geschaffene § 112a BetrVG unverändert weiter bestehen. In der Koalitionsvereinbarung zwischen SPD und BÜNDNIS 90/DIE GRÜNEN vom 20. Oktober 1998 wurde zur Reform der Betriebsverfassung und des Tarifrechts gesagt:

»Die neue Bundesregierung wird die Mitbestimmung am Arbeitsplatz sowie in Betrieb und Verwaltung im Interesse der Beteiligung und Motivation der Beschäftigten stärken und an die Veränderungen in der Arbeitswelt anpassen. Vorrangig ist dazu eine grundlegende Novelle des Betriebsverfassungsgesetzes (Betriebsbegriff, Arbeitnehmerbegriff, Telearbeit, Vereinfachung des Wahlverfahrens). Dazu kommen muss die Sicherung und Weiterentwicklung der qualifizierten Mitbestimmung in den Unternehmen und in Europa (Europäische Betriebsräte, Europäische Aktiengesellschaft). Darüber hinaus wollen wir die Tarifautonomie stärken, vor allem durch ein Klagerecht der Verbände und eine einfachere Möglichkeit zur Allgemeinverbindlichkeitserklärung.«

3. Der neue DGB-Entwurf

Die DGB-Vorschläge von 1998[1193] bauten auf den Vorschlägen aus den 1980er-Jahren auf und wollten zugleich den veränderten Umständen Rechnung tragen. Dabei wurden ersichtlich die Festlegungen in der Koalitionsvereinbarung ernst genommen und neue Grundbegriffe entwickelt, die durchaus Interesse verdienen.

In § 1 Abs. 2 des Entwurfs wird der Betrieb nicht vom Leitungsapparat des Arbeitgebers, sondern vom Arbeitszusammenhang der Arbeitnehmer her definiert. Wörtlich heißt es:

»Als Betrieb gilt grundsätzlich der auf räumlicher Verbundenheit von Arbeitsplätzen oder Arbeitsstätten, sozialer Verbundenheit sowie insbesondere miteinander verknüpften Arbeitsabläufen beruhende Tätigkeitszusammenhang von Arbeitnehmerinnen und Arbeitnehmern. Räumliche Verbundenheit liegt auch dann vor, wenn die Kommunikation oder der Tätigkeitszusammenhang gemäß Satz 1 zwischen Arbeitnehmerinnen und Arbeitnehmern und/oder Arbeitgeber gewährleistet ist und bei wertender Gesamtbetrachtung der Gesichtspunkt räumlich-geographischer Nähe hinter die übrigen Merkmale zurücktritt.«

1193 Novellierungsvorschläge des DGB zum Betriebsverfassungsgesetz 1972, herausgegeben vom DGB-Bundesvorstand, Düsseldorf 1998.

Die nicht sehr »leserfreundliche« Formulierung verdeutlicht die Schwierigkeiten, eine neue Definition zu finden, die eine klare Abgrenzung ermöglichen soll. Auch der Arbeitnehmerbegriff wurde neu bestimmt und in der Sache das Konzept von Wank[1194] übernommen. Hier besteht sehr viel mehr Klarheit. So besagt § 5 Abs. 1 Satz 1 des Entwurfs:

»Arbeitnehmerin und Arbeitnehmer im Sinne dieses Gesetzes ist, wer persönlich für andere Dienste leistet, ohne aufgrund freiwillig übernommenen Unternehmerrisikos mit eigenem Kapital und eigener Organisation selbständig am Markt aufzutreten.«

Damit wird auf das Merkmal der Weisungsabhängigkeit verzichtet; wer nicht am Markt unternehmerische Risiken übernimmt, ist automatisch Arbeitnehmer. § 5 Abs. 2 des Entwurfs führt dies durch Vermutungsregeln weiter, ohne dass es zwingend geboten wäre, und bestimmt:

»Kann jemand nicht im Wesentlichen frei seine Tätigkeit gestalten und seine Arbeitszeit bestimmen (persönliche Abhängigkeit), ist er oder sie Arbeitnehmerin oder Arbeitnehmer (unwiderlegbare Vermutung). Arbeitet jemand ohne eigne Mitarbeiter oder ohne eigenes Kapital oder in wirtschaftlicher Abhängigkeit für einen andern, so wird vermutet, dass sie oder er Arbeitnehmerin oder Arbeitnehmer ist. Wirtschaftliche Abhängigkeit liegt insbesondere vor, wenn jemand überwiegend für einen andern Dienste leistet.«

Damit sind ausdrücklich auch arbeitnehmerähnliche Personen in die Betriebsverfassung einbezogen. Die Telearbeit wird gleichgestellt.
§ 14a des Entwurfs enthält Vorschriften über ein »vereinfachtes« Wahlverfahren.
Im Übrigen sind die meisten Forderungen aus dem Entwurf von 1985 beibehalten:

- Einen Betriebsobmann soll es bereits ab drei Arbeitnehmern geben. Über betriebsratslose Betriebe wird ein öffentlich zugängliches Register geführt (§§ 1, 1a des Entwurfs).
- Die Möglichkeiten, an Schulungs- und Bildungsmaßnahmen teilzunehmen, werden in gleicher Weise wie im Entwurf 1985 geregelt.
- Obligatorische Bildung von Konzernbetriebsräten.
- Unterlassungs- und Beseitigungsanspruch des Betriebsrats, wenn der Arbeitgeber seine Rechte beeinträchtigt (§ 74 Abs. 2 des Entwurfs).
- Fortbestehen aller Rechte im Arbeitskampf.

1194 *Wank*, Arbeitnehmer und Selbständige, München 1988.

- Einigungsstellensprüche sind vorläufig vollstreckbar (§ 76 Abs. 5 Satz 1 des Entwurfs).
- Mitbestimmung grundsätzlich in allen sozialen, personellen und wirtschaftlichen Angelegenheiten (§ 87 Abs. 1 des Entwurfs).
- Umfassende, nicht abschließende Aufzählung der mitbestimmungspflichtigen sozialen Angelegenheiten in § 87a des Entwurfs.
- Mitbestimmung über die Personalplanung.
- Mitbestimmung in personellen Angelegenheiten einschließlich Auflösungsklage durch den Arbeitgeber wie im Entwurf 1985.
- Der Interessenausgleich ist erzwingbar, soweit es um Auflagen zur Gestaltung der personellen, arbeitsmäßigen und sozialen Auswirkungen geht.

Daneben finden sich eine Reihe von neuen Regelungen wie z. B. über Tarifverträge, die eine neue Struktur der Interessenvertretung vorsehen (§ 3 des Entwurfs), die Einrichtung von Arbeitskreisen nach § 28 Abs. 5 des Entwurfs oder das Zurückbehaltungsrecht der Arbeitnehmer nach § 75 Abs. 3 des Entwurfs, wenn der Arbeitgeber nicht nur kurzfristig und geringfügig gegen seine Pflichten aus dem BetrVG verstoßen hat.

4. Die Vorarbeiten zur Novellierung 2001

Das Bundesministerium für Arbeit und Soziales ließ sich rund zwei Jahre Zeit, bis ein Referentenentwurf das Licht der Öffentlichkeit erblickte.[1195] Er schlug vor, die Arbeitsbedingungen von Betriebsräten in einer Reihe von Punkten zu verbessern; die Mitbestimmungsrechte sollten nur marginal erweitert werden. Von einer Neudefinition des Betriebs- und des Arbeitnehmerbegriffs war nicht mehr ernsthaft die Rede. Die DGB-Vorstellungen hatten so gut wie keinen Widerhall im Ministerium gefunden; erst recht waren die SPD-Entwürfe von 1985 und 1988[1196] in dem sozial-demokratisch geführten Ministerium vergessen. Dieses behandelte die Arbeiten im Übrigen wie eine geheime Verschlusssache. Wer einen Vortrag der zuständigen Abteilungsleiterin hörte, bekam gutes Anschauungsmaterial, wie man eine Stunde füllt, ohne Substanzielles zum Thema zu sagen. Eine solche Fähigkeit kann im herrschenden Politikbetrieb auch in anderen Zusammenhängen von erheblichem Nutzen sein.

Die Reaktion offizieller Vertreter der Arbeitgeberseite auf den Referentenentwurf war dennoch heftig. *Dieter Hundt*, BDA-Präsident, erklärte, der Entwurf übertreffe die schlimmsten Befürchtungen der Wirtschaft,[1197] er sei bürokratisch, kostentreibend und einseitig gewerkschaftsorientiert,[1198] ausländische Investoren

1195 Handelsblatt v. 6. 12. 2000, S. 1, 3.
1196 Dazu oben IV 2.
1197 Handelsblatt v. 7. 12. 2000, S. 1.
1198 Handelsblatt v. 7. 12. 2000, S. 6.

würden abgeschreckt. *Hans-Peter Stihl* sah das Dispositionsrecht der Unternehmer über ihr Eigentum bedroht und kündigte eine Klage vor dem Bundesverfassungsgericht an.[1199] In einem Interview erklärte der bekannte Ökonom *Wolfgang Franz*, Betriebsräte wären eigentlich nur dann sinnvoll, wenn sich beide Seiten über ihre Errichtung einig seien.[1200]

Die Kritik wäre verständlich und erwartbar gewesen, hätte das Ministerium den DGB-Entwurf im Wesentlichen eins zu eins übernommen. Dies hatte es aber ganz gewiss nicht getan, sondern nur noch eine extrem »abgespeckte« Version vorgelegt. Vermutlich hatten der Minister *Walter Riester* und seine Mitarbeiter die Arbeitgeberkritik antizipiert – über konkrete Gespräche mit der Arbeitgeberseite während der zweijährigen Vorbereitungszeit ist jedenfalls nichts bekannt geworden. Die Abschirmung war auch gegenüber der Wissenschaft und gegenüber anderen Ministerien eine totale: Statt sich für die eine oder andere potenziell strittige Frage Unterstützung im Ressort Wirtschaft oder im Ressort Justiz zu holen, verschanzte sich das Ministerium in seiner Wagenburg.[1201] Die Folgen waren absehbar: Wirtschaftsminister *Werner Müller* äußerte sich kritisch zu dem Entwurf. Es kam zu einem Vieraugengespräch zwischen *Müller* und *Riester*, dessen Hauptergebnis darin bestand, dass auf keinen Fall der Referentenentwurf zugunsten der Betriebsräte verbessert werden durfte; insbesondere die Schaffung neuer Mitbestimmungsrechte sollte tabu sein.

Seitens der Gewerkschaften wurde dies ohne großen Protest hingenommen. Schließlich war der Arbeitsminister zuvor Zweiter Vorsitzender der IG Metall gewesen – da fällt Kritik relativ schwer, zumal man ja vielleicht noch andere Vorhaben hat, für die man seine Unterstützung benötigt. Auch stellt sich die Frage, ob der DGB-Entwurf wirklich die Unterstützung der meisten Untergliederungen und der Mitgliedschaft hatte – es waren ja nicht plötzlich alle zu »Achtundsechzigern« geworden.

In Bezug auf die Leitung des Ministeriums könnte man etwas überspitzt sagen: Die Schere im Kopf zu aktivieren und den Kompromiss eines Kompromisses vorzulegen, schützt nicht vor scharfer Kritik der Arbeitgeberseite. Wohlwollen und Kompromissbereitschaft der anderen Seite lassen sich – so eine alte Erfahrung von Gewerkschaften und Betriebsräten – nicht dadurch erreichen, dass man kaum noch »hier« zu sagen wagt. Warum wurde diese alte Erkenntnis in den Wind geschlagen?

1199 Handelsblatt v. 6. 12. 2000, S. 1.

1200 Handelsblatt v. 6. 12. 2000, S. 3.

1201 Einzelheiten zum Gesetzgebungsverfahren bei *Däubler*, BetrVG 2001 – ein Schritt nach vorne?, WSI-Mitt. 2001, 64.

Der Regierungsentwurf vom 2. April 2001[1202] enthielt einige kleinere Änderungen gegenüber dem Referentenentwurf und fand in der juristischen Literatur deutliche Kritik wegen zahlreicher handwerklicher Mängel.[1203] Diese Einwände wurden jedoch im weiteren parlamentarischen Verfahren nicht aufgegriffen. Die Neufassung des Gesetzes trat am 28. Juli 2001 in Kraft.[1204]

5. Inhaltliche Änderungen

Das neue Gesetz betraf insbesondere die organisatorische Struktur der Betriebsverfassung, während die Mitbestimmungsrechte kaum eine Erweiterung erfuhren. Hervorzuheben sind folgende Punkte:

- Vereinfachtes Wahlverfahren in Betrieben mit bis zu 50 Arbeitnehmern; im Einvernehmen mit dem Arbeitgeber kann dieses auch in Betrieben bis zu 100 Arbeitnehmern angewandt werden.
- Der Gesamtbetriebsrat und unter bestimmten Voraussetzungen auch der Konzernbetriebsrat erhalten das Recht, in Betrieben ohne Betriebsrat einen Wahlvorstand einzusetzen (§ 17 BetrVG). Dadurch soll – genau wie durch das vereinfachte Wahlverfahren – die Neubildung von Betriebsräten erleichtert werden. Die Erfahrungen seit 2002 haben gezeigt, dass dies nicht der Fall ist.[1205]
- Das Mandat von Gesamt- und Konzernbetriebsrat wird auch auf Einheiten ohne Betriebsrat erstreckt. Auch dies hat sich (leider) in der Realität als wenig wirksames Mittel erwiesen.
- Die Arbeitsbedingungen der Betriebsräte werden dadurch verbessert, dass die in § 9 BetrVG vorgesehene Zahl der Betriebsratsmitglieder etwas erhöht sowie die Staffel für die Freistellungen nach § 38 BetrVG nach oben korrigiert wird. Auf Grund einer Ergänzung von § 40 Abs. 2 BetrVG haben Betriebsräte nunmehr auch ausdrücklich Anspruch auf Informations- und Kommunikationstechnik. Beides sind effektive Erleichterungen.
- Der Betriebsrat kann unter einfacheren Voraussetzungen Ausschüsse bilden und sich nach näherer Maßgabe des § 80 Abs. 2 Satz 3 BetrVG an innerbetriebliche Auskunftspersonen wenden und mit diesen zusammen ggf. Projektgruppen bilden. Weiter kann er auf Grund einer Rahmenvereinbarung nach § 28a BetrVG Befugnisse auf Arbeitsgruppen delegieren.

1202 Entwurf eines Gesetzes zur Reform des Betriebsverfassungsgesetzes (BetrVerfReformgesetz), BT-Drucksache 14/5741.

1203 *Hanau*, Denkschrift, RdA 2001, 65; *Konzen*, Der Regierungsentwurf des Betriebsverfassungsgesetzes, RdA 2001, 76; *Richardi/Annuß*, Neues Betriebsverfassungsgesetz: Revolution oder strukturwahrende Reform? DB 2001, 41.

1204 BGBl. I S. 1852.

1205 Unten § 38.

- Die Basis des Betriebsrats wird insofern erweitert, als nach § 7 Satz 2 BetrVG auch solche Arbeitnehmer wahlberechtigt sind, die dem Arbeitgeber für einen Zeitraum von mehr als drei Monaten von einem Dritten überlassen worden sind. Eine Ausdehnung auf arbeitnehmerähnliche Personen ist nicht erfolgt. Auch fehlt überlassenen Leiharbeitnehmern das passive Wahlrecht.[1206]
- Das Gruppenprinzip ist mit Recht abgeschafft, obwohl es auch der DGB-Entwurf und die früheren SPD-Entwürfe beibehalten hatten. § 15 Abs. 2 verlangt nunmehr, dass das in der Minderheit befindliche Geschlecht mindestens entsprechend seinem Anteil an der Belegschaft im Betriebsrat repräsentiert sein muss. Darin liegt eine effektive Verbesserung.
- Die Einheit, in der Betriebsräte zu wählen sind, kann nach § 3 BetrVG tariflich festgelegt werden. Soweit ein Unternehmen nicht tarifgebunden ist, ist auch eine Regelung durch Betriebsvereinbarung möglich. Ausdrücklich zugelassen sind unternehmensübergreifende Vertretungsstrukturen. Die von § 3 eröffneten Möglichkeiten werden in der Praxis häufig genutzt.
- Übergangs- und Restmandat sind nunmehr in den §§ 21a, 21b BetrVG ausdrücklich verankert.
- Der Gemeinschaftsbetrieb wird als solcher im Gesetz (§ 1) anerkannt; auch ergibt sich aus § 47 Abs. 9 BetrVG, dass der dort gewählte Betriebsrat Vertreter in die Gesamtbetriebsräte der Trägerunternehmen entsenden kann.

Was die Tätigkeitsfelder des Betriebsrats betrifft, so ist durch die Neufassung des § 80 Abs. 1 BetrVG formal eine erhebliche Erweiterung eingetreten. In der Realität war allerdings schon vorher die Möglichkeit gegeben, sich beispielsweise um betrieblichen Umweltschutz oder die Vereinbarkeit von Familie und Beruf zu kümmern. Auch die Beschäftigungssicherung, die nunmehr in § 92a BetrVG besonders hervorgehoben wird, gehört zum traditionellen Kernbereich der Betriebsratsaufgaben.

Die Erweiterung von Mitbestimmungsrechten beschränkt sich auf folgende Tatbestände:

- Etwas vergrößerter Anwendungsbereich von § 99 und § 111 BetrVG, da die Mindestzahl an Arbeitnehmern (»mehr als 20«) nicht mehr auf den Betrieb, sondern auf das Unternehmen bezogen ist. § 95 Abs. 2 BetrVG senkte die Grenze für die Erzwingbarkeit von Personalrichtlinien auf 500 Arbeitnehmer ab.
- Der Betriebsrat kann der unbefristeten Einstellung eines Externen mit der Begründung widersprechen, ein gleich geeigneter befristet beschäftigter Bewerber sei im Betrieb vorhanden. Wer »gleich geeignet« ist, entscheidet allerdings der Arbeitgeber faktisch allein.

1206 Zur faktischen Ausklammerung der prekär Beschäftigten aus der Betriebsverfassung s. unten § 39.

- Das Mitbestimmungsrecht nach § 87 BetrVG erstreckt sich nunmehr auch auf die »Grundsätze der Durchführung« von teilautonomer Gruppenarbeit. Dies ist ein sehr enger und bisher kaum praktisch gewordener Anwendungsbereich.
- § 97 Abs. 2 BetrVG schafft ein Mitbestimmungsrecht in Bezug auf Maßnahmen der Weiterbildung, sofern eine Divergenz zwischen den am Arbeitsplatz neu geschaffenen Anforderungen und der Qualifikation der Beschäftigten besteht. Die praktische Bedeutung ist bisher gering, da kaum jemand bereit ist, die fehlende eigene Qualifikation einzuräumen.

VI. Die Entwicklung nach 2002

In den 20 Jahren seit dem Reformgesetz von 2001/2002 sind nur kleinere Veränderungen am BetrVG vorgenommen worden. Die Zeit der großen Entwürfe und ihrer zumindest partiellen Realisierung scheint vorbei zu sein; die politischen Entscheidungsprozesse sind viel zu schwerfällig, um einen sozialstaatlichen Wandel herbeizuführen. Dies wirkt auf die (potenziellen) Akteure zurück: Wer engagiert sich für eine bessere Betriebsverfassung, wenn alles dafür spricht, dass dabei nichts herauskommen wird? Insoweit sei die reine Aufzählung der Veränderungen erlaubt:

– Das Gesetz zur Begrenzung der mit Finanzinvestitionen verbundenen Risiken (»Risikobegrenzungsgesetz«) v. 19. August 2008[1207] hat die §§ 106 Abs. 2 Satz 2, 106 Abs. 3 Nr. 9a und 109a in das BetrVG eingefügt; Wirtschaftsausschuss bzw. Betriebsrat müssen demnach unterrichtet werden, wenn ein Erwerber die Kontrolle über das Unternehmen erlangen will.[1208]

- Mit der zum 1. April 2017 in Kraft getretenen Reform des AÜG[1209] wurde die gegenüber dem Betriebsrat bestehende Unterrichtungspflicht des Arbeitgebers des Einsatzbetriebs beim Einsatz von Drittpersonal konkretisiert. Diese Verpflichtung bezieht sich nach § 80 Abs. 2 Satz 1 BetrVG auch auf die Beschäftigung von Personen, die nicht in einem Arbeitsverhältnis zum Arbeitgeber stehen. Das gilt sowohl für Leiharbeitnehmer als auch für sog. »Fremdfirmen-Arbeitnehmer«, also Mitarbeiter von Drittfirmen, die aufgrund eines Werk- oder Dienstvertrags des Betriebsinhabers mit ihrem Arbeitgeber tätig werden. Die Unterrichtungspflicht erstreckt sich nach der ausdrücklichen gesetzlichen Regelung insbesondere auf den zeitlichen Umfang des Einsatzes,

1207 BGBl. I S. 1666.
1208 Einzelheiten in DKW-*Däubler*, § 106 Rn. 86.
1209 BGBl. I S. 258.

den Einsatzort und die Arbeitsaufgaben dieser Personen. Außerdem ist zu diesem Zweck die Vorlage der Verträge erforderlich, die der Beschäftigung dieser Personen dienen (§ 80 Abs. 2 Satz 3 BetrVG). Das sind die dem Personaleinsatz zugrunde liegenden Verträge (also insbesondere der Werkvertrag oder der Arbeitnehmerüberlassungsvertrag), nicht jedoch die Arbeitsverträge der Leiharbeitnehmer.

- Nach der gesetzlichen Neuregelung in § 14 Abs. 2 AÜG sind bei der Berechnung der betriebsverfassungsrechtlichen Schwellenwerte Leiharbeitnehmer auch im Entleiherbetrieb mitzuzählen, soweit die entsprechenden gesetzlichen Bestimmungen eine bestimmte Anzahl oder einen bestimmten Anteil von Arbeitnehmern voraussetzen. Von der gesetzlichen Regelung ausdrücklich ausgenommen sind die Schwellenwerte nach § 112a BetrVG. Auf eine bestimmte Einsatzdauer kommt es nicht an; nach § 14 Abs. 2 Satz 6 AÜG besteht ein solches Erfordernis nur für die Anwendung des Mitbestimmungsgesetzes und des Drittelbeteiligungsgesetzes sowie weiterer Gesetze zur Unternehmensmitbestimmung.
- Zahlreiche Beteiligungsrechte des Betriebsrats sind in anderen Gesetzen außerhalb des BetrVG festgelegt, wobei es sich allerdings nur ausnahmsweise – etwa in § 9 Abs. 3 ASiG – um Mitbestimmungsrechte handelt.[1210] Erwähnt sei das Informationsrecht nach § 5 Abs. 3 UmwG.[1211]
- Auf der Grundlage der EU-Richtlinie 2014/95/EU[1212] wurde die Verpflichtung geschaffen, in den gemeinsam mit der Bilanz veröffentlichten Lagebericht des Unternehmens sog. nichtfinanzielle Informationen aufzunehmen.[1213] § 289c HGB konkretisiert dies im Einzelnen und bestimmt in Abs. 2 Nr. 2, auch »Arbeitnehmerbelange« müssten einbezogen werden. Es folgt eine nicht abschließende Aufzählung, die u. a. Maßnahmen zur Gewährleistung der Geschlechtergleichstellung, die Arbeitsbedingungen, die Umsetzung der grundlegenden ILO-Übereinkommen, die Achtung der Arbeitnehmerrechte, informiert und konsultiert zu werden, sowie die Achtung der Rechte der Gewerkschaften als Beispiele nennt. In der Literatur wird betont, es könne sich anbieten, diese Erklärungen zusammen mit dem Betriebsrat oder anderen Mitbestimmungsorganen zu erarbeiten[1214] – dies ist sicherlich richtig, doch besteht keine entsprechende rechtliche Verpflichtung.

1210 Eingehend *Engels*, Fortentwicklung des Betriebsverfassungsrechts außerhalb des Betriebsverfassungsgesetzes, AuR 2009, 10ff., 65ff.

1211 Dazu DKW-*Däubler*, Anhang zu §§ 106 – 110.

1212 ABlEU v. 15. 11. 2014 – L 330/1.

1213 Überblick bei *Sommer*, CSR-Richtlinie und Betriebsverfassung, RdA 2016, 291.

1214 *Sommer*, RdA 2016, 291, 294.

- Zusätzliche Aufgaben hat der Betriebsrat durch das Entgelttransparenzgesetz vom 30. Juni 2017[1215] erhalten. Sie finden sich insbesondere in den §§ 17ff. EntgeltTranspG.[1216]
- Durch Art. 4e des Qualifizierungschancengesetzes vom 18. Dezember 2018[1217] wurden § 117 Abs. 1 Satz 2 und Abs. 2 Satz 3 BetrVG mit Wirkung ab 1. Mai 2019 in das Gesetz eingefügt. Danach können Betriebsräte auch für das fliegende Personal von Luftfahrtunternehmen nach den allgemeinen Regeln errichtet werden, wenn kein Tarifvertrag besteht. Bereits abgeschlossenen Tarifverträgen kommt Nachwirkung im Sinne des § 4 Abs. 5 TVG zu, was auf eine schlichte Klarstellung hinausläuft. Die gewerkschaftlichen Durchsetzungsmöglichkeiten werden durch die Neuregelung verbessert, da der Abschluss eines für sie wenig attraktiven Tarifvertrags mit einem Hinweis auf die ohne Tarifabschluss eintretende gesetzliche Regelung abgelehnt werden kann.[1218]

VII. Das Betriebsrätemodernisierungsgesetz

In den letzten Monaten vor der Bundestagswahl 2021 entfaltete der Gesetzgeber einige Aktivitäten: Neben der Reform der Personalvertretung auf Bundesebene[1219] wurde auch das BetrVG in einigen Punkten geändert,[1220] wobei die Bezeichnung »Betriebsrätemodernisierungsgesetz« keine allzu hohen Erwartungen hervorrufen sollte.[1221] Im Einzelnen ging es um folgende sieben Punkte:

- Die Wahl von Betriebsräten soll erleichtert werden. Zu diesem Zweck sollen die Initiatoren einer Wahl besser gegen Kündigungen geschützt werden. Außerdem wird das sog. vereinfachte Wahlverfahren auf Betriebe mit bis zu 100 Arbeitnehmern erstreckt und die Notwendigkeit und Zahl von sog. Stützunterschriften reduziert. Ob dies wirklich dazu beiträgt, dass mehr Betriebsräte gewählt werden, soll an späterer Stelle erörtert werden.[1222]
- Das Wahlalter wird von 18 auf 16 Jahre gesenkt. Dadurch soll der Vorwurf einer Diskriminierung wegen (jugendlichen) Alters vermieden werden. Der

---

1215 BGBl. I S. 2152.

1216 Dazu die Kommentierung von *Hinrichs und Zimmer*, in: Däubler/Beck (Hrsg.), AGG Handkommentar, 5. Aufl. 2022.

1217 BGBl. I S. 2651, 2656.

1218 *M. Schmidt*, AE 2/2019, 58.

1219 S. oben § 27 IV 4.

1220 Gesetz zur Förderung der Betriebsratswahlen und der Betriebsratsarbeit in einer digitalen Arbeitswelt (Betriebsrätemodernisierungsgesetz) vom 14. Juni 2021, BGBl I S. 1762.

1221 Weitergehend *Schiefer*, FS Ingrid Schmidt, S. 485, 499: Das Gesetz »verdient seinen Namen nicht«.

1222 Unten § 37.

Ansatz ist richtig, doch fragt man sich, warum nicht alle Minderjährigen, die mit Zustimmung ihres gesetzlichen Vertreters im Betrieb arbeiten, das Wahlrecht bekommen sollten. Dafür könnte zudem sprechen, dass sie unbestrittenermaßen einer Gewerkschaft beitreten können.

- Betriebsratssitzungen können unter bestimmten Voraussetzungen auch als Video- oder Telefonkonferenz stattfinden. Die Corona-Pandemie hat die Digitalisierung der Betriebsratsarbeit ersichtlich beschleunigt.[1223]
- Soweit der Betriebsrat Daten verarbeitet, ist er an das Datenschutzrecht gebunden. Die Rolle des »Verantwortlichen«, der bei Fehlern ggf. auf Schadensersatz haftet und gegen den die Aufsichtsbehörde Bußgelder verhängen kann, bleibt jedoch nach § 79a BetrVG beim Arbeitgeber. Betriebsrat und Arbeitgeber müssen sich gegenseitig bei der Erfüllung datenschutzrechtlicher Pflichten unterstützen. Der (im Grundsatz vom Arbeitgeber ausgesuchte) betriebliche Datenschutzbeauftragte ist dem Arbeitgeber gegenüber zur Verschwiegenheit über solche Informationen verpflichtet, die Rückschlüsse auf den Meinungsbildungsprozess des Betriebsrats zulassen. Nach bisherigem Recht war der betriebliche Datenschutzbeauftragte als »Gewährsmann« des Arbeitgebers nicht berechtigt, die Datenverarbeitung durch den Betriebsrat zu kontrollieren.[1224] Dies dürfte sich nunmehr zulasten des Betriebsrats geändert haben,[1225] wobei jedoch noch ungeklärt ist, ob die Kontrollbefugnis auch die Verarbeitung konkreter Daten erfasst, da dies die Unabhängigkeit des Betriebsrats erheblich beeinträchtigen könnte.
- Hat der Betriebsrat bei der Durchführung seiner Aufgaben die Einführung oder Anwendung künstlicher Intelligenz zu beurteilen, so gilt die Hinzuziehung eines Sachverständigen als erforderlich. In welchem Umfang dieser heranzuziehen ist, muss aber weiterhin mit dem Arbeitgeber vereinbart werden. Der Einsatz künstlicher Intelligenz wird im Rahmen der Beratungsrechte über die Gestaltung der Arbeitsplätze nach § 90 Abs. 1 BetrVG und im Zusammenhang mit Personalrichtlinien in dem neuen § 95 Abs. 2a BetrVG erwähnt.
- Die »Ausgestaltung« von mobiler Arbeit unterliegt nach dem neuen § 87 Abs. 1 Nr. 14 BetrVG der Mitbestimmung. Zur mobilen Arbeit zählt auch das Homeoffice, das zugleich durch eine Neufassung des § 8 SGB VII im Bereich der gesetzlichen Unfallversicherung einem betrieblichen Arbeitsplatz gleichgestellt wird. Zur »Ausgestaltung« gehört jedoch nicht die Einführung; der Betriebsrat kann also nicht erzwingen, dass z. B. jede Woche ein Tag zu Hause gearbeitet werden darf.

1223 Einzelheiten unten § 41 V 4.

1224 BAG 11.11.1997 – 1 ABR 21/97, AuR 1999, 363 = NZA 1998, 385.

1225 S. ErfK-*Franzen*, § 26 BDSG Rn. 52.

- Sind sich Betriebsrat und Arbeitgeber über eine Maßnahme der Berufsbildung nicht einig, so kann die Einigungsstelle angerufen werden. Diese kann sich jedoch nur um eine Vermittlung bemühen; eine verbindliche Entscheidung ist ihr nicht möglich (§ 96 Abs. 1a BetrVG).

Die Aufzählung der Einzelpunkte macht deutlich, dass es sich um punktuelle Korrekturen handelte; von einem »großen Wurf«, wie er 1972 gelang, kann nicht im Entferntesten die Rede sein. Wie die weiteren Perspektiven aussehen, soll an späterer Stelle zusammenhängend erörtert werden.[1226]

1226 Unten § 43.

§ 32 Erstreckung der Betriebsverfassung auf die neuen Bundesländer

I. Der Weg zur Wiedervereinigung

Mit der Öffnung der Grenzen am 9. November 1989 war die Entscheidung zugunsten der deutschen Einheit gefallen. Der Weg dorthin schien in diesem Moment jedoch noch nicht geklärt: Viele Bürgerrechtler träumten von einem demokratischen Sozialismus in einer besseren DDR und lehnten eine Übernahme des Gesellschaftsmodells der Bundesrepublik ab. Die Regierung Modrow unternahm den späten Versuch, marktwirtschaftliche Elemente in das Wirtschaftssystem der DDR einzubauen, was in der Joint-Venture-Verordnung vom 25. Januar 1990[1227] besonders deutlich zum Ausdruck kam.

Doch der Wind drehte sich innerhalb weniger Wochen. Die Mehrheit der Bevölkerung wollte die DM und verband damit die Vorstellung, in Kürze genauso gut wie im Westen zu leben. Bundeskanzler Kohl brachte diese Stimmung mit seinem Bild von den »blühenden Landschaften« gut auf den Begriff. Der Anschluss an das »Wirtschaftswunderland« sollte möglichst schnell geschehen, da niemand wissen konnte, ob die aktuelle außenpolitische Konstellation auch noch in ein oder zwei Jahren bestehen würde: Gorbatschow hatte offensichtlich nichts gegen die deutsche Einheit einzuwenden, doch war seine Machtbasis unsicher und ein plötzlicher Wandel nicht auszuschließen.

Die Wahlen vom 18. März 1990 brachten einen Sieg der (gewendeten) Ost-CDU, die 163 von 400 Mandaten errang. Die SPD errang 88, das »Neue Forum« ganze 12 Sitze. Die Entwicklung war über die Bürgerrechtler hinweggegangen. Die Partei des Demokratischen Sozialismus (PDS), die am ehesten die Eigenständigkeit der DDR verteidigt hätte, kam auf 66 Mandate, was einem Stimmenanteil von ca. 15 % entsprach.[1228]

Die aufgrund dieses Wahlergebnisses gebildete Regierung *De Maizière* (CDU), an der die SPD als Juniorpartner beteiligt war, nahm alsbald Verhandlungen mit der Bundesregierung über erste Schritte zur Wiedervereinigung auf. Schon am

1227 GBl. I S. 16.

1228 Angaben nach Statistisches Jahrbuch der DDR, '90, S. 449.

18. Mai 1990 wurde der »Vertrag über die Schaffung einer Währungs-, Wirtschafts- und Sozialunion zwischen der Bundesrepublik Deutschland und der Deutschen Demokratischen Republik« in Bonn unterzeichnet[1229] und alsbald ratifiziert. Dieses gemeinhin als »Staatsvertrag« bezeichnete Dokument verstand sich als »erster bedeutsamer Schritt in Richtung auf die Herstellung der staatlichen Einheit nach Art. 23 GG.«[1230] Wesentlichster Teil war die Herstellung der Währungsunion, die viele DDR-Unternehmen von einem Tag auf den andern in existentielle Schwierigkeiten brachte.

Das IT-Unternehmen Robotron hatte bislang 70 % seiner Produkte in die sozialistischen »Bruderländer« exportiert; ca. 30 % gingen in den DDR-Binnenmarkt. Mit der Währungsunion brach die Nachfrage zusammen: Die osteuropäischen Länder wollten ihre wenigen Westdevisen lieber für Siemens- oder IBM-Produkte ausgeben, die DDR-Betriebe und die DDR-Verbraucher waren ebenfalls ausschließlich an Westwaren interessiert. Das Unternehmen hatte bislang floriert und lag in einigen Gebieten in der Forschung nur ein bis zwei Jahre hinter Siemens zurück – dennoch war seine Überlebenschance gleich null. Hätte die Mark der DDR einige Zeit als Zweitwährung weiter existiert, wäre die Entwicklung eine andere gewesen.

Weniger bekannt waren die Grundsätze über die Wirtschaftsunion. Art. 1 Abs. 3 des Staatsvertrags bestimmte insoweit:

> Grundlage der Wirtschaftsunion ist die Soziale Marktwirtschaft als gemeinsame Wirtschaftsordnung beider Vertragsparteien. Sie wird insbesondere bestimmt durch Privateigentum, Leistungswettbewerb, freie Preisbildung und grundsätzlich volle Freizügigkeit von Arbeit, Kapital, Gütern und Dienstleistungen. …

Damit war die soziale Marktwirtschaft zugleich für die Bundesrepublik erstmals normativ festgeschrieben. Dies führte jedoch in der Folgezeit zu keinerlei praktischen Veränderungen oder Konsequenzen.
Die Sozialunion hatte ergänzenden Charakter. Art. 1 Abs. 4 brachte dies mit den Worten zum Ausdruck:

> Die Sozialunion bildet mit der Währungs- und Wirtschaftsunion eine Einheit. Sie wird insbesondere bestimmt durch eine der Sozialen Marktwirtschaft entsprechende Arbeitsrechtsordnung und ein auf den Prinzipien der

1229 Im Wortlaut veröffentlicht im Bulletin der Bundesregierung Nr. 63/1990, S. 517 ff.
1230 So die vierte Begründungserwägung der Präambel.

Leistungsgerechtigkeit und des sozialen Ausgleichs beruhendes umfassendes System der sozialen Sicherung.

Damit waren die zentralen Entscheidungen gefallen. Die zweite und zugleich letzte Etappe markiert der Einigungsvertrag vom 31. August 1990, der am 29. September 1990 in Kraft trat.[1231] Die Vereinigung wurde am 3. Oktober 1990 vollzogen.

II. Wiederauferstehung der Betriebsverfassung

Schon vor den Wahlen vom 18. März 1990 bildeten sich in einer Reihe von DDR-Betrieben neue Interessenvertretungen, die sich bisweilen »Betriebsrat« nannten.[1232] Eine Rechtsgrundlage dafür gab es nicht; insoweit war die Situation ähnlich wie unmittelbar nach Kriegsende.[1233] Zum Teil ersetzten die Gewählten die BGL[1234], zum Teil kamen sie als zusätzliches Organ hinzu.[1235] In anderen Betrieben wurde eine neue BGL gewählt. War – wie in vielen Fällen – Personalabbau absehbar, wurden mit der Betriebsleitung Abmachungen getroffen, die westdeutschen Sozialplänen ähnlich waren. Im Neuen Forum und in der Vereinigten Linken wurden Modelle für eine sehr weitgehende Mitbestimmung durch Betriebsräte entworfen.[1236] Auch in der westdeutschen Literatur gab es entsprechende Überlegungen.[1237] Mit Rücksicht auf die politische Großwetterlage war diesen Initiativen allerdings genauso wenig wie dem Verfassungsentwurf des Runden Tisches[1238] Erfolg beschieden.

1231 Vertrag zwischen der Bundesrepublik Deutschland und der Deutschen Demokratischen Republik über die Herstellung der Einheit Deutschlands (Einigungsvertrag) v. 31.8.1990, BGBl. II S. 889.

1232 *Thiel*, S. 54.

1233 Dazu oben § 20 I.

1234 Zu dieser s. oben § 28 IV 1.

1235 Zwei Initiativen sind dokumentiert bei *Zgraggen/v. Seggern* AiB 1990, 104. S. weiter *Schumann* GMH 1990, 164.

1236 S. das Beispiel aus der Vereinigten Linken: *https://www.ddr89.de/betriebe/raete7.html.*

1237 *Däubler/Klebe*, Mitbestimmung – ein Angebot für die DDR? Rechtliche Voraussetzungen, Möglichkeiten und Anregungen für die Einführung für Mitbestimmungs- und Mitwirkungsrechten für die Arbeitnehmer(innen) in der DDR, »Die Mitbestimmung« 1990, 363 ff. (abrufbar auch unter *www.daeubler.de*, Teil: »Aufsätze«, dort: Arbeitsrecht der DDR und Wiedervereinigung).

1238 Dazu *Templin* GMH 1990, 370.

Der Staatsvertrag sah in seiner Anlage II im Abschnitt IV 5 vor, dass das BetrVG in die DDR übernommen werden solle. Dies geschah umgehend;[1239] bis Ende 1990 sollten Betriebsratswahlen stattfinden. In der Zwischenzeit blieben »demokratisch gewählte« Interessenvertretungen im Amt.[1240]
Soweit keine Ausnahme vorgesehen war, erstreckte der Einigungsvertrag das gesamte Recht der Bundesrepublik auf die DDR. Für das BetrVG bedeutete dies, dass es erneut in Geltung gesetzt wurde. Darin lag mehr als bloße Symbolik: Während die in Ausführung des Staatsvertrags von der Volkskammer übernommenen Gesetze Teil der eigenständigen DDR-Rechtsordnung wurden (und auch in deren Geist hätten interpretiert werden können), war nunmehr die Rechts- und Verfassungsordnung der Bundesrepublik insgesamt auf die ehemalige DDR ausgedehnt worden. Die ersten Betriebsratswahlen mussten nun bis 30. Juni 1991 stattfinden. Bis zu diesem Zeitpunkt galt auch die Verordnung vom 11. Juli 1990[1241] fort, Dies bedeutete, dass Interessenvertretungen, die von der Belegschaft in geheimer Abstimmung gewählt worden waren, bis zur Konstituierung eines Betriebsrats im Amt bleiben konnten. Dies galt auch für Betriebsgewerkschaftsleitungen nach früherem Recht, soweit sie nach demokratischen Grundsätzen gewählt waren.[1242]
Die Übernahme des BetrVG brachte einige Probleme mit sich. Übernommen wurde ja nicht allein der Gesetzestext, sondern zugleich auch die dazu ergangene und in Zukunft ergehende Rechtsprechung. Dazu kam die juristische Literatur, in der DDR-Juristen nicht vertreten waren. Auch die neu errichteten Arbeitsgerichte wurden vorwiegend mit Richtern aus den alten Bundesländern besetzt. Die Weiterbeschäftigung von DDR-Richtern war möglich, blieb aber zahlenmäßig die Ausnahme; nur 68 der insgesamt 278 Richterstellen in der Arbeitsgerichtsbarkeit der neuen Bundesländer waren 1994 mit Personen besetzt, die in der DDR ausgebildet worden waren; der große Rest stammte aus dem Westen.[1243] Bis heute hat es kein DDR-Jurist bis zur Position eines Bundesrichters oder gar der eines Richters am Bundesverfassungsgericht geschafft. Diese Form von »Rechtsexport« war zusätzlich noch dadurch belastet, dass es in weiten Teilen des Arbeitsrechts – etwa beim Schutz der erwerbstätigen Frau oder beim Bestandsschutz des Arbeitsverhältnisses – zu einem deutlichen Abbau von Schutznormen

1239 Durch die §§ 30, 34 des Gesetzes über die Inkraftsetzung von Vorschriften der Bundesrepublik Deutschland in der DDR vom 21. Juni 1990 (Mantelgesetz) wurde das Betriebsverfassungsgesetz mit einigen Abänderungen ab dem 1. Juli 1990 in Kraft gesetzt.

1240 *Däubler*, Staatsvertrag und Arbeitsrecht, AiB 1990, 208.

1241 GBl. I S. 715.

1242 Näher dazu und zum Wahlverfahren *Nielebock*, Betriebsratswahl in der DDR, AiB 1990, 289.

1243 *Dieterich*, Fremdrechtsprechung. Arbeitsgerichte im östlichen Teil Deutschlands, NZA 1995, 553, 556.

gekommen war.[1244] Wenn sich dennoch kein relevanter Widerstand regte, so hing dies damit zusammen, dass es für die meisten Bürger keine erhaltenswerten Werte und Institutionen aus der DDR mehr gab. Natürlich gab es Unzufriedenheit, die z. B. in dem *Bärbel Bohley* zugeschriebenen Spruch zum Ausdruck kam: »*Wir haben Gerechtigkeit erwartet und den Rechtsstaat bekommen*«[1245], aber zwischen Unzufriedenheit und Widerstand ist bisweilen ein langer Weg. Bei der Betriebsverfassung waren die Probleme vergleichsweise die geringsten, da es ja primär nicht um gerichtliche Auseinandersetzungen, sondern um die Wahl eines Vertretungsgremiums ging, das seiner Zusammensetzung nach aus »Einheimischen« und nicht aus »Besserwessis« bestand.

III. Das Problem der Abfindungspläne

1. Selbsthilfe und Vorsorge wurden nicht belohnt

Wie oben[1246] kurz erwähnt, wurden bereits vor den Wahlen vom 18. März 1990 und erst recht vor dem Inkrafttreten des Staatsvertrags in einzelnen Betrieben sozialplanähnliche Vereinbarungen geschlossen. Der Einigungsvertrag hatte lediglich die Weitergeltung von Arbeitsverträgen und von (überbetrieblichen) Rahmenkollektivverträgen vorgesehen, betriebliche Normen aber nicht erwähnt.[1247] Insoweit wurde lediglich der vorläufige Fortbestand von geheim und nach demokratischen Grundsätzen gewählten Vertretungsgremien bis zur Wahl eines Betriebsrats anerkannt.

Es hätte nahe gelegen, die von den »vorläufigen Betriebsräten« abgeschlossenen Quasi-Sozialpläne als gültig zu behandeln, doch geschah dies im Ergebnis meist nicht. Das BAG behandelte Betriebskollektivverträge als unwirksam, die vor dem 1. Juli 1990 abgeschlossen wurden und die Abfindungen für Arbeitnehmer vorgesehen hatten, die infolge von Umstrukturierungen und Rationalisierungsmaßnahmen entlassen wurden.[1248] Etwas Derartiges könne nach DDR-Recht in einem Betriebskollektivvertrag gar nicht vorgesehen werden. Dabei wurde übersehen, dass es sich in Wahrheit nicht um einen Betriebskollektivvertrag, sondern um eine sonstige Abmachung handelte, in der sehr wohl solche Regelungen enthalten sein konnten. Trotz eingehender Kritik[1249] bestätigte das BAG zwei Jahre später

1244 *Däubler*, Bundesdeutsches Arbeitsrecht in der DDR, KJ 1992, 259ff.
1245 Zitiert nach *Dieterich*, NZA 1995, 553.
1246 Unter II.
1247 Berechtigte Kritik bei *Sander*, S. 159ff.
1248 BAG 26.5.1992 – 10 ABR 63/91, NZA 1992, 1135.
1249 Dazu mit eingehenden Nachweisen *Sander*, S. 162ff.

seine Rechtsprechung.[1250] (Überbetriebliche) Rahmenkollektivverträge wurden als unwirksam behandelt, wenn sie nicht nach § 14 Abs. 2 AGB-DDR registriert wurden,[1251] obwohl in der Übergangszeit angesichts der allgemeinen Auflösungserscheinungen eine Registrierung eher »Glücksache« war und es nahe gelegen hätte, eine Verhaltensweise als wirksam anzuerkennen, die den in der Bundesrepublik bestehenden Regeln entsprach.[1252] Auch hätte eine Umdeutung in einen ab 1. Juli 1990 geltenden Tarifvertrag nahe gelegen. Keine Wirkung konnten auch Abmachungen entfalten, die von einer Arbeitnehmervertretung abgeschlossen wurden, die lediglich von den betrieblichen Gewerkschaftsmitgliedern aktuell oder in der Vergangenheit gewählt worden war.[1253] Insoweit sei nicht nach demokratischen Grundsätzen verfahren worden, doch sei es unschädlich, wenn kurzfristig (bis zu drei Monaten) im Betrieb tätige Arbeitnehmer nicht hätten mitwählen dürfen.[1254] Der restriktive Charakter der Rechtsprechung wurde auch daran deutlich, dass im öffentlichen Dienst während der Übergangszeit (d.h. bis zur Wahl eines Betriebsrats) die Interessenvertretung der Arbeitnehmer nicht angehört werden musste, weil die Übergangsregelung nur für die Privatwirtschaft gelte.[1255]

2. Abfindungen bei Entlassungen aus Treuhandunternehmen

Der Abbau von Arbeitsplätzen erfolgte insbesondere in Industrieunternehmen, also früheren VEBs. Sie hatten typischerweise die Rechtsform einer GmbH erhalten, deren Anteile ausschließlich der Treuhand zustanden. Diese bemühte sich darum, für einzelne Betriebe private Investoren zu finden, die meist nur bereit waren, einen kleinen Teil der Arbeitsplätze zu übernehmen. In anderen Fällen fand eine sofortige Betriebsschließung statt, was angesichts der durch die Währungsunion geschaffenen Rahmenbedingungen nicht weiter verwunderlich war.

Für die nach dem 3. Oktober 1990 neu gewählten Betriebsräte war es schwierig, zum Abschluss eines Sozialplans zu kommen. Soweit die Unternehmen überhaupt noch über Finanzmittel verfügten, zögerten sie häufig den Abschluss hi-

---

1250 BAG 14.9.1994 – 10 AZR 6212, NZA 1995, 687. Kritisch dazu *Kohte,* Wirksamkeit von Betriebskollektivverträgen, AuA 1995, 242; *Udo Mayer,* Kollektivverträge aus den letzten Tagen der DDR, AiB 1995, 215.

1251 BAG 21.5.1992 – 8 AZR 436/91, NZA 1993, 227. Im konkreten Fall ging es um einen »Tarifvertrag« vom 12. Juni 1990 (!) über den Schutz von Mitarbeitern im Gesundheits- und Sozialwesen bei Rationalisierungsmaßnahmen und Strukturveränderungen.

1252 *Däubler,* Kollektivvereinbarungen aus der früheren DDR – ein Ärgernis? BB 1993, 427f.; *Udo Mayer* AiB 1995, 215.

1253 BAG 12.11.1992 – 8 AZR 232/92, NZA 1993, 861.

1254 BAG 13.3.1996 – 10 AZR 835/94, AuA 1997, 206.

1255 BAG 16.2.1995 – 8 AZR 639/93, NZA 1995, 1067.

naus. Wer als Betriebsrat nicht nur neu gewählt, sondern auch ohne Erfahrung im marktwirtschaftlichen Arbeitsrecht war, hatte große Schwierigkeiten, die Einigungsstelle anzurufen oder gar einen vom Arbeitgeber vorgeschlagenen Vorsitzenden abzulehnen und ein gerichtliches Einsetzungsverfahren in die Wege zu leiten. Auch eine geeignete Argumentationsstrategie aufzubauen, war nicht einfach. Noch schlimmer war es in Betrieben, die praktisch über keine Eigenmittel mehr verfügten: Die Treuhandanstalt vertrat lange den Standpunkt, ein »Durchgriff« könne nicht in Betracht kommen, sie brauche für die Verbindlichkeiten ihrer »Töchter« nicht einzustehen. So wurden Massenentlassungen durchgeführt, ohne dass die Betroffenen eine Abfindung erhalten hätten – die Marktwirtschaft stellte insoweit kein »Begrüßungsgeld« zur Verfügung.
In dieser Situation verständigten sich DGB und DAG auf der einen und die Treuhandanstalt auf der anderen Seite am 13. April 1991 auf eine »Gemeinsame Erklärung«. Diese war zwar kein Tarifvertrag, wurde aber von beiden Seiten als verbindlich angesehen und befolgt. Danach galten für Sozialpläne die folgenden Grundsätze:[1256]

- Die Treuhandanstalt wird ihre Tochterunternehmen unterstützen, wenn es um den Einsatz der gesetzlichen Instrumente der Arbeitsförderung, etwa der beruflichen Weiterbildung und der Umschulung geht.
- Soweit der Abbau von Arbeitsplätzen unvermeidbar ist, muss die Treuhand wesentliche Beiträge leisten, um die Chancen der Betroffenen auf dem Arbeitsmarkt zu verbessern. Dazu gehört u.a. die Bereitstellung geeigneter Grundstücke und Gebäude für Beschäftigungs- und Qualifizierungsgesellschaften.
- Bei Sozialplanabfindungen ist zwischen »leistungsfähigen« und »nicht mehr leistungsfähigen« Arbeitgeberunternehmen zu unterscheiden.
- Im ersten Fall beträgt das Sozialplanvolumen im Durchschnitt vier Monatsgehälter pro betroffenem Arbeitnehmer. Dadurch ergibt sich eine Gesamtsumme, die durch Verhandlungen zwischen der einzelnen Betriebsleitung und Betriebsrat unterschiedlich verteilt werden kann. Dabei ist auf die soziale Situation des Einzelnen abzustellen (unterhaltsberechtigte Kinder? Schwerbehinderung? oder umgekehrt: in Kürze mögliche Verrentung). Auf freiwilliger Grundlage können die vier Monatsgehälter überschritten werden.
- Im zweiten Fall (nicht mehr leistungsfähige Unternehmen) werden pro betroffenem Arbeitnehmer 5000 DM vorgesehen, die von der Treuhand getragen werden. Auch dies ist nur ein Durchschnittswert, über dessen Verteilung die Betriebsparteien entscheiden können. »Betroffen« sind wie im ersten Fall

1256 Eingehender dazu *Däubler*, Verbesserungen im Sozialplanrecht der neuen Bundesländer, AiB 1991, 179, 180.

nicht nur gekündigte Arbeitnehmer, sondern auch solche, die einen Aufhebungsvertrag geschlossen oder selbst gekündigt haben.

Bezogen auf die in den alten Bundesländern bezahlten Sätze waren dies außerordentlich bescheidene Beträge. Gegenüber dem vorher praktizierten entschädigungslosen Ausscheiden stellten sie sich jedoch als relativer Fortschritt dar. Dennoch hat der massenhafte Arbeitsplatzabbau zur Distanz vieler gegenüber dem neuen Gesellschaftssystem beigetragen.

IV. Normalisierung?

In den neuen Bundesländern sind nur in 9 % aller unter das BetrVG fallenden Betriebe Betriebsräte gewählt worden. Dieser Prozentsatz entspricht dem heute in den alten Bundesländern bestehenden.[1257] Ein Unterschied besteht nur insoweit, als im Westen ca. 40 % aller vom Gesetz erfassten Arbeitnehmer durch einen Betriebsrat vertreten werden, während dies im Osten – wo es mehr Klein- und Mittelbetriebe gibt – nur 33 % sind. Das »Gleichziehen« mit dem Westen hat sich erst in den Jahren ab 2010 vollzogen. Insbesondere im Organisationsbereich der IG Metall und der IGBCE hat es sehr viel mehr Neugründungen gegeben als in den Jahren zuvor.[1258] Verantwortlich dafür waren insbesondere jüngere Fachkräfte, die nicht die entmutigenden Erfahrungen der nach 1990 in den Betrieben verbliebenen älteren Generation gemacht hatten.

1257 Näher unten § 37 I.

1258 Dies gilt jedenfalls für den Zeitraum bis 2015. Eingehend dazu *Röbenack/Artus*, Betriebsräte im Aufbruch? Vitalisierung betrieblicher Mitbestimmung in Ostdeutschland. Eine Studie der Otto Brenner Stiftung, Frankfurt/Main 2015.

§ 33 Differenzierte Realität

I. Frühe Erfahrungen mit dem BetrVG 1972

Wie ist die Praxis der bestehenden Betriebsräte beschaffen? Was können sie erreichen und was bleibt ihnen verschlossen? Als Erstes sollen zwei empirische Untersuchungen vorgestellt werden, an denen die Vielfalt der betrieblichen Verhältnisse deutlich wird. Sie stammen aus einer Zeit, als die »Randbelegschaften« noch so gut wie keine Rolle spielten.

1. Die erste Untersuchung von Kotthoff

Relativ kurz nach Inkrafttreten des BetrVG 1972, d. h. in den Jahren 1973/1974 untersuchte *Hermann Kotthoff*, wie das Verhältnis von Betriebsrat und Geschäftsleitung damals beschaffen war. Gingen – wie das Gesetz es vorsieht – Arbeitnehmerinteressen effektiv in bestimmte Entscheidungen ein? Untersuchungsobjekt war eine repräsentative Auswahl von 63 Betrieben mit über 70 Beschäftigten im Raum Südbaden.[1259] Anders als in den Untersuchungen von *Blume* und *Kliemt* unter dem BetrVG 1952[1260] wurden dabei auch die Geschäftsleitungen befragt. Weiter gab es auf Arbeitnehmerseite nicht nur eine Auskunftsperson in Form des Betriebsratsvorsitzenden; vielmehr wurden ein oder zwei weitere Betriebsratsmitglieder einbezogen. Dabei wurde insbesondere den folgenden Fragen nachgegangen:[1261]

- Welche Haltung nimmt die Geschäftsleitung gegenüber dem (damals neuen) BetrVG und dem Betriebsrat ein?
- Wie versteht der Betriebsrat seine Rolle und seine Aufgabe?
- Welches Verhältnis besteht zwischen Betriebsrat und Geschäftsleitung?
- Werden die Belegschaften in die Arbeit des Betriebsrats einbezogen?
- Welches Verhältnis besteht zwischen Betriebsrat und Gewerkschaft?

1259 *Kotthoff*, Betriebsräte und betriebliche Herrschaft, S. 37 f.

1260 Dazu oben § 25 III 1a und b.

1261 *Kotthoff*, Betriebsräte und betriebliche Herrschaft, S. 42.

- Wie findet (wenn überhaupt) Interessenvertretung statt? Welche Strategien und Mechanismen kommen zum Einsatz?
- Welche Erfolge hat die Betriebsratstätigkeit aufzuweisen (»Interessenvertretungswirksamkeit« genannt)?
- Wie ist die interne Struktur des Betriebsrats beschaffen?
- Welche Bedeutung hat das BetrVG für tatsächlich praktizierte Mitbestimmung?

Die Antworten waren – wie nicht anders zu erwarten – sehr unterschiedlich. Auf ihrer Grundlage wurden sechs »Typen« von Betriebsräten entwickelt, zu denen aufgrund von Dokumentationen in der Literatur ein siebter Typ hinzu kam. Die verschiedenen Typen seien im Folgenden in »aufsteigender« Reihenfolge genannt.

a) Der ignorierte Betriebsrat

Die wenigsten Einwirkungsmöglichkeiten hatte der »ignorierte Betriebsrat« (Typ I), den es nach Einschätzung des Verfassers in 5 der 63 Betriebe gab. Der Betriebsrat wirkt in keinem Entscheidungsbereich mit, der vom BetrVG erfasst ist.[1262] Allenfalls in nebensächlichen Angelegenheiten überbringt der Betriebsratsvorsitzende Wünsche aus der Belegschaft; ein »Nein« der Geschäftsleitung erledigt das Vorhaben auf Dauer. Der Betriebsrat will sich genau wie die Beschäftigten nicht exponieren und so den Unwillen des Chefs auf sich ziehen. In zwei der fünf Betriebe ist der Chef zugleich der Eigentümer des Unternehmens, in den anderen hat ein Geschäftsführer das Sagen; die Betriebsgröße schwankt zwischen 70 und 100 Beschäftigten, nur ein Betrieb überschreitet die Grenze von 200.[1263] Die jeweiligen »Chefs« halten nichts vom BetrVG; sie sehen sich in der Lage, alle anfallenden Probleme selbst zu entscheiden. Widerspruch ist für Beschäftigte mit einem hohen Risiko verbunden, das niemand auf sich nehmen will. Der Chef hat engen persönlichen Kontakt mit den Beschäftigten und häufig auch einen vergleichbaren beruflichen Hintergrund. Sein Führungsverhalten ist patriarchalisch oder autoritär. Betriebsratssitzungen finden nur selten statt. Der gewerkschaftliche Organisationsgrad ist unterschiedlich und liegt in einem Fall sogar bei 80%, doch hat dies keine Auswirkungen auf die innerbetrieblichen Verhältnisse. Der Gewerkschaftssekretär kommt auf Anraten des Betriebsratsvorsitzenden nicht in den Betrieb, »weil der Chef es nicht gerne sieht.«[1264]

1262 *Kotthoff*, a.a.O., S. 60.
1263 *Kotthoff*, a.a.O., S. 52.
1264 *Kotthoff*, a.a.O., S. 62.

b) Der isolierte Betriebsrat

Auch der »isolierte Betriebsrat« hat keine realen Partizipationsmöglichkeiten.[1265] Er befindet sich in einer autoritär strukturierten Umgebung; der »Chef« – meist auch der Eigentümer des Unternehmens – entscheidet ohne Rücksprache, was im Betrieb geschehen soll. Dies wird mit autoritären Mitteln durchgesetzt; Widerworte sind verpönt und können leicht zu Sanktionen führen. Das Betriebsklima wird als »miserabel« bezeichnet. Die Geschäftsleitung betont selbst, den Betrieb mit »eiserner Faust« zu führen. Es entsteht ein Klima der Angst, das auch den Betriebsrat erfasst; Beschäftigte trauen ihm (zu Recht) keinen Einsatz für ihre Interessen zu und kommen deshalb auch nicht mit Anliegen zu ihm. Die Geschäftsleitung erwartet von ihm, dass er ihre Politik unterstützt und beklagt sich darüber, dass er sich davor manchmal mit »wachsweichen Formulierungen« drücke. Grundsätzlich sieht sie ihn aber positiv, da er sich immer habe überzeugen lassen. Mitbestimmung wird auch nicht im Bereich von Sozialeinrichtungen praktiziert, da der Betriebsrat dies zur Profilierung nutzen könnte. Im Gegensatz zum »ignorierten Betriebsrat« (Typ I) verfügt er allerdings über ein Büro und kommt auch des Öfteren zu Sitzungen zusammen. Insoweit ist er ein sichtbares Gremium, das durch seine Existenz und sein Verhalten den Entscheidungen der Geschäftsleitung zusätzliche Legitimität verleihen soll. Zu diesem Typ II gehörten 14 von 63 Betrieben; in 6 von ihnen lag der gewerkschaftliche Organisationsgrad zwischen 60 und 80 Prozent, was sich aber nicht auf die Betriebsratspolitik auswirkte. Die objektiv bestehende »Leisetreterei« stellt eine spezifische Verarbeitung der Hilflosigkeit der Betriebsratsmitglieder dar. Hin und wieder gab es einzelne Mitglieder mit anderer Grundhaltung, doch wurden sie relativ schnell »auf Linie« gebracht.

c) Der Betriebsrat als Organ der Geschäftsleitung

Der Typ III unterscheidet sich von den beiden bisher behandelten dadurch, dass die Geschäftsleitungen nicht einfach »durchregieren«, sondern sich über Fragen betrieblicher Herrschaft Gedanken machen.[1266] Sie wollen als Arbeitgeber gelten, die den Arbeitnehmern wohl gesonnen sind und die das Gespräch mit ihnen suchen. Interessenkonflikte haben im Betrieb keinen Platz. Der Betriebsratsvorsitzende wird zu ihrem engen Vertrauten und mit Autorität gegenüber der Belegschaft ausgestattet, damit er dafür sorgt, dass die Beschäftigten die von der Geschäftsleitung getroffenen Entscheidungen akzeptieren. Er hat dabei einige Helfer im Betriebsrat; die übrigen sind Statisten. Der Betriebsrat wird in materieller Hinsicht sehr gut behandelt; auch die Statisten haben keinen Grund zur Klage. Sitzungen finden statt, formal entsprechen die Dinge dem Gesetz.

1265 Hierzu und zum Folgenden *Kotthoff*, a. a. O., S. 63 – 100.
1266 *Kotthoff*, a. a. O., S. 101 – 136.

Dem Typ III wurden 16 von 63 Betrieben, d. h. ein Viertel zugeordnet. In einzelnen dieser Betriebe ist der gewerkschaftliche Organisationsgrad hoch, doch hat dies auch hier keine Auswirkungen auf die Politik des Betriebsrats.

d) Der Betriebsrat als respektierter, aber zwiespältiger Ordnungsfaktor

Typ IV ist dadurch charakterisiert, dass nach außen hin eine autonome Interessenvertretung stattfindet und das BetrVG als für beide Seiten verbindlich anerkannt wird.[1267] Auch die Geschäftsleitung beurteilt das BetrVG sehr positiv und respektiert den Betriebsrat als autonomes Vertretungsorgan.

Die Partizipation habe jedoch – so *Kotthoff* – eine Oberflächen- und eine Tiefenschicht.[1268]

Die Oberflächenschicht beruhe auf einem Netz von routinierten Informations- und Entscheidungsverfahren nach den Regeln des BetrVG. Es wäre unvorstellbar – so heißt es weiter –, dass hier die Geschäftsleitungen die Beteiligungsrechte des Betriebsrats rundheraus ignorieren oder absolutistisch in dessen interne Beziehungen hineinregieren würden. Der primäre Eindruck ist, dass es hier »mit rechten Dingen« zugeht.

Intern bestehen jedoch gute Beziehungen zwischen Geschäftsleitung und Betriebsratsspitze. Diese verfolgt keine eigenen Vertretungsziele, sondern steuert einen Kurs, wonach alles gut funktionieren soll. Einflüsse einzelner Belegschaftsgruppen oder einzelner Betriebsratsmitglieder, die nicht in dieses Schema passen, werden im Betriebsrat blockiert, obwohl sie sich viel eher als in den Typen I bis III entfalten können. Die Betriebsratsspitze lässt sich davon überzeugen, dass die Politik der Geschäftsleitung am besten der Erhaltung der Arbeitsplätze und angemessener Arbeitsbedingungen dient. Kommt es im Einzelfall zu Beschwerden oder Missständen, ist der Betriebsrat durchaus bereit, diese im Einzelnen mit der Geschäftsleitung zu diskutieren und für Abhilfe zu sorgen.

Das Modell »Typ IV«, von *Kotthoff* unter die Überschrift »Der respektierte zwiespältige Betriebsrat als Ordnungsfaktor« gestellt, ist am weitesten in Großbetrieben verbreitet. In Unternehmen, die vom Eigentümer geleitet werden, findet es sich nicht. Von den untersuchten 63 Betrieben entsprachen 11 diesem Modell.

e) Der respektierte standfeste Betriebsrat

Typ V bewegt sich gleichfalls im Rahmen des BetrVG, verzichtet jedoch auf die »kurze Leitung« zur Geschäftsführung.[1269] Der Betriebsrat versteht sich als autonome Interessenvertretung. Er verfolgt aber keine systemverändernden Ziele, sondern geht notfalls pragmatische Kompromisse ein. Die Betriebsratsmitglieder

---

1267 *Kotthoff*, a. a. O., S. 137 – 176.

1268 Hierzu und zum Folgenden *Kotthoff*, a. a. O., S. 176.

1269 *Kotthoff*, a. a. O., S. 177 – 211.

erwerben Kompetenz durch Teilnahme an Seminaren, sind unbestechlich und haben Zivilcourage; sie sind deshalb in der Belegschaft angesehen. Die »Übernahme« des Betriebsrats erfolgte in einem Beispielsfall über eine Listenwahl, die ein knappes 6 zu 5 – Ergebnis zugunsten der neuen Mehrheit erbrachte, doch gelang es recht schnell, die Minderheit zu integrieren. Die Arbeit wurde auf die sechs Köpfe der Mehrheitsfraktion verteilt – bei anderen Modellen eher eine Ausnahme. Die Geschäftsleitung hat die »Symmetrie« zwischen ihr und dem Betriebsrat anerkannt. In wichtigen betrieblichen Entscheidungsbereichen vertritt der Betriebsrat beharrlich Arbeitnehmerinteressen; insoweit existieren Konflikte, die im Rahmen des Möglichen rechtsförmig gelöst werden. Die Belegschaften werden nicht mobilisiert.
Der beschriebene Typ V war in 8 von 63 Betrieben vorzufinden; von diesen 8 gehörten 5 zur chemischen Industrie.[1270] Die Betriebsräte hatten ihre Positionen allerdings in Phasen entwickelt, als es Widerstandsaktionen in der Belegschaft gab, die von der Gewerkschaft geführt wurden. Auch heute hat diese noch großen Einfluss auf die Auswahl der Kandidaten für die Betriebsratswahl.

f) Der Betriebsrat als kooperative Gegenmacht

Typ VI wird nur von einem einzigen der 63 Betriebe repräsentiert, in dem ca. 2000 Arbeitnehmer tätig sind.[1271] Der Betriebsrat kommuniziert intensiv mit der Belegschaft und den gewerkschaftlichen Vertrauensleuten. Es gibt offensichtliche Konflikte mit der Geschäftsleitung, die aber das Vertrauen zwischen beiden (»man kann sich auf Zusagen verlassen«) nicht antasten. Wenn der Betriebsrat etwas akzeptiert, ist damit zu rechnen, dass es auch von der Belegschaft angenommen wird; der Betriebsrat hat eine hohe »Vertretungskompetenz«. Die Belegschaft besteht aus Gruppen mit unterschiedlicher Bezahlung und unterschiedlich belastenden Arbeitsbedingungen – dennoch handelt sie als Einheit. Die Vertrauensleute wie der Betriebsrat vermeiden die »Fraktionierungsfalle« und liefern sich keine internen Kämpfe. Die Geschäftsleitung sieht den Betriebsrat als »schöpferischen Unruheherd« und betont, dass immer sachbezogene Kompromisse möglich sind. Das BetrVG wird akzeptiert, spielt aber keine herausragende Rolle. Man würde vermutlich auch ohne das Gesetz kein anderes Verhalten praktizieren.

g) Der klassenkämpferische Betriebsrat

In keinen der bisher dargestellten Typen passt ein Betrieb, der in einer Fallstudie des Instituts für Marxistische Studien und Forschungen dargestellt ist.[1272] Dabei

1270 *Kotthoff*, a. a. O., S. 193.
1271 *Kotthoff*, a. a. O., S. 212 – 243.
1272 *IMSF*, Mitbestimmung als Kampfaufgabe, S. 143 ff. (Werk A).

geht es um einen Betriebsrat in einem großen Automobilwerk im Rhein-Neckar-Raum; die Belegschaft hatte eine Vorreiterrolle in den Metallarbeitskämpfen Anfang der 1960er- und Anfang der 1970er-Jahre gespielt.[1273] Man kann den Betriebsrat als Typ VII bezeichnen. Im Betrieb gibt es zahlreiche Konflikte, die oft auch mit Hilfe von spontanen Arbeitsniederlegungen ausgetragen werden. Das Misstrauen zwischen Betriebsrat und Geschäftsleitung ist groß; immer, wenn man dazu in der Lage ist, sabotiert man die Arbeit der anderen Seite. Etwa die Hälfte der Betriebsratsmitglieder sind linke Sozialdemokraten, ein Drittel gehört der DKP an; dazu kommt ein »Christlicher«. Das BetrVG wird als sozialpartnerschaftlich abgelehnt; der Betriebsrat ist auch nicht an Betriebsvereinbarungen interessiert, sondern erstrebt einen Zustand, in dem bestimmte betriebliche Verhaltensweisen zu Selbstverständlichkeiten werden, an die niemand zu rühren wagt.

h) Ergebnis

In zwei Dritteln der Betriebe, d.h. bei Typ I bis III, besteht keine Interessenvertretung, die diese Bezeichnung effektiv verdient hätte. Die Schilderung von Typ IV macht deutlich, dass auch dort nicht uneingeschränkt von einer autonomen Interessenvertretung die Rede sein kann. Diese ist ersichtlich Angelegenheit einer Minderheit.

2. Die zweite Untersuchung von Kotthoff – 15 Jahre später

Fünfzehn Jahre später existierten noch 55 der in der ersten Studie untersuchten 63 Betriebe.[1274] Hatte sich bei ihnen das Vertretungsmodell geändert? Waren aus schlecht aufgestellten Pseudo-Betriebsräten echte Interessenvertreter geworden? Oder hatten umgekehrt die Aktiven der Jahre 1973/74 ihren Schwung verloren und waren einflusslose Statisten geworden? Diesen Fragen ging die zweite Studie nach.

Das bemerkenswerte Ergebnis bestand darin, dass sich die Verhältnisse umgekehrt hatten: Nunmehr praktizierten zwei Drittel der erfassten Betriebe eine wirksame Mitbestimmung, während nur noch ein Drittel eine »defiziente« Interessenvertretung im Sinne von Typ I bis III aufwies.[1275] Die deutliche Mehrheit war konflikt- und kooperationsfähig geworden.

Welche Wege wurden beschritten, um diesen Wandel herbeizuführen? Wie waren die Ausgangssituationen beschaffen? Lassen sich konkrete Vorgänge benen-

1273 *Kotthoff*, a.a.O., S. 244 – 247.

1274 *Kotthoff*, Betriebsräte und Bürgerstatus, S. 33.

1275 *Kotthoff*, Betriebsräte und Bürgerstatus, S. 6.

nen, die diese Entwicklung ausgelöst oder beschleunigt haben? Dies zu wissen, kann auch für andere Betriebsräte von erheblichem Interesse sein.
Die Ausgangssituation war in der Regel Typ I (»der ignorierte Betriebsrat«) oder Typ III (Betriebsrat als Organ der Geschäftsleitung). Die Fälle des »isolierten Betriebsrats« (Typ II) waren bei der »Aufwärtsbewegung« kaum vertreten. Der Betrieb war durch eine patriarchalisch-integrative Struktur geprägt. In praktisch allen Fällen war es eine kleine Gruppe von Aktiven oder auch eine einzelne Person mit wenigen Helfern, die den Wandel bewirkten.[1276] In der Regel ging es weniger um materielle Ziele als um die Anerkennung durch die Arbeitgeberseite, um die Möglichkeit zu Verhandlungen »auf Augenhöhe«. Der Erfolg hing sehr stark von der persönlichen Glaubwürdigkeit der Aktiven und ihrem Prestige ab; sie verfügten über eine moralische Autorität. In der Regel wurde der bestehende »defiziente« Betriebsrat deutlich kritisiert; in der nächsten Wahl präsentierten die Kritiker eine eigene Liste. Erhielt diese die Mehrheit der Sitze, war der »Machtwechsel« vollzogen. In der Regel schloss sich eine heftige Auseinandersetzung mit der Geschäftsleitung an, die ihre bisher höchst komfortable Position beibehalten wollte. Der neue Betriebsrat konnte sich dabei auf ernst genommene Bestimmungen des BetrVG berufen, was dazu führte, dass die Geschäftsleitung nach einiger Zeit einlenkte und die Zusammenarbeit »auf höherer Ebene«, d. h. unter Anerkennung von Existenz und Funktion des Betriebsrats akzeptierte. Die neuen Verhältnisse waren unter Typ V (»Der standhafte Betriebsrat«) einzuordnen.
Betriebsräte, die schon bei der ersten Untersuchung dem Bild einer realen Interessenvertretung entsprachen, behielten diesen »Status« im Regelfall bei. Meist durchliefen sie zunächst eine Phase der Stagnation und der Erstarrung in Routine, die durch veränderte Produktionsbedingungen und durch Wechsel im Management grundsätzlich in Frage gestellt wurde. Bisweilen folgte eine Phase härtester Auseinandersetzungen, die dem Typ VII entsprachen, ehe dann der Zustand einer »kooperativen Gegenmacht« erreicht wurde.[1277]
Besonderes Interesse verdienen vier High-Tech-Betriebe, in denen die Belegschaft überwiegend aus Ingenieuren und Informatikern bestand.[1278] Sie standen ursprünglich dem von der Arbeiter-Minderheit gebildeten Betriebsrat völlig indifferent bis ablehnend gegenüber, ehe sich dann in einer Umbruchsituation zwei Angestelltenlisten präsentierten, die die Mehrheit der Sitze errangen. Auch dieser Betriebsrat entwickelte sich zu einer kooperativen Gegenmacht; die etwas anders strukturierte Belegschaft war dafür kein Hindernis.

1276 S. *Kotthoff*, Betriebsräte und Bürgerstatus, S. 71 ff., auch zum Folgenden.
1277 S. etwa den eindrücklich geschilderten Fall »Minola«, *Kotthoff*, Betriebsrat und Bürgerstatus, S. 227 – 236.
1278 *Kotthoff*, Betriebsrat und Bürgerstatus, S. 237 ff.

3. Bewertung: Betriebsrat nicht gleich Betriebsrat

Die beiden Untersuchungen von *Kotthoff* machen verschiedene Dinge deutlich.

Trotz einheitlicher Rechtsgrundlage war die Praxis in den untersuchten Betrieben eine sehr unterschiedliche. Sie reichte von ersichtlicher Scheinpartizipation bis hin zu dauernden Auseinandersetzungen um die betrieblichen Spielregeln. Es gibt nicht »die« betriebliche Interessenvertretung und »die« Betriebsverfassung, sondern eine Vielzahl unterschiedlicher Erscheinungsformen. Dies ist auch in anderen Untersuchungen bestätigt worden[1279] und scheint sich auch in Österreich wiederzufinden.[1280] Von daher ist es auch schwierig, einen Zusammenhang zwischen der Existenz eines Betriebsrats und der Erhöhung (oder Reduzierung) der Produktivität herzustellen, wie dies ökonometrische Untersuchungen versuchen.[1281] Bei Typ I und Typ II liegt ersichtlich kein Einfluss des Betriebsrats vor, sodass eine geringe Produktivität andere Ursachen (wie z. B. eine durch autoritären Führungsstil verursachte hohe Fluktuation) haben muss. Umgekehrt bestünde bei dem (in der Praxis kaum vorkommenden) Typ VII sicherlich keine positive Korrelation zwischen der Existenz eines Betriebsrats und der Steigerung der Produktivität. Die verfügbaren statistischen Daten unterscheiden aber nicht nach dem jeweiligen Betriebsratstypus, sondern erfassen ausschließlich die reine Existenz von Betriebsräten.[1282] Damit sind keine wirklich validen Aussagen möglich.

Die Ursachen der Differenzierung zwischen Betriebsräten lassen sich nicht im Detail bestimmen. Die Rolle einzelner Persönlichkeiten scheint insbesondere dann besonders ausgeprägt, wenn es um eine Umbruchsituation, also eine Bewegung hin zu einem »höheren« Typ ging. Dabei war die persönliche Glaubwürdigkeit ein ausschlaggebender Faktor.

Abgesehen von Typ VII wurde der rechtliche Rahmen des BetrVG von der Arbeitnehmerseite generell akzeptiert. Dies bedeutet, dass der Gedanke an eine alternative Struktur der Arbeit oder gar an eine alternative Gesellschaft nicht in die

---

1279 Vgl. etwa *Osterloh*, Interpretative Organisations- und Mitbestimmungsforschung, Stuttgart 1993, S. 183 ff., wo fünf Interpretationsmuster herausgearbeitet wurden: Antagonistische Orientierung, Gegenmachtorientierung, partnerschaftliche Orientierung, harmonistische Orientierung und Unterordnung unter den Arbeitgeber.

1280 *Cerny*, DrdA 2020, 426, 427.

1281 Dazu *Addison*, S. 53, 66 m. w. N.

1282 S. den Überblick bei *Addison*, S. 44/45, 58 – 62 und 73 – 78. Es fällt auf, dass die Ergebnisse der dort referierten Untersuchungen in der betriebssoziologischen Forschung so gut wie keine Beachtung finden; umgekehrt scheinen sich die Ökonomen nicht für die Betriebssoziologen zu interessieren. Beide Gruppen nehmen ihrerseits den rechtlichen Rahmen nur von Ferne wahr – so kocht jeder sein Süppchen, was dem Erkenntnisprozess nicht unbedingt förderlich ist.

praktische Betriebsratspolitik eingeht. Ob er bei einzelnen Akteuren vorhanden war, wurde nicht zu klären versucht; dabei wäre auch nur unter Bedingungen absoluter Anonymität mit aufrichtigen Antworten zu rechnen.[1283]
Bemerkung am Rande: Dem Verfasser fiel auf, dass die Nationalhymne der DDR bei YouTube millionenfach angeklickt wurde, dass aber in Betriebsräteseminaren der unterschiedlichsten Veranstalter in der Diskussion nie Positionen vertreten wurden, die auf eine solche Vorliebe schließen ließen. Bei einem Seminar schilderte der Verf. diese Erfahrung, worauf hin sich zwei Teilnehmer meldeten und sich als »Hörer« der Nationalhymne outeten.
Betriebsräte handeln auf der Grundlage des bestehenden Wirtschaftssystems und wollen als Interessenvertreter (wenn sie sich als solche verstehen) unter den gegebenen Umständen möglichst viel für die Belegschaften herausholen. Welche Rolle dabei einzelne Befugnisse und Mitbestimmungsrechte spielten, wurde nicht erhoben. Weiter wurde nicht danach differenziert, ob und in welchem Umfang die Belegschaften Krisenerfahrungen durchgemacht hatten. Auch spielte keine Rolle, dass sich die Betriebsräte keine allgemein-politischen Ziele zu eigen machen, wenn ihre Realisierung Arbeitsplätze im Betrieb gefährden würde: Der Betriebsrat von Heckler & Koch wird kein Verbot von Waffenexporten fordern, die Betriebsräte aus Kernkraftwerken engagierten sich nicht für deren Schließung, und ein Betriebsrat aus einem Automobilzulieferer wird beim Klimaschutz eher bedächtig vorgehen und sich der Stellungnahme der Arbeitgeberseite anschließen.

II. Arbeitsschwerpunkte von Betriebsräten

Betriebsräte, die sich als Interessenvertreter der Belegschaft verstehen (und nur sie sind hier von Interesse!), haben unterschiedliche Arbeitsschwerpunkte. Diese hängen in erster Linie von den betrieblichen Gegebenheiten ab. Wird nach Tarif bezahlt, ohne dass es irgendwelche Abweichungen nach oben geben würde, sind die Mitbestimmungsrechte nach § 87 Abs. 1 Nr. 10 und Nr. 11 BetrVG nur insoweit von Bedeutung, als der Tarifvertrag zu betrieblichen Konkretisierungen ermächtigt. Anders verhält es sich in Betrieben, die mehr »Großzügigkeit« praktizieren und übertarifliche Leistungen gewähren oder in denen gar kein Tarifvertrag Anwendung findet: Im zweiten Fall spielen Fragen der Arbeitsbewertung und Eingruppierung in ein betriebliches Lohnsystem eine große Rolle;

1283 Eine Ausnahme stellt die Arbeit von *Behruzi* (Wettbewerbspakte und linke Betriebsratsopposition) dar, der die Politik linksoppositioneller Gruppen bei Daimler Untertürkheim und bei Opel Bochum analysiert.

bei leistungsbezogenen Entgelten, deren Höhe der Einzelne beeinflussen kann, geht es sogar um den Umfang der vom Arbeitgeber geschuldeten Gegenleistung. Bei einem vollkontinuierlichen Schichtbetrieb ist die Arbeitszeit ein zentrales Thema, während sie für einen Bürobetrieb mit allseits akzeptierter Gleitzeit nur ausnahmsweise zum Problem wird. Kennt ein Großbetrieb von der Kantine bis hin zu Werkswohnungen sehr viele Sozialeinrichtungen, wird deren Verwaltung nach § 87 Abs. 1 Nr. 8 BetrVG einige Arbeitskapazität des Betriebsrats in Anspruch nehmen; in anderen Betrieben hat dieses Tätigkeitsfeld mangels geeigneter Objekte keinerlei Bedeutung.

Dennoch gibt es bestimmte Bereiche, die bei der großen Mehrzahl der Betriebsräte eine wichtige Rolle spielen. Nach der im Jahre 2018 durchgeführten Betriebsrätebefragung des WSI[1284] steht aktuell der Arbeits- und Gesundheitsschutz nach § 87 Abs. 1 Nr. 7 BetrVG im Vordergrund; er wurde von 80 % der Befragten als »Top-Thema« genannt. Dabei spielen die Verhinderung psychischer Erkrankungen und die Einstellung zusätzlicher Arbeitskräfte eine wichtige Rolle. An zweiter Stelle steht die Arbeitszeit, wobei es um Überstunden, aber auch um eine bessere Vereinbarkeit von Familie und Beruf geht. Verbreiteter Einschätzung nach hat die Einführung neuer Techniken eine vergleichbar große Bedeutung; mit fortschreitender Digitalisierung wird dieses Thema weiter an Bedeutung gewinnen (§ 87 Abs. 1 Nr. 6 BetrVG).[1285]

Auf der anderen Seite gibt es Bereiche, in denen der Betriebsrat gesetzliche Befugnisse hat, von denen er fast nie Gebrauch macht.

Dies gilt etwa für die Weiterbildung der Beschäftigten. Angesichts absehbarer technologischer Umbrüche und ihrer Auswirkungen auf die Arbeit müsste sie eigentlich ein zentrales Thema sein. Das wichtigste Mitbestimmungsrecht in diesem Sektor stellt § 97 Abs. 2 BetrVG dar, der dem Betriebsrat das Recht gibt, Weiterbildungsangebote zu erzwingen, wenn die Qualifikation der Beschäftigten nicht mehr ausreicht, um den an sie gestellten neuen Anforderungen zu genügen. Dennoch hat dieses Mitbestimmungsrecht in der Praxis kaum Bedeutung, wie nicht zuletzt das Fehlen von Gerichtsentscheidungen deutlich macht. Die Ursachen liegen in der Vorschrift selbst, die zwei Defizite aufweist. Zum einen greift sie erst dann ein, wenn sich im Betrieb die konkreten Anforderungen ändern und lässt deshalb keine perspektivische Weiterbildung zu, die möglicherweise mehr Attraktivität hätte. Zum andern fällt es dem Betriebsrat wie den unmittelbar Beteiligten schwer, sich auf das Nicht-Ausreichen der Qualifikation zu berufen. Derartiges verletzt den »Produzentenstolz« und könnte aus Sicht der Betroffenen ggf. sogar als Kündigungsgrund verwendet werden.

1284 Wiedergegeben in Böckler Impuls 19/2018 (v. 6. 12. 2018).
1285 Dazu unten § 41.

III. Interessenvertretung und informelle Regeln

1. Der rechtliche Rahmen

Die Vertretung von Arbeitnehmerinteressen erfolgt typischerweise zunächst im Wege von Verhandlungen. Dies entspricht dem Grundsatz der vertrauensvollen Zusammenarbeit nach § 2 Abs. 1 BetrVG, würde aber auch ohne diese Norm praktiziert: Da man sich regelmäßig begegnet, würden einseitige Maßnahmen meist als Verstoß gegen die Regeln eines anständigen Miteinanders empfunden, was eine spätere Einigung in der Sache eher erschweren würde.

Führen die Verhandlungen zu keinem Ergebnis, so muss man unterscheiden.

Hat der Betriebsrat wie beim geplanten Umbau der Arbeitsräume (§ 90 Abs. 1 BetrVG) nur ein Unterrichtungs- und Beratungsrecht, kann der Arbeitgeber die ihm richtig erscheinende Entscheidung treffen und praktisch umsetzen.

Hat der Betriebsrat dagegen einen Anspruch, z.B. auf Auskunft oder auf Kostenerstattung, so kann er ein arbeitsgerichtliches Beschlussverfahren einleiten, dessen Kosten der Arbeitgeber tragen muss.

Geht es wie in den Fällen des § 87 Abs. 1 BetrVG um ein Mitbestimmungsrecht, so kann jede Seite die Einigungsstelle anrufen, die aus einer gleichen Anzahl von Vertretern beider Seiten und einem unparteiischen Vorsitzenden besteht. Sie entscheidet dann unter Berücksichtigung der Interessen beider Seiten. Ihr Spruch kann vor dem Arbeitsgericht nur wegen Ermessensmissbrauchs und wegen sonstiger Rechtsverstöße angefochten werden. In der Praxis kommt es in 90% aller Fälle zu einem Kompromiss. Auch wenn mit Mehrheit entschieden wird, schließt sich selten ein gerichtliches Verfahren an. Bisweilen gibt es auch Fälle, in denen der einen oder anderen Seite eine Mehrheitsentscheidung nicht unwillkommen ist.

> Eine Stiftung erhält öffentliche Zuwendungen, die mit der Auflage verbunden sind, nicht mehr als im TVöD vorgesehen an ihre Beschäftigten zu bezahlen. Da die Stiftung auch ertragreiches eigenes Vermögen hat, würde sie gerne an eine bestimmte Angestelltengruppe einen »Verheiratetenzuschlag« bezahlen, der im TVöD nicht vorgesehen ist. Der Betriebsrat verhandelt auf der Grundlage von § 87 Abs. 1 Nr. 10 BetrVG; die Einigungsstelle beschließt gegen die Stimmen der Arbeitgeberseite, dass die vorhandenen Mittel für einen solchen Zuschlag verwendet werden sollen. Die Arbeitgeberseite verzichtet darauf, das Arbeitsgericht anzurufen.

Trifft der Arbeitgeber eine einseitige Entscheidung, ordnet er beispielsweise Überstunden an, obwohl der Betriebsrat nicht zugestimmt hat, so ist seine Entscheidung unwirksam. Außerdem kann der Betriebsrat bei Gericht eine einstweilige Verfügung erreichen, die den Arbeitgeber verpflichtet, seine Maßnahme zurückzunehmen und keine entsprechende neue Entscheidung zu treffen, bis eine Einigung mit dem Betriebsrat oder eine Entscheidung der Einigungsstelle zustande gekommen ist.

2. Modifikation durch informelle Regeln der Interessenvertretung

So viel zu den rechtlichen Möglichkeiten. Von ihnen wird in der Praxis keineswegs immer Gebrauch gemacht. Es gibt viele Betriebe, in denen trotz Meinungsverschiedenheiten niemals eine Einigungsstelle bemüht oder gar ein Gericht eingeschaltet wird. Dies würde gegen die informellen Regeln verstoßen, die im Betrieb gelten: Man verständigt sich immer irgendwie und meidet Entscheidungen, die von »Betriebsfremden« (wie einem Einigungsstellenvorsitzenden oder einem Richter) getroffen werden. Denkbar ist allenfalls, dass der Betriebsrat damit droht, »dieses eine Mal« vor die Einigungsstelle zu gehen, doch weiß die Arbeitgeberseite, dass die Realisierung dieser Drohung höchst unwahrscheinlich ist. Es wird weiter nach einem innerbetrieblichen Kompromiss gesucht. Ein solches Modell lässt sich leichter praktizieren, wenn die Arbeitgeberseite wirtschaftliche Spielräume hat, aber es kann auch unter schlechteren Umständen maßgebend bleiben.

Eine »informelle Regel« ist nirgends schriftlich niedergelegt, doch verhalten sich alle Beteiligten in einer bestimmten Weise. Wer sie (z.B. als neu ernannter Geschäftsführer) verletzt, muss mit erheblichen Schwierigkeiten rechnen. Warum es sie gibt? Das Recht kann nicht jede Situation erfassen. Außerdem können die Beschäftigten hier ein Stück Eigenständigkeit praktizieren.

Informelle Regeln existieren nicht nur bei der Frage, wie man einen Streit schlichtet. Denkbar ist, dass man sich beispielsweise dahin verständigt, dass nur zwei Betriebsversammlungen pro Jahr abgehalten werden und dass dafür der Preis für das Kantinenessen auf seinem niedrigen Niveau bleibt. Ein anderes Beispiel wäre eine nirgends schriftlich niedergelegte Abrede, dass die Betriebsratsmitglieder keine gewerkschaftliche Schulungsveranstaltung nach § 37 Abs. 6 BetrVG besuchen, dafür aber bei Seminaren nichtgewerkschaftlicher Anbieter die Kosten grundsätzlich keine Rolle spielen. Umgekehrt wird ein starker Betriebsrat auch eine Regel durchsetzen können, wonach eine geplante Kündigung unterbleiben muss, wenn er »mit Nachdruck« gegen sie protestiert, während bloße »Bedenken« oder »Einwände« den Arbeitgeber nicht von seiner Absicht abzubringen brauchen.

3. Informelle Regeln bei der Arbeit

Informelle Normen existieren auch in vielen anderen betrieblichen Zusammenhängen.[1286] Im traditionellen Akkordsystem beschränkten z. B. die Beschäftigten einvernehmlich die Verausgabung ihrer Arbeitskraft, um so eine Erhöhung der »Vorgabezeiten« zu vermeiden. Oder: Man setzt sich über allzu umständliche Vorschriften (insbesondere im öffentlichen Dienst) hinweg, um auf diese Weise effizienter arbeiten zu können. Stellen die Arbeitnehmer diese »Sonderleistung« ein und fallen auf die offiziellen Normen zurück, so spricht man von einem »Dienst nach Vorschrift«, dessen Zulässigkeit zum Teil in Frage gestellt wird.[1287]
Einer »informellen« Norm entspricht es auch, wenn die Beschäftigten in einer Forschungs- und Entwicklungsabteilung abends an ihre Arbeitsplätze zurückkehren und weiterarbeiten, ohne dies im Zeiterfassungssystem kenntlich zu machen (weil die 10-Stunden-Grenze überschritten wäre).
Informelle Normen können die zugunsten der Arbeitnehmer bestehende formale Struktur in gravierender Weise unterlaufen.

> In einem großen Metallbetrieb im Rhein-Neckar-Raum gab es in der Produktion 18 Gruppen à ca. 20 Personen. Die drei Gruppen mit den geringsten Krankenständen erhielten eine Prämie. Wer die höchsten Krankenstände hatte, wurde nicht nur scheel angesehen; vielmehr musste der Gruppenleiter sich im Einzelnen bei seinem Vorgesetzten rechtfertigen. Im Betrieb war von einer »Bundesligatabelle« die Rede. Dem Verf. wurde nun erzählt, dass es Fälle gab, in denen ein kranker Kollege in den Betrieb kam; da er nicht arbeiten konnte, wurde in einer Ecke ein Feldbett aufgestellt, wo er sich hinlegen konnte. Seine Arbeit wurde durch die anderen mit erledigt. Da er aber anwesend war und scheinbar mitgearbeitet hatte, war kein Abrutschen der Gruppe in der »Bundesligatabelle« zu befürchten. Der Sache nach ist das Ganze ein hinterlistiges System, um Kranke zur Arbeit zu zwingen. Ein guter Betriebsrat würde einen Verstoß gegen § 4 Nr. 1 ArbSchG rügen (»Arbeit ist so zu gestalten, dass eine Gefährdung für das Leben sowie die physische und die psychische Gesundheit möglichst vermieden wird.«) und ggf. die Gewerbeaufsicht alarmieren.

Der Betriebsrat muss möglichst alle informellen Regeln kennen, um bei seinen Initiativen und seiner sonstigen Politik von einer realistischen Sicht der bestehenden Arbeitsbedingungen auszugehen.

1286 Dazu grundlegend *Dombois*, Informelle Normen und Interessenvertretung. Fallanalysen zum betrieblichen Normengefüge, Leviathan 1980, S. 375ff.

1287 Nachweise bei *Däubler*, in: Däubler (Hrsg.), Arbeitskampfrecht, § 29 Rn. 19ff.

4. Erfahrungssätze

Zu den rechtlichen Sanktionen gehören auch Strafverfahren wegen Behinderung der Betriebsratsarbeit nach § 119 BetrVG und die Verhängung von Bußgeldern wegen ganzer oder teilweiser Verweigerung von Auskünften nach § 121 BetrVG. In der Praxis ist der Rückgriff auf diese Vorschriften selten, weil ein Strafantrag oder ein Antrag auf Verhängung von Bußgeld die innerbetriebliche Konfrontation verschärft und außerdem die Strafgerichte bzw. die Verwaltungsbehörden nur bei höchst eindeutigen Verstößen eine (dann meist recht milde) Sanktion verhängen. Die Auswertung von ca. 30 Fällen durch *Dietrich Growe*[1288] erbrachte ein interessantes Ergebnis: Diejenigen Betriebsräte stärkten ihre eigene Position, die von den Möglichkeiten des Gesetzes Gebrauch gemacht hatten, die aber rechtzeitig zu einem fairen Kompromiss bereit gewesen waren (Beispiel: Rücknahme des Antrags auf Bußgeld gegen das verbindliche Versprechen, in Zukunft präzise informiert zu werden). Wer stattdessen auf der Verhängung von Bußgeld beharrte, riskierte einen permanenten »Krieg«, bei dem er im Ergebnis die schlechteren Karten hatte. Ein solcher informeller Erfahrungssatz kann auch in anderen Betrieben von Nutzen sein.

Nicht selten finden sich auch sog. Kompensationsgeschäfte. Der Arbeitgeber ist beispielsweise dringend darauf angewiesen, dass der Betriebsrat der Leistung von Überstunden zustimmt, weil sonst wegen Terminüberschreitung eine saftige Vertragsstrafe durch einen wichtigen Auftraggeber droht. Der Betriebsrat weiß das, zeigt auch Verständnis, macht aber seine Zustimmung davon abhängig, dass drei Azubis nach Ende ihrer Ausbildung in ein unbefristetes Arbeitsverhältnis übernommen werden. Die rechtliche Zulässigkeit eines solchen Vorgehens wird hin und wieder in Frage gestellt,[1289] doch hat dies keinerlei Auswirkung auf die Praxis. Seine starke Position in einem Bereich nutzt der Betriebsrat, um dort etwas zu erreichen, wo er vom Gesetz her eine recht schwache Position hat. Dies kann sich zu einer informellen Regel verdichten.

IV. Professionalisierung der Betriebsräte

Will man als Betriebsrat seine Rechte effektiv geltend machen, ist viel Sachkunde erforderlich. Man muss sich in den rechtlichen Strukturen einigermaßen auskennen, aber auch in der Lage sein, eine Bilanz zu lesen. Weiter sollte man einschätzen können, welche Überwachungsmöglichkeiten mit einem neuen

1288 S. 245 ff.

1289 Zur Diskussion s. *Schoof*, AuR 2008, 271 f. (Anm. zu LAG Düsseldorf, AuR 2008, 270). S. weiter DKW-*Trümner*, § 119 Rn. 3.

IT-System verbunden sind. Schließlich muss man ein hohes Maß an sozialer Kompetenz besitzen, um einerseits mit dem Arbeitgeber ergebnisorientiert zu verhandeln und andererseits auch Anliegen von Beschäftigten so aufzugreifen, dass bei ihnen keine Enttäuschung entsteht.[1290] Zu all dem sind in erster Linie freigestellte Betriebsratsmitglieder in der Lage, weshalb es von erheblicher praktischer Bedeutung ist, dass 1972 in § 38 BetrVG ein »Freistellungskontingent« geschaffen und 2001 erweitert wurde.
Bisweilen gewinnt man dabei den Eindruck, dass die Tätigkeit als Betriebsratsmitglied für manche eine Art zweiter Lebenschance ist: Die formale Qualifikation durch Abitur und Studium hat aus irgendwelchen Gründen nicht geklappt, aber als Betriebsrat können sie ihre Fähigkeiten voll zur Geltung bringen.
Betriebsräte dürfen allerdings nicht in den Fehler verfallen, alle Fragen selbst lösen zu wollen: Ein guter Betriebsratsvorsitzender hat ein Netzwerk an Spezialisten, die ihn bei Fragen des Gesundheitsschutzes, bei der Auseinandersetzung mit neuen IT-Systemen und bei der betrieblichen Altersversorgung beraten. Oft wendet er sich zunächst an einen »Hauptansprechpartner« wie eine Rechtsanwaltskanzlei, die Ortsverwaltung der Gewerkschaft oder ein Beratungsbüro, von wo aus bei Bedarf weitere Experten eingeschaltet werden.[1291]

V. Betriebliche Mitbestimmung – ein Standortvorteil?

Für die Arbeitnehmer ist eine gut funktionierende Mitbestimmung ein Stück gelebter Demokratie. Anders als auf der Ebene von Bund, Ländern und großen Gemeinden ist der Kontakt zu den Repräsentanten ein unmittelbarer: Der Einzelne kann damit rechnen, dass er mit seinen Anliegen Gehör findet und der Betriebsrat das in seinen Kräften Stehende tut, um entstandene Schwierigkeiten zu beseitigen. Dies erklärt, weshalb die Wahlbeteiligung bei Betriebsratswahlen oft über der bei Landtagswahlen liegt.[1292] Auch wird die Arbeitszufriedenheit erhöht, was sich in der Regel positiv im Arbeitsergebnis niederschlägt.

1290 *Däubler*, Der erfolgreiche Betriebsrat, AiB 2011, 101 ff.
1291 Vgl. auch *Däubler*, AiB 2011, 101 ff. Zum zurückgehenden gewerkschaftlichen Einfluss s. unten § 34 V.
1292 Die Wahlbeteiligung bei den Landtagswahlen in Hessen betrug 2018 67,3 %, in Niedersachsen betrug sie 2017 lediglich 63,1 % (abrufbar unter *https://de.statista.com/statistik/daten/studie/255400/umfrage/wahlbeteiligung-bei-landtagswahlen-in-deutschland-nach-bundeslaendern/* – 27.10.2019). Die durchschnittliche Wahlbeteiligung bei Betriebsratswahlen lag 2018 bei 75,5 % (Böckler-Stiftung, Mitbestimmungsreport Nr. 45 10 2018 (abrufbar unter *https://www.boeckler.de/pdf/p_mbf_report_2018_45.pdf* – 27.10.2019).

Dazu kommt eine spezifische Interessenlage auf Arbeitgeberseite. Dort, wo es einen Betriebsrat gibt,[1293] akzeptiert ihn die große Mehrzahl der Geschäftsleitungen als Gesprächs- und Mitbestimmungspartner. Dies wird mittelbar durch eine Betriebsrätebefragung des WSI deutlich, die im Jahre 2017 durchgeführt wurde. Knapp 10 % der Betriebsräte bezeichneten ihr Verhältnis zum Arbeitgeber als »sehr gut«, weitere knapp 50 % als »gut«. Bei den verbleibenden ca. 40 % sprachen 25 % von »befriedigenden«, 10 % von »ausreichenden« und 5 % von »schlechten« Beziehungen.[1294]
Weshalb dies so ist, wird in der Befragung nicht geklärt. Deshalb nur so viel: Für den Arbeitgeber ist der Betriebsrat eine Instanz, die ihn auf Probleme im Betrieb aufmerksam macht.
Der Verfasser hatte vor vielen Jahren die Gelegenheit, bei der deutsch-brasilianischen Handelskammer in Sao Paulo über die betriebliche Mitbestimmung zu referieren. Anwesend waren im Wesentlichen Personalleiter aus den Niederlassungen deutscher Firmen – meist Brasilianer, was ja den Kontakt zu den Arbeitnehmern erleichtert. Da die Militärdiktatur noch nicht sehr lange zurücklag, ging ich von wenig Sympathie für die Mitbestimmung aus und wählte vorsichtige Formulierungen. Die Reaktion war überraschend: Ich könne ruhig deutlicher werden, sie fänden die Mitbestimmung gut. Begründung: In der Anfangsphase sei immer wieder plötzlich eine ganze Abteilung ausgefallen, weil sich Schlüsselkräfte hatten krankschreiben lassen. Über die Gründe hätten sie als Personalleiter nichts gewusst. Sie hätten dann mit den (damals noch inoffiziellen) Gewerkschaften, insbesondere der CUT, gesprochen und sich dahingehend verständigt, dass »Arbeiterkommissionen« in den Betrieben gewählt würden. Dies geschah auch, und es wurde sehr viel häufiger möglich, Probleme zu erkennen und im Konsenswege zu lösen.
Bei Konflikten, die sich nicht ohne Weiteres lösen lassen, ist das Aushandeln von Kompromissen einfacher, weil es ohne solche »Sprecher« meist überhaupt nicht möglich wäre. Auch in schwierigen Situationen, etwa in einer wirtschaftlichen Krise, kann der Arbeitgeber damit rechnen, dass »Konzessionen«, d.h. Verschlechterungen bei Lohn und Arbeitsbedingungen, in der Belegschaft leichter akzeptiert werden, wenn sie von ihrer gewählten Vertretung mitgetragen werden. In dieser potenziell höheren Akzeptanz von Entscheidungen liegt der zweite Vorteil der Mitbestimmung für die Arbeitgeberseite.
Dies wird selbstredend nicht von allen Arbeitgebern so gesehen, weshalb es in der Umfrage die »ausreichenden« und die »schlechten« Beziehungen gibt. Einzelne Betriebsräte sehen sich sogar einer systematischen Schikane ausgesetzt.[1295]

1293 Zu den betriebsratslosen Betrieben s. unten § 37.
1294 Böckler Impuls Heft 19/2018 S. 1.
1295 Näher unten § 36.

Dies hängt damit zusammen, dass manche Arbeitgeber glauben, auf die Akzeptanz ihrer Entscheidungen nicht angewiesen zu sein: Es kann Betriebe geben, in denen alles nach einem »Kommandosystem« funktioniert.[1296] Auch sind Fälle denkbar, in denen die Akzeptanz durch andere Mechanismen wie gute persönliche Umgangsformen und andere informelle Regeln sichergestellt ist.[1297]Auch ist zu beachten, dass sich hinter einer zum Ausdruck gebrachten »Zufriedenheit« sehr unterschiedliche Realitäten verbergen können.

Hinzu kommt ein Weiteres: Aufgrund ihrer Mitbestimmungsrechte sind Betriebsräte gezwungen, sich mit konkreten Problemen auseinanderzusetzen und hier und jetzt zu ihnen eine bestimmte Haltung einzunehmen. Wollen die Beschäftigten Gleitzeit oder sollen neue Informationstechnologien eingeführt werden, so muss der Betriebsrat reagieren und ggf. sogar eigene Lösungsvorschläge entwerfen. Da er dies häufig nicht für sich allein kann, holt er sich Berater oder trägt entsprechende Anforderungen in den hauptamtlichen Apparat der Gewerkschaften hinein, der sich so gleichfalls den veränderten Realitäten stellen muss. Die Gleitzeit ist auf diese Weise als Arbeitszeitmodell »von unten« entstanden, und dasselbe lässt sich von zahlreichen Abmachungen über Daten- und Überwachungsschutz sagen. Eine rein gewerkschaftliche Interessenvertretung im Betrieb hätte das Problem, dass »der Vorstand« oder »der Gewerkschaftstag« zunächst über das Problem entscheiden müsste, was neuen und ungewohnten Lösungen schon aus Zeitgründen im Wege stehen würde. Die rechtliche Eigenständigkeit des Betriebsrats hat so den Vorteil, dass Innovationen im Personalsektor möglich werden, die letztlich auch dem Arbeitgeber zugutekommen.[1298]

Oben[1299] wurde bereits darauf hingewiesen, dass ein zwingender Zusammenhang zwischen der Existenz eines Betriebsrats und der Erhöhung (oder Reduzierung) der Produktivität kaum herstellbar ist, da die ökonometrischen Untersuchungen nur auf die Existenz, nicht aber auf die Funktionsweise von Betriebsräten abstellen. Gleichwohl findet sich auch dort die Aussage, insbesondere in größeren Betrieben bestehe eine positive Korrelation zwischen der Existenz eines Betriebsrats und den pro Kopf geschaffenen wirtschaftlichen Werten.[1300]

1296 S. oben I 1a bis c.

1297 Dazu unten § 37 II 1d.

1298 Zur Gefahr einer betriebsegoistischen »Kirchturmspolitik« s. *Däubler,* Arbeitsrecht 1, Rn. 748.

1299 Siehe I 3.

1300 Addison, S. 63: »The studies ... suggest that works councils may be associated with greater labour productivity. But (other) estimates suggest that the positive association between works council presence and value added per employee is confined to large establishments.« Dazu auch *Thannisch,* Die Effizienz der Mitbestimmung in ökonomischer Betrachtung, AuR 2006, 81, 84.

§ 34 Betriebsräte und Gewerkschaften

I. Ausgangssituation

Bereits Mitte der 1950er-Jahre wurde mit dem (Wieder-)Aufbau gewerkschaftlicher Vertrauenskörper begonnen. Dafür bestand Anlass, weil unterste Ebene der Gewerkschaften die örtliche »Verwaltungsstelle« war, nicht aber die »Betriebsgruppe«, die in den Satzungen nicht vorgesehen war.[1301] Alles, was im Betrieb geschieht, den Betriebsräten zu überlassen, erschien nicht akzeptabel, weil diese im Bereich übertariflicher Vergütungen sowieso zum Hauptverhandlungspartner des Arbeitgebers geworden waren. Ihnen auch noch große Teile der Tarifpolitik anzuvertrauen, hätte aus den Gewerkschaften eine sekundäre Größe gemacht, eine Art »Betriebsrätedachverband«, wo dem hauptamtlichen Apparat nur noch »Zulieferfunktion« zugekommen wäre.[1302]

Die Antwort auf diese Herausforderung war eine doppelte: Auf der einen Seite sollten überall gewerkschaftliche Vertrauenskörper entstehen, um notfalls über ein Gegengewicht zu einem sich verselbständigenden Betriebsrat zu verfügen (unten II). Auf der anderen Seite wurde die Zusammenarbeit mit den Betriebsräten intensiviert, sodass ein »Ausscheren« von vornherein relativ unwahrscheinlich wurde: Für ein Betriebsratsamt kandidierten meist die aktivsten Gewerkschafter und wurden in der Folgezeit im Regelfall auch gewählt (unten III). Die Praxis entwickelte sich immer mehr in der Richtung, dass der Betriebsrat von den Beschäftigten als die unterste Ebene der Gewerkschaft verstanden wurde (unten IV). Dabei spielte sicherlich auch eine wichtige Rolle, dass die Betriebsräte in die Umsetzung von Tarifverträgen eingeschaltet wurden[1303] und seit Ende der 1970er-Jahre auch häufig durch Öffnungsklauseln in die Lage versetzt werden, über tarifliche Inhalte mit dem Arbeitgeber zu verhandeln. In der jüngsten Vergangenheit zeigen sich allerdings wegen fehlender gewerkschaftlicher Präsenz immer mehr Verselbständigungstendenzen von Betriebsräten (unten V).

1301 Dazu oben § 20 II 3.

1302 *Roßmann*, in: Benner/Hofmann (Hrsg.), S. 367ff.

1303 Dazu bereits eingehend oben § 26 III 2.

II. Gewerkschaftliche Vertrauensleute

1. Das Normalmodell

Gewerkschaftliche Vertrauensleute waren (und sind) nicht an die betriebsverfassungsrechtlichen Verhaltensnormen wie vertrauensvolle Zusammenarbeit und betriebliche Friedenspflicht gebunden, können also scheinbar sehr viel freier agieren und in Tarifrunden auch Arbeitsniederlegungen vorbereiten. In der Regel werden die Vertrauensleute von den Gewerkschaftsmitgliedern gewählt, wobei der Einzelne eine Gruppe zwischen zehn und 25 Personen vertritt.

Anfang bis Mitte der 1970er-Jahre wurden insbesondere in zahlreichen Metallbetrieben Vertrauensleute gewählt, die in größeren Einheiten eine »Vertrauenskörperleitung« bestimmten, zu der die gewerkschaftlich organisierten Betriebsratsmitglieder hinzukamen. Insbesondere in Großbetrieben waren die Vertrauensleute ein Bindeglied zwischen Betriebsrat und Belegschaft; Probleme und Wünsche der Beschäftigten wurden über die Vertrauensleute an den Betriebsrat herangetragen. Wer auf der »gewerkschaftlichen Liste« (die häufig die einzige war) zum Betriebsrat kandidieren konnte, bestimmten die Vertrauensleute. In der Regel war die Zusammenarbeit mit dem hauptamtlichen Gewerkschaftsapparat gut, doch vertraten die Vertrauensleute bisweilen auch eigene, vom Betriebsrat (und der Gewerkschaftsführung) abweichende Positionen. Aus einer Reihe von Gründen konnten sie dennoch nicht zu einer dauerhaften »Gewerkschaftssektion im Betrieb« werden.

- In fast allen Gewerkschaften blieb es bei der Ortsverwaltung als unterster Ebene. Damit hatten die Vertrauensleute keine eigenen Mitwirkungsrechte innerhalb der Organisation, konnten also beispielsweise keine Delegierten für die örtliche Ebene wählen.
- Die Vertrauensleute sind Interessenvertreter der gewerkschaftlich Organisierten in der Belegschaft, weshalb sie sich um konkrete Konflikte am Arbeitsplatz kümmern müssen. Gleichzeitig sind sie betriebliche Repräsentanten der gewerkschaftlichen Organisation und müssen deren Position den Mitgliedern, dem Betriebsrat und auch anderen Belegschaftsangehörigen gegenüber vertreten. Solange Gewerkschaft und Betriebsrat an einem Strang ziehen und die gewerkschaftliche Politik von den Mitgliedern getragen wird, wirft dies keine besonderen Probleme auf. Ist dies anders, entsteht ein Dilemma: Der einzelne Vertrauensmann, die einzelne Vertrauensfrau muss mit widersprüchlichen Anforderungen fertig werden, wenn Gewerkschaft und Betriebsrat/Belegschaft unterschiedliche Einschätzungen und Herangehensweisen haben. Dies ist häufig nicht leistbar und kann zu Spaltungstendenzen führen, wie sie sich insbesondere in den »Oppositionsgruppen« in einigen Großbetrie-

ben zeigen.[1304] Weniger dramatisch (aber für die Organisation auf lange Sicht möglicherweise schädlicher) ist es, dass meist die betriebliche Sicht siegt, weil die nötige Kraft fehlt, um die gewerkschaftliche Position auch gegenüber einem widerstrebenden Betriebsrat durchzusetzen. Dies hängt (auch) mit der schwachen rechtlichen Absicherung der Vertrauensleute in der Organisation sowie gegenüber dem Arbeitgeber zusammen.

- Die Vertrauensleute können sich auf keine speziellen, für sie geltenden gesetzlichen Regeln stützen. Ein Arbeitgeber, der ihre Arbeit behindert oder eine Vertrauensperson wegen ihres Engagements versetzt oder kündigt, verstößt zwar gegen Art. 9 Abs. 3 Satz 2 GG, doch muss eine solche koalitionsfeindliche Tendenz vom Betroffenen bewiesen werden. Dies ist in der Praxis so gut wie nie möglich. Mehr als dieses halbherzige Diskriminierungsverbot sieht das Gesetz nicht vor. Insbesondere fehlen Strafvorschriften wie § 119 BetrVG, die zumindest in offenkundigen Fällen zur Anwendung kommen könnten.
- Im Vergleich zu Betriebsratsmitgliedern sind Vertrauensleute in vielerlei Hinsicht benachteiligt. Der einzelne Arbeitnehmer kann ein Betriebsratsmitglied während der Arbeitszeit aufsuchen und behält dabei seinen vollen Lohnanspruch (§ 39 Abs. 3 BetrVG), doch gibt es kein entsprechendes Recht im Verhältnis zu Vertrauensleuten. Diesen fehlt auch der spezifische Kündigungsschutz der Betriebsratsmitglieder nach § 103 BetrVG i. V. m. § 15 KSchG. Weiter haben sie kein gesetzlich vorgesehenes Recht, Arbeitszeit für ihre gewerkschaftliche Tätigkeit aufzuwenden. Auch der Besuch von Fortbildungsveranstaltungen ist auf die Freizeit beschränkt; die Kosten treffen den Einzelnen oder die Organisation. Eine dem § 37 Abs. 6 BetrVG entsprechende Vorschrift existiert nicht.
- Inhaltlich verstößt diese Schlechterstellung gegen das ILO-Übereinkommen Nr. 135. Dieses lässt es zwar zu, dass »gewählte Vertreter« wie die Betriebsräte bestimmte Schutzrechte erhalten, doch darf dies nach Art. 5 des Übereinkommens nicht so weit gehen, dass dadurch die Stellung der Gewerkschaften im Betrieb »untergraben« (»undermined«) wird. Sieht man von der rechtlich nicht vorgegebenen gewerkschaftlichen Verankerung in den Betriebsräten einmal ab, so sind die Voraussetzungen des Art. 5 in der Tat erfüllt, da die Vertrauensleute im Verhältnis zu den Betriebsräten nur untergeordnete Bedeutung haben. Allerdings hat sich bisher kein Gericht gefunden, das dies auch so gesehen und einzelne Betriebsratsrechte auf die Vertrauensleute erstreckt hätte.[1305]
- An diesem Zustand könnte man durch Tarifverträge etwas ändern und den Vertrauensleuten z. B. Freistellungen, Fortbildungsmöglichkeiten und Kün-

1304 Dazu näher in § 35 VI.

1305 Näher *Däubler*, Gewerkschaftsrechte im Betrieb, Rn. 515ff.

digungsschutz verschaffen. Solche Tarifverträge werden zwar grundsätzlich von der Rechtsprechung akzeptiert,[1306] doch war es in der Praxis nicht möglich, auch nur für die relativ gut organisierte Metallbranche etwas Derartiges durchzusetzen. Stattdessen gibt es ein »monatliches Stundendeputat« oder ein Recht auf Weiterbildung nur in einzelnen Großbetrieben.[1307]

Diese Rahmenbedingungen haben dazu geführt, dass Vertrauensleute heute praktisch nur noch dort existieren, wo sie in Großbetrieben einen »Unterbau« für den Betriebsrat darstellen. Die Funktion einer gewerkschaftlichen Korrekturinstanz gegenüber dem Betriebsrat nehmen sie nur noch ganz ausnahmsweise ein.[1308] Es ist daher nicht weiter überraschend, dass sich ihre Zahl sogar im Metallsektor von 1981 bis 2012 halbiert hat.[1309] Wegen ihrer geringen faktischen Bedeutung und Durchsetzungsmacht werden sie von Kritikern auch als »Geisterarmeen« bezeichnet.[1310] Dort, wo sie existieren, sind sie eine gute Unterstützung für Betriebsräte. Der Einzelne kann so seine Anliegen über sie an die zuständige Interessenvertretung herantragen.

2. Das Modell der betrieblichen Vertrauensleute

In Großbetrieben existieren sog. betriebliche Vertrauensleute, die ohne Rücksicht auf die Gewerkschaftszugehörigkeit gewählt werden. Ihre rechtliche Zulässigkeit ist mit Rücksicht auf den zwingenden Charakter der organisatorischen Bestimmungen des BetrVG umstritten.[1311] Ihre faktische Bedeutung ist in den vergangenen zwanzig Jahren ebenfalls deutlich zurückgegangen.

1306 BAG 8.10.1997 – 4 AZR 87/96, NZA 1998, 492; weitere Nachweise bei *Wendeling-Schröder*, in: Kempen/Zachert (Hrsg.), TVG, § 1 Rn. 868.

1307 *Däubler*, Arbeitsrecht 1, Rn. 412, 1186ff.

1308 Im Ergebnis ebenso *Schmidt/Trinczek*, Der Betriebsrat als Akteur der industriellen Beziehungen, in: Müller-Jentsch (Hrsg.). Konfliktpartnerschaft. Akteure und Institutionen der industriellen Beziehungen, München und Mehring 1999, S. 103, 108.

1309 Zahlen (nur) zur Aufstiegsperiode bei *Roßmann,* in: Benner/Hofmann (Hrsg.), S. 372.

1310 *Bösche/Grimberg*, FS Däubler, S. 355, 378. Positive literarische Verarbeitung dagegen Ende der 1970er-Jahre bei Werkkreis Literatur der Arbeitswelt, Vertrauensleute berichten, herausgegeben von *Droege, Groß u.a.*, Frankfurt/Main 1979.

1311 *Däubler*, Gewerkschaftsrechte im Betrieb, Rn. 543ff.

III. Die »Kooperation« Gewerkschaften – Betriebsrat

1. Rechtliche Grundlagen

Wie schon an früherer Stelle angedeutet,[1312] hat das BetrVG 1972 die Stellung der Gewerkschaft im Betrieb gestärkt. Soweit sie dort auch nur ein Mitglied hat, kann und soll der Betriebsrat nach § 2 Abs. 1 BetrVG mit ihr zusammenarbeiten, ist dazu allerdings nicht verpflichtet. Die Gewerkschaft hat ein Teilnahmerecht an Betriebsversammlungen und kann auch bei Betriebsratssitzungen anwesend sein und mitberaten, sofern dies auch nur eine Minderheit des Gremiums beschließt. Dazu kommt das Recht, Wahlen wegen Rechtsverstoßes anzufechten und durch Tarifvertrag die Rechtsstellung des Betriebsrats zu verstärken (oder – theoretisch – auch durch weitgehende inhaltliche Regeln zu schwächen). Um diese (und andere) im BetrVG garantierten Rechte auszuüben, steht der Gewerkschaft nach § 2 Abs. 2 BetrVG ein Zugangsrecht zum Betrieb zu.

2. Die »Dienstleistungsfunktion« der Gewerkschaft

Neben dem selbstverständlichen Recht, für die »eigene« Liste Wahlkampf zu machen, hat die Gewerkschaft eine weitergehende »Service«-Funktion. Sie stellt den Betriebsräten ihr Fachwissen zur Verfügung und stattet den Betriebsrat so mit den nötigen Informationen und Kenntnissen aus. Unbestrittenermaßen hat sie

- das Recht, Schulungs- und Bildungsmaßnahmen nach § 37 Abs. 6 und 7 BetrVG zu organisieren, um auf diese Weise den Betriebsrat zur »sach- und fachgerechten Ausübung seiner Rechte« zu befähigen.[1313] Ob auch das weitergehende Ziel einer »intellektuellen Waffengleichheit« mit der Arbeitgeberseite verfolgt werden darf, ist nicht abschließend geklärt; die Rechtsprechung ist überwiegend skeptisch bis ablehnend.[1314] Die Schulungstätigkeit ist sogar als überkommene gewerkschaftliche Aufgabe durch Art. 9 Abs. 3 GG geschützt;[1315]
- das Recht, Sachmittel zur Verfügung zu stellen, insbesondere Zeitschriften mit fachlichem Bezug zur Betriebsratsarbeit wie AiB, die der Arbeitgeber nach § 40 Abs. 2 BetrVG bezahlen muss;[1316]

1312 Oben § 29 II 1.

1313 So die Formel in BAG 16.3.1988 – 7 AZR 557/87, AP Nr. 63 zu § 37 BetrVG 1972; BAG 7.6.1989 – 7 ABR 26/88, AP Nr. 67 zu § 37 BetrVG 1972.

1314 Nachweise bei *Däubler*, Schulung und Fortbildung, Rn. 110ff.

1315 Nachweise bei *Däubler*, Schulung und Fortbildung, Rn. 332ff.

1316 BAG 21.4.1983 – 6 ABR 70/82, AP Nr. 20 zu § 40 BetrVG 1972. Die dagegen von der Arbeitgeberseite eingelegte Verfassungsbeschwerde wurde vom Bundesverfassungsgericht nicht angenommen – BVerfG 10.12.1985 – 1 BvR 1724/83, DB 1986, 647.

- das Recht, dem Betriebsrat sachkundige Personen zur Verfügung zu stellen, die als Sachverständige nach § 80 Abs. 3 BetrVG tätig sind oder vom Betriebsrat als seine Vertreter in eine Einigungsstelle entsandt werden;
- das Recht, den Betriebsrat in arbeitsgerichtlichen Beschlussverfahren zu vertreten, in denen es um seine Rechte und Pflichten geht. Voraussetzung ist allerdings, dass mindestens ein Betriebsratsmitglied der Gewerkschaft angehört.[1317]

Diesen Serviceleistungen kam insbesondere in den 1970er-Jahren erhebliche Bedeutung zu. Auch heute sind sie insbesondere für neu gewählte und manche Betriebsräte in kleineren Betrieben von ausschlaggebender Bedeutung. Bei vielen anderen sind private Seminaranbieter sowie Beratungsfirmen in den Vordergrund getreten, die den Betriebsräten verbunden sind (z. B. dtb-Kassel).

3. Eigenständige Rechte der Gewerkschaften im Betrieb

Welche Möglichkeiten hat die Gewerkschaft, wenn sie eigene Zwecke verfolgt, beispielsweise die nächste Tarifrunde vorbereiten möchte? Darf sie einen Hauptamtlichen in den Betrieb schicken, der dort Flugblätter verteilt und mit den Kolleginnen und Kollegen redet? Dass die Gewerkschaft werben und informieren darf, ist vom BAG schon 1967 bejaht worden; als Rechtsgrundlage wurde die Koalitionsfreiheit des Art. 9 Abs. 3 GG herangezogen.[1318] Allerdings ging es damals nur um die Frage, ob dies durch im Betrieb beschäftigte Gewerkschaftsmitglieder geschehen darf. Umstritten blieben dagegen jahrzehntelang das gewerkschaftliche Zugangsrecht zum Betrieb und andere innerbetriebliche Aktivitäten wie das Tragen eines gewerkschaftlichen Abzeichens, das Verteilen gewerkschaftlicher Publikationen sowie die Wahl von Vertrauensleuten.

Die Rechtsprechung war lange Zeit wenig aufgeschlossen. Im Anschluss an einzelne Formulierungen des BVerfG ging sie davon aus, gewerkschaftliche Werbung und Information sowie andere Formen der »Wahrung und Förderung der Arbeits- und Wirtschaftsbedingungen« im Sinne des Art. 9 Abs. 3 GG seien nur in einem »Kernbereich« garantiert. Dieser Kernbereich umfasse lediglich die für die Verfolgung der gewerkschaftlichen Ziele »unerlässlichen« Handlungsformen. Sobald es Alternativen gab, war daher der verfassungsrechtlich geschützte Bereich verlassen.

Also kein Zugangsrecht der Gewerkschaft, wenn die Werbung auch durch im Betrieb tätige Gewerkschaftsmitglieder möglich wäre, keine Verteilung von Broschüren an Mitglieder, wenn dies auch per Post an die Privatadressen machbar wäre, keine Wahl von Vertrauensleuten im Betrieb, wenn diese auch in einem

1317 BAG 3.12.1954 – 1 AZR 381/54, AP Nr. 7 zu § 11 ArbGG (1953).

1318 BAG, AP Nr. 10 zu Art. 9 GG

angemieteten Bus außerhalb des Betriebsgeländes durchgeführt werden könnte, kein Festmachen eines gewerkschaftlichen Aufklebers an dem vom Arbeitgeber zur Verfügung gestellten Schutzhelm, wenn der Aufkleber auch an der eigenen Kleidung befestigt werden könnte usw.
Dieser Rechtsprechung wurde durch eine Entscheidung des BVerfG vom 14. November 1995[1319] die Grundlage entzogen. In dieser stellte das BVerfG klar, dass die gewerkschaftlichen Betätigungsformen nicht von vornherein nur in einem »Kernbereich« garantiert seien; insoweit habe ein Missverständnis vorgelegen. Vielmehr seien sie generell von Art. 9 Abs. 3 Satz 1 GG erfasst. Grenzen für die Betätigung würden sich nur aus den Grundrechten des Arbeitgebers ergeben, die insbesondere bei einer Störung des Arbeitsablaufs und des Betriebsfriedens berührt seien. Damit war das Kriterium der »Unerlässlichkeit« hinfällig geworden.

> Im konkreten Fall hatte ein freigestelltes Betriebsratsmitglied einen Kollegen während dessen Arbeitszeit angesprochen, ungefähr 30 Sekunden (nach Erinnerung eines leitenden Angestellten: zwei Minuten) mit ihm gesprochen und ihm anschließend eine gewerkschaftliche Broschüre in die Hand gedrückt. Wegen dieses Verhaltens wurde er abgemahnt, wogegen er sich gerichtlich zur Wehr setzte. Das BAG hatte die Abmahnung bestätigt, weil die konkrete Werbemaßnahme nicht »unerlässlich« gewesen sei; vielmehr hätte bis zu einer Pause gewartet werden können.[1320] Diese Entscheidung wurde vom BVerfG[1321] aufgehoben.

Es dauerte allerdings rund zehn Jahre, bis das BAG Gelegenheit bekam, seine bisherige Rechtsprechung zu den Gewerkschaftsrechten im Betrieb zu revidieren.[1322] Dies mag damit zusammenhängen, dass sich die Gewerkschaften mit der bisherigen Rechtsprechung arrangiert hatten und das Zugangsrecht nach § 2 Abs. 2 BetrVG als Mittel benutzten, um z. B. Werbematerial in den Betrieb zu bringen, das dann von Betriebsratsmitgliedern verteilt wurde, wozu diese ja nach § 74 Abs. 3 BetrVG befugt sind. Die veränderte Rechtsprechung macht solche Umwege überflüssig und erleichtert von daher auch die Zusammenarbeit mit dem Betriebsrat.

1319 BVerfG 14. 11. 1995 – 1 BvR 601/92, BVerfGE 93, 352 ff. Dazu *Kittner*, 50 Urteile, S. 241 ff.
1320 BAG 13. 11. 1991 – 5 AZR 74/91, NZA 1992, 690.
1321 S. BVerfG 14. 11. 1995 – 1 BvR 601/92, BVerfGE 93, 352 ff.
1322 BAG 28. 2. 2006 – 1 AZR 460/04, NZA 2006, 798 (Zugangsrecht).

IV. Der Betriebsrat als (starke) unterste Ebene der Gewerkschaft

Die Vorstellung einer »Kooperation« von Betriebsrat und Gewerkschaft setzt stillschweigend voraus, dass zwei »Säulen« vorhanden sind, von denen die eine stärker, die andere schwächer sein mag, die aber doch auf prinzipiell gleicher Ebene miteinander verkehren. Dies würde die Realität in den Betrieben missverstehen. Auch soweit Vertrauensleute existieren, haben sie kein wirkliches Kontrollpotenzial gegenüber einem sich verselbständigenden Betriebsrat.[1323] Da dieser faktisch der wichtigste Werber für neue Mitglieder ist, kann er nicht »zur Ordnung gerufen« werden, solange er diese Funktion erfüllt. Zwar können die Vertrauensleute etwa in der Metallindustrie bestimmen, wer auf der gewerkschaftlichen Liste kandidiert, doch führt dies häufig nur zu einer Karriereleiter über die Vertrauenskörperleitung in den Betriebsrat. Wer darauf setzt, wird schwerlich einen Konflikt mit der aktuellen Betriebsratsspitze riskieren, es sei denn, diese solle gestürzt werden. Gibt es effektive Meinungsverschiedenheiten, wird notfalls eine zweite Liste eingereicht, auch wenn dies zu einem Gewerkschaftsausschluss führen kann. Anschauungsmaterial dazu ist an anderer Stelle genannt.[1324]

Auch aus Sicht der Beschäftigten erfüllt der Betriebsrat die Funktion einer Gewerkschaft im Betrieb. Er ist Ansprechpartner in den Alltagsproblemen bis hin zu den Fragen einer besseren Arbeitsqualität. Tarifrunden oder gewerkschaftliche Demonstrationen sind Ausnahmesituationen. Beides steht nicht im Widerspruch zueinander, sondern ergänzt sich. Es ist daher nicht verwunderlich, dass auch heute noch ca. 70 % aller Betriebsratsmitglieder zugleich gewerkschaftlich organisiert sind.[1325] In dieselbe Richtung weist die Überschrift eines Aufsatzes, den drei bekannte Gewerkschafter in den WSI-Mitteilungen veröffentlicht haben.[1326]

Insbesondere freigestellte Betriebsräte spielen eine wichtige Rolle in Tarifkommissionen und bei der Wahl von Vorständen auf lokaler, regionaler und Bundesebene. Sie bringen damit auch sozialpartnerschaftliche Handlungsmaximen aus ihrer Alltagspraxis mit, ebenso wie (betriebliche) Vorstellungen über wirtschaft-

1323 *Bösche/Grimberg*, FS Däubler, S. 359ff.

1324 Unten § 35 VI.

1325 *https://www.dgb.de/betriebsratswahl-2018/*. Der Prozentsatz variiert von Branche zu Branche: Bei der BCE liegt der Anteil bei 77,4 %, bei der IG Metall bei 75,1 %, bei der NGG bei 76,5 %, bei verdi bei 57,3 % und bei der BAU bei 64,3 %. Nachweise bei DGB, a. a. O.

1326 *Huber/Burkhard/Klebe*, Tarifpolitik ist Betriebspolitik, Betriebspolitik ist Tarifpolitik, WSI-Mitt. 2005, 656ff.

liche Machbarkeit.[1327] Dies schlägt sich letztlich in Tarifforderungen nieder, für deren Realisierung auch aus Arbeitgebersicht keine »große Auseinandersetzung« erforderlich ist. Subjektiv wird dies von vielen nicht wahrgenommen, da sie sich aus ihrem Alltag heraus oft (verständlicherweise) ausschließlich als Kämpfer für Arbeitnehmerinteressen verstehen.

V. Verselbständigungstendenzen von Betriebsräten

Die Erosion der Flächentarife »signalisiert die Erosion der gewerkschaftlichen Autorität.«[1328] Nach Aussage des Statistischen Bundesamts werden in Gesamtdeutschland derzeit noch 46 % aller Arbeitnehmer durch einen Tarifvertrag geschützt, wobei sich der Anteil in den alten Bundesländern auf 47 % und in den neuen Bundesländern auf 39 % beläuft.[1329] Das WSI-Tarifarchiv ermittelte demgegenüber etwas höhere Zahlen: Immerhin 55 % werden von Tarifverträgen erfasst (davon 47 % durch einen Flächentarif und 8 % durch einen Haustarif), wobei auch hier der Prozentsatz im Westen deutlich höher als im Osten liegt.[1330] Selbst diese höhere Zahl zeigt jedoch, dass das Eingreifen eines Tarifvertrags keine Selbstverständlichkeit mehr ist.

Ein Erosionsprozess ist auch in anderen Zusammenhängen festzustellen. Der Expertenstatus von Mitarbeitern der Gewerkschaften ist 2019 weit weniger anerkannt als vor 30 oder 40 Jahren. Dies hängt damit zusammen, dass es nicht genügend gute Weiterbildungsangebote für Hauptamtliche gibt und dass diese meist so viel Arbeit zu bewältigen haben, dass ein Blick über den Tellerrand kaum mehr in Frage kommt. Dies ist wiederum Folge des gesunkenen Beitragsaufkommens, das eine Reduzierung der Personalkosten und damit ein hohes Arbeitspensum für die Verbleibenden erzwingt. Erschwerend kommt hinzu, dass ein persönlicher Kontakt für einen Betriebsrat oder gar für ein einfaches Mitglied angesichts der vielen Termine eines Hauptamtlichen oft nur schwer herstellbar ist.

Betriebsräte suchen sich unter diesen Umständen an anderer Stelle Unterstützung. Soweit es um Fragen neuer Technologien geht, sind die Technologieberatungsstellen (TBS) hilfreich, die in fast allen Bundesländern bestehen und die in der Regel von den Gewerkschaften initiiert wurden. Bei Schulungen nach § 37 Abs. 6 BetrVG wählen viele Betriebsräte private Anbieter, die neben solidem

1327 Vgl. *Bösche/Grimberg*, FS Däubler, S. 368ff.
1328 *Bösche/Grimberg*, FS Däubler, S. 355/356.
1329 *https://www.destatis.de/DE/Theman/Arbeit/Verdienste/Tarifverdienste-Tarifbindung/*.
1330 *https://www.boeckler.de/pdf/ta_tarifbindung_beschaeftigte_2017.pdf*: 57 % im Westen, 44 % im Osten.

Fachwissen auch ein attraktives Rahmenprogramm und eine Unterbringung in guten Hotels bieten. Auch ist hier seltener mit einem Widerstand der Arbeitgeberseite gegen das »Schon-wieder-auf-Schulung-Fahren« zu rechnen. Faktisch führt dies dazu, dass die Beschränkung auf die »erforderlichen« Kenntnisse konsequent gehandhabt wird. Betriebsräte wissen dann vieles über die Rechtsprechung des BAG, werden aber kaum in der Lage sein, diese von einem Arbeitnehmerstandpunkt aus kritisch zu betrachten oder gar sich Gedanken über das Funktionieren unserer Gesellschaft zu machen.

Eine Reihe von kleineren privaten Anbietern verlässt diesen Rahmen und lässt auch Positionen zu Wort kommen, die man nicht unbedingt auf gewerkschaftlichen Veranstaltungen finden könnte. So ist es denkbar, dass über »Dienst nach Vorschrift« oder Betriebsversammlungen von mehreren Tagen, also über Handlungsformen diskutiert wird, für die man keinen »Betriebsrätepreis« auf einer DGB-Veranstaltung bekommen würde.

Eine wichtige Rolle nehmen auch Rechtsanwaltskanzleien ein, die nicht nur juristischen Rat geben, sondern letztlich betriebspolitische Fragen mitentscheiden. In aller Regel läuft dies auf eine sehr sachkundige Beratung hinaus, da es mittlerweile in jeder größeren Stadt mindestens ein Anwaltsbüro gibt, das ausschließlich Arbeitnehmermandate übernimmt. Begründer waren meist Angehörige der 68er-Generation, die hier (zu Recht) eine Möglichkeit sahen, ihr fachliches Wissen für einen politisch guten Zweck einzusetzen und damit zugleich ihren Lebensunterhalt zu verdienen.[1331]

Ein gut vernetzter Betriebsrat wird bei Bedarf auch andere Experten wie z. B. Betriebswirte oder spezialisierte Informatiker in Anspruch nehmen. Im Einzelfall kann auch die Einschaltung eines Psychologen, eines Suchtberaters, eines Personalentwicklers oder eines Spezialisten für Betriebsrenten von Nutzen sein. Soweit der Arbeitgeber (zunächst) nicht mitspielt und eine Einschaltung als Sachverständiger nach § 80 Abs. 3 BetrVG ablehnt, lässt sich unschwer ein Inhouseseminar nach § 37 Abs. 6 BetrVG mit dem Experten veranstalten. Die Rückfrage bei der Gewerkschaft wird immer seltener. Bisweilen ist die emotionale Distanz zu Gewerkschaften erschreckend groß, wie eine neue empirische Untersuchung[1332] deutlich macht. Sie sollte Anlass zur kritischen Überprüfung der bisherigen Praxis sein. In Österreich ist dieses Phänomen weniger ausgeprägt, da in Form der Arbeiterkammern eine Organisation zur Verfügung steht, die über viel Fachwissen verfügt und leicht zugänglich ist.[1333]

1331 Eher kritisch zu den Anwälten als Beratern der Betriebsräte *Bösche/Grimberg*, FS Däubler, S. 355, 378.

1332 *Artus/Röbenack/Kraetsch*, Betriebsräte ohne Gewerkschaften, 2019, abrufbar unter *https://www.boeckler.de/de/faust-detail.htm?sync_id=HBS-007264* (abgerufen am 6.2.2022).

1333 Vgl. *Cerny*, DRdA 2020, 426, 429.

Fällt die Tarifbindung des Arbeitgebers weg und ist die Belegschaft recht weit von einer Streikbereitschaft entfernt, so besteht aus Sicht der Betroffenen noch weniger Anlass, sich an die Gewerkschaft zu wenden und mit ihr gemeinsam über einen Ausweg nachzudenken. Vielmehr wird der Betriebsrat in einem solchen Fall versuchen, mit Hilfe seiner Mitbestimmungsrechte zu akzeptablen Betriebsvereinbarungen zu kommen und sich dabei von seinem »Expertenumfeld« beraten zu lassen. Er wird damit zu einer Art Betriebsgewerkschaft, der kein Streikrecht zusteht, die aber ggf. über andere Mittel verfügt, den Arbeitgeber unter Druck zu setzen und so zumindest den Status quo aufrecht zu erhalten.

§ 35 Mitbestimmung in Großunternehmen

I. Was sind »Großunternehmen«?

Großunternehmen stehen in dem Ruf, nicht nur die Betriebsverfassung zu achten, sondern auch relativ starke Betriebsräte zu haben. Wer als Sozialwissenschaftler oder Jurist an den Betriebsrat herantritt, landet häufig bei der Sekretärin des Gremiums oder des Vorsitzenden oder bei einem wissenschaftlichen Mitarbeiter: Der Betriebsrat verfügt über einen »Apparat«. Die freigestellten Mitglieder haben einen Terminplan, der gerade noch ein Telefongespräch zwischen 14 und 14:15 Uhr zulässt, allerdings unter dem Vorbehalt »dass nichts dazwischen kommt«. Auf Schulungen nach § 37 Abs. 6 BetrVG wird man Betriebsratsmitglieder aus den Zentralen von VW, Daimler, BASF oder Bayer nur sehr selten finden. Was läuft dort anders als im »Normalfall« des 250-Personen-Betriebs mit einem freigestellten Betriebsratsmitglied und bestenfalls einer Halbtagssekretärin? Die empirische Sozialforschung hilft hier nicht weiter, weil man dazu keine Aussagen findet.[1334]

Wann ein »Großunternehmen« vorliegt, kann man unterschiedlich bestimmen. Im Folgenden soll pragmatisch in der Weise vorgegangen werden, dass die Betriebe und Unternehmen betrachtet werden, die von ihrer Größe her einen Aufsichtsrat mit Arbeitnehmerbeteiligung haben könnten. Auf diese Weise wird zugleich die Frage mit erfasst, wie sich das Nebeneinander von betrieblicher Interessenvertretung und Arbeitnehmervertretern im Aufsichtsrat auswirkt oder zumindest auswirken kann. Neben den Montanunternehmen, von denen es 2011 noch 32 gab,[1335] stehen die Unternehmen mit quasi-paritätischer Zusammensetzung des Aufsichtsrats nach dem Mitbestimmungsgesetz 1976.[1336] Voraussetzung ist, dass das Unternehmen mehr als 2000 Arbeitnehmer beschäftigt und über eine bestimmte Rechtsform verfügt. Ende 2018 traf dies für insgesamt 638 Un-

1334 Überblick bei *Behruzi*, S. 92ff.

1335 *https://www.boeckler.de/pdf/magmb_2011_05_molitor1.pdf.*

1336 Gesetz über die Mitbestimmung der Arbeitnehmer vom 4. Mai 1976 (BGBl. I S. 1153), zuletzt geändert durch Gesetz vom 24. April 2015 (BGBl. I S. 642).

ternehmen zu, die ganz überwiegend als AG oder GmbH organisiert waren.[1337] Die größte Gruppe bilden die Unternehmen, die zwischen 501 und 2000 Arbeitnehmer beschäftigten. Bei ihnen wählen die Arbeitnehmer nach dem Drittelbeteiligungsgesetz[1338] ein Drittel der Aufsichtsratsmitglieder. Ihre Zahl betrug im Jahre 2009 etwa 1500.[1339]

Ähnlich wie bei Betriebsräten bleiben die genannten Zahlen hinter den rechtlich gegebenen Möglichkeiten zurück.[1340] Auf den ersten Blick erstaunt dies, da nach § 98 AktG auf Antrag auch der Arbeitnehmerseite in einem Verfahren vor dem Landgericht geklärt werden kann, ob ein und wenn ja: welches Mitbestimmungsmodell auf ein Unternehmen Anwendung findet. Doch es gibt zwei wichtige Gründe, weshalb bei weitem nicht jedes Unternehmen mit einer Beschäftigtenzahl zwischen 501 und 2000 über einen Aufsichtsrat mit Arbeitnehmervertretern verfügt.

Zum einen gibt es Fälle, in denen die Anwendung des MitbestG oder des DrittelbG im Grunde außer Zweifel steht, sich jedoch niemand in der Lage sieht, ein Verfahren nach § 98 AktG einzuleiten.

> Dem Verfasser begegnete in der Praxis der Fall, dass der Alleineigentümer eines großen Automobilzulieferers im Stuttgarter Raum in der Schweiz eine AG gegründet hatte, der alle Geschäftsanteile der deutschen GmbH übertragen wurden. Auch war die deutsche GmbH durch einen Beherrschungsvertrag den Weisungen der schweizerischen AG unterstellt. Diese war selbstredend nicht mitbestimmt. Es hätte aber die Möglichkeit bestanden, einen quasi-paritätisch zusammengesetzten Aufsichtsrat bei der deutschen GmbH einzurichten, indem der Betriebsrat einen Antrag nach § 98 AktG gestellt hätte. Dies wäre aber dem Eigentümer »lästig« gewesen und hätte außer zusätzlichen Informationen keine Mitentscheidungsmöglichkeiten erbracht, weil ja alles »in der Schweiz« entschieden wurde. Es kam zu einem (nirgends schriftlich niedergelegten) Deal: An der recht großzügig ausgestalteten betrieblichen Altersversorgung sollte sich auch in Zukunft nichts ändern, solange das Thema Aufsichtsrat nicht weiter verfolgt würde.

Häufig geht es dabei aber nicht um solche informellen Abmachungen, sondern darum, dass im Unternehmen gar keine Betriebsräte existieren.[1341] Soweit die

---

1337 Die Mitbestimmung 2/2019, 7.

1338 Vom 18. Mai 2004 (BGBl. I S. 974), zuletzt geändert durch Gesetz vom 24. April 2015 (BGBl. I S. 642).

1339 Böckler Impuls 02/2010, S. 1, abrufbar unter *https://www.boeckler.de/22457_22462.htm*. Die Angabe beruht auf einer Untersuchung von *Bayer* und *Hoffmann* (Drittelbeteiligung in Deutschland – Ermittlung von Gesellschaften, die dem DrittelbG unterliegen – Endfassung vom 31.12.2009), abrufbar unter *https://www.boeckler.de/pdf/mbf_drittelbeteiligung.pdf* (1.9.2019).

1340 Unten § 37.

1341 Zu diesen Fällen eingehend unten § 37.

Grenze der 2000 Beschäftigten überschritten ist, könnte allerdings jede im Betrieb vertretene Gewerkschaft (hierfür genügt ein Mitglied, das nicht einmal namhaft gemacht werden muss[1342]) einen Antrag nach § 98 Abs. 2 Nr. 10 AktG stellen, weil ihr ja bei den Aufsichtsratswahlen ein Vorschlagsrecht zustehen würde – so die vom Gesetz verlangte Voraussetzung. Fänden dann effektiv Aufsichtsratswahlen statt, würde dies die Chancen zur Bildung von Betriebsräten deutlich erhöhen. Aus diesem Grund sind die Fälle eines anwendbaren, aber nicht umgesetzten MitbestG eher selten. Dieses Vorschlagsrecht fehlt der Gewerkschaft jedoch im Anwendungsbereich des DrittelbG. Nach verbreiteten Schätzungen führt dies dazu, dass sich in mindestens weiteren 1500 Unternehmen kein Antragsteller findet.[1343] Nun ist an sich der Vorstand bzw. die Geschäftsführung nach § 98 Abs. 2 Nr. 1 AktG berechtigt, aber auch verpflichtet, einen solchen Antrag zu stellen, weil er für eine gesetzeskonforme Zusammensetzung der Unternehmensorgane sorgen muss. Wird gegen diese Verpflichtung verstoßen, sind aber kein Bußgeld und auch keine vergleichbare andere Sanktion vorgesehen. Vorübergehend wurde ein Bußgeld deshalb verhängt, weil Gesellschaften, die keinen Aufsichtsrat gebildet hatten, auch nicht den für sie vorgeschriebenen Bericht des Aufsichtsrats zum elektronischen Bundesanzeiger eingereicht und damit gegen § 335 HGB verstoßen hatten. Diese in der Tat etwas überraschende Vorgehensweise wurde vom BVerfG wegen Verstoßes gegen das im Straf- und Ordnungswidrigkeitenrecht bestehende Bestimmtheitsgebot für illegal erklärt.[1344] Angesichts fehlender Sanktionen ist das Auseinanderfallen von Recht und Rechtswirklichkeit im Bereich der Drittelbeteiligung nicht weiter erstaunlich.

Zum zweiten stehen einem Eigentümer oder einer Anteilseignermehrheit aber noch weitere Wege zur Verfügung, um nach geltendem Recht die Bildung eines Aufsichtsrats mit Arbeitnehmerbeteiligung zu verhindern:

- Ein Unternehmen, das voraussichtlich in absehbarer Zeit die Grenze von 500 und insbesondere die Grenze von 2000 Beschäftigten überschreiten wird, verwandelt sich in eine SE, eine Europäische Gesellschaft. Dabei bleibt die bisherige Form der Arbeitnehmervertretung zwar erhalten, doch wird sie »eingefroren«: War bisher nur das DrittelbG anwendbar, so bleibt es dabei, auch wenn das Unternehmen stark expandiert und schon nach kurzer Zeit deutlich mehr als 2000 Arbeitnehmer beschäftigt. Auch kommt es überhaupt

1342 Näher *Däubler*, Gewerkschaftsrechte, Rn. 87ff.

1343 S. *Bayer/Hoffmann*, Gesetzeswidrige Mitbestimmungslücken bei der GmbH, GmbHRdsch. 2015, 909: 56% der untersuchten 444 GmbHs verfügten über keine Arbeitnehmervertreter im Aufsichtsrat, obwohl sie zwischen 750 und 1250 Mitarbeiter beschäftigten. Dazu auch Pressemitteilung der Hans Böckler Stiftung v. 13.5.2016 – abrufbar unter *https://www.boeckler.de/63056_65209.htm* (1.9.2019).

1344 BVerfG 9.1.2014 – 1 BvR 299/13, NJW 2014, 1431.

zu keiner Arbeitnehmervertretung im Aufsichtsrat, wenn die Umwandlung in einem Moment erfolgte, als das Unternehmen erst 450 Beschäftigte hatte.

- Eine GmbH & Co KG unterliegt nach § 4 Abs. 1 MitbG insoweit der Mitbestimmung, als die Arbeitnehmer der KG der GmbH zugerechnet werden, sodass bei dieser ein Aufsichtsrat gebildet werden muss.[1345] Dies gilt jedoch nicht, wenn statt der GmbH eine Gesellschaft ausländischen Rechts die Rolle des persönlich haftenden Gesellschafters übernimmt; sie zu gründen macht keine Probleme. Bei einer »BV & Co KG«[1346] findet das Mitbestimmungsgesetz keine Anwendung.[1347] Es auf diesen Fall auszudehnen, ist zwar von der Bundestagsfraktion der SPD und der Bundestagsfraktion DIE LINKE beantragt worden,[1348] doch scheiterten die Anträge an den parlamentarischen Mehrheiten. Die aktuelle Bundesregierung will einen neuen Anlauf machen und auch das »Einfrieren« bei der Umwandlung in eine SE angehen.
- Auch das deutsche Recht lässt Ausweichmöglichkeiten zu. Während das MitbG alle abhängigen Gesellschaften in einem Konzern einbezieht und die dort Beschäftigten bei der Wahl der Aufsichtsratsmitglieder an der Spitze mitzählt und mitwählen lässt, gilt dies nach § 2 Abs. 2 DrittelbG nur dann, wenn zwischen dem herrschenden und dem abhängigen Unternehmen ein Beherrschungsvertrag besteht. Die Anteilseignerseite verzichtet also ggf. auf einen solchen Vertrag, und schon ist sie die »lästige« Arbeitnehmervertretung los. Wo dies nicht hilft oder nicht in Betracht kommt, kann man die Spitze als Stiftung organisieren, die aufgrund ihrer Rechtsform nicht der Mitbestimmung unterliegt. Die Beteiligung der Arbeitnehmer beschränkt sich dann – soweit ihre Voraussetzungen bei der einzelnen Tochtergesellschaft gegeben sind – auf die abhängigen Gesellschaften, die nur ausführen müssen, was in der Eigentümer-Stiftung beschlossen wurde. Eine solche Konstruktion bietet sich insbesondere bei Familienunternehmen an.

Die Grenzen des rechtlich Zulässigen sind möglicherweise in folgendem Fall überschritten, der gleichfalls der Praxis entnommen ist. Die Eigentümerfamilie gründet eine AG österreichischen Rechts, die ihren Sitz in Deutschland nimmt; dies ist nach der Rechtsprechung des EuGH zulässig. Diese übernimmt die Rolle der persönlich

---

1345 Eine entsprechende Vorschrift fehlt im DrittelbG.

1346 Die BV (Besloten Vennootschap) des niederländischen Rechts entspricht der deutschen GmbH. Die Wahl einer »Ltd. (=Limited Company) & Co KG« kommt wegen des Austritts Großbritanniens aus der EU nicht mehr in Betracht.

1347 Im Juni 2014 hatten in Deutschland 94 Unternehmen mit mehr als 500 Arbeitnehmern diesen Weg gewählt – s. *Sick*, Der deutschen Mitbestimmung entzogen: Unternehmen mit ausländischer Rechtsform nehmen zu, Mitbestimmungsförderung, Report Nr. 8, Februar 2016, abrufbar unter *http://www.boeckler.de/pdf/p_mbf_report_2015_8.pdf.*

1348 Dazu *Sick*, Unternehmensmitbestimmung für ausländische Gesellschaften – Inkonsistenzen beheben!, GmbH-Rdsch. 2011, 1196ff.

haftenden Gesellschafterin in einer »AG & Co KG«, die nicht der deutschen Mitbestimmung unterliegt. Nun gibt es aber auch nach österreichischem Recht Arbeitnehmervertreter im Aufsichtsrat, sofern die AG in Österreich tätig ist. Kann man durch Kombination von zwei Rechtsordnungen ein Ergebnis erzielen, das von keiner dieser Rechtsordnungen gewollt ist? Nach den allgemeinen Grundsätzen des Internationalen Privatrechts ist dies nicht zulässig.[1349]

Wenn im Folgenden von Arbeitnehmervertretern im Aufsichtsrat als einer »Ergänzung« der betrieblichen Mitbestimmung die Rede ist, so ist immer mitzubedenken, dass es sich dabei keineswegs um eine generelle Erscheinung in allen Großunternehmen handelt.

II. Betriebsverfassung auf Unternehmensebene: Gesamtbetriebsrat

1. Bildung und Zusammensetzung

Die Beteiligung des Betriebsrats bezieht sich in vielen Fällen auf Entscheidungen, die nicht im Betrieb als der arbeitstechnischen Einheit, sondern im Unternehmen selbst fallen. Dies führt zu Unzuträglichkeiten, wenn im selben Unternehmen mehrere Betriebe mit eigenen Betriebsräten bestehen: Wer soll in die Personalplanung eingeschaltet werden, wer über die Verwaltung einer Pensionskasse mitbestimmen, die alle unternehmensangehörigen Arbeitnehmer erfasst? Um Koordinierungsprobleme zwischen den einzelnen Betriebsvertretungen zu vermeiden, hat § 47 BetrVG die Bildung eines Gesamtbetriebsrats verbindlich vorgeschrieben.

Jeder Betriebsrat entsendet zwei Mitglieder in den Gesamtbetriebsrat, Betriebsräte aus Kleinbetrieben, die nicht mehr als drei Mitglieder haben, sind durch eine Person vertreten. Das Stimmengewicht richtet sich nach der Zahl der dem jeweiligen Betrieb angehörenden Arbeitnehmer; bei zwei Vertretern hat jeder die Hälfte der Stimmen des Betriebs.

In Filialunternehmen, insbesondere im Einzelhandel, findet sich häufig ein Tarifvertrag, der die Bildung sog. Regionalbetriebsräte vorsieht. Dabei ist jedes Gremium für eine größere Zahl von Filialen zuständig. Dies bringt die Gefahr

---

1349 Zu den Lösungsmöglichkeiten unter dem Stichwort der Angleichung s. Palandt-*Thorn*, BGB, 78. Aufl. 2019, Einl. vor Art. 3 EGBGB Rn. 32 m. w. N.

mit sich, dass die Beschäftigten nicht mehr ausreichend betreut werden können, weil sich der Betriebsrat in den filialspezifischen Problemen kaum noch auskennt. Die Regionalbetriebsräte bilden dann einen GBR.

2. Zuständigkeitsverteilung

Der Gesetzgeber hat die Kompetenzen von Betriebsrat und Gesamtbetriebsrat (GBR) in § 50 BetrVG abzugrenzen versucht. Abgesehen vom unproblematischen Fall der ausdrücklichen Ermächtigung des GBR durch die Einzelbetriebsräte nach § 50 Abs. 2 BetrVG hat das Gesetz jedoch keine sehr klare Lösung getroffen. Voraussetzung für die Einschaltung des GBR ist nach § 50 Abs. 1 BetrVG, dass

- es um Angelegenheiten geht, die das Gesamtunternehmen oder mehrere Betriebe betreffen, und dass
- sie nicht durch die einzelnen Betriebsräte innerhalb ihrer Betriebe geregelt werden können.

Die zweite Bedingung hat einiges Kopfzerbrechen bereitet, da der Gesamtbetriebsrat bei wörtlicher Auslegung gar keinen Aufgabenbereich hätte, ist doch ein koordiniertes, paralleles Vorgehen der Einzelbetriebsräte immer möglich. Die herrschende Meinung steht deshalb auf dem Standpunkt, eine einheitliche Regelung müsse »notwendig« sein oder sich aus der Natur der Sache aufdrängen.[1350]

Wann dies der Fall ist, kann unterschiedlich beurteilt werden. Erfasst sind neben den bereits erwähnten Beispielen der Personalplanung und der sich auf das gesamte Unternehmen erstreckenden Sozialeinrichtungen Maßnahmen der Berufsbildung, die auf zentraler Ebene durchgeführt werden, sowie Betriebsänderungen, wenn sie mehrere Betriebe in Mitleidenschaft ziehen. Dies gilt aber nur für den Interessenausgleich, nicht für den Sozialplan.[1351]

Will der Arbeitgeber eine freiwillige Sozialleistung gewähren, kann er sich die Verhandlungsebene aussuchen: Ein betriebsspezifisches Modell ist mit den Einzelbetriebsräten zu beraten, ein unternehmenseinheitliches mit dem GBR.

Zu beachten ist, dass sich die Zuständigkeit des GBR auf »Angelegenheiten«, nicht auf Mitbestimmungsrechte insgesamt bezieht.[1352]

1350 BAG 16.6.1998 – 1 ABR 68/97, NZA 1999, 42; stand. Rspr. Weitere Nachweise bei *Fitting* § 50 Rn. 21 ff.

1351 BAG 3.5.2006 – 1 ABR 15/05, DB 2006, 2410 ff.

1352 Anders aber BAG 21.1.2003 – 3 ABR 26/02, NZA 2003, 992; BAG 14.11.2006 – 1 ABR 4/06, NZA 2007, 339, wonach der GBR auch dann zuständig bleibt, wenn ein Teil der unter das Mitbestimmungsrecht fallenden Fragen auf betrieblicher Ebene geregelt werden könnte. Nicht einmal eine Delegierung auf die Einzelbetriebsräte soll möglich sein.

So muss beispielsweise in einer großen Einheit wie der Deutschen Bahn AG der Schichtplan als solcher vom GBR mitbestimmt werden, während die Einzelbetriebsräte (die die einzelnen Personen kennen) mitentscheiden, wer in welche Schicht eingeteilt wird.[1353] Nur eine solche Aufteilung kann zu sachgerechten Ergebnissen führen.[1354]

3. Gesamtbetriebsvereinbarungen

Soweit der Gesamtbetriebsrat nach diesen Grundsätzen Mitbestimmungsrechte besitzt, kann er mit dem Arbeitgeber Gesamtbetriebsvereinbarungen schließen, die für und gegen alle unternehmensangehörigen Arbeitnehmer wirken. Auch Arbeitnehmer aus Betrieben ohne Betriebsrat werden seit 2001 erfasst. Im Falle des § 50 Abs. 2 BetrVG ist der Geltungsbereich allerdings auf die Belegschaften beschränkt, deren Betriebsrat den GBR ermächtigt hat. Solange der Gesamtbetriebsrat nicht aktiv geworden ist, können m. E. die Einzelbetriebsräte auch auf den Gebieten des § 50 Abs. 1 BetrVG wirksame Betriebsvereinbarungen abschließen, doch ist dies durchaus umstritten.[1355]

III. Betriebsverfassung auf Unternehmensebene: Wirtschaftsausschuss

Nach § 106 Abs. 1 muss in allen Unternehmen mit mehr als 100 Beschäftigten ein Wirtschaftsausschuss gebildet werden. Anders als unter dem BetrVG 1952 besteht er ausschließlich aus Vertretern der Arbeitnehmerseite, die vom Betriebsrat gewählt werden.

Seiner Funktion nach ist er ein Beratungsorgan, dessen Mitglieder die wirtschaftliche Entwicklung des Unternehmens mit dem Arbeitgeber diskutieren und die den Betriebsrat darüber in Kenntnis setzen. Vom Gegenstand her wird – wie die zwölf Ziffern des § 106 Abs. 3 BetrVG zeigen – fast alles erfasst, was für die Arbeitnehmer unmittelbar (z. B. Rationalisierungsprogramm) oder mittelbar (z. B. finanzielle Lage des Unternehmens, Umweltschutz) von Bedeutung ist. Die im Gesetz genannten Fälle sind zudem nicht als abschließender Katalog gedacht. Nach § 106 Abs. 3 Nr. 9a BetrVG ist der Wirtschaftsausschuss zu informieren, wenn ein Erwerber die Kontrolle über das Unternehmen erhalten soll.[1356] Ab

1353 Näher *Däubler*, Mögliche Arbeitsteilung zwischen Gesamtbetriebsrat und Einzelbetriebsräten?, DB 2017, 667.

1354 Eingehend DKW-*Deinert*, § 50 Rn. 16.

1355 DKW-*Deinert*, § 50 Rn. 14 m. w. N.

1356 Zu den faktischen Grenzen dieses Rechts s. DKW-*Däubler*, § 106 Rn. 86 ff.

1.1.2023 sind nach Abs. 3 Nr. 5b auch »Fragen der unternehmerischen Sorgfaltspflichten in Lieferketten gemäß dem Lieferkettensorgfaltspflichtengesetz« einbezogen. Das Gesetz kennt im Übrigen keinen Vorbehalt zugunsten der »Privatsphäre« von Investoren. Es verlangt lediglich, dass durch die Bekanntgabe an den Wirtschaftsausschuss Betriebs- und Geschäftsgeheimnisse nicht gefährdet werden. Selbst sie sind daher in die Informationspflicht einbezogen und dürfen nur ausgenommen werden, wenn sie gefährdet wären, weil ein bestimmtes Wirtschaftsausschussmitglied oder ein bestimmter Betriebsrat von ihnen Kenntnis erhält.

Durch die §§ 238ff. HGB haben Jahresabschluss und Wirtschaftsprüferbericht erhebliche Bedeutung erlangt. Auch sie sind dem Wirtschaftsausschuss zur Verfügung zu stellen und so eingehend zu erläutern, dass er die darin enthaltenen Aussagen voll nachvollziehen kann. Die Wirtschaftsausschussmitglieder haben das Recht, sich über die erhaltenen Informationen Notizen zu machen[1357] – die Tatsache, dass die Rechtsprechung dies ausdrücklich feststellen musste, unterstreicht, wie zurückhaltend von Arbeitgeberseite häufig mit »sensiblen« wirtschaftlichen Daten umgegangen wird. Der Wirtschaftsausschuss kann sich bei der Auswertung der erhaltenen Informationen mit Zustimmung des Arbeitgebers durch einen Sachverständigen beraten lassen (§ 108 Abs. 2 Satz 3 BetrVG). Obwohl seine Sitzungen nicht betriebsöffentlich sind, kann er auch sachkundige Arbeitnehmer des Betriebs hinzuziehen. Weiter kann der Betriebsrat oder der Wirtschaftsausschuss beschließen, dass auch ein Gewerkschaftsvertreter teilnehmen darf.

Hält der Arbeitgeber mit Informationen zurück, ohne sich auf die drohende Gefährdung eines Betriebs- oder Geschäftsgeheimnisses berufen zu können, so kann der Betriebsrat nach § 109 BetrVG die Einigungsstelle anrufen. Sie muss den Arbeitgeber zur Mitteilung der betreffenden Tatsachen verpflichten, wenn die Geheimnisse nicht effektiv durch einen besonders redseligen Menschen (in der Umgangssprache »Plaudertasche« genannt) gefährdet wären. Eine solche Ausnahmesituation zu belegen ist schwierig.

Mit diesen Regelungen ist keine vollständige und auch keine rechtzeitige Information sichergestellt. Die Ansprüche nach den §§ 106ff. BetrVG und das Verfahren nach § 109 BetrVG versagen nämlich, wenn Betriebsrat und Wirtschaftsausschuss völlig ahnungslos sind. Dennoch ist eine gefilterte oder lückenhafte Information besser als völlige Unkenntnis, sodass schon deshalb die Existenz eines Wirtschaftsausschusses von Nutzen ist.

1357 LAG Hamm 9.2.1983 – 12 TaBV 65/82, DB 1983, 1311.

IV. Betriebsverfassung auf Konzernebene: Konzernbetriebsrat

1. Bildung und Zusammensetzung

Bilden zwei oder mehrere Unternehmen einen Unterordnungskonzern im Sinne des Aktienrechts, so können (nicht: müssen) die Gesamtbetriebsräte der beteiligten Unternehmen einen Konzernbetriebsrat (KBR) errichten. Notwendig ist nach § 54 Abs. 1 BetrVG, dass die die Entscheidung treffenden Gesamtbetriebsräte mindestens 50 Prozent der im Konzern beschäftigten Arbeitnehmer repräsentieren; bis 2001 wurden sogar 75 % verlangt. Hat ein Unternehmen nur einen Betrieb und deshalb auch nur einen (einfachen) Betriebsrat, so hat dieser nach § 54 Abs. 2 BetrVG insoweit die Stellung eines Gesamtbetriebsrats. Jeder GBR bzw. Betriebsrat entsendet zwei Mitglieder in den KBR, deren Stimmengewicht sich nach der Zahl der repräsentierten Arbeitnehmer bestimmt.

Befindet sich die Konzernspitze im Ausland, so soll es trotz einer Mehrzahl inländischer Unternehmen nur dann einen KBR geben, wenn dieser in Form einer »Deutschland-Direktion« über einen Gegenspieler verfügt.[1358]

2. Zuständigkeitsverteilung

Die Kompetenz des Konzernbetriebsrats ist genauso wie die des Gesamtbetriebsrats konstruiert: Was notwendigerweise konzerneinheitlich geregelt werden muss (z. B. eine konzernweite betriebliche Altersversorgung), fällt nach § 58 Abs. 1 BetrVG in seine ausschließliche Zuständigkeit. Alles andere bleibt auf der Ebene des GBR oder des Einzelbetriebsrats. Im Übrigen kann ein einzelner Gesamtbetriebsrat den Konzernbetriebsrat nach § 58 Abs. 2 BetrVG ermächtigen, bestimmte Befugnisse für ihn wahrzunehmen.

3. Konzernbetriebsvereinbarungen

Im Rahmen seiner Zuständigkeit kann der KBR mit dem Arbeitgeber Konzernbetriebsvereinbarungen schließen, die unmittelbar für und gegen die einzelnen Arbeitnehmer wirken, die bei den Konzernunternehmen beschäftigt sind. Dies ist eine der ganzen wenigen Fälle, in denen das geltende Recht eine konzernweite normative Regelung gestattet. Im Gegensatz dazu sollen Konzerntarife nur

---

1358 »Teilkonzernspitze«. Dazu BAG 14.2.2007 – 7 ABR 26/06, NZA 2007, 999; weitere Nachweise bei *Fitting*, § 54 Rn. 34a.

zulässig sein, wenn jedes Konzernunternehmen der Konzernspitze eine entsprechende Ermächtigung gegeben hat.[1359]

V. Integrierte Interessenvertretung

1. Das Aufsichtsratsmitglied als »Wissensträger«

Mitglieder des Betriebsrats, des Gesamt- und des Konzernbetriebsrats sowie Arbeitnehmervertreter im Aufsichtsrat stehen normalerweise nicht isoliert nebeneinander. Für die betriebsverfassungsrechtlichen Institutionen GBR und KBR versteht sich dies von selbst, da der GBR aus Mitgliedern der Einzelbetriebsräte und der KBR aus Delegierten des GBR besteht. Im Verhältnis zu den Arbeitnehmervertretern im Aufsichtsrat ist dies weniger selbstverständlich, da sie in einem Verfahren gewählt werden, das unverbunden neben den Betriebsratswahlen steht und da ihre Rechtsstellung außerdem weitgehend durch das Gesellschaftsrecht bestimmt ist. Eine Zusammenarbeit ist für die betriebliche Interessenvertretung dennoch in hohem Maße lohnend.
Aufsichtsratsmitglieder verfügen im Normalfall über einen höheren Informationsstand zur wirtschaftlichen Situation des Unternehmens als die Betriebsräte. Dies hängt damit zusammen, dass der Vorstand nach § 90 Abs. 1 AktG dem Aufsichtsrat regelmäßig über den Gang der Geschäfte berichten muss. Außerdem kann sogar ein einzelnes Aufsichtsratsmitglied Auskunft über alle Angelegenheiten der Gesellschaft verlangen. Dies ist an etwas versteckter Stelle geregelt. In § 90 Abs. 3 AktG heißt es:

> Der Aufsichtsrat kann vom Vorstand jederzeit einen Bericht verlangen über Angelegenheiten der Gesellschaft, über ihre rechtlichen und geschäftlichen Beziehungen zu verbundenen Unternehmen sowie über geschäftliche Vorgänge bei diesen Unternehmen, die auf die Lage der Gesellschaft von erheblichem Einfluss sein können. Auch ein einzelnes Mitglied kann einen Bericht, jedoch nur an den Aufsichtsrat, verlangen.

Entscheidend ist das »Minderheitenrecht« des einzelnen Mitglieds im Schlusssatz, da die Aufsichtsratsmehrheit bei der Anteilseignerseite liegt, die auch die Vorstandsmitglieder auswählt und die ihren Informationsbedarf auf andere Weise als durch formale Anfragen im Aufsichtsrat befriedigen kann. Das Recht

1359 S. die Nachweise bei *G. Peter*, in: Däubler (Hrsg.), Tarifvertragsgesetz mit Arbeitnehmerentsendegesetz, § 2 Rn. 109ff.

des Einzelnen wird seinerseits nur selten ausgeübt, hat aber insoweit präventive Funktion, als es im Regelfall für eine recht vollständige Information des Aufsichtsrats sorgt.

2. Geheimhaltungspflicht als Grenze

Dürfen diese Informationen an den Betriebsrat weitergegeben werden? Im Grundsatz ist diese Frage zu bejahen, sodass auch die betriebliche Interessenvertretung frühzeitig über Zukunftspläne wie über zu erwartende »Engpässe« informiert ist. Für die Auseinandersetzung um Alltagsfragen kann dies von großem Nutzen sein.

> Der Arbeitgeber will das tariflich nicht abgesicherte Weihnachtsgeld kürzen, um die Wettbewerbsfähigkeit des Unternehmens zu erhöhen. Der Betriebsrat kann ihm entgegenhalten, dass das Unternehmen auf Auslandsmärkten hervorragende Geschäfte mache und deshalb seine Wettbewerbsfähigkeit nicht gefährdet sei.

Häufig werden interessante und wichtige Angaben im Aufsichtsrat als »vertraulich« oder gar als »Betriebs- und Geschäftsgeheimnis« bezeichnet, was nach Ansicht der Arbeitgeberseite die Weitergabe an den Betriebsrat sowie an GBR und KBR ausschließt. Sich darüber hinwegzusetzen, fällt vielen Aufsichtsratsmitgliedern mit Recht schwer: Man will im Regelfall dem Unternehmen nicht schaden und man befürchtet Sanktionen von der Kündigung bis hin zum Schadensersatz.

> In größeren Gesellschaften besteht typischerweise eine sog. D&O-Versicherung[1360], die alle fahrlässigen Schädigungen des Unternehmens durch Aufsichtsratsmitglieder abdeckt. Doch würde sie im Ernstfall eingreifen, wenn man bewusst die »Vertraulichkeit« nicht beachtet?

Nun gibt es nicht selten Personen, die sowohl einem Betriebsrat als auch einem Aufsichtsrat angehören. Sie wissen damit auch in ihrer Eigenschaft als betrieblicher Interessenvertreter Bescheid, da niemand ihrer rechten Gehirnhälfte (als Aufsichtsrat) verbieten kann, die erhaltenen Informationen an die linke Gehirnhälfte (als Betriebsrat) weiterzugeben. Allerdings stellt sich dann das Problem, inwieweit sie darauf gegenüber Betriebsratskollegen Bezug nehmen dürfen. Unterstellt, die Geheimsphäre sei auch dann in vollem Umfang zu wahren, kann man jedenfalls ohne direkte Bezugnahme ein Betriebsratsverhalten vorschlagen, das inhaltlich eine adäquate Antwort darstellt. Wenn ein Vertrauensverhältnis zu

1360 »D&O« steht für Directors' and Officers' Liability Insurance, also die Haftpflichtversicherung für Aufsichtsrats- und Vorstandsmitglieder.

den Betriebsratskollegen besteht, werden sie dem folgen, weil sie merken, dass man einige Dinge erfahren hat, über die man (noch) nicht reden darf.
Nun besteht dieses Vertrauensverhältnis nicht immer, und es gibt auch genügend Fälle, in denen niemand sowohl einem Betriebsrat als auch dem Aufsichtsrat angehört. Hier stellt sich dann die Frage, wie weit die Geheimhaltungspflicht wirklich reicht.[1361]

> Die Geschäftsführung einer IT-Firma teilt im Aufsichtsrat mit, im Laufe der nächsten eineinhalb Jahre sollen 30 % der Belegschaft abgebaut werden. Von ihren Aufgaben soll ein Drittel in Länder mit geringeren Lohnkosten ausgelagert werden. Ein großer Arbeitsbereich soll so stark digitalisiert werden, dass zahlreiche Arbeitsplätze eingespart werden, was ein Abbaupotential in Höhe von einem weiteren Drittel bringe. Das dritte Drittel soll von jüngeren Arbeitskräften übernommen werden, die im Gegensatz zu Älteren neue Ideen einbringen würden. Mit diesen Maßnahmen soll die gefährdete Rentabilität des Unternehmens wiederhergestellt werden. Darf man diese Pläne den Betriebsratsmitgliedern mitteilen oder gar in einer Betriebsversammlung darüber reden? Die Arbeitgeberseite hatte im Aufsichtsrat alle Angaben als »streng vertraulich« bezeichnet.

Nach § 116 Satz 2 AktG sind Aufsichtsratsmitglieder insbesondere zur Verschwiegenheit über erhaltene vertrauliche Berichte und vertrauliche Beratungen verpflichtet. Dabei stellt sich als Erstes die Frage, ob »Vertraulichkeit« schon dadurch entsteht, dass die Arbeitgeberseite eine entsprechende Klassifizierung vornimmt. Nach der Rechtsprechung des BGH[1362] muss ein objektives Geheimhaltungsinteresse des Unternehmens hinzukommen. Ob dieses vorliegt, hat das einzelne Aufsichtsratsmitglied nach bestem Wissen und Gewissen zu prüfen. Im Einzelnen führt der BGH aus:

(Die Verschwiegenheitspflicht) *»beruht auf einer Abwägung, inwieweit es zum Schutz übergeordneter Geheimhaltungsinteressen geboten, aber auch tragbar erscheint, die Bewegungsfreiheit der Organmitglieder unter Berücksichtigung ihrer gesetzlichen Funktionen zu beschränken. Ein unbeschränktes Schweigegebot wäre der Bedeutung des Aufsichtsratsamtes und den hohen sachlichen und persönlichen Anforderungen, die es an seine Träger stellt, nicht gerecht geworden; es hätte sogar ein Hindernis für eine pflichtgemäße Amtsausübung bilden können. Denn die Größe der Verantwortung bedingt auch ein gewisses Maß an Freiheit, im Einzelfall mit der gebotenen Sorgfalt selber zu prüfen und zu entscheiden, wie die übernommenen*

1361 Dazu auch *Däubler*, Umfang und Grenzen der Verschwiegenheitspflicht von Aufsichtsratsmitgliedern, Rechtsgutachten, abrufbar unter *https://www.daeubler.de/wp-content/uploads/2021/12/1911Umfang-und-Grenzen-der-Verschwiegenheitspflicht.pdf*.
1362 5.6.1975 – II ZR 156/73, NJW 1975, 1412.

Aufgaben am besten zu erfüllen sind. Dazu kann auch ein abgewogenes Urteil darüber gehören, wann Schweigen Pflicht und wann es erlaubt oder vielleicht sogar nötig ist, über eine bestimmte Angelegenheit offen zu reden. Inwieweit hierbei dem Mitglied eines Gesellschaftsorgans ein angemessener Raum für eigenverantwortliches Handeln verbleibt und inwieweit dieser Raum durch zwingende Vorschriften eingeengt werden muss, ist eine Frage, deren Regelung der Gesetzgeber nicht den einzelnen Gesellschaften überlassen konnte.«

Die bloße Erklärung der Arbeitgeberseite genügt daher nicht, da dies zu einem unbeschränkten Schweigegebot führen könnte. Kommt das Aufsichtsratsmitglied aufgrund gewissenhafter Abwägung zu dem Ergebnis, dass Vertraulichkeit zu wahren sei, so wirkt dies allerdings nach der Rechtsprechung des BAG auch gegenüber Betriebsratsmitgliedern: Zwar bestehe für diese nach § 79 Abs. 1 Satz 4 BetrVG keine Geheimhaltungspflicht gegenüber Aufsichtsratsmitgliedern, doch fehle im AktG eine vergleichbare Vorschrift für den Informationsfluss in umgekehrter Richtung.[1363] In vorsichtiger Form ließ das BAG erkennen, dass es von diesem Prinzip auch Ausnahmen geben könne, doch sei über diese jetzt nicht zu entscheiden:

»Ob Ausnahmen von der Verschwiegenheitspflicht anzuerkennen sind, wenn der Arbeitgeber gegenüber dem Betriebsrat seine Informationspflichten eindeutig rechtswidrig und nachhaltig verletzt (vgl. dazu nur MünchKommAktG/Habersack aaO Rn. 61; MünchArbR/Wißmann 2. Aufl. § 380 Rn. 22), bedarf hier keiner weiteren Erörterung.«

Diese Rechtsprechung einer kritischen Analyse zu unterziehen, ist hier nicht der Ort.[1364] Faktisch erschwert sie die Weitergabe von Informationen aus dem Aufsichtsrat erheblich. In vielen, insbesondere in gravierenden Fällen wird der Wirtschaftsausschuss[1365] bohrende Fragen stellen, deren Beantwortung sich die Arbeitgeberseite nur schwer entziehen kann.

Wenn wie im obigem Beispiel 30 % der Belegschaft von einem Arbeitsplatzverlust bedroht sind, der Arbeitgeber aber gleichwohl auf Vertraulichkeit beharrt, werden die Pläne noch den oben skizzierten hohen Abstraktionsgrad haben. Sobald es um konkrete Arbeitsplätze geht, die verlagert oder »computerisiert« werden sollen, würde eine verantwortliche Abwägung für eine Information der Betroffenen sprechen. Da ein »Restrisiko« nie auszuschließen ist, dass ein Gericht dies anders einschätzt, würden in der Praxis vermutlich »aus unbekannter

1363 BAG 23.10.2008 – 2 ABR 59/07, NZA 2009, 855.

1364 Dazu insbes. *Köstler/Müller/Sick*, Rn. 574ff. Bemerkenswert, dass der BGH eher mehr Verständnis für Arbeitnehmervertreter aufbrachte als das BAG.

1365 Zu ihm s. oben III.

Quelle« plötzlich Schriftstücke im Betrieb auftauchen, die alle wesentlichen Informationen enthalten. Eine verantwortliche Geschäftsleitung würde in einem solchen Stadium schon von sich aus die Vertraulichkeit aufheben.
Kein Bruch der Verschwiegenheit liegt vor, wenn das Aufsichtsratsmitglied bei schwierigen Fragen einen Rechtsanwalt, einen Wirtschaftsprüfer oder auch einen Repräsentanten seiner Gewerkschaft um Rat fragt; die angesprochenen Personen müssen ihrerseits die erfahrenen Tatsachen vertraulich behandeln.[1366]
Geht es um rechtswidrige Vorgänge im Unternehmen, ist die neue Whistleblower-Vorschrift des § 5 Geschäftsgeheimnisgesetz zu beachten, die ggf. von der Geheimhaltungspflicht dispensiert. Die dort vorgesehenen Grundsätze werden noch weiter ausgebaut durch die EU-Whistleblower-Richtlinie,[1367] die schon im Laufe des Jahres 2021 in deutsches Recht hätte umgesetzt werden müssen.
Der Beitrag, den Aufsichtsratsmitglieder zur Interessenvertretung in schwierigen Situationen leisten können, wird nicht immer sichtbar.

> Ein Aufsichtsratsmitglied der Arbeitnehmerseite in einer Bank ist zugleich Kunde der Bank und erfährt in dieser Eigenschaft, dass in einer Abteilung mit 25 Mitarbeitern innerhalb von drei Wochen vier von ihnen einen Hörsturz erlitten hatten. Auch war bekannt, dass dort besonders viel Arbeit anfiel. Das ist an sich kein »Aufsichtsratsthema« (und er hatte ja auch in dieser Funktion nicht das Geringste davon gehört); am Rande einer Sitzung wendet er sich dennoch an den Vorstandsvorsitzenden mit der Bitte, in dieser Abteilung möglichst schnell für Entlastung zu sorgen. Dies wird im Grundsatz abgelehnt; bei jeder neuen Stelle müsse erst einmal berechnet werden, wie viel zusätzlichen Umsatz sie bringe. Die betriebliche Interessenvertretung hatte sich nicht eingeschaltet und war auch jetzt nicht in Bewegung zu bringen. Einige Monate später waren fünf neue Mitarbeiter in der fraglichen Abteilung eingestellt. Nein, das hätte nichts mit der früheren Anfrage zu tun, meinte ein Vorstandsmitglied.

3. Überschreitung des betrieblichen Rahmens – Einfluss auf Unternehmerentscheidungen?

Die Vertretung der Arbeitnehmer im Aufsichtsrat ist nützlich, um wirtschaftliche Informationen über das Unternehmen zu gewinnen. Daneben kann der

1366 Zur Einschaltung des Vorsitzenden der Gewerkschaft, die das Aufsichtsratsmitglied vorgeschlagen oder ernannt hat, ebenso EuGH 22.11.2005 – C-384/02, NJW 2006, 133 = ZIP 2006, 123 sowie ein dänisches Gericht: Hojesteret Kopenhagen 219/2008, ZIP 2009, 1526.

1367 Richtlinie (EU) 2019/1937 des Europäischen Parlaments und des Rates vom 23. Oktober 2019 zum Schutz von Personen, die Verstöße gegen das Unionsrecht melden, ABl. L 305/17 ff.

persönliche Kontakt zum Vorstand bzw. zur Geschäftsführung im Einzelfall dort Problembewusstsein auslösen – in Großunternehmen fehlt bei der obersten Ebene verständlicherweise hin und wieder die konkrete Anschauung über die Arbeitsabläufe.

Können auch unternehmerische Entscheidungen wie die Entwicklung eines neuen Produkts oder die Erschließung eines neuen Marktsegments beeinflusst werden? Kann man eine Werksschließung verhindern oder auf die Preisgestaltung Einfluss nehmen?

In 99 von 100 Fällen ist die Antwort negativ. Der Aufsichtsrat erhält typischerweise ein fertiges Konzept, das jedenfalls auf Vorstandsebene, möglicherweise aber auch schon auf Seiten der Anteilseignervertreter im Aufsichtsrat diskutiert wurde. Die weitere Erörterung in der Aufsichtsratssitzung ist dann eine Formalie, die mit mehr oder weniger großer Höflichkeit absolviert wird.

Selbst wenn man die reale Möglichkeit hätte, eine Alternative zu entwickeln – wo soll man die Sachkenner finden, die bei der Entwicklung eines neuen IT-Systems oder einem Ausbau des Telebanking behilflich sein könnten? Vorstand und Geschäftsführung verfügen im Regelfall nicht nur über sehr viel mehr Management-Erfahrung als die Arbeitnehmervertreter – ihnen steht auch ein Apparat an Zuarbeitern zur Verfügung. Sollte dieser im Einzelfall nicht ausreichen, lässt sich unschwer eine Unternehmensberatung einschalten, über deren Kosten üblicherweise nicht gesprochen wird. Ein Antrag der Arbeitnehmerseite im Aufsichtsrat, auf Kosten des Unternehmens ebenfalls eine Unternehmensberatungsfirma in Anspruch zu nehmen, würde keine Mehrheit finden.[1368]

Nach Einschätzung des Verfassers gibt es zwei Fälle, in denen die rein betriebliche Sphäre überschritten wird.

Die eine betrifft Notsituationen des Unternehmens. Dieses sieht sich gezwungen, das Niveau des anwendbaren Flächentarifs deutlich zu unterschreiten und bietet der Arbeitnehmerseite an, für die Laufzeit eines Vertrages bestimmte Entscheidungen wie Outsourcing nicht zu treffen oder am Standort die Zahl X bei den Arbeitsplätzen auf keinen Fall zu unterschreiten. Auch Abmachungen, in denen der Aufbau von Arbeitsplätzen zugesagt wurde, sind bekannt geworden.[1369] Dasselbe gilt für die Einsetzung eines Ausschusses, der wesentliche geschäftliche

---

1368 Zu den ungleichen Handlungsmöglichkeiten, die selbst bei voll-paritätischer Zusammensetzung des Aufsichtsrats bestehen würden, s. *Däubler*, Die Mitbestimmung im Aufsichtsrat – ein falscher Traum? in: Hänlein/Roßnagel (Hrsg.), Wirtschaftsverfassung in Deutschland und Europa. Festschrift für Bernhard Nagel, Kassel 2007, S. 267ff.

1369 S. das empirische Material bei *Däubler*, Tarifverträge zur Unternehmenspolitik? Rechtliche Zulässigkeit und faktische Bedeutung, Frankfurt/Main 2016, S. 46ff. (Outsourcing), S. 53ff. (Standortsicherung).

Entscheidungen genehmigen muss.[1370] In der Regel wurde dabei das Mittel des Tarifvertrags verwandt, doch ist durchaus denkbar, dass mit Zustimmung der Gewerkschaft etwas Vergleichbares in einem Interessenausgleich vereinbart würde. Inhaltlich geht es nicht darum, den Arbeitnehmereinfluss durch Mitbestimmung auszubauen; vielmehr ist das abgegebene Versprechen oder die Schaffung einer Mitentscheidungsmöglichkeit nur ein Ausgleich dafür, dass die Arbeitnehmerseite Lohneinbußen in Kauf genommen hat.
Der zweite Fall betrifft eine besonders intensive Zusammenarbeit zwischen den verschiedenen betrieblichen Interessenvertretungen, der Gewerkschaft und den Arbeitnehmervertretern im Aufsichtsrat. Hier kann es darum gehen, die Realisierung von Arbeitsplatzabbau auch dann zu verlangsamen oder zu verhindern, wenn der Arbeitgeber nicht auf eine Gegenleistung angewiesen ist. Ein wichtiges Beispiel dafür sind die langjährigen Auseinandersetzungen mit der Konzernspitze von General Motors, die zu Vereinbarungen führte, wonach kein Standort geschlossen werden durfte und wo man festlegte, welches Werk welchen Autotyp herstellen sollte.[1371] Auch hier ging es prinzipiell um einen Abwehrkampf, der nur durch das Zusammenwirken verschiedener Kräfte zu beträchtlichen Erfolgen führte. Fälle, in denen die Arbeitnehmervertretung im Aufsichtsrat Mittel war, neue Produkte zu initiieren und die Unternehmenspolitik voranzutreiben, sind nicht dokumentiert.
In Italien wurde bei den Fiat-Streiks Anfang der 1970er-Jahre vereinbart, dass die Produktion in Süditalien verstärkt werden sollte und dass sehr viel mehr preiswerte Autos für die breite Bevölkerung hergestellt werden. Von einer Umsetzung dieser Versprechen ist nichts bekannt geworden.

VI. Oppositionsgruppen in Betriebsräten von Großunternehmen

In den Betriebsräten von Großbetrieben gab es in den 1970er- und 1980er-Jahren zahlreiche linksoppositionelle Gruppen, die eine grundsätzlich andere Herangehensweise an betriebliche Probleme als die Betriebsratsmehrheit und die Gewerkschaft befürworteten.[1372] Auch heute noch existiert dieses Phänomen, obwohl die Verbreitung geringer geworden ist. Basis für eine »Fraktionierung«

1370 Näher *Seifert/Massa-Wirth*, Bündnisse für Arbeit längst auch in florierenden Betrieben vereinbart, Düsseldorf (WSI) 2003, S. 1 ff.

1371 S. *Klebe/Roth*, Die Gewerkschaften auf dem Weg zu einer internationalen Strategie? AiB 2000, 752; *Herber/Schäfer-Klug*, Wie ein Euro-Betriebsrat zum Vertragspartner wird, Die Mitbestimmung 9/2002 51 ff.

1372 *Behruzi*, S. 15.

im Betriebsrat sind unterschiedliche Interessen und Erfahrungen einzelner Gruppen im Betrieb.

> Unspektakuläres Praxisbeispiel: Ein Unternehmen hat die Aufgabe, sich um die Ausstattung öffentlicher Bibliotheken zu kümmern; der Einkauf von Regalen und das Bindenlassen von Büchern werden bei großen Stückzahlen billiger. Im konkreten Fall ging es um einen Eingruppierungskatalog. Der Entwurf der Gewerkschaft – vom Betriebsrat übernommen – stellte ausschließlich auf die Vorbildung und die Dauer der Betriebszugehörigkeit ab. Die erhebliche körperliche Belastung, die bei den Buchbindern bestand, spielte keine Rolle. Aufgrund einer Anregung des Schlichters beschrieb dann der einzige Vertreter dieser Gruppe im Betriebsrat, wie die Belastung im Einzelnen aussah. Dies führte zu einer nicht unerheblichen Zulage.

Dies kann zu einer inhomogenen Zusammensetzung des Betriebsratsgremiums führen, wobei die Interessen einer einzelnen Gruppe – wie das Beispiel zeigt – in der Gefahr sind, überhaupt nicht oder nur marginal berücksichtigt zu werden. In Großbetrieben können einzelne Gruppen eine relevante Vertretung im Betriebsrat erreichen; drei oder vier Leute können sich auch in einem Gremium von 31 Mitgliedern Gehör verschaffen. Der Betriebsrat wird zu einem »Parlament der Arbeit«, in dem die unterschiedlichsten Interessen vertreten sind.[1373] Möglich werden dadurch auch eigene »Substrukturen«; man trifft sich in der Gruppe und mit Sympathisanten. Typischerweise findet deshalb anders als in kleinen oder mittleren Betrieben eine Listenwahl statt. Am Beispiel der »Bündnisse für Wettbewerbsfähigkeit« in vier Großbetrieben der Automobilindustrie ist herausgearbeitet worden, wie sich auf dieser Grundlage auch politisch orientierte »Zusammenschlüsse« herausbilden können, deren Positionen in einer eigenen Betriebszeitung zum Ausdruck kommen.[1374]

Politische Fraktionierungen sind weder Ursache noch typische Begleiterscheinungen der Zusammensetzung von Betriebsräten in Großbetrieben. Als Beispiel mag SAP stehen, wo nach den Wahlen 2018 11 Listen im 43-köpfigen Betriebsrat vertreten sind. Die von Ver.di und von der IG Metall unterstützten Listen kamen jeweils auf vier Sitze.[1375] Politische Ausrichtungen sind nicht erkennbar.

Die »Parlamentarisierung« von Betriebsräten muss nicht zu einer Schwächung der Interessenvertretung führen. Voraussetzung ist allerdings eine »Grundloyalität« des Inhalts, dass alle Beteiligten effektiv für die Interessen der Arbeitnehmer eintreten wollen. Bei Streitfragen gilt das Mehrheitsprinzip, sofern man nicht zu-

1373 *Behruzi*, S. 346ff.

1374 *Behruzi*, S. 140ff.

1375 Angaben nach Rhein-Neckar-Zeitung, abrufbar unter *https://www.rnz.de/wirtschaft/wirtschaft-regional_artikel-betriebsratswahl-bei-sap-fuer-dich-stark-ist-am-staerksten-_arid,347154.html* (3.9.2019).

vor einen Kompromiss aushandeln konnte. An einer solchen Einigung kann auch die Mehrheitsfraktion interessiert sein, verliert sie doch an Legitimität, wenn sie sich über verbreitete Strömungen in der Belegschaft hinwegsetzt. Dieser Verlust kann in den nächsten Wahlen zum Ausdruck kommen, aber auch dadurch, dass es zu Aktionen kommt, die sich der Kontrolle durch die Betriebsratsmehrheit völlig entziehen und die so deren Position weiter schwächen.[1376]

1376 Dazu *Behruzi*, S. 350 ff.

§ 36 Der unerwünschte Betriebsrat – Attacken durch den Arbeitgeber

Die bisherige Darstellung ging von der »Normalsituation« eines Betriebsrats aus, die – wie nicht zuletzt die Typologie von *Kotthoff* zeigt – zu einer sehr unterschiedlichen Praxis führen kann. Daneben kann es atypische Situationen geben, in denen der Arbeitgeber den Betriebsrat schikaniert oder in denen er durch finanzielle Zuwendungen eine seinen Interessen entgegen kommende Betriebsratspolitik erreichen will. Der Arbeitgeber interveniert und will in den Betriebsrat hineinregieren.

I. Betriebsrats-Bashing

Die erste Variante kennt einige häufig im Vordergrund stehende Erscheinungsformen.

1. Typische Angriffe

In der Zeitschrift »Mitbestimmung« konnte man vor einigen Jahren einen Bericht lesen, wie manche Betriebsräte in der Praxis bekämpft werden.[1377] 2014 ist bei der Otto-Brenner-Stiftung eine umfassende Studie zum selben Thema erschienen, die eine Menge aufschlussreichen Materials enthält.[1378] Dabei wurde deutlich: Einzelne Arbeitgeber gehen aggressiv gegen Betriebsräte, insbesondere gegen einzelne Mitglieder vor, um sie zu zermürben und möglichst zum Rücktritt zu zwingen. Dabei bedienen sie sich oft spezialisierter Anwaltskanzleien. Von einem »immer gleichen Drehbuch« ist dabei die Rede. Das Ganze beginnt damit, dass sich der Betriebsrat auf Wunsch des Arbeitgebers von der Gewerkschaft distanzieren soll. Tut er dies nicht, werden die Betriebsratsmitglieder in »gute« und »schlechte« aufgeteilt. Gehört der oder die Vorsitzende – wie meist –

1377 *Kuhlmann*, Der Fertigmacher, Mitbestimmung Heft 10+11/2007 S. 11 – 14.
1378 *Rügemer/Wigand*, Union-Busting in Deutschland.

zu den »schlechten«, werden unfreundliche Briefe geschrieben. Sie werden an die Privatadresse geschickt, wo sie typischerweise am Sonnabend ankommen. Das verdirbt verständlicherweise das Wochenende. Dann wird behauptet, das fragliche Betriebsratsmitglied habe vertrauliche Angelegenheiten an Dritte gegeben; wegen dieser »Pflichtverletzung« wird ihm eine Abmahnung ausgesprochen. Auch lasse seine Arbeit in letzter Zeit sehr zu wünschen übrig; die übliche Leistungszulage könne deshalb leider nicht weiterbezahlt werden. Und die in Aussicht gestellte Beförderung – die solle er oder sie sich ganz schnell abschminken, meint im Gespräch der Personalleiter. Beim letzten Betriebsräteseminar nach § 37 Abs. 6 BetrVG sei man außerdem – so der nächste Brief – im Zug erster Klasse gefahren und habe dies auch abgerechnet. Solchen Luxus erstatte die Firma natürlich nicht. Eigentlich sei dies sogar ein Fall von strafbarer Untreue nach § 266 Strafgesetzbuch gewesen, doch wolle man »dieses Mal« noch von einer Anzeige absehen.

Manchmal gelingt es der Arbeitgeberseite, die »guten« Betriebsratsmitglieder offen auf ihre Seite zu ziehen. Sie haben dann selbstredend keine Probleme mehr bei § 37 Abs. 6 BetrVG und werden in der Betriebsversammlung für ihre guten Ideen gelobt, denen man Rechnung tragen wolle. Es müsse doch nicht immer alles im Konflikt enden – so wie es leider für die Betriebsratsmehrheit typisch sei. Bricht dann kein Sturm der Entrüstung los, hat die Arbeitgeberseite im Prinzip schon gewonnen. Als nächstes wird sie mit Hilfe des einen oder anderen Abteilungsleiters eine Unterschriftensammlung in die Wege leiten, wonach der Betriebsrat »wegen Unfähigkeit und grober Pflichtverletzung« nach § 23 Abs. 1 BetrVG vom Arbeitsgericht seines Amtes enthoben werden soll. Sobald ein Viertel der Belegschaft unterschrieben hat, reicht es auch formell für einen Antrag. Schließlich wird noch von Schadensersatzforderungen in Millionenhöhe berichtet, weil ein besonders »böses« Betriebsratsmitglied durch eine Äußerung in der Öffentlichkeit dem Unternehmen großen Schaden zugefügt habe.

Wie reagiert der oder die Betroffene in einer solchen Situation? Wer das Gemüt einer Bulldogge hat, wird das alles über sich ergehen lassen und (zu Recht) davon ausgehen, dass der Arbeitgeber beim Arbeitsgericht keine Chance hat. Erst recht kann nicht von strafbarer Untreue die Rede sein. Nur haben die meisten Mitmenschen keine solche Dickfelligkeit. Viele verarbeiten derartige Angriffe so, als würde gleich am nächsten Tag mit den Drohungen ernst gemacht; jede Woche bricht so eine neue Katastrophe über sie herein. Das hält fast niemand beliebig lange durch. Irgendwann ist man psychisch am Ende. Gerade darauf wird spekuliert. Kommt dann das Angebot eines Aufhebungsvertrags, so wird der oder die Betroffene »ja« sagen und unterschreiben. Das Motto eines von einem einschlägigen Anwalt angebotenen Seminars erfüllt sich: »In drei Jahren ohne Betriebsrat«. Denn die übrigen Betriebsratsmitglieder werden durch solche

Vorgänge auch zum Verzicht, zumindest aber dazu veranlasst, unter keinen Umständen mehr auffallen zu wollen. Die Zermürbungstaktik hat Erfolg.

2. Frühwarnsystem und Gegenwehr

a) Indizien

Wenn die Unterschriftensammlung der Arbeitgeberfreunde im Betrieb läuft, ist es häufig schon zu spät. Der Betriebsrat muss sich bereits in einem früheren Stadium auf eine solche Politik einstellen und entsprechende Gegenmaßnahmen treffen. Höchste Alarmstufe ist angesagt, wenn auf Arbeitgeberseite Rechtsanwalt Naujoks oder Rechtsanwalt Dr. Schreiner auftaucht.[1379] Meist erfährt man dies nur im Wege der Indiskretion, da sie sich typischerweise im Hintergrund halten. Ein anderes Indiz liegt darin, dass ein zusätzlicher Geschäftsführer oder ein zusätzlicher Personaler eingestellt wird, der die ausschließliche Aufgabe hat, die Beziehungen mit dem Betriebsrat zu »pflegen«.

In meiner Praxis ist mir ein Fall untergekommen, in dem diese Person früher bei einer anderen Konzerngesellschaft tätig war, dort gekündigt wurde und dann aufgrund eines gerichtlichen Vergleichs wieder eingestellt werden musste: Nun will sich der Betreffende »bewähren« und eignet sich vortrefflich als »Mann fürs Grobe«.

b) Selbstschutz

Wichtig ist zunächst, dass sich der oder die Betroffene als Person gegen Anwürfe abschottet. Man darf diese nicht als ehrlich und objektiv gemeinte Einschätzungen auffassen und deshalb beginnen, an sich selbst zu zweifeln. Vielmehr muss man erkennen, dass es sich um eine Strategie handelt, die überhaupt nicht davon abhängt, ob man sich richtig oder falsch verhalten hat. Die Gegenseite wird immer etwas finden, wo man nicht wie ein »Modellmensch« aufgetreten ist. Eine solche Abwehrhaltung einzunehmen, ist für Menschen leichter, die längst erkannt haben, dass es in unserer Gesellschaft elementare Interessenkonflikte gibt, die hin und wieder aufbrechen und die man zu ehrlicheren Zeiten »Klassenkämpfe« nannte: Für solche Kollegen ist es klar, dass es nicht um ihre Fehler geht, sondern um die Bekämpfung jeder Form von wirklicher Interessenvertretung. Sie sollen stellvertretend für den ganzen Betriebsrat fertig gemacht werden. Für sie ist das nicht überraschend, sondern bestätigt nur das Bild von Gesellschaft, das sie immer hatten. Aber auch andere sollten sich dies vor Augen führen.

1379 Weitere einschlägig aktive Personen sind bei *Rügemer/Wigand* (oben Fn.) genannt.

c) Solidarische Umgebung

Nun genügt es nicht, die Angriffe von der eigenen Person abprallen zu lassen. Entscheidend ist die Unterstützung durch die Kolleginnen und Kollegen im Betrieb, durch die Gewerkschaft und durch möglichst viele andere Menschen. Der Betroffene braucht eine Umgebung, die ihn stützt und die ihn notfalls »auffängt«, wenn er doch ins Wanken gerät. Dabei hängt sehr viel davon ab, wie sich die Beziehungen zu den Kollegen in ruhigeren Zeiten entwickelt haben; danach bestimmt sich, ob man wirklich mit einer grundsätzlichen Solidarität rechnen kann. Außerdem muss man Offenheit praktizieren; die andern müssen wissen, was sich die Geschäftsleitung alles einfallen lässt und welche Angriffe gefahren werden.

d) Gegenmaßnahmen

Niemand muss sich damit begnügen, nur einen gemeinsamen Schutzschild gegen Giftpfeile aufzubauen. Man kann auch zum Gegenangriff übergehen.

Beginnen wir mit der relativ »harmlosen« Schikane, dass man unfreundliche Briefe am Samstag nach Hause bekommt. Wer hindert eigentlich den Betriebsrat daran, einen Brief an den Geschäftsführer am Freitag so zur Post zu geben, dass er diesen mit hinreichender Sicherheit am Samstag unter seiner Privatanschrift erreicht? Dabei wird mitgeteilt, dass man die beantragten Überstunden für die nächste Woche nicht genehmigt. Das ist ungewöhnlich, und man muss sich innerlich aufraffen, um so etwas zu tun, aber möglich ist es. Auch im Ton der Briefe und der Äußerungen kann man sich anpassen. Schreibt etwa der Betriebsratsvorsitzende dem Vorstandsvorsitzenden »Sehr geehrter Herr Dr. D.« und antwortet dieser ohne Anrede mit »Herr W.«, so kann er sich nicht beklagen, wenn der Betriebsrat in Zukunft auch nur noch »Herr D.« schreibt. In manchen Lebensbereichen (das Beispiel hat sich in einer Bank zugetragen) zeigen solche symbolischen Widerstandsakte durchaus Wirkung.

Ein wichtiges Forum ist selbst in der digitalen Zeit die Betriebsversammlung. Sie muss gut vorbereitet sein. Dazu gehört auch, dass man Diskussionsbeiträge abspricht. Der übliche Bericht des Betriebsrats muss weiter den Schwerpunkt auf die Dinge legen, die er erreichen will und die auch für die Belegschaft wichtig sind. Wenn man vorwiegend über die unsachlichen Angriffe spricht, klingt das automatisch weinerlich und provoziert den Einwand: Kümmert euch um eure eigentlichen Aufgaben und lasst uns mit eurem Gezänke in Ruhe. Ungleich besser steht man da, wenn man ein (beinahe) einstimmiges Votum für bestimmte Forderungen bekommt. Dies macht auch bei der Gegenseite Eindruck.

e) Gerichtliche Verfahren

Die Angriffe auf den Betriebsrat oder einzelne seiner Mitglieder sind praktisch immer mit Gerichtsverfahren verbunden. Die Kosten hierfür trägt der Arbeitge-

ber. Im erwähnten Fall des zweiten Geschäftsführers, der als »Mann fürs Grobe« eingesetzt wurde, hatten sich die Kosten für Anwälte jahrelang auf einem Niveau von jährlich 30 000 Euro bewegt. Seit er in Aktion getreten war, stiegen sie im Schnitt auf 300 000 Euro. Das könnte die Konzernverantwortlichen interessieren. So viel Geld und der böse Betriebsrat immer noch im Amt? Da ist wohl einiges schief gelaufen. Eine solche Erkenntnis könnte dem Spuk ein Ende bereiten.
Bei gerichtlichen Verfahren, die der Betriebsrat selbst einleitet, muss man aufpassen: Man sollte diesen Weg in der Regel nur dann gehen, wenn das fragliche Problem auch für die Belegschaft wichtig ist. Dabei sollte man sich auf ein oder zwei besonders bedeutsame Fragen konzentrieren; andernfalls besteht die Gefahr, dass man sich verzettelt und vor lauter Gerichtsterminen nicht mehr zur eigentlichen Arbeit kommt.

Die Geschäftsleitung verweigert einem neugewählten Betriebsrat zahlreiche Auskünfte. Dieser könnte deshalb fast jeden Tag ein neues Beschlussverfahren einleiten, was die Anwälte freut, aber ihn die Übersicht verlieren lässt. Im Betrieb sind vorwiegend Ingenieure beschäftigt, die jeweils individuell ausgehandelte (oder vom Arbeitgeber als »feststehend« durchgesetzte) Vergütungen erhalten. Die ungleiche Bezahlung war einer der Gründe, weshalb ein Betriebsrat gewählt wurde. Deshalb muss sich der Betriebsrat darauf konzentrieren und hier alle Informationen notfalls auch gerichtlich einfordern. Bringen Verhandlungen über ein Vergütungssystem nach § 87 Abs. 1 Nr. 10 BetrVG nichts (im Betrieb gilt kein Tarifvertrag), so ist möglichst schnell die Einsetzung einer Einigungsstelle zu betreiben. Eine mögliche Regelung zu den Überstunden und zu Einstellungskriterien muss zunächst warten. Wenn der Betriebsrat bei der Bezahlung etwas erreicht, wird er eine solide Unterstützung bei der Belegschaft haben.

f) (Gar nicht so seltene) günstige Sonderfälle

Manchmal läuft es auch anders als gedacht. In einem großen Call Center wurde zum ersten Mal ein Betriebsrat gewählt, was die Geschäftsführung veranlasste, ein Seminar bei Dr. Schreiner zu besuchen. Anschließend wurde eine junge Juristin eingestellt, die den Betriebsrat »in die Schranken weisen« sollte. Doch sie war intelligenter als vermutet und merkte schnell, dass ihr Job überflüssig würde, wenn es keinen Betriebsrat mehr gäbe. Also hat sie ihn lautstark, aber in der Sache recht milde bekämpft – was dadurch erleichtert wurde, dass sie sich privat mit der Betriebsratsvorsitzenden gut verstand. So viel Glück hat man selten – aber man sollte auch solche Fälle nicht unter den Tisch fallen lassen.[1380]

1380 Insoweit sollte die Studie von *Rügemer/Wigand* einen Band 2 bekommen: »Naujoks und Schreiner auf dem Abstellgleis«.

Bei Großunternehmen gibt es oft Verhaltensgrundsätze, die auch den Zulieferern auferlegt werden. Dabei wird u.a. ein guter Umgang mit den betrieblichen Interessenvertretungen und den Gewerkschaften vorausgesetzt. Wird einem dieser Grundsätze zuwider gehandelt, droht ein Abbruch der Geschäftsbeziehungen. Hat der Betriebsrat eines Zulieferers guten Kontakt zu seinen Kollegen im Großunternehmen, können diese möglicherweise ihren Arbeitsdirektor überzeugen, sich bei dem Zulieferer brieflich nach den näheren Umständen zu erkundigen. Dies kann Wunder wirken.[1381] Der Betriebsrat muss nicht immer das Opfer bleiben …

II. Begünstigung von Betriebsratsmitgliedern

1. Strafnormen

Wo die Peitsche nicht in Betracht kommt oder nicht wirkt, bietet sich das Zuckerbrot an. Insbesondere in einzelnen Großbetrieben findet sich das Phänomen, dass freigestellte Betriebsratsmitglieder eine außerordentlich hohe Vergütung erhalten. Bekannt geworden ist der Fall des früheren Betriebsratsvorsitzenden bei VW, der dafür auch strafrechtlich belangt wurde: § 119 Abs. 1 Nr. 3 BetrVG stellt nicht nur die Benachteiligung, sondern auch die Begünstigung von Betriebsratsmitgliedern unter Strafe. Auch kann ein solch großzügiger Umgang mit finanziellen Mitteln des Unternehmens für die Geschäftsführung eine strafbare Untreue nach § 266 StGB darstellen, wozu der Betriebsrat dann Beihilfe geleistet hat.

2. Legaler Mehrverdienst von Betriebsratsmitgliedern

Verdient ein Betriebsratsmitglied mehr als seine (früheren) Arbeitskollegen, so kann dies ein durchaus legaler Vorgang sein.

- Findet Betriebsratstätigkeit aus betriebsbedingten Gründen außerhalb der individuellen Arbeitszeit des einzelnen Betriebsratsmitglieds statt, so hat dieses nach § 37 Abs. 3 BetrVG einen Anspruch auf Freizeitausgleich. Kann dieser aus betrieblichen Gründen nicht vor Ablauf eines Monats gewährt werden, so ist die aufgewendete Zeit wie Mehrarbeit zu vergüten. Dies gilt auch für Freigestellte, wenn das Betriebsratsamt eine vorübergehende Abwesenheit als Ausgleichszeit nicht zulässt.
- Das Arbeitsentgelt eines Betriebsratsmitglieds darf nach § 37 Abs. 4 BetrVG nicht geringer bemessen werden als das Arbeitsentgelt vergleichbarer Ar-

1381 Zwei Beispiele dieser Art schildert und kritisiert *Rieble*, BB 2013, 245ff.

beitnehmer mit »betriebsüblicher beruflicher Entwicklung«. Wichtig ist dies insbesondere für Freigestellte. Vergleichbar sind alle Arbeitnehmer, die eine identische oder eine ähnliche Qualifikation haben und ähnlich leistungsfähig sind. Hier bestehen ersichtlich Beurteilungsspielräume nach oben wie nach unten. Empfehlenswert ist es, bei Beginn der Betriebsratstätigkeit im Einvernehmen mit dem Arbeitgeber eine Gruppe von vergleichbaren Arbeitnehmern zu bestimmen und die Vergütung des Betriebsratsmitglieds an deren Gehaltsentwicklung anzupassen. Wird es in vertretbarer Weise von Anfang an zu den »Leistungsträgern« gezählt, kann sich die Situation ergeben, dass eine überdurchschnittliche Karriere mit entsprechenden Entgeltsteigerungen zugrunde gelegt wird.

3. Unzulässiger Mehrverdienst

Nur wenn sich die Bezahlung weder mit § 37 Abs. 3 noch mit § 37 Abs. 4 BetrVG rechtfertigen lässt, kommt eine unzulässige Begünstigung in Betracht. Auch diese muss nicht notwendigerweise dazu führen, dass sich das Betriebsratsmitglied als »gekauft« empfindet und sich entsprechend verhält.

Eine Bremer Dissertation[1382] ging der Frage nach, wie in drei verschiedenen Niederlassungen von VW in Deutschland (Wolfsburg), Spanien (Martorell) und Brasilien (Anchieta) über dieselben Probleme (Arbeitszeit, Gruppenarbeit und Outsourcing) verhandelt und eine Lösung gefunden wurde. Die jeweiligen nationalen Regelungen und Traditionen, insbesondere beim Einsatz des Mittels »Streik«, waren unterschiedlich, was trotz identischer Probleme auch hier deutlich wurde. Bemerkenswert war, dass die bei Weitem arbeitnehmerfreundlichsten Ergebnisse in Wolfsburg erreicht wurden, wo zu jener Zeit der später zu einer Gefängnisstrafe verurteilte Betriebsratsvorsitzende mit hohem Einkommen der maßgebende Akteur war.

Dennoch sollten Betriebsratsmitglieder alles tun, um selbst den Anschein einer materiellen Begünstigung zu vermeiden; Transparenz muss an erster Stelle stehen, auch wenn man nicht das oben geschilderte Modell praktiziert. Sorgt man nicht dafür, wird Misstrauen entstehen und der Betroffene irgendwann in die Kategorie der »Bonzen« eingereiht. Dies könnte auch die Wiederwahl ganz entscheidend gefährden.

> In einem Bremer Betrieb amtierte ein Betriebsratsvorsitzender, der bei jeder Betriebsversammlung große Worte der Kritik fand, bei Verhandlungen mit dem Arbeitgeber im entscheidenden Moment aber immer einknickte. Zwei andere Be-

1382 *Cristina Schultz-Cortes*, Betrieblicher Wandel und Industrielle Beziehungen – eine vergleichende Studie bei Volkswagen in Deutschland, Spanien und Brasilien, Bremen 2008, abrufbar unter *http://nbn-resolving.de/urn:nbn:de:gbv:46-diss000111436.*

triebsratsmitglieder nahmen nach § 80 Abs. 2 BetrVG Einblick in die Bruttolohn- und -gehaltslisten und entdeckten, dass der Betriebsratsvorsitzende 1000 Euro mehr als seine Arbeitskollegen verdiente, die nicht im Betriebsrat waren und weiter (wie früher der Vorsitzende) als Kfz-Schlosser arbeiteten. Die beiden Einsicht Nehmenden fragten den Personalleiter, wie das komme; »er ist doch Betriebsratsvorsitzender« war die überraschend ehrliche Antwort. Bei der nächsten Wahl bekam er fast keine Stimme mehr und verließ alsbald den Betrieb.

§ 37 Das große Defizit: Betriebe ohne Betriebsrat

I. Kurze Bestandsaufnahme

Das Institut für Arbeitsmarkt- und Berufsforschung (IAB) veröffentlicht jedes Jahr Daten aufgrund des sog. Betriebspanel. Im Auftrag des IAB werden von 16 000 repräsentativ ausgewählten Betrieben zahlreiche Daten erhoben. Zu diesen gehört seit 1993 in Westdeutschland und seit 1996 in Ostdeutschland auch die Existenz von Betriebsräten in der Privatwirtschaft.[1383] Einbezogen sind ausschließlich Betriebe mit mindestens fünf Beschäftigten, weil nach § 1 BetrVG nur dort ein Betriebsrat errichtet werden kann.

Bei dieser Beschränkung ist allerdings nicht bedacht, dass der seit 2001 geltende § 4 Abs. 2 BetrVG auch die Kleinstbetriebe (mit weniger als fünf Arbeitnehmern) in die Betriebsverfassung einbezieht, wenn das Unternehmen weitere Betriebe hat, die die 5-Personen-Grenze erreichen oder überschreiten. Insoweit wird die »Verbreitung« der Betriebsverfassung insgesamt möglicherweise etwas zu gering ausgewiesen. Auch gibt es in Filialunternehmen, insbesondere im Einzelhandel viele Tarifverträge, wonach die tariflich geschaffenen »Regionalbetriebsräte« auch von den Beschäftigten in Kleinstfilialen mit gewählt werden. Für die Frage nach der Zahl der Betriebsräte in den Betrieben mit fünf und mehr Beschäftigten ist dies allerdings ohne unmittelbare Bedeutung.

Im Jahre 2017 hatten nur 9 % aller erfassten Betriebe einen Betriebsrat, wobei in diesem Punkt kein Unterschied zwischen West- und Ostdeutschland bestand. In 91 % der unter das BetrVG fallenden Betriebe war somit von den Möglichkeiten des Gesetzes kein Gebrauch gemacht worden. Dies geschieht erfahrungsgemäß in Kleinbetrieben zwischen 5 und 50 Beschäftigten besonders häufig; je größer der Betrieb umso höher ist die Wahrscheinlichkeit, dass ein Betriebsrat besteht. Dies führt dazu, dass im Westen 40 % der unter das Gesetz fallenden Arbeitnehmer und im Osten (wo es mehr Klein- und Mittelbetriebe gibt) 37 % von

---

1383 Näher *Ellguth*, IAB-Forum v. 24. Mai 2018, abrufbar unter *https://www.iab-forum.de/die-betriebliche-mitbestimmung-verliert-an-boden/* (auch zum Folgenden).

einem Betriebsrat vertreten werden.[1384] Wenn man auf die Zahl der Beschäftigten abstellt, ist das Ergebnis somit weniger extrem; allerdings bleibt der Betriebsrat auch dann ein Minderheitsphänomen.

Der in den letzten zwanzig Jahren zu beobachtende Trend ist wenig ermutigend. Die Zahl der Betriebe mit Betriebsrat lag im Jahre 2000 in West und Ost bei 12 % und fiel unter Schwankungen auf das heutige Niveau. Dasselbe Phänomen lässt sich bei der Zahl der von einem Betriebsrat vertretenen Arbeitnehmer beobachten. Im Jahre 1996 arbeiteten in Westdeutschland 51 % aller unter das Gesetz fallenden Beschäftigten in einem Betrieb mit Betriebsrat, in Ostdeutschland waren es 43 %.[1385] Grob gesprochen, konnte damals noch die Rede davon sein, dass rund die Hälfte der Arbeitnehmer in der Privatwirtschaft von einem Betriebsrat vertreten wird.

Eine vom IAB-Betriebspanel unabhängige Untersuchung kam für das Jahr 2007 zu vergleichbaren Ergebnissen: Nach ihren Erhebungen gab es damals noch in 10 % aller vom Gesetz erfassten Betriebe einen Betriebsrat; die Zahl der von einem Betriebsrat vertretenen Arbeitnehmer lag im Westen bei 46 %, im Osten bei 39 %.[1386]

Alle diese Zahlen drängen die Frage geradezu auf, worin die Ursachen für diesen Zustand liegen können. »Deutsche Betriebsräte als strahlendes Modell« und als Garanten für stabile Arbeitsbeziehungen – diese These lässt sich angesichts der Zahlen nicht mehr ohne dickes Fragezeichen vertreten. Wenn es in einem Buch über die »betriebliche Interessenvertretung bis 2008« heißt:

»Die Reform des Betriebsverfassungsgesetzes von 2001 setzte keine neuen Maßstäbe, aber sie verbesserte die organisatorischen Voraussetzungen und Handlungsmöglichkeiten der betrieblichen Interessenvertretungen. Die seitdem durchgeführten Wahlen zeigen, dass die Bedeutung und Akzeptanz der Betriebsräte bei den Belegschaften gewachsen sind. Die Betriebsräte sind heute aus den industriellen Beziehungen als Schutz- und Gestaltungsakteur, aber auch als demokratische Institution nicht mehr wegzudenken.«[1387]

so muss man dem (leider) entgegenhalten, dass die Akzeptanz der Betriebsräte in den Betrieben doch wohl eher gesunken als gestiegen ist und dass sich eine

---

1384 So die Ergebnisse für das Jahr 2020 auf der Grundlage des Betriebspanel, abrufbar unter *https://www.betriebsratspraxis24.de/gewerkschaften-tarifwesen/iab-betriebspanel-anhaltender-abwaertstrend-bei-tarifbindung-und-betrieblicher-mitbestimmung-9152/* (7.2.2022).

1385 Zahlen nach *Ellguth/Kohaut*, WSI-Mitt. 2005, 398, 401.

1386 *Hauser-Ditz/Hertwig/Pries*, Industrielle Beziehungen 16 (2009) S. 136ff.

1387 *Milert/Tschirbs*, S. 651.

wachsende Zahl von Personen industrielle Beziehungen auch ohne Betriebsräte vorstellen kann.

II. Hindernisse bei der Gründung eines Betriebsrats

Zwischen der »offiziellen« Akzeptanz von Betriebsverfassung und Mitbestimmung und dem Verhalten der unmittelbar betroffenen Akteure besteht ersichtlich ein Widerspruch. Dass Betriebsräte mit Kosten für den Arbeitgeber verbunden und dass sie die Autorität des Unternehmers erschüttern können, genügt als Erklärung offensichtlich nicht: Dies war auch zu besseren Zeiten so.

1. Erwartbare Nachteile

Gegen den Willen des Arbeitgebers einen Betriebsrat zu gründen, ist mit erheblichen Risiken verbunden. Aus der Praxis wird immer wieder berichtet, dass Arbeitnehmer, die wegen einer Betriebsratsgründung aktiv wurden, eine Kündigung erhielten und ihren Arbeitsplatz verloren oder andere Nachteile in Kauf nehmen mussten. Daran hat auch der gesetzliche Sonderkündigungsschutz für Initiatoren und Wahlvorstandsmitglieder nichts geändert.

Drei im Betrieb beschäftigte Arbeitnehmer haben das Recht, zu einer Betriebsversammlung einzuladen, die einen Wahlvorstand bestimmen soll. Kommt die Versammlung nicht zustande oder wird kein Wahlvorstand gewählt, so können die drei Arbeitnehmer, die die Initiative ergriffen haben, beim Arbeitsgericht einen Antrag auf Einsetzung eines Wahlvorstands stellen. Wird dieser gewählt bzw. eingesetzt, so hat er ein Wahlausschreiben zu verfassen und anschließend Kandidaturen entgegenzunehmen.

Die drei Initiatoren haben nach § 15 Abs. 3a KSchG Kündigungsschutz, d. h. sie können nur noch aus wichtigem Grund gekündigt werden. Durch das Betriebsrätemodernisierungsgesetz[1388] wurde dieser Schutz auf insgesamt sechs Initiatoren ausgedehnt, sodass der Einladung eine »breitere Basis« gegeben werden kann. Der Kündigungsschutz endet, wenn der Betriebsrat gewählt ist oder wenn ohne eine Wahl drei Monate verstrichen sind. Der Arbeitgeber darf auch nach diesem Zeitpunkt nicht »wegen« der Wahlvorbereitung kündigen, doch kann er auf andere Gründe wie eine innerbetriebliche Umorganisation oder (angebliche) Leistungsmängel zurückgreifen. Dies dürfte gerade in der Anfangsphase viele potenziell Interessierte abschrecken.

1388 Gesetz zur Förderung der Betriebsratswahlen und der Betriebsratsarbeit in einer digitalen Arbeitswelt (Betriebsrätemodernisierungsgesetz) vom 14. Juni 2021, BGBl I S. 1762.

Das Betriebsrätemodernisierungsgesetz hat weiter einen neuen § 15 Abs. 3a KSchG geschaffen, der einen Sonderkündigungsschutz für solche Personen schafft, die »Vorbereitungshandlungen zur Errichtung eines Betriebsrats« vornehmen, beispielsweise Gespräche mit potenziell Interessierten führen. Weitere Voraussetzung ist, dass sie eine selbst formulierte Erklärung, sie hätten die Absicht, einen Betriebsrat zu errichten, notariell beglaubigen lassen. Ist auch diese zweite, reichlich ungewöhnliche Voraussetzung erfüllt, so kann die fragliche Person während eines Zeitraums von drei Monaten nicht aus verhaltens- oder personenbedingten Gründen gekündigt werden. Eine betriebsbedingte Kündigung bleibt dagegen ebenso wie eine außerordentliche Kündigung nach § 626 BGB möglich.

Der Kündigungsschutz dieser beiden Initiatorengruppen ist in hohem Maße defizitär. Wird eine (möglicherweise unwirksame) Kündigung ausgesprochen, so muss der Initiator erst einmal den Betrieb verlassen und kann ein gerichtliches Verfahren einleiten. Bis dieses rechtskräftig abgeschlossen ist, wird so viel Zeit vergehen, dass die Wahl entweder ohne den Betroffenen stattgefunden hat oder – wahrscheinlicher – das Vorhaben aufgegeben wurde. Außerdem sind drei Monate Kündigungsschutz eine sehr kurze Frist: Wird die Initiative als Illoyalität empfunden, wird die »Verstimmung« nach aller Erfahrung längere Zeit anhalten. Man ist versucht, von einer Placebo-Gesetzgebung zu sprechen. Wenn man hätte etwas bewirken wollen, hätte man jede Form von Kündigung von der Zustimmung des Arbeitsgerichts abhängig machen müssen – wie dies bei Wahlvorstandsmitgliedern in Betrieben ohne Betriebsrat der Fall ist.

Die Mitglieder des Wahlvorstands und die Kandidaten für die Betriebsratswahl genießen einen weitergehenden Kündigungsschutz. Außer der generellen Beschränkung auf den »wichtigen Grund« hängt eine Kündigung nach § 103 Abs. 1 BetrVG zusätzlich davon ab, dass der Betriebsrat seine Zustimmung erteilt. Existiert ein solcher – wie hier unterstellt – noch nicht, so muss nach der Rechtsprechung an seiner Stelle das Arbeitsgericht zustimmen.[1389] Solange eine solche Entscheidung noch nicht vorliegt, ist die gleichwohl ausgesprochene Kündigung offensichtlich unwirksam. Von der Verkündung des Wahlergebnisses an gerechnet, dauert der Kündigungsschutz sechs Monate. Auch dies ist keine sehr lange Zeit. Fühlte sich der Arbeitgeber durch die Wahl effektiv vor den Kopf gestoßen, wird er ggf. auch nach diesem Zeitraum noch an disziplinierende Maßnahmen denken.

Den Arbeitgeber zu verprellen, muss nicht automatisch zu einer Kündigung führen. Oft liegt der (befürchtete) Nachteil darin, dass der fragliche Arbeitnehmer nicht mit einem interessanten Arbeitsauftrag betraut oder auf absehbare

1389 BAG 12.8.1976 – 2 AZR 303/75, AP Nr. 2 zu § 15 KSchG 1969; BAG 30.5.1978 – 2 AZR 637/76, AP Nr. 4 zu § 15 KSchG 1969.

Zeit nicht mehr befördert wird. Ein solcher »Karriereknick« kann auch dann abschreckende Wirkung entfalten, wenn er in Wirklichkeit gar nicht droht, weil der Arbeitgeber ausschließlich auf die loyale Pflichterfüllung und die Leistungen schaut.

Widerstand ist insbesondere bei solchen Arbeitgebern zu erwarten, die als Eigentümer das Unternehmen selbst führen – sei es als Einzelkaufmann, sei es als maßgebender Gesellschafter einer GmbH. Häufig wird die Gründung eines Betriebsrats von diesen Personen als Bedrohung empfunden, weil sie nicht mehr »Herr im eigenen Hause« sind, und weil Beschäftigte sich plötzlich in der Lage sehen könnten, die Angemessenheit des jährlichen Gewinns und seiner Verwendung in Zweifel zu ziehen. Auch wird bisweilen eine Initiative zur Wahl eines Betriebsrats als Misstrauensbekundung gegenüber der bisherigen Unternehmensführung aufgefasst, was den »Chef« persönlich kränken kann. Weiter wird die Existenz eines Betriebsrats nicht selten als »Einfallstor« für gewerkschaftlichen Einfluss gesehen, den man besonders nachhaltig ablehnt.[1390] Dabei spielen Vorurteile gegenüber den »Gewerkschaftsbonzen« eine wichtige Rolle. Zudem werden die gewerkschaftlichen Handlungsmöglichkeiten in einer Weise überschätzt, die nichts mehr mit der Realität zu tun hat.[1391]

Auch wenn dies alles im konkreten Betrieb nicht so ist, weil der Arbeitgeber die Entwicklung hin zu einem Betriebsrat mit Gelassenheit betrachtet – für eine »abschreckende« Wirkung genügt es, dass in der Vorstellung der Arbeitnehmer die beschriebenen Nachteile drohen.

2. Ungewisse Vorteile

Häufig sind in Betrieben ohne Betriebsrat nur wenige (und nicht unbedingt zutreffende) Informationen über das BetrVG vorhanden. Dies gilt für die Arbeitnehmer wie für den Arbeitgeber in gleicher Weise.[1392] Auf die in der Belegschaft gestellte Frage: »Inwieweit stellen wir uns besser, wenn wir einen Betriebsrat wählen?« kann deshalb niemand eine verlässliche Antwort geben.

Häufig denken die Beschäftigten an eine Betriebsratswahl, wenn der Arbeitgeber bestimmte Probleme in einer völlig inakzeptablen Weise entschieden hat oder entscheiden will. Die Löhne sind zu niedrig und sollen auf absehbare Zeit so bleiben, die Arbeitszeit ist zu lang oder wegen unentgeltlicher Überstunden »nicht in Ordnung«, ein beliebter Kollege ist vor kurzem gekündigt worden, obwohl man die Gründe nicht nachvollziehen kann. Was könnte hier ein Betriebsrat ausrichten? Auch wenn der Betrieb nicht tarifgebunden ist, kann der Betriebsrat nicht

1390 *Rudolph/Wassermann*, in: Artus u. a., Betriebe ohne Betriebsrat, S. 83.
1391 Die Darstellung beruht u. a. auf Erfahrungen des Verfassers mit dem Inhaber einer großen Buchhandlung.
1392 *Rudolph/Wassermann*, a. a. O., S. 84.

über die Lohnhöhe verhandeln. Die Dauer der Arbeitszeit unterliegt – abgesehen von den Überstunden – gleichfalls nicht seiner Mitbestimmung, und bei Kündigungen muss er nach § 102 Abs. 1 BetrVG nur »angehört« werden, mehr nicht. Selbst wenn er nach § 102 Abs. 3 BetrVG widerspricht, kann er die Kündigung als solche nicht verhindern.
Was soll ein Berater einem Belegschaftsangehörigen sagen, der auf das Vorgefallene »sauer« ist und sich als Antwort einen Betriebsrat wünscht? Ja, bei Überstunden kann der Betriebsrat mitbestimmen, aber wenn es um die Bezahlung geht, wird es schwieriger. Der Arbeitgeber regelt die Vergütung häufig im Arbeitsvertrag in Form einer Pauschalabrede (»Überstunden sind mit dem Gehalt abgegolten«). Eine solche Klausel ist zwar unwirksam,[1393] aber der Betriebsrat kann dies nur »rügen«, nicht aber aus der Welt schaffen. Klagen müsste der Einzelne, der dies aber erfahrungsgemäß nicht tut. Sicher, die Situation ist eine günstigere, wenn die Beschäftigten den Einsatz einer Unzahl von Videokameras reduzieren oder verhindern wollen,[1394] aber im Regelfall wird es um Lohn und Arbeitszeit gehen. Kann der Betriebsrat dafür sorgen, dass der Betrieb unter den Flächentarif kommt? Auch hier muss man passen: Ein solches Vorhaben hat in der Regel nur eine Chance, wenn die Gewerkschaft gut im Betrieb verankert ist und die Belegschaft notfalls streiken könnte – aber der Weg dorthin ist in einem Betrieb ohne Betriebsrat ein langer. Die Tatsache, dass sich die Situation insgesamt verbessert, weil ein Betriebsrat unter Nutzung seiner Mitbestimmungsrechte auch im Wege von »Kompensationsgeschäften« vieles erreichen kann,[1395] ist in aller Regel nicht vermittelbar; auch dürfte einem erstmals gewählten Betriebsrat ein solches Vorgehen noch relativ schwerfallen. »Für diese ungewisse Aussicht gehe ich kein Risiko ein«, wäre die typische Reaktion auf die Aufforderung, doch endlich einen Betriebsrat zu wählen.

3. Kompliziertes Wahlverfahren

Eine Betriebsratswahl in die Wege zu leiten und durchzuführen, setzt ein hohes Maß an Sachkunde und Engagement voraus; eine gewisse Begabung für büro-

---

1393 BAG 17.8.2011 – 5 AZR 406/10, NZA 2011, 1335; BAG 1.9.2010 – 5 AZR 517/09, NZA 2011, 575, 576. Für die Überstunden besteht aber kein Entgeltanspruch, wenn das Gehalt über der Beitragsbemessungsgrenze in der Rentenversicherung liegt – BAG 22.2.2012 – 5 AZR 7665/10, NZA 2012, 861, 862.

1394 S. den Fall Primark (Hannover), geschildert bei *Däubler*, Die drei besten Vereinbarungen, CuA 2/2016, 29 – 31, wo die Beschäftigten durch 128 Videokameras überwacht wurden. Dies war einer der wesentlichen Gründe, weshalb erstmalig ein Betriebsrat gewählt wurde, der dann eine Betriebsvereinbarung erkämpfte, die die Kameras auf ca. 30 reduzierte.

1395 S. § 33 III 4.

kratische Vorgänge sollte bei den Beteiligten hinzukommen. Auch dies stellt ein Hindernis dar.

Erste Etappe ist die Bestimmung eines Wahlvorstands. Dies kann durch Wahl in einer dafür einberufenen Betriebsversammlung geschehen, zu der die drei »Initiatoren« oder eine im Betrieb vertretene Gewerkschaft einladen können. Die Teilnahme an der Betriebsversammlung kann vom Arbeitgeber bereits als Illoyalität gewertet werden, was insbesondere dann von Bedeutung ist, wenn sich nur ganz wenige Belegschaftsmitglieder dort einfinden. Kommt praktisch niemand oder findet man nicht mindestens drei Personen, die für den Wahlvorstand kandidieren, so können die drei Initiatoren (oder die Gewerkschaft) beim Arbeitsgericht die Einsetzung eines Wahlvorstands beantragen. In Betrieben mit mehr als 20 Arbeitnehmern können auch »Betriebsfremde« (z. B. hauptamtliche Mitarbeiter der Gewerkschaft) zu Wahlvorstandsmitgliedern bestimmt werden, doch scheint man von dieser Möglichkeit nicht sehr häufig Gebrauch zu machen. Auch bedeutet es eine gewisse Konfrontation mit dem Arbeitgeber, wenn man das Arbeitsgericht einschaltet. Dabei können sich die »Aktiven« oft nicht ganz sicher sein, ob sie bei einem solchen Schritt wesentliche Teile der Belegschaft hinter sich haben.

Ist das erste Hindernis überwunden und ein Wahlvorstand eingesetzt, so muss dieser aktiv werden. Er muss eine Wählerliste aufstellen (was ab einer gewissen Größe nur mit Unterstützung der Personalabteilung möglich ist, zu der diese kraft Gesetzes verpflichtet ist) und außerdem ein Wahlausschreiben im Betrieb bekannt machen, dessen Inhalt sich aus den 13 Ziffern von § 3 Abs. 2 der Wahlordnung ergibt. Zwischen der Bekanntmachung des Wahlausschreibens und dem Wahltermin müssen mindestens sechs Wochen liegen. Innerhalb von zwei Wochen können Vorschlagslisten eingereicht werden, die sog. Stützunterschriften benötigen. Die unterschreibenden »Unterstützer« müssen mindestens ein Zwanzigstel der Belegschaft ausmachen, doch genügen 50 Unterschriften immer. Daneben kann die (im Betrieb vertretene) Gewerkschaft eine Vorschlagsliste einreichen, die von zwei Personen unterschrieben sein muss. Der Wahlvorstand muss die Wahl selbst organisieren und insbesondere für geheime Stimmabgabe sorgen. Die Auszählung der Stimmen erfolgt betriebsöffentlich.

Seit 2001 gibt es das sog. vereinfachte Wahlverfahren in Betrieben bis 50 Arbeitnehmern, das durch das Betriebsrätemodernisierungsgesetz[1396] auf Betriebe bis 100 Arbeitnehmer ausgedehnt wurde. Besteht bereits ein Betriebsrat, der einen Wahlvorstand eingesetzt hat, so findet die Wahl in einer Betriebsversammlung statt. In Betrieben bis 20 Arbeitnehmer wird nunmehr auf Stützunterschriften verzichtet, in Betrieben bis 100 Arbeitnehmer genügen nach § 14 Abs. 4 BetrVG

1396 Gesetz zur Förderung der Betriebsratswahlen und der Betriebsratsarbeit in einer digitalen Arbeitswelt (Betriebsrätemodernisierungsgesetz) vom 14. Juni 2021, BGBl I S. 1762.

zwei Unterschriften. Durch Vereinbarung zwischen Wahlvorstand und Arbeitgeber kann das vereinfachte Wahlverfahren auch in Betrieben mit bis zu 200 Beschäftigten praktiziert werden.
Besteht im Betrieb noch kein Betriebsrat, müssen zwei Betriebsversammlungen stattfinden. Auf der ersten, zu der drei Beschäftigte oder eine im Betrieb vertretene Gewerkschaft einladen kann, ist zunächst der Wahlvorstand zu wählen. Auf diesen warten dann zahlreiche sofort zu erledigende Aufgaben: Er muss im Laufe dieser Versammlung die Wählerliste aufstellen und das Wahlausschreiben anfertigen. Anschließend können Kandidaturen eingereicht werden, die allerdings keine »Stützunterschriften« benötigen. Am Ende der Versammlung ist »Meldeschluss«. Genau eine Woche später findet dann die Wahl statt – wiederum in einer Versammlung, was angesichts der individuellen und geheimen Stimmabgabe wenig sinnvoll erscheint. In Wirklichkeit ist – und das erscheint wesentlich – das »vereinfachte« nur ein »beschleunigtes« Wahlverfahren; an der Komplexität ändert sich nichts.
Das sog. vereinfachte Wahlverfahren kann nur funktionieren, wenn sich die Beteiligten vor der Wahlversammlung informell auf einen Wahlvorstand verständigen und dessen Mitglieder dargelegt bekommen, wie ein Wahlausschreiben auszusehen hat. Wer spontan gewählt würde, wäre durch die anstehenden Aufgaben völlig überfordert. Als vorbereitende Instanz kommt insbesondere die Gewerkschaft, aber ggf. auch ein sachkundiger Rechtsanwalt in Betracht.[1397] Die Gewerkschaft steht keineswegs immer bereit; dem Vernehmen nach gibt es nicht wenige Fälle, in denen eine Wahl nur dann unterstützt wird, wenn zuvor ein gewisser Organisationsgrad erreicht ist. Diese Bedingung ist oft nicht zu erfüllen; der »Hindernislauf« Betriebsratswahl wird so durch ein zusätzliches Hindernis erweitert. Rechtsanwälte arbeiten im Regelfall nur gegen Gebühren, die ggf. privat bezahlt werden müssten.

4. Akzeptabler Status quo

Auf die Wahl eines Betriebsrats wird auch dann verzichtet, wenn die Beschäftigten mit den betrieblichen Verhältnissen und den Umgangsformen einigermaßen zufrieden sind. Der »Chef« hat ein offenes Ohr und Verständnis für persönliche Wünsche, soweit sie sich im Rahmen der betrieblichen Notwendigkeiten erfüllen lassen. Könnte man diese Situation nicht sogar in Gefahr bringen, wenn man einen Betriebsrat wählen würde? Fährt man nicht besser, es bis auf Weiteres bei den bisherigen informellen Regeln zu belassen? Fragen dieser Art werden sich insbesondere in Start-up-Unternehmen stellen.[1398]

1397 Dazu *Rudolph/Wassermann*, a. a. O., S. 84 f.
1398 *Reichold*, FS Preis, S. 1003, 1010.

Neben der »aufgeklärten« Betriebsleitung kann es auch den Fall geben, dass ein beträchtlicher Teil der Belegschaft aus gesuchten Fachleuten besteht, die das Unternehmen auf keinen Fall verlieren möchte. Dies schafft für diese Gruppe von Arbeitnehmern eine starke Stellung, was eine ordentliche Bezahlung zur Folge hat; auf Wünsche, etwa in Bezug auf die Arbeitszeit, wird im Rahmen des Möglichen eingegangen. Wer nicht zu diesen Privilegierten gehört, hat meist nicht die Kraft, von sich aus eine Betriebsratswahl zu initiieren.
Wie häufig solche Hindernisse für die Betriebsratswahl bestehen, lässt sich auch nicht annäherungsweise bestimmen, doch dürften sie in der Praxis keine zu vernachlässigende Größe sein.[1399]

5. Exkurs: Andere Arbeitnehmervertretungen als Hindernis?

Seit 2003 werden im IAB-Betriebspanel auch sog. Andere Vertretungsorgane der Arbeitnehmer (AVO) erfasst, die nicht auf dem BetrVG beruhen und nach denen in Betrieben ohne Betriebsrat gefragt wird. Dasselbe geschah im Jahre 2005 in der sog. BISS-Untersuchung, die sich eingehend mit diesem Phänomen befasste.[1400] Vorher wurde es so gut wie gar nicht zur Kenntnis genommen.[1401]

> Große Aufmerksamkeit fand die Einleitung einer Betriebsratsgründung bei der Zentrale der Firma Würth in Künzelsau, wo es bisher nur einen »Vertrauensrat« gegeben hatte. In der Zentrale des Werkzeughändlers arbeiten 7200 Arbeitnehmer, weltweit sind es 77 000 Personen.[1402]

Inhaltlich handelt es sich entweder um Gremien, die ausschließlich aus Arbeitnehmervertretern bestehen, oder um gemischte »Ausschüsse«, die sowohl Arbeitnehmer- als auch Arbeitgebervertreter umfassen. Bei beiden Formen gibt es gewählte, aber auch vom Arbeitgeber eingesetzte Gremien. Dabei ergab sich folgende zahlenmäßige Verteilung:[1403]

1399 Der Fall ist auch erwähnt bei *Rudolph/Wassermann*, a. a. O., S. 83.

1400 *Hauser-Ditz/Hertwig/Pries*, Industrielle Beziehungen 16 (2009) 136 ff. BISS steht für das Projekt »Betriebliche Interessenregulierung in Deutschland – Survey und Strukturanalyse«, das an der Ruhr-Universität Bochum durchgeführt und von der Hans-Böckler-Stiftung gefördert wurde.

1401 Dies gilt auch für das juristische Schrifttum. S. jedoch *Däubler*, Privatautonome Betriebsverfassung?, Festschrift Wißmann, München 2005, S. 275 ff.

1402 Handelsblatt v. 3. 6. 2019, abrufbar unter *https://www.handelsblatt.com/unternehmen/mittelstand/familienunternehmer/werkzeughaendler-wuerth-mitarbeiter-kommen-betriebsratswahl-naeher/24415950.html*. Weitere Beispiele bei *R. Hoffmann*, FS Kittner, S. 170, 173.

1403 Wiedergegeben bei *Hauser-Ditz/Hertwig/Pries*, a. a. O., S. 140.

- reine Arbeitnehmervertretungen, die von der Belegschaft gewählt wurden: 23 %,
- gemischte Gremien, bei denen die Arbeitnehmervertreter von der Belegschaft gewählt wurden: 21 %,
- reine Arbeitnehmervertretungen, die vom Arbeitgeber eingesetzt wurden: 14 %,
- gemischte Gremien, die allein vom Arbeitgeber eingesetzt wurden: 42 %.

Insgesamt gab es 44 % gewählte und 56 % eingesetzte Organe.

Die quantitative Bedeutung dieser Vertretungsformen ist nicht eindeutig erfasst. Schätzungen gehen davon aus, dass es sich um 8 % aller Betriebe handelt. Dabei geht es allerdings fast nur um Kleinbetriebe zwischen 10 und 99 Beschäftigten, sodass lediglich 5–11 % der Arbeitnehmer durch ein solches Gremium repräsentiert sind.[1404] An anderer Stelle ist von sehr viel niedrigeren Werten die Rede.[1405]

Inwieweit mit Hilfe dieser Gremien Partizipation stattfindet, ist bislang ungeklärt. Gemischte Gremien sind insbesondere dort zu finden, wo das Management auf eine gute Information der Belegschaft Wert legt, während gewählte Arbeitnehmervertreter dort auftauchen, wo das Management darüber hinaus eine Einbeziehung der Beschäftigten für sinnvoll erachtet.[1406] Dass die »alternativen« Arbeitnehmervertreter die Möglichkeit hätten, gegen den erklärten Willen der Arbeitgeberseite etwas durchzusetzen, ist den Umständen nach denkbar unwahrscheinlich: Das Management würde nicht einmal dann ein rechtliches Risiko eingehen, wenn es das (gewählte oder eingesetzte) Gremium in Zukunft ignorieren und jedes Gespräch verweigern würde. Im Gegenteil: Da das BetrVG zwingenden und exklusiven Charakter hat, sind (ausdrücklich oder stillschweigend geschlossene) Verträge über die Wahl und Errichtung eines anderen Gremiums nach § 134 BGB unwirksam.[1407] Der Arbeitgeber kann das fragliche Gremium deshalb jederzeit als nicht existent behandeln.

Angesichts dieser Umstände ist ein AVO kein wirkliches Hindernis für die Errichtung eines Betriebsrats, das mit den übrigen Hindernissen vergleichbar wäre. Das schließt Sonderfälle nicht aus, in denen einem gewählten Organ relevante Mitentscheidungsbefugnisse eingeräumt werden, um die Wahl eines Betriebsrats zu verhindern. In diesen Rahmen dürfte das frühere SAP-Modell gehören.[1408] Solche Fälle sollten Anlass dafür sein, darüber nachzudenken, ob die bestehen-

1404 *Hauser-Ditz u. a.* S. 142.
1405 *Ellguth*, in: Artus u. a., Betriebe ohne Betriebsrat, S. 47.
1406 *Hauser-Ditz u. a.*, S. 147.
1407 Nachweise bei *Däubler*, FS Wißmann, S. 279/280. Zustimmend *R. Hoffmann*, FS Kittner, S. 170, 174.
1408 *Däubler*, FS Wißmann, S. 277.

den gesetzlichen Mitbestimmungsformen noch wirklich den Bedürfnissen der Beschäftigten entsprechen.[1409]

6. Gesamtgesellschaftliche Faktoren

Die genannten Hindernisse vermögen den relativ niedrigen »Deckungsgrad« der Betriebsverfassung und den Rückgang in den letzten 20 Jahren plausibel zu machen. Sie können aber nicht erklären, weshalb es zwischen 1968 und 1978 eine gegenläufige Entwicklung gab: Die Zahl der Betriebsratsgremien stieg von 24902 im Jahre 1968 über 29298 im Jahre 1972[1410] und 34059 im Jahre 1975[1411] auf 35294 im Jahre 1978 an;[1412] dies entspricht einem Zuwachs um mehr als 40 %. Die Untersuchung des Hamburger Max-Planck-Instituts zum Kündigungsschutz ermittelte, dass im Jahre 1979 65,6 % der in einem Betrieb mit mindestens fünf Arbeitnehmern Tätigen über einen Betriebsrat verfügten.[1413]
Die vorliegenden empirischen Untersuchungen liefern keine konkreten Anhaltspunkte für die Gründe. Die Verbesserungen, die das BetrVG 1972 brachte, können für sich allein keine Erklärung geben, da sie in der Gegenwart weiter gelten und beispielsweise der Kündigungsschutz 2001 und 2021 sogar auf weitere »gefährdete« Personen ausgedehnt wurde. Dennoch konnte dies den Abwärtstrend nicht stoppen. Wichtiger scheint deshalb die gesamtgesellschaftliche »Atmosphäre« zu sein (»mehr Demokratie wagen«), die das Abwägen von Vorteilen gegen Risiken eher in den Hintergrund treten ließ.[1414] Auch im Streikverhalten wurde deutlich, dass in jenen Jahren viele Beschäftigte eher bereit waren, das Risiko einer für rechtswidrig erklärten Arbeitsniederlegung auf sich zu nehmen.[1415]
Dazu kommt, dass in einer solchen Situation auch die Arbeitgeberseite Eingriffe in ihre Position eher geschehen lässt, die ja bei näherer Betrachtung nicht wirklich an die Substanz gehen: Das Recht zur Vornahme unternehmerischer Entscheidungen bis hin zur Verringerung der Belegschaft und zur Betriebsschließung wird nicht angetastet, sondern allenfalls von bestimmten Zahlungen abhängig gemacht. Für die Beschäftigten dürfte es auch eine wichtige Rolle gespielt haben,

1409 *R. Hoffmann*, FS Kittner, S. 170, 175.
1410 S. die Ergebnisse der Betriebsratswahlen, wiedergegeben in AuR 1973, 114.
1411 Angabe nach »Die Quelle« 1976, 122.
1412 Angabe nach »Die Quelle« 1979, 347.
1413 Bezieht man den öffentlichen Dienst mit ein, so erhöht sich die Zahl auf 70 %: *Becker-Ruhland*, BArbBl 1980, 11. Der Grenze »mindestens fünf« galt damals auch für das Kündigungsschutzgesetz, nach dessen Anwendbarkeit in der Untersuchung gefragt wurde.
1414 Als Faktor jedoch genannt bei *Kotthoff/Reindl*, Die soziale Welt kleiner Betriebe, Göttingen 1990, S. 348: … wenn gesellschaftsweit über die »Demokratisierung der Betriebe« nachgedacht und diskutiert wird.
1415 Dazu die Nachweise bei *Däubler*, in: Ders., Arbeitskampfrecht, § 8 Rn. 51ff. (»illegale Streiks«).

dass sie stärker als heute mit solidarischem Verhalten von Arbeitskolleginnen und Arbeitskollegen rechnen konnten; die Individualisierung (»jeder ist sich selbst der nächste«) brach sich erst später Bahn.

7. Auflösung von Betriebsräten

Die beschriebenen Hindernisse erschweren es, einen Betriebsrat zu gründen, schließen es aber nicht aus. Wie die Umstände beschaffen sind, damit ein solches Vorhaben gelingen kann, wird unten erörtert.[1416] Hier soll es zunächst darum gehen, das Verschwinden einzelner Betriebsräte zu erklären, weil nur dies den statistischen Rückgang der Gesamtzahl zu erklären vermag.
Wer sich die von *Kotthoff* entwickelte Typologie vor Augen hält,[1417] kann sich unschwer vorstellen, dass ein »ignorierter Betriebsrat« (Typ I) oder ein »isolierter Betriebsrat« (Typ II) irgendwann das Handtuch wirft und auf weitere Aktivitäten verzichtet. Naheliegend wäre auch die Konstellation, dass sich für eine Neuwahl nicht mehr genügend Kandidaten finden; weshalb soll man sich ohne Not in die Position des Außenseiters oder des Kämpfers gegen Windmühlen begeben? Soweit empirische Untersuchungen vorliegen, wurde allerdings ausschließlich danach gefragt, in welchem Umfang Betriebe verschwunden sind und zusammen mit ihnen dann auch die dort bestehenden Betriebsräte untergingen. In den Jahren 1998 bis 2002 betraf dies 14 % aller Betriebe mit Betriebsrat.[1418] Gleichzeitig gab es in etwa demselben Umfang Neugründungen von Betriebsräten. Besonders häufig war dies bei Ausgründungen von Betrieben oder Betriebsteilen der Fall (die große Kantine wird zum selbständigen Betrieb und wählt einen eigenen Betriebsrat), wo in 26 % aller neuen Betriebe ein Betriebsrat gewählt wurde.[1419] Dies hängt damit zusammen, dass Abspaltungen oft von größeren Betrieben stattfinden, bei denen Betriebsräte sehr viel verbreiteter und häufig auch akzeptierter sind als in Kleinbetrieben: Wer bereits über eine Interessenvertretung verfügt, will diese nicht selten auch unter den neuen Umständen beibehalten. Zahlenmäßig überwiegen allerdings die echten Neugründungen von Betrieben (70 %), bei denen nur in 7 % aller Fälle Betriebsräte gewählt wurden. Initiatoren von Start-up-Unternehmen haben aus ihrer Sicht zahlreiche andere Probleme zu bewältigen und sehen in der betrieblichen Mitbestimmung nur eine zusätzliche Bremse.

1416 Siehe IV.

1417 Oben § 33 I 1.

1418 *Ellguth*, in: Artus u. a., Betriebe ohne Betriebsrat, S. 56.

1419 *Ellguth*, a. a. O., S. 56.

III. Gegenmaßnahmen

In der Literatur findet sich eine Reihe von Überlegungen, wie man den Trend zur Reduzierung der betrieblichen Mitbestimmung stoppen und ggf. umkehren könnte. Dabei wird vorwiegend an Aktivitäten des Gesetzgebers gedacht,[1420] doch sollen hier auch andere Möglichkeiten einbezogen werden. Angesichts der großen praktischen Bedeutung solcher Aktionen sollten sie in einem historischen Buch, das die Zukunft gleichfalls einbezieht, nicht fehlen; auch sie – und ihre mangelnde Ausschöpfung – sind geeignet, die heutige Realität besser zu erklären und die Frage nach den Ursachen partiell zu beantworten.

1. Bessere Handhabung des geltenden Rechts?

Das bestehende Recht zwingt nicht dazu, Arbeitgeber mit Betriebsrat und solche ohne Betriebsrat gleich zu behandeln. So hatte das LAG Hamm[1421] über den Fall zu entscheiden, dass ein Flächentarifvertrag eine Öffnungsklausel enthielt, wonach »im Einvernehmen mit dem Betriebsrat« von einzelnen Tarifvorschriften abgewichen werden konnte: Da es in dem konkreten Betrieb keinen Betriebsrat gab, musste es bei der tariflichen Regelung bleiben. Nach Ansicht des LAG Hamm gebe es keinen allgemeinen Rechtsgrundsatz, wonach der Arbeitgeber bei Fehlen eines Betriebsrats immer alleine handeln könne.
Konstellationen dieser Art sind keineswegs selten: In der Privatwirtschaft unterliegen in Westdeutschland 20 % der Betriebe zwar einem Flächentarif, verfügen aber über keinen Betriebsrat. Im Osten ist diese Situation bei 14 % aller Betriebe gegeben.[1422] Dem betriebsratslosen Arbeitgeber ist so durch die Rechtsprechung eine Anpassung an seine betrieblichen Verhältnisse unmöglich gemacht. Arbeitsverträge lassen sich nicht so einfach ändern und an neue Situationen anpassen wie eine Betriebsvereinbarung. Darin liegt ein Anreiz für den Arbeitgeber, die Gründung von Betriebsräten zumindest hinzunehmen.
Auf dem Weg des LAG Hamm könnte man weitergehen: § 102 Abs. 1 BetrVG macht die Wirksamkeit einer Kündigung von der vorherigen Anhörung des Betriebsrats abhängig. Gibt es einen solchen nicht, ist diese Bedingung nicht erfüllbar; Kündigungen sind nicht wirksam. Weiter hängt die Durchführung einer Betriebsänderung davon ab, dass über einen Interessenausgleich verhandelt wurde. Unterbleibt dies, weil der Betriebsrat als Verhandlungspartner fehlt, so ist nach § 113 BetrVG ein Nachteilsausgleich in Form einer Abfindung geschuldet. Nach der Rechtsprechung wird kein Verschulden des Arbeitgebers vorausgesetzt,

---

1420 S. die Vorschläge der Fraktion BÜNDNIS 90/DIE GRÜNEN (BT-Drucksache 18/2750) und der Fraktion DIE LINKE (BT-Drucksache 18/5327).

1421 15.11.2001 – 8 Sa 720/01, NZA-RR 2003, 93.

1422 *Ellguth*, IAB-Forum v. 24. Mai 2018, S. 8.

wenn über einen Interessenausgleich nicht verhandelt wird.[1423] Entsprechende Vorschläge in der Literatur[1424] wurden von der Rechtsprechung bisher nicht aufgegriffen[1425] – wohl deshalb, weil die Konsequenzen als zu weitgehend empfunden wurden.

Aussichtsreicher erscheint es demgegenüber, auf eine im Rahmen des Programms »Humanisierung des Arbeitslebens« in den 1970er-Jahren geübte Praxis zurückzugreifen. Staatliche Zuschüsse wurden damals nur bei solchen Anträgen bewilligt, die vom Betriebsrat des konkreten Betriebs mit unterzeichnet waren. Ohne Betriebsrat waren keine Finanzmittel zu bekommen. Dies ließe sich unschwer auf alle Arten von Subventionen erstrecken. Auch Aufträge der öffentlichen Hand könnten von der Erfüllung sozialpolitischer Ziele, und damit auch von der Existenz eines Betriebsrats, abhängig gemacht werden.[1426] Das Vergaberecht lässt Derartiges zu. Auf diese Weise würde das Eigeninteresse des Arbeitgebers an der Wahl eines Betriebsrats mobilisiert. Insoweit scheinen die bestehenden Möglichkeiten bei Weitem nicht ausgeschöpft zu sein.

2. Ausdehnung von Schutznormen – der traditionelle Ansatz

Aktuelle Reformvorstellungen konzentrieren sich sehr stark darauf, die »Exponenten« für eine erstmalige Betriebsratswahl (noch) stärker als bisher zu schützen. So sollen nach dem Vorschlag der GRÜNEN die Mitglieder des Wahlvorstands während der ganzen Wahlperiode gegen Benachteiligungen nach § 78 BetrVG geschützt sein.[1427] Dasselbe soll für alle (und nicht nur für die ersten sechs) Initiatoren gelten, die bei einer (zu schaffenden) unabhängigen Stelle ihr Vorhaben kundgetan haben. Dieser Personenkreis soll auch in den Schutzbereich der Strafvorschrift des § 119 BetrVG einbezogen werden. Die Schwierigkeit dieser Vorschläge liegt darin, dass das Benachteiligungsverbot des § 78 BetrVG nur dann greift, wenn der Zusammenhang mit der Tätigkeit als Wahlvorstand oder Initiator bewiesen werden kann. Davon ganz abgesehen, werden durch die Ausdehnung des Kündigungsschutzes nur die besonders gravierenden Fälle erfasst, in denen (zumindest in der Vorstellung der Betroffenen) die Gefahr

1423 BAG 20.11.2001 – 1 AZR 97/01, NZA 2002, 992; BAG 23.9.2003 – 1 AZR 576/02, NZA 2004, 440; ebenso DKW-*Däubler,* § 113 Rn. 10; *Fitting,* § 113 Rn. 16.

1424 *Däubler,* Buchrezension, AcP 175 (1975), 181 ff.; *Gamillscheg,* Arbeitsrecht II, München 1997, S. 475.

1425 Vgl. die Nachweise bei DKW-*Bachner,* § 102 Rn. 26; DKW-*Däubler,* § 111 Rn. 143.

1426 *Däubler,* Der vergaberechtliche Mindestlohn im Fadenkreuz des EuGH – Auf dem Weg zu Rüffert II?, NZA 2014, 694 ff. m.w.N; dazu bereits *Bieback,* Betriebliche Sozialpolitik, staatliche Subventionen und die Mitbestimmung des Betriebsrats, RdA 1983, 265 und in neuerer Zeit *Klocke,* S. 100 ff. und *Nielebock,* FS 100 Jahre Betriebsverfassungsrecht, S. 533, 539.

1427 BT-Drucksache 18/2750 S. 2.

einer Kündigung droht. Wer »nur« deshalb von Aktivitäten absieht, weil er einen Karriereknick befürchtet, wird durch solche Vorschriften nicht erreicht. Etwas weitergehende Wirkungen könnte es haben, wenn jede Form der Behinderung einer Betriebsratsgründung nach § 119 Abs. 1 Nr. 1 BetrVG zu einem Amtsdelikt gemacht würde; dies könnte bei eher unklaren Befürchtungen das Vertrauen der Initiatoren stärken, es werde im Betrieb zu keinen Benachteiligungen kommen.[1428]

3. Anreize für den Arbeitgeber?

In Frankreich ist im Rahmen einer Neukodifikation des Arbeitsrechts der Vorschlag gemacht worden, dass anstelle einer fehlenden betrieblichen Interessenvertretung die Arbeitsaufsicht einzuschalten wäre. Diese müsste beispielsweise Abweichungen von den gesetzlichen Regeln des Arbeitszeitrechts in vertretungslosen Betrieben genehmigen.[1429] Ähnliches ist in Deutschland auch für (alle?) Mitbestimmungsrechte denkbar. In vielen Fällen wäre die häufige Einschaltung einer Behörde für den Arbeitgeber die sehr viel lästigere Alternative im Vergleich zur Existenz eines Betriebsrats, was dessen Wahl erleichtern würde. Auch findet sich im deutschen Recht bisweilen die ähnliche Regel, dass bei Fehlen einer betrieblichen Interessenvertretung jedes Belegschaftsmitglied informiert und »gefragt« werden muss.[1430] In dieselbe Richtung weist es, wenn staatliche Subventionen oder öffentliche Aufträge davon abhängig gemacht werden, dass der Antrag vom Betriebsrat mitunterschrieben wird.[1431]

4. Einladungspflichten des Arbeitgebers wie nach BPersVG

Weniger weitgehend (aber möglicherweise erfolgversprechender) ist der Vorschlag, dem Arbeitgeber die Pflicht aufzuerlegen, die Bildung eines Betriebsrats zu fördern. Vorbild hierfür könnte in gewisser Weise die Personalvertretung sein: Besteht in einer Dienststelle kein Personalrat, so ist der Dienststellenleiter nach § 22 Abs. 2 BPersVG verpflichtet, die Beschäftigten zu einer Personalversammlung einzuladen, auf der ein Wahlvorstand gewählt werden soll. Findet die Versammlung nicht statt (weil niemand kommt) oder wird kein Wahlvorstand gewählt, so muss der Dienststellenleiter nach § 23 BPersVG auf Antrag von drei Beschäftigten oder einer in der Dienststelle vertretenen Gewerkschaft selbst

1428 Näher *Däubler*, Legal Tribune Online v. 21.1.2022.

1429 Dazu der Überblick bei *Däubler*, Eine Utopie aus der Wüste? Der »Code du Travail Alternatif« in Frankreich, SR 2018, 97ff.

1430 So im Arbeiterschutzgesetz von 1891 und heute in § 27 Abs. 2 und 3 WpÜG im Zusammenhang mit der Übernahme eines Unternehmens.

1431 Oben 1.

einen Wahlvorstand bestimmen. Dies hat dazu geführt, dass 65 % aller Dienststellen über einen Personalrat verfügen, wodurch 92 % aller Beschäftigten des öffentlichen Dienstes repräsentiert sind.[1432] Ein Gesetzentwurf der Links-Fraktion schlägt deshalb vor, den Arbeitgeber in Betrieben ohne Betriebsrat zu verpflichten, einmal im Kalenderjahr eine Mitarbeiterversammlung durchzuführen, auf der er über die Rechte und Pflichten nach dem BetrVG informieren und den Arbeitnehmern Gelegenheit zur Aussprache geben muss. Nach dieser Versammlung sollen die Beschäftigten in geheimer Abstimmung und in Abwesenheit des Arbeitgebers entscheiden, ob eine Wahlversammlung einberufen wird, die einen Wahlvorstand bestimmt.[1433] Ein entsprechender Gesetzesbeschluss scheiterte bisher an den Mehrheitsverhältnissen im Parlament. Seine Realisierung würde mit hinreichender Sicherheit die Zahl der Betriebsräte erhöhen, obwohl wegen der anderen Interessenlage eines Privatunternehmers oder eines Geschäftsführers längst nicht mit so positiven Ergebnissen wie im öffentlichen Dienst gerechnet werden könnte. So wäre z. B. denkbar, dass zwar zu einer Versammlung eingeladen, im Betrieb jedoch die Parole ausgegeben wird, man wolle nur dem Gesetz Genüge tun und eine tatsächliche Anwesenheit sei nicht erwünscht. Weiter könnte der Arbeitgeber nachhaltig darauf hinweisen, dass die Probleme der Beschäftigten auch durch einen Betriebsrat nicht gelöst werden könnten.[1434]

5. Digitalisierte Wahl als Schutzschild?

Denkbar wäre weiter ein digitalisiertes Wahlverfahren, das es den Arbeitnehmern ersparen würde, sich als Person im Betrieb zu exponieren und damit ggf. Nachteile in Kauf zu nehmen.[1435] In Betrieben mit bis zu 300 Beschäftigten (wo die allermeisten Defizite bestehen) müsste das Arbeitsgericht auf per E-Mail gestellten Antrag der Gewerkschaft oder von drei betriebsangehörigen Arbeitnehmern einen Wahlvorstand einsetzen. Dieser würde typischerweise aus Externen (z. B. hauptamtlichen Mitarbeitern der Gewerkschaft) bestehen. Seine Aufgabe wäre es, die Wählerliste zu erstellen und ein Wahlausschreiben zu verfassen, Kandidaturen entgegen zu nehmen und die Wahl durchzuführen. Dies alles würde online erfolgen, sodass die Stimme vom häuslichen Computer aus

---

1432 Mitgeteilt bei *Absenger/Priebe*, WSI-Mitt. 2016, 192, 194 unter Bezugnahme auf die Dissertation von *Brehmer*. Für das Jahr 2002 wird der Deckungsgrad mit 74 % aller Dienststellen angegeben, in denen 93 % der öffentlichen Bediensteten tätig waren (*Ellguth*, WSI-Mitt. 2003, 195).

1433 BT-Drucksache 18/5327 S. 3.

1434 Dazu oben II 1b.

1435 Ablehnend gegenüber einer Online-Wahl *Nielebock*, FS 100 Jahre Betriebsverfassungsrecht, S. 533, 545, die dabei allerdings nicht auf die besondere Situation einer erstmaligen Wahl abstellt.

abgegeben werden könnte. Die Wahl kann in derselben Weise geheim erfolgen, wie dies heute bei digitalen Betriebsratssitzungen der Fall ist. Der Wahlvorstand tagt außerhalb des Betriebs; Kandidaturen können per E-Mail eingereicht, Stützunterschriften auf demselben Wege geleistet werden.

6. Gerichtliche Einsetzung eines Betriebsrats

Michael Kittner hat den Vorschlag gemacht, das zuständige Arbeitsgericht solle vom Gesetzgeber ermächtigt werden, einen Betriebsrat einzusetzen, wenn es in dem fraglichen Betrieb noch keinen gibt.[1436] Er muss aus betriebsangehörigen Arbeitnehmern bestehen. Eine solche staatliche Intervention hat eine Parallele im Gesellschaftsrecht: Wird etwa im Verfahren nach § 98 AktG festgestellt, dass ein Aufsichtsrat bestehen müsse,[1437] so können und müssen seine Mitglieder durch das Gericht bestellt werden. Sie bleiben so lange im Amt, bis die Anteilseigner bzw. die Arbeitnehmer ihre Vertreter im normalen Verfahren gewählt haben. In der Betriebsverfassung hätte ein solches Vorgehen den Vorteil, dass gleich als erster Schritt ein Betriebsrat mit allen Rechten und Pflichten einschließlich umfassendem Kündigungsschutz im Amt wäre. Im Gesetz müsste ein zeitlicher Rahmen für die Durchführung der Wahlen durch die Belegschaft festgelegt werden. Auch müsste nicht anders als im Gesellschaftsrecht ein Einsetzungsantrag gestellt werden, zu dem drei Arbeitnehmer des Betriebs und eine im Betrieb vertretene Gewerkschaft berechtigt wären.

IV. Voraussetzungen einer erfolgreichen Wahl unter den heutigen Bedingungen

In Betrieben ohne Betriebsrat findet eine Wahl nicht allein deshalb statt, weil das Gesetz sie als eine Art Regeltatbestand vorsieht. Vielmehr müssen unter den gegebenen Umständen spezifische Umstände hinzukommen, die zu Initiativen in der Belegschaft für eine Betriebsratswahl führen.

Eine empirische Untersuchung von 124 Neugründungen von Betriebsräten beruhte auf einer Befragung von Gewerkschaftssekretären und erbrachte u. a. das Ergebnis, »betriebliche Konfliktlagen« seien für die Entstehung eines Betriebsrats maßgebend gewesen.[1438] Zu einem vergleichbaren Ergebnis kam eine

1436 *Kittner*, NZA 9/2020, S. III (Editorial).
1437 Näher dazu oben § 35 I.
1438 *Wassermann/Rudolph*, S. 58.

Befragung in 22 mittelständischen Unternehmen,[1439] die aber für sich allein der geringen Fallzahl wegen nicht repräsentativ ist. Eine neuere Untersuchung wertete die Vorgänge in 54 Betrieben aus, die aufgrund von Hinweisen von (zufällig ausgewählten) hauptamtlichen Gewerkschaftern bestimmt und bei denen qualitative Interviews geführt wurden.[1440] Dabei wurden die inzwischen gewählten Betriebsräte sowie im Rahmen des Möglichen das Management befragt. Auch hier war das Ergebnis, dass äußere Ereignisse oder verändertes Verhalten des Managements auslösende Momente waren, zu denen jedoch bestimmte betriebliche Umstände hinzukommen mussten. Insoweit entwickelten die Verfasser eine Typologie der Betriebsratsgründung,[1441] die hier kurz referiert werden soll.

Der erste Fall (»Betriebsrat als Schutz der gemeinschaftlichen Sozialordnung«) betrifft die Situation, dass im Betrieb eine intensive informelle Kooperationskultur herrschte: Geschäftsführung und Belegschaft respektierten sich gegenseitig, die Position des Eigentümers/Geschäftsführers wurde von der Belegschaft als legitim angesehen, da ihre eigenen Interessen regelmäßig Berücksichtigung fanden.[1442] Durch einen Verkauf des Unternehmens, durch eine (drohende) Insolvenz oder durch einen neuen Chef, der die bisherigen Regeln nicht respektierte, wurde der Status quo in Frage gestellt. Um die damit verbundenen Risiken in Grenzen zu halten, wurde ein Betriebsrat gegründet, wobei häufig von der Geschäftsleitung kaum Widerstand kam.

Der zweite Fall (»Betriebsrat als Erweiterung der individuellen Interessenvertretung«) tritt insbesondere bei Betrieben mit hoch qualifizierten Arbeitskräften auf, die zunächst ihre Interessen individuell durchaus zur Geltung bringen konnten. Durch Wachstum des Unternehmens oder organisatorische Umstrukturierungen funktionierte dieses System immer weniger: Ungerechtigkeiten, intransparente Vorgänge, nicht zu behebende Reibungsverluste und unerwünschte Reglementierungen wurden als dauernde Belastung empfunden.[1443] Ein für sich allein nicht besonders gravierendes Ereignis bringt dann das Fass zum Überlaufen. Einige Beteiligte machen mit dem häufig schon seit längerer Zeit diskutierten Vorhaben einer Betriebsratsgründung ernst. Der Versuch, einen Betriebsrat ins Leben zu rufen, wäre unter den alten Bedingungen mit hinreichender Sicherheit erfolglos geblieben.

Der dritte Fall (»Betriebsrat als Mittel der kollektiven Emanzipation«) hat einen völlig anderen betrieblichen Hintergrund. Es geht um Unternehmen des Dienstleistungsbereichs mit vielen prekär Beschäftigten. Die Arbeitsbedingungen sind schlecht, die Vergütung ist niedrig, der Führungsstil autoritär. Eine verbreite-

1439 *Schlömer-Laufen/Kay.*
1440 *Artus/Kraetsch/Röbenack*, Betriebsratsgründungen, S. 48 ff.
1441 *Artus/Kraetsch/Röbenack*, Betriebsratsgründungen, S. 61 ff.
1442 Eingehend *Artus/Kraetsch/Röbenack*, S. 63 ff.
1443 Eingehend *Artus/Kraetsch/Röbenack*, S. 104 ff.

te Angst, den Arbeitsplatz zu verlieren oder besonders schlecht behandelt zu werden, führt dazu, dass dieser Zustand relativ lange ertragen wird. Es kommt dann ein »Auslöser« hinzu, der dazu führt, dass eine kleine Gruppe aus dem Stammpersonal die Initiative zur Einleitung einer Betriebsratswahl ergreift.[1444] Der Begriff »kollektive Emanzipation« erscheint dabei ein wenig hoch gegriffen; gemeint ist ein Betriebsrat als Mittel zur Verbesserung besonders schlechter Arbeitsbedingungen.

Der vierte Fall (»Betriebsrat als Vertretung von Partialinteressen«) betrifft insbesondere die Situation, dass sich das untere oder mittlere Management gegen die Beschneidung seiner Autonomiespielräume durch Entscheidungen »von oben« wehren will und deshalb eine Betriebsratswahl initiiert. Die Initiative wird nicht von der gesamten Belegschaft unterstützt; auch ist mit erbittertem Widerstand der Geschäftsleitung zu rechnen. Gelingt die Betriebsratswahl gleichwohl, ist damit zu rechnen, dass nur eine beschränkte »Vertretungswirksamkeit« erreicht werden kann.

Der fünfte Fall (»Blockierte Partizipation«) meint eine besonders schwierige Betriebsratsgründung:[1445] Die Belegschaft ist in sich gespalten, es gibt keine entschlossenen Repräsentanten, die die Wahl in die Hand nehmen würden. Die Geschäftsleitung, die diese Situation kennt, legt den Initiatoren Steine in den Weg; auch fehlt es an der nötigen äußeren Unterstützung durch Gewerkschaften oder Gesamtbetriebsrat (soweit vorhanden). Kommt die Wahl gleichwohl zustande, sieht sich der Betriebsrat zahlreichen Schwierigkeiten ausgesetzt; ob er je zu einer wirksamen Interessenvertretung wird, erscheint zweifelhaft.

V. Einschätzung: Betriebsratsfreie Zonen als Teil eines politischen Kompromisses?

Die skizzierten Erfahrungen machen verschiedene Dinge deutlich.

Die faktischen Hindernisse für eine Betriebsratsgründung sind beträchtlich. Sie werden nur in Sondersituationen überwunden, bei denen z. B. bisher Selbstverständliches oder allgemein Akzeptiertes von der Arbeitgeberseite in Frage gestellt wird. Die bloße Betriebsratslosigkeit ist als solche kein ausreichender Anlass, um einen Betriebsrat ins Leben zu rufen.

Die Möglichkeiten, an dem bestehenden Zustand etwas zu ändern, sind zahlreich, werden aber nicht genutzt. Warum das so ist, wird selten thematisiert. Eine Vermutung liegt nahe.

1444 *Artus/Kraetsch/Röbenack*, S. 145ff.
1445 *Artus/Kraetsch/Röbenack*, S. 194ff.

Die Arbeitgeberseite akzeptiert die betriebliche Mitbestimmung keineswegs generell. Sie findet sich lediglich damit ab, dass sich in einer Reihe von mittleren und größeren Betrieben Betriebsräte etablieren, zu denen meist (wenn auch nicht immer) eine kooperative Arbeitsbeziehung entsteht. Auch insoweit verlangt sie, dass sich die Mitbestimmungsrechte in möglichst engem Rahmen halten. Dies kommt in einem Bericht von BDA und BDI (Bundesverband der Deutschen Industrie) zum Ausdruck, der im November 2004 veröffentlicht wurde und der sich noch heute auf der Website der BDA befindet.[1446]
BDA und BDI hatten Anfang 2004 eine »Gemeinsame Kommission Mitbestimmung« eingesetzt, die im November desselben Jahres einen 61 Seiten umfassenden Bericht unter dem Titel »Mitbestimmung modernisieren« vorlegte. Ihr gehörten zahlreiche Vertreter von Unternehmen und Arbeitgeberverbänden sowie aus der Wissenschaft die Professoren *Henssler*, *Hommelhoff*, *Junker*, *Rieble*, *Rüthers* und *Zöllner* an.
Am Anfang des Berichts steht ein Bekenntnis zur Mitbestimmung in Betrieb und Unternehmen. »In ihrer großen Mehrheit« seien die Mitglieder der Kommission davon überzeugt, dass die Mitbestimmung »nicht abgeschafft werden sollte.« Die Mitbestimmung sei allerdings wesentlich zu verändern. Für die betriebliche Mitbestimmung wird unter der Überschrift »Entbürokratisierung« ein Forderungskatalog aufgestellt,[1447] dessen wichtigste Punkte in Erinnerung gerufen seien:

- Beschleunigung des Verfahrens über Interessenausgleich und Sozialplan;
- Abschaffung des Initiativrechts bei Weiterbildung (§ 97 Abs. 2 BetrVG);
- die Mitbestimmung über Beginn und Ende der Arbeitszeit darf nicht dazu führen, dass faktisch auch die Betriebsnutzungszeiten mitbestimmt werden;
- wenn es aus betrieblichen Gründen erforderlich ist, kann der Arbeitgeber auch ohne Zustimmung des Betriebsrats Überstunden anordnen;
- macht der Betriebsrat nach § 92a BetrVG Vorschläge zur Beschäftigungssicherung, so bedarf es keiner schriftlichen Begründung, wenn sie vom Arbeitgeber abgelehnt werden;
- die Mitbestimmung über Entgelte darf nicht die Wahl des Vergütungssystems umfassen;
- Mitbestimmung bei der Installierung technischer Einrichtungen besteht nur dann, wenn der Arbeitgeber die Absicht hat, Verhalten und Leistung der Arbeitnehmer zu überwachen;
- weniger Mitbestimmung im Arbeitsschutz.

Damit wären die Mitbestimmungsrechte über Fragen der Vergütung und der Arbeitszeit gewissermaßen halbiert und die Mitbestimmung über die Einfüh-

1446 *https://arbeitgeber.de/wp-content/uploads/2021/01/bda-arbeitgeber-stellungnahme-bericht_der_kommission_mitbestimmung-2004_11.pdf (8. 2. 2022).*
1447 A. a. O., S. 51–53.

rung und Anwendung technischer Einrichtungen praktisch abgeschafft, weil sich die Überwachungsabsicht des Arbeitgebers nur in seltenen Glücksfällen belegen lässt.

Die Resonanz dieser Forderungen in der Öffentlichkeit und in der Arbeitsrechtswissenschaft war relativ gering, obwohl der Zeitpunkt günstig gewählt war: 2003 und 2004 ging es um die »Neuordnung des Arbeitsmarkts« insbesondere durch die Hartz-Gesetze, wo das BDA/BDI-Modell gut hineingepasst hätte. Obwohl es sich nicht um Vorstellungen handelte, die die Diskussion beherrschten, machen sie doch deutlich, wie prekär die Stellung der Mitbestimmung im Arbeitgeberlager ist. Hätte man im Jahre 2001 die Mitbestimmung deutlich erweitert, so wäre es mit Sicherheit nicht bei einem bloßen »Bericht« geblieben. Dasselbe gilt erst recht, wollte man mit den oben beschriebenen Mitteln die »weißen Flecken« der betriebsratslosen Betriebe zum Verschwinden bringen. Dies würde vermutlich als eine Art »Kriegserklärung« aufgefasst, die Gegenmaßnahmen der unterschiedlichsten Art zur Folge haben könnte.

> Dafür gibt es historische Beispiele. So drohte etwa der Präsident der Industrie- und Handelskammer Oberfranken damit, die Unternehmen würden in einen Investitionsstreik treten, wenn die SPD die Wahlen vom 6. März 1983 gewinne.[1448] In den 1970er-Jahren gab es die Drohung gegen die Regierung Brandt, man überlege sich, in den Betrieben keine Azubis mehr auszubilden, was das duale System der Berufsausbildung zerstört hätte.

Die Vermutung liegt nahe: Es bei den »weißen Flecken« zu belassen, läuft darauf hinaus, den bestehenden politischen Kompromiss in Sachen betrieblicher Mitbestimmung, der nirgendwo ausdrücklich niedergelegt ist, nicht in Frage zu stellen. Im Ergebnis heißt dies, dass der einzelne Arbeitgeber entgegen dem geltenden Recht letztlich darüber entscheidet, ob er einen Betriebsrat haben will oder nicht. Das allgemeine soziale Umfeld ist so geartet, dass die Nicht-Wahl in weitem Umfang gelebte Praxis bleiben kann. Daran etwas zu ändern, setzt erhebliche politische Kraft voraus. Sie zu entwickeln, ist keineswegs ausgeschlossen. Dies gilt insbesondere dort, wo durch Umstrukturierung und Einsparung von Kosten Arbeitsplätze und Arbeitsbedingungen in Gefahr geraten oder wo eine mit wenig Empathie ausgestattete Personalleitung Entscheidungen trifft, die nichts als Unverständnis hervorrufen.

1448 *library.fes.de/cgi-bin/populo/spde.pl?month=198301&t_monat=x&erj=1983&mon=-01&rel=2* (30. 8. 2019).

Herausforderungen und Zukunftsperspektiven

§ 38 »Verdünnte« Betriebsverfassung für Randbelegschaften

I. Die Ausgangssituation

Ein weniger sichtbares Defizit der Betriebsratspraxis betrifft die atypisch Beschäftigten. Wichtigste Gruppen sind Befristete, Leiharbeitnehmer, geringfügig Beschäftigte, Soloselbständige und solche Personen, die aufgrund eines Werk- oder Dienstvertrags mit einem Drittunternehmen in den Betrieb kommen. Nach § 80 Abs. 2 Satz 1 zweiter Halbsatz BetrVG kann der Betriebsrat des Einsatzbetriebs Auskunft darüber verlangen, auf welcher Grundlage bestimmte Personen im Betrieb tätig sind, die nicht in einem Arbeitsverhältnis zum Arbeitgeber stehen. Weiter ist ihm mitzuteilen, welchen zeitlichen Umfang ihr Einsatz hat, wo sie tätig werden und welche Aufgaben sie zu erfüllen haben. Damit sind aber seine gesicherten Rechte erschöpft. Gegen die effektive Schlechterstellung dieser Gruppen kann er nur wenig unternehmen.[1449] Dies ist nur teilweise auf den Gesetzeswortlaut, im Übrigen auf eine sehr »zugeknöpfte« Rechtsprechung zurückzuführen.

II. Befristet Beschäftigte

Die juristische Auseinandersetzung begann im Zusammenhang mit der Befristung. Kann ein Betriebsrat der Einstellung eines Arbeitnehmers zustimmen, zugleich aber geltend machen, das fragliche Arbeitsverhältnis sei zu Unrecht befristet worden, es fehle z. B. der notwendige sachliche Grund? In der Literatur gab es gewichtige Stimmen, die eine solche »gespaltene Zustimmung« bejahten.[1450]

1449 S. *Jacquemin/Klebe*, Die Zukunft der Betriebsratsarbeit 2.0, AiB 11/2014, 33: 67,7 % der Leiharbeiter und 33,5 % der befristet Beschäftigten verdienten im Jahr 2010 weniger als zwei Drittel des mittleren Stundenlohns von 10,36 Euro.

1450 S. bereits *Lörcher*, Zeitarbeitsverträge als Problem der Mitbestimmung der Betriebs- und Personalräte bei der Einstellung (§ 99 Abs. 1 BetrVG, § 75 Abs. 1 Nr. 1 BPersVG), BlStSozArbR 1981, 177; für Personalräte: *Ders.*, Zeitverträge – Was können Personalräte

Vorbild war das Recht des Betriebsrats, die Einstellung einer bestimmten Person zu befürworten, ihrer Eingruppierung aber die Zustimmung zu verweigern. Warum sollte dasselbe nicht auch mit der Befristung möglich sein? Selbst wenn man dies nicht akzeptieren würde – auch ein reines Recht auf Zustimmungsverweigerung wegen unberechtigter Befristung hätte einiges bewirken können.
Nach § 99 Abs. 2 Nr. 1 BetrVG kann der Betriebsrat seine Zustimmung zu einer Einstellung verweigern, wenn diese gegen ein Gesetz (oder eine andere verbindliche Norm) verstößt. Hier stellte sich die Frage, ob nur ein rechtswidriger Arbeitseinsatz als solcher gemeint war oder ob auch ein Einsatz zu rechtswidrigen Bedingungen erfasst sein sollte. Sieht man den Betriebsrat als einen »Hüter zwingenden Rechts«,[1451] und will man die Einschaltung des Betriebsrats in § 99 Abs. 2 Nr. 1 nicht nur auf absonderliche Fälle wie die Einstellung einer schwangeren Frau für Nachtarbeit beschränken, so spricht alles für eine Einbeziehung rechtswidriger Bedingungen. Das BAG trug dieser Überlegung jedoch nicht Rechnung[1452]; das Beteiligungsrecht nach § 99 BetrVG beziehe sich nur auf die Beschäftigung als solche, nicht auf die arbeitsvertraglichen Bedingungen, unter denen die Leistung erbracht werde. Dies wurde zu seiner ständigen Rechtsprechung.[1453]
Läuft der befristete Vertrag aus, so wird der Betriebsrat anders als bei einer Kündigung nicht einmal angehört. Es ist allein Sache des Betroffenen, sich zu wehren und eine »Entfristungsklage« zu erheben, die nur in seltenen Fällen Erfolg hat. Der Betriebsrat kann ihm moralische Unterstützung gewähren, mehr nicht. Im Übrigen ist der Einzelne bei dieser zentralen Frage seiner betrieblichen Existenz allein gelassen.
Dies wirkt auch auf die Tätigkeit des Betriebsrats zurück: Zwar hat der Befristete dieselben Rechte wie eine Stammkraft, solange er im Betrieb beschäftigt ist, doch wird er sich noch weniger als andere exponieren wollen. Eine Beschwerde beim Betriebsrat oder gar eine Kandidatur bei der nächsten Betriebsratswahl ist rechtlich möglich, aber faktisch eine singuläre Ausnahme: Fast alle Betroffenen verzichten auf solche Verhaltensweisen, weil sie ihre Chance auf Übernahme in ein unbefristetes Arbeitsverhältnis nicht zerstören wollen.

---

dagegen unternehmen?, PersR 1984, 59 und *ders.*, Handlungsmöglichkeiten der Personalräte gegen Zeitverträge nach dem Beschäftigungsförderungsgesetz, PersR 1985, 122; grundlegend *Plander*, Der Betriebsrat als Hüter des zwingenden Rechts, Baden-Baden 1982.

1451 So der Buchtitel von *Plander* (Baden-Baden 1982).

1452 Insoweit eine Abweichung von seiner sonstigen Rechtsprechung zu den Mitbestimmungsrechten – dazu oben § 29 III.

1453 Erstmals BAG 20.6.1978 – 1 ABR 65/75, DB 1978, 2033, bestätigt zuletzt in BAG 27.10.2010 – 7 ABR 86/09, NZA 2011, 418.

Interesse verdient eine Entscheidung des ArbG München, die diese Spielregeln ändern wollte. Wurde ein befristet Beschäftigter in den Betriebsrat gewählt, so konnte sich nach seiner Auffassung der Arbeitgeber nicht auf das Auslaufen des Vertrages berufen, weil das Betriebsratsmitglied in diesem Moment entgegen der EG-Richtlinie 2002/54/EG ohne Schutz geblieben wäre.[1454] Hätte sich dieser Grundsatz durchgesetzt, wäre es vermutlich zu häufigen Betriebsratskandidaturen Befristeter gekommen, die so eine Verstetigung ihrer Beschäftigung hätten erreichen können. Das BAG hat diese Rechtsprechung jedoch nicht akzeptiert,[1455] ohne auf die möglichen Weiterungen einzugehen. Es sei wie bisher Sache des einzelnen Betriebsratsmitglieds, eine Benachteiligung wegen der Zugehörigkeit zum Betriebsrat darzulegen und notfalls zu beweisen, was z. B. dann in Frage komme, wenn vergleichbare andere befristet Beschäftigte einen Verlängerungsvertrag oder eine Entfristung bekommen hätten. Würden solche Umstände dargelegt, sei der Arbeitgeber gehalten, die besonderen sachlichen und nicht betriebsratsbezogenen Gründe zu belegen, weshalb gerade das Betriebsratsmitglied nicht »verlängert« wurde.

Faktisch führt dies dazu, dass befristet Beschäftigte auch in Zukunft nur ganz ausnahmsweise im Betriebsrat repräsentiert sein werden. Die bei den Betroffenen vorhandene Zurückhaltung, sich an den Betriebsrat zu wenden, bleibt damit ebenfalls unverändert bestehen. Der aus Stammbeschäftigten bestehende Betriebsrat wird nur in seltenen Fällen – und dabei meist abgekoppelt von der Rechtslage[1456] – den Versuch unternehmen, eine Entfristung zu erreichen. Auch die Vorschrift des § 99 Abs. 2 Nr. 3 BetrVG, wonach ein »gleich geeigneter« befristet Beschäftigter bei einer unbefristeten Einstellung den Vorrang vor einem von außen kommenden Bewerber besitzt, scheint in der Praxis wenig Bedeutung zu haben: Letztlich entscheidet der Arbeitgeber, ob wirklich eine »gleiche Eignung« vorliegt. Der Betriebsrat wird unter diesen Umständen dazu neigen, seine knappen Ressourcen eher für die Lösung anderer Probleme einzusetzen.

III. Leiharbeitnehmer

Vergleichbar ist die Situation bei der Leiharbeit. Erhält ein Leiharbeitnehmer für dieselbe Arbeit weniger Entgelt als ein vergleichbarer Stammarbeitnehmer, weil er nach einem Leiharbeitstarif bezahlt wird, so kann der Betriebsrat dies nicht rügen: Die Einstellung als solche war ja nicht illegal.[1457] Selbst wenn der Leih-

1454 ArbG München 8. 10. 2010 – 24 Ca 861/10 – AiB 2011, 267.
1455 BAG 5. 12. 2012 – 7 AZR 698/11, NZA 2013, 515.
1456 Zur außerrechtlichen Interessenvertretung s. oben § 33 III.
1457 BAG 25. 1. 2005 – 1 ABR 61/03, AP Nr. 48 zu § 99 BetrVG 1972 Einstellung.

arbeitstarif unwirksam wäre, kann der Betriebsrat daraus keine Konsequenzen ziehen. Bei der wichtigsten Frage auch dieser Beschäftigtengruppe sind ihm die Hände gebunden. Dass bei zahlreichen Fragen des Arbeitseinsatzes im Entleiherbetrieb ein Mitbestimmungsrecht besteht,[1458] ist zwar zu begrüßen, ändert aber nichts an dem beschriebenen gravierenden Defizit.

Obwohl der Leiharbeitnehmer ein Arbeitsverhältnis zum Verleiher, also einem Dritten hat, steht ihm – nicht anders als einem befristet Beschäftigten – nach § 7 Satz 2 BetrVG das aktive Wahlrecht zum Betriebsrat zu, sofern der Einsatz im Betrieb für mehr als drei Monate vorgesehen ist. § 14 Abs. 2 Satz 1 AÜG nimmt allerdings die Leiharbeitnehmer ausdrücklich vom passiven Wahlrecht aus. Nicht allein aufgrund faktischer Gegebenheiten (wie bei den befristet Beschäftigten), sondern schon aus Rechtsgründen sind Leiharbeitnehmer selbst bei jahrelangem Einsatz im Betriebsrat des Entleiherbetriebs nicht repräsentiert. Sie können lediglich die Sprechstunde des Betriebsrats aufsuchen und an Betriebsversammlungen teilnehmen.

Die große Mehrzahl der Leiharbeitnehmer gibt nur ein kurzes Gastspiel im Betrieb, das von 14 Tagen bis zu drei Monaten reicht.[1459] Nur eine kleine Minderheit erreicht die neun Monate, die zu einem Anspruch auf Equal Pay führen, und erst recht gilt dies für die 18 Monate, bei deren Überschreitung ein Arbeitsverhältnis zum Entleiher entstehen würde. Letzteres lässt sich unschwer dadurch umgehen, dass der Leiharbeitnehmer drei Monate lang anderwärts eingesetzt oder in die Arbeitslosigkeit geschickt wird: Nach Ablauf dieser »Karenzzeit« kann er an den ursprünglichen Arbeitsplatz zurückkehren und darf wieder bei null beginnen.

Die Bezahlung der allermeisten Leiharbeitnehmer liegt immer noch rund ein Drittel unter der von vergleichbaren Stammarbeitnehmern. Gravierend ist weiter, dass im Regelfall kein »Abberufungsschutz« besteht; wenn der Einsatzbetrieb es wünscht, kann die Tätigkeit von heute auf morgen beendet werden. Dies muss zwar nicht zu einer Beendigung des Arbeitsverhältnisses zum Verleiher führen, weil oft andere Einsatzmöglichkeiten gegeben sind; gleichwohl wird dies eher die Regel als die Ausnahme sein.[1460]

Der Betriebsrat hat keine Mittel, Leiharbeitnehmer zu gleichberechtigten Mitgliedern der Belegschaft zu machen. Insoweit läuft das Beschwerderecht nach §§ 84 bis 86 BetrVG, das durch § 14 Abs. 2 Satz 3 AÜG ausdrücklich auch den Leiharbeitnehmern eingeräumt ist, ins Leere. Auch besteht eine spezifische Interessenlage: Kommt es im Betrieb aus wirtschaftlichen Gründen zu einer Reduzierung des Personals, so werden zuerst die Leiharbeitnehmer »nach Hause geschickt«. Für die Stammbeschäftigten stellen sie daher eine Art Puffer dar,

1458 Überblick bei DKW-*Klebe* § 87 Rn. 9.

1459 Vgl. *Happ/van der Most*, BB 2015, 565: Die Mehrzahl der Leiharbeitnehmer ist weniger als drei Monate beschäftigt.

1460 Zur sozialen Auswahl zwischen Leiharbeitnehmern s. DDZ-*Deinert*, § 1 KSchG Rn. 472.

dessen Existenz den eigenen Interessen entgegen kommt. Nur in Sondersituationen wird sich daher der Betriebsrat als Sprecher auch der Leiharbeitnehmer verstehen; im Regelfall wird er seine Aktivitäten schon deshalb auf die Stammbeschäftigten konzentrieren, weil er hier sehr viel mehr Erfolge erreichen und sich so den Beschäftigten gegenüber profilieren kann.

IV. Geringfügig Beschäftigte

Geringfügig Beschäftigte sind zwar »vollwertige Arbeitnehmer« im Sinne der Betriebsverfassung mit aktivem und passivem Wahlrecht, doch sind sie typischerweise wegen ihrer geringen Anwesenheitszeiten sehr viel weniger als andere Beschäftigte im Betrieb verankert. Nur wenige Personen kennen sie. Außerdem sind sie besonders häufig in kleineren Betrieben bis 100 Beschäftigten anzutreffen,[1461] wo es selten Betriebsräte gibt.[1462] Es liegt daher nahe, dass der Betriebsrat den spezifischen Problemen dieser Gruppe keine besondere Aufmerksamkeit widmet.

Im Einzelfall kann dies anders sein. Engagierte Betriebsräte kontrollieren beispielsweise, ob die Arbeitszeit der geringfügig Beschäftigten in einer Weise verlängert wird, dass die Bezahlung von 450 Euro im Monat – umgerechnet auf die geleisteten Stunden – unter dem Mindestlohn bleibt. Sie unterstützen damit die Finanzkontrolle Schwarzarbeit, die auch die Einhaltung des Mindestlohngesetzes kontrolliert.[1463] Geht es um andere Fragen wie die Gleichbehandlung mit anderen Teilzeit- oder mit Vollzeitkräften, so kann der Betriebsrat nur auf Probleme hinweisen, nicht aber von sich aus ein wirksames Verfahren einleiten.

V. Soloselbständige

Soloselbständige stehen außerhalb der Betriebsverfassung. Dies gilt auch dann, wenn sie wegen ihrer wirtschaftlichen Abhängigkeit arbeitnehmerähnliche Personen sind.[1464] Der Versuch, diese Personengruppe im Wege der Interpretation des BetrVG in die Betriebsverfassung zu integrieren, ist vorläufig gescheitert. Die ausdrückliche Einbeziehung der Heimarbeiter, die in der Hauptsache für den Betrieb tätig sind, durch § 5 Abs. 1 Satz 2 BetrVG rechtfertigt nach weit über-

1461 Zahlenangaben bei *Lakies*, Mindestlohngesetz, Einl. Rn. 10.
1462 S. oben § 37.
1463 Vgl. § 16 Abs. 1 MiLoG i. V. m. § 2a Schwarzarbeitsbekämpfungsgesetz.
1464 Vgl. *Plander*, FS Däubler, S. 272 ff.

wiegender Auffassung den Gegenschluss, dass andere arbeitnehmerähnliche Personen nicht erfasst sein sollen. Insoweit weist die gesetzliche Betriebsverfassung eine Lücke auf.

Theoretisch könnte auch hier § 99 BetrVG eingreifen, wenn ein Soloselbständiger in die betriebliche Organisation integriert wird. Dies ist etwa der Fall, wenn selbständige Taxifahrer sich für einige Zeit einer Taxizentrale unterstellen, welche die Bereitschaftszeiten festlegt und die einzelnen Aufträge verteilt.[1465] Im Normalfall ist jedoch die Schwelle für eine solche Integration nach der Rechtsprechung außerordentlich hoch und praktisch nicht zu überwinden.[1466] Dazu kommt, dass § 99 BetrVG dem Betriebsrat nur begrenzte Einflussmöglichkeiten gewährt, wie nicht zuletzt die Beispiele der befristet Beschäftigten und der Leiharbeitnehmer gezeigt haben.

VI. Werkvertragsarbeitnehmer

Auch wer aufgrund eines Werk- oder Dienstvertrags im Betrieb tätig ist, muss mit deutlich schlechteren Arbeitsbedingungen als die Stammbeschäftigten rechnen.[1467] Er wird zudem nicht vom Betriebsrat des »Einsatzbetriebs« vertreten. Einzelne Betriebsvereinbarungen (etwa zu einem Rauchverbot) mögen auch für ihn und seine Kollegen gelten,[1468] doch hat er keinerlei Einfluss auf ihren Inhalt: Wer aufgrund Werk- oder Dienstvertrags in den Betrieb entsandt wird, hat kein Wahlrecht zum Betriebsrat – und zwar auch dann nicht, wenn sich seine Tätigkeit über Jahre erstreckt. Auch sonst gibt es außerhalb des Arbeitsschutzes (§ 8 ArbSchG) keine Vorschriften, die eine ausdrückliche Zuständigkeit des Betriebsrats für diese Personengruppe begründen würden. Anders als bei Leiharbeitnehmern ist nicht einmal das Recht garantiert, ein Betriebsratsmitglied in der Sprechstunde aufzusuchen oder an der Betriebsversammlung im Einsatzbetrieb teilzunehmen.

Problematisch ist insbesondere der Fall, dass Aufgaben, die bisher von eigenen Beschäftigten erledigt wurden, auf einen Drittunternehmer ausgelagert werden. Dieser schickt dann seine Leute in den Betrieb, die dort an den fraglichen Arbeitsplätzen arbeiten. Auf diese Weise können Belegschaftsangehörige unmittelbar durch Dritte ersetzt werden. Bei geschickter Organisation des Arbeitsprozesses hält sich dies völlig im Rahmen des geltenden Rechts.

1465 BAG 15.4.1986 – 1 ABR 44/84, AP Nr. 35 zu § 99 BetrVG 1972.

1466 S. die Nachweise bei DKW-*Bachner/Wenckebach*, § 99 Rn. 80ff.

1467 *Jacquemin/Klebe*, AiB 11/2014, 34.

1468 Dazu weiterführend *Klebe/Karthaus*, Betriebsratsrechte bei Werkverträgen, NZA 2012, 417ff.

Denkbar wäre, ein solches Outsourcing durch Tarifvertrag zu verbieten oder von der Erfüllung bestimmter Voraussetzungen abhängig zu machen.[1469] So könnte man etwa tariflich festschreiben, dass der Drittunternehmer nur dann einen Auftrag erhält, wenn er die im Tarif festgeschriebenen Bedingungen einhält oder sie jedenfalls nicht deutlich unterbietet. Überlegungen dieser Art haben sich jedoch in der Praxis bisher nicht durchsetzen können.[1470]

VII. Zusammenfassung

Ein beträchtlicher Teil der Menschen, die auf einem Werksgelände oder in einem Bürogebäude arbeiten, gehören nicht zu der vom Betriebsrat repräsentierten Belegschaft, obwohl ihre Arbeit demselben Unternehmen zugutekommt. Faktische und rechtliche Mechanismen sorgen dafür, dass sich das Vertretungsmandat des Betriebsrats nicht auf diese Gruppen erstreckt. Die »Entfernung« zwischen den Betriebsräten und diesen »Randbelegschaften« wird noch dadurch vergrößert, dass sie im Krisenfall meist als erste abgebaut werden. Dies ist für befristet Beschäftigte und Leiharbeitnehmer allgemein anerkannt, gilt jedoch auch für Soloselbständige und Werkvertragsarbeitnehmer. Bei ihnen ist überdies kein Kündigungsschutz samt sozialer Auswahl zu beachten; auch muss nicht über einen Sozialplan verhandelt werden. Etwas besser sind allenfalls die geringfügig Beschäftigten gestellt.

Wollte sich der Betriebsrat ernsthaft für die volle Gleichbehandlung dieser betrieblichen »Randgruppen« einsetzen, ginge deren Rolle als »Puffer« verloren. Die Arbeitsplätze der Stammbeschäftigten stünden schneller als heute zur Disposition. Dies anzustreben, wird kaum einem Betriebsrat möglich sein.

Viele Belegschaften sind in Wahrheit gespalten, weil ein Teil der Beschäftigten nicht mehr vom Betriebsrat vertreten wird. Diese »Ausgeklammerten« oder besser: »Ausgegrenzten« können ein Drittel (oder mehr) der im Betrieb Arbeitenden ausmachen. Das legt die Axt an die Wurzel des dualen Systems der Interessenvertretung, das gerade auch auf dem Gedanken beruht, dass der Betriebsrat für die gesamte Belegschaft sprechen kann.

Die Arbeitsrechtswissenschaft steht dieser Entwicklung eher passiv gegenüber. Da und dort versucht sie sich (etwa bei der Befristung) an kleineren Korrekturen – die Gesamtrichtung wird dadurch nicht beeinflusst. Erstaunlich mutig und innovativ erweist sich insoweit das Seearbeitsrecht: Das auf der »Maritime

1469 Vorbild könnte BAG 11.9.1991 – 4 AZR 71/91, NZA 1992, 321 sein, wonach es gegen die tarifliche Durchführungspflicht verstößt, einen bestimmten Bereich auszugliedern und ihn anderen Regeln zu unterstellen. Näher dazu Däubler-*Ahrendt*, § 1 TVG Rn. 1217f.

1470 Weitere Überlegungen bei *Jacquemin/Klebe*, AiB 11/2014, 34.

Labour Convention« (MLC) beruhende Seearbeitsgesetz[1471] behandelt alle auf einem Seeschiff tätigen Personen als »Einheit«, für die bestimmte inhaltliche Grundsätze gelten (§ 4 Abs. 2 SeeArbG).[1472] Einbezogen sind auch Leih- und Werkvertragsarbeitnehmer, die trotz ihres »außen stehenden« Vertragsarbeitgebers denselben seearbeitsrechtlichen Grundsätzen unterliegen. Soweit sie Ansprüche gegen ihren Arbeitgeber haben, haftet der Reeder wie ein selbstschuldnerischer Bürge.[1473] Warum sollte eine solche Konzeption nicht auch in anderen Lebensbereichen Anwendung finden können?

1471 Vom 20. April 2013, BGBl. I S. 868, zuletzt geändert durch Gesetz v. 20.3.2019 (BGBl. I S. 346).

1472 Näher Bubenzer/Noltin/Peetz/Mallach – *Noltin*, Seearbeitsgesetz. Kommentar, München 2015, § 4 Rn. 9ff.

1473 Einzelheiten bei *Maul-Sartori*, Das neue Seearbeitsrecht – auch für Landratten von Interesse, NZA 2013, 821; *Zimmer*, Umsetzung des Seearbeitsübereinkommens der Internationalen Arbeitsorganisation, EuZA 2015, 297.

§ 39 Der Betriebsrat in der Krise des Arbeitgeberunternehmens

I. Einleitung

In der Normalsituation eines rentablen Unternehmens gelingt es dem Betriebsrat in aller Regel, für die Belegschaft einige Verbesserungen herauszuholen: Die vom Arbeitgeber gewährte Zusatzleistung wird gerechter verteilt, der Schichtplan nimmt stärker auf die Familiensituation Rücksicht, Langzeitkonten werden eingerichtet, die für einen früheren Rentenbeginn genutzt werden können. Dabei gibt es sicherlich auch Fälle, in denen die Arbeitgeberseite bei ihren Vorstellungen von vornherein einen »Kompromissspielraum« eingebaut hat, doch ändert dies nichts daran, dass sich der Betriebsrat zumindest als »halber Sieger«, als guter »Dealmaker« präsentieren kann.

Die Situation ändert sich, wenn das Unternehmen in die Krise gerät: Entweder weist die Bilanz schon rote Zahlen auf oder es ist absehbar, dass dies in Kürze der Fall sein wird: Die Konkurrenz produziert billiger oder ist dabei, ein neues Produkt zu entwickeln, das dem eigenen deutlich überlegen ist. Mögliche Krisenursache kann im Einzelfall auch sein, dass noch immer so umständlich wie vor 40 Jahren gearbeitet wird und Initiativen für produktiveres Tun bei der Unternehmensleitung keine Chance hatten (»Hört auf mit dem Gedöns«). Von diesem Fall abgesehen, kann die Krise die ganze Branche erfassen, weil alle Unternehmen mit ähnlichen Problemen zu kämpfen haben. In den Jahren 2008/2009 erlebten wir darüber hinaus in Deutschland und in der EU eine gesamtwirtschaftliche Krise, die sich bei den unterschiedlichsten Unternehmen bemerkbar machte und die zu einem Rückgang des Bruttoinlandsprodukts um ca. 5 % führte. Hier wird die Unternehmenskrise zum Normalfall.

Die Krise ändert die Ausgangssituation für den Betriebsrat. Es geht nicht mehr um »volle« oder »halbe« Erfolge, nicht mehr um Verbesserungen des Status quo. Vielmehr wird es sich im Regelfall darum handeln, sich von allen Übeln das kleinste auszusuchen. Dies schafft Probleme. Acht Monate Kurzarbeit plus Zuschuss anstelle von Entlassungen werden trotz des vorübergehenden Einkommensverlustes den Beschäftigten einleuchten, doch wie steht es mit einem längerfristigen Lohnverzicht in Höhe von 15 %? Ist er wirklich akzeptabel, auch wenn die Haushaltskasse dank etlicher Abzahlungsverpflichtungen schwer unter Druck gerät? Hier kommt der Betriebsrat in die Rolle dessen, der den »Kompromiss« erklären und dem Einzelnen gegenüber vertreten muss: Er wird zum Überbringer schlechter Nachrichten, an deren Entstehung er selbst mitgewirkt hat. Dies setzt ihn unter Druck und kann seine Legitimationsbasis untergraben, weil er aufgrund seiner Mitbestimmungsrechte mit dafür verantwortlich ist, dass der Einzelne weniger verdient oder gar seinen Arbeitsplatz verliert. Dies alles ist Grund genug, um sich die Handlungsmöglichkeiten näher anzusehen, die für einen Betriebsrat in Krisensituationen bestehen.

II. Krisenprävention?

Kann der Betriebsrat aktiv werden, bevor es zu einer (absehbaren) Krise kommt? Kann er seinerseits die veralteten Arbeitsformen zum Gegenstand eines Mitbestimmungsverfahrens machen? Kann er sich gegen allzu weitreichende Investitionen wehren, weil damit angesichts des Marktes höchst unsichere Arbeitsplätze geschaffen würden? Anders ausgedrückt: Kann er mehr Umsicht walten lassen als die Arbeitgeberseite, um so den Beschäftigten mit höherer Wahrscheinlichkeit eine angemessene Existenz zu sichern?

Das geltende Recht hat der Beteiligung des Betriebsrats bei der Krisenprävention einen recht geringen Stellenwert eingeräumt. Die Verhandlungs- und Mitbestimmungsrechte nach §§ 111 ff. BetrVG greifen nur ein, wenn eine Betriebsänderung »geplant« ist, die wesentliche Nachteile für die Belegschaft oder wesentliche Teile von ihr zur Folge haben kann.[1474] Die gesetzliche Regelung wirkt außerdem nur in konservierendem Sinne.[1475] Eigene Vorschläge des Betriebsrats zu einer langfristigen Unternehmensstrategie werden nicht erfasst.[1476]

Die Ausklammerung aus der Mitbestimmung schließt es nicht aus, dass im Rahmen des Wirtschaftsausschusses auch über Krisenprävention geredet wird. Die »Einführung neuer Arbeitsmethoden« ist in § 106 Abs. 3 Nr. 5 BetrVG ausdrücklich erwähnt, die von Konkurrenten ausgehende Gefahr für die Rentabilität des Unternehmens fällt zumindest unter die Angelegenheiten nach § 106 Abs. 3 Nr. 10 BetrVG, weil die Interessen der Arbeitnehmer dadurch wesentlich berührt sein können. Gemäß § 92a Abs. 1 Satz 1 BetrVG kann der Betriebsrat zudem Vorschläge nicht nur zur »Sicherung«, sondern auch zur »Förderung« der Beschäftigung machen, mit denen sich der Arbeitgeber auseinandersetzen

1474 Zu den Tatbestandsmerkmalen »geplant« s. DKW-*Däubler*, § 111 Rn. 136, zu »wesentlichen Nachteilen« s. DKW-*Däubler* § 111 Rn. 117.

1475 So bereits *Zöllner/Loritz*, Arbeitsrecht, 5. Aufl., § 49 II 1d.

1476 So *Zöllner/Loritz/Hergenröder*, Arbeitsrecht, 7. Aufl., § 53 Rn. 16.

muss. Mehr als »Warnsignale« kann der Betriebsrat aber nicht aussenden. Dazu kommt, dass er häufig nicht über die Sachkunde verfügen wird, um eine langfristige, das Krisenrisiko verringernde Unternehmensstrategie zu entwerfen. Hierfür einen Sachverständigen nach § 80 Abs. 3 BetrVG oder gar einen Unternehmensberater heranzuziehen, entspricht der bisherigen Praxis nicht.
Dies muss allerdings nicht so bleiben. Die drohende Klimakatastrophe verlangt einen sozial-ökologischen Wandel, der insbesondere weg von CO_2-Emissionen führt. Dies verlangt bei vielen Unternehmen ein »Umsteuern« auf neue Produkte, was eine weitsichtige Planung voraussetzt. An dieser auch den Betriebsrat und die Gewerkschaft zu beteiligen, würde die Erfolgschancen deutlich erhöhen. Ob die Entscheidungsträger dazu gebracht werden können, ist derzeit noch offen. Immerhin gibt es erste Überlegungen im Bereich der Automobilzulieferer, die am härtesten vom Wandel hin zum E-Auto getroffen sind. So wird etwa ein »Transformationskurzarbeitergeld« gefordert, das bis zu drei Jahren gehen kann, um den betroffenen Arbeitnehmern eine Umqualifizierung auf Tätigkeiten mit Zukunftsperspektive zu ermöglichen. Der zweite Schritt müsste die Bestimmung der Tätigkeiten sein, die in absehbarer Zukunft in einer bestimmten Region notwendig sind und deshalb nachgefragt sein werden. Hier kann man die Entscheidungen nicht mehr der »Investitionsneigung« einzelner Unternehmer überlassen; ein Stück staatlicher Planung ist unabdingbar.
In der unmittelbaren Nachkriegszeit war die Krisenprävention durchaus noch ein Thema für die Mitbestimmung. Nach den gewerkschaftlichen Richtlinien zur Ausfüllung des KRG Nr. 22 sollte sich die Mitbestimmung des Betriebsrats in wirtschaftlichen Angelegenheiten auch auf die »Anschaffung« von Betriebsanlagen und die »Erweiterung« des Betriebes erstrecken.[1477] Insoweit gab es also Interventionsmöglichkeiten des Betriebsrats. § 52 des Hessischen BRG enthielt einen Katalog von »Betriebsänderungen«, die der Mitbestimmung unterlagen und die nicht auf mögliche Nachteile für die Belegschaft abstellten.[1478] Dies hätte die Chance eröffnet, auch Fragen der künftigen Entwicklung und damit der Krisenprävention einzubeziehen. Dass es dazu (wie zur Ausschöpfung anderer Möglichkeiten) nicht effektiv kam, ist bereits ausgeführt worden.[1479]

1477 Oben § 21 IV 2b.
1478 Oben § 22 II 4.
1479 Oben § 22 II 4.

III. Das normale Instrumentarium: Kurzarbeit und Sozialplan

1. Der vorübergehende Rückgang

Ist das Arbeitgeberunternehmen für einen vorübergehenden Zeitraum gezwungen, seine Aktivitäten zu reduzieren, so wird die Einführung von Kurzarbeit zum Mittel der Wahl. Die Arbeitszeit wird verringert – im Extremfall bis auf null Stunden. Für die ausfallende Arbeitszeit bezahlt die Bundesagentur für Arbeit Kurzarbeitergeld, das 60 % oder 67 % (bei mindestens einem zu versorgenden Kind) des bisherigen Nettoeinkommens ausmacht. Dazu kommt in der Regel eine tarifliche Aufstockung auf 85 oder 90 % durch den Arbeitgeber. Die zweite wichtige Voraussetzung besteht in der Zustimmung des Betriebsrats, da diesem nach § 87 Abs. 1 Nr. 3 BetrVG ein Mitbestimmungsrecht über die vorübergehende Verkürzung der Arbeitszeit zusteht. Schließt er eine Betriebsvereinbarung mit dem Arbeitgeber, stellt diese eine ausreichende Rechtsgrundlage dafür dar, dass die arbeitsvertraglich vereinbarte Arbeitszeit vorübergehend verringert wird.
Die Kurzarbeitsperiode beträgt nach § 104 Abs. 1 Satz 1 SGB III im Höchstfall zwölf Monate, doch kann das Bundesministerium für Arbeit und Soziales nach § 109 Abs. 1 Nr. 2 SGB III die Bezugsdauer durch Rechtsverordnung auf bis zu 24 Monate ausdehnen. Während der Krise 2008/2009 und während der Corona-Pandemie ist davon Gebrauch gemacht worden. Wichtig könnte in besonders schwierigen Situationen auch § 104 Abs. 3 SGB III werden: Wurde nach einer Kurzarbeitsperiode drei Monate lang wieder gearbeitet und besteht weiter ein (nur) vorübergehender Arbeitsmangel, so beginnt eine neue Kurzarbeitsfrist. Die »Arbeitsperiode« kann auch den Jahresurlaub erfassen, der ggf. aus zwei Jahren zusammengezogen werden kann. Bei Niedrig-Verdienern reicht das Kurzarbeitergeld nicht aus, um den bisherigen Lebensstandard zu sichern. Während der Pandemie wurde es daher nach drei Monaten Dauer um 10 % und nach den folgenden drei Monaten um weitere 10 % erhöht.

2. Der dauerhafte Rückgang

Denkbar ist weiter, dass der krisenbedingte Arbeitsmangel den Umständen nach von Dauer ist: Dass verlorene Abnehmer zurückgewonnen werden können, ist beispielsweise höchst unwahrscheinlich, weil sie zu einem Anbieter mit billigeren Preisen und gleicher Qualität abgewandert sind. Möglich ist auch, dass bestimmte Produkte nicht mehr nachgefragt werden. Schließlich können politische Vorgaben dafür sorgen, dass einzelne Produkte mit teuren Zusatzeinrichtungen versehen werden müssen, was ihre Rentabilität deutlich herabsetzt und evtl. sogar die weitere Produktion in Frage stellt. In solchen Fällen kann die Arbeit-

geberseite zu dem Entschluss kommen, eine gewisse Anzahl von Arbeitsplätzen abzubauen oder im Extremfall einen Betrieb auch ganz zu schließen.
Der Betriebsrat hat mit dem Arbeitgeber in solchen Fällen über einen Interessenausgleich zu verhandeln, der insbesondere die Notwendigkeit des Personalabbaus und die Möglichkeit von Ausweichstrategien wie Versetzung, Verrentung und Aufhebungsverträge mit Abfindung zum Gegenstand hat. Hierbei muss so lange verhandelt werden, bis alle Argumente ausgetauscht sind. Bei fehlender Einigung muss der Arbeitgeber die Einigungsstelle anrufen und auch dort alle Möglichkeiten ausschöpfen. Bleibt dies erfolglos, so kann er die gewünschte Entscheidung treffen. Ein Mitbestimmungsrecht des Betriebsrats besteht nur in Bezug auf den Ausgleich oder die Milderung der wirtschaftlichen Nachteile, die den Arbeitnehmern durch die Betriebsänderung entstehen. Man spricht insoweit von einem Sozialplan, der neben Abfindungen auch Transferregelungen im Hinblick auf neue Arbeitsplätze enthalten kann. Sein Abschluss lässt sich u. U. mit den Verhandlungen über den Interessenausgleich in der Weise verknüpfen, dass auf eine Überlänge der Verhandlungen verzichtet wird, wenn im Gegenzug der Sozialplan gute Transfer- oder gute Abfindungsregelungen enthält.

3. Streitfragen

Kontrovers kann die Frage werden, ob ein Rückgang vorübergehenden Charakter hat oder ob er als definitiv anzusehen ist. Ist die Bundesagentur für Arbeit bereit, Kurzarbeitergeld zu bezahlen, so dürfte es dem Arbeitgeber schwer fallen, weiter einen dauerhaften Rückgang zu behaupten. Tut er es gleichwohl, kann der Betriebsrat von seinem Initiativrecht (das Teil jedes Mitbestimmungsrechts ist) zugunsten der Kurzarbeit Gebrauch machen und die Einsetzung einer Einigungsstelle erzwingen. Diese kann dann beschließen, dass effektiv Kurzarbeit stattfindet, was sie bei einem »Mitspielen« der Bundesagentur im Regelfall tun wird. Hält sich die Bundesagentur dagegen bedeckt oder lehnt sie gar die Gewährung von Kurzarbeitergeld ausdrücklich ab, kann der Betriebsrat zwar ebenfalls initiativ werden und in gleicher Weise vorgehen, doch dürften die Chancen sehr viel geringer sein. Immerhin führt aber ein solcher Versuch dazu, dass ein Betroffener im Kündigungsschutzverfahren geltend machen kann, die Kündigung sei unverhältnismäßig, weil das weniger belastende Mittel »Kurzarbeit« nicht eingesetzt worden sei.[1480]

1480 Weitere Fragen zum Verhältnis zwischen Kurzarbeit und betriebsbedingter Kündigung bei *Däubler*, FS Ingrid Schmidt, 2021, S. 709 ff.

IV. Bündnisse für Arbeit und Wettbewerbsfähigkeit

1. Ausgangssituation

Kurzarbeit und Sozialplan sind im Krisenfall höchst sinnvolle Instrumente, die aber nicht jede anfallende Schwierigkeit auffangen können. Denkbar ist beispielsweise, dass zwar im Prinzip ungefährdete Absatzmärkte bestehen, dass jedoch die Produktionskosten auf Dauer zu hoch sind. Dabei kommen Kurzarbeit genauso wenig wie Personalabbau und Sozialplan als Ausweg in Betracht. Vielmehr geht es allein darum, die Kosten zu senken, was sowohl die Sachkosten als auch die Personalaufwendungen betrifft. Dies kann eine unausweichliche wirtschaftliche Notwendigkeit, aber im Einzelfall auch nur vorgeschützt sein, um Personalkosten einsparen und höhere Gewinne ausweisen zu können.

2. Wesentliche Inhalte

Ende der 1990er/Anfang der 2000er-Jahre hat sich insoweit die Figur eines »Bündnisses für Arbeit« entwickelt, das zwischen Arbeitgeber und Betriebsrat abgeschlossen wurde, und das in vielen Fällen den Namen »Bündnis für Arbeit und Wettbewerbsfähigkeit« annahm. Dies war insbesondere dort der Fall, wo im Unternehmen die schwarzen Zahlen dominierten, die Arbeitgeberseite aber strategisch-langfristig auf Kostensenkung ausgerichtet war, um auch derzeit noch nicht absehbaren Herausforderungen begegnen zu können.

Die zentralen Inhalte eines solchen »Bündnisses« bestanden darin, dass zum einen die Arbeitnehmer für einen bestimmten Zeitraum Opfer bringen mussten. Einfachstes Mittel war – soweit vorhanden – die Streichung übertariflicher Zulagen. Gab es diese nicht oder reichte die Einsparung nicht aus, so wurde in gewissem Umfang vom Flächentarif (z. B. um 10 %) nach unten abgewichen. Weiter kam in Betracht, nicht beim Entgelt, sondern bei der Arbeitszeit anzusetzen: Diese wurde z. B. auf 30 Wochenstunden verkürzt, ohne dass ein Lohnausgleich bezahlt wurde. Eine andere Variante bestand darin, dass die Höhe der Vergütung unverändert blieb, dafür aber länger, z. B. 38 statt 35 Stunden gearbeitet wurde.

Die wichtigste Gegenleistung der Arbeitgeberseite bestand in der Regel darin, für einen bestimmten Zeitraum (von z. B. zwei oder drei Jahren) auf betriebsbedingte Kündigungen zu verzichten, sofern nicht zusätzliche wirtschaftliche Schwierigkeiten auftauchen würden. Dazu kamen Investitionszusagen oder das Versprechen, am Standort X eine bestimmte Zahl von Arbeitsplätzen aufrechtzuerhalten. Selbst eine Einschaltung des Betriebsrats in die Unternehmenspolitik kam in einzelnen Fällen vor.

3. Wirksamkeit?

Wurden »Bündnisse für Arbeit« mit diesen Inhalten als Betriebsvereinbarung abgeschlossen, so verstießen sie in der Regel gegen Tarifverträge, die im Betrieb anwendbar waren: Die dort festgelegte Vergütung kann nicht durch die Betriebsparteien herabgesetzt werden. Genauso wenig lässt es der Tarifvertrag zu, dass die Arbeitszeit durch Betriebsvereinbarung verkürzt oder (bei gleichem Entgelt) verlängert wird. Dabei kommt es nicht darauf an, ob die Abmachung im Ergebnis als »günstiger« zu qualifizieren ist. Vielmehr verbietet bereits § 77 Abs. 3 BetrVG ganz generell, eine Betriebsvereinbarung in Bereichen abzuschließen, die tariflich geregelt sind oder üblicherweise tariflich geregelt werden. Von diesem sog. Tarifvorbehalt gibt es nur eine Ausnahme: Enthält der Tarifvertrag selbst eine sog. Öffnungsklausel und lässt er entsprechend weitgehende ergänzende Betriebsvereinbarungen zu, so bestehen ausnahmsweise keine Bedenken. Dies war aber ursprünglich nur ganz ausnahmsweise der Fall.

Die Rechtswidrigkeit und damit Unwirksamkeit der »Bündnisse« in Form einer Betriebsvereinbarung versuchte man dadurch zu vermeiden, dass Betriebsrat und Arbeitgeber eine sog. Betriebsabsprache trafen: Sie verpflichtete nur die beiden Partner und machte es zur Aufgabe des Arbeitgebers, das Vereinbarte in den Arbeitsverträgen mit den einzelnen Arbeitnehmern umzusetzen. Nach ganz herrschender Auffassung ist § 77 Abs. 3 BetrVG auf die Betriebsabsprache nicht anwendbar.[1481]

Ob die Umsetzung der Betriebsabsprache durch Änderung der Arbeitsverträge effektiv wirksam wurde, hing davon ab, ob das Tarifniveau unterschritten wurde. Dies war allerdings nur bei den Organisierten ein Problem: Wird – wie allgemein üblich – bei Nichtorganisierten auf den Tarif verwiesen, lässt sich diese Bezugnahmeklausel unschwer durch eine Ausnahme ergänzen. Ist die Mehrheit im Betrieb nicht organisiert, geraten die Gewerkschaftsmitglieder unter Druck: In aller Regel werden sie sich nicht ans Arbeitsgericht wenden, um ihre tariflichen Ansprüche geltend zu machen. Die Gewerkschaft selbst kann beim Flächentarif nur vom Arbeitgeberverband verlangen, dieser möge auf seine Mitglieder in dem Sinne einwirken, dass sie in Zukunft den Tarifvertrag einhalten. Bleibt dies erfolglos, stehen außer der Klage des einzelnen Mitglieds keine Rechtsmittel zur Verfügung. Die dadurch geschaffene Situation ist an einem Urteil des ArbG Marburg aus dem Jahre 1996 deutlich geworden,[1482] das damals ein hohes Maß an Publizität genoss und deshalb kurz skizziert werden soll.

1481 Nachweise bei DKW-*Berg* § 77 Rn. 158.

1482 ArbG Marburg, 7.8.1996 – 1 BV 6/96, DB 1996, 1925, auch zum Folgenden.

> Die Firma Viessmann beabsichtigte Anfang 1996, ihre neue Gastherme aus Kostengründen in Tschechien zu produzieren. Kurz vor Baubeginn in Tschechien fanden am deutschen Sitz Verhandlungen zwischen Betriebsrat und Arbeitgeber mit dem Ziel statt, dieses neue Produkt doch noch in Deutschland herzustellen. Am 26. März 1996 lag ein Verhandlungsergebnis vor. Die Gastherme sollte hierzulande produziert werden. Für einen Zeitraum von drei Jahren sollte die Wochenarbeitszeit von den tariflichen 35 auf 38 Stunden erhöht werden, ohne dass sich an der bisherigen Vergütung etwas ändern würde. Zugleich war für diesen Zeitraum die betriebsbedingte Kündigung ausgeschlossen. Die Abmachung war keine Betriebsvereinbarung, sondern eine Betriebsabsprache und stand unter dem Vorbehalt, dass eine »breite Mehrheit« der Arbeitnehmer sie akzeptieren würde. Die nichtorganisierten Betriebsratsmitglieder (14 von 23) stimmten der Vereinbarung zu, während sich die IG Metall-Mitglieder im Betriebsrat dagegen aussprachen.
> In einer Abstimmung votierten 96,4 % der Belegschaftsangehörigen für die Absprache mit dem Arbeitgeber, sodass in der Folgezeit danach verfahren wurde. Die IG Metall als im Betrieb vertretene Gewerkschaft stellte beim Arbeitsgericht den Antrag, die 14 nichtorganisierten Mitglieder nach § 23 Abs. 1 BetrVG wegen grober Pflichtverletzung aus dem Betriebsrat auszuschließen. Das ArbG Marburg bejahte eine grobe Pflichtverletzung. Diese liege u.a. darin, dass gegenüber den Organisierten entgegen § 80 Abs. 1 Nr. 1 BetrVG nicht auf die Einhaltung des Tarifvertrags hingewirkt, sondern dieser gerade im Gegenteil unterlaufen wurde. Verletzt sei auch die Tarifautonomie nach Art. 9 Abs. 3 GG, wobei besonders ins Gewicht falle, dass die Entscheidung zur Abschaffung einer tariflichen Regelung auf die einzelnen Arbeitnehmer verlagert worden sei. Der Betriebsrat dürfe nicht daran mitwirken, dass Einzelne aus dem Tarifvertrag herausgedrängt würden. Auch durch Berufung auf das Günstigkeitsprinzip ließen sich die getroffenen Abmachungen nicht rechtfertigen.
> Dennoch wurde der Antrag auf Ausschluss aus dem Betriebsrat abgewiesen. Die fraglichen Personen hätten ihre Pflichten weder vorsätzlich noch grob fahrlässig verletzt, weil die Rechtslage kompliziert und für einen Nicht-Juristen kaum durchschaubar sei. In einem Parallelverfahren hatte die IG Metall von der Firma Viessmann verlangt, die bei ihr beschäftigten Arbeitnehmer nicht über die Wochenarbeitszeit von 35 Stunden hinaus ohne entsprechende tarifliche Vergütung zu beschäftigen. Wegen fehlender Rechtsgrundlage wurde auch dieser Antrag vom ArbG Marburg abgewiesen.[1483]

Die Entscheidungen brachten keine wirkliche Klarheit: Auf der einen Seite wurde die Rechtswidrigkeit auch von Betriebsabsprachen festgestellt, auf der anderen Seite hatte dies keine Konsequenzen, weil es jedenfalls bei einem erstmaligen Verstoß am nötigen Verschulden fehlte. Das ließ die Türe in der Richtung auf gewisse Sanktionen jedoch offen; bei einem wiederholten Verstoß hätte das Ge-

1483 ArbG Marburg, 7.8.1996 – 1 BV 10/96, DB 1996, 1929.

richt wohl anders entschieden. Auch war nicht auszuschließen, dass andere Gerichte strengere Maßstäbe anlegen und ggf. Sanktionen verhängen würden.

4. Gesetzliche Regelungen?

Die ambivalente rechtliche Situation führte dazu, dass im politischen Raum seitens der damaligen Opposition verschiedene Gesetzentwürfe eingebracht wurden, die eine Durchbrechung des Flächentarifs unter bestimmten Voraussetzungen ermöglicht hätten.

- In einem Antrag der FDP-Fraktion vom 28. Januar 2000[1484] wurde eine Gesetzesänderung verlangt, wonach durch freiwillig zustande gekommene Betriebsvereinbarungen von Tarifverträgen abgewichen werden könne, wenn ihnen 75 % der abstimmenden Arbeitnehmer zugestimmt hätten. Außerdem sollte ausdrücklich im Gesetz festgeschrieben werden, dass ein Lohnverzicht und eine längere Arbeitszeit dann als günstiger anzusehen seien, wenn dies den Erhalt des Arbeitsplatzes sichere und hierfür eine Mehrheit von 75 % in der Belegschaft erreicht werde.
- Ein weiterer Gesetzentwurf der FDP-Fraktion vom 4. Juli 2001[1485] ging ausschließlich den Weg über eine Umdefinition des Günstigkeitsprinzips nach § 4 Abs. 3 TVG. Der Verzicht auf tarifliche Rechte oder ihre Einschränkung sollten grundsätzlich dann günstiger sein, wenn dadurch die Aufnahme in ein Arbeitsverhältnis oder der Verzicht des Arbeitgebers auf eine betriebsbedingte Kündigung erreicht werde. Dies hätte jedenfalls dann gegolten, wenn der Arbeitnehmer jederzeit das Recht gehabt hätte, unter Wahrung seiner gesetzlichen Kündigungsfrist zur tariflichen Ordnung zurückzukehren, oder wenn der Betriebsrat einem solchen Angebot zugestimmt hätte. Genauso sollte zu entscheiden sein, wenn sich 75 % der Arbeitnehmer, die ein solches Angebot erhalten hatten, damit einverstanden erklären würden. Derselbe Antrag wurde in der folgenden Legislaturperiode wiederholt.[1486]
- Die Fraktion der CDU/CSU brachte am 18. Juni 2003 einen Gesetzentwurf »zur Modernisierung des Arbeitsrechts« ein.[1487] Ein neuer § 4 Abs. 2a TVG sollte bestimmen, dass bei der Einstellung von Arbeitslosen das tarifliche Entgelt während der Probezeit um bis zu 10 % gemindert werden könnte. Außerdem wurde auch hier das Günstigkeitsprinzip neu bestimmt. Bei einem Vergleich zwischen Tarifvertrag und arbeitsvertraglichen Abmachungen sollten auch die Beschäftigungsaussichten berücksichtigt werden. Außerdem sollte jede Abrede als günstiger gelten, wenn ihr (kumulativ) sowohl der Betriebsrat

1484 BT-Drucksache 14/2612 S. 2.
1485 BT-Drucksache 14/6548.
1486 BT-Drucksache 15/1225, Antrag vom 25. 6. 2003.
1487 BT-Drucksache 15/1182.

als auch die Belegschaft mit Zweidrittel-Mehrheit zugestimmt hatten und die Abweichung nicht über die Laufzeit des Tarifvertrags hinausging, von dem abgewichen wurde.

Die Anträge blieben ohne Erfolg. Dies hatte einmal politische Gründe, weil die rot-grüne Bundesregierung ihre Beziehungen zu den Gewerkschaften nicht noch weiter verschlechtern wollte. Zum andern liefen die Vorschläge darauf hinaus, dass der Tarifvertrag seine Unabdingbarkeit verloren hätte, weil durch Mehrheitsentscheidung der Belegschaft oder unter Berufung auf ein neu definiertes Günstigkeitsprinzip praktisch jede Tarifnorm hätte wirkungslos gemacht werden können. Dagegen bestanden jedoch erhebliche verfassungsrechtliche Bedenken.[1488]

5. Klärung durch das Bundesarbeitsgericht

Wenige Jahre später hatte das BAG über einen Fall zu entscheiden, bei dem es ebenfalls um eine Betriebsabsprache ging, die durch Änderung der Einzelverträge umgesetzt wurde.[1489] Der Sachverhalt ähnelte dem des ArbG Marburg, doch standen weitergehende Konzessionen der Arbeitnehmer zur Debatte. Die BAG-Entscheidung betraf einen großen Druckereibetrieb, der zum Burda-Konzern gehörte. Der Sachverhalt wird vom BAG auszugsweise wie folgt dargestellt:[1490]

> Unter Berufung auf die schwierige Wettbewerbssituation schloss der Arbeitgeber einen Druckbetrieb in B mit 600 Arbeitnehmern. Für den Standort O plante er zunächst Einsparungen in Höhe von 40 Mio. DM pro Jahr. Er wandte sich deshalb mit Schreiben vom 16. Februar 1996 an die dort beschäftigten Arbeitnehmer:
>
> »Liebe Mitarbeiter,
> der Tiefdruckmarkt hat sich in den letzten Jahren zu einem der umkämpftesten Märkte Deutschlands entwickelt. Überkapazitäten, Preisverfall, überzogene Lohnnebenkosten und anachronistische Tarifverträge haben die Ertragslage dramatisch verschlechtert. …
> Auch in O werden tiefgreifende Maßnahmen erforderlich sein. Entlassungen können
> nur vermieden werden, wenn umfassende Kostensenkungen realisiert werden. Anders ist der Druckstandort O nicht zu halten …«
>
> Nach Verhandlungen mit dem Betriebsrat beschränkte der Arbeitgeber das Sparvolumen auf jährlich 30 Mio. DM. Zu diesem Zweck wurde am 29. Februar 1996 eine »Betriebsvereinbarung (Rahmenvereinbarung)« abgeschlossen, in der es u. a. hieß:

1488 S. statt aller *Hanau*, RdA 1993, 1 ff.; *Drohsel*, Vereinbarkeit gesetzlicher Öffnungsklauseln mit der Koalitionsfreiheit aus Art. 9 Abs. 3 GG, Berlin 2010; Däubler-*Deinert*, § 4 TVG Rn. 704 ff. m. w. N.

1489 BAG 20.4.1999 – 1 ABR 72/98, AP Nr. 89 zu Art. 9 GG = DB 1999, 1555 ff.

1490 A. a. O. Rn. 10 ff.

»Zur Sicherung der Arbeitsplätze der Druck GmbH in O und zur Vermeidung von 400 Entlassungen sind umfassende Sparmaßnahmen erforderlich. Betriebsrat und Geschäftsführung sind sich einig, dass Einsparungen in einer Größenordnung von insgesamt DM 30 Mio. p. a. realisiert werden. Die einzelnen Sparmaßnahmen und deren Umsetzungsmodalitäten ergeben sich aus der Anlage zu dieser Betriebsvereinbarung …

Betriebsrat und Geschäftsführung sind sich einig, dass die von den Tarifverträgen der Druckindustrie abweichend geregelten Inhalte zu ihrer Rechtswirksamkeit der einzelvertraglichen Zustimmung der Mitarbeiter bedürfen. Betriebsrat und Geschäftsführung werden sich gemeinsam bemühen, diese Zustimmung einzuholen. Nachdem alle Mitarbeiter der Druck GmbH sowie des Papierlagers und der Altpapierverwertung auf der Basis dieser Betriebsvereinbarung Einzelverträge abgeschlossen haben, tritt Nachstehendes in Kraft:

1. Mitarbeiter, die einen Einzelvertrag abschließen, erhalten für die Laufzeit dieser Betriebsvereinbarung, also bis zum 31. Dezember 2000, eine uneingeschränkte Beschäftigungsgarantie. …

Betriebsrat und Geschäftsführung vereinbaren zu den Inhalten dieser Betriebsvereinbarung absolute Vertraulichkeit. Jegliche Weitergabe unterbleibt.«

In dem als Anlage beigefügten »Sparmaßnahmenkatalog« war u. a. folgendes bestimmt:

»4. Die nachstehenden Leistungen werden für die Beschäftigten der Druck GmbH … wie folgt verändert:

4.1. Die Vergütung im Urlaubs- und Krankheitsfall und an Feiertagen erfolgt ohne Einbezug der Überstundenvergütung.

4.2. Zuschläge betragen für

- Nachtarbeit von
  18.00 bis 24.00 Uhr 23 %
  0.00 bis 6.00 Uhr 45 %
- Überstunden

(einheitlich für alle Schichten) 30 %

Die Zuschläge für Regelarbeitszeit am Samstag sowie die Antrittsgebühr entfallen.

Die Änderung dieser Leistungen ist einzelvertraglich zu vereinbaren. …

7. Zur Erreichung der Ziele dieser Rahmenvereinbarung vereinbaren Geschäftsführung und Betriebsrat für alle Beschäftigten der Druck GmbH sowie der Abteilungen Papierlager und Altpapier eine wöchentliche Arbeitszeit von netto 39 Stunden.

Die 36. und 37. Wochenstunde ist mit der derzeitigen Vergütung abgegolten. Für die 38. und 39. Wochenstunde wird die Grundvergütung bezahlt.

Für die 36. bis 39. Arbeitsstunde pro Woche gelten ansonsten die in Ziffer 4.2. veränderten Zuschläge.«

Die Zuschläge nach Nr. 4.2 lagen unter den tariflich vorgesehenen.

Mit einem gemeinsamen Schreiben vom 1. März 1996 forderten der Arbeitgeber und der Betriebsrat die Arbeitnehmer auf, den Sparmaßnahmen mit folgender Erklärung zuzustimmen:

> »Ich erkläre, dass die von Helmar K, Gerd S und Dr. Jürgen T am 29. Februar 1996 unterschriebenen Vereinbarungen Rahmenvereinbarung zur Vermeidung von Entlassungen für mich nicht nur als Betriebsvereinbarung, sondern auch ganz persönlich als Inhalt meines persönlichen Arbeitsvertrages gelten sollen. Die sich daraus ergebenden Änderungen meines Arbeitsvertrages kenne ich aufgrund der ausführlichen Erläuterungen durch die Geschäftsführung, Mitarbeiter der Personalabteilung und Mitglieder des Betriebsrats.«

Nach wiederholten Aufforderungen unterschrieben fast alle Arbeitnehmer diese Erklärung (nach Angaben des Arbeitgebers 98,5 %). Daraufhin schloss der Arbeitgeber mit dem Betriebsrat am 3. Mai 1996 eine Zusatzvereinbarung zur Betriebsvereinbarung vom 29. Februar 1996 ab, die u. a. folgende Regelungen enthielt:

> »1. Die Betriebsvereinbarung und die vereinbarten Vertragsergänzungen treten am 1. Juni 1996 in Kraft …
>
> …
>
> 3. Aus Respekt vor ihrer abweichenden Meinung wird die Betriebsvereinbarung vom 29. Februar 1996 mit ihren Rechten und Pflichten nicht angewendet auf Mitarbeiter der B Druck GmbH O sowie des Papierlagers und der Altpapierverwertung, die keine Vertragsergänzungen mit den Inhalten der Betriebsvereinbarung abgeschlossen haben. Für sie wird hiermit unter entsprechender Anwendung des am 19. April 1996 zwischen dem Bundesverband Druck und der IG Medien abgeschlossenen Tarifvertrags eine Arbeitszeitverkürzung auf 30 Stunden pro Woche ohne Lohnausgleich vereinbart. Sie sind grundsätzlich von Überstunden befreit. …«

Im April 1996 unternommene Versuche der Gewerkschaft, mit dem Arbeitgeber in Verhandlungen über einen Firmentarifvertrag einzutreten, waren erfolglos geblieben.

Die Konzessionen, die die Arbeitnehmer machten, gingen sehr viel weiter als im Fall des ArbG Marburg: Zuschläge wurden verringert oder abgeschafft, die Arbeitszeit wurde um vier Stunden verlängert, wovon zwei nicht und zwei nur mit der Grundvergütung bezahlt wurden. Dem stand lediglich eine pauschal formulierte Beschäftigungsgarantierte bis 31. 12. 2000 gegenüber. Auch hier wurde der Weg über eine Betriebsabsprache gewählt, wobei der Betriebsrat mit dem Arbeitgeber »gemeinsame Sache« machte und die Übernahme in die Arbeitsverträge den Beschäftigten mit-empfohlen hatte. Dies war insoweit besonders brisant, als es sich nicht um eine »gewerkschaftsfreie« Betriebsratsmehrheit handelte; die große Mehrzahl der BR-Mitglieder war in der IG Medien organisiert, die den Tarifvertrag abgeschlossen hatte. Die kleine Minderheit, die sich verweigerte, erhielt eine Arbeitszeitverringerung ohne Lohnausgleich von 35 auf 30 Stunden, ohne dass erkennbar wäre, ob damit ein größeres Opfer als mit dem »offiziellen« Vertrag verbunden war.

Betriebsrat und Arbeitgeber hatten wegen der Abmachung ersichtlich ein schlechtes Gewissen. Anders ist es nicht zu erklären, dass der Abmachung »absolute Vertraulichkeit« beigemessen wurde.
Für die Gewerkschaft kam es ersichtlich nicht in Betracht, die Betriebsratsmitglieder wegen »grober Pflichtverletzung« aus dem Amt entfernen zu lassen. Vielmehr berief sie sich darauf, dass die massenhafte Vereinbarung untertariflicher Bedingungen ein Verstoß gegen die Tarifautonomie und damit gegen Art. 9 Abs. 3 GG sei. Ihr stehe insoweit ein Unterlassungsanspruch gegen den Arbeitgeber zu: Dieser dürfe in Zukunft den Tarifvertrag nicht mehr durch derartige Abmachungen unterlaufen.
Das BAG gab dem Antrag der Gewerkschaft statt. Die in Art. 9 Abs. 3 GG geschützte kollektive Koalitionsfreiheit sei verletzt, wenn durch Betriebsvereinbarung oder einzelvertragliche »kollektive Ordnungen« der Tarifvertrag verdrängt werde. Seine Wirkung werde auf diese Weise vereitelt oder unterlaufen, was bei einer einzelnen tarifwidrigen Individualabrede nicht der Fall sei.

Damit war das »Burda-Modell« auch in anderen Fällen nicht mehr praktikabel, was zugleich die Rechtfertigung dafür bot, dass CDU/CSU und FDP ihre Gesetzesentwürfe einbrachten, um auf diese Weise einen einigermaßen sicheren Weg für ein krisenbedingtes Ausscheiden aus dem Flächentarif zu ermöglichen.
Die Rechtsprechung sorgte zugleich dafür, dass es für die Arbeitgeberseite relativ uninteressant wurde, den Betriebsrat unter Druck zu setzen und ihn auf diese Weise gegen die Gewerkschaft auszuspielen.

V. Die Einschaltung der Gewerkschaft

Die erkennbaren rechtlichen Schwierigkeiten, ein »Bündnis für Arbeit« zwischen Arbeitgeber und Betriebsrat zu schließen, änderten nichts am gegebenen Sachproblem. Es konnte in der Tat Fälle geben, in denen eine vorübergehende Abweichung vom Flächentarif unvermeidlich war, um so die Weiterexistenz des Unternehmens zu sichern oder eine Verlagerung ins Ausland zu verhindern. Dies sprach für eine unmittelbare Einschaltung der Gewerkschaft. Dazu kam, dass die Fälle Viessmann und Burda nur die sichtbar gewordenen Spitzen eines Eisbergs waren. Dem allgemeinen Eindruck nach gab es seit Mitte der 1990er-Jahre in vielen Betrieben offene oder heimliche »Bündnisse für Arbeit«, die vorübergehend vom Flächentarif abwichen. Meist wurde dies nicht an die große Glocke gehängt, weil das gegen die »Restloyalität« der Betriebsräte und der Belegschaften gegenüber der Gewerkschaft verstoßen hätte.
Der Gewerkschaft blieb unter diesen Umständen nur wenig Entscheidungsfreiheit. Sie musste sich den Verhältnissen beugen, wofür es unterschiedliche rechtliche Wege gab.

- Die Gewerkschaft konnte ein gegen § 77 Abs. 3 BetrVG oder gegen Art. 9 Abs. 3 GG verstoßendes Bündnis für Arbeit dadurch legalisieren, dass sie es nachträglich genehmigte.[1491]
- Die Gewerkschaft bot selbst ein »Notfallmodell« an, etwa die Möglichkeit, die Arbeitszeit über längere Zeit auf bis zu 30 Stunden zu verkürzen und dafür keinen Lohnausgleich vorzusehen. Den höchsten Bekanntheitsgrad erlangten dabei die 28,5 Wochenstunden bei VW, die von einem partiellen Lohnausgleich begleitet wurden.[1492] Im Einzelfall wurden Sanierungstarifverträge geschlossen.[1493] Dabei sind auch Abmachungen bekannt, in denen unternehmerische Entscheidungen wie der Aufbau einer bestimmten Zahl von Arbeitsplätzen geregelt wurden.[1494]
- Am meisten verbreitet sind noch heute Öffnungsklauseln. Die Tarifparteien lassen bewusst Abweichungen vom Tarifniveau zu, bestimmen dabei aber im Einzelnen das Ausmaß und definieren eine »untere Haltelinie«. Auch können sie die Voraussetzungen näher eingrenzen und/oder eine Genehmigung beider Tarifparteien vorsehen. Gleichzeitig lassen sich im Rahmen des effektiv eröffneten Spielraums auch neuartige Regelungen treffen.

Die (erzwungene) Aufgeschlossenheit der Gewerkschaften hatte zur Folge, dass die CDU/CSU ihre Vorstellungen über gesetzliche Öffnungsklauseln nicht umsetzte, als sie im Jahre 2005 zum größeren Koalitionspartner wurde. Auch in der Folgezeit wurden diese Vorschläge nicht wieder aufgegriffen. Aus dem Jahr 2003 wird berichtet, dass 20 % bis 30 % der Unternehmen ein »Bündnis für Arbeit« geschlossen hatten, wobei Branchen mit niedrigem Lohnniveau mangels Spielraums schwächer vertreten waren. Ein wirksamer Verzicht des Arbeitgebers auf betriebsbedingte Kündigungen erfolgte als Gegenleistung in 89 % der tarifgebundenen, aber nur in 65 % der tariffreien Unternehmen.[1495] Die Existenz eines Flächentarifs bewirkte ersichtlich eine bessere Verhandlungsposition der Arbeitnehmerseite; einen Rest seiner Schutzfunktion vermochte er noch zu erfüllen.

VI. Belegschaften wehren sich

Nicht immer beschränkte sich die Reaktion der Belegschaften darauf, Kurzarbeit oder einen vom Betriebsrat ausgehandelten Sozialplan zu akzeptieren oder sich

1491 BAG 20.4.1999 – 1 AZR 631/98, DB 1999, 1660.

1492 Näher Däubler-*Heuschmid*, § 1 TVG Rn. 644 m. w. N.

1493 Eingehend *Moll*, in: Henssler/Moll/Bepler (Hrsg.), Der Tarifvertrag, 2. Aufl., Köln 2016, Teil 12 (S. 955 ff.).

1494 Eingehend dazu *Däubler*, Tarifverträge zur Unternehmenspolitik? Frankfurt/Main 2016.

1495 Angaben nach *Alda/Bellmann*, WSI-Mitt. 2004, 251, 254.

mit dem Abschluss eines betrieblichen Bündnisses für Arbeit oder eines Sanierungstarifvertrags abzufinden. Die Rechtsprechung des BAG räumt der Gewerkschaft das Recht ein, einen Tarifsozialplan abzuschließen, dessen Leistungen erheblich über die eines Sozialplans nach § 112 BetrVG hinausgehen können.[1496] Die erhobenen Forderungen können so weit gehen, dass bei ihrer Realisierung die vom Arbeitgeber geplante Maßnahme wirtschaftlich uninteressant würde; die Arbeitsgerichte kontrollieren dennoch nicht die »Vernünftigkeit« oder »Machbarkeit« von Tarifforderungen. Auch ein Streik um einen sehr weitgehenden Tarifsozialplan ist daher rechtmäßig.[1497] Der Betriebsrat muss sich als Gremium in einer solchen Situation neutral verhalten, doch sind seine Mitglieder nach § 74 Abs. 3 BetrVG befugt, sich in vollem Umfang als Gewerkschaftsmitglieder zu betätigen, beispielsweise auch in der Streikleitung aktiv zu sein. Insoweit gelten die allgemeinen Grundsätze.[1498]

In zugespitzten Krisensituationen ist der Fall eingetreten, dass Belegschaften auch ohne offizielle gewerkschaftliche Unterstützung in den Streik traten. Ein solcher »wilder Streik« wird von der Rechtsprechung als rechtswidrig angesehen,[1499] doch bedeutet das nicht, dass in der Praxis sofort Sanktionen verhängt werden und keine Verhandlungen stattfinden. Nach einer älteren, aber bemerkenswerten Entscheidung des BAG[1500] kann sich der Betriebsrat in einem solchen Fall als Vermittler einschalten und über eine Beendigung des Konflikts mit dem Arbeitgeber verhandeln. Dabei steht es ihm frei, die Forderungen der Belegschaft als berechtigt zu qualifizieren. Macht er von dieser Verhandlungsmöglichkeit Gebrauch, so handelt er in Ausübung seines Amtes und kann deshalb – so das BAG – für die fragliche Zeit sogar Entgelt nach § 37 Abs. 2 BetrVG verlangen.

Denkbar ist weiter der Fall, dass der Betriebsrat bereits angesichts eines drohenden Streiks verhandelt. Auch wird davon berichtet, dass er sich mit einem Schreiben an die Belegschaft wandte:

»Liebe Kolleginnen und Kollegen, wir haben gehört, dass Ihr am Montag ab 8 Uhr die Arbeit niederlegen wollt. Bitte wartet damit bis 13 Uhr, damit wir zuvor mit der Geschäftsleitung verhandeln können. Euer Betriebsrat«

1496 BAG 6.12.2006 – 4 AZR 798/05, NZA 2007, 821; BAG 24.4.2007 – 1 AZR 252/06, NZA 2007, 987.

1497 BAG 24.4.2007 – 1 AZR 252/06, NZA 2007, 987.

1498 Überblick bei Däubler-*Dette*, Arbeitskampfrecht, § 19 Rn. 128ff. m.w.N.

1499 Grundlegend BAG 21.10.1969 – 1 AZR 428/62, AP Nr. 32 zu Art. 9 GG Arbeitskampf, bestätigt in BAG 21.10.1969 – 1 AZR 93/68, AP Nr. 41 zu Art. 9 GG Arbeitskampf; BAG 21.4.1971 – GS 1/68, AP Nr. 43 zu Art. 9 GG Arbeitskampf; a.A. ArbG Gelsenkirchen 13.3.1998 – 3 Ca 3173/97, AiB 1998, 655 = NZA-RR 1998, 352ff.

1500 BAG 5.12.1978 – 6 AZR 485/76, AiB 2011, 471. Weshalb die Entscheidung nicht früher veröffentlicht wurde, ist ungeklärt.

Dies soll auch in Fällen geschehen sein, in denen in Wahrheit gar keine Absicht zur Arbeitsniederlegung um 8 Uhr bestand.
Geht die Belegschaft darüber hinaus und besetzt den Betrieb, so ergeben sich zahlreiche weitere Fragen.[1501] Im Mittelpunkt steht in der Regel das gewerkschaftspolitische Problem, ob eine solche Kampfform überhaupt als Mittel der Auseinandersetzung akzeptiert werden soll. Würde man dies tun, würden voraussichtlich andere Belegschaften entsprechende Aktionen ins Auge fassen; der Kampf hätte einen sehr viel höheren Stellenwert als in der bisherigen Praxis. Dazu kommen rechtliche Risiken; würde es nicht gelingen, am Ende des Konflikts eine umfassende Maßregelungsklausel zu vereinbaren, könnte die Gewerkschaft auf Schadensersatz in Anspruch genommen werden. Für die in dem fraglichen Betrieb bestehenden Betriebsräte stellen sich im Prinzip keine zusätzlichen Rechtsfragen, doch setzen auch sie sich dem Risiko erheblicher Sanktionen aus, wenn die Besetzung nicht genügend Rückhalt in der Belegschaft und in der Bevölkerung hat und auch keine Maßregelungsklausel erreichbar ist.[1502]

1501 Näher *Däubler*, Arbeitsrecht 1, Rn. 711–720.

1502 Erfahrungsbericht über die Besetzung der AG Weser in Bremen bei *Ziegenfuß* (Hrsg.), Wer kämpft kann verlieren, wer nicht kämpft, hat schon verloren, Hamburg 1984.

§ 40 Betriebsrat und Globalisierung

I. Wirtschaften in globaler Welt

Die Handlungsmöglichkeiten vieler Unternehmen erfuhren einen grundlegenden Wandel, seit die Zölle weithin abgeschafft sind und alle Unternehmer die Freiheit haben, in anderen Ländern zu investieren. Dies macht sich auch in der Betriebsverfassung bemerkbar.

1. Errichtung ausländischer Niederlassungen

Beginnen wir mit einem (fiktiven) deutschen Unternehmen. Es sieht sich ausländischer Konkurrenz ausgesetzt, die möglicherweise deutlich billiger produziert. Das führt zu erheblichen Problemen, wenn die Qualität der Waren vergleichbar ist und die Transportkosten wenig ins Gewicht fallen: Die inländischen Produktionsstätten unterliegen einem erheblichen Kostendruck.

Nicht selten werden Unternehmen versuchen, den Eintritt einer solchen Situation präventiv zu verhindern: Sie errichten Tochtergesellschaften im Ausland, die sich die niedrigeren Löhne zunutze machen und die mit ihren Produkten den dortigen Markt, evtl. auch den Weltmarkt, bedienen können. Im inländischen Betrieb werden »Kostensenkungsprogramme« aufgelegt, um der Konkurrenz von vornherein den Wind aus den Segeln zu nehmen. »Geringere Lohnkosten« sind ein Phänomen, das uns aus Krisenszenarien bekannt ist: Insoweit ist schon das Wichtigste gesagt.[1503]

Was bleibt ist das Problem, dass die betriebliche Interessenvertretung im Inland ansatzweise über Fragen mitbestimmt, die auch die Beschäftigten in ausländischen Tochtergesellschaften betreffen. Können deren Repräsentanten irgendwie in die Entscheidungsprozesse einbezogen werden?

1503 Oben § 39 IV.

2. Ausländische Unternehmen in Deutschland

Im Ausland ansässige Unternehmen wollen nicht nur ihre Produkte nach Deutschland exportieren, sondern auch hier produzieren: Sie kaufen ein bestehendes Unternehmen auf oder gründen eine Tochtergesellschaft. Wird dort eine betriebliche Interessenvertretung errichtet – kann diese dann auch auf die ausländische Konzernspitze einwirken, um in gewissem Umfang Arbeitnehmerinteressen zur Geltung zu bringen? Welche Auswirkungen hat es auf das faktische Funktionieren der Mitbestimmung, wenn die Entscheidungsträger auf Arbeitgeberseite in den USA oder in China sitzen? Lässt sich in solchen Fällen eine Zusammenarbeit mit ausländischen Interessenvertretungen realisieren?

3. Interessenvertretung über die Grenze?

In beiden Fällen geht es nicht allein darum, dass die Rahmenbedingungen für die Ausübung der Beteiligungsrechte des Betriebsrats andere sind als in einem rein inländischen Unternehmen. Vielmehr stellt sich das Problem, ob die Betriebsverfassung »nach außen offen« ist, ob eine Koordinierung mit ausländischen Interessenvertretungen nicht nur informell, sondern auch von Rechts wegen möglich ist.

Innerhalb der EU, in Einzelfällen auch darüber hinaus, hat der Europäische Betriebsrat die Aufgabe, die Interessenvertretungen aus verschiedenen Ländern zusammenzufassen. Der Arbeitgeber hat das so gebildete Gremium über geplante Entscheidungen zu informieren, die Niederlassungen in mehr als einem Land betreffen. Der Europäische Betriebsrat kann dazu eine eigene Stellungnahme erarbeiten, die mit der zentralen (Konzern-)Leitung beraten werden muss.

4. Allgemeine Rahmenbedingungen

Bevor auf das tatsächliche Funktionieren der Betriebsverfassung unter diesen Umständen eingegangen wird, seien zwei Feststellungen erlaubt.

Die Globalisierung hat als solche von Seiten der Betriebsräte und der Gewerkschaften nur wenig Kritik erfahren. Der entstehende Kostendruck wird als »Selbstverständlichkeit« hingenommen, obwohl man sich durchaus staatliche Maßnahmen vorstellen könnte, die den Import ausländischer Waren beschränken und damit verteuern könnten.

Der Leiter eines Automobilzulieferers sagte dem Verfasser: Ein deutscher Ingenieur bewältigt in einer Woche fünf Mal so viele Probleme wie ein indischer Ingenieur. »Für das Geld, das ein deutscher Ingenieur verdient, könnte ich aber zehn indische Ingenieure bezahlen.« Die »Message« ist klar: Auch wer gut arbeitet, muss sich ranhalten, um noch besser zu werden.

Die klaglose Hinnahme des bestehenden weltweiten Wettbewerbssystems wäre dann nicht verständlich, wenn die Arbeitnehmerorganisationen über eine alternative wirtschaftspolitische Konzeption verfügen würden. Dies ist jedoch nicht der Fall.

Die zweite Feststellung betrifft die kulturelle Offenheit für andere Traditionen von Interessenvertretung und die Fähigkeit und Bereitschaft, sich in einer Fremdsprache wie Englisch zu verständigen. Betriebsräte, aber auch hauptamtliche Mitarbeiter der Gewerkschaften kennen andere Länder häufig nur als Tourist, wissen aber kaum etwas über die dort bestehenden realen Lebensverhältnisse. Dass es in Südeuropa »normal« (und nicht etwa eine Beleidigung) ist, wenn man eine halbe Stunde später zu einem Termin kommt, muss man erst lernen. Dass man bei Konflikten sehr viel seltener zu Gericht geht als bei uns und auch recht wenig über die rechtlichen Rahmenbedingungen weiß, weckt gleichfalls Verwunderung. Ebenso ist es für Deutsche ungewohnt, wenn die Rhetorik bisweilen weit über das hinausreicht, was selbst bei erheblichem Optimismus in der Realität erreichbar ist. Wenn dann deutsche Interessenvertreter beginnen, in bester Absicht die anderen zu belehren, dass der Sozialismus nicht wirklich vor der Türe stehe, dann ist die Zusammenarbeit mit einer Hypothek belastet. Vielleicht wird sie auch überhaupt nicht mehr fortgesetzt.

II. Konzerne mit inländischer Spitze

1. Einbeziehung ausländischer Niederlassungen in die deutsche Betriebsverfassung?

Tochtergesellschaften im Ausland sind normalerweise Unternehmen des ausländischen Rechts. Auch die betriebliche Interessenvertretung bestimmt sich nach den dort geltenden Bestimmungen. Nicht anders stellt sich die Rechtslage dar, wenn die ausländische Niederlassung ausnahmsweise nur eine rechtlich unselbständige Zweigstelle ist. Die betriebliche Interessenvertretung wird auch von anderen Staaten als so wichtiger Teil ihrer Gesellschaftsordnung angesehen, dass die auf dem eigenen Territorium gelegenen Betriebe fast immer dem eigenen Recht unterworfen werden.

In der Zweigstelle der Deutschen Bank in Paris kann nur eine Interessenvertretung nach französischem Recht gewählt werden.

Dies allein wäre noch kein Hindernis dagegen, dass eine ausländische Interessenvertretung Delegierte in den deutschen Gesamt- oder den deutschen Konzernbetriebsrat entsendet. Es würde genügen, dass sie in etwa einem deutschen Betriebsrat entspricht. Rechtsprechung und herrschende Lehre haben sich jedoch bisher zu einer solchen Lösung nicht durchringen können.[1504] Die deutschen Interessenvertretungen bleiben daher von Rechts wegen allein verantwortlich, selbst wenn es beispielsweise bei der Arbeit des Wirtschaftsausschusses oder im Rahmen von Initiativen nach § 92a BetrVG auch um die ausländischen Niederlassungen geht. Nicht einmal dann, wenn grenzüberschreitende Just-in-Time-Produktion stattfindet, gibt es rechtlich eine Koordination zwischen den verschiedenen Interessenvertretungen. Was bleibt, sind zwei Phänomene von relativ geringer Reichweite.

2. Entsendung ins Ausland

Fraglich ist zunächst, ob ein von der deutschen Zentrale in einen Auslandsbetrieb oder eine ausländische Tochtergesellschaft entsandter Arbeitnehmer weiterhin den Schutz der deutschen Betriebsverfassung genießt. Das BAG macht folgende Unterscheidung:

- Wird ein Mitarbeiter nur vorübergehend ins Ausland entsandt, so behält er seine Rechte nach dem BetrVG, insbes. das aktive und das passive Wahlrecht. Man spricht insoweit von einer sog. Ausstrahlung des deutschen Betriebs, ohne dass aus dieser Begrifflichkeit konkrete Rechtsfolgen abgeleitet werden könnten.[1505] Die Betroffenen werden weiter vom Betriebsrat vertreten, der z. B. bei Versetzungen und Kündigungen seine Rechte aus §§ 99, 102 BetrVG geltend machen kann. Allerdings darf nach Auffassung des BAG im Ausland keine Teil- oder Abteilungsversammlung stattfinden, obwohl dies bei der Entsendung von Gruppen evident sinnvoll wäre.[1506]

> Eine aus 35 Personen bestehende deutsche Baukolonne wird nach Saudi-Arabien geschickt, wo sie ein Jahr bleiben soll. Während dieser Zeit steht nach der Rechtsprechung das Teilnahmerecht an Betriebsversammlungen auf dem Papier, da es dem Arbeitgeber wohl kaum zuzumuten ist, bei jeder in der Bundesrepublik stattfindenden Betriebsversammlung 35 Hin- und Rückflugtickets zu spendieren.

1504 *Fitting*, § 47 Rn. 22; GK-BetrVG-*Kreutz/Franzen*, § 47 Rn. 8 jeweils m. w. N. (für GBR); ebenso GK-BetrVG-*Franzen*, § 54 Rn. 44 m. w. N. (für KBR).

1505 BAG 25. 4. 1978 – 6 ABR 2/77, AP Nr. 16 zu Internationales Privatrecht Arbeitsrecht.

1506 BAG 27. 5. 1982 – 6 ABR 28/80, AP Nr. 3 zu § 42 BetrVG 1972; a. A. *Beitzke*, Anm. zu BAG AP Nr. 3 zu § 42 BetrVG 1972; *Birk*, RdA 1984, 138; *Bobke-von Camen*, AiB 1989, 233; *Boemke*, NZA 1992, 116; *Däubler*, Betriebsverfassung in globalisierter Wirtschaft, S. 51 f.; *Fitting*, § 1 Rn 30; GK-BetrVG-*Franzen*, § 1 Rn. 12; *B. Gaul*, Betriebsverfassungsrechtliche Aspekte einer Entsendung von Arbeitnehmern ins Ausland, BB 1990, 702; *Steinmeyer*, Zum Mitbestimmungsrecht des Betriebsrates bei der Regelung von Arbeitsbedingungen auf Montagebaustellen und Betrieben im Ausland, DB 1980, 1542; wie BAG dagegen Hess u. a.-*Worzalla* § 42 Rn 3.

Die Rechtsprechung führt ohne Not zu einer Art »Rumpf-Betriebsverfassung«, wofür das Gesetz keinen Anhaltspunkt bietet. Als »Auffangposition« kommt in Betracht, dass von Zeit zu Zeit ein Betriebsratsmitglied Sprechstunde an dem ausländischen Arbeitsort abhält, soweit Gesprächsbedarf per Telefon oder Videokonferenz signalisiert wird und dieser nur durch physische Anwesenheit befriedigt werden kann.

- Wird ein Mitarbeiter auf Dauer ins Ausland entsandt, so ist es denkbar, dass er gleichwohl die Stellung eines »Außenpostens« des deutschen Betriebs behält. In einem solchen Fall bleibt er weiter in die deutsche Betriebsverfassung integriert.

Fall der deutschen Reiseleiterin in Tunesien: Die zu betreuenden Reisegruppen werden aus Deutschland geschickt, Sprechstunden in den Hotels, angebotene Ausflüge usw. werden von Deutschland aus festgelegt. Das BAG wandte zu Recht § 102 Abs. 1 BetrVG an, als sie gekündigt wurde.[1507]

Hat der auf Dauer entsandte Arbeitnehmer keine solche »Anbindung« an einen Inlandsbetrieb mehr, sondern ist er in eine ausländische Niederlassung integriert, verlässt er den Anwendungsbereich der deutschen Betriebsverfassung und verliert damit auch sein aktives und passives Wahlrecht.[1508] Eine kollektive Interessenvertretung kann nur nach fremdem Recht stattfinden.
Für die Anwendung des deutschen Betriebsverfassungsrechts spielt es keine Rolle, ob die fragliche Person zunächst im Inland gearbeitet hat und dann »entsandt« wurde oder ob sie von vornherein nur für den Auslandseinsatz eingestellt wurde. Das BetrVG stellt auf die Zugehörigkeit zur Organisation »Betrieb«, nicht darauf ab, wie diese entstanden ist.[1509]

3. Zusammenarbeit mit ausländischen Interessenvertretungen?

Kann ein deutscher Betriebsrat nicht wenigstens Kontakt mit einer »RSU« in Italien,[1510] einem »comité de empresa« in Spanien[1511] oder einem »shop stewards' committee« in England aufnehmen, soweit sie zum selben Konzern gehören? Der Austausch von Erfahrungen, die Unterstützung anderer Interessenvertretun-

---

1507 BAG 7.12.1989 – 2 AZR 228/89, DB 1990, 992.
1508 So ausdrücklich BAG 25.4.1978 – 6 ABR 28/80, AP Nr. 16 zu Internationales Privatrecht Arbeitsrecht.
1509 Anders wohl BAG 30.4.1987 – 2 AZR 192/86, NZA 1988, 135. Zu einem solchen Auslandsarbeitsverhältnis s. näher *Däubler*, Betriebsverfassung in globalisierter Wirtschaft, S. 41.
1510 RSU steht für Rappresentanza Sindacale Unitaria (= Gewerkschaftliche Einheitsvertretung).
1511 Wörtlich: »Unternehmensausschuss«.

gen und die Verständigung über gemeinsames Vorgehen gehören im nationalen Rahmen zu den traditionellen Aufgaben von Betriebsräten. Dies zeigt sich nicht zuletzt in der Institution der Betriebsräteversammlung nach § 53 BetrVG sowie darin, dass der Arbeitgeber auch die Kosten für Vorbesprechungen dieser Versammlung, aber auch des Gesamtbetriebsrats übernehmen muss.[1512] Unter den heutigen Umständen reicht es für eine sachgerechte Interessenvertretung nicht mehr aus, nur bis zur deutschen Grenze zu schauen. Mit Recht ist deshalb anerkannt, dass sich Informationsrechte auch auf die Beziehungen zu ausländischen Konzernteilen erstrecken[1513] – nur wenn der Betriebsrat auch diese Dimension einbezieht, kennt er die tatsächliche Lage und die realen Handlungsmöglichkeiten des Unternehmens. Tut man diesen Schritt, so muss dem Betriebsrat auch die Möglichkeit eröffnet sein, sich durch unmittelbare Kontakte sachkundig zu machen. Er bewegt sich deshalb innerhalb seiner Kompetenzen, wenn er sich mit Interessenvertretungen aus ausländischen Niederlassungen trifft, mit ihnen telefoniert oder gleichlautende Forderungen abspricht. Nach § 40 BetrVG hat ihm der Arbeitgeber die dafür notwendigen Mittel (einschließlich Dolmetscher) zur Verfügung zu stellen.[1514] Auf diese Weise könnte sich langsam ein Netz von Beziehungen aufbauen, die von wechselseitigem Vertrauen getragen sind. In der Praxis sind grenzüberschreitende Kontakte dieser Art aber noch eher die (seltene) Ausnahme.

III. Konzerne mit ausländischer Spitze

1. Bildung von Betriebsräten

Besitzt ein ausländisches Unternehmen eine Tochtergesellschaft in der Bundesrepublik, so ist diese normalerweise als GmbH oder als AG, d.h. als Unternehmen des deutschen Rechts organisiert. Dabei ist es im Betriebsverfassungsrecht wie im sonstigen Arbeitsrecht ohne Bedeutung, wer »hinter« einer GmbH oder AG steht.

Bei IBM Deutschland GmbH ist ebenso ein Betriebsrat zu wählen wie bei der Ford AG in Köln.

1512 DKW-*Wedde,* § 40 Rn. 63 (unter Berufung auf LAG Hamburg 23.10.1997 – 1 TaBV 1/97); *Ehrich/Hoß,* Die Kosten des Betriebsrats – Umfang und Grenzen der Kostentragungspflicht des Arbeitgebers, NZA 1996, 1075, 1078.

1513 DKW-*Däubler*, Einl. Rn. 246; *U. Fischer,* AuR 2002, 7 ff.; insbesondere *Klebe*, FS Gnade, S. 669.

1514 *Bobke-von Camen*, AiB 1989, 231 f.; DKW-*Wedde,* § 40 Rn. 24; *Klebe*, FS Gnade, S. 661; *Fitting.* § 40 Rn. 49; für Erstattung der Kosten erforderlicher Auslandsreisen auch ErfK-*Koch,* § 40 Rn. 8; GK-BetrVG-*Weber,* § 40 Rn. 51.

Nach allgemeiner Auffassung gilt dies auch dann, wenn das ausländische Unternehmen in der Bundesrepublik nur eine rechtlich unselbständige Zweigstelle besitzt. Möglich ist es nach der Rechtsprechung des EuGH[1515] sogar, dass ein Unternehmen zwar seinen Verwaltungssitz in Deutschland hat, jedoch dem Gesellschaftsrecht eines anderen EU-Mitgliedstaats unterliegt. Betriebsverfassungsrechtlich ist dies ohne Bedeutung. Das BetrVG findet auf alle in seinem Geltungsbereich, d.h. in Deutschland gelegenen Betriebe Anwendung. Dies gilt sogar dann, wenn die dort Tätigen als Personen einem ausländischen Arbeitsrecht unterliegen.[1516]

In der deutschen Zweigstelle einer britischen Fluggesellschaft arbeiten neben Deutschen auch einige Engländer, die Arbeitsverträge nach englischem Recht besitzen. Es muss ein Betriebsrat gewählt werden, wobei das Wahlrecht allen Beschäftigten zusteht.

Dies bedeutet weiter, dass der Betriebsrat seine Befugnisse in Bezug auf alle Beschäftigten ausüben kann. Auch vor der Kündigung eines nach ausländischem Recht Beschäftigten muss er deshalb nach § 102 Abs. 1 BetrVG angehört werden.[1517]

Bestehen im Inland mehrere Betriebe, so sind trotz eines ausländischen Unternehmenssitzes ein Gesamtbetriebsrat und – sofern insgesamt mehr als 100 Arbeitnehmer beschäftigt werden – ein Wirtschaftsausschuss zu bilden.[1518]

2. Funktionsdefizite der Mitbestimmung?

Wird ein Konzern mit ausländischer Spitze so geführt, dass alle wesentlichen arbeitsrechtlichen Fragen »vor Ort«, d.h. in Deutschland, entschieden werden, so ändert sich für die Mitbestimmung im Grundsatz nichts: Sie kann in gleicher Weise wie bei einem rein deutschen Unternehmen funktionieren. Eine solche »Dezentralisierung« ist jedoch für die allermeisten Konzerne nicht typisch. Im Regelfall werden die meisten oder alle wesentlichen Fragen einschließlich Einstellungen und Entlassungen in der ausländischen Zentrale entschieden. Das in Deutschland tätige Management ist darauf beschränkt, das anderwärts Festgelegte umzusetzen. Um die eigene Autorität zu wahren, wird allerdings nach Möglichkeit der Eindruck erweckt, selbst mit Entscheidungsbefugnissen ausgestattet zu sein.

1515 EuGH 5.11.2002 – C-208/00 – Überseering; EuGH 30.9.2003 – C-167/01 – Inspire Art.
1516 BAG 9.11.1977 – 5 AZR 132/76, AP Nr. 13 zu Internationales Privatrecht Arbeitsrecht.
1517 BAG 9.11.1977 – 5 AZR 132/76, AP Nr. 13 zu Internationales Privatrecht Arbeitsrecht.
1518 BAG 1.10.1974 – 1 ABR 77/73, AP Nr. 1 zu § 106 BetrVG 1972; BAG 31.10.1975 – 1 ABR 4/74, AP Nr. 2 zu § 106 BetrVG 1976; *Fitting*, § 106 Rn. 20.

Soweit Mitbestimmung konfrontativ, d.h. in der Weise praktiziert wird, dass nach kurzen Verhandlungen sogleich die Einigungsstelle angerufen wird, ist die »Zentralisierung« von relativ geringer Bedeutung. Wer nur auf Entscheidungen der Einigungsstelle und nicht auf Verhandlungen setzt, steht nicht deshalb schlechter, weil das erwartbare »Nein« aus den USA (und nicht aus Deutschland) kommt und weil die Einigungsstellenbeisitzer der Arbeitgeberseite ihre Weisungen aus Übersee erhalten. Nur ist eine solche Konfrontationsstrategie in der Praxis eher die Ausnahme, zumal ein Einigungsstellenverfahren sehr viel Zeit und Energie in Anspruch nehmen kann. Außerdem verbietet sich eine Konfrontation in all jenen Fällen, in denen die ausländische Spitze mit einer Schließung des deutschen Betriebs oder mit einem drastischen Personalabbau drohen kann.
Im Normalfall finden dem gesetzlichen Modell der vertrauensvollen Zusammenarbeit entsprechend zunächst Verhandlungen zwischen Arbeitgeber und Betriebsrat statt. Jede Seite legt ihre Position dar und beide versuchen, einen für sie tragbaren Kompromiss zu erreichen. Im Einzelfall kann es auch informelle Regeln geben, die das »Miteinander« zusätzlich absichern.[1519] Je mehr Entscheidungen im Ausland getroffen werden, umso weniger funktioniert diese Form der Problembewältigung. Hat sich die ausländische Konzernspitze bereits festgelegt, wird es extrem schwierig sein, sie von ihrer Position wieder abzubringen. Selbst wenn das lokale Management und der Betriebsrat einer Meinung sind, wird dies nur in absoluten Ausnahmefällen gelingen, zumal viele ausländische Unternehmer und Manager die Mitbestimmung als »Fremdkörper« empfinden, dem man nicht allzu viel Beachtung schenken sollte.[1520] Hinzu kommt, dass in der Regel schon aus sprachlichen Gründen kein unmittelbarer Kontakt zu den ausländischen Entscheidungsträgern besteht, sodass die normale Verhandlung auch nicht durch ein längeres Telefongespräch oder eine Videokonferenz ersetzt werden kann.

3. Rechtliche und faktische Korrekturen?

Im Einzelfall kann es vorkommen, dass sich die ausländische Konzernspitze direkt an die deutsche Belegschaft wendet und dabei ein Mitbestimmungsrecht übergeht.

> Es wird per E-Mail eine Fragebogenaktion durchgeführt, die auch personenbezogene Angaben enthält und deshalb unter § 94 BetrVG fällt.

1519 S. oben § 33 III.

1520 Eine Ausnahme stellen insoweit die meisten chinesischen Investoren dar, bei denen überdies die »deutsche Wertarbeit« in hohem Ansehen steht. Näher *Däubler/Müller*, Chinesische Arbeitgeber in Deutschland, AiB 2/2015, 33 – 36.

Mit Recht hat das LAG Hessen[1521] in einem solchen Fall die deutsche Leitung verpflichtet, die Fortsetzung der Befragung so lange – notfalls durch technische Eingriffe – unmöglich zu machen, bis der Betriebsrat zugestimmt hat oder seine Zustimmung durch die Einigungsstelle ersetzt wurde. Insoweit kann es sinnvoll sein, dass der Betriebsrat aktiv wird, auch wenn dies in Übersee keine Begeisterung auslöst.

Im Grundsatz bleiben alle deutschen Mitbestimmungsrechte ungeschmälert erhalten. Dies gilt z. B. auch dann, wann die ausländische Konzernspitze ihre deutsche Tochter anweist, sie möge bestimmte Verhaltensregeln im Sinne des § 87 Abs. 1 Nr. 1 BetrVG für verbindlich erklären. Auch die Tatsache, dass amerikanische Börsenregeln von den gelisteten Unternehmen einen bestimmten Verhaltenskodex verlangen, ändert am Bestehen von Mitbestimmungsrechten nichts.[1522] Wünscht der Arbeitgeber Überstunden, weil in einer ausländischen Niederlassung gestreikt wird, so kann der Betriebsrat seine Zustimmung verweigern. Die vom Arbeitgeber angerufene Einigungsstelle würde nicht ermessensmissbräuchlich handeln, wenn sie eine solche Streikarbeit definitiv unmöglich machen würde.[1523] Wird im Rahmen des Mitbestimmungsrechts nach § 87 Abs. 1 Nr. 6 um die Übermittlung von Arbeitnehmerdaten ins Ausland gestritten, so darf die Einigungsstelle nur einen Spruch erlassen, der den in Art. 44ff. DSGVO vorgeschriebenen Schutz sicherstellt.[1524]

Dies alles ändert nichts daran, dass die normalen Verhandlungen oft nicht stattfinden können und Betriebsräte deshalb um jedes Schrittchen kämpfen müssen, indem sie das Arbeitsgericht oder die Einigungsstelle anrufen. In der Regel sehen sie sich dazu nur ausnahmsweise in der Lage. Eine enge Zusammenarbeit mit ausländischen Interessenvertretungen[1525] könnte in gewissem Umfang Abhilfe schaffen. Auch stellt es kein Naturgesetz dar, dass der Betriebsrat zu den im Ausland ansässigen Eigentümern und Entscheidungsträgern keinen Kontakt hat; einzelne Mitglieder oder ein betreuender Gewerkschaftssekretär können durchaus über Sprachkenntnisse verfügen und zudem in der Lage sein, sich in die ausländische Mentalität hineinzuversetzen.

1521 5.7.2002 – 5 TaBV 153/00, DB 2001, 2254 = AuR 2002, 33; dazu *U. Fischer*, AuR 2002, 7.

1522 Dazu LAG Düsseldorf 14.11.2005 – 10 TaBV 46/05, DB 2006, 162.

1523 Zum Recht des Einzelnen, Streikarbeit zu verweigern, s. Däubler-*Rödl*, Arbeitskampfrecht, § 21 Rn. 201ff.

1524 Dazu *Däubler*, Gläserne Belegschaften? Rn. 498ff.

1525 S. oben II 3.

IV. Der Europäische Betriebsrat

1. Ausgangssituation

Innerhalb der einzelnen EU-Mitgliedstaaten besteht überall ein deutliches Maß an »Abschottung« gegenüber Vorgängen, die sich in einem anderen Staat abspielen. Auf Unionsebene kam man deshalb schon vor über 20 Jahren zu dem Schluss, einen europäischen Betriebsrat einzurichten, in dem die in den Mitgliedstaaten tätigen Belegschaften vertreten sind. Allerdings wollte man von Anfang an nicht über »Information« und »Konsultation« hinausgehen. Der Europäische Betriebsrat sollte keine Mitbestimmungsrechte haben; ihm ein Streikrecht einzuräumen, stand gleichfalls nicht zur Debatte. Damit bleibt er seiner Struktur und seinen Handlungsmöglichkeiten nach hinter nationalen Interessenvertretungen zurück, die entweder über Mitbestimmungsrechte verfügen (Deutschland, Österreich, ansatzweise Holland) oder die zum Mittel des nicht auf Gewerkschaften beschränkten Streiks greifen können (Frankreich, Italien, Spanien, Portugal).

2. Rechtsgrundlagen für den Europäischen Betriebsrat

Rechtsgrundlage für die Bildung eines europäischen Betriebsrats war ursprünglich die EG-Richtlinie vom 22. September 1994,[1526] die durch einzelne nationale Gesetze umgesetzt wurde.[1527] Sie klammerte zunächst Großbritannien aus, das jedoch einige Jahre später durch die sog. Übernahmerichtlinie vom 7. Dezember 1997[1528] einbezogen wurde. Heute gilt für alle Mitgliedstaaten die Richtlinie 2009/38/EG[1529], die einige seit 1994 gemachte Erfahrungen aufgegriffen hat und an die das EBR-Gesetz angepasst wurde.[1530] Die Richtlinie vom 22. September 1994 enthielt in ihrem Art. 13 ein »Angebot« an die Arbeitgeberseite: Wer bis zur Umsetzung der Richtlinie (zwei Jahre später) eine freiwillige Abmachung mit den Arbeitnehmervertretern traf, die alle Unternehmens- bzw. Konzernbeschäftigten einbezog, war von den Anforderungen der Richtlinie freigestellt. Dies wurde in § 41 des deutschen EBR-Gesetzes übernommen; etwa ein Drittel aller heute bestehenden EBRs beruht auf einer derartigen Abmachung.[1531]

1526 Richtlinie 94/45/EG, ABlEG Nr. L 254/64.
1527 In Deutschland durch das EBR-Gesetz vom 28.10.1996, BGBl. I S. 1548.
1528 Richtlinie 97/74/EG, ABlEG v. 16.1.1998, L 10/22.
1529 ABlEU v. 16.5.2009, Nr. L 122/28ff.
1530 Gesetz v. 14 Juni 2011, BGBl. I S. 1050.
1531 DKW-*Däubler*, Vorbem. EBRG Rn. 25l.

3. Schaffung eines Europäischen Betriebsrats

Ein europäischer Betriebsrat wird gebildet, wenn ein Unternehmen oder ein Konzern in zwei oder mehr Mitgliedstaaten tätig ist und insgesamt mindestens 1000 Arbeitnehmer beschäftigt. Dabei müssen in zwei Mitgliedstaaten mindestens je 150 Arbeitnehmer tätig sein (§ 3 Abs. 1 EBRG). Liegt die Konzernspitze (»zentrale Leitung« genannt) in einem Drittstaat, so kann sie bestimmen, welches Unternehmen innerhalb der EU die Funktion einer »Europadirektion« wahrnimmt. Geschieht das nicht, gilt das Unternehmen als zentrale Leitung, das – verglichen mit den anderen Konzernunternehmen in der EU – die größte Zahl an Arbeitnehmern beschäftigt.

Die Bildung eines europäischen Betriebsrats verläuft völlig anders als die Wahl eines deutschen Betriebsrats. Die Initiative liegt bei der zentralen Leitung und auf der Arbeitnehmerseite: Interessenvertretungen aus zwei Mitgliedstaaten, die zusammen mindestens 100 Arbeitnehmer vertreten, können bei der Arbeitgeberseite den Antrag stellen, ein sog. besonderes Verhandlungsgremium einzurichten. In diesem sind nach näherer Maßgabe der Richtlinie bzw. des nationalen Gesetzes grundsätzlich alle Niederlassungen vertreten.

Das besondere Verhandlungsgremium verhandelt mit der Arbeitgeberseite über die konkrete Ausgestaltung des EBR. Ist nach drei Jahren Verhandlung noch keine Einigung erreicht, so tritt ein gesetzliches Modell in Kraft, was den Spielraum während der Verhandlungen weitgehend determiniert. Das gesetzliche Modell greift auch dann Platz, wenn die zentrale Leitung trotz Aufforderung innerhalb von sechs Monaten nicht in Verhandlungen eintritt, oder wenn vor Ablauf von drei Jahren beide Seiten erklären, dass weitere Verhandlungen sinnlos seien. Auch kann das besondere Verhandlungsgremium mit Zweidrittelmehrheit von sich aus die Verhandlungen einstellen, was es im Regelfall nur tun wird, wenn die zentrale Leitung den EBR nicht will und für den Verzicht eine ausreichende Gegenleistung anbietet.

Die Zahl der effektiv gebildeten europäischen Betriebsräte beläuft sich auf etwas über 1000.[1532] Damit sind rund 40 % der Unternehmen und Konzerne erfasst, die nach der Richtlinie und den nationalen Gesetzen einen EBR haben sollten.[1533] Da Europäische Betriebsräte vorwiegend in Großunternehmen errichtet werden, werden insgesamt 14,5 Mio. Arbeitnehmer von einem EBR repräsentiert.[1534] Das klingt einigermaßen beeindruckend, doch sollte die Bezeichnung europäischer »Betriebsrat« nicht zu der Fehlvorstellung führen, es handle sich um ein Gremium, das mit einem deutschen Betriebsrat vergleichbar wäre.

1532 *http://www.ewcdb.eu/stats-and-graphs* (abgerufen am 3.9.2019; die Gesamtzahl der EBRs und der SE-Betriebsräte belief sich auf 1142).

1533 Vgl. *Blanke,* AuR 2009, 242, 244: 2169 Unternehmen und Konzerne unterfielen nach der Osterweiterung der Richtlinie.

1534 *Blanke,* AuR 2009, 242, 244.

4. Funktionsweise und Praxis

Der EBR trifft sich schon aus organisatorischen Gründen in der Regel nur einmal im Jahr zu einer Sitzung. Stehen im Zeitraum dazwischen Entscheidungen an, die Beschäftigte in mindestens zwei Mitgliedstaaten betreffen, so finden Information und Konsultation im Verhältnis zu einem »geschäftsführenden Ausschuss« statt, der in der Regel aus drei EBR-Mitgliedern besteht. Meist werden auch die Vertreter der von der Maßnahme betroffenen Gesellschaften hinzugeholt. Die in die Information und Konsultation eingeschalteten Mitglieder des EBR sind verpflichtet, die Argumente und den Verlauf der Diskussion an die übrigen Mitglieder weiterzugeben; deren Einschaltung ist also vom europäischen Recht her eher eine mittelbare.

Inhaltlich kann der EBR nur ganz selten mit einem »Erfolg« aufwarten. Die zentrale Leitung ist nicht zu einem Kompromiss gezwungen. Die vom EBR vorgetragenen kritischen Argumente können nach erfolgter Diskussion unverzüglich im Papierkorb verschwinden, ohne dass darin eine Gesetzesverletzung liegen würde. In der Regel wird das Management den EBR nicht offen brüskieren, sondern seine ablehnende Haltung in höfliche Worte verpacken, was im sachlichen Ergebnis aber auf dasselbe hinausläuft.

Die Praxis der bestehenden Gremien ist sehr unterschiedlich. Sie reicht von der bloßen Existenz eines E-Mail-Verteilers über inhaltslose Repräsentationsveranstaltungen bis hin zur Existenz eines Organs der Interessenvertretung mit eigener Identität.[1535] Eine breit angelegte empirische Untersuchung hat ergeben, dass in einer so zentralen Frage wie der Umstrukturierung von Unternehmen der EBR nur in 19,9 % aller Fälle konsultiert und um seine Meinung gefragt wurde, bevor eine endgültige Entscheidung gefallen war.[1536] Insoweit ist die faktische Stellung erheblich schwächer als die eines Wirtschaftsausschusses nach § 106 BetrVG. Als Positivum ist unter diesen Umständen nur zu vermerken, dass der EBR im Regelfall zu persönlichen Kontakten mit den Interessenvertretern aus anderen Ländern führt. Daraus kann sich ein Erfahrungsaustausch zu Alltagsproblemen, im Krisenfall sogar ein einheitliches Handeln ergeben, wofür es bisher allerdings kaum Beispiele gibt.[1537]

1535 *Klebe/Roth*, AiB 2000, 750; *Eberwein/Tholen/Schuster*, Die Europäisierung der Arbeitsbeziehungen als politisch-sozialer Prozess, München und Mering 2000 (vier Fallstudien); *Kotthoff*, Lehrjahre des Europäischen Betriebsrats: Zehn Jahre transnationale Arbeitnehmervertretung, Berlin 2006 (12 Fallstudien).

1536 *Waddington*, WSI-Mitt. 2006, 560, 564. Überblick über neuere Untersuchungen bei *Zimmer*, EuZA 2013, 459, 461 ff.

1537 Ähnliche Regelungen wie nach dem EBR-Gesetz existieren für den »Betriebsrat« in der SE sowie in der Europäischen Genossenschaft.

§ 41 Betriebsrat in der digitalisierten Welt

I. Einleitung

Der Betriebsverfassung werden viele positive Eigenschaften zugesprochen. Es handle sich um ein »unbekanntes Management-Handbuch«[1538], dessen Nutzung ersichtlich Gutes stiften könne. Es gehe um »Die andere Demokratie«,[1539] die – so lässt sich vermuten – mit der Demokratie im politischen Bereich auf einer Ebene steht.[1540] Doch ganz ohne plakative Kennzeichnung: Die Betriebsverfassung macht es möglich, Konflikte beizulegen, die ohne sie im Wege der Machtprobe oder gar nicht entschieden würden. Stellt dies nicht einen gewichtigen Standortvorteil dar, der anderen Ländern fehlt? Die Frage zu bejahen, ist weniger selbstverständlich als es auf den ersten Blick erscheinen mag.

Bisher war die Betriebsverfassung kein Exportschlager. Wo sie – wie in Slowenien[1541] und Südafrika[1542] – in wesentlichen Teilen übernommen wurde, hat sie wenig Erfolg erbracht. Ersichtlich müssen zur institutionellen Struktur noch andere Faktoren hinzukommen, die nicht überall auf der Welt vorhanden sind.[1543]

In der Heimat der betrieblichen Mitbestimmung stellt sich heute das Problem, welche Rolle sie in der digitalisierten Gesellschaft und auf dem Weg dorthin spielen soll. Geht es für den Betriebsrat dabei nur um Folgenbewältigung, oder kann die neue Technik mitgestaltet werden?

1538 So der Titel des Beitrags von *v. Hoyningen-Huene*, FS Kissel, München 1994, S. 387.

1539 So der Titel des Buches von *Milert/Tschirbs*.

1540 Die folgenden Ausführungen stimmen in Teilen mit den in der »Festschrift 100 Jahre Betriebsverfassungsgesetz« (Hrsg. Gräfl/Lunk/Oetker/Trebinger, München 2020. S. 115ff.) unter dem Titel »Die Technikoffenheit der Betriebsverfassung« gemachten überein.

1541 *Kohl*, Betriebsräte in Slowenien, AiB 1998, 28ff.

1542 *Lunk*, Das neue Arbeitsrecht der Republik Südafrika, NZA 1996, 1311.

1543 Zu den generellen Schwierigkeiten des Exports von Arbeitsrecht in andere Länder s. *Däubler*, Arbeitsrecht 1, Rn. 73e ff.

II. Der veränderte gesetzliche Rahmen 1972 und später

Das Thema »Betriebsrat und Technik« hat erst durch das BetrVG 1972 und die darauf bezogene Rechtsprechung Bedeutung gewonnen. Seither konnte (und kann) der Betriebsrat in diesem Rahmen auf sehr unterschiedliche Rechte zurückgreifen.

Um mit dem Einfachsten zu beginnen: Nach § 90 Abs. 1 BetrVG hat der Arbeitgeber den Betriebsrat u. a. über die Planung von technischen Anlagen und von Arbeitsverfahren und Arbeitsabläufen zu unterrichten. Anschließend muss er mit ihm darüber beraten, wobei insbesondere neue Arbeitsanforderungen für die Beschäftigten zu erörtern sind. Steht der Einsatz von Künstlicher Intelligenz zur Debatte, kann sich der Betriebsrat durch eine sachverständige Person beraten lassen; dies wurde durch das Betriebsrätemodernisierungsgesetz von 2021 klargestellt. Dabei geht es allerdings immer nur um den Austausch von Argumenten. Die Letztentscheidung bleibt beim Arbeitgeber; von Mitbestimmung kann insoweit nicht die Rede sein.

Bei geplanten Betriebsänderungen kann der Betriebsrat Verhandlungen über einen Interessenausgleich verlangen und grundsätzlich die Vereinbarung eines Sozialplans erzwingen. Anders als nach dem BetrVG 1952 entfällt dieses Recht nicht mehr, wenn die Veränderung ersichtlich dem technischen Fortschritt entspricht. Es genügt, wenn die neuen Arbeitsmethoden oder Fertigungsverfahren im konkreten Betrieb noch nicht angewandt wurden; ob sie in anderen Betrieben längst mehr oder weniger selbstverständlich sind, spielt keine Rolle.[1544]

Technikbezogen ist zumindest mittelbar auch das Mitbestimmungsrecht nach § 97 Abs. 2 BetrVG. Führen geplante oder schon umgesetzte Maßnahmen des Arbeitgebers dazu, »dass sich die Tätigkeit der betroffenen Arbeitnehmer ändert und ihre beruflichen Kenntnisse und Fähigkeiten zur Erfüllung ihrer Aufgaben nicht mehr ausreichen«, so steht dem Betriebsrat ein Mitbestimmungsrecht über Maßnahmen der betrieblichen Berufsbildung zu. Notfalls lassen sich Angebote des Arbeitgebers mit Hilfe der Einigungsstelle erzwingen. Würde also ein neues SAP-System eingeführt, ohne dass der Umgang damit im Einzelnen erläutert würde, so wäre ein solcher Fall gegeben. In der Praxis spielt dieses Mitbestimmungsrecht eine vergleichsweise geringe Rolle. Dies mag damit zusammenhängen, dass die Arbeitgeberseite schon von sich aus viele Angebote macht, weil sich sonst die »Modernisierung« wegen zahlreicher Friktionen nicht rechnen würde. Eine weitere Ursache mag darin liegen, dass es den Beschäftigten und dem Betriebsrat schwer fällt, auf Überforderung und fehlende Qualifikation hinzuweisen: Dies verstößt nicht nur gegen den »Produzentenstolz«, sondern

---

1544 DKW-*Däubler*, § 111 Rn. 114; *Fitting*, § 111 Rn. 100.

könnte aus Sicht der Betroffenen sogar den bisherigen Arbeitsplatz in Gefahr bringen. Auch hat § 97 Abs. 2 BetrVG den Nachteil, nur unmittelbar sichtbar werdende Defizite auszugleichen, aber keine langfristig angelegte Weiterqualifizierung oder Umschulung zu ermöglichen. Insoweit könnte zwar nach dem durch das Betriebsrätemodernisierungsgesetz geschaffenen § 96 Abs. 1a BetrVG eine Einigungsstelle eingesetzt werden, die jedoch nur Vorschläge machen und keine verbindliche Entscheidung treffen kann.

In einzelnen Industriebranchen hat das unscheinbare Mitbestimmungsrecht des § 87 Abs. 1 Nr. 12 BetrVG (»Grundsätze über das betriebliche Vorschlagswesen«) erhebliche Bedeutung gewonnen. Verbesserungsvorschläge ersparen bestimmten Großunternehmen nicht nur zweistellige Millionenbeträge,[1545] sondern schaffen auch eine konstruktive Arbeitsatmosphäre, weil der Einzelne an seinen »Sonderleistungen« partizipiert. Der Betriebsrat kann zwar nicht erzwingen, dass Vorschläge regelmäßig vergütet werden,[1546] doch wird häufig ein Eigeninteresse der Arbeitgeberseite bestehen, durch materielle Anreize Initiativen der Arbeitnehmer zu provozieren. Hier wird die technische Entwicklung durch den Betriebsrat und die Beschäftigten unmittelbar beeinflusst und unterstützt – ein Gedanke, der sich in Bezug auf den einzelnen Erfinder im Gesetz über Arbeitnehmererfindungen[1547] wiederfindet.

Das Mitbestimmungsrecht nach § 87 Abs. 1 Nr. 6 BetrVG betrifft seinem unmittelbaren Gegenstand nach nur die Überwachung von Leistung und Verhalten der Arbeitnehmer durch technische Mittel. Die Vorschrift knüpft somit an einen spezifischen Technikeinsatz an und gibt dem Betriebsrat das Recht, die technikvermittelten Überwachungsmöglichkeiten zurückzudrängen oder auszuschließen. Durch die immer umfassendere Einführung von Informationstechnologien entsteht für die Bestimmung ein außerordentlich breites Anwendungsfeld, was sie in die Nähe einer mitbestimmungsrechtlichen Generalklausel rückt. Ihre Bedeutung geht weit über die der anderen genannten Vorschriften hinaus, sodass es gerechtfertigt erscheint, ihr im Folgenden einen gesonderten Abschnitt zu widmen.

1545 Nachweise bei DKW-*Klebe*, § 87 Rn. 360.

1546 BAG 28.4.1981 – 1 ABR 53/79, AP Nr. 1 zu § 87 BetrVG 1972 Vorschlagswesen.

1547 v. 23. Juli 1957, BGBl. I S. 756, zuletzt geändert durch Gesetz v. 31. Juli 2009, BGBl. I S. 2521. Dazu *Däubler*, AiB 9/2021 S. 14ff.; *Goddar*, AiB 9/2021, S. 18ff.

III. Die Überwachungsabwehr des § 87 Abs. 1 Nr. 6 BetrVG

1. Historischer Anlass

Mit diesem Mitbestimmungsrecht hat der Gesetzgeber bewusst die BAG-Rechtsprechung zum BetrVG 1952[1548] korrigiert, die die Installierung eines Produktographen für mitbestimmungsfrei erklärt hatte.[1549]
Mit Hilfe eines solchen Geräts konnte der Arbeitgeber den an einer Maschine beschäftigten Arbeitnehmer zwingen, in jedem Moment den Grund für den Stillstand der Maschine anzugeben, indem er auf eine von fünf Tasten drückte. Obwohl dies zu einem Wegfall jeder (inoffiziellen) Verschnaufpause und zu einem totalen Überwachungssystem führen konnte, hatte das BAG damals keine Bedenken, da sich derjenige, der sich in ein Arbeitsverhältnis begebe, insoweit eben auch einer Kontrolle durch den Arbeitgeber unterwerfe; das Ganze dürfe lediglich nicht in ein (nicht näher beschriebenes) »Antreibersystem« ausarten.
Erscheinungen dieser Art soll es seit 1972 nur mit Zustimmung des Betriebsrats oder der Einigungsstelle, d.h. nur noch in Ausnahmefällen geben. Zutreffend hat das BAG schon früh neben dem Produktographen auch Multimoment-Filmkameras, die in regelmäßigen Abständen Aufnahmen von Arbeitsplätzen machen, unter § 87 Abs. 1 Nr. 6 eingeordnet.[1550] Erst recht wird eine (dauernde) Videokontrolle erfasst.[1551]

2. Erweiterte Überwachungsmöglichkeiten

Durch die zunehmende Einführung von Informationstechnologien sind neben diese »groben« Formen von Kontrolle zahlreiche andere Mechanismen getreten, die der Betriebsleitung zusätzliche Daten über Leistung und Verhalten von Arbeitnehmern verschaffen können: Aus- und Einschalten eines Geräts werden gespeichert, ebenso das verbrauchte Material, aber auch die von einem bestimmten Apparat aus geführten Telefongespräche – Vorgänge, aus denen je nach den konkreten Umständen des Falles Rückschlüsse auf das Verhalten einzelner Beschäftigter möglich sind.

> Dem Verfasser wurde bei einem Betriebsräte-Seminar die folgende Situation aus einem Call Center geschildert: Alle Gespräche werden an 5 Tagen der 7-Tage-Wo-

1548 BAG 27.5.1960 – 1 ABR 11/59, AP Nr. 1 zu § 56 BetrVG (1952) Ordnung des Betriebes.
1549 BT-Drucksache VI/1786, S. 48 ff.; bestätigt durch BAG 9.9.1975 – 1 ABR 20/74, AP Nr. 2 zu § 87 BetrVG 1972 Überwachung.
1550 BAG 14.5.1974 – 1 ABR 45/73, AP Nr. 1 zu § 87 BetrVG 1972 Überwachung.
1551 So bereits BAG 29.6.2004 – 1 ABR 21/03, NZA 2004, 1278, 1279.

che aufgezeichnet. Die stichprobenweise Auswertung kann zur Gewährung einer Prämie, aber auch zu einer »Ermahnung« oder Abmahnung führen. Am Arbeitsplatz steht ein PC, dessen webcam immer eingeschaltet ist. Der Arbeitnehmer kann sie ausschalten, muss dann aber bei Bedarf Auskunft über den Grund geben. Aktuell ging es im Betrieb um **»keyword-spotting«**. Dabei stellt man fest, wie oft ein bestimmter Begriff (in der Regel die Bezeichnung einer zu verkaufenden Ware) in den Gesprächen Erwähnung fand. Es gibt Vorgaben, wie oft der Einzelne sie pro Tag erwähnen muss. Ob er diese auch befolgt, lässt sich durch automatische Auswertung der Gespräche feststellen.[1552]

EDV-gestützte Personalinformationssysteme enthalten zahllose personenbezogene Daten, die miteinander verknüpft werden können. Besonderes Interesse haben die mit Bildschirmarbeitsplätzen verbundenen Kontrollmöglichkeiten gefunden.[1553] Der potenzielle Anwendungsbereich des § 87 Abs. 1 Nr. 6 hat sich dadurch enorm ausgeweitet – eine zunächst relativ unproblematisch erscheinende Vorschrift geriet so schon in den 1980er-Jahren in den Mittelpunkt arbeitsrechtlicher Auseinandersetzungen.

3. Anwendung des § 87 Abs. 1 Nr. 6 BetrVG im Interesse des Persönlichkeitsschutzes

Ob § 87 Abs. 1 Nr. 6 auf solche Sachverhalte anwendbar ist, richtet sich nach dem Grundgedanken der Vorschrift. Sie will die Persönlichkeit des einzelnen Arbeitnehmers durch die Einschaltung einer Kontrollinstanz präventiv schützen,[1554] um unzulässige Eingriffe zu verhindern und zulässige auf das unbedingt Notwendige zu beschränken.[1555] Bei der Auslegung der Vorschrift ist diejenige Lösung zu wählen, die diesem Zweck am nächsten kommt: In dubio pro Persönlichkeitsschutz.[1556]
Die Rechtsprechung des BAG hat sich im Wesentlichen an diesen Grundsatz gehalten. Schon die objektive Möglichkeit zur Kontrolle reicht, um die Vorschrift anzuwenden, eine (schwer beweisbare) Überwachungsabsicht muss nicht vorliegen.[1557] Mitbestimmungspflichtig ist nicht nur die Erhebung von personen-

1552 Instruktiv zu den Überwachungsmöglichkeiten in einem Call-Center *Schierbaum*, Automatic Call Distribution – Auf dem Weg zur gläsernen Büroarbeit?, RDV 1998, 154ff.
1553 Dazu BAG 6.12.1983 – 1 ABR 43/81, AP Nr. 7 zu § 87 BetrVG 1987 = NJW 1984, 1476.
1554 BAG 10.7.1979 – 1 ABR 50/78, AP Nr. 3 zu § 87 BetrVG 1972 Überwachung; BAG 10.7.1979 – 1 ABR 97/77, AP Nr. 4 zu § 87 BetrVG 1972 Überwachung.
1555 DKW-*Klebe* § 87 Rn. 166; GK-*Wiese/Gutzeit*, 11. Aufl., Köln 2018, § 87 Rn. 509ff.; *Richardi/Maschmann*, in: Richardi (Hrsg.), § 87 Rn. 490ff.
1556 DKW-*Klebe* § 87 Rn. 166; *Fitting*, § 87 Rn. 216; *Simitis*, Schutz von Arbeitnehmerdaten, Bonn 1980, S. 30.
1557 BAG 9.9.1975 – 1 ABR 20/74, AP Nr. 2 zu § 87 BetrVG 1972 Überwachung, st. Rspr.

bezogenen Daten durch technische Einrichtungen, sondern auch die Auswertung manuell erhobener Daten mit Hilfe der EDV.[1558] Maßgebend hierfür ist die Erwägung, dass die Gefahren für die Persönlichkeit des Arbeitnehmers nicht weniger groß sind als bei der maschinellen Erfassung: Die fast unbegrenzten Speicherkapazitäten, die jederzeitige Verknüpfbarkeit der Informationen mit anderen betriebsinternen Datensammlungen, die beliebige Abrufbarkeit aller Informationen, ihre Isolierung vom ursprünglichen sozialen Kontext – dies alles gilt genauso, wenn nicht schon bei der Erfassung, sondern erst bei der Verarbeitung das Medium EDV benutzt wird.[1559]
Verhalten und Leistung von Arbeitnehmern werden auch dann erfasst, wenn nur mittels »Zusatzwissens« wie einer Anwesenheitsliste rückgeschlossen werden kann, welche Person im konkreten Fall für die aufgezeichneten Vorgänge verantwortlich war.[1560]

4. Mitgestaltung von Technik?

Die Anwendungsbeispiele machen deutlich, dass der Betriebsrat befugt ist, über den Einsatz von Technik effektiv mitzuentscheiden. Er kann z. B. verlangen, dass bestimmte Merkmale eines Systems deaktiviert werden oder dass unvermeidlich anfallende Daten sofort zu löschen sind. Will er seine Aufgaben wirksam erfüllen, muss er die Funktionsweise der Informationstechnik nachvollziehen und ggf. durch Einschaltung von Experten klären, ob und welche Möglichkeiten es gibt, die Eingriffe in die Persönlichkeitssphäre der Arbeitnehmer zu minimieren. Mit einer Absichtserklärung des Arbeitgebers, es werde keine Überwachung stattfinden und die erhobenen Daten würden nicht ausgewertet, muss er sich nicht zufriedengeben. Der universelle Charakter der Informationstechnik führt dazu, dass der Betriebsrat bei (fast) allen wesentlichen Fragen der apparativen Ausstattung des Betriebs mitbestimmen kann.[1561]
Zwischen dem durch Gesetz und Rechtsprechung eingeräumten Recht und der tatsächlichen Mitgestaltung klafft allerdings ein großes Loch. Nehmen wir ein ganz alltägliches Beispiel: In einem mittelständischen Betrieb mit 400 Beschäftigten wird mit einem Informationssystem gearbeitet, an das 320 Personen angeschlossen sind. Für jeden sind entsprechend seiner Aufgabenstellung bestimmte Zugriffsbefugnisse eingerichtet, die zum Teil zu »Rollen« zusammengefasst werden. Welcher Betriebsrat und welcher Einigungsstellenvorsitzende ist

1558 BAG 14.9.1984 – 1 ABR 23/82, NZA 1985, 28ff.
1559 Im Einzelnen dazu BAG 14.9.1984 – 1 ABR 23/82, NZA 1985, 28, 30 (unter V 3b der Gründe).
1560 Dazu im Einzelnen *Däubler*, Gläserne Belegschaften, Rn. 752ff. m.w.N.
1561 Deshalb ist bei *Clemenz* (FS 100 Jahre Betriebsverfassungsrecht, S. 101, 109) auch von »Co-Unternehmensführung« die Rede.

willens und in der Lage, sämtliche 320 Zugriffsrechte im Einzelnen auf ihre Notwendigkeit hin zu überprüfen? Dies würde voraussetzen, auch die Arbeit jedes Einzelnen im Detail nachzuvollziehen, denn nur dann lässt sich die Erforderlichkeit eines konkreten Datenzugriffs und einer konkreten Datenverarbeitung bestimmen. Betriebsratsmitglieder, die diese Aufgabe ernst nehmen würden, müssten nicht nur eine hohe Fachkompetenz aufweisen; sie würden auch über längere Zeit für jede andere Betriebsratstätigkeit ausfallen, von ihrer normalen Arbeit ganz zu schweigen.

Das gewählte Beispiel fällt keineswegs aus dem Rahmen. Es reicht, auf einen großen deutschen Verkehrsflughafen hinzuweisen, dessen Betreibergesellschaft über 3000 Videokameras verfügt: Bei jeder müsste korrekterweise überprüft werden, für welchen konkreten Zweck sie benötigt wird. Dazu kommt, dass in vielen Fällen Anforderungen staatlicher Behörden im Hintergrund stehen. Bei der Installierung wurden allerdings keine Verwaltungsakte erlassen, sondern nur Gespräche über die notwendigen Maßnahmen geführt. Der (zunächst nicht eingeschaltete) Betriebsrat müsste daher Dreierverhandlungen führen. Unterstellt man auf der Grundlage eines mutigen Optimismus, dass im Durchschnitt innerhalb einer Stunde eine Verständigung über eine Kamera erreichbar ist, so dauern die Verhandlungen rund zwei Jahre. In der Praxis läuft dies ersichtlich anders: Man generalisiert, auch wenn die Einzelfälle sich unterscheiden, und man begnügt sich mit einer Regelung, die an den Rechtsfolgen ansetzt, die beispielsweise einen Zugriff auf die durch Kamera ermittelten Daten nur erlaubt, wenn Arbeitgeber und Betriebsrat einig sind oder ein zwingendes öffentliches Interesse es erfordert. Der Betriebsrat ist faktisch gezwungen, die Technik als solche zu akzeptieren, und begnügt sich mit Schutzvorschriften zugunsten der Arbeitnehmer. Von einer »Einladung zum Missbrauch« kann nicht gesprochen werden;[1562] dies würde eine Beherrschung der Technik voraussetzen. Spätestens in der Einigungsstelle wird der durch die Technik nahegelegten oder erzwungenen wirtschaftlichen Vernunft Rechnung getragen werden müssen.

Auch diese »verdünnte« Form von Mitbestimmung macht den Betriebsrat in gewissem Umfang zum Technologieexperten. Er kann und muss über die Technikgestaltung mitreden, auch wenn er diese nur im Ausnahmefall inhaltlich beeinflussen wird. Entwicklungen, die in der Belegschaft oder gar darüber hinaus Empörung auslösen, könnte er verhindern oder wieder rückgängig machen.[1563]

1562 So aber *Clemenz*, FS 100 Jahre Betriebsverfassungsrecht, S. 101, 112.

1563 Ähnliche Problemsicht bei *Annuß*, FS 100 Jahre Betriebsverfassungsrecht, S. 11, 13, der eine gegenständliche Begrenzung auf den Überwachungsaspekt befürwortet.

IV. Digitalisierung als Herausforderung

1. Neue Rahmenbedingungen

Die Schaffung und immer weitere Verbreitung von Informationstechniken ließ sich im Grundsatz innerhalb des überkommenen Systems bewältigen: Wird am Arbeitsplatz mit dem PC statt mit der Maschine gearbeitet, muss der Betriebsrat für die Einhaltung der jetzt maßgebenden Schutzgesetze sorgen, die andere als im Maschinenzeitalter sind; seine Rolle als solche bleibt aber dieselbe. Durch die Mitbestimmung nach § 87 Abs. 1 Nr. 6 BetrVG sind seine rechtlichen Einflussmöglichkeiten im Vergleich zur traditionellen Fabrik sogar erheblich gewachsen.
Die fortschreitende Digitalisierung ändert erstmalig die Rahmenbedingungen und stellt die Gleichsetzung Computer = Maschine fundamental in Frage. Ohne mich auf Spekulationen zur »Arbeit 4.0« einzulassen, lassen sich heute schon eine Reihe von Veränderungen feststellen, die nicht nur den Betriebsrat mit neuen Aufgaben konfrontieren, sondern im Extremfall auch seine Existenz in Frage stellen können.[1564] Es stellt sich die Frage, ob stillschweigend vorausgesetzte Bedingungen für arbeitsrechtliche Institutionen wie »Betrieb« und »kontinuierliche Arbeit beim selben Unternehmen« oder Grundbegriffe wie »Arbeitnehmer« wegfallen oder zum Ausnahmetatbestand werden.

2. »Verflüssigung« der Arbeitszeit

Die Verfügbarkeit von Laptop, Tablet-Computer und Smartphone macht es möglich, zu jeder Zeit und von jedem Ort aus zu arbeiten. Dies bedeutet insbesondere: Was im Büro nicht geschafft wurde, wird auf der Heimfahrt oder zu Hause erledigt. Ob dies dann auch als »Arbeitszeit« erfasst wird, steht auf einem anderen Blatt. Dazu kommt: Einzelne Beschäftigte identifizieren sich so stark mit ihrer Aufgabe, dass sie nicht mehr nach der 10-Stunden-Grenze des § 3 Satz 2 ArbZG, nach den Pausen des § 4 ArbZG und den Ruhezeiten des § 5 ArbZG fragen. Dies kann bei der sog. Vertrauensarbeitszeit besonders nahe liegen, ist aber nicht auf diese beschränkt.
Findet während des Urlaubs eine Telefonkonferenz statt, so nehmen viele Mitarbeiter gleichwohl teil; dies geschieht aus »Pflichtbewusstsein« oder deshalb, weil sie die eigene Unentbehrlichkeit unterstreichen wollen.
Doch es geht nicht nur um diese »Workaholics«: In vielen Fällen wird erwartet, dass eine mehr oder weniger große Zahl von Beschäftigten auch während der Freizeit erreichbar ist und bei Bedarf kurzfristig mit der Arbeit beginnt. Auch dies kann (und wird häufig) zu einer Verletzung des ArbZG führen.

1564 Dazu auch *Reichold*, FS Preis, S. 1003 ff.

Wirksame Gegenmittel sind rar. Betriebsräte neigen wie die meisten Juristen dazu, die konsequente Umsetzung des ArbZG zu fordern und ggf. die vorgesehenen Sanktionen zu erhöhen. Selbst der an sich naheliegende Gedanke, die jederzeitige Erreichbarkeit als Fall der Rufbereitschaft zu qualifizieren, die mitbestimmungspflichtig ist,[1565] wird in der Praxis kaum aufgegriffen. Sich neuen Herausforderungen zu stellen, erscheint vielen Betriebsräten höchst ungewohnt. Der Kern des Problems liegt darin, dass die anfallende Arbeitsmenge typischerweise nicht in den arbeitsvertraglich vereinbarten 37 bis 40 Stunden bewältigt werden kann. Hier müsste die Arbeitnehmerseite ansetzen und den Versuch unternehmen, die Arbeitsbelastung zu begrenzen. Dies ließe sich am einfachsten mit einem neuen Mitbestimmungsrecht über die dem Einzelnen zugewiesene Arbeitsmenge bewältigen, doch kommt auch in Betracht, besonderes gravierende Fälle aufzugreifen und von den Möglichkeiten des Beschwerderechts nach §§ 84, 85 BetrVG bis hin zur Einschaltung der Einigungsstelle Gebrauch zu machen.[1566]

3. Reaktionen des Arbeitsschutzrechts

Infolge der Intensivierung der Arbeitsprozesse nehmen die psychischen Belastungen an vielen Arbeitsplätzen zu.[1567] Es verwundert daher nicht, dass die Zahl psychischer Erkrankungen, die auf arbeitsbedingten Ursachen beruhen, in den letzten zehn bis 15 Jahren deutlich gestiegen ist.[1568] So haben sich die Krankheitstage, die auf einem Burn-out-Syndrom beruhen, zwischen 2004 und 2010 auf das Neunfache erhöht.[1569] Zwischen dauernder Erreichbarkeit und Stress besteht ein unmittelbarer Zusammenhang: 36 % derjenigen, die sich als »häufig gestresst« empfinden, geben zugleich an, fast durchgehend online zu sein.[1570]
Wichtigstes Gegenmittel für den Betriebsrat ist die Gefährdungsbeurteilung, die sich seit 2013 auch auf »psychische Belastungen bei der Arbeit« bezieht (§ 5 Abs. 3 Nr. 6 ArbSchG). Zwar stehen dem Betriebsrat Mitbestimmungsrechte in Bezug auf die konkret zu erforschenden Gefahren und die Auswahlkriterien für den »Untersucher« zu,[1571] doch fällt es in der Praxis wegen einer verhaltenen Reaktion der Arbeitgeberseite oft schwer, davon wirklich Gebrauch zu machen.

1565 BAG 21.12.1982 – 1 ABR 14/81, AP Nr. 9 zu § 87 BetrVG 1972 Arbeitszeit.

1566 Einzelheiten bei *Däubler*, Steuerung der Arbeitsmenge in der digitalisierten Welt?, ZTR 2016, 359.

1567 *Gaul*, Leistungsdruck, psychische Belastung & Stress – Arbeitsrechtliche Handlungserfordernisse, DB 2013,60; *J. Schneider*, Arbeitsrechtliche Vorhaben der Bundestagsparteien – Überblick über die Wahlprogramme, DB 2013, 1551, 1553.

1568 Eingehend *Krause*, 71. DJT, B 66ff.

1569 *Welkoborsky/Baumgarten*, Aktiv gegen Arbeitsstress, AiB 12/2014, 51 unter Bezugnahme auf eine Untersuchung des Wissenschaftlichen Instituts der AOK.

1570 *Krause*, 71. DJT, B 68. Weitere Angaben bei *Däubler*, Digitalisierung, § 6 Rn. 18ff.

1571 BAG, 8.6.2004 – 1 ABR 13/03, AP Nr. 13 zu § 87 BetrVG 1072 Gesundheitsschutz.

Einer Befragung in 6500 Betrieben (mit und ohne Betriebsrat) erbrachte das Ergebnis, dass nur in 54 % aller Fälle eine korrekte Gefährdungsbeurteilung durchgeführt wurde.[1572] Erst recht wird nur von wenigen Fällen berichtet, in denen eine einmal erstellte Gefährdungsbeurteilung zu einem effektiven Abbau von Überforderungen und damit von Gesundheitsgefährdungen geführt hat.[1573]

V. Home Office und mobile Arbeit

Digitalisierte Arbeit kann nicht nur zu beliebiger Zeit, sondern auch an beliebigem Ort geleistet werden. Viele Arbeitnehmer haben überdies den Wunsch, ihre Arbeit teilweise oder ganz zu Hause zu erledigen und so auf den beschwerlichen, oft Zeit und Nerven kostenden Weg zum Betrieb und wieder zurück zu verzichten. Weiter können familiäre Pflichten für eine solche Lösung sprechen. Auch bei der Arbeitgeberseite besteht bisweilen Entgegenkommen, weil selbst bei nur zwei Homeoffice-Tagen pro Woche weniger Bürokapazität vorgehalten werden muss und Desk-Sharing praktiziert werden kann.[1574]
Das Arbeitsvertragsrecht gibt nur ganz ausnahmsweise einen Anspruch auf ein Homeoffice. Er besteht etwa dann, wenn bei einer Ablehnung der Gleichbehandlungsgrundsatz verletzt wäre oder wenn die Arbeit im Homeoffice die einzige behinderungsgerechte Beschäftigung im Sinne von § 164 Abs. 4 SGB IX ist.[1575] Während der Corona-Pandemie waren die Arbeitgeber zeitweise verpflichtet, jedem Beschäftigten eine Arbeit zu Hause zu gestatten, wenn nicht zwingende betriebliche Gründe entgegenstanden. Man kann davon ausgehen, dass dabei durchaus auch positive Erfahrungen gemacht wurden, die zu einer partiellen »Verlängerung auf unbestimmte Zeit« führen. Für eine freiwillige Betriebsvereinbarung oder für einheitliche vertragliche Abmachungen wird daher häufig eine gute Chance bestehen.
Solche Abmachungen können zahlreiche Regelungen enthalten, die von einem Recht auf Rückkehr in den Betrieb über Haftungs- und Versicherungsfragen bis hin zu einem Entgelt für das dienstlich genutzte Zimmer in der Privatwohnung reichen.[1576] Das Betriebsrätemodernisierungsgesetz hat überdies einen § 87

1572 Mitgeteilt bei *Klebe*, AuR 2020, 196, 197.
1573 *Däubler*, Digitalisierung, § 6 Rn. 33 ff.
1574 Weitere Einzelheiten bei *Däubler*, Digitalisierung, § 15 Rn. 1 ff.
1575 S. den Fall LAG Niedersachsen 6.12.2010 – 12 Sa 860/10, Behindertenrecht 2013, 91; ähnlich LAG Hamburg 15.4.2015 – 5 Sa 107/12, LAGE § 81 SGB IX Nr. 15.
1576 Zum Inhalt solcher Betriebsvereinbarungen s. näher *Eder*, Homeoffice – mit Betriebsrat, AiB 3/2017, 15; *Hoppe*, in: Kramer (Hrsg.), IT-Arbeitsrecht, München 2017, Teil B Rn. 615; *Däubler*, PersR 1/2022. 8 ff. (mit Formulierungsvorschlägen).

Abs. 1 Nr. 14 in das BetrVG eingefügt, wonach die »Gestaltung der mobilen Arbeit« (zu der auch das Homeoffice gehört) der Mitbestimmung unterliegt. Dabei kann insbesondere auch festgelegt werden, in welcher Höhe der Arbeitnehmer einen Aufwendungsersatz nach § 670 BGB erhält.

Ob der einzelne Arbeitnehmer im Homeoffice arbeiten will, ist allerdings grundsätzlich ihm überlassen. Eine »Versetzung nach Hause« ist nicht mehr vom Direktionsrecht gedeckt: Die Grundlagen des Arbeitsverhältnisses würden verändert, weil der Arbeitnehmer zu Hause auch mit eigenen Arbeitsmitteln tätig wird.[1577] Aus diesem Grund käme neben der meist ausscheidenden Änderungskündigung nur ein Änderungsvertrag in Betracht, der allerdings der AGB-Kontrolle nach § 307 Abs. 1 Satz 1 BGB i. V. m. § 310 Abs. 3 BGB standhalten muss.[1578] Auch während der Pandemie behielt der Arbeitnehmer das Recht, eine angebotene »Arbeit zu Hause« nicht zu akzeptieren und weiter in den Betrieb zu kommen.

Soweit die Arbeit zu Hause nur einen kleineren Teil der Woche betrifft, ist dies für das Funktionieren der Betriebsverfassung ohne größere Bedeutung. Anders verhält es sich dann, wenn die gesamte oder fast die gesamte Arbeit in der eigenen Wohnung erledigt wird: Der betriebliche Zusammenhalt geht in solchen Fällen verloren, Betriebsversammlungen dünnen aus, der Betriebsrat handelt wie ein »Geschäftsführer ohne Auftrag«, seine Basis wird immer kleiner und unsichtbarer. Ob er von real auftauchenden Problemen Kenntnis erhält, beruht eher auf Zufall als auf Normalität. Dazu kommt das Problem, dass arbeitsrechtliche Vorschriften wie das ArbZG und das Arbeitsschutzrecht mangels wirksamer Kontrolle in den Wohnungen aller Erfahrung nach lax gehandhabt werden. Dies alles konnte schon bei der traditionellen Telearbeit auftauchen, doch bewegte sich diese in engen zahlenmäßigen Grenzen. Das Homeoffice kann dagegen zu einer Massenerscheinung werden.

1577 Eine Ausnahme könnte für den ausschließlich vom Arbeitgeber eingerichteten Telearbeitsplatz im Sinne des § 2 Abs. 7 ArbStättVO gelten, doch ist er eine seltene Erscheinung.

1578 Näher *Däubler*, Der Änderungsvertrag – das vergessene Problem, in: Annuß/Picker/Wißmann (Hrsg.), Festschrift für Reinhard Richardi zum 70. Geburtstag, München 2007, S. 205ff.

VI. Die Matrixorganisation – der Vorgesetzte in der Ferne

Die Matrixorganisation von Unternehmen und Konzernen befindet sich in einem Prozess der Expansion, der durch die Digitalisierung verstärkt wird.[1579] Betriebsverfassungsrechtlich ist insbesondere das Phänomen von Bedeutung, dass der Disziplinarvorgesetzte als Repräsentant des Vertragsarbeitgebers und der Fachvorgesetzte in verschiedenen Betrieben oder Unternehmen angesiedelt sind. Dabei können die »Kommandostellen« auch im Ausland liegen; der bei der deutschen Niederlassung von IBM beschäftigte Informatiker erhält z. B. seine Weisungen direkt aus den USA.[1580] Ändert sich dadurch etwas an der Betriebszugehörigkeit und damit an dem Kreis derer, für die der Betriebsrat sprechen kann?

Der Weisungsempfänger gehört unbestrittenermaßen weiter zum bisherigen Betrieb. Er befindet sich insoweit in einer ähnlichen Lage wie ein Leiharbeitnehmer, der mit Rücksicht auf seinen Arbeitsvertrag Teil des Verleiherbetriebs bleibt, obwohl er im Betrieb des Entleihers seine Weisungen erhält. Zweifelhaft kann deshalb nur sein, ob auch die Führungskraft zur Belegschaft gehört, die die Weisungen erteilt. Dies hätte u. a. zur Folge, dass dem Betriebsrat nach § 99 BetrVG ein Zustimmungsverweigerungsrecht zustehen würde, wenn eine externe Person mit dieser Aufgabe betraut wird. Dies wurde von mehreren Landesarbeitsgerichten bejaht – allerdings nur für rein innerstaatliche Sachverhalte.[1581] Dieser Rechtsprechung ist zuzustimmen, da die Einstellung im Sinne des § 99 BetrVG nur eine Eingliederung in die betriebliche Organisation verlangt, die bei einer mit Weisungsbefugnissen ausgestatteten Person eindeutig zu bejahen ist. Die frühere Zwei-Komponenten-Lehre, die neben der Eingliederung auch die Existenz eines Arbeitsvertrags mit dem Betriebsinhaber verlangte, ist aufgegeben worden.[1582]

Die Eingliederung in den Betrieb kann nicht davon abhängen, wo sich die konkrete Arbeitsstätte einer Person befindet. Das BAG hat mit Recht darauf abgestellt, dass es letztlich darauf ankommt, wer das Arbeitsverhalten der fraglichen

---

1579 Vgl. *Maschmann*, FS 100 Jahre Betriebsverfassungsrecht, S. 463 ff.

1580 Näher zum Matrix-System s. *C. Schubert*, Betriebliche Mitbestimmung in Unternehmen und Konzernen mit Matrixorganisation, Frankfurt/Main 2017, S. 15 ff.; *Fritz*, Die Führungskraft in der Matrixorganisation, Beilage 4/2018 zu NZA, S. 98 f.

1581 LAG Düsseldorf 20. 12. 2017 – 12 TaBV 66/17, NZA-RR 2018, 298 (auch für betriebsübergreifende Matrix innerhalb eines Unternehmens); LAG Düsseldorf 10. 2. 2016 – 7 TaBV 63/15, LAGE § 101 BetrVG 2001 Nr. 5 (unternehmensübergreifende Matrixstrukturen); LAG Baden-Württemberg 28. 5. 2014 – 4 TaBV 7/13, BB 2014, 2298 (unternehmensübergreifende Matrixstrukturen); vgl. auch LAG Berlin-Brandenburg 17. 6. 2015 – 17 TaBV 277/15, NZA-RR 2015, 529 (Übernahme der Personalverantwortung im Betrieb).

1582 BAG 5. 12. 2012 – 7 AZR 48/11, NZA 2013, 793; bestätigt durch BAG 13. 3. 2013 – 7 ABR 69/11, NZA 2013, 789.

Person steuert. Insoweit ist es auch möglich, dass eine auf Dauer im Ausland tätige Person weiter dem inländischen Betrieb zugeordnet ist.[1583] Anders ist es nur, wenn die in Betracht kommende Person voll in den ausländischen Betrieb integriert ist und keine Weisungen mehr aus dem Inland erhält.[1584] Ob dies der Fall ist, bestimmt sich nach den Umständen des Einzelfalls. Allerdings besteht insoweit eine Anbindung an den im Inland gelegenen Betrieb, als der Vertragsarbeitgeber zustimmen muss, dass das Direktionsrecht vom Ausland her ausgeübt werden kann. Ist hierfür nicht nur eine Pauschalgenehmigung, sondern eine Abstimmung in Einzelfällen erforderlich, würde dies für die Einbeziehung in den inländischen Betrieb sprechen.

In der Literatur wurde die Frage aufgeworfen, ob überhaupt noch ein innerstaatlicher Betrieb besteht, wenn alle in einer Arbeitsstätte Tätigen ihre Weisungen von jenseits der deutschen Grenze erhalten. Hier wird es genügen, wenn außerhalb der von außen gesteuerten Arbeit ein gewisses Maß an eigenständiger Organisation verbleibt, die sich beispielsweise auf betriebliche Sozialeinrichtungen und auf Verhaltensregeln in der in Deutschland befindlichen »Einheit« bezieht.[1585]

Ein weiteres Problem ergibt sich dann, wenn der »Matrixmanager« und der Arbeitnehmer arbeitsvertraglich im selben Betrieb verortet sind, nunmehr aber der Arbeitnehmer für längere Zeit in einen anderen Betrieb entsandt wird. Dies ist der sog. echten Leiharbeit vergleichbar.[1586] Das bedeutet, dass nach § 7 Satz 2 BetrVG bei einem mindestens dreimonatigen Einsatz ein aktives Wahlrecht im Einsatzbetrieb entsteht. Da anders als bei der Leiharbeit keine Vorschrift wie § 14 Abs. 2 Satz 1 AÜG existiert, die das passive Wahlrecht ausschließt, wird man auch dieses bejahen können. Faktisch besteht eine doppelte Betriebszugehörigkeit, doch werden die Rechte nach dem BetrVG im Zweifel nur im Einsatzbetrieb ausgeübt.[1587]

Ohne auf weitere Details eingehen zu können, lässt sich jedenfalls die Feststellung treffen, dass die Betriebsverfassung durch Matrixstrukturen nicht prinzipiell in Frage gestellt wird. Dass die eine oder andere neue Rechtsfrage auftaucht, vermag daran nichts zu ändern.

1583 BAG 7.12.1989 – 2 AZR 228/89, DB 1990, 992.

1584 Ebenso *Reiter*, in: Maschmann/Fritz, Matrixorganisationen, München 2018, Kapitel 3 Rn. 666ff.

1585 Ähnlich *Reiter*, a.a.O., Rn. 679.

1586 Dazu *Däubler*, Arbeitsrecht 2, Rn. 1997f.

1587 S. auch *C. Schubert*, S. 18ff.

VII. Plattformökonomie

In der Digitalisierungsdebatte haben »neue Beschäftigungsformen«, die im Zusammenhang mit Plattformen entstehen (sollen), ein hohes Maß an Aufmerksamkeit gefunden. Dabei lassen sich zwei Erscheinungsformen unterscheiden. Zum einen geht es darum, dass Tätigkeiten in der realen Welt unter Nutzung einer Plattform (und damit des Internet) vermittelt werden. Der Kunde bestellt Essen, das ihm kurz darauf nach Hause geliefert wird (Foodora, Deliveroo), er will mit dem Auto von A nach B gebracht werden (Uber) oder er würde gerne Dienstleistungen im Haushalt in Anspruch nehmen (TaskRabbit). Die zweite Form besteht darin, dass nicht nur die Vermittlung, sondern auch die Arbeitsleistung selbst im Internet erbracht wird: Die Plattform schreibt einen Auftrag aus, um den sich jeder User des Internet bewerben kann. Insoweit ist von Crowdwork die Rede. In beiden Fällen können sich erhebliche Auswirkungen auf die Betriebsverfassung ergeben.

1. Vermittlung von Aufträgen übers Internet

Die Plattformen vertreten in der Regel den Standpunkt, dass die von ihnen vermittelten Dienste von Selbständigen erbracht werden. Die Verkaufs- und Taxifahrer seien ebenso wie die Dienstleister im Haushalt nicht etwa ihre Arbeitnehmer; vielmehr seien sie in der Lage, den einzelnen Einsatz abzulehnen und auch sonst ihre Arbeit weithin selbst zu organisieren. Viele Betroffene betonen demgegenüber, ihr Spielraum sei eher geringer als der eines Arbeitnehmers, sodass sie nicht nur auf den Schutz des Arbeitsrechts angewiesen seien, sondern auch in die Sozialversicherung einbezogen werden müssten. Dies hat in zahlreichen Ländern zu gerichtlichen Verfahren geführt.[1588]

Das BAG hat mit seinem Urteil vom 1. Dezember 2020[1589] eine Reihe wichtiger Gesichtspunkte genannt, die für eine Arbeitnehmereigenschaft sprechen. Danach kann sich die Weisungsgebundenheit auch daraus ergeben, dass die geschuldete Arbeitsleistung aufgrund der Vertragsgestaltung oder der tatsächlichen Durchführung des Vertrags den Freiraum des Arbeitenden stark einschränkt. Hierfür genügen auch organisatorische Maßnahmen, durch die der Beschäftigte mittelbar in eine bestimmte Richtung gelenkt wird. Hierfür genügen Anreizsysteme, die eine Arbeit von bestimmtem Umfang mit erheblichen wirtschaftlichen Vor-

1588 Überblick bei *Schneider-Dörr*, Erwerbsarbeit in der Plattformökonomie, Working Paper Forschungsförderung der Hans Böckler Stiftung, Nummer 116, Februar 2019, S. 75ff.

1589 9 AZR 102/20, NZA 2021, 552.

teilen verbinden. Ist dies der Fall, so steht auch das Recht, einzelne Aufträge abzulehnen, der Annahme eines Arbeitsverhältnisses nicht entgegen.[1590]

> Im konkreten Fall ging es darum, dass die fragliche Person bei Einzelhandelsgeschäften und Tankstellen kontrollieren musste, ob die Präsentation von bestimmten Markenprodukten auch wirklich erfolgt war und den vertraglichen Vorgaben entsprach. Dafür stand in der Regel ein Zeitfenster von zwei Stunden zur Verfügung. Die zu kontrollierenden Stellen lagen in einem Umkreis von 50 km, sodass vernünftigerweise zahlreiche Aufträge angenommen und dadurch eine »Tourenplanung« möglich wurde. Je höher der durch die bisherige Arbeit erreichte »Level« war, umso mehr Aufträge konnte der Einzelne annehmen, bis eine Obergrenze erreicht war.

Soweit die Arbeitenden nicht als Arbeitnehmer qualifiziert werden können, fallen sie aus der Betriebsverfassung heraus. Versuche, zumindest arbeitnehmerähnliche Personen in die Betriebsverfassung einzubeziehen, sind bislang gescheitert. Die Tatsache, dass § 5 Abs. 1 Satz 2 BetrVG die in Heimarbeit Beschäftigten, die »in der Hauptsache« für den Betrieb arbeiten, ausdrücklich einbezieht, legt den Gegenschluss nahe, alle anderen arbeitnehmerähnlichen Personen seien eben ausgeklammert.[1591] Theoretisch wäre es möglich, durch einen Tarifvertrag nach § 12a TVG für arbeitnehmerähnliche Personen eine betriebsverfassungsrechtliche Vertretung zu schaffen,[1592] doch ist die Praxis weit davon entfernt, von dieser Möglichkeit Gebrauch zu machen. Konkret bedeutet das, dass die Plattformbeschäftigten keinen Betriebsrat (oder ein vergleichbares Gremium) bilden können, soweit sie die Voraussetzungen des Arbeitnehmerbegriffs nicht erfüllen.[1593] Je weiter sich eine solche Arbeitsform ausdehnt, umso mehr nimmt möglicherweise die Zahl der betriebsratsfähigen Einheiten ab. Die Betriebsverfassung ist von einem Erosionsprozess bedroht. Werden im Einzelfall Arbeitnehmer beschäftigt oder können Beschäftigte mit guten Gründen behaupten, in Wahrheit Arbeitnehmer zu sein, so kann zwar eine Betriebsratswahl zustande kommen, doch macht das Beispiel von Deliveroo in Köln deutlich, dass die Ar-

---

1590 BAG NZA 2021, 552 Tz. 33–43. Diese Konzeption deckt sich weithin mit der von *Schneider-Dörr* (Crowd Work und Plattformökonomie. Eine arbeitsrechtliche Fallstudie, Baden-Baden 2021) entwickelten.

1591 Eingehend *Plander*, Arbeitnehmerähnliche, FS Däubler, S. 272 ff. Zum aktuellen Diskussionsstand s. GK-BetrVG-*Raab*, § 5 Rn. 107.

1592 Däubler-*Rachor*, TVG, § 12a Rn. 72 ff.; Wiedemann-*Wank*, § 12a TVG Rn. 133. Möglich ist aber nur eine Sondervertretung, keine Einbeziehung in die Betriebsverfassung.

1593 Zur Frage des Abschlusses von Tarifverträgen für Soloselbstständige s. *Krause*, FS Kittner, S. 241 ff.

beitgeberseite in einem solchen Fall alles versuchen wird, um eine effektive Interessenvertretung zu verhindern.[1594]

2. Crowdwork im Internet

Anders als die Vermittlung von Dienstleistungsaufträgen steht diese Form von Crowdwork in Deutschland noch am Anfang. Dabei muss man von vornherein berücksichtigen, dass es auch hier nicht »die« Crowdwork gibt, sondern unterschiedliche Erscheinungsformen, die sozialökonomisch wie betriebsverfassungsrechtlich differieren.[1595]

- Es gibt einmal die sog. interne Crowdwork, die innerhalb eines internationalen Konzerns praktiziert wird. Die einzelnen Beschäftigten müssen sich um Aufträge bewerben, für deren Abarbeitung sie dann von ihrem Vertragsarbeitgeber freigestellt werden. Das Arbeitsverhältnis bleibt erhalten, ebenso die Einbeziehung in die Betriebsverfassung.
- Die sog. externe Crowdwork ist der sehr viel typischere Fall und kann von beliebigen Interessenten erbracht werden. Quantitativ am meisten dürften die sog. Microtasks ins Gewicht fallen, einfachste Aufgaben wie das Eingeben von Daten in ein IT-System, was entsprechend niedrig vergütet wird. Daneben gibt es den Bereich der Kreativwettbewerbe (Eine Firma sucht ein neues Logo), bei denen nur der »Sieger« ein angemessenes Entgelt erhält. Anders als bei traditionellen Ausschreibungen muss der einzelne Interessent nicht nur einen Plan für die Arbeit, sondern diese selbst abliefern. Dies wirft die Frage auf, ob Arbeit in gleicher Weise wie die Teilnahme an einem Preisausschreiben vergütet werden darf – insbesondere dann, wenn sie nicht nur eine Art Hobby ist, sondern wesentliche wirtschaftliche Existenzgrundlage sein soll. Schließlich gibt es die Expertencrowdwork; gesucht sind einzelne (gut bezahlte) Spezialisten, aber auch Teams, die eine komplexe Aufgabe wie die Entwicklung einer Werbestrategie bewältigen sollen und deren Arbeitsformen durchaus in das traditionelle Muster passen.[1596]

Bei dieser Form von Crowdwork stellt sich nicht anders als bei den skizzierten Dienstleistungen das Problem, ob die Arbeitenden als Arbeitnehmer anzusehen sind oder als Selbstständige. Auch diese Frage ist noch keineswegs geklärt; vieles spricht für eine differenzierende Lösung, die auf den tatsächlichen zeitlichen und

1594 Zur Bildung eines Betriebsrats im Jahre 2017 bei Deliveroo in Köln und die weiteren Auseinandersetzungen s. das Dossier bei LabourNet Germany, abrufbar unter *http://www.labournet.de/politik/gw/mitbestimmung/betriebsrat/kapital/koelner-lieferdienst-deliveroo-unterlaeuft-mitbestimmung/* (18.4.2019).

1595 Überblick bei *Däubler*, Digitalisierung, § 18.

1596 Dazu auch *Kocher/Hensel*, Herausforderungen des Arbeitsrechts durch digitale Plattformen – ein neuer Koordinationsmodus von Erwerbsarbeit, NZA 2016, 984ff.

inhaltlichen Spielraum des Crowdworkers abstellt.[1597] Sollte sich diese Arbeitsform ausdehnen, könnte auch hier die Betriebsverfassung einem Erosionsprozess unterliegen.

Crowdwork dieser Art wird in beträchtlichem Umfang auch grenzüberschreitend geleistet. Dabei legen ausländische Plattformen ihre AGBs zugrunde, die sich häufig nicht mit unserem Rechtsverständnis vereinbaren lassen.[1598] Doch dies ist letztlich gar nicht entscheidend: Verträge dieser Art kommen praktisch nie vor die Gerichte, weil im Verhältnis zu Selbständigen auch der Gerichtsstand von der stärkeren Seite bestimmt werden kann und ein Crowdworker schwer vorstellbar ist, der vor einem US-amerikanischen oder einem australischen Gericht z. B. Rechte aus einem Werkvertrag oder gar den deutschen Mindestlohn einklagt. Im Ergebnis führt dies zu Verträgen, deren Inhalt nicht durch irgendwelche rechtlichen Vorgaben, sondern allein durch den Markt bestimmt wird: Das einzige Korrektiv für ungerechte Verträge ist nicht die Sittenwidrigkeit, sondern die für die Plattform entstehende Gefahr, zu den in den AGB festgelegten Bedingungen keine Interessenten mehr zu finden. Es liegt ein »rechtsfreier Vertrag« vor. Von betriebsverfassungsrechtlicher Interessenvertretung ist man noch weiter entfernt als in anderen Fällen.[1599]

VIII. Neue Arbeitsformen des Betriebsrats?

Die Digitalisierung verändert die technisch-praktischen Funktionsbedingungen der Betriebsverfassung.[1600] Die Corona-Pandemie hat insoweit als Katalysator gewirkt – ähnlich wie im Bereich des Homeoffice. Nachdem zunächst in Form des § 129 BetrVG eine weitgehende Öffnung hin zu digitalen Kommunikationsformen erfolgt war,[1601] brachte das Betriebsrätemodernisierungsgesetz[1602] eine Dauerlösung für Betriebsratssitzungen: Diese können unter bestimmten Voraussetzungen auch als Video- oder Telefonkonferenz stattfinden.

Wie sind die Bedingungen beschaffen? Die Präsenzsitzung hat auch in Zukunft den Vorrang. Insbesondere darf sich der Arbeitgeber nach § 30 Abs. 3 BetrVG

1597 Überlegungen dazu bei *Däubler/Klebe,* Crowdwork: Die neue Form der Arbeit – Arbeitgeber auf der Flucht? NZA 2015, 1032 ff.

1598 Material dazu bei *Däubler*, in: Benner (Hrsg.), Crowdwork – zurück in die Zukunft? Frankfurt/Main 2015, S. 243, 248 ff.

1599 Vgl. auch *Eichenhofer* (FS Preis, S. 191 ff.), der nach sozialrechtlichen Auswegen sucht, aber nur beschränkt fündig wird.

1600 Überblick bei *Fuhlrott*, in: Kramer (Hrsg.), IT-Arbeitsrecht, Teil C Rn. 96 ff.

1601 Dazu *Däubler/Klebe*, NZA 2020, 545 ff.

1602 Zu diesem s. oben § 31 VII.

nicht darauf berufen, eine Videokonferenz (etwa eines Gesamtbetriebsrats) sei billiger und brauche weniger Zeit. Die Videokonferenz ist ein Ausnahmetatbestand. Wann sie stattfinden kann, bestimmt sich nach § 30 Abs. 2 BetrVG. Danach muss der Betriebsrat die Voraussetzungen in seiner Geschäftsordnung festlegen, wobei er angesichts der gemachten Erfahrungen insbesondere auf Pandemie-Situationen Rücksicht nehmen wird. Außerdem muss die Vertraulichkeit der Sitzungen gewahrt sein. Schließlich kann ein Viertel der Betriebsratsmitglieder einer Video- oder Telefonkonferenz widersprechen und eine Präsenzsitzung verlangen. Für die erforderliche Technik hat im Übrigen nach § 40 Abs. 2 BetrVG der Arbeitgeber zu sorgen.
Die für den Betriebsrat geltenden Grundsätze sind auch für Gesamt- und Konzernbetriebsräte maßgebend, ebenso für die JAV.[1603] Auch der Wahlvorstand kann nach § 1 Abs. 4 Satz 1 WahlO bestimmte Sitzungen als Video- oder Telefonkonferenz abhalten. Für Betriebsversammlungen und Einigungsstellen ist diese Form von Sitzungen nur befristet für die Zeit der derzeitigen Pandemie vorgesehen; ansonsten bleibt es bei Präsenzversammlungen bzw. Sitzungen der Einigungsstelle bei physischer Anwesenheit der Mitglieder. Dasselbe gilt für den Europäischen Betriebsrat. § 41a EBRG sieht lediglich für Seeleute, die Mitglied eines EBR sind, eine Ausnahme vor.

IX. Perspektiven

Seit dem BetrVG 1972 ist der Betriebsrat nicht mehr darauf beschränkt, mit dem Arbeitgeber allein über die Folgen von Technik zu verhandeln. Vielmehr hat er die Möglichkeit, insbesondere auf der Grundlage des § 87 Abs. 1 Nr. 6 BetrVG die Gestalt der Technik selbst in gewissem Umfang mitzubestimmen. Dabei kommt ihm zugute, dass die Informationstechnik beherrschenden Charakter erlangt hat, bei der im Normalfall eine Eignung zur Überwachung vorliegt. Die dadurch entstehenden Mitbestimmungsmöglichkeiten werden aber bei weitem nicht ausgeschöpft, doch bleibt eine Folgenkorrektur möglich.
Ob es tatsächlich zu den angedeuteten Erosionsprozessen kommt, hängt nicht allein von einer gesamtgesellschaftlichen Entscheidung durch den Gesetzgeber ab. Vielmehr kommt es sogar sehr viel mehr darauf an, ob sich die unmittelbar Beteiligten für den Fortbestand oder den Ausbau der Mitbestimmung einsetzen oder nicht. Dies ist in erster Linie eine Frage der Willensbildung auf Arbeitgeberseite. Die Einschaltung des Betriebsrats schafft nicht nur Akzeptanz bei der Belegschaft für bestimmte Entscheidungen, die vernünftiger erscheinen, wenn

1603 DKW-*Wenckebach/Dornberger* § 65 Rn. 33.

ihnen auch die eigenen Vertreter zugestimmt haben. Sie schafft auch Akzeptanz für die Technik als solche, über deren Natur und Auswirkungen sich der Einzelne beim Betriebsrat erkundigen kann. Dieser wird zum Gegenmodell eines Maschinenstürmers – auch dies ein Vorzug der Betriebsverfassung für die Arbeitgeberseite, die mehr Beachtung verdient hätte.

§ 42 Umwelt- und Klimaschutz – eine Aufgabe für den Betriebsrat?

I. Zwei ganz verschiedene Welten?

Wenn es um die Rettung des Klimas und die Bewahrung der Umwelt geht, stehen Gewerkschaften und Betriebsräte nach allgemeiner Wahrnehmung nicht in vorderster Front. Wenn man ein wenig näher hinschaut, findet man jedoch Überraschendes. So liest man in einem Buch aus dem Jahr 1972:

»Die Umweltgefährdung nimmt schneller zu als das Wachstum der Bevölkerung und des Bruttosozialproduktes. (…) Die Anwendung gefährlicher Techniken kann durch Abfallprodukte, Schadstoffe oder toxische Substanzen ökologische Gleichgewichte zerstören.
Die Zerstörung des ökologischen Gleichgewichts wird durch das bisher kaum in Frage gestellte Prinzip der Gewinnmaximierung gefördert. Die zusätzliche Verwendung von chemischen Mitteln in der Landwirtschaft macht sich zum Beispiel privatwirtschaftlich bezahlt, weil ein Teil der damit verbundenen Umweltkosten auf Dritte oder auf die Gesellschaft insgesamt abgewälzt werden. Die qualitative Beeinträchtigung von Umweltgütern lässt sich in der bisher üblichen Wirtschaftsrechnung nicht in Marktwerten oder Geldeinheiten ausdrücken.«

Und an anderer Stelle heißt es im selben Band:

»Anstrengungen für den Weltfrieden dürfen nicht bei der Verhinderung bewaffneter Konflikte enden. Umweltpolitik ist nach einem Wort von Bundeskanzler Brandt verlängerte Friedenspolitik. Die Menschheit muss lernen, mit den begrenzten Hilfsquellen des Raumschiffs Erde sorgsam und im Blick auf das wirtschaftliche Nord-Süd-Gefälle und die Bedürfnisse künftiger Generationen umzugehen. Dies erfordert Umweltplanung im Weltmaßstab.«

Die Zitate sind einem Buch entnommen, das unter dem Titel »Umwelt« die Referate wiedergibt, die auf der internationalen Arbeitstagung der IG Metall vom

11. bis 14. April 1972 in Oberhausen gehalten wurden.[1604] Im selben Jahr erschien das Grundsatzwerk des Club of Rome,[1605] das die weitere umweltpolitische Diskussion nachhaltig beeinflusste. Ist also nur die etwas unterentwickelte Öffentlichkeitsarbeit der Gewerkschaften Ursache dafür, dass sie nicht als »Kämpfer an vorderster Front« wahrgenommen wurde? Dies ist sicherlich ein nicht zu vernachlässigender Aspekt, aber es gibt auch andere.

Macht man einen Sprung von 13 Jahren und schaut in die WSI-Mitteilungen von 1985, so stößt man auf das Dezember-Heft mit dem Titel »Umweltschutz und Gewerkschaften«. Auch dort findet man kluge Überlegungen auf der Höhe der Zeit: »Umweltschutz und qualitatives Wachstum«,[1606] »Umweltschutz und regionale Beschäftigungspolitik«[1607] oder »Mehr Markt im Umweltschutz? – Instrumente der Umweltpolitik und ihre Wirksamkeit«.[1608] Nur: In beiden Quellen entdeckt man keine Überlegungen dazu, wie die traditionellen Handlungsmöglichkeiten von Gewerkschaften und Betriebsräten für umweltpolitische Ziele eingesetzt werden könnten. Die Praxis ist allenfalls Ausgangspunkt für Kritik, kein Feld für Handlungskonzepte. Untersucht werden lediglich die Arbeitsbedingungen in der Nuklearindustrie, wo öffentlich-rechtliche Sicherheitsanforderungen den Vorrang vor Mitbestimmungsrechten beanspruchen.[1609]

Es dauerte bis zum Ende der 1980-er Jahre, ehe die betriebliche Ebene erreicht wurde. Dies betraf nicht nur die wissenschaftliche Diskussion.[1610] In der chemischen Industrie wurden in diesem Zeitraum über 30 Betriebsvereinbarungen abgeschlossen, die umweltfreundliches Wirtschaften zum Gegenstand hatten.[1611] Bis 1992 war diese Zahl auf über 50 angestiegen; im Jahr 1999 erbrachte eine Auswertung insgesamt 63 einschlägige Gesamt- und Einzelbetriebsverein-

---

1604 Friedrichs (Red.), Aufgabe Zukunft. Qualität des Lebens, Band 4: Umwelt, Frankfurt/Main 1972, Das erste Zitat stammt von dem Schweizer Wissenschaftler *Kapp* (a.a.O. S. 35), das zweite von dem Deutschen *Menke-Glückert*, der über die Diskussionen in der von ihm geleiteten Arbeitsgruppe berichtete (S. 178ff.).

1605 Die Grenzen des Wachstums. Bericht des Club of Rome zur Lage der Menschheit, 1972.

1606 *W. Schneider*, WSI-Mitt. 1985, 698ff.

1607 *Welsch*, WSI-Mitt. 1985, 707.

1608 *Fassing*, WSI-Mitt. 1985, 722.

1609 *Beck/Wendeling-Schröder*, WSI-Mitt. 1985, 754ff.

1610 S. den (weithin in Vergessenheit geratenen) Sammelband von Schwammborn/Tannen (Hrsg.), Auf dem Weg in die Welt, in der wir leben möchten. Umwelt- und Technologiepolitik, gesellschaftliche Kontrolle und Recht, Köln 1989. Beachtenswert der Abschnitt über »Gesellschaftliche Technologiegestaltung durch Arbeitnehmermitbestimmung« mit Beiträgen von *Helga Schwitzer, Manfred H. Bobke, Herbert Kubicek, Gerhard Wohland* und *Ulrich Mückenberger* (S. 225ff.).

1611 *Roth*, AiB 1991, 175.

barungen.[1612] Die Nachwirkungen der Katastrophe von Seveso und die Rheinverschmutzung dürften wichtige Auslöser gewesen sein.

II. BetrVG und betrieblicher Umweltschutz

Die BetrVG-Reform 2001[1613] unternahm erstmals den Versuch, eine Brücke zwischen Umweltschutz und traditioneller Vertretung von Arbeitnehmerinteressen zu schlagen. Die in das Gesetz eingefügten Vorschriften waren zahlreich, haben in der Folgezeit aber eher ein Schattendasein geführt.[1614]

1. Das neue Tätigkeitsfeld

Nach § 80 Abs. 1 Nr. 9 BetrVG hat der Betriebsrat u.a. die Aufgabe, Maßnahmen des »betrieblichen Umweltschutzes« zu fördern. Dieser wird in § 89 Abs. 3 BetrVG definiert: Von »betrieblichem« Umweltschutz kann dann die Rede sein, wenn es sich um Einwirkungen auf die Umwelt handelt, die vom Betrieb ausgehen.[1615] Im Einzelfall kann es auch um den Schutz von Umweltgütern gehen, die im (z.B. landwirtschaftlichen) Betrieb vorhanden sind.[1616] Die Beschränkung auf den »betrieblichen« Umweltschutz schließt es nicht aus, dass einzelne Betriebsratsmitglieder von ihrem Grundrecht auf Meinungsfreiheit Gebrauch machen und sich z.B. im Rahmen eines Blogs zu allgemeinen Fragen des Umwelt- und Klimaschutzes dezidiert äußern.

2. Diskursrechte, aber keine Mitbestimmung

Der Betriebsrat muss in der Lage sein, über Fragen des betrieblichen Umweltschutzes mit dem Arbeitgeber zu kommunizieren, um so seiner Förderungsaufgabe gerecht zu werden. Elementare Voraussetzungen hierfür sind Informationen, die ihm der Arbeitgeber nach § 80 Abs. 2 Satz 1 BetrVG zu gewähren hat. Weiter zählen Kenntnisse im betrieblichen Umweltschutz zum erforderlichen Wissen im Sinne des § 37 Abs. 6 BetrVG. Dies gilt jedenfalls dann, wenn ein »konkreter betriebsbezogener Anlass« besteht, der Betriebsrat beispielsweise

---

1612 *Leittretter*, Betrieblicher Umweltschutz. Analyse und Handlungsempfehlungen, 1999, S. 15ff.

1613 Oben § 31 V 5.

1614 Eingehend zu den gesetzlichen Regelungen und zum Folgenden *Däubler*, NZA 2020, 1155ff.

1615 DKW-*Buschmann*, § 89 Rn. 59.

1616 *Konzen*, RdA 2001, 76, 89; *Reichel/Mayer*, RdA 2003, 101, 103.

eine Initiative zugunsten einer umweltfreundlicheren Arbeitsweise ergreifen möchte: Im Einzelhandelsbetrieb sollen Plastik- durch Papiertüten ersetzt werden, in der Bank will der Betriebsrat durchsetzen, dass »Umweltverschmutzer« keine Darlehen mehr erhalten. Auch der Bezug der Zeitschrift »Arbeit und Ökologie-Briefe« war aufgrund einer Entscheidung des LAG Hessen[1617] schon unter dem vor 2001 geltenden Recht als erforderliches Sachmittel im Sinne des § 40 BetrVG akzeptiert. Nicht zu vergessen ist schließlich § 106 Abs. 3 Nr. 5a BetrVG, wonach der Wirtschaftsausschuss auch über Fragen des betrieblichen Umweltschutzes »rechtzeitig und umfassend« vom Arbeitgeber zu informieren ist. Daneben kann sich der Betriebsrat wie bei anderen Angelegenheiten auch selbst die aus seiner Sicht notwendigen Informationen verschaffen.[1618]

Unter diesen Umständen kann der Betriebsrat wohl vorbereitet in eine Diskussion mit dem Arbeitgeber z. B. im Rahmen eines Monatsgesprächs gehen, und außerdem solche Fragen auch auf die Tagesordnung einer Betriebsversammlung setzen: § 45 Satz 1 BetrVG macht ebenso wie § 74 Abs. 2 Satz 3 BetrVG für umweltpolitische Fragen eine Ausnahme vom betrieblichen »Politikverbot«.

Die im Gesetz vorgesehenen Diskussionsmöglichkeiten können dazu führen, dass der Betriebsrat nach § 80 Abs. 1 Nr. 2 BetrVG Maßnahmen vorschlägt, die dem Betrieb und der Belegschaft dienen. Er kann auch aus der Belegschaft kommende Anregungen aufgreifen. Am wichtigsten scheint auf den ersten Blick die in § 88 Nr. 1a BetrVG ausdrücklich erwähnte Möglichkeit, freiwillige Betriebsvereinbarungen über »Maßnahmen des betrieblichen Umweltschutzes« abzuschließen.

Es ist nicht ersichtlich, dass von allen diesen Rechten in der jüngeren Vergangenheit in relevantem Umfang Gebrauch gemacht worden wäre. Auch sind keine Gerichtsentscheidungen bekannt geworden, die sich mit der Existenz und Auslegung einer freiwilligen Betriebsvereinbarung zum Umweltschutz befasst hätten. Dass in gut zwanzig Jahren keinerlei Streitfälle aufgetaucht wären, gäbe es solche Abmachungen in größerer Zahl, erscheint eher unwahrscheinlich. Es liegt nahe, die Gründe für die Nichtausschöpfung der Rechte darin zu sehen, dass der Diskurs ein höchst einseitiger ist: Die ungeschmälerte Entscheidungsbefugnis verbleibt beim Arbeitgeber, der Betriebsrat kann nur argumentieren und appellieren, aber keinerlei Kompromisse erzwingen. Dies wirkt entmutigend auch für solche Betriebsratsmitglieder, die den Umweltschutz in ihrer eigenen Praxis ernst nehmen wollen. Warum sich engagieren, wenn die besten Vorschläge unter den Teppich gekehrt werden können?

Dies bedeutet keineswegs, dass die Geschäftsleitungen in ihrer Mehrzahl den Umwelt- und Klimaschutz ignorieren oder als lästige Pflichtübung betrachten.

1617 21.3.1991 – 12 TaBV 191/90, AiB 1991, 335.

1618 Grundlegend DKW-*Buschmann*, § 80 Rn. 122ff.; *Däubler*, Arbeitsrecht 1, Rn. 856.

Nur: Wenn sie aktiv werden, wollen sie sich im Zweifel selbst profilieren, nicht aber ein gemeinsames Projekt mit dem Betriebsrat ins Leben rufen.
Die über 50 Betriebsvereinbarungen zum Umweltschutz in der chemischen Industrie[1619] liegen rund 30 Jahre zurück und waren auf spezifische Bedingungen zurückzuführen: Die potenzielle Gefährdung der Umwelt ist wegen der Natur der Produktionsprozesse für jedermann einsichtig, die langjährige Sozialpartnerschaft mit der Gewerkschaft legt es besonders nahe, die ihr verbundenen Betriebsräte mit ins Boot zu holen. Aktualisierungen der Vereinbarungen oder gar Auseinandersetzungen um neue Inhalte sind nirgends dokumentiert. Die durch Sozialpartnervereinbarung 1987 ins Leben gerufene »Gesellschaft zur Information von Betriebsräten über Umweltschutz in der chemischen Industrie« erfuhr 2014 eine Neuausrichtung und wurde ab 1. Januar 2016 als »Sozial-Partnerwerkstatt für Innovation und Nachhaltigkeit« fortgeführt.[1620] Auch diese Namensänderung dürfte dafür sprechen, dass der betriebliche Umwelt- und Klimaschutz eher in den Hintergrund getreten ist.

3. Einschaltung von Behörden

Nach § 89 BetrVG hat der Betriebsrat im Bereich von Arbeitsschutz und Unfallverhütung mit den zuständigen Behörden zusammen zu arbeiten. Der betriebliche Umweltschutz ist hier nicht gleichgestellt; lediglich der Arbeitgeber ist verpflichtet, den Betriebsrat bei allen mit dem betrieblichen Umweltschutz in Zusammenhang stehenden »Besichtigungen und Fragen« hinzu zu ziehen. Der sich dabei ergebende Kontakt mit den Aufsichtsbehörden kann genutzt werden, um Fragen zu stellen und die Behörde auf mögliche Missstände im Betrieb hinzuweisen. Faktisch wird dies dem Betriebsrat sehr schwerfallen, da er insbesondere dann als »Nestbeschmutzer« dasteht, wenn sich seine Vermutungen nicht als voll zutreffend erweisen.

4. Nutzung anderer Mitbestimmungsrechte für mehr Umwelt- und Klimaschutz

Auch wenn es im Gesetzestext kein Mitbestimmungsrecht über Maßnahmen des Umwelt- und Klimaschutzes gibt, existierten sogar schon vor der Reform 2001 Überlegungen, die auf andere Gegenstände bezogenen Mitbestimmungsrechte zugunsten des Umweltschutzes wirksam werden zu lassen.[1621] Dies fand auch –

1619 *Froschauer*, Arbeitsrecht und Umweltschutz, S. 204ff; *Roth*, AiB 1991, 175.
1620 Überblick bei *https://igbce.de/igbce/chemie-sozialpartner-verstaerkte-zusammenarbeit-im-betrieblichen-umweltschutz-21054* (22.2.2022).
1621 *Däubler*, in: Roth/Sander, Ökologische Reform der Unternehmen, 1992, S. 136, 143ff.; *Kohte*, FS Däubler, 1999, S. 640; *Trümner*, AiB 1991, 523.

an eher versteckter Stelle – die Zustimmung des BAG: Als dieses über die Frage zu entscheiden hatte, ob Kenntnisse über betrieblichen Umweltschutz »nützlich« im Sinne des § 37 Abs. 7 BetrVG für die Betriebsratstätigkeit seien, bejahte es dies u. a. mit der Erwägung, angesichts seines Gewichts sei der Umweltschutz auch für die Ausübung der Beteiligungsrechte nach § 87 Abs. 1 BetrVG von Bedeutung und deshalb sei die Nützlichkeit entsprechender Schulungen gegeben.[1622] Umwelt- und Klimaschutz sind für den Betriebsrat somit eine »Querschnittsaufgabe«[1623], die nicht anders als z. B. der Gesundheitsschutz am Arbeitsplatz bei der Ausübung aller Mitbestimmungsrechte zu berücksichtigen ist.

Die Verbesserungen, die der Betriebsrat auf diesem Wege erreichen kann, sind allerdings von beschränkter Tragweite. Die relativ größten Möglichkeiten bietet § 87 Abs. 1 Nr. 7 BetrVG: Zahlreiche Normen des Umweltschutzes schützen zugleich Leben und Gesundheit der Beschäftigten; Umwelt- und Arbeitsschutz sind mit zwei sich schneidenden Kreisen vergleichbar.[1624] Am klarsten ist dies im Störfallrecht herausgearbeitet worden.[1625] Soweit die Störfall-VO[1626] Spielräume lässt, können diese im Wege der Mitbestimmung ausgefüllt werden. So sieht etwa ihr § 10 Abs. 3 die Erstellung von internen Alarm- und Gefahrenabwehrplänen vor, die an die jeweiligen betrieblichen Verhältnisse angepasst sein müssen. Die in dem betroffenen Betriebsbereich beschäftigten Arbeitnehmer sind vorher anzuhören – so die ausdrückliche Anordnung in § 10 Abs. 3. Dies wäre sinnlos, gäbe es insoweit keine inhaltlichen Spielräume. Die Erschließung des »Gefahrenwissens« der Beschäftigten ergänzt in höchst nützlicher Weise das Mitbestimmungsrecht des Betriebsrats nach § 87 Abs. 1 Nr. 7 BetrVG.

Die Mitbestimmung über die Verwaltung von Sozialeinrichtungen nach § 87 Abs. 1 Nr. 8 BetrVG kann insbesondere im Zusammenhang mit der Kantine praktische Bedeutung gewinnen. Das vegetarische und das vegane Essen werden in den Speiseplan aufgenommen, Plastikgeschirr und Plastikbesteck sind als »Wegwerfartikel« tabu. Von § 87 Abs. 1 Nr. 10 BetrVG wird das Job-Ticket erfasst, wobei der finanzielle Gesamtaufwand allerdings allein vom Arbeitgeber bestimmt wird. Zielvereinbarungen, die sich in der Höhe der Vergütung niederschlagen und die deshalb unter § 87 Abs. 1 Nr. 10 oder 11 BetrVG fallen,[1627] können auch ökologische Ziele zum Gegenstand haben.

Das der Mitbestimmung nach § 87 Abs. 1 Nr. 12 BetrVG unterliegende »betriebliche Vorschlagswesen« kann zahlreiche Maßnahmen zum Gegenstand haben,

1622 BAG 11.10.1995 – 7 ABR 42/94, NZA 1996, 934, 937.

1623 Eingehend *Kohte*, Betrieblicher Umweltschutz nach der BetrVG-Novelle 2001, 2003.

1624 *Reichel/Meyer*, RdA 2003, 101, 104.

1625 *Kohte*, Störfallrecht und Betriebsverfassung, 2001, S. 9ff.

1626 I.d.F. der Bekanntmachung vom 15.3.2017, BGBl I S. 483.

1627 Zur Mitbestimmung bei Zielvereinbarungen s. BAG 21.10.2003 – 1 ABR 39/02, NZA 2004, 936; dazu *Däubler*, NZA 2005, 793.

die dem Klima- und Umweltschutz dienen: geringerer Ressourcenverbrauch, weniger Abfall, geringere Emissionen durch Verbesserung der Filteranlagen – um nur einige wichtige Anwendungsfälle zu nennen. Die Mitbestimmung bezieht sich allerdings nur auf das Verfahren, nicht auf die Existenz und Höhe einer eventuellen Vergütung, die einzelne Beschäftigte oder Arbeitsgruppen für ihre innovativen Ideen erhalten können. Erst recht hat der Betriebsrat keine Möglichkeit, die Umsetzung eines Vorschlags zu beeinflussen oder gar zu erzwingen. Natürlich stellt sich kein vernünftiger Arbeitgeber quer, wenn eine Arbeitnehmergruppe ein Verfahren entwickelt, wie man offensichtlich und ohne hohe Kosten den Schadstoffausstoß verringern kann. Solche Bilderbuchfälle kommen aber extrem selten vor: Im Normalfall liegen die Wirkungen eines neuen Verfahrens keineswegs klar zutage, und wenn sie es tun, dann stehen einer Realisierung meist (reale oder vermeintliche) hohe Kosten entgegen.

III. Rechtspolitische Perspektiven

Die Beteiligung des Betriebsrats am betrieblichen Umwelt- und Klimaschutz tritt auf der Stelle. Wäre es möglich, auf diesem Sektor ein Mitbestimmungsrecht zu schaffen und so den Beschäftigten und ihren Vertretern die Chance zu eröffnen, nicht nur mit Worten für einen besseren Umwelt- und Klimaschutz einzutreten?

1. Die immanenten Grenzen der Mitbestimmung

Betriebliche »Mitbestimmung« setzt voraus, dass im Unternehmen Entscheidungsspielräume bestehen. Dies ist meist, aber nicht immer der Fall.
Denkbar ist, dass ein Automobilzulieferer Teile baut, die nach einem Umstieg auf Elektroautos nicht mehr gebraucht werden, und dass zugleich das Geld fehlt, um eine andersartige Produktion aufzubauen. Hier gehen die besten Ideen ins Leere. Für die Beschäftigten bleibt nur die Vorbereitung für den Wechsel auf einen Arbeitsplatz bei einem anderen Arbeitgeber oder ein vorgezogener Ruhestand.
Gesamtgesellschaftliche Veränderungen wie die »Dekarbonisierung« können auf betrieblicher Ebene (nur) unterstützt werden – mehr kann niemand erwarten.[1628] Dies kann dadurch geschehen, dass die Arbeitnehmer und ihre Vertreter in die Umstrukturierungsprozesse eingeschaltet werden und diese mitgestalten können. Aber eine solche Unterstützung wäre auch in der öffentlichen Diskus-

1628 Zur gesamtgesellschaftlichen Perspektive *Schmidt-De Caluwe/Ekardt/Rath*, SR 2022, 11 ff.

sion von großer Bedeutung, weil es in unserer Gesellschaft einen Unterschied macht, ob Schüler und Studenten oder die Produzierenden selbst Forderungen zum Umwelt- und Klimaschutz erheben und sich für ihre Realisierung einsetzen. In vielen Fällen wird überdies ein solches Engagement die eigene betriebliche Existenz nicht gefährden, in einigen Branchen sie sogar sicherer machen. Aber es gibt selbstredend auch Ausnahmen. Die Beschäftigten in Kohlekraftwerken werden sich nicht für einen möglichst schnellen Ausbau der Windkraft und der Sonnenenergie oder gar dafür einsetzen, dass der Kohleausstieg vorgezogen wird. Wer wird seinen eigenen Arbeitsplatz aufs Spiel setzen wollen? Hier helfen nur gesamtgesellschaftliche Maßnahmen, die auch auf die Arbeitsplatzinteressen der mit den »alten« Technologien Arbeitenden angemessen Rücksicht nehmen und ihnen neue Chancen eröffnen.

2. Schaffung von Mitbestimmungsrechten durch Betriebsvereinbarung oder Tarifvertrag?

Bloße Mitwirkungs- und Diskursrechte des Betriebsrats können nach heutiger Rechtsprechung durch Betriebsvereinbarung zu vollen Mitbestimmungsrechten gemacht werden.[1629] Das trifft insbesondere für die ausdrücklich in § 88 BetrVG genannten Materien zu, zu denen auch der betriebliche Umweltschutz gehört. Allerdings kommt eine solche Vereinbarung nur zustande, wenn sie der Arbeitgeber freiwillig unterschreibt, weil er beispielsweise den Betriebsrat mit ins Boot holen will. Sagt er stattdessen definitiv »Nein«, gibt es für den Betriebsrat keine legalen Mittel, um am Status quo irgendetwas zu ändern.

Rechtlich zulässig sind auch Tarifverträge, die aus einer bloßen Anhörung oder Mitwirkung ein volles Mitbestimmungsrecht machen. Dies hat das BAG für die Einstellung[1630] und die Kündigung[1631] sowie für die Dauer der Arbeitszeit[1632] entschieden. Rechtliche Hindernisse sind also nicht zu gewärtigen, doch ist die bisherige »tarifliche Ausbeute spärlich«.[1633] Dies hängt damit zusammen, dass ein solcher Tarifvertrag typischerweise nur durch Streikdrohung oder durch Streik durchgesetzt werden könnte, dafür aber bei den allermeisten Beschäftigten die bewusstseinsmäßigen Voraussetzungen nicht gegeben sind.

Sucht man bei Google unter dem Stichwort »Klimastreik«, so findet man eine große Zahl an Eintragungen. Für die »Fridays for Future«-Bewegung spielte es

1629 BAG 18.8.2009 – 1 ABR 49/08, NZA 2010,112; BAG 23.8.2016 – 1 ABR 22/14, NZA 2017, 194.

1630 BAG 10.2.1988 – 1 ABR 70/86, NZA 1988, 699 (sogar im Tendenzbetrieb!).

1631 BAG 21.6.2000 – 4 AZR 379/99, NZA 2001, 271, bestätigt durch BAG 23.4.2009 – 6 AZR 263/08, NZA 2009, 915.

1632 BAG 18.8.1987 – 1 ABR 30/86, NZA 1987, 779.

1633 So *Klein*, in: Däubler (Hrsg.), TVG, 5. Aufl. 2022, § 1 Rn. 866.

ersichtlich keine entscheidende Rolle, dass Schüler den Unterricht »schwänzten« (und damit aus Juristensicht rechtswidrig handelten), wenn sie am Freitag während der Unterrichtszeit an einer Demo teilnahmen. Vergleichbare Fälle sind aus dem Arbeitsprozess nicht bekannt geworden. Immerhin haben sich 2019 mehr als zwanzig Beschäftigte des Botanischen Gartens der Freien Universität Berlin einer Kundgebung von »Fridays for Future« angeschlossen. Allerdings hatten sie vorher »ausgestempelt«, sodass sie sich rechtlich in der Freizeit befanden, wo man ja auch für politische Ziele demonstrieren darf.[1634]

3. Schaffung eines gesetzlichen Mitbestimmungsrechts?

Schon vor längerer Zeit gab es Vorstellungen, den gesetzlichen Katalog der Mitbestimmungsrechte des Betriebsrats um den »betrieblichen Umweltschutz« zu erweitern. Dies galt etwa für den Gesetzentwurf der SPD-Fraktion im Bundestag »zum Ausbau und zur Änderung der betrieblichen Mitbestimmung« vom 28. September 1988[1635] und für den Entwurf der GRÜNEN vom 11. Mai 1989 zu einem »Betriebsverfassungsgesetz 1989«[1636], der »Maßnahmen des Umweltschutzes« in den Katalog mitbestimmungspflichtiger Angelegenheiten aufnahm und dazu auch Einzelmaßnahmen zählte, die – und sei es auch nur mittelbar – dem Umweltschutz dienen. Auch der DGB-Entwurf von 1988 wollte die Mitbestimmung auf »Maßnahmen des Umweltschutzes« erstrecken.[1637] Der aktuelle Entwurf von 2022 wiederholt dies und will die Mitbestimmung in einem neuen § 87 Abs. 1 Nr. 15 auf »Maßnahmen (erstrecken), die geeignet sind, dem Umwelt- und Klimaschutz zu dienen.«[1638]

Mitbestimmung nach dem BetrVG ist mit einem Initiativrecht verbunden, sofern dies nicht ausdrücklich im Gesetz ausgeschlossen ist. Das bedeutet, dass beispielsweise eine andere Produktionsmethode verlangt werden kann, die weniger Umweltbelastungen mit sich bringt. Kommt keine Verständigung zustande, muss die Einigungsstelle entscheiden. Inhaltlich ist dadurch ersichtlich die unternehmerische Entscheidungsfreiheit betroffen. Dies ist jedoch keineswegs eine völlig ungewöhnliche Folge eines Mitbestimmungsrechts des Betriebsrats. So kann beispielsweise die Mitbestimmung über Beginn und Ende der täglichen Arbeitszeit nach § 87 Abs. 1 Nr. 2 BetrVG dazu führen, dass die Betriebsnutzungszeiten beschränkt werden. Dies macht ein solches Mitbestimmungsrecht nicht etwa

1634 *https://bg-bg.facebook.com/pg/SoliGarten/posts/?ref=page_internal* (15.2.2022). Kurz zuvor war die Verbindlichkeit der »Kernarbeitszeit« aufgehoben worden, doch meinte ein Sprecher, man hätte auch ohne die Aufhebung »gestreikt«.

1635 BT-Drucksache 11/2995.

1636 BT-Drucksache 11/4525.

1637 Wiedergegeben bei *Froschauer,* Arbeitsrecht und Umweltschutz, S. 226f.

1638 Dazu unten § 43 II 7.

wegen Eingriffs in die unternehmerische Betätigungsfreiheit nach Art. 12 Abs. 1 GG verfassungswidrig: Nach zutreffender Auffassung des BAG hat der Gesetzgeber die unternehmerische Freiheit durch die Mitbestimmungsrechte nach dem BetrVG von vorne herein beschränkt.[1639] Das BVerfG wies die dagegen erhobene Verfassungsbeschwerde zurück, da es sich um eine gerechtfertigte Berufsausübungsregelung handle, sodass Art. 12 Abs. 1 GG nicht verletzt sei.[1640]

Die Erstreckung der Mitbestimmung auf den betrieblichen Umweltschutz bringt im Vergleich zu der vom BVerfG entschiedenen Konstellation eher weniger weitgehende Eingriffe mit sich. Dabei ist zunächst der allgemeine Rahmen in Erinnerung zu rufen: Nicht anders als bei der Arbeitszeit geht es nicht um ein Vetorecht, sondern um ein Verfahren, das den Betriebsrat zum gleichberechtigten Partner macht und das im Konfliktfalle die Einigungsstelle entscheiden lässt. Diese hat ihrerseits ein gebundenes Mandat, weil sie nach § 76 Abs. 5 Satz 3 BetrVG ihre Beschlüsse »unter angemessener Berücksichtigung der Belange des Betriebs und der betroffenen Arbeitnehmer« nach billigem Ermessen treffen muss. Dies bedeutet zugleich, dass dem Unternehmen keine wirtschaftlich unzumutbaren Belastungen auferlegt werden dürfen. Im vorliegenden Zusammenhang kommt hinzu, dass es sich um ein auf einen bestimmten Zweck hin ausgerichtetes Mitbestimmungsrecht handelt: Eine Arbeitgeberentscheidung kann auch unter Wahrung des § 76 Abs. 5 Satz 3 BetrVG nicht einfach durch eine abweichende Entscheidung der Einigungsstelle ersetzt werden. Vielmehr geht es allein darum, einen wenig wirksamen durch einen wirksameren Weg zu mehr Umwelt- und Klimaschutz zu ersetzen. Diese spezifische Zielsetzung findet eine ausdrückliche Legitimation durch Art. 20a GG, wonach der Gesetzgeber den Auftrag hat, alle ihm sachgerecht erscheinenden Maßnahmen zu treffen, um die natürlichen Lebensgrundlagen zu erhalten und auch künftigen Generationen ein Leben in Freiheit und Würde zu ermöglichen.[1641] Dazu kann auch ein Mitbestimmungsrecht gehören.

Gegen die Schaffung des Mitbestimmungsrechts durch Gesetz bestehen daher keine verfassungsrechtlichen Bedenken. Davon zu unterscheiden ist die nunmehr zu behandelnde Frage nach den gesellschaftlichen Rahmenbedingungen, die ein entsprechendes Handeln des Gesetzgebers möglich machen.

1639 BAG 31.8.1982 – 1 ABR 27/80, AP Nr. 8 zu § 87 BetrVG 1972 Arbeitszeit, bestätigt durch BAG 26.10.2004 – 1 ABR 31/03 (A), NZA 2005, 538 Tz. 41.

1640 BVerfG 18.12.1985 – 1 BvR 143/83, NZA 1986, 199.

1641 BVerfG 24.3.2021 – 1 BvR 2656/18 u.a., NJW 2021, 1723ff.

§ 43 Eine bessere Zukunft für die Betriebsverfassung?

I. Bewältigung der Herausforderungen?

In den vorangegangenen Kapiteln wurden die Herausforderungen beschrieben, denen sich heute Betriebsräte ausgesetzt sehen: Sehr eingeschränkte Möglichkeiten, auch für die Randbelegschaften zu sprechen, bescheidene Mitwirkung bei der Bewältigung von Krisen des Arbeitgeberunternehmens, Wettbewerbsdruck und Verlagerungsdrohung durch Globalisierung der Märkte, Veränderung der Arbeitsprozesse durch Digitalisierung, Anforderungen des Umwelt- und Klimaschutzes. Dazu kommt das schon zuvor deutlich gemachte Defizit, dass nur eine Minderheit von 40 % der vom Gesetz erfassten Beschäftigten auch wirklich durch einen Betriebsrat vertreten ist – und dies, obwohl die Betriebsverfassung auf eine (mehr als) hundertjährige Entwicklung zurückblicken kann und ihre stillschweigend vorausgesetzten Bedingungen wie ein Minimum an Kooperation mit der Arbeitgeberseite und ein gewisses Bildungsniveau der Interessenvertreter gewährleistet sind.[1642]

Die im jeweiligen Zusammenhang angesprochenen Handlungsmöglichkeiten führen bestenfalls dazu, dass ein bereits früher erreichter Mitbestimmungsstandard wiederhergestellt wird.

In einzelnen Bereichen ist dies gelungen. So führt die Umstellung auf digitale Kommunikation durch E-Mails, Telefon- und Videokonferenzen sowie einen Webauftritt nicht dazu, dass der Betriebsrat ins Hintertreffen gerät: Er kann alle Angehörigen der Belegschaft anmailen und von ihnen auf demselben Weg erreicht werden, er kann sich eine Homepage im Intranet einrichten lassen, die die Funktion eines Schwarzen Bretts übernimmt, ja vielleicht sogar besser als dieses zugänglich ist.[1643]

In anderen Bereichen ist man von einer Realisierung des früher erreichten Mitbestimmungsniveaus weit entfernt. Leiharbeiter und Soloselbstständige sind

1642 *Weiss*, FS Kittner, S. 402 ff.

1643 Zusammenfassende Darstellung bei *Däubler*, Interessenvertretung durch Betriebsrat und Gewerkschaften im digitalen Betrieb, Frankfurt/Main (HSI) 2022, § 4 II.

trotz aller Kritik am Status quo und trotz aller Vorschläge zur Abhilfe weiter im betriebspolitischen Abseits, Entscheidungen einer ausländischen Konzernspitze sind weiter faktisch unangreifbar, und die Drohung mit Verlagerung verfängt noch immer. Insoweit besteht Anlass, etwas stärker als üblich nach den Rahmenbedingungen zu fragen, die bei der Weiterentwicklung des Betriebsverfassungsrechts zu beachten sind. Außerdem sollte man sich von der unbewussten Selbstbeschränkung befreien, dass es immer nur darum gehen könne, das bisher Bestehende zu bewahren und bestenfalls zu dem Zustand zurückzukehren, der Anfang bis Mitte der 1970-er Jahre erreicht war. Warum soll es denn ausgeschlossen sein, vergleichbare Fortschritte wie 1972 zu wiederholen, wo es aufgrund des neuen Gesetzes vorher kaum mögliche Freistellungen, ein Recht zum Schulungsbesuch nach § 37 Abs. 6 BetrVG und Mitbestimmungsrechte auf Gebieten gab, die zuvor der alleinigen Entscheidung durch den Arbeitgeber unterlagen – um nur die wichtigsten Beispiele zu nennen?
Der DGB hat im Frühjahr 2022 einen ausformulierten Gesetzentwurf für ein besseres BetrVG vorgelegt, das zunächst vorgestellt werden soll.[1644] Es ist von allen Einzelgewerkschaften gebilligt worden. Anschließend soll es dann um die Realisierungsbedingungen gehen.

II. Der DGB-Entwurf

Der DGB-Entwurf ist 2021 von einer Arbeitsgruppe von Juristen erarbeitet worden, die in den DGB-Gewerkschaften tätig oder den DGB-Gewerkschaften jedenfalls verbunden sind.[1645] Er behält die Struktur des bestehenden Gesetzes bei und fügt bei Bedarf a und b-Paragrafen ein. Der Entwurf soll hier nicht in der Paragrafenfolge, sondern nach Sachgebieten präsentiert werden.

1. Wahl von Betriebsräten in Betrieben ohne Betriebsrat

Der Entwurf behält einmal die bisherigen Bestimmungen bei, wonach in betriebsratslosen Betrieben drei Arbeitnehmer oder eine dort vertretene Gewerkschaft eine Betriebsversammlung einberufen können, die dann einen Wahlvorstand wählen soll. Da dies ersichtlich nicht ausreichend wirksam ist (weil zu viele Beschäftigte als »Betriebsratsinteressierte« erkennbar sind und/oder der Arbeit-

1644 Beilage zu AuR 2022 Heft 3.

1645 Zu der Arbeitsgruppe gehörten (in alphabetischer Reihenfolge): *Antonius Allgaier, Michael Bolte, Rudi Buschmann, Wolfgang Däubler, Olaf Deinert, Verena zu Dohna, Isabel Eder, Micha Heilmann, Kerstin Jerchel, Micha Klapp, Thomas Klebe* (Leitung), *Johanna Wenckebach.*

geber Störmaßnahmen ergreift,[1646]) werden weitere Möglichkeiten eröffnet. Damit wird einer sozialstaatlichen Pflicht und einer Schutzpflicht zugunsten der Grundrechte der Beschäftigten Rechnung getragen.[1647] Insbesondere die Gewerkschaften sollen Möglichkeiten zu einer »Anschubhilfe« erhalten, um die Wahl von Betriebsräten in die Wege zu leiten.[1648]

- Besteht im Unternehmen ein Gesamtbetriebsrat oder im Konzern ein Konzernbetriebsrat, so kann dieser einen Wahlvorstand einsetzen. Dies gilt schon bisher, soll jedoch dadurch wirksamer gemacht werden, dass Beauftragte des GBR bzw. des KBR einzelne Beschäftigte an ihrem Arbeitsplatz aufsuchen und GBR wie KBR außerdem zwei Betriebsversammlungen pro Jahr einberufen dürfen, auf der über das BetrVG informiert und ein Wahlvorstand gewählt werden soll.
- Findet weder aufgrund einer Einladung durch drei Beschäftigte oder die Gewerkschaft noch aufgrund einer Initiative des GBR oder des KBR eine Betriebsversammlung statt oder kommt es dort nicht zur Wahl eines Wahlvorstands, so können die Initiatoren die Einsetzung eines Wahlvorstands durch das Arbeitsgericht beantragen.
- Die Gewerkschaft kann einen solchen Einsetzungsantrag auch dann stellen, wenn vorher kein Versuch einer Betriebsversammlung unternommen wurde. In Betrieben ab 20 Beschäftigten können auch Außerbetriebliche zu Wahlvorstandsmitgliedern bestellt werden. Den im Betrieb Beschäftigten bleibt es so erspart, sich vor der Wahl als solcher als »Betriebsratsfreunde« zu outen. Der Arbeitgeber hat faktisch keine Möglichkeit, die Wahl zu verhindern.
- Nach § 17 Abs. 1c des Entwurfs »hat der Arbeitgeber einmal im Kalenderjahr die Arbeitnehmer*innen zu einer Betriebsversammlung während der Arbeitszeit einzuladen und dort über die Möglichkeit der Wahl eines Betriebsrates zu informieren. Die im Betrieb vertretenen Gewerkschaften sind einzuladen. Im Anschluss an die Versammlung kann in Abwesenheit des Arbeitgebers in geheimer Abstimmung entschieden werden, ob ein Wahlvorstand eingesetzt wird.« Auf diese Weise wird das Modell des BPersVG der Sache nach übernommen.

Damit ist den oben[1649] gemachten Vorschlägen in weitem Umfang Rechnung getragen.

1646 Beispiele bei *Nielebock*, FS 100 Jahre Betriebsverfassungsrecht, S. 533, 539ff.

1647 *Hjort*, FS 100 Jahre Betriebsverfassungsrecht, S. 191, 196.

1648 Dafür *Reichold*, FS Preis, S. 1003, 1010.

1649 Siehe § 37 III.

2. Einbeziehung der Randbelegschaften

Als Arbeitnehmer im Sinne des BetrVG gelten nach § 5 Abs. 1 Satz 1 des Entwurfs auch arbeitnehmerähnliche Personen, die nach § 8 Abs. 1 auch in den Betriebsrat gewählt werden können, wenn sie in der Hauptsache für den Betrieb tätig sind.[1650] Leiharbeitnehmer haben das aktive Wahlrecht, ohne dass es auf eine bestimmte Einsatzdauer ankommen würde, und können wie bisher an den Betriebsversammlungen teilnehmen und die Sprechstunde des Betriebsrats aufsuchen. Das passive Wahlrecht steht ihnen dagegen nicht zu.

Befristet Beschäftigte haben zwar schon bisher das aktive und passive Wahlrecht, doch ziehen sie nur selten eine Kandidatur in Erwägung, weil sie um ihre Übernahme in ein unbefristetes Arbeitsverhältnis fürchten. Daraus zieht § 78a Abs. 6 des Entwurfs die Konsequenz, indem einem gewählten Betriebsratsmitglied ein Recht auf Dauerbeschäftigung wie einem Mitglied der JAV eingeräumt wird. Dasselbe Recht steht arbeitnehmerähnlichen Beschäftigten zu.

Personen, die auf der Grundlage eines Werk- oder Dienstvertrags im Betrieb, d. h. typischerweise auf dessen Gelände arbeiten, können nach § 3 Abs. 1 Nr. 6 des Entwurfs durch Tarifvertrag oder Betriebsvereinbarung in die Betriebsverfassung einbezogen werden. Dadurch lässt sich der jeweiligen betrieblichen Situation besser Rechnung tragen als durch eine generelle Regelung. Ohne Rücksicht darauf, ob von der Möglichkeit des § 3 Abs. 1 Nr. 6 Gebrauch gemacht wird, sieht § 43 Abs. 1a des Entwurfs vor, dass der Betriebsrat zwei Mal im Jahr eine Versammlung mit diesem Personenkreis durchführt. Voraussetzung ist, dass auf der Grundlage von Werk- oder Dienstverträgen mindestens fünf Arbeitnehmer für die Dauer von wenigstens einem Monat im Betrieb tätig sind und dabei im Rahmen der betrieblichen Wertschöpfung eingesetzt werden.

3. Globalisierungsfolgen

Nach dem neuen § 3a des Entwurfs soll es möglich sein, die »länderübergreifende Zusammenarbeit« von Interessenvertretungen tariflich zu regeln und dabei u. a. auch zusätzliche Vertretungsgremien zu schaffen.[1651] Die damit verbundenen Kosten trägt der Arbeitgeber, ebenso die Kosten sonstiger transnationaler Kontakte (§ 40 Abs. 1 Satz 2). Hat ein ausländischer Konzern mehr als ein Unternehmen im Inland, kann ein Konzernbetriebsrat gebildet werden (§ 54 Abs. 3

1650 Dafür auch *Hjort*, FS 100 Jahre Betriebsverfassungsrecht, S. 191, 198; *Reichold*, FS Preis, S. 1003, 1010 f.; *Schwarze*, RdA 2019, 115, 116.

1651 Ähnlich *Annuß*, FS 100 Jahre Betriebsverfassungsrecht, S. 11, 15 und *Klebe*, AuR 2020, 196, 200.

des Entwurfs).[1652] Nach § 74 Abs. 4 des Entwurfs bleiben die Betriebsratsrechte in vollem Umfang bestehen, wenn sich Maßnahmen der ausländischen Konzernspitze im inländischen Betrieb auswirken, ohne dass die inländische Geschäftsleitung mit der Angelegenheit befasst gewesen wäre. Zu denken ist an den Fall einer Befragung, die durch die ausländische Spitze im deutschen Betrieb per E-Mail durchgeführt wird und die unter § 94 BetrVG fällt.[1653] Dasselbe gilt dann, wenn Lohnbestandteile wie Aktienoptionen von einem ausländischen Konzernunternehmen gewährt werden.[1654]

4. Verbesserung der Gewerkschaftsrechte im Betrieb

Jede im Betrieb vertretene Gewerkschaft soll nicht nur wie bisher das Recht haben, Beauftragte in den Betrieb zu entsenden, um die im BetrVG vorgesehenen Rechte wahrzunehmen, beispielsweise eine Wahl vorzubereiten. Vielmehr soll nach § 2 Abs. 3 des Entwurfs der Zugang zum Betrieb auch zu Zwecken der Mitgliedergewinnung und zur Information der Arbeitnehmer möglich sein. Beide Rechte sind außerdem nicht auf physische Anwesenheit einer Person beschränkt; vielmehr muss auch ein Zugang zu den im Betrieb genutzten elektronischen Medien (E-Mail, Video usw.) bestehen. Auch die im Betrieb beschäftigten Gewerkschaftsmitglieder sind befugt, die im Betrieb benutzten Kommunikationsmedien für Mitgliedergewinnung und Information zu nutzen. Dies kann auch während der Arbeitszeit geschehen, soweit dadurch keine erhebliche Störung der Arbeitsabläufe eintritt. Eine solche Form gewerkschaftlicher Betätigung darf nach § 78 Abs. 2 Satz 3 des Entwurfs nicht zu Benachteiligungen führen.

Eine mittelbare Stärkung der gewerkschaftlichen Stellung bringt auch der neu gefasste § 3 des Entwurfs: Die tariflichen Gestaltungsmöglichkeiten werden dadurch erweitert, dass auch Unternehmen und Konzerne mit Matrixstruktur einbezogen werden und dass es möglich werden soll, auch einen rechtsträgerübergreifenden Gesamtbetriebsrat einzusetzen. Eine Umgestaltung durch Betriebsvereinbarung soll unter den bisherigen Bedingungen möglich sein, doch steht jeder im Betrieb vertretenen Gewerkschaft ein Widerspruchsrecht zu, das innerhalb von vier Wochen ausgeübt werden kann.

Jede im Betrieb vertretene Gewerkschaft erhält eine Reihe neuer Antragsrechte. Schon erwähnt wurde das Recht nach § 17 Abs. 4 Satz 2, wonach die Gewerkschaft die Einsetzung eines Wahlvorstands beim Arbeitsgericht auch dann beantragen kann, wenn im Betrieb nicht zu einer Betriebsversammlung eingeladen

1652 Dafür auch *Klebe*, AuR 2020, 196, 200; anders BAG 14.2.2007 – 7 ABR 26/06, DB 2007, 1589, zuletzt bestätigt durch BAG 23.5.2018 – 7 ABR 60/16, NZA 2018, 1562.

1653 So der Fall LAG Hessen 5.7.2001 – 5 TaBV 153/00, AuR 2002, 33.

1654 Wie hier *Klebe*, AuR 2020, 196, 200; anders BAG 12.6.2019 – 1 ABR 57/17, AuR 2021, 283.

wurde. Nach § 77 Abs. 1 Satz 2 des Entwurfs kann sie ein gerichtliches Verfahren einleiten, wenn der Arbeitgeber Betriebsvereinbarungen oder andere innerbetriebliche Einigungen nicht durchführt.

5. Stärkung der Stellung des Einzelnen

Die Stellung des einzelnen Arbeitnehmers wird in vielerlei Hinsicht gestärkt.

- Wie bisher ist er über seine Aufgaben und die damit zusammenhängenden Probleme umfassend zu unterrichten. Dafür steht pro Woche mindestens eine Stunde zur Verfügung, während der er von der Arbeit freizustellen ist (§ 81 Abs. 5).[1655]
- Wünscht die Arbeitgeberseite ein Personalgespräch, so ist dieses dem Arbeitnehmer und dem Betriebsrat gegenüber vorher anzukündigen. Bei allen Personalgesprächen kann der Arbeitnehmer ein Mitglied des Betriebsrats hinzuziehen (§ 82 Abs. 3).
- Im Betrieb besteht Meinungsfreiheit (§ 82a Abs. 1). Das Recht auf freie Meinungsäußerung umfasst auch die außerbetriebliche Stellungnahme zu betrieblichen Fragen, z. B. in einem Blog oder einem Leserbrief in der Lokalzeitung.
- Der Arbeitnehmer hat nicht nur wie bisher das Recht, Einsicht in seine Personalakte zu nehmen. Er kann vielmehr nach § 83 Abs. 1 Satz 1 des Entwurfs vom Arbeitgeber Auskunft darüber verlangen, welche Aufzeichnungen über die eigene Person bestehen. Aufzeichnungen, über die keine Auskunft gegeben wurde, dürfen nicht zulasten des Arbeitnehmers verwertet werden (§ 83 Abs. 3 Satz 1). Verweise und Abmahnungen verlieren nach Ablauf eines Jahres ihre Wirksamkeit (§ 83 Abs. 4 Satz 3). Sie sind daher zu löschen. Die Frage, wie die Führung der Personalakte gestaltet ist, unterliegt nach § 83 Abs. 6 der Mitbestimmung des Betriebsrats.
- Das Beschwerderecht wird insoweit wirksamer gemacht als die Einigungsstelle nicht nur über die Berechtigung der Beschwerde, sondern auch über Abhilfemaßnahmen entscheiden kann. Einer Beschwerde kann anders als nach geltendem Recht auch dann stattgegeben werden, wenn ihr ein Rechtsanspruch zugrunde liegt.
- Die Schwelle für die Einberufung einer Betriebsversammlung wird abgesenkt. Nach § 43 Abs. 3 genügt bereits der Wunsch von 15 % der Arbeitnehmer. Auf diese Weise können aktuelle Probleme schneller zum Gegenstand einer Betriebsversammlung gemacht werden.[1656]

1655 Vgl. *Klebe*, AuR 2020, 196, 201. Ein gewisses Vorbild stellt das »droit d'expression« im französischen Recht dar.

1656 Weitergehende Vorschläge bei *Löwisch*, FS 100 Jahre Betriebsverfassungsrecht, S. 441 ff.

Sieht man alle diese Rechte im Zusammenhang, gibt es in der Betriebsverfassung eine Menge »Basisdemokratie«, auch wenn die Rechtsprechung des BAG, wonach eine Betriebsvereinbarung nicht vom Mehrheitsvotum der Belegschaft abhängig gemacht werden darf,[1657] nicht angetastet wird.[1658] Auch kann eine rechtlich völlig unverbindliche Abstimmung in der Belegschaft wichtige Orientierungen für die Betriebsratstätigkeit geben.[1659]

6. Erleichterungen der Betriebsratsarbeit

Der Gesetzentwurf führt in § 1 Abs. 3 einen neuen Betriebsbegriff ein, der in etwa dem vom EuGH im Massenentlassungsrecht zugrunde gelegten[1660] entspricht und wie folgt lautet:

*»Der Betrieb ist eine unterscheidbare Einheit, die zur Erledigung einer oder mehrerer Aufgaben bestimmt ist und die über eine Gesamtheit von Arbeitnehmer*innen sowie in der Regel über technische Mittel sowie über eine organisatorische Struktur zur Erfüllung dieser Aufgaben verfügt.«*

Anders als bisher kommt es nicht mehr entscheidend auf den »Leitungsapparat« an, der vom Arbeitgeber jederzeit an eine andere Stelle verlegt werden kann. Vielmehr wären größere Umorganisationen nötig, um dem Betriebsrat die personelle Grundlage zu entziehen. Auch sind geplante Änderungen nach § 1 Abs. 4 dem Betriebsrat und der im Betrieb vertretenen Gewerkschaft mindestens sechs Monate vorher bekannt zu geben. Bestehen in Betrieben ohne Betriebsrat zwischen dem Wahlvorstand und dem Arbeitgeber Meinungsverschiedenheiten über den Zuschnitt des Betriebs, so ist der Arbeitgeber für einen Zeitraum von vier Jahren an seine Auffassung gebunden, wenn auf dieser Grundlage eine Wahl durchgeführt wird. Effektiv vorgenommene Veränderungen haben keine Auswirkungen auf den Bestand des Betriebsrats (§ 17 Abs. 5 des Entwurfs). Von daher haben die Arbeitnehmer eine feste Grundlage für die Durchführung einer Wahl.

Die erste Freistellung tritt nach dem neu gefassten § 38 schon bei 100 Beschäftigten ein. In kleineren Betrieben besteht nach § 38 Abs. 1a ein Anspruch auf Teilfreistellung »in erforderlichem Umfang«. Dies hat den Vorzug, dass der Ar-

1657 BAG 28.7.2020 – 1 ABR 4/19, NZA 2020, 1548.

1658 Zu dieser Entscheidung s. insbes. *K. Schmidt*, FS Ingrid Schmidt, S. 531 ff.

1659 S. das Beispiel bei *Klebe,* AuR 2020, 196, 197: Im Daimler-Konzern wurde 80 000 Beschäftigte zur Einführung mobiler Arbeit schriftlich befragt, wobei 36 000 geantwortet haben.

1660 EuGH 30.4.2015 – C-80/14, NZA 2015, 601; EuGH 13.5.2015 – C.182/13, NZA 2015, 731.

beitgeber bei der Arbeitsplanung auf die Freistellung Rücksicht nehmen muss und deshalb zumindest vom Gesetz her die Situation vermieden wird, dass die Betriebsratsarbeit einfach zu der unverändert weitergeführten bisherigen Tätigkeit hinzukommt. Bei der Vergütung der Betriebsräte, die sich nach der »betriebsüblichen Entwicklung« richtet, sind auch »die bei Wahrnehmung der Betriebsratstätigkeit erworbenen Qualifikationen und Erfahrungen wie auch die auf Dauer wahrgenommenen Aufgaben« zu berücksichtigen.

Der Betriebsrat kann nach § 80 Abs. 4 des Entwurfs zur Erfüllung seiner Aufgaben Sachverständige hinzuziehen, ohne dass es – wie heute – einer vorherigen Einigung mit dem Arbeitgeber bedarf. Voraussetzung ist lediglich ein Aufgabenbezug. Bei Meinungsverschiedenheiten entscheidet die Einigungsstelle. Die Kosten des Sachverständigen und juristische Berater trägt nach § 40 Abs. 1 Satz 2 der Arbeitgeber.

Eine Erleichterung für den Betriebsrat stellt es auch dar, dass den Betriebsangehörigen gegenüber keine Verschwiegenheitspflicht besteht, wenn deren »berechtigte Interessen« für eine Information sprechen. Dies ist beispielsweise bei geplantem Personalabbau der Fall, weil sie sich darauf in ihrer persönlichen Lebensplanung einrichten müssen.

Von zentraler Bedeutung ist im Entwurf die Vorschrift des § 74 Abs. 2. Er bestimmt:

»Der Arbeitgeber hat jede Maßnahme zu unterlassen, die ein Recht des Betriebsrats, sei es auch mittelbar, beeinträchtigen kann. Maßnahmen, die der Arbeitgeber unter Verstoß gegen diese Verpflichtung durchführt, sind unwirksam; ein Verstoß und seine Folgen sind zu beseitigen, drohende Verstöße nach § 85 Abs. 2 ArbGG zu untersagen. Kenntnisse, die der Arbeitgeber unter Verletzung der Rechte des Betriebsrats oder eines Beschäftigten erlangt hat, dürfen vom Arbeitgeber nicht verwertet werden; Maßnahmen, die gegen dieses Verbot verstoßen, sind unwirksam.«

Damit ist der in der Rechtsprechung anerkannte Unterlassungsanspruch nicht auf § 87 und eventuell einige andere Mitbestimmungsrechte beschränkt, sondern auf alle Rechte des Betriebsrats erstreckt. Wichtig ist insbesondere auch, dass die Folgen eines Verstoßes zu beseitigen sind. Auch darf der Arbeitgeber keine Erkenntnisse verwerten, die er unter Verletzung von Betriebsratsrechten gewonnen hat[1661] – eine klare Distanzierung von der bisherigen Rechtsprechung.[1662] Trifft die Einigungsstelle eine Entscheidung, so ist diese vorläufig vollstreckbar. Machen Arbeitnehmer oder der Betriebsrat davon Gebrauch, so gehen sie auch

1661 Ebenso *Klebe*, AuR 2020, 196, 199.

1662 BAG 13.12.2007 – 2 AZR 537/96, NZA 2008, 1008, 1010 Tz. 26. Eingehend dazu *Kittner/Klebe*, AuR 2022 (Sonderheft Bertram Zwanziger).

dann kein finanzielles Risiko ein, wenn die Entscheidung vom Arbeitsgericht abgeändert wird, da die Schadensersatzpflicht nach § 717 Abs. 2 ZPO ausdrücklich ausgeschlossen ist. Weiter geht vom Ansatz her in Teilbereichen die österreichische Rechtsordnung, die in § 96 ArbVG dem Betriebsrat eine Reihe von Vetorechten einräumt, bei denen sein »Nein« definitiven Charakter hat und nicht durch eine Schlichtungsstelle ausgeräumt werden kann. In der Praxis wird allerdings auch in solchen Fällen weiterverhandelt – allerdings auf einem für den Betriebsrat günstigeren Niveau.[1663]

Vergleichbar bedeutsam ist, dass Mitbestimmungsrechte als solche zusätzliche Handlungsmöglichkeiten eröffnen. Sie sind nicht mehr auf eine punktuelle Entscheidung beschränkt, zu der der Betriebsrat »ja« oder »nein« sagen kann. Vielmehr erstreckt sich das Initiativrecht des Betriebsrats nach § 74a Abs. 3 auch auf Verfahrensfragen, insbesondere auf die Vorbereitung von Entscheidungen des Arbeitgebers, auf deren Umsetzung und die Kontrolle in Bezug auf ihre faktische Beachtung.[1664] Der Betriebsrat kann daher verlangen, auch im Vorfeld der Anschaffung einer neuen Telefonanlage oder eines neuen SAP-Systems eingeschaltet zu werden. Dies eröffnet nicht nur Korrekturmöglichkeiten, sondern vermeidet auch die Situation, dass ein »Nein« des Betriebsrats zum Einsatz einer bereits gekauften Einrichtung dem Unternehmen erheblichen Schaden zufügen würde (und deshalb in der Regel unterbleibt). Auch führt eine frühzeitige Einschaltung dazu, dass der Betriebsrat die Möglichkeit von alternativen Verhaltensweisen zur Kenntnis bekommt, von denen er bei einer Einschaltung erst kurz vor der definitiven Entscheidung nicht das Geringste erfahren würde.

7. Mitbestimmung in sozialen Angelegenheiten

Der Katalog des § 87 wird in vier entscheidenden Punkten erweitert:

(1) Mitbestimmt sind nach Nr. 7 »Regelungen über die Verhütung von Arbeitsunfällen und Berufskrankheiten sowie über den Gesundheitsschutz«. Heute besteht die Mitbestimmung des Betriebsrats nur »im Rahmen« gesetzlicher (und sonstiger) Vorschriften, in Zukunft könnte man über den gesetzlichen Arbeitsschutz hinausgehen, beispielsweise konkrete Maßnahmen gegen Stress verlangen, wie z. B. eine Mindestbesetzung bei der Pflege in Seniorenheimen und Krankenhäusern.

(2) Nicht nur die »Gestaltung« der mobilen Arbeit einschließlich des Homeoffice (wie nach geltendem Recht), sondern auch die »Einführung« soll nach Nr. 14 mitbestimmt werden. Man könnte also über das Initiativrecht des Betriebsrats

1663 Vgl. unten § 45 IV.

1664 Für »frühere Einbeziehung« der Betriebsräte auch *Annuß*, FS 100 Jahre Betriebsverfassungsrecht, S. 11, 16.

ggf. einen Anspruch auf zwei Tage Homeoffice in der Woche einführen, soweit nicht zwingende betriebliche Interessen entgegen stehen.
(3) Nach der neuen Nr. 15 soll sich die Mitbestimmung auch erstrecken auf »Maßnahmen, die geeignet sind, dem Umwelt- und Klimaschutz zu dienen.« Dies dürfte auch die Entscheidung betreffen, statt der bisherigen umweltbelastenden Technik eine neue umweltfreundlichere zu verwenden.
(4) Nach Nr. 17 sollen alle Fragen rund um den Arbeitsplatz der Mitbestimmung unterliegen; aus dem Beratungsrecht des § 90 wird ein Mitbestimmungsrecht gemacht. Konkret wird das neue Mitbestimmungsfeld mit den Worten umschrieben: »Planung, Gestaltung und Änderung der Arbeitsplätze, der Arbeitsumgebung und der Arbeitsorganisation einschließlich der Arbeitsverfahren und der Arbeitsabläufe«. Man könnte auch von der Art und Weise des Einsatzes der Arbeitskraft sprechen.[1665] § 91 enthält ein spezielles Mitbestimmungsrecht zum Belastungsausgleich.[1666]
Daneben finden sich weitere Gegenstände wie »Maßnahmen zum Schutz der Würde und der Persönlichkeitsrechte Einzelner« (Nr. 6a), »Maßnahmen des betrieblichen Datenschutzes« (Nr. 6b), Mindestabstand der AT-Vergütungsgruppen von der höchsten Tarifgruppe (Nr. 10), Einführung von Gruppenarbeit (Nr. 13) und Kommunikationsformen im Betrieb wie Befragung der Beschäftigten und Personalgespräche (Nr. 16).

8. Mitbestimmung in personellen Angelegenheiten

In Unternehmen mit mehr als 20 Arbeitnehmern unterliegt die Personalplanung und die Personalbemessung der Mitbestimmung des Betriebsrats. Entsprechendes hatte schon im Jahre 1986 *Karl Fitting* gefordert.[1667] Geht es um die tatsächliche Gleichstellung der Geschlechter, die Vereinbarkeit von Familie und Beruf, die Gleichberechtigung ausländischer Beschäftigter oder die Eingliederung schwerbehinderter Menschen, so besteht das Mitbestimmungsrecht ohne Rücksicht auf die Unternehmensgröße.
Einer der Kernpunkte des Entwurfs ist der Ausbau des Beratungsrechts nach § 92a BetrVG zu einem Mitbestimmungsrecht. Wie bisher kann der Betriebsrat Vorschläge zur Sicherung und Förderung der Beschäftigung machen. Die genannten Beispiele sind allerdings andere: Rückholung ausgelagerter Teile des Arbeitsprozesses, Veränderung der Arbeitszeit und Qualifizierung der Arbeit-

---

1665 Für Mitbestimmung über die Ausgestaltung der Arbeitsabläufe *Annuß*, FS 100 Jahre Betriebsverfassungsrecht, S. 11, 13.

1666 Dadurch entsteht ein Mitbestimmungsrecht über die Arbeitsintensität, wie es in der Literatur (*Däubler*, ZTR 2016, 359 und *Hjort*, FS 100 Jahre Betriebsverfassungsrecht, S. 191, 198) gefordert wurde.

1667 Wiedergegeben bei *Klebe*, AuR 2020, 196, 198f.

nehmer. Wird ein Vorschlag des Betriebsrats ganz oder teilweise abgelehnt, so kann dieser die Einigungsstelle anrufen. Diese entscheidet verbindlich, ob die vorgeschlagene Maßnahme vorgenommen und wie ihre Umsetzung kontrolliert wird. Nach Abs. 4 gilt das Mitbestimmungsrecht nicht für sog. inhabergeführte Unternehmen mit nicht mehr als einhundert Beschäftigten. Im Normalfall kann also die Einigungsstelle beispielsweise den Arbeitgeber verpflichten, ein Outsourcing wieder rückgängig zu machen oder wegen guter Ertragslage mehr Beschäftigte einzustellen statt viele Überstunden auflaufen zu lassen.
Die Beteiligung des Betriebsrats nach § 99 BetrVG wird in verschiedener Hinsicht erweitert. Auch Beschäftigte, die auf der Grundlage eines Werk- oder Dienstvertrags für mindestens einen Monat im Rahmen der betrieblichen Wertschöpfung tätig werden, sind erfasst. Ein solcher Einsatz wird vermutet, wenn Arbeitnehmer Tätigkeiten verrichten, die auch durch Beschäftigte des Unternehmens erledigt werden oder in der Vergangenheit erledigt wurden. Der Betriebsrat kann seine Zustimmung auch dann verweigern, wenn nicht die Maßnahme, sondern die geplante vertragliche Regelung gegen ein Gesetz verstößt. Dies betrifft etwa jede unberechtigte Befristung sowie rechtswidrige Bedingungen eines Leiharbeitnehmers.[1668] Auch überwiegende Interessen der Belegschaft können eine Zustimmungsverweigerung rechtfertigen. Im Streitfall entscheidet die Einigungsstelle, nicht wie heute das Arbeitsgericht. Nur mit Zustimmung des Betriebsrats kann eine vorläufige Beschäftigung erfolgen, bis die Einigungsstelle entschieden hat. Setzt sich der Arbeitgeber über die Beteiligungsrechte des Betriebsrats hinweg, so kann dieser nach § 101 beim Arbeitsgericht eine einstweilige Verfügung erwirken, wonach der Arbeitgeber die personelle Maßnahme nicht fortsetzen darf.
Auch die Beteiligung des Betriebsrats bei Kündigungen soll eine Erweiterung erfahren. Ein Widerspruch des Betriebsrats, der bisher nur aus bestimmten Gründen möglich ist, kann auf jeden Grund gestützt werden, der die Kündigung rechtswidrig macht (§ 102 Abs. 3). Außerdem hat er eine stärkere Wirkung als derzeit: Die Kündigung wird nur wirksam, wenn sie auf Antrag des Arbeitgebers vom Arbeitsgericht zugelassen wird. Bis zu einer solchen Entscheidung muss der Arbeitnehmer weiterbeschäftigt werden, da er ja gar nicht gekündigt ist. Spricht der Arbeitgeber entgegen dieser Regelung eine Kündigung aus, so kann der Arbeitnehmer Weiterbeschäftigung bis zur rechtskräftigen Klärung verlangen und notfalls mit Hilfe einer einstweiligen Verfügung durchsetzen. Eine Ausnahme gilt nur dann, wenn der Widerspruch offensichtlich unbegründet ist. Im Ergebnis läuft dies – ähnlich wie im Beamtenrecht – auf eine Auflösungsklage hinaus.

1668 Zur gegenteiligen bisherigen Rechtsprechung s. oben § 38 II und III.

Ein Aufhebungsvertrag ist nur dann wirksam, wenn der Betriebsrat vor dessen Abschluss unterrichtet und der Arbeitnehmer auf das Recht zur Hinzuziehung eines Betriebsratsmitglieds hingewiesen wurde.

9. Aus- und Weiterbildung

Bei der Beteiligung des Betriebsrats nach §§ 96 bis 98 soll sich eine entscheidende Änderung ergeben: § 97 Abs. 2 enthält ein sehr viel weiteres Mitbestimmungsrecht als bisher, das sich auf die Errichtung und Ausstattung betrieblicher Einrichtungen zur Berufsbildung, auf die Einführung betrieblicher Berufsbildungsmaßnahmen und die Teilnahme an außerbetrieblichen Berufsbildungsmaßnahmen bezieht.[1669] Insoweit kann eine »Infrastruktur« für eine kontinuierliche Weiterbildung geschaffen werden, die auf der Basis der bisherigen §§ 96 bis 98 BetrVG nur schwer erreichbar wäre.[1670] Weiterqualifizierung kann Beschäftigung sichern, zumindest aber die Chancen auf dem Arbeitsmarkt deutlich verbessern. Dies setzt allerdings voraus, dass nicht »ins Blaue hinein« weitergebildet, sondern auf künftigen Bedarf abgestellt wird.

10. Wirtschaftliche Angelegenheiten

a) Wirtschaftsausschuss

Der Wirtschaftsausschuss behält seine bisherige Grundstruktur, doch soll es ihn in Zukunft auch auf Konzernebene geben. Dadurch werden die Informationen gebündelt, was auch für die Arbeitgeberseite von Vorteil sein kann. Befindet sich die Konzernspitze im Ausland, so ist die inländische Gesellschaft verpflichtet, sich dort die Informationen zu verschaffen, die sie zur vollständigen Schilderung ihrer wirtschaftlichen Situation benötigt (§ 109 Abs. 3 des Entwurfs). Der Globalisierung wird weiter dadurch Rechnung getragen, dass in den Wirtschaftsausschuss auch Personen gewählt werden können, die einer ausländischen Niederlassung des Konzerns angehören.

b) Arbeitgeberbericht nach § 110 BetrVG

Der Arbeitgeber muss schon bisher einmal pro Vierteljahr einen Bericht über die wirtschaftliche Lage und Entwicklung des Unternehmens abgeben. Der Inhalt ist mit dem Wirtschaftsausschuss (in kleineren Betrieben mit dem Betriebsrat) ab-

---

1669 Für eine Erweiterung gegenüber dem Status quo auch *Annuß*, FS 100 Jahre Betriebsverfassungsrecht, S. 11, 14: Mitbestimmung über alle für den Beruf konstitutiven (neuen) Kenntnisse oder bei drohendem Verschwinden des Berufs alles zur Erlangung einer adäquaten Anschlussbeschäftigung Erforderliche.

1670 Dazu *Krause*, FS Ingrid Schmidt, S. 231 ff., der dem geltenden Recht angesichts einer gegenteiligen zwanzigjährigen Erfahrung allzu optimistisch begegnet.

zustimmen. Lassen sich Meinungsverschiedenheiten über den Inhalt nicht ausräumen, so kann der Betriebsrat seinen eigenen Bericht erstellen (§ 110 Abs. 3 des Entwurfs), was bisher höchst umstritten war. Bedeutsam kann dies insbesondere dann sein, wenn der Arbeitgeber Fehler des Managements unter den Tisch fallen lässt, die für schlechte Zahlen verantwortlich sind.

c) Betriebsänderung: Interessenausgleich und Sozialplan

Die Beteiligung des Betriebsrats in wirtschaftlichen Angelegenheiten setzt weiterhin am Vorliegen einer geplanten »Betriebsänderung« an, die allerdings nicht abschließend bestimmt, sondern durch einen erweiterten Beispielskatalog erläutert wird. Ausdrücklich einbezogen sind nunmehr auch die »Auslagerung von Arbeit aus dem Betrieb«, neue Arbeitsmethoden aufgrund des Einsatzes von Algorithmen und Robotern sowie von künstlicher Intelligenz und Personalabbau im Umfang einer Massenentlassung (weshalb der bisherige § 112a gegenstandslos wird).

Die entscheidende Neuerung bringt § 112 Abs. 3 des Entwurfs: Die Einigungsstelle entscheidet nicht nur wie bisher über den Sozialplan, sondern auch über den Interessenausgleich. Sie bestimmt also, ob, wann, in welcher Größenordnung und in welcher Form die geplante Betriebsänderung durchgeführt wird. Allerdings wird durch zusätzliche Einschaltung der Industrie- und Handelskammer (neben der Bundesagentur für Arbeit) dafür gesorgt, dass die betriebswirtschaftliche Dimension ausreichend berücksichtigt wird. § 112 Abs. 6 enthält eingehende Vorgaben für die Entscheidung der Einigungsstelle, wobei die wichtigste darin liegt, dass ein Konzern als wirtschaftliche Einheit betrachtet wird und dies auch dann gelten soll, wenn die Konzernspitze im Ausland liegt. Durch die Entscheidungen der Einigungsstelle darf der Fortbestand des Unternehmens und der nach Durchführung der Betriebsänderung verbleibenden Arbeitsplätze nicht gefährdet werden. Auch hier ist ein Spruch der Einigungsstelle vorläufig vollstreckbar; eine gerichtliche Überprüfung ist möglich. Wird der Betriebsrat erst gewählt, wenn wesentliche Teile der Betriebsänderung schon umgesetzt sind, so entfällt das Mitbestimmungsrecht über den Interessenausgleich. Ein Sozialplan kann aber auch für ausgeschiedene Mitarbeiter so lange verlangt werden, bis die Betriebsänderung vollständig abgeschlossen ist.[1671]

11. Sonstige Veränderungen

Die größte Überraschung wird der neue § 118 BetrVG auslösen: Der Tendenzschutz ist als solcher abgeschafft. Auch die Kirchen werden in das Gesetz ein-

1671 Das österreichische Recht kennt ebenfalls den Sozialplan, ermöglicht aber daneben eine verstärkte Einschaltung staatlicher Stellen (unten § 45 IV).

bezogen; lediglich bei »verkündungsnahen Tätigkeiten« treten die Mitbestimmungsrechte zurück. Für die rund eine Mio. Arbeitnehmer, die bei den Kirchen und ihren sozialen Einrichtungen (Caritas, Diakonie) beschäftigt sind, wäre dies eine grundlegende Veränderung ihrer Rechtsstellung. Der »historische Zufall«, der zur bisherigen Rechtslage geführt hat,[1672] würde korrigiert.[1673]
Die Behinderung oder Störung einer Betriebsratswahl wird zu einer von Amts wegen zu verfolgenden Straftat, ebenso die Behinderung oder Störung der Betriebsratstätigkeit – bisher war in beiden Fällen ein Strafantrag erforderlich.[1674]

III. Wie geht es weiter?

Der DGB-Entwurf für ein neues BetrVG ist ein anspruchsvolles Vorhaben. Die laufende Legislaturperiode mit dem angesichts aller Koalitionspartner erwartbar bescheidenen arbeitsrechtlichen Programm[1675] wird man dafür abschreiben müssen. Vielmehr liefert dieser Entwurf eine mittel- bis langfristige Reformperspektive.
Die für einen Erfolg nötigen Rahmenbedingungen sind naturgemäß nur schwer bis gar nicht im Voraus zu bestimmen. Aber aus der Geschichte der Betriebsverfassung ist klar geworden: Für eine fundamentale Weiterentwicklung der Mitbestimmung ist der Schub durch eine gesellschaftliche Mobilisierung größeren Ausmaßes erforderlich.[1676] Wie ein nächstes »1972« aussehen könnte, liegt im Dunkel.
Wozu aber jedenfalls etwas gesagt werden kann, sind die eigenen Bemühungen auf dem Weg dorthin. Der Rückgriff auf die eigene Kraft der Gewerkschaften ist auch in dieser Hinsicht von zentraler Bedeutung.[1677] Wir brauchen »einen massiven Aufbruch für (praktische) Mitbestimmung bis hin zur Herausbildung

1672 S. oben § 25 I 6.

1673 Gute Argumente gegen die unterschiedlichen Mitbestimmungsordnungen in Privatwirtschaft, öffentlichem Dienst und Kirchen bei *J. Schubert*, FS 100 Jahre Betriebsverfassungsrecht, S. 705ff.

1674 Dazu *Däubler*, Legal Tribune Online (LTO) 21.1.2022 (Interview von Hasso Suliak).

1675 Vgl. *Bauer/Roll*, NZA 2021, 1685; *Fuhlrott/Ritz*, ArbRAktuell 21, 649; *Kittner*, AuR 2022, 1; *Schiefer*, DB 2022, 53; *Wenckebach*, AiB 2/2022, 22.

1676 Zu den politischen Rahmenbedingungen s. eingehend *Däubler*, in: Köhlinger (Hrsg.), Solidarisch in die Offensive, Hamburg 2022, S. 87ff., insbesondere zu der beschränkten Handlungsfähigkeit parlamentarischer Instanzen.

1677 Wie diese »eigene Kraft« gestärkt werden könnte, ist ein Thema für sich: Realistische, dem Einzelnen Nutzen bringende Forderungen, konsequentes und glaubwürdiges Verhalten der führenden Repräsentanten; Präsenz der Gewerkschaften in (alten und neuen) Medien; solidarische Umgangsformen in der Organisation; dies sind einige Stichworte.

größerer betrieblicher Konfliktfähigkeit und Durchsetzungskraft«.[1678] Dieselbe Mobilisierung, die bei Tarifrunden stattfinde, müsse auch bei Auseinandersetzungen um die Mitbestimmung möglich sein. Dazu müssen weitere Kräfte kommen, die sich für die Mitbestimmung einsetzen: Journalisten, Künstler, politisch engagierte Rechtsanwälte. Und es mag auch die eine oder andere Partei geben, deren Führung in das Parteiprogramm schaut, wo die Mitbestimmung in der Regel eine sehr positive Erwähnung findet. Wichtig sind Beispielsfälle, in denen die Mitbestimmung Schlimmes verhütete oder umgekehrt die fehlende Mitbestimmung zulasten der Betroffenen ging.[1679] Dabei sind konkrete Beispiele immer überzeugender als statistische Aussagen, wonach beispielsweise mitbestimmte Betriebe produktiver als nicht mitbestimmte seien. Würden wir denn die Mitbestimmung aufgeben, wenn sich das Gegenteil als richtig herausstellen sollte? Durch Zusammenwirken aller die betriebliche Mitbestimmung unterstützenden Kräfte müsste eine gesamtgesellschaftliche Situation geschaffen werden, die der der Jahre 1971/72 vergleichbar ist: Für die Mehrheit im Parlament müsste eine Ausweitung der Mitbestimmung das beste Mittel sein, um die eigene Wiederwahl zu sichern.

1678 *Benner*, in: Köhlinger (Hrsg.), Solidarisch in die Offensive, Hamburg 2022, S. 95.

1679 Wichtig insoweit die Vergabe des jährlichen Betriebsrätepreises (obwohl manche Erfolge unter den Tisch fallen, weil eine öffentliche Prämiierung vom Arbeitgeber als Demütigung empfunden würde und heftige Gegenreaktionen zur Folge hätte).

Österreich

I. Vorbemerkung

Wenn in einem Buch mit dem Titel »Geschichte und Zukunft der Betriebsverfassung« die Entwicklung in Österreich dargestellt werden soll, ist zunächst eine terminologische Klarstellung notwendig. Der Begriff »Betriebsverfassung« ist nämlich keineswegs so eindeutig, wie er auf den ersten Blick erscheint.[1680]

Im allgemeinen Sprachgebrauch wird unter der »Betriebsverfassung« die Grundordnung der Beziehungen zwischen den Arbeitnehmern und dem Arbeitgeber im Betrieb verstanden. Ein so weites, soziologisch definiertes Verständnis der Betriebsverfassung als soziale Ordnung ist aber für die juristische Begriffsbildung – und damit für die inhaltliche Abgrenzung unseres Themas – nicht geeignet. Sie umfasst nämlich nicht nur die kollektiven Arbeitsbeziehungen, sondern auch die individuellen, persönlichen Vertragsverhältnisse, also auch das gesamte Arbeitsvertragsrecht.

In rechtshistorischer Sicht geht es beim Begriff »Betriebsverfassung« vor allem um die Entstehung, um die gesetzliche Regelung der organisierten Vertretung der Arbeitnehmerinteressen in den Betrieben durch demokratisch gewählte Vertreter, die Betriebsräte, und um die weitere Entwicklung der einschlägigen Rechtsvorschriften. Dem entspricht die Benennung der ersten gesetzlichen Regelungen dieses Teilbereichs der Arbeitsbeziehungen als »Betriebsrätegesetz« (BRG) sowohl in der Weimarer Republik als auch in der Ersten Republik (Deutsch-)Österreich.

Diese ursprünglich übereinstimmende Nomenklatur ist aber im Lauf der weiteren Entwicklung einer differenzierten Gesetzesbezeichnung gewichen: Das erste deutsche BRG ist zum »Betriebsverfassungsgesetz« (BetrVG) geworden, und das erste österreichische BRG ist in der Teilkodifikation des kollektiven Arbeitsrechts durch das »Arbeitsverfassungsgesetz« (ArbVG) aufgegangen. Beide Gesetze verwenden den Begriff »Betriebsverfassung«, allerdings ohne ihn zu definieren, mit unterschiedlicher Bedeutung.

Während sich das deutsche BetrVG inhaltlich auf den Kernbereich der »Betriebsverfassung«, nämlich auf das Betriebsräterecht (allerdings über den »Betrieb« hinaus auch auf der Ebene des Unternehmens und des Konzerns) beschränkt, stellt die Regelung der Betriebsverfassung im österreichischen ArbVG nur einen von inzwischen neun Teilen des Gesetzes dar.

Der I. Teil des ArbVG regelt die »Kollektive Rechtsgestaltung« durch Kollektivvertrag, Satzung, Mindestlohntarif, Festsetzung der Lehrlingsentschädigung oder durch Betriebsvereinbarung, der II. Teil die Betriebsverfassung, der III. Teil

1680 Vgl. zur Terminologie schon *Floretta*, in: Floretta/Strasser, Kommentar zum Arbeitsverfassungsgesetz 1975, Einleitung 2.1, XXVIII; weiters *Cerny*, in: Gahleitner/Mosler (Hrsg.), Arbeitsverfassungsrecht 2 (2020), Einleitung, S. 29.

Behörden und Verfahren, der IV. Teil enthält Schluss- und Übergangsbestimmungen, die Teile V bis VIII sind im Zuge der Europäisierung der Betriebsverfassung in das ArbVG eingefügt worden, und der IX. Teil regelt Wirksamkeitsbeginn und Vollziehung.
Zwischen den einzelnen Teilen, insbesondere zwischen den Bestimmungen über die Kollektive Rechtsgestaltung und jenen über die Betriebsverfassung, bestehen inhaltliche Verbindungen, die vor allem die Betriebsvereinbarung betreffen. Sie stellt sowohl eine normativ wirkende kollektive Regelung als auch ein zentrales Instrument der betrieblichen Mitbestimmung der Arbeitnehmerschaft dar.
Eine genauere Betrachtung zeigt somit, dass die Begriffe »Betriebsverfassung« und »Arbeitsverfassung« keineswegs deckungsgleich sind.
Zur Arbeitsverfassung gehören in Österreich auch die gesetzlich geregelten überbetrieblichen Interessenvertretungen der Arbeitnehmer und der Arbeitgeber in Form der Kammern. Für die historische Entwicklung und für die aktuellen Möglichkeiten der Mitbestimmung der Arbeitnehmer sind die in allen österreichischen Bundesländern bestehenden Arbeiterkammern und die Bundesarbeitskammer von zentraler Bedeutung.
Schließlich sind auch Bereiche, die nicht gesetzlich geregelt sind – gerade deshalb – wichtige Elemente der österreichischen Arbeitsverfassung: Sozialpartnerschaft einerseits und Arbeitskampf andererseits.
Eine historische Betrachtung der österreichischen »Betriebsverfassung« muss also mehr in Betracht ziehen als die Entstehung und die weitere Entwicklung des Betriebsräterechts, die freilich dennoch der Schwerpunkt der folgenden Darstellung bleibt.[1681]

1681 Aus der Fülle der (rechts)historischen Literatur zu unserem Thema seien hier nur einige Publikationen angeführt. In jedem der hier genannten Werke finden sich weiterführende Hinweise auf einschlägiges Schrifttum. *Filla*, Entwicklungsgeschichte des Betriebsrätegesetzes 1919, FS Weißenberg (1980), in der Folge zitiert mit *Filla*, FS Weißenberg; 73; *Filla*, Zwischen Integration und Klassenkampf, Sozialgeschichte der betrieblichen Mitbestimmung in Österreich (1981), in der Folge zitiert mit *Filla*, Mitbestimmung; *Mulley*, »Eine große soziale Idee hat gesiegt« – Zur Genese des BRG vom 15. Mai 1919, DRdA 2019, 367; *Garamvölgyi*, Betriebsräte und sozialer Wandel in Österreich 1919/1920 (1983); *Mulley*, Zur Vor- und Gründungsgeschichte der Arbeiterkammern, DRdA 2020, 64; *Weidenholzer*, Betriebsräte – Waisenkinder der Revolution, in: Widowitsch/Füreder/Gstöttner-Hofer/Wall-Strasser (Hrsg.), Zukunftsmodell Betriebsrat (2003), 23; *Kepplinger/Weidenholzer*, Zur Geschichte der Österreichischen Arbeiterkammern, in: 75 Jahre Kammern für Arbeiter und Angestellte (1995), 9; *Pellar*, in: Klenner/Pellar, Die österreichische Gewerkschaftsbewegung, (1987), insb. 217; *Keller/Lichtenberger*, Die Geschichte der Mitbestimmung in Österreich, Politik und Zeitgeschehen 14 (2019); Allgemein zur Entwicklung des Betriebsverfassungsrechts *Strasser*, in: Floretta-Strasser, Kommentar zum Arbeitsverfassungsgesetz (1975), XXI; *Strasser*, in: Strasser/Jabornegg/Resch (Hrsg.), Kommentar zum Arbeitsverfassungsgesetz (2006), XIX; *Cerny*, in: Gahleitner/Mosler (Hrsg.), Arbeitsverfassungsrecht 2 (2020), 29; *Cerny*, Entwicklung

§ 44 Die Entwicklung der Betriebsverfassung in Österreich

I. Entstehungsgeschichte des ersten Betriebsrätegesetzes

1. Institutionelle Ansätze in der Monarchie

Die feudalistische Ständegesellschaft des Mittelalters kannte nur drei Stände: Adel, Klerus und Bauern. 90 % der Bevölkerung waren »unfreie Bauern«. Bürger oder Arbeiter bildeten keinen eigenen Stand. Ideen von einer organisierten Interessenvertretung oder gar Mitbestimmung der Arbeiter hatten in einem solchen System der Über- und Unterordnung keinen Platz. Hier konnten die vorwiegend adeligen »Dienstherren« über ihre »Dienstboten« nach Belieben verfügen.

Die gesellschaftlichen Strukturen veränderten sich erst zu Beginn des 19. Jahrhunderts grundlegend, als unter dem Einfluss der Aufklärung und der fortschreitenden Industrialisierung der Sturm der Revolution, von Frankreich ausgehend, auch die Länder der Habsburger-Monarchie erfasste.

Die Auflösung der mittelalterlichen Ständeordnung und der Übergang zu einem durch Industrialisierung und Kapitalismus geprägten Wirtschaftssystem gingen in Österreich erst später und langsamer vor sich als in den meisten anderen Ländern der Habsburger–Monarchie. Während in Deutschland Ideen einer Vertretung und Mitwirkung der Arbeiter in den Betrieben schon im ersten Drittel des 19. Jahrhunderts entstanden und als einer von vielen Aspekten der »Arbeiterfrage« diskutiert wurden, spielte dieses Thema in Österreich zu dieser Zeit noch keine Rolle. Die bestehende Gesellschaftsordnung wurde durch ein politisches System der Restauration, des Absolutismus und der Repression, das »System Metternich« (benannt nach dem berühmt-berüchtigten Staatskanzler Fürst *Metternich*), aufrechterhalten.

---

der Arbeitsverfassung aus der Sicht der Arbeitnehmer, in: Grillberger (Hrsg.), 30 Jahre ArbVG (2005), 9; *Cerny*, 40 Jahre Arbeitsverfassungsgesetz, DRdA 2014, 478; *Cerny*, 100 Jahre Betriebsrätegesetz – Von der Utopie einer neuen Gesellschaft zur Realität der neuen Arbeitswelt, DRdA 2019, 292.

Der Übergang vom Agrar- zum Industriestaat führte dann auch in Österreich zu gravierenden sozialen Problemen. Massen von Handwerkern und Taglöhnern zogen vom Land in die Städte, fanden aber auch dort keine Arbeit. Frühindustrielle Massenarbeitslosigkeit, Pauperismus, Verelendung und zunehmende soziale Spannungen waren die Folgen. Das »System Metternich« reagierte mit Polizeigewalt, Spitzelwesen, Verfolgung und Unterdrückung aller Bestrebungen nach Demokratie und Freiheit.

Die Bürgerliche Revolution 1848/49

Nach der Februarrevolution 1848 in Frankreich erfasste die revolutionäre Bewegung rasch auch die Habsburgermonarchie und ihre Kronländer. Neue soziale Gruppen forderten das Ende der Restauration und des verhassten »Systems Metternich«. Studenten, Bürger und Bauern verlangten Freiheit, Bürgerrechte, eine Verfassung, Wahlen und ein Parlament. Die im Vielvölkerstaat »zwangsvereinigten« ungarischen, böhmischen und italienischen Volksgruppen strebten nach Emanzipation.

In Österreich wurde in den ersten Märztagen des Jahres 1848 in Bittschriften an die Regierung der Wunsch nach Veränderung mit der Forderung nach einer freiheitlichen Verfassung für alle Länder der Monarchie vorgebracht. Nachdem es *Metternich* zunächst noch gelungen war, bei Regierung und Hof eine ablehnende Haltung durchzusetzen, überstürzten sich in der Folge die Ereignisse. Eine von Studenten formulierte Petition, in der vor allem Presse- und Redefreiheit sowie Lehr- und Lernfreiheit gefordert worden waren, wurde vom Kaiserlichen Hof nicht zur Kenntnis genommen. Daraufhin zogen die Studenten am 13. März zum Landhaus in der Wiener Herrengasse, wo sich eine große Menschenmenge eingefunden hatte. Eine Abordnung der Ständemitglieder begab sich zum Kaiser, stieß dort aber auf Ratlosigkeit, Unentschlossenheit, Bestürzung und Furcht. *Metternich* verlangte die kompromisslose Ablehnung der vorgetragenen Wünsche, blieb damit aber erfolglos. Immer mehr Menschen strömten in die Innenstadt, in den Fabriken der Vorstädte kam es zu ersten Arbeitsniederlegungen. Nach mehreren erfolglosen Räumungsversuchen in der Herrengasse gab schließlich *Erzherzog Albrecht* den Befehl zum Angriff mit der Waffe, fünf Tote blieben zurück.

In dieser Phase war die bis dahin »Bürgerliche« Revolution zu einem Aufstand der Massen geworden. Erstmals griffen auch die Arbeiter in das revolutionäre Kampfgeschehen ein. Wütende Fabriksarbeiter stürmten und zerstörten Fabriken und Maschinen, steckten Tore in Brand. Unter dem Druck der dramatischen Ereignisse war die Regierung endlich zu Konzessionen bereit. *Metternich* musste zurücktreten und floh nach England.

In der Folge machte Kaiser *Ferdinand I* weitere Zugeständnisse. Er versprach die Abschaffung der Zensur und eine Staatsverfassung. Die von einer provisorischen Staatsregierung ausgearbeitete »Pillersdorfsche Verfassung«[1682] wurde Ende April 1848 vorgelegt und führte erneut zu Protesten. Eine letzte Welle der Revolution im Oktober 1848 wurde von den kaiserlichen Truppen blutig niedergeschlagen.

Mit dem Rücktritt *Metternichs* und der Vorlage einer Verfassung, die im Rahmen eines Grundrechtskatalogs die »Bürgerlichen Freiheiten« garantieren sollte, hatte die Revolution des Jahres 1848 vorerst ihre wichtigsten Ziele erreicht. Der Erfolg war allerdings nur von kurzer Dauer. Am 2. Dezember 1848 dankte der schwache Kaiser *Ferdinand* ab und überließ den Thron seinem 18-jährigen Neffen, der als *Franz Josef I.* das Habsburgerreich jahrzehntelang beherrschen sollte. Am 7. März 1849 wurde der Reichstag gewaltsam aufgelöst, und am 31. Dezember 1851 hob der neue Kaiser mit dem Silvesterpatent[1683] die nie in Kraft getretene »oktroyierte Verfassung« wieder auf. Pressefreiheit, Gemeindeautonomie und öffentliche Gerichtsbarkeit wurden wieder abgeschafft. Österreich war zum Absolutismus zurückgekehrt.

Die Arbeiterschaft hatte zwar durch ihr spontanes Eingreifen im März 1848 der Bürgerlichen Revolution zunächst zum politischen Erfolg verholfen, konnte aber mangels einer wirksamen Organisation und politischer Erfahrung selbst nicht jene Freiheiten und Rechte erreichen, die sie für das Bürgertum erkämpft hatte. Anders als in Deutschland, wo die Mitbestimmung der Arbeiter im Rahmen der Verfassunggebenden Versammlung in der Frankfurter Paulskirche mit sehr konkreten Vorstellungen – wenn auch hier letztlich erfolglos – diskutiert worden war,[1684] spielten Mitbestimmungsideen beim Revolutionsgeschehen in Österreich noch kaum eine wesentliche Rolle. Die wütenden Proteste der Wiener Fabriksarbeiter waren in erster Linie gegen die unbeschreiblichen sozialen Missstände und Auswüchse des kapitalistischen Wirtschaftssystems gerichtet. Das Bewusstsein, dass es zur wirksamen Bekämpfung dieser Missstände einer auch rechtlich fundierten Organisation der Arbeiterklasse bedarf, war zu dieser Zeit noch nicht ausreichend vorhanden.

Errichtung von Handels- und Gewerbekammern

An dem revolutionären Geschehen des Jahres 1848 beteiligten sich auch Gewerbetreibende, die gegen behördliche Kontrolle und staatliche Einmischung, gegen zu hohe Steuern und eine bürgerfeindliche Verwaltung protestierten. Sie forderten eine Interessenvertretung, der alle Wirtschaftstreibenden einer Region angehören, und die beratend an wirtschaftspolitischen Entscheidungen mitwirken sollte.

1682 Allerhöchstes Patent vom 25. April 1848. Verfassungs-Urkunde des österreichischen Kaiserstaates.

1683 Kaiserliches Patent vom 31. December 1851 (RGBl 2/1852).

1684 Siehe § 8 IV.

Nach intensiven Vorarbeiten unter der Leitung des Vorstands des niederösterreichischen Gewerbevereins und späteren Handelsministers *Hornbostel* beschloss der Ministerrat am 3. Oktober 1848 »Provisorische Bestimmungen in Betreff der Errichtung von Handelskammern«[1685].
Mit Verordnung vom 26. März 1850 wurde dann das provisorische Gesetz über die Errichtung von Handels- und Gewerbekammern kundgemacht[1686]. Ein Gesetz vom 29. Juni 1868[1687] beendete schließlich das Provisorium und richtete die Handels- und Gewerbekammern endgültig als beratende Körperschaft ein.
Neben der Bauernbefreiung und der Grundentlastung sind die Handelskammern eine der wenigen Errungenschaften der Revolution des Jahres 1848, die auch nach deren Ende erhalten geblieben sind.
Für die nach der Revolution des Jahres 1848 politisch erstarkende Arbeiterschaft war die Errichtung von Handelskammern ein starker Antrieb, auch ihrerseits die Schaffung einer gleichgestellten gesetzlichen Interessenvertretung in Form von Arbeiterkammern zu fordern. Es sollte aber noch 70 Jahre dauern, bis diese Forderung durchgesetzt werden konnte.

Staatsgrundgesetz 1867

Im Juni 1867 legte die Regierung dem Reichsrat vier Gesetzentwürfe zur Neuordnung von Parlament und Regierungsgewalt vor. Das Abgeordnetenhaus setzte zur Beratung darüber einen Verfassungsausschuss ein, der sich auch mit der Forderung nach der Verankerung umfassender Grund- und Freiheitsrechte befasste und dazu einen Gesetzentwurf erarbeitete. Am 21. Dezember 1867 hat der Reichsrat als Teil der Dezemberverfassung[1688] das »Staatsgrundgesetz über die allgemeinen Rechte der Staatsbürger für die im Reichsrate vertretenen Königreiche und Länder«[1689] beschlossen. Zugleich wurde das Reichsgericht eingesetzt und die Unabhängigkeit der Richter garantiert.
Die Dezemberverfassung 1867 war bis zum Ende der Monarchie die Verfassung der österreichischen Reichshälfte. Wesentliche Teile davon wurden 1920 in das Bundes-Verfassungsgesetz der Republik Österreich übernommen. Das Staatsgrundgesetz über die allgemeinen Rechte der Staatsbürger blieb aber neben dem B-VG als eigenständiges Verfassungsgesetz bestehen und bildet bis heute den geltenden Grundrechtskatalog in Österreich.
Entsprechend seinem historisch-politischen Hintergrund normiert das Staatsgrundgesetz liberale Grundrechte, also Freiheitsrechte der Bürger gegenüber

1685 BGBl-Alt 27/1848.
1686 RGBl Nr. 122/1850.
1687 RGBl Nr. 85/1868.
1688 Insgesamt beschloss der Reichsrat sechs Verfassungsgesetze, die zusammen als »Dezemberverfassung« bezeichnet werden.
1689 RGBl Nr. 142/1867.

dem Staat. Soziale Grundrechte, die den Staat zu einem positiven Handeln für seine Bürger verpflichten würden, sieht es dagegen nicht vor. Wiederholte Versuche, im Rahmen einer Grundrechtsreform auch soziale Grundrechte in den Grundrechtskatalog aufzunehmen, sind bisher in Österreich gescheitert.

Dennoch waren – und sind – auch die Bestimmungen des StGG 1867 für die weitere soziale Entwicklung von fundamentaler Bedeutung.[1690]

Art. 12 StGG garantiert den österreichischen Staatsbürgern das Recht, sich zu versammeln und Vereine zu bilden. Die Vereins- und Versammlungsfreiheit ermöglichte es auch der Arbeiterbewegung, Interessenvereinigungen zu bilden und dadurch politische Kraft zu gewinnen.

> Artikel 12 StGG
> Die österreichischen Staatsbürger haben das Recht, sich zu versammeln und Vereine zu bilden. Die Ausübung dieser Rechte wird durch besondere Gesetze geregelt.

Die verfassungsrechtliche Garantie der Vereins- und Versammlungsfreiheit wurde im 20. Jahrhundert durch internationale Grundrechtsnormen ergänzt und erweitert: Art. 11 der Europäischen Menschenrechtskonvention (EMRK)[1691] bestimmt, dass alle Menschen das Recht haben, sich friedlich zu versammeln, sich frei mit anderen zusammenzuschließen und zum Schutz ihrer Interessen Gewerkschaften zu bilden sowie diesen beizutreten. Der Europäische Gerichtshof für Menschenrechte (EGMR) sieht in Art. 11 EMRK nicht nur eine Bestands- und Beitrittsgarantie, sondern auch eine Betätigungsgarantie in Form eines Rechts auf Tarifverhandlungen sowie eines Streikrechts.[1692] Noch weiter reichende Regelungen enthalten die Art. 12 und 28 der Europäischen Grundrechte-Charta.[1693]

1690 Grundsätzlich zur Bedeutung der Koalitionsfreiheit für das kollektive Arbeitsrecht *Martinek/Schwarz*, Das Koalitionsrecht, DRdA 1963, 269; *Floretta*, Arbeitsrecht und Europäische Menschenrechtskonvention, Salzburger Universitätsreden, H 21 (1967); *Martinek*, Zur Verankerung des Koalitionsrechts im kollektiven Arbeitsrecht, in: FS Schmitz I (1967), 146; *Löschnigg*, Arbeitsrecht 2.4.; *Felten*, Koalitionsfreiheit und Arbeitsverfassungsgesetz (2015).

1691 BGBl. Nr. 210/1958. Die EMRK und das 1. Zusatzprotokoll sind durch Verfassungsgesetz BGBl Nr 59/1964 mit Verfassungsrang ausgestattet.

1692 Zum Umfang der verfassungsrechtlichen Garantie *Felten/Mosler*, 100 Jahre Kollektivvertragsrecht, DRdA 2020, 91 (95).

1693 Die Charta der Grundrechte der EU ist seit dem Vertrag von Lissabon (2009) rechtsverbindlich. Sie ist ein einheitlicher Grundrechtskatalog, der auch soziale Grundrechte enthält. Die in der EGC garantierten Grundrechte, darunter auch die Koalitionsfreiheit, können vor den österreichischen Gerichten, vor dem EuGH und nach einer richtung-

Koalitionsgesetz 1870

Die Vereins- und Versammlungsfreiheit ermöglichte zwar die Bildung von Arbeitervereinen, wie z. B. des Arbeiterbildungsvereins, die Tätigkeit von »politischen« Vereinen war aber immer noch erheblichen Einschränkungen unterworfen. Der Zusammenschluss zu Berufsverbänden (Koalitionen), um auf die Gestaltung der Lohn- und Arbeitsbedingungen Einfluss zu nehmen, stand nach wie vor unter Strafsanktion.[1694]

Bei einer großen Demonstration der Wiener Arbeiter im Dezember 1869 wurde dem Ministerpräsidenten *Taaffe* eine Bittschrift für Koalitionsfreiheit überreicht. Die Mitglieder der Deputation der Arbeiter wurden nach der Kundgebung verhaftet und wegen Hochverrats verurteilt, dann aber wieder amnestiert. Die Demonstration war erfolgreich. Schon am nächsten Tag wurde dem Abgeordnetenhaus ein Gesetzentwurf vorgelegt, und mit Zustimmung beider Häuser des Reichsrats am 7. April als Koalitionsgesetz 1870 beschlossen.[1695]

§ 1 des Koalitionsgesetzes hob die bis dahin geltenden Strafbestimmungen, betreffend die Verabredungen von Arbeitnehmern und Arbeitgebern zur Erzwingung bestimmter Arbeitsbedingungen auf. Streik- und Aussperrungsverabredungen waren also nicht mehr strafbar. Zugleich bestimmte aber § 2, dass solche Verabredungen keine rechtliche Wirkung haben.

Koalitionsgesetz 1870

§ 1

Die Bestimmungen der §§ 479, 480 und 481 des allgemeinen Strafgesetzes vom 27. Mai 1852, R.G.Bl.Nr. 117 treten außer Wirksamkeit.

§ 2

Verabredungen von Arbeitgebern (Gewerbeleuten, Dienstgebern, Leitern von Fabriks-, Bergbau-, Hüttenwerks-, landwirtschaftlichen oder anderen Arbeitsunternehmen), welche bezwecken, mittelst Einstellung des Betriebes oder Entlassung von Arbeitern diesen eine Lohnverringerung oder überhaupt ungünstigere Arbeitsbedingungen aufzuerlegen; – sowie Verabredungen von Arbeitnehmern (Gesellen, Gehilfen, Bediensteten, oder sonstigen Arbeitern um Lohn), welche bezwecken, mittelst gemeinschaftlicher Einstellung der Arbeit von den Arbeitgebern höheren Lohn oder überhaupt günstigere Arbeitsbedingungen zu erzwingen; – endlich alle Vereinbarungen zur Unterstützung derjenigen, welche bei den erwähnten

weisenden Entscheidung des VfGH (VfSlg.19632/2012) auch vor dem VfGH durchgesetzt werden.

1694 § 3 KoalG.

1695 RGBl. Nr. 43/1870, geändert durch BGBl. Nr. 173/1951 und BGBl. Nr. 422/1974.

Verabredungen ausharren, oder zur Benachteiligung derjenigen, welche sich davon lossagten, haben keine rechtliche Wirkung.

Mit dieser zunächst seltsam erscheinenden Regelung – einerseits nicht mehr strafbar, aber andererseits rechtlich wirkungslos – brachte das Koalitionsgesetz zwei Grundsätze zum Ausdruck, die auch heute noch die österreichische Arbeitsverfassung kennzeichnen: Arbeitskampffreiheit und Neutralität des Staates bei Arbeitskämpfen.[1696]

Das Koalitionsgesetz 1870 ist – im Wesentlichen unverändert – immer noch Bestandteil der österreichischen Rechtsordnung, hat aber keine praktische Relevanz mehr. Seine sozialpolitische Bedeutung liegt vor allem darin, dass es zusammen mit den Verfassungsbestimmungen über die Vereins- und Versammlungsfreiheit die rechtliche Grundlage für die Entstehung und Entfaltung der Gewerkschaften bildet.

Erste Ansätze einer Betriebsverfassung[1697]

Die Revolution des Jahres 1848 hatte zwar auch den Arbeitern zu mehr Bewegungsfreiheit verholfen, die Notwendigkeit einer kollektiven Interessenvertretung in den Betrieben wurde aber nur von wenigen erkannt. Vereinzelte Ansätze in Form von Arbeiterausschüssen hatten keinen nachhaltigen Einfluss auf die Entwicklung der österreichischen Arbeiterbewegung.[1698] Die weitaus überwiegende Mehrheit der Arbeiter sah immer noch in Petitionen und Appellen an die humanitäre Gesinnung der Unternehmer ein geeignetes Mittel zur Durchsetzung ihrer Forderungen.

Sozialreformerische Ideen, die in der betrieblichen Mitbestimmung ein vorbeugendes Instrument gegen die Schädlichkeit des ungehemmten kapitalistischen Wirtschaftens erblickten, blieben Theorien ohne praktische Bedeutung.

Die ersten Eingriffe des Staates in die unbeschränkte Wirtschaftsmacht und unternehmerische Handlungsfreiheit erfolgten auf dem Gebiet des Arbeiter-

1696 *Löschnigg*, Arbeitsrecht 2.4, Rz. 2/016, 13.1 und 13.3.

1697 Zur Frühgeschichte der Betriebsverfassung: *Floretta*, in: Floretta-Strasser, ArbVG (1975), Einl. 2.3.1, 2.3.2.; *Strasser*, in: Strasser/Jabornegg/Resch (Hrsg.), ArbVG-Kommentar (2006), Einl. XXII; *Filla*, Mitbestimmung (Fn. 1681); *Filla*, FS *Weißenberg*; *Klenner/Pellar*, Die Österreichische Gewerkschaftsbewegung (1999); *Kozak*, Entwicklung des Arbeitsrechts (2015); *Garamvölgyi*, Betriebsräte und sozialer Wandel in Österreich 1919/1920 (1983); *Mulley*, »Eine große soziale Idee hat gesiegt« – Zur Genese des BRG 1919 vom 15. Mai 1919, DRdA 2019, 367; *Cerny*, 100 Jahre Betriebsrätegesetz – Von der Utopie einer neuen Gesellschaft zur Realität der neuen Arbeitswelt, DRdA 2019, 292; *Mulley*, Zur Vor- und Gründungsgeschichte der Arbeiterkammern, DRdA 2020, 64; *Cerny*, 100 Jahre Arbeiterkammergesetz, DRdA 2020, 4.

1698 *Filla*, Mitbestimmung, 29.

schutzes in Form von gesetzlichen Einschränkungen der Arbeitszeit von Kindern und Frauen, Ansätze zur Regelung der betrieblichen Ordnung entstanden im Rahmen des Gewerberechts und des Bergrechts.
Das Berggesetz 1854[1699] normierte erstmals eine Verpflichtung zum Erlass einer Dienstordnung mit obligatorischer Prüfung durch die Bergbehörden, und auch die Gewerbeordnung 1859[1700] sah für größere Gewerbebetriebe (mit mehr als 20 Arbeitern) verpflichtend eine Dienstordnung vor. Die Dienstordnung war vom Unternehmer zum Zweck der Aufrechterhaltung der Ordnung und der Disziplin der Arbeiter zu erlassen. Eine Mitwirkung der Arbeiter bei der Festlegung der Arbeitsbedingungen war nicht vorgesehen.[1701]
Seit der Gewerbeordnungsnovelle 1883[1702] waren bei Genossenschaften Gehilfenversammlungen und Gehilfenausschüsse zu wählen. Deren Aufgabe war die »*Wahrnehmung und Erörterung der Interessen der zur Genossenschaft gehörenden Gehilfen soweit sie nicht den Zwecken der Genossenschaft – Pflege des Gemeingeistes, Erhaltung und Hebung der Standesehre, sowie Förderung der gemeinsamen gewerblichen Interessen ihrer Mitglieder – widersprechen*«.[1703]
Es handelte sich also lediglich um ein Anhörungsrecht, von einem Mitwirkungsrecht kann nicht gesprochen werden.[1704]
Eine spezielle Regelung der Mitwirkung der Arbeiter wurde mit dem Gesetz vom 14. August 1896 betreffend die Errichtung von Genossenschaften beim Bergbau[1705] getroffen.

9. Localarbeiterausschüsse

§ 23 Die von den Arbeitern eines Werkes gewählten Delegirten für die Versammlung der Arbeiter bilden den Localarbeiterausschuss … Die Aufgabe des Localarbeiterausschusses besteht zunächst darin, dem Werksherrn oder dessen Beamten die Wünsche und Beschwerden der Arbeiterschaft oder eines Theiles derselben in Beziehung auf den Lohnvertrag und die sonstigen Arbeitsbedingungen vorzutragen, sowie die Beilegung von in dieser Hinsicht vorhandenen Meinungsverschiedenheiten anzubahnen. Überhaupt haben die Localarbeiterausschüsse zur Erhaltung des guten Einvernehmens zwischen den Werksherren und deren Organen einerseits, und den Arbeitern anderseits durch angemessene Einwirkung beizutragen.

1699 RGBl. Nr. 146/1854.
1700 RGBl. Nr. 227/1859.
1701 *Kozak*, 13.
1702 RGBl. Nr. 39/1883.
1703 Zit. *Filla*, Mitbestimmung, 32.
1704 *Kozak*, 20.
1705 RGBl. Nr. 156/1896.

Der Ausschuss kann überdies mit seiner Zustimmung vom Werksherrn auch noch mit anderen Aufgaben betraut werden. Insbesondere kann demselben eine Mitwirkung bei der Verwaltung der in dem betreffenden Werke bestehenden Wohlfahrtseinrichtungen, soweit sie nicht Einrichtungen der Genossenschaft sind, sowie bei der Überwachung der Befolgung der Dienstordnung und der für die Gesundheit und Sicherheit der Arbeiter erlassenen Vorschriften und Anordnungen übertragen werden.

Gesetzesinitiativen zur Einrichtung von Arbeiterausschüssen

Arbeiterausschüsse ohne gesetzliche Grundlage hatte es schon vor der Gewerberechtsnovelle 1883 gegeben. Sie wurden von Unternehmen auf freiwilliger Basis eingeführt und mit unterschiedlich weit gehenden Mitwirkungsrechten ausgestattet. Die Meinungen über den Nutzen solcher fakultativen Vertretungseinrichtungen der Arbeiter waren geteilt: Einerseits wurde befürchtet, dass sie »in höherem Maße den Interessen der Unternehmen als jenen der Arbeiter« dienten, andererseits, dass sie das Interesse der Arbeiter an einer größeren Gewerkschaftsorganisation schwächen könnten.[1706] Auf Arbeitgeberseite wurde eine gesetzliche Verpflichtung zur Einführung von Arbeiterausschüssen überwiegend abgelehnt.

Faktum war jedenfalls, dass die bloß fakultative Einrichtung von Arbeiterausschüssen nur in geringem Ausmaß zu deren Verbreitung führte, was die Regierung des monarchistisch-konservativen Ministerpräsidenten *Taaffe* veranlasste, im Jahr 1891 einen Gesetzentwurf über die obligatorische Einführung von Arbeiterausschüssen und Einigungsämtern sowie die genossenschaftliche Organisation der fabriksmäßig betriebenen Gewerbe vorzulegen.[1707]

Die Aufgaben des Arbeiterausschusses waren in dem Gesetzentwurf ähnlich umschrieben wie jene des Lokalarbeiterausschusses im Bergbau. Das Statut des Arbeiterausschusses war vom Unternehmer zu verfassen und von der Gewerbebehörde zu genehmigen, die den Ausschuss auflösen konnte, wenn Beschlüsse der Organe rechtswidrig waren.

Zudem enthielt der Gesetzentwurf Bestimmungen über die Errichtung von Zwangsgenossenschaften der Industrieunternehmen für einzelne Städte oder Industriebezirke und einen Abschnitt über die Bildung von Einigungsämtern durch Verordnung des Handelsministers.

Aufgabe des Einigungsamtes war die »Herbeiführung eines gütlichen Übereinkommens« zwischen Gewerbeunternehmen und Arbeitern bei Streitigkeiten

1706 *Kozak*, 28.
1707 Details dazu sowie zu den folgenden Ausführungen bei *Kozak*, 30.

über die Rechte und Pflichten aus dem Arbeitsvertrag. Die Entscheidung über solche Streitigkeiten blieb den Gerichten vorbehalten.
Der Gesetzentwurf stieß auf breiten Widerstand und wurde nicht realisiert.
Nach einer lang andauernden Enquete, bei der die Standpunkte von Arbeitgebern, Arbeitern, Gewerkschaften und Gewerbeinspektoren gehört worden waren, unternahm die Regierung im Jahr 1894 einen weiteren Anlauf zu einer gesetzlichen Einrichtung von Arbeiterausschüssen und Einigungsämtern.[1708]
Der Gesetzentwurf 1894 war ganz auf Integration ausgerichtet. Die Einführung von Arbeiterausschüssen war nur noch fakultativ vorgesehen, deren Aufgaben waren auf die Förderung des Einvernehmens zwischen Unternehmen und Arbeitern sowie auf die gütliche Verständigung über die Bedingungen der Arbeitsverhältnisse beschränkt, und die Ausschüsse hatten die Anordnungen des Unternehmers und dessen Vertreter zu unterstützen. Im Fall der Erstellung einer Geschäftsordnung sollte der Unternehmer ein Zustimmungsrecht haben. Darüber hinaus mussten nach dem Entwurf die Arbeiterausschüsse Protokolle über ihre Sitzungen führen, in die sowohl die Behörde als auch der Unternehmer jederzeit Einsicht nehmen konnten. Damit wäre ein totales Kontrollrecht des Staates und der Unternehmer über die Arbeiterausschüsse gegeben gewesen.
Auch dieser Entwurf wurde im Abgeordnetenhaus nicht behandelt. Trotz – oder wegen – seiner integrativen Zielsetzung musste er vom Handelsminister wieder zurückgezogen werden. Lediglich Teile davon fanden Eingang in die Novellierung des Berggesetzes im Jahr 1896.[1709]
Bei den Zwangsgenossenschaften im Bergbaubereich wurden vom »großen Ausschuss« der Genossenschaft, der sich aus Gruppenausschüssen der Bergwerksbetreiber und der Arbeiter zusammensetzte, Einigungsämter gebildet, die eine der »Billigkeit entsprechende Regelung der Arbeitsbedingungen für die Zukunft« herbeiführen sollten.
Das Gesetz vom 14. August 1896 blieb somit die einzige gesetzliche Regelung über die Vertretung und Mitwirkung der Arbeiter in den Betrieben, sie galt allerdings nur für einen Teilbereich der Wirtschaft.
Zusammenfassend betrachtet, waren die legistischen Aktivitäten gegen Ende des 19. Jahrhunderts ein Produkt des Sozialreformismus, der im Aufbau eines Sozialsystems und in der Integration der Arbeiter in die Gesellschaft eine wirksame Strategie zur sozialen Befriedung und zur Bekämpfung des Aufstiegs der Arbeiterklasse erblickte.

1708 Erläut. RV 979 Blg zum Abgeordnetenhaus 11. Session (1894).
1709 RGBl. Nr. 56/1896.

Gewerkschaftliche Vertrauensmänner in den Betrieben[1710]

Mit der verfassungsrechtlichen Garantie der Vereins- und Versammlungsfreiheit und der Aufhebung des Koalitionsverbots war der Weg frei für die Gewerkschaftsbewegung. Ende 1872 gab es in Österreich 75 Gewerkschaften und 59 Arbeiterbildungsvereine mit ähnlichen Aufgaben wie die Gewerkschaften.[1711] 1873 war die Entwicklung der Wiener Gewerkschaften so weit fortgeschritten, dass sie beschlossen, sich zu einem Verband der Wiener Fachgewerkschaften zusammenzuschließen. Der Versuch scheiterte aber, weil die niederösterreichische Statthalterei die Bildung des Verbandes für »staatsgefährlich« hielt.[1712]

Der Börsenkrach im Jahr 1873 löste nicht nur in der Wirtschaft eine schwere Krise aus, er führte auch dazu, dass sich die soziale Lage der Arbeiterschaft dramatisch verschlechterte. In der Folge kam es innerhalb der Arbeiterbewegung zu Auseinandersetzungen zwischen »Gemäßigten« und »Radikalen«, die sich auch auf die weitere Entwicklung der Gewerkschaften nachteilig auswirkten. Nach der Verhängung des Ausnahmezustands über Wien und die niederösterreichischen Industriezentren wurde 1884 der »radikale« Gewerkverein der Metallarbeiter von der Polizei aufgelöst, die »gemäßigte« Metallarbeiter-Union beschloss – ebenso wie zahlreiche andere Gewerkvereine – 1885 ihre Selbstauflösung.

Erst die Einigung der sozialdemokratischen Arbeiterbewegung auf dem Hainfelder Parteitag 1888/89 ermöglichte auch der vorwiegend sozialdemokratisch orientierten Gewerkschaftsbewegung ihren Aufstieg zu einer kraftvollen Organisation. Ende 1889 gab es in Österreich 95 Gewerkschaften, 104 Arbeiter- und Kulturvereine und 71 Kranken- und Invalidenkassen mit rund 60 000 Mitgliedern. Der Zusammenschluss in Fachverbänden und 1893 in einer zentralen Gewerkschaftskommission sorgte für den notwendigen organisatorischen Rückhalt.[1713]

Mit dem Erstarken der Gewerkschaftsbewegung stellte sich die grundsätzliche Frage, wie die Interessenvertretung der Arbeiter in den Betrieben organisiert sein sollte, und welche Aufgaben die Gewerkschaften auf dieser Ebene wahrzunehmen hätten.

Den sozialreformatorischen Ansätzen von gemeinsamen Vertretungseinrichtungen der Arbeiter und der Unternehmer auf gesetzlicher Basis, wie z. B. Arbeiterausschüssen, begegneten die gewerkschaftlich organisierten Arbeiter mit Skepsis bis zu strikter Ablehnung, einerseits weil sie in solchen Einrichtungen lediglich Instrumente zur Aufrechterhaltung der patriarchalischen Ordnung im Betrieb

---

1710 *Filla*, Mitbestimmung, 45; FS Weißenberg, 79.

1711 *Klenner/Pellar*, 115.

1712 A. a. O., 117.

1713 A. a. O., 119.

sahen, und andererseits, weil sie befürchteten, dass dadurch die Bereitschaft zur Organisation in einer Gewerkschaft geringer werden könnte.
Für die Gewerkschaften war der Aufbau eines Netzes gewerkschaftlicher Vertrauensmänner in den Betrieben, insbesondere auch zur Vorbereitung eventueller Streiks, ein vorrangiges Ziel.
Den richtungweisenden Beschluss zur Frage der gewerkschaftlichen Betriebsorganisation formulierte der 5. Ordentliche Gewerkschaftskongress 1907 dann so:

»Der Gewerkschaftskongress erklärt und anerkennt zum Zweck der einheitlichen Führung der Lohnkämpfe die Betriebsorganisation als eine höhere Organisationsform innerhalb der gewerkschaftlichen Zentralorganisation jener Industrien und Gewerbe, deren Betriebe eine gewisse Einheitlichkeit und Geschlossenheit aufweisen.«[1714]

Die Betriebsorganisation in Form des gewerkschaftlichen Vertrauensmännersystems hatte keine gesetzliche Grundlage, sie wurde aber von den Unternehmern größtenteils anerkannt und von den Gewerkschaften – wenn nötig mit gewerkschaftlichen Maßnahmen bis hin zum Streik – durchgesetzt. Als autonome Klassenorganisation bildete das gewerkschaftliche Vertrauensmännersystem ein Gegenmodell zu den in erster Linie auf die Integration der Arbeiter in den Betrieb und in die Gesellschaft abzielenden sozialreformerischen Einrichtungen des 19. Jahrhunderts.[1715]

Kollektivvertrag zwischen dem Schutzverband niederösterreichischer Brauereien und dem Verband der Brauereiarbeiter, Fassbinder und verwandter Berufe Österreichs, gültig für 13 Brauereien Wiens und Umgebung, abgeschlossen am 22. Juni 1907
...
14. Vertrauensmänner. Die Anerkennung der Vertrauensmänner ist vom Nachweis der Majorität bei deren Wahl abhängig. Bei Differenzen hat der Vertrauensmann vorerst beim Braufüher oder bei sonst einer von der Direktion nominierten Persönlichkeit Vorstellung zu erheben. Erst wenn keine Einigung erzielt wird, soll der Direktion der Fall vorgelegt werden, welche sich mit dem Verbandsvorstand verständigen wird.

1714 Zit. bei *Filla*, FS Weißenberg, S. 79.
1715 *Filla*, FS Weißenberg, S. 79.

Den Gewerkschaften ist es im ersten Jahrzehnt des 20. Jahrhunderts gelungen, die Anerkennung betrieblicher Vertrauensmänner durch Kollektivverträge abzusichern. Die Forderung der Gewerkschaftskommission nach einem gesetzlichen Schutz der Vertrauensmänner wurde aber bis zum Ende der Monarchie nicht erfüllt.

Unklar ist, welche Auswirkungen die gesetzliche Errichtung von Betriebsräten nach der Republikgründung auf die gewerkschaftlichen Vertrauensmänner und auf die ihre Anerkennung regelnden kollektiven Arbeitsverträge hatte. Weder das BRG 1919 noch das EAG 1920 enthielten diesbezügliche Übergangsbestimmungen. Die Erläuterungen zur Regierungsvorlage des BRG 1919[1716] betonen die Kontinuität der gewerkschaftlichen Organisation in den Betrieben und fordern, »dass sich die Betriebsräte in die bestehenden Kollektivverträge einfügen sollen und lediglich als ausführende Organe zu wirken haben«. Das spricht dafür, dass das kollektivvertragliche Vertrauensmännersystem »gleitend« in das gesetzliche Betriebsrätesystem übergeleitet wurde, indem frühere gewerkschaftliche Vertrauenspersonen zu Betriebsratsmitgliedern gewählt wurden. Tatsächlich haben die Gewerkschaften fast überall einen bestimmenden Einfluss auf die Betriebsratswahlen ausgeübt[1717] (siehe später unter I 3 und II 4).

2. Die Rätebewegung

Eine weitere Entwicklungslinie der Betriebsverfassung ergibt sich aus der in der letzten Phase des Ersten Weltkriegs entstandenen Rätebewegung.[1718]

Nach dem Vorbild der russischen Oktoberrevolution 1917 und als Reaktion auf die desolaten, chaotischen Verhältnisse, die Not und das Elend bildeten sich in mehreren Ländern des zerfallenden Habsburgerreichs Soldatenräte und Arbeiterräte.

Die Rätebewegung war Ausdruck des spontanen Strebens der sozialen Unterschichten nach unmittelbarer Teilnahme an allen öffentlichen Angelegenheiten. Die Arbeiter- und Soldatenräte sollten eine Alternative zum parlamentarisch-demokratischen Repräsentativsystem des bürgerlichen Staates sein. Die »Räterepu-

1716 164 EB/RV Konstituierende Nationalversammlung (KNV).

1717 *Pribram*, Die Sozialpolitik im neuen Österreich, in: Archiv für Sozialwissenschaft und Sozialpolitik 48 (1920721), 615–680 (651).

1718 Grundlegend dazu *Floretta*, Die Rätebewegung und die österreichische Betriebsverfassung, FS Schnorr (1988), S. 97; *Hautmann*, Geschichte der Rätebewegung in Österreich 1918–1924 (1987); *Hautmann*, Rätedemokratie in Österreich1918–1924, Österreichische Zeitschrift für Politikwissenschaft 1972/1; *Keller*, Die Arbeiter- und Soldatenräte in Österreich 1918–23 (Versuch einer Analyse), 1998; *Filla*, FS Weißenberg, S. 79; *Garamvölgyi*, 71; *Spielbüchler*, Wider die Zähmung der Räte, FS Strasser (1983), S. 613; *Maty*, Die »Professionalisierung« der Betriebsratstätigkeit – Verrat oder Verwirklichung des ursprünglichen Ideals, DRdA 2019, 306.

blik« sollte auf der Basis einer sozialisierten Wirtschaft die rätedemokratischen Prinzipien verwirklichen.

In Österreich waren es vor allem die verheerenden wirtschaftlichen und sozialen Auswirkungen des Krieges, die im Jahr 1918 zu spontanen Arbeitsniederlegungen und in der Folge zu revolutionären Aktivitäten führten.[1719]

Ausgelöst durch die Kürzung der Mehlquote brach im Januar 1918 in Wiener Neustadt ein Streik aus, der in der Folge auf zahlreiche Betriebe, darunter auch solche, die für die Rüstungsindustrie und für die Versorgung der Armee besonders wichtig waren, übergriff. Schließlich erfasste die Streikbewegung die Steiermark, Oberösterreich, Böhmen und Ungarn. In Wien kam es zu großen Kundgebungen, um den Forderungen der Arbeiterschaft Nachdruck zu verleihen. Gleich nach dem Ausbruch der ersten Streiks wurden Arbeiterräte gebildet, der sozialdemokratische Parteivorstand stellte einen Arbeiterrat für Wien zusammen.

Die Arbeiterräte hatten vor allem die Aufgabe, eine innigere, unmittelbarere Führung zwischen den arbeitenden Massen in den Betrieben und der Partei, den Gewerkschaften und den parlamentarischen Vertretungen des Proletariats herzustellen.[1720]

In der Realität des wirtschaftlichen und sozialen Chaos nach dem Ende des Weltkriegs mussten sich die Arbeiterräte um wesentlich trivialere Probleme kümmern: Lebensmittelversorgung, Kampf gegen den Schwarzmarkt, gegen Wucher und Preistreiberei, Wohnungswesen, Verkehrs- und Waffenkontrolle, Fürsorge- und Gesundheitswesen.

Auch die Betriebe sind zum Aktionsfeld der Rätebewegung für eine grundlegende, radikale Erneuerung der Demokratie geworden. Der Betrieb wurde als Keimzelle des gesellschaftlichen Lebens und als Grundlage der Demokratisierung angesehen, Betriebsräte sollten die Träger der Sozialisierung als Basis einer neuen Gesellschaftsordnung sein.

Dieses in seinem Ansatz revolutionäre Konzept wurde allerdings in Österreich nie verwirklicht, weil die Sozialdemokraten die revolutionären Ideen einer Sozialisierung nicht weiterverfolgten, sondern eher auf sozialpolitische Reformen im Rahmen des bestehenden Systems setzten, wie sie dann in der Ära Hanusch tatsächlich vorgenommen wurden.

Die grundsätzliche Einstellung der Sozialdemokratischen Partei zur Rätebewegung und zu den Arbeiterräten war von Anfang an uneinheitlich. Die Mehrheit trat für eine Weiterentwicklung der in der Monarchie nur teilweise ausgebildeten bürgerlichen Demokratie und für einen Übergang zum Sozialismus auf par-

1719 Näheres bei *Klenner/Pellar* (Fn. 1681), 190.

1720 *Braunthal*, Die Arbeiterräte in Deutsch-Österreich, ihre Geschichte und ihre Politik (1919), S. 4, zit. bei *Klenner/Pellar*, Die österreichische Gewerkschaftsbewegung, S. 93.

lamentarischem Weg ein. Die Sozialdemokraten nutzten aber die revolutionäre Dynamik der Rätebewegung, um ihre eigenen gesellschaftspolitischen Reformvorstellungen durchzusetzen.[1721]

Die Rätebewegung hat die Entwicklung der Betriebsverfassung zweifellos beeinflusst. Es wäre aber verfehlt zu behaupten, dass das Betriebsrätegesetz 1919 aus der Rätebewegung entstanden sei, oder aus der Bezeichnung »Betriebsräte« abzuleiten, dass die Betriebsräte gar Teil der Rätebewegung gewesen seien. Das Gegenteil trifft zu: Es war einerseits die Angst des Bürgertums vor einer gewaltsamen Revolution und dem Verlust ihres Eigentums und andererseits die grundsätzliche Entscheidung der Sozialdemokratie für eine evolutionäre Entwicklung der Gesellschaft auf demokratisch-parlamentarischem Weg, die das Zustandekommen des ersten Betriebsrätegesetzes ermöglicht haben.

Mit dem Zusammenbruch der ungarischen Räterepublik im August 1919 verlor auch in Österreich das Bürgertum seine Ängste vor der Rätebewegung, und der Widerstand der Unternehmer, vornehmlich der Industrie, gegen die Sozialgesetze der Ära Hanusch wurde zunehmend stärker.

Die österreichische Arbeiterbewegung hatte ein kleines Zeitfenster der Geschichte genutzt, um die gesetzlichen Grundlagen der Arbeitsverfassung zu schaffen.

3. Das Zustandekommen des BRG 1919[1722]

In den letzten Oktobertagen des Jahres 1918 zerfiel der Vielvölkerstaat der Habsburger-Monarchie, die Nationalstaaten setzten ihre politische Eigenständigkeit durch und gründeten neue Staaten.

Am 21. Oktober 1918 kamen in Wien alle deutschen Abgeordneten des Reichsrates zur Provisorischen Nationalversammlung für Deutsch-Österreich zusammen, der Sozialdemokrat *Karl Renner* wurde zum ersten Staatskanzler gewählt.

Nach dem offiziellen Ende des Ersten Weltkrieges und einem Regierungsverzicht des letzten Kaisers *Karl*, eines Großneffen des im November 1916 verstorbenen Kaisers *Franz Josef I.*, wurde am 12. November 1918 von der Rampe des Parlaments in Wien die Republik Deutsch-Österreich ausgerufen.

Am 16. Februar 1919 fand die Wahl der Konstituierenden Nationalversammlung statt. Erstmals wurde auf der Grundlage des freien und gleichen Wahlrechts gewählt, und zum ersten Mal waren auch Frauen wahlberechtigt. Bei hoher Wahlbeteiligung konnte die Sozialdemokratische Arbeiterpartei mit 40,75 % Stimmenanteil die Mehrheit vor den Christlich-Sozialen mit 35,93 % erreichen, acht der Gewählten waren Frauen.

1721 Vgl. dazu vor allem *Filla*, Mitbestimmung, S. 48.

1722 Siehe dazu die Literaturhinweise in Fn. 1681; zudem *Hueber*, Die Entstehung des Betriebsrätegesetzes, Arbeit und Wirtschaft Heft 9/1929.

Mitglied der Konstituierenden Nationalversammlung war auch der Gewerkschafter *Ferdinand Hanusch*[1723], der schon vorher die Funktion des Staatssekretärs (= Ministers) für soziale Fürsorge, ab 1919 für soziale Verwaltung, ausgeübt hatte. Unter seiner Führung begann eine überaus fruchtbare Periode staatlicher Sozialpolitik, in der auch die Grundlagen der österreichischen Arbeitsverfassung geschaffen wurden.

Der erste Entwurf für ein betriebliches Vertretungsorgan der Arbeitnehmer sah noch keine Betriebsräte vor, die auf die Führung und Verwaltung der Betriebe Einfluss nehmen können, sondern – entsprechend den Forderungen der Gewerkschaftsbewegung – die gesetzliche Anerkennung des früheren Vertrauensmännersystems in Form von Arbeiter- und Angestelltenausschüssen.[1724]

Durch zwei Gesetzesanträge nahm dann die politische Richtung der Initiative eine entscheidende Wende in Richtung Sozialisierung.[1725] Zunächst brachten bürgerliche Abgeordnete mit *Ignaz Seipel* an der Spitze einen Antrag auf Schaffung einer Sozialisierungskommission ein. Sie erhofften sich durch die Einsetzung einer solchen Kommission eine Verringerung des Drucks der Arbeiterschaft und einen Aufschub der Sozialisierung. Dem begegneten die Sozialdemokraten mit einem Gesetzentwurf, der zusammen mit drei weiteren Gesetzentwürfen als »Sozialisierungspaket« von der Konstituierenden Nationalversammlung beraten wurde.

Am 14. März 1919 wurde mit dem Gesetz zur Vorbereitung der Sozialisierung eine »Staatskommission für Sozialisierung« eingerichtet, die unter dem Vorsitz von *Dr. Otto Bauer* ein Gesetzespaket, bestehend aus vier Gesetzen, erarbeitete:

1. Gesetz über die Errichtung von Betriebsräten;[1726]
2. Gesetz über die Enteignung von Wirtschaftsbetrieben;[1727]

1723 Vgl. dazu insb. *Göhring/Pellar*, Ferdinand Hanusch, Aufbruch zum Sozialstaat (2003); *Steiner*, Ferdinand Hanusch – Der Staatssekretär der kleinen großen Schritte, DRdA 2019, 267; *Steiner*, Zur historischen Bedeutung von Ferdinand Hanusch, Soziale Sicherheit 11/2010, 579; *Frischengruber*, Ferdinand Hanusch, Wegbereiter des österreichischen Sozialrechts, DRdA 2011, 494. Zur Sozialgesetzgebung unter Hanusch: *Pribram*, Die Sozialpolitik im neuen Österreich, in: Archiv für Sozialwissenschaft und Sozialpolitik 48 (1920721), 615–680. Zur Bewertung der Reformtätigkeit von Hanusch: *Talos*, Staatliche Sozialpolitik in Österreich, Rekonstruktion und Analyse (1981), S. 156.

1724 *Filla*, FS Weißenberg, S. 84.

1725 Zur Sozialisierung insb. *Otto Bauer*, Der Weg zum Sozialismus (1919); Die österreichische Revolution (1923); Die Sozialisierungsaktion im ersten Jahre der Republik (1919); *Ellenbogen*, Sozialisierung in Österreich (1921); *Leichter*, Betriebsräte und Sozialisierung, Arbeit und Wirtschaft, Heft 9/1929; *Weissel*, Die Ohnmacht des Sieges. Arbeiterschaft und Sozialisierung nach dem Ersten Weltkrieg in Österreich (1976).

1726 164 BlgKNV.

1727 165 BlgKNV.

3. Gesetz über gemeinwirtschaftliche Anstalten und Gesellschaften gemeinwirtschaftlichen Charakters;[1728]
4. Gesetz über die Vergesellschaftung von Unternehmungen durch die Gemeinden.[1729]

Am 15. Mai 1919 wurde der Entwurf eines Gesetzes, betreffend die Errichtung von Betriebsräten, mit einigen Abänderungsanträgen, aber ohne Debatte einstimmig beschlossen.[1730] Österreich war damit das erste Land der Welt mit einem derartigen Gesetz. Es war, maßgeblich beeinflusst von den Ideen der Rätebewegung, der Versuch einer grundlegenden und radikalen Erneuerung der Demokratie, die auch die Betriebe erfassen sollte. Die Betriebsräte sollten die Träger der Sozialisierung als Basis einer neuen Gesellschaftsordnung sein.[1731]

In seiner konkreten Ausgestaltung und - noch mehr - in der praktischen Anwendung wurde aber das BRG 1919 diesem revolutionären Anspruch nicht gerecht. Sowohl der eingeschränkte Geltungsbereich als auch die vor allem in wirtschaftlichen Angelegenheiten relativ geringen Befugnisse der Betriebsräte konnten die Transformation zu einer sozialisierten Gesellschaft nicht bewirken. Der mit der gesetzlichen Einrichtung der Betriebsräte ausgelöste Demokratisierungsschub in den Betrieben brachte den Übergang vom Absolutismus zur konstitutionellen Monarchie im Betrieb.[1732]

Der Geltungsbereich des Gesetzes war bis zuletzt heftig umstritten, Kleinbetriebe, vor allem in der Landwirtschaft, sollten ausgenommen werden. Der letztlich gefundene politische Kompromiss führte zu einer Zweiteilung des betriebsverfassungsrechtlichen Vertretungssystems, die erst mehr als 50 Jahre später durch das ArbVG beseitigt werden konnte. Betriebsräte gab es nur in Betrieben ab 20 Beschäftigten, in kleineren Betrieben erfüllten Vertrauensmänner die Funktion der betrieblichen Interessenvertretung der Arbeitnehmer.

Die Organisation der Arbeitnehmervertretung blieb auf den Betrieb beschränkt. Das BRG 1919 sah weder ein überbetriebliches Organ zur Vertretung der gemeinsamen Interessen der Arbeitnehmer mehrerer Betriebe, wie den erst durch das BRG 1947 eingeführten Zentralbetriebsrat, noch ein basisdemokratisches Element wie die Betriebsversammlung vor.

Die Befugnisse der Betriebsräte waren in einer Generalklausel umschrieben, die bereits die zentralen Elemente des Betriebsverfassungsrechts der Zweiten Republik enthielt.

1728 166 BlgKNV.

1729 167 BlgKNV.

1730 StGBlNr. 283/1919.

1731 Siehe Fn. 1718, insb. *Floretta,* Die Rätebewegung und die österreichische Betriebsverfassung, FS Schnorr (1988), 97; *Hautmann*, Geschichte der Rätebewegung in Österreich 1918–1924 (1987); *Spielbüchler*, Wider die Zähmung der Räte, FS Strasser (1983), S. 613.

1732 *Filla*, FS Weißenberg, S. 82.

§ 3 BRG 1919
Die Betriebsräte sind berufen, die wirtschaftlichen, sozialen und kulturellen Interessen der Arbeiter und Angestellten im Betriebe wahrzunehmen und zu fördern. Ihre Tätigkeit hat sich tunlichst ohne Störung des Betriebes zu vollziehen.
Insbesondere …

Die konkreten Befugnisse der Betriebsräte in sozialen und personellen Angelegenheiten umfassen ein breites Spektrum an Mitwirkung bis hin zu Zustimmungsrechten,[1733] in wirtschaftlichen Angelegenheiten sieht das BRG 1919 jedoch im Wesentlichen nur Anhörungs- und Informationsrechte vor. Lediglich in dem Recht auf Bilanzeinsicht[1734] kann ein Element des ursprünglichen Sozialisierungskonzepts gesehen werden.
Die demonstrative Aufzählung in § 3 BRG 1919 nennt folgende Aufgaben der Betriebsräte:

- Überwachung der Durchführung und Einhaltung der kollektiven Arbeitsverträge;
- Vereinbarung von Ergänzungen zu Kollektivverträgen unter Mitwirkung der Gewerkschaften;
- Anbahnung neuer kollektiver Arbeitsverträge im Einvernehmen mit den Gewerkschaften;
- Zustimmung zu bestimmten, nicht durch kollektive Arbeitsverträge geregelten Löhnen unter Mitwirkung der Gewerkschaften und der Unternehmerorganisationen;
- Zustimmung zu Erlass oder Änderung der Arbeitsordnung, soweit sie nicht zwischen den Gewerkschaften und Unternehmerorganisationen vereinbart ist;
- Überwachung der Einhaltung der Arbeitnehmerschutz-, Unfallverhütungs- und Versicherungsvorschriften;
- Mitwirkung an der Aufrechterhaltung der Disziplin und bei der Verhängung von Disziplinarstrafen;
- Prüfung der Lohnlisten und Kontrolle der Lohnauszahlung;
- Teilnahme an der Verwaltung von Wohlfahrtseinrichtungen;
- Anfechtung von Motivkündigungen;
- Teilnahme an monatlichen Beratungen über Verbesserungen der Betriebseinrichtungen und allgemeine Grundsätze der Betriebsführung;

1733 Z.B. bei Erlass oder Änderung der Arbeitsordnung nach § 3 Z. 4 BRG 1919.
1734 § 3 Z. 10 BRG 1919.

- Entsendung von Vertretern in den Verwaltungs- oder Direktionsrat von Aktiengesellschaften bzw. in den Aufsichtsrat bestimmter anderer Kapitalgesellschaften.

Insgesamt bedeuten die Befugnisse der Betriebsräte nach dem BRG 1919 weder eine Änderung der Eigentumsverhältnisse noch einen Eingriff in die wirtschaftliche Führung der Unternehmen.

Das Abgehen vom umfassenden Sozialisierungskonzept zeigt sich auch im Umgang mit den weiteren von der Sozialisierungskommission vorgelegten Gesetzentwürfen:

Das Gesetz über das Verfahren bei der Enteignung von Wirtschaftsbetrieben sah relativ großzügige Entschädigungsbestimmungen vor und beließ die Entscheidung über konkrete Maßnahmen beim Parlament, das Gesetz über die gemeinwirtschaftlichen Anstalten betraf im Wesentlichen nur Unternehmen, die bereits im Besitz des Staates waren, und der Gesetzentwurf über die Vergesellschaftung von Unternehmen durch die Gemeinden kam über das Beratungsstadium nicht hinaus.

Die revolutionäre Idee der Sozialisierung hatte ihre Dynamik verloren. Als sichtbares Zeichen des Scheiterns des Sozialisierungsprojekts trat *Otto Bauer* im Juli 1919, also schon wenige Wochen nach dem Inkrafttreten des BRG 1919, aus der Regierung aus, und im März 1920 stellte die Sozialisierungskommission ihre Arbeit ein. *Otto Bauer* bezeichnete allerdings noch im Jahr 1923 das BRG 1919 als »Kern einer zukünftigen sozialisierten Produktionsverfassung«.

Als Fazit der historischen Analyse bleibt somit festzuhalten: Das BRG 1919 ist das Produkt einer Revolution, die zwar das ursprüngliche Ziel, die Sozialisierung der Wirtschaft und der Gesellschaft, nicht erreicht, aber entscheidend dazu beigetragen hat, dass auf demokratischem Weg die rechtlichen Grundlagen einer neuen Arbeits- und Sozialordnung in Österreich geschaffen werden konnten.

Vergleicht man das österreichische BRG 1919 mit dem wenige Monate später beschlossenen deutschen BRG 1920, fällt zunächst der große Unterschied im Umfang und in der Regelungsdichte der beiden Gesetze auf. Während das österreichische BRG 1919 nur aus 16 Paragrafen besteht und die nähere Regelung der Wahl und der Geschäftsführung der Betriebsräte einer Vollzugsanweisung überlässt,[1735] enthält das deutsche BRG 1920 ein 106 Paragrafen umfassendes, systematisches Regelwerk, also tatsächlich eine »Betriebsverfassung«. Inhaltlich gibt es zwischen den beiden Gesetzen in vielen Punkten Übereinstimmung, bei den Befugnissen der Betriebsräte allerdings auch Unterschiede.[1736]

1735 § 15.

1736 *Emanuel Adler*, Das deutschösterreichische Gesetz über Betriebsräte, Soziale Praxis und Archiv für Volkswohlfahrt – 1919-XXIX Nr. 1, S. 78.

Abgesehen vom Umfang und von der Systematik unterscheidet sich das österreichische BRG 1919 vom deutschen BRG 1920 vor allem in folgenden Punkten:

- Betriebsräte – Gewerkschaften: Das BRG 1919 bringt den Vorrang der Gewerkschaften bei der Vertretung der Arbeitnehmerinteressen, insbesondere bei der kollektiven Regelung der Löhne und sonstigen Arbeitsbedingungen, klar zum Ausdruck. Die Vollzugsanweisung[1737] über die Geschäftsführung der Betriebsräte bestimmte ausdrücklich:

  »In allen wichtigen, das Arbeitsverhältnis betreffenden Fragen soll der Betriebsrat, auch wenn es das Gesetz nicht vorschreibt, nach Möglichkeit im Einvernehmen mit den Gewerkschaften der Arbeiter oder den Angestelltenorganisationen vorgehen.«

  Das BRG 1919 stellte auch die rechtliche Basis für die Mitwirkung der Gewerkschaft an der Organisation der betrieblichen Interessensvertretung in der Form zur Verfügung, dass – unter bestimmten Voraussetzungen und Einschränkungen – ein »externer« Gewerkschaftsfunktionär oder »Beamter« bei der Betriebsratswahl passiv wahlberechtigt war, also zum Betriebsratsmitglied gewählt werden konnte (§ 6 Z. 3). Das deutsche BRG 1920 sah eine solche Möglichkeit nicht vor, enthielt aber Regelungen über die Beiziehung von Gewerkschaftsvertretern zu Betriebsratssitzungen (§ 31) und ihre Beteiligung an Betriebsversammlungen (§ 47).
- Kollektivverträge und Betriebsvereinbarungen: Der Grundsatz des Vorrangs des Kollektiv(Tarif)vertrags bei der Regelung der Arbeitsbedingungen, vor allem bei der Festsetzung von Löhnen, kommt in beiden Gesetzen deutlich zum Ausdruck, aber auch in dieser Hinsicht ist das BRG 1919 klarer als das BRG 1920. Indem das BRG 1919 den Betriebsräten den Abschluss von Lohnvereinbarungen nur insoweit gestattet, als dies in den von den Gewerkschaften abgeschlossenen kollektiven Arbeitsverträgen ausdrücklich vorgesehen ist, unterstreicht und sichert es den Primat der Gewerkschaften in der Lohnpolitik. Die Befugnisse der Betriebsräte zum Abschluss von Betriebsvereinbarungen sind im österreichischen BRG 1919[1738] wesentlich enger gefasst als im deutschen BRG 1920[1739] (§ 66 Pkt. 5 und § 75).
- Aufgaben der Betriebsräte – Kompetenzverteilung: Während das BRG 1919 die gesetzlichen Aufgaben den Betriebsräten der Arbeiter und Angestellten

1737 Vollzugsanweisungen (nach heutiger Terminologie: Durchführungsverordnungen) des Staatsamts für soziale Verwaltung vom 11. Juli 1919 über die Geschäftsordnung und die Geschäftsführung der Betriebsräte und Vertrauensmänner, zit. bei *Pribram*, Die Sozialpolitik im neuen Österreich, S. 621.

1738 § 3 Z. 1 lit. b.

1739 § 66 Pkt. 5 und § 75.

überträgt, sieht das BRG 1920 nicht nur getrennte Arbeiterräte und Angestelltenräte, sondern auch getrennte Regelungen über die Aufgabe des Betriebsrates (§ 66) und über jene des Arbeiterrats und des Angestelltenrats (§ 78) vor. Darüber hinaus gab es nach dem BRG 1920 eine Reihe einzelner Beteiligungsrechte in der »Betriebsrats«-Abteilung. Für diese komplizierte Kompetenzverteilung gab es keine logische Erklärung – sie war schlicht das Ergebnis eines »Kuhhandels« (Siehe § 15 II).

- Kündigungsschutz: in diesem Punkt geht das BRG1920 über das BRG 1919 hinaus. Während Letzteres ein Anfechtungsrecht des Betriebsrates nur bei »Motivkündigungen« (aus politischen Gründen, wegen Betriebsratstätigkeit oder wegen Ausübung des Koalitionsrechts) vorsah,[1740] konnte nach dem BRG 1920 die Kündigung auch wegen einer unbilligen sozialen Härte, ja sogar auch dann durch Einspruch bekämpft werden, wenn sie ohne Angabe von Gründen erfolgt ist.[1741]
- Wirtschaftliche Mitwirkung auf Unternehmensebene: § 3 Z. 11 BRG 1919 bestimmte, dass in Aktiengesellschaften »die Betriebsräte der Arbeiter und Angestellten« zwei Vertreter in den Verwaltungs(Direktions)rat entsenden, welche die gleichen Rechte wie die anderen Mitglieder hatten. Das BRG 1920 enthielt im § 70 eine ähnliche, allerdings zunächst nur programmatische Regelung, indem es auf ein besonderes, zu erlassendes Gesetz verwies. Dieses Gesetz wurde am 15. Februar 1921 beschlossen und ist am 1. Februar 1922 in Kraft getreten. Es ermöglichte die Einrichtung eines Gesamtbetriebsrates durch übereinstimmende Beschlüsse der Einzelbetriebsräte[1742] und die Entsendung der Arbeitnehmervertreter im Aufsichtsrat durch den Gesamtbetriebsrat. Die praktischen Erfahrungen mit dieser Form der wirtschaftlichen Mitwirkung waren allerdings eher ernüchternd (Näheres unter § 15 III).
- Finanzielle Autonomie der Betriebsräte – Betriebsratsumlage: § 12 BRG 1919 ermächtigte die Betriebsräte, zur Deckung der Kosten der Geschäftsführung und für Wohlfahrtseinrichtungen eine Umlage von höchsten 0,5 % des Arbeitsverdienstes einzuheben. Das BRG 1920 erklärte hingegen Beiträge der Arbeitnehmer für Zwecke der Betriebsvertretung ausdrücklich für unzulässig (§ 37).

Insgesamt war die grundsätzliche Zielsetzung des deutschen BRG 1920 stärker auf Kooperation ausgerichtet als jene des österreichischen BRG 1919. Zu den Aufgaben der Betriebsräte nach dem deutschen BRG 1920 gehörten neben der Vertretung der Arbeitnehmerinteressen im Betrieb die Förderung des guten Einvernehmens mit dem Arbeitgeber, die Unterstützung der Betriebsleitung zur

1740 § 3 Z. 9.
1741 § 84 Z. 2 und 4.
1742 § 50.

Erreichung einer möglichst hohen Wirtschaftlichkeit und die Mitarbeit bei der Einführung neuer Arbeitsmethoden zur Förderung der Wirtschaftlichkeit.[1743]
Das österreichische BRG 1919 fokussierte hingegen die Aufgaben der Betriebsräte eindeutig auf die Vertretung der Arbeitnehmerinteressen.[1744]
Trotz des unterschiedlichen Konzepts haben beide Betriebsrätegesetze eines gemeinsam: Mitbestimmung im eigentlichen Wortsinn, nämlich gleichberechtigte Mitentscheidung der Arbeitnehmer, ermöglichten sie nicht.

II. Vom Betriebsrätegesetz 1919 zum Arbeitsverfassungsgesetz

Die Geschichte des österreichischen Betriebsverfassungsrechts ist eng verbunden mit der Entwicklung eines Landes, an dessen Existenzfähigkeit als selbstständiger Staat anfangs viele gezweifelt hatten, zu einem weithin als Vorbild angesehenen Sozial- und Wohlfahrtsstaat mit dem Höhepunkt in den 70er Jahren des 20. Jahrhunderts, in denen auch das Arbeitsverfassungsgesetz entstanden ist.

1. Die Ära Hanusch: Sozialreform statt Revolution

Schon vor der Ausrufung der Republik Deutsch-Österreich war der Vorsitzende der Gewerkschaftskommission, der aus einer schlesischen Arbeiterfamilie stammende ehemalige Webergeselle *Ferdinand Hanusch,* zum Leiter des Staatsamts für soziale Fürsorge bestellt worden.[1745] Am 4. März 1919 wurde er in die Konstituierende Nationalversammlung, am 10. November 1920 in den Nationalrat gewählt. Von 1918 bis 1920 war er in den Staatsregierungen *Renner* I bis III und *Mayr* I Staatssekretär für soziale Fürsorge (ab 1919: für soziale Verwaltung) und damit der erste republikanische Sozialminister.
Als langjähriger Gewerkschafter kannte er die sozialen Verhältnisse der Arbeiterschaft, die Not und das Elend nach dem Ende des Weltkriegs, sah aber auch die beschränkten wirtschaftlichen Möglichkeiten, auf revolutionärem Weg zu einer raschen und grundlegenden Änderung der Gesellschaftsordnung zu kommen. Deshalb stellte er die soziale Gerechtigkeit als Ziel einer umfassenden Sozialreform in den Mittelpunkt seines politischen Handelns. »*Nur soziale Einsicht und*

1743 § 66.
1744 § 3.
1745 Zur Person und zur Bedeutung von *Ferdinand Hanusch* vgl. insb. die in Fn. 1723 angeführte Literatur.

soziale Gerechtigkeit können diesen Staat begründen und ihn zur Heimstätte glücklicher Menschen machen.«[1746]

Entsprechend dieser Leitlinie für eine aktive Sozialpolitik begann *Hanusch* sein großes Reformwerk. In kurzer Zeit schuf er mit einer auch international vorbildlichen Sozialgesetzgebung die Grundlagen des österreichischen Sozialstaats und das Fundament der Arbeits- und Sozialordnung.

Die große Reform der Sozialgesetzgebung begann im Dezember 1918 mit dem Wiederinkrafttreten der während des Kriegs suspendierten Arbeitsschutzgesetze. Mit dem Achtstundentagsgesetz konnte eine seit Jahrzehnten erhobene, symbolträchtige politische Forderung der Arbeiterbewegung verwirklicht werden. Es folgten gesetzliche Regelungen zur Begrenzung der Arbeitszeit für Frauen und Jugendliche, das Verbot der Kinderarbeit unter 12 Jahren, das Verbot der Nachtarbeit von Frauen und Jugendlichen unter 18 Jahren, das Heimarbeitsgesetz, das Arbeiterurlaubsgesetz, das Bäckereiarbeitergesetz, eine Revision des Bergarbeitergesetzes, das Arbeitslosenversicherungsgesetz, eine Neuregelung der Arbeitsvermittlung, ein Invalidenentschädigungsgesetz.[1747] Eine Reform und der Ausbau der Sozialversicherung waren noch in Vorbereitung, konnten aber nicht mehr vollendet werden, weil im Sommer 1920 die Koalitionsregierung aus Sozialdemokraten und bürgerlichen Parteien zerbrach.

Von größter sozialpolitischer Bedeutung waren die Gesetze, mit denen in der Ära Hanusch das Fundament der österreichischen Arbeits- und Sozialordnung geschaffen wurde. Einer der Bausteine war das Betriebsrätegesetz 1919, die weiteren sind das Einigungsamtsgesetz 1920 und das Arbeiterkammergesetz 1920.

Einigungsamtsgesetz 1920

Nur wenige Monate nach dem BRG beschloss die Konstituierende Nationalversammlung am 18. Dezember 1919 das Gesetz über die Errichtung von Einigungsämtern und über kollektive Arbeitsverträge (EAG).[1748] Zwischen den beiden Gesetzen bestand nicht nur ein enger zeitlicher, sondern auch inhaltlicher Zusammenhang.

Die Regierungsvorlage sah das EAG als notwendige Ergänzung des BRG in zweifacher Hinsicht[1749]: Einerseits wurde im BRG die Entscheidung aller aus der

1746 Zitat bei *Klenner/Pellar* (Fn. 1681), S. 232.

1747 Eine Übersicht über die »wichtigeren sozialpolitischen Gesetze, Vollzugsanweisungen und Verordnungen« aus der Ära Hanusch – gegliedert in vier Perioden, findet sich bei *Pribram*, Die Sozialpolitik im neuen Österreich, S. 619. Die Liste umfasst insgesamt 88 (!) Positionen.

1748 StGBl 16/1920.

1749 *Mulley*, »In dem Gesetz über die Einigungsämter zeigt sich der Geist der Demokratie von Paragraph zu Paragraph« – Anmerkungen zur Geschichte des »Einigungsamtsgesetzes 1920«, DRdA 2020, 166.

Errichtung und Geschäftsführung eines Betriebsrates entstehenden Streitigkeiten einem Einigungsamt zugewiesen, und andererseits gehörte es nach § 3 BRG zu den Aufgaben des Betriebsrates, kollektive Arbeitsverträge zu überwachen und gegebenenfalls Ergänzungen zu Kollektivverträgen unter Mitwirkung der Gewerkschaft zu vereinbaren. Das EAG regelte also – wie auch aus dem vollständigen Gesetzestitel hervorgeht – zwei Bereiche, nämlich einerseits die Organisation, das Verfahren und die Zuständigkeit als Verwaltungsbehörde, und andererseits in einem eigenen Abschnitt die kollektive Rechtsgestaltung durch Kollektivverträge.

Bis zur ersten gesetzlichen Regelung der Kollektivverträge durch das EAG war allerdings ein langer Weg des Kampfes um gerechte Arbeitsbedingungen zurückzulegen. Ausgangspunkt war die Erkenntnis, dass die Vertragsfreiheit, von der das ABGB bei der Regelung des Dienstvertrags (§ 1151) ausgeht, in der sozialen Realität nicht zu einem ausgewogenen Vertragsverhältnis zwischen »freien Bürgern«, sondern zu Abhängigkeit und Schutzlosigkeit des auf den Verkauf seiner Arbeitskraft angewiesenen Arbeitnehmers gegenüber der wirtschaftlichen Übermacht des Arbeitgebers führt. Um diesem Ungleichgewicht der Vertragspartner entgegenzuwirken, sollten die individuellen Vereinbarungen durch kollektive Regelungen ersetzt werden, welche die Arbeitsbedingungen generell festlegen.[1750]

Erste Ansätze für kollektive Regelungen gab es in den letzten Jahren des 19. Jahrhunderts in Form von Dienstordnungen oder Arbeitsordnungen in bestimmten Gewerbebetrieben und im Bergbau. Diese Arbeitsnormen wurden aber vom Unternehmer erlassen und dienten in erster Linie dazu, die Arbeiter in den Betrieb zu integrieren und zur Disziplin anzuhalten.

Voraussetzung für die Entwicklung einer am Schutz der Arbeitnehmer und an gerechten Arbeitsbedingungen orientierten kollektiven Rechtsgestaltung war die Möglichkeit des Zusammenschlusses der Arbeitnehmer in Gewerkschaften. Erst mit dem Erstarken der Gewerkschaftsbewegung und der Organisation von Arbeitgebervereinigungen konnten Kollektivverträge mit einem größeren Geltungsbereich – allerdings ohne unmittelbare Rechtsverbindlichkeit – abgeschlossen werden. Da auch die Arbeitgeber an kollektiven Vereinbarungen interessiert waren, weil sie darin ein geeignetes Instrument zur Verhinderung von Streiks sahen, nahm die Zahl der kollektiven Verträge in den ersten Jahren des 20. Jahrhunderts erheblich zu. Zu Beginn des Ersten Weltkriegs waren nach Ermittlungen des Arbeitsstatistischen Amtes 500 Kollektivverträge für 10 986 Betriebe mit 142 682 Arbeitnehmern in Geltung.[1751]

1750 Vgl. auch *Felten/Mosler*, 100 Jahre Kollektivvertragsrecht, DRdA 2020, 91 (92).
1751 *Klenner/Pellar*, 158.

Der Begriff »Kollektivvertrag« findet sich erstmals in § 6 des Handlungsgehilfengesetzes (HGG) 1910.[1752]

§ 6 Handlungsgehilfengesetz 1910
(...)
Als Vereinbarung gilt, falls die vertragschließenden Teile Vereinigungen von Dienstgebern und Dienstnehmern angehören, der zwischen diesen Vereinigungen abgeschlossene Kollektivvertrag, soweit nicht entgegenstehende Abmachungen getroffen worden sind.
(...)

Auch das BRG 1919 verwendet den Begriff des »kollektiven Arbeitsvertrages« im Zusammenhang mit den Aufgaben der Betriebsräte (§ 3 Z. 1 lit. a), ohne jedoch Regelungen über das Zustandekommen oder über die Rechtswirkungen kollektiver Arbeitsverträge zu treffen.
Eine Legaldefinition des Begriffs Kollektivvertrag enthält das Gesetz über die Einführung des achtstündigen Arbeitstages für die fabriksmäßig betriebenen Gewerbeunternehmen vom 19. Dezember 1918.[1753]

§ 5 Abs. 2 Achtstundentagsgesetz
Unter Kollektivvertrag im Sinne des Absatzes 1 wird jedes Übereinkommen verstanden, das zwischen einer Vereinigung der Arbeiter und einem oder mehreren Arbeitgebern oder einer Vereinigung der letzteren abgeschlossen wurde und die gegenseitigen aus dem Arbeitsverhältnisse entspringenden Rechte und Pflichten oder sonstigen Angelegenheiten regelt, die für das Arbeitsverhältnis von Bedeutung sind.

Während also sowohl das HGG als auch das BRG und das Achtstundentagsgesetz lediglich an die bestehende Praxis des Abschlusses von Kollektivverträgen anknüpften, wurde mit dem Einigungsamtsgesetz 1920 erstmals eine systematische gesetzlich Regelung des Kollektivvertragsrechts geschaffen.[1754]
Die Bestimmungen des normativen Teils des Kollektivvertrags wurden innerhalb seines Geltungsbereichs zum »Bestandteil« jedes Arbeitsvertrags erklärt, der zwischen einem Unternehmer und einem Arbeiter oder Angestellten abgeschlossen wurde (§ 14 Abs. 1 EAG). Sondervereinbarungen konnten, sofern sie

1752 RGBl. 1910/20.
1753 StGBl. 1918/138.
1754 *Felten/Mosler*, DRdA 2020, 93.

der Kollektivvertrag nicht ausschloss, nur dann gültig vereinbart werden, wenn sie für den Arbeitnehmer günstiger waren oder Gegenstände betrafen, die im Kollektivvertrag nicht geregelt waren.[1755]
Mit den Bestimmungen über kollektive Arbeitsverträge hat das EAG 1920 bereits die Grundsätze vorgegeben, die – nach einer Unterbrechung durch den autoritären Ständestaat und der Liquidation der Demokratie durch die NS-Gewaltherrschaft – auch das Kollektivvertragsrecht der Zweiten Republik, zunächst im Kollektivvertragsgesetz 1947 und dann im I. Teil des Arbeitsverfassungsgesetzes 1974, geprägt haben und bis heute bestimmen. Ein wesentlicher Unterschied zwischen dem Kollektivvertragssystem der Ersten und jenem der Zweiten Republik besteht allerdings darin, dass die Fähigkeit zum Abschluss von Kollektivverträgen auf wenige Organisationen beschränkt, die Rechtswirkungen auf Arbeitnehmerseite dagegen auch auf Arbeitnehmer, die nicht Mitglied der vertragsschließenden Gewerkschaft sind, ausgedehnt wurden (Außenseiterwirkung gemäß § 12 ArbVG). Durch diesen Systemwechsel ist der Kollektivvertrag in der Zweiten Republik neben seiner sozialpolitischen Schutzfunktion auch zu einem wichtigen Instrument der Wirtschaftspolitik geworden (Näheres siehe § 45 II).[1756]

Arbeiterkammergesetz 1920

Die Vorgeschichte des ersten Arbeiterkammergesetzes[1757] reicht bis zum Revolutionsjahr 1848 zurück. Nachdem es dem Bürgertum gelungen war, gesetzliche Institutionen zur Vertretung der Interessen der Unternehmer gegenüber dem Staat in Form von Handelskammern durchzusetzen, wurde im Zuge der Revolution von 1848 erstmals auch die Forderung nach Arbeiterkammern erhoben. Nach der blutigen Niederschlagung der Revolution durch die Truppen des Kaisers konnten die Bürgerlichen trotz ihrer Niederlage die gesetzliche Errichtung

---

1755 *Floretta*, Kommentar zum ArbVG (1975), Einleitung, XXIV.

1756 *Felten/Mosler*, DRdA 2020, 99.

1757 Vgl. *Cerny*, 100 *Jahre* Arbeiterkammergesetz, DRdA 2020, 4; *Mulley*, Zur Vor- und Gründungsgeschichte der Arbeiterkammern, DRdA 2020, 64; *Weidenholzer/Kepplinger*, Zur Geschichte der österreichischen Arbeiterkammern, in: FS 75 Jahre Kammern für Arbeiter und Angestellte (1995, in der Folge als FS 75 zitiert, 9; *Weidenholzer*, Arbeiterkammern und Sozialpolitik, FS Weißenberg (1980), 151; *Klenner/Pellar* (Fn. 1681); *Pellar*, Die Arbeiterkammern – das demokratische Plus, Jahrbuch des ÖGB 2005, 22ff.; *Pellar*, Kammern für Arbeiter und Angestellte (2007); *Ungerboeck*, Zur Geschichte der Arbeiterkammern in Österreich 1848 – 1921 (1994); *Gabriel*, Zur Geschichte der österreichischen Arbeiterkammern 1920 – 2011, in: Grabmayer (Hrsg.), AK Kärnten 1922 – 2012, 41; *Cerny*, Zur Reform der Arbeiterkammern, 90 Jahre Arbeiterkammern in Österreich, ebendort, 231; *Szyszkowitz*, Die Diskussion um die Reform der Arbeiterkammer, Jahrbuch für Politik 2017, 543.

von Handelskammern im Jahr 1850 durchsetzen, die Forderung nach Arbeiterkammern blieb dagegen zunächst erfolglos.
Erst nachdem durch die Aufhebung des Koalitionsverbots im Jahr 1870 der Weg zur Bildung von Arbeitervereinen frei gemacht worden war, kam wieder Bewegung in den Kampf um eine gesetzliche Interessenvertretung der Arbeitnehmer. Ein Antrag des liberalen Abgeordneten *August von Plener* im Jahr 1886, der auf den Versuch hinauslief, den Arbeitern Arbeiterkammern als Ersatz für das demokratische Wahlrecht anzubieten, wurde von der erstarkenden sozialdemokratischen Arbeiterbewegung vehement abgelehnt.[1758] Die Sozialdemokratische Arbeiterpartei und die Freien Gewerkschaften mobilisierten alle Kräfte für den Kampf um das Wahlrecht, der im Jahr 1907 mit den ersten demokratischen Wahlen erfolgreich abgeschlossen werden konnte.
In den folgenden Jahren gab es wiederholt Initiativen zur Errichtung von Arbeiterkammern, aber die dramatischen Ereignisse, die zum Ausbruch des Ersten Weltkriegs und seinen furchtbaren Auswirkungen führten, verhinderten vorerst die Realisierung. Noch vor dem Ende des Krieges und der Gründung der Republik legten der Gewerkschafter *Franz Domes* und der künftige Präsident der Republik *Karl Renner* den ersten Entwurf eines Arbeiterkammergesetzes vor. Das Gesetz konnte aber vom Reichsrat nicht mehr beschlossen werden, weil die Monarchie Ende Oktober 1918 zerfiel.
Erst dem Gewerkschafter *Ferdinand Hanusch* ist es gelungen, als Sozialminister der jungen Republik im Rahmen seines großen sozialpolitischen Reformwerks auch die Forderung nach der Errichtung von Arbeiterkammern zu verwirklichen.
Zunächst brachte die Staatsregierung einen Gesetzentwurf in die Konstituierende Nationalversammlung ein, mit dem das Handelskammergesetz 1868 den geänderten Zeitverhältnissen angepasst werden sollte, der Entwurf für ein Arbeiterkammergesetz folgte wenig später. Auf Antrag des Angestelltengewerkschafters *Karl Pick* wurde ein »Ausschuss zur Beratung der Kammergesetze« eingesetzt. Vorsitzender des Ausschusses war der Sozialdemokrat *Robert Danneberg*, Berichterstatter für das AKG der Vorsitzende des Metallarbeiterverbandes *Franz Domes*.[1759]
In den Erläuternden Bemerkungen zum AKG wurde festgehalten, dass die Arbeiterkammern »*den entsprechenden Kammern der gewerblichen Unternehmer nicht nur völlig gleichwertig, sondern auch in ihrem Wirkungskreise und ihrer Organisation derart ähnlich gestaltet sind, dass ein Zusammenwirken der beiderseitigen Körperschaften bei Lösung von wichtigen Aufgaben der wirtschaftlichen Verwaltung ohne Schwierigkeiten möglich ist*«. Als »*autonome Einrichtung der Ar-*

1758 Ausführlich dazu *Mulley*, DRdA 2020, 64 (68).
1759 *Mulley*, DRdA 2020, 71.

beitnehmer« sollten die Arbeiterkammern das Fundament für eine weitgehende Mitwirkung der Arbeitnehmer am gesamten Wirtschaftsleben bilden.[1760]
Einen Tag nach dem HKG, am 26. Februar 1920, hat die Konstituierende Nationalversammlung das erste Arbeiterkammergesetz einstimmig beschlossen.[1761]
Die Errichtung der Arbeiterkammern durch das AKG 1920 ist auch im Zusammenhang mit der bereits im Jahr 1919 erfolgten Beschlussfassung über das erste Betriebsrätegesetz zu sehen. Dazu *Ferdinand Hanusch*[1762]:

»Die Arbeiterkammer soll eine Ergänzung zur Einrichtung der Betriebsräte sein. Wir brauchen Leute, die den Gang der gesamten Volkswirtschaft kennen; die Arbeiterkammer soll für den Arbeitnehmer das sein, was die Handels- und Gewerbekammer für den Kapitalisten ist. Arbeiterkammern dürfen kein Ersatz für die Gewerkschaften sein, sondern sie müssen vor allem die Aufgabe haben, der Arbeiterklasse das Rüstzeug zu geben für den Klassenkampf ...«

Einen weiteren Schritt zur vollen Gleichberechtigung der Arbeiterkammern mit den Handelskammern der Unternehmer brachte das Gleichstellungsgesetz vom 14. Juli 1921.[1763] Es bestimmte, dass auch den Arbeiterkammern das gleiche Recht der Mitwirkung an der Gesetzgebung und Wirtschaftsverwaltung sowie zur Hebung des wirtschaftlichen und sozialen Aufstiegs der Arbeiterschaft zustehen sollte, wie das durch geltende Gesetze und Verordnungen bereits den Handelskammern gewährt worden war.
Die Errichtung von Arbeiterkammern als gesetzliche, von den Arbeitnehmern demokratisch gewählte und von ihnen selbst verwaltete Einrichtung mit einem klaren Interessenvertretungsauftrag als gleichberechtigter Widerpart der gesetzlichen Interessenvertretung der Arbeitgeber markiert eine grundsätzliche Weichenstellung für die weitere Entwicklung der Arbeitsverfassung und der Sozialpolitik insgesamt. Während in Deutschland das »Projekt Arbeiterkammer« nach endlosen Diskussionen und mehreren Gesetzentwürfen letztlich gescheitert ist, konnte in Österreich die Gewerkschaftsbewegung ihre langjährige Forderung durchsetzen und mit dem BRG 1919, dem E-AG 1920 und dem AKG 1920 die gesetzliche Grundlage für jenes »Drei-Säulen-Modell« der Arbeitnehmerinteressenvertretung schaffen, das die österreichische Arbeitsverfassung von der deutschen unterscheidet (Näheres dazu bei § 45 I).

1760 KonstNV, 596 Blg.
1761 StGBl. 1920/100.
1762 Zit. bei *Findeis*, Organisation und Tätigkeit der Arbeiterkammern (1954), S. 8.
1763 BGBl. 1921/424.

Angestelltengesetz 1921

Zum großen Gesetzeswerk der ersten Jahre der Republik gehört auch das am 11. Mai 1921 vom Nationalrat beschlossene Angestelltengesetz (AngG).[1764] Es löste das Handlungsgehilfengesetz 1910 ab und gilt – inzwischen vielfach geändert – auch heute noch.

Das AngG regelt den »Dienstvertrag der Privatangestellten«, zählt also nicht zum Betriebsverfassungsrecht, sondern zum Arbeitsvertragsrecht. Dennoch ist es auch betriebsverfassungsrechtlich relevant, weil es in § 1 eine Legaldefinition des Begriffs »Angestellter« enthält, an die das Organisationsrecht der Betriebsverfassung anknüpft. Es geht von der arbeitsvertraglichen Stellung der Arbeitnehmer aus und übernimmt die historisch gewachsene Unterscheidung zwischen Arbeitern und Angestellten.

Die Geschichte des Zustandekommens und der Ausgestaltung des BRG 1919 lässt erkennen, dass dabei die Angestellten, ihre Interessen und ihr Selbstverständnis eine besondere Rolle gespielt haben.[1765] Die Errichtung von getrennten Angestellten-Betriebsräten war durchaus keine Selbstverständlichkeit, sondern Ergebnis eines tiefgehenden sozialen Prozesses mit Konflikten zwischen Arbeitern und Angestellten, innerhalb der Angestellten selbst und zwischen Industriellen und Angestellten. Die letztlich getroffene Regelung, wonach in allen Betrieben mit mehr als 10 Angestellten ein eigener Angestellten-Betriebsrat zu wählen war, kam auf Drängen der Angestelltengewerkschaften zustande.

Obwohl die Begriffsbestimmung des AngG der Realität der heutigen Arbeitswelt nicht mehr entspricht, die Unterscheidung zwischen Arbeitern und Angestellten ihre sachliche Rechtfertigung weitgehend verloren hat,[1766] und das Arbeitsvertragsrecht durch ein Gesetz vom 19. Dezember 2017[1767] angeglichen worden ist, hält das Organisationsrecht der Betriebsverfassung an getrennten Strukturen für die Gruppen der Arbeiter und der Angestellten fest.[1768] Aus der Sicht einer möglichst wirksamen Interessenvertretung der Arbeitnehmer in den Betrieben sollte aber die Entscheidung über die zweckmäßigste Organisationsform in Zukunft von der Arbeitnehmerschaft selbst getroffen werden.

1764 BGBl. 1921/292.

1765 Besonders aufschlussreich sind in diesem Zusammenhang die Ausführungen von *Garamvölgyi* (Fn. 1681), die dem Thema Betriebsräte und Angestellte ein umfangreiches Kapitel widmet, in dem sie von Konstituierungsversuchen eines »neuen Mittelstandes«, einer »Angestelltenbewegung«, ja sogar einer »Angestelltenklasse« spricht und den »Kampf um den getrennten Angestelltenbetriebsrat« beschreibt. Dieser historische Bezug mag – neben sonstigen Erklärungsversuchen der »Angestellten-Soziologie« – ein Grund dafür sein, dass das AngG trotz seiner Reformbedürftigkeit immer noch als Statussymbol der Angestellten gesehen wird.

1766 *Löschnigg*, in: Jabornegg/Resch (Hrsg.), ArbVG, § 40 Rz. 33.

1767 BGBl. I 2017/153.

1768 § 40 Abs. 2 ArbVG.

2. Wirtschaftskrise und Repression

Mit dem BRG, dem EAG, dem AKG und dem erst im Jahr 1921 beschlossenen AngG war der Weg der großen Sozialreform vorerst am Ende. Die Koalitionsregierung aus Sozialdemokraten und bürgerlichen Parteien zerbrach, und *Hanusch* schied aus der Regierung aus. Bei der Wahl im Oktober 1920 erreichten die bürgerlichen Parteien die Mehrheit, Christlich-Soziale und Großdeutsche bildeten eine neue Regierung, die daran ging, den »revolutionären Schutt« der Sozialgesetzgebung, zu der sie auch das BRG zählte, zu beseitigen.[1769]
In der zweiten Hälfte der 1920er Jahre verschärften sich die politischen Spannungen immer mehr. Trotz Wahlerfolgen gerieten die Sozialdemokraten und mit ihnen die Gewerkschaften zunehmend in die Defensive. Die Industrie rief zum Kampf gegen die »sozialen Lasten« durch die Sozialgesetzgebung auf und forderte ganz offen, das BRG einschränkend zu interpretieren. Die Last der gewerkschaftlichen und politischen Arbeit in den Betrieben lag fast ausschließlich bei den Betriebsräten.[1770]
Die tragischen Ereignisse im Jahr 1927[1771] und die schwere Wirtschaftskrise zum Ende der 20er Jahre mit 600 000 Arbeitslosen zu Beginn der 1930er Jahre führten zu einer weiteren Zuspitzung der politischen Lage und zur Schwächung der Arbeiterbewegung, die auch die Betriebsräte an der Erfüllung ihrer Aufgaben hinderte. Obwohl führende Gewerkschafter das BRG 1919 zehn Jahre nach seinem Inkrafttreten immer noch als Fortschritt feierten,[1772] war die Wirklichkeit doch anders: Das Interesse der Arbeitnehmer an den Betriebsräten wurde schwächer, die Zahl der Gewerkschaftsmitglieder ging zurück, und in großen Unternehmen wie der Alpine Donawitz wurden sogar unternehmensabhängige »gelbe Gewerkschaften« gebildet.
Ausdruck der autoritären Repression gegenüber den freien Gewerkschaften war ein Gesetz vom 3. April 1930 mit der irreführenden Etikettierung »zum Schutz der Arbeits- und Versammlungsfreiheit«.[1773] Auch der Kurztitel »Antiterrorgesetz« stellt eine Camouflage des wahren Gesetzeszwecks dar. Entsprechend heftig

1769 Von der »Beseitigung des revolutionären Schuttes« hat der christlich-soziale Kanzler Prälat *Ignaz Seipel* in einer Rede vor dem Bundesrat am 29. 2. 1924 gesprochen; zitiert bei *Talos* (Fn. 1723), 159f.

1770 *Filla,* FS Weißenberg, S. 85.

1771 Schattendorfer Urteil nach dem Mord am 30. 1. 1927, darauffolgende Demonstrationen in Wien und Brand des Justizpalastes am 15. 7. 1927.

1772 So z. B. *Anton Hueber* in Arbeit und Wirtschaft 1929, 348, zitiert bei *Filla,* Mitbestimmung, S. 91: »*Nachdem das Gesetz zehn Jahre in Geltung ist, wagen es die Unternehmer doch nicht mehr, die Wahl von Betriebsräten zu verhindern … Die Arbeiterschaft hat sich ihr Recht erkämpft und die Gewerkschaften verteidigen das Gesetz vor den Einigungsämtern gegen die mitunter versuchten einengenden Auslegungen der Unternehmer …*«.

1773 BGBl. 1930/113.

war die Kritik von *Otto Bauer* in einer Kampfschrift[1774] gegen das Gesetz und die darin vorgesehenen Strafbestimmungen gegen den »Organisationszwang«:

»Jeder, der im Kampfe des Arbeiters um seine Rechte bis Fünfe zählen gelernt hat, weiß, daß dies praktisch nichts anderes bedeutet, als daß das Unternehmertum dabei gesetzlich geschützt werden soll, wenn es durch Aufnahme Unorganisierter die gewerkschaftliche Front durchbrechen und damit die Arbeiterschaft im Klassenkampf wehrlos machen will!«

3. Austrofaschismus – Ständestaat

Nach der Ausschaltung des Parlaments im Herbst 1933 ging die Regierung *Dollfuß* daran, die demokratischen Einrichtungen zur Vertretung der Arbeitnehmerinteressen zu beseitigen und durch ständestaatliche Strukturen zu ersetzen.[1775] Die freien Gewerkschaften wurden aufgelöst, die Arbeiterkammern unter staatliche Zwangsverwaltung gestellt, durch Verordnung wurden allen Betriebsräten der sozialdemokratischen oder freien Gewerkschaften die Mandate entzogen, und schließlich durch das Werksgemeinschaftsgesetz (WGG) 1934[1776] das Betriebsräterecht auf eine ständische Grundlage gestellt.[1777]
Das WGG ging von der illusionären Vorstellung gemeinsamer Interessen zwischen dem Betriebsinhaber und den gewählten Vertrauensmännern aus, die von der Werksgemeinschaft wahrgenommen werden sollten. Die harmonisierende berufsständische Ideologie erwies sich allerdings bald als nicht tragfähig. Die Werksgemeinschaften waren eine »realitätsferne Konstruktion«[1778], sie wurden von den illegalen Freien Gewerkschaften als »Feigenblatt der faschistischen Diktatur im Betrieb« bezeichnet.[1779]

1774 Das »Antiterrorgesetz« wider die Gewerkschaftsfreiheiten, in: Menschheitskämpfer, Jg 4/5 1930.

1775 Ausführlich dazu *Kepplinger/Weidenholzer*, Zur Geschichte der Österreichischen Arbeiterkammern (1920–1992), in: 75 Jahre Kammern für Arbeiter und Angestellte, 9 (20); *Cerny*, 100 Jahre Arbeiterkammergesetz, DRdA 2020, 4 (7); *Göhring/Pellar*, Anpassung und Widerstand. Arbeiterkammern und Gewerkschaften im österreichischen Ständestaat (2001).

1776 BGBl. II 1934/153.

1777 Ausführlich dazu *Filla*, Mitbestimmung, S. 117.

1778 *Filla*, Mitbestimmung, S. 127, m. w. N.

1779 A. a. O., S. 128.

4. Liquidation der Demokratie durch die NS-Gewaltherrschaft

Die nationalsozialistische Gewaltherrschaft führte insofern zu einer Zäsur in der Geschichte der Arbeitsverfassung als jede demokratische betriebliche und überbetriebliche Interessenvertretung der Arbeitnehmer beseitigt wurde. Per Verordnung wurden die Bestimmungen des Gesetzes zur Ordnung der nationalen Arbeit (AOG)[1780] in Österreich eingeführt und damit auch das WGG 1934 außer Kraft gesetzt. Ab diesem Zeitpunkt galt auch im Betrieb das Führerprinzip: Arbeiter und Angestellte hatten als »Gefolgschaft« die Anordnungen des »Unternehmers als Führer« zu befolgen. Damit war jeder Ansatz von Demokratie auch auf diesem Gebiet liquidiert.

5. Wiedererrichtung der Demokratie – Zweite Republik

Nach dem Ende des Zweiten Weltkriegs und der Wiedererrichtung der Republik am 27. April 1945 mussten die demokratischen Einrichtungen wieder aufgebaut werden. Zu den ersten gehörten die Arbeiterkammern.[1781]

Arbeiterkammergesetz 1945

Schon im Mai 1945 fanden innerhalb des neu gegründeten ÖGB Beratungen über die Wiedererrichtung der Arbeiterkammern statt, als deren Ergebnis ein von allen Fraktionen akzeptierter Entwurf für ein neues Arbeiterkammergesetz vorgelegt wurde. Am 20. Juli 1945, also kaum zwei Monate nach der Unabhängigkeitserklärung der Republik, beschloss die provisorische Staatsregierung unter *Karl Renner* das Gesetz zur Wiedererrichtung der Arbeiterkammern.[1782]
Das AKG 1945 stimmte inhaltlich weitgehend mit jenem von 1920 überein an. Neu in den Geltungsbereich einbezogen wurden Hausbesorger und Hausgehilfen, Heimarbeiter und Privatkraftwagenlenker.

Kollektivvertragsgesetz 1947

Noch vor dem BRG 1947 beschloss der Nationalrat am 26. Februar 1947 ein neues Kollektivvertragsgesetz (KollVG 1947).[1783] Es setzte die reichsdeutschen Tarifordnungen aus der NS-Zeit außer Kraft und bildete die gesetzliche Grundlage des Kollektivvertragsrechts der Zweiten Republik.[1784]

1780 DRGBl. 1. Teil, S. 45.

1781 Näheres bei *Mulley,* (Wieder-)Gründung kollektiver Interessenvertretungen der ArbeitnehmerInnen 1945, DRdA 2015, 206.

1782 StGBl. 1945/95.

1783 BGBl. 1947/76.

1784 Näheres bei *Felten/Mosler*, 100 Jahre Kollektivvertragsrecht, DRdA 2020, 91; *Lichtenberger*, »Es ist ein gutes Gesetz geworden«, Bemerkungen zur politischen Genese des KV-Gesetzes 1947, DRdA 2017, 412.

Vorbild für das KollVG 1947 waren die Regelungen über Kollektivverträge im IV. Abschnitt des EAG 1920. Das Kollektivvertragsrecht der Zweiten Republik unterscheidet sich aber vom System des EAG vor allem in zwei Punkten, nämlich einerseits hinsichtlich der möglichen Parteien und andererseits hinsichtlich der Rechtswirkungen eines Kollektivvertrags.[1785]

Während das EAG keine Beschränkung des Abschlusses von Kollektivverträgen auf bestimmte Organisationen oder besonders qualifizierte Vereinigungen vorsah, also auch die Möglichkeit zum Kollektivvertragsabschluss mit einzelnen Arbeitgebern in Form von Firmenkollektivverträgen oder mit Interessengemeinschaften von Arbeitgebern bot, behielt der Gesetzgeber des KollVG 1947 das Recht Kollektivverträge abzuschließen ausschließlich kollektivvertragsfähigen Körperschaften vor, die bestimmte, gesetzlich festgelegte Kriterien erfüllten. Einzelne Arbeitgeber waren nicht mehr berechtigt, Kollektivverträge für ihren Betrieb bzw. für ihre Firma abzuschließen. Die dadurch bewirkte Zentralisierung des Kollektivvertragssystems auf wenige, staatlich autorisierte Vertragspartner war Voraussetzung für den Einsatz des Kollektivvertrags (auch) als Instrument zur Regulierung der Mängelwirtschaft der Nachkriegszeit und damit für den Wiederaufbau der österreichischen Wirtschaft.

Das ArbVG 1973 hat am Prinzip der gesetzlich geregelten Kollektivvertragsfähigkeit festgehalten und zusammen mit den Bestimmungen über die Rechtswirkungen von Kollektivverträgen ein spezifisches Element der österreichischen Arbeitsverfassung geschaffen (Näheres bei § 45 II).

Hinsichtlich der Rechtswirkungen von Kollektivverträgen übernahm das KollVG 1947 zwar die interpretationsbedürftige Regelung des § 14 Abs. 1 EAG, wonach die Bestimmungen des Kollektivvertrages »Bestandteil jedes Vertrages« innerhalb seines Geltungsbereichs werden, es spricht aber viel dafür, dass damit nicht nur die Wirkung des Kollektivvertrages als Vertragsschablone, sondern die unmittelbare Normwirkung i. S. d. jetzt geltenden § 11 Abs. 1 ArbVG gemeint war.[1786]

§ 9 Abs. 1 KollVG 1947

Die Bestimmungen des Kollektivvertrages gelten, soweit sie die Rechtsverhältnisse zwischen den Dienstgebern und Dienstgebern regeln, als Bestandteil der Dienstverträge, die zwischen den kollektivvertragsangehörigen Dienstgebern und Dienstnehmern abgeschlossen werden.

1785 *Felten/Mosler*, DRdA 2020, 93.

1786 Ebenso *Felten/Mosler*, DRdA 2020, 94.

Mit der Bestimmung, dass von kollektivvertraglichen Vorgaben durch Sondervereinbarungen nur abgewichen werden kann, wenn diese für den Arbeitnehmer günstiger sind oder Angelegenheiten betreffen, die im Kollektivvertrag nicht geregelt sind, hatte das EAG 1920 bereits die auch das Kollektivvertragsrecht der Zweiten Republik beherrschenden Grundsätze der Unabdingbarkeit und der einseitig zwingenden Wirkung des Kollektivvertrags gesetzlich festgeschrieben. Eine gleichlautende Regelung enthält auch das geltende ArbVG (§ 3 Abs. 1).
Eine § 12 ArbVG entsprechende Außenseiterwirkung kannte hingegen das EAG in seiner ursprünglichen Fassung noch nicht. Sie wurde erst im Jahr 1930 – sozusagen als »Nebenprodukt« des Antiterrorgesetzes – im § 14 Abs. 3 EAG geregelt und dann auch – in geänderter Form – in das KollVG 1947 übernommen. Durch das Verbot des Organisationszwangs und durch die Ausdehnung der Rechtswirkungen des Kollektivvertrags auf die nicht gewerkschaftlich organisierten Arbeitnehmer sollte von diesen der Druck genommen werden, der vertragschließenden Gewerkschaft beitreten zu müssen, um in den Genuss der Vorteile des Kollektivvertrags zu kommen. Die Außenseiterwirkung konnte allerdings durch einen Einspruch des Betriebsrats oder der Mehrheit der Arbeitnehmer verhindert werden. Das ArbVG normiert die Außenseiterwirkung des Kollektivvertrags ohne eine Einspruchsmöglichkeit.
Das KollVG 1947 stellte trotz des Systemwechsels die Kontinuität zum Kollektivvertragsrecht der Ersten Republik wieder her und blieb bis zu seiner Ablösung durch den I. Teil des ArbVG Grundlage der kollektiven Rechtsgestaltung in der Zweiten Republik.

Betriebsrätegesetz 1947

Nach dem Ende der NS-Gewaltherrschaft hob die Provisorische Staatsregierung der Zweiten Republik das AOG wieder auf[1787]. Mit Unterstützung der zugelassenen politischen Parteien und der Gewerkschaften wurden provisorische Betriebsräte und Vertrauensleute gebildet, und am 28. März 1947 beschloss der Nationalrat ein neues Betriebsrätegesetz (BRG 1947).[1788]
Das BRG 1947 knüpfte hinsichtlich der Organisation und der Geschäftsführung der Betriebsräte an das BRG 1919 an, verstärkte und erweiterte die Mitwirkungsrechte, ging aber – anders als ursprünglich das BRG 1919 – nicht von einer revolutionären Sozialisierungsvorstellung aus. Die Betriebsräte sollten innerhalb des bestehenden Wirtschaftssystems die Interessen der Arbeitnehmer im Betrieb wahrnehmen und damit für mehr Demokratie in der Betriebsverfassung sorgen.

1787 Kundmachung StGBl. 1945/20.
1788 BGBl. 1947/97.

§ 3 BRG 1947
(1) Die Betriebsvertretung ist nach Maßgabe der Bestimmungen dieses Bundesgesetzes berufen,
a) die wirtschaftlichen, sozialen, gesundheitlichen und kulturellen Interessen der Dienstnehmer im Betriebe wahrzunehmen und zu fördern und
b) an der Führung und Verwaltung des Betriebes mitzuwirken.
(2) Die Führung des Betriebes steht dem Betriebsinhaber oder den von ihm Beauftragten zu.
(3) Die Organe der Betriebsvertretung sind
a) die Betriebsversammlung;
b) der Betriebsrat (Vertrauensmänner).

Im Einzelnen sah das BRG 1947 gegenüber dem BRG 1919 eine Reihe von Änderungen vor, die als Weiterentwicklung des Betriebsverfassungsrechts gewertet werden können.[1789] Diese Änderungen betrafen u. a. den Geltungsbereich des Gesetzes, die Definition des Betriebes als Grundlage der Organisation und eine Präzisierung des Arbeitnehmerbegriffs. Die Aufgaben der Arbeitnehmervertreter wurden um die Wahrnehmung der gesundheitlichen Interessen erweitert und damit bereits auf den Standard des ArbVG 1974 gebracht. Mit der Einrichtung der Betriebsversammlung als demokratisches Basisorgan und des Zentralbetriebsrats als betriebsübergreifendes Organ auf Unternehmensebene wurde die organisatorische Grundlage der Interessenvertretung erweitert und gestärkt. Hinsichtlich der Wahl getrennter Betriebsräte für Arbeiter und Angestellte brachte das BRG 1947 im Grundsatz keine Änderung, durch eine Anhebung der Zahlengrenzen für die getrennte Organisation wurde diese Organisationsform aber erschwert.
Die Mitwirkungsrechte der Arbeitnehmer wurden durch das BRG 1947 vor allem in personellen und sozialen Angelegenheiten erweitert, in wirtschaftlichen Angelegenheiten sah das Gesetz erstmals die Möglichkeit eines Einspruchs gegen die Wirtschaftsführung bei der Staatlichen Wirtschaftskommission über den ÖGB vor – eine Regelung, die auch heute noch Inhalt des ArbVG ist (§§ 111 und 112 ArbVG – Näheres dazu bei § 45 IV 5 und 6).
Die Rechtsstellung der Betriebsratsmitglieder wurde durch den Anspruch auf Entgeltfortzahlung für die Vertretungstätigkeit während der Arbeitszeit und durch das Recht auf Freistellung von der Arbeitsleistung in größeren Betrieben (ab 200 Beschäftigten) gestärkt, der besondere Kündigungs- und Entlassungsschutz durch eine taxative Aufzählung und Präzisierung der Kündigungs- und Entlassungsgründe verbessert.

1789 Ähnlich *Floretta*, ArbVG Komm, Einleitung, XXV.

Beim allgemeinen Kündigungsschutz war die kollektivrechtliche Komponente insofern stärker ausgestaltet als im derzeit geltenden Recht, als der Betriebsrat auch bei einer Motivkündigung durch seine Zustimmung oder durch sein Verschweigen zur Kündigungsabsicht des Betriebsinhabers eine Kündigungsanfechtung durch den Arbeitnehmer verhindern konnte (sog. Sperrrecht).[1790]
In der Entwicklungsgeschichte des Betriebsverfassungsrechts stellt das BRG 1947 trotz seines systembewahrenden Gesamtkonzepts einen bedeutenden sozialen Fortschritt dar.[1791]

6. Bildung als Auftrag und Machtfaktor

Schon im Vorfeld der Beschlussfassung über das BRG 1919 hatte es heftige Diskussionen darüber gegeben, ob denn die Arbeiter über die nötige Bildung verfügten, um an wirtschaftlichen Entscheidungen mitwirken zu können. *Ferdinand Hanusch* sah in dem kurze Zeit später beschlossenen AKG 1920 (auch) insofern eine Ergänzung des BRG 1919, als den Arbeiterkammern die Aufgabe übertragen wurde, Einrichtungen zur Bildung und Schulung der Arbeitnehmer zu schaffen und an der Verwaltung solcher Einrichtungen mitzuwirken.[1792]
Bei der konstituierenden Vollversammlung der Arbeiterkammer Wien am 25. August 1945 unterstrich Staatskanzler *Karl Renner* in seiner Festrede den Bildungsauftrag der wieder errichteten Arbeiterkammern.

»Die Arbeiterkammer ist dazu da, nicht nur für die Arbeitenden selbst eine Beratungsstelle zu bilden, sondern auch einen Stab wissender und wissenschaftlich strebender Vorkämpfer der Arbeiterklasse zu erziehen, welche neben den oft ausgezeichnet geschulten Vertretern der übrigen Kammern den Staat beraten und die eigenen Auftraggeber über alle gesellschaftlichen und politischen Zusammenhänge aufklären, gegen welche ihre Forderungen bestimmt sind …«

Die Arbeiterkammern haben diesen Bildungsauftrag in umfassender und vielfältiger Weise erfüllt, indem sie gemeinsam mit den Gewerkschaften Schulungs- und Bildungsangebote für Arbeitnehmer und ihre Vertreter in den Betrieben bereitgestellt haben.
Als höchste Stufe der gewerkschaftlichen Bildung gründete die Arbeiterkammer Wien im Jahr 1949 eine »Hochschule der Arbeiterbewegung«, die Sozialaka-

---

1790 Zur Entwicklungsgeschichte des Kündigungs- und Entlassungsschutzes: *Trost*, Wurzeln und Wandel des Kollektivismus am Beispiel des Kündigungsschutzes, DRdA 2019, 301.

1791 Kritischer ist die Einschätzung von *Floretta*, in: Floretta/Strasser, ArbVG Komm, Einl. XXXV, der zwar den sozialpolitischen Inhalt des Gesetzes als gut, aber die Gesetzessystematik als nicht immer geglückt bezeichnet.

1792 § 2 Abs. 1 AKG 1920.

demie. Dort werden in einem zehnmonatigen Lehrgang Arbeitnehmervertretern jene Kenntnisse vermittelt, die für eine kompetente und effiziente Vertretung der Arbeitnehmerinteressen auf betrieblicher und überbetrieblicher Ebene erforderlich sind. Seit dem Beginn ihrer Tätigkeit haben mehr als 1600 Betriebsratsmitglieder, Gewerkschaftsfunktionäre, aber auch politische Mandatare die Sozialakademie absolviert, viele davon haben danach die Berufsreifeprüfung abgelegt und mit Erfolg ein Hochschulstudium abgeschlossen. Aufsichtsratsmitglieder können ihre Kenntnisse in einem Speziallehrgang des Instituts für Aufsichtsratsmitbestimmung weiter vertiefen.

Eine wichtige Rolle im Bildungsangebot spielen auch die Bibliotheken der Arbeiterkammern. Die größte, die Sozialwissenschaftliche Studienbibliothek der Arbeiterkammer Wien, nahm bereits im Jahr 1921[1793] ihren Betrieb mit dem Ziel auf, einerseits die notwendige Weiterbildung der Funktionäre der Arbeiterbewegung zu unterstützen und andererseits die Grundlagen für arbeitnehmerorientierte Forschung zu schaffen.

Nach der Plünderung und Zerstörung durch die Nazis musste die Bibliothek ab dem Jahr 1945 wieder aufgebaut werden. Bis Ende 1949 war der Buchbestand wieder auf 8344 angewachsen, durch kontinuierlichen Ausbau konnte er bis zum Jahr 2020 auf mehr als 520 000 (!) erhöht werden.

Der Zusammenhang zwischen Bildung und Mitbestimmung wird auch in der weiteren Entwicklung des Betriebsverfassungsrechts der Zweiten Republik deutlich sichtbar. Eine große Novelle zum BRG[1794] brachte 1971 neben einer Reihe von weiteren Verbesserungen einen Anspruch der Betriebsratsmitglieder auf Freistellung zur Teilnahme an Schulungs- und Bildungsveranstaltungen bis zu einem Jahr[1795] und bereitete damit den Weg für den Ausbau der Mitbestimmung durch das Arbeitsverfassungsgesetz.

7. Der Weg zum Arbeitsverfassungsgesetz

Mit dem AKG 1945, dem KollVG 1947 und dem BRG 1947 waren die Grundlagen der demokratischen Arbeitsverfassung in Österreich wiederhergestellt. Die in den ersten Nachkriegsjahren geschaffene Rechtslage blieb – bis auf punktuelle Änderungen in einzelnen Bereichen – bis zum Beginn der 1970er Jahre im Wesentlichen unverändert. Eine Ausnahme bildete nur das Arbeiterkammerrecht.

1793 Zum 100-Jahr-Jubiläum der AK-Bibliotheken *Wödl/Bloch* (Hrsg.), LESEN.MACHT. BILDUNG. (2021).

1794 BGBl. 1971/319.

1795 §§ 116a und 116b BRG.

Ein neues Arbeiterkammergesetz (AKG 1954)

Einen Meilenstein in der Entwicklung des Arbeiterkammerrechts stellt das Arbeiterkammergesetz 1954 dar.[1796] Aufbauend auf den Grundsätzen der Gesetze von 1920 und 1945, wurden die Kammerzugehörigkeit und die Aufgabenstellung neu geregelt, das Wahlrecht näher ausgeformt, die innere Organisation der Selbstverwaltung durch Abschaffung der Sektionen und ihre Ersetzung durch »Wahlkörper« geändert, Fachausschüsse als zusätzliches Organ im Zusammenwirken mit den Gewerkschaften eingerichtet, und der Österreichische Arbeiterkammertag als Dachorganisation ebenfalls mit dem Status einer Körperschaft öffentlichen Rechts und mit zusätzlichen Kompetenzen ausgestattet. Im Gesetz wurde bestimmt, dass der Präsident der AK Wien zugleich Präsident des Arbeiterkammertages ist,[1797] und dass die Bürogeschäfte des Arbeiterkammertages durch das Kammeramt der AK Wien besorgt werden.[1798]

Weiterentwicklung der Betriebsverfassung

Das BRG 1947 wurde mehrfach novelliert, die wichtigsten Änderungen betrafen die Verlängerung der Funktionsperiode des Betriebsrates auf drei Jahre und die Einführung der Briefwahl. Erst mit dem Regierungswechsel zu Beginn der »Ära Kreisky« kam Bewegung in die Diskussion über eine (weitere) Demokratisierung der Arbeitsverfassung. Mit einer großen Novelle zum BRG im Jahr 1971[1799] und dem ersten Jugendvertrauensrätegesetz im Jahr 1972[1800] wurde die Neuordnung des Arbeitsverfassungsrechts vorbereitet.

Mitbestimmung in Verstaatlichten Unternehmen

Besondere Bedeutung für Österreichs Wirtschaft und für die Entwicklung der Mitbestimmung der Arbeitnehmer hatten die Verstaatlichten Unternehmen.[1801] 1970 waren (noch) 125 000 Arbeiter (20 % aller Industriebeschäftigten) in Verstaatlichten Unternehmen tätig, die Verstaatlichte Industrie erzielte 25 % der österreichischen Exporterlöse.

Forderungen nach einer grundlegenden Reorganisation der Verstaatlichten Industrie wurden von den Interessenvertretungen der Arbeitnehmer unterstützt, wobei dem Ausbau der Mitbestimmung besonderes Gewicht beigemessen

---

1796 BGBl. 1954/105; dazu *Borkowetz*, in: Die Kammern für Arbeiter und Angestellte 1945 – 1965, Zwei Jahrzehnte ihres Wirkens festlich gewürdigt, insb. 29, 31.

1797 § 24 Abs. 1 AKG 1954.

1798 § 27 AKG 1954.

1799 BGBl. 1971/319.

1800 BGBl. 1972/287.

1801 *Talos*, in: Grillberger (Hrsg.), 30 Jahre ArbVG, S. 38; vgl. auch *Ostleitner*, in: Gatty/Schmid/Steiner/Wiesinger (Hrsg.), Die Ära Kreisky, S. 101.

wurde.[1802] Mit der ÖIG-Gesetz Novelle 1969[1803] wurde die ÖIG in die Österreichische Industrieverwaltungs AG (ÖIAG) umgewandelt. Die Bildung dieser Aktiengesellschaft hat den Einfluss der Betriebsräte wesentlich verstärkt. Das Bundesgesetz zur Zusammenfassung der Unternehmungen der verstaatlichten Eisen- und Stahlindustrie[1804] brachte dann – noch vor dem Inkrafttreten des ArbVG – die Drittelbeteiligung der Arbeitnehmervertreter im Aufsichtsrat.[1805] Damit spielten die Verstaatlichten Unternehmen eine Vorreiterrolle für die Erweiterung der wirtschaftlichen Mitwirkungsrechte der Arbeitnehmerschaft im Rahmen des allgemeinen Arbeitsverfassungsrechts.[1806] Aber auch sonst ging der faktische Einfluss der Betriebsräte in den Verstaatlichten Unternehmen, deren Vorsitzende meistens zugleich führende Funktionäre der Gewerkschaften und der Arbeiterkammern, oftmals auch politische Mandatare waren, zum Teil weit über den gesetzlichen Rahmen hinaus.[1807]

Die »Ära Kreisky«

In den 1960er Jahren kam es zu einem Wechsel im politischen System: Zum ersten Mal in der Zweiten Republik erreichte eine Partei die absolute Mehrheit und stellte allein die Regierung: 1966 die ÖVP und 1970, nach einer kurzen Zeit der Minderheitsregierung, die SPÖ mit *Bruno Kreisky* als Bundeskanzler. Als politisches Ziel seiner Regierung bezeichnete *Kreisky* die »Durchflutung aller Bereiche der Gesellschaft mit mehr Demokratie«, und dieses Ziel sollte vor allem auch für die Betriebsverfassung gelten.[1808]

Das Zustandekommen des ArbVG

Die Vorgeschichte des ArbVG hängt eng mit den Bemühungen um eine Kodifikation des österreichischen Arbeitsrechts zusammen.[1809] Anfang der 1960er Jahre versuchte der damalige Sozialminister *Anton Proksch*, die jahrzehntelange For-

1802 *Klenner/Pellar* (Fn. 1681), S. 533.

1803 BGBl. Nr. 47/1970.

1804 BGBl. Nr. 109/1973.

1805 § 4. Dazu *Filla*, Mitbestimmung, S. 232.

1806 Gemäß § 11 Abs. 3 ÖIAG-Gesetz 2000, BGBl. I 2000/24, ist § 110 ArbVG auf die ÖIAG nicht anzuwenden. Für die Mitwirkung der Arbeitnehmervertreter im Aufsichtsrat der ÖIAG gilt die Sonderregelung des § 5 ÖIAG-G 2000; siehe dazu z. B. *Preiss*, in: Cerny/Gahleitner/Preiss/Schneller, ArbVR 3, Erl. 82 zu § 110. Vgl. auch *Mayer-Maly*, Über die Mitbestimmung der Arbeitnehmer in der Verstaatlichten Industrie, wbl 1987, 32.

1807 *Talos*, (Fn. 1801), S. 38 spricht in diesem Zusammenhang anschaulich von einem »Einfallstor« für gewerkschaftlichen und betriebsrätlichen wirtschaftlichen Einfluss.

1808 Vgl. dazu *Cerny*, Die Sozialpolitik der »Ära Kreisky« 1970 – 1983, in: Gatty/Schmid/Steiner/Wiesinger (Hrsg.), Die Ära Kreisky (1997), S. 107.

1809 Dazu u. a. *Cerny*, in: Achitz/Maßl (Hrsg.), Zeitenblicke, S. 161; *Gerhard Klein*, Arbeitsrechtskodifikation und Bundesverfassung, FS Weißenberg (1980), S. 169; *Martinek*, Restauration des Kodifikationsgedankens, in: FS Schwarz (1991), S. 829; *Bydlinski*, Gedan-

derung des ÖGB nach einer Zusammenfassung, Vereinheitlichung und Reform des österreichischen Arbeitsrechts zu realisieren, indem er zwei seiner Beamten, *Oswin Martinek* und *Walter Schwarz*, beide hervorragende Juristen und Pioniere der damals sich erst entwickelnden Arbeitsrechtswissenschaft, mit der Erstellung der legistischen Grundlagen für einen Arbeitsrechtskodex beauftragte. Der I. Teilentwurf, betreffend das Individualarbeitsrecht, wurde 1960 der Öffentlichkeit vorgelegt, der II. betreffend das kollektive Arbeitsrecht[1810] und damit das Arbeitsverfassungsrecht, zwei Jahre später. Die beiden Teilentwürfe fanden zwar wegen ihrer legistischen Qualität in der Fachwelt Beachtung und Anerkennung, ihre politische Realisierung scheiterte aber am heftigen Widerstand der Arbeitgeberverbände und am mangelnden Konsens innerhalb der Koalitionsregierung.

Nach einigen Jahren des Stillstands kamen die Arbeiten an einer Kodifikation 1967 durch eine parlamentarische Entschließung zur Einsetzung einer Kodifikationskommission, bestehend aus Vertretern der Wissenschaft, der Ministerien sowie der Arbeitgeber- und der Arbeitnehmerverbände, wieder in Gang. Unter der Sozialministerin *Grete Rehor*, einer engagierten Christgewerkschafterin, begann die Kommission ihre Beratungen über die kollektive Rechtsgestaltung, insbesondere auch über deren verfassungsrechtliche Grundlagen. Es stellte sich aber bald heraus, dass zwischen den Normen über die kollektive Rechtsgestaltung und jenen über die Betriebsverfassung, etwa beim Fragenkomplex Betriebsvereinbarung, ein so enger Zusammenhang besteht, dass eine weitere Diskussion ohne Einbeziehung des Betriebsverfassungsrechts nicht sinnvoll erschien. Ab dem Jahr 1970 dehnte deshalb die Kommission ihre Beratungen auf das gesamte Arbeitsverfassungsrecht aus.

Inzwischen hatten sich die politischen Verhältnisse in Österreich grundlegend geändert. Der ÖVP-Alleinregierung *Klaus* folgte 1970 zunächst eine SPÖ-Minderheitsregierung und danach ab 1971 eine SPÖ-Alleinregierung unter Kanzler *Kreisky*, Vizekanzler und Sozialminister war ab 1970 der Vizepräsident des ÖGB *Rudolf Häuser*. Auf die Arbeit der Kodifikationskommission hatte diese Änderung der politischen Verhältnisse zunächst keinen Einfluss. Unter dem souveränen Vorsitz von *Rudolf Strasser* setzte die Kommission ihre Beratungen über das Arbeitsverfassungsrecht fort.

Die Beratungsergebnisse der Kodifikationskommission, Experten-Entwürfe, das vom 7. Bundeskongress (1971) beschlossene Mitbestimmungsprogramm des ÖGB und die zwischenzeitlich erfolgten Änderungen des Betriebsverfassungsrechts bildeten die Grundlage für den Entwurf eines neuen Arbeitsverfassungsgesetzes, der im Dezember 1972 vom Sozialministerium zur Begutachtung

---

ken zum allgemeinen Teil der österreichischen Arbeitsrechtskodifikation, FS Strasser (1983), S. 37.

1810 Veröffentlicht in DRdA 1963, 101.

vorgelegt wurde.[1811] Er folgte weitestgehend, vor allem was die dogmatischen Grundlagen des Arbeitsverfassungsrechts und die Gesetzessystematik betrifft, den Empfehlungen der Kodifikationskommission. Nur in einigen Punkten, bei denen sich in der Kommission keine Mehrheitsmeinung gebildet hatte, brachte der Ministerialentwurf Änderungen bzw. Ergänzungen. Diese betrafen vor allem Bestimmungen über die rechtliche Verbindung zwischen betrieblicher und überbetrieblicher Interessenvertretung der Arbeitnehmer und punktuelle Erweiterungen der Mitwirkungsrechte.[1812]

Trotz der langen und gründlichen Vorarbeiten, an denen auch Vertreter der Arbeitgeberverbände – wenn auch nicht immer zustimmend – mitgewirkt hatten, stieß der »Häuser-Entwurf« auf deren heftigen, zum Teil überaus aggressiven Widerstand.[1813]

In dieser politisch heiklen, durch die Medienberichterstattung weiter aufgeheizten Situation traten erstmals in der Entstehungsgeschichte des ArbVG die Sozialpartner (mit)entscheidend auf den Plan: Ein »Präsidentengipfel« der Arbeitgeber- und der Arbeitnehmerverbände sollte die Diskussion versachlichen und den Konflikt beilegen. Es wurde beschlossen, einen Verhandlungsausschuss einzusetzen, der die Konsensmöglichkeiten ausloten sollte.

In zahlreichen, schwierigen, bis ins Detail gehenden Verhandlungsrunden gelang es dem Verhandlungskomitee, über die meisten offenen Fragen Einvernehmen – häufig in Kompromissform – zu erzielen. Einige interessenpolitisch besonders heikle Punkte konnten in einem weiteren Präsidentengespräch im November 1973 einvernehmlich geklärt werden. Die Ergebnisse der Sozialpartnerverhandlungen wurden in (weit über hundert) Abänderungsanträgen zu der bereits im Juni 1973 dem Nationalrat zugeleiteten Regierungsvorlage[1814] vom Sozialausschuss des Nationalrats in einer einzigen Sitzung beschlossen und in den Gesetzestext eingearbeitet. Das ArbVG wurde schließlich am 14. Dezember 1973 vom Nationalrat einstimmig beschlossen[1815] und ist am 1. Juli 1974 in Kraft getreten. Es sollte der erste Teil einer Kodifikation des gesamten Arbeitsrechts sein, die allerdings bis heute noch nicht zustande gekommen ist.[1816]

Das ArbVG ist zweifellos ein Meilenstein in der Entwicklung des Betriebsverfassungsrechts und der Sozialpolitik überhaupt. Als Ergebnis schwieriger Sozialpartnerverhandlungen trägt es allerdings auch deutliche Zeichen eines (interessen)politischen Kompromisses, der nicht in allen Punkten der Sachlogik

1811 Zl AV 30 180/1-13/1972; veröffentlicht in ZAS 1973, 22.

1812 Näheres bei *Filla*, Mitbestimmung, S. 287.

1813 Siehe dazu die Dokumentation bei *Filla*, S. 288.

1814 840 BlgNR. 13. GP.

1815 BGBl. Nr. 22/1974.

1816 Näheres zum Zustandekommen des AbVG bei *Cerny*, in: Grillberger (Hrsg.), 30 Jahre ArbVG, S. 9, und: 40 Jahre Arbeitsverfassungsgesetz, DRdA 2014, 478.

entspricht.[1817] Darüber hinaus hat sich seit dem Inkrafttreten des ArbVG die Arbeitswelt in einem Maß verändert, das wesentliche Teile des Gesetzes als dringend reformbedürftig erscheinen lässt (siehe § 46).

III. Die Entwicklung seit dem ArbVG

Die gesetzliche Neuregelung der Arbeitsverfassung hat in den folgenden Jahren zu einer umfangreichen Auseinandersetzung mit dieser Materie in der Lehre und Rechtsprechung geführt. Das Schrifttum zum Arbeitsverfassungsrecht ist kaum noch überschaubar, trotz unterschiedlicher Positionen in manchen Fragen ist das Arbeitsverfassungsrecht dogmatisch weitgehend ausgelotet. Auch die Judikatur hat zur Klärung offener Fragen Wesentliches beigetragen.[1818]

1. Erweiterung und Zersplitterung des Arbeitsverfassungsrechts

Seit dem Inkrafttreten am 1. Juli 1974 ist das Gesetz mehr als fünfzig (!) Mal geändert worden.[1819] Die qualitative Substanz kann allerdings mit der Quantität dieser Änderungen nicht Schritt halten.
Die zahlreichen Novellen haben vor allem in folgenden Punkten Änderungen gebracht:

- Besserer Kündigungsschutz für ältere Arbeitnehmer;[1820]
- Erweiterung der Mitwirkungsrechte bei Nachtschicht-Schwerarbeit;[1821]
- Mitwirkungsrechte bei Arbeitskräfteüberlassung;[1822]
- Stärkere Individualisierung des Kündigungs- und Entlassungsschutzes;
- Erweiterung der Mitwirkungsrechte in »Tendenzbetrieben«.

1817 Der Kompromisscharakter des ArbVG zeigt sich vor allem in Bestimmungen, die Ausnahmen oder Einschränkungen für Betriebe mit geringer Beschäftigtenzahl festlegen (z.B. §§ 54 Abs. 3, 97 Abs. 3, 108 Abs. 3). Aufgrund der Betriebsgrößenstruktur der österreichischen Wirtschaft mit einer weitaus überwiegenden Zahl von Klein- und Mittelbetrieben bedeuten solche Regelungen de facto eine erhebliche Einschränkung des Anwendungsbereichs der betreffenden Bestimmungen. Am wenigsten nachvollziehbar ist das dort, wo die Anwendung der betreffenden Norm sachlich besonders begründet wäre, wie etwa bei der Mitwirkung von Vertretern der Gewerkschaft oder der AK bei der Vorbereitung einer Betriebsratswahl.

1818 Zu den Beiträgen des OGH siehe *Spenling*, in: Grillberger (Hrsg.), 30 Jahre ArbVG, S. 99.

1819 Ausführlich zur Chronologie der Gesetzesänderungen *Cerny*, in: Gahleitner/Mosler (Hrsg.), Arbeitsverfassungsrecht 2 (2020), Einleitung, S. 36.

1820 BGBl. Nr. 387/76.

1821 BGBl. Nr. 354/1981.

1822 BGBl. Nr. 196/1988.

Besondere Bedeutung hatte die Novelle vom 3. Juli 1986.[1823] Aufgrund eines Forderungskatalogs von ÖGB und AK (»29 –Punkte-Katalog«) legte Sozialminister *Dallinger* einen Gesetzentwurf vor, der nach ähnlich schwierigen Sozialpartnerverhandlungen wie jenen zum Stammgesetz letztlich mit einigen Abstrichen als Kompromiss vom Nationalrat beschlossen wurde und in wichtigen Bereichen einen weiteren Ausbau der Mitwirkungsrechte der Arbeitnehmerschaft, insbesondere bei der Einführung und beim Einsatz neuer Technologien, bei den Informations- und Beratungsrechten sowie bei der Mitwirkung in personellen Angelegenheiten, brachte. Zugleich wurde die Funktionsperiode der Betriebsräte verlängert und das Ausmaß der Bildungsfreistellung erhöht. Schließlich enthielt die Novelle auch erste Ansatzpunkte für die Mitwirkung auf Konzernebene (Arbeitsgemeinschaften nach § 88a), die dann im Jahr 1990 zur Einrichtung einer Konzernvertretung führten.

In den 1990er Jahren ist das Arbeitsverfassungsrecht durch eine Reihe von Gesetzesänderungen, zum Teil in Anpassung an das EU-Recht, weiterentwickelt worden. Die meisten davon finden sich als leges fugitivae in »Maßnahmenpaketen« mit anderen inhaltlichen Schwerpunkten. Diese für die praktische Rechtsanwendung höchst problematische Methode der Gesetzgebung hat die Übersichtlichkeit des Arbeitsverfassungsrechts erheblich beeinträchtigt.

Die ArbVG-Novelle vom 17. Juni 1993[1824] enthielt Regelungen zur Absicherung und Stärkung der Mitbestimmungsmöglichkeiten bei Umstrukturierungen sowie zum weiteren Ausbau der Mitbestimmung auf Konzernebene.

Durch das AVRAG[1825] wurden (auch) Schutzbestimmungen für den Fall des Wechsels der Kollektivvertragsangehörigkeit infolge eines Betriebsüberganges geschaffen.

Neben den zahlreichen Änderungen des ArbVG tragen auch *Ausnahmen und Sonderregelungen* für bestimmte Arbeitnehmergruppen[1826] zur Zersplitterung des Arbeitsverfassungsrechts bei. Nicht in den Geltungsbereich der Betriebsverfassung des ArbVG fallen Behörden, Ämter und sonstige Verwaltungsstellen,[1827] für deren Bedienstete ein eigenes Personalvertretungsrecht gilt; zu den ausgegliederten Betrieben gehört z. B. die Post, für deren Arbeitnehmer ein spezielles Post-Betriebsverfassungsgesetz[1828] geschaffen wurde. Auf die Arbeitnehmer der ÖBB, die ursprünglich ebenfalls über ein Sonder-Betriebsverfassungsrecht ver-

1823 BGBl. Nr. 394/1986.
1824 BGBl. Nr. 460/1993.
1825 BGBl. Nr. 459/1993.
1826 § 33 Abs. 2 ArbVG.
1827 § 33 Abs. 2 Z. 2 ArbVG.
1828 BGBl. 326/1996 i. d. F. BGBl. I 35/2017.

fügten, finden dagegen (seit 2004) grundsätzlich die Bestimmungen des ArbVG Anwendung.[1829]

2. Europäisierung des Betriebsverfassungsrechts

Während in Deutschland die EG-Richtlinie über die Bildung eines Europäischen Betriebsrats[1830] durch ein eigenes EBR-Gesetz[1831] umgesetzt wurde, erfolgte in Österreich die Ausweitung der Betriebsverfassung auf die europäische Ebene in mehreren Schritten im Rahmen des Arbeitsverfassungsgesetzes. Der erste Schritt wurde mit der ArbVG-Novelle BGBl Nr. 601/1996 getan. Neben zahlreichen Einzelbestimmungen ist mit dieser Novelle vor allem ein neuer V. Teil »Europäische Betriebsverfassung« in das ArbVG eingefügt worden. Durch die Novelle BGBl I Nr. 14/2000 ist der Anwendungsbereich der Bestimmungen über die Europäische Betriebsverfassung auf alle Mitgliedsstaaten der EU und auf die anderen Vertragsstaaten des Abkommens über den Europäischen Wirtschaftsraum ausgedehnt worden. Eine weitere Ergänzung in diese Richtung erfuhr das ArbVG durch das BG vom 15. Juli 2004.[1832] In Umsetzung des EU-Rechts wurde ein neuer VI. Teil mit umfangreichen Regelungen über die Europäische Aktiengesellschaft in das ArbVG eingefügt. Schließlich kamen durch die Novelle BGBl I Nr. 104/2006 ein Teil VII über die Beteiligung der Arbeitnehmer in der Europäischen Genossenschaft und durch das BGBl I Nr. 101/2010[1833] noch ein weiterer Teil VIII über die Mitbestimmung der Arbeitnehmer bei einer grenzüberschreitenden Verschmelzung von Kapitalgesellschaften sowie ein Teil IX mit formalen Bestimmungen dazu.

Durch die »Europäisierung« des Betriebsverfassungsrechts ist der Umfang des ArbVG erheblich ausgeweitet worden. Qualitativ sind die Befugnisse der Arbeitnehmervertreter im Rahmen der Europäischen Betriebsverfassung auf Information und Anhörung beschränkt.

Das Konzept der Europäischen Betriebsverfassung ist kein progressiv-sozialpolitisches. Es handelt sich um eine Reaktion auf wirtschaftliche Entwicklungen im Rahmen des Binnenmarktkonzepts, durch die eine Aushöhlung bzw. ein Unterlaufen von Mindeststandards der Mitwirkungsrechte der Arbeitnehmer verhindert werden soll.[1834]

1829 Näheres zu den überaus komplizierten Bestimmungen über den Geltungsbereich des ArbVG bei *Gahleitner*, in: Gahleitner/Mosler, ArbVR 2 § 33 Rz. 1 bis 18.

1830 Richtlinie 94/95/EG vom 22. September 1994, ABlEG I.254/64.

1831 EBR-Gesetz vom 28.10.1996, BGBl. I S. 1548.

1832 BGBl. I Nr. 82/204.

1833 Zur ArbVG-Novelle 2010 *Schneller*, DRdA 2011, 171.

1834 *Gagawczuk*, ArbVR 5 Einleitung, 31.

Außerdem ist wegen der überwiegend klein- und mittelbetrieblichen Struktur der österreichischen Wirtschaft der Anwendungsbereich der Bestimmungen über die Europäische Betriebsverfassung relativ klein.[1835] Für die Arbeitnehmervertreter in Unternehmen, die unter den Geltungsbereich der Europäischen Betriebsverfassung fallen, bedeuten sie aber eine wichtige Ergänzung der Rechtsgrundlagen für ihre Vertretungstätigkeit.[1836]

3. Neues Verfahrensrecht

Durch das BG vom 1. Oktober 1986[1837] wurden die Bestimmungen des ArbVG an die neue Organisation und an die Neuregelung des Verfahrens durch das Arbeits- und Sozialgerichtsgesetz (ASGG) angepasst. Kernpunkt der Neuregelung war die Überführung der betriebsverfassungsrechtlichen Streitigkeiten in die Kompetenz der Arbeits- und Sozialgerichte.[1838]

4. Arbeiterkammer-Reform (AKG 1992)

In den ersten Jahrzehnten der Zweiten Republik hatten die Arbeiterkammern eher unauffällig und auch im Bewusstsein ihrer Mitglieder wenig präsent im Hintergrund des politischen Geschehens gewirkt. Das änderte sich Ende der 1980er und in den 1990er Jahren dramatisch. Plötzlich standen die Arbeiterkammern im Mittelpunkt einer immer heftiger werdenden kritischen politischen Diskussion. Unmittelbarer Anlass dafür war die Arbeiterkammerwahl 1989, bei der die Wahlbeteiligung bundesweit erstmals unter die 50 %-Marke auf 48 %, in Wien sogar auf knapp 40 % gesunken war. Der starke Rückgang der Wahlbeteiligung führte zunächst zu einer Diskussion über eine Reform des Wahlrechts, durch die das Wahlverfahren vereinfacht und die Stimmabgabe erleichtert werden sollten. Bald stellte sich aber heraus, dass es um mehr ging als um wahltechnische Verbesserungen zur Erreichung einer höheren Wahlbeteiligung. Die von der Sozialwissen-

---

1835 Dagegen ist der Umsetzungsgrad der Normen über die Europäische Betriebsverfassung in Österreich höher als im EU-Durchschnitt. So waren bereits im Jahr 2009 in 40 % der in Betracht kommenden Konzerne Europäische Betriebsräte errichtet: *Greif*, Der Europäische Betriebsrat (2009), S. 29.

1836 Näheres dazu bei *Gagawczuk/Mayr*, ArbVR 5, Europäische Betriebsverfassung (2020); *Greif*, Der Europäische Betriebsrat (2013); Richtlinie zum Europäischen Betriebsrat. Ausgangspunkt, Verhandlungen, Inhalt, Einschätzung in: WISO 2/2009 zu §§ 171–264; *Ritzberger-Moser*, in: Neumayr/Reissner (Hrsg.), Zeller Kommentar zum Arbeitsrecht, Band 2 Erl. zu den §§ 171 bis 264. Vgl. auch *Gahleitner*, Mitbestimmung in Europa – Der lange Weg zu einem SE-Betriebsrat, DRdA 2005, 550.

1837 BGBl. Nr. 563/1986.

1838 Allgemein zur Behördenorganisation und zu den verfahrensrechtlichen Bestimmungen des ArbVG: *Trenner*, in: Gahleitner/Mosler (Hrsg.), ArbVR 4, § 141, Rz. 1, 2.

schaft konstatierten gesellschaftlichen Veränderungen mit einem Wertewandel, der Tendenz zur Auflösung von Loyalitäten und der Infragestellung bestehender Institutionen betrafen nicht nur, aber auch die Arbeiterkammern. Erstmals standen bei einer Arbeiterkammerwahl nicht nur die politische Richtung und die Machtverteilung, sondern auch die Institution Arbeiterkammer als solche zur Debatte. Innerhalb der Selbstverwaltung der Arbeiterkammern begann deshalb unmittelbar nach der AK-Wahl 1989 eine intensive Diskussion, die zu einer grundlegenden Reform und Weiterentwicklung der Kammern führen sollte.

Politischer Druck von außen verstärkte sich zu einem Frontalangriff auf die »Zwangsmitgliedschaft«, auf die Arbeiterkammern als solche und auf das gesamte System der Sozialpartnerschaft. Das beschleunigte den internen Diskussionsprozess, der schließlich zum Konsens über den Inhalt eines neuen Arbeiterkammergesetzes führte.

Am 2. Oktober 1991 brachten Abgeordnete der SPÖ und der ÖVP, darunter auch der ehemalige ÖGB-Präsident *Fritz Verzetnitsch* und die spätere AK-Präsidentin *Lore Hostasch* einen Initiativantrag[1839] für ein neues Arbeiterkammergesetz ein, der am 11. Oktober 1991 mit Stimmenmehrheit nahezu unverändert vom Sozialausschuss angenommen und am 13. November 1991 vom Nationalrat mehrheitlich beschlossen wurde.[1840]

Reformschwerpunkte waren – neben Maßnahmen zur Verbesserung der Transparenz und der Kontrolle – die gesetzliche Grundlage des Rechtsschutzes für kammerzugehörige Arbeitnehmer in arbeits- und sozialrechtlichen Angelegenheiten und die Zusammenarbeit der Arbeiterkammern mit den freiwilligen Berufsvereinigungen der Arbeitnehmer (Gewerkschaften).

§ 6 AKG 1992 Zusammenarbeit

Die Arbeiterkammern sind berufen, die kollektivvertragsfähigen freiwilligen Berufsvereinigungen und die Organe der betrieblichen Interessenvertretung zu beraten sowie zur Förderung der sozialen, wirtschaftlichen, beruflichen und kulturellen Interessen der Arbeitnehmer zu unterstützen und mit ihnen zusammenzuarbeiten.

§ 7 AKG 1992 Rechtsschutz

(1) Die Arbeiterkammern haben kammerzugehörige Arbeitnehmer in arbeits- und sozialrechtlichen Angelegenheiten zu beraten und ihnen insbesondere Rechtsschutz durch gerichtliche Vertretung in arbeits- und sozialrechtlichen Angelegenheiten nach Maßgabe eines von der Hauptversammlung der Bundesarbeitskammer zu beschließenden Rahmen-Regulativs zu gewähren.

1839 229/A, II-3445 BlgNR, XVIII. GP.

1840 BGBl. Nr. 626/1991.

Nach der großen Reform hatten sich die Arbeiterkammern organisatorisch und politisch wieder konsolidiert und ein hohes Maß an Akzeptanz und Anerkennung bei den Arbeitnehmern gewonnen. Umso größer war dann die Bestürzung, als eine neuerliche politische Attacke bewirkte, dass die Wahlbeteiligung gegenüber der letzten Wahl nochmals dramatisch auf bundesweit nur noch 31 % fiel, was eine Debatte über die demokratische Legitimation der Arbeiterkammern zur Folge hatte.

In dieser äußerst kritischen Situation, in der sogar die weitere Existenz der Arbeiterkammern auf dem Spiel stand, ergriffen die Arbeiterkammern selbst die Initiative für eine offensive Aktion in Form einer *Mitgliederbefragung*. Alle den Arbeiterkammern angehörenden Arbeitnehmer wurden gefragt, ob sie dafür sind, dass die Arbeiterkammer als gesetzliche Interessenvertretung bestehen bleibt.

Die Mitgliederbefragung im Jahr 1996 brachte einen überwältigenden Erfolg: Bei einer Beteiligung von mehr als zwei Dritteln aller Stimmberechtigten stimmten mehr als 90 % mit »Ja zur AK«. Damit konnte nicht nur der Erfolg des Reformprozesses bestätigt, sondern auch für die Zukunft eine höhere Bestandssicherung der Arbeiterkammern erreicht werden.

Im derzeitigen System der österreichischen Arbeitsverfassung ist die Arbeiterkammer eine tragende Säule. Sie genießt bei ihren Mitgliedern und darüber hinaus großes Vertrauen, ihre umfassende Expertise ist allgemein anerkannt und in der Politik über die Parteigrenzen hinweg gefragt. Maßgeblich zu diesem gefestigten Status trägt die Zusammenarbeit und Aufgabenteilung mit dem ÖGB und den Gewerkschaften und mit den Vertretern der Arbeitnehmer in den Betrieben bei.

§ 45 Grundsätze der österreichischen Arbeitsverfassung

Die Entwicklung der österreichischen Arbeitsverfassung weist in weiten Bereichen Parallelitäten und Übereinstimmung mit jener der Betriebsverfassung in Deutschland auf. Bei aller Gemeinsamkeit gibt es aber einige zentrale Punkte, die das österreichische System der kollektiven Interessenvertretung von jenem unseres Nachbarlands unterscheiden und auch im größeren internationalen Vergleich eine Besonderheit darstellen.

I. Betriebsräte, Gewerkschaften und Arbeiterkammern – Zusammenarbeit und Aufgabenteilung

Die zentrale Frage der österreichischen Arbeitsverfassung betrifft das Verhältnis von betrieblicher und überbetrieblicher Interessenvertretung der Arbeitnehmer. Der historische Rückblick zeigt, dass es Ansätze zur gesetzlichen Einrichtung von betrieblichen Arbeitnehmervertretungen – wenn auch mit anderer Zielsetzung – bereits im 19. Jahrhundert gegeben hat, und dass die Gewerkschaften schon vor der Gründung der Republik die Forderung nach rechtlichem Schutz für die Vertrauensmänner in den Betrieben erhoben hatten. Den Betriebsräten, wie sie im Konzept von *Otto Bauer* als Bestandteil der Sozialisierung vorgesehen waren, standen die Gewerkschaften zunächst skeptisch bis ablehnend gegenüber, weil sie befürchteten, dass die Betriebsräte zur Konkurrenz für die bereits bestehenden gewerkschaftlichen Vertrauenspersonen werden könnten.[1841] Erst die Mitwirkung führender Gewerkschafter (*Hueber, Domes, Hanusch*) bei der Vorbereitung des BRG 1919, vor allem aber der Widerstand der Unternehmer

1841 Wie umstritten die gesetzliche Einrichtung von Betriebsräten innerhalb der Gewerkschaften zunächst war, geht aus den heftigen Diskussionen beim Gewerkschaftskongress 1919 hervor. Vgl. dazu die Nachweise bei *Mulley*, DRdA 2019, 367. Vgl. dazu auch *Trost*, Wurzeln und Wandel des Kollektivismus am Beispiel des Kündigungsschutzes, DRdA 2019, 301.

gegen das neue Gesetz hat die Betriebsräte und Gewerkschaften zur Interessenvertretung der Arbeitnehmer zusammengeführt. Letztlich konnten die Gewerkschaften das BRG 1919 doch als Erfolg ihres Kampfes um die Legalisierung der Vertrauensmänner und um die Demokratisierung der Betriebe feiern.

In der Begründung des Entwurfs des BRG 1919[1842] wird zur »*Klarstellung ... betont, dass die Betriebsräte als eine neue Organisation der Arbeiter gedacht sind ... Nach wie vor werden die Arbeiter in den Gewerkschaften die Organe erblicken, mit welchen sie die Gestaltung der Arbeitsbedingungen beeinflussen und ihre Interessenskämpfe ausfechten.*«

Rechtlich sind Gewerkschaften und Betriebsräte seit jeher getrennte Einrichtungen. Gewerkschaften als freie Berufsvereinigungen haben ihre rechtliche Grundlage in der durch Art. 11 der EMRK verfassungsgesetzlich garantierten Koalitionsfreiheit.[1843] Die Betriebsräte sind vom (einfachen) Gesetzgeber geschaffene Einrichtungen, die als Organe der mit Teilrechtsfähigkeit ausgestatteten Arbeitnehmerschaft deren gesetzliche Mitwirkungsbefugnisse im Rahmen der betrieblichen Interessenvertretung ausüben.[1844]

Durch die Schaffung von Betriebsräten auf gesetzlicher Basis neben den weiter bestehenden Gewerkschaften in Verbindung mit der im Jahr 1920 erfolgten Errichtung der Arbeiterkammern durch das Arbeiterkammergesetz[1845] ist das in der ganzen Welt einzigartige *Drei-Säulen-Modell der Arbeitnehmer-Interessenvertretung* entstanden, das auch heute noch die Sozialordnung in Österreich prägt.[1846]

Dieses Modell ist allerdings nur dann funktionsfähig, wenn es trotz der rechtlichen Trennung eine – auch rechtlich abgesicherte – Zusammenarbeit und Aufgabenteilung zwischen den drei Einrichtungen gibt.

Das ArbVG hat erstmals die Zusammenarbeit zwischen betrieblicher und überbetrieblicher Interessenvertretung in allgemeiner und grundsätzlicher Form auf gesetzlicher Ebene geregelt.[1847] § 39 Abs. 2 ArbVG normiert ein Zusammenarbeitsgebot zwischen den Organen der Arbeitnehmerschaft des Betriebes und den zuständigen kollektivvertragsfähigen Körperschaften der Arbeitnehmer (Ge-

---

1842 164 BlgKNV 9, zitiert bei *Spielbüchler* (Fn. 1681), 614.

1843 Dem Thema Koalitionsfreiheit und Arbeitsverfassungsgesetz ist die Habilitationsschrift von *Elias Felten* (2015) gewidmet. Er vertritt darin die These, dass mit dem BRG 1919 das duale, nach Einflusssphären getrennte System kollektiver Arbeitsbeziehungen in Österreich begründet wurde (24).

1844 Grundlegend dazu *Strasser*, in: Strasser/Jabornegg/Resch (Hrsg.), Kommentar zum Arbeitsverfassungsgesetz, §§ 38, 39, insb. Rz. 17 bis 22, sowie bereits vorher *Floretta/Strasser*, Kommentar zum Betriebsrätegesetz, 62, 213, jeweils mit weiteren Literaturhinweisen.

1845 StGBl 100/1920.

1846 Vgl. auch *Felten* (Fn. 1843), S. 29.

1847 *Strasser* (Fn. 1844), Rz. 21; *Gahleitner*, in: Gahleitner/Mosler (Hrsg.), Arbeitsverfassungsrecht 2, § 39, Rz. 6 und 7.

werkschaften und Arbeiterkammern) bei der Verwirklichung ihrer Interessenvertretungsaufgabe. Auch das Arbeiterkammergesetz 1992[1848] hat die historisch gewachsene und seit Jahrzehnten mit Erfolg praktizierte Zusammenarbeit und Aufgabenteilung zwischen Arbeiterkammern, Gewerkschaften und Betriebsräten (Personalvertretern) im § 6 AKG ausdrücklich festgeschrieben.[1849]

Weiters sieht § 39 Abs. 4 ArbVG ein Recht der Organe der Arbeitnehmerschaft zur Beiziehung der überbetrieblichen Interessenvertretungen zu ihrer Beratung und ein Zutrittsrecht der Gewerkschaften und Arbeiterkammern zum Betrieb zur Ausübung ihrer Befugnisse vor.[1850]

Darüber hinaus gibt es in anderen Bestimmungen des ArbVG eine Reihe weiterer Anknüpfungspunkte für die Zusammenarbeit zwischen den Organen der Arbeitnehmerschaft in den Betrieben und den Gewerkschaften bzw. Arbeiterkammern.[1851]

Die gesetzlichen Bestimmungen über das Beiziehungs- und Zutrittsrecht der überbetrieblichen Interessenvertretungen zu den Betrieben gehören seit jeher zu den von den Arbeitgeberorganisationen besonders kritisch betrachteten und bekämpften Regelungen der Arbeitsverfassung. Sie waren auch bei den Verhandlungen über das Arbeitsverfassungsgesetz bis zuletzt ein Streitpunkt, an dem der Sozialpartner-Kompromiss beinahe gescheitert wäre.

Was die Aufgabenteilung zwischen Betriebsräten, Gewerkschaften und Arbeiterkammern betrifft, ist wieder auf die Schaffung der gesetzlichen Grundlagen der Arbeitsverfassung in den ersten Jahren nach der Gründung der Republik zu rekurrieren.

Der Initiator des ersten AKG und Wegbereiter der Sozialgesetzgebung *Ferdinand Hanusch* hat dazu folgende, auch heute noch gültige, grundsätzliche Feststellungen getroffen:[1852]

»In Erfüllung ihrer Aufgaben werden die Kammern darauf angewiesen sein, mit den Gewerkschaften und Betriebsräten die innigste Verbindung herzustellen. Während die Betriebsräte auf die Gestaltung der Betriebsverhältnisse Einfluß nehmen und die Gewerkschaften die besonderen beruflichen Interessen ihrer Mitglieder vertreten, werden die Arbeiterkammern darüber hinaus zusammenfassend alle wirtschaftlichen Forderungen der Arbeiter und Angestellten als produzierende und konsumierende Bürger im Staat zu verfechten haben.«

1848 BGBl. Nr. 626/1991.

1849 Vgl. dazu *Cerny*, Die Reform der Arbeiterkammern, in: 75 Jahre Kammern für Arbeiter und Angestellte (1995), S. 99 (107).

1850 Vgl. dazu *Strasser* (Fn. 1844), Rz. 21; *Gahleitner* (Fn. 1847), Rz. 15, 17.

1851 Siehe dazu die Auflistung bei *Gahleitner* (Fn. 1847), Rz. 7, sowie bei *Strasser* (Fn. 1844), Rz. 22.

1852 Sondernummer der »Gewerkschaft« 1921, 41.

Wesentliche Elemente der Aufgabenteilung zwischen den betrieblichen und den überbetrieblichen Interessenvertretungen der Arbeitnehmer sind

- Der Vorrang der Gewerkschaften bei der kollektiven Regelung der Arbeitsbedingungen[1853] durch Branchen-Kollektivverträge mit Normwirkung[1854] und Außenseiterwirkung;[1855]
- Der Vorrang des Kollektivvertrags gegenüber der Betriebsvereinbarung[1856], insbesondere hinsichtlich der Entgeltregelung;[1857]
- Die Vorbereitung, Organisation und Durchführung von Arbeitskämpfen durch die Gewerkschaften.[1858]

Wie wichtig dieser Grundsatz ist, zeigt die aktuelle Diskussion mit permanenten Forderungen der Arbeitgeberverbände und diesen folgender politischer Programme, die Regelung der Arbeitsbedingungen auf die betriebliche Ebene zu verlagern. Eine solche Systemänderung würde die Verhandlungsposition der Arbeitnehmerseite entscheidend schwächen.

II. Flächendeckende Kollektivverträge

Die mit dem Einigungsamtsgesetz 1919 geschaffenen Grundlagen des österreichischen Kollektivvertragsrechts wurden in der Zweiten Republik durch das Kollektivvertragsgesetz 1947 und durch das ArbVG 1973 in mehrfacher Hinsicht weiterentwickelt.[1859] Die Änderungen betrafen vor allem die Kollektivvertragsfähigkeit und die Rechtswirkungen des Kollektivvertrages. Da Kollektivverträge in Österreich auf Arbeitgeberseite von einer gesetzlichen Interessenvertretung abgeschlossen werden, der alle Arbeitgeber angehören (der Wirtschaftskammer) und aufgrund der Normwirkung (§ 11 ArbVG) und der Außenseiterwirkung (§ 12 ArbVG) nicht nur für die Mitglieder der vertragsschließenden Gewerkschaft, sondern für alle Arbeitnehmer eines kollektivvertrags-angehörigen Arbeitgebers gelten, hat das Kollektivvertrags-System in Österreich einen

---

1853 § 6 ArbVG.

1854 § 11 ArbVG.

1855 § 12 ArbVG.

1856 § 29 ArbVG; dazu grundlegend schon zum Recht des BRG 1919 und 1947 *Strasser*, Die Betriebsvereinbarung nach österreichischem und deutschem Recht (1957); *Floretta*, Die Betriebsvereinbarung, DRdA 1958, 99. Zum ArbVG *Strasser*, in: Strasser/Jabornegg/Resch (Hrsg.), Kommentar zum Arbeitsverfassungsgesetz, § 29; *Pfeil*, in: Gahleitner/Mosler (Hrsg.), ArbVR 2, § 29, jeweils mit umfangreichen weiteren Literaturhinweisen.

1857 Dazu *Cerny*, Entgeltregelungen in Betriebsvereinbarungen, FS Strasser (1983), S. 487.

1858 Zuletzt *Schindler*, Praxisfragen des Arbeitskampfrechts, in: Jabornegg/Resch, Aktuelle Entwicklungen im Arbeitskampfrecht (2016), S. 105.

1859 Dazu *Felten/Mosler*, 100 Jahre Kollektivvertragsrecht, DRdA 2020, 91.

umfassenden Wirkungsbereich: Über 95 % der Arbeitnehmer sind von einem Kollektivvertrag erfasst, was nicht nur unabdingbaren Schutz für die Arbeitnehmer, sondern auch intensive Zusammenarbeit zwischen Gewerkschaften und Betriebsräten beim Zustandekommen und bei der Anwendung des Kollektivvertrags im Betrieb mit zusätzlichen Mitwirkungsmöglichkeiten aufgrund von Öffnungsklauseln oder Ermächtigungen zum Abschluss von Betriebsvereinbarungen (§ 29 ArbVG) bedeutet.

III. Interessenausgleich als Ziel der Betriebsverfassung

Dass das Betriebsverfassungsrecht ein besonders ideologieempfindliches Rechtsgebiet ist,[1860] zeigt sich besonders deutlich bei den Rechtsvorschriften über das Verhältnis des Betriebsrates zum Arbeitgeber bzw. Betriebsinhaber, deren Entwicklungsgeschichte und unterschiedlicher Interpretation durch die Arbeitsrechtswissenschaft. Von der Vorstellung der Betriebsräte als Teil eines revolutionären Sozialisierungsprogramms bis zur Illusion einer »Betriebs- oder Werksgemeinschaft« reicht das ideologische Spektrum.

Das Verhältnis zwischen Betriebsrat und Arbeitgeber war auch in der Entwicklung des österreichischen Betriebsverfassungsrechts ein ideologisch umstrittenes Thema, wobei aber eine so deutlich überwiegende partnerschaftliche Ausrichtung wie in Deutschland – sieht man von der »Werksgemeinschaft« im Ständestaat ab – in Österreich nicht festzustellen ist.

§ 39 ArbVG Grundsätze der Interessenvertretung
(1) Ziel der Bestimmungen über die Betriebsverfassung ist die Herbeiführung eines Interessenausgleichs zum Wohl der Arbeitnehmer und des Betriebes.
(2) Die Organe der Arbeitnehmerschaft sollen bei der Verwirklichung ihrer Interessenvertretungsaufgabe im Einvernehmen mit den zuständigen kollektivvertragsfähigen Körperschaften der Arbeitnehmer vorgehen.
(3) Die Organe der Arbeitnehmerschaft haben ihre Tätigkeit tunlichst ohne Störung des Betriebes zu vollziehen. Sie sind nicht befugt, in die Führung und den Gang des Betriebes durch selbständige Anordnungen einzugreifen.
(4) Die Organe der Arbeitnehmerschaft können zu ihrer Beratung in allen Angelegenheiten die zuständige freiwillige Berufsvereinigung oder gesetzliche Interessenvertretung der Arbeitnehmer beiziehen. Den Vertretern der

1860 *Strasser*, Einleitung zum ArbVG-Handkommentar 1975, XXXI.

zuständigen freiwilligen Berufsvereinigung und der gesetzlichen Interessenvertretung der Arbeitnehmer ist in diesen Fällen, oder soweit dies zur Ausübung der ihnen durch dieses Bundesgesetz eingeräumten Befugnisse sonst erforderlich ist, nach Unterrichtung des Betriebsinhabers oder seines Vertreters Zugang zum Betrieb zu gewähren. Abs. 3 und § 115 Abs. 4 sind sinngemäß anzuwenden.
(5) …

Im Gegensatz zum deutschen BetrVG enthält das ArbVG einen klaren Auftrag zur Vertretung der Arbeitnehmerinteressen durch die Organe der Arbeitnehmerschaft, also auch für den Betriebsrat (§ 38 ArbVG), und geht bei den Grundsätzen der Interessenvertretung vom Ziel eines Ausgleichs der unterschiedlichen Interessen zum Wohl der Arbeitnehmer und des Betriebes aus (§ 39 Abs. 1 ArbVG). Diese Grundsatzbestimmung wird zwar in der Literatur unterschiedlich interpretiert,[1861] feststeht aber jedenfalls: Das österreichische Betriebsverfassungsrecht kennt – anders als das deutsche – weder eine ausdrückliche gesetzliche Verpflichtung zur vertrauensvollen Zusammenarbeit des Betriebsrats mit dem Arbeitgeber noch ein Arbeitskampfverbot oder eine gesetzliche Friedenspflicht.[1862] Dadurch und durch eine im Vergleich zur deutschen Judikaturpraxis zurückhaltende Rechtsprechung haben die Betriebsräte in Österreich bei der Wahrnehmung der Arbeitnehmerinteressen im Betrieb einen größeren Handlungsspielraum.

IV. Qualifizierte Mitbestimmung in sozialen und wirtschaftlichen Angelegenheiten

Das ArbVG hat ein abgestuftes System von Mitwirkungsrechten geschaffen, das von der Information und Anhörung über Beratung und Verhandlung bis hin zu einem Zustimmungsrecht des Betriebsrates in bestimmten Angelegenheiten reicht.

1861 Vgl. dazu *Strasser*, in: Strasser/Jabornegg/Resch (Hrsg.), Kommentar zum Arbeitsverfassungsgesetz, Rz. 1 bis 23 zu §§ 38 und 39; *Gahleitner*, in: Gahleitner/Mosler, Arbeitsverfassungsrecht 2, § 39, Rz. 1 bis 4; *Felten* (Fn. 1843); *Cerny*, DRdA 2019, 292 (296), jeweils mit weiteren Literaturhinweisen.

1862 *Cerny*, Zur Frage einer betriebsverfassungsrechtlichen Friedenspflicht, DRdA 2004, 522; *Schindler*, Praxisfragen des Arbeitskampfrechts, in: Jabornegg/Resch (Hrsg.), Aktuelle Entwicklungen im Arbeitskampfrecht (2016), S. 105 (111); *Felten*, Kooperatives Management oder Opposition im Betrieb? Zur Rolle des Betriebsrates nach der österreichischen Betriebsverfassung, in: Felten/Trost (Hrsg.), 50 Jahre Institut für Arbeitsrecht und Sozialrecht der Johannes Kepler Universität Linz (2017), S. 15.

1. Zustimmungspflichtige Maßnahmen

Die rechtlich stärkste Form der Mitbestimmung ist dann gegeben, wenn Maßnahmen oder Entscheidungen des Betriebsinhabers durch ein Veto des Betriebsrates blockiert oder überhaupt verhindert werden können. § 96 ArbVG zählt die zustimmungspflichtigen Maßnahmen taxativ auf:

- Einführung einer betrieblichen Disziplinarordnung;
- Einführung von Personalfragebögen, die nicht nur allgemeine Angaben zur Person und über die fachlichen Voraussetzungen für die beabsichtigte Verwendung des Arbeitnehmers enthalten;
- Einführung von Kontrollmaßnahmen und technischen Systemen zur Kontrolle der Arbeitnehmer, sofern diese Maßnahmen (Systeme) die Menschenwürde berühren;
- Einführung und Regelung von Akkordlöhnen und akkordähnlichen Prämien und Entgelten, die auf bestimmten Entgeltfindungsmethoden beruhen. In diesen Fällen gilt die Zustimmungspflicht aber nur dann und soweit keine Regelung durch Kollektivvertrag oder Satzung besteht (Vorrang des Kollektivvertrags).

Diese Maßnahmen bedürfen zu ihrer Rechtswirksamkeit der (vorherigen) Zustimmung des Betriebsrates, die auch nicht durch die Entscheidung einer Einigungs- oder Schlichtungsstelle ersetzt werden kann. Versucht der Betriebsinhaber dennoch, die Maßnahme ohne Zustimmung des Betriebsrates zu treffen, kann der Betriebsrat auf Unterlassung klagen, bei Gefahr im Verzug ist auch die Beantragung einer einstweiligen Verfügung möglich.

In der Praxis treten diese Rechtsfolgen allerdings nur selten ein, weil der Betriebsrat sein Zustimmungsrecht in aller Regel nicht dazu verwendet, um Entscheidungen des Betriebsinhabers zu verhindern, sondern um durch Verhandlungen eine für die Arbeitnehmer möglichst günstige Regelung zu erreichen. Im Ergebnis läuft diese stärkste Form der Mitbestimmung also auf einen Verhandlungszwang des Betriebsinhabers und auf die Möglichkeit einer präventiven Kontrolle durch den Betriebsrat hinaus.[1863]

Betriebsvereinbarungen, die in solchen Angelegenheiten abgeschlossen werden, können von jedem Vertragspartner jederzeit fristlos und ohne Nachwirkung gekündigt werden (§ 96 Abs. 2 ArbVG).

1863 Vgl. auch *Felten/Preiss*, ArbVR 3^6 § 96 Rz. 1.

2. Ersetzbare Zustimmung

Mit der ArbVG-Novelle 1986[1864] wurde als neuer Typ von Mitbestimmung die ersetzbare Zustimmungspflicht eingeführt.[1865] Nach § 96a ArbVG bedürfen bestimmte Maßnahmen zu ihrer Rechtswirksamkeit der Zustimmung des Betriebsrates, die aber – anders als bei den zustimmungspflichtigen Maßnahmen i. S. d. § 96 – durch eine Entscheidung der Schlichtungsstelle ersetzt werden kann. Dazu gehören:

- Die Einführung bestimmter automationsunterstützter Personaldatensysteme, soweit die Verwendung dieser Daten über die Erfüllung von Rechtspflichten hinausgeht;
- Die Einführung von Personalbeurteilungssystemen, sofern mit diesen Daten erhoben werden, die nicht durch die betriebliche Verwendung gerechtfertigt sind.

Durch diese Regelung sollen die Arbeitnehmer vor allem vor Eingriffen in ihre Privatsphäre durch Maßnahmen des Betriebsinhabers geschützt werden, die nicht unter die Zustimmungspflicht nach § 96 ArbVG fallen. Darüber hinaus geht es um die Beteiligung der Arbeitnehmerschaft an Entscheidungen über technologische Veränderungen in einem besonders sensiblen Bereich.[1866]

Ohne Zustimmung des Betriebsrates können solche Maßnahmen nicht rechtswirksam getroffen werden, die Zustimmung muss in Form einer Betriebsvereinbarung erteilt werden, über deren Inhalt zu verhandeln ist. Es besteht also auch bei der Mitbestimmung nach § 96a ein Zwang zu Verhandlungen, bei denen der Betriebsrat eine starke Verhandlungsposition hat. Anders als in den Angelegenheiten nach § 96 kann aber die Zustimmung des Betriebsrates zum Abschluss einer Betriebsvereinbarung durch die Schlichtungsstelle ersetzt werden. Die Entscheidung der Schlichtungsstelle hat die Wirkung einer Betriebsvereinbarung, die gemäß § 32 Abs. 2 ArbVG nicht gekündigt werden kann.

3. Erzwingbare Betriebsvereinbarungen

Das ArbVG lässt den Abschluss von Betriebsvereinbarungen nicht unbeschränkt, sondern nur in Angelegenheiten zu, deren Regelung durch Gesetz oder Kollektivvertrag der Betriebsvereinbarung vorbehalten ist (§ 29 ArbVG). Gesetzliche Grundlage ist vor allem das ArbVG selbst, das in § 97 einen langen, insgesamt 32 Punkte umfassenden Katalog von Angelegenheiten enthält, in denen Betriebsvereinbarungen abgeschlossen werden können. In neun dieser An-

---

1864 BGBl. 394/1986.

1865 Dazu *Cerny*, Die »ersetzbare Zustimmung« als neue Form der Mitwirkung des Betriebsrates, in: FS Schnorr (1988), S. 21.

1866 *Felten/Preiss*, ArbVR 3[6] § 96a Rz. 4.

gelegenheiten ist der Abschluss einer Betriebsvereinbarung erzwingbar, indem bei Nichtzustandekommen einer Einigung zwischen dem Betriebsinhaber und dem Betriebsrat von jedem der Streitteile eine außerbetriebliche Schlichtungsstelle zur Entscheidung angerufen werden kann. Im Einzelnen sind das folgende Angelegenheiten:

- Ordnungsvorschriften (§ 97 Abs. 1 Z. 1);
- Arbeitskräfteüberlassung (§ 97 Abs. 1 Z. 1a);
- Auswahl einer Mitarbeitervorsorgekasse (§ 97 Abs. 1 Z. 1b);
- Arbeitszeit und Pausenregelung (§ 97 Abs. 1 Z. 2);
- Auszahlungsbedingungen (§ 97 Abs. 1 Z. 3);
- Sozialplan bei Betriebsänderungen (§ 97 Abs. 1 Z. 4; § 109 Abs. 1 Z. 1);
- Verwaltung von Schulungs-, Bildungs- und Wohlfahrtseinrichtungen (§ 97 Abs. 1 Z. 5);
- Benützung von Betriebseinrichtungen und Betriebsmitteln (§ 97 Abs. 1 Z. 6);
- Erleichterungen für Nachtschwerarbeit (§ 97 Abs. 1 Z. 6a).

Anders als bei den zustimmungspflichtigen Maßnahmen nach § 96 oder 96a kann in den Angelegenheiten, die nach § 97 Abs. 1 Z. 1 bis 6 Gegenstand einer erzwingbaren Betriebsvereinbarung sind, der Betriebsinhaber auch ohne Zustimmung des Betriebsrates, etwa durch eine Vereinbarung mit einzelnen Arbeitnehmern oder durch Weisung, eine seinen Vorstellungen entsprechende Regelung treffen. In diesem Fall liegt es dann am Betriebsrat, sein Mitbestimmungsrecht geltend zu machen und wenn nötig durch die Anrufung der Schlichtungsstelle eine Betriebsvereinbarung zu erzwingen. Der Betriebsrat hat also in diesen Fällen eine schwächere Verhandlungsposition, in der Praxis wird aber dennoch in der Regel eine für beide Seiten vertretbare Lösung gesucht werden, weil der Betriebsinhaber bei einseitigem Vorgehen jederzeit mit einem Antrag des Betriebsrats bei der Schlichtungsstelle rechnen muss.

Erzwingbare Betriebsvereinbarungen können nicht gekündigt, sondern nur einvernehmlich oder durch neuerliche Anrufung der Schlichtungsstelle geändert oder aufgehoben werden.

4. Frühwarnsystem bei Massenkündigungen

Zur Umsetzung der Massenentlassungs-RL (98/59/EG) wurden sowohl im ArbVG (§ 108 Abs. 1 und § 109 Abs. 1a) als auch im AMFG (§ 45a) besondere Informationspflichten der Arbeitgeber bzw. Betriebsinhaber bei der beabsichtigten Kündigung einer größeren Zahl von Arbeitnehmern innerhalb eines bestimmten Zeitraums festgelegt.[1867] Die Arbeitgeber haben die nach dem Standort des Betriebes zuständige Geschäftsstelle des Arbeitsmarktservices durch schrift-

---

1867 Dazu *Schneller*, ArbVR 3[6] § 109 Rz. 41.

liche Anzeige von beabsichtigten Massenkündigungen zu verständigen; was als Massenkündigung zu verstehen ist, wird in § 45a Abs. 1 AMFG definiert. Nach § 108 Abs. 1 letzter Satz ArbVG hat der Betriebsinhaber den Betriebsrat von einer solchen Anzeige unverzüglich in Kenntnis zu setzen. Mit der Anzeige ist gleichzeitig die Konsultation des Betriebsrates nachzuweisen, eine Durchschrift der Anzeige ist gleichzeitig vom Arbeitgeber dem Betriebsrat, wenn ein solcher nicht besteht, den betroffenen Arbeitnehmern zu übermitteln. Kündigungen, die entgegen den Vorschriften des § 45a AMFG ausgesprochen werden, sind rechtsunwirksam.

Die Auflösung von Arbeitsverhältnissen, die eine Meldepflicht nach § 45a AMFG auslöst, gilt als Betriebsänderung i. S. d. § 109 ArbVG mit den entsprechenden Mitwirkungsrechten des Betriebsrates (Informations-, Beratungs-, Vorschlagsrecht, unter bestimmten Voraussetzungen Anrufung der Schlichtungsstelle).

Durch die Verschränkung von Arbeitsmarkt- und Betriebsverfassungsrecht soll dem Arbeitsmarktservice die Möglichkeit gegeben werden, frühzeitig Vorbereitungen zur Lösung der durch Massenkündigungen verursachten Probleme durch Vermittlung, Schulung oder andere Maßnahmen zu treffen. Zugleich ist die Einschaltung der staatlichen Arbeitsmarktbehörde eine Verstärkung der Mitwirkungsrechte des Betriebsrates in solchen Fällen, vor allem zur Vorbereitung eines Sozialplans oder von Kündigungsanfechtungen.

Die sozialpolitisch sinnvolle Verknüpfung von Arbeitsmarkt und Betriebsverfassung hat allerdings auch eine Kehrseite: Sie kann, wie die Praxis zeigt, auch dazu verwendet werden, durch Drohung mit dem Verlust von Arbeitsplätzen Druck auf die Arbeitnehmer auszuüben, die beabsichtigte Wahl eines Betriebsrates zu unterlassen.

5. Einspruch gegen die Wirtschaftsführung

In Betrieben, in denen dauernd mehr als 200 Arbeitnehmer beschäftigt sind, oder in Unternehmen mit mehr als 400 Beschäftigten und mehr als 200 betroffenen Arbeitnehmern kann der Betriebsrat (bzw. Zentralbetriebsrat) gegen Betriebsänderungen oder gegen andere wirtschaftliche Maßnahmen mit wesentlichen Nachteilen für die Arbeitnehmer Einspruch erheben (§ 111 Abs. 1 ArbVG). Richtet sich der Einspruch gegen eine geplante Betriebsstilllegung, so hat er bis zu vier Wochen aufschiebende Wirkung. Kommt zwischen Betriebsinhaber und Betriebsrat binnen einer Woche keine Einigung zustande, kann auf Antrag eines der Streitteile eine von den zuständigen kollektivvertragsfähigen Körperschaften der Arbeitgeber und Arbeitnehmer paritätisch besetzte Kommission Schlichtungsverhandlungen einleiten. Eine Entscheidung durch Schiedsspruch kann die Schlichtungskommission aber nur dann treffen, wenn beide Teile vorher die schriftliche Erklärung abgeben, dass sie sich dem Schiedsspruch unterwerfen.

Schiedssprüche oder vor der Schlichtungskommission abgeschlossene schriftliche Vereinbarungen gelten als Betriebsvereinbarungen.
Abgesehen von der aufschiebenden Wirkung bei einer Betriebsstilllegung hat der Einspruch gegen die Wirtschaftsführung keine weiteren rechtlichen Konsequenzen. Durch die Einbindung der überbetrieblichen Sozialpartner und die mit einem solchen Schlichtungsverfahren vor allem bei größeren Unternehmen verbundene Publizitätswirkung ist aber die faktische Bedeutung dieser Form der wirtschaftlichen Mitwirkung dennoch nicht zu vernachlässigen, insbesondere in jenen öffentlichkeitswirksamen »großen Fällen«, die in weiterer Folge auch die Einschaltung der Staatlichen Wirtschaftskommission ermöglichen.

6. Staatliche Wirtschaftskommission

In Betrieben mit mehr als 400 Arbeitnehmern oder in Unternehmen mit mehr als 400 Beschäftigten und mehr als 200 betroffenen Arbeitnehmern kann der Betriebsrat (Zentralbetriebsrat) gegen Betriebsänderungen oder andere wirtschaftliche Maßnahmen mit nachteiligen Folgen für die Arbeitnehmer Einspruch bei der Staatlichen Wirtschaftskommission erheben, wenn innerhalb von zwei Wochen eine Einigung oder ein Schiedsspruch der Schlichtungskommission nicht zustande kommt. Wenn eine Schlichtungskommission nicht errichtet ist, kann der Einspruch bei der Staatlichen Wirtschaftskommission über den ÖGB erhoben werden. Voraussetzung für die Anrufung der Staatlichen Wirtschaftskommission ist aber in jedem Fall, dass es sich um eine Angelegenheit von gesamtwirtschaftlicher Bedeutung handelt.[1868]
Die Staatliche Wirtschaftskommission hat zwischen Betriebsrat und Betriebsinhaber zu vermitteln und zum Zwecke des Interessenausgleichs Vorschläge zur Streitbeilegung zu erstatten. Kommt eine Einigung nicht zustande, hat der Betriebsinhaber der Staatlichen Wirtschaftskommission alle zur Behandlung des Einspruchs notwendigen Unterlagen zu übermitteln. Die Staatliche Wirtschaftskommission hat in Form eines Gutachtens festzustellen, ob der Einspruch berechtigt ist (§ 112 Abs. 2 und 3 ArbVG). Das Gutachten hat aber keinen rechtlich bindenden Charakter.[1869]
Die Einrichtung der Staatlichen Wirtschaftskommission ist ein Relikt aus dem BRG 1947.[1870] Nachdem im Zuge der parlamentarischen Ausschussberatungen das Konzept der wirtschaftlichen Mitwirkung mehrfach geändert wurde, ist schließlich eine Regelung getroffen worden, die der Arbeitnehmervertretung zwar in Angelegenheiten von gesamtwirtschaftlicher Bedeutung ein Einspruchsrecht

---

1868 § 112 Abs. 1 ArbVG; Näheres bei *Schneller/Preiss*, ArbVR 3^6 § 112.
1869 Ausschussbericht 993 BlgNR. 13. GP 5.
1870 Zur Vorgeschichte ausführlich *Strasser* in: ArbVG-Handkommentar, S. 737.

einräumt, den Betriebsinhaber aber rechtlich nicht verpflichtet, den Einspruch zu beachten. Im Ergebnis handelt es sich trotz des aufwendigen Verfahrens nicht um gleichberechtigte Mitentscheidung, sondern um eine Form der Mitwirkung, die der von wirtschaftlichen Maßnahmen mit schwerwiegenden Nachteilen bedrohten oder betroffenen Arbeitnehmerschaft in besonders spektakulären – und deshalb auch politisch relevanten – Fällen Gelegenheit bietet, ihren Widerstand gegen derartige Maßnahmen mit entsprechender Öffentlichkeitswirkung zum Ausdruck zu bringen und Druck auf die politischen Entscheidungsträger auszuüben, eine für die Arbeitnehmer akzeptable Lösung zu finden.

In realistischer Einschätzung der beschränkten rechtlichen Möglichkeiten ist die Staatliche Wirtschaftskommission nur in seltenen Fällen – und mit unterschiedlichen Ergebnissen – angerufen worden.

Im Jahr 2002 erhob der Betriebsausschuss der Semperit Reifen GmbH über den ÖGB Einspruch gegen die Schließung des Werks in Traiskirchen durch die deutsche Muttergesellschaft Continental AG. In der Staatlichen Wirtschaftskommission konnten die Arbeitnehmervertreter zwar Zusagen für eine Arbeitsstiftung und für einen Sozialplan erreichen, die Schließung des Werks konnte aber nicht verhindert werden. Ähnlich verlief ein Verfahren im Jahr 2008 aufgrund eines Einspruchs gegen die geplante Schließung des Wiener Forschungsstandortes des Pharmaunternehmens Novartis. Obwohl der Betriebsrat erst nach der Entscheidung des Verwaltungsrats informiert worden war und schon sechs Tage danach die Bekanntgabe der Schließung des Standorts folgte, konnte über Vermittlung der Staatlichen Wirtschaftskommission nur noch eine Einigung über einen Sozialplan erzielt werden, woraufhin der Betriebsrat den Einspruch gegen die Wirtschaftsführung zurückzog.

Zuletzt war der »Fall MAN« Gegenstand eines Verfahrens vor der Staatlichen Wirtschaftskommission. Im September 2020 kündigte der Vorstand von MAN-VW die Absicht an, das Werk in Steyr schließen zu wollen, obwohl vorher ein bis 2030 gültiger Standort- und Beschäftigungssicherungsvertrag unterzeichnet worden war. Von der Schließung direkt betroffen wären mehr als 2300 Arbeitsplätze am traditionellen Produktionsstandort Steyr, darüber hinaus hängen Studien zufolge an diesem Werk rund 8400 Arbeitsplätze mit einer jährlichen Wirtschaftsleistung von knapp einer Milliarde Euro. Nach einer Betriebsversammlung und anschließender Protestkundgebung am Stadtplatz von Steyr erhoben die Betriebsräte der Arbeiter und der Angestellten Einspruch gegen die Wirtschaftsführung bei der Staatlichen Wirtschaftskommission. Zugleich entschied sich MAN dafür, mit einem einzigen Interessenten, *Siegfried Wolf*, Übernahmeverhandlungen zu führen. Ein erstes Angebot von *Wolf* wurde von der Belegschaft in einer Urabstimmung am 7. April 2021 mit Zweidrittelmehrheit abgelehnt. Während des laufenden Verfahrens bei der Staatlichen Wirtschaftskommission hat der MAN-VW-Konzern im Juni 2021 das Werk Steyr ohne Ein-

bindung der Arbeitnehmervertreter an *Siegfried Wolf* verkauft. Nach dem Eigentümerwechsel sollen vorerst weiterhin in Steyr LKW für MAN-VW produziert werden, allerdings mit nur noch der Hälfte der Beschäftigten und 15 % Kürzung des Nettogehalts. Die Kosten für ehemalige Beschäftigte sollen über Stiftungen, Arbeitsmarktförderungsmittel und Altersteilzeit von der öffentlichen Hand übernommen werden. Von den Vorteilen des »nachgebesserten Angebots« will der neue Eigentümer die Arbeitnehmer »in Einzelgesprächen überzeugen.« Die Einschaltung der Staatlichen Wirtschaftskommission hat also bisher zu keiner »Sicherung des Standorts Steyr« geführt. Abgesehen von der juristischen Beurteilung des Vertrages, die Gegenstand eines Gerichtsverfahrens ist, beharren die Arbeitnehmervertreter – gestützt auf einen gewerkschaftlichen Streikbeschluss – auf ihrem Mitbestimmungsrecht.
Trotz der eher ernüchternden praktischen Erfahrungen gehört die Staatliche Wirtschaftskommission nach wie vor zum arbeitsverfassungsrechtlichen (und wirtschaftspolitischen) Instrumentarium in Österreich. Da sich ihre Zuständigkeit nach dem Unternehmensgegenstand richtet, gibt es eine solche Kommission bei mehreren Bundesministerien. Zuletzt wurde durch Verordnung vom 4. Dezember 2020[1871] eine Staatliche Wirtschaftskommission beim Bundesministerium für Digitalisierung und Wirtschaftsstandort eingerichtet.

V. Arbeitskampffreiheit – keine Zwangsschlichtung

Die österreichische Rechtsordnung steht dem Phänomen des Arbeitskampfes grundsätzlich neutral gegenüber.[1872] Mit Ausnahme punktueller Bestimmungen im Arbeitslosenversicherungsrecht gibt es keine spezifische gesetzliche Regelung über die Voraussetzungen oder über die Rechtsfolgen von Arbeitskämpfen. Es gelten die allgemeinen Vorschriften des Zivilrechts und gegebenenfalls des Strafrechts. Dieser seit dem Koalitionsgesetz 1870 bestehende Zustand wird als »System der natürlichen Arbeitskampffreiheit« bezeichnet.
Der ÖGB hat seine grundsätzliche Position zur Frage von Recht und Arbeitskampf schon vor mehr als 60 Jahren festgelegt: In einer vom Vierten Bundeskongress im Jahr 1959 beschlossenen »Stellungnahme zur Wirtschaftspolitik, Sozialpolitik und Kulturpolitik« heißt es[1873]:

1871 BGBl. II 543/2020.

1872 *Löschnigg*, Arbeitsrecht, 13/010; *Jabornegg*, Alles neu im österreichischen Arbeitskampfrecht, in: Jabornegg/Resch (Hrsg.), Aktuelle Entwicklungen im Arbeitskampfrecht, S. 81 (85); *Schindler*, Praxisfragen des Arbeitskampfrechts, a. a. O., S. 105.

1873 Zit. bei *Strasser/Reischauer*, Der Arbeitskampf (1972), S. 13.

»Dem Koalitionsrecht eng verwandt ist das Streikrecht: Der Streik ist die wirksamste Waffe der Gewerkschaften. Die österreichische Rechtsordnung steht diesem Recht neutral gegenüber. Der ÖGB bejaht diese Neutralität und lehnt jede Reglementierung des Streikrechts ab. Das Streikrisiko und die darauf begründete Verantwortung sind die wirksamste Reglementierung.«

An dieser, die Schaffung eines gesetzlichen Arbeitskampfrechts ablehnenden Haltung des ÖGB hat sich bis heute nichts geändert. Sie stand auch bei den Verhandlungen über das ArbVG nicht zur Diskussion.
In unmittelbarem Zusammenhang mit Fragen des Arbeitskampfs steht auch die Regelung des Schlichtungswesens. Wo es – wie in Österreich – grundsätzlich Arbeitskampffreiheit gibt, kann es keine staatliche Zwangsschlichtung geben. Sie wird von den Verbänden als Eingriff in ihre Autonomie abgelehnt und findet deshalb im überbetrieblichen Raum nicht statt.[1874] Davon zu unterscheiden sind Schlichtungsfälle im Rahmen der Betriebsverfassung über den Abschluss oder die Änderung von erzwingbaren Betriebsvereinbarungen. Sie fallen in die Kompetenz der Schlichtungsstelle.[1875]

VI. Sozialpartnerschaft

Neben der Zusammenarbeit zwischen den Arbeiterkammern und Gewerkschaften ist auch die Kooperation der Interessenvertretungen im Rahmen der Sozialpartnerschaft[1876] ein österreichisches Spezifikum. Entstanden aus der besonderen wirtschaftlichen und politischen Situation der Nachkriegszeit, entwickelte sich die Sozialpartnerschaft, bestehend aus dem ÖGB und den Arbeiterkammern einerseits und den Handelskammern (jetzt: Wirtschaftskammern) und den Land-

1874 *Löschnigg*, Arbeitsrecht, 14/047.
1875 § 159 ArbVG.
1876 Neben der unüberschaubaren Literatur zur Sozialpartnerschaft im Allgemeinen seien hier nur die speziell auf die Rolle der Arbeiterkammer in diesem System Bezug nehmenden Beiträge in der FS 75 Jahre Kammern für Arbeiter und Angestellte (1995) angeführt: *Pernthaler*, Berufliche Selbstverwaltung in Österreich – Relikt des Ständestaates oder Modell für die Zukunft?; *Prisching*, Die Zukunft der Arbeiterkammern und der Gewerkschaften; *Bruckmüller*, Das sozial- und wirtschaftspolitische System Österreichs, Historische Entwicklung und Bewertung in der Gegenwart; *B. Schwarz*, Die Zukunft der Sozialpartnerschaft und die sozialpolitische Entwicklung in Österreich; *Chaloupek*, Entwicklung und Zukunft der österreichischen Sozialpartnerschaft. Dazu auch *Mesch*, Die Pflichtmitgliedschaft in den Arbeiterkammern, Wirtschaft und Gesellschaft 2002, S. 62; *Korinek*, Die staatsrechtliche und staatspolitische Bedeutung der gesetzlichen Arbeitnehmervertretungen, DRdA 2012, 4.

wirtschaftskammern andererseits, zu einem maßgeblichen Faktor des politischen Systems der Zweiten Republik. In den 1960er und 70er Jahren erreichten Macht und Einfluss der Sozialpartner ihren Höhepunkt. Sie waren an allen wirtschafts- und sozialpolitischen Entscheidungen maßgeblich beteiligt. Gesetzesvorhaben, die wesentliche Interessen der Arbeitnehmer betrafen, wurden intensiv und oft bis ins kleinste Detail zwischen den Sozialpartnern im vorparlamentarischen Raum verhandelt. So wurde z. B. das Arbeitsverfassungsgesetz Anfang der 1970er Jahre »auf Punkt und Beistrich« zwischen den Sozialpartnern ausgehandelt und dann (mit minimalen Änderungen) vom Nationalrat beschlossen.
Mit dem Wechsel des politischen Systems zu Beginn der 2000er Jahre änderte sich auch die Position der Sozialpartnerschaft[1877]: Die Regierung versuchte, den Einfluss der Sozialpartner zurückzudrängen und insbesondere die Arbeitnehmerinteressenvertretungen zu schwächen. Mehrfach standen Drohungen mit einer (einfachgesetzlich möglichen) Herabsetzung der Kammerumlage und damit die Gefährdung der finanziellen Basis der Arbeiterkammern im Raum.[1878] Durch den entschlossenen Widerstand der Arbeitnehmerorganisationen konnte eine solche Maßnahme verhindert und die Funktionsfähigkeit der Sozialpartnerschaft vorerst gesichert werden.
Noch deutlicher als zu Beginn der 2000er Jahre war die Änderung der Einstellung der Regierung gegenüber der Sozialpartnerschaft nach dem Regierungswechsel im Jahr 2018. Die Sozialpartner wurden weitgehend ausgeschaltet, Gesetzesvorhaben ohne vorherige Beratung oder Begutachtung im Parlament eingebracht und dort im Schnellverfahren »durchgezogen«. Das Ergebnis ist bekannt: Nach einem erfolgreichen Misstrauensantrag endete die Funktionsperiode der Regierung vorzeitig.
Die Sozialpartnerschaft war nie eine gesetzlich geregelte Institution, und die grundsätzliche Aufgabe der Arbeiterkammern hat sich durch ihre Beteiligung an der Sozialpartnerschaft nicht geändert. ÖGB und AK bilden auch im Rahmen der Sozialpartnerschaft ein Gegengewicht zu den Interessenvertretungen der Arbeitgeber, allerdings mit dem Ziel eines Interessenausgleichs mit Blick auf das Gemeinsame. Der Begriff »Sozialpartnerschaft« bezeichnet also eine bestimmte Haltung, einen Politikstil, der in einer gemeinsamen Erklärung der Sozial-

1877 Zur Entwicklung in den letzten Jahren und zur aktuellen Situation der Sozialpartnerschaft *Talos/Hinterseer*, Sozialpartnerschaft, Ein zentraler politischer Gestaltungsfaktor der Zweiten Republik am Ende? (2019).

1878 Es gab auch eine Reihe von Entschließungsanträgen im Nationalrat, in denen eine Kürzung oder Staffelung der Kammerumlage gefordert wurde. Keiner dieser Anträge erreichte eine parlamentarische Mehrheit. Näheres bei *Talos/Hinterseer*, S. 81.

partner[1879] vom 23. November 1992 »Kultur der Konfliktaustragung« genannt wird:

»Sozialpartnerschaft ist gekennzeichnet durch eine besondere Art der Gesprächs- und Verhandlungskultur und durch die Bereitschaft der beteiligten Verbände, Kompromisse nach außen und innen durchzustehen und unterschiedliche Interessen unter Bedachtnahme auf mittelfristige gemeinsame Ziele und gesamtgesellschaftliche Interessen zu vertreten. Dies bedingt eine permanente Gesprächsbasis und laufenden Informationsaustausch.«

1879 Vgl. dazu auch *Mosler*, Die Kunst des Dialogs. Arbeitsverfassung und Sozialpartnerschaft, in: Kirste u. a. (Hrsg.), Die Kunst des Dialogs: Gedenkschrift für Michael Fischer (2017), S. 353–365.

§ 46 Reformbedarf und Zukunftsperspektiven

Mehr als ein Jahrhundert nach der erstmaligen gesetzlichen Regelung der Betriebsverfassung steht das System der kollektiven Interessenvertretung und darüber hinaus das gesamte Arbeitsrecht auf dem Prüfstand der Geschichte.
Rechtspolitische Forderungen und Initiativen zur Änderung des geltenden Betriebs- und Arbeitsverfassungsrechts gab es immer wieder, und sie haben – wie die Geschichte beweist – auch häufig zu gesetzgeberischen Aktivitäten geführt, deren vorrangiges Ziel es war, die Rechtsordnung an die geänderten politischen, wirtschaftlichen und sozialen Rahmenbedingungen anzupassen.
Neue Qualität und zusätzliche Dynamik gewann die rechts- und sozialpolitische Debatte seit etwa Mitte der 1980er-Jahre, als unter dem zunehmenden Einfluss der rasant fortschreitenden Globalisierung der Wirtschaft und einer restriktiven neoliberalen Budget- und Fiskalpolitik (»Sparpakete«) der Druck auf die sozialen Errungenschaften und Institutionen immer größer wurde, was (auch) zu Funktionsverlusten des Arbeitsrechts und zu der von *Firlei* in einem viel beachteten Vortrag konstatierten »Flucht aus dem Arbeitsrecht«[1880] geführt hat.
Der zunehmende wirtschaftliche Druck auf die Löhne und Arbeitsbedingungen als Folge der internationalen Standortkonkurrenz hatte – und hat – auch gravierende Auswirkungen auf die Interessenvertretung und auf die Machtverteilung innerhalb der Betriebsverfassung. Die Position der Arbeitnehmer und ihrer Interessenvertretungen ist schwieriger, ihre Verhandlungsmacht gegenüber den Unternehmern ist schwächer geworden. Die im Prinzip einheitliche Interessenlage, von der das Betriebsverfassungsrecht ausgeht, ist in vielen Fällen nicht (mehr) vorhanden, und auch die rechtlichen Grundlagen der Organisation der Interessenvertretung stimmen mit der Realität immer weniger überein.
Das Auseinanderfallen von Recht und Wirklichkeit hat schon lange vor dem Jahrhundert-Jubiläum des BRG zu einer intensiven wissenschaftlichen Debatte

1880 DRdA 1987, 271 (Teil I), und 411 (Teil II).

über die Zeitgemäßheit und Funktionsfähigkeit der Betriebsverfassung mit unterschiedlich weit reichenden Reformvorschlägen geführt.[1881]

Ist die Betriebsverfassung überhaupt noch ein geeignetes Modell des Interessenausgleichs? Diese zentrale Frage stellte *Firlei* schon vor Jahren[1882] – freilich ohne klare Antwort oder realisierbare Alternative.

Neue Fragen und Probleme sind durch zwei aktuelle Entwicklungen und deren Wechselwirkung entstanden[1883]: Die Digitalisierung hatte schon vorher die Arbeitswelt grundlegend verändert, die Corona-Pandemie hat die schon zuvor bestehenden Trends verstärkt und beschleunigt, sie hat aber vor allem das Spannungsverhältnis zwischen individueller Freiheit und gesellschaftlicher Solidarität deutlich sichtbar gemacht. Das von den meisten Menschen als Chaos empfundene politische Krisenmanagement hat den Wunsch nach Stabilität, Vorhersehbarkeit und Planbarkeit der Zukunft gefördert.

Das verstärkte Streben nach mehr persönlichem Freiraum könnte auch der Grund dafür sein, dass immer mehr junge Menschen ihre Position in der Arbeitswelt nicht in einem abhängigen »Normalarbeitsverhältnis«, sondern in einer nach ihren eigenen Vorstellungen gestalteten Beschäftigung suchen. Neben der weiter anhaltenden »Flucht aus dem Arbeitsrecht« ist auch eine »Flucht in die Selbstständigkeit« festzustellen.

Die Corona-Pandemie bestimmt und beschränkt seit zwei Jahren das öffentliche und private Leben auf der ganzen Welt. Um unter den Covid-Regeln ein Mindestmaß an Wirtschafts- und Arbeitsabläufen aufrecht erhalten zu können, wird Digitalisierung in einem zuvor unvorstellbaren Umfang eingesetzt. Von »mobiler Arbeit«[1884] im Homeoffice oder im »virtuellen Raum« mit Hilfe digitaler Kommunikationstechnologien bis hin zu Online-Diensten von Kleinst-Unternehmern, Telearbeit, Plattformarbeit oder anderen, bisher unbekannten Arbeitsformen reicht das Spektrum »neuer Arbeit«.

1881 *Cerny*, Entwicklung der Arbeitsverfassung aus der Sicht der Arbeitnehmer, in: Grillberger (Hrsg.), 30 Jahre ArbVG, 9 (19); *Talos*, Mitbestimmung unter geänderten sozialen und politischen Rahmenbedingungen, ebenda, S. 37; *Firlei*, Alternative Interessenvertretungen im Betrieb – Gibt es einen »betriebsverfassungsfreien Raum«?, ebenda, S. 61; *Cerny*, 40 Jahre Arbeitsverfassungsgesetz, DRdA 2014, 478 (486); *Leitsmüller/Schindler/Schneller*, Veränderte Wirtschafts- und Arbeitsbedingungen: Herausforderungen für die betriebliche Mitbestimmung, DRdA 2014, 488; *Mosler*, Ist das ArbVG noch aktuell? – Kollektive Rechtsgestaltung, DRdA 2014, 511; *Firlei*, Ist das ArbVG noch aktuell? – Betriebsverfassung, DRdA 2014, 520.

1882 DRdA 2014, 523.

1883 Vgl. dazu vor allem *Flecker*, Digitalisierung der Arbeit – aktuelle Trends und Problemlagen, DRdA 1a/2022, 86; *Gruber-Risak, Where do we go from here?*-Trends in der Arbeitswelt und ihre Auswirkungen auf das Arbeitsrecht, DRdA 1a/2022, 106; *Firlei*, Ökonomische und gesellschaftliche Rahmenbedingungen für Arbeitnehmerpolitik heute und morgen, DRdA 1a/2022, 92.

1884 *Felten*, »Mobile« Arbeit – eine arbeitsrechtliche Annäherung, DRdA 1a/2022, 159.

Die Auswirkungen der Digitalisierung der Arbeit[1885] sind in ihrer vollen Dimension noch nicht abschätzbar, einige aktuelle Trends und Probleme zeichnen sich aber schon jetzt deutlich ab:

- Die Grenzen zwischen Berufsarbeit und Privatsphäre sind durchlässig geworden und verschwimmen:
- Entgrenzung und Flexibilisierung der Arbeitszeit und des Arbeitsorts vermitteln zwar das Gefühl von mehr persönlicher Freiheit, erschweren aber die Einhaltung der Schutzvorschriften und erhöhen die Gefahr von Selbstausbeutung durch unbezahlte Mehrarbeit;
- Schutz der Privatsphäre und Datenschutz können bei »mobiler Arbeit« nicht garantiert werden;
- Arbeit zu Hause in Verbindung mit der Betreuung von Kindern führt zu erheblichen Belastungen, die vor allem Frauen zu tragen haben.

Zu erwarten ist, dass die zunächst durch Corona verursachte Ausweitung der Digitalisierung der Arbeit auch nach dem Ende der Pandemie zumindest teilweise erhalten bleibt und zu einer weitgehenden Änderung des »Normal-Arbeitsverhältnisses« führen wird.[1886] Es stellt sich daher die Frage, ob das geltende Arbeitsrecht ausreicht, um die Probleme der »neuen Arbeit« zu lösen und den Schutzzweck zu gewährleisten.[1887] Die bisher vom österreichischen Gesetzgeber beschlossenen Covid-19-Gesetze reichen dazu jedenfalls nicht aus.[1888]

Im Zentrum der aktuellen Diskussion über eine Reform der Betriebsverfassung stehen der Arbeitnehmerbegriff[1889] und der Betriebsbegriff[1890].

> § 36 Abs. 1 ArbVG Arbeitnehmerbegriff
> (1) Arbeitnehmer im Sinne des II. Teiles sind alle im Rahmen eines Betriebes beschäftigten Personen einschließlich der Lehrlinge und der Heimarbeiter ohne Unterschied des Alters.
> (2) …

§ 36 ArbVG definiert den Arbeitnehmerbegriff für den Geltungsbereich der Betriebsverfassung in Form einer Generalklausel (Abs. 1) mit taxativ aufgezählten

---

1885 *Flecker*, DRdA 1a/2022, 86.

1886 A. a. O.

1887 »Digitalisierung und Globalisierung der Arbeitswelt – Brauchen wir ein neues Arbeitsrecht?« war das Thema einer internationalen wissenschaftlichen Tagung der Universität Salzburg am 23./24. September 2021. Die im Rahmen dieser Tagung gehaltenen Vorträge wurden in einem Sonderheft der Zeitschrift »Das Recht der Arbeit« (DRdA) 1a/2022 veröffentlicht.

1888 Vgl. *Felten*, DRdA 1a/2022, 159.

1889 *Mosler*, Brauchen wir einen neuen Arbeitnehmer*innenbegriff?, DRdA 1a/2022, 119.

1890 *Auer-Mayer*, Digitalisierung und Betriebsverfassung, DRdA 1a/2022, 139.

Ausnahmen (Abs. 2). Der betriebsverfassungsrechtliche Arbeitnehmerbegriff ist nicht identisch mit jenem des Arbeitsvertragsrechts.[1891] Er knüpft an die faktische Beschäftigung im Rahmen eines Betriebes an. Was als Betrieb gilt, ist in § 34 Abs. 1 ArbVG geregelt. Der Betriebsbegriff ist der zentrale Begriff, auf dem die Organisation der Betriebsverfassung aufbaut.

> § 34 Abs. 1 ArbVG Betriebsbegriff
> (1) Als Betrieb gilt jede Arbeitsstätte, die eine organisatorische Einheit bildet, innerhalb der eine physische oder juristische Person oder eine Personengemeinschaft mit technischen oder immateriellen Mitteln die Erzielung bestimmter Arbeitsergebnisse fortgesetzt verfolgt, ohne Rücksicht darauf, ob Erwerbsabsicht besteht oder nicht.
> …

Obwohl die Interpretation des Arbeitnehmerbegriffs und des Betriebsbegriffes durch Lehre und Rechtsprechung weitestgehend und mit durchaus praktikablen Ergebnissen ausgelotet ist, besteht doch breiter Konsens über die Reformbedürftigkeit beider Begriffe. Die persönliche Abhängigkeit als Wesensmerkmal eines Arbeitsverhältnisses entspricht in vielen Fällen nicht mehr der Realität der Arbeitsbeziehungen, entscheidend sind vielmehr die wirtschaftliche Abhängigkeit und die soziale Schutzbedürftigkeit. Auch die Eingliederung in einen als technisch-organisatorische Einheit definierten Betrieb ist in einer Zeit der Auflösung traditioneller Betriebsstrukturen kein geeignetes Kriterium für die Anwendbarkeit des Betriebsverfassungsrechts.
Die durch die Corona-Pandemie verstärkte und beschleunigte Digitalisierung und der Trend zu »mobiler Arbeit« erhöhen die Dringlichkeit einer Neugestaltung der organisatorischen Grundlagen der Betriebsverfassung. Darüber hinaus wirft die Entwicklung der letzten Zeit eine Reihe von praktischen Fragen auf, die dringend einer Lösung bedürfen,[1892]wie z. B.:

- Können Betriebsversammlungen oder Betriebsratssitzungen auch »virtuell« – als Online-Videokonferenz – abgehalten werden?
- Ist eine digitale Betriebsratswahl zulässig?
- Welche Auswirkungen hat die Digitalisierung auf die Mitwirkungsbefugnisse des Betriebsrats?

Zur Beantwortung dieser und ähnlicher, das »Funktionieren« der Betriebsverfassung in der Praxis betreffender Fragen bedarf es keiner großen Reform. Man

1891 *Gahleitner*, in: Gahleitner/Mosler (Hrsg.), ArbVR 2, § 36 Rz. 2.
1892 Ausführlich dazu *Auer-Mayer*, Digitalisierung und Betriebsverfassung, DRdA 1a/2022, 139; vgl. auch *Däubler*, Arbeits- und Sozialrecht in Corona-Zeiten – deutsche Erfahrungen, DRdA 2020, 485 (489).

kann durchaus erwarten, dass eine kreative Wissenschaft und eine praxisnahe Rechtsprechung entsprechende Lösungsmöglichkeiten bieten.
Eine in die Zukunft gerichtete, grundsätzliche Betrachtung der Entwicklung der Betriebsverfassung kann aber nicht auf technisch-organisatorische Fragen beschränkt bleiben. Sie muss davon ausgehen, dass sich die Rahmenbedingungen der Interessenvertretung grundlegend geändert haben:

- Traditionelle Betriebsstrukturen lösen sich zunehmend auf;
- »Stammbelegschaften« werden auf ein Minimum reduziert und durch flexible, weitgehend austauschbare »Randbelegschaften« ohne gleichwertigen arbeitsrechtlichen Schutz ersetzt;
- »Mobile Arbeit« in verschiedener Form wird immer häufiger;
- Die Interessen werden differenzierter und vielfältiger, mitunter auch gegensätzlich;
- Digitalisierung ermöglicht neue Formen der Kommunikation, aber auch der Kontrolle und Überwachung.

Im Rahmen einer über bloße Anpassungen an bereits erfolgte Entwicklungen hinausgehenden Reform der Betriebsverfassung müssen folgende grundsätzliche Fragen beantwortet werden:

- Wie wirkt sich die geänderte Situation auf die Interessenlage innerhalb der Arbeitnehmerschaft und auf die Bereitschaft zu solidarischem Handeln in Konfliktfällen aus?
- Wie können die differenzierten, mitunter auch gegenläufigen Interessen innerhalb der Arbeitnehmerschaft so gebündelt werden, dass das von der Betriebsverfassung bisher intendierte Ziel eines fairen Interessenausgleichs in Zukunft erreicht wird? und
- Wie könnte ein alternatives Modell einer demokratischen Betriebsverfassung in Zukunft aussehen?

In einer sich rasch und grundlegend ändernden Arbeitswelt ist auch bei der betrieblichen Vertretung der Arbeitnehmer mehr Flexibilität[1893] erforderlich. Die Entscheidung über die wirksamste und zweckmäßigste Organisation sollte von der Arbeitnehmerschaft selbst demokratisch und autonom getroffen werden können. Die technologischen Voraussetzungen dafür sind schon jetzt weitgehend gegeben.
Der Schlüssel für eine starke Interessenvertretung der Arbeitnehmer liegt auch in Zukunft bei Wissen, Information, Aus- und Weiterbildung, professioneller Kommunikation, Bildung von Netzwerken und vor allem in der Bereitschaft zum gemeinsamen, solidarischen Handeln.

1893 Vgl. schon *Firlei*, Alternative Interessenvertretungen im Betrieb – Gibt es einen »betriebsverfassungsfreien Raum«? in: Grillberger (Hrsg.), 30 Jahre ArbVG, S. 61.

Zuletzt bleibt noch die Frage: Welchen Stellenwert hat die Diskussion über die Zukunft der Betriebsverfassung in Relation zu anderen, großen Zukunftsthemen. Gibt es da nicht andere Prioritäten, wie Klimaschutz, Ressourcenschonung, Erhaltung der Lebensräume, nachhaltiges Wirtschaften, …?
Philosophen, Soziologen und Zukunftsforscher sprechen von der Notwendigkeit, die Zukunft, ja sogar die Welt »neu« zu »denken«.
Einen so hohen Anspruch sollte man an die Zukunft der Betriebsverfassung nicht stellen. Neben den großen »neuen« gibt es auch noch die großen »alten« Fragen der Menschheitsgeschichte. Nach wie vor – und mehr denn je – geht es um Menschenwürde und Menschenrechte, um Gleichberechtigung, soziale Gerechtigkeit, gesellschaftliche Teilhabe, Solidarität und Mitbestimmung.
»Neu denken« muss auch zu neuen Lösungen führen, ansonsten bleibt es ein intellektuelles Glasperlenspiel, an dessen Ende die Sinnfrage steht, auf die es keine allgemeingültige Antwort gibt.
In seinem brillanten Buch »Der Preis der Ungleichheit« sucht der amerikanische Ökonom und Nobelpreisträger *Joseph Stiglitz* nach einer »anderen Gesellschaft«, die eher in Einklang mit unseren Grundwerten steht, mehr Chancengerechtigkeit bietet, wirtschaftlich leistungsfähiger ist, demokratischere Strukturen schafft und den Lebensstandard der meisten Bürger deutlich anhebt. Dem Einwand, dass »einige Marktkräfte in die andere Richtung ziehen«, begegnet er mit den Worten:
»Aber diese Marktkräfte werden von der Politik gestaltet, von den Regeln und den Rechtsvorschriften, die wir uns als Gesellschaft geben …«[1894]
Das gilt auch für die Zukunft der Betriebsverfassung.

1894 Kap. 10, Eine andere Gesellschaft ist möglich, S. 344.

Literaturverzeichnis

Zu den §§ 1–43

Abelshauser, Werner: Wirtschaft in Westdeutschland 1945 – 1948. Rekonstruktion und Wachstumsbedingungen in der amerikanischen und britischen Zone, Stuttgart 1975

Absenger, Nadine; Priebe, Andreas: Das Betriebsverfassungsgesetz im Jahr 2016 – Mitbestimmungslücken und Reformbedarfe, WSI-Mitteilungen 2016, 192

Addison, John T.: The Economics of Codetermination. Lessons of the German Experience, New York 2009

Alda, Holger; Bellmann, Lutz: Betriebliche Personal- und Beschäftigungspolitik zwischen Flexibilität und Stabilität, WSI-Mitt. 2004, 255

Altvater, Lothar; Baden, Eberhard; Baunack, Sebastian; Berg, Peter u. a.: BPersVG Bundespersonalvertretungsgesetz. Kommentar, 10. Aufl., Frankfurt/Main 2019

Annuß, Georg: Reflexionen über eine zeitgemäße Betriebsverfassung, in: Gräfl/Lunk/Oetker/Trebinger (Hrsg.), Festschrift 100 Jahre Betriebsverfassungsrecht, München 2020, S. 11–16

Anschütz, Gerhard: Die Verfassung des deutschen Reichs, 14. Aufl., Berlin 1933, Neudruck Aalen 1987

Arnold, Michael: Die Entstehung des Betriebsverfassungsgesetzes 1952, Diss. Freiburg 1978

Artus, Ingrid; Böhm, Sabine; Lücking, Stefan; Trinczek, Rainer (Hrsg.): Betriebe ohne Betriebsrat. Informelle Interessenvertretung in Unternehmen, Frankfurt/New York 2006

Artus, Ingrid; Kraetsch, Clemens; Rübenack, Silke: Betriebsratsgründungen. Typische Prozesse, Strategien und Probleme – eine Bestandsaufnahme, Baden-Baden 2015

Ascher, Manuela: Die Anwendung nationalsozialistischen Arbeitsrechts in der amerikanischen Besatzungszone am Beispiel bayerischer und hessischer erstinstanzlicher Arbeitsgerichte im Zeitraum von 1945 – 1949, Regensburg 2018

Auer-Mayer, Susanne: Digitalisierung und Betriebsverfassung, DRdA 1a/2022, 119

Beck, Thorsten; Rosendahl, Hans; Schuster, Norbert: Die Schiedsstellen für Arbeitsrecht in den fünf neuen Bundesländern – Nekrolog auf eine umstrittene Institution, in: Däubler/Bobke/Kehrmann (Hrsg.): Arbeit und Recht. Festschrift für Albert Gnade zum 65. Geburtstag, Köln 1992, S. 545

Behruzi, Daniel: Wettbewerbspakte und linke Betriebsratsopposition. Fallstudien in der Automobilindustrie, Hamburg 2015

Beier, Gerhard: Der große Demonstrations- und Generalstreik vom 12. 11. 1948, Frankfurt/Main 1975

Bepler, Klaus: Die Entstehung des Betriebsrätegesetzes, in: Gräfl, Edith u. a.: 100 Jahre Betriebsverfassungsrecht, 2020, S. 73 ff.

Berthelot, Marcel: Les conseils d'entreprise en Allemagne, Genève 1923 (deutsch: 1926)

Bieber, Hans-Joachim: Gewerkschaften in Krieg und Revolution, 2 Bände, Hamburg 1981

Bieber, Hans-Joachim: Zwischen Kasernenhof und Rätesystem. Der schwierige Weg zu gesetzlichen Regelungen industrieller Mitbestimmung in Deutschland vom 19. Jahrhundert bis 1933, in: Nutzinger, Hans G. (Hrsg.), Perspektiven der Mitbestimmung. Historische Erfahrungen und moderne Entwicklungen vor europäischem und globalem Hintergrund, Marburg 1999, S. 11 ff.

Birk, Rolf: Das Arbeitskollisionsrecht der Bundesrepublik Deutschland, RdA 1984, 129

Blanke, Thomas: 75 Jahre Betriebsverfassung: Der Siegeszug eines historischen Kompromisses, KJ 1995, 12–25

Blanke, Thomas: Die neue EBR-Richtlinie 2009/38/EG, AuR 2009, 242

Blanke, Thomas; Erd, Rainer; Mückenberger, Ulrich; Stascheit, Ulrich (Hrsg.): Kollektives Arbeitsrecht. Quellentexte, 2. Bde., Reinbek 1975

Blume, Otto: Normen und Wirklichkeit einer Betriebsverfassung, Tübingen 1964

Bobke-von Camen, Manfred: Kommunikation zwischen betrieblichen Interessenvertretungen, AiB 1989, 231

Boebel, Chaja; Heidenreich, Frank; Wentzel, Lothar (Hrsg.): Neuanfang 1945. Belegschaften und Betriebsräte setzen die Produktion in Gang, Hamburg 2019

Böhm, Wolfgang: 60 Jahre Betriebsverfassungsgesetz, RdA 2013, 193

Boemke, Burkhard: »Ausstrahlungen« des Betriebsverfassungsgesetzes ins Ausland, NZA 1992, 112

Bösche, Burchard; Grimberg, Herbert: Die deutschen Gewerkschaftsgesetze, in: Klebe/Wedde/Wolmerath (Hrsg.), Recht und soziale Arbeitswelt. Festschrift für Wolfgang Däubler, Frankfurt/Main 1999, S. 355

Borsdorf, Ulrich (Hrsg.): Geschichte der deutschen Gewerkschaften von den Anfängen bis 1945, Köln 1987

Brandt, Peter: Antifaschismus und Arbeiterbewegung. Aufbau – Ausprägung – Politik in Bremen 1945/46, Hamburg 1976

Brandt, Peter: Soziale Bewegung und politische Emanzipation. Studien zur Geschichte der Arbeiterbewegung und des Sozialismus, Bonn 2008

Brigl-Matthiaß, Kurt: Das Betriebsräteproblem, Berlin-Leipzig 1926 (Zitierweise: Brigl-Matthiaß)

Bubenzer, Christian; Noltin, Jörg; Peetz, Robert; Mallach, Esther: Seearbeitsgesetz. Kommentar, München 2015

Cerny, Josef: Geschichte der Betriebsverfassung – eine rechtsvergleichende Buchbesprechung, DRdA 2020, 426–431

Clemenz, Susanne: »Wo verlaufen die Grenzen der betrieblichen Mitbestimmung im digitalen Zeitalter« – Die (Ver)Wandlung des § 87 Abs. 1 Nr. 6 BetrVG vom Schutz vor technischer Überwachung zum paritätischen Mitbestimmungsrecht der digitalen Unternehmensentwicklung, in: Gräfl/Lunk/Oetker/Trebinger (Hrsg.), Festschrift 100 Jahre Betriebsverfassungsrecht, München 2020, S. 101–113

Costas, Ilse: Anfänge der Partizipation im Industriebetrieb. Die Arbeiterausschüsse 1889 bis 1920, in: Bergmann, Jürgen u.a. (Hrsg.), Geschichte als politische Wissenschaft, Stuttgart 1977, S. 335ff.

Crusius, Reinhard; Schiefelbein, Günter; Wilke, Manfred (Hrsg.): Die Betriebsräte in der Weimarer Republik, 2 Bände, Berlin 1978

Däubler, Wolfgang: Das Grundrecht auf Mitbestimmung und seine Realisierung durch tarifvertragliche Begründung von Beteiligungsrechten, 3. Aufl., Frankfurt/Main 1975

Däubler Wolfgang: Betriebsverfassung in globalisierter Wirtschaft. Eine Momentaufnahme, Baden-Baden 1999

Däubler, Wolfgang: Handbuch Schulung und Fortbildung, 5. Aufl., Frankfurt/Main 2004

Däubler, Wolfgang: Der Arbeitsrecht 1. Die gemeinsame Wahrung von Interessen im Betrieb, 16. Aufl., Reinbek 2006; Das Arbeitsrecht 2. Das Arbeitsverhältnis: Rechte und Pflichten, Kündigungsschutz, 12. Aufl., Reinbek 2009

Däubler, Wolfgang (Hrsg.), Tarifvertragsgesetz mit Arbeitnehmer-Entsendegesetz, 4. Aufl., Baden-Baden 2016

Däubler, Wolfgang: Gewerkschaftsrechte im Betrieb, 12. Aufl., Baden-Baden 2017

Däubler, Wolfgang (Hrsg.): Arbeitskampfrecht, 4. Aufl., Baden-Baden 2018

Däubler, Wolfgang: Gläserne Belegschaften. Das Handbuch zum Beschäftigtendatenschutz, 9. Aufl., Frankfurt/Main 2021

Däubler, Wolfgang; Deinert, Olaf; Zwanziger, Bertram (Hrsg.): Kündigungsschutzrecht, 11. Auflage, Frankfurt/Main 2020 (zitiert: DDZ-Bearbeiter)

Däubler, Wolfgang; Kittner, Michael; Klebe, Thomas; Wedde, Peter (Hrsg.): Kommentar zum BetrVG, 16. Aufl., Frankfurt/Main 2018 (Zitierweise: DKKW-Bearbeiter)

Däubler, Wolfgang; Klebe, Thomas; Wedde, Peter (Hrsg.): Kommentar zum BetrVG, 18. Aufl., Frankfurt/Main 2022 (zitiert: DKW-Bearbeiter)

Däubler, Wolfgang; Beck, Thorsten (Hrsg.), Allgemeines Gleichbehandlungsgesetz mit Entgelttransparenzgesetz und Berliner LADG, 5. Aufl., Baden-Baden 2022

Däubler, Wolfgang: Arbeitsrechtsideologien im deutschen Faschismus, in: Rottleuthner (Hrsg.), Recht, Rechtsphilosophie und Nationalsozialismus, Beiheft Nr. 18 zu ARSP, Wiesbaden 1983, S. 120

Däubler, Wolfgang: Alternative Ansätze im Arbeitsrecht. Ein Blick zurück, in: Dreßler/Negt/Wolter (Hrsg.), Jenseits falscher Sachzwänge. Streiten für eine zukunftsfähige Politik. Detlef Hensche zum 60. Geburtstag, Hamburg 1998, S. 56

Däubler, Wolfgang: Ausklammerung sozialer und personeller Angelegenheiten aus einem Beherrschungsvertrag? NZG 2005, 617

Däubler, Wolfgang: Privatautonome Betriebsverfassung? in: Kohte; Dörner; Anzinger (Hrsg.): Arbeitsrecht im sozialen Dialog. Festschrift für Helmut Wissmann, München 2005, S. 275

Däubler, Wolfgang: Die Mitbestimmung im Aufsichtsrat: Ein falscher Traum? in: Hänlein; Roßnagel (Hrsg.): Wirtschaftsverfassung in Deutschland und Europa. Festschrift für Bernhard Nagel, Kassel 2007, S. 267

Däubler, Wolfgang: Hat die Personalvertretung eine Zukunft? Düstere und weniger düstere Perspektiven, PersR 2010, 48–52

Däubler, Wolfgang, Die Entwicklung des Arbeitsvölkerrechts, in: Schlachter/Heuschmid/Ulber (Hrsg.), Tübingen 2019, S. 5

Däubler, Wolfgang: Interessenvertretung durch Betriebsrat und Gewerkschaften im digitalen Betrieb, Frankfurt/Main 2022

Dartmann, Christoph: Re-Distribution of Power, Joint Consultation or Productivity coalitions? Labour and Postwar Reconstruction in Germany and Britain, 1945 – 1953, Bochum 1996

Deinert, Olaf; Welti, Felix (Hrsg.): Behindertenrecht. Stichwortkommentar, 2. Aufl., Baden-Baden 2018

Deppe, Frank: Das Bewusstsein der Arbeiter, Köln 1971

Deppe, Frank; v. Freyberg, Jutta; Kievenheim, Christof; Meyer, Regine; Werkmeister, Frank: Kritik der Mitbestimmung. Partnerschaft oder Klassenkampf? Frankfurt/Main 1969

Deppe, Frank; Fülberth, Georg; Harrer, Jürgen (Hrsg.): Geschichte der deutschen Gewerkschaftsbewegung, Köln 1977

Dost, Axel: Arbeitsrecht, in: Heuer, Uwe-Jens (Hrsg.), Die Rechtsordnung der DDR. Anspruch und Wirklichkeit, Baden-Baden 1995, S. 95

Drohsel, Franziska: Vereinbarkeit gesetzlicher Öffnungsklauseln mit der Koalitionsfreiheit aus Art. 9 Abs. 3 GG, Berlin 2010

Edenfeld, Stefan: Arbeitnehmerbeteiligung im Betriebsverfassungs- und Personalvertretungsrecht, Köln 2000

Eichenhofer, Eberhard: Plattformarbeit und Internationales Recht, in: Brose/Greiner u. a. (Hrsg.), Grundlagen des Arbeits- und Sozialrechts. Festschrift für Ulrich Preis, München 2021, S. 191–201

Ellguth, Peter: Quantitative Reichweite der betrieblichen Mitbestimmung, WSI-Mitteilungen 2003, 194

Ellguth, Peter: Betriebe ohne Betriebsrat – Verbreitung, Entwicklung und Charakteristika – unter Berücksichtigung betriebsspezifischer Formen der Mitarbeitervertretung, in: Artus u. a. (Hrsg.), Betriebe ohne Betriebsrat, Frankfurt/New York 2006, S. 43

Engels, Gerd: Gesetz zur Änderung des Montan-Mitbestimmungsgesetzes und des Mitbestimmungsergänzungsgesetzes: Sicherungsgesetz oder Sterbeklausel?, BB 1981, 1349

Engler, Herbert: Kommentar zum Betriebsräte-Gesetz für das Land Hessen, Offenbach/Bad Homburg 1949

Erd, Rainer: Verrechtlichung industrieller Konflikte. Normative Rahmenbedingungen des dualen Systems der Interessenvertretung, Frankfurt/New York 1978

Feig, Johannes; Sitzler, Friedrich: Betriebsrätegesetz. Kommentar, 14. Aufl., Berlin 1931

Feldman, Gerald D.: Armee, Industrie und Arbeiterschaft in Deutschland 1914 bis 1918, Berlin, Bonn 1985

Feldmann, Klaùs-Dieter: Die betriebliche Willensbildung in Deutschland und Frankreich, Aachen 1982

Feldmann, Ralf: Das Personalvertretungsrecht des Bundes und der Länder, Hagen 1982

Felten, Elias: Koalitionsfreiheit und Arbeitsverfassungsgesetz (2015)

Felten, Elias: Kooperatives Management oder Opposition im Betrieb? – Zur Rolle des Betriebsrats nach der österreichischen Arbeitsverfassung, in: Felten/Trost (Hrsg.), 50 Jahre Institut für Arbeitsrecht und Sozialrecht der Johannes Kepler Universität Linz (2015), S. 15

Fichter, Michael: Besatzungsmacht und Gewerkschaften. Zur Entwicklung und Anwendung der US-Gewerkschaftspolitik in Deutschland 1944 – 1948, Opladen 1982

Fischer, Ulrich: Der ahnungslose Arbeitgeber oder die Betriebsverfassung im (internationalen) konzernrechtlichen Niemandsland?, AuR 2002, 7 – 12

Fitting, Karl; Kraegeloh, Wolfgang; Auffarth, Fritz: Betriebsverfassungsgesetz. Kommentar, 9. Aufl., Berlin und Frankfurt/Main 1970

Fitting, Karl (Begr.): Betriebsverfassungsgesetz mit Wahlordnung. Handkommentar, bearbeitet von Engels, Gerd; Schmidt, Ingrid; Trebinger, Yvonne; Linsenmaier, Wolfgang, 29. Aufl., München 2018

Flatow, Georg; Kahn-Freund, Otto: Betriebsrätegesetz. Kommentar, 13. Aufl., Berlin 1931

Föhr, Horst: Der neue Tarifvertrag über die Betriebsverfassung des rheinisch-westfälischen Steinkohlebergbaus, RdA 1977, 285

Freese, Heinrich: Die konstitutionelle Fabrik, Jena 1909

Führer, Karl-Christian (Hrsg.): Revolution und Arbeiterbewegung in Deutschland 1918 – 1920, Essen 2013

Führer, Karl Christian: Tarifbeziehungen und Tarifpolitik in Deutschland im historischen Wandel, Bonn 2004

Gamillscheg, Franz: Kollektives Arbeitsrecht, 2. Bde., München 1997 und 2008

Gaul, Björn: Betriebsverfassungsrechtliche Aspekte einer Entsendung von Arbeitnehmern ins Ausland, BB 1990, 697

Gescher, Philipp: Die arbeitsgerichtliche Rechtsprechung in den Westzonen, Frankfurt/Main 2001

Gräfl, Edith; Lunk, Stefan; Oetker, Hartmut; Trebinger, Yvonne (Hrsg.): 100 Jahre Betriebsverfassungsrecht, München 2020

Gün, Isaf; Hopmann, Benedikt; Niemerg, Reinhold (Hrsg.): Gegenmacht statt Ohnmacht. 100 Jahre Betriebsverfassung, 2020

Guillebaud, Claude: The Works Council. A German Experiment in Industrial Democracy, Cambridge 1928

Hanau, Peter: Zur Zuständigkeit des Arbeitsdirektors (§ 33 MitbestG) für leitende Angestellte und Unternehmenssparten, ZGR 1983, 346

Hanau, Peter: Die Deregulierung von Tarifverträgen durch Betriebsvereinbarungen als Problem der Koalitionsfreiheit (Art. 9 Abs. 3 GG), RdA 1993, 1

Hanau, Peter: Denkschrift zu dem Regierungsentwurf eines Gesetzes zur Reform des Betriebsverfassungsgesetzes, RdA 2001, 65

Hanau, Peter: Karl Fitting: Das Werk, SR 2013, 68

Happ, Daniel; van der Most, Marijke: Die Höchstüberlassungsdauer im AÜG, BB 2015, 565

Hartwich, Hans-Hermann: Sozialstaatspostulat und gesellschaftlicher Status quo, 2. Aufl., Opladen 1977

Hauser-Ditz, Axel; Hertwig, Markus; Pries, Ludger: Kollektive Interessenregulierung in der »betriebsratsfreien Zone«. Typische Formen »Anderer Vertretungsorgane«, Industrielle Beziehungen 16 (2009) S. 136

Heilmann, Joachim: Das Arbeitsrecht der Sowjetischen Besatzungszone (1945 – 1949). Ein Beitrag zur Entstehungsgeschichte der DDR, Diss. Bremen 1973

Hemmer, Hans Otto: Betriebsrätegesetz und Betriebsrätepraxis in der Weimarer Republik, in: Borsdorf, Ulrich u.a. (Hrsg.): Gewerkschaftliche Politik. Reform aus Solidarität. Zum 60. Geburtstag von Heinz O. Vetter, Köln 1977, S. 242ff.

Henssler, Martin; Moll, Wilhelm; Bepler, Klaus (Hrsg.): Der Tarifvertrag. Handbuch für das gesamte Tarifrecht, 2. Aufl., Köln 2016

Hess, Harald; Worzalla, Michael u.a.: BetrVG. Kommentar, 10. Aufl., Köln 2018 (Zitierweise: Hess u.a. – Bearbeiter)

Heuer, Uwe-Jens (Hrsg.): Die Rechtsordnung der DDR. Anspruch und Wirklichkeit, Baden-Baden 1995

Hjort, Jens Peter: Betriebsverfassung und Demokratie – Hat Mitbestimmung Zukunft? in: Gräfl/Lunk/Oetker/Trebinger (Hrsg.), Festschrift 100 Jahre Betriebsverfassungsrecht, München 2020, S. 191–203

Höhmann, Hans-Hermann (Hrsg.): Arbeitsmarkt und Wirtschaftsplanung. Beiträge zur Beschäftigungsstruktur und Arbeitskräftepolitik in Osteuropa, Frankfurt/Main 1977

Hoeniger, Heinrich (Hrsg.): Arbeitsrecht, Mannheim 1920; 20. Aufl., Mannheim 1933

Hoffmann, Reiner: Mitbestimmung in Zeiten alternativer Interessenvertretung? Ein Beitrag zur Stärkung des Betriebsverfassungsrechts, in: Deinert/Klebe u.a. (Hrsg.), Arbeit, Recht, Politik und Geschichte. Festschrift für Michael Kittner zum 80. Geburtstag, Frankfurt/Main 2021, S. 170–176

Hofmann, Jörg; Benner, Christiane (Hrsg.): Geschichte der IG Metall, Frankfurt/Main 2019

Hromadka, Wolfgang: 100 Jahre leitende Angestellte? in: Gräfl/Lunk/Oetker/Trebinger (Hrsg.), Festschrift 100 Jahre Betriebsverfassungsrecht, München 2020, S. 227–241

Hübner, Peter: Arbeit, Arbeiter und Technik in der DDR 1971 bis 1989. Zwischen Fordismus und digitaler Revolution, Bonn 2014

Hueck, Alfred; Nipperdey, Hans Carl: Arbeitsrecht. Lehrbuch, 3./5. Aufl., Mannheim-Berlin-Leipzig 1932

Hueck, Alfred; Nipperdey, Hans Carl; Dietz, Rolf: Gesetz zur Ordnung der nationalen Arbeit und Gesetz zur Ordnung der Arbeit in öffentlichen Verwaltungen und Betrieben, 4. Aufl., München 1943

Huster, Ernst-Ulrich; Kraiker, Gerhard u.a.: Determinanten der westdeutschen Restauration, Frankfurt/Main 1972

Institut für Marxistische Studien und Forschungen (IMSF): Mitbestimmung als Kampfaufgabe. Grundlagen – Möglichkeiten – Zielrichtungen, Köln 1971

Jacquemin, Tania; Klebe, Thomas: Die Zukunft der Betriebsratsarbeit 2.0, AiB 11/2014, 33

Jähnichen, Traugott: »Dass die Kirche hierbei allen berechtigten sozialen Anforderungen nachkommt, ist selbstverständlich«, in: Klute, Jürgen; Segbers,

Franz (Hrsg.), »Gute Arbeit verlangt ihren gerechten Lohn«. Tarifverträge für die Kirchen, Hamburg 2006, S. 58–75

Justizministerium des Landes NRW (Hrsg.): Weichenstellungen im Arbeits- und Sozialrecht der Bundesrepublik. Diktatorische Vergangenheit und demokratische Prägung, Düsseldorf 2013

Kahn-Freund, Otto: Das soziale Ideal des Reichsarbeitsgerichts, in: Ramm (Hrsg.), Arbeitsrecht und Politik. Quellentexte 1918 – 1933, Neuwied, Berlin 1966, S. 149

Kahn-Freund, Otto; Ramm, Thilo (Hrsg.): Hugo Sinzheimer, Arbeitsrecht und Rechtssoziologie, 2 Bände, Frankfurt/Main 1976

Karthaus, Boris; Klebe, Thomas: Betriebsratsrechte bei Werkverträgen, NZA 2012, 417 – 426

Kaufhold, Karl-Heinrich: Die Diskussion um die Neugestaltung des Arbeitsrechts im Deutschen Reich und die Novelle zur Reichsgewerbeordnung 1891, ZfA 1991, 277ff.

Kempen, Otto Ernst; Zachert, Ulrich (Hrsg.): TVG. Tarifvertragsgesetz. Kommentar, 5. Aufl., Frankfurt/Main 2014

Kittner, Michael: Arbeitskampf. Geschichte – Recht – Gegenwart, München 2005

Kittner, Michael: Klassenkompromiss zur Unzeit. Stinnes-Legien-Abkommen 1918, SR 2019, 118 (Festheft zum 80. Geburtstag von *Wolfgang Däubler)*

Kittner, Michael: 50 Urteile: Arbeitsgerichte schreiben Rechtsgeschichte, 2. Aufl., Frankfurt 2020

Klebe, Thomas: Europa: Mitbestimmung in Grenzen? in: Däubler/Bobke/Kehrmann (Hrsg.): Arbeit und Recht. Festschrift für Albert Gnade, Köln 1992, S. 661

Klebe, Thomas; Roth, Siegfried: Die Gewerkschaften auf dem Weg zu einer internationalen Strategie?, AiB 2000, 749

Klebe, Thomas: Betriebsverfassung 2030: Zukunftsanforderungen und Weiterentwicklung, AuR 2020, 196–202

Klebe, Thomas: Betriebliche Mitbestimmung für das 21. Jahrhundert, AuR Sonderausgabe April 2022, 2–5

Kleßmann, Christoph: Arbeiter im »Arbeiterstaat« DDR, Erfurt 2014

Kleßmann, Christoph; Friedemann, Peter: Streiks und Hungermärsche im Ruhrgebiet 1946 – 1948, Frankfurt/Main 1977

Kliemt, Gundolf: Die Praxis des Betriebsverfassungsgesetzes im Dienstleistungsbereich. Aus der Sicht der Betriebsratsvorsitzenden, Tübingen 1971

Koch, Heinrich: Arbeiterausschüsse, Mönchengladbach 1907

Kock, Martin: »Wir müssen leider draußen bleiben« – der Leitendenbegriff im Sinne von § 5 Abs. 3 BetrVG im Wandel der Zeiten, in: Gräfl u. a. (Hrsg.), 100 Jahre Betriebsverfassungsrecht, München 2020, S. 335

Köhlinger, Jörg (Hrsg.): Solidarisch in die Offensive. Beiträge für eine starke IG Metall in Betrieb, Wirtschaft und Gesellschaft, Hamburg 2022

König, Benno: Interessenvertretung am Arbeitsplatz: Betriebsrätepraxis in der Metallindustrie 1920–1933, in: Tenfelde, Klaus (Hrsg.): Arbeiter im 20. Jahrhundert, Stuttgart 1991, S. 66ff.

Köstler, Roland; Müller, Matthias; Sick, Sebastian: Aufsichtsratspraxis. Handbuch für die Arbeitnehmervertreter im Aufsichtsrat, 10. Aufl., Frankfurt/Main 2013

Kohte, Wolfhard; Liebsch, Matthias: Neuregelungen im Schwerbehindertenrecht – Stärkung der Schwerbehindertenvertretungen als Organ der Betriebsverfassung, AuR 2019, 4

Kolb, Eberhard: Arbeiterräte in der deutschen Innenpolitik, Düsseldorf 1962

Kotthoff, Hermann: Betriebsräte und betriebliche Herrschaft. Eine Typologie von Partizipationsmustern im Industriebetrieb, Frankfurt/Main-New York 1981

Kotthoff, Hermann: Betriebsräte und Bürgerstatus. Wandel und Kontinuität betrieblicher Mitbestimmung, München und Mering 1994

Kotthoff, Hermann: Lehrjahre des Europäischen Betriebsrats: Zehn Jahre transnationale Arbeitnehmervertretung, Berlin 2006

Kranig, Andreas: Lockung und Zwang. Zur Arbeitsverfassung im Dritten Reich, Stuttgart 1983

Kranig, Andreas: Arbeitsrecht im NS-Staat, Köln 1984

Krause, Rüdiger: Digitalisierung der Arbeitswelt – Herausforderungen und Regelungsbedarf, Verhandlungen des 71. Deutschen Juristentags, Gutachten, Band I, München 2016, S. B 1ff. (Zitierweise: Krause, 71. DJT, B)

Krause, Rüdiger: Der betriebsverfassungsrechtliche Rahmen für die berufliche Weiterbildung als »Infrastrukturrecht«, in: Klapp/Linck/Preis/Reinhard/Wolf (Hrsg.), Die Sicherung der kollektiven Ordnung. Festschrift für Ingrid Schmidt, München 2021, S. 231–247

Krause, Rüdiger: Kollektivverträge für soloselbständige Plattformbeschäftigte? in: Deinert/Klebe u.a. (Hrsg.), Arbeit, Recht, Politik und Geschichte. Festschrift für Michael Kittner zum 80. Geburtstag, Frankfurt/Main 2021, S. 241–248

Krüger, Dieter: Das Stinnes-Legien-Abkommen 1918 – 1924, Berlin 2018

Kuckuck, Host A., Schiffmann, Dieter: Die Gewerkschaften von der Stabilisierung bis zur Weltwirtschaftskrise 1924–1930, in: Quellen zur Geschichte der deutschen Gewerkschaftsbewegung im 20. Jahrhundert, Bd. 3/I und 3/II, Köln 1986 (zit: Quellen Bd. 3/I oder 3/II)

Kuczynski, Jürgen: Die Geschichte der Lage der Arbeiter unter dem Kapitalismus, Band 7a, Darstellung der Lage der Arbeiter in Westdeutschland seit 1945, Berlin 1963

Kunz, Frithjof: Arbeitsrecht von A bis Z. Lexikon, Berlin 1987 (Zitierweise: Kunz, Lexikon)

Kunz, Frithjof; Thiel, Wera: Arbeitsrecht. Lehrbuch, Berlin 1983

Kunz, Frithjof; Tippmann, Werner: Die Entwicklung des Arbeitsrechts in Deutschland, Berlin 1956

Lakies, Thomas: Mindestlohngesetz. Basiskommentar, 4. Aufl., Frankfurt/Main 2019

Lörcher, Klaus: Zeitarbeitsverträge als Problem der Mitbestimmung von Betriebs- und Personalräten bei der Einstellung (§ 99 Abs. 1 BetrVG, § 75 Abs. 1 Nr. 1 BPersVG), BlStSozArbR 1981, 177

Lörcher, Klaus: Zeitverträge – Was können Personalräte dagegen unternehmen?, PersR 1984, 59

Lörcher, Klaus: Handlungsmöglichkeiten der Personalräte gegen Zeitverträge nach dem Beschäftigungsförderungsgesetz, PersR 1985, 122

Lohmann, Ulrich: Das Arbeitsrecht der DDR. Analyse und Texte, Berlin 1987

Mampel, Siegfried: Probleme des kollektiven Arbeitsrechts bei der Wiedervereinigung, RdA 1956, 441–446

Markovits, Inga: Gerechtigkeit in Lüritz. Eine ostdeutsche Rechtsgeschichte, München 2006

Maschmann, Frank: Betriebsverfassung in der Matrixorganisation, in: Gräfl/Lunk/Oetker/Trebinger (Hrsg.), Festschrift 100 Jahre Betriebsverfassungsrecht, München 2020, S. 463–480

Mason, Timothy: Sozialpolitik im Dritten Reich. Arbeiterklasse und Volksgemeinschaft, 2. Aufl., Opladen 1978

Maul-Sartori, Mathias: Das neue Seearbeitsrecht – auch für Landratten von Interesse, NZA 2013, 821 – 827

Mayer, Udo; Stuby, Gerhard: Die Entstehung des Grundgesetzes. Beiträge und Dokumente, Köln 1976

Michas, Joachim: Arbeitsrecht der DDR, Berlin 1970

Mielke, Siegfried (Bearb.), unter Mitarbeit von Peter Rütters, Michael Becker und Michael Fichter: Organisatorischer Aufbau der Gewerkschaften 1945 – 1949. Quellen zur Geschichte der deutschen Gewerkschaftsbewegung im 20. Jahrhundert, Band 6, Köln 1987

Mielke, Siegfried; Rütters, Peter (Bearb.): Gewerkschaften in Politik, Wirtschaft und Gesellschaft 1945 – 1949, Quellen zur Geschichte der deutschen Gewerkschaftsbewegung im 20. Jahrhundert, Band 7, Köln 1991

Milert, Werner; Tschirbs, Rudolf: Von den Arbeiterausschüssen zum Betriebsverfassungsgesetz, Köln 1991

Milert, Werner; Tschirbs, Rudolf: Die andere Demokratie. Betriebliche Interessenvertretung in Deutschland, 1848 bis 2008, 2. Aufl., Essen 2015 (Zitierweise: Milert/Tschirbs)

Müller, Gloria: Mitbestimmung in der Nachkriegszeit. Britische Besatzungsmacht – Unternehmer – Gewerkschaften, Düsseldorf 1987
Müller-Glöge, Rudi; Preis, Ulrich; Schmidt, Ingrid (Hrsg.): Erfurter Kommentar zum Arbeitsrecht, 19. Aufl., München 2019 (Zitierweise: ErfK-Bearbeiter)
Müller-List, Gabriele (Bearb.): Neubeginn bei Eisen und Stahl im Ruhrgebiet. Die Beziehungen zwischen Arbeitgebern und Arbeitnehmern in der nordrhein-westfälischen Eisen- und Stahlindustrie, Düsseldorf 1990
Nagel, Bernhard: Unternehmensmitbestimmung. Eine problemorientierte Einführung, Köln 1980
Naphtali, Fritz: Wirtschaftsdemokratie, 5. Aufl., Berlin 1931
Neuloh, Otto: Die deutsche Betriebsverfassung und ihre Sozialformen bis zur Mitbestimmung, Tübingen 1956
Neuloh, Otto; Kühn, Markus: Der neue Betriebsstil, Tübingen 1960
Neumann, Klaus: Freiheit am Arbeitsplatz. Betriebsdemokratie und Betriebsräte in Deutschland und Schweden (1880 – 1950), Frankfurt/New York 2014
Nielebock, Helga: Gewerkschaften und Mitbestimmung – rechtspolitische Betrachtungen, in: Gräfl/Lunk/Oetker/Trebinger (Hrsg.), Festschrift 100 Jahre Betriebsverfassungsrecht, München 2020, S. 533–548
Nörr, Knut Wolfgang: Zwischen den Mühlsteinen. Eine Privatrechtsgeschichte der Weimarer Republik, Tübingen 1988
Nörr, Knut Wolfgang: Grundlinien des Arbeitsrechts der Weimarer Republik, ZfA 1986, S. 403
Nörr, Knut Wolfgang: Binärer Korporatismus, ZfA 1999, 329
Nutzinger, Hans G. (Hrsg.): Perspektiven der Mitbestimmung. Historische Erfahrungen und moderne Entwicklungen vor europäischem und globalem Hintergrund, Marburg 1999
v. Oertzen, Peter: Betriebsräte in der Novemberrevolution, 2. Aufl., Berlin 1976
Plander, Harro: Der Betriebsrat als Hüter des zwingenden Rechts, Baden-Baden 1982
Plander, Harro: Erstreckung der Betriebsverfassung auf Arbeitnehmerähnliche durch analoge Anwendung der »Heimarbeitsklauseln« des § 6 BetrVG? in: Klebe/Wedde/Wolmerath (Hrsg.): Recht und soziale Arbeitswelt, Festschrift Wolfgang Däubler, Frankfurt/Main 1999, S. 272
Plumeyer, Mathias: Die Betriebsrätegesetze der Länder 1947 – 1950, Aachen 1995
Plumpe, Werner: Betriebliche Mitbestimmung in der Weimarer Republik. Fallstudien zum Ruhrbergbau und zur chemischen Industrie, München 1999 (Zitierweise: Plumpe, Betriebliche Mitbestimmung)
Plumpe, Werner; Kleinschmidt, Christian (Hrsg.): Unternehmen zwischen Markt und Macht, Essen 1992

Pohl, Hans (Hrsg.): Mitbestimmung und Betriebsverfassung in Deutschland, Frankreich und Großbritannien seit dem 19. Jahrhundert, Stuttgart 1996

Preis, Ulrich; Peramato, Alberto Povedano: 100 Jahre betriebsverfassungsrechtlicher Betriebsbegriff, in: Gräfl u. a. (Hrsg.), 100 Jahre Betriebsverfassungsrecht, München 2020, S. 571

Protokoll des ersten deutsch-österreichischen Kongresses der Gewerkschaftskommission Deutsch-Österreich 1919

Ramm, Thilo: Arbeitsrecht und Politik. Quellentexte 1918–1933, Neuwied und Berlin 1966

Ramm, Thilo: Die Arbeitsverfassung der Weimarer Republik, in: Gamillscheg, Franz; De Givri, Jean; Hepple, Bob; Verdier, Jean-Maurice, In Memoriam Sir Otto Kahn-Freund, München 1980

Ramm, Thilo: Das deutsche kollektive Arbeitsrecht zwischen den beiden Weltkriegen, ZfA 1988, 157

Reichold, Hermann: Betriebsverfassung als Sozialprivatrecht. Historisch-dogmatische Grundlagen von 1848 bis zur Gegenwart, München 1995

Reichold, Hermann: Personelle Grenzen der »Mitbestimmung 4.0« – oder: Hat die Betriebsverfassung noch eine Zukunft? In: Brose/Greiner u. a. (Hrsg.), Grundlagen des Arbeits- und Sozialrechts. Festschrift für Ulrich Preis, München 2021, S. 1003–1011

Reichhold, Hermann: 100 Jahre Betriebsverfassung, ZfA 2020, 5

Reichold, Hermann: Rezension Däubler, Wolfgang; Kittner, Michael, Geschichte der Betriebsverfassung, 2020, SR 2020, 231

Richardi, Reinhard (Hrsg.): Betriebsverfassungsgesetz mit Wahlordnung. Kommentar, 16. Aufl. München 2018

Rieble, Volker: Zulieferercompliance als soziales Druckmittel, BB 2013, 245

Riedel, Hannspeter: Der Rätegedanke in den Anfängen der Weimarer Republik und seine Ausprägung in Art. 165 WRV, Frankfurt/Main u. a. 1991

Rieg, Kathrin: Entwicklung und Entstehung des Kündigungsschutzgesetzes und des Betriebsverfassungsgesetzes unter Konrad Adenauer, Diss. Tübingen 2011

Roesler, Jörg: Zwischen Plan und Markt. Die Wirtschaftsreform 1963 – 1970 in der DDR, Freiburg/Berlin 1990

Rudolph, Wolfgang; Wassermann, Wolfram: Übergänge zwischen Betriebsratslosigkeit und Betriebsratsgründung: Neue Betriebsratsgründungen im Bereich kleiner Betriebe und Reform der Betriebsverfassung 2001, in: Artus u. a. (Hrsg.): Betriebe ohne Betriebsrat, Frankfurt/New York 2006, S. 81

Ruck, Michael (Hrsg.): Die Gewerkschaften in den Anfangsjahren der Republik 1919–1923, in: Quellen zur Geschichte der deutschen Gewerkschaftsbewegung im 20. Jahrhundert, Bd. 2., Köln 1985 (Zitierweise: Quellen Bd. 2)

Rückert, Joachim; Friedrich, Wolfgang: Betriebliche Arbeiterausschüsse in Deutschland, Großbritannien und Frankreich im späten 19. und frühen 20. Jahrhundert, Frankfurt/Main-Bern-Las Vegas 1979

Rügemer, Werner; Wigand, Elmar: Union-Busting in Deutschland. Die Bekämpfung von Betriebsräten und Gewerkschaften als professionelle Dienstleistung, Frankfurt/Main 2014 (Otto-Brenner-Stiftung)

Rüther, Martin: Zwischen Zusammenbruch und Wirtschaftswunder. Betriebsratstätigkeit und Arbeiterverhalten in Köln 1945 bis 1952, Bonn 1991

Rüthers, Bernd: Die Betriebsverfassung im Nationalsozialismus, AuR 1970, 98

Sander, Peter: Interessenvertretung der Arbeitnehmer im Betrieb, Opladen 1997

Sawall, Sandra: Die Entwicklung der Arbeitsgerichtsbarkeit, Aachen 2007

Schell, Veit: Das Arbeitsrecht der Westzonen und der jungen Bundesrepublik, Bayreuth 1994

Schiefer, Bernd: Modernes Arbeitsrecht – Betriebsrat und Betriebsratsaufgaben, in: Klapp/Linck/Preis/Reinhard/Wolf (Hrsg.), Die Sicherung der kollektiven Ordnung. Festschrift für Ingrid Schmidt, München 2021, S. 485–499

Schlachter, Monika; Heuschmid, Johannes; Ulber, Daniel (Hrsg.), Arbeitsvölkerrecht, Tübingen 2019

Schlegel, Roger: Leitfaden des Arbeitsrechts, Berlin 1960

Schlömer-Laufen, Nadine; Kay, Rosemarie: Betriebsratsgründungen in kleinen und mittleren Unternehmen. Die Rolle der Belegschaften, Berlin 2012

Schmidt, Eberhard: Die verhinderte Neuordnung 1945 – 1952, 2. Aufl., Frankfurt/Main 1971

Schmidt, Kristina: Repräsentativität als Strukturprinzip und Rechtssetzungsmacht als Wirkprinzip betrieblicher Mitbestimmung oder: Wieviel Basisdemokratie steckt in der Betriebsverfassung? in: Klapp/Linck/Preis/Reinhard/Wolf (Hrsg.), Die Sicherung der kollektiven Ordnung. Festschrift für Ingrid Schmidt, München 2021, S. 531–544

Schmidt. Ute; Fichter, Tilman: Der erzwungene Kapitalismus. Klassenkämpfe in den Westzonen 1945 – 48, Berlin 1971

Schneider, Rudolf: Geschichte des Arbeitsrechts der Deutschen Demokratischen Republik, Berlin 1957

Schönhoven, Klaus (Hrsg.): Die Gewerkschaften in Weltkrieg und Revolution 1914 – 1919, in: Quellen zur Geschichte der deutschen Gewerkschaftsbewegung im 20. Jahrhundert, Bd. 1. Köln 1985 (Zitierweise: Quellen Bd. 1)

Schubert, Claudia: Betriebliche Mitbestimmung in Unternehmen und Konzernen mit Matrixorganisation, Frankfurt/Main 2017

Schubert, Jens M.: »Varietas delectat« oder doch »One size fits all (better)«? – Ein Plädoyer für die Anwendung des BetrVG für alle Arbeitnehmer in Deutschland, in: Gräfl/Lunk/Oetker/Trebinger (Hrsg.), Festschrift 100 Jahre Betriebsverfassungsrecht, München 2020, S. 705–716

Schwarze, Roland: Die Zukunft der Betriebsverfassung, RdA 2019, 115–120
Seifert, Achim: Die Hattenheimer Gespräche (1950): Der Versuch der Festlegung der Grundzüge des Arbeitsrechts der Bundesrepublik durch die Spitzenverbände der Gewerkschaften und der Wirtschaft, Zeitschrift für Neuere Rechtsgeschichte (ZNR) 39 (2017) S. 187
Sering, Max: Arbeiter-Ausschüsse in der deutschen Industrie, Leipzig 1890
Sinzheimer, Hugo: Das Rätesystem, in: Sinzheimer, Hugo, Arbeitsrecht und Rechtssoziologie, Bd. 1 (hrsg. von Kahn-Freund, Otto und Ramm, Thilo), Frankfurt, Köln 1976, S. 325ff.
Sonnenschein, Manuela: Entnazifizierung nationalsozialistischen Arbeitsrechts. Die Rechtsprechungstätigkeit nordrhein-westfälischer Arbeitsgerichte 1945 – 1949, Regensburg 2014
Spieker, Wolfgang: Die ungewisse Zukunft des Montan-Arbeitsdirektors, in: Däubler/Bobke/Kehrmann (Hrsg.): Arbeit und Recht. Festschrift für Albert Gnade, Köln 1992, S. 275
Staritz, Dietrich: Geschichte der DDR 1949 – 1985, Frankfurt/Main 1985
Stegmann, Franz-Josef: Der soziale Katholizismus und die Mitbestimmung in Deutschland, München, Paderborn, Wien, 2. Aufl. 1978
Steinmeyer, Heinz-Dietrich: Zum Mitbestimmungsrecht des Betriebsrats bei der Regelung von Arbeitsbedingungen auf Montagebaustellen und Betrieben im Ausland, DB 1980, 1541
Streich, Rudolf: Die Entwicklung des Arbeitsrechts in der amerikanischen Besatzungszone unter Berücksichtigung der Bizone. Vom Zeitpunkt der Kapitulation am 8. 5. 1945 bis zum Inkrafttreten des Grundgesetzes am 24. 5. 1949, Diss. Gießen 1973
Suckut, Siegfried: Die Betriebsrätebewegung in der sowjetisch besetzten Zone Deutschlands, Frankfurt/Main 1982
Swiniartzki, Marco: Der Deutsche Metallarbeiter-Verband 1891 – 1933, Köln-Weimar-Wien 2017
Tenfelde, Klaus: Arbeiter im 20. Jahrhundert, Stuttgart 1991
Teuteberg, Hans-Jürgen: Geschichte der industriellen Mitbestimmung in Deutschland, Tübingen 1961
Thiel, Wera: Arbeitsrecht in der DDR. Ein Überblick über die Rechtsentwicklung und der Versuch einer Wertung, Wiesbaden 1997
Ulbricht, Walter: Über Gewerkschaften. Aus Reden und Aufsätzen, Band II 1945 – 1952, Berlin 1953
Waddington, Jeremy: Was leisten Europäische Betriebsräte? – Die Perspektive der Arbeitnehmervertreter, WSI-Mitt. 2006, 560
Waltermann, Raimund: Sozialrecht, 12. Aufl., Heidelberg 2016

Wassermann, Wolfram; Rudolph, Wolfgang: Betriebsräte nach der Reform. Eine empirische Untersuchung ausgewählter Effekte der Reform des Betriebsverfassungsgesetzes 2001 in der Praxis, Münster 2005

Weber, Petra: Gescheiterte Sozialpartnerschaft – Gefährdete Republik? München 2010

Wehler, Hans-Ulrich: Deutsche Gesellschaftsgeschichte – Bd. 4: Vom Beginn des Ersten Weltkriegs bis zur Gründung der beiden deutschen Staaten 1914 – 1949, München 2008

Weipert, Axel: Die Zweite Revolution. Rätebewegung in Berlin 1919/1920, Berlin-Brandenburg 2015

Weipert, Axel: Vor den Toren der Macht. Die Demonstration am 13. Januar 1920 vor dem Reichstag, in: Jahrbuch für die Forschungen zur Geschichte der Arbeiterbewegung 2012/II, S. 16

Weiss, Manfred: Zu den Voraussetzungen der Betriebsverfassung, in: Deinert/Klebe u. a. (Hrsg.), Arbeit, Recht, Politik und Geschichte. Festschrift für Michael Kittner zum 80. Geburtstag, Frankfurt/Main 2021, S. 401–407

Welskopp, Thomas: Der Betrieb als soziales Handlungsfeld, Geschichte und Gesellschaft (22), 1996, S. 118 ff.

Wendeling-Schröder, Ulrike: Divisionalisierung, Mitbestimmung und Tarifvertrag, Köln u. a. 1984

Wheeler, George S.: Die amerikanische Politik in Deutschland (1945 – 1950), Berlin 1958

Wiedemann, Herbert (Hrsg.): Tarifvertragsgesetz. Kommentar (Bearbeitet von Jacobs, Oetker, Thüsing und Wank), 8. Aufl., München 2019

Wiese, Günther; Kreutz, Peter u. a.: Betriebsverfassungsgesetz. Gemeinschaftskommentar, 11. Aufl., 2 Bände, Köln 2018 (Zitierweise: GK-BetrVG-Bearbeiter)

Windschuh, Josef: Betriebsrat oder Gewerkschaft? Beiträge zur Soziologie der Betriebsräte, Essen 1922

Winkler, Heinrich August: Von der Revolution zur Stabilisierung, 2. Aufl., Berlin-Bonn 1985; Arbeiter und Arbeiterbewegung in der Weimarer Republik – 1924/30: Der Schein der Normalität, 2. Aufl., Berlin-Bonn 1988; Arbeiter und Arbeiterbewegung in der Weimarer Republik – 1930/33: Der Weg in die Katastrophe, 2. Aufl. Berlin-Bonn 1990

Winter, Gerd: Sozialisierung in Hessen 1946 – 1955, KJ 1974, 156

Wißmann, Hellmut: Karl Fitting: Zur Person, SR 2013, 64

Zachert, Ulrich: Betriebliche Mitbestimmung. Eine problemorientierte Einführung, Köln 1979

Zigan, Herbert: Betriebsvereinbarungen nach Kontrollratsgesetz Nr. 22 (Betriebsrätegesetz), Düsseldorf 1948

Zimmer, Reingard: Kompetenz Europäischer Betriebsräte zum Abschluss europaweiter Kollektivvereinbarungen?, EuZA 2013, 459

Zimmer, Reingard: Umsetzung des Seearbeitsübereinkommens der Internationalen Arbeitsorganisation, EuZA 2015, 297

Zöllner, Wolfgang; Loritz, Karl-Georg; Hergenröder, Curt Wolfgang: Arbeitsrecht, 7. Aufl., München 2015

Zu den §§ 44–46 (Österreich)

Achitz, Bernhard; Maßl, Wolfgang (Hrsg.): Zeitenblicke – Sozialpolitik im Wandel, Wien 2010

Adler, Emil: Soziale Praxis und Archiv für Volkswohlfahrt 1919-XXIX Nr. 1, 78

Auer-Mayer, Susanne: Digitalisierung und Betriebsverfassung, DRdA 1a/2022, 119

Bauer, Otto: Der Weg zum Sozialismus (1919)

Bauer, Otto: Die Sozialisierungsaktion im ersten Jahr der Republik (1919)

Bauer, Otto: Die österreichische Revolution (1923)

Bauer, Otto: Das »Antiterrorgesetz« wider die Gewerkschaftsfreiheiten, in: Menschheitskämpfer, Jg 4/5 (1930)

Beer, Heinrich: Der Tarifabschluss in der Wiener Maschinenindustrie (1913), in: Der Kampf, 6. Jg, 320

Borkowetz, Franz: Die Kammern für Arbeiter und Angestellte 1945 – 1965, Zwei Jahrzehnte ihres Wirkens festlich gewürdigt, Wien 1965

Braunthal, Julius: Die Arbeiterräte in Deutsch-Österreich, ihre Geschichte und ihre Politik (1919), S. 4

Bruckmüller, Ferdinand: Das sozial- und wirtschaftspolitische System Österreichs; Historische Entwicklung und Bewertung in der Gegenwart, in: Festschrift 75 Jahre Kammern für Arbeiter und Angestellte, Wien 1995

Cerny, Josef: Entgeltregelungen in Betriebsvereinbarungen, in: Festschrift Strasser (1983), S. 487

Cerny, Josef: Die Sozialpolitik der »Ära Kreisky« 1970 – 1983, S. 107

Cerny, Josef: Die »ersetzbare Zustimmung« als neue Form der Mitwirkung des Betriebsrats, in: Festschrift Schnorr (1988), S. 21

Cerny, Josef: Die Reform der Arbeiterkammern, in: Festschrift 75 Jahre Kammern für Arbeiter und Angestellte, Wien 1995, S. 99

Cerny, Josef: Zur Frage einer betriebsverfassungsrechtlichen Friedenspflicht, DRdA 2004, 522

Cerny, Josef: Entwicklung der Arbeitsverfassung aus der Sicht der Arbeitnehmer, in: Grillberger (Hrsg.), 30 Jahre ArbVG, (2005), S. 9

Cerny, Josef: Grundsätze und Probleme des Kollektivvertragsrechts, in: Achitz/Maßl (Hrsg.), Zeitenblicke, Sozialpolitik im Wandel, 2010, S. 145
Cerny, Josef: Zur Reform der Arbeiterkammern, 90 Jahre Arbeiterkammern in Österreich, in: Grabmayr (Hrsg.), AK Kärnten 1922–2012, S. 41
Cerny, Josef: 40 Jahre Arbeitsverfassungsgesetz, DRdA 2014, 478
Cerny, Josef: 100 Jahre Betriebsrätegesetz, Von der Utopie einer neuen Gesellschaft zur Realität der neuen Arbeitswelt, DRdA 2019, 292
Cerny, Josef: in Gahleitner/Mosler (Hrsg.), Arbeitsverfassungsrecht 2 (2020), Einleitung, 29
Cerny, Josef: 100 Jahre Arbeiterkammergesetz, DRdA 2020, 4
Chaloupek, Günter: Entwicklung und Zukunft der Sozialpartnerschaft, in: Festschrift 75 Jahre Kammern für Arbeiter und Angestellte (1995), S. 291
Däubler, Wolfgang: Arbeitsrecht und Sozialrecht in Corona-Zeiten – deutsche Erfahrungen, DRdA 2020, 485
Ellenbogen, Wilhelm: Sozialisierung in Österreich (1923)
Felten, Elias: Koalitionsfreiheit und Arbeitsverfassungsgesetz (2015)
Felten, Elias: Kooperatives Management oder Opposition im Betrieb? – Zur Rolle des Betriebsrats nach der österreichischen Arbeitsverfassung, in: Felten/Trost (Hrsg.), 50 Jahre Institut für Arbeitsrecht und Sozialrecht der Johannes Kepler Universität Linz (2015), 15
Felten, Elias; Mosler, Rudolf: 100 Jahre Kollektivvertragsrecht, DRdA 2020, 91
Felten, Elias: »Mobile« Arbeit – eine arbeitsrechtliche Annäherung, DRdA 1a/2022, 88
Filla, Wilhelm: Zwischen Integration und Klassenkampf, Materialien zur Arbeiterbewegung (1981)
Filla, Wilhelm: Entwicklungsgeschichte des Betriebsrätegesetzes 1919, in: Festschrift Weißenberg (1980), 73
Firlei, Klaus: Flucht aus dem Arbeitsrecht, DRdA 1987, 271 (Teil I) und 411 (Teil II)
Firlei, Klaus: Verflüssigte Arbeit zwischen Gegenmacht und Arbeitsmanagement, in: Festschrift Cerny (2001), S. 103
Firlei, Klaus: Alternative Interessenvertretungen im Betrieb – Gibt es einen »betriebsverfassungsfreien Raum«? in: Grillberger (Hrsg.), 30 Jahre ArbVG (2014), S. 61
Firlei, Klaus: Ist das ArbVG noch aktuell? – Betriebsverfassung, DRdA 2014, 520
Firlei, Klaus: Ökonomische und gesellschaftliche Rahmenbedingungen für Arbeitnehmerpolitik heute und morgen, DRdA 1a/2022, 92
Flecker, Jörg: Digitalisierung der Arbeit – aktuelle Trends und Problemlagen, DRdA 1a/2022, 88
Floretta, Hans: Die Betriebsvereinbarung, DRdA 1958, 99

Floretta, Hans; Strasser, Rudolf: Kommentar zum Arbeitsverfassungsgesetz (1975)
Floretta, Hans: Die Rätebewegung und die österreichische Betriebsverfassung, in: Festschrift Schnorr (1988), S. 97
Freisitzer, Kurt: Sozialutopien und Sozialbewegungen als Quellen der Mitbestimmung – eine sozialwissenschaftliche Analyse, in: Festschrift Walter Schwarz (1990), S. 211
Frischengruber, Othmar: Ferdinand Hanusch, Wegbereiter des österreichischen Sozialrechts, DRdA 2011, 494
Gabriel, Martin: Zur Geschichte der österreichischen Arbeiterkammern 1920 – 2011, in: Grabmayer, Gemeinsam für Kärnten arbeiten, AK Kärnten 1922 – 2012, 41
Gagawczuk, Walter: ArbVR 5, Einleitung, 31
Gahleitner, Sieglinde: Mitbestimmung in Europa – Der lange Weg zu einem SE-Betriebsrat, DRdA 2005, 550
Gahleitner, Sieglinde; Mosler, Rudolf (Hrsg.): Arbeitsverfassungsrecht, Band 1 bis 5
Garamvölgyi, Judit: Betriebsräte und sozialer Wandel in Österreich 1919/1920 (1983)
Gatty, Werner; Schmid, Gerhard; Steiner, Maria; Wiesinger Doris (Hrsg.): Die Ära Kreisky, Österreich im Wandel 1970 – 1983
Gewerkschaftskommission Deutsch-Österreich: Bericht an den ersten deutsch-österreichischen Gewerkschaftskongreß in Wien 1919
Göhring, Walter; Pellar, Brigitte: Ferdinand Hanusch, Aufbruch zum Sozialstaat (2003)
Göhring, Walter; Pellar, Brigitte: Anpassung und Widerstand, Arbeiterkammern und Gewerkschaften im österreichischen Ständestaat (2001)
Greif, Wolfgang: Der Europäische Betriebsrat, Gewerkschaftliches Handbuch (2009)
Grillberger, Konrad (Hrsg.): 30 Jahre ArbVG (2005)
Gruber-Risak, Martin: Where do we go from here? Trends in der Arbeitswelt und ihre Auswirkungen auf das Arbeitsrecht, DRdA 1a/2022, 106
Hautmann, Hans: Geschichte der Rätebewegug in Österreich 1918 – 1924
Hautmann, Hans: Rätedemokratie in Österreich 1918 – 1924, Österreichische Zeitschrift für Politikwissenschaft 1972/1
Heinze, Meinhard: Der Europäische Betriebsrat in Österreich und Deutschland, in: Festschrift Tomandl (1998), S. 139
Holzer, Wolfgang: Mitbestimmung und Betriebe ohne Betriebsrat, in: Festschrift Strasser (1983), S. 633
Hueber, Anton: Die Entwicklung des Betriebsrätegesetzes, Arbeit und Wirtschaft 9/1929

Jabornegg, Peter: Kollektivvertragswechsel und Arbeitnehmerschutz, in: Festschrift Cerny (2001), S. 407
Jabornegg, Peter; Resch, Reinhard (Hrsg.): ArbVG Kommentar, 3. Band
Jabornegg, Peter: Alles neu im österreichischen Arbeitskampfrecht, in: Jabornegg/Resch (Hrsg.), Aktuelle Entwicklungen im Arbeitskampfrecht – Kammern und Pflichtmitgliedschaft in Österreich, Schriftenreihe Arbeit, Recht und Gesellschaft, Band 10
Keller, Fritz: Die Arbeiter- und Soldatenräte in Österreich 1918–23, (Versuch einer Analyse) 1998
Keller, Fritz; Lichtenberger, Sabine: Die Geschichte der Mitbestimmung in Österreich, Politik und Zeitgeschehen 14 (2019)
Kepplinger, Brigitte; Weidenholzer, Josef: Zur Geschichte der Österreichischen Arbeiterkammern, in: Festschrift 75 Jahre Kammern für Arbeiter und Angestellte (1995), 9
Klein, Christoph: Die Zukunft des Arbeitsrechts im digitalen Wandel aus Sicht der ArbeitnehmerInnen-Interessenvertretung, DRdA 1a/2022, 190
Klenner, Fritz: Die Kollektivvertragspolitik als Wegbereiterin der Sozialgesetzgebung, in: Festschrift Weißenberg (1980), S. 93
Klenner, Fritz; Pellar, Brigitte: Die österreichische Gewerkschaftsbewegung (1987)
Köck, Stefan: Zur neuen Europäischen Betriebsverfassung im Arbeitsverfassungsgesetz, in: Festschrift Tomandl (1998), S. 213
Korinek, Karl: Staatsrechtliche Grundlagen der Kammer-Selbstverwaltung, in: Festschrift Walter Schwarz (1991), S. 255
Korinek, Karl: Die staatsrechtliche und staatspolitische Bedeutung der gesetzlichen Arbeitnehmervertretungen, DRdA 2018, 4
Kozak, Wolfgang: Entwicklung des Arbeitsrechts (Diss. 2015)
Leichter, Käthe: Betriebsräte und Sozialisierung, Arbeit und Wirtschaft 9/1929
Leitsmüller, Heinz; Schindler, Rene; Schneller, Hannes: Veränderte Wirtschafts- und Arbeitsbedingungen. Herausforderung für die betriebliche Mitbestimmung, DRdA 2014, 488
Löschnigg, Günther: Arbeitsrecht, 12. Aufl., 43, 919
Martinek, Oswin: Zur Verankerung des Koalitionsrechts im kollektiven Arbeitsrecht, in: Festschrift Schmitz I (1967), S. 146
Martinek, Oswin; Schwarz, Walter: Das Koalitionsrecht, DRdA 1963, 269
Mathy, Thomas: Die »Professionalisierung« der Betriebsratstätigkeit – Verrat oder Verwirklichung des ursprünglichen Ideals, DRdA 2019, 306
Mayer-Maly, Theo: Über die Mitbestimmung der Arbeitnehmer in der Verstaatlichten Industrie, wbl 1987, 32
Mesch, Michael: Die Pflichtmitgliedschaft in den Arbeiterkammern, Wirtschaft und Gesellschaft 2002, 62

Mosler, Rudolf: Mitbestimmung der Belegschaft bei leistungs- und erfolgsbezogenen Entgelten, in: Festschrift Cerny (2001), S. 433

Mosler, Rudolf: Ist das ArbVG noch aktuell? – Kollektive Rechtgestaltung, DRdA 2014, 571

Mosler, Rudolf: Die Kunst des Dialogs, Arbeitsverfassung und Sozialpartnerschaft, in: Kirsten (Hrsg.), Gedenkschrift für Michael Fischer (2017), S. 353

Mosler, Rudolf: Brauchen wir einen neuen Arbeitnehmer*Innenbegriff? DRdA 1a/2022, 119

Mulley, Klaus-Dieter: (Wieder)Gründung kollektiver Interessenvertretungen der ArbeitnehmerInnen, DRdA 2015, 205

Mulley, Klaus-Dieter: »Eine große soziale Idee hat gesiegt« – Zur Genese des BRG vom 15. Mai 1919, DRdA 2019, 367

Mulley, Klaus-Dieter: Zur Gründungsgeschichte der Arbeiterkammern, DRdA 2020, 64

Mulley, Klaus-Dieter: »In dem Gesetz über die Einigungsämter zeigt sich der Geist der Demokratie von Paragraph zu Paragraph« – Anmerkungen zur Geschichte des »Einigungsamtsgesetzes 1920«, DRdA 2020, 166

Pellar, Brigitte: Kammern für Arbeiter und Angestellte (2007)

Pernthaler, Peter: Berufliche Selbstverwaltung in Österreich – Relikt des Ständestaates oder Modell der Zukunft? in: Festschrift 75 Jahre Kammern für Arbeiter und Angestellte (1995), S. 71

Pribram, Karl: Die Sozialpolitik im neuen Österreich, in: Archiv für Sozialwissenschaft und Sozialpolitik, 48, 615

Prisching, Manfred: Die Zukunft der Arbeiterkammern und Gewerkschaften, in: Festschrift 75 Jahre Kammern für Arbeiter und Angestellte (1995), S. 137

Protokoll des ersten deutsch-österreichischen Kongresses der Gewerkschaftskommission Deutsch-Österreich 1919

Resch, Harald: Betriebsräte/-innen in Veränderungsprozessen – betriebliche Mitbestimmung unter geänderten Bedingungen, in: Widowitsch/Füreder/Gstöttner-Hofer/Wall-Strasser (Hrsg.), Zukunftsmodell Betriebsrat (2003), 115

Richardi, Reinhard: Betriebszugehörigkeit als Rechtsproblem, in: Festschrift Floretta (1983), 595

Schindler, Rene: Praxisfragen des Arbeitskampfrechts, in: Jabornegg/Resch (Hrsg.), Aktuelle Entwicklungen im Arbeitskampfrecht (2016), S. 105

Schneller, Hannes: Neues Recht für neue Rahmenbedingungen, Lehren aus der deutschen Betriebsverfassungsreform 2001, in: Widowitsch/Füreder/Gstöttner-Hofer/Wall-Strasser (Hrsg.), Zukunftsmodell Betriebsrat (2003), S. 243

Schneller, Hannes: Zur ArbVG-Novelle 2010, DRdA 2011, 170

Schrammel, Walter: Die Rechtsstellung des Betriebsrates, in: Festschrift Walter Schwarz (1998), S. 295

Schregle, Johannes: Mitbestimmung aus internationaler Sicht – Gedanken zu Arbeitsrechtsvergleichung, in: Festschrift Cerny (2001), S. 463

Schwarz, Bernhard: Die Zukunft der Sozialpartnerschaft und die sozialpolitische Entwicklung in Österreich, in: Festschrift 75 Jahre Kammern für Arbeiter und Angestellte (1995), S. 223

Spenling, Anton: 30 Jahre ArbVG – Beiträge des OGH, in: Grillberger (Hrsg.), 30 Jahre ArbVG (2005), S. 99

Spielbüchler, Karl: Wider die Zähmung der Räte, in: Festschrift Strasser (1983), S. 613

Steiner, Guenther: Zur historischen Bedeutung von Ferdinand Hanusch, SozSi 11/2010, 571

Steiner, Guenther: Ferdinand Hanusch – Der Staatsekretär der kleinen großen Schritte, DRdA 2019, 267

Stiglitz, Joseph: Der Preis der Ungleichheit (2012)

Strasser, Rudolf: Die Betriebsvereinbarung nach österreichischem und deutschem Recht (1957)

Strasser, Rudolf: Das Verhältnis Kollektivvertrag – Betriebsvereinbarung als sozialpolitisches und wirtschaftspolitisches Problem, in: Festschrift Cerny (2001), S. 473

Strasser, Rudolf: in: Floretta-Strasser, Kommentar zum Arbeitsverfassungsgesetz (1975), Einleitung, XXI

Strasser, Rudolf: in: Strasser/Jabornegg/Resch (Hrsg.), ArbVG-Kommentar zum ArbVG, Einleitung XIX

Talos, Emmerich: Staatliche Sozialpolitik in Österreich, Rekonstruktion und Analyse (1981)

Talos, Emmerich (Hrsg.): Sozialpartnerschaft, Kontinuität und Wandel eines Modells (1993)

Talos, Emmerich; Hinterseer, Tobias: Sozialpartnerschaft (2019)

Talos, Emmerich: Mitbestimmung unter geänderten sozialen und politischen Rahmenbedingungen, in: Grillberger (Hrsg.), 30 Jahre ArbVG, S. 37

Trost, Barbara: Wurzeln und Wandel des Kollektivismus am Beispiel des Kündigungsschutzes, DRdA 2019, 301

Ungerboeck, Luise: Zur Geschichte der Arbeiterkammern in Österreich 1848–1921

Weidenholzer, Josef: Arbeiterkammern und Sozialpolitik, in: Festschrift Weißenberg (1980), S. 151

Weidenholzer, Josef: Betriebsräte – Waisenkinder der Revolution. Es war einmal – die Gegenwart der Vergangenheit in: Widowitsch, Roland; Füreder, Heinz; Gstöttner-Hofer, Gerhard; Wall-Strasser, Sepp (Hrsg.), Zukunftsmodell Betriebsrat, Balanceakt zwischen betrieblichen Interessen und gewerkschaftspolitischer Verantwortung (2003)

Weissel, Erwin: Die Ohnmacht des Sieges – Arbeiterschaft und Sozialisierung nach dem Ersten Weltkrieg in Österreich (1976)
Wödl, Ute; Bloch, Michael: LESEN.MACHT.BILDUNG. (2021)

Stichwortverzeichnis